패스

투자자산 운용사

핵심정리 문제집

이재준 · 박선호 편저

예문사

투자자산운용사 합격하기 5단계

01 증권경제전문 토마토TV 방송교재

합격의 지름길, 전문가와 함께라면 분명 있습니다. 증권경제전문 토마토TV의 전문 강사가 집필한 방송교재를 통해 보다 빨리 합격의 기쁨을 얻으시길 바랍니다.

02 과목별 출제경향 및 학습요령 제공

무작정 푸는 문제는 가라! 과목별 출제경향을 살펴봄으로써 학습흐름을 눈에 익히고, 더불어 학습요령을 통해 '더 잘 풀 수 있는' 방법을 제시합니다.

03 문제별 난이도 표기와 심화문제 제공

어려운 문제, 쉬운 문제, 본서에는 모두 담겨 있습니다.
더불어 심화문제를 따로 엄선함으로써 난이도 있는 문제 출제에도 대비할 수 있도록 하였습니다.

04 필수핵심정리로 핵심이론 완벽정리

시험은 코앞에 다가오는데 아직도 이론만 보고 계시나요?
추가적인 내용은 필수핵심정리로 간단하게, 그리고 완벽하게 마무리하십시오.

05 저자직강 동영상 제공

다년간의 강의경험과 오랜 노하우로 여러분을 합격으로 인도할 토마토TV의 전문 강사가 기다리고 있습니다. 저자직강 동영상으로 보다 확실한 합격을 준비하십시오.

투자자산운용사는 집합투자재산, 신탁재산 또는 투자일임재산을 금융투자상품에 운용하는 업무를 수행하는 전문가로서, 본 자격시험은 100문항으로 구성되고, 평균 70점 이상으로 합격하는 시험입니다.

편저자는 금융투자협회에서 시행되는 시험의 특징을 감안하여 다음과 같은 사항에 중점을 두어 집필하였습니다.

첫째, 본서는 금융투자협회에서 발간하는 투자자산운용사 표준교재에 근거를 두어 크게 제1과목, 제2과목 및 제3과목의 시험과목별로 구성함으로써 기본서의 목차별로 핵심이론 및 문제를 정리할 수 있게 하였습니다.

둘째, 다양한 문제를 통해서 기본서의 출제가능한 부분의 핵심정리와 실전에서 출제위원들이 요구하는 정답을 가려낼 수 있도록 각 장별로 시험문항수의 약 15배 정도의 출제가능성이 높은 진도별 문제와 마지막에 실전대비 목적의 모의고사 2회분으로 구성하였습니다.

셋째, 독학하시는 분들을 위해 가능한 해설을 충실히 달아 기본서의 내용을 알 수 있게 하였습니다. 개별 문제의 중요도를 문제 지문에 상(★★★), 중(★★), 하(★)로 표시하였고, 특히 해설 외에 「필수핵심정리」를 통해 본 문제 외에 출제 가능한 핵심이론부분을 보충 정리하였으며, 가능한 표를 많이 삽입하여 효율적인 정리가 되도록 하였습니다. 다만, 출제가능성은 떨어지지만 참고하여야 할 부분은 「보충」으로 표시하여 효율적인 학습이 되도록 하였습니다.

넷째, 최근까지 출제된 기출문제를 분석하여 실전에서 다양하게 물어보는 형태로 문제를 구성함으로써 실전에서 당황함과 실수 없이 정답을 고를 수 있는 키워드를 정답이 되도록 구성하였습니다.

마지막으로 본서에 대한 모든 책임은 본 편저자에게 있으며, 혹시 본서의 오류를 발견하시거나 질의 또는 건의사항 및 출간 후 관련 법규의 개정사항 등은 예문사의 홈페이지와 본인의 다음 카페(이재준 교수의 세법과 금융, http://cafe.daum.net/realtax)에서 확인하시거나 연락 부탁드립니다.

부디 본서를 선택하신 수험생들의 합격을 진심으로 기원하며, 본서가 나오기까지 물심양면으로 도움을 주신 예문사와 토마토패스의 임직원 여러분께 진심으로 감사의 말씀을 드립니다.

이재준, 박선호 드림

🏛 주요업무

집합투자재산, 신탁재산 또는 투자일임재산을 운용하는 업무를 수행하는 자

🏛 합격기준 및 시험정보

- 합격기준 : 응시과목별 정답비율이 40% 이상인 자 중에서, 응시 과목의 전체 정답 비율이 70%(70문항) 이상인 자. 과락 기준은 하단의 과목구성 참조
- 시험정보 : 시험시간(1교시 : 120분), 과목구성(3과목 : 100문항)

과목구성			세부과목구성	
과목명	문항수		세부과목명	문항수
	총	과락		
금융상품 및 세제	20	8	세제관련 법규/세무전략	7
			금융상품	8
			부동산관련 상품	5
투자운용 및 전략 II 및 투자분석	30	12	대안투자운용/투자전략	5
			해외증권투자운용/투자전략	5
			투자분석기법	12
			리스크관리	8
직무윤리 및 법규/ 투자운용 및 전략 I 등	50	20	직무윤리	5
			자본시장과 금융투자업에 관한 법률	7
			금융위원회규정	4
			한국금융투자협회규정	3
			주식투자운용/투자전략	6
			채권투자운용/투자전략	6
			파생상품투자운용/투자전략	6
			투자운용결과분석	4
			거시경제	4
			분산투자기법	5

🏛 응시대상

- 응시제한대상 (응시부적격자)
- − 동일시험 기합격자
- − 『금융투자전문인력과 자격시험에 관한 규정』 제2−11조 및 제2−13조에 따라 응시가 제한되는 자 (자격취소자)
- − 『금융투자전문인력과 자격시험에 관한 규정』 제3−19조제1항에 따라 응시가 제한되는 재(부정행위로 인한 응시 제한)
- ※ 상기 응시 부적격자는 응시할 수 없으며, 합격하더라도 추후 응시 부적격자로 판명되는 경우 합격 무효 처리함. 또한 3년의 범위 내에서 본회 주관 시험응시를 제한함
- 과목면제대상
- − 종전의 일임투자자산운용사(금융자산관리사)의 자격요건을 갖춘 자는 제1, 3과목 면제
- − 종전의 집합투자자산운용사의 자격요건을 갖춘 자는 제2, 3과목 면제
- − 상기 시험과목 및 문항수는 2013년도부터 시행되는 시험에 적용

🏛 시험일정

- 16회 투자자산운용사(시험일자 : 2017/03/12)
- 17회 투자자산운용사(시험일자 : 2017/06/25)
- 18회 투자자산운용사(시험일자 : 2017/11/25)

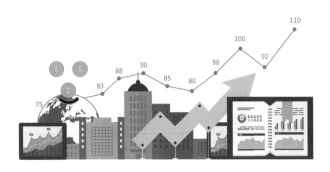

투자자산운용사 합격후기

드디어 합격입니다~ - bintm

여러분~ 안녕하세요!!

다름이 아니라 토마토패스를 통해 공부하여 국내 유일의 펀드매니저 자격증인 투자자산운용사를 합격하였기에 이렇게 글을 올려봅니다. (저 이제 펀드매니저 되는 건가요??ㅠㅠ)

사실 금융투자분석사와 같이 시험이 있어서 동시에 준비했습니다. 다행히도 둘 다 붙었습니다. (그럼 저 애널리스트도 되는 건가요?ㅠ)

게다가 일하면서 공부를 했기에 굉장히 힘든 시간들이었습니다. 그래서 7개월이란 시간이 필요했는지도 모릅니다.

아무쪼록 제가 말씀드리고 싶은 건 이런 성과를 내기까지는 토마토패스의 동영상강의와 교재가 엄청난 도움이 되었단 것입니다. 이해하기 쉽지 않은 내용들을 동영상강의를 통하여 상당히 많은 부분을 이해하였기에 진도를 나가는데 도움이 많이 되었습니다.

앞으로 투자자산운용사를 준비하시는 여러분들 망설임 없이 토마토패스의 강의를 신청하세요.

빼놓지 않고 동영상강의랑 교재만 충실히 듣고 풀어본다면 합격증은 알아서 따라올 겁니다.

모두들 파이팅하세요~!!^^ 참고로.. 저는 이제 한단계 업그레이드하여 국제투자분석사에 도전하고 있습니다.

정말 이해하기 쉬웠어요! - powdis

투자자산운용사..... 공부를 하면 할수록 내용이 많아서 걱정도 많이 되고.... 정말 이렇게까지 공부하기 싫어졌던 적이 없었네요.

그런데 정말 핵심이론반 듣고 마무리 강의 듣고 문제풀이까지 하고 시험을 봤는데....정말 쉽게 느껴지더라고요. 여태껏 금융자격증 취득하면서 만나본 많은 강사님들 중에.... 박선호 교수님처럼 이론과 실무능력까지 두루 갖추었다고 느낀 분은 처음인듯해요.

교수님 강의 덕분에 시험이 끝난 지 한참이 지난 지금까지도 확실하게 이해하고 외울 수 있는 내용들이 있다는 것....감사합니다. 다음엔 그동안 시도조차 생각도 안하고 있던 파생에도 도전해보고 싶어졌어요. 열강 감사합니다.

투자자산운용사 합격이요^^ – chlee

안녕하세요. 하고 있는 업무에 필요해서 시작하게 되었는데..
아이들이 있어서 공부할 시간이 없어서.. 틈틈이 문제풀이 강의를 듣고 이해 안가는 부분을 핵심강의를
통해서 보충하고 핵심자료 이용해서 정리했습니다. 마지막까지 부족한 과목을 문제풀이 강의 반복해서
들었어요~
저는 특히 박선호 교수님 강의가 머리에 잘 들어오더라구요.. 감사드립니다.^^

합격했어요!! 3주 준비 – doyoon2383

안녕하세요! 드디어 합격했어요. 3주라는 시험 준비기간이 너무 짧아서 공부할 때 정말 힘들었는데
인강 도움으로 합격할 수 있었던 것 같아요.
저는 우선, 온라인으로 마무리 특강 + 오프라인으로 2일 특강 들었습니다. 빠르게 마무리 특강 단원마다
끊어서 개념 정리 및 암기를 한 다음에 문제를 풀어서 다시 재암기로 공부를 했습니다.
양이 너무 많다보니 혼자 이틀 동안 전 과목을 다 돌려볼 수 없을 것 같아서 오프라인 강의 2일을 들었고요,
들으면서 긴 수업시간 덕분에 힘들었는데 이틀 동안 투자자산운용사를 1회독을 할 수 있어서 정말
좋았어요.
고생 끝에 낙이 온다지요! 투자자산운용사 준비하시는 분들, 빠른 시간 내에 여러 번 돌려보는 게 가장
중요한듯해요. 선생님과 토마토패스에 감사드립니다 ^^

투자자산운용사 합격! 감사합니다. 교수님들~ – bjcj

안녕하세요~ 패키지 강의 수강하였고 이번에 처음으로 시험에 응시했습니다. 직장인이라 배속을
빠르게 해서 주말에만 공부하면서 인강을 1회밖에 보진 못했지만, 임팩트 있는 강의 덕분에
82점이라는 점수로 합격할 수 있었습니다. 범위가 넓기 때문에 집중력과 지구력을 가지고 꾸준히
공부했던 것이 주효했습니다. 제 커리어 폭을 넓혀가는데 도움이 될 것 같습니다. 교수님들 모두
진심으로 감사드립니다.

투자자산운용사
목차

03

PART

직무윤리 및 법규/투자운용 및 전략 I 등

04

PART

모/의/고/사

토마토패스
www.tomatopass.com

SUMMARY

세제관련 법규·세무전략은 총 7문제가 출제되는 부분으로서, 금융투자세제인 국세
기본법, 소득세법, 금융소득, 증권거래세법, 절세전략의 금융자산 TAX-PLANNING
등에서 약 1~2문제 정도 출제된다. 특히 기간과 기한, 납세의무의 성립과 확정, 수
정신고와 경정청구, 이자소득과 배당소득인 금융소득의 범위와 과세방법, 종합과세,
증권거래세, 증여세의 절세전략, 절세투자방법 등은 매우 중요한 부분이다.

PART

01

금융상품 및 세제

CONTENTS

01 세제관련 법규 · 세무전략

내용 구성 및 주요 출제내용 분석

주요 내용	중요도	주요 출제 내용
국세기본법	★★	서류의 송달, 납세의무의 성립과 확정, 수정신고와 경정청구 등
소득세법	★★★	소득세 특징, 납세의무자, 원천징수, 과세기간, 소득의 구분 등
금융소득	★★★	이자소득과 배당소득의 범위와 계산, 금융소득 과세방법 등
양도소득	★	양도소득의 범위, 양도의 개념, 과세표준의 계산 등
증권거래세법	★★★	과세대상, 납세의무자, 과세표준과 세율, 거래징수 등
기타 금융세제	★	외국인의 증권세제, 파생금융상품의 과세방법 등
절세전략	★★★	증여세의 절세전략, 금융소득 종합과세, 종합소득세 신고 등

출제경향 분석 및 학습요령

세제관련 법규 · 세무전략은 총 7문제가 출제되는 부분으로서, 금융투자세제인 국세기본법, 소득세법, 금융소득, 증권거래세법, 절세전략의 금융자산 TAX-PLANNING 등에서 약 1~2 문제 정도 출제된다. 특히 기간과 기한, 납세의무의 성립과 확정, 수정신고와 경정청구, 이자소득과 배당소득인 금융소득의 범위와 과세방법, 종합과세, 증권거래세, 증여세의 절세전략, 절세투자방법 등은 매우 중요한 부분이다.

···TOPIC 1 조세총론

★★★
001 조세의 정의로서 옳지 않은 것은?

① 국가나 지방자치단체 및 공공단체가 부과한다.
② 주로 재정수요에 충당하기 위하여 필요한 재원을 조달할 목적으로 부과한다.
③ 법률적 작용에 의하여 법률에 규정된 과세요건을 충족한 모든 자에게 부과한다.
④ 특정한 개별적 보상 없이 강제적으로 부과 및 징수하는 금전급부이다.

해설 국가나 지방자치단체가 부과하는 것이 조세이고, 공공단체가 부과하는 것은 조세가 아니라 공과금이다.

★★★
002 조세분류의 연결이 옳은 것은?

① 과세권자에 따른 직접세와 간접세

② 조세의 전가성에 따른 국세와 지방세

③ 세율의 구조에 따른 비례세율과 누진세율

④ 지출의 목적성에 따른 종가세와 종량세

해설 ① 과세권자에 따라 국세와 지방세로 구분된다.
② 조세의 전가성에 따라 직접세와 간접세로 구분된다.
④ 지출의 목적성에 따라 보통세와 목적세로 구분된다.

🏛 필수핵심정리 ▷ 조세의 분류

분류기준	분 류	의 의
과세주체	국 세	국가가 부과하는 조세 🆒 소득세, 부가가치세, 상속세와 증여세 등
	지방세	지방자치단체가 부과하는 조세 🆒 취득세, 등록면허세, 지방세 등
조세의 전가	직접세	조세부담의 전가가 예상되지 않는 조세 🆒 간접세가 아닌 것
	간접세	조세부담의 전가가 예상되는 예외적인 조세 🆒 부가가치세, 증권거래세 등
지출의 목적	보통세	세수의 용도가 불특정한 조세로서 일반적인 지출에 충당하는 일반적인 조세 🆒 목적세가 아닌 것
	목적세	세수의 용도가 특정된 조세로서 특정 목적 지출에 충당하는 예외적인 조세 🆒 교육세, 교통 · 에너지 · 환경세 · 농어촌특별세 등
과세 표준단위	종가세	과세표준을 가액으로 표시하는 조세
	종량세	과세표준을 가액 외의 물량으로 표시하는 예외적인 조세
세율의 구조	비례세	과세표준의 크기와 관계없이 일정률의 세율로 부과하는 조세
	누진세	과세표준의 크기에 따라 세율이 높아지는 구조의 조세

※ 조세의 전가성 : 법률에 의하여 발생된 납세의무를 상품 등의 판매나 공급 등의 일정한 행위로 다른 사람에게 전가시켜 법률상 납세의무자와 실제 조세를 부담하는 담세자가 달라지는 것을 말한다. 예를 들면, 부가가치세법상 납세의무자는 사업자이나, 사업자가 재화의 판매나 용역을 소비자에게 공급하면서 재화의 공급가액에 공급가액 등의 10%를 부가가치세로 징수하고 이의 징수증빙서류로서 세금계산서 등을 발급한 후, 징수한 부가가치세를 과세기간별로 관할세무서에 납부하게 된다.

★★★
003 다음 중 국세가 아닌 것은?

① 취득세   ② 소득세   ③ 증여세   ④ 증권거래세

해설 취득세, 등록면허세, 재산세 및 주민세 등은 대표적인 지방세이다.

★★★
004 조세수입의 용도가 지정되어 있어 그 지정된 특정경비에만 사용할 수 있는 조세는?

① 소득세　　　　② 농어촌특별세　　　　③ 상속세　　　　④ 증권거래세

> **해설** 조세수입의 용도가 지정되어 있어 그 지정된 특정경비에만 사용할 수 있는 예외적인 조세는 목적세다. 목적세는 국세의 교육세, 교통·에너지·환경세와 농어촌특별세 및 지방세의 지방교육세, 지역자원시설세 등 5가지가 있다.

★★★
005 국세기본법에서 규정하고 있는 기한에 대한 설명 중 틀린 것은?

① 기한의 말일이 공휴일이거나 근로자의 날인 경우에는 그 다음날을 기한으로 한다.
② 기한의 말일이 토요일인 경우에는 그 다음날을 기한으로 한다.
③ 우편으로 서류를 제출하는 경우에는 통신날짜도장이 찍힌 날에 신고된 것으로 본다.
④ 국세정보통신망이 장애로 가동이 정지된 경우 그 장애가 복구되어 신고 또는 납부할 수 있게 된 날을 기한으로 한다.

> **해설** 국세정보통신망이 장애로 가동이 정지된 경우 그 장애가 복구되어 신고 또는 납부할 수 있게 된 날의 다음날을 기한으로 한다.

🏛 필수핵심정리　　**기간과 기한**

1. 세법의 기간계산 → 민법의 일반원칙에 따르나, 기한에 대하여 세법에 특례규정을 둠
2. 기한의 특례
 • 공휴일, 토요일 및 근로자의 날 → 그 다음 날
 • 우편으로 서류 제출 시 → 통신날짜도장이 찍힌 날
 • 국세정보통신망이 장애로 가동이 정지된 경우 → 그 장애가 복구되어 신고·납부할 수 있게 된 날의 다음날

★★★
006 국세기본법에 따른 서류의 송달방법을 모두 고른 것은?

| ㉠ 교부송달 | ㉡ 우편송달 | ㉢ 전자송달 | ㉣ 공시송달 |

① ㉠, ㉡　　　　② ㉢, ㉣　　　　③ ㉠, ㉡, ㉢　　　　④ ㉠, ㉡, ㉢, ㉣

> **해설** 서류의 송달은 원칙적으로 교부송달, 우편송달 또는 전자송달(송달받아야 할 자가 신청한 경우에 한함)의 방법으로 하며, 예외적으로 공시송달을 할 수 있다.

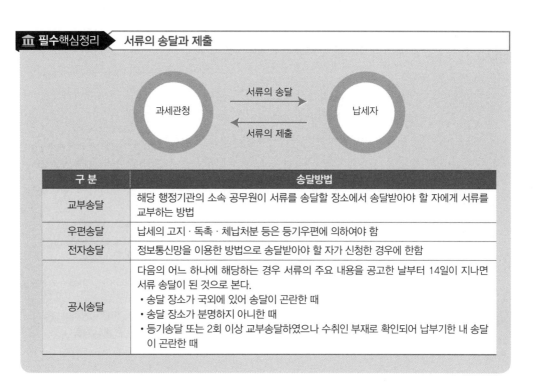

구 분	송달방법
교부송달	해당 행정기관의 소속 공무원이 서류를 송달할 장소에서 송달받아야 할 자에게 서류를 교부하는 방법
우편송달	납세의 고지 · 독촉 · 체납처분 등은 등기우편에 의하여야 함
전자송달	정보통신망을 이용한 방법으로 송달받아야 할 자가 신청한 경우에 한함
공시송달	다음의 어느 하나에 해당하는 경우 서류의 주요 내용을 공고한 날부터 14일이 지나면 서류 송달이 된 것으로 본다. • 송달 장소가 국외에 있어 송달이 곤란한 때 • 송달 장소가 분명하지 아니한 때 • 등기송달 또는 2회 이상 교부송달하였으나 수취인 부재로 확인되어 납부기한 내 송달이 곤란한 때

★★★
007 국세기본법에서 서류의 송달방법에 대한 내용으로 잘못된 것은?

① 교부송달은 해당 행정기관의 소속 공무원이 서류를 송달할 장소에서 송달받아야 할 자에게 서류를 교부하는 방법이다.

② 납세의 고지 · 독촉 · 체납처분 및 또는 세법에 따른 정부의 명령에 관계되는 서류의 송달을 우편으로 할 때에는 등기우편으로 함을 원칙으로 한다.

③ 서류를 송달받아야 할 자의 신청과 관계없이 해당 행정기관이 전자송달을 할 수 있다.

④ 국세정보통신망을 이용하여 공시송달을 할 때에는 다른 공시송달 방법과 함께 하여야 한다.

해설 전자송달은 서류의 송달을 받아야 할 자가 신청하는 경우에 한하여 행한다.

★★★
008 (   ) 안에 들어갈 내용을 순서대로 나열한 것은?

> • (   )송달은 해당 행정기관의 소속 공무원이 서류를 송달할 장소에서 송달받아야 할 자에게 서류를 교부하는 방법이다.
> • (   )송달은 송달받아야 할 자가 신청한 경우에 한한다.
> • 공시송달은 서류의 주요 내용을 공고한 날부터 (   )일이 지나면 서류 송달이 된 것으로 본다.

① 교부, 전자, 14
② 유치, 우편, 14
③ 교부, 우편, 20
④ 우편, 전자, 30

 해설 • (교부)송달은 해당 행정기관의 소속 공무원이 서류를 송달할 장소에서 송달받아야 할 자에게 서류를 교부하는 방법이다.
• (전자)송달은 송달받아야 할 자가 신청한 경우에 한하여 인터넷 등의 정보통신망을 이용하여 송달하는 방법이다.
• 공시송달은 서류의 주요 내용을 공고한 날부터 (14)일이 지나면 서류 송달이 된 것으로 본다.

★★★
009 공시송달의 사유와 거리가 먼 것은?

① 송달장소가 국외에 있어 송달하기 곤란한 때
② 송달장소가 분명하지 아니한 때
③ 송달장소에서 송달받아야 할 자가 정당한 사유 없이 서류 수령을 거부한 때
④ 등기송달 또는 2회 이상 교부하였으나 수취인 부재로 확인되어 납부기한 내에 송달이 곤란한 때

해설 위의 ①, ②, ④가 공시송달 사유이다. 그러나 서류를 송달받아야 할 자 또는 그 사용인이나 그 밖의 종업원, 동거인으로서 사리를 판별할 수 있는 사람이 정당한 사유 없이 서류 수령을 거부할 때에는 송달할 장소에 서류를 둘 수 있다(유치송달).

···TOPIC 2 납세의무

★★★
010 다음 중 과세기간이 끝나는 때에 납세의무가 성립하는 국세가 아닌 것은?

① 소득세   ② 법인세

③ 부가가치세   ④ 종합부동산세

> **해설** 소득세, 법인세 및 부가가치세는 기간세이므로 과세기간이 끝나는 때에 납세의무가 성립한다. 그러나 종합부동산세는 보유세이므로 과세기준일에 납세의무가 성립한다.

🏛 필수핵심정리   납세의무의 성립시기

1. 소득세, 법인세, 부가가치세 → 과세기간이 끝나는 때
2. 상속세 → 상속이 개시되는 때
3. 증여세 → 증여에 의하여 재산을 취득하는 때
4. 인지세 → 과세문서를 작성하는 때
5. 증권거래세 → 매매거래가 확정되는 때
6. 종합부동산세 → 과세기준일
7. 가산세 → 가산할 국세의 납세의무가 성립하는 때
8. 원천징수하는 소득세 · 법인세 → 소득금액 또는 수입금액을 지급하는 때

📊 보충학습   납세의무의 성립 · 확정 및 소멸

성 립	확 정	소 멸
과세요건의 충족에 의한 납세의무의 객관적 발생	성립된 납세의무의 존재와 내용의 구체적 · 사후적 확인	성립 · 확정된 납세의무가 없어짐
추상적 납세의무	구체적 납세의무	

★★★
011 납세의무의 성립시기에 관한 다음의 설명 중 틀린 것은?

① 상속세 : 상속등기일

② 증여세 : 증여에 의하여 재산을 취득하는 때

③ 증권거래세 : 매매거래가 확정되는 때

④ 원천징수하는 소득세 : 소득금액 또는 수입금액을 지급하는 때

> **해설** 상속세는 상속이 개시되는 때에 납세의무가 성립한다.

정답   008 ①   009 ③   010 ④   011 ①

★★★
012 다음 중 정부가 과세표준과 세액을 결정함으로써 납세의무가 확정되는 것은?

① 소득세　　　　② 증권거래세　　　　③ 상속세　　　　④ 인지세

 상속세는 정부가 과세표준과 세액을 결정함으로써 납세의무가 확정된다.
① 소득세, ② 증권거래세는 납세의무자가 과세표준과 세액을 정부에 신고함으로써 납세의무가 확정된다.
④ 인지세는 납세의무가 성립하는 때에 특별한 절차 없이 납세의무가 확정된다.

🏛 필수핵심정리 ▶ **납세의무의 확정**

1. 소득세, 법인세, 부가가치세, 증권거래세 등 → 납세의무자가 과세표준과 세액을 정부에 신고함으로써 확정
2. 상속세, 증여세 등 → 정부가 과세표준과 세액을 결정함으로써 확정
3. 인지세, 원천징수하는 소득세ㆍ법인세, 납세조합이 징수하는 소득세, 중간예납하는 법인세 → 납세의무가 성립하는 때에 특별한 절차 없이 확정

★★★
013 국세기본법상 납세의무의 소멸사유와 가장 거리가 먼 것은?

① 납부ㆍ충당 또는 부과의 취소
② 납세의무자의 사망
③ 국세부과권의 제척기간의 만료
④ 국세징수권의 소멸시효의 완성

 납세의무자의 사망, 결손처분 및 부과의 철회는 납세의무 소멸사유가 아니다.

★★★
014 국세기본법상 소멸시효의 중단사유가 아닌 것은? 심화

① 납세고지　　　　　　　　　　② 독촉 또는 납부최고
③ 교부청구 및 압류　　　　　　④ 분납

해설 시효의 정지는 분납기간, 징수유예기간, 체납처분유예기간 및 연부연납기간 등으로 소멸시효기간 중 권리를 행사할 수 없는 사유가 발생하는 경우 그 기간만큼 시효의 완성을 유예한 후에 정지사유가 종료되면 잔여기간만의 진행에 의하여 시효가 완성하는 것을 말한다.
시효의 중단은 납세고지, 독촉 또는 납부최고, 교부청구 및 압류 등으로 소멸시효의 진행 중에 권리의 행사로 볼 수 있는 사유가 발생하는 경우에 이미 진행되어 온 시효기간의 효력이 상실되는 것을 말한다.

★★★
015 국세기본법상 사기나 그 밖의 부정행위로 국내 부동산의 양도소득세를 포탈하는 경우 국세부 과의 제척기간은 이를 부과할 수 있는 날부터 몇 년인가? 심화

① 5년 　　　　　 ② 7년 　　　　　 ③ 10년 　　　　　 ④ 15년

해설 사기 등 그 밖의 부정행위로 국세를 포탈 또는 환급받은 경우의 제척기간은 10년이다. 단 상속세, 증여세의 경우에 는 15년이다.

🏛 필수핵심정리 ▶ 국세부과의 제척기간

구 분	일반국세	상속 · 증여세
사기 그 밖의 부정행위로 국세의 포탈 또는 환급 · 공제받은 경우	10년*	15년***
법정신고기한까지 과세표준신고서를 제출하지 아니한 경우	7년	
허위신고, 누락신고의 경우	5년**	
위 이외의 경우		10년

*국제거래인 경우 : 15년
**부담부증여로 인한 양도소득세 : 10년
***사기나 부정행위로 포탈한 가액이 50억원을 초과하는 경우 : 확인일 후 1년

★★★
016 5억원 이상의 국세에 대한 국세기본법상 소멸시효기간은?

① 3년 　　　　　 ② 5년 　　　　　 ③ 7년 　　　　　 ④ 10년

해설 국세의 소멸시효기간은 5년이다. 그러나 5억원 이상의 국세의 소멸시효기간은 10년이다.

🏛 필수핵심정리 ▶ 국세부과권의 제척기간과 국세징수권의 소멸시효

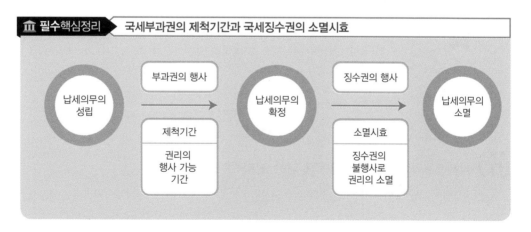

★★★
017 국세기본법상 제2차 납세의무를 부담하는 자가 아닌 것은?

① 해산법인의 청산인 또는 잔여재산을 분배받은 자
② 상장법인의 무한책임사원
③ 무한책임사원과 과점주주의 당해 법인
④ 사업의 양도·양수가 있는 경우의 사업양수인

해설 무한책임사원과 과점주주가 제2차 납세의무를 부담하는 것은 비상장법인에 한하며, 상장법인에게는 그러하지 아니한다.

🏛 필수핵심정리 〉 제2차 납세의무

주된 납세의무자	제2차 납세의무자
해산법인	① 청산인, ② 잔여재산을 분배·인도받은 자
비상장법인	① 무한책임사원, ② 과점주주 중 일정한 자
무한책임사원·과점주주	모든 법인
사업양도인	사업양수인

★★★
018 법인(상장법인 제외)의 재산으로 국세 등을 충당하고 부족한 금액은 납세의무 성립일 현재 법인의 무한책임사원과 과점주주가 제2차 납세의무를 진다. 이 경우 과점주주는 그 법인의 발행주식총수의 (   )를 소유하는 주주를 말한다. (   ) 안에 가장 옳은 말은?

① 50% 이상   ② 50% 초과
③ 51% 이상   ④ 51% 초과

해설 제2차 납세의무를 부담하는 과점주주는 주주 또는 유한책임사원 1명과 그의 특수관계인의 소유주식 합계 또는 출자액 합계가 해당 법인의 발행주식총수 또는 출자총액의 100분의 50을 초과하면서 그에 대한 권리를 실질적으로 행사하는 자를 말한다.

★★★
019 국세기본법상 제2차 납세의무에 대한 설명으로 틀린 것은?

① 제2차 납세의무자는 납세의무자의 재산으로 체납처분을 하여도 체납세액에 미달하는 경우 그 부족액을 부담하게 하는 납세의무자와 법정관계에 있는 자를 말한다.

② 법인의 해산으로 인한 제2차 납세의무는 청산인뿐만 아니라 잔여재산을 분배받은 자도 진다.

③ 양도·양수한 사업과 관련하여 양도일 이전에 확정된 국세 등은 사업양수인이 제2차 납세의무를 진다.

④ 무한책임사원 또는 과점주주에 대한 제2차 납세의무는 비상장법인에 한하여 적용된다.

> **해설** 국세의 납부기한 현재 법인의 무한책임사원 또는 과점주주에 대한 제2차 납세의무는 비상장법인은 물론 상장법인을 포함한 모든 법인이다.

···TOPIC ③ 수정신고 등

★★★
020 다음 중 경정청구를 할 수 있는 자는?

① 과세표준신고서를 법정신고기한까지 제출한 자가 과세표준신고서에 기재된 과세표준 및 세액이 세법에 따라 신고하여야 할 과세표준 및 세액에 미치지 못할 때

② 과세표준신고서를 법정신고기한까지 제출한 자가 과세표준신고서에 기재된 결손금액 또는 환급세액이 세법에 따라 신고하여야 할 결손금액이나 환급세액을 초과할 때

③ 과세표준신고서를 법정신고기한까지 제출한 자가 과세표준신고서에 기재된 과세표준 및 세액이 세법에 따라 신고하여야 할 과세표준 및 세액을 초과할 때

④ 법정신고기한까지 과세표준신고서를 제출하지 아니한 자가 세법에 따라 신고하여야 할 과세표준 및 세액을 신고할 때

> **해설** 경정청구는 과세표준신고서를 법정신고기한까지 제출한 자가 과세표준신고서에 기재된 과세표준 및 세액이 세법에 따라 신고하여야 할 과세표준 및 세액을 초과할 때 또는 과세표준신고서에 기재된 결손금액 또는 환급세액이 세법에 따라 신고하여야 할 결손금액 또는 환급세액에 미치지 못할 때에 그 과다신고분을 돌려 받기 위해 법정신고기한이 지난 후 5년 이내에 관할 세무서장에게 청구한다.
> ①, ② : 수정신고. 즉, 수정신고는 법정신고기한 내에 신고를 하였으나 과소신고한 경우에 그 과소신고분을 추가로 신고납부하기 위하여 관할 세무서장이 해당 국세의 과세표준과 세액을 결정 또는 경정하여 통지하기 위해 하는 것으로, 제척기간이 끝나기 전까지 관할 세무서장에게 수정신고한다.
> ④ : 기한 후 신고. 즉, 법정신고기한 이내에 신고를 한 수정신고와 경정청구와는 달리 기한 후 신고는 신고기한 내에 신고 자체를 하지 않은 경우 그 미신고분을 법정신고기한이 지난 후에 신고하는 것을 말한다.

사 유		구 분	기한 등
신고기한 이내 신고	○	과소신고 → 수정신고	세액의 결정 · 경정 통지 전 & 제척기간 전까지
		과다신고 → 경정청구	법정신고기한 경과 후 5년 이내
	×→	기한 후 신고	세액의 결정 · 경정 통지 전까지

★★★
021 국세기본법상 수정신고에 대한 설명으로 가장 거리가 먼 것은?

① 법정신고기한 내에 신고서를 제출하지 않은 자도 수정신고를 할 수 있다.

② 과세표준신고서에 기재된 세액이 세법에 의하여 신고하여야 할 세액에 미치지 못하는 경우에는 수정신고를 할 수 있다.

③ 관할세무서장이 당해 국세의 과세표준과 세액을 결정 또는 경정하여 통지를 하기 전으로서 제척기간이 끝나기 전까지는 수정신고를 할 수 있다.

④ 법정신고기한 경과 후 6개월 이내에 과세표준신고서를 제출하는 경우에는 최초의 과소신고로 인하여 부과할 가산세의 50%를 경감한다.

해설 법정신고기한 내에 신고서를 제출하지 않은 자는 수정신고를 할 수 없고, 기한 후 신고를 하여야 한다. 즉, 수정신고는 법정신고기한 내에 신고는 하였으나 과소신고하여 증액신고하거나, 결손금 또는 환급세액을 과다하게 신고하여 환급세액 등을 감액하는 경우에 수정하여 신고하는 것이다.

★★★
022 개인 甲은 양도소득세를 신고기한 이내에 신고하고 납부하였으나, 그 후 소득세법에 따라 신고 · 납부하여야 할 세액보다 과대 신고 · 납부한 것을 알았다. 이 경우 개인 甲이 우선 할 수 있는 것은? 심화

① 경정청구　　　② 수정신고　　　③ 기한 후 신고　　　④ 행정소송

해설 법정신고기한 이내에 과세표준과 세액을 법령에 따라 신고 · 납부하여야 할 세액보다 과대 신고 · 납부한 경우 또는 결손금이나 환급세액을 과소신고한 경우에는 그 법정신고기한으로부터 5년이 경과하기 전에 경정청구를 할 수 있다.

★★★
023 다음 중 국세기본법상 국세우선권이 적용되는 것은? 심화

① 선집행된 지방세·공과금의 체납처분금액 중에서 국세를 징수하는 경우의 그 지방세나 공과금의 체납처분비
② 강제집행·경매 또는 파산 절차에 든 비용
③ 주택임대차보호법 또는 상가건물임대차보호법에 따른 우선변제임차보증금
④ 국세의 법정기일 전에 전세권, 질권 또는 저당권에 의하여 담보된 채권이 설정된 그 재산에 대하여 부과된 국세와 가산금

> **해설** 법정기일 전에 설정된 전세권, 질권 또는 저당권에 의하여 담보된 채권에 대해서는 국세우선권이 배제된다. 그러나 그 재산에 대하여 부과된 국세(종합부동산세와 그 부가세, 상속세, 증여세)와 가산금은 근저당권 등의 설정일자와 관계없이 피담보채권보다 항상 우선 변제를 받는다.

🏛 **필수핵심정리** ▷ **국세우선의 원칙**

1. 원칙 : 국세채권과 기타 채권 경합 시 → 국세 우선(국세우선권)
2. 국세우선권이 배제되는 예외
   • 선집행된 지방세와 공과금의 체납처분금액에서 국세징수 시 그 지방세와 공과금의 체납처분비
   • 강제집행, 경매 또는 파산절차의 비용
   • 법정기일 전에 설정된 담보채권. 단, 그 재산에 대해 부과된 국세와 가산금 제외
   • 우선변제 임차보증금 및 우선변제 임금채권

★★★
024 다음 중 담보채권의 근저당권 등의 설정일자와 관계없이 일반채권보다 항상 국세채권을 우선하여 징수하는 국세가 아닌 것은? 심화

① 상속세   ② 종합부동산세   ③ 소득세   ④ 증여세

> **해설** 소득세 등은 국세이지만 법정기일 전에 설정된 전세권, 질권 또는 저당권에 의하여 담보되는 채권에 대하여는 국세가 우선하지 못한다. 다만 당해 재산에 대하여 부과되는 종합부동산세·상속세·증여세 등의 국세와 가산금은 담보채권의 근저당권 등의 설정일자와 관계없이 일반채권보다 항상 국세채권을 우선하여 징수한다.

★★★
025 국세기본법상 조세불복제도에 대한 설명 중 맞지 않는 것은?

① 동일한 처분에 대하여 심사청구와 심판청구를 중복하여 제기할 수 없다.

② 조세불복을 제기하더라도 당해 처분의 집행에 효력을 미치지 아니함이 원칙이다.

③ 이의신청을 거치지 않고 심사청구나 심판청구를 할 수는 없다.

④ 감사원에 심사청구를 하는 경우에는 국세기본법에 의한 심사청구나 심판청구는 할 수 없다.

해설 이의신청은 청구인의 선택에 따라 본 절차를 생략할 수 있는 임의적 절차이므로 이의신청을 거치지 않고 심사청구나 심판청구를 할 수 있다. 즉, 국세기본법상 조세불복절차는 원칙적 단급심(심사청구 또는 심판청구)이며 선택적으로 2급심(이의신청과 심사청구 또는 심판청구)이다.

※ 조세불복제도
국세기본법 또는 세법에 따른 처분으로서 위법 또는 부당한 처분을 받거나 필요한 처분을 받지 못했을 때 권리나 이익을 침해당한 납세의무자가 행정심판 전치주의에 따라 먼저 해당 행정청에 대한 그 처분의 취소 또는 변경을 청구하거나 필요한 처분을 청구한 후에 사법적 구제인 소송을 제기할 수 있게 하는 제도이다.

🏛 필수핵심정리 ▶ 국세 불복절차

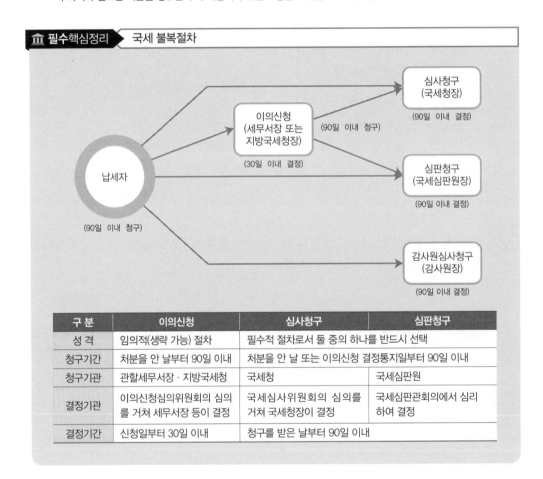

구 분	이의신청	심사청구	심판청구
성 격	임의적(생략 가능) 절차	필수적 절차로서 둘 중의 하나를 반드시 선택	
청구기간	처분을 안 날부터 90일 이내	처분을 안 날 또는 이의신청 결정통지일부터 90일 이내	
청구기관	관할세무서장 · 지방국세청	국세청	국세심판원
결정기관	이의신청심의위원회의 심의를 거쳐 세무서장 등이 결정	국세심사위원회의 심의를 거쳐 국세청장이 결정	국세심판관회의에서 심리하여 결정
결정기간	신청일부터 30일 이내	청구를 받은 날부터 90일 이내	

★★★
026 국세기본법상 불복청구에 대한 설명 중 옳은 것은?

① 이의신청은 그 처분을 안 날로부터 60일 이내에 해당 세무서장 또는 지방국세청장에게 청구할 수 있다.

② 심사청구는 그 처분을 안 날로부터 30일 이내에 국세심판원장에게 청구할 수 있다.

③ 심판청구는 그 처분을 안 날로부터 90일 이내에 국세청장에게 청구할 수 있다.

④ 감사원의 심사청구는 그 처분을 안 날로부터 90일 이내에 감사원장에게 청구할 수 있다.

> **해설** ① 이의신청은 그 처분을 안 날로부터 90일 이내에 해당 세무서장 또는 지방국세청장에게 청구할 수 있다.
> ② 심사청구는 그 처분을 안 날로부터 90일 이내에 국세청장에게 청구할 수 있다.
> ③ 심판청구는 그 처분을 안 날로부터 90일 이내에 국세심판원장에게 청구할 수 있다.

⋯ TOPIC 4 소득세 총설

★★★
027 소득세에 관한 설명으로 옳지 않은 것은?

① 법인의 소득에 대하여는 법인세를 과세하고, 개인의 소득에 대하여는 소득세를 부과한다.

② 과세소득을 이자소득, 배당소득, 사업소득, 근로소득, 연금소득, 기타소득 및 퇴직소득과 양도소득의 8가지로 구분한다.

③ 열거주의 과세방식에 따라 이자소득이나 배당소득도 법령에 열거된 소득에 한해서만 과세한다.

④ 기본적으로 소득원천설에 따라 과세하되, 예외적으로 순자산증가설의 일부를 수용하고 있다.

> **해설** 소득세는 기본적으로 소득세법에 과세대상으로 열거된 소득에 한하여 과세하는 열거주의 과세방식을 취하고 있으나, 예외적으로 이자소득과 배당소득의 금융소득은 법령에 열거되지 않은 것이라도 유사한 소득(예 파생금융상품의 이자, 각종 공제회의 공제급여의 이자, 주가연계증권 또는 파생결합증권으로부터 발생하는 수익의 분배금 등)에 대하여는 과세할 수 있는 유형별 포괄주의를 채택하고 있다.

1. 원칙 : 종합과세(이자소득, 배당소득, 사업소득, 근로소득, 연금소득, 기타소득)
   예외 : 분류과세(퇴직소득과 양도소득)와 분리과세
2. 열거주의 과세방식 (※ 상장법인의 소액주주의 장내거래를 통한 주식양도차익 등 → 열거 ×)
3. 신고납세 → 납세의무자가 과세기간의 다음연도 5월 1일부터 5월 31일까지 과세표준확정신고를 함으로써 납세의무 확정
4. 원칙 : 개인단위과세. (예외 : 가족구성원 중 2인 이상 공동사업으로서 손익분배율을 허위로 정한 경우 → 특수관계인의 소득을 합산하여 손익분배율이 큰 가족구성원에 과세하는 공동사업합산과세)
5. 원칙 : 누진과세(예외 : 차별과세)
6. 소득공제 · 세액공제 등의 인적공제제도
7. 주소지 과세

★★★
028 우리나라 소득세 제도의 특징으로 옳은 것은?

> A. 종합과세를 원칙으로 하되, 예외적으로 분류과세와 분리과세
> B. 열거주의 과세방법
> C. 정부부과제도
> D. 개인단위과세 원칙으로 하되, 예외적으로 금융소득은 부부합산과세
> E. 누진과세, 원천별 차별과세 및 인적공제제도
> F. 소득발생지 과세

① A, B, E   ② A, C, D
③ C, D, F   ④ D, E, F

 해설
C. → 소득세는 납세의무자가 과세기간의 다음 연도 5월 1일부터 5월 31일까지 소득세의 과세표준과 세액을 신고함으로서 납세의무가 확정되는 신고납세제도를 채택하고 있다.
D. → 개인단위과세를 원칙으로 하므로 이자소득과 배당소득의 금융소득도 개인단위로 과세한다. 다만, 예외적으로 가족구성원 중 2인 이상 공동사업으로서 손익분배율을 허위로 정한 경우에는 특수관계인의 소득을 합산하여 손익분배율이 큰 가족구성원에 과세하는 공동사업합산과세를 취한다.
F. → 소득발생지에 관계없이 납세의무자의 주소를 납세지로 하는 주소지 과세제도를 채택하고 있다.

★★★
029 거주자에 대한 소득세의 과세방법으로 옳은 것을 묶은 것은?

> ㉠ 종합과세   ㉡ 분류과세   ㉢ 분리과세   ㉣ 비과세

① ㉠, ㉡, ㉢, ㉣   ② ㉠, ㉡, ㉢

③ ㉠, ㉡   ④ ㉠, ㉡, ㉣

해설 거주자에 대한 소득세는 종합과세를 원칙으로 하나, 예외적으로 분류과세 또는 분리과세하며 소득세법에서 정한 경우에는 과세를 하지 아니하는 비과세소득이 있다.

🏛 필수핵심정리 ▷ 거주자의 소득세 과세방법

구 분	과세방법	비거주자
종합과세	매년 경상적으로 발생하는 소득을 개인별로 합산하여 종합소득세율에 의해 과세	국내사업장 또는 부동산임대소득 등
분리과세	이자소득, 배당소득, 기타소득, 연금소득 중 특정 소득 또는 일정 금액 이하의 소득은 그 소득이 지급될 때 원천징수 등으로 종합소득에서 분리하여 과세	국내사업장 및 부동산임대소득 등이 없는 경우
분류과세	장기간에 걸쳐 형성되는 퇴직소득과 양도소득은 종합소득과 구분하여 각 소득별로 별도의 방법에 따라 과세	국내원천의 퇴직소득 또는 양도소득
비과세	소득의 성질 또는 조세정책 등에 따라 과세에서 제외	×

★★★
030 소득세의 과세방법에 관한 설명이다. (   ) 안에 들어갈 내용을 순서대로 나열한 것은?

> • 이자소득, 배당소득, 사업소득, 근로소득, 연금소득, 기타소득은 인별로 (㉠)과세한다.
> • 퇴직소득과 양도소득은 다른 소득과 합산하지 않고 (㉡)과세한다.
> • 이자소득과 배당소득 등의 일정한 소득은 기간별로 합산하지 않고 그 소득이 지급될 때 소득세를 원천징수하여 과세를 종결하는 (㉢)과세한다.

	㉠	㉡	㉢
①	종합	분리	분류
②	종합	분류	분리
③	개별	분류	분리
④	개별	분리	분류

해설 • 이자소득, 배당소득, 사업소득, 근로소득, 연금소득, 기타소득은 인별로 (종합)과세한다.
• 퇴직소득과 양도소득은 다른 소득과 합산하지 않고 (분류)과세한다.
• 이자소득과 배당소득 등의 일정한 소득은 기간별로 합산하지 않고 그 소득이 지급될 때 소득세를 원천징수하여 과세를 종결하는 (분리)과세한다.

정답 028 ①   029 ①   030 ②

★★★
031 소득세의 납세의무자에 관하여 가장 거리가 먼 것은?

① 소득세의 납세의무자는 개인이며, 개인은 거주자와 비거주자로 나누어진다.
② 거주자란 국내에 주소를 두고 있거나 183일 이상 거소를 둔 개인을 말한다.
③ 거주자는 국내원천소득은 물론 국외원천소득에 대하여 납세의무를 부담한다.
④ 비거주자는 국내원천소득은 물론 국외원천소득에 대하여 납세의무를 부담한다.

해설 비거주자는 국내원천소득에 한해 납세의무가 있으며, 국외원천소득에 대하여는 납세의무가 없다.

🏛 필수핵심정리 　소득세 납세의무자

구 분	거주자	비거주자
의 의	국내 주소 · 183일 이상 거소한 개인	거주자가 아닌 개인
납세의무의 범위	무제한 납세의무자	제한 납세의무자
	국내원천소득 & 국외원천소득	국내원천소득만

※ 거주자와 비거주자의 구분은 국적과 관계가 없으며, 납세의무의 범위가 달라진다.
※ 1. 국외근무공무원 또는 거주자 · 내국법인의 국외사업장 · 해외현지법인에 파견된 임직원 → 거주자로 본다.
　 2. 외국항행 선박 · 항공기의 승무원 → 생계유지 가족 또는 그 승무원의 근무기간 외의 기간 중 통상 체재하는 장소로 판단한다.

★★★
032 소득세의 납세의무자에 관한 설명으로 틀린 것은?

① 거주자 여부는 국내에서 생계를 같이 하는 가족 및 국내에 소재하는 자산의 유무 등 생활관계의 객관적 사실에 따라 판단하며, 원칙적으로 국적과는 관계가 없다.
② 계속하여 183일 이상 국내에 거주할 것을 통상 필요로 하는 직업을 가진 때에는 거주자로 본다.
③ 외국을 항행하는 선박 또는 항공기의 승무원은 거주자로 본다.
④ 국외에서 근무하는 공무원 또는 거주자나 내국법인의 국외사업장 또는 해외현지법인 등에 파견된 임직원은 거주자로 본다.

해설 외국을 항행하는 선박 또는 항공기 승무원의 경우에는 그 승무원과 생계유지를 같이하는 가족이 거주하는 장소 또는 그 승무원의 근무기간 외의 기간 중 통상 체재하는 장소로 판단한다. 즉, 그 승무원과 생계유지를 같이하는 가족이 거주하는 장소 또는 그 승무원의 근무기간 외의 기간 중 통상 체재하는 장소가 국내이면 거주자로 보나, 국외인 경우에는 비거주자로 구분한다.

구 분	거주자로 보는 경우	비거주자로 보는 경우
직업 관계	계속하여 183일 이상 국내에 거주할 것을 통상 필요로 하는 직업을 가진 때	계속하여 183일 이상 국외에 거주할 것을 필요로 하는 직업을 가진 때
생활 관계	국내에 생계를 같이하는 가족이 있고, 그 직업 및 자산상태에 비추어 계속하여 183일 이상 국내에 거주할 것으로 인정되는 때	외국국적을 가졌거나 외국법령에 의하여 외국의 영주권을 얻은 자로서 국내에 생계를 같이 하는 가족이 없고 그 직업 및 자산상태에 비추어 다시 입국하여 주로 국내에 거주하리라고 인정되지 않는 때

★★★
033 소득세법상 원천징수에 관한 내용으로 옳지 않은 것은?

① 완납적 원천징수와 예납적 원천징수의 두 가지 유형이 있다.

② 완납적 원천징수는 원천징수로서 과세를 종결하나, 따로 정산을 위하여 다음연도 5월 1일부터 5월 31일까지 확정신고하여야 한다.

③ 예납적 원천징수는 원천징수된 소득을 과세표준에 포함하여 세액을 계산한 후 해당 원천징수세액을 기납부세액으로 공제하여 소득세 납세의무를 확정할 때 이를 정산한다.

④ 국내에서 원천징수대상 소득을 지급하는 사업자 등은 그 원천징수한 소득세를 다음 달 10일까지 관할세무서에 납부하여야 한다.

해설 원천징수란 소득을 지급하는 자가 그 지급받는 자의 조세를 차감한 잔액만 지급하고 그 원천징수세액을 정부에 납부하는 제도를 말하며, 완납적 원천징수와 예납적 원천징수로 구분한다.
완납적 원천징수는 원천징수로서 소득세 과세를 종결한다. 따라서 따로 정산을 위한 확정신고의무가 없다.

구 분	대상 소득	과세방법
완납적	• 분리과세 이자소득 및 배당소득 • 분리과세 근로소득(일용근로자의 급여) • 분리과세 연금소득(연 600만원 이하 선택) • 분리과세 기타소득(연 300만원 이하 선택)	원천징수로 종결 → 확정신고의무 ×
예납적	완납적 원천징수대상 소득 ×	기납부세액 공제 → 확정신고의무 ○

※ 원천징수대상 → 분리과세대상소득만이 원천징수대상이 되는 것은 아니고, 이를 포함한 소득세법에서 정하는 소득이다.

★★★ 034 거주자에게 이자소득 등을 지급하는 경우의 소득세 원천징수세율로 옳은 것은?

> ⊙ 장기채권의 이자와 할인액으로 원천징수의무자에게 분리과세 신청한 경우 : 20%
> ⊙ 비영업대금의 이익, 출자공동사업자의 배당소득 : 25%
> ⓒ 직장공제회 초과반환금 : 기본세율
> ② 위 외의 이자소득과 배당소득 : 14%
> ⓜ 금융기관이 지급하는 비실명금융자산소득 : 35%
> ⓗ 법원에 납부한 보증금 및 경락대금에 발생한 이자소득 : 14%

① ⓛ, ⓒ, ②, ⓗ
② ⊙, ⓜ
③ ⊙, ⓒ, ⓜ
④ ⓛ, ②, ⓗ

 해설 ⊙ 장기(발행일부터 최종 상환일까지의 기간이 10년 이상인 것)채권의 이자와 할인액으로 원천징수의무자에게 분리과세 신청한 경우 : 30%
ⓜ 금융기관이 지급하는 비실명금융자산소득 : 90%. 단, 지급자가 금융기관이 아닌 경우로서 지급시기까지 지급받는 자의 실지명의가 확인되지 않은 이자소득 및 배당소득은 35%

★★★ 035 소득세법상 과세기간에 대한 설명으로 잘못된 것은?

① 원칙적인 경우 : 매년 1월 1일부터 12월 31일까지
② 거주자가 사망한 경우 : 1월 1일부터 사망일까지
③ 거주자가 출국한 경우 : 1월 1일부터 출국일까지
④ 거주자가 사업을 폐업한 경우 : 1월 1일부터 사업폐업일까지

해설 거주자가 사업을 개시하거나 폐업한 경우에도 과세기간은 영향을 받지 않고 1월 1일부터 12월 31일까지가 된다. 또한 소득세는 역년주의 과세이므로 과세기간을 임의로 설정할 수 없다.

🏛 필수핵심정리 ▶ **소득세의 과세기간**

원 칙	매년 1월 1일 ~ 12월 31일
예 외	• 거주자의 사망 시 : 1월 1일 ~ 사망일 • 거주자의 출국 시 : 1월 1일 ~ 출국일

※ 사업개시 또는 폐업 시에도 원칙을 적용하며, 과세기간의 임의설정 불가

★★★
036 소득세의 소득구분 및 과세방법에 대한 설명으로 틀린 것은?

① 소득세는 종합소득과세와 분류소득과세 방식으로 구별된다.

② 소득을 과세방법에 따라 종합소득, 퇴직소득, 산림소득 및 양도소득으로 구분한다.

③ 이자소득, 배당소득, 사업소득, 근로소득, 연금소득, 기타소득은 합산과세하는 종합소득
이다.

④ 퇴직소득과 양도소득은 분류소득으로 구별하여 과세한다.

> **해설** 소득세는 과세방법에 따라 종합소득, 퇴직소득 및 양도소득으로 구분하며, 산림소득은 종합소득인 사업소득에 포
> 함하여 과세하며 별도로 구분하지 아니한다.

🏛 필수핵심정리 ▷ 소득의 구분 및 과세방법

구 분	종합소득과세	분류소득과세
의의	모든 소득을 합산하여 하나의 계산구조에 의해 소득세를 계산하여 과세	소득의 원천에 따라 구별하여 별도의 계산구조에 의해 소득세를 계산하여 과세
소득	종합소득 : 이자소득, 배당소득, 사업소득, 근로소득, 연금소득, 기타소득	• 퇴직소득 • 양도소득

★★★
037 다음 중 소득세법상 과세대상 소득인 것은?

① 국 · 공채 또는 회사채의 매매차익

② 주권상장법인의 소액주주가 장내에서 양도한 주식

③ 신종금융상품의 이익

④ 주식워런트증권(ELW)의 권리행사로 발생하는 소득

> **해설** 파생금융상품의 이자, 각종 공제회의 공제급여의 이자 등 신종금융상품의 이익은 소득세법상 유형별 포괄과세주의
> 에 따라 이자소득으로 과세한다. 또한 배당소득을 발생시키는 거래 또는 행위와 파생상품이 결합된 경우 해당 파생
> 상품의 이익을 배당소득으로 과세한다. 그러나 나머지 ①, ②, ④는 소득세법상 과세대상으로 열거되어 있지 않다.

★★★
038 소득세법상 종합소득에 해당하지 않는 것은?

① 양도소득   ② 이자소득
③ 사업소득   ④ 기타소득

해설 양도소득과 퇴직소득은 종합소득에서 제외하여 개별적으로 분류과세한다.

🏛 **필수핵심정리** ▶ 소득세의 과세방법

종합과세	이자소득, 배당소득, 사업소득, 근로소득, 연금소득, 기타소득
분류과세	퇴직소득, 양도소득

★★★
039 다음 중 소득세법상 필요경비를 인정하지 않는 소득은? 심화

┌───┐
│ ㉠ 이자소득   ㉡ 배당소득   ㉢ 사업소득 │
│ ㉣ 근로소득   ㉤ 연금소득   ㉥ 기타소득 │
└───┘

① ㉢, ㉣, ㉥   ② ㉠, ㉡
③ ㉠, ㉢, ㉤   ④ ㉤, ㉥

해설 이자소득과 배당소득인 금융소득은 소득세법상 필요경비를 인정하지 않는다.

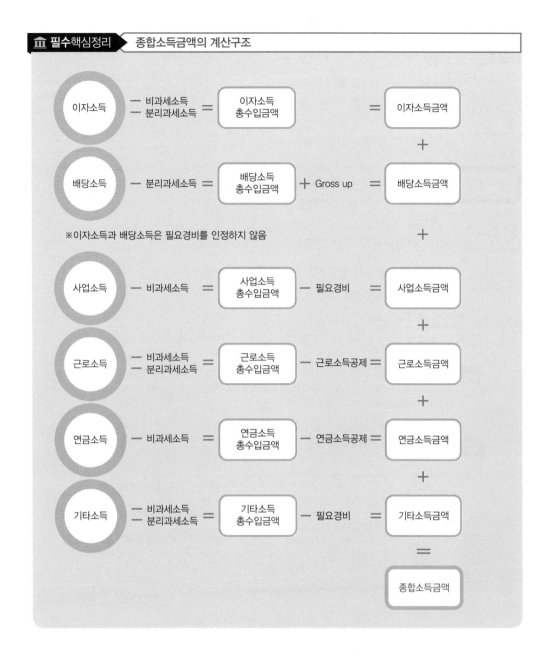

※이자소득과 배당소득은 필요경비를 인정하지 않음

★★★
040 소득세법상 분리과세소득이 없는 소득은?

① 사업소득   ② 배당소득

③ 근로소득   ④ 연금소득

해설 소득세법상 사업소득은 분리과세소득이 없다.

정답 038 ①   039 ②   040 ①

★★★
041 소득세법상 이자소득과 배당소득을 합한 것을 무엇이라고 하는가?

① 종합소득　　　　② 불로소득　　　　③ 금융소득　　　　④ 일시재산소득

・・・ T O P I C 5 이자소득과 배당소득

★★★
042 소득세법상 이자소득이 아닌 것은?

① 중도매각하는 채권의 상환기간 중 발생한 보유기간의 이자상당액
② 직장공제회 초과반환금
③ 비영업대금의 이익
④ 보장성보험 또는 10년 이상의 저축성보험의 보험차익

> **해설** 10년 미만의 저축성보험의 보험차익은 이자소득으로 과세한다. 그러나 피보험자의 사망·질병·부상 기타 신체상의 상해로 인하여 받거나 자산의 멸실 또는 손괴로 인하여 받는 보장성보험이나 10년 이상의 저축성보험의 보험차익은 이자소득 과세대상이 아니다.

🏛 필수핵심정리 ▷ 이자소득의 범위

채권·증권의 이자와 할인액	1. 국가 또는 지방자치단체가 발행한 채권 또는 증권의 이자와 할인액 2. 내국법인 발행한 채권 또는 증권의 이자와 할인액 3. 외국법인의 국내지점·국내영업소에서 발행한 채권·증권의 이자와 할인액
예금 등의 이자와 할인액	4. 국내에서 받는 예금(적금·부금·예탁금과 우편대체 포함)의 이자와 할인액 5. 상호신용계 또는 신용부금으로 인한 이익 6. 국외에서 받는 예금의 이자
기 타	7. 채권 또는 증권의 환매조건부매매차익　　8. 10년 미만인 저축성보험의 보험차익 9. 직장공제회 초과반환금*　　　　　　　　10. 비영업대금의 이익** 11. 유사 이자소득(파생금융상품의 이자, 각종 공제회의 공제급여 이자 등)*** 12. 신종금융상품의 이익****

*직장공제회 초과반환금: 직장공제회는 동일 직장이나 직종에 종사하는 근로자들의 생활안정, 복리증진 또는 상호부조 등을 목적으로 구성된 공제회·공제조합 및 이와 유사한 단체(예 교직원공제회, 경찰공제회, 군인공제회 등)을 말하며, 직장공제회 초과반환금: 근로자 등이 퇴직·탈퇴로 인하여 직장공제회로부터 받는 반환금 중 납입 공제료를 초과하는 금액을 말한다.
**비영업대금의 이익: 대금업에 해당하지 않는 금전대여로 인해 받는 이자 즉, 대금업은 사업하지 않는 거주자가 일시적·우발적 자금의 대여로 인하여 받는 이자를 말하며 이는 이자소득으로 보아 금융소득합산과세대상이 될 수 있다. 그러나 대금업 즉, 금전대여를 사업으로 하는 거주자가 계속적·반복적인 자금의 대여로 인하여 받는 이자는 사업소득으로 분류한다.
***이자소득과 유사한 소득으로서 금전의 사용에 따른 대가의 성격이 있는 소득
****이자소득을 발생시키는 거래 또는 행위와 파생상품이 결합된 경우의 해당 파생상품의 이익

★★★
043 소득세법상 이자소득금액의 계산에 관한 내용으로 거리가 먼 것은?

① 이자소득에서 비과세 이자소득 및 분리과세 이자소득을 제외한다.
② 비과세 이자소득 및 분리과세 이자소득은 종합소득금액에 합산하지 아니한다.
③ 해당 과세기간의 총수입금액에서 필요경비를 뺀 금액을 이자소득금액으로 한다.
④ 이자소득과 배당소득을 합한 금액이 일정 금액을 초과하는 경우에는 다른 종합소득과 합산과세되는 경우가 있다.

해설 소득세법상 이자소득과 배당소득은 필요경비를 인정하지 아니한다. 따라서 해당 과세기간의 총수입금액(비과세와 분리과세 제외)이 이자소득금액이 된다.

🏛 필수핵심정리 ▷ **이자소득금액의 계산**

　　이자소득
－) 비과세소득
－) 분리과세소득
＝) 이자소득 총수입금액 = 이자소득금액
※ 이자소득과 배당소득은 필요경비 인정 ×

★★★
044 소득세법상 이자소득의 수입시기로 옳은 것을 모두 고른 것은?

A. 기명 채권 또는 증권의 이자와 할인액 : 그 지급을 받은 날
B. 채권 · 증권의 환매조건부 매매차익 : 약정에 의한 환매수일 · 환매도일
C. 예금 · 적금 또는 부금의 이자 : 약정 이자지급일
D. 저축성보험의 보험차익 : 보험금 · 환급금의 지급일
E. 직장공제회 초과반환금 : 실제 공제회반환금의 지급일
F. 비영업대금의 이익 : 약정이자지급일

① A, C, E
② B, D, F
③ C, D, F
④ A, E, F

해설 A. 기명 채권 또는 증권의 이자와 할인액 : 약정에 의한 이자지급개시일
C. 예금 · 적금 또는 부금의 이자 : 실제로 이자를 지급받는 날. 단, 원본전입 특약이 있는 경우에는 원본전입일
E. 직장공제회 초과반환금 : 약정에 의한 공제회반환금의 지급일

구 분	총수입금액의 귀속연도
채권 또는 증권의 이자와 할인액	• 기명의 경우 → 약정에 의한 이자지급개시일 • 무기명의 경우 → 그 지급을 받은 날 • 보유기간 이자상당액 → 매도일 또는 이자지급일
채권 · 증권의 환매조건부 매매차익	• 일반적인 경우 → 약정에 의한 환매수일 · 환매도일 • 기일 전에 환매수 · 환매도 시 → 그 환매수일 · 환매도일
예금 · 적금 또는 부금의 이자	• 일반적인 경우 → 실제로 이자를 지급받는 날 • 원본전입의 특약 시 → 원본전입일 • 해약 시 → 해약일 • 계약기간을 연장하는 경우 → 그 연장하는 날
저축성보험의 보험차익	보험금 · 환급금의 지급일
직장공제회 초과반환금	약정에 의한 공제반환금의 지급일
비영업대금의 이익	약정에 의한 이자지급일. 단, 약정이 없거나 약정일 전에 지급 또는 회수불가능채권으로 제외하였던 이자를 지급받는 경우 그 이자지급일
기타 금전 사용에 따른 이자와 할인액	약정에 의한 상환일
위의 이자소득이 발생하는 상속재산이 상속되거나 증여되는 경우	상속개시일 또는 증여일

★★★
045 소득세법의 배당소득과 관련하여 잘못된 설명은?

① 배당소득은 법인 등의 이익배당은 물론 형식상 배당은 아니나 사실상 배당과 같은 경제적 효과가 있는 경우 배당으로 간주하는 의제배당과 인정배당을 포함한다.

② 배당소득은 배당소득금액 계산 시 필요경비를 인정하나, 소득세법은 물론 조세특례제한법의 비과세는 인정하지 않는다.

③ 법인세와 소득세의 이중과세를 조정하기 위하여 배당소득이 부담한 법인세상당액을 배당소득금액에 가산한 후 이를 공제하는 배당세액공제제도를 두고 있다.

④ 이자소득과 배당소득을 합하여 금융소득이라 하며, 소득세법상 일정금액을 초과하는 경우에는 금융소득 종합과세가 된다.

해설 | 배당소득은 배당소득금액 계산 시 소득세법상 필요경비와 비과세를 인정하지 않으나, 조세특례제한법상 비과세가 적용되는 경우는 있다.

★★★ 046 소득세법상 배당소득으로 볼 수 없는 것은?

① 투자의 반환 또는 잉여금의 자본전입으로 인한 의제배당
② 집합투자기구로부터의 이익
③ 법인세법에 의하여 배당으로 소득처분된 금액인 인정배당
④ 주식워런트증권(ELW)의 권리행사로 발생하는 소득

 해설 주가연계증권(ELS) 또는 파생결합증권으로부터 발생하는 수익의 분배금은 소득세법상 유사 배당소득으로서 소득세 과세대상이나, 주식워런트증권(ELW)의 권리행사로 발생하는 소득은 소득세법상 이자소득, 배당소득 및 기타소득에 해당하지 않는다.

🏛 필수핵심정리 ▶ 배당소득의 범위

이익배당	1. 내국법인으로부터 받는 이익이나 잉여금의 배당 또는 분배금과 상법상 건설이자배당 2. 법인으로 보는 단체로부터 받는 배당 또는 분배금 3. 외국법인으로부터 받는 이익이나 잉여금의 배당 또는 분배금과 당해 외국의 법률에 의한 건설이자배당 및 이와 유사한 성질의 배당 4. 국내 또는 국외에서 받은 집합투자기구로부터의 이익
의제배당	5. 주식소각, 자본감소, 퇴사 · 탈퇴, 출자감소, 법인의 해산 · 합병 · 분할로 인한 의제배당 6. 잉여금의 자본전입으로 인한 의제배당
인정배당	7. 법인세법에 의하여 배당으로 소득처분된 금액
기 타	8. 유사 배당소득(주가연계증권(ELS) 또는 파생결합증권으로부터 발생하는 수익분배금 등) 9. 신종금융상품의 이익

★★★ 047 소득세법상 배당소득금액의 계산에 관한 내용으로 거리가 먼 것은?

① 배당소득에서 비과세 배당소득 및 분리과세 배당소득을 제외한다.
② 배당소득에서 필요경비가 인정되지 아니한다.
③ 총수입금액에서 귀속법인세(Gross-Up)를 차감한 금액을 배당소득금액으로 한다.
④ 배당소득금액의 계산상 귀속법인세는 산출세액에서 배당세액공제를 한다.

해설 총수입금액에 귀속법인세(Gross-Up)를 가산한 금액을 배당소득금액으로 하며, 배당소득금액의 계산상 가산한 귀속법인세는 산출세액에서 배당세액공제를 한다.
배당소득금액 = 배당소득 총수입금액(비과세, 분리과세 제외) + 귀속법인세(Gross-Up)*
* 2011년 이후 gross-up율은 11%이다.

★★★
048 다음 중 소득세법상 의제배당으로 볼 수 없는 것은? 심화

① 주식의 소각이나 자본의 감소로 인하여 주주 등이 받는 재산가액이 해당 주식 또는 출자의 취득가액을 초과하는 금액

② 법인세법에 의하여 배당으로 소득처분된 금액

③ 법인의 잉여금(자본준비금과 재평가적립금 제외)의 전부 또는 일부를 자본 또는 출자금액으로 전입함으로써 취득하는 주식 또는 출자의 가액

④ 자기주식을 보유한 법인이 자본준비금과 재평가적립금을 자본전입함에 따라 법인 외의 주주의 지분율이 증가한 경우 그 증가한 비율에 상당하는 주식의 가액

해설 법인세법에 의하여 배당으로 소득처분된 금액은 인정배당이다.
의제배당은 상법상 배당은 아니나 자본의 감소, 잉여금의 자본전입, 해산 · 합병 · 분할 또는 자기주식 보유상태에서의 자본전입 등의 경우 배당과 같은 경제적 효과가 있는 경우에 배당으로 간주하는 배당소득을 말한다.
※ 주식발행초과금, 감자차익, 합병차익, 재평가적립금 등의 자본잉여금을 자본전입함에 따른 무상주는 원칙적으로 의제배당이 아니나, 예외적으로 배당으로 의제하는 경우도 있다.

★★★
049 배당소득에 관한 설명으로서 빈칸 안에 들어갈 내용을 순서대로 나열한 것은? 심화

- ( )은 형식상 배당이 아니라도 사실상 회사의 이익이 주주 등에게 귀속되는 경우에 이를 배당으로 간주하는 것을 말한다.
- ( )은 법인세법에 의하여 배당으로 소득처분된 금액을 말한다.
- ( )은 배당소득으로서 단체의 구성원에 대한 수익분배의 성격이 있는 것을 말한다.
- ( )은 배당소득을 발생시키는 거래 또는 행위와 파생상품이 법정요건에 따라 결합된 경우의 해당 파생상품의 이익을 말한다.

① 의제배당, 인정배당, 유사 배당소득, 신종금융상품의 이익

② 인정배당, 의제배당, 유사 배당소득, 신종금융상품의 이익

③ 유사 배당소득, 신종금융상품의 이익, 의제배당, 인정배당

④ 신종금융상품의 이익, 유사 배당소득, 인정배당, 의제배당

해설
- (의제배당)은 형식상 배당이 아니라도 사실상 회사의 이익이 주주 등에게 귀속되는 경우에 이를 배당으로 간주하는 것을 말한다.
- (인정배당)은 법인세법에 의하여 배당으로 소득처분된 금액을 말한다.
- (유사 배당소득)은 배당소득으로서 단체의 구성원에 대한 수익분배의 성격이 있는 것을 말한다.
- (신종금융상품의 이익)은 배당소득을 발생시키는 거래 또는 행위와 파생상품이 법정요건에 따라 결합된 경우의 해당 파생상품의 이익을 말한다.

★★★
050 소득세법상 배당소득의 총수입금액 귀속연도에 관한 설명으로 잘못된 것은?

① 잉여금처분에 의한 배당 및 건설이자의 배당은 그 지급을 받은 날이다.

② 잉여금의 자본전입은 자본전입 결의일이다.

③ 집합투자기구로부터의 이익은 지급을 받은 날이나, 원본전입특약이 있는 경우에는 그 특약에 따라 원본에 전입되는 날이다.

④ 기타 수익분배금의 성격이 있는 배당 또는 분배금은 지급을 받은 날이다.

해설 잉여금처분에 의한 배당 및 건설이자의 배당은 당해 법인의 잉여금 처분결의일이다. 다만, 무기명주식의 이익이나 배당은 실제 지급을 받은 날이다.

> **보충학습** ◆ 기타 배당소득의 수입시기
>
> • 출자공동사업자의 배당 → 과세기간 종료일
> • 주식의 소각이나 자본의 감소 등으로 인한 의제배당 → 결정한 날 또는 퇴사 · 탈퇴한 날
> • 유사 배당소득 또는 신종금융상품의 이익 → 그 지급을 받은 날
> • 해산, 합병, 분할 또는 분할합병 등으로 인한 의제배당 → 잔여재산가액확정일, 합병등기일 또는 그 분할등기 또는 분할합병등기를 한 날
> • 인정배당 → 당해 법인의 당해 사업연도의 결산확정일

···TOPIC 6 금융소득과세방법

★★★
051 소득세법상 금융소득에 대한 과세방법으로 틀린 것은?

① 금융소득은 이자소득과 배당소득을 말한다.

② 금융소득은 무조건 분리과세, 무조건 종합과세 및 조건부 종합과세로 구분한다.

③ 무조건 분리과세는 금액과 관계없이 당해 소득을 지급하는 자가 원천징수하여 납부함으로써 과세를 종결하고 종합소득과세표준에 합산하지 아니한다.

④ 조건부 종합과세는 그 금액이 2천만원을 초과하는 경우에 한하여 분리과세하여 기본세율(6%~38% 5단계 초과누진세율)을 적용한다.

해설 조건부 종합과세는 무조건 종합과세소득과 합한 금액을 기준으로 하여 그 금액이 2천만원을 초과하는 경우 2천만원 초과분에 한하여 종합과세하여 기본세율(6%~38% 5단계 초과누진세율)을 적용하고, 2천만원까지는 14%로 과세한다.

구 분		과세방법
무조건 분리과세소득		원천징수로 과세종결
조건부 + 무조건 종합과세소득 2천만원	이하	• 조건부 종합과세소득 → 14% 분리과세. 단, 비영업대금의 이익 25% • 무조건 종합과세소득 → 종합과세하되 14%
	초과	• 2천만원 이하분 → 14% • 2천만원 초과분 → 종합과세하되 누진세율 과세

★★★
052 소득세법상 무조건 분리과세 금융소득이 아닌 것은?

① 분리과세를 신청한 10년 이상의 장기채권의 이자와 할인액
② 직장공제회 초과반환금
③ 출자공동사업자에 대한 배당소득
④ 금융기관이 지급하는 비실명거래로 인한 금융소득

 출자공동사업자에 대한 배당소득은 무조건 종합과세 금융소득이다. 다만, 금융소득 종합과세 여부 판단 시에는 금융소득에 포함하지 아니하며, Gross-up 대상이 아니다. 원천징수세율은 25%이다. 그러나 ①, ②, ④는 무조건 분리과세 금융소득이다.

🏛 **필수핵심정리** ▶ 무조건 종합과세 및 조건부 종합과세 대상 소득 및 과세방법

구 분	대상소득
무조건 종합과세	• 국내에서 받는 2천만원 이하의 금융소득으로서 원천징수되지 않은 것 • 국외에서 받는 금융소득(국내 원천징수분 제외) 예 출자공동사업자의 배당소득 등
조건부 종합과세	무조건 분리과세대상과 무조건 종합과세대상이 아닌 금융소득 예 비영업대금의 이익(원천징수세율 25%)* 등

*비영업대금의 이익으로 25% 원천징수된 경우에는 조건부 종합과세대상이나, 원천징수되지 아니한 경우에는 무조건 종합과세가 된다.

■ 무조건 분리과세소득 대상 및 그 원천징수세율

무조건 분리과세소득 대상	원천징수세율
분리과세를 신청한 장기채권의 이자와 할인액	30%
직장공제회 초과반환금	6%~38% 5단계 초과누진세율
금융기관이 지급하는 비실명거래로 인한 금융소득	90%. 금융기관 외의 자가 지급 시 38%
법원에 납부한 경매보증금 및 경락대금의 이자	14%
거주자로 보는 단체의 이자소득 · 배당소득	14%
• 세금우대종합저축의 이자소득 · 배당소득 • 사회간접자본채권 등의 이자소득 • 선박투자회사보유주식의 배당소득	9% 14% 9%. 단, 액면가액 2억 초과분 14%

★★★ 053 다음 중 소득세법상 무조건 종합합산과세 금융소득이 아닌 것은?

① 원천징수되지 않은 비영업대금의 이익

② 국외에서 받는 금융소득

③ 대주주가 받는 배당소득

④ 소액주주인 우리사주조합원이 받는 배당소득

> **해설** 소액주주인 우리사주조합원의 배당소득은 무조건 종합합산과세 금융소득에서 제외한다.

★★★ 054 소득세법상 금융소득의 원천징수세율로 옳은 것은?

① 분리과세를 신청한 10년 이상의 장기채권의 이자와 할인액 : 14%

② 직장공제회 초과반환금 : 기본세율(6% ~ 38% 5단계 초과누진세율)

③ 금융기관이 지급하는 비실명거래로 인한 금융소득 : 38%

④ 법원에 납부한 경매보증금에서 발생하는 이자소득 : 30%

> **해설** ① 분리과세를 신청한 10년 이상의 장기채권의 이자와 할인액 : 30%
> ③ 금융기관이 지급하는 비실명거래로 인한 금융소득 : 90%
> ④ 법원에 납부한 경매보증금에서 발생하는 이자소득 : 14%

★★★ 055 소득세법상 배당소득에 대한 이중과세의 조정에 관한 설명으로 옳은 것은?

> ㉠ 배당소득에 대한 이중과세의 조정방법으로 Imputation방법(법인세주주귀속법)을 채택하고 있다.
>
> ㉡ 배당소득에서 조정대상 배당소득에 대한 귀속법인세(Gross-up)를 차감하여 배당소득금액을 계산한다.
>
> ㉢ 배당소득금액에서 차감한 귀속법인세를 종합소득산출세액에 가산한다.

① ㉠, ㉡   ② ㉠, ㉡, ㉢   ③ ㉠, ㉢   ④ ㉠

> **해설** 배당소득에 대한 이중과세라 함은 법인세법에 따라 법인세가 과세된 법인의 세후이익에 대한 배당이 개인 주주에게 귀속되는 단계에서 다시 소득세가 부과되는 것을 말한다.
> • ㉡ 배당소득에 조정대상 배당소득에 대한 귀속법인세(Gross-up)를 가산하여 배당소득금액을 계산한다.
>   = 배당소득 + 귀속법인세(=조정대상 배당소득×11%)
> • ㉢ 배당소득금액에 가산한 귀속법인세를 종합소득산출세액에서 배당세액공제를 한다.
>   = 종합소득 산출세액 − 귀속법인세 배당세액공제

정답 052 ③   053 ④   054 ②   055 ④

★★★
056 배당소득에 대한 이중과세의 조정대상 배당소득의 요건이 아닌 것은?

① 내국법인으로부터 받은 배당소득일 것
② 외국법인으로부터 받은 배당소득일 것
③ 법인세가 과세되는 소득에서 지급되는 배당소득일 것
④ 종합소득 과세표준에 포함되는 배당소득금액으로서 2천만원을 초과할 것

 해설 ①, ③, ④의 세 가지 요건을 모두 충족한 배당소득이 조정대상(Gross-up)인 배당소득이다.
외국법인으로부터 받은 배당소득은 종합소득 산출세액에서 외국납부세액공제로 하여 차감하여 국가 간 이중과세
조정을 하게 된다.

🏛 **필수핵심정리** ▶ 배당소득에 대한 이중과세(Gross-up)의 조정

1. 조정대상 배당소득의 요건 : 다음의 요건을 모두 충족
• 내국법인으로부터 받은 배당소득
• 법인세가 과세되는 소득에서 지급되는 배당소득
• 종합소득 과세표준에 포함되는 배당소득금액으로서 2천만원을 초과하는 배당소득
※ 14% 적용 금융소득의 구성순서 → 이자소득 ▶ Gross-up 대상이 아닌 배당소득 ▶ Gross-up 대상인 배당소득

2. 조정방법(Imputation방법)
① 배당소득금액 계산 시 귀속법인세 가산(Gross-up) = 배당소득 + 귀속법인세(=조정대상 배당소득×11%)
② 배당세액공제 : 배당세액공제액 → ㉠과 ㉡ 중 적은 금액
   ㉠ 귀속법인세 = 조정대상 배당소득×11%
   ㉡ 한도액 : 종합소득산출세액 – 비교산출세액*. 단, 부수(–)인 경우에는 영(0)으로 함
     * 비교산출세액 : ⓐ + ⓑ
       ⓐ (종합소득과세표준 – 금융소득금액)×기본세율
       ⓑ 금융소득×원천징수세율(14%. 단, 비영업대금의 이익 25%)

★★★
057 소득세법상 이중과세의 조정대상 배당소득으로 옳은 것은?

① 자기주식의 소각일부터 2년 이내에 자본전입하는 자기주식소각이익
② 상장법인의 대주주가 받는 현금배당
③ 토지의 재평가적립금(1% 세율 적용분)을 자본전입하는 경우의 의제배당
④ 집합투자기구로부터의 이익

해설 상장법인의 대주주가 받는 현금배당은 법인단계에서 법인세가 과세된 잉여금을 재원으로 하는 종합과세대상 배당
소득이므로 조정대상 배당소득이다.

- 외국법인으로부터 받은 배당소득
- 자기주식의 소각일부터 2년 이내에 자본전입하는 자기주식소각이익
- 토지의 재평가적립금(1% 세율 적용분)을 자본전입하는 경우의 의제배당
- 법인세법상 소득공제를 적용받는 투자회사 등으로부터 받는 배당소득
- 투자신탁, 투자회사 등 집합투자기구로부터의 이익. 단, 동업기업 과세특례를 적용받지 않은 사모투자전문회사로부터의 이익은 제외
- 출자공동사업자에 대한 배당소득
- 유사 배당소득 및 신종금융상품의 이익 등

★★★
058 배당가산(Gross-up) 적용대상 배당소득인 것은?

① 외국법인으로부터 받은 이익이나 잉여금
② 동업기업 과세특례를 적용받지 않은 사모투자전문회사로부터의 이익
③ 1% 재평가세율을 적용받는 재평가적립금의 자본전입
④ 자기주식보유상태에서의 자본전입에 따른 의제배당

해설 집합투자기구로부터의 이익은 이중과세 조정하지 아니한다. 다만, 동업기업 과세특례를 적용받지 않은 사모투자전문회사로부터의 이익은 제외하여 Gross-up한다.

★★★
059 금융소득에 대한 설명이다. 부적절한 것은? 심화

① 법인세가 과세되지 않은 잉여금을 재원으로 하는 배당과 14%의 세율이 적용되는 배당소득은 Gross-up 대상이 아니다.
② 외국에서 받은 배당소득은 Gross-up 하지는 않으나, 국내에서 원천징수를 당하지 않았다면 종합과세한다.
③ 피투자회사의 자본감소(퇴사 · 탈퇴) · 해산 · 합병 · 분할로 인한 의제배당은 Gross-up 대상이 아니다.
④ 조건부 종합과세대상 금융소득의 종합과세 여부 판단 시 귀속법인세를 가산하지 않은 금액을 기준으로 2천만원 초과 여부를 판단한다.

해설 피투자회사의 자본감소(퇴사 · 탈퇴) · 해산 · 합병 · 분할로 인한 의제배당도 요건을 충족하면 Gross-up 대상이 된다.

★★★
060 금융소득종합과세에 대한 설명으로 옳지 않은 것은?

① 배우자의 금융소득은 합산하지 아니하고 개인별 금융소득을 기준으로 종합과세 여부를 판단한다.
② 종합과세되는 금융소득은 본래 Gross-up 대상인 배당소득 → 본래 Gross-up 대상이 아닌 배당소득 → 이자소득의 순서에 따라 구성된 것으로 본다.
③ 대상금융소득이 2천만원을 초과하는 경우 초과하는 금융소득뿐만 아니라 해당 금융소득 전액이 종합과세대상이 된다.
④ 상환기간이 10년인 장기채권의 이자는 분리과세를 신청하면 종합과세대상이 되지 않는다.

> **해설** 종합과세되는 금융소득은 이자소득 → 본래 Gross-up 대상이 아닌 배당소득 → 본래 Gross-up 대상인 배당소득의 순서에 따라 구성된 것으로 본다.

•••TOPIC **7** 양도소득세

★★★
061 양도소득세 과세대상이 아닌 것은?

① 토지와 건물
② 부동산에 관한 권리
③ 주권상장법인의 소액주주가 거래소에서 양도하는 주식
④ 비상장법인의 소액주주가 양도하는 주식

> **해설** 주권상장법인의 주식은 대주주가 양도하거나 장외거래인 경우에 한하여 양도소득세가 과세되므로 소액주주가 거래소에서 양도하는 주권상장법인의 주식은 양도소득세 과세대상이 아니다. 그러나 비상장법인의 주식은 모두 양도소득세 과세대상이다.

🏛 필수핵심정리 ▷ 양도소득의 과세대상

- 부동산 : 토지, 건물
- 부동산에 관한 권리 : 지상권 · 전세권 · 등기된 부동산임차권, 부동산을 취득할 수 있는 권리 등
- 주식 : 주권상장법인의 대주주가 양도하거나 거래소 외에서 양도하는 주식, 비상장법인의 모든 주식
- 파생상품 : 코스피200선물 · 코스피200옵션 및 이와 유사한 장내파생상품
- 기타자산 : 사업용고정자산과 함께 양도하는 영업권, 시설물이용 · 회원권, 특정법인주식, 특정업종영위법인의 주식

★★★ 062 양도소득세의 양도 개념에 관한 설명으로 거리가 먼 것은?

① 양도란 자산에 대한 등기·등록에 관계없이 그 자산이 유상으로 사실상 이전되는 것을 말한다.

② 매도·교환·법인에의 현물출자 및 대물변제도 양도로 본다.

③ 관련 법률에 의한 협의매수나 수용 또는 공매·경매 등으로 인한 강제적 양도는 양도로 보지 아니한다.

④ 형제지간의 부담부증여에 있어서 수증자의 채무인수액은 양도로 본다.

> **해설** 양도소득세에서 양도란 자산에 대한 등기·등록에 관계없이 매도·교환·법인에의 현물출자 등으로 그 자산이 유상으로 사실상 이전되는 것을 말한다. 따라서 관련 법률에 의한 협의매수나 수용 또는 공매·경매 등으로 인한 강제적 양도도 사실상 유상양도이므로 양도로 본다.

🏛 필수핵심정리 ▶ 양도의 개념

- 자산의 유상이전 → 반대급부를 수반하는 유상이전만을 말하며, 무상이전은 제외
- 자산의 사실상 이전 → 등기·등록을 하지 않은 경우에도 사실상 이전이 있으면 양도로 봄

★★★ 063 양도소득세의 과세표준 계산으로 옳은 것은?

① 양도가액 – 장기보유특별공제 = 양도차익

② 양도차익 – 양도소득기본공제 = 양도소득과세표준

③ 양도소득금액 – 필요경비 = 양도소득금액

④ 양도차익 – 장기보유특별공제 = 양도소득금액

> **해설** ① 양도가액 – 필요경비 = 양도차익
> ② 양도차익 – 장기보유특별공제 = 양도소득금액
> ③ 양도소득금액 – 양도소득기본공제 = 양도소득과세표준

🏛 필수핵심정리 ▶ 양도소득의 과세표준

- 양도가액 – 필요경비 = 양도차익
- 양도차익 – 장기보유특별공제 = 양도소득금액
- 양도소득금액 – 양도소득기본공제 = 양도소득과세표준

★★★ 064 양도소득세의 과세표준의 계산에 관한 설명으로 틀린 것은?

① 양도가액에서 필요경비를 차감한 금액을 양도차익이라 한다.
② 양도소득금액은 양도차익에서 양도소득기본공제를 한 금액을 말한다.
③ 주식을 양도한 경우 장기보유특별공제는 공제받을 수 없으나, 양도소득기본공제는 공제받을 수 있다.
④ 양도소득의 과세표준은 종합소득 및 퇴직소득의 과세표준과 구분하여 계산한다.

해설 양도소득금액은 양도차익에서 장기보유특별공제액을 차감한 후의 금액이다.
양도소득기본공제는 양도소득과세표준을 계산하는 과정에서 양도소득금액에서 일정한 금액을 공제한다.

🏛 필수핵심정리 ▶ 양도소득 과세표준의 계산

구 분	장기보유특별공제	양도소득기본공제
공제 대상	• 3년 이상 보유한 토지 · 건물 　단, 미등기양도 제외 • 조합원입주권 　단, 타인으로부터 취득한 것은 제외	양도소득이 있는 거주자 단, 미등기양도 제외
공제 금액	양도차익 × 공제율(10% ≦ 보유연수 × 3% ≦ 30%. 단, 1세대1주택 : 보유연수 × 8% ≦ 80%)	• 부동산 등 양도소득금액승 – 연간 250만원 • 주식 등 양도소득금액승 – 연간 250만원 • 파생상품 양도소득금액승 – 연간 250만원

★★★ 065 양도소득세의 세율로서 옳지 않은 것은?

① 중소기업의 대주주가 양도하는 주식 : 30%
② 대법인의 대주주가 1년 미만 보유하고 양도하는 주식 : 30%
③ 대법인의 소액주주가 1년 미만 보유하고 양도하는 주식 : 20%
④ 미등기양도 : 70%

해설 중소기업의 대주주가 양도하는 경우에는 20%의 세율을 적용한다.

🏛 필수핵심정리 ▶ 양도소득세의 세율

부동산 등	• 미등기양도 : 70% • 1년 미만 보유한 부동산 등 : 50%. 단, 주택 · 조합원입주권은 40% • 1년 이상 2년 미만 보유한 부동산 등 : 40%. 단, 주택 · 조합원입주권은 기본세율 • 위 외의 부동산 등 및 기타자산 : 기본세율(6%~38% 5단계초과누진세율)
주식 등	• 원칙 : 20% • 대법인의 대주주가 1년 미만 보유한 주식 : 30% • 중소기업발행주식 : 10%. 단, 대주주 제외

★★★
066 주식 양도에 대한 양도소득세의 신고 · 납부의 설명으로 거리가 먼 것은?

① 양도일이 속한 달의 말일부터 2개월 이내에 예정신고 · 납부하여야 한다.

② 예정신고기한 이내에 신고와 납부를 다하지 아니하면 가산세가 부과된다.

③ 양도일이 속한 해당 과세기간의 다음연도 5.1 ~ 5.31까지 확정신고 · 납부하여야 한다.

④ 확정신고기한 이내에 신고와 납부를 다하지 아니하면 가산세가 부과된다.

> **해설** 주식을 양도한 경우의 예정신고기한은 양도일이 속한 분기의 말일부터 2개월 이내이다. 다만, 주식 외의 부동산 등을 양도한 경우 예정신고기한은 양도일이 속한 달의 말일부터 2개월 이내이며, 파생상품은 예정신고의무가 없다.

🏛 필수핵심정리 ▷ 양도소득세 예정신고기한

부동산 등	양도일이 속한 달의 말일부터 2월 이내. 단, 관련 법률에 따른 토지거래계약허가구역 내 토지의 매매로서 허가를 받기 전에 대금을 청산한 경우에는 허가일이 속한 달의 말일부터 2월 이내
주식 등	양도일이 속한 분기의 말일부터 2월 이내
파생상품	예정신고의무 없음

★★★
067 해당 과세기간의 5월 3일에 비상장주식을 양도한 경우 양도소득과세표준 예정신고기한은?

① 5월 31일   ② 7월 3일   ③ 7월 31일   ④ 8월 31일

> **해설** 주식 등을 양도한 경우의 예정신고기한은 양도일이 속한 분기의 말일부터 2월 이내이다. 따라서 양도일인 5월 3일이 속한 분기의 말일인 6월 말일부터 2개월 이내인 8월 31일까지 예정신고하여야 한다.

★★★
068 중소기업의 비상장주식을 양도한 경우의 양도소득세의 설명으로 거리가 먼 것은?

① 실지거래가액에 의하여 양도차익을 계산하는 것을 원칙으로 한다.

② 3년 이상 보유하고 양도하는 경우에는 장기보유특별공제를 받을 수 있다.

③ 해당 과세기간에 부동산 등과는 별개로 250만원까지 양도소득기본공제를 받을 수 있다.

④ 보유기간에 관계없이 10%의 양도소득세 세율을 적용하나, 대주주가 양도하는 경우에는 20%를 적용한다.

> **해설** 장기보유특별공제는 3년 이상 보유한 토지나 건물 또는 조합원입주권을 양도하는 경우에 한하여 장기보유특별공제를 받을 수 있는 것이고, 주식 등을 양도하는 경우에는 장기보유특별공제를 적용받을 수 없다.

정답 064 ②   065 ①   066 ①   067 ④   068 ②

★★★
069 양도소득세에 관한 설명으로 옳지 않은 것은?

① 양도소득은 토지 · 건물, 부동산의 권리 및 주식 등 소득세법이 정한 자산의 양도로 인하여 발생하는 소득을 말한다.
② 부동산매매업자나 주택건설사업자의 재고자산인 부동산 등의 양도차익은 양도소득세로 과세한다.
③ 양도라 함은 자산의 등기 · 등록에 관계없이 매도 · 교환 · 법인의 현물출자 등으로 자산이 사실상 유상으로 이전되는 것을 말한다.
④ 양도소득세는 확정신고 · 납부 이외에 예정신고 · 납부의무가 있다.

> **해설** 양도소득은 판매를 목적으로 하는 재고자산 이외의 자산 중 사업성이 없는 일시적 · 우발적인 부동산 등의 양도로 인하여 발생하는 소득을 말한다. 따라서 부동산매매업자나 주택건설사업자의 재고자산인 부동산 등의 사업행위로 인한 양도차익은 사업소득으로서 종합소득세로 과세한다.

···TOPIC 8 증권거래세

★★★
070 증권거래세 과세대상이 되는 주권으로 옳은 것은?

> A. 상법 또는 특별법에 의하여 설립된 법인의 주권
> B. 외국증권시장에 상장된 주권
> C. 외국법인이 발행한 주권으로 국내 증권시장에 상장된 것
> D. 외국증권시장에 주권을 상장하기 위하여 인수인에게 양도하는 주권

① A, C   ② A, B, C   ③ B, D   ④ A, B, C, D

> **해설** 증권거래세 과세대상인 주권은 상법 또는 특별법에 의하여 설립된 법인의 주권 및 외국법인이 발행한 주권으로, 국내 증권시장에 상장된 것이다.

🏛 필수핵심정리 ◀ 증권거래세의 과세대상 → 주권 또는 지분의 양도

과세	대상	• 상법 또는 특별법에 의하여 설립된 법인의 주권 • 외국법인이 발행한 주권으로 국내 증권시장에 상장된 것
	제외	• 외국증권시장에 상장된 주권 • 외국증권시장에 주권을 상장하기 위하여 인수인에게 양도하는 주권 • 자본시장법 제377조 제1항 제3호에 따라 채무인수를 한 한국거래소가 양도하는 주권

양도는 계약상 또는 법률상의 원인에 의하여 유상으로 소유권이 이전되는 것을 말한다. 따라서 상속이나 증여 등에 의한 무상으로 인한 소유권이전은 과세하지 아니한다.

★★★
071 다음 중 증권거래세의 과세대상이 아닌 것은?

① 장외에서 거래되는 특별법에 의하여 설립된 비영리 내국법인의 주권
② 장외에서 거래되는 상법상 합명회사 · 합자회사 및 유한회사의 사원의 지분
③ 상속 또는 증여받는 영리내국법인의 주권
④ 장내에서 거래되는 외국법인이 발행한 주권

 상법 또는 특별법에 의하여 설립된 법인의 주권, 증권시장에 상장된 외국법인이 발행한 주권 또는 상법상 합명회사 · 합자회사 및 유한회사의 사원의 지분이 계약상 또는 법률상의 원인에 의하여 유상으로 소유권이 이전되는 것이 증권거래세의 과세대상이다.
따라서 상속 또는 증여 등의 무상으로 이전되는 경우의 주권 또는 지분은 과세대상이 아니다. 또한 외국증권시장에 상장된 주권의 양도나 외국증권시장에 주권을 상장하기 위하여 인수인에게 주권을 양도하는 경우 및 자본시장법상 채무인수를 한 한국거래소가 주권을 양도하는 경우에는 증권거래세를 부과하지 아니한다.

★★★
072 다음 중 증권거래세를 부과하는 경우는?

① 국가 또는 지방자치단체가 주권 등을 양도하는 경우
② 자본시장법 제119조(발행매출)에 따라 주권을 매출하는 경우
③ 주권을 목적물로 하는 소비대차의 경우
④ 기금 및 우정사업총괄기관이 주권 등을 양도하는 경우

 국민연금기금 등의 「국가재정법」 별표 2에서 규정하는 법률에 따라 설치된 기금으로서 기금관리주체가 중앙행정기관의 장인 기금에서 취득한 주권 등을 양도하는 경우 및 「우정사업 운영에 관한 특례법」 제2조 제2호에 따른 우정사업총괄기관이 주권 등을 양도하는 경우는 비과세대상에서 제외한다.

★★★
073 증권거래세의 납세의무자로 옳지 않은 것은?

① 증권시장에서 양도되는 주권을 계좌 간 대체로 매매결제하는 경우 : 예탁결제원
② 증권시장의 밖에서 금융투자협회의 프리보드를 통해 양도되는 주권을 계좌 간 대체로 매매결제하는 경우 : 예탁결제원
③ 금융투자업자를 통하여 주권 등을 양도하는 경우 : 해당 금융투자업자
④ 국내사업장을 가지고 있지 아니한 외국법인이 주권 등을 금융투자업자를 통하지 아니하고 양도하는 경우 : 당해 주권 등의 양도자

해설 위 ①~③ 외의 주권 등의 양도의 경우에는 당해 주권 등의 양도자가 납세의무자가 된다. 그러나 국내사업장을 가지고 있지 아니한 비거주자 또는 국내사업장을 가지고 있지 아니한 외국법인이 주권 등을 금융투자업자를 통하지 아니하고 양도하는 경우의 납세의무자는 당해 주권 등의 양수인이 된다.

★★★
074 증권거래세의 과세표준에 관한 설명으로 옳은 것을 고른 것은?

> ㉠ 원칙 : 주권의 양도가액
> ㉡ 특수관계인에게 주권 등이 시가액보다 낮은 가액으로 양도된 것으로 인정되는 경우 : 그 정상가격
> ㉢ 비거주자 또는 외국법인이 국외특수관계인에게 주권 등이 정상가격보다 낮은 가액으로 양도된 것으로 인정되는 경우 : 그 시가액
> ㉣ 주권 등의 양도가액을 알 수 없는 경우 : 법령이 정하는 방법에 의하여 평가한 가액

① ㉡, ㉢   ② ㉠, ㉣
③ ㉠, ㉡, ㉢, ㉣   ④ ㉠, ㉡, ㉢

 해설 ㉡ 특수관계인에게 주권 등이 시가액보다 낮은 가액으로 양도된 것으로 인정되는 경우 : 그 시가액
㉢ 비거주자 또는 외국법인이 국외특수관계인에게 주권 등이 정상가격보다 낮은 가액으로 양도된 것으로 인정되는 경우 : 그 정상가격
※ 기본적으로 양도가액을 과세표준으로 하므로, 양도차손이 발생하는 경우에도 증권거래세 납세의무가 있다.
※ 법령이 정하는 방법에 의하여 평가한 가액
• 상장주권 → 거래소가 공표하는 양도일의 매매거래 기준가격
• 금융투자협회(프리보드)를 통한 장외시장주권 → 금융투자협회가 공표하는 양도일의 매매거래 기준가격
• 기타 주권 → 소득세법 시행령 제165조의 규정에 의한 평가액

★★★
075 증권거래세의 세율에 관한 내용이다. 틀린 것은?

① 증권거래세의 세율은 1,000분의 5로 한다.
② 자본시장의 육성을 위하여 긴급히 필요하다고 인정되는 때에는 증권시장에서 거래되는 주권에 한하여 종목별로 그 세율을 인하하거나 영의 세율로 할 수 있다.
③ 유가증권시장에서 양도되는 주권의 세율은 1,000분의 3이다.
④ 코스닥시장 또는 코넥스시장에서 양도되는 주권의 세율은 1,000분의 3이다.

해설 유가증권시장에서 양도되는 주권의 세율은 1,000분의 1.50이다.

🏛 **필수핵심정리** ▶ 증권거래세의 세율

구 분	장내거래	장외거래
유가증권시장	양도가액의 0.15% + 농어촌특별세 0.15%	양도가액의 0.5%
코스닥시장 · 코넥스시장	양도가액의 0.3%	
기타 비상장	양도가액의 0.5%	

※ 증권거래세의 기본세율 : 0.5%

★★★
076 증권거래세의 거래징수 및 신고 · 납부에 관한 내용이다. 거리가 먼 것은?

① 대체결제회사 · 금융투자업자 및 비거주자로부터 주권을 양수하는 자 등의 납세의무자는 주권 등을 양도한 자로부터 주권 등의 매매결제 또는 양도를 하는 때에 증권거래세를 징수하여야 한다.

② 한국예탁결제원과 금융투자업자는 매월분의 증권거래세 과세표준과 세액을 양도일이 속한 달의 말일부터 2개월 이내에 신고 · 납부하여야 한다.

③ 그 밖의 납세의무자는 매 분기분의 증권거래세 과세표준과 세액을 양도일이 속하는 분기의 말일부터 2개월 이내에 신고 · 납부하여야 한다.

④ 관할세무서장은 납세의무자가 휴업 또는 폐업하거나 기타 증권거래세를 포탈할 우려가 있다고 인정되는 때에는 수시로 그 과세표준과 세액을 조사 · 결정할 수 있다.

> **해설** 예탁결제원과 금융투자업자는 매월분의 과세표준과 세액을 다음 달 10일까지 신고 · 납부하여야 한다.
> ※ 거래징수 → 증권거래세 등 간접세의 경우 세법이 정한 과세거래가 이루어질 때 거래상대방의 세액을 징수하는 제도로, 직접세의 원천징수와 같다.

★★★
077 증권거래세에 관한 다음의 설명 중 옳은 것은?

① 주권 등을 취득하거나 양도하는 경우에 부과한다.

② 상속 또는 증여되는 주권 등에 대하여도 부과한다.

③ 양도가액이 취득가액보다 적어 양도차손이 발생하는 경우에는 부과하지 아니한다.

④ 유가증권시장에서 양도되는 주권은 0.15%의 증권거래세 이외에 0.15%의 농어촌특별세가 부과된다.

> **해설** ① 증권거래세는 주권 또는 지분의 양도에 대하여 부과하는 것이므로, 주권을 취득하는 단계에서는 부과하지 아니한다.
> ② 양도는 계약상 또는 법률상의 원인에 의하여 유상으로 소유권이 이전되는 것을 말한다. 따라서 상속이나 증여 등에 의한 무상으로 인한 소유권 이전은 과세하지 아니한다.
> ③ 증권거래세의 과세표준은 양도가액이므로, 양도가액이 취득가액보다 적어 양도차손이 발생하는 경우에도 양도가액에 대하여 부과한다.

★★★
078 비거주자에 대한 소득세의 과세에 관한 설명으로 가장 거리가 먼 것은?

① 비거주자는 국내원천소득만을 과세대상으로 한다.

② 비거주자는 조세조약에 별도의 규정이 있는 경우에는 국제법 우선원칙에 따라 조세조약의 내용에 따른다.

③ 국내사업장이나 부동산임대사업소득이 있는 경우에는 분리과세한다.

④ 국내원천소득의 원천징수세율이 조세조약의 제한세율보다 높은 경우에는 조세조약의 제한세율을 적용하여 원천징수한다.

해설 국내사업장이나 부동산임대사업소득이 있는 경우에는 종합과세한다.

📊 보충학습 ▶ 비거주자의 소득세에 대한 과세방법

(1) 과세범위
• 국내원천소득만 과세대상
(2) 과세방법
• 국내사업장 · 부동산임대사업소득 있는 경우 → 종합과세
• 국내사업장 · 부동산임대사업소득 없는 경우 → 분리과세
• 퇴직소득 · 양도소득 → 분류과세
※ 조세조약에 별도의 규정이 있는 경우에는 국제법 우선원칙에 따라 조세조약의 내용에 따른다.

★★★
079 비거주자의 소득에 대한 원천징수세율이 잘못된 것은? 심화

① 유가증권의 취득가액이 확인되는 양도소득 : 양도가액의 10%

② 이자소득 · 배당소득 · 사용료소득 · 기타소득 : 20%. 단, 채권은 14%

③ 선박임대소득 · 사업소득 : 2%

④ 인적용역소득 : 20%

해설 비거주자 등의 유가증권 양도소득에 대한 원천징수세율은 양도가액의 10%이다. 다만, 유가증권의 취득가액이 확인되는 경우의 원천징수세율은 양도가액의 10%와 양도차익의 20% 중 작은 금액으로 한다.

🏛 필수핵심정리 ▷ 거주자의 국내원천소득에 대한 원천징수세율

- 이자소득 · 배당소득 · 사용료소득 · 기타소득 → 20%. 단, 채권 → 14%
- 선박임대소득 · 사업소득 → 2%
- 인적용역소득 → 20%
- 유가증권양도소득 → 양도가액의 10%. 단, 유가증권의 취득가액이 확인되는 경우에는 양도가액의 10%와 양도차익의 20% 중 작은 금액
- ※ 원천징수세율이 조세조약상의 제한세율보다 높은 경우에는 조세조약상의 제한세율을 적용한다.
- ※ 조세조약상의 제한세율 → 조세조약이 국내법상의 적용최고세율을 제한한 것으로 우리나라와 조세조약이 체결된 국가의 거주자 등이 국내에서 이자소득 · 배당소득 및 사용료소득 등 투자소득이 있는 때에는 조세조약상의 제한세율이 적용된다. 따라서 국내사업장이 없는 비거주자나 외국법인에게 이자소득 등을 지급하는 경우 당해 비거주자 등의 국가와 체결한 조세조약상의 제한세율과 우리나라 소득세법 등의 원천징수세율 중 낮은 세율을 적용하여 소득세 등을 원천징수하여야 한다.

★★★
080 파생금융상품의 소득에 대한 소득세법의 과세방법으로 옳은 것은? 심화

① 파생금융상품의 거래에서 발생하는 모든 소득은 이자소득이나 배당소득에 해당한다.

② 옵션, 선도, 선물 등의 금융상품 거래형태는 소득세의 과세요건에 중대한 영향을 미친다.

③ 양도의 개념에 교환을 포함하지 않으므로 스왑은 소득세 과세대상거래가 아니다.

④ 파생금융상품에서 생기는 소득은 거래 유형과 관계없이 소득의 발생원천에 따라 이자소득, 배당소득, 근로소득, 사업소득, 기타소득 또는 양도소득 등을 파악한다.

해설 ① 파생금융상품이 자금, 주식, 채권 등 1차 금융상품에서 파생되는 상품이지만 그 거래에서 발생하는 소득 모두가 소득세법상 금융소득인 이자소득이나 배당소득에 해당하는 것은 아니다.

② 현행 소득세법은 소득세의 과세대상을 규정함에 있어 소득의 발생원천을 기준으로 할 뿐 소득을 발생시키는 거래의 유형은 과세요건에 아무런 영향을 미치지 아니한다. 따라서 옵션, 스왑, 선도, 선물 등은 소득세법상 현금거래, 외상거래 등과 같이 하나의 거래유형으로 파악될 뿐이며, 과세요건에 아무런 영향을 미치지 아니한다.

③ 소득세법상 교환을 양도의 개념에 포함하고 있어 스왑은 소득세 과세대상거래이며 옵션, 선도, 선물거래는 그 권리의 행사일 또는 그 실행일을 소득의 발생일로만 파악할 뿐이다.

★★★
081 증여에 대한 tax-planning으로 거리가 먼 것은?

① 한 사람의 수증자에게 증여하는 경우 증여자를 한 사람으로 하나, 여럿으로 하나 증여세에는 차이가 없다.

② 자녀에게 직접 증여하는 경우 10년 단위로 어릴 때부터 증여하는 것이 유리하다.

③ 증여재산공제 범위 내의 증여라 납부하는 증여세가 없는 경우에도 이를 신고하는 것이 유리하다.

④ 장기 보유해야 할 필요가 있는 자산인 경우 자산의 가치가 낮은 상황에서 증여하는 것이 유리하다.

> **해설** 증여세는 증여자별·수증자별로 과세한다. 즉, 직계존속(그 직계존속의 배우자 포함)으로부터 직계비속이 증여받는 경우 직계존속의 증여액 합계액에 대하여 5천만원(수증자가 미성년자인 경우 2천만원)까지 증여재산공제를 받을 수 있다. 따라서 동일한 금액을 증여하더라도 한 사람이 증여하는 경우보다는 증여자를 여럿으로 하면 낮은 한계세율을 적용받을 수 있기 때문에 증여세가 줄어들 수 있다.

🏛 필수핵심정리 ▶ 증여세 절세전략

(1) 증여자는 증여자별·수증자별로 과세됨을 이용 → 동일한 수증자에게 동일한 금액을 증여하더라도 증여자를 여럿으로 하는 것이 유리
※ 동일인 : 증여자가 직계존속일 경우 그 증여자의 배우자 포함
(2) 자녀가 어릴 때부터 분할하여 증여 → 증여재산공제는 10년 단위
(3) 증여재산 공제 범위 내의 증여라도 증여세 신고 → 향후 자금출처조사 등에 대비
(4) 시간가치를 고려한 레버리지가 큰 자산의 증여를 통한 레버리지 활용
(5) 부동산 등 장기보유필요자산의 저평가 시 적극적인 증여

★★★
082 증여세의 절세전략으로 옳지 않은 것은?

① 동일한 수증자에게 동일한 금액을 증여하더라도 증여자를 여럿으로 하는 것이 유리하다.

② 자녀가 어릴 때부터 분할하여 증여하는 것이 유리하다.

③ 증여재산 공제 범위 내의 증여인 경우에는 증여세를 신고하지 않는 것이 유리하다.

④ 자녀에게 재산을 분할하여 증여하는 경우 특히 큰 금액이 아닌 경우에는 기대수익률이 높은 자산을 증여하는 것이 유리하다.

> **해설** 증여재산 공제 범위 내의 증여라도 증여세를 신고하는 것이 유리하다. 이는 증여받은 자산을 취득재원으로 하여 향후 다른 자산을 취득할 경우 자금출처조사 등에 대비하여 미래의 정당한 자금원 확보 측면에서 유리하기 때문이다.

★★★
083 상속세 및 증여세법상 증여세에 관한 설명으로 틀린 것은?

① 증여세가 부과되는 재산의 가액은 증여일 현재의 시가를 원칙으로 한다.

② 수증자는 증여받은 날로부터 3개월 이내에 증여세의 과세가액 및 과세표준을 납세지 관할세무서장에게 신고하여야 한다.

③ 증여세 과세표준을 신고한 경우에는 납부 여부와 관계없이 증여세 산출세액의 10%에 상당하는 금액을 공제한다.

④ 법정요건을 충족한 경우로서 납부할 금액이 1천만원을 초과하는 경우에는 분할납부할 수 있고, 2천만원을 초과하는 경우에는 연부연납과 물납이 가능하다.

> **해설** 증여세의 신고기한은 증여받은 날이 속하는 달의 말일부터 3개월 이내이다.

★★★
084 상속세의 절세전략에 대한 설명으로 거리가 먼 것은?

① 상속개시 전 생존 시 10년 이상의 장기적인 계획 하에 미리 상속인에게 증여하여 상속시점에서의 재산가액을 낮추는 것이 유리하다.

② 사망 후엔 상속세를 절감할 수 현실적인 대안을 찾기가 쉽지 않다.

③ 상속개시 후에는 다음 상속을 대비하기 위하여 상속재산의 적절한 분할협의가 필요하다.

④ 피상속인의 배우자가 상속을 포기하고 자녀에게 전부 상속하는 것이 상속세를 줄일 수 있다.

> **해설** 배우자가 상속을 받는 경우에는 30억원을 한도로 하여 상속받은 재산가액을 공제하며, 실제 상속받은 금액이 없거나 상속받은 금액이 5억원 미만인 경우에도 5억원을 공제받을 수 있으므로 피상속인의 배우자가 상속을 받는 경우에 상속세를 더 줄일 수도 있다.

🏛 필수핵심정리 ▷ 상속세의 절세전략

(1) 사전 절세전략 → 생존 시 상속인들에게 장기적인 계획 하에 증여한다.
(2) 사후 절세전략 → 현실적인 대안이 없다. 따라서 경우에 따라 상속인 중 일부의 상속포기 또는 상속인 간 지분 배분 절차가 필요할 수도 있다.

★★★
085 상속세 및 증여세법상 상속세에 관한 설명으로 틀린 것은?

① 상속세가 과세되는 상속재산에는 피상속인에게 귀속되는 재산으로서 금전으로 환산할 수 있는 경제적 가치가 있는 모든 물건과 재산적 가치가 있는 법률상 또는 사실상의 모든 권리를 포함한다.

② 상속개시일 전 5년 이내에 피상속인이 상속인에게 증여한 재산가액은 상속재산가액에 더한다.

③ 대습상속이 아닌 세대를 건너뛴 상속에 대하여는 상속세의 30%를 할증과세한다.

④ 상속세는 상속개시일이 속하는 달의 말일부터 6개월 이내에 납세지 관할세무서장에게 신고 · 납부하여야 한다.

> **해설** 상속개시일 전 10년 이내에 피상속인이 상속인에게 증여한 재산가액은 상속재산가액에 더한다. 다만, 피상속인이 상속인 외의 자에게 증여한 재산가액은 상속개시일 전 5년 이내 증여재산가액을 상속재산에 더한다.

···TOPIC **11** 금융소득 종합과세

★★★
086 다음 중 종합소득세 확정신고의무가 없는 자는?

① 다른 소득이 없는 자로서 금융소득이 2천만원 이하인 자

② 근로소득만 있는 경우로서 금융소득이 2천만원 초과인 자

③ 소득금액이 300만원을 초과하는 기타소득만 있는 경우로서 금융소득이 2천만원 이하인 자

④ 사업소득이 있는 자로서 금융소득이 2천만원 이하인 자

> **해설** 다른 소득이 없는 자로서 금융소득이 2천만원 이하인 자는 종합소득세 확정신고의무가 없다.

🏛 필수핵심정리 | **종합소득세 신고납부**

- 사업소득 또는 기타소득(소득금액 300만원 초과)이 있는 경우 → 금융소득금액 불문 종합소득세 신고 · 납부 ○
- 근로소득만 있는 자 + 금융소득 2천만원 초과 → 종합소득세 신고 · 납부 ○
- 근로소득만 있는 자 + 금융소득 2천만원 이하 → 종합소득세 신고 · 납부 ×
- 다른 소득이 없는 자 + 금융소득 2천만원 초과 → 종합소득세 신고 · 납부 ○
- 다른 소득이 없는 자 + 금융소득 2천만원 이하 → 종합소득세 신고 · 납부 ×

★★★
087 금융소득에 대한 설명으로 가장 거리가 먼 것은?

① 이자소득과 배당을 말하며, 이는 필요경비가 인정되지 아니한다.

② 소득세법에 열거되지 않은 금융소득에 대해서는 과세할 수 없다.

③ 10년 미만 저축성보험의 보험차익은 이자소득에 해당한다.

④ 분리과세신청은 이자를 받을 때까지 가능하나, 분리과세 원천징수 후에는 취소할 수 없다.

해설 유형별 포괄주의 채택에 따라 소득세법에 열거되지 않은 금융소득이라도 유사한 소득에 대해서는 과세할 수 있다.

★★★
088 금융소득 종합과세에 대한 설명으로 옳지 않은 것은?

① 금융소득 종합과세 판단 여부 시 부부간의 금융소득은 합산하지 아니한다.

② 비과세소득과 분리과세소득은 종합과세대상에서 제외될 뿐만 아니라 종합과세 여부의 판단기준금액에도 제외된다.

③ 종합과세 판단기준금액이 2천만원을 넘지 않으면 원천징수세율로 과세한다.

④ 종합과세 판단기준금액이 2천만원을 초과하면 전액에 대하여 기본세율인 누진세율로 과세한다.

해설 종합과세 판단기준금액이 2천만원을 초과하는 경우에도 2천만원까지는 원천징수세율로 과세하고, 2천만원을 초과하는 금액에 대하여 원천징수세액과 종합과세세액 중 큰 금액으로 과세한다.

🏛 필수핵심정리 ▷ 금융소득의 종합과세 시 세액계산 특례

(1) 종합소득 과세표준에 포함된 금융소득이 2천만원 초과 시
- 종합소득 과세표준 = [금융소득금액(= 금융소득총수입금액 + 귀속법인세) + 다른 종합소득금액] − 종합소득공제
- 귀속법인세 = 이중과세조정대상(Gross−up) 배당소득 총수입금액×11%
- 종합소득 산출세액 : 다음의 ①과 ② 중 큰 금액
  ① (종합소득 과세표준 − 2천만원)×기본세율 + 2천만원×14%
  ② (종합소득 과세표준 − 금융소득금액)×기본세율 + 금융소득총수입금액×14%(단, 비영업대금이익은 25%)
(2) 종합소득 과세표준에 포함된 금융소득이 2천만원 이하인 경우 : (종합소득 과세표준 − 금융소득금액)×기본세율 + 금융소득총수입금액×14%(단, 비영업대금이익은 25%)

★★★
089 다음 자료에 의한 종합소득산출세액은? 심화

> (1) 공익신탁의 이익　　　　　　500만원
> (2) 은행의 보통예금이자　　　　1,500만원
> (3) 비영업대금의 이익　　　　　2,000만원
> (4) 사업소득금액　　　　　　　1,000만원
> (5) 종합소득공제　　　　　　　　800만원
>
> ※ 과세표준에 따른 기본세율 :
> － 1,200만원 초과 4,600만원 이하 : 72만원 + 1,200만원 초과액의 15%
> － 4,600만원 초과 8,800만원 이하 : 582만원 + 4,600만원 초과액의 24%

① 427만원　　　　　　　　　　　　② 520만원
③ 722만원　　　　　　　　　　　　④ 792만원

해설 • 공익신탁의 이익은 비과세대상임.
• 과세표준 : (1,500만원 + 2,000만원 + 1,000만원) － 종합소득공제 800만원 = 3,700만원
• 산출세액 : Max[①, ②] = 722만원
① (3,700만원 － 2,000만원)×기본세율 + 2,000만원×14% = 427만원
② (3,700만원 － 3,500만원)×기본세율 + (1,500만원×14%+2,000만원×25%) = 722만원

★★★
090 비과세 금융소득이 아닌 것은?

① 신탁업법에 따른 공익신탁의 이익
② 상환기간이 10년 이상인 장기채권의 이자
③ 계약기간 10년 이상이고 보험료가 2억원 이하인 저축성보험의 보험차익
④ 장기보유 우리사주의 배당소득(액면가액 1,800만원 이하 보유자에 한함)

해설 상환기간이 10년 이상인 장기채권의 이자는 과세대상이다. 다만, 분리과세를 신청하면 종합과세대상에서 제외하고, 분리과세를 신청하지 아니하면 14%의 세율로 원천징수하고 조건부 종합과세소득으로 처리한다.

- 신탁업법에 따른 공익신탁의 이익 · 배당
- 계약기간이 10년 이상이고 보험료가 2억원 이하인 장기저축성보험의 보험차익
- 장기주택마련저축의 이자 · 배당(2012.12.31.까지 가입분 限)
- 농어가목돈마련저축의 이자(2017.12.31.까지 가입분 限)
- 노인 · 장애인 등의 생계형저축의 이자 · 배당(2019.12.31.까지 가입분 限)
- 농협 등의 조합에 대한 예탁금(1인당 3천만원 이하)의 이자(2007.1.1~2018.12.31.까지 발생분 限)
- 녹색예금 또는 녹색채권의 이자(2014.12.31.까지 가입분 · 매입분 限)
- 장기보유우리사주의 배당(액면가 1,800만원 이하 보유자 限)
- 농협 등의 조합에 대한 출자금(1인당 1천만원 이하)의 배당(2018.12.31.까지 수령분 限)
- 장기주식형저축 또는 장기회사채형저축의 불입금액에 대한 배당(2009.12.31.까지 가입분 限)
- 녹색투자신탁 등에서 발생한 배당(2014.12.31.까지 수령분 限)

■ **소득세법상 미열거소득**

- 주권상장법인 또는 코스닥상장법인의 소액주주가 거래소 등을 통한 주식의 양도차익
- 채권양도차익

★★★
091 비거주자에 대한 금융소득 종합과세의 내용으로 옳지 않은 것은?

① 외국국적을 갖고 있거나 영주권을 얻은 사람이 국내에 생계를 같이하는 가족이 없고, 그 직업이나 자산상태로 보아 주로 재차 입국하여 국내에 거주하리라고는 인정할 수 없을 때에는 비거주자로 본다.

② 비거주자인 경우에도 조건에 따라 금융소득 종합과세가 적용될 수 있고 분리과세가 적용될 수도 있다.

③ 비거주자의 국가가 우리나라와 조세협약체결국가가 아닌 경우 분리과세세율은 14%이다.

④ 비거주자의 국가가 우리나라와 조세협약체결국가인 경우 분리과세세율은 기본세율인 누진세율이다.

해설 비거주자의 국가가 우리나라와 조세협약체결국가인 경우 분리과세세율은 제한세율을 적용한다.

★★★
092 비거주자의 경우에도 금융소득 종합과세가 되는 것을 모두 고른 것은?

> A. 조세협약체결국가의 비거주자가 국내에 고정사업장이 있거나 부동산임대사업소득이 있는 경우로서 당해 비거주자의 금융소득이 국내 고정사업장이나 부동산임대사업소득 등에 귀속되거나 직접적으로 관련되는 경우
> B. 조세협약미체결국가의 비거주자가 국내에 고정사업장이 있거나 부동산임대사업소득이 있는 경우
> C. 조세협약체결국가의 비거주자가 국내에 고정사업장이나 부동산임대사업소득이 없거나 있더라도 당해 금융소득이 국내 고정사업장 등과 관련성이 없는 경우

① A, B　　　　　② A, C　　　　　③ B, C　　　　　④ A, B, C

 해설
- A의 경우 금융소득이 2천만원 초과 여부를 따지지 않고 종합과세한다.
- B의 경우 당해 비거주자의 국내 금융소득이 당해 고정사업장과 관련성이 없더라도 항상 종합과세한다.
- C의 경우에는 양국가 간에 체결된 제한세율로 분리과세한다.

★★★
093 금융소득 종합과세에 따른 금융거래 통보에 관한 내용으로 옳은 것은?

① 금융거래명세통보제도는 소득에 관한 정보를 금융기관이 세무서에 제출하는 제도이다.
② 금융거래명세통보제도는 매 3개월마다 통보하나, 원천징수 지급명세서는 지급일이 속하는 연도의 다음연도 2월 말까지 연 1회 제출한다.
③ 원천징수 지급명세서는 금융기관이 예금주에게 원천징수내역을 통보하는 제도이다.
④ 원천징수 지급명세서는 금융자산 잔액이 3천만원 이상인 예금주가 통지대상이다.

 해설
① 금융거래명세통보제도는 금융기관이 예금주에게 통보하는 제도이다. 즉, 금융실명제 실시 후 차명 및 도명거래를 방지하고자 금융자산 잔액이 3천만원 이상인 예금주에게 금융거래내역을 매 3개월마다 금융기관이 예금주에게 통보하는 제도로서, 예금주 본인이 통보를 원하지 않는 경우에는 금융기관 창구에서 직접 교부할 수 있다.
③ 원천징수 지급명세서는 금융기관이 국세청에 제출하는 제도이다. 즉, 소득자의 인적사항과 소득지급내역 및 원천징수내역 등의 금융소득에 관한 정보를 금융기관이 국세청에 그 지급일이 속하는 연도의 다음연도 2월 말까지 연 1회 제출하는 제도이다.
④ 원천징수 지급명세서는 '누가 언제 얼마만큼의 금융소득을 받았고 이에 대한 세금이 얼마만큼 징수되었는가'라는 정보를 국세청에 제공하는 것이므로 금융소득을 지급받은 자 모두가 정보제공대상이다.

보고의무자	보고처	구 분	대상자
금융기관	국세청	원천징수 지급명세서	• 금융소득이 지급된 자 • 지급연도의 다음연도 2월 말까지
	예금주	금융거래명세통보	• 금융자산 잔액 3천만원 이상 예금주 • 매 분기별

★★★
094 소득세법상 원천징수 지급명세서 제출대상의 소득이 아닌 것은?

① 이자소득

② 장기저축성보험의 보험차익

③ 배당소득

④ 연금소득

> **해설** 지급명세서의 제출자는 소득세 납세의무가 있는 개인에게 이자소득, 배당소득 및 장기저축성보험의 보험차익에 해당하는 금액을 국내에서 지급하는 자가 국세청에 제출하는 것이다.

···TOPIC 12 종합소득세 신고

★★★
095 소득세법상 종합소득 과세표준 확정신고에 관한 설명으로 잘못된 것은?

① 종합소득금액이 있는 자는 원칙적으로 해당 과세기간의 다음연도 5월 1일부터 5월 31일까지 종합소득세를 신고하여야 한다.

② 사업소득 등에서 결손이 발생하였거나 소득금액이 없는 경우에는 신고를 하지 않아도 된다.

③ 근로소득만 있거나 또는 근로소득과 분리과세 이자 · 배당소득이 있는 자는 신고를 하지 않아도 된다.

④ 신고는 주소지 관할세무서에 하면 되고, 납부는 관할 세무서, 한국은행, 체신관서(우체국)에 하면 된다.

> **해설** 사업소득 등에서 결손이 발생하였거나 소득금액이 없는 경우에도 신고를 하여야 한다.

(1) 신고대상자

원 칙	종합소득금액이 있는 자
예 외	• 근로소득, 퇴직소득 또는 공적연금소득만 있는 자 • 근로소득과 퇴직소득만 있는 자 • 원천징수 연말정산하는 사업소득 등만 있는 자 • 분리과세하는 이자소득, 배당소득, 연금소득 및 기타소득만 있는 자

(2) 신고기한과 관할세무서

신고기한	해당 과세기간의 다음연도 5월 1일부터 5월 31일까지
관할세무서	주소지 관할

★★★
096 종합소득세의 신고와 납부에 관한 설명 중 틀린 것은?

① 소득세는 납세의무자가 소득세의 과세표준과 세액을 정부에 신고함으로써 납세의무가 확정된다.

② 소득세 납세의무자는 소득발생 연도의 다음연도 5월 1일부터 5월 31일까지 신고하고 납부하여야 한다.

③ 소득세의 과세관청은 원칙적으로 주소지를 관할하는 세무서이다.

④ 근로소득만 있는 거주자도 소득세를 다음연도 5월 31일까지 신고하여야 한다.

> **해설** 근로소득만 있는 거주자는 물론 퇴직소득만 있는 거주자, 법정연금소득만 있는 자, 원천징수 연말정산하는 사업소득만 있는 자, 분리과세이자·배당·연금·기타소득만 있는 자 등은 신고를 하지 않아도 된다.

★★★
097 종합소득세의 확정신고의무가 있는 자는?

① 결손금이 발생한 사업소득만 있는 거주자

② 근로소득만 있는 거주자

③ 분리과세 이자·배당·연금·기타소득만 있는 자

④ 방문판매업무를 수행하고 그 실적에 따라 판매수당 등을 받는 사업자로서, 간편장부대상자가 받는 해당 사업소득으로서의 원천징수의무자가 연말정산을 한 것

> **해설** 종합소득과세표준이 없거나 결손금이 있는 사업자인 경우에도 납세지 관할 세무서장에게 종합소득과세표준 확정신고는 하여야 한다.

★★★
098 종합소득세의 가산세로서 옳은 것은?(다만, 복식부기의무자는 아니다.)

① 단순무신고가산세 : 20%
② 단순과소신고가산세 : 20%
③ 부당방법 과소신고가산세 : 40%
④ 납부불성실가산세 : 3/10,000×납부지연일수

해설 단순과소신고가산세는 10%이다.

📊 **보충**학습	가산세

신고불성실가산세	• 부당한 방법 : 40%. 단, 국제거래의 경우 60% • 무신고 : 20%. 단, 복식부기의무자는 Max[산출세액의 20%, 수입금액의 0.07%] • 과소신고 : 10%
납부불성실가산세	미납 · 부족세액×3/10,000×납부지연일수

••• TOPIC 13 절세할 수 있는 올바른 투자방법

★★★
099 다음은 금융소득 종합과세에 관한 내용이다. 옳지 않은 것은?

① 2002년 과세분부터 부부합산 기준이 폐지되어 개인별로 금융소득이 연간 2천만원을 초과하는 경우에 종합과세한다.
② 개인별로 금융소득이 연간 2천만원을 초과하는 경우 금융소득 전체금액을 사업소득 등 다른 종합소득과 합산되어 누진세율로 소득세를 과세한다.
③ 금융소득이 연간 2천만원을 초과하는 경우 다른 종합소득과 합산되어 누진세율로 계산한 소득세에서 원천징수된 세액은 기납부세액으로 공제한다.
④ 근로소득만 있는 경우에도 금융소득이 2천만원을 초과하게 되면 반드시 종합소득신고를 하여야 한다.

해설 개인별로 금융소득이 연간 2천만원을 초과하는 경우에도 금융소득 전체금액을 사업소득 등 다른 종합소득과 합산되어 누진세율로 과세하는 것이 아니라, 2천만원까지는 원천징수세율로 과세하고, 2천만원을 초과하는 금액만 다른 종합소득과 합산되어 누진세율로 과세하는 것이다.

정답 096 ④   097 ①   098 ②   099 ②

★★★
100 금융소득 종합과세에 대하여 절세할 수 있는 올바른 투자방법을 모두 고른 것은?

> A. 어느 하나의 금융기관만을 거래하는 것보다는 여러 군데의 금융기관을 이용한다.
> B. 투자하고자 하는 금액의 일부를 먼저 비과세 금융상품에 가입한도까지 투자한다.
> C. 투자규모를 고려하여 금융소득이 2천만원을 초과하지 않도록 금융상품을 구성한다.
> D. 금융소득이 2천만원을 초과하고 사업소득 등의 주 소득이 1억 5천만원을 초과하는 경우에는 10년 만기 채권을 구입하여 분리과세를 신청하거나 비과세금융상품 등에 투자한다.

① A   ② A, B   ③ B, C, D   ④ C, D

 해설 A. 금융소득 종합과세되는 경우 개인도 금융자산 전반에 관한 조언이나 관리를 해줄 수 있는 주거래은행을 정해 놓고 일괄적으로 금융자산을 관리하는 것이 필요하므로, 여러 군데의 금융기관을 이용하는 것보다는 주거래은행 등으로 거래 금융기관을 줄이는 것이 유리하다.

🏛 필수핵심정리 ▶ 절세할 수 있는 올바른 투자방법

- 여러 군데의 금융기관 이용보다는 주거래은행 이용
- 먼저 비과세금융상품의 가입한도까지 먼저 투자
- 금융소득이 2천만원 초과하지 않도록 금융상품의 구성
- 금융소득이 2천만원 초과 & 종합소득 1억 5천만원 초과하는 경우 → 10년 이상 장기채권 구입 후 분리과세신청 또는 비과세저축 또는 보험 등에 투자

★★★
101 금융소득의 종합과세 절세전략으로 올바르지 않은 것은?

① 10년 이상 만기의 채권도 3년 이상 보유하면 분리과세가 가능하다.
② 연간 금융소득이 2천만원을 초과하는 경우에는 무조건 30% 분리과세되는 금융상품에 투자하는 것이 유리하다.
③ 한 개의 금융상품에 모두 투자하여 만기에 한꺼번에 이자 등을 받기보다는 2개의 금융상품 및 만기를 달리하는 것이 유리하다.
④ 연간 금융소득을 줄이기 위해서는 1인 명의보다는 부부 또는 자녀명의로 분산투자하되, 증여세 등을 고려하여야 한다.

해설 연간 금융소득이 2천만원을 초과한다고 해서 무조건 30% 분리과세되는 금융상품에 투자해서는 아니 된다. 즉, 30% 분리과세 선택이 종합과세보다 유리하기 위해서는 금융소득에 합산되는 사업소득 등의 종합소득 과세표준이 8,800만원을 초과하여 35% 또는 38%를 적용받게 되는 경우 등이다.

★★★
102 만기 10년 이상인 채권에 대한 종합과세의 설명으로 잘못된 것은?

① 만기 10년 이상이고 보유기간이 3년 이상인 채권은 이자소득의 30%만 소득세를 부담하고 종합과세대상에서 제외된다.

② 분리과세를 받고 싶으면 이자를 받을 때까지 분리과세를 신청해야만 한다.

③ 별도의 분리과세 신청이 없으면 14%로 원천징수한 후 종합과세대상이 된다.

④ 만기가 10년 이상인 채권을 만기 전에 매각함으로써 10년 미만으로 보유하게 된 경우에는 종합과세대상이 된다.

> **해설** 만기가 10년 이상인 채권을 만기 전에 매각함으로써 10년 미만으로 보유하게 된 경우에도 채권의 보유기간 이자는 30% 분리과세된다.

★★★
103 다음 중 만기 10년 이상인 채권의 분리과세 선택이 종합과세보다 유리한 경우에 해당할 수 있는 것은? 심화

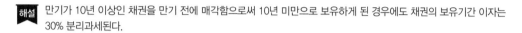

> ㉠ 종합과세되는 사업소득이나 근로소득 등이 8,800만원 이상으로서 종합과세 금융소득에 대하여 35% 또는 38%의 누진세율이 적용되는 경우
>
> ㉡ 종합과세되는 사업소득이나 근로소득 등이 8,800만원 미만으로서 종합과세 금융소득에 대하여 24% 이하의 누진세율이 적용되는 경우
>
> ㉢ 종합과세되는 사업소득이나 근로소득 등이 8,800만원 미만이더라도 종합과세 금융소득이 많아 일부 금융소득에 대하여 35% 또는 38%의 누진세율이 적용되는 경우

① ㉠, ㉢   ② ㉡   ③ ㉠, ㉡   ④ ㉠, ㉡, ㉢

> **해설** 10년 이상의 장기채권에 대한 분리과세를 신청하면 이자소득의 30%만 소득세 부담하고 종합과세대상에서 제외된다. 따라서 30% 분리과세 선택이 종합과세보다 유리하기 위해서는 금융소득에 합산되는 사업소득 등의 종합소득 과세표준이 8,800만원의 초과 등으로 인하여 35% 또는 38%를 적용받게 되는 경우이다.
> ㉠ 종합과세되는 사업소득이나 근로소득 등이 8,800만원 이상으로서 종합과세 금융소득에 대하여 35% 또는 38% 의 누진세율이 적용되는 경우 → 종합과세 기준금액 2천만원까지의 금융소득에 대해서는 일반원천징수세율인 14%로 분리과세되므로 전체금융소득이 기준금액을 초과하는 경우 그 초과금액에 대하여만 장기채권이자에 대한 분리과세를 선택하는 것이 유리하다.
> ㉢ 종합과세되는 사업소득이나 근로소득 등이 8,800만원 미만이더라도 종합과세 금융소득이 많아 일부 금융소득에 대하여 35% 또는 38%의 누진세율이 적용되는 경우 → 35%, 38% 세율이 적용될 금융소득의 원금에 해당하는 금액만 10년 만기 채권에 투자하고 동 이자에 대하여 30% 분리과세를 선택하는 것이 유리하다.

★★★
104 올바른 금융소득종합과세의 절세전략으로 보기 어려운 것은?

① 10년 이상 장기채권의 이자에 대한 분리과세 신청이 항상 유리한 것은 아니다.

② 배우자의 명의로 저축을 하려면 증여세 공제한도 범위 내 10년간 증여액 합계액 6억원 이내에서 저축하는 것이 바람직하다.

③ 소액주주가 양도하는 주식은 상장법인주식은 물론 비상장법인주식의 양도차익에 대하여 소득세를 과세하지 아니한다.

④ 채권을 만기 전에 중도매매하는 경우 보유기간 동안의 표면이자는 금융소득 종합과세대상이 되나, 표면이자를 제외한 실질적인 매매차익은 소득세를 과세하지 않는다.

 해설 소액주주가 양도하는 주식은 거래소를 통한 상장법인주식의 양도차익에 대하여만 소득세를 과세하지 아니하고, 소액주주가 양도하는 경우에도 거래소 밖에서 장외양도하는 경우에는 과세한다. 또한 비상장법인주식의 양도차익은 장내·장외 및 대주주·소액주주 여부와 관계없이 소득세를 과세한다.

★★★
105 종중, 동창회, 종교단체 등의 대표자를 예금주로 하는 경우의 대표자가 세금상 불이익을 받지 않기 위해서는 다음의 요건을 모두 갖추어 관할세무서에 '법인으로 보는 단체'의 승인을 하고 신청하여야 한다. 이 요건 중 옳지 않은 것은?

> ㉠ 단체의 조직과 운영에 관한 규칙을 갖고 있어야 할 것
> ㉡ 단체의 대표자를 선임할 것
> ㉢ 단체 자신의 계산과 명의로 수익과 재산을 독립적으로 소유·관리할 것
> ㉣ 단체의 수익을 구성원에게 분배할 것

① ㉠, ㉡, ㉢, ㉣　　　　　　　② ㉡, ㉢, ㉣
③ ㉢, ㉣　　　　　　　　　　④ ㉣

해설 ㉣ 단체의 수익을 구성원에게 분배하지 않는다.
이러한 위의 요건을 모두 충족하여 관할세무서장에게 신청하여 승인을 받은 경우에는 위의 단체를 비영리법인으로 보아 대표자 개인의 금융소득과 구분하고 이자소득에 대한 법인세를 과세한다. 따라서 대표자가 세금상 불이익을 받게 되지 않는다.

CHAPTER 02 금융상품

내용 구성 및
주요 출제내용
분석

주요 내용	중요도	주요 출제 내용
금융상품 개론	★	금융회사의 종류, 금융상품의 개요
예금성 금융상품	★★★	예금상품의 구분, 예금의 종류
신탁상품	★★	신탁상품의 개념과 특징, 신탁상품의 종류
보장성 금융상품	★★★	생명보험상품의 개념 및 종류, 보험계약의 이해, 손해보험상품
투자성 금융상품	★★★	금융투자상품의 개념 및 종류, 펀드상품, 기타 금융투자상품
ABS와 MBS	★★★	자산유동화증권(ABS)의 개념과 구조, 주택저당채권(MBS)
퇴직연금	★★	우리나라의 노후보장체계와 퇴직연금의 역할

출제경향 분석
및 학습요령

금융상품은 총 8문제가 출제되는 부분으로서, 금융상품 개론, 예금성 금융상품, 보장성 금융상품, 투자성 금융상품, 자산유동화증권, 주택저당채권, 퇴직연금 등에서 각 1∼2문제 출제된다. 특히, 금융기관의 구분, 예금의 종류의 특징, 예금보호제도, 보험료의 개념 및 구성, 펀드의 종류와 특징, ELW, 자산유동화증권, 주택저당채권, 퇴직연금제도 등은 매우 중요한 부분으로서, 이해보다는 암기를 필요로 하는 부분이다.

···TOPIC 1 우리나라의 금융기관

★★★
001 우리나라 금융시장의 구분에 관한 설명 중 틀린 것은?

① 금융기관은 제도적 실체에 중점을 두어 은행, 비은행예금 취급기관, 금융투자업자, 보험회사, 기타 금융기관 및 금융보조기관 등 6개 그룹으로 구분한다.
② 은행은 일반은행과 특수은행이 있으며, 일반은행에는 시중은행, 지방은행 및 외국은행 국내지점으로 구성된다.
③ 농업협동조합중앙회와 수산업협동조합중앙회는 시중은행에 포함된다.

④ 비은행예금 취급기관에는 상호저축은행, 신용협동기구, 종합금융회사 등이 있다.

해설 한국산업은행, 한국수출입은행, 중소기업은행은 물론 농업협동조합중앙회와 수산업협동조합중앙회도 특수은행에 포함된다.

🏛 필수핵심정리 ▷ 우리나라의 금융기관

구 분		금융기관
은행	일반은행	시중은행, 지방은행, 외국은행 국내지점
	특수은행	한국산업은행, 한국수출입은행, 중소기업은행, 농업협동조합중앙회, 수산업협동조합중앙회 등
비은행예금 취급기관		상호저축은행, 신용협동조합 · 새마을금고 · 상호금융 등 신용협동기구, 우체국예금, 종합금융회사 등
금융투자업자		투자매매중개업자(증권회사 및 선물회사), 집합투자업자, 투자일임자문업자, 신탁업자 등
보험회사		생명보험회사, 손해보험회사, 우체국보험 및 공제기관(농협공제, 수협공제, 신협공제, 새마을금고공제)
기타금융기관		여신전문금융회사(리스회사, 신용카드회사, 할부금융회사, 신기술금융회사), 벤처캐피탈회사(중소기업창업투자회사 등), 증권금융회사, 공적 금융기관 등
금융보조기관		금융감독원, 예금보험공사, 금융결제원, 한국예탁결제원, 한국거래소, 신용보증기관, 신용정보회사, 자금중개회사 등

★★★
002 우리나라의 특수은행으로 볼 수 없는 것은?

① 한국산업은행　　　　　　　　② 한국수출입은행
③ 중소기업은행　　　　　　　　④ 국민은행

 해설 특수은행은 일반은행이 재원, 채산성의 제약으로 필요한 자금을 공급하기 어려운 특정부문에 자금을 공급하며 대부분 정부계 은행으로서, 한국산업은행, 한국수출입은행, 중소기업은행, 농업협동조합중앙회, 수산업협동조합중앙회 등이 있다.
국민은행은 일반법인 은행법의 적용을 받는 시중은행인 일반은행이다. 이러한 일반은행에는 시중은행, 지방은행 및 외국은행 국내지점 등이 있다.

★★★
003 비은행예금 취급기관이 아닌 것은?

① 상호저축은행　　　　　　　　② 신용협동기구
③ 농업협동조합중앙회　　　　　④ 종합금융회사

정답 001 ③　　002 ④　　003 ③

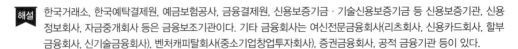

해설 비은행예금 취급기관은 은행과 유사한 여수신업무를 주요 업무로 하나, 보다 제한적인 목적으로 설립되어 요구불예금 등이 거의 없거나 상대적으로 작아 신용창조기능이 크지 않고 지급결제기능을 전혀 제공하지 못하거나 제한적으로만 제공하여 취급업무의 범위가 은행에 비해 좁다. 또한 자금조달 및 운용 등에서 은행과는 상이한 규제를 받는 금융기관으로서 영업대상이 개별금융기관의 특성에 맞추어 사전적으로 제한되며 상호저축은행, 신용협동조합·새마을금고·상호금융 등의 신용협동기구, 우체국예금 및 종합금융회사 등이 있다. 그러나 농업협동조합중앙회는 특수은행으로 분류한다.

★★★ 004 다음 중 신용협동기구로 볼 수 없는 것은?

① 상호저축은행
② 신용협동조합
③ 새마을금고
④ 농·수협단위조합의 상호금융

해설 신용협동기구는 조합원에 대한 저축편의 제공과 대출을 통한 조합원 상호간 상호부조를 목적으로 운영하는 금융기관으로서 신용협동조합, 새마을금고 및 농·수협단위조합의 상호금융이 이에 해당한다.
그러나 상호저축은행은 일정 행정구역 내에 소재하는 서민 및 소규모 기업에게 금융편의를 제공하도록 설립된 지역 서민 금융회사이므로, 신용협동기구로 볼 수 없다.

★★★ 005 비은행예금 취급기관에 대한 설명으로 옳지 않은 것은? 심화

① 보험회사는 사망·질병·노후 또는 화재나 각종 사고를 대비하는 보험을 인수·운영하는 기관이다.
② 금융투자업자는 직접 금융시장에서 유가증권의 거래와 관련된 업무를 주된 업무로 하는 금융회사를 모두 포괄하는 그룹이다.
③ 기타 금융회사는 금융회사의 업무로 분류하기 어려운 금융업무들을 주된 업무로 취급하는 기관을 말하며, 한국거래소, 한국예탁결제원, 예금보험공사 등이 있다.
④ 금융보조기관은 금융거래에 직접 참여하기보다 금융제도의 원활한 작동에 필요한 여건을 제공하는 것을 주된 업무로 하는 기관들이다.

해설 한국거래소, 한국예탁결제원, 예금보험공사, 금융결제원, 신용보증기금·기술신용보증기금 등 신용보증기관, 신용정보회사, 자금중개회사 등은 금융보조기관이다. 기타 금융회사는 여신전문금융회사(리츠회사, 신용카드회사, 할부금융회사, 신기술금융회사), 벤처캐피탈회사(중소기업창업투자회사), 증권금융회사, 공적 금융기관 등이 있다.

★★★
006 다음 중 자본시장법상 금융투자업으로 볼 수 없는 것은?

① 투자임대업　　　　　　　　　② 집합투자업
③ 신탁업　　　　　　　　　　　④ 투자매매업

> **해설** 「자본시장 및 금융투자업에 관한 법률(이하 '자본시장법)」상 금융투자업은 투자매매업, 투자중개업, 집합투자업, 투자자문업, 투자일임업 및 신탁업 6가지로 분류하고 있으며, 투자임대업은 해당하지 아니한다.

 필수핵심정리 ▷ 자본시장법상 금융투자업의 구분

구 분	내 용
투자매매업	누구의 명의로 하든지 자기의 계산으로 금융투자상품을 매도 · 매수, 증권의 발행 · 인수 또는 그 청약의 권유 · 청약 · 청약의 승낙을 하는 금융업
투자중개업	누구의 명의로 하든지 타인의 계산으로 금융투자상품을 매도 · 매수, 그 청약의 권유 · 청약 · 청약의 승낙 또는 증권의 발행 · 인수에 대한 청약의 권유 · 청약 · 청약의 승낙을 하는 금융업
집합투자업	2인 이상에게 투자권유를 하여 모은 금전 등을 투자자 등으로부터 일상적인 운용지시를 받지 아니하면서 자산을 취득 · 처분 그 밖의 방법으로 운용하고 그 결과를 투자자에게 배분하여 귀속시키는 금융업
투자자문업	금융투자상품의 가치 또는 투자판단에 관하여 자문을 하는 금융업
투자일임업	투자자로부터 금융투자상품에 대한 투자판단의 전부 또는 일부를 일임받아 투자자별로 구분하여 자산을 취득 · 처분 그 밖의 방법으로 운용
신탁업	신탁을 수탁하는 금융업

★★★
007 누구의 명의로 하든지 타인의 계산으로 금융투자상품을 매도 · 매수, 그 청약의 권유 · 청약 · 청약의 승낙 또는 증권의 발행 · 인수에 대한 청약의 권유 · 청약 · 청약의 승낙을 하는 금융업은 무엇인가?

① 투자매매업　　　　　　　　　② 집합투자업
③ 투자일임업　　　　　　　　　④ 투자중개업

> **해설** 누구의 명의로 거래하는가와 관계없이 누구의 계산으로 하느냐에 따라서, 타인의 계산으로 증권의 매매가 이루어져 법률상 명의와 경제적 계산관계가 달라지는 것은 투자중개업이고, 자기의 계산으로 매매가 이루어져 법률상 명의와 경제적 계산관계가 일치되는 것은 투자매매업이다.
> • 타인의 계산 → 법률상 명의 ≠ 경제적 계산관계 → 투자중개업
> • 자기의 계산 → 법률상 명의 = 경제적 계산관계 → 투자매매업

★★★
008 다음 중 금융상품의 구분에 대한 설명으로 틀린 것은?

① 금융상품은 한쪽 거래당사자에게 금융자산을 발생시키면서 다른 거래상대방에게 금융부채나 지분을 발생시키는 계약을 통칭한다.

② 금융상품은 상품의 속성에 따라 예금성, 투자성, 보장성, 대출성 금융상품으로 구분할 수 있다.

③ 예금성, 투자성, 보장성 금융상품은 금융회사에게 금융자산을 발생시키나, 대출성 금융상품은 금융회사에게 금융부채 또는 지분을 발생시킨다.

④ 금융상품은 원본 손실 가능성에 따라 금융투자상품과 비금융투자상품으로 구분하고, 금융투자상품은 다시 원금초과 손실 가능성에 따라 증권과 파생상품으로 구분된다.

 해설 예금성, 투자성, 보장성 금융상품은 금융회사에게 금융부채 또는 지분을 발생시키는 공통점이 있고, 대출성 금융상품은 금융회사에게 금융자산을 발생시킨다는 차이점이 있다.

···TOPIC 2 예금성 금융상품

★★★
009 다음 중 예금주의 환급청구가 있으면 언제든지 조건 없이 지급해야 하는 요구불예금이 아닌 것은?

① 보통예금   ② 당좌예금   ③ 가계당좌예금   ④ 정기적금

해설 요구불예금에는 보통예금, 당좌예금, 가계당좌예금 등이 있다. 그러나 정기적금은 예금자가 미리 약정된 기간이 경과한 후에 현금을 인출할 것을 약정하면서 일정 금액을 은행에 예치하고, 은행은 이에 대해 일정 이율의 이자를 지급할 것을 약속하는 대표적인 저축성예금에 해당하며, 이러한 저축성예금은 거치식과 적립식으로 구분한다.

★★★
010 다음 중 입·출금이 자유로운 예금으로 옳은 것을 묶은 것은?

㉠ 보통예금	㉡ 가계당좌예금	㉢ 저축예금
㉣ MMDA	㉤ 양도성예금증서(CD)	

① ㉠, ㉡, ㉢   ② ㉠, ㉡, ㉢, ㉣

③ ㉠, ㉡, ㉢, ㉣, ㉤   ④ ㉣, ㉤

입·출금이 자유로운 수시입출금식 예금에는 보통예금, 당좌예금, 가계당좌예금의 요구불예금과 저축예금, MMDA(Money Market Deposit Account : 시장금리부 수시입·출금식 예금), CMA 등이 있다. 그러나 양도성예금증서(CD)은 최소한 30일 이상 예치하여야만 출금할 수 있는 양도성이 부여된 무기명 할인식의 정기예금의 일종이다.

🏛 필수핵심정리　저축성 예금

입출금식	저축예금, MMDA(시장금리부 수시입출금식 예금)
적립식	약정기간 동안 일정금액을 불입하여 약정기간이 지난 후 불입한 금액과 이자를 인출하는 예금으로 정기적금, 가계우대적금, 상호부금, 주택청약부금, 청약저축, 주택청약종합저축, 재형저축 등이 해당
거치식	일정금액을 약정된 기간 동안에 예치하고 약정기간이 지난 후 원금과 이자를 인출할 수 있는 예금으로 정기예금, 주가지수연동 정기예금(ELD), 주택청약예금, 양도성예금증서(CD), 표지어음 등이 해당

★★★
011 다음 중 목돈마련예금에 해당하는 것은?

① 정기예금　　　　② 발행어음　　　　③ 정기적금　　　　④ 표지어음

 목돈을 만들 때까지 다달이 월부금을 불입하는 적립식 예금이 목돈마련예금이며, 여기에는 정기적금, 상호부금, 근로자우대저축 등이 있다. 그러나 정기예금, 발행어음, 표지어음 및 양도성 정기예금(CD) 등은 일정한 목돈을 예치하여 수익을 받는 거치식 예금인 목돈운용예금이다.

★★★
012 적립식 금융상품으로 보기 어려운 것은?

① MMDA　　　　② 정기적금　　　　③ 재형저축　　　　④ 주택청약부금

해설 MMDA는 입출금식 예금이다.

🏛 필수핵심정리　MMDA(Money Market Deposit Account : 시장금리부 수시입출금식 예금)

- 1997년 7월 금리자유화 때 저축예금의 금리가 자유화되면서 도입되어 단 하루만 맡겨도 고금리를 지급하는 자산운용사의 MMF(Money Market Fund)와 종합금융회사의 CMA와 경쟁이 가능한 은행의 저축예금에 시장금리를 지급할 수 있는 저축성 예금
- 통상 500만원 이상의 목돈의 1개월 이내 초단기 운용 시 유리하며, 각종 공과금·신용카드대금 등의 자동이체용 결제통장 활용 가능
- 가입대상 : 개인, 법인, 개인기업 등 제한 없음
- 금리 : 통상 예금잔액 500만원, 1천만원, 3천만원, 5천만원, 1억원 등 기준 금액별 차등금리 지급(은행별 상이)

★★★
013 다음은 MMDA(Money Market Deposit Account)에 대한 설명이다. 틀린 것은?

① 자산운용사의 MMF, 종합금융회사의 CMA와 경쟁이 가능한 은행의 저축예금에 시장금리를 지급할 수 있는 수시입출금식 저축성 예금이다.

② 통상 1,000만원 이상의 목돈을 1년 이상 장기로 운용할 때 유리하다.

③ 개인, 법인, 개인기업 등 가입제한은 없으며, 각종 공과금·신용카드대금 등의 자동이체용 결제통장으로 활용할 수 있다.

④ 통상 매일의 잔액에 대해 해당 금리를 적용하나, 예치금액에 따라 금리를 차등 적용하며 은행별로 상이하다.

해설 MMDA는 통상 500만원 이상의 목돈을 1개월 이내의 초단기로 운용할 때 유리한 예금이나, 환매조건부채권, 양도성예금증서 등 다른 단기 시장성상품에 비해서는 수익률이 낮은 수준이며, 특히 일정금액 미만의 소액예금의 경우에는 다른 저축상품보다 금리가 낮아 특별한 장점이 없다.

★★★
014 주택마련을 위한 금융상품의 설명으로 잘못된 것은?

① 주택청약부금은 전용면적 85㎡ 이하의 민영주택 또는 60㎡ 초과 ~ 85㎡ 이하의 민간건설 중형국민주택에 대한 청약권이 주어지는 저축이다.

② 주택청약부금은 예금자보호법에 의하여 보호되지는 않으나 국민주택기금의 조성재원으로 정부가 지급보증을 한다.

③ 주택청약저축은 국민주택이나 85㎡ 이하의 민간건설 중형국민주택을 분양 또는 임대하는 경우 청약권이 주어지는 정기적금형태의 저축이다.

④ 주택청약저축은 국민주택 및 민영주택 구분 없이 모든 신규분양주택을 청약할 수 있는 저축이다.

해설 주택청약부금은 예금자보호법에 의하여 보호된다. 다만, 예금자보호법에 의하여 보호되지는 않으나 국민주택기금의 조성재원으로 정부가 지급보증을 하는 것은 주택청약저축과 주택청약종합저축이다.

구 분	주택청약부금	청약저축	주택청약종합저축
의 의	주택관련대출 및 민영주택청약권이 부여되는 적립식형태의 저축	국민주택·민간건설 중형국민주택의 분양·임대 청약권이 부여되는 정기적금 일종	기존의 청약부금·청약저축 및 청약예금을 한데 묶은 주택청약통장
특 징	청약자격 부여 & 세금우대 혜택	청약권 부여 & 소득공제·세금우대 혜택	청약권 부여 & 소득공제 혜택
가입 대상	20세 이상인 국민 또는 20세 미만의 세대원 있는 세대주	무주택 세대주(1세대 1계좌) 또는 85㎡ 이하 1주택인 세대주	주택소유 여부 무관 & 1인 1계좌. 단, 기존 청약저축·청약예금가입자는 전환 불가
계약 기간	2~5년(은행별 상이)	주택입주자로 선정될 때까지	주택입주자로 선정될 때까지
적립 방법	자유 또는 정액 적립식 (은행별 상이)	2만원에서 10만원까지 5천원 단위	매월 일정액 적립식과 예치식 병행
1순위	청약가능불입금액 이상 & 2년 경과	가입 후 2년 이상 경과 & 매월 연체없이 24회 이상 납입	가입 후 1년 이상 경과
기타	예금자보호 ○	예금자보호 X. 단, 국민주택기금조성재원으로 정부 관리	

📊 **보충**학습 　 평형별·지역별 주택청약예금의 예치금액 및 청약우선순위

청약가능 전용면적	예치금액			청약우선순위
	서울, 부산	기타 광역시	기타 시·군	
85㎡ 이하	300만원	250만원	200만원	• 1순위 : 1년 이상 경과자 • 2순위 : 6월 이상 경과자 • 3순위 : 1, 2 순위 외의 자 ※ 민영주택 청약가점제 적용
102㎡ 이하	600만원	400만원	300만원	
135㎡ 이하	1,000만원	700만원	400만원	
135㎡ 초과	1,500만원	1,000만원	500만원	

★★★ 015 주택청약종합저축에 대해서 잘못된 설명은? 심화

① 국민주택과 민영주택을 구분하지 아니하고 모든 신규 분양주택을 청약할 수 있다.

② 주택소유 여부와 관계없이 1인 1계좌만 가능하나, 기존의 청약부금 · 청약저축 · 청약예금의 가입자는 전환가입이 안 된다.

③ 소득공제 혜택을 받을 수는 없으나, 예금자보호는 받을 수 있다.

④ 가입 후 1년이 지나면 1순위가 되나, 19세 미만은 청약할 수 없다.

> **해설** 총급여 7천만원 이하인 무주택근로자는 연간 납입한 금액(240만원 한도)의 40%를 소득공제 받을 수 있으나, 예금자보호는 받을 수 없다. 다만, 국민주택기금의 조성재원으로 정부가 관리한다.

★★★ 016 개인종합저축계좌(ISA)의 내용으로 틀린 것은? 심화

① 한 계좌에서 다양한 금융상품을 담아 운용할 수 있다.

② 일정기간 경과 후 각 금융상품 운용결과로 발생한 이익을 기준으로 세제혜택이 부여된다.

③ 기존 소장펀드나 재형저축보다 가입자격이 낮다.

④ 가입대상자는 근로 · 사업소득이 있는 근로자 · 자영업자, 농어민으로서 직전연도 금융소득이 2,000만원 이하인 자이다.

> **해설** ISA 가입기간 중 계좌 내 모든 금융상품에서 발행한 수익에서 손실을 뺀 순이익을 기준으로 하여 세제혜택이 부여되며, 다음과 같다.

총급여 5,000만원 이하 / 종합소득 3,500만원 이하	총급여 5,000만원 초과 / 종합소득 3,500만원 초과
250만원까지 비과세, 초과분 9.9% 분리과세	200만원까지 비과세, 초과분 9.9% 분리과세

★★★ 017 소득공제 장기펀드(소장펀드)의 내용으로 틀린 것은?

① 가입대상은 가입 당시 직전 종합소득금액이 3천만원 이하인 개인이다.

② 납입한도는 연간 600만원 이내에서 약정할 수 있고, 납입방법은 주기적 자동이체의 정액적립식방식 또는 자유적립식 방식을 선택할 수 있다.

③ 납입액의 40%(연 240만원 한도) 이내에서 소득공제 혜택이 있다.

④ 소득공제를 받기 위해서는 최소 5년 이상 가입하여야 하고, 가입 후 최장 10년 까지 혜택을 받을 수 있다.

> **해설** 가입대상은 가입 당시 직전 과세연도의 총급여액이 5천만원 이하(근로소득원천징수영수증상의 소득명세 합계액에서 비과세급여를 뺀 금액)인 근로소득자이다.

018 비과세 종합저축에 대한 설명으로 옳지 않은 것은?

① 1명당 저축원금이 1억원 이하로 가입하는 경우 해당 저축 및 만기 후에서 발생하는 이자소득 또는 배당소득에 대해서는 소득세를 부과하지 아니한다.

② 가입대상자는 65세 이상인 거주자, 장애인, 독립유공자와 그 유·가족, 상이자, 국민기초생활수급자, 고엽제후유의증환자, 5.18민주화운동부상자 등이다.

③ 비과세종합저축은 금융회사 등 및 일정한 공제회가 취급하는 모든 예금을 원칙으로 하나, CD·표지어음·무기명정기예금, 당좌예금·가계당좌예금 등은 제외한다.

④ 비과세종합저축만을 입·출금하는 비과세종합저축통장 또는 거래카드의 표지·속지 또는 거래명세서 등에 "비과세종합저축"이라는 문구를 표시하여야 한다.

해설 1명당 저축원금이 5천만원 이하로 가입하는 경우 해당 저축에서 발생하는 이자소득 또는 배당소득에 대해서는 소득세를 부과하지 아니하나, 계약기간 만료 후에 발생하는 이자소득 및 배당소득은 과세대상이다.

🏛 필수핵심정리 ▶ 비과세 종합저축

- 일정한 요건을 갖춘 자가 2019년 12월 31일까지 1명당 저축원금이 5천만원 이하로 가입하는 경우 해당 저축에서 발생하는 이자소득 또는 배당소득에 대해서는 소득세를 부과하지 아니함. 단, 계약기간 만료일 이후 발생하는 이자소득 및 배당소득에 대해서는 적용하지 않음
- 비과세종합저축을 취급하는 금융회사 등 및 공제회는 비과세종합저축만을 입금 또는 출금하는 비과세종합저축통장 또는 거래카드의 표지·속지 또는 거래명세서 등에 "비과세종합저축"이라는 문구를 표시하여야 함
- 가입대상자 → 65세 이상인 거주자(단, 2015년 61세, 2016년 62세…2019년까지 매년 1세씩 상향 조정), 관련 법령에서 정하는 장애인, 독립유공자 및 그 가족, 상이자, 국민기초생활보장 수급자, 고엽제후유의증환자, 5.18 민주화운동부상자 등
- 비과세종합저축의 요건 → 금융회사 등 및 군인공제회, 대한교원공제회, 대한지방행정공제회, 경찰공제회, 대한소방공제회, 과학기술인공제회가 취급하는 저축(투자신탁·보험·공제·증권저축·채권저축 등 포함)
- 대상 상품 → 각 금융회사가 취급하는 모든 예금 등을 원칙으로 하나, CD·표지어음·무기명정기예금 등의 증서로 발행되고 유통이 가능한 예금, 당좌예금·가계당좌예금 등 어음·수표 등에 의해 지급이 가능한 예금 및 조세특례제한법 등에 따라 취급중인 비과세예금 및 각 취급 금융회사가 별도로 제외하는 예금은 제외

---

019 다음 중 정기성 상품이 아닌 것은?

① 주택청약저축 ② 정기예금

③ 주가지수연동 정기예금 ④ 주택청약예금

해설 정기성 상품은 일정한 목돈을 한꺼번에 일정기간 예치한 후에 찾는 목돈운용상품을 말하나, 주택청약저축은 매달 2만원 이상 10만원까지 5천원 단위로 자유롭게 납입하는 목돈마련상품의 적립식 상품이다.

정답 015 ③ 016 ② 017 ① 018 ① 019 ①

★★★
020 주가지수연동형 상품을 모두 고른 것은?

> ⊙ 주가지수연동예금   © 주가지수연동증권
> © 주가지수연동펀드   ® 주가지수연동신탁

① ⊙, ©, ©, ®   ② ⊙, ©, ©
③ ⊙, ©   ④ ⊙, ®

해설 주가지수연동형 상품은 은행의 ⊙ 주가지수연동예금, 증권회사의 © 주가지수연동증권 및 자산운용사 등의 © 주가지수연동펀드가 있다.

Ⅲ 필수핵심정리 ▶ 주가지수연동형 상품

구 분	주가지수연동예금(ELD)	주가지수연동증권(ELS)	주가지수연동펀드(ELF)
발행주체	은행	증권회사	자산운용사, 투신사
투자형태	정기예금 가입	증권 매입	수익증권(펀드가입)
자금운용 구조	대출금, 증권, 주가지수 옵션	채권, 주식워런트증권, 주가지수 옵션·선물	펀드(금융공학기법으로 포트폴리오 구성)
원금보장 여부	은행이 원금 보장	발생사가 지급보장	신탁재산 신용도 및 운용성과에 따라 지급
수익 결정방법	사전에 약정된 조건에 따라 결정		운용성과에 따른 실적배당(원금 보존추구형, 원금비보장형)
	원금 100% 보장형	원금보장형, 원금비보장형	
장점	은행이 제시한 수익보장	증권사가 제시한 수익달성 추구의 상품구성	추가수익 발생 가능
단점	추가수익 없음		제시수익 보장 없음
특징	예금자보호대상 ○	예금자보호대상 X	

★★★
021 시장실세금리를 반영하는 금융상품으로 볼 수 없는 것은?

① 양도성예금증서(CD)   ② 환매조건부채권(RP)
③ 정기예금   ④ 표지어음

해설 시장실세금리를 반영하는 금융상품에는 양도성예금증서(CD), 환매조건부채권(RP), 표지어음, 금융채 및 후순위채 등이 있다. 그러나 정기예금은 일반적으로 예치기간에 따라 약정된 이자율을 적용하여 지급한다.

★★★ 022 시장실세금리를 반영하는 금융상품의 설명으로 틀린 것은? 심화

① 양도성예금증서(CD)는 만기 전에 은행에서의 중도해지는 불가능하나, 증권회사나 종합금융회사 등을 통해서 매각하여 현금화할 수 있다.
② 환매조건부채권(RP)는 국채, 지방채, 특수채를 대상으로 투자하고, 주로 통장거래로 이루어지며, 중도환매가 가능하나 당초 약정금리보다 훨씬 낮은 금리를 적용한다.
③ 금융채의 발행금리는 시중금리와 연동되어 있고 원리금의 지급을 발행은행이 보증하며, 세금우대종합저축한도 내에서 1년 이상 가입 시 세금우대혜택을 받을 수 있다.
④ 후순위채는 분리과세 선택이 불가능하나, 예금보호대상 금융상품이다.

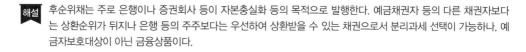

해설 후순위채는 주로 은행이나 증권회사 등이 자본충실화 등의 목적으로 발행한다. 예금채권자 등의 다른 채권자보다는 상환순위가 뒤지나 은행 등의 주주보다는 우선하여 상환받을 수 있는 채권으로서 분리과세 선택이 가능하나, 예금자보호대상이 아닌 금융상품이다.

★★★ 023 양도성예금증서에 관한 설명으로 옳은 것을 묶은 것은?

> ⓐ 무기명식 할인식으로 발행되며, 유통시장에서 매매가 가능하다.
> ⓑ 은행은 물론 종합금융회사 및 증권회사에서도 발행이 가능하다.
> ⓒ 예치기간은 30일 이상이면 제한이 없으나, 만기 전 중도해지는 가능하다.
> ⓓ 수익률은 실세금리 연동형 확정금리이나, 만기 후에는 별도의 이자 없이 액면금액만을 지급받게 된다.
> ⓔ 1인당 원금과 이자를 포함한 5,000만원 한도 내에서 예금자보호대상이다.

① ⓐ, ⓑ, ⓓ   ② ⓐ, ⓒ
③ ⓑ, ⓒ, ⓓ   ④ ⓒ, ⓔ

해설 양도성 정기예금(CD : Certificate of Deposit)은 정기예금에 양도성을 부여하여 무기명할인식으로 발행되어 비교적 수익성이 높고, 환금성 및 안정성이 보장되는 금융상품이다.
　ⓒ 예치기간은 30일 이상이면 제한이 없으나, 91일이 일반적이다. 만기 전 중도해지는 불가능하나, 제3자에게 양도가 가능하므로 유통시장에서 매매 등을 통하여 만기 전이라도 현금화가 가능하다.
　ⓔ 예금자보호법에 의한 보호대상예금이 아니다.
　※ 일반적으로 예금보호대상은 금융회사가 만기일에 약정된 원리금을 지급하겠다는 약속하에 고객으로부터 예치받은 예금, 적금, 상호저축은행의 표지어음 및 종합금융회사의 CMA(일부) 등이 보호대상이다. 그러나 예치한 돈을 유가증권 매입 등에 운용하여 실적에 따라 원금과 수익을 지급하는 투자상품인 펀드, 주식, 후순위채권과 저축 등은 보호대상에서 제외된다.

- 의의 : 정기예금 + 양도성 + 무기명식
- 특징
  - 만기 전 중도해지 불가능. 단, 유통시장에서 매매 가능
  - 발행 시 이자가 선지급되는 할인식 → 만기 후 이자 없음
- 가입대상과 예치한도 : 제한 없음. 단, 은행에 따라 500만원 이상
- 가입기간 : 30일 이상 제한 없음

★★★
024 표지어음에 관련하여 가장 거리가 먼 설명은?

① 은행, 종합금융회사, 상호저축은행 등의 금융기관이 어음의 발행 및 지급인이 되며, 만기 전 중도해지는 불가능하나 배서에 의한 양도는 가능하다.

② 어음금액의 제한은 없으나, 보통 500만원 이상으로 한다.

③ 은행 등의 대표적인 장기금융상품 중 하나로 1년 이상의 장기자금의 운영에 유리하다.

④ 실세금리 연동형 확정금리로 선이자지급식의 할인식으로서, 만기 후의 경과이자에 대해서는 별도의 이자지급 없이 액면금액만을 지급한다.

해설 표지어음은 은행 등의 대표적인 단기금융상품 중 하나로 3개월 이상 6개월 이내의 단기여유자금의 운영에 유리한 실세금리반영의 금융상품이다.

···· TOPIC 3 신탁상품

★★★
025 신탁과 관련된 설명으로 가장 거리가 먼 것은?

① 금전신탁은 신탁 인수 시 신탁재산으로 금전을 수탁하여 신탁 종료 시에 금전 또는 운용자산 그대로 수익자에게 교부하는 신탁을 말한다.

② 금전신탁은 신탁재산의 운용방식에 따라 합동운용신탁과 단독운용신탁으로 구분한다.

③ 불특정금전신탁은 단독운용방식을, 특정금전신탁은 합동운용방식을 취한다.

④ 재산신탁은 유가증권이나 부동산, 금 등 금전 이외의 재산으로 신탁재산을 인수하여 신탁 종료 시 운용현상 그대로 교부하는 신탁을 말한다.

해설 불특정금전신탁은 합동운용방식을, 특정금전신탁은 단독운용방식을 취한다.
- 합동운용방식 → 수탁자의 신탁재산이 다른 신탁금과 합동으로 운용되는 금전신탁
- 단독운용방식 → 수탁자의 신탁재산이 단독으로 운용되는 금전신탁

구 분	신탁목적물 및 신탁 종료시 반환	신탁의 구분
금전 신탁	• 금전 • 금전으로 반환	맞춤형 신탁, 분리과세 특정금전신탁, 불특정 금전신탁, 연금저축신탁
재산 신탁	• 금전 외의 채권, 증권, 부동산 등 • 신탁재산을 현상 그대로 반환	유가증권신탁, 금전채권신탁, 동산신탁, 부동산신탁 등

★★★
026 신탁상품의 특징에 관한 내용으로 옳은 것은?

① 신탁은 위탁자가 재산권을 수탁자에게 이전 또는 처분하는 것이며, 위탁자가 그 법률 상·형식상 명의인이 된다.

② 수탁자는 신탁재산에 대하여 대외적으로 유일한 관리·처분권자가 되며, 그 임무의 수행과 권리의 행사를 신탁목적에 따라 수익자를 위해 행하여야 한다.

③ 위탁자는 수탁자에 대해 지시할 수 있는 것은 물론이고 스스로 신탁재산상의 권리를 행사할 수 있다.

④ 신탁재산을 관리·처분할 결과로 생긴 제3자와의 권리·의무는 위탁자에게 직접 귀속된다.

> **해설** ① 신탁재산은 수탁자가 법률상·형식상 그 명의인이 되나, 경제상 실질상으로는 수익자에게 귀속되므로 신탁을 '이중의 소유권'이라고도 한다.
> ③ 위탁자는 수탁자에 대해 지시할 수는 있어도, 스스로 신탁재산상의 권리를 행사할 수는 없다.
> ④ 신탁재산을 관리·처분할 결과로 생긴 제3자와의 권리·의무는 신탁재산의 관리기관인 수탁자에게 귀속하고, 위탁자 또는 수익자에게 직접 귀속하지 않는다.

★★★
027 다음 중 신탁재산에 대한 설명으로 틀린 것은?

① 신탁재산은 위탁자의 고유재산으로부터 독립되어 수탁자의 고유재산에 속한다.

② 신탁재산은 수탁자의 상속재산 및 파산재단에 속하지 않는다.

③ 신탁재산에 대한 강제집행 및 경매가 불가하다.

④ 신탁재산인 채권과 다른 채무와의 상계가 금지된다.

> **해설** 신탁재산은 법인격이 없지만 수탁자로부터 독립되어 있다. 또한 법률적으로 수탁자에게 귀속하지만 수익자를 위한 재산이므로 수탁자의 고유재산 및 위탁자의 고유재산으로부터 독립되어 있다.

★★★
028 금전신탁과 예금의 비교에 관한 내용으로 잘못된 것은?

① 금전신탁은 수탁자인 은행계정의 고유재산과 구분하여 신탁계정의 신탁재산으로 한다.

② 금전신탁은 신탁법에 의한 신탁행위이나 예금은 민법에 의한 소비임치계약이다.

③ 금전신탁의 운용방법은 원칙적으로 제한이 없으나, 예금은 법령 범위 내에서 정한다.

④ 금전신탁은 원칙적으로 원금 및 수익에 대해 보장할 의무가 없으나, 예금은 원금과 약정이자의 지급의무가 있다.

> **해설** 금전신탁의 운용방법은 신탁계약 및 법령 범위 내에서 정하나, 예금은 원칙적으로 제한이 없다. 또한 금전신탁의 이익분배는 운용수익에서 신탁보수를 차감한 실적배당이나, 예금은 약정금리에 의한 약정이자로서 확정이자가 지급된다.

🏛 필수핵심정리 ▷ 신탁과 예금의 비교

구 분	신 탁	예 금
재산관계	신탁계정의 신탁재산	은행계정의 고유재산
계약관계인	위탁자, 수탁자, 수익자 → 3자 관계	예금자, 은행 → 양자 관계
계약의 성질	신탁법에 의한 신탁행위(계약, 유언)	민법에 의한 소비임치계약
운용방법	신탁계약 및 법령범위 내에서 운용	원칙적으로 제한 없음
이익분배	실적배당 = 운용수익 − 신탁보수	약정금리에 의한 약정이자(확정이자)
원본보전	원칙적으로 원본에 대한 보장의무 없음	원금 및 약정이자 지급의무 부담

★★★
029 연금저축신탁에 관한 다음의 설명 중 틀린 것은?

① 만 18세 이상인 국내거주자는 제한 없이 가입할 수 있다.

② 은행은 물론 증권회사와 보험회사 등에서도 취급하며, 전 금융회사를 합산하여 연 1,800만원 이내에서 저축할 수 있다.

③ 연금지급기간은 적립기간 10년 이상 및 만 65세 요건을 모두 충족한 시점부터 5년 이상 연단위이다.

④ 2014년 이후부터 연간 최대 400만원 한도 내에서 연간납입액의 12% 세액공제 혜택이 부여된다.

> **해설** 연금저축신탁은 노후생활 및 장래의 생활안정을 목적으로 일정금액을 적립하여 연금으로 원리금을 수령할 수 있다. 이 경우 연금지급기간은 적립기간 5년 이상 및 만 55세 요건을 모두 충족한 시점부터 10년 이상 연 단위이다.

★★★
030 다음 중 전 금융기관이 취급하는 비과세 금융상품으로 옳은 것은? 심화

① 농어가목돈마련저축

② 비과세 종합저축

③ 장기저축성보험

④ 예탁금 · 출자금

> **해설** 조세특례제한법에 따라 2014년 12월 31일 만료가 되는 기존 비과세 생계형저축과 세금우대종합저축을 폐지하고 이를 통합하여 2015년 1월 1일부터 전 금융회사 및 공제회 등에서 비과세 종합저축을 시행하고 있다.

🏛 필수핵심정리 비과세 금융상품

취급기관	비과세 금융상품
전 금융기관	비과세 종합저축, 재형저축
농협조합, 수협조합	농어가목돈마련저축
신용협동기구	신용협동조합 · 새마을금고 · 상호금융의 출자금 및 예탁금
은행, 보험회사, 신용협동기구, 우체국보험	장기저축성보험

★★★
031 다음 중 예금자보호법상 보호가 적용되지 않는 연금저축은?

① 은행의 연금저축신탁

② 손해보험회사의 연금저축보험

③ 생명보험회사의 연금저축보험

④ 증권사의 연금저축펀드계좌

> **해설** 증권사의 연금저축펀드계좌는 예금보호법이 적용되지 않는다. 그러나 나머지 연금저축은 적용된다.

정답 028 ③ 029 ③ 030 ② 031 ④

★★★
032 다음 중 예금자보호법에 의한 예금보호 대상으로 옳은 것을 묶은 것은?

> ㉠ 은행의 양도성예금증서(CD), 환매조건부채권(RP)
> ㉡ 증권회사의 수익증권, 뮤추얼펀드, MMF
> ㉢ 보험회사의 개인이 가입한 보험계약, 퇴직보험계약
> ㉣ 종합금융회사의 발행어음, 표지어음, 어음관리계좌(CMA)

① ㉠, ㉡　　　　　　　　　　　　　② ㉢, ㉣

③ ㉠, ㉢　　　　　　　　　　　　　④ ㉡, ㉢, ㉣

 해설 예금보호대상이 되는 저축상품은 예금보험 가입금융기관이 취급하는 예금만 해당한다. 예금이란 금융회사가 만기일에 약정된 원리금을 지급하겠다는 약속 하에 고객의 금전을 예치받는 금융상품만을 말하며, 따라서 실적배당 신탁 또는 수익증권 등과 같이 운용실적에 따라 원금과 수익을 지급하는 '투자상품'은 예금보호 대상이 아니다.
- ㉠의 양도성예금증서(CD), 환매조건부채권(RP) 및 ㉡의 수익증권, 뮤추얼펀드, MMF는 예금자보호법에 의한 예금보호 대상이 아니다.
- ㉢, ㉣은 모두 예금보호 대상이다.

🏛 **필수핵심정리** ▶ 금융상품별 예금보호 대상

구 분	보호 대상	비보호 대상
은행	• 보통예금, 당좌예금 등 요구불예금 • 정기예금, 주택청약예금 등 저축성예금 • 정기적금, 주택청약부금 등 적립식예금 • 연금신탁, 퇴직신탁 등 원금보전형 신탁 • 외화예금	• 양도성예금증서(CD), 환매조건부채권(RP) • 특정금전신탁 등 실적배당형 신탁 및 개발신탁 • 농·수협중앙회 공제상품 등
증권회사	• 증권 등의 매수에 사용되지 않고 계좌에 현금으로 남아 있는 금액(위탁자예수금) • 자기신용대주담보금, 신용거래계좌설정보증금, 신용공여담보금 등 현금잔액 • 원본이 보전되는 금전신탁 등	• 수익증권, 뮤추얼펀드, MMF 등 금융투자상품 • 청약자·제세금예수금, 선물·옵션거래예수금, 유통금융대주담보금 • CMA, 랩어카운트, ELS, ELW 등
보험회사	개인가입보험계약, 변액보험계약 특약 등*, 퇴직보험, 원본이 보전되는 금전신탁 등	변액보험계약 주계약(보호대상 제외), 법인보험계약, 보증보험계약, 재보험계약 등
종금회사	발행어음, 표지어음, 어음관리계좌(CMA)	기업어음(CP) 등
상호저축은행	보통예금, 저축예금, 정기예금, 정기적금 등 각종 예금, 신용부금, 표지어음 등	채권 등

* : 변액보험계약 최저사망보험금·최저연금적립금·최저중도인출금·최저종신중도인출금 등 최저보증
※ 보호금액 : 동일한 금융기관 내 원금과 법정이자를 합한 금액이 1인당 5천만원

★★★
033 예금보호대상인 금융상품으로만 옳게 묶은 것은? 심화

① 당좌예금, 주택청약예금, 종합자산관리계좌(CMA)

② 연금신탁, 퇴직신탁, 특정금전신탁

③ 신용부금, 신용거래계좌설정보증금, 위탁자예수금

④ 랩어카운트, 주가지수연계증권(ELS), 주식워런트증권(ELW)

 해설 신용부금, 신용거래계좌설정보증금 및 증권 등의 매수에 사용되지 않고 고객계좌에 현금으로 남아있는 위탁자예수금은 모두 예금보호대상이다.
① 당좌예금과 주택청약예금은 예금보호대상이나, 증권회사의 종합자산관리계좌(CMA)는 예금보호대상이 아니다.
② 연금신탁, 퇴직신탁 등 원금보전형 신탁은 예금보호대상이나, 특정금전신탁 등의 실적배당형 신탁 및 개발신탁은 예금보호대상이 아니다.
④ 랩어카운트, 주가지수연계증권(ELS), 주식워런트증권(ELW)은 모두 예금보호대상이 아니다.

★★★
034 다음 중 예금자보호법의 예금보험가입금융에 해당하지 않는 것은?

① 외국은행 국내지점   ② 상호저축은행

③ 새마을금고   ④ 증권회사 · 보험회사 · 종합금융회사

해설 예금자보호법의 적용을 받아 예금보험공사에 예금보험료를 납부하는 예금보험 가입금융기관 또는 부보금융회사는 은행(농 · 수협 중앙회, 지구별 수산업협동조합 중 은행법의 적용을 받는 조합과 외국은행 국내지점 포함), 증권회사, 보험회사, 종합금융회사 및 상호저축은행 등 5개 금융기관이다.
그러나 농 · 수협의 단위조합과 새마을금고 및 신용협동조합(2004년부터 제외)은 이에 해당하지 아니한다. 다만, 농 · 수협의 단위조합과 신용협동조합 등은 각 중앙회에서 자체적으로 적립한 기금을 통하여 예금자를 보호하고 있다.

★★★
035 예금보험공사의 예금보호와 관련하여 잘못된 설명은?

① 원금과 이자를 포함하여 예금의 종류별 또는 지점별로 1인당 최고 5천만원까지 예금지급을 보장받는다.

② 금융기관의 예금지급이 정지된 경우, 인가취소 · 해산 · 파산의 경우, 계약이전의 경우 및 합병되는 경우에는 예금보험사고에 해당한다.

③ 해당 금융기관에 대출이 있는 경우에는 예금에서 대출금을 먼저 상계시키고 남은 예금을 기준으로 보호한다.

④ 예금보호를 받지 못한 예금은 금융기관의 선순위채권 변제 후의 잔여재산에 대하여 채권자로서 파산절차에 참여하여 채권액에 비례하여 배당받을 수 있다.

해설 보호금액 5천만원은 예금의 종류별 또는 지점별 보호금액이 아니라 동일한 금융기관 내에서 예금자(개인 또는 법인) 1인이 보호받을 수 있는 총금액이다.

★★★
036 부실금융기관에 다음과 같이 투자한 개인투자자가 예금보호공사로부터 받을 수 있는 최대 금액은 얼마인가? (심화)

> ㉠ 정기예금 2천만원(양도성예금증서 1천만원 포함)
> ㉡ 연금신탁 1천만원, 특정금전신탁 1천만원
> ㉢ 증권계좌 미사용현금잔액 1천만원, MMF 1천만원
> ㉣ 양로보험 5백만원
> ㉤ 발행어음 5백만원, 기업어음 5백만원

① 3천만원
② 4천만원
③ 5천만원
④ 6천만원

 해설 예금보호대상금액 = (정기예금 2천만원 − CD 1천만원) + 연금신탁 1천만원 + 증권계좌 1천만원 + 양로보험 5백만원 + 발행어음 5백만원 = 4천만원
※ 양도성예금증서(CD), 특정금전신탁, MMF, 기업어음은 예금보호 대상이 아니다.

···TOPIC **5** 보장성 금융상품

★★★
037 생명보험의 구성 원리를 모두 고른 것은?

> ㉠ 대수의 법칙   ㉡ 수지상등의 원칙   ㉢ 사망률과 생명표

① ㉠, ㉡
② ㉡, ㉢
③ ㉠, ㉢
④ ㉠, ㉡, ㉢

 해설 생명보험은 일정한 형태의 우연한 사고로 인한 경제적 손실을 보전할 목적으로 동일 위험에 직면한 다수의 사람들이 합리적으로 계산된 분담금을 모아서 공동준비재산을 형성하고 불행을 당한 사람에게 약정된 금액을 지급해주는 금융상품이다.
㉠, ㉡, ㉢ 모두 생명보험의 구성 원리이다.

🏛 필수핵심정리	보험의 구성원리
대수의 법칙	어떠한 사건의 발생확률에 대해 관찰의 횟수를 다수로 늘려 가면 일정한 발생확률이 나오고 관찰대상이 많으면 많을수록 확률의 정확도가 커지는 법칙
수지상등의 원칙	보험가입자가 납입하는 보험료 총액과 보험회사가 지급하는 보험금 및 경비의 총액이 동일한 금액이 되도록 정하는 원칙
사망률과 생명표	• 생명표 → 대수의 법칙에 따라 사람의 연령별 생사잔존상태(생존자수, 사망자수, 생존율, 평균여명)를 나타낸 표 • 우리나라의 생명보험회사는 2015년 4월부터 제8차 경험생명표 사용

★★★
038 생명보험으로 볼 수 없는 것은?

① 사망보험 ② 생존보험 ③ 국민건강보험 ④ 생사혼합보험

 생명보험은 생명 또는 신체에 관한 보험사고를 보장하는 보험으로서 사망보험, 생존보험 및 생사혼합보험이 있으며, 국민건강보험은 사회보험이다.

※ 사망보험 → 사망 시 보험금 지급, 생존보험 → 만기 생존 시에 한하여 보험금 지급, 생사혼합보험 → 사망 또는 만기 생존 시 보험금 지급

🏛 필수핵심정리		보험의 종류
인보험	생명보험	사망보험, 생존보험, 생사혼합보험(양로보험)
	상해보험	보통상해보험, 교통상해보험, 단체상해보험
손해보험		화재보험, 운송보험, 해상보험, 책임보험, 자동차보험
사회보험		산업재해보상보험, 국민건강보험, 국민연금, 고용보험

★★★
039 생명보험상품의 특징으로서 옳은 것은?

① 미래지향적이다. ② 효용의 인식시점이 현재이다.
③ 효용의 수혜대상이 본인이다. ④ 효용이 화폐가치로 측정되지 아니한다.

 ① 생명보험 상품의 주된 기능은 불확실한 미래에 대한 보장을 주는 것이므로, 미래지향적인 상품이다.
② 효용의 인식시점이 장래이다 → 일반적으로 사망 · 상해 · 만기 · 노후 등 장래의 보험사고 발생에 따른 경제적 손실의 보상 시 보험의 효용을 인식한다.
③ 효용의 수혜대상이 타인이다 → 특히 보장성보험은 효용의 수혜대상이 타인이다.
④ 효용이 화폐가치로 평가된다 → 생명보험 상품의 급부는 화폐가치로 직접 표시된다.

정답 036 ② 037 ④ 038 ③ 039 ①

★★★
040 생명보험상품의 가격체계의 설명으로 옳은 것은?

① 예정기초율에 의해 가격이 결정된다.
② 가격의 구성비 중 재료비의 점유율이 낮아 가격인하의 소지가 매우 높다.
③ 목표이윤이 존재하며 이윤은 사전적으로 발생한다.
④ 이윤은 전부 생명보험회사에 귀속한다.

> **해설** 생명보험 상품의 가격은 예정사망률, 예정이율, 예정사업비율 등 예정기초율을 토대로 하여 수입과 지출이 같아지도록 가격을 산출한다.
> ② 가격의 구성비 중 재료비에 해당하는 순보험료의 점유율이 높고, 공정관리비에 해당하는 부가보험료는 상대적으로 점유율이 낮으므로 가격인하의 소지가 매우 한정되어 있다.
> ③ 생명보험 상품의 가격에는 목표이윤이 존재하지 않으며, 예정기초율과 실제 운영결과와의 차가 손익으로 사후에 발생한다.
> ④ 생명보험의 발생이익은 상당부분이 배당을 통해 보험계약자에게 환원된다.
> ※ 이 외에도 생명보험상품의 가격체계의 특징은 장기계약이며, 개발고정비가 소액이라는 점이다.

★★★
041 생명보험의 분류 연결이 잘못된 것은?

① 보험사고 – 사망보험, 생존보험, 생사혼합보험
② 보험금의 정액유무 – 정액보험, 체증식보험, 체감식보험, 감액보험, 변액보험
③ 피보험자의 수 – 단생보험, 연생보험, 단체취급보험, 단체보험
④ 위험의 선택방법 – 우량체보험, 표준체보험, 표준미달체보험

> **해설** 위험의 선택방법에 의한 분류는 유진단보험과 무진단보험으로 구분한다. 우량체보험, 표준체보험, 표준미달체보험은 피보험자의 상태에 의한 분류이다.

🏛 필수핵심정리 ▷ 생명보험의 분류

분류기준	분류내용
보험사고	사망보험(정기보험, 종신보험), 생존보험, 생사혼합보험
보험금정액유무	정액보험, 부정액보험(체증식보험, 체감식보험, 감액보험, 변액보험)
피보험자수	단생보험, 연생보험, 단체취급보험, 단체보험
계약자배당유무	유배당보험, 무배당보험
보험기간 등	기간만기, 세만기, 일시납, 단기납, 전기납
보험료납입방법	연납, 6개월납, 3개월납, 2개월납, 월납, 일부일시납, 보너스 병용납
위험의 선택방법	유진단보험, 무진단보험
피보험자의 상태	우량체보험, 표준체보험, 표준미달체보험

보충학습 〉 생명보험의 분류

- 사망보험 → 보험이론에 가장 부합되는 보험으로서, 피보험자가 사망 또는 제1급 장해 시 약정한 보험금이 지급되는 보험으로서 정기보험과 종신보험으로 구분
- 생존보험 → 피보험자가 일정기간 생존 시 보험금을 지급하는 보험
- 생사혼합보험(양로보험) → 피보험자가 일정기간 동안 사망하거나 중도 또는 만기 생존 시 보험금이 지급되는 보험으로서, 정기보험과 생존보험의 결합된 형태
- 정액보험 → 보험금 지급시기에 관계없이 항상 일정액의 보험금이 지급되는 보험
- 체증식보험 → 기간이 경과함에 따라 보험금이 점점 증가하는 부정액보험
- 체감식보험 → 기간이 경과함에 따라 보험금이 점점 감소하는 부정액보험
- 감액보험 → 보장사고가 가입 시부터 일정기간(보통 2년) 내에 발생했을 경우 보험금을 감액하는 부정액보험
- 변액보험 → 보험의 기능에 투자의 기능을 추가함으로써 보험금이 펀드의 운용실적에 따라 달라지며, 특히 화폐가치 하락에 대한 보완기능이 있는 부정액보험
- 단생보험 → 특정한 1인을 피보험자로 하는 보험
- 연생보험 → 2인 이상을 피보험자로 하는 보험
- 단체취급보험 → 5인 이상의 일괄가입 시 보험료를 할인해주는 개인보험과 단체보험의 중간수준의 보험
- 단체보험 → 수십 명 이상의 다수의 사람의 1매의 보험증권으로 하는 보험으로서 일정한 조건을 구비한 피보험자의 집단을 보험계약으로 하는 보험
- 유진단보험 → 보험계약체결 시 의사의 진단을 필요로 하는 보험
- 무배당보험 → 보험계약체결 시 의사의 진단이 필요 없는 보험
- 우량체보험 → 건강이 양호한 우량체를 대상으로 하는 보험
- 표준체보험 → 정상적인 건강체만을 대상으로 하는 보험
- 표준미달체보험 → 건강상태, 작업위험 등 사망발생 위험도가 건강체보다 큰 사람을 대상으로 하는 보험

★★★
042 생명보험의 분류와 그 특성이 올바르지 않은 것은? 심화

① 체증식보험 : 보통 소비자물가지수 인상분만큼 사망보험금이 증가하는 보험으로, 늦게 사망할수록 보험금이 증가하는 물가지수연동보험
② 단체보험 : 5인 이상의 일괄가입 시 보험료의 일정률을 할인해 주는 보험
③ 세만기 : 55세, 60세, 65세 등 일정연령까지 가입자가 보장을 받는 보험
④ 정기보험 : 5년, 10년, 20년 등 일정한 기간 내에 사망 시 보험금을 지급하는 보험

해설 5인 이상의 일괄가입 시 보험료의 일정률을 할인해 주는 보험은 단체취급보험으로서, 개인보험과 단체보험의 중간수준의 보험이다.
단체보험은 수십 명 이상의 다수의 사람의 1매의 보험증권으로 하는 보험으로서 일정한 조건을 구비한 피보험자의 집단을 보험계약으로 하는 보험이다.

★★★ 043 적정 보험료의 원칙으로 볼 수 없는 것은?

① 비과도성의 원칙   ② 충분성의 원칙

③ 공평성의 원칙   ④ 신뢰성의 원칙

 보험료의 계산원칙에는 비과도성의 원칙, 충분성의 원칙 및 공평성의 원칙이 있다.
- 비과도성의 원칙 → 적정한 보험료는 부당하게 비싸서는 안 된다.
- 충분성의 원칙 → 사업을 안전하게 수행하기 위하여 충분하여야 한다.
- 공평성의 원칙 → 각각의 계약자에 대하여 공평하도록 책정되어야 한다.

★★★ 044 다음 중 보험료 계산의 3요소로 볼 수 없는 것은?

① 예정사망률   ② 예정생존률

③ 예정이율   ④ 예정사업비율

해설 보험료란 보험회사가 보험사고 발생 시 보험금의 지급을 약속하고, 이에 대한 반대급부로 계약자가 보험회사에 납입하는 일정한 금액을 말한다. 보험료 계산의 3요소는 예정사망률, 예정이율 및 예정사업비율이다.

🏛 필수핵심정리 ▶ 보험료 계산의 3요소

예정 사망률	• 다수를 대상으로 한 대수의 법칙에 의해 예측된 사망비율 • 사망률차손익(사망률차배당) : 예정사망률 > 실제사망률 → 사망률차익 • 예정사망률↑ → 보험료 ↑
예정 이율	• 보험료 수입과 보험금 지급 사이의 시간적 차이를 이용한 적립금의 운용 비율 • 이자율차손익(이자율차배당, 장기유지특별배당) : 예정이율 < 실제이율 → 이자율차익 • 예정이율↑ → 보험료 ↓
예정 사업비율	• 보험료에 포함되는 보험사업의 운영에 필요한 경비의 보험료에 대한 비율 • 사업비차손익 : 예정사업비 > 실제사업비 → 사업비차익 • 예정사업비율↑ → 보험료 ↑

★★★ 045 보험료 계산의 3요소에 관한 설명으로 옳은 것은?

① 보험료 계산의 3요소는 예정사망률, 예정이율 및 예정사업비율이다.

② 예정사망률이 올라가면 보험료는 낮아진다.

③ 예정이율이 올라가면 보험료는 올라간다.

④ 예정사업비율이 올라가면 보험료는 낮아진다.

★★★ 046 사망보험에 대한 이원분석으로 옳은 것을 모두 고른 것은?

> A. 예정사망률 > 실제사망률이면 사망률차익이 발생하며, 사망률차배당금을 지급할 수 있다.
> B. 예정이율 < 실제이율이면 이자율차손이 발생한다.
> C. 예정사업비 > 실제사업비이면 사업비차익이 발생하며, 사업비차배당금을 지급할 수 있다.

① A, B
② B, C
③ A, C
④ A, B, C

해설 B. 예정이율 < 실제이율이면 실제운용이율이 더 높아졌으므로 이자율차익이 발생하며, 이자율차배당금을 지급할 수 있다. 그러나 예정이율 > 실제이율이면 실제이율이 예정이율보다 작으므로 이자율차손이 발생한다.

★★★ 047 영업보험료에 관한 설명으로 옳은 것은?

① 순보험료는 장래 보험금 지급을 위하여 계산된 보험료로서 예정사업비율에 의하여 계산이 된다.
② 저축보험료는 사망보험금 등의 지급재원이 되는 보험료를 말한다.
③ 부가보험료는 보험회사가 회사를 운영하기 위해서 필요한 경비로서 순보험료에 가산해서 가입자에게 부담시키는 예정사업비로서 신계약비, 유지비, 수금비로 분류된다.
④ 신계약비는 보험료 수금에 필요한 제경비를 말한다.

해설 ① 순보험료는 위험보험료와 저축보험료로 분리할 수 있으며, 예정사망률과 예정이율에 의해서 계산이 된다. 예정사업비율에 의하여 계산이 되는 것은 부가보험료(예정사업비)이다.
② 저축보험료는 만기보험금 등의 지급재원이 되는 보험료를 말하고, 사망보험금 등의 지급재원이 되는 보험료는 위험보험료이다.
④ 보험료 수금에 필요한 제경비는 수금비를 말한다. 신계약비는 설계사 계약모집수당, 건강진단, 증권발행 등 보험가입과 관련해서 필요한 제경비를 말한다.

정답 043 ④　044 ②　045 ①　046 ③　047 ③

★★★
048 영업보험료의 구성에 관한 내용으로 거리가 먼 것은?

① 영업보험료 = 순보험료 + 부가보험료
② 순보험료 = 위험보험료 + 저축보험료
③ 부가보험료 = 신계약비 + 유지비 + 수금비
④ 순보험료는 예정사업비율에 의해서 계산이 된다.

해설 순보험료는 예정위험률과 예정이율의 두 가지에 의해서 계산이 된다.

🏛 필수핵심정리 ▷ 영업보험료 구성

순보험료	• 장래 보험금 지급을 위하여 계산된 보험료 → 위험보험료와 저축보험료로 분리 • 예정위험률(사망률)과 예정이율에 의해 계산 • 위험보험료 → 사망보험금 등의 지급재원이 되는 보험료 • 저축보험료 → 만기보험금 등의 지급재원이 되는 보험료
부가보험료 (예정사업비)	• 보험회사가 회사를 운영하기 위해서 필요한 경비로서 순보험료에 가산해서 가입자에게 부담시키는 보험료 → 신계약비, 유지비, 수금비로 분류 • 예정사업비율에 의해 계산 • 신계약비 → 설계사 계약모집수당, 건강진단, 증권발행 등 보험가입과 관련해서 필요한 제경비 • 유지비 → 계약유지 및 자산운용 등에 필요한 제경비 • 수금비 → 보험료 수급에 필요한 제경비

★★★
049 보험계약 준비금의 내용으로 잘못된 것은?

① 자연보험료는 연령의 증가와 더불어 매년 변하는 보험료이다.
② 자연보험료는 연령이 증가함에 따라 매년 인하된다.
③ 평준보험료는 자연보험료를 전 보험기간에 걸쳐 평준화된 정액보험료이다.
④ 책임준비금은 계약자로부터 받은 영업보험료 중 순보험료를 예정이율로 부리하여 적립한 금액이다.

해설 대부분의 경우 연령이 증가함에 따라 사망률이 증가하므로 매년 자연보험료는 인상된다.

🏛 필수핵심정리 　책임준비금

- 자연보험료 → 예정사망률에 따라 매년 보험료가 변하게 됨. 평준보험료는 계약 초기에는 자연보험료보다 많이 납입하고, 계약 후기에는 덜 납입하게 되어 예정사망률의 변화와 관계없이 매년 보험료가 같아지도록 한 것이며, 계약 초기에 더 많이 징수한 보험료를 책임준비금으로 적립되었다가 계약 후기에 부족한 보험료를 충당하기 위해 적립하는 금액
- 책임준비금 → 장래의 사망 또는 만기보험금을 지급하기 위하여 계약자 몫의 부채로서 계약자로부터 받은 영업보험료 중 순보험료를 예정이율로 부리하여 적립한 금액이며, 종류로는 순보험료식 준비금, 해약환급금식 준비금 등이 있음

★★★
050 그 내용이 당사자 일반에 의하여 독단적으로 정해지고 다른 일방이 포괄적으로 승인함으로써 성립되는 생명보험계약의 특징은?

① 부합계약성　　　　　　　　　② 유상계약성
③ 사행계약성　　　　　　　　　④ 선의계약성

해설 부합계약은 그 내용이 당사자 일반에 의하여 독단적으로 정해지고 다른 일방이 포괄적으로 승인함으로써 성립되는 계약을 말한다.

🏛 필수핵심정리 　생명보험계약의 특징

- 유상계약성 → 보험사고가 발생한 경우 보험회사가 보험금을 지급할 것을 약속하고, 이에 대한 대가로서 보험계약자가 보험료를 지급할 것을 약속하는 유상계약
- 쌍무계약성 → 보험회사는 보험사고의 발생을 조건으로 하여 보험금 지급의무를 부담하고, 이에 대해 보험계약자는 보험료 납입의무를 부담하는 쌍무계약
- 낙성계약성 → 보험계약을 하고자 하는 보험계약자의 청약이 있고, 이를 보험회사가 승낙하여 보험계약이 유효하게 성립하는 낙성계약
- 사행계약성 → 우연한 보험사고의 발생으로 인한 보험금이 지급되는 사행계약이나, 대수의 법칙에 의해 산정된 보험료와 보험금이 균형을 이루게 함으로써 사행성은 희박함
- 선의계약성 → 보험계약 관계자의 선의와 신의 · 성실의 원칙을 요구하는 선의계약

★★★
051 다음 보험약관의 해석원칙에 대한 설명을 순서대로 나열한 것은?

> • 약관에서 정하고 있는 사항에 관하여 사업자와 약관의 내용과 다르게 합의한 사항이 있을 때에는 당해 합의사항은 약관에 우선한다는 원칙
> • 약관의 해석에 있어서 그 조항의 의미가 명확하지 않고 애매한 경우 작성자에 불리하고 고객에게 유리하도록 해석한다는 원칙
> • 보험자에게는 이익이 되고 고객에게는 부담이 되는 약관의 조항은 그 범위를 좁게 해석해야 한다는 원칙

① 신의성실의 원칙, 객관적 해석의 원칙, 확대해석의 원칙
② 개별약정우선의 원칙, 작성자 불이익의 원칙, 축소해석의 원칙
③ 약관우선의 원칙, 계약자 불이익의 원칙, 축소해석의 원칙
④ 개별약정우선의 원칙, 계약자 불이익의 원칙, 확대해석의 원칙

🏛 필수핵심정리 ▷ 보험약관의 해석원칙

• 신의성실의 원칙 → 약관의 공정성 심사기준으로서, 강행법규나 선량한 풍속 기타 사회질서에 반하지 않더라도 신의성실의 원칙에 반하는 불공한 약관조항은 무효
• 개별약정우선의 원칙 → 고객이익의 보호 목적으로 약관에서 정하고 있는 사항에 관하여 사업자와 약관의 내용과 다르게 합의한 사항이 있을 때에는 당해 합의사항은 약관에 우선하는 원칙
• 작성자 불이익의 원칙 → 약관의 해석에 있어서 그 조항의 의미가 명확하지 않고 애매한 경우 작성자에 불리하고 고객에게 유리하도록 해석한다는 원칙
• 축소해석의 원칙 → 보험자에게는 이익이 되고 고객에게는 부담이 되는 약관의 조항은 그 범위를 좁게 해석해야 한다는 원칙
• 객관적 해석의 원칙 → 계약 상대방이 누구냐를 묻지 않고서 언제나 동일하게 객관적으로 해석되어야 하는 원칙

★★★
052 보험계약에 관한 다음의 설명 중 잘못된 것은?

① 보험계약자가 20세 미만인 자는 친권자나 후견인의 동의가 필요하다.
② 보험계약은 보험계약자의 청약과 보험회사의 승낙으로 이루어지는 낙성계약이다.
③ 만 15세 미만인 자, 심신상실자 또는 심신박약자를 피보험자로 하여 사망을 보험금 지급 사유로 하는 보험계약은 무효이다.
④ 보험료 납입은 월납을 원칙으로 하며, 보험계약은 효력 상실된 날로부터 3년 이내에 부활할 수 있다.

해설 보험료 납입은 연납을 원칙으로 하며, 보험계약은 효력 상실된 날로부터 2년 이내에 부활할 수 있다.

★★★
053 다음의 설명 중 틀린 것을 모두 묶은 것은?

> ㉠ 보험자는 보험계약을 체결하고 계약상의 일체의 권리와 의무를 지는 자이다.
> ㉡ 보험계약자는 보험회사를 말하며 보험금을 지급할 책임을 진다.
> ㉢ 보험계약의 책임개시일은 보험회사와 보험계약자가 보험계약을 체결한 날이다.
> ㉣ 타인의 사망을 보험금 지급사유로 하는 계약에서 계약체결 시까지 피보험자의 서면동의를 얻지 아니한 경우에는 해당 보험계약은 무효이다.

① ㉡, ㉢, ㉣   ② ㉡, ㉣
③ ㉠, ㉡, ㉢   ④ ㉠, ㉡, ㉣

 해설 ㉠ 보험자는 보험회사를 말하며 보험금을 지급할 책임을 진다.
　　㉡ 보험계약자는 보험계약을 체결하고 계약상 일체의 권리와 의무를 지는 자이다.
　• 피보험자 → 생명보험의 대상자로서 그 사람의 생사에 보험이 부보되는 자를 말하나, 계약자가 아닌 제3자를 보험자로 할 경우 피보험자의 동의가 필요하며, 15세 미만인 자, 심신상실자 및 심신박약자는 피보험자가 될 수 없다.
　• 보험수익자 → 보험계약자로부터 보험금 청구권을 지정받을 사람을 말한다.
　　㉢ 보험회사가 보험사고에 대한 책임을 지기 시작하는 책임개시일은 통상 제1회 보험료 납입일부터 보험계약의 효력이 발생한다.
　　㉣ 이외에도 사망을 보험금 지급사유로 하는 계약에서 만 15세 미만자(상해보험 제외), 심신상실자 또는 심신박약자를 피보험자로 하는 경우 당해 보험계약은 무효이다.

★★★
054 생명보험자산의 특징으로 거리가 먼 것은?

① 장기자금이다.
② 중도해약시 또는 보험사고 발생 시 지급되어야 하는 신탁재산적 성격을 가진다.
③ 예정사업비를 계약의 종료까지 계속 보장해야 한다.
④ 국민경제에 미치는 영향이 크다.

해설 예정이율을 계약의 종료까지 계속 보장해야 한다.

★★★
055 생명보험자산의 운용원칙에 관한 설명으로 가장 거리가 먼 것은?

① 안정성의 원칙 – 자산운용에 수반하여 안정성을 저해시키는 투자위험과 안전성 확보를 위한 위험회피책이 있다.

② 공공성의 원칙 – 자산운용 시 가장 우선적으로 고려되어야 할 원칙이다.

③ 수익성의 원칙 – 최소한 예정이율 이상의 투자수익을 달성함으로서 보험금에 대한 지불 능력 및 경쟁력을 확보해야 하는 원칙이다.

④ 유동성의 원칙 – 금융시장 여건이 어렵고 자본시장이 불안정할 때 중요하다.

> **해설** 생명보험자산의 운용원칙은 안정성의 원칙, 수익성의 원칙, 유동성의 원칙 및 공공성의 원칙이며, 이 중 자산운용시 가장 우선적으로 고려되어야 할 원칙은 안정성의 원칙이다.
> 보험사업의 공익적 성격 또한 자산운용의 주요 원칙의 하나이나, 보험회사 역시 영리를 추구하는 기업으로서 보험회사의 자산운용수익은 계약자에 환원되는 점에서 안정성과 수익성을 벗어난 공공성의 추구는 한계가 있으므로 적절한 조화가 필요하다.

★★★
056 생명보험 이익금 발생의 3원천에 해당하지 않는 것은?

① 위험률차익 : 예정사망률 > 실제사망률

② 이자율차익 : 예정이율 < 실제이율

③ 사업비차익 : 예정사업비율 > 실제사업비율

④ 책임준비금차익 : 자연보험료 > 평준보험료

> **해설** 생명보험 이익금 발생의 3원천은 위험률차익, 이자율차익 및 사업비차익이다.
> 책임준비금은 보험계약 준비금에 관한 내용이다.

★★★
057 생명보험의 할당된 계약자배당금은 결산(3월 31일) 후 차기 사업연도의 계약해당일에 분배되는 것이 보통인데, 이때 배당금의 지급방법이 아닌 것은?

① 보험료와 상계하는 방법
② 이자를 붙여서 적립하는 방법
③ 현금으로 지급하는 방법
④ 주식으로 배당하는 방법

> **해설** 생명보험의 계약자배당금의 지급방법에는 보험료와 상계하는 방법, 이자를 붙여서 적립하는 방법, 현금으로 지급하는 방법 및 보험을 구매하여 증액하는 방법이 있다. 그러나 주식으로 배당하는 방법은 이에 해당하지 아니한다.

🏛 필수핵심정리 ▶ 생명보험의 계약자배당금 지급방법

- 보험료와 상계하는 방법 → 계약해당일이 시작되는 보험연도에 대해서 배당금을 보험료 납입횟수로 등분해서 매회의 보험료에 충당·상계하는 방법
- 이자를 붙여서 적립하는 방법 → 매년 배당금을 지급하지 않고 계약해당일부터 회사가 이자를 붙여 적립해 놓고 계약이 소멸하거나 청구가 있을 때에 그 적립배당금(원리합계)을 지급하는 방법
- 보험을 구매하여 증액하는 방법 → 배당금을 일시납보험료로 하여 계약해당일에 보험금을 증액하는 방법
- 현금으로 지급하는 방법 → 배당금을 결산 이후에 현금으로 직접 지급하는 방법

★★★ 058 다음 중 생명보험 세제에 관한 내용으로 틀린 것은?

① 보험가입일로부터 만기일 또는 중도해지일까지의 기간이 10년 이상인 경우 발생한 보험차익에 대해 이자소득세가 면제된다.

② 근로자가 본인 또는 배우자·가족을 피보험자로 보장성보험에 가입하여 보험료를 납입하는 경우 연간 납입보험료 전액(100만원 한도)을 소득공제한다.

③ 만 18세 이상 거주자가 본인을 피보험자 및 계약자로 하여 (신)연금저축보험의 보험료를 10년 이상 납입하는 경우 연간납입보험료 전액(100만원 한도)을 소득공제한다.

④ 단체정기재해보험과 단체퇴직보험의 보험료는 법인세법상 복리후생비로 간주하여 손비처리한다.

> **해설** (신)연금저축보험의 보험료를 10년 이상 납입하는 경우 연간납입보험료 전액(퇴직연금 포함 400만원 한도)을 소득공제한다.
> 그러나 5년 미만 중도해지 시에는 → 중도해지 가산세 추징(기납입보험료의 2.2% 지방소득세 포함) 및 보험차익에 대하여 기타소득세 22%(지방소득세 포함) 과세 및 종합과세된다.
> 5년 이후 중도해지 시에는 → 보험차익에 대하여 기타소득세 22%(지방소득세 포함) 과세 및 종합과세한다.
> ※ 보장성 보험 → 만기 시 환급되는 금액이 납입보험료를 초과하지 않는 보험
> ※ 단체정기재해보험 → 재해로 인한 종업원의 사망과 상해를 보험금 지급사유로 하고 종업원을 피보험자와 수익자로 하며, 만기에 납입보험료를 환급받지 않는 보험
> ※ 단체퇴직보험 → 종업원의 퇴직을 보험금의 지급사유로 하고, 종업원을 피보험자와 수익자로 하는 보험

★★★ 059 손해보험의 운영형태에 따른 분류로 옳은 것은?

① 원보험, 재보험
② 강제보험, 임의보험
③ 기업보험, 가계보험
④ 화재보험, 운송보험, 책임보험, 자동차보험

> **해설** ① : 위험의 분담관계에 따른 분류, ③ : 보험료 납입주체에 따른 분류, ④ : 상법에 따른 분류

분류기준	분류내용
가입대상	• 재물 → 화재보험, 선박보험, 적하보험 등 • 채권 → 기업휴지보험, 할부판매보증보험 등 • 인체 → 상해보험, 건강보험 등 • 책임 → 배상책임보험, 근로자재해보상책임보험 등
실무상	화재보험, 해상보험, 특종보험, 장기보험, 자동차보험, 보증보험
상법상	화재보험, 운송보험, 해상보험, 책임보험, 자동차보험
운영형태	강제보험, 임의보험
위험의 분담관계	원보험, 재보험
보험료 납입주체	기업보험, 가계보험

★★★
060 다음은 손해보험의 특징에 관한 설명이다. 틀린 것은?

① 보험의 목적을 금전으로 산정할 수 있는 '피보험이익'이 존재해야 하며, '피보험이익'이 없는 보험계약은 무효이다.

② 보험계약 체결 시 당사자가 협정에 의해 정하는 '보험금액' 외에 피보험이익을 금전으로 산정한 '보험가액'이 존재한다.

③ 보험계약자와 피보험자는 보험사고가 발생한 때에 적극적으로 손해의 방지와 경감을 위하여 노력하여야 한다.

④ 보험사고가 발생하면 손해와 상관없이 보험계약 성립 시 약정한 일정액을 지급한다.

해설 손해보험은 보험사고가 발생할 때 지급하여야 할 금액을 계약의 성립 시에는 알 수 없는 불확정보험으로서 손해액에 대하여만 지급하는 이득금지의 원칙이 적용되는 보험이다. 따라서 보험사고가 발생하면 손해와 상관없이 일정액을 지급하는 정액보험은 인보험이다.

★★★
061 화재보험에서 보상하지 않는 손해는?

① 화재에 따른 직접손해

② 소방손해 : 화재진압과정에서 발생하는 손해

③ 피난손해 : 피난지에서 5일 동안에 생긴 직접 손해 및 소방손해

④ 화재가 발생했을 때 도난 또는 분실로 생긴 손해

해설 화재가 발생했을 때 도난 또는 분실로 생긴 손해는 보상하지 않는 손해이다.

필수핵심정리 　화재보험의 보상범위

■ **화재보험에서 보상하는 손해**
- 잔존물제거비용 : 사고현장의 보험목적물 제거를 위한 비용(해체비용, 오염물질 제거비용을 제외한 청소비용, 상차비용) → 보험증권에 기재된 보험가입금액 범위 내에서 손해액의 10% 한도로 보상
- 손해방지비용 : 손해방지 또는 경감을 위해 지출한 필요 또는 유익한 비용
- 대위권보전비용 : 제3자로부터 손해배상을 받을 수 있는 경우 그 권리의 보전 또는 행사를 위하여 지출한 필요 또는 유익한 비용
- 잔존물 보전비용 : 보험회사가 잔존물을 보전하기 위하여 지출한 필요 또는 유익한 비용
- 기타 협력비용 : 보험회사의 요구에 따르기 위하여 지출한 필요 또는 유익한 비용

■ **화재보험에서 보상하지 않는 손해**
- 계약자, 피보험자 또는 이들의 법정대리인의 고의나 중대한 과실로 생긴 손해
- 화재, 폭발 또는 파열이 발생했을 때 도난 또는 분실로 생긴 손해
- 보험목적물의 발효, 자연발열 또는 자연발화로 생긴 손해. 단, 그로 인해 연소된 다른 보험의 목적에서 생긴 손해는 보상
- 화재, 폭발, 파열로 기인되지 않는 수도관, 수관, 수압기 등의 파열로 생긴 손해
- 발전기, 변류기, 변압기, 배전반 등 전기기기 또는 장치의 전기적 사고로 생긴 손해. 단, 그 결과로 생긴 화재손해는 보상
- 원인의 직접, 간접에 관계없이 지진, 분화, 전쟁, 혁명, 폭동, 소요, 노동쟁의 등으로 생긴 손해
- 핵연료물질 또는 핵연료물질에 의해 오염된 물질의 방사성 사고로 인한 손해

★★★
062 다음 중 특종보험으로 볼 수 없는 것은?

① 자동차보험　　　　　　　　　② 배상책임보험
③ 도난보험　　　　　　　　　　④ 레저종합보험

해설 특종보험은 손해보험의 전통적인 보험종목인 화재보험이나 해상보험과 달리 현대사회의 새롭고 다양한 위험에 대비하기 위하여 출현된 보험으로 화재보험, 해상보험, 보증보험, 자동차보험, 장기손해보험, 연금저축손해보험 등을 제외한 보험을 통칭한다. 따라서 자동차보험은 특종보험이 아니다.
이외에도 특종보험에는 유아교육기관종합보험, 동산종합보험, 여행보험, 컨티전시보험 등이 있다.
※ 컨티전시보험(Contingency Insurance) → 전통적인 손해보험에서 보상하지 않는 위험을 담보하는 보험으로 특정한 사건 즉, 날씨, 온도, 경기결과, 행사 등을 전제로 예정된 사건이 현실화되었을 때 발생하는 금전의 손실을 보상하는 보험

★★★
063 자동차보험의 특성으로 옳지 않은 것은?

① 자동차 사고 시 피보험자를 경제적 파탄에서 구제하는데 목적이 있다.

② 의무보험이며 피해자에게 피해자 직접청구권이 주어진다.

③ 자동차사고 피해자는 자동차소유자를 대신하여 자동차보험회사로부터 위자료, 상실수익, 치료비, 휴업손해 등에 대해 보상을 받는다.

④ 피보험자가 종합보험에 가입한 경우에도 교통사고처리특례법상의 특례를 인정받을 수는 없다.

> **해설** 피보험자가 종합보험에 가입한 경우에는 교통사고처리특례법상의 특례를 인정받을 수 있다. 따라서 형사 처분을 경감 받을 수 있다.

★★★
064 자동차보험의 담보종목에 관한 내용으로 잘못된 것은?

① 대인배상 Ⅰ, Ⅱ. 단, 대인배상 Ⅱ는 자동차 손해배상보장법에 의한 손해배상책임에 한하여 보상

② 대물배상

③ 자기신체사고(자손), 자기차량손해(자차)

④ 무보험자동차에 의한 상해

> **해설** 자동차 손해배상보장법에 의한 손해배상책임에 한하여 보상하는 것은 대인배상 Ⅰ이다.

🏛 필수핵심정리 ▷ 자동차보험의 담보종목

- 대인배상 Ⅰ, Ⅱ → 피보험자가 피보험자동차를 소유, 사용, 관리하는 동안에 생긴 피보험자동차의 사고로 인하여 타인을 죽게 하거나 다치게 하여 법률상 손해배상책임을 짐으로써 입은 손해를 보상. 단, 대인배상 Ⅰ은 자동차 손해배상보장법에 의한 손해배상책임에 한하여 보상
- 대물배상 → 피보험자가 피보험자동차를 소유, 사용, 관리하는 동안에 생긴 피보험자동차의 사고로 인하여 타인의 재물을 없애거나 훼손한 때에 법률상 손해배상책임을 짐으로써 입은 손해 배상
- 자기신체사고(자손) → 피보험자가 피보험자동차를 소유, 사용, 관리하는 동안에 생긴 피보험 자동차의 사고로 인하여 피보험자가 죽거나 다친 손해를 보상
- 자기차량손해(자차) → 피보험자가 피보험자동차를 소유, 사용, 관리하는 동안에 피보험자동차가 파손되거나 도난당하여 입은 손해를 보상
- 무보험자동차에 의한 상해 → 피보험자가 무보험자동차에 의하여 생긴 사고로 죽거나 다친 때 그 손해에 대하여 배상의무가 있는 경우에 보상

★★★
065 장기손해보험의 특징으로 옳지 않은 것은?

① 보험기간은 3년 이상 15년 이내이다.

② 보험계약 만기 시에 무사고 환급금을 지급한다.

③ 보험료 납입방법은 월납, 2개월납, 3개월납, 6개월납, 연납, 일시납 등 다양하다.

④ 50% 미만의 일부 손해 발생 시 몇 번의 사고가 발생하더라도 보험계약은 그대로 존속되나 보험가입금액이 감액된다.

> **해설** 자동복원제도 → 1회의 사고로 보험금이 보험가입금액의 80% 미만인 경우 여러번의 사고가 발생하더라도 보험가입금액의 감액없이 보험사고 전의 보험가입금액으로 자동 복원된다.

★★★
066 자동차보험의 보험료를 절약하는 방법으로 거리가 먼 것은?

① 자동차를 새로 구입 시 보험가입경력이 있는 가족의 이름으로 구입한다.

② 교통사고 때 꼭 보험 처리하는 것이 유리하다.

③ 차량을 2대 이상 소유한 경우에는 동일증권으로 보험에 가입한다.

④ 보험 나이가 적은 사람의 운전을 제한하면 보험료가 싸진다.

> **해설** 교통사고 때 꼭 보험 처리하는 것이 반드시 유리한 것만은 아니다.

···TOPIC 6 금융투자상품

★★★
067 자본시장법의 금융투자상품에 관한 설명으로 틀린 것은?

① 투자성은 원본을 초과하여 손실이 발생할 수 있는 가능성을 말하며, 이를 기준으로 금융투자상품을 증권과 파생상품으로 구분한다.

② 금융투자상품을 포괄주의 규제체제를 도입하여 추상적으로 정의하고 있다.

③ 원화로 표시된 양도성 예금증서는 금융투자상품에서 제외한다.

④ 증권에는 채무증권, 지분증권, 수익증권, 증권예탁증권, 투자계약증권이 있으며, 파생결합증권은 파생상품으로 구분한다.

> **해설** 파생결합증권은 기초자산의 가격 · 이자율 · 지표 · 단위 또는 이를 기초로 하는 지수 등의 변동과 연계되어 이익을 얻거나 손실을 회피할 목적의 계약상의 권리를 표시하는 증권인 ELS, ELW 등으로서 자본시장법상 증권에 포함한다.

정답 063 ④   064 ①   065 ④   066 ②   067 ④

필수핵심정리 ▶ 금융투자상품의 개념

- 이익획득·손실회피 목적 + 현재·장래의 특정 시점에 금전 등을 지급하는 약정으로 취득하는 권리 & 그 권리를 취득하기 위하여 지급하는 금전 등의 총액 > 그 권리로부터 회수하는 금전 등의 총액을 초과하게 될 위험(= 투자성)
- 위험(=투자성) : 원본손실위험 또는 원본초과손실가능성
- 증권과 파생상품으로 구분
  - 원본대비 손실비율이 100% 이하(= 추가지급 없는 경우) → 증권으로 분류
  - 원본대비 손실비율이 100% 초과(= 추가지급 발생) → 파생상품으로 구분
- ※ 원화로 표시된 양도성예금증서, 관리신탁 수익권, 「상법」 제340조의2 또는 제542조의3에 따른 주식매수선택권 → 금융투자상품 ×

★★★ 068 다음의 금융상품 중 자본시장법상 증권으로 볼 수 없는 것은?

① 선물, 선도, 옵션, 스왑
② 주식, 신주인수권
③ 집합투자증권(펀드)
④ 주가연계증권(ELS), 주식워런트(ELW)

해설 자본시장법의 증권은 원본을 초과하지 아니하는 범위 내에서 손실이 발생할 수 있는 금융투자상품을 말하며, 이는 채무증권(국채, 지방채, 사채 등), 지분증권(주식, 신주인수권 등), 수익증권(신탁수익증권 등), 투자계약증권집합투자증권(펀드) 등, 파생결합증권주가연계증권(ELS), 주식워런트(ELW) 및 증권예탁증권으로 분류한다.
그러나 선물, 선도, 옵션, 스왑 등은 원본을 초과하여 손실이 발생할 수 있는 금융투자상품으로 자본시장법상 파생상품으로 분류한다.

★★★ 069 자본시장법상 증권에 대해서 틀린 것은?

① 증권시장에서 매매거래의 대상이 된다.
② 투자자가 취득과 동시에 지급한 금전 등 외에 어떠한 명목으로든지 추가로 지급의무를 부담하지 아니한다.
③ 내국인이 발행한 금융투자상품을 말하며, 외국인이 발행한 금융투자상품은 제외한다.
④ 투자자가 기초자산에 대한 매매를 성립시킬 수 있는 권리를 행사하게 됨으로써 부담하게 되는 지급의무는 제외한다.

해설 자본시장법의 증권은 내국인이 발행한 금융투자상품으로서 투자자가 취득 시 지급한 금전 등 외에 어떠한 명목으로든지 추가로 지급의무(투자자가 기초자산에 대한 매매를 성립시킬 수 있는 권리를 행사하게 됨으로써 부담하게 되는 지급의무를 제외)를 부담하지 아니하는 것으로서, 외국인이 국내에서 발행한 금융투자상품을 포함한다.

★★★ 070 다음 중 자본시장법상 금융투자상품이 아닌 것으로만 묶은 것은?

> ㉠ 국채 등 채무증권　　　　　　　㉡ 원화양도성예금증서
> ㉢ 신주인수권　　　　　　　　　　㉣ 관리신탁 수익권
> ㉤ 투자계약증권　　　　　　　　　㉥ 주식매수선택권

① ㉡, ㉣, ㉥　　　　　　　　　② ㉠, ㉢, ㉤
③ ㉡, ㉢, ㉣　　　　　　　　　④ ㉣, ㉤, ㉥

 해설 자본시장법상 금융투자상품은 국채·회사채 등의 채무증권, 주식·신주인수권 등의 지분증권, 신탁수익증권 등의 수익증권, KDR·GDR 등의 증권예탁증권, 펀드 등의 투자계약증권, 주가연계증권·주식워런트 등의 파생결합증권이 있다.

그러나 원화표시 양도성예금증서와 관리신탁 수익권(수탁자에게 신탁재산의 처분권한이 부여되지 않은 신탁의 수익권) 및 상법 제340조의2 또는 제542조의3에 따른 주식매수선택권은 자본시장법상 금융투자상품에서 제외한다.

🏛 필수핵심정리 ▷ 증권의 구분

구 분	의 의	
채무증권	지급청구권을 표시하는 증권	국채·지방채, 회사채 등
지분증권	출자지분을 표시하는 증권	주식, 신주인수권, 출자증권, 출자지분 등
수익증권	신탁의 수익권을 표시하는 증권	금전신탁수익증권 등
증권예탁증권	증권발행국가 외의 국가에서 발행된 증권을 그 예탁받은 증권에 관한 권리를 표시하는 증권으로 해외시장에서 상장 시 발행	KDR, GDR, ADR 등
투자계약증권	특정투자자가 그 투자자와 타인 간의 공동사업에 금전등을 투자하고 주로 타인이 수행한 공동사업의 결과에 따른 손익을 귀속받는 계약상의 권리를 표시하는 증권	집합투자증권(펀드), 비정형간접투자증권 등
파생결합증권	기초자산의 가격·이자율·지표·단위 또는 이를 기초로 하는 지수 등의 변동과 연계되어 이익을 얻거나 손실을 회피할 목적의 계약상의 권리를 표시하는 증권	주가연계증권(ELS), 주식워런트(ELW) 등

★★★ 071 자본시장법의 증권이 아닌 것은? 심화

① 파생상품증권　　　　　　　　② 투자계약증권
③ 증권예탁증권　　　　　　　　④ 파생결합증권

해설 자본시장법의 증권은 채무증권, 지분증권, 수익증권, 투자계약증권, 파생결합증권 및 증권예탁증권을 말하며 선물·선도·옵션 및 스왑 등은 증권에서 제외하여 파생상품으로 하여 구분한다.

★★★
072 자본시장법상 파생상품이란 다음의 어느 하나에 해당하는 계약상의 권리를 말한다. 다음 중 잘못 설명된 것은?

① 기초자산이나 기초자산의 가격·이자율·지표·단위 또는 이를 기초로 하는 지수 등에 의하여 산출된 금전 등을 장래의 특정 시점에 인도할 것을 약정하는 계약
② 당사자 어느 한쪽의 의사표시에 의하여 기초자산이나 기초자산의 가격·이자율·지표·단위 또는 이를 기초로 하는 지수 등에 의하여 산출된 금전 등을 수수하는 거래를 성립시킬 수 있는 권리를 부여하는 것을 약정하는 계약
③ 장래의 일정기간 동안 미리 정한 가격으로 기초자산이나 기초자산의 가격·이자율·지표·단위 또는 이를 기초로 하는 지수 등에 의하여 산출된 금전 등을 교환할 것을 약정하는 계약
④ 기초자산의 가격·이자율·지표·단위 또는 이를 기초로 하는 지수 등의 변동과 연계하여 미리 정하여진 방법에 따라 지급금액 또는 회수금액이 결정되는 권리가 표시된 것

해설 기초자산의 가격·이자율·지표·단위 또는 이를 기초로 하는 지수 등의 변동과 연계하여 미리 정하여진 방법에 따라 지급금액 또는 회수금액이 결정되는 권리가 표시된 것은 파생결합증권이며 주가연계증권(ELS), 주식워런트(ELW), 환율연계증권 등이 이에 해당한다. 이러한 파생결합증권은 자본시장법상 파생상품이 아닌 증권으로 구분한다.

🏛 필수핵심정리 ▶ 파생상품

구분			의의
의의			선도(선물)·옵션·스왑에 해당하는 계약상의 권리 + 장래의 일정시점에서 금전 등의 지급 + 투자원본 이상의 손실이 발생할 가능성
분류	장내	선도·선물	기초자산이나 기초자산의 가격·이자율·지표·단위 또는 이를 기초로 하는 지수 등에 의하여 산출된 금전 등을 장래의 특정시점에 인도할 것을 약정하는 계약
		옵션	당사자 어느 한쪽의 의사표시에 의하여 기초자산이나 기초자산의 가격·이자율·지표·단위 또는 이를 기초로 하는 지수 등에 의하여 산출된 금전 등을 수수하는 거래를 성립시킬 수 있는 권리를 부여하는 계약
	장외	스왑	장래의 일정기간 동안 미리 정한 가격으로 기초자산이나 기초자산의 가격·이자율·지표·단위 또는 이를 기초로 하는 지수 등에 의하여 산출된 금전 등을 교환할 것을 약정하는 계약

★★★
073 자본시장법상 집합투자기구의 정의로서 옳지 않은 것은?

① 집합투자기구는 펀드로, 집합투자증권은 수익증권으로, 투자회사는 뮤추얼펀드로 보면 된다.

② 펀드를 운용하는 자산운용사는 금융투자업 중 집합투자업 인가를 받은 집합투자업자이다.

③ 펀드를 판매하는 판매업자는 금융투자업 중 집합투자증권의 매매중개업 인가를 받은 투자매매업자·투자중개업자이다.

④ 한 회사가 집합투자업과 매매중개업 인가를 모두 받은 경우에도 펀드운영과 펀드판매를 함께 할 수는 없다.

해설 과거에는 펀드판매사, 운용사를 분리하였으나 자본시장법에서는 한 회사가 집합투자업과 매매중개업 인가를 모두 받은 경우 펀드운영과 펀드판매를 함께 할 수는 있으며, 펀드 판매의 경우 특히 자사가 직접 운용하는 펀드 외 타사가 운용하는 펀드 모두 판매가능하다.

★★★
074 자본시장법상 집합투자기구의 구성 형태가 아닌 것은?

① 투자신탁　　　　　　　　　② 투자회사

③ 투자합명회사　　　　　　　④ 투자조합

해설 투자합명회사는 자본시장법상 집합투자기구의 구성 형태가 아니다.

🏛 필수핵심정리 ▶ **집합투자기구의 구성형태**

형 태	구 분	법적형태	집합투자자총회	집합투자증권
투자신탁	투자신탁	신탁계약	수익자총회	수익증권
회사	투자회사	상법상 주식회사	주주총회	지분증권
	투자유한회사	상법상 유한회사	사원총회	
	투자유한책임회사	상법상 유한책임회사	사원총회	
	투자합자회사	상법상 합자회사	사원총회	
조합	투자조합	민법상 조합	조합원총회	출자증권
	투자익명조합	상법상 익명조합	익명조합원총회	
사모	사모투자전문회사		사모집합투자기구	

※ 사모투자전문회사(=PEF) : 경영권 참여, 사업구조 또는 지배구조의 개선 등을 위하여 지분증권 등에 투자·운용하는 투자합자회사 & 지분증권을 사모로만 발행하는 집합투자기구로서 사모투자전문회사라 함

★★★
075 투자신탁에 관한 설명으로 잘못된 것은?

① 투자신탁을 설정하고자 하는 집합투자업자는 법정사항이 기재된 신탁계약서에 의하여 신탁업자와 신탁계약을 체결하여야 한다.

② 투자신탁을 설정한 집합투자업자는 투자신탁의 수익권을 균등 분할하여 액면주 무기명 식의 지분증권을 발행하여야 한다.

③ 수익자는 신탁원본의 상환 및 이익분배 등에 관하여 수익증권의 좌수에 따라 균등한 권리를 갖는다.

④ 집합투자업자는 수익자명부의 작성에 관한 업무를 예탁결제원에 위탁하여야 한다.

> **해설** 투자신탁을 설정한 집합투자업자는 투자신탁의 수익권을 균등하게 분할하여 무액면 기명식의 수익증권을 발행하여야 한다.

🏛 필수핵심정리 ▶ 투자신탁

(1) 신탁계약의 체결 : 투자신탁을 설정하고 하는 집합투자업자 → 신탁계약서에 의하여 신탁업자와 신탁계약 체결
(2) 수익증권의 발행
  • 투자신탁을 설정한 집합투자업자
  – 투자신탁의 수익권을 균등 분할하여 무액면 기명식의 수익증권 발행
  – 수익증권에 법정사항 기재 & 그 집합투자업자 또는 신탁업자의 대표이사의 기명날인 · 서명
  – 수익자명부의 작성에 관한 업무를 예탁결제원에 위탁
  • 위탁을 받은 예탁결제원 → 법정사항이 기재된 수익자명부를 작성 · 비치
  • 수익자 → 신탁원본의 상환 및 이익분배 등에 관하여 수익증권의 좌수에 따라 균등한 권리 취득

★★★
076 투자신탁의 수익자총회에 관한 내용으로 잘못된 것은?

① 투자신탁의 전체 수익자로 구성되는 의사결정기구로서 자본시장법 또는 신탁계약에서 정한 사항에 대하여만 결의할 수 있다.

② 투자신탁을 설정한 집합투자업자가 소집하나, 수익증권 총좌수의 5% 이상 소유한 수익자는 수익자총회의 소집을 요청할 수 있다.

③ 발행된 수익증권의 총좌수의 1/3 이상 소유하는 수익자의 출석으로 성립하고 출석한 의결권의 1/2 이상의 찬성으로 결의한다.

④ 집합투자업자는 수익자총회 회의개시 1시간이 경과할 때까지 출석한 수익자수 총좌수의 과반수에 미달하는 경우 그날부터 2주 이내에 수익자총회를 연기하여 소집할 수 있다.

> **해설** 수익자총회는 발행된 수익증권의 총좌수의 과반수를 소유하는 수익자의 출석으로 성립하고 출석한 의결권의 1/4 이상의 찬성으로 결의한다. 다만, 신탁계약으로 정한 수익자총회의 결의사항에 대해서는 출석한 수익자의 의결권의 과반수와 발행된 수익증권의 총좌수의 1/5 이상의 수로 결의할 수 있다.

- 의의 → 투자신탁의 전체 수익자로 구성되는 의사결정기구 → 자본시장법 또는 신탁계약에서 정한 사항에 대하여만 결의
- 소집권자 → 투자신탁을 설정한 집합투자업자. 단, 투자신탁재산을 보관·관리하는 신탁업자 또는 수익증권 총좌수의 5% 이상 소유한 수익자는 수익자총회 소집 요청 가능. 이 경우 1개월 이내 집합투자업자는 수익자총회를 소집하여야 함
- 성립과 결의 → 수익증권 총좌수의 과반수 소유의 수익자의 출석으로 성립 & 출석한 수익자 의결권의 1/4 이상 (신탁계약에 의한 수익자총회 의결사항은 출석한 의결의 과반수와 수익증권 총좌수의 1/5 이상) 찬성으로 결의
- 서면결의 → 수익자는 수익자총회에 출석하지 아니하고 서면에 의해 의결권 행사 가능
- 매수청구 → 신탁계약의 변경 또는 투자신탁의 합병에 대한 수익자총회의 결의에 반대하는 수익자는 수익자총회 전에 반대의사를 서면통지 & 총회 결의일부터 20일 이내 자기 소유 수익증권의 매수 청구 가능

★★★
077 투자신탁의 임의해지 사유의 요건으로 볼 수 없는 것은?

① 수익자의 이익을 해할 우려가 없는 경우로서 수익자 전원이 동의한 경우
② 해당 투자신탁의 수익증권 전부에 대한 환매청구를 받아 신탁계약을 해지하려는 경우
③ 추가형 투자신탁(사모 제외) 설정한 후 1년이 되는 날에 원본액이 50억원 미만인 경우
④ 신탁계약에서 정한 신탁계약기간이 종료한 경우

해설   신탁계약에서 정한 신탁계약기간이 종료한 경우는 투자신탁의 법정해지 사유이다.

임의해지	집합투자업자는 금융위 승인 해지 가능. 단, 수익자의 이익을 해할 우려가 없는 경우로서 & 수익자 전원의 동의, 수익증권 전부에 대한 환매청구를 받아 해지, 추가형 투자신탁(사모 제외) 설정한 후 1년이 되는 날에 원본액이 50억원 미만, 추가형 투자신탁 설정하고 1년이 지난 후 1개월간 계속하여 투자신탁의 원본액이 50억원 미만인 경우 → 금융위 승인 없이 해지 가능 & 금융위 보고
법정해지	신탁계약상 신탁계약기간의 종료, 수익자총회의 해지 결의, 투자신탁의 피흡수합병 또는 투자신탁의 등록 취소 등의 경우 → 지체없이 해지 & 금융위 보고
일부해지	발행한 수익증권의 미판매, 수익자의 환매 청구 또는 수익자의 매수 청구 등

★★★
078 투자회사의 설립에 관한 설명이다. 틀린 것은?

① 발기인은 법정사항을 기재한 정관을 작성하여 발기인 전원이 기명날인 또는 서명하여야 한다.

② 투자회사 설립 시의 자본금은 주식 발행가액의 총액으로 하며, 설립 시에 발행하는 주식의 총수는 그 상한과 하한을 두는 방법으로 정할 수 있다.

③ 투자회사의 최저순자산액은 10억원 이상으로 하여야 하며, 발기인은 설립 시에 발행하는 주식의 일부를 인수할 수 있으나 그 인수가액을 금전으로 납입하여야 한다.

④ 투자회사 재산의 70%를 초과하여 부동산에 투자하는 투자회사, 선박에 투자하는 투자회사를 설립할 수 없으며, 설립 후에도 그러하다.

> **해설** 투자회사의 최저순자산액제도는 2015년 10월 25일 폐지되었다.

🏛 **필수핵심정리** ▸ 투자회사

(1) 투자회사의 설립
- 투자회사를 설립하고자 하는 발기인 : 정관 작성 & 발기인 전원이 기명날인·서명
- 투자회사 설립 시 자본금 : 주식 발행가액의 총액, 설립 시 발행하는 주식의 총수 → 그 상한과 하한을 두는 방법으로 정할 수 있음
- 발기인 : 설립 시 발행하는 주식의 총수 인수 & 지체없이 주식 인수가액을 금전으로 납입

(2) 투자회사의 설립 절차 및 설립 제한
- 설립 절차 : 정관작성 → 주식인수 → 주식 인수가액 납입완료(주금 납입) → 이사 선임(의결권의 과반수 찬성) → 설립경과 조사(이사회 및 발기인 보고) → 설립등기
- 설립 제한 : 투자회사 재산의 70% 초과하여 부동산 또는 선박에 투자하는 투자회사 설립 불가 & 설립 후에도 변경 불가

(3) 정관의 변경 등

원칙과 예외	이사회 결의. 단, 다음 사항은 주주총회의 결의 • 집합투자업자·신탁업자 등이 받는 보수, 그 밖의 수수료의 인상 • 집합투자업자·신탁업자의 변경 • 정관으로 투자회사의 존속기간 또는 해산사유를 정한 경우 그 존속기간 또는 해산사유의 변경 • 그 밖에 주주의 이익과 관련된 중요사항으로 투자신탁의 종류, 주된 투자대상자산의 변경, 개방형 투자회사의 환매금지형 투자회사로의 변경, 환매대금 지급일의 연장, 그 밖의 금융위 고시 사항 등
기타	합병·분할·분할합병, 신탁업자의 영업양도, 금융위의 조치, 금융위 명령에 따라 집합투자업자·신탁업자의 변경의 경우 → 이사회 결의 및 주주총회의 결의없이 정관 변경 가능

(4) 주식의 발행
- 투자회사 → 성립일·신주 납입기일에 지체없이 예탁결제원을 명의인으로 무액면 기명식의 주식 발행
- 투자회사의 성립 후 신주발생 시 → 신주의 수, 발행가액 및 납입기일은 이사회가 결정. 단, 정관에서 달리 정한 경우 그에 따름

★★★
079 투자회사의 주주총회의 결의를 거쳐야 하는 정관의 변경사항으로 옳지 않은 것은?

① 집합투자업자 · 신탁업자 등이 받는 보수, 그 밖의 수수료의 인하

② 집합투자업자 또는 신탁업자의 변경

③ 정관으로 투자회사의 존속기간 또는 해산사유를 정한 경우 그 존속기간 또는 해산사유의 변경

④ 주된 투자대상자산의 변경 또는 개방형 투자회사의 환매금지형 투자회사로의 변경 등

해설 주주총회의 결의를 거쳐야 하는 경우에는 집합투자업자 · 신탁업자 등이 받는 보수, 그 밖의 수수료의 인상 등 주주들의 이익을 해할 수 있는 중대한 영향을 미칠 때이다. 보수 · 수수료의 인하는 주주들의 이익을 해하지 않는다.

★★★
080 투자회사에 대한 설명으로 옳지 않은 것은?

① 펀드 자체가 주식회사로 설립하여 실체를 갖추고 실제 자산운용을 담당한다.

② 투자자는 회사의 주주로 참여한다.

③ 발행되는 증권은 주식이다.

④ 운영대상에 관계없이 배당소득으로 과세하나, 주식매매차익은 비과세이다.

해설 투자회사(Mutual Fund)는 개인이나 법인 등 다수의 투자자부터 투자를 받아 자산운용회사의 전문가에게 위탁하여 투자한 후 그 운용성과를 배당금의 형태로 지급하는 회사형 집합투자기구이다. 따라서 펀드 자체가 상법상 주식회사로 설립되나, 이는 서류상의 회사(paper company)로서 실체가 없다. 따라서 실제 뮤추얼펀드의 자산운용은 신탁업 허가를 받은 은행 등의 별도의 자산운용회사가 담당한다.

★★★
081 투자회사의 기관이 아닌 것은?

① 법인이사와 감독이사　　　　　　② 감사

③ 이사회　　　　　　　　　　　　④ 주주총회

해설 투자회사의 기관은 집합투자업자인 이사(=법인이사)와 감독이사, 이사회 및 주주총회가 있다. 그러나 감사는 투자회사의 기관이 아니다.

이사	집합투자업자인 이사(법인이사) 1인과 감독이사 2인 이상으로 구분하여 선임	
	법인 이사	투자회사 대표 및 투자회사의 업무 집행 & 3개월 마다 1회 이상 그 업무의 집행상황 및 자산 운용내용을 이사회에 보고
	감독 이사	법인이사의 업무집행 감독, 투자회사의 업무 및 재산상황 파악을 위해 신탁업자 · 투자 매매업자 등 또는 일반사무관리회사에 대해 보고 요구 가능
이사회	이사가 소집, 그 회의일 3일 전까지 소집 통지, 자본시장법과 정관사항만 결의, 이사 과반수의 출석과 출석이사의 과반수 찬성	
주주총회	이사회가 소집, 발행주식 총수의 과반수 소유 주주의 출석으로 성립 & 출석주주 의결권의 과반수와 발행주식 총수의 1/4 이상의 수로 결의	

★★★
082 운용대상에 따른 집합투자기구의 설명으로 틀린 것은?

① 증권집합투자기구 : 집합투자재산의 50%를 초과하여 주식 · 채권 등의 유가증권에 투자

② 특별자산집합투자기구 : 집합투자재산의 50%를 초과하여 증권과 부동산을 제외한 투자 대상자산에 투자

③ 단기금융집합투자기구 : 집합투자재산의 50%를 초과하여 만기 6개월 이하의 양도성예 금증서, 만기 5년 이하의 국채, 만기 1년 이하의 지방채 등 단기금융상품에 투자

④ 혼합자산집합투자기구 : 증권집합투자기구, 부동산집합투자기구, 특별자산집합투자기 구의 규정 제한을 받지 아니하는 투자

해설 단기금융집합투자기구는 집합투자재산의 전부를 만기 6개월의 양도성예금증서, 만기 5년 이하의 국채, 만기 1년 이하의 지방채증권 · 특수채증권 · 어음 등 단기금융상품에 투자하는 집합투자기구이다. → 주식, 파생상품, 외화자산, 사모사채 등에는 운용 불가

※ 부동산집합투자기구 → 집합투자재산의 50%를 초과하여 부동산, 부동산을 기초자산으로 한 파생상품, 부동산 개발과 관련된 법인에 대한 대출, 부동산의 개발, 부동산의 관리 및 개량, 부동산의 임대, 지상권 · 지역권 · 전세권 · 임차권 · 분양권 등 부동산 관련 권리의 취득, 부동산을 담보로 금전채권의 취득, 부동산과 관련된 증권 등에 투자하는 집합투자기구

※ 혼합자산집합투자기구는 투자대상에 대한 투자비율의 제한을 받지 않는 펀드임

종 류	투자대상
증권	집합투자재산의 50% 초과하여 증권에 투자하는 펀드
부동산	집합투자재산의 50% 초과하여 부동산, 부동산을 기초자산으로 한 파생상품, 부동산개발관련법인에 대출 및 부동산의 개발 · 관리 및 개량 · 부동산관련 권리의 취득, 채권금융기관이 채권자인 금전채권의 취득 등에 투자하는 펀드
특별자산	집합투자재산의 50% 초과하여 특별자산(증권 및 부동산을 제외한 투자대상자산)에 투자하는 펀드
혼합자산	증권펀드, 부동산펀드, 특별자산펀드 규정의 제한을 받지 않는 펀드. 즉, 투자대상을 특정하지 않고 어떤 자산에나 투자비율 제한없이 투자 가능하나, 환매금지형으로 설정해야 함
단기금융	집합투자재산 전부를 단기금융상품(=MMF)에 투자하는 펀드

★★★
083 환매금지형 집합투자기구로 설정 또는 설립하여야 하는 경우를 모두 묶은 것은?

> ㉠ 부동산집합투자기구를 설정 또는 설립하는 경우
> ㉡ 특별자산집합투자기구를 설정 또는 설립하는 경우
> ㉢ 혼합자산집합투자기구를 설정 또는 설립하는 경우
> ㉣ 집합투자기구 자산총액의 100분의 20을 초과하여 시장성 없는 자산에 투자할 수 있는 집합투자기구를 설정 또는 설립하는 경우

① ㉡, ㉢　　　　　　　　　　　　　　　② ㉠, ㉡, ㉣
③ ㉠, ㉣　　　　　　　　　　　　　　　④ ㉠, ㉡, ㉢, ㉣

해설　㉠, ㉡, ㉢, ㉣ 모두 투자대상자산의 현금화가 곤란한 사정 등을 고려하여 환매금지형 집합투자기구로 설정 또는 설립하여야 한다.
　※ 시장성 없는 자산 → 부동산(부동산을 기초로 한 파생상품이나 부동산과 관련된 증권 등 시가 또는 공정가액으로 조기에 현금화 가능한 경우 제외), 특별자산(관련 자산의 특성 등을 고려하여 시가 또는 공정가액으로 조기에 현금화 가능한 경우 제외), 증권시장 또는 외국시장에 상장된 증권, 채무증권, 파생결합증권, 모집 또는 매출된 증권, 환매청구할 수 있는 집합투자증권에 해당하지 않는 증권

★★★
084 특수한 형태의 집합투자기구의 내용으로 옳은 것은?

① 환매금지형 집합투자기구는 존속기간을 정한 집합투자기구에 대하여만 설정하여 설립할 수 있다.

② 종류형 집합투자기구는 다른 집합투자기구(모집합투자기구)가 발행하는 집합투자증권을 취득하는 구조의 집합투자기구(자집합투자기구)를 말한다.

③ 전환형 집합투자기구는 같은 집합투자기구에서 판매보수의 차이로 인하여 기준가격이 다르거나 판매수수료가 다른 여러 종류의 집합투자증권을 발행하는 것을 말한다.

④ 모자형 집합투자기구는 복수의 집합투자기구 간에 각 집합투자기구의 투자자가 소유하고 있는 집합투자증권을 다른 집합투자기구의 집합투자증권으로 전환할 수 있는 권리를 투자자에게 부여하는 구조의 집합투자기구를 말한다.

해설 ② : 모자형 집합투자기구, ③ : 종류형 집합투자기구, ④ : 전환형 집합투자기구

🏛 필수핵심정리 ▶ 특수한 형태의 집합투자기구

1. 환매금지형 집합투자기구 → 존속기간을 정한 집합투자기구에 한하여 집합투자증권의 환매를 청구할 수 없는 펀드 → 부동산펀드, 특별자산펀드, 혼합자산펀드 및 펀드자산총액의 20% 초과하여 시장성 없는 자산에 투자하는 펀드의 경우에 환매금지형 집합투자기구로 설립

2. 종류형 집합투자기구 → 집합투자기구의 판매보수의 차이로 인한 기준가격 또는 판매수수료가 다른 여러 종류의 집합투자증권을 발행하는 펀드

3. 전환형 집합투자기구 → 복수의 집합투자기구 간에 각 집합투자기구의 투자자가 소유하고 있는 집합투자증권을 다른 집합투자기구의 집합투자증권으로 전환할 수 있는 권리를 투자자에게 부여하는 구조의 펀드

4. 모자형 집합투자기구 → 다른 집합투자기구(=모집합투자기구)가 발행하는 집합투자증권을 취득하는 구조의 집합투자기구(=자회사집합투자기구)

5. 상장지수 집합투자기구(ETF) → 증권의 종류에 따라 다수 종목의 가격수준을 종합적으로 표시하는 지수의 변화에 연동하여 운용하는 것을 목표 & 수익증권·투자회사 주식의 환매가 허용 & 수익증권·투자회사 주식이 해당 투자신탁의 설정일· 투자회사의 설립일부터 30일 이내 증권시장에 상장될 것 등의 요건을 갖춘 집합투자기구 → 투자신탁 또는 투자회사 외 다른 형태에서는 허용 X

★★★
085 다음은 상장지수집합투자기구(ETF)에 관한 설명이다. 가장 적절하지 못한 것은?

① 거래소에 상장되어 주식과 동일하게 증권회사의 주식매매계좌를 통해 거래된다.

② 자유롭게 중도매매가 가능하나, 매도일부터 3일째(T+2) 자금이 회수된다.

③ 평균수수료는 국내 일반 주식형 펀드는 물론 인덱스펀드에 비해 낮은 수준이다.

④ 약정수익률에 의한 펀드로서, 예금자보호대상이다.

해설 상장지수집합펀드(ETF: Exchanged Trade Fund)는 특정한 주가지수의 움직임과 연동되게 인덱스펀드로 운용하여 시장 평균수익률의 실현을 목표로 하는 펀드로서, 특정 종목 보유의 위험을 분산투자에 의해 줄일 수 있다. 그러나 ETF는 실적에 따라 수익이 실현되므로, 예금자보호법의 보호대상은 아니다.

★★★
086 상장지수집합투자기구의 요건으로 가장 틀린 것은?

① 거래소 등에서 거래되는 증권종목의 가격수준을 종합적으로 표시하는 지수일 것

② 지수 구성종목이 50종목 이상일 것

③ 수익증권 또는 투자회사 주식의 환매가 허용될 것

④ 해당 투자신탁의 설정일 또는 투자회사의 설립일부터 30일 이내에 증권시장에 상장될 것

> **해설** 상장지수집합투자기구는 지수 구성종목이 10종목 이상이어야 한다. 또한 그 조건에는 하나의 종목이 그 지수에서 차지하는 비중이 직전 3개월 평균 시가총액 기준으로 30%를 초과하지 아니할 것, 지수구성 종목 중 시가총액 순으로 85%에 해당하는 종목은 직전 3개월간 시가총액의 평균이 150억원 이상이고 직전 3개월간 거래대금 평균이 1억원 이상일 것 등의 요건을 갖춘 지수의 변화에 연동하여 운용하는 것을 목표로 해야 할 것이 있다.

★★★
087 집합투자재산을 보관·관리하는 집합투자기구의 관계회사는?

① 신탁업자   ② 일반사무관리회사

③ 집합투자기구평가회사   ④ 채권평가회사

> **해설** 집합투자재산을 보관·관리하는 관계회사는 신탁업자(은행 등)이다.

🏛 필수핵심정리 ▶ 집합투자기구 관계회사

구 분	수행 업무
신탁업자	집합투자재산을 보관·관리하는 회사
일반사무 관리회사	투자회사의 위탁을 받아 투자회사 주식의 발행 및 명의개서, 투자회사 재산의 계산, 법령 또는 정관에 의한 통지 및 공고, 이사회 및 주주총회의 소집·개최·의사록작성 등에 관한 업무를 수행하는 주식회사·명의개서 대행회사(예탁결제원 포함)·특수은행 중 하나일 것 & 자기자본 20억원 이상 & 2년 이상 근무경력 있는 2인 이상의 집합투자재산 계산전문인력 보유
집합투자기구 평가회사	집합투자기구를 평가하고 이를 투자자에게 제공하는 업무를 영위하는 주식회사 & 자기자본 5억원 이상 & 2년 이상 종사경력 있는 3인 이상의 집합투자기구 평가전문인력 보유
채권평가회사	집합투자재산에 속하는 채권 등 자산의 가격을 평가하고 이를 집합투자기구에 제공하는 업무를 영위하는 주식회사 & 자기자본 30억원 이상

★★★
088 집합투자증권의 환매에 대해서 잘못된 것은?

① 환매금지형 집합투자기구를 제외하고 투자자는 언제든지 집합투자증권의 환매를 청구할 수 있다.

② 투자자는 우선 그 집합투자기구의 집합투자업자에게 직접 환매를 청구하여야 한다.

③ 환매청구를 받은 판매회사는 투자신탁 또는 투자회사 등에게 각각 지체 없이 환매에 응할 것을 요구하여야 한다.

④ 환매청구를 받은 집합투자업자·투자회사는 환매청구일부터 15일 이내에서 집합투자규약에서 정한 환매일에 환매대금을 지급하여야 한다.

해설 투자자는 그 집합투자증권을 판매한 투자매매업자 또는 투자중개업자에게 환매를 청구하여야 한다. 다만, 해산·인가취소 또는 업무정지, 천재지변 등으로 인한 전산장애, 기타 정상적 업무가 곤란하다고 금융위가 인정한 경우에는 그 집합투자기구의 집합투자업자에게 직접 청구할 수 있으며, 환매청구를 받은 집합투자업자가 해산 등으로 환매에 응할 수 없는 경우에는 해당 집합투자재산을 보관·관리하는 신탁업자에게 청구할 수 있다.

집합투자증권 투자자의 환매청구 : 판매회사 → 집합투자업자 → 신탁업자

🏛 필수핵심정리 ▶ **집합투자증권의 환매**

- 환매금지형 간접투자기구를 제외하고는 투자자는 언제든지 집합투자증권의 환매 청구 가능
- 투자자 → 그 집합투자증권을 판매한 투자매매업자·투자중개업자에게 환매 청구. 단, 해산·인가취소 또는 업무정지, 천재지변 등으로 인한 전산장애, 기타 정상적 업무가 곤란하다고 금융위가 인정한 경우 → 그 집합투자기구의 집합투자업자에게 직접 청구 가능
- 환매청구를 받은 투자매매업자·투자중개업자 → 투자신탁·집합투자업자 또는 투자회사 등에게 지체없이 환매에 응할 것을 요구
- 환매청구를 받은 집합투자업자·투자회사 → 환매청구일부터 15일 이내에서 집합투자규약에서 정한 환매일에 환매대금 지급

★★★
089 집합투자재산의 평가에 관한 설명이다. 옳지 않은 것은?

① 신뢰할 만한 시가가 있는 경우에는 시가로 평가한다.

② 시가는 증권시장의 거래된 최종시가 또는 장내파생상품시장에서의 공표가격 등을 말한다.

③ 신뢰할 만한 시가가 없는 경우에는 공정가액으로 평가한다.

④ 단기금융집합투자기구(MMF)의 경우에는 시가로 평가하여야 한다.

해설 투자자가 수시로 변동되는 등 투자자의 이익을 해할 우려가 적은 경우로서 단기금융집합투자기구(MMF)의 경우에는 장부가격으로 평가할 수 있다.

- 신뢰할 만한 시가(증권시장의 거래된 최종시가 또는 장내파생상품시장에서의 공표가격)가 있는 경우 → 시가 평가
- 신뢰할 만한 시가가 없는 경우 → 공정가액 평가
- 단기금융집합투자기구(MMF)의 특례 → 장부가액 평가 가능. 단, 장부가액에 의해 평가한 기준가격과 시가 및 공정가액에 따라 평가 기준가격의 차이가 5/1,000 초과 또는 초과할 염려가 있는 경우에는 시가 적용
- ※ 기준가격
- 집합투자증권의 매매 또는 집합투자증권의 추가발행 시 필요한 추가신탁금의 산정의 기준이 되는 가격 & 집합투자증권의 거래단위당 순자산가치 & 실현된 투자성과를 나타내는 척도
- 개별신탁재산의 실질자산가치로서 통상 1,000좌 단위로 표시
- 공고일 전일의 (B/S상 자산총액−부채총액과 준비금)/수익증권 총좌수 또는 투자회사의 발행주식 총수

★★★
090 MMF(Money Market Fund)에 관한 설명으로 옳지 않은 것은?

① 여유자금의 수시 입출금 또는 단기투자에 적합한 펀드이다.
② 국채, 통안채, 신용등급 AAA, AA 이상 회사채 또는 A1 · A2 이상 CP 중 잔존만기가 짧은 것에 주로 투자한다.
③ 개인, 법인 제한 없으나 개인용 펀드, 법인용 펀드로 구분하여 판매한다.
④ 금리수준 급등 시에도 고객은 손익에 영향을 받지 않는다.

> **해설** 단기금융집합투자기구(MMF)는 장부가액 평가가 가능하나, 시가평가액이 장부가액 대비 ±0.5% 이상 괴리발생 시 또는 발생 우려가 있는 경우에는 시가를 반영하므로 금리수준 급등 시 MMF 가입고객도 손익에 영향 받을 수 있다.

★★★
091 주가지수연계펀드(ELF)의 내용으로 가장 잘못된 것은?

① 원금의 대부분을 ELS에 투자하고 발생한 이익으로 채권 등 안전자산에 투자해 추가수익을 추구한다.
② 워런트 외 편입되는 자산에 따라 채권형, 혼합형, 주식형으로 판매가능하나 주로 채권형이 많다.
③ 투자기간은 3개월 이상 가능하나, 주로 6개월 단위형 상품이 많고 모집식으로 판매한다.
④ 가입 시에 미리 정한 향후의 주가나 주가지수변동에 따라 수익이 지급되며, 제한된 리스크하에서 고수익 추구가 가능한 것이 장점이다.

> **해설** 주가지수연계펀드(ELF)는 주가지수에 따라 미리 정한 수익을 추구하는 펀드로서, 원금의 대부분을 채권 등 안전자산에 투자하고 발생한 이자로 ELS에 투자해 추가수익을 추구한다.

정답　088 ②　089 ④　090 ④　091 ①

★★★
092 하나의 집합투자규약 아래 여러 개의 하위펀드가 있어 시장의 변화에 따라 환매없이 탄력적 운용이 가능한 펀드는? [심화]

① 적립식펀드　　　　　　　　　　　② 엄브렐러펀드
③ 인덱스펀드　　　　　　　　　　　④ 재간접펀드

 해설 엄브렐러펀드(umbrella fund)는 하나의 집합투자규약 아래 여러 개의 하위(sub)펀드가 있어 시장상황에 따라 투자자가 다른 펀드로 자유롭게 전환할 수 있는 펀드이며, 하위펀드로는 채권형펀드, 안정주식형펀드, 성장주식형펀드, 정보통신주펀드, 코스닥전용펀드, 공모주전용펀드, 머니마켓펀드 등의 다양한 펀드로 편입할 수 있다. 이러한 엄브렐러펀드에서 수익률을 높이기 위해서는 금리와 주가의 움직임을 보고 전환시점을 잘 포착하여야 한다.

🏛 **필수핵심정리**　엄브렐러펀드와 재간접펀드 등

■ **엄브렐러펀드**
• 개요 : 성격이 다른 하위펀드를 3개(MMF, 인덱스펀드, 리버스인덱스펀드)로 단순화하여 투자자의 시황판단에 따라 자유롭게 전환할 수 있는 펀드 & 전환 횟수나 전환에 따른 수수료는 없으나 가입 시 판매수수료 선취
• 특징 : 시장상황에 따른 탄력대응 가능 및 약세장에서도 수익추구 가능 & 고객이 지정한 목표수익률 도달 시 자동으로 MMF 전환서비스 제공 & 환매와 전환기간이 청구일 다음 영업일의 기준가격으로 결제

■ **재간접펀드(Fund of Funds)**
펀드자산을 다른 펀드가 발행한 집합투자증권에 50% 이상 투자하는 펀드로서, 다양한 다른 펀드에 동시에 가입하여 분산투자하는 효과 및 다양한 투자전략의 효과가 있는 펀드

■ **절대수익률추구형펀드**
• 개요 : 주식시장이나 채권시장의 변동과 관계없이 일정한 수익률(실세금리+α)을 추구하는 펀드로서, 펀드매니저가 자신의 스킬 또는 시스템매매를 바탕으로 시장상황과 관계없이 절대수익을 얻기 위해 운용하는 펀드. 단, 절대수익보장이 아니라 추구이므로 원금손실이 발생할 수도 있음
• 주요 투자전략
　– Long-Short : 저평가 주식을 매수하고 고평가 주식 또는 주가지수 매도 동시수행으로 수익 추구
　– 시스템 트레이딩 : 선물 및 옵션을 이용한 시스템 매매(주관적 판단 배제)
　– Merge & Arbitrage, Event driven : 기업공개매수 및 공모주 등 이벤트 관련 차익거래로 수익 추구

★★★
093 다음 중 평균매입단가를 낮추는 효과를 볼 수 있는 펀드는? [심화]

① 엄브렐러펀드　　　　　　　　　　② 인덱스펀드
③ 적립식펀드　　　　　　　　　　　④ 재간접펀드

 해설 적립식펀드는 일정기간 동안 원하는 펀드(주식형, 채권형 등) 한 가지를 선택하여 정기적으로 적립하여 투자하는 상품으로서, 은행의 정기적금과 같이 일정기간 동안 적립하고 만기에 목돈을 찾는 형태의 펀드이다. 이는 특정 주가가 하락하면 주식을 많이 사고, 주가가 상승하면 상승한 만큼 주식을 덜 매수하는 방식으로 주식의 평균매입단가를 낮추는 효과(Cost Average Effect)에 의하여 일시에 주식에 투자하는 경우의 위험을 낮출 수 있다.

★★★
094 랩어카운트와 관련하여 옳지 않은 것은?

① 여러 종류의 자산운용 관련 서비스를 하나로 싸서(wrap) 고객의 기호에 적합하게 제공하는 종합자산관리계좌이다.

② 자산운용방식, 투자대상, 일임의 정도 등에 따라 다양한 종류가 존재하나 일반적으로 펀드형 랩, 컨설턴트 랩 및 자문사 연계형 랩으로 구분된다.

③ 랩어카운트의 수수료는 투자자산의 잔액평가금액에 근거하여 일정비율로 결정되나, 증권매매수수료는 별도로 내야 한다.

④ 최근에는 고객의 성향에 따라 투자자의 자산포트폴리오를 증권사가 도맡아 구성하고 운용하는 일임형 랩어카운트가 활성화되며 규모가 증가하고 있다.

> **해설** 랩어카운트는 증권회사가 투자자의 투자성향과 투자목적 등을 정밀하게 분석하고 진단한 후 고객에게 맞도록 주식, 채권, 수익증권, 뮤추얼펀드 등의 다양한 투자수단을 대상으로 가장 적합한 포트폴리오를 추천하고, 그 포트폴리오를 운용해 수수료(commission)가 아닌 일정한 보수(fee)를 받는 종합자산관리계좌이다. 따라서 별도의 증권매매수수료는 내지 않는다.

📊 보충학습 ▶ 랩어카운트(Wrap Account)의 유형

구 분	주요 내용
펀드형 랩	고객의 성향 및 투자목적 등을 파악 후 고객에게 가장 적합한 우수 펀드로 최적의 포트폴리오를 구성하는 투자전략을 제안하는 랩
컨설턴트 랩	고객의 보다 적극적이고 다양한 투자스타일을 반영하기 위하여 상담을 통하여 최적의 포트폴리오 및 개별 주식에 대한 투자전략을 제시하는 랩으로서, 새로운 투자대상의 계속 출시에 따라 컨설턴트 랩의 투자대상도 더욱 다양화
자문사 연계형 랩	고객으로부터 투자자금을 랩계좌로 받은 후 투자자문계약을 맺은 외부의 우수한 투자자문사로부터 자문을 받아 랩계좌에서 운용하는 랩

★★★
095 랩어카운트의 증권회사의 장점과 관련하여 잘못된 것은? 심화

① 거래 기준시보다 영업직원의 보수 감소

② 자산규모를 근거로 운용수수료 부과로 증권회사의 전략과 일치

③ 고객과의 관계 긴밀화 및 장기화

④ 증권회사와 영업직원 또는 고객과의 이익 상충 가능성 축소

정답 092 ② 093 ③ 094 ③ 095 ①

🏛 필수핵심정리 ▶ 랩어카운트의 장점과 단점

구분	장점	단점
고객	• 이익 상충 가능성의 적음 • 소액으로 전문가의 서비스 이용 가능 • 맞춤형 상품으로 고객욕구 충족 • 다양한 서비스의 이용 가능	• 주가하락 시 상대적으로 수수료 부담 증가 • 일괄 수수료로 불필요한 서비스대가 지불
증권회사	• 자산기준의 운용수수료 수입 가능 • 안정적인 수익기반 확보 • 이익 상충 가능성의 적음 • 고객의 관계 긴밀화 및 장기화 • 영업사원의 독립성 약화	• 영업직원의 재교육 등 랩 업무에 대응하기 위한 시스템구축비용 소요 • 수수료 수입총액의 감소 우려
투자 자문사	• 고객 저변의 확대 • 수수료와 무관한 신축적 운용 가능 • 사무비용 절감	• 운용보수의 감소 • 시장상황에 관계없이 수수료 이상의 운용성적 요구 부담
영업직원	이익 상충 문제 해결(고객 유인 효과)	• 회사로부터 독립성 약화 • 수입 감소 우려

★★★
096 주가지수연계증권(ELS)에 대해서 틀린 것은?

① 일반적으로 주가지수 및 특정주식의 움직임에 연계하여 사전에 정해진 조건에 따라 조기 및 만기 상환수익률이 결정되는 만기가 없는 증권이다.
② 법적으로는 파생결합증권의 한 종류이다.
③ 장외파생상품 겸영인가를 취득한 증권회사만이 발행할 수 있다.
④ 발행 증권사는 발행대금의 상당부분을 채권, 예금 등 안정자산에 투자하는 한편 나머지를 주식, 주식관련 파생상품 등에 투자하여 약정수익 재원 확보를 위한 초과수익을 추구한다.

해설 일반적으로 주가지수 및 특정주식의 움직임에 연계하여 사전에 정해진 조건에 따라 조기 및 만기 상환수익률이 결정되는 만기가 있는 증권이다.

★★★
097 주가지수연계증권의 주요 수익구조에 대해서 잘못된 설명은?

① Knock-out형 : 계약기간 중 주가지수가 약정 수준에 도달하면 주가지수 상승률에 따라 지급하고, 그렇지 못하면 사전에 약정된 확정수익률로 수익을 지급하는 구조

② Bull Spread형 : 만기시점의 주가수준에 비례하여 손익을 얻되, 최대 수익 및 손실이 일정 수준으로 제한되는 구조

③ Digital형 : 만기 시 주가가 일정 수준을 상회하는지 여부(상승률 수준과는 무관)에 따라 사전에 정한 두 가지 수익 중 한 가지를 지급하는 구조

④ Reverse Convertible형 : 미리 정한 하락폭 이하로 주가가 하락하지만 않으면 사전에 약정한 수익률을 지급하며 동 수준 이하로 하락하면 원금에 손실이 발생하는 구조

> **해설** Knock-out형은 계약기간 중 주가지수가 약정 수준에 도달하면 사전에 약정된 확정수익률로 조기 상환되며, 그 외의 경우에는 만기 시 주가지수에 따라 수익이 정해는 구조다.

📊 보충학습 ▶ 주가지수연동증권(ELS)의 손익유형

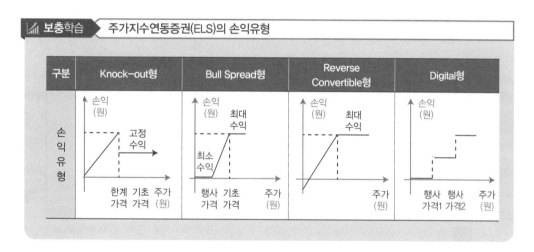

★★★
098 다음이 설명하는 ELS 관련 용어는?

> 원금보장형 녹아웃 ELS에서 최초 기준가격부터 녹아웃배리어가격까지의 상승구간에서 상승수익률을 계산할 때 사용되는 승수

① 낙인배리어(knock-In Barrier)와 녹아웃배리어(knock-Out Barrier)
② 더미(Dummy)수익
③ 리베이트(Rebate)
④ 참여율(Participation Rate)

참여율(Participation Rate)에 대한 설명이다.

① 낙인배리어(knock-In Barrier) : 원금비보장형 ELS에서 많이 사용되는 용어로서, 원금비보장형의 낙인은 원금손 실 발생가능조건을 의미하며 터치하면 원금손실가능성 조건이 발생하는 형태

녹아웃배리어(knock-Out Barrier)는 낙인배리어(knock-In Barrier)의 반대개념으로 주로 원금보장형 ELS에서 많이 사용되는 용어로서 터치하면 상승수익률 지급조건이 사라지는 조건

② 더미(Dummy) 수익 : ELS가 조기 상환되지 않고 만기까지 보유했을 때 투자기간 중에 낙인을 터치한 적이 없으 면 만기에 지급되는 보너스 수익을 의미

③ 리베이트(Rebate) : 원금보장형 녹아웃 ELS에서 사전에 정한 녹아웃배리어를 초과하여 상승한 경우에 지급되는 고정수익률을 의미

기타 조기상환은 조건달성 시 의무적으로 자동지급되는 자동조기상환 조건을 의미하며, 중도상환은 자동조기상환 또는 만기상환 원칙이나 사전에 정해진 상호조건이나 일정 외에 투자자 요청에 의한 중도상환(중도환매)가 가능한 것을 의미

★★★
099 주식워런트증권(ELW: Equity Linked Warrant)에 관한 설명으로 틀린 것은?

① 주식 및 주가지수 등의 특정대상물을 사전에 정한 미래의 시기에 미리 정한 가격으로 살 수 있거나(Call) 팔 수 있는(Put) 권리를 갖는 증권을 의미한다.

② 콜 ELW는 기초자산을 권리행사가격으로 발행자로부터 인수하거나 그 차액(만기결제가 액 · 권리행사가격)을 수령할 수 있는 권리가 부여된 워런트이다.

③ 풋 ELW는 기초자산을 권리행사가격으로 발행자에게 인도하거나 그 차액(권리행사가 격-만기결제가격)을 수령할 수 있는 권리가 부여된 워런트이다.

④ 콜 ELW는 기초자산의 가격하락에 따라 이익이 발생하나, 풋 ELW는 기초자산의 가격 상승에 따라 이익이 발생한다.

해설 콜 ELW는 기초자산의 가격상승에 따라 이익이 발생하나, 풋 ELW는 기초자산의 가격하락에 따라 이익이 발생한다.

구분	콜 ELW	풋 ELW
의의	만기 시 기초자산을 행사가격으로 매수하거나, 만기평가가격과 행사가격과의 차액을 수령할 수 권리가 부여된 ELW → 주로 주가가 상승하는 강세장을 예상할 때 매수	만기 시 기초자산을 행사가격으로 매도하거나, 행사가격과 만기평가가격과의 차액을 수령할 수 권리가 부여된 ELW → 주로 주가가 하락하는 약세장을 예상할 때 매수
손익	기초자산 가격이 BEP를 초과하여 상승할수록 이익 발생 → 이익이 무한대로 증가 가능	기초자산 가격이 BEP 이하로 하락할수록 이익 발생
BEP	$\dfrac{콜\ 워런트의\ 가격}{전환비율} + 행사가격$	$행사가격 - \dfrac{풋\ 워런트의\ 가격}{전환비율}$
손익 구조		
권리 행사	· 만기평가가격 > 행사가격 → 권리 행사 · 만기평가가격 < 행사가격 → 권리 포기	· 만기평가가격 > 행사가격 → 권리 포기 · 만기평가가격 < 행사가격 → 권리 행사
손실	권리포기에 따른 ELW 매수가격이 최대 손실로 한정	

★★★
100 주식워런트증권의 거래에 관한 내용으로 옳은 것은?

① 현재 우리나라에서는 코스피 100구성주식 및 이를 기초로 하는 주식바스켓, 코스피 200 주가지수 및 코스닥 50 구성주식을 기초자산으로 한다.

② 현금결제 및 만기 시 행사가치가 있는 경우 자동권리행사(T+2일)의 결제방식이다.

③ 권리행사방식은 유럽형과 미국형 모두 인정된다.

④ 주식의 만기평가가격은 최종거래일의 종가로 한다.

 해설 ① 현재 우리나라에서는 코스피 100구성주식 및 이를 기초로 하는 주식바스켓, 코스피 200 주가지수만을 대상으로 주식워런트를 발행할 수 있으며, 코스닥의 구성주식은 해당되지 않는다. 해외지수로는 니케이지수, 항생지수, 스타지수, 스타지수 구성 시가총액 5위 이내 주식 등이 있다.
③ 권리행사방식은 만기일에만 권리행사 가능한 유럽형만 인정되고 일정기간 권리행사 가능한 미국형은 제외한다.
④ 만기평가가격으로 주식은 최종 거래일을 포함한 직전 5거래일의 산출평균가격으로 하고, 주가지수는 최종거래일의 주가지수 종가로 한다.

정답 099 ④　100 ②

★★★
101 주식워런트증권의 특징으로 거리가 먼 것은?

① 레버리지 효과
② 한정된 투자위험
③ 낮은 유동성
④ 위험헤지 기능

> **해설** 주식워런트증권은 거래소에 상장되며 발행자의 유동성공급으로 쉽게 거래 가능한 높은 유동성의 특징을 가진다.

> **🏛 필수핵심정리** | **주식워런트증권의 특징**
>
> - 레버리지 효과 → 실물자산에 대한 직접투자보다 큰 레버리지 효과가 가장 큰 특징이다.
> - 한정된 투자위험 → 투자자는 매수포지션만 보유하기 때문에 손실은 주식워런트증권의 가격으로 한정되나, 이익은 무한대로 확대될 수 있다.
> - 위험헤지 기능 → 주식워런트증권의 매수를 통해 보유자산의 가격이 반대방향으로 변화함에 따라 발생하는 위험을 회피하고 보유자산의 가치를 일정하게 유지가능하다.
> - 시장상황과 무관한 새로운 투자수단 → 활황장세, 침체장세 등 시장상황과 무관하게 투자기회를 제공한다.
> - 높은 유동성 → 거래소에 상장되며 발행자의 유동성공급으로 쉽게 거래 가능하다.

> **📊 보충학습** | **주식워런트증권의 위험**
>
> 상품의 복잡성, 높은 투자위험, 자본이득 외에 소득이 없고, 주주가 아니며 회사와 직접 관련이 없음

★★★
102 주식워런트증권의 가격에 대한 설명으로 가장 올바른 것은?

> A. 주식워런트증권가격 = 행사가치 + 시간가치
> B. 행사가치 : 만기까지 잔존기간 동안 기초자산의 가격변동성 등에 따라 얻게 될 기대가치
> C. 시간가치 : 권리를 행사함으로써 얻을 수 있는 이익으로 내재가치
> D. 내가격 : 내재가치가 0보다 커서 현재 권리행사 가능구간으로 돈이 되는 영역에 있는 경우

① A, D
② A, B, C
③ B, C
④ A, B, C, D

> **해설** B. 행사가치 → 권리를 행사함으로써 얻을 수 있는 이익으로 내재가치(본질가치)
> - 콜 워런트 행사가치 = 기초자산의 가격 − 권리행사 가격 → 권리행사시 대상주식을 시장가격보다 낮은 가격에 매수할 수 있고 이를 곧바로 시장에 매도하여 얻을 수 있는 차액을 의미하며, 기초자산 가격이 상승할수록 커진다.
> - 풋 워런트 행사가치 = 권리행사 가격 − 기초자산의 가격 → 주식시장에서 주식을 매수하고 권리를 행사하여 높은 가격에 매도하여 얻을 수 있는 차액을 의미하며, 기초자산 가격이 하락할수록 커진다.

C. 시간가치 → 만기까지 잔존기간 동안 기초자산의 가격변동성 등에 따라 얻게 될 기대가치로서 프리미엄이라고 도 하며, 만기일에 근접할수록 감소하며 프리미엄은 행사가치 또는 0(영)에 접근한다.

🏛 필수핵심정리 ▷ **내재가치**

- 주식워런트의 행사가격과 기초자산의 현재 시장가격의 차이로서, 현재시점에서 ELW를 행사할 경우 워런트 투 자자가 얻을 수 있는 이익의 크기를 의미 → 행사가격은 발행 당시 결정되어 있으므로 내재가치는 오로지 기초 자산의 가격 변화에 따라 변화됨
- Call 워런트 내재가치 = 기초자산 가격 − 행사가격
- Put 워런트 내재가치 = 행사가격 − 기초자산 가격
- 내가격(ITM ; In-the-Money) : 내재가치가 0보다 커서 현재 권리행사 가능구간으로 돈이 되는 영역에 있는 상 태 → 이익 상태를 의미
- 등가격(ATM ; At-the-Money) : 행사가격과 기초자산가격이 같은 상태
- 외가격(OTM ; Out-of-the-Money) : 내재가치가 0보다 작아서 현재 권리행사 포기구간으로 돈이 되지 않는 영역에 있는 상태 → 손실 상태를 의미

★★★
103 콜 워런트의 주식워런트증권 가격이 상승하는 경우를 옳게 묶은 것은? 심화

⊙ 기초자산의 가격이 오를수록
ⓒ 권리행사가격이 낮을수록
ⓒ 기초자산의 가격변동성이 작을수록
ⓔ 잔존기간이 길수록
ⓜ 배당이 클수록

① ㉠, ㉣, ㉤   ② ㉡, ㉢
③ ㉢, ㉣, ㉤   ④ ㉠, ㉡, ㉣

해설 콜워런트의 주식워런트증권가격은 기초자산가격이 오를수록, 권리행사가격이 낮을수록, 기초자산의 가격변동이 클수록, 잔존기간이 길수록, 배당이 작을수록 커진다.
따라서 ㉢ 기초자산의 가격변동성이 작을수록, ㉤ 배당이 클수록 콜워런트의 주식워런트증권가격은 낮아진다.
※ ELW의 가격은 만기 시에는 행사가치에 의해 가치가 결정된다. 그러나 만기 이전에는 기초자산의 가격, 권리행 사가격, 기초자산의 가격변동성, 만기까지의 잔존기간, 금리 및 배당 등 여러 요인에 의해 영향을 받는다. 이 경 우 기초자산의 가격, 행사가격 및 잔존기간은 누구나 쉽게 알 수 있으나, 기초자산의 가격변동성은 모두 다르므 로 쉽게 알 수 없는 예측자료이다.

가격변화 요인	콜 ELW의 가격	풋 ELW의 가격	특 징
기초자산의 가격이 오를수록	↑	↓	동적요인
권리행사가격이 클수록*	↓	↑	정적요인
기초자산의 가격변동성이 클수록	↑	↑	지속적 감소
만기까지의 잔존기간이 길수록	↑	↑	지속적 감소
금리가 높아질수록	↑	↓	상대적으로 영향 적음
배당이 클수록	↓	↑	

* : 주식워런트증권의 발행 이후엔 변하지 않기 때문에 워런트의 가격에 영향을 미치지 않음

★★★
104 주식워런트증권의 용어에 대한 설명으로 옳지 않은 것은?

① 전환비율은 만기에 ELW 1주를 행사하여 받을 수 있는 기초자산의 수를 말한다.
② 변동성은 기초자산 가격의 등락폭을 의미하며, 변동성이 커지면 ELW의 가격이 하락하게 된다.
③ 기어링은 기초자산의 가격변화율 대비 워런트 가격의 변화율을 말하며, 기초자산 대신 ELW를 매수할 경우 누리게 되는 포지션의 확대효과이다.
④ 패리티는 기초자산의 가격과 권리행사가격의 비율을 말하며, 내재가치의 크기를 나타낸다.

해설 변동성이 커지면 기초자산 가격이 크게 오르거나 내려서 ELW의 권리행사가 될 가능성이 커지므로 콜과 풋에 상관없이 ELW의 가격은 상승하게 된다.

구 분	내 용
패리티	• 기초자산의 가격을 행사가격으로 나눈 값 → 내재가치의 크기를 의미 • Call ELW의 패리티(parity) = $\dfrac{기초자산의\ 가격}{권리행사가격}$ • Put ELW의 패리티(parity) = $\dfrac{권리행사가격}{기초자산의\ 가격}$ • 패리티가 100보다 크면 → 내재가치가 있는 내가격 ELW를 의미 • 패리티가 100보다 작으면 → 내재가치가 없는 외가격 ELW를 의미
전환비율	만기에 ELW 1주를 행사하여 받을 수 있는 기초자산의 수 → ELW 1주로 사거나 팔 수 있는 기초자산의 수를 의미
기어링	• 기초자산을 대신하여 ELW를 매입할 경우 몇 배의 포지션이 되는 지를 나타내는 것으로 일종의 증폭효과를 설명하는 승수 → 즉, 기초자산에 투자하면 ELW에 투자하는 것보다 몇 배의 매수비용이 드는지를 나타내는 것 • 기어링(Gearing) = $\dfrac{기초자산가격}{주식워런트증권가격} \times 전환비율$ • 기어링이 높을수록 레버리지 효과는 커진다.
레버리지	기초자산의 가격변화율 대비 워런트 가격의 변화율을 의미
손익분기점	워런트 투자자금을 회수하기 위하여 잔존기간동안 기초자산 가격의 변화기대치를 기초자산 가격의 상승률로 표시한 것
자본지지점	• 기초자산과 ELW의 수익률이 같아지는 시점까지 도달하기 위해 필요한 기초자산의 연간 기대상승률을 의미 → 동일 투자자금으로 주식 또는 ELW 가운데 어느 것을 보유하더라도 만기일의 최종 실현가치가 같게 되는 주식 등 기초자산의 연간 기대상승률을 의미 • 자본지지점은 콜 ELW의 가치측정에, 손익분기점은 풋 ELW 가치측정에 적합

★★★
105 다음의 설명 중 옳지 않은 것은? 심화

① 패리티가 100%보다 크면 내가격 ELW이고, 패리티가 100%보다 작으면 외가격 ELW를 의미한다.

② ELW가 기초자산 가격에 비해 레버리지가 발생하는 이유는 ELW가격이 기초자산 가격에 비해 상대적으로 낮기 때문이다.

③ 기어링이 10인 ELW라면 기초자산 매입시보다 ELW 매입시 10배의 포지션 효과를 가지게 된다는 의미다.

④ 자본지지점은 풋 ELW의 가치측정에, 손익분기점은 콜 ELW의 가치측정에 사용하는 것이 적합하다.

해설 자본지지점은 콜 ELW의 가치측정에, 손익분기점은 풋 ELW의 가치측정에 사용하는 것이 적합하다.

정답 104 ② 105 ④

★★★
106 환매조건부채권(RP)매매의 내용으로 옳은 것은?

① 채권을 일정기간 후에 일정가액으로 환매수할 것을 조건으로 매도하는 것과, 채권을 일정기간 후에 일정가액으로 환매도할 것을 조건으로 매수하는 거래를 말한다.

② 은행, 종금사는 대고객 조건부채권매도·매수를 모두 할 수 있으나 증권회사는 대고객 조건부채권매도만 할 수 있다.

③ 매매단위는 최저 100만원 이상이다.

④ 약정기간은 은행은 1일 이상 가능하나, 금융투자회사는 15일 이상으로 하여야 한다.

 해설
- 조건부 채권매도 → 채권을 일정기간 후에 일정가액으로 환매수할 것을 조건으로 매도하는 것
- 조건부 채권매수 → 채권을 일정기간 후에 일정가액으로 환매도할 것을 조건으로 매수하는 것
② 증권회사는 대고객 조건부채권매도·매수를 모두 할 수 있으나 은행, 종금사는 대고객 조건부채권매도만 할 수 있다.
③ 매매단위는 1만원 이상 제한이 없으나 보통 100만원 이상으로 회사별로 자율 결정한다.
④ 가입당시 약정된 고객 투자기간인 약정기간은 금융투자회사는 1일 이상 가능하나, 은행의 경우 15일 이상으로 하여야 한다. 만약 14일 이내에 출금하는 경우 7일까지는 0%, 8일 ~ 14일까지는 보통예금이율이 적용된다.

📊 보충학습 ▷ RP의 구조

- 기관 간 조건부채권매매 → 은행, 종금, 농·수협, 상호신용금고, 신협, 새마을금고, 금융투자회사, 연기금 등 기관 간에 이루어지는 조건부채권매매
- 대고객 조건부채권매매 → 금융투자회사, 은행, 종금사 등이 위의 기관 이외의 법인 또는 개인과 행하는 조건부 채권매매. 단, 유가증권의 매매영업을 허가받은 은행 및 종금사는 대고객 조건부 채권매수 업무를 영위할 수 없다.
- ※ 증권회사는 대고객 조건부채권매도·매수 모두 가능하나, 은행과 종금사는 대고객 조건부채권매도만 가능
- 대고객 조건부 채권매매대상 → 국채, 지방채, 특수채와 상장법인, 코스닥상장법인 및 등록법인이 모집·매출한 사채권과 금융기관 등이 원리금 지급보증을 한 보증사채권. 단, 전환청구권, 교환청구권, 신주인수권을 행사할 수 있는 기간 중에 있는 전환사채권, 교환사채권, 신주인수권부사채권은 제외
- 매매단위 → 1만원 이상 제한 없음(보통 100만원 이상으로 회사별 자율 결정)
- 약정기간(= 가입당시 약정된 고객 투자기간) → 금융투자회사는 1일 가능하나, 은행은 15일 이상으로 하여야 하며 만약 14일 이내에 출금하는 경우 7일까지는 0%, 8~14일까지는 보통예금이율 적용
- 가입당시 정하는 조건 5가지 → 투자금금, 약정기간(만기일), 이자율(확정금리), 약정 전 이율(중도해지 시 적용 이율), 약정 후 이율(만기일 이후기간 적용 이율)

★★★
107 증권사 CMA의 내용으로 옳지 않은 것은?

① 고객과의 사전 약정에 따라 예치자금이 국채, 지방채, 회사채 등 특정 장기금융상품에 투자되도록 설계한 CMA계좌를 통해 거래한다.

② 모계좌가 어떤 상품인지에 따라 MMF형 CMA, RP형 CMA, MMW형 CMA, 종금형 CMA 등의 유형이 있으며, 취급하는 모계좌 유형은 증권사별로 다르다.

③ CMA-RP형의 입금액은 RP에, CMA-MMF형의 입금액은 MMF에, MMW형의 입금액은 한국증권금융 예수금 등에 투자된다.

④ 국내 증권사에 판매하는 CMA상품은 자동투자상품*으로 운용되나, 계좌 개설 시 선택할 수 있으며, 계좌 개설 후라도 언제든지 변경할 수 있다.

해설 CMA(Cash Management Account 현금자산 관리계좌의 총칭)는 입출금이 자유로우며 주식 · 채권 · 펀드 매입자금으로의 이체, 급여 이체, 카드결제자금 이체, 각종 공과금 이체, 은행 자동화기기를 이용한 입출금이 가능한 상대적으로 고수익 상품으로서, 고객과의 사전 약정에 따라 예치자금이 MMF, RP 등 특정 단기금융상품에 투자되도록 설계한 CMA계좌를 통해 거래한다.

* : CMA통장의 자동투자상품 → 통장에 돈이 입금되면 별도의 매수절차 없이 자동으로 특정 CMA 자동투자상품에 투자되어 높은 수준의 수익을 추구할 수 있는 투자방법으로 고객은 CMA-MMW, CMA-MMF, CMA-RP 중 자신의 투자성향에 맞게 자동투자상품을 선택하나, 지정하지 않으면 입금한 금액은 '예수금'으로 남아 있다.

★★★
108 다음의 CMA 중 예금자 보호대상이 되는 것은?

① MMF형 CMA ② 종금형 CMA
③ RP형 CMA ④ MMW(=투자일임형) CMA

해설 종금형 CMA 고객계좌에 현금으로 남아 있는 금액은 1인당 5천만원 한도 내에서 예금자보호법에 따라 예금자 보호대상이 된다. 그러나 RP, MMF 및 MMW형은 보호대상이 아니다.

 보충학습 CMA의 유형별 비교

종금형 CMA	• 다수의 고객으로부터 조달한 자금을 주로 기업어음 등 단기금융자산에 운용 후, 그 운용수익을 예탁기간에 따라 투자자에게 차등지급하는 상품 • 운용대상자산이 각종 어음, 채권, CD, 정기예금, 단기국공채 등 지급준비자산이 대부분 • 가입대상과 예탁금액은 제한이 없으며, 수익률은 실적배당이며, 인출 시 원금과 배당금을 지급
MMF형 CMA	• MMF에 투자하는 수시입출금 가능 상품으로, 고객들의 자금을 모아 펀드를 구성하여 국공채나 금리가 높은 만기 1년 미만의 기업어음과 CD 등 단기금융상품에 집중 투자하여 얻은 수익을 고객에게 지급하는 상품 • 국공채 및 우량한 CP, CD 등에 투자하여 운용성과에 따라 실적을 배당하는 상품으로서 확정금리가 아닌 실적배당을 원하는 고객에게 보다 적합한 상품
RP형 CMA	• RP(환매조건부채권)에 투자하는 상품으로 예금자보호는 되지 않으나, 은행의 보통예금보다 높은 수익 제고 • 단기 약정수익 상품으로 국가나 지방자치단체, 은행 등이 발행한 우량채권에 주로 투자하여 안정성이 높으나, RP의 수익률은 금리상황에 따라 변동 가능
MMW형 CMA	• 랩(wrap) 어카운트 형태로 증권사 CMA의 운영방식 중 하나로 고객이 자산을 맡기면 증권사가 신용등급 AAA 이상인 한국증권금융 등 우량한 금융회사의 예금 · 채권 · 발행어음 · 콜론 등 단기 금융상품에 투자하고, 그에 따른 성과를 지급하는 실적배당형 상품 • 한국은행의 기준금리나 시장금리에 연동되는 변동수익률로 금리 인상시기에 유리

★★★
109 자산유동화증권의 특징으로 거리가 먼 것은?

① 자산보유자의 신용도와 분리되어 자산 자체의 신용도로 발행된다.

② 자산유동화증권의 신용도는 기초자산의 신용도와 신용보강 등에 의해 결정된다.

③ 투자자의 선호에 부합하여 증권을 설계하기 때문에 일반적으로 다계층증권이 발행된다.

④ 일반적으로 자산보유자보다 낮은 신용도를 지닌 자산유동화증권으로 발행된다.

> **해설** 자산유동화증권(ABS: Asset-Backed Securities)은 기업·금융기관이 보유하고 있는 자산을 표준화하고 특정 조건별로 집합(pooling)하여 이를 바탕으로 증권을 발행하고 이후 기초자산의 현금흐름을 이용하여 증권을 상환하는 것으로서, 다양한 구조와 보강 등을 통해 일반적으로 자산보유자보다 높은 신용도를 지닌 증권으로 발행된다.

🏛 필수핵심정리 자산유동화증권(Asset-Backed Securities)의 의미

기업·금융기관이 보유하고 있는 자산을 표준화하고 특정 조건별로 집합(pooling)하여 이를 바탕으로 증권을 발행하고 이후 기초자산의 현금흐름을 이용하여 증권을 상환하는 것

📊 보충학습 자산유동화의 기본적 구조

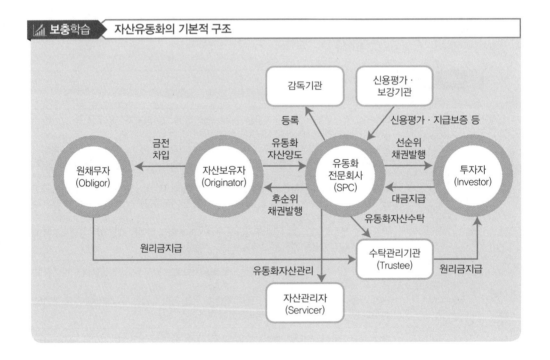

★★★
110 자산유동화증권의 종류에 관한 설명으로 옳은 것은?

① Pass-Through Security는 해당 유동화자산을 자산보유자의 자산으로 계속 보유하므로 유동화 자산의 금융위험을 자산보유자가 부담한다.

② Pay-Through Security는 유동화자산에서 발생되는 현금흐름을 균등하게 배분하는 단일 증권을 발행하는 방식이다.

③ 우리나라에서 새로운 유동화자산으로 간주되는 것에 부실채권 등이 있다.

④ 기초자산의 특성에 따라 다양한 유동화구조가 도입되고 있다.

> **해설** ① Pass-Through Security는 해당 유동화자산이 자산보유자의 자산에서 제외되어 매각되는 형태이기 때문에 발행자는 금융위험을 투자자에게 전가시키는 효과를 얻을 수 있다.
> ② Pay-Through Security는 유동화자산에서 발생되는 현금흐름을 이용하여 증권화하되 그 현금흐름을 균등하게 배분하는 단일 증권이 아니라 상환우선순위가 다른 채권을 발행하는 방식이다.
> ③ 우리나라는 도입초기부터 대표적 유동화자산이 부실채권이었기 때문에 부실채권이 새로운 자산으로 간주되기 힘들다.

🏛 필수핵심정리 ▶ 자산유동화증권의 종류

기 준	구 분	의 의
현금수취 방식	지분이전증권 (Pass-Through Securities)	유동화자산을 유동화중개기관에 매각한 후, 유동화중개기관은 이를 집합화하여 신탁 설정 후 이에 대해 지분증권을 나타내는 일종의 주식형태로 발행되는 증권 → 자산의 매각 형태 → 발행자의 금융위험을 투자자에게 전가시키는 효과
	원리금이체채권 (Pay-Through Bond)	유동화자산에서 발생되는 현금흐름을 증권화하되, 그 현금흐름을 균등하게 배분하는 단일증권이 아닌 상환우선순위가 다른 채권을 발행하는 방식
기초자산	다양한 유형의 자산	• 유동화자산 특성 : 자산의 동질성 특성으로 집합 가능 & 매매 가능 및 자산보유자의 파산 시 파산재단에서 분리 가능 & 자산의 현금흐름에 대한 예측 가능 및 자산의 신용도에 대한 분석 가능한 자산 • 주로 주택저당채권, 자동차할부금융, 대출채권, 신용카드계정, 리스채권, 기업대출, 회사채 등
기초자산의 현금흐름특성	상환확정형 자산	사전에 상환 스케줄이 확정되어 있는 자산 📋 주택저당채권, 자동차할부 및 기업대출 또는 채권 등
	비상환확정형 자산	사전에 상환 스케줄이 확정되지 않은 자산 📋 신용카드자산, 기업의 매출채권 등

★★★
111 유동화가 이루어지는 자산의 특성으로 옳은 것을 묶은 것은?

> ⊙ 자산의 집합이 가능하다
> ⓒ 자산의 특성이 서로 상이한 자산으로 구성된다.
> ⓒ 매매가 가능하고 자산보유자의 파산 시 파산재단에서 분리될 수 있다.
> ② 자산의 현금흐름에 대한 예측 및 자산의 신용도에 분석이 가능하다.

① ⊙, ⓒ, ② ② ⓒ, ⓒ, ②
③ ⊙, ⓒ, ⓒ ④ ⓒ, ⓒ

해설 ⓒ 자산의 특성상 동질성을 지니고 있는 자산이 주로 유동화되고 있다.

★★★
112 자산유동화증권의 도입에 따른 발행자 입장의 이득으로 틀린 것은?

① 자산보유자의 신용등급보다 높은 신용등급의 증권을 발행으로 조달비용을 낮춘다.
② 유동화자산의 상환과정에서 유동화자산의 가치가 상승한다.
③ 유동화를 통한 자산의 부외화의 효과를 거둘 수 있다.
④ 자산을 활용한 자금조달수단의 다양화를 도모할 수 있다.

해설 유동화자산의 상환과정에서 원리금의 연체 및 대손의 발생에 따른 유동화자산의 가치가 하락할 수 있다.

🏛 필수핵심정리 ▶ **자산유동화증권 도입의 이점**

발행자의 입장	• 자산보유자의 신용등급보다 높은 신용등급의 증권 발행 가능 → 상대적으로 낮은 비용의 조달 가능 • 자산의 부외화의 효과 → 금융기관의 경우 자기자본 관리 강화 방안 • 유동화를 통해 자금조달수단의 다양화 • 유동화 추진과정에서 자산보유자의 과거 연체, 자산의 회수 등 다양한 리스크 관리부문에 대한 점검을 통해 리스크 관리를 강화하게 되는 간접적인 효과
투자자의 입장	• 투자자의 선호에 부응하는 상품 구성 → 변화하는 투자자의 선호에 따른 상품 공급 • 상대적으로 높은 신용도를 지닌 증권에 대한 투자기회 확대 → 투자자 보유자산의 건전도 제고 • 동급의 신용도를 가진 일반 채권에 비해 상대적으로 높은 수익성 획득 가능

★★★
113 자산유동화증권의 발행과정에 참여하는 주요 기관에 대한 설명으로 틀린 것은?

① 자산보유자는 유동화대상자산을 보유한 기관이다.
② 유동화전문회사는 유동화증권 발행을 원활히 하고 자산보유자로부터 자산을 분리하기 위해 설립하는 특수목적유한회사를 말한다.
③ 자산관리자는 기초자산과 그로부터 발생하는 현금흐름의 관리와 보수에 책임을 지는 기관으로서 실질적인 자산유동화의 수혜자이다.
④ 업무위탁자는 유동화전문회사의 업무를 대행하는 기관을 말한다.

> **해설** 실질적인 자산유동화의 수혜자는 자산보유자이다.

🏛 필수핵심정리 ▶ 자산유동화증권의 발행과정에 참여하는 주요 기관

구 분	주요 역할
자산보유자	유동화대상자산을 보유한 기관 → 실질적인 자산유동화의 수혜자
자산관리자	• 기초자산과 그로부터 발생하는 현금흐름의 관리와 보수 책임을 지는 기관 • 유동화증권의 상환단계에서 가장 중요한 역할 담당
유동화전문회사	유동화증권 발행의 원활화 및 자산보유자로부터 자산 분리를 위해 설립하는 특수목적유한회사(SPC)
업무위탁자	유동화전문회사의 업무 대행 기관
신용보강 기관	발행할 증권의 전반적인 신용위험을 경감시키는 업무를 담당하는 기관 → 국내의 경우 주로 은행이 담당
기타	• 수탁기관 → 혼합위험의 통제 및 자산관리자의 업무수행 감시 & 지불대행 및 제반 통제업무 담당 기관 • 대체자산관리자 → 자산관리자가 본연의 자산관리업무를 수행하지 못할 때를 대비한 기관

★★★
114 자산유동화증권의 신용보강 중 내부보강방법을 묶은 것은?

> ㉠ 후순위 증권의 발행　　㉡ 신용 공여　　㉢ 초과 스프레드
> ㉣ 보증방법　　　　　　　㉤ 예치금

① ㉢, ㉣, ㉤　　　　　　　　　　　　② ㉡, ㉣
③ ㉠, ㉡, ㉢　　　　　　　　　　　　④ ㉠, ㉢, ㉤

> **해설** 신용보강의 내부보강방법에는 ㉠ 후순위 증권의 발행, ㉢ 초과 스프레드 및 ㉤ 예치금이 있으며, ㉡ 신용 공여와 ㉣ 보증방법은 외부보강방법이다.

- 신용보강 → 자산유동화증권 발행에 있어 자산의 분석에 근거한 향후 자산의 신용도에 영향을 미치는 불확실성을 제거하여 유동화증권의 상환확실성을 제고시키는 방안
- 보강방법
  - 내부보강 → 자산의 현금흐름의 조정을 통한 신용보강
  - 외부보강 → 신용도 높은 외부의 신용보강기관에 의한 신용보강

구분	보강방법	의 의
내부 보강	후순위증권 발행	유동화증권 발행 시 지급의 우선순위가 다른 유동화증권 발행으로 자산의 현금흐름을 우선적으로 선위 상환에 사용하는 방법 → 선순위증권의 상환 확실성 제고
	초과 스프레드	자산의 수익률이 높고 유동화증권의 현금유출 비율이 상대적으로 낮은 경우 자산의 수익률과 발행증권의 수익률 차이에 따른 현금유입과 현금유출의 금리차를 활용하는 방법
	예치금	–
외부 보강	신용공여	자산유동화증권의 상환재원 부족 시 신용도가 높은 은행 등에서 일시적인 상환재원을 보전해주는 방법 → 외부보강방식으로 가장 많이 사용
	보증방법	선순위 유동화증권 상환에 있어 일부 부분을 신용도 높은 보증기관이 보증해주는 방법

★★★
115 자산유동화증권의 관련 위험과 통제방법의 연결이 바르지 못한 것은?

① 유동화자산의 가치저하위험 – 후순위채, 준비금계정, 초과 스프레드, 보증 등의 신용보강
② 유동성위험 – 고유재산과 유동화자산의 구분관리
③ 자산관리자의 부도위험 – 대체자산관리자 지정 등
④ SPC의 계좌를 개설한 금융기관의 부도위험 – 우량 금융기관에 SPC계좌의 개설 등

해설 유동성위험을 방지하기 위해서는 엄격한 흐름분석을 통해 유동화기간 내 특정 기간 중 자금부족이 발생하지 않도록 유동화자산의 조합 및 발행증권의 구조가 설정되어야 한다.

(1) 유동화자산의 가치저하위험
- 의의 : 유동화자산의 상환과정에서 원리금의 연체 및 대손의 발생에 따른 유동화자산의 가치가 하락하는 위험
- 보강방법 : 후순위채, 준비금계정, 초과 스프레드, 보증 등의 신용보강

(2) 유동성위험
- 의의 : 전체적인 신용보강이 충분히 이루어진 경우에도 일시적인 유동성 부족에 의해 특정 기간에 유동화자산의 현금흐름이 자산유동화증권의 원리금상환액을 충당하지 못하여 자산유동화증권의 채무불이행 사건이 벌어질 수 있는 위험
- 보강방법 : 엄격한 흐름분석을 통한 유동화자산의 조합과 발행증권의 구조 설정 및 유동화기간 중 매월 말 원리금지급액 대비 신용보강을 포함한 충분한 현금흐름 유지의 평가 등

(3) 자산관리자의 부도위험
- 의의 : 자산관리위탁계약에 의한 유동화자산의 원리금 회수업무를 수행하는 자산관리자의 부도 또는 청산절차 진행 등으로 자산관리업무를 수행할 수 없는 위험
- 보강방법 : 대체자산관리자 지정 등

(4) 회수자금의 계좌이체에 따른 위험
- 의의 : 유동화자산의 원리금 회수업무를 담당하는 자산관리자로부터 회수된 자금을 유동화전문회사의 계좌로 이체하는 과정에서 발생할 수 있는 위험
- 보강방법 : 채무자로부터 유동화전문회사의 계좌로 직접 입금방법, 자산관리자의 신용도에 따라 원리금회수계좌 및 이체 주기에 제한 등

(5) SPC의 계좌를 개설한 금융기관의 부도위험
- 의의 : 자산관리자가 회수한 유동화자산의 원리금이 적립되는 SPC계좌를 개설한 금융기관의 파산 등에 따라 유동화증권의 원리금지급에 충당하지 못할 수 있는 위험
- 보강방법 : 자산유동화증권의 신용등급에 상응하는 정도의 신용도를 가진 우량 금융기관에 SPC계좌의 개설 등

(6) SPC의 계좌 현금의 재투자에 따른 위험
- 의의 : SPC의 계좌에 적립된 현금 중 원리금을 상환하기에 충분한 수준 이상을 초과하는 잉여현금을 재투자하는 경우에 발생할 수 있는 위험
- 보강방법 : 재투자에 따른 위험을 제거할 수 있는 필요한 제한 설정과 신용위험 및 유동성위험 노출 가능성을 평가하여 등급결정에 반영

(7) 고유재산과 유동화자산의 구분관리
- 의의 : 유동화증권이 발행된 유동화자산을 자산보유자로부터 유동화전문회사로의 완전 매각으로 자산관리자의 고유재산과 유동화자산을 분리하여 관리하는 것
- 보강방법 : 신용평가 시 수탁기관의 지정여부 및 자산관리자의 고유재산과 구분 관리를 위한 장치 설정 여부 평가 및 유동화증권 발행 후의 지속적인 사후관리를 통한 계속 감시

★★★
116 다음의 기본적인 역할을 수행하는 자산유동화증권의 관련 기관은?

> • 투자자를 위하여 자산관리 및 현금흐름에 대한 모니터링 업무 수행
> • 계좌관리 및 지급대행
> • 운용지시에 대한 재투자 실행
> • 자산회수현황, 담보현황, 연체 등에 대해 자산관리자 및 업무수탁자로부터 보고를 받고 필요한 경우 Trigger 등을 발동

① 유동화전문회사   ② 자산관리자
③ 수탁관리기관   ④ 신용공여은행

해설 수탁관리기관의 기본적인 역할에 대한 설명이다.

★★★
117 원채무자가 다수인 경우의 신용보강수준의 결정으로 옳은 것은?

① 손실발생확률이 유동화채권 목표신용등급에 부합되는 도산확률 이하가 되도록 후순위 비중을 조정한다.
② 손실발생확률에 근거하여 목표 신용등급에 부합되는 도산확률 이하가 되도록 신용보강수준을 결정한다.
③ 개별채무자의 신용등급이 없는 경우에는 투자자 이해에 우선하여 가장 보수적인 등급을 적용한다.
④ 자산집합이 특정업종에 집중되어 있는 경우에는 리스크를 고려하여 도산확률에 가중치를 부여한다.

해설 자동차할부금융 등 원채무자의 수가 많고 해당 채무자의 신용정보 획득에 제한이 있는 경우에는 해당 자산보유자의 과거 연체 및 대손실적의 분석에 따른 대손확률을 추정한 손실발생확률에 근거하여 목표 신용등급에 부합되는 도산확률 이하가 되도록 신용보강수준을 결정하는 방식으로 신용보강수준이 결정된다.
그러나 나머지 보기 ①, ③, ④ 및 채무자의 사건별 발생확률과 손실금액을 계산하고 채무불이행 확률의 허용 기준보다 낮은 확률이 되도록 신용보강수준을 결정하는 것은 원채무자가 소수인 경우의 신용보강수준의 결정방법이다.

★★★
118 부채담보부연계증권(CDO)에 관한 설명으로 가장 거리가 먼 것은?

① 다양하게 분산된 비교적 신용도가 낮은 회사채 또는 대출을 모아 동 자산의 현금흐름에 근거하여 유동화증권을 발행하는 것을 말한다.

② 해당 자산풀의 평균수익률이 발행유동화증권의 수익률에 비해 높고 분산된 자산의 집합을 통해 풀의 대손확률의 적정한 통제될 수 있다는 전제가 적용되어야 한다.

③ CDO를 자산의 유형에 따라 분류할 경우 Cash flow CDO와 Synthetic CDO로 구분할 수 있다.

④ CDO의 평가 시 주요한 평가요소로는 기초자산의 신용도, 자산의 운용능력, 유동화구조 및 신용보강의 적절성 등으로 볼 수 있다.

> **해설** Cash flow CDO와 Synthetic CDO의 구분은 위험전가의 형태에 따른 분류이다. 자산의 유형에 따른 CDO의 분류는 CLO, CBO, 기타 구조화된 채권 등이다.
> ※ CDO의 분류
> • 자산의 유형에 따른 분류 : 유동화자산이 금융기관의 대출이면 CLO(Collateralized Loan Obligation), 회사채이면 CBO(Collateralized Bond Obligation), 기타 구조화된 채권(structured finance securities)
> • 발행목적에 따른 분류 : 주로 금융기관 등이 특정업체에 대한 신용위험 노출 정도의 관리 또는 자기자본수익률의 개선목적으로 보유자산을 대차대조표에서 제거하기 위해서 발행되는 CDO인 Balance sheet CDO와 발행예정인 CDO와 유동화자산 간의 금리 차에 따른 이익을 향유할 목적으로 발행되는 CDO인 Arbitrage CDO
> • 위험전가의 형태에 따른 분류 : 자산보유자가 보유하고 있던 자산을 실제 매각을 통해 유동화전문회사(SPC)에 위험을 전가하는 형태의 CDO인 Cash flow CDO와 자산보유자가 자산을 매각하지 않고 계속해서 보유하되 자산의 신용위험만을 유동화전문회사에 전가시키는 CDO인 Synthetic CDO

🏛 필수핵심정리 ▷ **부채담보부연계증권(CDO : Collateralized Debt Obligation)의 유동화**

• 의의 : 다양하게 분산된 비교적 신용도가 낮은 회사채 또는 대출을 모아 동 자산의 현금흐름에 근거하여 유동화증권을 발행하는 것
• 기본전제
　– 해당 자산풀의 평균수익률 > 발행유동화증권의 수익률
　– 분산된 자산의 집합을 통해 풀의 대손확률의 적정한 통제 가능
• CDO의 평가 시 주요한 평가요소 : 기초자산의 신용도, 자산의 운용능력, 유동화구조 및 신용보강의 적절성 등
　– 기초자산은 최소 개별기업의 수가 25개 이상 & 개별 채무자의 비중 5% 이하 내에서 풀 구성
　– 기초자산의 신용도와 관련하여 개별채무자의 신용등급에 근거하여 가중평균 신용등급을 산출하여 이에 근거하여 풀의 향후 대손가능금액을 추정
　– CDO 평가 시 가장 중요한 것 → 스트레스 부도율의 산정 → Actual Test와 자산집중도 테스트 방법
• CDO의 대손금액 → 기간별 등급 간 상대적인 도산확률 및 스프레드 요소의 비교검토 후 각 등급변화에 대한 보강수준의 기본가이드를 적용
• CDO의 신용보강수준 → 전체 풀의 대손가능금액과 집중도 및 기타 변동요소들을 종합적으로 검토하여 결정하며, 최악의 상황에서도 현금흐름이 유동화증권 상환에 충분한가에 주로 초점을 둠

- **자동차할부금융의 유동화**
  - 자산유동화증권의 발행형태 → 주로 만기일시상환 방식 → 재투자수익의 위험요소 존재하는 구조
  - 자산유동화증권의 평가 시 신용도에 영향을 미치는 가장 주요한 요소 → 할부금융의 연체율과 조기상환율 등
  - 자산유동화증권의 신용도 하락위험을 통제하기 위한 방안 → 주로 선후순위 채권의 발행 또는 은행의 신용공여 등의 신용보강

- **부실채권의 유동화**
  - 부실채권의 유동화성공의 관건 → 현금흐름을 유도하기 위한 스킴(skim)의 도입. 이에 따라 해당 무수익성 자산의 현금흐름을 끌어내기 위해 → 환매규정 또는 해당 자산의 경매 등을 통한 청산가치의 스킴 도입
  - 경매를 전제로 한 유동화증권 → 청산가치에 근거한 가치산정 & 경매와 관련된 불확실한 요인의 통제 → 발행유 동화증권의 원리금을 보장하는 구조 채택

★★★
119 신용카드자산의 유동화의 내용으로 잘못된 것은?

① 신용카드자산은 단기에 현금화되는 특성을 지니고 있고 미래의 사용대금을 활용하여 유동화증권을 발행하기 때문에 기존의 유동화구조와는 다른 구조를 지닌다.

② 신용카드 유동화는 리볼빙 기간과 통제적립기간으로 구분되어, 리볼빙 기간에는 통제 적립을 통해 발행한 자산유동화증권의 원금 상환재원을 마련한다.

③ 신용카드 유동화의 신용보강은 자산의 수익률, 원금회수율, 대손율 등이 영향을 미친다.

④ 신용카드 유동화의 신용보강 방법은 후순위 채권발행방식과 신용공여 방식 등이 주로 이용된다.

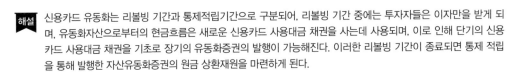 신용카드 유동화는 리볼빙 기간과 통제적립기간으로 구분되어, 리볼빙 기간 중에는 투자자들은 이자만을 받게 되며, 유동화자산으로부터의 현금흐름은 새로운 신용카드 사용대금 채권을 사는데 사용되며, 이로 인해 단기의 신용카드 사용대금 채권을 기초로 장기의 유동화증권의 발행이 가능해진다. 이러한 리볼빙 기간이 종료되면 통제 적립을 통해 발행한 자산유동화증권의 원금 상환재원을 마련하게 된다.

1. 신용카드자산은 일시불, 할부 및 현금서비스의 자산 등으로 구성 & 단기에 현금화되는 특성 및 미래의 사용대금을 활용하여 유동화증권 발생 → 기존의 유동화구조와는 다른 구조
2. 단기의 채권으로 장기의 유동화자산을 발행하기 위해 → 리볼빙구조 도입
※ 리볼빙구조 : 일정기간 동안 유동화자산으로부터의 현금흐름을 새로운 신용카드 사용대금 채권을 사는데 사용되는 구조
※ 리볼빙의 주요 특징 : 단기자산인 카드자산의 지속적인 발생과 회수 → 마치 장기자산인 것처럼 자산규모가 어느 정도 일정하게 유지. if) 지속적인 자산의 양도 또는 발생이 이루어지지 않아 유동화자산 규모가 감소되는 경우 → 일시적 회수된 현금의 유보(특별유보금) 또는 조기상환사유에 의하여 조기상환 개시
3. 현금흐름 규모 및 자산규모의 변동성 통제 → 위탁자지분과 투자자지분으로 자금 배분 후 투자자지분에 근거하여 자산유동화증권 발행
4. 신용카드 유동화 → 리볼빙 기간 & 통제적립기간 구분
　• 리볼빙 기간 중 → 투자자들은 이자만 수령 & 유동화자산으로부터의 현금흐름은 새로운 신용카드 사용대금 채권 매수에 사용 → 단기의 신용카드 사용대금 채권을 기초로 장기의 유동화증권 발행 가능
　• 리볼빙 기간 종료 후 → 통제적립을 통해 발행한 자산유동화증권의 원금 상환재원 확보
※ 월별 원금회수율 낮은 경우 → 통제적립기간 길어짐
5. 신용카드 유동화의 신용보강 요소 → 자산의 수익률, 원금회수율 및 대손율 등
6. 신용카드 유동화의 신용보강 방법 → 후순위 채권발행방식과 신용공여 & 자산의 수익률과 발행증권의 비용률 간의 차이인 초과 스프레드 등을 주로 이용
7. 신용카드 유동화의 구조적 위험 및 자산의 신용도 하락의 대응 방안 → 조기상환규정을 둠
※ 조기상황 유발요인 → 자산관리자의 신용도 하락, 자산관리업무를 원활히 수행하지 못하는 경우, 초과 스프레드(자산의 수익률과 발행증권의 비용률 간의 차이)가 영(0) 이하가 되는 경우, 최소 위탁자지분 규모가 일정수준 이하 감소하고 일정기간 치유되지 않는 경우 및 투자자 지분 이하로 자산규모가 감소하는 경우 등

★★★
120 다음은 신용카드자산 유동화의 조기상환을 유발시키는 요인이다. (　　)안에 들어갈 내용을 순서대로 나열한 것은?

> • (　　　　　)의 신용도가 하락하거나 자산관리업무를 원활히 수행하지 못하는 경우
> • (　　　　　)가 영(0) 이하가 되는 경우
> • 최소 (　　　　)지분 규모가 일정수준 이하 감소하고 일정기간 치유되지 않는 경우
> • (　　　　) 지분 이하로 자산규모가 감소하는 경우

① 자산관리자, 초과 스프레드, 위탁자, 투자자
② 수탁관리회사, 원금회수율, 위탁자, 자산관리자
③ 유동화전문회사, 초과 스프레드, 투자자, 위탁자
④ 신용카드회사, 원금회수율, 자산관리자, 유동화전문회사

해설 일반적으로 조기상환을 유발시키는 요인은 다음과 같다.
- (자산관리자)의 신용도가 하락하거나 자산관리업무를 원활히 수행하지 못하는 경우
- (초과 스프레드)가 영(0)을 초과하게 되는 경우
- 최소 (위탁자)지분 규모가 일정수준 이하 감소하고 일정기간 치유되지 않는 경우
- (투자자) 지분 이하로 자산규모가 감소하는 경우

⋯ TOPIC 11 주택저당채권

★★★
121 대출시장의 참여자에 관한 설명으로 옳은 것은?

> I. Mortgage Originator – 최초의 대출기관으로 은행, 할부금융사, 보험회사 등
> II. Mortgage Servicer – 대출 후 사후관리업무 수행
> III. Mortgage Insuer – 차주의 채무불이행시 채무상환 보증

① I, II
② II, III
③ I, III
④ I, II, III

 해설 I, II, III 모두 맞는 설명이다.

🏛 필수핵심정리 ▶ 저당대출시장(Primary Mortgage Market)의 참여자

참여자	의미와 역할
Mortgage Originator	• 최초의 대출기관 → 은행, 할부금융사, 생명보험회사 등 • 주 수입원 → 대출실행수수료, 대출채권매각이익 등 • 소득대비상환금비율(PTI : Payment To Income), 가격대비대출비율(LTV : Loan To Value) 등을 심사기준으로 고려 • 대출 후 저당대출채권의 자산 보유, 투자자에게 매각 또는 증권발행의 담보로 활용
Mortgage Servicer	• 원리금 회수, 저당대출채권 소유자에게 수익 분배, 차주에 대한 상환통지 또는 경매 등 대출 후 사후관리업무 수행 • 주 수입원 → 관리수수료, 회수시점과 지불시점의 차이에 따른 자금운용수익, 연체수수료 등
Mortgage Insuer	• 차주의 채무불이행시 채무상환 보증 • 차주의 부담으로 대출기관이 가입하는 mortgage insurance와 차주가 직접 생명보험회사에 가입하는 credit life 중 대출기관 입장에서는 mortgage insurance가 더 중요

★★★
122 저당대출의 특성으로 잘못된 것은?

① 대출만기가 주로 20~30년인 장기금융상품으로 금리리스크 및 유동성리스크에 노출될 가능성이 크다.

② 상환주기가 통상 월단위로 원리금이 동시에 상환되는 할부상환 형태로 현금흐름이 안정적이다.

③ 담보대출이므로 대출금리가 무위험이자율보다 낮다.

④ 차주에 대한 신용평가, 담보물에 대한 감정평가 및 실사 등 많은 사무처리가 필요한 노동집약적인 금융상품이다.

> **해설** 높은 회수 비용, 채무불이행과 관련된 비용 등으로 담보가 있음에도 불구하고 대출금리가 무위험이자율보다 높다.

🏛 필수핵심정리 　저당대출(Mortgage)의 정의

- 통상적으로 부동산담보대출을 의미
- 용래에 따라 저당대출, 저당증서, 저당금융제도 등 여러 가지 의미로 사용
- Mortgage 제도의 가장 중요한 특징 → 주택금융기관이 주택자금 대출 후, 이 대출채권을 담보로 저당증서 또는 Mortgage상의 저당권과 함께 매각·유통시킬 수 있는 점

★★★
123 저당 대출에 따른 위험의 내용으로 잘못된 것은?

① 소득대비상환금비율(PTI : Payment To Income)과 가격대비대출비율(LTV : Loan To Value)이 높으면 높을수록 채무불이행 확률은 증가한다.

② 활발한 2차 시장이 존재하는 경우에는 스프레드가 다른 상품보다 낮다.

③ 금리가 하락할 때에는 call option이 부여된 채권과 동일한 효과를 가진다.

④ 금리 하락시 차주가 원금을 언제든지 상환할 수 있어 조기상환위험이 있다.

> **해설** 활발한 2차 시장이 존재하더라도 저당대출은 규모가 크고 분리가 불가능하여 유동성이 떨어지므로 스프레드가 다른 상품보다 높다.
> ① : 채무불이행위험, ② : 유동성위험, ③ : 이자율위험, ④ : 조기상환위험

구 분	위 험
채무불이행위험	• 차주가 파산하여 채무이행이 불가능해질 위험 • LTV · PTI 높을수록, 2차저당대출이 있는 경우 → 채무불이행 확률 증가 • 저당대출기간이 경과할수록 → 채무불이행 확률 하락 → seasoning효과
유동성위험	• 저당대출의 규모가 크고 분리가 불가능 → 유동성 하락 → 스프레드가 다른 상품보다 높다. • 통상적인 담보물이 아닐거나, 색다른 것일수록 → 스프레드는 높다.
이자율위험	• 저당대출은 만기가 장기인 상품 → 기간불일치가 크고, 그 가격이 시장금리와는 반대 방향으로 움직인다. • 차주가 언제든지 중도상환 가능 → 금리 하락 시 call option이 부여된 채권과 동일한 효과 발생한다.
조기상환 위험	금리하락 시 대출만기 전에 차주의 원금의 상환 또는 차주의 채무불이행에 따른 강제회수절차를 통한 원금회수 등으로 저당대출의 현금흐름이 불확실해지는 위험

★★★
124 주택저당채권(MBS)의 특성으로 옳은 것은?

① 통상 단기로 발행된다.

② 국채나 회사채보다 수익률이 낮다.

③ 매월 대출원리금 상환액에 기초하여 발행증권에 대해 매달 원리금이 상환된다.

④ 회사채보다 낮은 신용등급의 채권으로 발행한다.

 해설 ① 대부분 주택저당대출 만기와 대응하므로 통상 장기로 발행된다.
② 채권구조가 복잡하고 현금흐름이 불확실하기 때문에 국채나 회사채보다 수익률이 높다.
④ 자산이 담보되어 있고 보통 별도의 신용보완이 이루어지므로 회사채보다 높은 신용등급의 채권으로 발행한다.

🏛 필수핵심정리 ▶ 주택저당채권(Mortgage Backed Securities : MBS)의 특성

• 주택저당대출의 만기와 대응 → 통상 장기로 발행
• 조기상환 시 수익 변동 가능성
• 채권구조의 복잡 및 현금흐름의 불확실 → 국채 · 회사채보다 수익률이 높음
• 대상자산인 주택저당대출의 형식 등에 따라 다양한 상품 구성 가능
• 자산의 담보 및 별도의 신용보완 → 회사채보다 높은 신용등급의 채권 발행
• 매월 대출원리금 상환액에 기초한 발행증권에 대한 매달 원리금 상환
• 채권상환과정에서 자산관리수수료 등 각종 수수료 발생

★★★
125 주택저당채권의 주요 유형별 특징으로 잘못된 것은?

① 저당대출지분이전증권(pass-through security)은 발행기관이 mortgage의 소유권을 투자자에 매각함에 따라 대차대조표에서 제각된다.

② 저당대출담보부채권(MBB : Mortgage-Backed Bond)은 발행기관이 cash-flow를 보유하고 투자자에게 별도의 계획에 의해 상환한다.

③ 저당대출원리금이체채권(pay-through bond)은 발행기관이 mortgage의 소유권을 보유함에 따라 대차대조표에 계상된다.

④ 저당대출지분이전증권은 지분 · 채권의 혼합형이고, 저당대출담보부채권은 지분형이고, 저당대출원리금이체채권은 채권형이다.

해설 저당대출지분이전증권은 지분형이고, 저당대출담보부채권은 채권형이며, 저당대출원리금이체채권은 지분 · 채권의 혼합형이다.

🏛 필수핵심정리 ◀ **주택저당채권(MBS)의 유형별 특징**

구 분	저당대출지분이전증권	저당대출담보부채권	저당대출원리금이체채권
형 태	지분형	채권형	지분 · 채권 혼합형
mortgage 소유권	투자자에게 매각 → 발행자의 off B/S	발행기관 보유 → 발행자의 on B/S	발행기관 보유 → 발행자의 on B/S
cash-flow	발행기관은 투자자에게 그대로 이체	발행기관이 보유 및 투자자에게 별도 상환	발행기관은 투자자에게 그대로 이체

★★★
126 저당대출지분이전증권에 관한 설명으로 옳은 것은?

① 만기의 장기성으로 중단기 투자자 유인이 곤란하여 다계층증권(CMO)이 출현한다.

② 부채로 처리되며, 이자는 일정주기로 지급되고 원금은 만기일에 일시 상환된다.

③ 투자자에게 지급되는 원리금이 저당대출집합에서 발생하는 cash flow와는 직접적 연결관계가 없으며, 발행기관에서 담보와 cash flow의 소유권을 가진다.

④ 발행채권 만기를 저당대출집합의 만기와 대응할 필요가 없어 단기로 발행할 수 있어 우리나라 상황에 적합한 발행형태가 될 수 있다.

해설 ②, ③, ④는 저당대출담보부채권에 관한 설명이다.

구분	저당대출지분이전증권 (pass-through security)	저당대출담보부채권 (Mortgage-Backed Bond : MBB)
의의	저당대출집합에 대해 지분권을 나타내는 증권 & 관리수수료와 보증료 등의 비용을 제외한 대출상환원리금이 투자자에게 그대로 이체되는 형태	회사채와 비슷한 형태로 발행기관이 보유 저당대출집합을 담보로 하여 발행하는 채권 & 부채로 처리되어 이자는 일정주기로 지급하고 만기일에 원금 일시 상환
주요 특징	• 발행기관이 mortgage의 소유권을 투자자에게 매각 → 장부에서 제각 • 발행기관이 cash-flow를 그대로 투자자에게 이체 • 만기가 통상 20년 이상의 장기 • 이자율위험(변동금리) 및 채무불이행위험을 투자자가 부담	• 발행기관이 mortgage의 소유권 보유 → 장부에 기재 → 발행자의 부채 • 발행기관이 cash-flow를 보유하고 투자자에게 별도의 계획에 의해 상환 • 만기가 통상 3~5년 이내의 단기 • 이자율위험(고정금리) 및 채무불이행위험을 발행자가 부담
현금 흐름	• 금리변동, 중도상환, 채무불이행 등 → 수익률 및 상환기간이 가변적 • (원금+이자)를 일정주기로 상환하는 원리금 상환방식	• 상환기간 및 수익률이 발행시점에서 확정 • 매기 이자만 지급하다가 만기일에 원금 전액을 상환하는 원금일시상환방식
한계	• 조기상환위험 등 저당대출에 수반되는 제반 위험이 투자자에게 이전 • 만기의 장기성으로 중단기 투자자 유인 곤란 → 다계층증권(CMO) 출현 • 조기상환 발생가능성으로 현금흐름의 불확실에 따른 예측 곤란 → modified security (원리금의 적기지급을 보증하는 증권) 출현	• 투자자보호를 위해 보통 발행액의 125% ~ 240% 정도의 초과담보수준 유지 → 초과담보로 자금조달비용 상승 • 시장에서의 유통성이 떨어짐

■ 저당대출원리금이체채권(Pay-Through Bond)

• pass-through security + MBB의 성질을 결합하여 개발된 채권
• 저당대출을 담보로 하여 발행기관의 부채로 처리 → MBB와 유사. 그러나 담보로부터 발생하는 cash flow가 발행채권에 대한 cash flow와 연결 → pass-through와 유사
• 부채형태로 발행 → 지급이자에 대한 세금 감면효과

★★★
127 다계층채권(CMO : Collateralized Mortgage Obiligation)의 내용으로 틀린 것은?

① 저당대출지분이전증권(pass-through security)의 기초저당대출집합에서 발생하는 조기상환위험을 완화하기 위해 도입되었다.

② 다양한 만기를 가지는 여러 가지 tranche로서 하나의 상품을 구성함으로써 현금흐름의 안정성을 제고하는 Mortgage이다.

③ 저당대출 또는 pass-through를 담보로 하여 복수만기의 채권을 발행기관의 부채형태로 발행한다.

④ 만기가 가장 빠른 계층에 대한 원금과 이자가 전액 상환된 이후에 그 후 계층에 대한 원금과 이자가 지급되기 시작한다.

> **해설** 담보로부터 발생되는 cash flow는 CMO의 cash flow와 연결되나 원금상환은 선순위채권부터 순차적으로 이루어지고 후순위채는 선순위채에 대한 원금상환이 완료된 이후에 이루어진다. 즉, 증권에 대한 원리금 지급순서는 각 계층 (class or tranche)별로 이루어지는데 우선 모든 계층에 대한 이자를 지급하고 나머지 cash flow는 만기가 가장 빠른 계층에 우선적으로 원금지급하며, 첫째 계층의 원금이 전액 상환된 이후에 둘째 계층에 대한 원금상환이 개시된다.

🏛 필수핵심정리 ▷ CMO(Collateralized Mortgage Obiligation)의 의의

- 저당대출지분이전증권(pass-through security)의 기초저당대출집합에서 발생하는 조기상환위험을 완화하기 위해 다양한 만기를 가지는 여러가지 tranche로서 하나의 상품을 구성함으로써 현금흐름의 안정성을 제고하는 Mortgage
- 저당대출 또는 pass-through를 담보로 하여 복수만기의 채권을 발행기관의 부채형태로 발행

★★★
128 다음의 신용보강방법 중 가장 널리 사용되는 내부신용보강 수단은?

① 법인보증 　　　　　　　　　　② 저당대출집합 보험
③ 선/후순위채 구조 　　　　　　④ 준비금

🏛 필수핵심정리 ▷ 신용보강방법

구 분	보강방법	의 의
내부신용보강	발행채권구조나 별도의 준비금계정 등으로 내부적 신용을 보강	
	초과수익 계정	변제기가 도래한 이자, 관리수수료 등을 지급한 후에 남는 초과수익을 별도의 준비금계정에 적립하여 손실발생 시 사용
	선/후순위채 구조	• 가장 널리 사용되는 내부신용보강 수단 • 후순위채가 기초담보의 모든 손실을 흡수하여 선순위채의 신용 보강 • 후순위채는 선순위채보다 높은 채무불이행 위험에 노출됨에 따라 프리미엄을 지급
	준비금	증권발행과 동시에 별도의 준비금 적립 후 현금흐름 부족 시 사용
외부신용보강	10% 등 일정 수준까지의 손실 전보을 제3자가 보증	
	법인보증	발행기관이 자체신용으로 발행증권을 보증
	신용장	신용장 제공 방식의 보증으로 비용이 많이 들어 많이 이용되지 않음
	채권보험	증권의 원금, 이자를 보증하는 형태로 다른 신용보강수단을 보충하는 형태로 사용
	저당대출 집합 보험	채무불이행이나 경매로 인한 손실을 보전

★★★
129 역모기지에 관한 설명으로 가장 거리가 먼 것은?

① 본인 명의의 주택에 대해 담보 및 대출계약을 체결한 뒤 일정 금액을 연금의 형태로 수령하는 최신 금융기법 중의 하나이다.

② 대출자인 금융기관은 채무자의 종신 시점까지 상환청구권을 행사할 수 없으며, 채무자인 개인은 중도상환의무를 부담하지 않고 연금을 수령한다.

③ 대출이 이루어지기 위해서는 신청자의 미래상환능력 및 신청시점까지의 신용기록이 중요하게 고려되며, 주택소유권은 추가적인 담보의 역할을 한다.

④ 역모기지를 공급하는 금융기관은 장수위험, 이자율위험, 일반주택가격평가위험, 특정주택가격평가위험, 비용위험에 노출된다.

> **해설** 대출이 이루어지기 위해서는 신청자의 미래상환능력 및 신청시점까지의 신용기록이 중요하게 고려되며, 주택소유권이 추가적인 담보의 역할을 하는 것은 일반적인 모기지의 경우이다.
> 역모기지는 주택소유권을 기초로 대출계약이 성립되기 때문에 대출신청자의 신용상태 및 상환능력보다는 미래의 특정시점에 예상되는 주택가치에 근거하여 대출금액이 결정된다.

🏛 필수핵심정리 | 역모기지(Reverse Mortgage : RM)

(1) 역모기지의 의의
- 본인 명의의 주택에 대한 담보 제공 및 대출계약을 체결한 뒤 일정금액을 연금의 형태로 수령하는 최신금융기업의 하나
- 금융기관은 종신시점까지 상환청구권 행사 불가 및 채무자는 중도상환의무 없이 연금 수령

(2) 역모기지관련 위험

구 분		위 험
금융기관 관련위험	장수위험	대출자가 계약당시 예상수명보다 장수함에 따라 총대출금액이 주택가격을 초과할 위험
	이자율위험	• 고정이자율의 경우 → 시장이자율변동에 따른 자산가치의 변동 위험 • 변동이자율의 경우 → 대출시점에서 자산가치 산정의 어려움에 따른 불확실성 존재
	일반주택가격 평가위험	담보대상 주택의 가격상승률 예측과 미래가치 예측 어려움으로 인해 발생하는 위험
	특정주택가격 평가위험	담보대상 주택의 미래 예상 가격의 확률분포 중 손실이 발생할 수 있는 확률
	비용위험	역모기지 시장 형성과정에서 발생하는 마케팅 비용·규제 관련 비용 및 효과적인 전략을 선택하는 과정에서 발생하는 시행착오 비용
대출자 관련위험		• 거래 금융기관의 파산 가능성 • 역모기지의 주택 매매시 구입가격과 매매가격의 차액에 대한 과세 여부

★★★
130 국내 역모기지에 관한 내용으로 옳지 않은 것은?

① 한국주택금융공사가 2007년부터 주택연금 상품을 도입하였다.
② 만 60세 이상의 고령자가 소유주택을 담보로 맡기고 평생 혹은 일정한 기간 동안 매월 연금방식으로 노후생활자금을 지급받는다.
③ 주택금융공사는 은행에 보증서를 발급하고 은행은 공사의 보증서에 의해 가입자에게 주택연금을 지급한다.
④ 주택연금은 가입자 부부가 사망한 후 주택을 처분하여 정산하며, 연금수령액 등이 집값을 초과하면 상속인에게 청구한다.

> **해설** 연금수령액 등이 집값을 초과하여도 상속인에게 청구하지 않으며, 반대로 집값이 남으면 상속인에게 잔액을 지급한다.

★★★
131 주택저당채권(MBS)의 설명으로 적합하지 않은 것은?

① MBS구조 설계에 가장 영향을 미치는 리스크는 채무불이행리스크와 조기상환리스크이다.
② 채권구조가 복잡하고 현금흐름이 불확실하여 채권보다 일반적으로 발행비용이 크다.
③ 국내에서는 조기상환위험을 완화하기 위해 pass-through 방식의 MBS가 발행되고 있다.
④ 저당대출기간이 경과할수록 채무불이행위험은 감소한다.

> **해설** 조기상환위험을 완화하기 위해 다양한 만기를 가지는 여러 가지 tranche로서 하나의 상품을 구성함으로써 현금흐름의 안정성을 제고하는 다계층채권(CMO : Collateralized Mortgage Obiligation)이 발행되고 있다.

★★★
132 우리나라의 노후보장체계와 퇴직연금에 관한 설명으로 잘못된 것은?

① 우리나라의 노후보장체계는 1층의 국민연금, 2층의 퇴직연금(퇴직금제도 포함), 3층의 개인연금 및 개인저축으로 구성되어 있다.

② 2007년에 무갹출노령연금인 기초노령연금과 사회안전망으로서 기초생활보장 제도가 도입되었다.

③ 퇴직연금은 기업이 사전에 퇴직연금사업자에게 근로자의 퇴직금에 해당하는 금액을 정기적으로 적립하고 근로자는 퇴직 시 퇴직연금사업자로부터 퇴직금을 일시금이나 연금으로 수령하는 제도이다.

④ 공적연금을 강화하면서 사적연금의 기능을 축소하는 노후소득보장정책을 추진하고 있어 퇴직연금의 중요성은 갈수록 약화된다.

해설 공적연금의 기능은 축소하면서 사적연금을 강화하여 노후소득보장정책을 추진하고 있어 퇴직연금의 중요성은 갈수록 커진다.

🏛 필수핵심정리 ▶ 우리나라의 노후보장체계

계층	구분	의의
1층	국민연금	• 근로자와 자영업자 등 18세 이상 60세 미만의 모든 경제활동인구를 의무적용대상으로 하는 가장 기본적인 노후보장제도 • 2007년부터 기초노령연금 도입 → 국민연금에서 적용 제외된 기존 노인계층의 노후보장을 강화하기 위해 2009년부터 65세 이상 노인의 70%에게 국고로 지급하는 1층의 노후보장제도의 일부
2층	퇴직연금	2005년부터 기존의 일시금으로만 받던 퇴직금을 만 55세 이후에 연금으로도 받을 수 있도록 기업이 금융기관에 퇴직금을 적립하고 근로자가 퇴직할 때 일시금 또는 연금으로 선택하여 수령할 수 있는 노후보장제도
3층	개인연금 및 개인저축	1994년부터 개인의 자발적 노력에 의한 노후준비를 위한 저축으로서 2001년부터 신연금저축으로 재정비

★★★
133 퇴직연금제도의 확정급여형(DB)에 해당하지 않는 것은?

① 근로자의 근속기간 및 급여수준에 따라 근로자가 받을 퇴직금수준이 사전에 확정된다.
② 퇴직금추계액 또는 연금계리방식에 따라 산출된 금액의 최저 60%를 사외에 적립해야 한다.
③ 임금상승률이 운용수익률보다 높거나 또는 높고 꾸준한 임금상승률을 기대 가능한 경우에 유리하다.
④ 퇴직적립금 운용주체가 근로자이므로 그 적립금의 운영손익이 근로자에게 귀속된다.

> **해설** 적립금 운용주체가 근로자이고 그 적립금의 운영손익이 근로자에게 귀속되는 것은 확정기여형(DC)이다. 확정급여형은 기업이 퇴직적립금의 운용주체가 되어 그 운영의 책임과 손익이 기업에 귀속된다.

🏛 필수핵심정리 ▶ 우리나라의 노후보장체계

■ 근로자퇴직급여보장법상 퇴직연금제도의 유형

구 분	의 의
확정 급여형 (DB)	• 기존 법정퇴직급과 동일한 연금급여를 지급하는 형태 • 근로자의 근속기간 및 급여수준에 따라 근로자가 퇴직 시 받을 수 있는 퇴직금이 사전에 결정되는 제도 & 기업이 퇴직적립금의 운용주체가 되어 그 운영의 책임과 손익이 기업에 귀속되는 제도
확정 기여형 (DC)	• 매년 정산되어 적립된 급부금액을 근로자가 운용주체가 되어 운용 후 지급받는 형태 • 기업이 부담해야 할 부담금 수준이 사전에 확정되고 근로자가 운영주체가 되어 적립금을 운용한 후 그 손익에 따라 근로자의 퇴직급여가 변동되는 제도
개인형 퇴직연금 (IRP)	근로자가 이직 시 퇴직연금제도에서 수령한 퇴직금 또는 근로자 추가납입금에 대해 과세 유예를 받으면서 계속 적립운용한 후 은퇴시 노후자금으로 활용할 수 있는 제도

■ 확정급여형과 확정기여형의 비교

구 분	확정급여형(DB : Defined Benefit)	확정기여형(DC : Defined Contribution)
개념	근로자가 받을 퇴직금수준이 사전에 확정	기업이 부담할 부담금수준이 사전에 확정
사용자 부담금	퇴직금추계액 또는 연금계리방식에 따라 산출된 금액의 최저 60%를 사외 적립해야 함	개별 근로자 연간 임금총액의 1/12 이상 당해 연도 전액 사외 적립해야 함
운영주체	사용자 → 운영손익이 기업에 귀속	근로자 → 운영손익이 근로자에 귀속
대출가능	법정사유 해당 시 담보대출 가능	법정사유 해당 시 담보대출 & 중도인출 가능
적립금 운용	신탁재산의 30%까지 주식 직접투자 가능 & 주식형펀드 · 주식혼합형펀드에 50%까지 투자 가능. 단, 위험자산≤전체자산의 70%	주식 등 위험자산 및 펀드에 대한 투자 금지. 단, 주식형 펀드 등에 대한 간접투자에 대해 40%까지 투자 등 가능
적합한 사업장	임금상승률이 높거나, 장기근속을 유도하거나, 연공급 임금체계 · 누진제 적용하거나 또는 경영이 안정적이고 영속적인 기업	연봉제 · 임금피크제 적용, 재무구조 변동이 크거나 또는 근로자들의 재테크 관심이 높은 기업
선택기준	임금상승률 > 운용수익률 또는 높고 꾸준한 임금상승률 기대 가능한 경우 유리	임금상승률 < 운용수익률인 경우 유리

★★★
134 확정기여형(DC)에 관한 내용으로 옳지 않은 것은?

① 기업이 도산하는 경우에는 퇴직금수급권이 보장되지 않는다.

② 기업이 부담할 부담금수준이 사전에 확정되어 개별 근로자 연간 임금총액의 1/12 이상 당해연도 전액 사외 적립해야 한다.

③ 주식 등 위험자산 및 펀드에 대한 투자 금지. 단, 주식형 펀드 등에 대한 간접투자에 대해 40%까지 투자 등 가능하다.

④ 임금상승률 < 운용수익률인 경우에 유리하다.

> **해설** 확정기여형은 근로자 개인지분계좌에 당해연도분 퇴직급여 전액이 사외에 적립되므로 기업이 도산하는 경우에도 퇴직금수급권이 100%로 보장된다.

★★★
135 개인형 퇴직연금제도(IRP)의 설명으로 틀린 것은?

① 이직자 및 자영업자의 은퇴자산 축적과 퇴직금의 일시적 소진을 막기 위해 기존의 개인퇴직계좌의 기능을 강화하여 가입자의 접근성을 높이면서 자산축적 수단으로서의 기능을 높인 제도이다.

② 개인형 IRP는 근로자가 이직 시 퇴직연금제도에서 수령한 퇴직금 또는 근로자 추가납입금에 대해 과세를 유예받으면서 계속 적립 · 운용한 후 은퇴 시 노후자금으로 활용할 수 있는 제도이다.

③ 개인형 IRP는 2층 노후소득보장기능의 제도적 장치를 마련한 것이다.

④ 개인형 IRP는 확정기여형에서만 추가납입이 가능하다.

> **해설** 기존에는 확정기여형에서만 추가납입이 가능하였으나, 개인형 IRP(Indivisual Retirement Pension) 기능이 확대되면서 확정급여형(DB)에서도 개인형 IRP를 통해 연간 1,200만원까지 추가납입이 가능하다.
> ※ 기업형 IRP → 상시근로자 10인 미만을 사용하는 특례사업장에서 근로자대표 동의를 얻어 가입자의 개인퇴직계좌를 설정하는 IRP

★★★
136 2013년 2월에 도입된 '신연금저축계좌'제도의 내용으로 거리가 먼 것은?

① 저축, 보험, 펀드 등 상품별로 가입해야 한다.

② 의무납입기간이 5년이다.

③ 연금수령기간은 최소 10년 늘어나며, 연금소득세는 연령대별로 차등 적용된다.

④ 소득세법의 적용을 받아 해지가산세가 없어 중도해지에 따른 비용부담이 줄어든다.

★★★
137 퇴직연금제도 도입에 따른 사용자의 장점으로 거리가 먼 것은?

① 재무구조의 개선과 법인세 절감효과가 있다.

② 노무관련 업무처리의 사내기능이 집중된다.

③ 노사 간의 상호신뢰를 다질 수 있는 기회가 된다.

④ 다양한 인사제도 도입과 탄력적인 조직개편이 용이하다.

해설 확정급여형의 경우 퇴직부채 계상 시 국제회계기준에 따라 확정급부채무를 산출하여 반영해야 하는데 일련의 연금 계리적 업무절차를 금융사업자의 도움을 받아 처리할 수 있고, 확정기여형의 경우 퇴직 시 원천징수처리를 포함하여 가입자 교육 등 일련의 퇴직급여 관련 업무를 금융사업자에게 아웃소싱하는 효과를 가져와 노무관련 업무처리의 사외위탁 효과가 있다.

🏛 **필수핵심정리** ▷ 퇴직연금제도 도입의 장점

사용자	• 재무구조 개선과 법인세 절감효과 • 노무관련 업무처리의 사외위탁 효과 • 노사간의 상호신뢰 제고 기회 • 다양한 인사제도 도입과 탄력적인 조기개편 용이
근로자	• 퇴직금 수급권 강화 • 개인별 맞춤 노후설계 가능 • 안정적인 노후생활자금 보장 • 금융환경변화에 대한 이해와 활용능력 제고

03 부동산관련 상품

내용 구성 및 주요 출제내용 분석

주요 내용	중요도	주요 출제 내용
부동산 개론	★★★	부동산의 기초, 부동산 투자, 부동산의 이용 및 개발
부동산 투자상품	★★★	부동산펀드 개요, 포트폴리오, 가치평가, 투자가치 분석, PF
리츠업무	★★	부동산간접투자제도의 이해, 부동산투자회사의 주요 내용

출제경향 분석 및 학습요령

부동산관련 상품은 총 5문제가 출제되는 부분으로서, 부동산개론과 부동산투자상품에서 각 2문제 정도, 리츠업무에서 1문제 정도 출제된다. 특히, 부동산의 특성, 현금흐름의 예측, 부동산펀드, 부동산의 포트폴리오와 가치평가, 부동산 투자가치분석, 부동산PF, 부동산투자회사 등은 매우 중요한 부분으로서 반드시 정리하여야 한다.

···TOPIC 1 부동산의 개념과 특성

★★★
001 다음은 부동산의 개념에 대한 설명이다. 가장 적절하지 않은 것은?

① 부동산은 토지 및 그 정착물을 말하며, 부동산 이외의 물건은 동산이다.
② 부동산은 바라보는 시각에 따라 다양한 의미를 가지고 있다.
③ 부동산의 복합개념은 부동산의 개념을 파악할 때 부동산을 바라보는 다양한 측면을 복합적으로 이해해야 한다는 것이다.
④ 부동산을 바라보는 측면은 크게 유형적 측면과 무형적 측면으로 나눌 수 있으며, 유형적 측면은 다시 경제적 측면과 법률적 개념으로 구분할 수 있다.

해설 부동산의 유형적 측면은 물리적인 측면을 말하고, 무형적 측면은 다시 경제적 측면과 법률적 개념으로 구분한다.

🏛 필수핵심정리 ▶ 부동산의 의미

- 토지와 그 정착물
- 부동산의 의미는 바라보는 시각에 따라 다양한 의미를 지님
- 협의의 민법상 부동산 + 의제(준)부동산 = 광의의 부동산

★★★ 002 부동산의 복합개념에 대하여 잘못된 것은?

① 부동산은 물리적 개념으로 자연물, 공간, 위치 등으로 이해할 수 있다.

② 부동산은 경제적 개념으로 자산, 생산요소, 자본, 소비재 등으로 이해할 수 있다.

③ 의제부동산은 부동산에 준하여 취급하는 경제적 개념에 입각한 것이다.

④ 부동산은 법률적 개념으로 소유권 등 권리의 목적물이 되는 물건이며, 정부의 각종 규제 대상이다.

> **해설** 의제부동산은 성질상으로는 부동산이 아니지만 부동산처럼 등기·등록 등의 공시방법을 갖춤으로써 부동산에 준하여 취급하는 것을 말하며, 이는 법률적 개념에 입각한 것이다.
> 이러한 의제부동산에는 광업재단, 공장재단, 20톤 이상의 선박, 항공기, 입목, 자동차, 건설기계, 어업권, 입목 등이 있다.

🏛 필수핵심정리 ▶ 부동산의 복합개념

부동산의 개념을 파악할 때 부동산을 바라보는 다양한 측면을 복합적으로 이해하여야 한다는 것으로서, 부동산을 바라보는 측면은 크게 유형적 측면과 무형적 측면으로 구분할 수 있다.

복합 개념	유형적 측면	물리적 측면	자연물·공간·위치·환경 등의 속성
	무형적 측면	경제적 측면	자산·생산요소·자본·소비재·공공재 등의 속성
		법률적 측면	소유권 등 권리의 목적물이 되는 물건

★★★ 003 부동산에 관한 내용 중 가장 적절한 것은?

① 부동산은 등기함으로써 공시의 효력을 가지나, 공신력은 인정되지 아니한다.

② 부동산은 일물일가의 법칙이 적용된다.

③ 부동산의 취득시효는 10년이나, 등기된 경우에는 50년이다.

④ 부동산은 용익물권 및 질권을 포함한 담보물권을 설정할 수 있다.

> **해설** ② 부동산은 토지의 개별성 특성으로 인하여 일물일가의 법칙이 적용되지 아니한다.
> ③ 부동산의 취득시효는 20년이나, 등기된 경우에는 10년이다.
> ④ 부동산은 지상권, 지역권, 전세권의 용익물권 및 저당권과 유치권의 담보물권은 설정할 수 있으나, 질권은 동산의 담보물권이므로 부동산에 대하여는 설정할 수 없다.

정답 001 ④   002 ③   003 ①

보충학습 | **부동산과 동산의 차이점**

구 분	부동산	동산
위치	고정성(비이동성)	유동성(이동성)
용도	용도의 다양성	용도의 한계성
가치	비교적 큼	비교적 작음
시장구조	추상적 시장, 불완전 경쟁시장	구체화 가능, 완전경쟁 시장 가능
가격형성	일물일가의 법칙 배제	일물일가의 법칙 지배
공시방법	등기, 권리변동 : 등기 · 등록	점유, 권리변동 : 인도
공신력	불인정	인정(선의취득)
물권	용익물권 · 담보물권 설정 가능, 질권 ×	용익물권 설정 ×, 질권 · 유치권 설정 가능
무주물	국유	선점자의 소유
강제집행	법원에서 강제경매 · 강제관리	집행관의 압류
환매기간	5년	3년

★★★
004 부동산의 자연적 특성을 모두 묶은 것은?

> ⊙ 부동성   ⓒ 용도의 다양성   ⓒ 영속성
> ⓔ 위치의 가변성   ⓜ 개별성   ⓗ 부증성

① ⓒ, ⓔ, ⓗ   ② ⊙, ⓒ, ⓜ, ⓗ

③ ⊙, ⓒ, ⓒ   ④ ⊙, ⓒ, ⓒ, ⓔ, ⓜ, ⓗ

해설 부동산의 특성은 크게 자연적 특성과 인문적 특성으로 구분할 수 있다.
자연적 특성은 부동산 자체가 본원적으로 가지고 있는 물리적 특성을 말하며, 이에는 부동성(지리적 위치의 고정성), 영속성(내구성 · 불변성 · 비소모성), 부증성(비생산성) 및 개별성(비동질성 · 비대체성)이 있다.
인문적 특성은 부동산과 인간과의 관계에서 비롯되는 경제적 · 제도적 특성을 말하며, 이에는 용도의 다양성, 합병 · 분할의 가능성 및 사회적 · 경제적 · 행정적 위치의 가변성이 있다.
따라서 부동성, 영속성, 개별성은 부동산의 자연적 특성이나, 용도의 다양성과 위치의 가변성 및 합병 · 분할의 가능성은 부동산의 인문적 특성이다.

구 분	특 성	파생되는 특성
자연적 특성	부동성	지리적 위치의 고정성 → 동산과 구별하여 공시방법을 달리 하는 근거 & 부동산현상의 국지화 및 부동산활동의 임장활동 & 부동산시장의 추상적 시장 및 불완전경쟁시장 ※ 건물에는 적용 ×
	영속성	내구성·불변성·비소모성 → 시간의 경과나 사용에 의해 소모·마멸되지 않음 → 감가상각대상 ×. 단, 부동산의 경제적 유용성측면에선 변화 가능하며, 감정평가 시 원가방식 적용 ×
	부증성	비생산성 → 물리적 절대량 증가 ×& 생산비의 법칙 적용×→ 완전비탄력적 공급곡선 → 균형가격의 성립 불가능 & 지가문제 유발과 토지이용의 집약화 및 지대 발생의 원인. 단, 건물은 규모 증가 가능하나 토지의 부증성에 따른 제한 받음
	개별성	비동질성·비대채성 → 지리적 위치의 고정성 → 물리적으로 완전히 동일한 토지는 없음 & 일물일가의 법칙 배제 → 감정평가의 전문가 활동 요구 및 개별분석 필요. ※ 건물은 완전한 동질성이 있다고 볼 수 없음
인문적 특성	용도의 다양성	주거용, 상업용, 공업용, 공공용 및 제1차 산업용 등의 다양한 용도로 이용 가능 → 용도의 전환 또는 병존 존재 & 최유효이용의 판단 근거
	분합의 가능성	이용목적에 따라 인위적인 합병 또는 분할 가능 & 최유효이용에 따른 용도의 선택 가능에 따라 용도의 다양성과 밀접
	위치의 가변성	사회적·경제적·행정적 환경의 변화에 따라 부동산의 가치 또는 용도가 변화

※ 건물의 특성 : 비영속성, 생산가능성, 동질성

★★★
005 부동산의 부동성에 관한 내용으로 가장 적절하지 않은 것은?

① 부동산의 지리적 위치는 인위적으로 통제할 수 없어 그 위치는 부동산의 효용과 유용성을 지배하게 된다.

② 부동산과 동산을 구별하여 공시방법을 달리하는 근거가 된다.

③ 부동산현상을 국지화시킴으로써 부동산활동은 임장활동 및 정보활동이 될 수밖에 없다.

④ 감정평가에서 원가방식을 적용하기 어렵고, 감가상각이 배제된다.

해설 감정평가에서 원가방식을 적용하기 어렵고, 감가상각이 배제되는 것은 부동산은 물리적인 측면에서 시간의 경과나 사용에 의해 소모·마멸되지 않는 부동산의 영속성(내구성·불변성·비소모성)에 근거한 것이다.

★★★
006 부동산의 특성과 파생되는 특징을 연결한 것이다. 틀린 것은?

① 부동성 – 국지적 시장을 형성하는 경향이 있다.

② 영속성 – 투자대상으로 선호된다.

③ 개별성 – 토지 가격의 개별적 형성으로 일물일가의 법칙이 적용되지 않는다.

④ 부증성 – 완전탄력적 공급곡선을 가지게 되어 균형가격의 성립을 가능하게 한다.

> **해설** 부증성으로 인해 토지는 생산비의 법칙이 적용되지 않아 완전비탄력적 공급곡선을 가지게 되어 균형가격의 성립을 불가능하게 한다.

★★★
007 부동산의 개별성에 관한 내용 중 틀린 것은?

① 물리적으로 완전히 동일한 토지는 없다.

② 생산비의 법칙을 적용할 수 없다.

③ 일물일가의 법칙이 적용되지 못한다.

④ 부동산 가격 평가를 위한 전문가의 활동과 감정평가 및 투자분석 시 개별분석을 요구한다.

> **해설** 생산비의 법칙을 적용할 수 없는 것은 토지의 물리적 절대량을 증가할 수 없는 비생산성 때문에 의한 것이므로 이는 부증성의 특성이다.

★★★
008 민법상 용익물권을 모두 고른 것은?

㉠ 지상권	㉡ 지역권	㉢ 임차권	㉣ 전세권

① ㉠, ㉡, ㉢

② ㉠, ㉡, ㉣

③ ㉡, ㉢, ㉣

④ ㉠, ㉢, ㉣

> **해설** 민법상 용익물권은 특정 부동산을 사용·수익할 수 있는 권리를 말하며 ㉠ 지상권, ㉡ 지역권 및 ㉣ 전세권이 이에 해당한다. ㉢ 임차권은 물권이 아니라 채권이다.

민법상 물권	점유권			
	본권	소유권		
		제한물권	용익물권	지상권, 지역권, 전세권
			담보물권	유치권, 질권, 저당권

★★★
009 부동산에 관한 권리의 설명으로 옳은 것은?

① 점유권은 법률적으로 정당화할 수 있는 권원이 있는 경우에 한하여 그 사실상의 지배 자체를 보호하는 것이다.
② 토지의 소유권은 미 채굴된 광물에도 효력이 미친다.
③ 유치권은 민법상 당연히 발생하는 법정담보물권이나, 유치권자는 채권의 변제를 받기 위하여 유치물을 경매할 수는 없다.
④ 민법상 전세금의 지급은 전세권의 요소이며, 그 금액을 등기하여야 한다.

 ① 점유권은 물건을 사실상 지배하는 자에 대해 인정해주는 물권을 말한다. 그러나 점유권은 소유권 기타 부동산물권과는 달리 어떤 물건을 사실상의 지배(점유)하고 있을 때 그것을 법률적으로 정당화할 수 있는 법률상의 권원의 유무를 묻지 않고서 그 사실상의 지배자체를 보호하는 것이다.
② 소유권은 특정 물건에 대하여 배타적 · 포괄적으로 사용 · 수익 · 처분할 수 있는 민법상의 물권으로서, 토지의 소유권은 지표뿐만 아니라 지상 및 지하에 대한 권리를 행사할 수 있다. 미 채굴된 광물은 광업권의 객체이므로, 토지의 소유권의 효력이 미치지 아니한다. 따라서 국가로부터 광업권을 허가받은 자만이 채굴할 권한을 갖는다.
③ 유치권은 타인의 물건 또는 유가증권을 점유한 자가 그 물건이나 유가증권에 관하여 생긴 채권을 가지는 경우에 그 채권의 변제를 받을 때까지 그 물건이나 유가증권을 유치할 수 있는 권리로서, 일정한 요건을 충족한 경우에 법률상 당연히 발생하는 법정담보물권이다. 따라서 유치권자는 채권의 변제를 받기 위하여 유치물을 경매할 수 있다.

···T O P I C 2 부동산의 경제적 측면

★★★
010 부동산시장의 특성으로 적절하지 않은 것은?

① 시장의 국지성　　　　　　　② 거래의 비공개성
③ 수요공급의 조절성　　　　　④ 시장의 비조직성

해설 부동산시장이란 부동산권리의 교환, 상호 유리한 가액으로의 가액결정, 경쟁적 이용에 따른 공간배분, 토지이용 및 공간이용의 패턴결정 및 수요와 공급의 조절 등이 일어나는 추상적인 기구를 말한다. 이러한 부동산시장은 부동산의 특성 때문에 시장의 국지성, 거래의 비공개성, 부동산상품의 비표준화성, 시장의 비조직성, 수요공급의 비조절성 등의 특성을 가진다.

🏛 필수핵심정리 ▶ 부동산 시장의 특징

- 시장의 국지성 → 부동산시장이 부동산의 지리적 위치의 고정성으로 인하여 공간적 적용범위가 일정지역에 국한됨으로써 그 지역의 사회·경제·행정적인 환경의 변화에 크게 영향을 받는다는 것 → 지역에 따라 다른 가격 형성으로 중개업자의 역할을 필요
- 거래의 비공개성 → 부동산의 개별성과 행정적 규제나 사회적 관행으로 인해 일반재화와는 달리 거래사실·거래내용을 외부에 공개하기를 꺼리는 관행이 있다는 것 → 정보수집 곤란 및 정보탐색에 많은 비용 소요
- 부동산상품의 비표준화성 → 부동산의 개별성으로 인하여 부동산상품의 표준화가 불가능하여 일물일가의 법칙의 적용되지 않는다는 것 → 부동산가격의 개별적 형성
- 시장의 비조직성 → 시장의 국지성·거래의 비공개성 및 부동산상품의 비표준화성 등으로 인하여 시장이 일반시장과 같이 도매상·소매상 등의 조직화가 곤란하게 된다는 것
- 수요·공급의 비조절성 → 부동산의 부증성으로 인하여 부동산의 공급이 비탄력적이기 때문에 수요증가로 가격이 상승하더라도 공급을 증가시키기 어렵다는 것
- 기타 매매기간의 장기적·과다한 법적 규제 및 부동산금융에 따른 많은 영향을 받는다는 것

★★★
011 부동산 경기변동에 대한 설명으로 잘못된 것은?

① 부동산 경기변동은 호황, 경기후퇴, 불황, 경기회복의 4가지 국면으로 구성된다.
② 부동산 경기변동은 지역별, 유형별로 다른 양상을 보일 수 있다.
③ 부동산 경기는 일반경기에 후행하거나 동행하는 양상을 보인다.
④ 주식시장은 일반경기에는 선행하고, 부동산경기에 대해서는 후행한다.

해설 주식시장은 일반경기에 선행하므로 부동산 경기에도 선행한다(주식시장 > 일반경기 > 부동산경기).

🏛 필수핵심정리 ▶ 부동산경기변동의 특징

- 건축순환주기 기준으로 일반경기에 비해 약 2배 정도 주기가 길게 나타남
- 저점은 깊고 정점은 높음
- 지역적·국지적 → 전국적·광역적으로 확대
- 상업용·공업용은 동행하나 주거용은 역순환

★★★
012 부동산 경기의 변동국면의 특징으로 옳지 않은 것은?

① 회복시장에는 공가율이 점차 감소하고 건축허가 신청이 점차 증가한다.
② 상향시장에서 과거의 사례가격은 새로운 거래가격의 상한선이 된다.
③ 하향시장에는 부동산가격이 하락하며 매수자의 우위시장이 된다.
④ 안정시장은 불황에 친하지 않은 부동산 경기 특유의 시장이다.

해설 부동산경기의 상향시장에는 저가매수의 투기심리가 작용하여 수요의 확대로 부동산가격의 하락이 중단되고 상승으로 전환되기 시작하여 부동산거래가 일어나기 시작하고 매수자 우위시장에서 매도자 우위시장으로 전환됨에 따라 과거의 사례가격은 새로운 거래가격의 하한선이 된다.

 필수핵심정리 ▷ **부동산경기변동의 유형**

유 형	유형의 특징
회복시장	거래 ↑, 부동산가격 하락의 중단 · 반전으로 가격상승 시작, 개별 또는 지역별 회복, 과거의 사례가격 → 새로운 거래가격의 기준가격 또는 하한선
상향시장	거래의 지속적 활발 & 부동산가격의 지속적 상승, 매도자 중시, 과거의 사례가격 → 새로운 거래가격의 하한선
후퇴시장	부동산가격의 정점 후 하향세로 전환, 거래 ↓, 거래는 한산, 금리 ↑, 여유자금 ↓
하향시장	거래 ↓, 부동산가격 ↓ & 금리와 공실률 ↑, 매수자 중시, 과거의 사례가격 → 새로운 거래가격의 상한선
안정시장	부동산시장의 특수한 국면으로 불황에 강한 시장 & 위치가 좋고 적정규모의 주택 등의 부동산을 대상으로 한 부동산가격의 가벼운 상승 유지 · 안정 & 과거의 사례가격 → 새로이 신뢰할 수 있는 거래의 기준

★★★
013 부동산시장에서만 볼 수 있는 경기 유형은?

① 안정시장
② 상향시장
③ 하향시장
④ 후퇴시장

해설 안정시장은 위치가 좋은 적정규모의 주택 등의 부동산이 가격의 가벼운 상승을 유지하거나 안정되는 불황에 강한 시장으로서 부동산 시장만이 지니고 있는 특수한 국면이다. 또한 안정시장에서 과거의 사례 가격은 새로이 신뢰할 수 있는 거래의 기준이 된다.

★★★
014 다음 중 부동산 경기변동의 회복국면에서 나타나는 현상으로 어긋나는 것은?

① 공실률이 줄어들기 시작한다.

② 일부 지역시장의 경우 점차 시장분위기가 개선되어 가는 징후를 보이기 시작한다.

③ 부동산 가격의 지속적인 하락으로 거래가 거의 없으며, 금리가 높아진다.

④ 매수인 우위시장에서 매도인 우위시장으로 조금씩 전환된다.

> **해설** 부동산 가격의 지속적인 하락으로 거래가 거의 없으며, 금리가 높아지는 것은 불황국면의 현상이며, 회복국면에서는 낮은 금리로 인하여 여유자금이 부동산에 투자되기 시작한다.

┅┅ T O P I C **3** 부동산의 투자

★★★
015 부동산투자결정과정의 순서로 적절한 것은?

> ㉠ 부동산투자에 영향을 미치는 경제적 · 법적 및 사회 · 정치적 환경의 분석
> ㉡ 투자의 목적 및 제약조건의 명확화
> ㉢ 투자의 타당성 분석
> ㉣ 부동산투자로부터 기대되는 현금흐름의 예측 · 분석
> ㉤ 투자 실행의 최종적 결정

① ㉠ → ㉡ → ㉢ → ㉣ → ㉤   ② ㉡ → ㉠ → ㉣ → ㉢ → ㉤

③ ㉠ → ㉣ → ㉡ → ㉢ → ㉤   ④ ㉡ → ㉢ → ㉣ → ㉠ → ㉤

> **해설** 부동산투자결정과정은 기본적으로 ㉡ 투자의 목적 및 제약조건의 명확화 → ㉠ 부동산투자에 영향을 미치는 경제적 · 법적 및 사회 · 정치적 환경의 분석 → ㉣ 부동산투자로부터 기대되는 현금흐름의 예측 · 분석 → ㉢ 투자의 타당성 분석 → ㉤ 투자 실행의 최종적 결정의 5단계를 거친다.

🏛 필수핵심정리 ▶ **부동산투자결정과정**

- 의의 : 부동산 투자를 실행하기 전에 부동산 투자자 자신의 투자목적을 달성하기 위한 예측으로부터 결정까지의 전체적인 투자실행계획 → 당해 부동산투자가 투자자의 투자목적을 만족시키는 합리적인 타당성을 가지고 있는가를 분석하는 과정
- 부동산투자결정과정의 순서 : 투자의 목적 및 제약조건(투자자금의 규모, 유동성, 투자기간, 분석 및 예측능력, 규제 및 세금)의 명확화 → 부동산투자환경의 분석(시장분석, 법적 환경분석, 사회정치적 환경분석) → 현금흐름의 예측(운영에 의한 현금흐름과 매도에 의한 현금흐름) → 투자의 타당성 분석(투자분석기법) → 투자의 결정

★★★
016 운용에 의한 현금흐름 설명 중 빈칸에 들어갈 내용이 순서대로 올바른 것은?

연간 단위당 임대료×단위수

=) 잠재총소득

−) (   )

+) 기타 소득

=) (   )총소득

−) (   )

=) 순운용소득

−) (   )

=) 납세 전 현금흐름

−) 소득세 등

=) 납세 후 현금흐름

① 공실 등, 실제, 부채상환액, 운용비용　② 부채상환액, 운용비용, 실제, 공실 등

③ 공실 등, 실제, 운용비용, 부채상환액　④ 운용비용, 실제, 부채상환액, 공실 등

 해설
- 잠재총소득 − (공실 등) + 기타 소득 = (실제)총소득
- (실제)총소득 − (운용비용) = 순운용소득
- 순운용소득 − (부채상환액) = 납세 전 현금흐름
- 납세 전 현금흐름 − 소득세 등 = 납세 후 현금흐름

🏛 **필수**핵심정리 ▷ 운용에 의한 현금흐름(Cash Flow)

구분	계산방법
잠재총소득	= 연간 단위당 임대료×임대단위수
−) 공실 등	: 공실 및 징수하지 못한 임대료 등
+) 기타 소득	: 주차장의 임대료 수입, 자동판매기 수입 등
=) 실제총소득	
−) 운용비용	: 변동비용(관리비, 수선비, 광고료 등)과 고정비용(재산세 등 부동산보유관련 조세, 손해보험료 등)
=) 순운용소득	
−) 부채상환액	• 평균이자율, 대출기간 및 레버리지비율 파악 → 부채의 유형·규모 및 영향 분석 • LTV(대출비율) = 저당대출원금/부동산가격 • 부채보상률 = 순운용소득/부채상환액
=) 납세 전 현금흐름 −) 소득세 등	
=) 납세 후 현금흐름	→ 투자자가 가장 관심을 갖는 금액

정답 014 ③　015 ②　016 ③

017 보유기간 동안의 영업상의 현금흐름에 대하여 잘못된 것은?

① 운용에 의한 현금흐름은 순운용소득에서 부채의 이용에 따른 부채상환액과 소득세를 공제한 금액을 의미한다.
② 대출비율이 클수록 금융위험의 감소를 의미한다.
③ 부채보상률은 부채상환에 사용할 수 있는 순운용소득이 부채상환액의 몇 배인가를 계산함으로써 부채의 안전도를 분석할 수 있다.
④ 납세 후 현금흐름은 투자자가 가장 관심을 가지는 금액이다.

> **해설** 대출비율은 저당대출원금을 부동산가격으로 나누어 계산하며 부동산투자의 자본구조를 나타내는 중요한 비율로서, 대출자의 입장에서 부채의 안전도를 나타내는 것이다.
> 대출비율이 크다는 것은 이자부담이 증가함에 따라 금융위험의 증가하여 채무불이행위험이 크다는 것을 의미한다.

018 김철수씨는 사무실이 4개가 있는 건물을 소유하고 있으며, 각 사무실의 연간 예상임대료는 2억원이다. 이때 시장의 평균적인 공실율은 잠재총소득의 5%이고, 운영비용은 잠재총소득의 50%라고 하면 이 사무실의 순운용소득은 얼마인가?

① 3억 6천만원 　　　　　　　　　　② 3억 8천만원
③ 7억 6천만원 　　　　　　　　　　④ 8억원

> **해설**　잠재총소득 = 단위당 예상임대료×임대단위수 = 2억원×4개 = 8억원
> −) 공실상당액 = 잠재총소득×공실율 = 8억원×5% = 4천만원
> =) 실제총소득 = 잠재총소득 − 공실상당액 = 7억 6천만원
> −) 운용비용 = 잠재총소득×운용비용율 = 8억원×50% = 4억원
> =) 순운용소득 = 실제총소득−운용비용 = 3억 6천만원

019 부동산의 매도에 의한 현금흐름에서 (　　　)안의 내용으로 옳은 것은?

```
      예상 매도가격
 −) (   ㉠   )
 ─────────────
 =) 매도순수익
 −) (   ㉡   )
 ─────────────
 =) 납세 전 수취자기자본
 −) (   ㉢   )
 ─────────────
 =) 납세 후 수취자기자본
```

① ⊙ : 취득가액   ⓒ : 부채상환액   ⓒ : 임대소득세

② ⊙ : 매도비용   ⓒ : 미상환 저당대출잔고   ⓒ : 자본이득세

③ ⊙ : 매도비용   ⓒ : 부채상환액   ⓒ : 임대소득세

④ ⊙ : 취득가액   ⓒ : 미상환 저당대출잔고   ⓒ : 자본이득세

해설 ⊙ : 예상 매도가격 − (매도비용) = 매도순수익
ⓒ : 매도순수익 − (미상환 저당대출잔고) = 납세 전 수취자기자본
ⓒ : 납세 전 수취자기자본 − (양도소득세) = 납세 후 수취자기자본

🏛 필수핵심정리 ▶ 매도에 의한 현금흐름

예상 매도가격
−) 매도비용
=) 매도순수익
−) 미상환 저당대출잔고
=) 납세 전 수취자기자본
−) 양도소득세
=) 납세 후 수취자기자본

★★★
020 부동산의 매도에 의한 현금흐름에 대해서 틀린 것은?

① 예상 매도가액에서 당초 취득가액을 차감한 후의 금액이 매도순수익이고, 여기에서 중개수수료 등의 매도비용을 공제하면 세전 매각현금흐름이다.

② 미상환 저당대출잔고는 보유기간 동안 상환되지 않은 대출금액이다.

③ 매도순수익에서 미상환 저당대출잔고를 차감한 후의 금액이 납세 전 수취자기자본이다.

④ 납세 전 수취자기자본에서 양도소득세를 공제한 금액이 투자자가 관심을 가지는 매도에 의한 현금흐름이며, 이는 납세 후 수취자기자본이라고도 한다.

해설 예상 매도가액에서 중개수수료 등의 매도비용을 차감한 것이 매도순수익이다.
매각 현금흐름예상 시 당초 취득가액은 매몰원가이므로 매도순수익 계산 시 고려하지 아니한다.

★★★ 021 투자의 타당성 분석방법에 대하여 옳지 않은 것은?

① 일반적인 간편법에는 순소득승수, 투자이율, 자기자본수익률 등의 개념이 있다.

② 현금흐름할인법에는 순현재가치, 내부수익률, 수익성지수의 세 종류가 있다.

③ 전통적인 감정평가방법은 감정평가사의 평가방법으로서 거래사례비교법, 수익환원법, 원가법을 적용하여 투자대상 부동산의 정상가격을 산출하는 것이다.

④ 감정평가에 의한 정상가격이 최초의 부동산투자액보다 큰 부동산투자안은 기각된다.

해설 투자의 타당성 분석기법에는 간편법, 현금흐름할인법 및 전통적인 감정평가법 등이 있다.
이 중 전통적인 감정평가방법에서 감정평가에 의한 정상가격이 최초의 부동산투자액보다 큰 부동산투자안이 채택되고, 적은 부동산투자안은 기각된다.

🏛 필수핵심정리 ▶ 투자의 타당성 분석

구 분	분석방법
간편법	• 순소득승수 = 총투자액/순운용소득 → 자본회수기간 • 투자이율 = 순운용소득/총투자액 → 순소득승수의 역수 • 자기자본수익율 = 납세 전 현금흐름/자기자본투자액
현금흐름 할인법	• 순현재가치 = 현금유입액의 PV − 현금유출액의 PV • 내부수익률 = 현금유입액의 PV와 현금유출액의 PV를 일치시키는 할인율 → 순현재가치를 0으로 만드는 할인률 • 수익성지수 = 현금유입액의 PV ÷ 최초 투자액
전통적 감정평가방법	거래사례비교법, 수익환원법, 원가법

★★★ 022 투자의 타당성 분석방법별로 투자안이 채택되는 기준으로 틀린 것은?

① 순현재가치가 영(0) 이상인 경우로서 순현재가치가 큰 것부터

② 요구수익률이 내부수익률 이상인 경우

③ 수익성지수가 1 이상인 경우

④ 감정평가에 의한 정상가격이 최초의 부동산투자액 이상인 경우

해설 내부수익률은 투자안의 현금유입의 현재가치와 현금유출이 현재가치를 일치시키는 할인율로서, 순현재가치를 0으로 만드는 할인율이다. 따라서 내부수익률법에서는 내부수익률이 요구수익률 이상인 경우에 채택하며, 내부수익률이 요구수익률보다 작으면 기각되어야 한다.

★★★
023 부동산 공부의 종류와 그 확인가능한 내용의 연결이 적절한 것을 고른 것은?

> ㉠ 토지의 지세, 지형, 위치, 도로, 철도 → 토지이용계획확인서
>
> ㉡ 기준연도, 지번, 개별공시지가 → 개별공시지가확인원
>
> ㉢ 소유권, 제한물권 → 등기사항전부증명서(등기부등본)
>
> ㉣ 공법상 이용제한 → 지적공부

① ㉠, ㉡   ② ㉠, ㉣   ③ ㉡, ㉢   ④ ㉢, ㉣

 해설 ㉠ 토지의 지세, 지형, 위치, 도로, 철도 → 지적공부
㉣ 공법상 이용제한 → 토지이용계획확인서

🏛 **필수핵심정리** **부동산의 공부상 조사확인방법**

- 지적공부(토지대장, 임야대장, 지적도, 임야도, 수치지적부) → 소재지, 면적, 지목, 지번, 토지의 지세, 지형, 위치, 도로, 철도 등 토지의 상태에 관한 사항
- 개별공시지가확인원 → 기준연도, 지번, 개별공시지가
- 건축물대장 → 건축물의 면적·층수, 구조, 준공일자, 사용검사일 및 건축물의 용도와 용도변경내역 등
- 등기사항전부증명서(등기부등본) → 소유권(갑구) 및 그 소유권에 대한 제한물권, 기타 권리(을구)
- 토지이용계획확인서 → 공법상 이용제한, 도로에의 접촉여부, 토지의 형태나 도로의 너비 등

···**TOPIC 4** 부동산가격의 결정

★★★
024 부동산가격의 개념에 대하여 옳게 설명하고 있는 것은?

> A. 시장가격 : 부동산 거래 현장에서 매도·매수 호가에 의해 정해지는 가액
>
> B. 기준시가 : 취득세·재산세 등 지방세의 부과를 위하여 평가한 가액
>
> C. 시가표준액 : 양도소득세 등 국세의 부과를 위하여 평가한 가액
>
> D. 감정평가액 : 한국감정원, 감정평가법인 등의 감정평가사가 조사·평가한 가액

① B, C   ② A, B, C   ③ A, D   ④ A, B, C, D

해설 부동산가격은 부동산시장에서 교환의 대가로 매수인과 매도인 간에 실제 지불된 금액이며, 평가목적이나 가격형성 동기 등에 따라 다양하게 표현될 수 있다.
B. 기준시가 : 양도소득세 등 국세의 부과를 위하여 평가한 가액
C. 시가표준액 : 취득세·재산세 등 지방세의 부과를 위하여 평가한 가액

정답 021 ④   022 ②   023 ③   024 ③

★★★
025 부동산가격발생의 3요소로 적절하지 않은 것은?

① 구매력　　　　　　　　　　　② 효용

③ 희소성　　　　　　　　　　　④ 유효수요

> **해설** 부동산가격발생의 3요소는 효용, 희소성, 유효수요를 말한다. 이러한 부동산가격발생의 3요소에 영향을 미치는 요인은 크게 일반적 요인, 지역요인, 개별요인으로 구분된다.

 보충학습　　**부동산가격발생의 3요소**

- 부동산의 효용 → 부동산을 사용함으로써 얻어지는 수익성, 쾌적성, 생산성 등
- 희소성 → 부증성, 개별성 등 부동산의 특성에 의하여 자원의 양이 한정된 것
- 유효수요 → 구매력이 있는 수요

★★★
026 부동산가격발생에 영향을 미치는 요인 중 대상 부동산의 가격형성에만 영향을 미치는 것은?

① 일반적 요인　　　　　　　　② 지역 요인

③ 개별 요인　　　　　　　　　④ 법률적 요인

> **해설** 대상 부동산의 가격형성에만 영향을 미치는 요인은 개별 요인이다.
> - 일반적 요인 → 일반 경제사회에 있어서 부동산의 상태 및 부동산가격수준에 영향을 미치는 요인으로서 사회적, 경제적, 행정적 요인 등이 있음
> - 지역 요인 → 일반적 요인이 부동산이 갖는 부동성으로 인하여 지역적인 범위로 축소된 것으로서 그 지역에 속하는 부동산의 상태 및 가격수준에 영향을 미치는 요인
> - 개별 요인 → 부동산의 특수한 상태 · 조건 등 개별성을 말하며 대상 부동산의 가격형성에만 영향을 미치는 요인

★★★
027 부동산의 평가에 대하여 가장 적절하지 않은 것은?

① 가격의 3면성은 부동산의 정상적인 가격을 구하기 위한 판단기준인 시장성, 비용성, 수익성을 말한다.

② 가격의 3방식은 3면성에 입각하여 대상부동산의 특성과 종류에 따라 평가한 가격을 말한다.

③ 거래사례비교법은 수익성에 따라 그 부동산을 이용함으로써 어느 정도의 수익을 얻을 수 있는가를 말한다.

④ 원가법은 비용성에 따라 그 부동산에 얼마만큼의 비용이 투입되어 만들어진 것인가를 말한다.

해설 거래사례비교법은 시장성에 따라 그 부동산이 시장에서 얼마에 거래되고 있는가를 말한다.
수익성에 따라 그 부동산을 이용함으로써 어느 정도의 수익을 얻을 수 있는가를 말하는 것은 수익환원법이다.

🏛 필수핵심정리 부동산평가의 3가지 방식

구 분	평가방식
거래사례비교법	거래사례가격에 사정보정, 시점수정, 지역요인의 비교, 개별요인의 비교를 하여 비준가격을 구한다.
원가법	대상부동산의 재조달원가를 구하고 감가수정을 하여 복성가격을 구한다.
수익환원법	대상부동산이 장래에 창출하리라고 기대되는 순수익을 환원이율로 환원하여 수익가격을 구한다.

■ 부동산 감정평가의 3방식 6방법

가격3면성	3방식	평가대상	6방법	시산가격·임료	성 격
시장성	비교방식	가격	거래사례비교법	비준가격	수요와 공급의 균형가격
		임료	임대사례비교법	비준임료	
비용성	원가방식	가격	복성식평가법(원가법)	복성(적산)가격	공급가격
		임료	적산법	적산임료	
수익성	수익방식	가격	수익환원법	수익가격	수요가격
		임료	수익분석법	수익임료	

※ 3방식의 구분은 시장에서 형성된 매가에서 그 원가를 뺀 수익의 계산구조를 기준으로 한 것이고, 6방법의 구분은 부동산시장의 매매시장과 임대시장으로 구분된 가격과 임료로 구분한 것이다.

★★★
028 부동산의 평가방법 중 거래사례비교법으로 옳지 않은 것은?

① 수요가격의 성격으로서 가격의 3면성 중 수익성에 의한 수익방식이다.
② 대상부동산과 동일성 또는 유사성이 있는 다른 부동산의 거래사례를 수집하여 평가하는 방법이다.
③ 대상부동산의 현황 및 가격시점에 맞게 사정보정 및 시점수정을 한 후, 지역요인의 비교와 개별적 요인을 비교하여 대상물건의 가격을 구하는 방법이다.
④ 평가대상이 가격인 경우 거래사례비교법에 의한 비준가격을, 평가대상이 임료인 경우 임대사례비교법에 의한 비준임료를 구할 수 있다.

해설 수요가격의 성격으로서 가격의 3면성 중 수익성에 의한 수익방식은 수익환원법이다.
거래사례비교법은 가격의 3면성 중 시장성에 따라 비교방식으로서 비준가격을 구하며, 이는 수요와 공급의 균형가격 성격을 가진다.

- 거래사례자료의 수집 → 대상부동산과 지역요인의 비교가 가능하도록 위치의 유사성, 개별요인의 비교가 가능하도록 물적 유사성, 시점수정의 가능성, 사정보정의 가능성이 있어야 함
- 사정보정 → 거래에 있어서의 특수사정(급매, 경매, 특수연고자에게 시세와 다르게 거래한 경우 등)을 감안하여 그러한 사정이 없는 경우의 가격수준으로 정상화하는 것
- 시점수정 → 거래사례의 거래시점과 감정평가 대상부동산의 가격시점과의 사이에 시간적인 괴리를 가격변동률 등을 적용하여 거래가격을 가격시점에서의 가격으로 수정하는 것
- 지역요인 격차 수정 → 대상부동산과 사례부동산이 속한 인근지역의 지역적 특성, 지역간 가격형성요인의 분석, 그 지역의 가격수준과 당해 지역의 표준적인 사용의 분석을 통하여 지역요인의 격차를 비교 수정하는 것
- 개별요인 격차 수정 → 개별요인이 대상부동산의 가격에 미치는 영향을 고려하는 것

★★★
029 부동산의 평가방법 중 원가법의 내용과 가장 적합하지 않은 것은?

① 주로 건물, 구축물 등 재생산이 가능한 상각자산에 대하여 유효하게 적용할 수 있다.
② 대상부동산이 장래에 창출하리라고 기대되는 순수익을 환원이율로 환원하여 가격시점에서의 현재가치를 구한다.
③ 건물의 재조달원가는 그 가격시점에서 새로이 조달하는 데 필요한 적정원가의 총액이다.
④ 재조달원가에 대하여 물리적 요인, 기능적 요인, 경제적 요인의 감가요인을 고려하여 감가수정을 한다.

해설 원가법은 재조달원가에서 감가누계액을 차감하여 복성가격 또는 적산가격을 구한다.
대상부동산이 장래에 창출하리라고 기대되는 순수익을 환원이율로 환원하여 가격시점에서의 수익가격인 현재가치를 구하는 것은 수익환원법이다.

★★★
030 부동산 감정평가 방법을 설명한 것이다. 틀린 것은?

① 거래사례비교법은 비준가격과 복성가격의 격차가 심한 아파트나 상가의 평가에 적합하다.
② 복성식평가법은 가격시점에서 재조달원가에 감가수정을 하여 구하는 원가방식이다.
③ 수익환원법은 주로 투자부동산이나 수익용 부동산 등의 상업용 부동산에 주로 적용한다.
④ 토지를 단독으로 평가하는 경우에는 복성식평가법으로 평가하는 것이 적절하다.

해설 토지는 일반적으로 단독으로 수익을 창출하기 곤란하고 주로 건물과 함께 발생시키므로 단독으로 수익을 평가하기 곤란하며 또한 부증성으로 인하여 복성식평가법을 적용할 수 없다. 따라서 비교방식이 가장 널리 이용된다.

구 분	계산방법
비준가격	= 거래사례가격×사정보정×시점수정×지역요인비교×개별요인비교×면적비교
비준임료	= 임대사례임료×사정보정×시점수정×지역요인비교×개별요인비교×면적비교
복성(적산)가격	= 재조달원가 − 감가수정액(= 매년 감가액×경과연수)
적산임료	= [기초가격×기대수익률(= $\dfrac{임대료-필요제경비}{기초가격}$)] + 필요제경비
수익가격	= $\dfrac{순수익}{환원가격(순수이률 + 위험율)}$
수익임료	= 상각 후 순수익 + 필요제경비

···TOPIC 5 부동산의 이용 및 개발

★★★
031 토지이용계획체계에 관한 내용으로 타당하지 않는 것은?

① 국토계획은 국토를 이용 · 개발 및 보전함에 있어서 미래의 경제적 · 사회적 변동에 대응하여 국토가 지향하여야 할 발전방향을 설정하고 이를 달성하기 위한 계획이다.

② 국토계획은 국토종합계획, 도종합계획, 시군종합계획, 지역계획 및 부분별계획으로 구분된다.

③ 국토종합계획은 10년을 단위로 하여 수립한다.

④ 국토종합계획은 다른 법령에 의하여 수립되는 국토에 관한 계획에 우선하며 그 기본이 된다. 다만, 군사에 관한 계획에 대하여는 그러하지 아니하다.

> **해설** 국토종합계획은 20년을 단위로 하여 수립된다. 도종합계획, 시군종합계획, 지역계획 및 부분별계획의 수립권자는 국토종합계획의 수립주기를 감안하여 그 수립시기를 정한다.

★★★
032 국토의 계획 및 이용체계에 관한 설명 중 가장 정확한 것은?

① 광역도시계획은 광역계획권의 장기발전발향을 제시하는 계획으로서, 도시기본계획의 상위의 계획으로 존재한다.

② 도시기본계획은 도시계획시설을 설치하는 도시계획시설산업, 도시개발사업 및 정비사업을 말한다.

③ 도시계획사업은 특별시 · 광역시 · 시 또는 군의 개발정비 및 보전을 위하여 수립하는 토지이용 · 교통 · 환경 · 경관 · 안전 · 산업 · 정보통신 · 보건 · 후생 · 안보 · 문화 등에 관한 구체적 계획이다.

④ 도시관리계획은 특별시 · 광역시 · 시 또는 군의 관할구역에 관하여 기본적인 공간구조와 장기발전방향을 제시하는 종합계획으로 도시계획사업의 지침이 되는 계획이다.

해설 ② 도시기본계획은 특별시 · 광역시 · 시 또는 군의 관할구역에 관하여 기본적인 공간구조와 장기발전방향을 제시하는 종합계획으로 도시관리계획수립의 지침이 되는 계획이다.
③ 도시계획사업은 도시계획시설을 설치하는 도시계획시설산업, 도시개발사업 및 정비사업을 말한다.
④ 도시관리계획은 특별시 · 광역시 · 시 또는 군의 개발정비 및 보전을 위하여 수립하는 토지이용 · 교통 · 환경 · 경관 · 안전 · 산업 · 정보통신 · 보건 · 후생 · 안보 · 문화 등에 관한 구체적 계획이다.

★★★
033 용도지역· 용도지구· 용도구역의 설명으로 틀린 것은?

① 용도지역은 모든 토지에 지정하되, 중복지정은 불가능하다.
② 용도지역은 도시지역, 관리지역, 농림지역, 자연환경보전지역으로 구분한다.
③ 용도지구는 모든 토지에 한하여 지정하나, 하나의 토지에 대하여 중복지정은 불가능하다.
④ 용도지구는 국토교통부장관, 시 · 도지사 또는 대도시 시장은 필요하다고 인정할 때에는 용도지구를 다시 세분하여 지정하거나 변경할 수 있다.

해설 국토의 계획 및 이용에 관한 법률에 의한 용도지구는 용도지역 내 필요한 토지를 대상으로 지정하며, 하나의 토지에 대하여 중복지정이 가능하다.

🏛 필수핵심정리 ▶ 용도지역 · 용도지구 및 용도구역의 의의와 지정

구 분	용도지역	용도지구	용도구역
의의	토지의 경제적 · 효율적 이용 및 공공복리의 증진 도모를 위하여 도시 · 군관리계획으로 결정하는 지역	용도지역의 기능 증진 및 미관 · 경관 · 안전 등을 도모하기 위하여 도시 · 군관리계획으로 결정하는 지역	시가지의 무질서한 확산방지, 계획적이고 단계적인 토지이용의 도모, 토지이용의 종합적 조정관리 등을 위하여 도시 · 군관리계획으로 결정하는 지역
지정 원칙	모든 토지를 대상으로 하되, 중복지정은 불가능	필요한 토지에 지정하며, 하나의 토지에 중복지정 가능	필요한 토지에 지정하며, 하나의 토지에 구역과 구역의 중복지정은 불가능하나 구역과 지역, 지구는 중복지정 가능
지정 범위	전국의 모든 토지를 대상으로 함	용도지역내 일부 토지를 대상으로 함	용도지역 · 용도지구와 별도의 규모로 지정 가능
구분	도시지역(주거지역, 상업지역, 공업지역, 녹지지역), 관리지역(보전, 생산, 계획), 농림지역, 자연환경보전지역 4개	경관지구, 미관지구, 고도지구, 방화지구, 방재지구, 보존지구, 시설보호지구, 취락지구, 개발진흥지구, 특정용도제한 10개	개발제한구역, 도시자연공원구역, 시가화조정구역, 수산자원보호구역 4개

★★★
034 국토의 계획 및 이용에 관한 법률에 의한 용도지역의 구분이 아닌 것은?

① 도시지역　　　　　　　　　　② 관리지역
③ 농림지역　　　　　　　　　　④ 개발제한지역

 국토의 계획 및 이용에 관한 법률에 의한 용도지역은 도시지역(주거지역, 상업지역, 공업지역, 녹지지역), 관리지역
(보전관리지역, 생산관리지역, 계획관리지역), 농림지역 및 자연환경보전지역의 4개 지역으로 구분한다. 그러나 개
발제한구역은 용도구역의 하나이다.

★★★
035 국토의 계획 및 이용에 관한 법률에 의한 용도지역에 대하여 잘못된 것은?

① 전국의 토지에 대하여 중복되지 않도록 용도지역을 지정한다.
② 용도지역의 지정은 일시에 지정하는 것이므로, 용도지역의 지정이 없는 토지가 있을 수
　는 없다.
③ 용도지역은 국토를 도시지역, 관리지역 농림지역, 자연환경보전지역으로 구분한다.
④ 도시지역은 다시 주거지역, 상업지역, 공업지역 및 녹지지역으로 다시 세분한다.

 용도지역은 토지의 경제적·효율적 이용 및 공공복리의 증진 도모를 위하여 도시관리계획에 의하여 지정하는 지역
으로서, 전국의 토지에 대하여 중복되지 않도록 지정하되, 지역의 지정은 일시에 할 필요가 없으며 순차적으로 지정
해도 되므로 지역의 지정이 없는 토지가 있을 수 있다.

★★★
036 지상 4층, 지하 1층의 건축물의 각 층 바닥면적은 500㎡이고, 그 부속토지면적은 1,000㎡이
다. 이 건축물의 건폐율과 용적률은 얼마인가?

① 건폐율 : 50%, 용적률 : 200%　　　② 건폐율 : 100%, 용적률 : 250%
③ 건폐율 : 100%, 용적률 : 200%　　　④ 건폐율 : 50%, 용적률 : 250%

해설 ・ 건폐율 $= \dfrac{건축물\ 바닥면적}{대지면적} \times 100 = \dfrac{500}{1,000} \times 100 = 50\%$

　　　 ・ 용적률 $= \dfrac{지상층\ 연면적}{대지면적} \times 100 = \dfrac{500 \times 4층}{1,000} \times 100 = 200\%$

★★★ 037 다음에서 설명하는 용도구역으로 옳은 것은?

> 도시의 무질서한 시가화 방지, 도시의 계획적 · 단계적 개발중점을 도모하기 위하여 일정 기간 시가화를 유보할 필요가 있다고 인정하는 경우에 지정하는 구역

① 개발제한구역　　　　　　　　　② 도시자연공원구역
③ 수산자원보호구역　　　　　　　　④ 시가화조정구역

 해설 용도구역은 도시의 무질서한 확산 · 시가화를 방지하고 개발행위를 유보 · 제한하거나 수자원의 보호 · 육성을 위하여 이미 지정된 용도지역이나 용도지구와는 관계없이 독자적으로 지정하는 것으로서 개발제한구역, 도시자연공원구역, 시가화조정구역, 수산자원보호구역의 4개의 용도구역으로 구분한다. 위의 설명은 시가화조정구역이다.

🏛 필수핵심정리 ▶ 용도구역의 지정과 의미

개발제한구역	도시의 무질서한 확산 방지, 도시주변의 자연환경 보전, 도시민의 건전한 생활환경 확보, 국방부장관의 요청이 있어 보안상 도시의 개발을 제한할 필요가 있다고 인정하는 경우에 지정
도시자연공원구역	도시의 자연경관을 보호하고 도시만의 건전한 여가 · 휴식 공간을 제공하기 위하여 도시지역의 식생이 양호한 산지의 개발을 제한할 필요가 있다고 인정하는 경우에 지정
수산자원보호구역	수산자원의 보호육성을 위하여 필요한 공유수면이나 그 인접된 토지에 지정 또는 변경
시가화조정구역	도시의 무질서한 시가화 방지, 도시의 계획적 · 단계적 개발중점을 도모하기 위하여 일정기간 시가화를 유보할 필요가 있다고 인정하는 경우에 지정

★★★ 038 건축법에 대한 설명으로 옳지 않은 것은?

① 건축법의 적용범위는 건축법을 적용하는 지역과 대상물 및 대상행위로 나눌 수 있다.
② 건축법의 적용지역은 전국의 모든 지역이다.
③ 건축법의 적용대상물은 건축물, 대지, 건축설비, 옹벽 등의 공작물이다.
④ 건축법의 적용행위는 건축, 대수선, 용도변경 행위이다.

 해설 건축법의 적용지역은 전국의 모든 지역이 아니고, 국토의 계획 및 이용에 관한 법률에 의하여 지정된 도시지역 및 제2종 지구단위계획구역, 동 또는 읍의 지역에 전면적으로 적용하며, 위 이외의 지역은 건축법을 부분적으로 적용하지 아니한다.

(1) 목적 → 건축물의 대지·구조 및 설비의 기준과 건축물의 용도 등을 정하여, 건축물의 안전·기능 및 미관을 향상시킴으로써 공공복리의 증진에 이바지함
(2) 적용범위
 • 적용지역 → 도시지역 및 제2종 지구단위계획구역, 동·읍 지역
 • 적용대상물 → 건축물, 대지, 건축설비, 옹벽 등의 공작물
 • 적용행위 → 건축, 대수선, 용도변경

★★★
039 다음에서 설명하는 건축법상 건축은 무엇인가?

> 건축물이 천재지변 기타 재해에 의하여 건축물의 전부 또는 일부가 멸실된 경우 그 대지 안에 종전과 동일한 규모의 범위 안에서 다시 축조하는 것

① 신축   ② 증축
③ 재축   ④ 개축

해설 건축법상 건축은 건축물의 신축, 재축, 증축, 개축 및 이전을 말하며, 위의 설명은 재축이다.

🏛 **필수**핵심정리 ▷ 건축법상 건축

신축	건축물이 없는 대지(기존건축물이 철거 또는 멸실된 대지 포함)에 새로이 건축물을 축조하는 것
재축	건축물이 천재지변 기타 재해에 의하여 건축물의 전부 또는 일부가 멸실된 경우 그 대지 안에 종전과 동일한 규모의 범위 안에서 다시 축조하는 것
증축	기존 건축물이 있는 대지 안에서 건축물의 건축면적·연면적 또는 높이를 증가시키는 것
개축	기존 건축물의 전부 또는 일부 내벽력·기둥·보·지붕틀 중 3 이상을 철거하고 그 대지 안에 종전과 동일한 규모의 범위 안에서 다시 축조하는 것
이전	건축물의 주요 구조부를 해체하지 아니하고 동일한 대지 안에서 다른 위치로 이전하는 것

📈 **보충**학습 ▷ 건축법상 건축허가

건축물을 건축 또는 대수선하고자 하는 자 → 시장·군수·구청장의 허가. 단, 21층 이상의 건축물 등 대통령령이 정하는 용도 및 규모의 건축물을 특별시 또는 광역시에 건축 시 → 특별시장 또는 광역시장의 허가

★★★
040 부동산의 개발의 개념에 대하여 옳지 않은 것은?

① 최적입지에 만들어진 공간을 소비자에게 제공하는 것을 말한다.

② 토지 위에 건물이나 공작물을 건축하여 부동산공간을 창출하는 것만을 말한다.

③ 부동산의 최유효이용을 위한 부동산활동이라고 할 수 있다.

④ 부동산의 최유효이용측면에서 보유부동산을 현상태 그대로의 매각, 건물의 가공 후 매각, 개발 후 임대 또는 매각할 것인가에 대한 결정을 하여야 한다.

> **해설** 건축이 이루어질 수 있도록 택지나 공장부지 등을 조성하는 것도 부동산 개발에 포함한다.

🏛 필수핵심정리 ▷ **부동산개발의 개념**

- 최적입지에 만들어진 공간을 소비자에게 제공하는 것
- 부동산 최유효이용을 위한 부동산 활동
- 토지 위 건물 · 공작물의 건축으로 부동산공간의 창출 & 건축을 위한 택지 · 공장부지 등의 조성 포함

★★★
041 부동산개발의 과정순서를 적절하게 표시하고 있는 것은?

A. 부지모색과 확보단계   B. 금융단계
C. 구상단계   D. 타당성분석의 단계
E. 예비적 타당성분석의 단계   F. 마케팅단계
G. 건설단계

① E, A, B, C, D, F, G   ② C, D, A, E, B, G, F
③ E, A, D, B, C, F, G   ④ C, E, A, D, B, G, F

> **해설** 부동산개발의 과정은 C 구상단계 → E 예비적 타당성분석단계 → A 부지의 모색과 확보단계 → D 타당성분석의 단계 → B 금융단계 → G 건설단계 → F 마케팅단계를 거친다. 다만, 이는 부동산개발업자의 목적이나 개발사업의 성격에 따라 각 단계가 생략되거나 통합되는 경우가 있을 수 있다.

★★★
042 다음이 설명하는 부동산 개발사업방식으로 옳은 것은?

> 지주는 토지를 제공하고 개발업자는 건축공사비 등의 개발비를 부담, 사업을 시행한 후 분양 또는 임대를 통해 발생한 수익을 토지가격과 건축공사비 등으로 환산한 투자비율에 따라 수익을 배분하는 방식

① 등가교환방식　　　　　　　　　② 사업수탁방식
③ 합동개발방식　　　　　　　　　④ 차지개발방식

해설 지주공동사업은 토지는 지주가 제공하고 자금이나 건설은 투자가 또는 건설사가 부담하여 과실을 분배하는 사업을 말하며, 위의 사업방식은 합동개발방식에 대한 설명이다.

🏛 필수핵심정리 ▷ 지주공동사업의 내용

구 분	사업방식
등가교환방식	• 토지소유자와 개발업자가 공동으로 건물 등을 건설하는 방식 • 지주는 토지를 개발업자에게 제공 & 개발업자는 토지의 개발 및 건축물의 건설 후 토지 평가액과 건설비 기준으로 토지와 건축물을 공유 또는 구분소유
합동개발방식	지주는 토지 제공 & 건설회사·자본가·컨설팅회사 등 개발업자는 건축공사비 등의 개발비 부담 및 사업 시행 후 분양 또는 임대를 통해 발생한 수익을 토지가격과 건축공사비 등으로 환산한 투자비율에 따라 수익을 배분하는 방식 → 우리나라에서 공동개발사업에 많이 이용되는 방식
사업수탁방식	개발업자 등이 사업의 기획부터 설계, 시공, 임대유치 및 운영관리에 이르기까지의 일체 업무를 수탁받아 건물 완공한 후 건물의 일괄 임대받아 사실상 사업수지를 보증하는 방식
토지신탁방식	토지소유자가 부동산신탁회사에 위탁하고 수탁자인 신탁회사는 필요자금의 조달, 건물의 건설 및 그 분양·임대 후 그 수익의 일부를 신탁배당으로 수익자인 토지 소유자에게 반환하는 방식
차지개발방식	개발업자가 지주로부터 특정 지역에 대한 이용권을 설정받아 그 토지의 개발 및 건축물 건설 후, 그 건축물을 제3자에게 양도·임대하거나 또는 개발업자가 직접 이용하여 지주에게 임차료 지불 후 차지권의 기한 도래시 원래 지주에게 토지의 무상 반환하고 건물은 일정금액으로 지주에게 양도하는 방식 → 주로 일본에서 쓰이는 방식으로 우리나라에서는 관행상 적합하지 않은 방식

★★★
043 다음 중 토지의 용어가 적절하지 않은 것은?

① 택지 : 주거지, 상업지, 공업지의 건물부지로 이용되거나 이용되는 것이 사회적, 경제적, 행정적으로 합리적이라고 인정되는 토지
② 공한지 : 농토의 비옥도 회복을 위해 휴경하고 있는 토지
③ 요역지 : 지역권 설정의 경우 편익을 받는 토지로서 승역지에 상대되는 개념
④ 획지 : 인위적 · 자연적 · 행정적 · 조건에 따라 다른 토지와 구별되는 가격수준이 비슷한 일단의 토지

해설 공한지는 도시 내 택지 중 지가상승만을 기대한 토지투기를 위하여 장기간 방치되고 있는 택지를 말한다. 농토의 비옥도 회복을 위해 휴경하고 있는 토지는 휴한지이다.

★★★
044 건축법상 단독주택으로 구분하는 것은?

① 다가구주택   ② 연립주택   ③ 다세대주택   ④ 아파트

해설 건축법상 공동주택은 아파트, 연립주택, 다세대주택 및 기숙사 등을 말하며, 다가구주택은 단독주택으로 구분한다.
- 아파트 → 주택으로 쓰는 층수 5개층 이상
- 연립주택 → 주택으로 쓰는 층수 4개층 이하 + 1개동 바닥면적 660㎡ 초과
- 다세대주택 → 주택으로 쓰는 층수 4개층 이하 + 1개동 바닥면적 660㎡ 이하
- 다가구주택 → 주택으로 쓰는 층수 3개층 이하 + 1개동 바닥면적 660㎡ 이하 + 19세대 이하

···TOPIC 6 부동산펀드 투자의 이해

★★★
045 부동산펀드의 내적 성장과 외적 성장에 관한 내용으로 틀린 것은?

① 부동산펀드의 내적 성장이란 경영진들의 능력발휘로 부동산의 수익성을 향상시키는 것이다.
② 부동산펀드의 내적 성장에서 가장 중요한 것은 임대료 수입의 확대이며, 이는 임대료 인상 또는 공실률 인하를 통해 가능하다.
③ 부동산투자회사는 내적 성장에 의존해야 하는 성격을 지닌다.
④ 국내의 PF형 펀드는 부동산 펀드의 외적 성장에 기여하지 못한다.

해설 부동산투자회사는 매기 수익의 90% 이상을 배당으로 지급하여야 하며, 이는 성장을 위한 사내유보가 어려워서 내적 성장에 일정한 한계가 있기 때문에 외부성장에 의존해야 하는 성격을 지닌다. 국내형 PF형 펀드는 주로 아파트 건설에 개발자금을 대출하는 상품이며 부동산을 취득하려는 목적이 아니기 때문에 펀드의 외적 성장에는 기여하지 못하는 것이다.

내적 성장	• 경영진들의 능력발휘로 부동산의 수익성을 향상시키는 것 → 임대료 수입의 확대 등 • 운용수익을 향상시킬 수 있는 계약방식 → 수입비례임대료, 주기적 임대료 인상, 임차인들의 지출액 분담 외 수요자선호의 임차인 구성, 리노베이션, 저수익성 부동산의 처분 및 재투자 등
외적 성장	• 다른 수익성 있는 부동산의 취득 또는 다른 부동산펀드와 합병 및 부동산의 개발 등 • 부동산펀드 및 부동산투자회사는 자본시장법상의 규제 등 현실적으로 곤란

★★★
046 부동산펀드의 내적 성장으로 볼 수 있는 것은?

① 다른 수익성 있는 부동산의 취득
② 다른 부동산펀드와 합병
③ 부동산의 개발
④ 수익성 떨어지는 부동산의 처분 및 재투자

해설 수익성 떨어지는 부동산의 처분 및 재투자는 내적 성장의 전략으로 볼 수 있다. 그러나 나머지는 부동산펀드의 외적 성장이다.

★★★
047 부동산투자회사의 분산투자 장점을 묶은 것은?

> ㉠ 부동산 분야별로 호황기와 침체기가 다르므로 전체적으로 안정적인 소득흐름의 기대
> ㉡ 특정시장 및 REITs에 대한 전문성 제고
> ㉢ 집중투자한 부동산 분야의 침체로 인한 위험 완화
> ㉣ 지역경제의 변동에 따라 좌우

① ㉠, ㉢
② ㉠, ㉡, ㉢
③ ㉡, ㉣
④ ㉠, ㉡, ㉢, ㉣

해설 부동산투자회사의 분산투자의 장점은 ㉠과 ㉢이다.
㉡ : 집중투자의 장점, ㉣ : 집중투자의 단점

구분	분산투자(다양화)	집중투자
장점	• 부동산 분야별로 호황기와 침체기가 다르므로 전체적으로 안정적인 소득흐름의 기대 • 집중투자한 부동산 분야의 침체로 인한 위험 완화	• 특정시장 및 REITs에 대한 전문성 제고 • 여러 시장에 대한 분석 생략 및 관리비용의 절감
단점	분산된 부동산 관리에 많은 비용 소요	• 투자 부동산 침체에 따른 위험증가 • 지역경제의 변동에 따라 좌우 • 소득흐름의 불안정

★★★
048 부동산의 매입구조에 관한 설명으로 옳지 않은 것은? 심화

① 부동산 매입자가 실수요자인 경우 한시적인 유동화나 부동산펀드 구조를 취한다.

② 매입자가 부동산펀드인 경우는 태생적으로 증권화 구조를 취하게 된다.

③ 실물 매입의 경우 부동산펀드는 부동산과 관련된 운용방법으로 부동산의 취득 이외에 부동산의 관리, 개량, 개발, 임대의 방법으로 운용할 수 있다.

④ 부동산펀드가 자금을 대여하는 경우 일반적으로 금융기관이 먼저 부동산 개발 대출을 실행하여 보유한 금전채권을 부동산펀드가 양수하는 특별자산펀드 형태를 취한다.

해설 ┃ 부동산 매입자가 실수요자인 경우 한시적인 유동화나 부동산펀드 구조를 취하기보다는 직접 매입을 선호하게 된다.

···TOPIC 7 부동산 포트폴리오

★★★
049 부동산 포트폴리오에 관한 내용으로 옳은 모두 고른 것은?

> ㉠ 부동산 포트폴리오 – 유형, 지역, 규모 등이 다른 여러 가지 부동산 등에 분산투자하기 위하여 여러 가지의 부동산들을 모은 것
>
> ㉡ 포트폴리오의 수익률 – 개별 부동산의 수익률에 포트폴리오 전체에서 해당 자산이 차지하는 비중을 곱한 것을 더한 값, 즉 가중평균한 값
>
> ㉢ 포트폴리오의 위험 – 단순히 두 부동산의 분산을 가중평균한 것

① ㉠, ㉢   ② ㉠, ㉡   ③ ㉡, ㉢   ④ ㉠, ㉡, ㉢

해설 포트폴리오의 위험은 단순히 두 부동산의 분산을 가중평균한 것이 아니라 거기에 두 자산 간의 공분산을 포함한 것이다.

📊 보충학습 ▶ **포트폴리오의 수익률과 위험**

수익률	개별 부동산의 수익률에 포트폴리오 전체에서 해당 자산이 차지하는 비중을 곱한 것을 더한 값. 즉, 가중평균한 값 → 포트폴리오의 수익률(R_a) = $w_a \times R_a + w_b \times R_b$ 여기에서 w_a : 전체 포트폴리오에서 a가 차지하는 비중, w_b : 전체 포트폴리오에서 b가 차지하는 비중, R_a : a자산의 기대수익률, R_b : b자산의 기대수익률
위 험	부동산 분산의 가중평균 + 자산간의 공분산 → 포트폴리오의 분산(σ^2_p) = $w^2_a\sigma^2_a + w^2_b\sigma^2_b + 2w_aw_b\sigma_{ab}$ 여기에서 σ^2_a : a부동산의 분산, σ^2_a : b부동산의 분산, σ_{ab} : a, b 부동산의 공분산

★★★
050 부동산 투자의 위험에 대해서 잘못된 설명은?

① 부동산 투자의 전체 위험을 총위험이라 한다.
② 총위험은 체계적 위험과 비체계적 위험으로 나눌 수 있다.
③ 체계적 위험은 시장 전체의 변동과 관련된 위험으로 해당 부동산은 물론 모든 부동산에 영향을 미치는 위험이다.
④ 비체계적 위험은 포트폴리오에 부동산들을 추가로 편입시켜도 제거할 수 없는 위험이다.

해설 체계적 위험은 포트폴리오에 부동산들을 추가로 편입시켜도 분산이 불가능하여 제거할 수 없는 위험이다. 반면 비체계적 위험은 해당 부동산의 고유한 요인 때문에 발생하는 위험으로 해당 부동산에 국한하여 영향을 미치는 위험이므로 포트폴리오에 부동산들을 추가로 편입시키면 제거할 수 있는 피할 수 있는 위험이다.

🏛 필수핵심정리 ▶ **부동산포트폴리오의 체계적 위험과 비체계적 위험**

총위험	부동산 투자의 전체 위험 = 체계적 위험 + 비체계적 위험
체계적 위험	• 시장의 불확실성으로 인한 시장 전체의 변동과 관련된 위험 • 분산이 불가능하여 피할 수 없는 위험
비체계적 위험	• 해당 투자대상의 부동산 고유한 특성에 의해서 발생하는 위험 • 분산이 가능하여 피할 수 있는 위험

★★★
051 포트폴리오의 분산투자에 대해서 가장 거리가 것은?

① 포트폴리오에 투자되는 투자안들을 늘리면 투자안들의 비체계적 위험이 서로 상쇄되어 포트폴리오의 위험이 줄어든다.

② 분산투자를 통해 포트폴리오의 위험을 감소시키기 위해서는 기존 투자자자산과 상관관계가 높은 자산을 추가로 편입하여야 한다.

③ 부동산은 주식 및 채권과 낮은 상관관계를 지니므로 부동산을 포함한 혼합포트폴리오를 구성하면 전반적인 위험이 감소된다.

④ 부동산펀드의 경우 부동산의 유형별과 지역별 및 규모별로 포트폴리오를 구성하면 부동산 총위험의 감소효과가 더욱 크다.

해설 분산투자를 통해 포트폴리오의 위험을 감소시키기 위해서는 기존 투자자자산과 상관관계가 낮은 자산을 추가로 편입하여야 한다.

🏛 필수핵심정리 ▷ 부동산펀드에서의 분산투자효과

- 분산투자효과 : 포트폴리오에 투자되는 투자안을 늘리면 → 투자안들의 비체계적 위험이 서로 상쇄 → 포트폴리오의 총위험 감소 효과
- 부동산 → 주식 및 채권과 낮은 상관관계
- 주식, 채권 등에 주로 투자하는 뮤추얼펀드에 부동산·부동산에 관한 권리의 편입시 → 주식, 채권, 부동산 등의 비체계적 위험이 서로 상쇄 → 뮤추얼펀드의 위험 감소
- 부동산펀드의 경우 부동산의 유형별과 지역별 포트폴리오 구성을 동시에 할 경우 → 부동산 총위험의 감소효과 더욱 큼

···TOPIC ⑧ 부동산 가치평가

★★★
052 시장가치가 이루어지기 위한 조건으로 옳은 것을 묶은 것은?

> ㉠ 공정한 거래에 필요한 모든 조건들이 충족된 상태이다.
> ㉡ 경쟁자가 있고 공개시장이다.
> ㉢ 매수자와 매도자는 각각 신중하고 거래에 필요한 지식을 가지고 있다.
> ㉣ 가격이 불공정한 동기에 영향을 받지 않는다.

① ㉠, ㉡, ㉢, ㉣　　　　　　　　② ㉠, ㉡, ㉢

③ ㉠, ㉡　　　　　　　　　　　④ ㉠

해설 ㉠, ㉡, ㉢, ㉣ 모두가 시장가치가 이루어지기 위한 조건이다. 즉, 시장가치란 공정한 거래에 필요한 모든 조건이 충족된 상태에서 경쟁자가 있고 공개시장이며, 매수자와 매도자는 각각 신중하고 거래에 필요한 지식을 가지고 있으며, 가격이 불공정한 동기에 영향을 받지 않는다고 가정할 경우, 거래가 이루어질 가능성이 가장 높은 부동산가격을 말한다.

🏛 **필수**핵심정리 **부동산의 가격과 가치 및 시장가치**

가 격	가 치
• 특정 부동산에 대한 교환의 대가로서 시장에서 매수자와 매도자 간에 실제 수수된 금액 • 과거를 전제로 논의 • 일정 시점에서 하나의 가격만 성립	• 장래 기대되는 편익을 현재가치로 환원한 값 • 미래를 전제로 논의 • 시장가치, 투자가치, 과세가치, 보험가치 등 여러 종류가 있음

※ 시장가치 : 공정한 거래에 필요한 모든 조건들이 충족된 상태에서 경쟁자가 있고 공개시장이며, 매수자와 매도자가 각각 신중하고 거래에 필요한 지식을 가지고 있으며, 가격이 불공정한 동기에 영향을 받지 않는다고 가정할 경우 거래가 이루어질 가능성이 높은 부동산 가격

★★★
053 부동산에 대한 시장가치를 판단하고 평가할 때 가장 중요한 원칙은?

① 변동의 원칙
② 대체의 원칙
③ 최유효이용원칙
④ 예측의 원칙

해설 부동산에 대한 시장가치를 판단하고 평가할 때 가장 중요한 원칙은 최유효이용 또는 최고최선의 이용 원칙이다. 이는 곧 토지이용의 극대화에 따라 부동산의 가치가 다양한 의미를 가진다는 것을 뜻한다.

★★★
054 부동산의 가치분석 과정의 순서를 올바르게 표현하고 있는 것은?

㉠ 가치추계의 제원칙 ㉡ 가치형성요인
㉢ 가치결론 ㉣ 감정평가

① ㉠ → ㉡ → ㉢ → ㉣
② ㉡ → ㉠ → ㉣ → ㉢
③ ㉠ → ㉡ → ㉣ → ㉢
④ ㉡ → ㉠ → ㉢ → ㉣

해설 부동산의 가치분석은 ㉡ 가치형성요인 → ㉠ 가치추계의 제원칙 → ㉣ 감정평가 → ㉢ 가치결론의 과정을 거친다.

(1) 부동산 가치형성요인 분석 : 일반요인, 지역요인 및 개별요인별로 구분하여 분석
(2) 가치추계의 제원칙 입각 : 예측의 원칙, 수요공급의 법칙, 최유효이용의 원칙, 외부성의 원칙 등 여러 가지 원칙에 입각
(3) 감정평가(가치추계) : 비교사례접근법, 비용접근법, 소득접근법 등 다양한 부동산가치추계방법으로 가치 추정 및 이들 간의 가치조정
(4) 가치결론 : 최종적인 부동산가치 산정

★★★
055 부동산 가치의 발생요인으로서 (   )안의 내용이 올바른 것은?

> • 부동산의 (A   )이란 부동산을 사용하고 수익함으로써 얻을 수 있는 사용가치성을 의미한다.
> • 부동산의 (B   )는 부동산을 수요하려는 욕구와 동시에 이를 구매할 수 있는 능력을 갖춘 수요를 말한다.
> • 부동산의 (C   )이란 부동산인 자원의 양이 한정되어 있기 때문에 가치가 발생하는 것을 의미한다.

	A	B	C
①	유효수요	효용성	상대적 희소성
②	상대적 희소성	유효수요	효용성
③	효용성	상대적 희소성	유효수요
④	효용성	유효수요	상대적 희소성

해설 부동산의 가치는 부동산의 효용성(utility), 부동산의 유효수요(effective demand), 부동산의 상대적 희소성(relative scarcity)에 의해서 발생한다.
 • 부동산의 (효용성)이란 부동산을 사용하고 수익함으로써 얻을 수 있는 사용가치성을 의미한다.
 • 부동산의 (유효수요)는 부동산을 수요하려는 욕구와 동시에 이를 구매할 수 있는 능력을 갖춘 수요를 말한다.
 • 부동산의 (상대적 희소성)이란 부동산인 자원의 양이 한정되어 있기 때문에 가치가 발생하는 것을 의미한다.

★★★
056 부동산 가치의 형성요인 중 일반요인이 아닌 것은?

① 건물과 토지의 요인
② 사회적 요인
③ 경제적 요인
④ 행정적 요인

해설 일반요인은 일반 경제·사회적 수준에서 모든 용도 및 지역의 부동산 가격에 영향을 미치는 요인을 말하며, 이는 사회적 요인, 경제적 요인 및 행정적 요인으로 구분한다. 그러나 건물과 토지의 요인은 대상 부동산의 가격에만 영향을 미치는 요인인 개별요인이다.

🏛 필수핵심정리 ▷ **부동산 가치의 형성요인**

일반요인	• 일반 경제·사회적 수준에서 모든 용도 및 지역의 부동산 가격에 영향을 미치는 요인 • 사회적 요인, 경제적 요인, 행정적 요인으로 구분
지역요인	• 부동산 가치분석의 대상이 되는 부동산이 위치한 지역의 특성을 이루는 지역적 차원의 일반 요인과 자연적 조건 • 일반적 요인, 자연적 요인으로 구분
개별요인	• 대상 부동산의 가격에만 영향을 미치는 요인 • 건물과 토지의 특성으로 구분 가능

★★★
057 부동산 가치 형성요인의 구분과 주요 내용의 연결이 올바른 것은?

① 사회적 요인 – 토지제도, 토지이용규제, 토지 및 주택정책, 공시지가 및 거래규제 등
② 토지의 특성 – 위치, 면적, 지세, 지질, 지반, 가로에의 접면너비, 도로 깊이, 형상 등
③ 행정적 요인 – 인구 동향, 가족구성, 도시형성과 공공시설의 정비 상태, 교육 및 사회복지의 수준, 부동산거래 및 사용·수익의 형태 등
④ 자연적 요인 – 지역 차원에서의 일반요인

해설 ① 행정적 요인, ③ 사회적 요인, ④ 일반적 요인

🏛 필수핵심정리 ▷ **부동산 가치 형성요인의 주요 내용**

구 분		주요 내용
일반요인	사회적 요인	인구 동향, 가족구성, 도시형성과 공공시설의 정비상태, 교육 및 사회복지의 수준, 부동산거래 및 사용·수익의 형태 등
	경제적 요인	저축·소비·투자 등의 수준, 재정 및 금융 등의 상태, 물가·임금 및 고용수준, 세금부담의 수준, 기술혁신 및 산업구조 등
	행정적 요인	토지제도, 토지이용규제, 토지 및 주택 정책, 부동산 가격과 임료에 대한 통제, 공시지가 제도 및 거래규제 등
지역요인	일반적 요인	지역 차원에서의 일반요인
	자연적 요인	자연 상태, 자연자원 등
개별요인	토지	위치, 면적, 지세, 지질, 지반, 가로에의 접면너비, 도로 깊이, 형상 등
	건물	면적, 높이, 구조, 재질, 설계와 설비의 수준, 공·사법상의 규제 등

★★★
058 지역 및 개별분석에 대해서 잘못된 설명은?

① 지역분석이란 평가대상 부동산이 속하는 지역 내 부동산의 가격수준을 판단하는 것을 말한다.
② 지역분석을 위해서는 먼저, 대상 부동산이 속하는 지역의 용도 및 범위를 결정해야 하며, 넓게는 동일수급권을, 좁게는 인근지역을 분석한다.
③ 유사지역은 인근지역과 그 주변의 용도지역을 포함한 광역적인 지역을 말한다.
④ 개별분석이 필요한 이유는 부동산은 위치가 고정되어 있고 개별성이 강하며 용도가 다양하기 때문이다.

 해설 유사지역은 인근지역의 특성과 유사한 지역을 말하며, 동일수급권은 인근지역과 유사지역 및 그 주변의 용도지역을 포함한 광역적인 지역을 말한다.
- 지역분석 → 평가대상 부동산이 속하는 시장지역을 적절하게 획정짓고 평가가치에 대한 전반적인 영향을 줄 수 있는 제 요인들을 조사하고 분석하여 지역 내 부동산의 가격 수준을 판단하는 것을 말한다.
- 개별분석은 부동산 감정평가에 있어서 대상 부동산의 개별적 요인을 분석하여 최유효이용을 판정하는 분석을 말한다.

★★★
059 부동산 가치추계의 원칙을 모두 고른 것은?

> ㉠ 예측의 원칙　　　　　　　　　㉡ 수요·공급의 원칙
> ㉢ 최유효이용의 원칙　　　　　　㉣ 내부성의 원칙

① ㉠, ㉡
② ㉡, ㉢, ㉣
③ ㉡, ㉢
④ ㉠, ㉡, ㉢

해설 부동산 가치추계의 원칙은 부동산 가치의 형성요인에 영향을 미치는 다양한 요인에 적용되는 기본적인 법칙을 모은 것을 말한다. 이는 경제원리에 기초하고 있으며 모든 유형의 부동산에 적용되는 것으로서 예측의 원칙, 수요·공급의 원칙, 최유효이용의 원칙, 외부성의 원칙이 있다.
- 예측의 원칙 : 과거의 자료를 토대로 가중평균 또는 다중회귀분석을 통해서 미래의 편익을 추정한다는 원칙
- 수요·공급의 원칙 : 부동산의 가치도 기본적으로 수요와 공급에 의해서 결정한다는 원칙
- 최유효이용의 원칙 : 부동산가격은 최유효이용을 전제로 파악되는 가격을 표준으로 하여 형성된다는 원칙으로, 부동산에만 적용되며 부동산 가치추계 원칙 중에서 가장 중요한 기능 담당
- 외부성의 원칙 : 대상 부동산의 가치가 외부적 요인에 의하여 영향을 받는다는 원칙으로, 외부경제와 외부불경제 효과 발생

★★★
060 ( )안에 들어갈 내용을 순서대로 옳은 것은?

> • 원가방식이란 대상 부동산의 ( )에 주목하여 부동산의 가격을 구하는 방법이며, 비용접근법이라고도 하고, 이에 따라 부동산 가격을 구하는 방법을 원가법이라 하고 이에 따라서 구한 가격을 ( )가격 또는 복성가격이라 한다.
>
> • 비교방식은 대상 부동산이 시장에서 어느 정도의 가격으로 거래가 이루어지는지를 파악하여 부동산의 가격을 구하는 방법이며, 이 방식으로 부동산 가격을 구하는 방법을 ( )법이라고 하고, 이를 통하여 산출한 시산가격을 비준가격이라 한다.
>
> • 수익방식이란 부동산을 이용함으로써 얻을 수 있는 수익이나 편익을 파악하여 부동산의 가격을 구하는 방법이며, 이 방식으로 부동산의 가격을 구하는 방법을 수익환원법이라고 하고 이를 통하여 산출한 부동산 가격은 ( )가격이라고 한다.

① 감가수정액, 비준, 소득접근, 복성
② 재조달원가, 적산, 거래사례비교, 수익
③ 재조달원가, 균형, 복성식 평가, 복성
④ 감가수정액, 적산, 소득접근, 적산

해설 원가방식은 비용성, 비교방식은 시장성, 수익방식은 수익성에 근거를 둔다.
• 원가방식이란 대상 부동산의 (재조달원가)에 주목하여 부동산의 가격을 구하는 방법이며, 비용접근법이라고도 하고, 이에 따라 부동산 가격을 구하는 방법을 원가법이라 하고 이에 따라서 구한 가격을 (적산)가격 또는 복성가격이라 한다.
  − 복성가격 = 토지가치+건물가치
  − 토지가치 → 매매사례 비교에 의한 토지가격 도출, 잔여법 등 적용
  − 건물가치 = 재조달원가 − 감가수정액
• 비교방식은 대상 부동산이 시장에서 어느 정도의 가격으로 거래가 이루어지는지를 파악하여 부동산의 가격을 구하는 방법이며, 이 방식으로 부동산 가격을 구하는 방법을 (거래사례비교)법이라고 하고, 이를 통하여 산출한 시산가격을 비준가격이라 한다.
  − 비준가격 = 사례가격 × 사정보정 × 시점수정 × 지역요인보정 × 개별요인보정 × 면적
• 수익방식이란 부동산을 이용함으로써 얻을 수 있는 수익이나 편익을 파악하여 부동산의 가격을 구하는 방법이며, 이 방식으로 부동산의 가격을 구하는 방법을 수익환원법이라고 하고 이를 통하여 산출한 부동산 가격은 (수익)가격이라고 한다.
  − 수익가격 = 순수익/환원이율 = (총수익 − 총비용)/환원이율

★★★
061 감정평가의 3방식에 대한 (　　　)안의 내용이 올바르게 연결된 것은?

가격의 3면성	3방식	접근방법	특징	방법	시산가격
• 비용성	원가방식	비용접근법	공급가격	(A)법	(B)가격
• 시장성	(C)방식	(D)법	균형가격	거래사례비교법	(E)가격
• 수익성	수익방식	(F)법	수요가격	(G)법	수익가격

	A	B	C	D	E	F	G
①	복성식평가	적산	비교	시장접근	비준	소득접근	수익환원
②	매매사례비교	비준	사례	소득접근	적산	시장접근	복성식평가
③	수익환원	적산	매가	시장접근	적산	소득접근	복성식평가
④	복성식평가	비준	비교	소득접근	비준	시장접근	수익환원

> **해설**
>
> | 가격의 3면성 | 3방식 | 접근방법 | 특징 | 방법 | 시산가격 |
> |---|---|---|---|---|---|
> | • 비용성 | 원가방식 | 비용접근법 | 공급가격 | (복성식평가)법 | (적산)가격 |
> | • 시장성 | (비교)방식 | (시장접근)법 | 균형가격 | 거래사례비교법 | (비준)가격 |
> | • 수익성 | 수익방식 | (소득접근)법 | 수요가격 | (수익환원)법 | 수익가격 |

★★★
062 부동산 감정평가의 시장접근법(비교방식)에 대하여 잘못된 것은?

① 대상 부동산과 동일성 또는 유사성이 있는 부동산의 거래 사례와 비교하여 대상 부동산의 현황에 맞게 사정보정, 시점수정 등을 가하여 부동산의 가격을 산정하는 방법이다.

② 비준가격 = 사례가격 × 사정보정 × 시점수정 × 지역요인보정 × 개별요인보정 × 면적

③ 거래사례는 위치의 유사성, 물적 유사성, 시점수정의 가능성 및 사정보정의 가능성을 고려하여 선택한다.

④ 사정보정이란 대상 부동산의 가격의 산정에 있어서 거래사례자료의 거래시점과 부동산 감정평가의 시점이 시간적으로 불일치하여 가격 변동이 있을 경우 거래사례가격을 감정평가시점의 수준으로 정상화하는 작업을 말한다.

> **해설** 대상 부동산의 가격의 산정에 있어서 거래사례자료의 거래시점과 부동산 감정평가의 시점이 시간적으로 불일치하여 가격 변동이 있을 경우 거래사례가격을 감정평가시점의 수준으로 정상화하는 작업은 시점수정을 말한다.
> 사정보정이란 수집된 거래사례에 특수한 사정이 있는 경우 비정상적인 요인을 제거하여 부동산의 가격을 정상화시키는 것을 말한다. 이런 작업에는 일정한 법칙이나 기준이 없기 때문에 평가주체의 전문지식, 풍부한 경험, 정확한 판단에 의거하여 이루어져야 한다.

🏛 필수핵심정리 ▷ 시장접근법(비교방식)

(1) 비준가격 = 사례가격×사정보정×시점수정×지역요인보정×개별요인보정×면적

(2) 거래사례 자료의 선택 : 위치의 유사성, 물적 유사성, 시점수정의 가능성 및 사정보정의 가능성을 고려하여 선택

(3) 사례자료의 정상화

사정보정	수집된 거래사례에 특수한 사정이 있는 경우 비정상적인 요인을 제거하여 부동산의 가격을 정상화하는 작업
시점수정	거래사례자료의 거래시점과 부동산 감정평가의 시점의 시간적 불일치하여 거래사례가격을 감정평가시점의 수준으로 정상화하는 작업
기 타	지역적 요인 및 개별적 요인에 따른 물적 유사성을 비교하는 작업

★★★
063 다음 자료를 이용하여 감정평가 대상 부동산의 비준가격을 구하면?(단, 다른 조건은 사례부동산과 동일하다)

- 대상 토지는 면적이 900㎡이며, 사례 토지보다 개별요인이 10% 우세하다.
- 사례 토지는 면적이 1,000㎡이며, 가격시점 1년 전 2억원에 거래되었다.
- 연간 지가상승률은 5%이다.

① 171,818,181원
② 198,000,000원
③ 207,900,000원
④ 256,666,666원

 해설 비준가격 = 사례가격×시점수정×개별요인보정×면적비

$$= 200,000,000 \times 1.05 \times \frac{110}{100} \times \frac{900}{1,000} = 207,900,000$$

★★★
064 부동산 감정평가의 비용접근법(원가방식)의 내용으로 틀린 것은?

① 가격 평가 시점에서 대상 부동산의 재조달 원가에 감가수정을 하여 대상 부동산이 지닌 부동산의 가격을 산정하는 방법이다.

② 재조달 원가는 현존하는 부동산을 부동산 감정평가 시점에 재생산 또는 재취득하는 것을 가정하고 그에 소요되는 적정원가를 말한다.

③ 복성가격 = 토지가치(= 재조달원가 + 감가수정액) + 건물가치

④ 감가수정은 내용연수를 표준으로 한 정액법, 정률법 중 대상 부동산에 적정한 방법에 따라 이루어진다.

정답 061 ① 062 ④ 063 ③ 064 ③

해설 복성가격 = 토지가치 + 건물가치(= 재조달원가 − 감가수정액)

🏛 필수핵심정리 비용접근법(원가방식)

(1) 복성가격 = 토지가치 + 건물가치(=재조달원가 − 감가수정액)
※ 토지가치 → 미매사례 비교에 의한 토지가격 도출. 잔여법 등 적용
(2) 재조달원가 : 가격시점 현재 대상부동산과 동일한 효용을 갖는 부동산을 새로 공급하는데 소요되는 원가로서, 직접법과 간접법이 있다.
• 직접법 → 대상 부동산으로부터 직접 재조달 원가를 구하는 방법
• 간접법 → 대상 부동산과 유사한 부동산의 부분별 또는 전체의 직접공사비를 구하고 여기에 간접공사비, 적정 이윤, 부대비용 등을 계산하여 재조달 원가를 구하는 방법
(3) 감가의 요인과 감가상각수정의 방법
• 감가의 요인 : 건설 · 취득일부터 시간의 경과 · 사용 등으로 인하여 부동산의 경제적 가치 및 효용이 감소되는 요인 → 물리적 요인, 기능적 요인, 경제적 요인 및 법률적 요인으로 구분
• 감가수정의 방법 → 내용연수를 표준으로 한 정액법 또는 정률법 중 적당한 방법에 따라 적용
• 정액법 → 감가형태가 매년 일정액씩 감가된다는 가정하에서 부동산 감가총액(= 재조달원가 − 잔존가격)을 단순히 경제적 내용연수로 나누어서 매년의 상각액으로 하는 방법
• 매년 감가액 = (재조달원가 − 잔존가격)/경제적 내용연수
• 감가누계액 = 매년 감가액 × 경과연수
• 적산가격 = 재조달 원가 − 감가누계액
• 정률법 → 대상 부동산의 가치가 매년 일정한 비율로 감가된다는 가정하에서 매년 말 부동산의 잔존가격(= 재조달원가 − 감가상각누계액)에 일정한 상각률을 곱하여 매년 상각액을 산출하는 방법

★★★
065 준공 후 10년이 경과한 건평 400㎡의 주택이 있다. 가격시점 현재 ㎡당 재조달 원가는 100만원, 잔존 경제적 내용연수는 40년이며, 내용연수가 만료할 때 잔존가치율은 0%이다. 정액법에 의한 복성가격은?

① 2억 8천만원   ② 3억 2천만원
③ 3억 6천만원   ④ 4억원

 해설 • 정액법에 의한 복성가격은 재조달원가에서 감가누계액을 공제하여 구한다.
• 재조달 원가 = 100만원/㎡ × 400㎡ = 4억원
• 복성가격 = 재조달 원가 − ($\frac{\text{제조달원가} − \text{잔존가격}}{\text{전체내용연수}}$ × 경과연수)
      = 4억원 − ($\frac{\text{4억원} − 0}{\text{10년} + \text{40년}}$ × 10년) = 4억원 − (800만원 × 10년) = 3억 2천만원

066 다음 중 경제적 감가요인에 해당하는 것은?

① 일반적 사용으로 인한 마모나 훼손

② 형식의 구식화

③ 인근 환경과의 부적합

④ 도시계획선에 저촉한 건축물

해설 경제적 감가 요인은 감정평가 대상 부동산 자체와는 관련 없이 외부적인 환경의 변화로 인하여 발생하는 가치의 손실을 말하며 인근 환경과의 부적합 등이 이에 해당한다.
①은 물리적 요인이고, ②는 기능적 감가 요인이고, ④는 법률적 감가요인에 해당된다.

🏛 필수핵심정리 ▶ 감가의 요인

구 분	요 인
물리적 요인	일반적인 사용으로 인한 마모나 훼손, 시간 경과에서 오는 손모, 자연적 작용에 의한 노후화, 우발적인 사고로 인한 손상 등
기능적 요인	기능적 효용이 변화함으로써 발생하는 가치의 손실. 건물과 부지의 부적응, 설계의 불량, 형식의 구식화, 설비의 부족 등으로 인한 기능적 진부화 등
경제적 요인	대상 부동산 자체와는 관련 없이 외부적인 환경의 변화로 인하여 발생하는 가치의 손실. 시장에서의 과잉공급, 부동산과 인근 환경과의 부적합, 시장성의 감퇴 등
법률적 요인	소유권 등기 등의 하자, 지역 및 지구제의 위반 등으로 인한 가치손실

067 부동산 감정평가의 수익환원법의 내용으로 거리가 먼 것은?

① 대상 부동산이 장래에 산출할 것으로 기대되는 순수익 또는 미래 현금을 적정한 비율로 환원 또는 할인하여 평가가격을 산정하는 방법이다.

② 수익환원법을 구성하는 중요한 구성요소로는 순수익, 환원이율 및 수익환원방법이 있다.

③ 수익가격 $= \dfrac{순수익}{환원이율} = \dfrac{총수익-총비용}{환원이율}$

④ 환원이율을 구하는 방법에는 직접법, 간접법 및 잔여법이 있다.

해설 환원이율을 구하는 방법에는 시장비교방식, 요소구성법 및 투자결합법 등이 있다.
직접법, 간접법 및 잔여법은 순수익의 산정방법이다.
• 직접법 : 대상 부동산으로부터 직접 산정된 총수익과 이에 필요한 총비용을 파악하여 객관적인 순수익을 구하는 방법
• 간접법 : 대상 부동산의 인근지역이나 유사지역에 소재하는 유사한 부동산의 순수익을 각각 지역요인과 개별요인의 차이를 보정하여 순수익을 구하는 방법
• 잔여법 : 순수익이 복합부동산에서 발생하고 건물에 귀속되는 순수익을 파악할 수 있을 때, 전체 순수익에서 건물에 속하는 순수익을 공제함으로써 토지에 귀속하는 순수익을 구하는 방법

(1) 수익가격 = $\dfrac{순수익}{환원이율}$ = $\dfrac{총수익-총비용}{환원이율}$

(2) 순수익 : 대상부동산을 통하여 일정기간 획득한 총수익에서 그 수익을 발생시키는 소요되는 경비를 공제한 금액 → 가능총소득, 유효총소득, 순영업소득, 세전현금흐름 및 세후현금흐름의 유형

(3) 환원이율의 종류
- 시장비교방식 : 평가대상 부동산과 유사한 형태를 갖는 시장에서 거래된 경쟁적인 부동산의 최근 거래사례에서 전체로서 유사하다고 판단되는 거래사례부터 환원이율을 구하는 방법
- 요소구성법 : 무험이자율을 표준으로 하고 투자대상과 관련하여 당해 부동산을 투자대상으로 할 경우의 위험보상률을 종합적으로 비교하여 환원이율을 구하는 방법
- 투자결합법 : 대출이자율을 충족시키기 위하여 필요한 투자의 예상수익률과 자기자본의 배당률을 유지하기 위한 필요한 투자의 예상수익률을 자금의 구성비율로 가중평균하여 구하는 방법

★★☆
068 다음 감정평가산식의 ( )안에 들어갈 내용으로 옳은 것은?

- 적산임료 = 기초가격 × (㉠) + 필요제경비
- 수익가격 = $\dfrac{순수익}{㉡}$

	㉠	㉡		㉠	㉡
①	기대이율	자본회수율	②	기대이율	환원이율
③	환원이율	기대이율	④	자본회수율	환원이율

해설 적산법의 적산임료는 기초가격에 기대이율을 곱하여 가액에 필요경비를 합한다.
수익환원법에 의한 수익가격은 순수익을 환원이율로 나누어 구한다.

★★★
069 부동산 감정평가의 3방식에 대하여 잘못된 것은?

① 원가방식은 건물, 구축물, 기계장치 등 재생산이 가능한 물건 등의 평가에 널리 이용하나, 토지와 같이 재생산이 불가능한 자산에는 적용할 수 없다.

② 비교방식은 토지평가에 중추적인 역할을 수행하나, 매매가 잘 이루어지지 않는 부동산인 경우에는 평가가 곤란하다.

③ 수익방식은 임대용, 기업용 등의 수익성 부동산의 평가에 유용하나 주거용, 교육용, 공공용 등의 비수익성 부동산에 대하여는 적용이 곤란하다.

④ 3방식 중 매우 논리적이고 이론적인 방법은 비교방식이다.

해설 장래의 미래현금흐름의 현재가치를 구하는 수익방식이 매우 논리적이고 이론적인 방법이다.

···TOPIC 9 부동산의 투자가치 분석

★★★
070 부동산투자의 의의에 관한 내용이다. (   )안에 들어갈 내용을 순서대로 옳은 것은?

> • 부동산의 가치는 부동산 투자로 인하여 발생할 기대현금흐름을 적절한 할인율로 할인한
>   현재가치를 말한다.
> • 여기서 할인율을 시장수익률로 할인한 현재가치를 (   )가치라 하고, 요구수익
>   률로 할인한 현재가치를 (   )가치라 한다.

① 시장, 투자   ② 투자, 시장
③ 미래, 과세   ④ 보험, 희소

해설 할인율을 시장수익률로 할인한 현재가치를 (시장)가치라 하고, 요구수익률로 할인한 현재가치를 (투자)가치라 한다.

★★★
071 부동산 자산운용 업계에서 주로 활용하는 수익률을 묶은 것은?

> A. 내부수익률   B. Cash on Cash 수익률
> C. 총자본수익률   D. 자기자본수익률

① A, B, C   ② A, B
③ B, C, D   ④ C, D

해설 부동산 자산운용 업계에서 주로 활용하는 수익률은 A. 내부수익률과 B. Cash on Cash 수익률이다.
• 내부수익률 → 투자대상 부동산의 현금흐름의 순현재가가치(NPV)가 영(0)이 될 때의 할인율로서 기대수익률이
  라고도 하며, 화폐의 시간적 가치를 고려한 것
• Cash on Cash 수익률 → 해당 기의 순현금흐름을 자기자본으로 나눈 것으로, 화폐의 시간적 가치를 고려하지 않
  은 것

★★★
072 부동산개발사업에 대하여 잘못된 설명은?

① 토지, 건물 등의 부동산을 개발, 건설한 후 분양 및 임대 등의 방법으로 수익을 창출하는 사업이다.

② 부동산개발사업의 주요 성공요인은 입지조건, 개발시기, 상품이다.

③ 개발대상 건축물의 용도에 따라 주거용, 오피스텔, 주상복합아파트, 오피스 상가, 산업시설 등으로, 수익창출 형태에 따라 분양사업, 임대사업 등으로 구분할 수 있다.

④ 분양사업은 초기에 많은 투자자금이 필요하나, 임대사업은 사업시행자의 초기 투자금액이 적게 필요하다.

> **해설** 분양사업은 특정 사업을 제외하고는 공사 완료 이전에 미리 분양을 할 수 있어서 사업시행자의 초기 투자금액이 적게 필요하다. 그러나 임대사업은 임대보증금의 운용수익 및 임대료가 주 수익원이고 이는 공사완료 후에 발생하기 때문에 초기에 많은 투자자금이 필요하여 분양사업에 비하여 현금회수기간이 길어진다.

🏛 필수핵심정리 ▷ 부동산개발사업의 개요

(1) 부동산개발사업의 의의
- 토지, 건물 등의 부동산을 개발, 건설한 후 분양 및 임대 등의 방법으로 수익을 창출하는 사업
- 부동산개발사업의 주요 성공요인 → 입지조건, 개발시기, 상품

(2) 부동산개발사업의 종류
- 개발대상 건축물의 용도에 따라 → 주거용, 오피스텔, 주상복합아파트, 오피스 상가, 산업시설 등 → 사업시행자의 초기 투자금액이 적게 필요
- 수익창출 형태에 따라 → 분양사업, 임대사업 → 초기에 많은 투자금액 필요

★★★
073 부동산개발사업의 사업타당성 평가 절차에 관련하여 잘못된 것은?

① 사업성 평가는 미래에 예상되는 경제적 가정을 전제로 관련된 모든 요소와 이들의 상호관계를 고려하여 특정사업에 대한 성공가능성을 분석하는 일련의 과정이다.

② 자기자본 출자자는 주로 사업에서 발생하는 현금흐름의 안전성을 근거로 하여 사업에 제공할 여신위험을 검토하여 사업추진 여부를 결정한다.

③ 사업의 타당성 분석은 시장타당성 분석, 입지타당성 분석, 재무타당성 분석을 포함한다.

④ 사업의 타당성 분석은 조사단계, 분석단계, 종합의견 단계의 순서로 평가를 진행한다.

> **해설** 사업성 평가의 목적은 자기자본 출자자 및 타인자본 출자자의 입장에 따라 다르며, 자기자본 출자자는 주로 사업의 경제성을 근거로 사업 추진 여부를 결정하며, 타인자본 출자자는 주로 사업에서 발생하는 현금흐름의 안전성을 근거로 하여 사업에 제공할 여신위험을 검토하여 사업 추진 여부를 결정한다.

★★★
074 다음 중 프로젝트 파이낸싱(Project Financing : PF)의 특징이 아닌 것은?

① 기존의 기업금융에 비해서 자금공급규모가 크다.

② 다양한 주체의 참여가 가능하고 또한 참여한 주체별로 위험배분이 가능하다.

③ 유동화전문회사는 소극적인 프로젝트 회사의 성격을 가지나, PFV는 프로젝트 회사의 성격을 가진다.

④ 실질사업자는 부외금융의 성격을 가지나, 소구금융 또는 무제한적 소구금융의 성격도 가진다.

해설 프로젝트 파이낸싱은 비소구금융 또는 제한적 소구금융의 특징을 가진다. 즉, 시행사인 프로젝트 시행법인이 차주의 지위를 갖게 되며, 당해 프로젝트 시행법인에 출자하여 실질적으로 프로젝트를 영위하는 실질사업자는 프로젝트 파이낸싱으로 인해 발생하는 제반 의무를 부담하지 아니하거나 또는 일정한 범위 내에서 제한적으로 의무를 부담한다.

> 🏛 **필수핵심정리** ▷ 프로젝트 파이낸싱의 개념
>
> 프로젝트로부터 발생할 미래의 현금흐름만을 담보로 하여 별도로 설립된 프로젝트 회사에 자금을 공급하는 기법
> • 유동화전문회사는 소극적인 프로젝트 회사의 성격을 가짐
> • PFV는 프로젝트 회사의 성격을 가짐

★★★
075 대출채권형 PF(PF Loan형)와 매출채권형 PF의 설명으로 가장 거리가 먼 것은?

① PF Loan형은 건설업체가 유동화하나, 매출채권형 PF은 은행 · 증권회사 등 대출기관이 유동화한다.

② 대출기관의 PF Loan형은 은행이나 증권회사 등 대출기관이 개발 대출금을 보유한 자산보유자로서 유동화한다.

③ 매출채권형 PF은 건설업체인 시공사로서 시행사에 대한 공사대금채권 또는 시행사로서 수분양자에 대해 갖는 분양매출채권을 자산보유자로서 유동화한다.

④ 대출기관의 PF Loan형 ABS와 건설업체의 매출채권형 ABS 중 가장 각광받는 형태는 PF Loan형 ABS였다.

해설 PF Loan형은 은행이나 증권회사 등 대출기관이 개발 대출금을 보유한 자산보유자로서 이를 유동화하여 만들어 내고, 매출채권형 PF은 건설업체인 시공사로서 시행사에 대한 공사대금채권 또는 시행사로서 수분양자에 대해 갖는 분양매출채권을 자산보유자로서 유동화한다.

정답 072 ④ 073 ② 074 ④ 075 ①

대출채권형 PF(PF Loan형)	매출채권형 PF
• 은행 등 대출기관 • 중견 · 중소기업이 신규로 발행할 회사채 · CP 를 증권회사 등이 먼저 인수하여 유동화전문회사 (SPC)에 매각한 후 SPC가 이를 기초로 CBO*를 발 행하여 자금을 조달하는 금융기법	• 건설업체 • 시공사인 건설회사가 시행사에 대한 도급계약에 의해 공사대금채권인 매출채권을 자산보유자 요건 인 BBB등급 이상 우량건설업체의 분양매출채권을 신탁하여 수익권증서를 유동화하는 금융기법

* CBO(Collateralized Bond Obligations) : 채권을 기초자산으로 하여 발행되는 자산담보부증권(ABS)

★★★
076 자산담보부기업어음(ABCP)의 내용으로 옳지 않은 것은?

① 자산담보부기업어음(ABCP)은 유동화전문회사(SPC)가 매출채권이나 리스채권, 회사 채, 부동산 등 기업의 자산(자산보유자)을 담보로 발행하는 기업어음(CP)을 말한다.

② 자산유동화법상의 ABCP 발행의 자산보유자 요건은 금융기관, 공공법인 및 BBB등급의 기업에 대해서만 인정한다.

③ 상법에 따른 ABCP 발행주체를 설립할 때는 유한회사와 주식회사의 선택이 가능하나, 자본시장법상의 유가증권인 ABCP를 발행하려면 주식회사를 설립해야 한다.

④ 주식회사로서 공모회사채를 발행한 법인은 자산유동화법을 적용받지 않는 상법상의 ABCP를 발행할 수 없다.

해설 주식회사로서 공모회사채를 발행한 법인은 자산유동화법을 적용받지 않는 상법상의 ABCP를 발행할 수 있다.

🏛 **필수핵심정리** ▶ 자산담보부기업어음(Asset Backed Commercial Paper : ABCP)

유동화전문회사(SPC)가 매출채권이나 리스채권, 회사채, 부동산 등 기업의 자산(자산보유자)을 담보로 발행하는 기업어음(CP)

• 상법에 따른 ABCP 발행주체를 설립할 때는 유한회사와 주식회사 선택 가능. 다만, 발행주체가 종합금융회사에 관한 법률에 근거하여 ABCP를 발행한다면 상법상의 유한회사의 설립도 무방하나, 자본시장법상의 유가증권인 ABCP를 발행하려면 주식회사를 설립해야 하나, 이러한 주식회사와 유한회사는 조세특례제한법상의 특례를 이 용받을 수 없기 때문에 신규 설립보다는 결손법인을 인수하여 사용하는 경우가 많음
• 자산유동화법상의 ABCP 발행의 자산보유자 요건 → 금융기관, 공공법인 및 BBB등급의 기업에 대해 인정 → 일정한 요건을 갖추고 금융감독원의 등록절차를 따라야만 받을 수 있음
• 주식회사로서 공모회사채를 발행한 법인 → 자산유동화법을 적용받지 않는 상법상의 ABCP 발행 가능

★★★
077 프로젝트금융투자회사(PFV)에 대하여 잘못된 설명은?

① 프로젝트금융투자회사(PFV)는 다수 사업자들이 공동으로 진행하는 PF 사업을 참여자들의 신용과 분리하기 위해 별도 설립하는 한시적 명목회사이다.

② PFV는 설립자본금이 100억원 이상이고, 금융기관의 참여 지분이 10% 이상이어야 한다.

③ PFV가 배당가능이익의 90% 이상을 배당하는 경우 그 금액을 소득금액에서 공제하고, PFV가 취득하는 부동산에 대해서는 취득세의 50% 감면의 세제상 혜택을 준다.

④ 유동화전문회사는 자산을 소유하면서 소극적으로 자금을 조달하는 기능을 수행한다.

> **해설** PFV는 설립자본금이 50억원 이상이고, 금융기관의 참여 지분이 5% 이상이어야 한다.

🏛 필수핵심정리 ▷ 프로젝트금융투자회사(Project Financing Vehicle : PFV)

- 다수의 사업자들이 공동으로 시행하는 PF 사업을 참여자들의 신용도와 분리하기 위하여 별도로 한시적으로 설립된 명목회사
- 설립자본금 50억원 이상 & 금융기관 5% 이상 지분 출자 & 자산관리회사와 자금관리회사를 별도로 위탁
- 배당가능이익의 90% 이상 배당 시 그 금액을 사업연도의 소득금액에서 공제 & PFV가 취득하는 부동산에 대해 취득세의 50% 감면 등의 세제상 혜택 부여

★★★
078 Cash flow에 대한 내부 안정장치에 대하여 거리가 먼 것은?

① 시행사를 별도법인으로 신규설립하여 정관, 대출약정에서 신규 사업추진, 담보제공, 출자, 합병을 금지한다.

② 차주 대표이사의 연대보증, 차주 주식에 대한 질권 설정, 차주의 백지약속어음 등을 징구한다.

③ 책임준공 약정 시 도급계약에서 공사비 지급을 기성고에 연동시켜 지급하게 하여 미분양위험을 시행사에게 분담시킨다.

④ 수분양자가 납입한 대금은 분양수입금관리계좌에서 개발사업 운영계좌로 이체되며, 동자금은 대주와 시공사의 승인에 의해서만 출금된다.

> **해설** 책임준공 약정에서 시공사는 공사비 수령 여부를 불문하고 책임준공시킬 의무를 부담하게 되므로, 도급계약에서 공사비 지급을 기성고 연동이 아닌 분양률에 연동시켜 공사비 지출을 줄이고 미분양위험을 시공사에게 분담시킨다.
> ※ 기성고 : 공사의 진척도에 따른 공정을 산출해 현재까지 시공된 부분만큼의 소요자금

정답 076 ④ 077 ② 078 ③

★★★
079 부동산투자회사에 대한 내용으로 틀린 것은?

① 자산을 부동산에 투자하여 운용하는 것을 주된 목적으로 설립된 회사를 말한다.

② 부동산투자회사의 종류는 자기관리부동산투자회사, 위탁관리부동산투자회사 및 기업구조조정부동산투자회사 3가지가 있다.

③ 상법상 주식회사로 하여 특별히 정한 경우를 제외하고는 상법의 적용을 받는다.

④ 부동산투자회사는 그 상호에 "부동산투자회사"라는 명칭을 사용하여야 하며, 개발전문부동산투자회사로 설립하는 경우에도 그러하다.

> **해설** 부동산투자회사는 그 상호에 "부동산투자회사"라는 명칭을 사용하여야 한다. 다만 부동산투자회사를 개발전문부동산투자회사로 설립하는 경우에는 그 상호에 "개발전문부동산투자회사"라는 명칭을 사용하여야 한다.

🏛 필수핵심정리 ▷ 부동산투자회사의 개요

- 정의 : 부동산투자회사법상 자산을 부동산에 투자하여 운용하는 것을 주된 목적으로 설립된 회사
- 법인격 : 상법상 주식회사 & "부동산투자회사"라는 명칭 사용. 단, 개발전문부동산투자회사로 설립 시 → "개발전문부동산투자회사"명칭 사용

★★★
080 부동산투자회사법의 부동산투자회사(REITs)의 종류에 해당하지 않는 것은?

① 자기관리 부동산투자회사 ② 위탁관리 부동산투자회사
③ 대출전문 부동산투자회사 ④ 기업구조조정 부동산투자회사

🏛 필수핵심정리 ▷ 부동산투자회사종류

자기관리 부동산투자회사	• 자산운용전문인력을 포함한 임직원 상근 & 자산의 투자·운용을 직접 수행 • 부동산투자회사법이 제정되는 시점에 최초로 허용된 부동산투자회사
위탁관리 부동산투자회사	자산의 투자·운용을 자산전문관리회사에 위탁하는 부동산투자회사
기업구조조정 부동산투자회사	법령에서 정하는 기업구조조정부동산을 투자대상 & 자산의 투자·운용을 자산관리회사에 위탁하는 부동산투자회사

※ 개발전문부동산투자회사 : 총자산의 전부를 부동산개발사업(토지를 택지나 공장용지 등으로 개발하거나 또는 그 토지 위에 건축물·그 밖의 공작물 등을 신축 또는 재축하는 사업)에 투자하는 부동산투자회사

★★★
081 부동산투자회사(REITs)의 설립에 대하여 잘못된 설명은?

① 부동산투자회사는 발기설립은 물론 모집설립과 현물출자에 의한 설립을 할 수 있다.

② 부동산투자회사가 자산의 투자·운용업무를 하려는 때에는 부동산투자회사의 종류별로 국토교통부장관의 영업인가를 받아야 하며, 영업인가를 받은 사항을 변경하려는 경우에도 같다.

③ 위탁관리부동산투자회사 및 기업구조조정부동산투자회사는 본점 외의 지점을 설치할 수 없으며, 직원을 고용하거나 상근 임원을 둘 수 없다.

④ 부동산투자회사는 영업인가를 받은 날부터 1년 6개월 이내에 발행하는 주식총수의 30% 이상을 일반의 청약에 제공하여야 한다.

해설 부동산투자회사는 발기설립의 방법으로 하여야 하며, 모집설립과 현물출자에 의한 설립을 할 수 없다.

🏛 필수핵심정리 〉 부동산투자회사의 설립

구 분	자기관리 부동산투자회사	위탁관리 부동산투자회사	기업구조조정 부동산투자회사
설립방법	• 발기설립 & 현물출자 ×& 발기인 정관 작성 및 전원 기명날인·서명 • 위탁관리·기업구조조정회사 → 본점 외 지점설치 ×, 직원의 고용 및 상근임원 ×		
설립 시 자본금	10억원 이상	5억원 이상	5억원 이상
설립후 자본금	70억원 이상	50억원 이상	50억원 이상
	최저자본금준비기간 : 영업인가를 받은 날부터 6개월 이내		
영업인가	• 자산의 투자·운용업무를 하려는 때 → 부동산투자회사의 종류별로 국토교통부장관의 영업인가 & 변경시 동일 • 영업인가 전에는 제3자배정방식의 신주 발행 불가		
주식발행 및 상장	• 영업인가일부터 1년 6개월 이내 발행주식총수의 30% 이상 → 일반의 청약에 제공 • 최저자본금준비기간 끝난 후 주주1인과 그 특수관계인 → 자기관리 부동산투자회사 30%, 위탁관리 부동산회사 40% 초과 소유 금지. 단, 국민연금공단 등 대통령령이 정하는 주주에 대하여는 예외 • 자본시장법에 따른 상장규정의 상장요건을 충족한 경우에는 지체없이 증권시장에 주식을 상장하여 그 주식이 증권시장에서 거래되도록 하여야 함		

정답 079 ④   080 ③   081 ①

★★★
082 부동산투자회사(REITs)의 자본금에 관한 내용으로 틀린 것은?

① 자기관리 부동산투자회사의 설립 자본금은 10억원 이상이다.

② 위탁관리 부동산투자회사 및 기업구조조정 부동산투자회사의 설립 자본금은 5억원 이상이다.

③ 최저자본금준비기간이 지난 자기관리 부동산투자회사의 자본금은 100억원 이상이 되어야 한다.

④ 최저자본금준비기간이 지난 위탁관리 부동산투자회사 및 기업구조조정 부동산투자회사의 자본금은 50억원 이상이 되어야 한다.

해설 최저자본금준비기간이 지난 자기관리 부동산투자회사의 자본금은 70억원 이상이 되어야 한다.

★★★
083 부동산투자회사의 자산운용 및 규제에 대하여 가장 잘못된 것은?

① 부동산투자회사는 부동산을 취득하거나 처분할 때에는 '실사보고서'를 작성하여 법령이 정하는 내용이 포함되어야 한다.

② 개발전문 부동산투자회사는 증권시장에 그 주식을 상장한 후에만 부동산개발사업에 30%까지 투자할 수 있다.

③ 부동산투자회사는 건축물이나 그 밖의 공작물이 없는 토지는 해당 토지에 부동산개발사업을 시행한 후가 아니면 원칙적으로 그 토지를 처분하여서는 아니 된다.

④ 부동산투자회사는 최저자본금준비기간이 끝난 후에는 매 분기말 현재 총자산의 80% 이상을 부동산, 부동산관련증권 및 현금으로 구성하여야 하며, 이 중 총자산의 70% 이상은 부동산이어야 한다.

해설 부동산투자회사는 증권시장에 그 주식을 상장한 후에만 부동산개발사업에 투자할 수 있다. 이 경우 부동산투자회사는 총자산의 30%를 초과하여 부동산개발사업에 투자하여서는 아니 되나, 개발전문 부동산투자회사는 70% 이상을 부동산개발사업에 투자할 수 있다.

★★★
084 부동산투자회사의 자산 처분의 제한에 대한 설명으로 옳은 것은?

① 국내에 있는 주택을 제외한 부동산 : 2년

② 국내에 있는 주택 : 2년. 단, 미분양주택은 3년

③ 부동산개발사업으로 조성하거나 설치한 토지·건축물 등의 분양 : 1년

④ 국외에 있는 부동산 : 정관에서 정하는 기간

> **해설** 부동산투자회사는 부동산을 취득한 후 법정 기간 이내에는 부동산을 처분하여서는 아니 된다.
> ① 국내에 있는 주택을 제외한 부동산 : 1년
> ② 국내에 있는 주택 : 3년. 단, 미분양주택은 정관에서 정하는 기간
> ③ 부동산개발사업으로 조성하거나 설치한 토지·건축물 등을 분양하는 경우에는 제한없이 부동산을 처분할 수 없다.

🏛 필수핵심정리 ▶ **부동산투자회사의 자산운용의 처분제한 및 규제**

처분제한	• 국내 주택 : 3년. 단, 미분양주택 취득 시 → 정관에서 정하는 기간 • 주택 외 국내 부동산 : 1년 • 국외 부동산 : 정관에서 정하는 기간 • 부동산개발사업으로 조성 또는 설치한 토지·건축물 등의 분양 & 부동산투자회사의 합병·해산·분할 또는 분할합병되는 경우 → 처분제한 ×
규제	• 건축물 그 밖의 공작물이 없는 토지 → 해당 토지에 부동산개발사업 시행 후가 아니면 원칙적으로 토지 처분 불가 • 부동산의 취득 또는 처분 시 → '실사보고서' 작성 • 최저자본금준비기간(영업인가일~6개월) 경과 후→ 매 분기말 현재 총자산의 80% 이상을 부동산(70% 이상), 부동산관련증권 및 현금으로 구성 • 부동산투자회사 → 그 주식을 증권시장에 상장한 후에만 부동산개발사업에 투자 가능. 단, 총자산의 30% 초과 투자 불가하나, 개발전문 부동산투자회사는 70% 이상 투자 가능

SUMMARY

대안투자운용 및 투자전략은 총 5문제가 출제된다. 위에서 언급한 내용 구성별로 골고루 출제가 이루어지는데, 특히, 대안투자상품, PEF, 헤지펀드는 다른 부분보다 더 중요하다. 그리고 Credit Structure는 내용이 복잡하고 어려운 부분이기 때문에, 시간을 효율적으로 활용하고자 하는 분들은 내용을 모두 완벽히 이해하기보다는 상품의 개념을 이해하는 것에 집중하는 것도 좋은 방법이다.

PART **02**

투자운용 및 전략 II 및 투자분석

CONTENTS

내용 구성 및 주요 출제내용 분석

주요 내용	중요도	주요 출제 내용
대안투자상품	★★★	• 대안투자상품과 전통투자상품의 구분 • 대안투자상품의 특징
부동산투자	★	• 부동산개발금융의 특징 • 시행사, 시공사, 대주단, 에스크로 계좌
PEF	★★★	• 투자대상에 따른 PEF의 분류 • PEF에서 본인–대리인 문제를 해결하는 방법 • PEF의 무한책임사원에 대한 특례 규정 • PEF의 인수대상 기업
헤지펀드	★★★	• 헤지펀드의 특성 • Long/Short Equiity 전략 • 전환증권차익거래 시 유리한 전환사채 • Yield Curve Arbitrage 전략 – Flattener, Steepener, Butterfly
특별자산펀드	★★	• 실물자산투자의 특징 • 상품지수의 종류 : RJ–CRB, S&P GSCI, DJ–AIGCI, RICI 등
Credit Structure	★★	• 신용파생상품 종류별 개념 : CDS, TRS, CLN, 합성 CDO 등 • 신용파생지수 : itraxx, CDX

출제경향 분석 및 학습요령

대안투자운용 및 투자전략은 총 5문제가 출제된다. 위에서 언급한 내용 구성별로 골고루 출제가 이루어지는데, 특히, 대안투자상품, PEF, 헤지펀드는 다른 부분보다 더 중요하다. 그리고 Credit Structure는 내용이 복잡하고 어려운 부분이기 때문에, 시간을 효율적으로 활용하고자 하는 분들은 내용을 모두 완벽히 이해하기보다는 상품의 개념을 이해하는 것에 집중하는 것도 좋은 방법이다.

···TOPIC 1 대안투자상품의 개요

★★★
001 다음 투자대상 중 대안투자로 분류되기 어려운 것은?

① 원자재
② MMF(Money Market Fund)
③ 헤지펀드
④ 신용파생상품

해설 MMF는 단기금융펀드로서 주로 환금성이 좋은 단기금융상품이나 국채 등 안전자산에 투자하여 수익을 내는 펀드 상품이다. 따라서 MMF는 전통투자에 가깝다.

🏛 필수핵심정리 　투자대상 자산군에 따른 투자상품 분류

구 분		주요 내용	
전통적 투자		주식, 채권, 뮤추얼펀드, 단기자금시장(MMF, CD, RP, CP 등)	
대안투자	부동산	Equity	공모(REITs), 사모
		Debt	공모(CMBS), 사모
	Private Equity	Leverage Buyout, Venture Capital, Growth Capital, Angel Investing, Mezzanine Capital	
	헤지펀드	Relative Value, Event Driven, Long/Short Equity, Global Macro	
	인프라 (사회간접시설)	Economic	운송, 전기, 기타
		Social	교육, 보건, 주택, 대중운송
	Commodity	원자재, 금, 농축산물 등	

··· T O P I C **2** 대안투자상품의 특징

★★★
002 다음은 전통적인 투자상품과 비교하여 대안투자상품의 일반적인 특징을 설명한 것이다. 옳지 않은 것은?

① 운용자의 스킬이 중요시되고 보수율이 높은 수준이다.
② 과거 성과자료의 이용이 제한적이다.
③ 전통적인 투자상품과 높은 상관관계를 갖고 있다.
④ 투명한 공개시장에서 매일매일 거래되는 자산이 아니므로 거래의 빈도는 낮고, 수익측 정은 개별자산의 가치평가에 의존한다.

해설 대안투자상품은 전통적인 투자상품과 낮은 상관관계를 가지고 있다. 따라서 전통적 자산과 대안투자상품을 섞어서 포트폴리오를 구성하면 더 효율적인 포트폴리오를 구성할 수 있다. 효율적인 포트폴리오란 동일한 위험수준에서 기대수익률을 높이거나, 동일한 기대수익률 수준에서 위험을 낮추는 포트폴리오를 구성하는 것을 말한다.

정답 001 ② 　 002 ③

① 전통적인 투자상품과 낮은 상관관계를 가짐 → 효율적 포트폴리오 구성이 가능
② 주로 장외시장에서 거래되므로 환금성이 낮음 → 최근에 환금성이 높아지고 있음
③ 환매금지기간이 있고, 투자기간이 김
④ 차입, 공매도의 사용(레버리지 전략) 및 파생상품을 활용함 → 위험관리가 중요
⑤ 규제가 많고 투자자들은 주로 기관투자가나 거액자산가들로 구성 → 최근 일반투자자들의 참여도 많아짐
⑥ 자산이나 거래전략이 새로운 것이어서 과거 성과자료의 이용이 제한적
⑦ 운용자의 스킬이 중요시되어 보수율이 높고, 성공보수가 징구되는 경우가 많음

★★★
003 다음 중 전통적 투자와 대안투자에 대한 설명으로 옳지 않은 것은?

① 대안투자는 차입 및 공매도를 사용하고 파생상품이 활용된다.
② 대안투자는 유동성이 낮고, 좀 더 긴 환매금지기간 및 투자기간이 필요하다.
③ 전통적 투자의 수익요소가 자산배분이라면, 대안투자는 운용자의 운용능력이나 위험관리가 수익의 중요한 요소이다.
④ 전통적 투자의 위험요소가 유동성위험과 운용역위험이라면, 대안투자는 시장위험과 신용위험이 중요한 위험요소이다.

> 해설 전통적 투자의 위험요소가 시장위험과 신용위험이라면 대안투자는 유동성위험과 운용역위험이 중요한 위험요소이다.

···**TOPIC 3** 부동산금융과 부동산투자의 평가

★★★
004 다음 중 부동산금융에 대한 설명으로 옳지 않은 것은?

① ABS는 보유하고 있는 자산을 담보로 증권화 하는 것이다.
② MBS는 주택자금으로부터 발생하는 채권과 채권의 변제를 위해 담보로 확보하는 저당권을 기초자산으로 하여 발행하는 증권이다.
③ REITs는 다수의 투자자로부터 모은 자금을 부동산 및 관련 사업에 투자한 후 투자자에게 배당을 통해 이익을 분배하는 부동산투자회사이다.
④ ABS는 MBS의 일종이며 차이점은 주택저당채권을 전문적으로 유동화 하는 기관으로 유동화중개기관이 있다는 점이다.

> 해설 MBS(Mortgage Backed Securities, 주택저당증권)는 ABS(Asset Backed Securities, 자산담보부증권)의 일종이며, ABS와의 차이점은 MBS는 주택저당채권(Mortgage)을 전문적으로 유동화 하는 기관으로 유동화중개기관(유동화전문회사, SPC)이 있다는 점이다.

구 분	주요 내용
ABS 자산담보부증권	보유하고 있는 자산을 담보로 증권화 하는 것
MBS 주택저당증권	주택자금으로부터 발생하는 채권과 채권의 변제를 위해 담보로 확보하는 저당권을 기초자산으로 하여 발행하는 증권
REITs 부동산투자회사	• 다수의 투자자로부터 모은 자금을 부동산 및 관련 사업에 투자한 후 투자자에게 배당을 통해 이익을 분배하는 회사 • REITs의 지분은 증권시장에 상장됨으로써 유동성이 확보되고 일반투자자들도 소액의 자금으로 부동산 투자가 가능

···TOPIC 4 부동산투자 투자분석

★★★
005 부동산 투자성과를 측정하는 방법 중, 현금흐름예측에 의해 투자성과를 측정하는 방법이 아닌 것은?

① 순현재가치(NPV) 　　　　② 수익성지수
③ 수익환원률 　　　　　　　④ 내부수익률

해설 수익환원률(Cap Rate)은 비율을 사용한 투자성과 측정방법으로, 초년도 NOI(Net Operation Income)를 매도(호가) 가격으로 나눈 비율이다.

🏛 **필수**핵심정리 ⟩ 부동산투자의 수익률 평가

구 분	주요 내용
비율을 사용한 투자성과 측정	• 단위면적당 가격 • 수익환원율 = NOI / 매도가격 • Equity 배당률 = 초년도 세전 현금흐름 / (매입가격–차입금) • 부채부담능력 비율 = NOI / 차입상환액
현금흐름 예측에 의한 투자성과 측정	• 순현재가치(NPV) : 미래현금흐름으로부터 계산 • 수익성지수 = NPV / 최초 Equity 투자액 • 내부수익률(IRR) : 미래현금흐름의 현가를 최초 현금투입과 일치시키는 할인율 • 조정된 내부수익률 : 현금유입액을 재투자하는 것을 가정하여 구한 내부수익률

★★★
006 건물의 매입가액이 100억원, 차입금이 60억원, 초년도 세전 현금흐름이 6억원이라면, Equity 배당률은?

① 4%　　　　　② 6%　　　　　③ 10%　　　　　④ 15%

> **해설** Equity 배당률은 초년도 세전 현금흐름을 최초 Equity 투자액(= 매입가격−차입금)으로 나눈 비율이다. 따라서 Equity 배당률은 [6억 ÷ (100억−60억)]이므로 15%가 된다.

···TOPIC **5** 부동산 개발금융

★★★
007 부동산개발금융, 즉 프로젝트 금융에 관한 설명으로 옳지 않은 것은?

① 프로젝트 금융(PF, Project Financing)이란 사업자와 법적으로 독립된 프로젝트로부터 발생하는 미래 현금흐름을 상환재원으로 현금을 조달하는 금융기법을 말한다.
② 프로젝트 금융에서는 차주의 담보나 신용에 근거하여 대출을 실행한다.
③ 프로젝트 금융에서는 프로젝트의 출자자나 차주에 대하여 상환청구권을 가지지 않는다.
④ 프로젝트 금융은 대부분 장기의 만기구조를 가진다.

> **해설** 모기업(차주)의 담보 혹은 신용에 근거하여 대출을 실행하는 기존의 기업금융과는 달리, 프로젝트 금융(PF)에서는 사업에서 발생하는 미래현금흐름을 분석하고 평가하여 이를 담보로 대출 혹은 투자를 시행하게 된다. 따라서 원리금회수의 대부분을 프로젝트 관련 자산 및 미래현금흐름에 의존하게 된다.

🏛 필수핵심정리 ▷　**부동산 개발금융의 특징**

① 사업자와 법적으로 독립된 프로젝트로부터 발생하는 미래 현금흐름을 상환재원으로 현금을 조달하는 금융기법
② 기업금융과는 달리 차주의 담보나 신용에 근거하지 않고, 사업에서 발생하는 미래현금흐름을 담보로 대출
③ 프로젝트의 출자자나 차주에 대하여 상환청구권을 가지지 않음
④ 만기가 장기, 계약서가 많고 복잡하여 전문가 필요

★★★
008 부동산 개발금융의 기본구조에 관한 설명으로 옳지 않은 것은?

① 시행사는 사업을 진행하는 주체로서 토지를 매입하고 사업전반에 대한 위험을 부담한다.

② 시공사는 부동산 개발사업에서 부동산을 건축하는 역할을 담당하며, 시행사가 사업을 위해 받은 대출금에 대해 필요 시 일정부분 보증을 하게 된다.

③ 에스크로 계좌(escrow account)는 분양수입금 관리계좌로서 부동산 개발사업의 참여자 과반수의 동의가 있을 경우에만 자금이 인출되는 계좌이다.

④ 대주단 혹은 부동산펀드는 부동산개발금융에서 자금 공급을 담당한다.

해설 에스크로 계좌(escrow account)는 분양수입금 관리계좌로서 부동산 개발사업의 참여자 전원의 동의가 있을 경우에만 자금이 인출되는 계좌이다.

시행사	• 사업의 주체로서 토지를 매입함 • 자본금이 작고 신용등급이 낮은 중소업체 • 사업전반에 대한 위험을 부담하며 고수익을 추구
시공사	부동산 건축담당, 시행사에 대한 보증
대주단 혹은 부동산펀드	부동산개발금융에서 자금 공급을 담당
에스크로 계좌 (escrow account)	• 분양수입금 관리계좌 : 개발사업 참여자 전원의 동의가 있을 경우 자금 인출가능 • 출금순서 : 제세공과금 → 필수경비 → 대출원리금 → 공사비 → 사업이익

★★★
009 부동산 개발사업의 진행 프로세스가 순서대로 바르게 표시된 것은?

① 토지매입 → 사업 인허가 → 분양/착공 → 준공/입주

② 사업 인허가 → 토지매입 → 분양/착공 → 준공/입주

③ 사업 인허가 → 분양/착공 → 토지매입 → 준공/입주

④ 토지매입 → 분양/착공 → 사업 인허가 → 준공/입주

해설 부동산 개발사업의 진행 프로세스는 토지매입 → 사업 인허가 → 분양/착공 → 준공/입주 순서로 진행된다. 참고로, 부동산 개발금융의 투자 프로세스는 투자대상 후보수집(deal sourcing) → 투자대상 선정(screening) → 사후관리 업무(asset Management), 그리고 각 단계별 위험관리가 필요하다.

···T O P I C 6 PEF(Private Equity Fund)의 개념

★★★
010 다음은 무엇에 관한 설명인가?

> • 미공개 주식에 투자를 한 뒤 기업가치를 높인 다음에 기업공개 또는 협상 등의 방식으로 매각하여 차익을 남기는 펀드
> • 자본시장법상 경영참여형 사모펀드로 분류

① Hedge Fund ② REITs
③ PEF ④ 실물펀드

해설 PEF(Private Equity Fund)는 비상장된 기업에 투자한 후 주식공개(IPO, Initial Public Offering) 등을 통해 투자금액을 회수하거나, 구조조정 등을 통해 기업가치를 높인 후 매각하는 방법 등으로 수익을 극대화하여 그 수익을 투자자에게 분배하는 펀드로서 자본시장법에서는 경영참여형 사모펀드로 규정하고 있다. 참고로 Hedge Fund는 전문투자형 사모펀드이다.

 필수핵심정리 > **투자대상에 따른 PEF의 분류**

구 분		주요 내용
Buyout Fund (인수합병이 목적)	Turnaround	부실한 기업을 회생시키기 위한 투자(구조조정 펀드)
	LBO, MBO	제3자 또는 현 임직원들이(MBO) 회사인수를 위한 투자로서 Leverage를 이용
	Replacement Capital	기존 주주로부터 구주를 대량 매입하는 형식
Venture Capital	Seed Capital	회사설립 전에 연구, 개발 등에 투자
	Start–up and Early Stage	회사설립 초기 단계의 벤처기업에 투자
	Mezzanine	IPO 전 단계에 있는 벤처기업의 CB 등에 투자
기타	Distressed Fund	부실채권 및 담보 부동산에 저가로 투자하여 수익을 내는 펀드(Vulture Fund)
	Fund of funds, Real Estate Fund	다른 사모펀드에 투자하거나(Fund of funds) 부동산에 투자(Real Estate Fund)

★★★
011 PEF의 투자유형 중 기업인수·합병을 전문으로 하는 Buyout fund에 해당되지 않는 것은?

① Fund of funds ② Turnaround
③ LBO, MBO ④ Replacement Capital

해설 Fund of funds는 다른 사모펀드에 투자하는 펀드를 말하며, 나머지 셋은 모두 Buyout Fund에 해당한다.

★★★
012 PEF의 투자유형 중, 현 임직원들이 회사인수를 위한 투자로서 Leverage(차입)를 이용하는 것은?

① Fund of funds
② Turnaround
③ MBO
④ Replacement Capital

 해설 MBO(Management BuyOut)는 회사내에 근무하고 있는 경영진이 중심이 되어 회사 또는 사업부를 인수하는 것을 말한다. 대부분의 기업 인수가 외부의 제3자에 의해 이루어지는 것에 반해 MBO는 회사 내부의 임직원에 의해 이루어지는 점이 특징이다. 이에 따라 MBO는 기존 임직원이 신설회사의 주요 주주이면서 동시에 경영인으로 참여하게 된다. 이때 인수도 업무를 경영진 및 대주주 어느 한 쪽에서 주도하게 되는데, 어느 편이 주도하든지 협상에 의해 계약이 체결된다. 외국에서는 인수자금을 마련하기 위해 경영자들이 투자은행으로부터 자금을 빌리는 것(Leverage)이 일반적이다.

★★★
013 PEF의 투자유형 중, IPO 전 단계에 있는 벤처기업의 전환사채(CB)나 후순위채 등을 인수하는 투자유형은?

① Venture Capital
② Buyout Fund
③ Distressed Fund
④ Mezzanine

해설 Mezzanine은 Venture Capital의 일종으로 IPO 전 단계에 있는 벤처기업의 전환사채(CB) 등에 대해 투자하는 유형이다.

★★★
014 PEF의 투자유형 중, 부실 채권 및 담보 부동산에 저가로 투자하여 수익을 내는 펀드는?

① Turnaround
② Distressed Fund
③ Mezzanine
④ LBO

해설 Distressed Fund는 부실한 채권 및 담보 부동산에 저가로 투자하여 수익을 내는 펀드로서 일명 Vulture Fund라고 한다.

정답 010 ③   011 ①   012 ③   013 ④   014 ②

★★★
015 다음 중 PEF에 관한 설명으로 옳지 않은 것은?

① PEF는 일반적으로 주식회사 형태로 운용된다.
② PEF는 무한책임사원(GP)과 유한책임사원(LP) 간 파트너십 계약을 통해 형성된다.
③ 무한책임사원(GP)은 펀드를 설립하고 투자와 운영을 책임지는 사원을 말한다.
④ 유한책임사원(LP)은 PEF에 투자한 금액의 범위 안에서만 책임을 진다.

> **해설** PEF는 일반적으로 limited partnership(합자회사 형태)으로 운용된다. 미국의 경우 limited partnership 형태는 기업 인수 시장의 약 85%를 점유하고 있으며, 나머지 15%는 콘소시엄 형태인 것으로 알려져 있다.

🏛 **필수**핵심정리 ▶ 일반적인 PEF의 구조

PEF(Private Equity Fund) : 합자회사(Limited Partnership)	
GP(General Partner, 무한책임사원)	LP(Limited Partner, 유한책임사원)
• 투자액을 초과하는 책임부담 • 펀드 설립, 투자 및 운용 책임 • 명성 중시 • 자산운용사 등 각종 금융기관	• 투자액에 대해서만 책임 • 투자자 출자내역 비공개 • 소수의 고액 개인투자자 및 기관투자자

★★★
016 다음 중 PEF 구조에서 본인-대리인 문제를 효과적으로 해결하는 방법과 거리가 먼 것은?

① 무한책임사원(GP)도 PEF에 직접 투자하도록 하고 목표 초과달성 시에는 확실한 인센티브를 부여한다.
② 법률적으로 무한책임사원의 행위준칙을 정하여 등록하도록 하였다.
③ Partnership agreement에 무한책임사원의 자기거래 금지 및 무효조항과 유한책임사원(LP)의 감독권 등 여러 제한사항을 두고 있다.
④ PEF가 사업초기에 투자성과가 좋아 무한책임사원에게 성과보수를 지급한 경우, 사업후기에 손실이 발생하더라도 기분배한 성과보수를 회수할 수 없도록 했다.

> **해설** 무효조항(ClawBack)은 무한책임사원(LP)의 도덕적 해이를 통제하는 보조적 수단으로 활용되는 것으로서, PEF가 사업초기에 투자한 성과가 좋아 무한책임사원에게 성과보수를 지급한 경우에도 사업후기에 투자한 사업으로부터 손실이 발생하는 경우에는 무한책임사원에게 기분배한 성과보수를 회수할 수 있도록 하는 조항을 말한다.

본인(주인) – 대리인 문제	
• 본인(주인) : 특정임무를 수행할 대리인을 고용하는 고용인 • 대리인 : 주어진 임무를 수행함으로써 보수를 받는 피고용인	
개념	주인(Principal)의 입장에서 볼 때 대리인(Agent)이 바람직스럽지 못한 행동을 하는 현상
발생원인	대리인이 본인의 이익을 위해 노력할 유인이 존재하지 않기 때문 → 대리인에게 일정한(고정된) 보수를 지급하는 방법은 도덕적 해이를 일으킬 수 있음
해결방안	유인설계 (당근전략)	대리인이 주인의 이익을 극대화하도록 행동하는 것이 대리인 자신에게 유리하도록 보수체계를 설계하는 것 → 스톡옵션 부여, 성과급 지급 등
	감시제도 (채찍전략)	경영을 잘못할 경우 시장의 M&A 위협이나 경영자에 대한 교체 압력, 징계 등

★★★
017 유한책임사원(LP)이 PEF에 투자하는 자금 외에 PEF와 동등한 자격으로 투자대상기업에 추가로 투자하는 것을 무엇이라 하는가?

① Capital Commitment
② Reinvestment
③ Coinvestment
④ Key Man Clause

 Coinvestment(공동투자)에 관한 설명이다.

Capital Commitment (출자약속)	유한책임사원(LP)이 투자하고자 하는 금액에 대해 약속하는 것
Capital Call (출자요청)	유한책임사원의 자금납입은 실제 투자대상기업이 나타난 후 무한책임사원(GP)이 출자요청을 하는 경우 이루어짐
Reinvestment (재투자)	PEF는 장기로 운용하고 분산투자하는 특성상 투자자금이 일부 회수되는 경우 그 자금을 다시 투자할 것인지의 문제가 생기는데 일반적으로 PEF는 재투자를 하지 않음
Coinvestment (공동투자)	LP가 PEF에 투자하는 자금 외에 PEF와 동등한 자격으로 투자대상 기업에 추가로 투자하는 것
Key Man Clause (핵심인력조항)	특정수로 임명된 핵심인력은 계약에 명시된 기간 내에 회사를 그만둘 수 없음

···TOPIC 8 PEF의 설립 및 운용

★★★
018 PEF의 설립요건에 관한 설명이다. 옳지 않은 것은?

① PEF는 신문·방송 등을 통한 광고 등 불특정 다수를 대상으로 한 사원모집을 금지하고 49인 이하의 사원으로부터 자금을 모집하여야 한다.

② PEF의 사원은 1인 이상의 무한책임사원과 1인 이상의 유한책임사원으로 구성된다.

③ 정관의 필수 기재사항인 회사(PEF)의 존립기간은 15년 이내로 한다.

④ 무한책임사원 및 유한책임사원도 등기·등록의 대상으로 규정하고 있다.

> **해설** PEF의 등기·등록사항에서 유한책임사원의 내역을 제외하고 있는데, 이는 펀드 출자자의 내역을 비공개하고 있는 자본시장법의 원칙을 PEF에도 동일하게 적용하는 것이다. 반면, 업무집행을 수행하는 무한책임사원은 PEF의 실질적인 운용자로서 대외적인 책임을 지게 되므로 등기·등록의 대상으로 규정하고 있다.

🏛 필수핵심정리 ▷ PEF 설립요건

- PEF는 신문·방송 등을 통한 광고 등 불특정 다수를 대상으로 한 사원모집을 금지하고, 49인 이하의 사원으로부터 자금을 모집하여야 함
- 정관의 기재사항 중 일부(목적, 상호, 회사의 소재지, 회사의 존립기간, 해산 사유의 내용, GP의 성명·주민등록번호·주소)는 등기사항으로 정함
- 설립등기일로부터 2주 이내에 금융위에 등록(보고)
- GP(업무집행 수행)만 등기·등록 대상
- PEF 지분의 양도 : GP는 정관에 정한 경우에 한하여 사원 전원의 동의로, LP는 GP의 동의를 조건으로 양도 가능

★★★
019 PEF의 무한책임사원(GP)에 대하여는 상법상 합자회사 규정에 대한 몇 가지 특례를 규정하고 있다. 다음 중 이에 해당하는 경우와 거리가 먼 것은?

① 무한책임사원은 노무 혹은 신용출자가 가능하다.

② 일반회사도 PEF의 무한책임사원이 될 수 있다.

③ 무한책임사원의 경업금지의무가 배제된다.

④ 무한책임사원은 다른 사원의 동의 없이 임의로 퇴사할 수 없다.

> **해설** PEF에서 무한책임사원(GP)은 노무 혹은 신용출자를 할 수 없도록 하고, 반드시 금전 또는 시장성 있는 유가증권을 출자하도록 하였다. 이는 PEF의 투자자로서의 자격을 부여받기 위해서는 현금 또는 이와 유사한 금전적 출자가 있어야 하기 때문이다. 또한 PEF의 운용자인 무한책임사원이 출자할 경우 일반적인 펀드 운용자에게서 발생할 수 있는 대리인 문제도 극복할 수 있기 때문이다.

★★★
020 PEF의 재산운용에 관한 다음 설명에서 빈칸 ㉠~㉢에 맞는 것을 순서대로 옳게 나타낸 것은?

> PEF의 재산운용은 다음 세 가지 방법을 이용하여 투자하는 금액이 1년 내에 (㉠)이상이어야 한다.
> • 첫째, 다른 회사 지분의 (㉡) 이상 투자
> • 둘째, 다른 회사 지분의 (㉢) 미만인 경우 임원원 선임 등 사실상의 지배력 행사가 가능하도록 하는 투자
> • 셋째, 사회간접자본시설에 대한 투자

① ㉠ 50%, ㉡ 10%, ㉢ 10%
② ㉠ 50%, ㉡ 5%, ㉢ 5%
③ ㉠ 50%, ㉡ 20%, ㉢ 20%
④ ㉠ 30%, ㉡ 15%, ㉢ 15%

해설 10% 이상의 지분투자를 경영권 참여투자로 인정한 것은 외국인투자촉진법상의 외국인투자 개념 등에서 특정기업의 10% 이상을 소유하는 투자를 기업의 경영에 참여한다고 보고 있는 점을 감안한 것이다. 그리고 PEF는 단독으로 투자하는 방식 이외에도 다른 PEF와 공동으로 투자할 수 있도록 허용하고 있다.

★★★
021 PEF의 재산운용 방법에 관한 설명으로 옳은 것은? 심화

① 기업경영권 참여를 목적으로 전환사채, 신주인수권부사채 등의 채권에 투자할 수 없다.
② 투자대상기업에 대한 투자에 따른 위험을 헤지하기 위하여 필요한 장내·장외 파생상품 투자가 허용된다.
③ 주주 또는 사원이 PEF로 구성되는 주식회사형 또는 유한회사형의 투자목적회사를 설립하여 투자할 수 없다.
④ PEF에 여유자금이 발생하는 경우에는 금융기관 예치와 PEF 재산의 10% 범위 내에서 포트폴리오 투자를 할 수 있다.

해설 ① PEF는 전환사채, 신주인수권부사채 등과 같이 주식으로 전환이 가능한 채권투자를 할 수 있다.
③ 투자목적회사를 설립하여 투자할 수 있다.
④ 여유자금이 발생하는 경우에는 금융기관 예치와 PEF 재산의 5% 범위 내에서 포트폴리오 투자를 할 수 있다.

★★★
022 다음은 PEF의 자산운용 제한에 관한 설명이다. 빈칸 ㉠, ㉡에 맞는 말을 바르게 나타낸 것은?

> PEF는 금융위 등록 후 1년 이내에 (㉠)% 이상의 재산을 경영권 참여의 목적으로 투자하도록 하고, 기업주식 등의 취득으로 경영권 참여가 이루어지는 투자를 한 경우 최소 (㉡)개월 이상 투자대상기업이 발행한 주식 또는 지분을 보유하도록 규정하고 있다.

① ㉠ 60, ㉡ 6 　　　　　　　　　② ㉠ 10, ㉡ 3
③ ㉠ 50, ㉡ 12 　　　　　　　　 ④ ㉠ 60, ㉡ 3

 해설 PEF는 금융위 등록 후 1년 이내에 60% 이상의 재산을 경영권 참여의 목적으로 투자하도록 하고, 기업주식 등의 취득으로 경영권 참여가 이루어지는 투자를 한 경우 최소 6개월 이상 투자대상기업이 발행한 주식 또는 지분을 보유하도록 규정하고 있다.

PEF의 자산운용 제한
• 금융위 등록후 1년 내에 60% 이상의 재산을 경영권참여 목적으로 투자하고, 최소 6월 이상 보유
• 주식(또는 지분)의 최초 취득일로부터 6월 이내에 경영권 참여목적을 달성하지 못하는 경우 1개월 내 매각
• PEF는 일시적인 자금부족 등의 경우에 한하여, PEF 재산의 10% 범위 내에서 자금차입 또는 채무보증 가능
• 대기업 계열회사인 PEF는 다른 회사를 계열회사로 편입한 때에는 5년 내에 지분을 매각해야 함
• PEF는 은행 또는 은행지주회사 주식 총수의 4% 이상을 취득하는 때에는 GP와 LP의 내역을 함께 금융위에 보고하여야 함
• PEF는 경영권참여 수준의 투자가 이루어진 경우 지주회사 규정의 적용을 10년간 유예

★★★
023 PEF의 업무집행사원과 관련된 규정의 내용으로 옳지 않은 것은?

① 업무집행사원은 1인 또는 수인으로 구성할 수 있다.
② 유한책임사원도 업무집행사원이 될 수 있다.
③ 상법상 회사도 PEF의 업무집행사원이 될 수 있다.
④ 업무집행사원은 PEF의 운용과 관련된 본질적 업무에 대하여는 위탁할 수 없다.

해설 PEF의 운영자 역할을 하는 업무집행사원은 무한책임사원 중에서 선정되도록 하였다.

업무집행사원의 금지사항
• PEF와 거래하는 행위
• 원금 또는 일정한 이익의 보장을 약속하는 등의 방법으로 사원이 될 것을 부당하게 권유하는 행위
• 사원 전원의 동의가 없이 사원의 일부 또는 제3자의 이익을 위하여 PEF의 보유자산내역을 사원이 아닌 자에게 제공하는 행위
• PEF의 운용과 관련된 본질적 업무에 대하여는 위탁할 수 없음. 즉 PEF 사원이 아닌 자가 PEF를 운용하지 못함

★★★
024 PEF에서 인수대상 기업으로 선정하기에 적절하지 않은 기업은?

① 부실기업

② 안정된 성장과 수익의 창출이 기대되는 기업

③ 경기변동의 영향에 민감한 기업

④ 지배구조 변경을 통해 기업가치 상승이 기대되는 기업

 해설 PEF는 투자회수까지 장기간(7~8년)이 소요되는 점을 고려하여 경기변동에 영향을 덜 받는 기업을 PEF의 투자대상으로 선정한다.

PEF의 인수대상기업 선정
PEF는 현금흐름이 풍부하고 자산의 내재가치가 시장가치보다 상대적으로 높은 기업을 인수대상기업으로 선정하려고 함 • 경기변동에 영향을 덜 받는 기업 • 안정된 성장과 수익의 창출이 기대되는 기업 • 부실기업 • 구조조정을 통해 기업가치 상승이 기대되는 기업 • 지배구조 변경을 통해 기업가치 상승이 기대되는 기업 • 기업 구조조정 과정에서 매물로 나온 부동산을 PEF가 대량으로 매입

🏛 필수핵심정리 〉 PEF 투자 프로세스

① 인수대상기업 선정 → ② 구조화(structuring) → ③ 사원모집 및 PEF 설립 → ④ 자금조달 → ⑤ 기업실사 및 인수대상기업 인수 → ⑥ 기업가치 제고 → ⑦ 투자회수(exit)

★★★
025 Private Equity 투자는 크게 세 가지로 구조화(structuring)할 수 있는데, 바르게 연결된 것은?

> ㉮ Outright Buyout   ㉯ Joint Venture   ㉰ Joint Acquisition

> ㉠ 원보유자가 기업 혹은 사업부를 특수목적회사(SPV)를 통해서 매각하는 방식
> ㉡ 원보유자가 기업 혹은 사업부를 매각하고 지분투자를 함으로써 매각한 기업에서 발생하는 이익의 일부를 향유할 수 있는 방식
> ㉢ 원보유자가 전략적 투자자를 이용하여 기업 혹은 사업부를 매각하는 방식

① ㉮ – ㉠, ㉯ – ㉡, ㉰ – ㉢   ② ㉮ – ㉡, ㉯ – ㉠, ㉰ – ㉢
③ ㉮ – ㉠, ㉯ – ㉢, ㉰ – ㉡   ④ ㉮ – ㉢, ㉯ – ㉡, ㉰ – ㉠

해설   Private Equity 투자는 크게 outright buyout, joint venture와 joint acquisition 형태의 세 가지로 구조화(structuring)할 수 있다. 구조화 단계가 마무리되면 PEF 운용회사는 상업은행 등 일반투자자와 partnership 계약을 통해 PEF를 조성하고, PEF는 자회사로 특수목적회사(SPV)를 설립하게 된다.

★★★
026 PEF가 설립한 특수목적회사(SPV, Special Purpose Vehicle)에서 자금을 조달하는 방법에 관한 설명으로 옳지 않은 것은? 심화

① 선순위 채권을 통해 조달하는 방법으로 인수대상기업의 자산 등을 담보로 은행, 보험회사 등 금융기관으로부터 차입한다.
② 후순위 채권으로 고수익채권 또는 전환사채, 신주인수권부사채 등을 발행하며 일반적으로 junk bond의 성격을 가진다.
③ 추가 자본출자를 하는 방법으로서, SPV는 부족한 인수자금의 충당을 위해 추가적으로 보통주, 우선주 등을 발행하여 매수자금을 충당한다.
④ 후순위 채권에 의한 자금조달이 총외부조달자금의 50~60% 정도를 차지할 정도로 비중이 가장 높다.

해설   특수목적회사(SPV)의 차입자본 등 추가자금 조달방법은 크게 3가지가 있다. 선순위 채권을 통해 조달하는 것이 총외부조달자금의 50~60% 정도를 차지하고, 후순위 채권에 의한 자금조달은 30~35% 정도, 추가 자본출자에 의한 조달은 10~15%를 차지한다.

★★★
027 원래는 기업의 자본 및 부채구조를 변경하는 것을 의미하지만, PEF에서는 PEF가 차입조달자금으로 유상감자 혹은 배당을 통해 투자자금을 회수하는 것을 무엇이라 하는가?

① Trade sale

② IPO(Initial Public Offering, 기업공개)

③ Secondary Fund

④ Recapitalization

해설 Recapitalization(유상감자 및 배당)에 관한 설명이다. 참고로 Secondary Fund는 PEF의 보유 지분을 다른 PEF에 매각하기 위해 조성되는 펀드를 말한다.

Private Equity 투자 회수(Exit) 방법	
매각(Sale)	• 일반 기업에 매각(Trade sale, 직접매각) : 주식시장에서의 시장가격보다 높게 평가 받음 • 다른 PEF에 매각 : 정상적인 매각보다 할인됨
상장(IPO)	Trade sale보다는 후순위 전략
Recapitalization (유상감자 및 배당)	• PEF가 차입조달자금으로 유상감자나 배당을 통해 투자자금을 회수하는 것 • 해당기업의 수명단축 및 장기성장성 저해 등의 부작용 초래
PEF 자체 상장	대규모 차입이 어려운 경우에 유리

★★★
028 향후 IPO 전까지 추가적으로 30%를 증자하고, 다시 35%의 추가적인 증자를 계획하고 있는 기업에 현재 10%의 지분을 보유하고 있는 투자자의 유지비율(retention rate)은 얼마인가?

① 4.1%   ② 4.8%   ③ 5.7%   ④ 6.9%

해설 예를 들어, 현재 발행주식수가 1,000주인 기업의 지분을 10% 보유하면 보유주식수는 100주이다. 이 기업이 30%를 증자하면 발행주식수는 1,300주(= 1,000주 × 1.3)가 되고, 여기서 다시 35%의 추가 증자를 하면 총 발행주식수는 1,755주(= 1,300주 × 1.35)가 된다. 따라서 100주를 보유하고 있는 투자자는 약 5.7%(= 100주/1,755주)의 지분을 보유하게 되는데, 이를 유지비율이라고 한다. 유지비율은 다음과 같은 계산식으로 간단히 구할 수 있다.
10% ÷ (1+0.30) ÷ (1+0.35) ≒ 5.7%

···TOPIC 10 헤지펀드(Hedge Fund)의 개요

★★★
029 다음은 무엇에 관한 설명인가?

> • 제한된 숫자의 투자자들로부터 사모방식으로 투자자금을 모집하며, 펀드매니저의 실적을 내세워 이익에 대하여 높은 인센티브를 부과하고 고수익을 추구하는 사모펀드
> • 투자회사로 등록되지 않고 공모의 형태로 판매되지 않는 증권이나 기타 자산을 포함하는 실체

① Hedge fund　　　　　　　　② PEF
③ Fund of funds　　　　　　　④ Venture capital

해설 헤지펀드는 법적으로 명확히 정의를 내리기 곤란한 측면을 가지고 있으나, 제한된 숫자의 투자자들로부터 사모방식으로 투자자금을 모집하며, 펀드매니저의 실적을 내세워 이익에 대하여 높은 인센티브 수수료를 부과하고 고수익을 추구하는 사모펀드라고 할 수 있다. SEC(미국증권관리위원회)에서는 1940년 투자회사법에서 투자회사로 등록되지 않고 공모의 형태로 판매되지 않는 증권이나 기타 자산을 포함하는 실체로 헤지펀드를 정의한다.

> **🏛 필수핵심정리** ▶ 국제증권감독기구(IOSCO)가 기준으로 삼는 헤지펀드의 요소
>
> • 통상적인 집합투자기구에 부과되는 차입 규제를 받지 않아 높은 수준의 차입을 활용할 수 있다.
> • 운용보수 및 성과보수를 부과한다.
> • 분기, 반기 또는 연별로 정기적인 펀드의 매각이 인정된다.
> • 헤지펀드 운용자 자신이 고액의 자기 자금을 투자할 수 있다.
> • 투기적 목적으로 파생상품을 활용할 뿐만 아니라 공매도 가능하다.
> • 다양한 리스크 또는 복잡한 구조의 상품에 투자하는 요소를 지닌다.

★★★
030 헤지펀드의 주요 특징에 대한 설명으로 옳지 않은 것은?

① 헤지펀드는 적극적으로 운용되는 사모펀드이다.
② 헤지펀드는 저위험·고수익을 위해 공매도, 레버리지, 파생상품 등 다양한 투자수단을 활용한다.
③ 규제가 적은 반면 투명성은 낮으며, 설정과 환매가 비교적 자유롭지 못하다.
④ 헤지펀드는 벤치마크수익률을 추구한다.

해설 헤지펀드는 절대수익률을 추구하기 때문에 벤치마크가 무위험이자율이다.

헤지펀드의 주요 특징
• 적극적으로 운용되는 사모펀드
• 저위험·고수익을 위해 공매도, 레버리지, 파생상품 등 다양한 투자수단을 활용(제한 없는 투자 유니버스)
• 높은 성과보수 부과
• 절대수익률 추구(벤치마크가 무위험이자율)
• 고수익보다 자본 보존과 꾸준한 수익률 추구
• 규제가 적은 반면 투명성은 낮음
• 설정과 환매가 비교적 자유롭지 못함
• 제한된 수의 적격투자자(주로 기관)에게 허용
• 합자회사 형태가 많음

★★★
031 헤지펀드의 운용전략에 관한 설명으로 옳지 않은 것은?

① 차익거래 전략은 시장 전체의 움직임에 대한 노출을 회피함으로써 시장변동성에 중립화하는 투자전략이다.

② 스프레드거래 전략은 기업의 합병, 사업개편 청산 및 파산 등 기업상황에 영향이 큰 사건을 예측하고 이에 따라 발생하는 가격변동을 이용하여 수익을 창출하는 방법이다.

③ 방향성 전략은 증권이나 시장의 방향성에 따라서 매매기회를 포착하는 기법이다.

④ Fund of Hedge Funds 전략은 자금을 여러 개의 헤지펀드에 배분하여 투자하는 방법으로 분산투자효과가 크다는 것이 가장 큰 장점이다.

해설 기업의 합병, 사업개편 청산 및 파산 등 기업상황에 영향이 큰 사건을 예측하고 이에 따라 발생하는 가격변동을 이용하여 수익을 창출하는 방법은 상황의존형 전략이다. 상황의존형 전략은 위험을 적극적으로 취하고, 상황에 따라 공매도와 차입을 사용한다.

헤지펀드의 운용전략 구분	
차익거래 전략	전환증권 차익거래, 채권차익거래, 주식시장중립형(동일한 규모의 Long/Short 전략)
상황의존형 전략	부실채권투자, 위험차익/합병차익거래
방향성 전략	주식의 Long/Short(Long/Short의 배분비율을 달리함), Global Macro, 이머징마켓 헤지펀드, 선물거래 펀드
Fund of Hedge Funds 전략	보통 15~30개의 헤지펀드의 포트폴리오에 투자

★★★
032 헤지펀드의 특성에 대한 설명으로 옳지 않은 것은?

① 헤지펀드는 차입과 공매도를 사용하므로 투자금액을 증가시키지 않고 투자가치를 증대시킬 수 있다.

② 전통적인 펀드 운용자는 운용보수만 부과하는데 비하여 헤지펀드 운용자는 운용보수와 성과보수를 동시에 부과한다.

③ 헤지펀드는 일반적으로 운용기간에 제한이 없고, 보통 분기별로 환매를 허용하고 최초의 매각제한(Lock-Up) 기간에는 환매가 금지된다.

④ 일반적으로 헤지펀드 운용자는 자신이 운용하는 펀드에 개인적으로 자기 자금을 투자할 수 없다.

> **해설** 일반적으로 헤지펀드 운용자는 개인적으로 자신이 운용하는 펀드에 상당한 금액을 투자하기 때문에 투자자와 함께 위험을 공유한다.

★★★
033 다음 중 헤지펀드의 방향성 전략과 거리가 먼 것은?

① 주식의 롱숏(Equity Long/Short)

② 글로벌 매크로(Global Macro)

③ 부실채권투자(Distressed Security Investment)

④ 이머징마켓 헤지펀드(Emerging Market Hedge Fund)

> **해설** 부실채권투자(Distressed Security Investment)는 상황의존형 전략으로 파산신청 중이거나 또는 파산상태에서 회복하거나 단기적 파산 선언이 예상되는 등 재무적으로 어려움을 겪고 있는 기업의 주식이나 채권에 투자하는 것이다.

★★★
034 두 개의 서로 다른 주식을 동시에 매수하고 매도함으로써 이익을 추구하는 헤지펀드 운용전략은?

① Event-Driven

② 합병차익거래(Merger Arbitrage)

③ Long-Short 전략

④ Convertible Arbitrage

> **해설** 주식의 Long-Short 전략은 대표적 차익거래 전략이나 개별주식의 방향성을 기대하며, 롱숏의 배분 비율을 달리함으로써 방향성의 전략으로도 사용된다. Long과 Short의 비중에 따라 Long 편중형, Short 편중형으로 구분된다.

★★★
035 합병, 부도, 구조조정 등 특별한 사건을 활용하여 수익을 추구하는 헤지펀드 운용전략은?

① Long-Short Equity   ② Global Macro

③ Event-Driven   ④ Convertible Arbitrage

 합병차익거래는 발표된 M&A, 공개매수, 자본의 재구성, 분사 등과 관련된 주식을 사고파는 이벤트 투자형 (Event-Driven) 차익거래전략이다.

★★★
036 다음에서 설명하는 헤지펀드의 거래전략을 무엇이라 하는가?

> 금리, 경제정책, 인플레이션 등과 같은 요인을 고려한 전 세계 경제추세를 예측하여 포트 폴리오를 구성하고, 개별 기업의 증권가치보다는 전체 자산가치의 변화로부터 투자수익을 추구하는 전략

① 매도전문펀드

② 글로벌 매크로(Global Macro)

③ 섹터헤지펀드(Sector Hedge Fund)

④ 이머징마켓 헤지펀드(Emerging Market Hedge Fund)

 글로벌 매크로(Global Macro) 전략은 거시경제 분석을 바탕으로 특정 국가나 시장에 제한되지 않고 전세계를 대상 으로 역동적으로 자본을 운용하는 전략으로서, 글로벌 매크로 전략을 쓰는 펀드는 헤지를 하지 않고 경제추세나 특 정한 사건에 양향을 받는 시장방향에 대한 예측을 근거로 시장방향성에 투자를 하게 된다.

★★★
037 다음 중 헤지펀드의 특성으로 옳지 않은 것은?

① 헤지펀드는 사모펀드로서 자산운용에 원칙적으로 제한이 없지만, 펀드 오브 헤지펀드와 같이 공모로 판매되는 경우에는 차입 사용 등 운용전략에 제한이 있는 경우가 있다.

② 펀드운용자는 내부정보 이용의 문제로 펀드에 투자할 수 없다.

③ 수익률 극대화를 위해 차입과 공매도가 허용된다.

④ 헤지펀드 운용자는 흔히 2~20% Rule이라고 부르는 것처럼 초과수익의 20%정도를 성 과보수, 운용자산의 2%를 운용보수로 취득이 가능하다.

해설 일반적으로 헤지펀드 운용자는 개인적으로 펀드에 상당한 금액을 투자하기 때문에 투자자와 함께 위험을 공유한다. 따라서 운용자의 개인적인 투자 때문에 헤지펀드 운용자의 이익이 투자자의 이익과 밀접하게 연결되어 있다. 이는 운용자가 위험을 적절히 통제하면서 수익을 달성할 유인을 제공한다.

헤지펀드의 특성
• 차입 및 공매도의 사용 : 레버리지 • 실적(성과)보수 허용 : 운용보수 + 성과보수   2~20% Rule(운용보수 2%, 성과보수 20%) • 펀드 운용자의 펀드 참여 허용 : 헤지펀드 운용자가 개인적으로 투자 • 정기적 펀드의 환매 인정 : 운용기간 제한 없고, 보통 분기별 환매 허용하나 최초의 매각제한 기간에는 환매금지 • 사모발행 • 원칙적으로 제한 없는 자산운용

···TOPIC 11 Long/Short Equity

★★★
038 Long/Short Equity 전략에 관한 다음 설명 중 옳지 않은 것은?

① 수렴형 롱숏 매매는 비정상적으로 확대된 두 자산 가격의 차이가 정상 수준으로 복귀하는 것을 노리는 전략이다.

② 발산형 롱숏 매매는 두 자산의 가격차이가 일시적 혹은 구조적으로 확대되는 것을 노리는 전략이다.

③ 매매 진입을 판단할 때, 수렴형 롱숏 매매는 주로 기본적(펀더멘털) 분석에 근거하는 경우가 많고, 발산형 롱숏 매매는 계량적(통계적) 정보를 이용하는 경우가 대부분이다.

④ 단위 회전당(매매당) 수익률은 발산형 롱숏 매매가 높지만, 매매 회전율은 수렴형 롱숏 매매가 높다.

해설 매매 진입을 판단할 때, 발산형 롱숏의 경우 두 자산 가격의 차이에 구조적인 변화가 발생하는 것을 탐색해야 하기 때문에 주로 기본적(펀더멘털) 분석에 근거하는 경우가 많다. 반면에 수렴형 롱숏 매매는 과거 자료를 통해 비정상적 차이를 정의하고 계속적으로 두 자산 가격의 차이를 판단하면서 미리 정의한 비정상적 차이를 이탈할 때 매매에 진입해야 하기 때문에 계량적(통계적) 정보를 이용하는 경우가 대부분이다.

🏛 **필수핵심정리** ▶ Long/Short Equity 전략의 개념

시장중립전략	매수와 매도, 레버리지를 함께 사용하는 전략으로 시장의 상승과 하락에 모두 투자하여 시장위험으로부터 중립적인 포지션을 구축하는 것
Long/Short 전략의 관건	주식시장 상승보다 더 높게 상승하는 주식을 매수하고, 주식시장 하락보다 더 많이 하락하는 주식을 매도하는 주식의 선택(사전에 공매도 가능 여부 조사)

★★★
039 다음은 Long/Short Equity 전략의 한 예이다. 최초 Capital이 100이라고 할 경우 빈 칸을 채우시오.

구 분	포트폴리오 A	포트폴리오 B
Long Exposure	150	75
Short Exposure	−100	−25
Net Market Exposure(%)	50	50
Long/Short Ratio	(㉠)	3.0
Gross Exposure	5	(㉡)

① ㉠ 1.5, ㉡ 2.0
② ㉠ 1.5, ㉡ 3.0
③ ㉠ 2.0, ㉡ 2.0
④ ㉠ 2.0, ㉡ 3.0

 해설

Net Market Exposure(%)	= (Long Exposure − Short Exposure) / Capital • 포트폴리오 A = (150 − 100) / 100 = 50% • 포트폴리오 B = (75 − 25) / 100 = 50%
Long/Short Ratio	= Long Exposure / Short Exposure • 포트폴리오 A = (150 / 100) = 1.5 • 포트폴리오 B = (75 / 25) = 3.0
Gross Exposure	= (Long Exposure + Short Exposure) / (Long Exposure − Short Exposure) • 포트폴리오 A = (150 + 100) / (150 − 100) = 5 • 포트폴리오 B = (75 + 25) / (75 − 25) = 2

★★★
040 Long/Short Equity 전략에 관한 설명으로 옳지 않은 것은? 심화

① Long/Short 전략의 관건은 주식시장의 상승보다 더 높게 상승하는 주식을 선택하여 매수하는 것과 주식시장의 하락보다 더 많이 하락하는 주식을 선택하여 매도하는 주식의 선택이다.

② Net Market Exposure는 시장의 위험, 즉 구조적 상승과 하락에 얼마만큼 노출되어 있는지에 대한 정도를 보여주는 지표이다.

③ Long/Short Ratio는 헤지된 정도를 보여주게 된다.

④ 같은 Net Market Exposure를 가진 포트폴리오는 Long/Short Ratio도 동일하다.

 해설 39번 문제에서 포트폴리오 A는 Long Position 150, Short Position 100이므로, 전체 250의 투자에서 주식시장에 노출되어 있는 금액은 50이 되는데 이러한 포트폴리오의 Net Market Exposure는 50%가 된다. 이에 비해 Long/Short Ratio는 Long Position과 Short Position의 균형을 보여주는 지표이다. 39번 문제의 포트폴리오 A는 Long/Short Ratio가 1.5인데, 이것은 Long Position 1.5는 Short Position 1.0으로 헤지되었다는 의미를 가진다. 같은 Net Market Exposure를 가진 포트폴리오라고 하더라도 다른 Long/Short Ratio를 가질 수 있다.

정답 038 ③   039 ①   040 ④

★★★
041 새로운 기술의 상용화에 따라 승자와 패자를 구분하고 승자는 매수, 패자는 매도하는 전략은?

① TMT Long/Short　　　　　　　② Pairs Trading
③ Share Class Arbitrage　　　　 ④ Value Trap

 해설 TMT(Technology-Media-Telecommunication) Long/Short 전략은 새로운 기술의 상용화에 따라 승자와 패자를 구분하고 승자는 매수, 패자는 매도하는 전략이다. Pairs Trading은 동일한 산업에 속하는 두 개의 주식에 대해서 한 주식은 매수, 다른 한 주식은 매도하는 전략이다. Share Class Arbitrage는 한 기업의 자본구조에 대한 차익거래로 부채, 우선주와 일반주 간의 차익거래이다. Value Trap이란 오랜 기간 동안 저평가된 주식이라고 하더라도 주가상승을 위한 촉매가 될 수 있는 사건이 발생하지 않으면 더 긴 저평가 기간을 지낼 수 있게 되는 현상을 말한다.

···TOPIC 12 합병차익거래(Merger Arbitrage)

★★★
042 합병차익거래에 관한 다음 설명 중 옳지 않은 것은?

① 합병차익거래는 기업 합병과 관련하여 일반적으로 기업 인수를 시도하는 기업의 주식을 매수하고 동시에 인수 대상기업의 주식을 매도하는 포지션을 취한다.
② Merger Arbitrage Spread는 합병법인이 발표한 인수가격과 피인수 합병 주식의 가격 간의 차이를 말한다.
③ 수집된 정보로 Merger Arbitrage Spread가 위험보다 크다고 하면 합병차익거래를 수행한다.
④ 합병차익거래는 발표되지 않은 추측정보에 투자하지 않는다.

 해설 합병차익거래는 기업 합병과 관련하여 일반적으로 기업 인수를 시도하는 기업의 주식을 매도하고 동시에 인수 대상기업의 주식을 매수하는 포지션을 취한다. 이는 피인수 기업의 주식이 M&A를 통해 얻게 될 이익에 비해 가격이 낮게 거래되는 성향을 갖고 있기 때문이다. 가격이 낮게 거래되는 이유는 합병이 성사되지 않을 위험을 가지고 있기 때문이다.

🏛 필수핵심정리 ▷ **합병차익거래의 개념 및 종류**

- 합병차익거래는 발표된 M&A, 공개매수, 자본의 재구성, 분사 등과 관련된 주식을 사고파는 이벤트 투자형 (Event Driven) 차익거래전략
- 일반적으로 피인수 합병 기업의 주식을 매수하고, 인수기업의 주식을 매도하는 포지션을 취함
- 합병차익거래는 발표되지 않은 추측정보에는 투자하지 않음

합병 차익거래 종류	Cash Merger	피인수 합병회사의 주식을 사거나, 피인수 합병회사의 주식을 기초자산으로 하는 옵션에 투자하는 전략
	Stock Swap Mergers	피인수 합병회사의 주식을 매수하고, 인수회사의 주식을 매도하는 전략
	Stock Swap Mergers with Collar	교환비율과 확률을 가지고 시나리오 분석을 하는 전략

★★★
043 ㈜악어는 ㈜악어새를 주식교환 방식으로 합병하는 계획을 발표했다. 교환비율은 ㈜악어 주식 0.63주에 ㈜악어새 주식 1주를 바꾸는 것이고, 당시 ㈜악어새의 주가는 10,000원, ㈜악어의 주가는 20,000원이다. 헤지펀드의 운용자인 차고수 씨는 합병차익거래를 수행하기 위해 ㈜악어새 주식 10,000주를 10,000원에 매수하였을 때, 20,000원에 매도해야 하는 ㈜악어의 주식수는?

① 5,000주
② 6,300주
③ 10,000주
④ 12,600주

 합병차익거래에서 Long/Short Ratio는 교환비율에 의해서 결정된다. 따라서 매도해야 하는 ㈜악어의 주식수는 10,000주 × 0.63 = 6,300주이다.

••• TOPIC 13 전환증권차익거래(Convertible Arbitrage)

★★★
044 전환증권차익거래(Convertible Arbitrage)에 관한 다음 설명 중 옳지 않은 것은?

① 전환증권차익거래는 기초자산 주식을 매도하고 전환사채를 매수하며, 이자율변동위험과 신용위험을 헤지하면서 전환사채의 이론가와 시장가격의 괴리에서 수익을 추구하는 전략이다.
② 높은 전환프리미엄을 가진 전환사채가 전환증권차익거래에 매력적이다.
③ 배당이 없거나 낮은 배당률을 갖는 기초자산의 전환사채가 전환증권차익거래에 좋다.
④ 낮은 내재변동성으로 발행된 전환사채가 전환증권차익거래에 유리하다.

 낮은 전환프리미엄(Conversion Premium)을 가진 전환사채가 전환증권차익거래에 매력적이다. 전환프리미엄(or 괴리)은 전환사채의 가격에서 패리티가치(or 전환가치, 전환사채를 주식으로 전환했을 때 주식의 총가치)를 차감한 값이다. 따라서 전환프리미엄이 낮을수록 전환사채의 가격이 싸다는 것을 의미하므로 전환증권차익거래에 매력적이다.

血 필수핵심정리 ▶ 전환증권차익거래에 유리한 전환사채

• 기초자산의 변동성이 크고 Convexity(볼록성)가 큰 전환사채
• 유동성이 높고, 기초주식을 쉽게 빌릴 수 있는 전환사채
• 낮은 전환프리미엄을 가진 전환사채
• 배당이 없거나 낮은 배당률을 갖는 기초자산의 전환사채
• 낮은 내재변동성으로 발행된 전환사채

정답 041 ① 042 ① 043 ② 044 ②

★★★
045 전환증권차익거래에서 전환사채의 가격이 1,000달러, 기초자산의 주식가격은 50달러, 전환가격은 75달러, 전환프리미엄은 50%, 전환사채의 델타를 0.65로 가정하면, 매도해야 하는 주식수는? 심화

① 6.7주 　　　　 ② 8.7주 　　　　 ③ 10.7주 　　　　 ④ 20.7주

해설 매도해야 하는 주식 수 $= \dfrac{\text{CB가격}}{\text{전환가격}} \times \text{전환사채의 델타} = \dfrac{1{,}000}{75} \times 0.65 \fallingdotseq 8.7$

★★★
046 다음에서 설명하는 용어는 무엇인가?

> 2개의 전환증권을 매수하고 한 개의 기초주식을 매도하면 주식가격의 변동에 따라 좌우대칭적인 수익구조를 갖게 되는데, 델타가 50%에 가까운 전환증권

① 델타헤징(Delta hedging)
② 감마 트레이딩(Gamma Trading)
③ Balanced Convertible
④ Credit Arbitrage

해설 델타헤징은 델타의 변동에 따라 계속해서 기초주식 매도비율을 조정해 주는 것을 말한다. 감마 트레이딩은 델타의 변화에 따른 기초주식매매를 통해 추가적인 이익을 얻는 전략이다. Credit Arbitrage는 전환증권 매수에 따르는 이자율변동 위험과 신용위험을 이자율스왑 거래나 CDS(Credit Default Swap) 거래를 통해 헤지하는 것을 말한다.

★★★
047 채권차익거래 중 Yield Curve Arbitrage에 관한 설명으로 옳지 않은 것은?

① Yield Curve Flattener는 수익률곡선의 기울기가 작아질 것이 예상될 때 만기가 짧은 채권을 매도하고 만기가 긴 채권을 매수하는 전략이다.

② Yield Curve Steepener는 수익률곡선의 기울기가 커질 것으로 예상될 때 만기가 짧은 채권은 매수하고 만기가 긴 채권을 매도하는 전략이다.

③ 나비 몸통의 채권을 매수하고 양 날개의 채권을 매도하는 Yield Curve Butterfly는 수익률곡선이 낙타등(Hump) 모양을 하는 경우에 적합하다.

④ 나비 몸통의 채권을 매도하고 양 날개의 채권을 매수하는 Yield Curve Butterfly는 수익률곡선이 우하향하는 모양을 하는 경우에 적합하다.

> **해설** 나비 몸통의 채권을 매도하고 양 날개의 채권을 매수하는 Yield Curve Butterfly는 수익률곡선이 계곡(Trough) 모양을 하는 경우에 적합하다.

🏛 필수핵심정리 ▷ Yield Curve Arbitrage

전략 구분	포지션 구성	
Yield Curve Flattener	단기채 매도 + 장기채 매수 → 변동성에 대한 매수 포지션	
Yield Curve Steepener	단기채 매수 + 장기채 매도 → 변동성에 대한 매도 포지션	
Yield Curve Butterfly	낙타등(Hump) 모양	나비 몸통채권 매수 + 날개채권 매도
	계곡(Trough) 모양	나비 몸통채권 매도 + 날개채권 매수

★★★
048 낮은 금리로 자본을 조달하여 높은 금리에 투자하는 전략을 무엇이라 하는가?

① Swap Spread Trading ② TED Spread

③ Carry Trade ④ Snap Trade

> **해설**
>
> | Swap Spread Trading | • 국채와 스왑거래 간에 발생하는 스프레드를 바탕으로 한 차익거래
• 단기에 자금을 빌려 국채를 매수한 포지션은 스왑 리시브(Receive) 포지션(고정금리를 수취하고 변동금리를 지불하는 포지션)과 동일한 현금흐름을 가지고 있음 |
> |---|---|
> | TED Spread | • 동일 만기의 미국 국공채와 유로달러 금리(LIBOR)의 차이로부터 수익을 취하는 전략
• 미국 국공채를 매수하고 동일한 만기의 유로달러 계약을 매도 |
> | Snap Trade | Issuance Driven Arbitrage(Snap Trade) → off-the-run 채권이 on-the-run 채권에 비해 유동성이 떨어져 할인되어 거래되는 현상을 이용하는 거래(on-the-run 채권은 매수하고, off-the-run 채권은 매도하는 포지션을 통해 스프레드가 감소할 때 이익 발생) |

정답 045 ② 046 ③ 047 ④ 048 ③

★★★
049 채권차익거래에 관한 설명으로 옳지 않은 것은? 심화

① 10년 만기 미국 국고채를 매수하고 10년 만기 독일 국고채를 매도하는 전략은 Inter-Market Spread Trading이다.

② Capital Structure Arbitrage 전략은 동일한 발행인의 두 개의 증권 간 발생하는 불균형과 불일치를 이용하는 전략이다.

③ Long/Short Credit에서 CDS Long Positon은 회사 신용위험 매수(신용위험 보장매도)로 신용 스프레드가 축소되면 이익이 증가하는 포지션이다.

④ Break-even inflation Trades는 물가상승에 대한 시장의 기대를 실현할 수 있는 투자 전략으로, 일반적으로 인플레이션이 예상되면 물가연동채권(TIPS)을 매수하고 동일한 만기의 국공채를 매도하는 전략을 구사한다.

> **해설** Long/Short Credit에서 CDS Long Positon은 회사 신용위험에 대한 매도(신용위험 보장매입)로 신용 스프레드가 넓어지면(부도가능성이 커지는 경우 등) 이익이 증가하는 포지션이다. 반면에 CDS Short Positon은 회사 신용위험 매수(신용위험 보장매도)로 신용 스프레드가 축소되면 이익이 증가한다.

···TOPIC 15 특별자산펀드의 개요

★★★
050 특별자산펀드에서 주로 투자하는 실물자산에 대한 설명으로 잘못된 것은?

① 실물자산의 가치는 글로벌시장의 지역적인 불균형보다는 글로벌시장의 수요와 공급의 불균형에 의존한다.

② 직접 실물자산에 투자하는 실물펀드보다는 실물자산의 가격변동과 연동되는 파생상품에 투자하는 파생상품펀드가 주로 개발되고 있다.

③ 실물자산은 순자산가치로 평가되며, 이자율은 그 가치를 결정하는데 있어 가장 큰 영향을 준다.

④ 실물자산은 주식, 채권과 달리 물가가 오르면 동반 상승하는 인플레이션 헤징효과가 있다.

> **해설** 주식이나 채권과 같은 자본자산은 미래현금흐름의 순현재가치로 평가를 할 수 있다. 즉 기대현금흐름과 할인율은 자본자산의 가치를 측정하는데 있어 주요 요소이다. 그러나 실물자산은 주식이나 채권과 같이 지속적인 수익에 대한 권리는 제공되지 않는다. 따라서 실물자산은 순자산가치로 평가되지 않으며, 이자율은 그 가치를 결정하는데 있어 영향을 적게 준다.

※ 특별자산펀드는 주로 실물자산(Commodity)에 투자한다(실물자산 : 농산물, 축산물, 임산물, 광산물, 에너지 등).

• 실물자산은 인플레이션 헤징효과가 있다.
• 전통적 투자대상에 실물자산펀드를 추가하면 효율적 포트폴리오 구성이 가능하다.
• 실물자산은 순자산가치로 평가되지 않으며, 이자율은 가치를 결정하는데 있어 영향이 적다.
• 세계적으로 실물자산시장은 모두 달러로 표시된다.
• 실물자산의 가치는 지역적인 불균형보다는 글로벌 시장의 수요와 공급의 불균형에 의존한다.
• 실물자산은 주로 공산품의 원자재나 식량으로 사용되며 공급은 제한되어 있다.
• 실물자산 투자는 직접 실물자산에 투자하기 보다는 실물자산과 관련된 선물 등 파생상품에 투자하거나, 실물자산과 관련하여 주로 비즈니스를 하는 기업의 주식에 투자한다.

··· TOPIC 16 특별자산펀드의 운용

★★★
051 특별자산펀드의 투자유형에 관한 다음 설명 중 옳지 않은 것은?

① 투자자들은 경제적 가치를 얻기 위해 기초실물자산을 직접 구입할 수 있지만, 직접적인 소유는 저장시설 등의 문제가 생길 수 있다.
② 자원을 보유한 기업에 대한 투자는 일반적으로 실물자산의 가격 움직임에 대해 높은 베타를 가지고 있다.
③ 실물자산의 가격에 투자하는 가장 쉬운 방법은 실물관련 선물계약에 투자하는 것이다.
④ 실물스왑이나 선도거래는 선물계약과는 달리 장외거래이지만 투자자들에게 맞춤식 상품을 제공해준다.

해설 실물자산에 투자할 수 있는 또 다른 방법은 실물자산의 매매로부터 수익의 상당부분을 창출하는 기업의 증권을 소유하는 방법이 있다. 그러나 기업의 주가는 기업고유의 위험뿐만 아니라 체계적 또는 시장위험에 노출되어 있다. 따라서 기업이 보유하고 있는 자원 자체에 대한 노출은 제한적이기 때문에 이런 투자방법은 효과가 없을 수 있다. 결국 자원을 보유한 기업에 대한 투자는 일반적으로 실물자산의 가격 움직임에 대해 낮은 베타(민감도)를 가지고 있다.

 🏛 필수핵심정리　특별자산펀드의 투자유형

① 실물자산에 대한 직접투자　　　　② 천연자원 기업 투자　　　　③ 실물관련 선물계약
④ 실물스왑이나 선도거래　　　　　　⑤ Commodity Linked Note

★★★
052 실물관련 선물계약에 투자할 때의 장단점을 설명한 것으로 옳지 않은 것은?

① 선물거래는 대부분 기초실물자산의 인도를 필요로 한다.

② 선물거래는 실물자산 투자에 대한 전체 금액을 지급할 필요는 없다.

③ 선물계약의 Rolling(만기이월)은 선물시장의 만기구조에 따라 비용이 발생할 수 있다.

④ 선물 매수포지션을 취했을 경우 가격이 하락하게 되면 지속적인 마진콜(Margin Call)이 발생하게 되어 추가적인 입금 등으로 관리업무가 많아질 수 있다.

> **해설** 선물거래는 대부분 기초실물자산의 인도를 요하지 않는다. 선물거래의 포지션을 청산하기 위해서는 반대매매를 할 수 있다. 따라서 이런 방법으로 투자자들이 실물인도를 걱정하지 않고 실물자산에 투자할 수 있다.

★★★
053 실물관련 선물시장에 대한 설명으로 옳지 않은 것은? `심화`

① 백워데이션(Backwardation)이란 미래 기대현물가격(Expected Future Spot Price)이 현재 선물가격(Current Futures Price)보다 높은 상황을 말한다.

② 상품선물시장 특히 원유시장에서는 대부분의 기간 동안 백워데이션의 모습을 보여주었다.

③ 상품선물지수(Commodity Futures Index)의 총 투자수익(Total Return)은 기초자산의 가격변화(Spot Price change), 담보수익률(Collateral Yield), Roll Yield로 구성된다.

④ Positive(+) Roll Yield는 콘탱고(Contango) 시장에서 발생한다.

> **해설** Roll Yield는 상품선물의 기간구조에서 발생되는 보유기간 수익률을 말하는데, 선물가격 변화분(= 만기 선물가격 – 현재 선물가격)에서 현물가격 변화분(= 만기 현물가격 – 현재 현물가격)을 뺀 값을 나타낸다. 따라서 현재 선물가격은 낮을수록, 현재 현물가격은 높을수록 Roll Yield는 커진다. 그러므로 Positive(+) Roll Yield는 선물가격이 현물가격보다 낮은 백워데이션 시장에서 발생한다. 참고로 콘탱고(Contango) 시장은 백워데이션과 반대로 미래 기대현물가격(Expected Future Spot Price)이 현재 선물가격(Current Futures Price)보다 낮은 상황을 말한다.

상품선물지수를 투자하여 얻을 수 있는 총수익	
Spot Price Change	상품가격의 변화로 발생하는 수익
Collateral Yield	선물지수의 액면금액을 담보하는데 매입한 US T-bill에서 발생한 이자
Roll Yield	• 상품선물의 기간구조에서 발생하는 보유기간 수익률로서, 선물가격의 변화에서 현물가격의 변화의 차이를 말함 • Roll Yield = $(F_T - F_t) - (S_T - S_t)$ = (만기 선물가격 – 현재 선물가격) – (만기 현물가격 – 현재 현물가격) • positive(+) Roll Yield는 백워데이션 시장에서 발생

054 다음 중 상품지수(Commodity Index)에 해당하는 것은?

① RJ/CRB 지수   ② MSCI 지수

③ iTraxx 지수   ④ NIKKEI225 지수

> **해설** MSCI 지수는 글로벌 투자를 할 때 벤치마크로 사용되는 국제 주가지수이며 iTraxx는 유럽기업들을 중심으로 한 신용지수(Credit Index)이고, NIKKEI225 지수는 가격가중방식의 주가지수이다. RJ/CRB 지수는 상품지수(CI, Commodity Index)이다. 이밖에도 상품지수로는 S&P GSCI, DJ−AIGCI, RICI 등이 있다.

···TOPIC 17 Credit Derivatives의 종류와 구조

055 가장 간단하면서도 보편화된 형태의 신용파생상품으로서, 준거자산의 신용위험을 분리하여 보장매도자에게 이전하고 보장매도자는 그 대가로 Premium을 지급받는 금융상품은?

① TRS   ② CLN   ③ CDO   ④ CDS

> **해설**

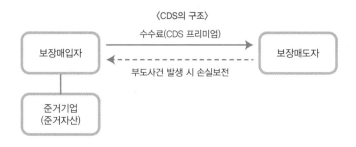

🏛 필수핵심정리 ▶ 신용파생상품 종류별 개념

CDS (Credit Default Swap)	신용부도스왑 : 준거자산의 신용위험을 분리하여 보장매도자에게 이전하고 보장매도자는 그 대가로 프리미엄을 지급받는 신용파생상품으로, 보장 프리미엄과 손실보전금액을 교환하는 계약
TRS(Total Return Swap)	• 총수익스왑 : 신용위험뿐만 아니라 시장위험도 거래 상대방에게 전가시키는 신용파생상품 • 기초자산 보유자는 총수익매도자로서 준거자산의 모든 현금흐름을 총수익매입자에게 지급하고 총수익매입자는 시장 기준금리에 TRS spread를 가산한 금리를 지급하는 계약
신용스프레드 옵션	• 신용스프레드를 일정한 행사가격에 사거나 팔 수 있는 권리를 부여하는 계약 • 콜옵션은 채권의 만기일에서의 신용스프레드가 사전에 명시된 수준(행사 스프레드)을 초과하는 금액을 지급받는 옵션

정답 052 ①   053 ④   054 ①   055 ④

Basket Default Swap	• CDS에서 준거자산이 1개 이상의 Basket 또는 포트폴리오로 구성된 계약 • 보장매입자는 각 자산별로 따로 CDS계약을 하는 것보다 비용이 저렴하고, 보장매도자는 더 높은 보장 프리미엄을 획득할 수 있음 • 예 FTD(First-To-Default) Basket Swap : 여러 준거자산 중 첫 번째 부도만 손실을 보전하는 계약
CLN (Credit Linked Notes)	일반채권에 CDS를 결합한 상품으로, 보장매입자는 준거자산의 신용위험을 CLN 발행자에게 전가하고 CLN 발행자는 이를 다시 채권의 형태로 변형하여 투자자들에게 발행함으로써 위험을 전가하는 방식
합성 CDO	• 부채 포트폴리오로 구성된 준거자산에 의해 현금흐름이 담보되는 여러 개의 트랜치(Tranche)로 구성되는 증권 • 합성 CDO는 CDO의 특수한 형태로 보장매입자가 준거자산을 양도하는 것이 아니라 신용파생상품을 이용하여 자산에 내재된 신용위험을 특수목적회사(SPC)에 이전하는 유동화 방식(장점 : 은행의 외형상 규모유지, 고객과의 관계악화 방지, 아직 대출이 발생하지 않은 신용한도에 대한 신용위험의 전가가 가능)

★★★
056 CDS(Credit Default Swap) 프리미엄에 관한 설명 중 옳지 않은 것은? 심화

① 스왑계약의 만기가 길어질수록 비싸다.
② 보장매도자의 신용등급이 높을수록 싸다.
③ 준거자산의 기대 회수율이 높을수록 싸다.
④ 준거자산의 채무불이행확률이 높을수록 비싸다.

 보장매도자의 신용등급이 높을수록 비싸다. 즉, 보장매도자의 신용등급이 높을수록 신용위험을 확실히 지켜줄 수 있으니 수수료를 더 많이 받는다고 생각하면 된다. 보장매입자가 보험가입자라면 보장매도자는 보험회사라고 볼 수 있으므로 우량 보험회사의 자동차 보험료가 더 비싼 것을 떠올리면 이해하기 쉽다. 준거자산의 기대 회수율이 높으면 부도가 나더라도 보장매도자가 회수할 수 있는 것이 많으므로 수수료를 많이 받지 않아도 된다.
이외에도 준거자산의 신용과 거래 상대방(보장매도자) 신용 간의 상관관계가 낮을수록 비싸다. 즉, 양자 간에 상관관계가 높으면 준거자산이 채무불이행에 처했을 때 거래상대방도 채무불이행에 처할 가능성이 높기 때문에 보장매입자 입장에서는 CDS를 통해 신용위험을 헤지하려는 목적을 달성할 수가 없게 되기 때문이다.

★★★
057 TRS(Total Return Swap)를 설명한 것이다. 옳지 않은 것은?

① TRS는 신용위험뿐만 아니라 시장위험도 거래상대방에게 전가시키는 신용파생상품이다.

② 기존 자산보유자는 총수익매도자(총수익 지급자)이고 준거자산의 모든 현금흐름을 총수익 매입자(총수익 수취자)에게 지급한다.

③ TRS는 실제자산의 양도 및 취득은 발생하지 않았으나 거래 상대방 간에 이와 동일한 현금흐름을 발생시키는 효과를 발생시킨다.

④ 일반적으로 TRS 계약에서는 총수익 매입자에게 투표권 등의 경영권도 이전된다.

> **해설** 일반적으로 TRS 계약에 의하여 현금흐름과 이에 따른 위험은 TRS의 총수익 매입자(총수익 수취자)에게 이전되지만, 투표권 등의 경영권은 이전되지 않기 때문에 기존 고객관계의 지속적인 유지를 위하여 준거자산을 직접 매각하기 곤란한 은행에게 적합한 상품이다.

〈TRS의 구조〉

★★★
058 Basket Default Swap에서 가장 보편화된 상품으로, 보장매입자는 여러 준거자산들 중 첫 번째 부도가 발생한 준거자산에 대한 손실 보전을 보장받는 대신 이들의 부도 상관관계를 고려한 보장 프리미엄을 보장매도자에게 지급하는 계약의 형태를 무엇이라고 하는가?

① FTD Basket Swap   ② CDS

③ TRS   ④ CDO

> **해설** FTD(First-To-Default) Basket Swap은 최우선부도연계채권으로서 손실 보장은 준거자산들 중 오직 첫 번째 부도에 대해서만 이루어지며 이에 대한 손실보전과 함께 계약은 종료된다.

★★★
059 일반채권에 CDS를 결합한 상품으로 보장매입자는 준거자산의 신용위험을 SPV(Special Purpose Vehicle)에게 전가하고, SPV는 이를 다시 채권의 형태로 변형하여 투자자들에게 발행함으로써 위험을 전가하는 신용파생상품은?

① CDO

② CLN

③ CDS

④ CLO

해설

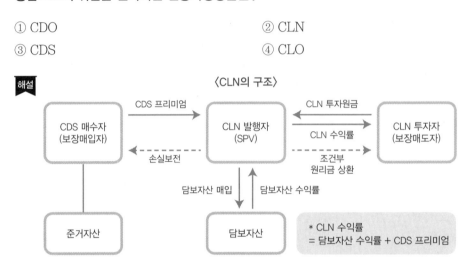
〈CLN의 구조〉

★★★
060 합성 CDO(Synthetic Collateralized Debt Obligation)에 대한 설명으로 옳지 않은 것은?

① 부채 포트폴리오로 구성된 준거자산에 의해 현금흐름이 담보되는 여러 개의 트랜치(Tranche)로 구성되는 증권을 말한다.

② CDO의 특수한 형태로서 보장매입자가 준거자산을 양도하는 것이 아니라 신용파생상품을 이용하여 자산에 내재된 신용위험을 SPC(or SPV)에 이전하는 유동화 방식이다.

③ SPC는 신용위험과 연계된 CDO를 발행하고, 최초 보장매입자로부터 전가된 신용위험을 투자자에게 이전 할 수 있다.

④ 발행 목적에 따라 규제자본 경감을 목적으로 하는 Arbitrage CDO와 수익 극대화를 목적으로 하는 Balance-Sheet CDO로 구분될 수 있다.

해설 발행 목적에 따라 규제자본 경감을 목적으로 하는 Balance-Sheet CDO와 수익 극대화를 목적으로 하는 Arbitrage CDO로 구분될 수 있다. 또한, CDO는 준거자산의 형태에 따라 CLO(Collateralized Loan Obligation, 대출), CBO(Collateralized Bond Obligation, 채권), CDO Squared(Pooling된 CDO)로 분류될 수 있다.

★★★
061 북미 기업들을 중심으로 한 대표적인 신용지수(Credit Index)는?

① CRB

② Itraxx

③ CDX

④ S&P500

 해설 ① CRB(Commodity Research Bureau)는 상품가격지수
② Itraxx는 유럽기업들을 중심으로 한 신용지수
③ CDX는 북미 기업들을 중심으로 한 신용지수로서 CDS(Credit Default Swap) 스프레드를 가중 평균한 지수
④ S&P500은 주가지수

···TOPIC 18 CDO의 이해

★★★
062 다음은 CDO(Collateralized Debt Obligation)의 구조를 설명한 것이다. 옳지 않은 것은?

① 개별채권이나 대출을 SPV에 담고 이를 담보로 여러 종류의 새로운 채권을 발행하는 구조를 일컫는다.

② CDO는 개별적인 신용위험보다는 포트폴리오의 신용위험을 다룬다.

③ Equity 트랜치(Tranche)는 가장 위험이 낮은 대신 수익도 가장 낮다.

④ 일반적으로 CDO의 트랜치는 Super Senior – Senior – Mezzanine – Equity 트랜치 등으로 구분된다.

해설 CDO의 Equity 트랜치는 잘 분산된 신용포트폴리오에 대해 높은 레버리지의 노출을 가지고 있다. 따라서 가장 위험이 높고, 수익이 높은 트랜치가 된다.

🏛 필수핵심정리 〉 합성 CDO(Synthetic CDO)의 구조

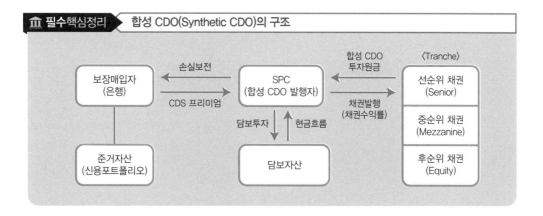

★★★
063 CDO 거래는 주요 신용평가사들에 의해서 신용등급을 받게 된다. 다음 중 신용평가사가 아닌 것은?

① Moody's ② S&P ③ Fitch ④ CRB

> **해설** 신용평가기관에는 Moody's, S&P, Fitch 등이 있다. CRB는 상품지수를 제공하는 Reuter & Jeffery사의 Commodity Research Bureau(CRB)를 말한다.

★★★
064 CDO(Collateralized Debt Obligation)에 관한 설명 중 옳지 않은 것은? 심화

① Basket Default Swap의 형태는 일반적인 CDS와 동일하지만 1개 이상의 준거자산으로 구성된 'Basket' 또는 포트폴리오를 기본으로 발행된다는 점이 다르다.
② CDO Equity 트랜치를 매수하는 것은 신용위험 매도, 신용위험을 보장매입(Protection buyer)하는 포지션이다.
③ 부도확률이 높아지고, 부도 상관관계가 낮아지면 Equity 트랜치의 가격은 하락한다.
④ credit delta는 신용 스프레드 변화분에 대한 CDO 가격의 변화분으로 표현되며, CDO 가치가 개별적인 Reference Equity의 신용위험 변화에 얼마만큼 노출되어 있는지를 계산해 준다.

> **해설** CDO Equity 트랜치를 매수하면 준거자산의 부도에 따라 가장 먼저 손실이 발생하게 되므로 신용위험 매수(Long), 신용위험 보장매도(Protection Seller)하는 포지션이다. 또한 CDO Equity 트랜치는 옵션의 성격을 보유하고 있어 부도확률이 높아지고, 부도 상관관계가 낮아지면 CDO Equity 트랜치의 가격은 하락한다.

정답 063 ④ 064 ②

내용 구성 및 주요 출제내용 분석

주요 내용	중요도	주요 출제 내용
해외투자에 대한 이론적 접근	★★★	• 체계적 위험과 비체계적 위험 • 국제분산투자의 동기 및 효과 • 국제주가지수 : MSCI지수, FTSE지수 • 해외투자의 수익률과 위험 : 통화가치와 주가와의 상관관계에 따른 위험과 헤지(내재적 헤지) • 국제자본시장의 분리와 통합요인 • 자본시장 동조화 현상과 국제분산투자의 효과
국제증권시장	★★	• 국제주식시장의 규모 : 시가총액과 거래량으로 본 국가별 주식시장의 특징 • 해외주식발행의 의의 및 DR • 복수상장의 효과 • 국제채권시장 : 외국채와 유로채의 구분 및 특징 • 국제 채권상품의 구분 : 단기채권과 장기채권 등
해외증권투자 전략	★★	• 해외 주식투자 : 직접투자와 간접투자의 비교 • 해외주식펀드 투자 시 알아야 할 사항 • 해외 채권투자 : 미국 국채, 브라질 채권, 딤섬본드 등과 토빈세 • 해외투자에서 많이 활용되는 벤치마크 국제주가지수 • 공격적 투자와 방어적 투자의 비교 • 해외투자의 환위험관리전략 : 내재적 헤지 등

출제경향 분석 및 학습요령

해외증권투자운용 및 투자전략은 총 5문제가 출제된다. 위에서 언급한 내용 구성별로 골고루 출제가 이루어지는데, 서론에 해당하는 해외투자에 대한 이론적 접근은 반드시 숙지하여야 하는 핵심적인 부분이다. 특히, 체계적 위험과 비체계적 위험의 구분, 국제분산투자의 동기 및 효과, 국제주가지수(MSCI, FTSE), 해외투자의 수익률과 위험, 통화가치와 주가와의 상관관계에 따른 위험과 헤지(내재적 헤지)는 더욱 중요하다. 국제증권시장에서는 외국채와 유로채의 구분이 출제빈도가 높으며, 해외증권투자전략에서는 해외 주식 및 채권 투자 시 유의해야 할 사항, 공격적 투자와 방어적 투자의 비교, 해외투자의 환위험관리전략 등은 확실히 파악하고 있어야 한다.

★★★
001 국내 및 국제 분산투자에 대한 설명으로 옳지 않은 것은?

① 분산투자 효과는 증권가격의 서로 다른 움직임으로 인하여 분산투자를 통해 수익률을 희생하지 않고 위험을 줄일 수 있는 효과를 의미한다.

② 포트폴리오에 포함되는 증권 간의 상관관계가 높을수록 분산투자효과는 커진다.

③ 분산투자효과가 한계에 도달하는 것은 시장 공통의 요인으로 인하여 더 이상 분산할 수 없는 위험, 즉 체계적 위험만 남기 때문이다.

④ 국제분산투자의 장점은 한 나라 안에서의 분산투자를 통하여 분산 불가능했던 체계적 위험이 국제분산투자를 통하여 추가적 분산이 가능해지기 때문이다.

> **해설** 포트폴리오에 포함되는 증권 간의 상관관계가 낮을수록, 즉 가격의 움직임이 서로 다를수록 분산투자효과는 커진다. 개별증권의 체계적 위험은 그 증권의 움직임과 전체 시장 움직임 간의 상관관계로 측정되는데, 상관관계가 높을수록 증권의 체계적 위험이 크다. 시장과 특정 증권이 같이 움직이는 부분에 있어서는 분산투자를 하더라도 위험이 상쇄되지 않기 때문이다. 따라서 한 시장 안에 존재하는 증권들은 모두 시장 공통의 요인에 영향을 받기 때문에 분산투자효과는 한계에 도달하게 된다.

> **🏛 필수핵심정리** ▷ **국제분산투자의 동기 및 효과**
>
> ① 국제적으로 분산투자 할 경우 개별국가 특유의 요인이 서로 상쇄되어 국내적으로는 분산이 가능하지 않았던 체계적 위험도 어느 정도 제거할 수 있음
> ② 국제분산투자로 인한 위험감소 효과의 정도는 국제포트폴리오에 포함되는 각국 주식시장 간의 상관관계에 따라 결정됨 → 국가 간의 상관관계가 높을수록 국제분산투자 효과는 작아짐
> ③ 세계시장 글로벌화, 주식시장 동조화 등은 국제분산투자 효과를 감소시킴

★★★
002 다음 중 증권투자에 따르는 위험의 성격이 나머지 셋과 다른 하나는?

① 체계적 위험
② 경기변동
③ 분산가능위험
④ 정치적 요인

> **해설** 분산가능위험은 비체계적 위험이고 나머지 셋은 체계적 위험이다.

체계적 위험	• 분산불가능위험 • 정치적 요인이나 경기변동, 금융·재정·외환정책 등 한 국가 내의 모든 기업에게 공통적으로 영향을 미치는 요인(거시적 요인)에 의하여 발생하는 위험
비체계적 위험	• 분산가능위험 • 최고경영자 특성, 기업경영전략의 성패, 주요 계약의 취득 여부, 경쟁회사와의 관계 등의 기업 또는 산업 특유의 요인(미시적 요인)에 의하여 발생하는 위험

정답 001 ②   002 ③

★★★
003 국제분산투자의 동기 및 효과에 대한 설명으로 적절하지 않은 것은?

① 국제적으로 분산투자할 경우 개별국가 특유의 요인이 서로 상쇄되어 국내적으로는 분산 가능하지 않았던 체계적 위험도 어느 정도 제거할 수 있는 추가적인 위험 분산효과를 얻을 수 있다.

② 포트폴리오의 위험 중에는 국제분산투자로도 제거할 수 없는 위험이 여전히 존재한다.

③ 국제분산투자로도 포트폴리오의 위험을 완전히 제거할 수 없는 이유는 세계 경제의 상호 의존성으로 인하여 각국의 주식시장이 부분적으로는 같은 움직임을 보이는 동조화 현상 때문이다.

④ 국제분산투자의 효과를 결정하는 가장 중요한 요인은 각국 주식시장 간 상관관계의 정도이다. 즉, 국가 간의 상관관계가 높을수록 국제분산투자 효과는 커진다.

> **해설** 국제분산투자로 인한 위험감소 효과의 정도는 국제포트폴리오에 포함되는 각국 주식시장 간의 상관관계에 따라 결정된다. 즉, 국가 간의 상관관계가 높을수록 국제분산투자 효과는 작아진다. 결론적으로, 각국 주식시장이 서로 다른 움직임을 보일수록 각국 주식시장 간의 상관관계가 낮아지므로 국제분산투자 효과는 커진다.

★★★
004 주가지수에 대한 설명이다. 적절하지 않은 것은?

① 주가지수는 개별종목의 투자성과와 변화를 측정하는 데 활용한다.

② 주가지수는 특정 투자포트폴리오나 투자전략의 상대적 성과를 측정하는 벤치마크로도 이용된다.

③ 국제투자에서는 투자대상국의 국가지수나 국제주가지수가 포트폴리오의 벤치마크로 설정된다.

④ S&P 500, DJIA, NASDAQ, TOPIX, Nikkei225, FTSE100, KOSPI, 항생지수 등은 각국 거래소의 대표적인 주가지수들이다.

> **해설** 주가지수는 개별종목의 투자성과보다는 시장전체의 평균적 성과와 변화를 측정하는 데 활용된다. 또한 특정 투자포트폴리오나 투자전략의 상대적 성과를 측정하는 벤치마크로 이용된다. 포트폴리오 투자의 벤치마크는 포트폴리오 구성의 의사결정뿐만 아니라 성과평가의 기준이 된다.

★★★
005 국제주가지수에 대한 설명으로 옳지 않은 것은?

① 국제투자의 벤치마크로 가장 많이 사용되는 국제주가지수로는 MSCI지수, FT국제지수 등이 있다.

② MSCI지수는 달러기준의 국제주가지수이며, 따라서 미국 국제투자자에게 가장 적합한 국제지수라 할 수 있다.

③ MSCI지수의 산출기준은 유동주식 방식(Free Floating)이 아닌 시가총액 방식이다.

④ 현재 한국증시는 MSCI EM(Emerging Market, 신흥시장)지수에, FTSE지수에서는 선 진국시장(Developed)에 편입되어 있다.

 MSCI지수의 산출기준은 시가총액 방식이 아닌 유동주식 방식(Free Floating)이다. 유동주식 방식은 정부 보유 및 계열사 보유 지분 등 시장에서 유통되기 어려운 주식을 제외한 실제 유동주식을 기준으로 비중을 계산한다. 국제주 가지수는 국제투자에서 주된 벤치마크로 활용된다는 데 중요한 의미가 있다. 이런 의미에서 국제주가지수는 국제 포트폴리오 구성의 기준이 될 뿐만 아니라 성과평가의 기준이 되기도 한다.

★★★
006 국제투자에서 가장 중요한 최초의 벤치마크 국제지수로서 글로벌펀드의 투자기준이 되는 대 표적인 지표는?

① 항생지수　　　　　　　　　　　　② MSCI지수
③ S&P500지수　　　　　　　　　　　④ FTSE지수

 국제투자의 벤치마크로 가장 많이 사용되는 국제주가지수로는 MSCI(Morgan Stanley Capital International)지수, FT(Financial Times)국제지수 등이 있다. MSCI지수는 달러기준의 국제주가지수이며, 따라서 미국 국제투자자에게 가장 적합한 국제지수라 할 수 있다. 미국투자자의 국제투자가 가장 많은 만큼 국제투자에서는 MSCI지수가 가장 중요한 벤치마크 지수가 되고 있다.

★★☆
007 다음 벤치마크 지수 중 주가지수가 아닌 것은?

① WGBI　　　　② FTSE　　　　③ S&P 500　　　　④ MSCI

해설 WGBI(World Government Bond Index)는 시티그룹이 관리하는 주요 23개국의 국채로 구성한 채권투자지수를 말 한다. 멕시코, 말레이시아와 같이 한국과 경제 규모가 비슷하거나 작은 국가들도 WGBI에 편입돼 있지만 한국은 WGBI에 편입되어 있지 않고, 2부 리그 격인 '세계 추가 시장 지수'에 들어 있다.

※자본자산가격결정모형(CAPM, Capital Asset Pricing Model) 이론에 의하면, 미국투자자가 한국 주식에 투자하는 경우 한국주식에 대한 요구수익률[$E(R_K^{US})$]은 다음과 같이 나타낼 수 있다. 다음 물음에 답하시오.(008~009번)

$$E(R_K^{US}) = R_F^{US} + \beta_K^{US}(R_M^{US} - R_F^{US})$$

미국의 무위험수익률(R_F^{US}), 미국시장포트폴리오의수익률(R_M^{US})

★★★
008 이 식에서 β_K^{US} 는 무엇을 의미하는가? 심화

① 투자대상인 당해 한국 주식과 한국 시장포트폴리오와의 체계적 위험
② 투자대상인 당해 한국 주식과 미국 시장포트폴리오와의 체계적 위험
③ 미국 주식과 한국 시장포트폴리오와의 체계적 위험
④ 미국 주식과 미국 시장포트폴리오와의 체계적 위험

해설 미국 시장포트폴리오를 기준으로 생각하는 미국의 분산투자자가 한국 주식에 투자하는 대안을 고려한다면, 미국의 투자자는 미국 시장포트폴리오와 투자대상인 한국 주식 간의 상관관계로 투자대상의 체계적 위험(β_K^{US})을 인식하고 요구기대수익률을 계산하게 된다.

★★★
009 주어진 식에서 한국과 미국 간에 무위험수익률과 시장포트폴리오 수익률에 있어서 차이가 없는 것으로 가정한다면, 미국투자자가 한국 주식투자에서 요구하는 수익률과 한국 주식의 한국 시장에서의 기대수익률의 차이는 두 가지 체계적 위험(β_K 와 β_K^{US})의 차이에만 기인하게 되는데, 이에 관한 설명이 적절하지 않은 것은? (β_K : 한국 주식과 한국 시장포트폴리오 간의 체계적 위험) 심화

① 한국 주식의 한국 시장포트폴리오와의 상관계수는 당연히 한국 주식의 미국 시장포트폴리오와의 상관계수보다는 낮다. 따라서 $\beta_K < \beta_K^{US}$]의 관계가 성립하게 된다.
② 한국 주식의 균형수익률은 미국투자자가 한국 주식투자에서 요구하는 수익률보다 높고, 미국투자자는 한국 주식 투자에서 초과수익의 기회를 인식하게 된다.
③ 투자자에게 인식되는 체계적 위험과 실제 가격결정에 관련된 체계적 위험 간의 차이에서 오는 초과이익이 국제투자의 차별적 유인으로 해석된다.
④ 만약 세계의 주식시장이 완전히 통합되어 있다면 각국 투자자가 인식하는 시장포트폴리오는 동일하므로 국제투자에 의한 추가적 분산투자의 효과는 나타나지 않으며 균형수익률은 동일하게 된다.

해설 한국 주식의 한국 시장포트폴리오와의 상관계수는 당연히 한국 주식의 미국 시장포트폴리오와의 상관계수보다는 높다. 따라서 한국 주식의 한국 시장포트폴리오와의 체계적 위험(β_K)이 한국 주식의 미국 시장포트폴리오와의 체계적 위험(β_K^{US})보다 높게 된다. 즉 $[\beta_K > \beta_K^{US}]$의 관계가 성립한다.

···TOPIC 2 해외투자와 환위험

★★★
010 해외투자의 수익률과 위험에 관한 다음의 설명 중 옳지 않은 것은?

① 외국의 주식에 투자하는 경우 환율이 변동하면 국제투자의 수익률이 변동할 가능성이 있다.

② 외국주식에 투자한 경우 본국통화로 표시한 투자수익률은 외국통화로 표시한 투자수익률에 환율의 변동률을 합한 값과 거의 같다. 즉 주가수익률이 없더라도 투자대상국의 통화가치가 상승하면 양(+)의 투자수익률을 얻을 수 있다.

③ 외국주식에 투자한 경우 본국통화로 표시되는 투자수익률의 분산은 투자대상국 통화로 표시되는 자산수익률의 분산, 환율변동률의 분산, 투자대상국 통화로 표시되는 자산가격과 환율변동률 간 공분산의 세 요인의 합으로 표시된다.

④ 투자대상국의 통화가치와 양(+)의 상관관계를 가진 주식에 투자하면 헤지효과를 얻을 수 있다.

해설 [본국 통화로 표시된 투자수익률 = 투자대상국 통화로 표시된 투자수익률 + 환율변동률]이며, 여기서 환율변동률이 양(+)인 경우에는 투자대상국 통화의 가치가 투자자 본국 통화가치에 대해 절상하는 것이며 음(−)인 경우에는 투자대상국의 통화가치가 투자자 본국 통화가치에 대해 절하하는 것을 의미한다. 따라서 투자대상국 통화가치가 상승하면 투자자의 수익률은 그만큼 높아진다. 또한 투자자가 외국주식에 투자한 경우 본국통화로 표시되는 투자수익률의 분산은 ㉠ 투자대상국 통화로 표시되는 자산수익률의 분산, ㉡ 환율변동률의 분산, ㉢ 투자대상국 통화로 표시되는 자산가격과 환율변동률 간 공분산의 세 요인의 합으로 표시된다. 따라서 투자대상이 되는 주식의 가격과 투자대상국의 통화가치가 음(−)의 상관관계를 가지면 공분산이 음(−)의 값을 가지게 되므로 전체 투자위험을 크게 줄일 수 있다.

🏛 필수핵심정리 ▶ 해외투자의 수익률과 위험

구분	주요 내용
수익률	자국통화 표시 투자수익률 = ① 투자대상국 통화표시 투자수익률 + ② 환율변동률
위험	투자자 본국통화로 표시되는 투자수익률의 분산 = ① 투자대상국 통화로 표시되는 자산수익률의 분산 + ② 환율변동률의 분산 + ③ 자산가격과 환율변동률 간의 공분산
	• 투자대상국의 주가와 투자대상국의 통화가치가 음(−)의 상관관계를 가지면 공분산이 음의 값을 가지게 되어 전체 투자위험은 감소 • 오늘날, 국제투자 논리(통화가치가 상승하면 외국인 투자의 증가로 주가상승을 가져옴)가 강해 통화가치와 주가는 양(+)의 상관관계가 일반적임

★★★
011 달러를 기준으로 하는 미국투자자가 한국 주식에 투자하는 경우에 투자수익률의 분산과 관계 없는 것은?

① 한국주식수익률의 원화표시 분산
② 달러로 표시한 원화환율의 분산
③ 한국주식수익률의 달러표시 분산
④ 한국주식수익률과 원화가치 변동의 공분산

> **해설** 어떤 투자자가 외국주식에 투자한 경우 본국통화로 표시되는 투자수익률의 분산은 ㉠ 투자대상국 통화로 표시되는 자산수익률의 분산, ㉡ 환율변동률의 분산, ㉢ 투자대상국 통화로 표시되는 자산수익률과 환율변동률 간의 공분산 등 3가지 요인의 합으로 표시된다.

★★★
012 환율과 주가 간의 상관관계(공분산)에 관한 설명 중 가장 타당성이 떨어지는 것은?

① 국제투자에서의 환위험은 단순히 환율변동의 위험뿐만 아니라 환율과 주가 간의 상관관계에 의한 위험요인도 큰 비중을 차지하고 있다.
② 국제투자의 논리에 따르면 한 나라의 통화가치와 주가는 양(+)의 상관관계를 가진다.
③ 한 나라의 통화가치 변동을 당해국 기업의 국제경쟁력 변화로 해석한다면, 통화가치와 그 나라 주가의 변동은 음(−)의 상관관계를 가지게 된다.
④ 오늘날에는 주가와 통화가치의 상관관계에서 통화가치 변동을 당해국 기업의 국제경쟁력 변화로 해석하는 논리가 강하게 작용하여 음(−)의 상관관계를 보이는 것이 일반적이다.

> **해설** 국제투자의 관점에서 한 나라의 통화가치 상승은 외국인 투자자의 기대수익을 높이고 그 나라 주식에 대한 외국인 투자유인이 커지므로 주가의 상승을 가져온다. 이처럼 국제투자의 논리에 따르면 한 나라의 통화가치와 주가는 양(+)의 상관관계를 가진다. 한 나라의 통화가치 변동을 당해국 기업의 국제경쟁력 변화로 해석한다면, 통화가치와 그 나라 주가의 변동은 음(−)의 상관관계를 가지게 된다. 즉 통화가치의 상승은 당해국 기업의 국제경쟁력 약화로 해석되어 주가의 하락을 가져오고, 통화가치의 하락은 국제경쟁력 강화로 해석되어 주가의 상승을 가져온다는 것이다. 오늘날에는 주가와 통화가치의 상관관계에서 국제투자의 논리가 강하게 작용하여 양(+)의 상관관계를 보이는 것이 일반적이다.

★★★
013 국제분산투자 효과에 대한 설명으로 적절하지 못한 것은?

① 포트폴리오에 포함되는 국가가 많아질수록 국제분산투자 효과는 커진다.

② 국제분산투자 효과로 국내분산투자에서 얻을 수 있는 이상의 위험분산 효과를 얻을 수 있다.

③ 투자대상국의 통화가치는 그 나라의 주가와 일반적으로 같이 움직인다.

④ 환율과 주가간의 상관관계로 환위험은 국제투자의 위험을 감소시키는 방향으로 작용한다.

해설 한 나라의 통화가치와 주가는 일반적으로 양(+)의 상관관계를 갖고 동일한 방향으로 움직이는 경향이 있어 환위험은 국제투자의 위험을 증가시킨다. 한 나라의 통화가치와 주가가 양(+)의 상관관계를 가진다는 것은 예를 들어 투자대상국의 통화가치가 하락할 때 주가도 하락한다는 뜻이므로 이런 경우 이중으로 큰 손실을 볼 수 있게 된다.

★★★
014 환율변동이 국제주식투자의 성과에 미치는 영향에 대한 설명으로 적절하지 않은 것은?

① 투자의 목적에 비추어 볼 때 파생상품 등을 이용하여 가능한 한 환노출을 줄이는 것이 가장 바람직한 전략이다.

② 다수 국가의 분산투자를 통해 환위험을 어느 정도는 분산할 수 있다.

③ 투자 대상국의 통화가치와 주가 간에 높은 양의 상관관계를 가질수록 국제주식투자의 위험은 커진다.

④ 투자 대상국의 통화가치가 상승할수록 국제투자의 성과가 좋아진다.

해설 환율변동은 국제주식투자의 성과에 직접적인 영향을 주게 되며 투자대상국의 통화가치가 높아질수록 투자의 성과도 높아진다. 환율 변동은 주가와 환율 간의 상관관계를 통하여서도 국제주식투자의 성과에 영향을 미치게 되는데 국제분산투자를 통하여 환위험도 어느 정도까지는 분산할 수 있다.

환노출을 줄이는 것이 반드시 최적의 전략이라고 할 수는 없다. 환노출은 위험요인이면서 동시에 수익의 원천이 되기 때문이다. 설문조사 등에 따르면, 국제투자펀드는 환위험 헤지를 거의 하지 않거나 부분적으로 할 뿐이다. 이들 투자펀드들은 환율변동을 위험요인으로 보다는 수익의 원천으로 보고 적극 이용한다. 즉 국제주식투자를 환투기를 위한 하나의 수단으로도 볼 수 있다.

015 해외투자 시 환위험 헤징(Hedging) 전략에 대한 설명으로 옳지 않은 것은?

① 선물환이나 통화선물 등의 파생상품을 이용하여 환위험을 헤지할 수 있다.

② 해외 투자와 관련된 환위험은 정치적 위험이나 금리위험이 주요 원인이기 때문에 통화 구성을 분산함으로써 헤지 효과를 얻을 수 있다.

③ 포트폴리오 내의 모든 현금성자산을 투자 대상국의 화폐로 보유한다.

④ 외국주식시장과 개별주식들에 대해 미 달러화 가치변화에 대한 민감도를 분석하고 내재적 헤지를 한다.

> **해설** 투자대상국의 통화가치가 상승하는 것이 아니라 투자자의 자국통화 가치가 상승한다면, 포트폴리오 내의 모든 현금성자산을 투자대상국의 통화가 아닌 투자자 자국의 통화로 보유하여야 환위험을 회피할 수 있다.

016 A기업은 3개월 후에 거액의 미 달러화 자금의 유입이 예정되어 있다. 다음 중 환위험을 헤지하는 전략으로 적절하지 않은 것은?

① 선물환 매도
② 통화선물 매도
③ 달러 콜옵션 매수
④ 달러 풋옵션 매수

> **해설** 수출업자처럼 장래에 달러를 받을 예정인 자는 달러를 수취하는 시점에 환율 하락위험(달러가치 하락위험)에 노출되어 있으므로 이를 헤지(Hedge)하기 위해서는 파생상품을 활용하여 달러가치 하락 시 수익이 나는 포지션을 설정하여야 한다. 따라서 달러 선물환이나 선물을 매도하거나 달러 풋옵션을 매수(또는 콜옵션 매도)해야 한다. 달러 콜옵션을 매수하면 환율 상승(달러가치 상승)시 수익을 본다. 따라서 달러 콜옵션 매수는 수입업자처럼 장래 지불할 달러가치의 상승에 대비하기 위한 포지션이다.

017 미국 달러의 가치가 상승한다고 가정할 때, 미국 투자자가 선물환계약, 통화옵션이나 통화선물을 사용하지 않고 포트폴리오의 환위험을 헤지하는 방법으로 적절하지 않은 것은?

① 포트폴리오 내의 모든 현금 내지 현금자산은 자국통화(미 달러)로 보유한다.

② 미 달러화에 연동된 환율제도를 갖추고 있는 국가에 투자하는 것은 미국 투자자 입장에서는 환위험에 크게 노출되게 된다.

③ 외국주식시장과 개별주식들에 대해 미 달러화 가치변화에 대한 민감도를 분석하고 미 달러화 가치 변동에 따라 매입과 매도를 실행함으로써 내재적 헤지(Implicit Hedge)를 한다.

④ 미 달러화 가치가 상승하면, 미국 시장에 대규모 투자를 하고 있는 국가에 투자하는 것이 유리할 수 있다.

미 달러화에 연동된 환율제도를 갖추고 있는 국가에 대한 투자는 달러화를 기준통화로 하는 (미국)투자자에게는 환노출이 없는 투자가 될 수 있으므로 미 달러화에 연동된 환율제도를 갖추고 있는 국가에 투자하는 것은 바람직하다. 즉 투자대상국의 통화가치가 미 달러화 가치와 같은 방향으로 움직인다는 의미이므로 미국투자자 입장에서는 자국(미국)에 투자한 것과 동일한 효과를 가지므로, 미 달러화에 연동된 환율제도를 갖추고 있는 국가에 대한 투자는 환노출이 없는 투자가 된다.

★★★
018 다음 빈 칸 (가)와 (나)에 알맞는 말을 순서대로 바르게 나타낸 것은?

> 달러화의 가치와 높은 (가)의 상관관계를 가지는 주식에 투자하는 미국의 투자자라면 환손실과 주가에서의 환율요인이 상쇄됨으로써 투자의 환노출이 낮아지는 결과를 가져온다. 이처럼 주가와 통화가치 간의 상관관계에 의해 환노출이 낮아지는 경우 이를 (나)라고 하며, 별도의 헤지비용 없이 효과적인 환위험 헤지로 이용될 수 있다.

① 양(+), 내재적 헤지   ② 음(−), 내재적 헤지
③ 양(+), 롤링 헤지   ④ 음(−), 소극적 헤지

 해외에 투자하려는 미국의 투자자라면 파생상품을 이용하지 않고 투자 그 자체가 환위험에 대한 헤지를 포함하는 것과 같은 경우가 있을 수 있다. 즉, 각국 기업들 중에서는 달러화 자산과 달러표시 현금유입이 많은 기업들이 있는데 이들 기업은 달러에 대한 자국통화의 가치가 하락하면(즉, 달러 가치가 상승하면) 오히려 주가가 상승하는 경우가 많기 때문이다. 따라서 내재적 헤지(Implicit Hedge)는 자국통화와 주가 간의 음(−)의 상관관계를 이용하는 방법인데, 이는 다르게 표현하면 달러가치와 주가 간의 양(+)의 상관관계를 의미한다.

★★★
019 미국 투자자가 해외시장에 투자 시, 내재적 헤지(Implicit Hedge)를 할 수 있는 경우가 가장 적은 나라는?

① 인도   ② 일본   ③ 영국   ④ 네덜란드

해설 영국, 네덜란드, 일본 주식시장 등은 미국 경제와 밀접한 관계를 맺고 있다. 이들 국가의 투자자는 또한 미국 시장에 대한 대규모 투자자이다. 영국은 많은 미국기업을 소유하고 있고, 일본도 미국에 대한 직접투자가 많으며, 네덜란드는 Royal Dutch, Philips, Unilever 등을 통해 미국 경제와 관계를 맺고 있다. 이에 따라 미 달러화 가치가 상승하면 미 달러화 민감도에 따라 이들 국가에 투자하는 것이 유리할 수 있다.

★★★
020 자본자유화와 국제자본시장 통합현상에 대한 설명으로 옳지 않은 것은?

① 자본자유화와 국제자본시장의 통합으로 국제분산투자를 통한 추가적 분산투자 효과가 있다.

② 우리나라는 1992년 외국인의 직접 주식투자를 최초로 허용하였고, 1997년 IMF 경제위기를 계기로 외국인의 국내 주식투자에 대한 제한이 완전히 없어졌다.

③ 국제자본이동 자유화로 차익거래가 활발하게 진행되고 국가 간 실질수익률 차이는 감소한다.

④ 각국의 주식시장 시가총액비율로 비중이 고려된 포트폴리오를 구성하여 투자해야 비효율적인 포트폴리오를 갖지 않게 된다.

> **해설** 통합된 금융시장에서는 국제분산투자를 통한 추가적인 분산투자효과는 얻을 수 없으며, 각국에서의 위험프리미엄이 같으므로 국제투자를 통한 초과수익의 기회도 없어진다. 즉 해외증권에 투자하더라도 결국은 같은 시장에 있게 되므로 완전히 통합된 국제자본시장에서 국제투자와 국내투자의 구분은 없어진다.

🏛 필수핵심정리 ▷ 국제자본시장의 분리와 통합

자본자유화, 개방화에도 불구하고 국제투자에 대한 장벽이 존재 → 국제주식시장의 통합이 매우 불완전한 것이라는 것을 시사

분리 요인	• 환위험(통화차이, 환율변동) → 가장 중요한 요인 • 국가 간 금융제도의 차이, 정치적 위험 • 투자관련 제도적 차이로 인한 추가적인 비용(언어, 회계원칙, 공시제도, 세제 등의 제도적 차이) • 이중과세 가능성, 심리적 거리감
통합 요인	정보통신 기술의 발달, 인터넷 발달 → 국제투자의 비용과 장벽이 급격히 낮아지고 있는 추세(각국 자본시장 간 통합의 정도가 높아지고 있는 추세임)

★★★
021 다음 중 국제자본시장을 분리시키는 원인과 가장 거리가 먼 것은?

① 환위험   ② 인터넷 발달

③ 이중과세 가능성   ④ 정치적 위험

> **해설** 인터넷 발달은 국제자본시장의 통합요인이다. 정보통신기술의 발달로 정보수집의 거리적 장벽을 넘고 정보를 분석하는 데 드는 비용은 급격하게 줄어들고 있다. 특히 인터넷의 발달은 외국의 브로커들과 거의 비용이 들지 않고 연결될 수 있고 정보를 얻게 되어서 정보를 얻는 비용은 거의 무시할 정도로 낮아졌다.

★★★
022 국제자본시장의 동조화현상에 대한 설명으로 옳지 않은 것은?

① 자본시장 동조화현상은 자본시장의 개방화, 교역의 증가 등이 원인이 된다.

② 자본시장 동조화현상으로 국제분산투자 효과가 크게 증가했다.

③ 자본시장 동조화현상은 각 국가별 주가움직임의 상관관계를 높여준다.

④ 자본시장 동조화현상으로 주가의 전염현상이 발생할 수 있다.

> **해설** 각국 주식시장이 긴밀한 영향을 주고받으면서 각국의 주가가 서로 비슷한 움직임을 보이게 되는 현상을 동조화 (Synchronization)현상이라고 한다. 국제자본시장 동조화현상은 각국 주식시장의 상관관계를 높게 만들기 때문에 국제분산투자 효과를 감소시킨다.

★★★
023 각국 증시 간의 상관관계에 대한 다음 설명 중 적절하지 않은 것은?

① 증시 간의 상관관계는 분산투자 효과의 정도를 결정하는데 중요한 요인이다.

② 국제주식시장이 안정적일 때 증시 간의 상관관계는 높아진다.

③ 증시 간의 상관관계가 낮을수록 분산투자효과는 높아진다.

④ 증시 간의 상관관계는 국가 간의 교역과 금융거래가 많아질수록 높아진다.

> **해설** 국제금융시장이 위기상황에서처럼 불안정성이 높을 때 각국 주식시장 간의 상관관계는 높아진다. 각국 주가지수 간의 상관관계는 걸프전이나 통화위기, 국제금융시장의 신용위기 등과 같이 세계경제에 널리 파급효과를 미치는 위기상황 시에 매우 높아지는 현상을 보여 왔다. 이는 위기상황에서는 시장참가자들이 서로 서로의 움직임을 보며 같이 움직이는 경향이 나타나기 때문인 것으로 판단된다.

★★★
024 국제주식시장의 동조화 현상에 대한 설명 중 옳지 않은 것은?

① 국제금융시장에서 불안감이 높아질 때 일시적 동조화 현상이 나타날 수 있다.

② 동조화 현상은 뉴스의 빠른 전파에 따라 일어난다.

③ 현재 국제주식시장의 동조화 현상은 일시적인 것으로 보인다.

④ 산업 간 동조화의 정도에는 차이가 있다.

> **해설** 오늘날 국제주식시장에서 가장 두드러진 현상의 하나는 동조화 현상이다. 과거에 국제금융시장에서 불안감이 높아질 때 일시적으로 동조화 현상이 나타났으나, 현재 보이는 국제주식시장의 동조화 현상은 글로벌화로 인한 구조적인 것으로 보인다. 또한 산업 간에는 글로벌화의 정도에 차이가 있기 때문에 산업 간에 동조화의 정도에는 차이가 있다.

정답 020 ① 021 ② 022 ② 023 ② 024 ③

★★★
025 자본시장의 동조화 현상에 대한 설명으로 옳지 않은 것은?

① 각국 주식시장이 긴밀한 영향을 주고받으면서 각국의 주가가 서로 비슷한 움직임을 보이게 되는 현상을 동조화 현상이라고 한다.
② 동조화 현상은 각국 주식시장의 상관관계가 낮아지는 것을 의미한다.
③ 각국 자본시장 개방 및 특히 경제규모가 큰 미국 등의 경기에 대한 부정적 전망은 경기변동의 전염효과를 가지고 있어 세계 각국의 주식시장 동조화의 중요한 요인이 된다.
④ 세계요인(World Factors)의 존재로 인하여 국가 간 주식시장의 상관관계를 높이게 된다.

해설 동조화 현상은 각국 주식시장이 긴밀한 영향을 주고받으면서 각국의 주가가 서로 비슷한 움직임을 보이게 되는 현상이다. 따라서 동조화는 각국 주식시장의 상관관계가 높아지는 것을 의미한다.

★★★
026 다음 중 세계 각국의 경제 전반에 크게 영향을 미치는 요인들, 소위 세계요인(World Factors)과 관계가 가장 적은 것은?

① 원유가격　　　　　　　　　② 미국금리
③ 정보통신산업의 변동　　　　④ 북한 핵문제

해설 자본이동이나 교역과 같은 흐름이 없더라도 원유가격이나 미국금리와 같이 세계 각국의 경제 전반에 크게 영향을 주는 요인들, 이른바 세계요인(World Factors)의 존재로 인하여 국가 간 주식시장의 상관관계가 높아지게 된다. 문제의 보기 중에서 북한 핵문제는 비록 각국의 정치상황에 어느 정도 영향을 미칠 수는 있겠지만 세계요인이라기보다는 지정학적인 국내요인에 더 가깝다고 할 수 있다.

★★★
027 국제주식시장의 동조화 현상에 대한 설명 중 옳지 않은 것은?

① 동조화 현상 그 자체를 통합화로 해석할 수 있다.
② 동조화 현상이 진행되면 각국의 상관관계가 높아지므로 국제분산투자 효과는 감소하게 된다.
③ 각국 주가지수 간의 상관관계는 위기상황 시에 매우 높아지는 현상을 보여 왔다. 그렇지만 동조화는 위기상황에 기인한 것이 아니고 글로벌화에 따른 세계경제의 통합에 기인하는 구조적인 것으로 보는 것이 타당하다.
④ 산업별로 글로벌화의 정도는 다른데, 특히 IT 산업이나 중간재 산업 등에서 동조화 현상은 두드러지게 나타나고 있다.

해설 동조화 현상 그 자체를 통합화로 해석할 수는 없다. 통합화는 차익거래의 가능여부, 일물일가 법칙 등의 요인으로 평가하는 것인 반면, 동조화는 주식시장 간 높은 상관관계를 의미한다.

★★★
028 주식시장 국제화에 관한 설명으로 옳지 않은 것은?

① 주식시장 국제화로 투자와 자금조달의 효율성을 높일 수 있다.

② 국제주식투자란 외국거래소에 상장된 주식에 투자하는 것이다.

③ 복수상장이란 본국 외에 외국거래소에 주식을 상장시키는 것이다.

④ 각국 주식시장 국제화와 그에 따른 국제자본이동에 따라 국제주식시장은 하나의 완전 통합된 시장의 모습을 가지고 있다.

> **해설** 분리되었던 각국 주식시장 간 통합이 진전되어 오기는 했지만 아직도 정보비용 및 심리적 투자비용이 존재하기 때문에 여전히 국경에 의해서 분리된 시장으로 존재한다. 국제화 요인으로는 거래비용 감소, 기술의 발달, 투자기법의 발달, 인터넷 등 정보통신 발달 등과 국가 간 문화적 동질화 등으로 심리적 장벽이 낮아지게 된 것을 들 수 있다.

🏛 필수핵심정리 ▶ 주식시장 국제화와 해외주식 발행

주식시장 국제화 = 국제주식투자(투자자 입장) + 복수상장(기업입장)

국제화 원인	① 규제완화, ② 정보통신 발달
효과	① 분산투자 효과, ② 투자와 자금조달의 효율성 증가

[해외주식 발행]

발행 형태	DR 형태 상장	해외주식의 표시통화를 거래소 국가의 표시통화로 전환(NYSE)
	직수입 상장 (원주상장)	본국에서 거래되는 주식을 그대로 상장(TSE, Paris Bourse)
종류	ADR	달러 표시로 미국시장에 상장
	EDR	미국 이외의 거래소에 상장하고 달러화 표시로 전환하는 경우
	GDR	달러화 표시 해외 DR발행이 미국과 미국 이외의 시장에서 동시에 이루어지는 경우

※ 우리나라 기업의 해외상장의 경우, 현지제도가 DR이든 원주 상장 인지에 관계없이 DR의 형태로 상장되고 거래됨(이유 : 원화가 국제통화가 아니기 때문)

★★★
029 다음 중 주식시장의 시가총액에 영향을 주는 요인과 가장 거리가 먼 것은?

① 경제 규모

② 주식보유 동기

③ 주식시장 발달 정도와 기업 자금조달 구조

④ 금융시장 규모

정답 025 ② 026 ④ 027 ① 028 ④ 029 ②

★★★
030 국제주식시장에 대한 설명으로 옳지 않은 것은? 심화

① 대체적으로 미국기업들은 간접금융보다는 자본시장을 통한 직접금융의 비율이 높고 특히 주식발행을 통한 자금조달의 비중이 상대적으로 크다.

② 국민총생산에 대한 미국 주식시장 시가총액의 비율은 다른 어느 나라보다 높다.

③ 거래소 시가총액 규모로 파악했을 때 미국, 일본, 영국, 홍콩, 말레이시아, 싱가포르 등이 경제규모에 비해 주식시장의 규모가 크고 독일, 프랑스, 이탈리아 등이 상대적으로 주식시장의 규모가 작은 것으로 보인다.

④ 일본, 프랑스, 이탈리아, 싱가포르 등의 나라는 시가총액에 대비한 거래량의 비율, 즉 회전율이 비교적이 높다.

해설 일본, 프랑스, 이탈리아, 싱가포르 등의 나라는 시가총액에 대비한 거래량의 비율, 즉 회전율이 비교적 낮고 한국, 타이완 등은 비교적 회전율이 높다. 이러한 차이는 한국과 타이완의 투자자들이 비교적 단기차익을 노리는 거래를 많이 하고 있다는 의미로 해석할 수 있다. 특히 한국에서는 사이버 거래의 비중이 늘어나고 투자자들이 인식하는 거래비용이 낮아짐에 따라 회전율은 더욱 높아지고 있다.

★★★
031 주식의 해외 증권거래소 상장에 관한 설명으로 옳지 않은 것은?

① 미국 주식시장에 상장할 때는 ADR의 형태로 상장한다.

② 기업의 해외상장은 기업정보의 투명성을 제고함으로써 주가를 올리는 경향이 있다.

③ 각국 기업의 해외상장은 반드시 DR발행을 통해서만 가능하다.

④ DR의 발행은 주식의 표시통화를 전환하는 의미도 가진다.

해설 해외의 증권거래소에 상장하는 것은 거래소에 따라서 예탁증서(DR)의 형태로 상장(NYSE 등)하는 경우가 있고, DR 발행 없이 기업의 본국에서 거래되는 주식을 그대로 상장하는 직수입 상장(Paris Bourse, TSE)의 경우가 있다. 원래의 주식을 그대로 상장하는 경우에는 주식거래가 당해 거래소의 본국 통화와는 다른 통화로 표시되기 때문에 별도의 시장부(주로 국제부)에서 거래된다.

★★★
032 다음 중 한국기업의 해외상장의 방법이 될 수 없는 것은?

① 한국거래소 비상장기업의 나스닥 직상장

② 한국거래소 상장기업의 주식을 런던증시에 직수입 상장

③ 한국거래소 상장기업의 달러 DR 발행과 런던증시 상장

④ 한국거래소 상장기업의 ADR 발행을 통한 나스닥 상장

 한국거래소에 상장된 기업의 해외상장은 DR 발행을 통해서 일어난다. DR은 원화표시 주식을 외화표시로 바꾸어준다는 데서 중요한 의미를 가진다. 일반적으로 달러표시 DR로 발행하며 이를 미국의 증시에 상장하는 경우 ADR, 미국 이외의 거래소에 상장하는 경우 EDR이라고 한다. 한국거래소에 상장하지 않은 한국기업이 외국거래소에 직상장할 수도 있다. 한국거래소에 상장된 기업이 DR 발행 없이 해외 거래소에 직수입 상장하는 것은 한국 원화가 국제통화가 아닌 만큼 현재로서는 어렵다.

★★★
033 다음 중 복수상장의 효과와 거리가 먼 것은?

① 외화자금의 조달

② 기업의 자본비용 증가

③ 인지도 상승

④ 저비용으로 국제분산투자 가능

 해외상장은 당해 기업의 자본비용을 줄이는데 기여할 수 있다. 예를 들어 우리기업이 상장 조건이 까다로운 미국 주식시장에 상장하는 경우에는 기업 내용이 좀 더 투명해지므로 투자자가 인식하는 불확실성을 낮추어 투자가 보다 적극적으로 이루어질 수 있도록 함으로써 주가를 올리고 자본비용을 낮추어주는 결과를 가져올 수 있다.

복수상장의 효과
• 외환자금의 조달, 인지도 상승, 기업의 투명성 제고 → 주가상승
• 기업의 신뢰성을 인정받음, 기업의 자본비용을 낮추어 주는 결과를 가져옴
• 유동성 증가로 유상증자를 통한 비교적 저렴한 비용의 자금조달이 가능

단점	• 국내보다 해외시장에서 유동성이 크면 해외시장으로 정보가 모이게 되어 해외시장이 가격결정의 리더십을 가지게 됨 • M&A 등의 활동도 해외에서 이루어질 수 있기 때문에 원래 속했던 국가의 기업으로서의 성격을 빠르게 잃어버릴 수 있음

★★★
034 우리나라의 어느 기업이 뉴욕증시에 상장한다고 발표하면서 이 기업의 주가가 크게 올랐다. 이에 대한 설명으로 가장 적절하지 않은 것은?

① 투자자 인지도 제고로 자본비용 저하
② 투명성과 기업지배구조에 대한 인식제고로 할인율 감소
③ 영업위험의 축소로 인한 자금조달비용 저하
④ 미국시장에서의 홍보효과

> **해설** 뉴욕증시 상장이 주가상승으로 연결되는 경우는 뉴욕시장 상장이 가져오는 경제적 효과를 시장이 평가하기 때문이다. 뉴욕증시 상장이 가지는 경제적 효과로는 홍보효과와 투자자 인지도 제고, 투명성과 지배구조에 대한 인식제고로 인한 할인율 저하 등을 들 수 있다. 뉴욕증시 상장이 직접적으로 기업의 영업위험 축소를 가져온다고 하는 것은 논리의 비약으로 볼 수 있다.

★★★
035 주식의 해외상장에 관련된 설명으로 적절하지 못한 것은?

① 해외에 상장할 경우에는 원주를 상장하는 방식과 DR로 상장하는 방식이 있다.
② 우리나라의 대표기업들이 뉴욕의 증권시장에 원주로 상장되어 있다.
③ 기업의 해외상장은 기업정보의 투명성을 높여 주가를 올리는 경향이 있다.
④ 상장관련 비용을 발행기업이 부담하는 경우를 sponsored DR이라고 한다.

> **해설** 뉴욕의 증권시장에는 DR형태로 상장되어 있다. 원주 상장을 하는 곳은 파리증권거래소(Paris Bourse), 일본 도쿄증권거래소(TSE) 등이다. DR의 발행은 일반적으로 당해 기업이 미국증시에 상장되기를 원하여 상장과 관련된 비용을 당해 기업이 부담(sponsored DR)하지만, 당해 기업이 미국증시의 상장을 원하지 않는 경우라도 미국 투자자들의 관심이 높을 때는 미국의 증권회사가 비용을 부담하며 DR을 발행하는 경우(unsponsored DR)도 있다.

★★★
036 국제채권시장 성장의 원동력에 대한 설명으로 잘못된 것은?

① 국제채권시장의 본격적인 성장은 유로채 시장의 발전과 맥을 같이 한다.

② 런던이나 홍콩과 같은 역외금융센터에서는 유로채의 발행과 관련해서 최소한의 규제만 부과하며, 채권의 발행과 유통을 위한 풍부한 하부구조를 갖추고 있다.

③ 금융혁신이 국제채권시장의 성장에 기여하였다.

④ 금리의 변동성 증가로 발행자들이 부담할 금리위험을 투자자가 부담할 수 있도록 하는 변동금리채권(FRN)이 개발되었다.

> **해설** 금리의 변동성 증가로 투자자들이 부담할 금리위험을 발행자가 부담할 수 있도록 하는 변동금리채권(FRN, Floating Rate Note)이 개발되었다. 즉 변동금리채권(FRN)은 금리가 상승할수록 FRN의 발행자가 투자자에게 더 높은 이자를 지급하도록 구조화된 채권이다.

🏛 필수핵심정리 　 외국채와 유로채

외국채	차입자가 외국에서 발행지 국가의 통화표시로 발행한 채권(기명식 채권)	
	종류	• 양키본드(미국에서 외국인이 달러화 표시로 발행한 채권) • 사무라이본드(일본에서 외국인이 엔화 표시로 발행한 채권) • 판다본드(중국에서 외국인이 위안화 표시로 발행한 채권) • 불독본드(영국에서 외국인이 파운드화 표시로 발행한 채권) • 아리랑본드(한국에서 외국인이 원화 표시로 발행한 채권)
유로채	외국에서 그 나라 통화가 아닌 다른 나라 통화 표시로 발행하는 채권 → 김치본드, 쇼군본드, 홍콩서 위안화로 발행되는 딤섬본드 등	
	• 발행규제가 최소한만 적용되어 거의 없다고 할 수 있음 • 공시나 신용평가 등에 대한 규제를 의무로 규정하지 않음 • 채권에서 발생하는 소득세도 원천징수 하지 않는 것이 일반적 • 외국채와는 달리 감독 당국에 등록되지 않고, 채권의 소지자가 청구권을 가지는 무기명채권 (bearer bond)	

★★★ 037 어떤 국가의 차입자가 외국에서 그 외국 국가의 통화가 아닌 다른 나라 통화로 발행하는 채권을 무엇이라고 하는가?

① 국내채   ② 유로채   ③ 외국채   ④ 글로벌 본드

 해설 해외자금조달을 위해서 발행하는 국제채는 채권 발행지와 채권 표시통화의 관계에 따라, 채권 표시통화의 본국에서 발행되는 채권인 외국채(foreign bond)와 채권 표시통화 본국 이외의 국가에서 발행되는 채권인 유로채로 구분된다. 예를 들어, 미국 기업이 우리나라에서 미국 달러로 발행한 채권은 유로채(Eurobond)라 한다. 참고로 우리나라에서 발행되는 유로채는 김치본드라고 부른다. 반면에 미국 기업이 우리나라에서 원화 표시로 발행한 채권은 외국채인데, 우리나라에서 발행되는 외국채는 아리랑본드라고 한다.

★★★ 038 다음 중 유로채(Eurobond)에 해당하는 것은?

① 한국기업이 미국에서 발행한 미 달러표시의 채권
② 유럽지역에서 발행된 채권
③ 일본기업이 해외에서 발행한 채권
④ 한국기업이 홍콩에서 발행한 미 달러화 표시 채권

해설 유로채는 외국에서 그 나라의 통화가 아닌 다른 나라 통화 표시로 발행하는 채권이다. 따라서 한국기업이 홍콩에서 발행한 미 달러화 표시 채권은 유로채에 해당된다. 한국기업이 미국에서 발행한 미 달러표시의 채권은 외국채로서 양키본드이다.

★★★ 039 다음 국제채 중에서 성격이 다른 하나는?

① 양키본드   ② 김치본드
③ 사무라이본드   ④ 판다본드

해설 김치본드는 유로채에 해당하며 나머지는 모두 외국채에 해당한다. 외국채는 차입자가 외국에서 발행지 국가의 통화표시로 발행한 채권(기명식)으로 발행지 국가에 따라 별명이 붙어있다.

040 유로채(Eurobond)의 특징을 설명한 것으로 옳지 않은 것은? 심화

① 유로채는 기명채권이며, 사모형식의 발행이 대부분을 이루고 있다.

② 일반적으로 1억 ~ 5억 달러 규모로 발행된다.

③ 고정금리채는 2~10년물, 변동금리채는 5~15년물이 주류를 이룬다.

④ 이자의 계산은 [30일/360일] 기준으로 하여 대부분 일 년에 한 번 이자를 지급하는 형태로 발행된다.

 유로채는 무기명채권이며, 대체로 룩셈부르크나 런던 등 역외금융센터의 거래소에 상장되는 공모형식(불특정 다수의 투자자에게 판매)의 발행이 대부분을 이루나 최근 사모발행(소수의 특정 투자자에게만 판매)이 증가하고 있다. 우리나라에서는 투자자수가 50인 이상이면 공모, 50인 미만이면 사모로 구분한다.

041 다음 국제금융상품 중 만기를 기준으로 분류할 때 종류가 다른 하나는?

① T-Bill   ② CD   ③ CP   ④ MTN

 MTN(Medium Term Note)는 중장기채권으로 다양한 만기를 지닌다. 나머지는 모두 만기가 1년 미만인 단기금융상품이다.

단기채권	국채(T-Bill), 기업어음(CP), 양도성예금증서(CD), 어음(Acceptances)
장기채권	국채(T-Bond), 회사채, MBS, 사모채, MTN

042 국제증권시장의 상품구성과 변화추이에 관한 설명으로 적절하지 않은 것은?

① EMTN(Euro Medium Term Note)은 발행방법과 발행조건을 결정함에 있어서 자금조달자나 투자자의 특별한 요구에 맞출 수 있는 융통성을 가지고 있기 때문에 EMTN을 통한 자금조달은 다른 채권상품을 통한 자금조달보다 급격히 증가하는 추세를 보이고 있다.

② 유로본드와 외국채를 합한 국제채의 발행액은 빠른 속도로 증가하고 있으며, 유로본드의 발행규모가 더욱 빠른 속도로 증가하여 국제채에서 차지하는 유로본드의 비중은 증가하고 있다.

③ 약세통화로 표시된 채권의 발행이 늘어나는 것이 일반적이다.

④ 미국달러표시 채권의 비중이 많이 줄어들기는 했지만 여전히 미국달러의 비중이 가장 높다.

해설 한 통화의 통화가치가 하락하리라고 예상되는 때는 환손실을 볼 수 있기 때문에 금리를 높이더라도 투자자들이 투자를 하려고 하지 않는다. 따라서 약세통화로 표시된 채권의 발행이 줄어드는 것이 일반적이다.

정답   037 ②   038 ④   039 ②   040 ①   041 ④   042 ③

★★★
043 해외주식투자에 관한 설명으로 옳지 않은 것은?

① 해외주식에 직접투자를 할 경우, 정보습득의 한계와 정보의 적시성 문제가 발생할 수 있다.

② 국내거주자가 해외 주식시장에 상장된 외국법인의 주식 또는 비상장 법인의 주식을 매매하고 발생한 양도차익은 양도소득세 과세대상으로 반드시 신고해야 한다.

③ 주식투자를 한 해당 국가에서 이미 세금을 냈을 경우에는 국내에서 별도로 양도소득세를 신고하지 않아도 된다.

④ 외국 주식을 보유함으로서 지급받는 배당소득은 무조건 종합과세대상이 된다.

> **해설** 우리나라의 투자자가 주식투자를 한 해당 국가에서 이미 세금을 냈다고 하더라도 국내에서도 양도소득세를 신고해야 한다.

🏛 필수핵심정리 ▷ 해외주식투자

직접 투자	• 정보습득의 한계와 정보의 적시성 문제 발생 • 체크사항 : 온라인거래 가능여부, 거래시간, 수수료, 거래통화, 세금 등 • 국내거주자가 해외시장에 상장된 외국주식 또는 비상장법인 매매 시 발생한 양도차익은 과세대상 → 투자한 국가에서 이미 세금을 냈어도 국내에서 양도세 신고 • 외국주식 배당소득은 무조건 종합과세 대상
간접 투자	• 해외주식 ETF, 펀드, Fund of Funds • 해외주식펀드는 환매기간 길고, 수수료가 높음

★★★
044 해외주식펀드에 관한 설명으로 옳지 않은 것은?

① 해외펀드는 달러, 엔화, 유로화 등 외국통화로 투자되기 때문에 특성상 환율위험에 노출되는 경우가 많다.

② 해외펀드는 국내펀드와 달리 예측하지 못한 투자위험이 많으므로 신뢰할 만한 자산운용사를 선택해야 한다.

③ 해외펀드는 국내펀드보다 환매기간이 길다.

④ 국내에서 판매되고 있는 해외펀드 대부분은 국내펀드보다 낮은 선취판매수수료를 부과한다.

> **해설** 일반적으로 국내에서 판매되고 있는 해외펀드 대부분은 국내펀드보다 높은 선취판매수수료(A Class형)를 부과한다.

★★★
045 해외채권투자에 관한 설명으로 옳지 않은 것은?

① 해외채권투자는 간접투자보다는 직접투자가 바람직하다.

② 미국 재무부증권은 Treasury-bill, Treasury-note, Treasury-bond로 구성되어 있고, Treasury-bill은 만기 1년 이하의 단기채이며 Treasury-bond는 만기 10년 이상의 장기채이다.

③ 미국 재무부채권은 위험성이 없는 채권으로 간주되며, 기타 국가의 채권은 위험도에 따라 미국재무부채권 금리에 가산금리가 붙는다.

④ 브라질 채권은 금리가 높고 이자소득이 비과세되어 관심을 받았으며, 국내에서 판매되는 브라질 채권의 만기는 주로 6년 이상의 장기채이다.

해설 주식시장과는 달리 해외채권시장을 분석하는 것은 매우 어렵다. 따라서 해외채권투자는 직접투자보다는 간접투자 형태인 채권형 펀드 또는 채권 ETF를 통한 투자가 바람직하다.

★★★
046 다음 중 빈 칸에 적절한 용어는?

> 국내에서 판매되는 브라질 채권의 만기는 주로 6년 이상의 장기채이다. 장기채가 판매되는 주요 이유는 채권을 살 때 부과되는 (　　　) 때문이다.

① 버핏세　　　　② 토빈세　　　　③ 취득세　　　　④ 종합소득세

해설 국내에서 판매되는 브라질 채권의 만기는 주로 6년 이상의 장기채인데, 장기채가 판매되는 주요 이유는 단기채권을 살 때 부과되는 토빈세 때문이다. 따라서 단기채에 투자하는 경우에는 실익이 크지 않다.

★★★
047 다음 중 빈 칸 (가), (나)에 적절한 것을 순서대로 바르게 나타낸 것은?

구분	발행지역	발행자	표시통화	발행자격
(가)	홍콩	외국기업	위안화	없음
(나)	중국 본토	외국기업	위안화	QFII

① 딤섬본드, 판다본드　　　　　　② 판다본드, 딤섬본드

③ 북경본드, 홍콩본드　　　　　　④ 딤섬본드, 만리장성본드

해설 딤섬본드는 유로채, 판다본드는 외국채라고 할 수 있으며, 딤섬본드는 홍콩에서 발행한 위안화 표시 채권이고 판다본드는 중국 본토에서 발행한 위안화 표시 채권이다. 딤섬본드는 대체로 신용등급이 높은 회사채로 수익률이 낮은 편이다. 또한 두 채권의 가장 큰 차이는 발행지역인데, 이 작은 차이가 외국인 투자자들에게는 매우 커다란 차이로 작용한다. 딤섬본드는 QFII(Qualified Foreign Institutional Investor)가 없어도 투자할 수 있기 때문이다.

···TOPIC **7** 해외투자포트폴리오의 구축

★★★
048 국제포트폴리오를 구축하는 경우의 방어적 투자전략과 거리가 먼 것은?

① 시장의 효율성을 가정하고 전략을 구사한다.

② 위험을 줄이는 방어적 투자에는 주가와 환율의 예측이 중요하다.

③ 시장인덱스 수익률이 목표수익률이 된다.

④ 방어적 투자를 위해서는 벤치마크의 모방과 거래비용 감소가 중요하다.

 해설 방어적 포트폴리오 구축의 경우에는 주가와 환율전망을 반영하지 않는다. 방어적 전략은 주관적인 판단과 예측에 따른 수익률의 극대화를 꾀하기보다는 벤치마크지수의 구성을 모방함으로써 벤치마크의 수익률과의 괴리를 최소화하고자 하는 전략이다.

🏛 필수핵심정리 ▷ 해외투자전략

공격적 투자	• 환율과 주가전망과 예측을 적극적으로 포트폴리오 구성의 결정에 반영하여 위험을 부담하면서도 수익률을 극대화하고자 하는 적극적 전략 • 시장의 비효율성이 존재한다고 믿음 • 공격적 투자에서는 자산배분이 가장 중요한 의사결정사항 • 국제주식투자는 환율과 각국의 주가 예측을 통한 공격적 전략이 중심이 되어 왔음
방어적 투자	• 환율과 주가전망을 투자결정에 거의 반영하지 않고 벤치마크 지수의 구성을 모방함으로써 벤치마크와의 수익률 격차를 최소화하려는 소극적 전략 • 시장이 효율적인 상황에서 어떤 정보를 이용하여 예측을 하더라도 초과수익을 얻을 수 없다는 판단에 근거 • 소극적 전략에서의 목표수익률의 상한은 벤치마크의 수익률이 됨 • 소극적 전략을 사용하는 포트폴리오의 전형적인 예는 인덱스펀드

049 적극적(공격적) 투자전략과 소극적(방어적) 투자전략에 관한 다음의 설명 중 옳지 않은 것은?

① 적극적 투자전략이란 운용실적에 영향을 미치는 여러 가지 요인을 가능한 정확하게 분석, 예측하여 Benchmark보다 높은 수익률을 획득하는 것을 목표로 하는 전략을 말한다.

② 소극적 투자전략이란 향후의 불확실한 예상치에 근거한 투자행위를 최소화하고 사전에 정한 Benchmark의 수익률을 그대로 실현시키고자 하는 투자전략을 말한다.

③ Indexing(지수화) 전략은 대표적인 공격적 투자전략이다.

④ 적극적 투자전략은 Benchmark의 포트폴리오 구성과 차이가 크다.

> **해설** Indexing(지수화) 전략은 대표적인 방어적 투자전략이다. 벤치마크 포트폴리오의 구성을 모방하여 투자수익률을 벤치마크 수익률에 근접하도록 하는 것을 지수화(Indexing)라고 한다.

050 국제포트폴리오 투자는 국내 투자에 비해서 보다 공격적인 전략을 취하게 된다고 한다. 다음 설명 중 옳지 않은 것은?

① 공격적 전략에서는 포트폴리오의 구성이 벤치마크와 큰 차이를 갖게 된다.

② 공격적인 전략에서는 보다 많은 예측의 노력이 요구된다.

③ 공격적 전략에서는 목표수익률을 벤치마크 수익률에 둔다.

④ 공격적 전략은 시장이 보다 비효율적인 경우에 적합하다.

> **해설** 공격적 전략과 방어적 전략의 차이는 시장 효율성을 보는 관점의 차이에서 시작한다. 시장이 효율적이 될수록 예측을 위한 노력은 무의미하며 예측보다는 분산투자에 중점을 두는 방어적 전략으로 움직이게 된다. 공격적 전략에서는 시장이 비효율적인 것으로 보고 예측을 적극적으로 포트폴리오의 구성에 반영하므로 포트폴리오의 구성이 벤치마크와는 차이를 갖게 된다. 또한 공격적 전략에서는 목표수익률도 벤치마크 수익률을 초과하는 것을 목표로 삼는다.

051 국제투자에서의 헤지펀드에 관한 설명으로 적절하지 않은 것은?

① 소수의 부유한 투자자나 기관투자자로 구성되는 경우가 일반적이다.

② 펀드운용 규제가 적어 공격적 투자를 하기도 한다.

③ LTCM, Tiger Fund 등의 실패로 방어적 기조로 전환되기도 했다.

④ 헤지펀드 비중이 지속적으로 증가추세에 있다.

> **해설** 뮤추얼펀드의 해외투자 비중이 증가하고 있고 헤지펀드의 공격적 전략에서 큰 실패를 가져온 경험 때문에 헤지펀드의 비중은 감소추세이다. 최근 들어서 해외주식투자의 또 하나의 중요한 주역으로 등장한 것이 사모투자펀드(PEF)이다.

정답 048 ② 049 ③ 050 ③ 051 ④

052 국제투자에서 중심적 역할을 해 온 헤지펀드(Hedge Fund)에 관한 설명이 잘못된 것은?

① 헤지펀드의 투자는 효율적 금융시장에 보다 적합하다.

② 헤지펀드의 투자는 위험분산보다는 수익률 제고에 주된 목적이 있다.

③ 헤지펀드의 투자자들은 공격적 투자를 선호한다.

④ 국제투자에서 헤지펀드의 투자는 환투기 요소가 강하다.

> **해설** 헤지펀드의 투자는 효율적인 금융시장 보다는 시장의 비효율성을 이용한 투기이익을 올리는 동기가 강하므로 공격적인 투자를 주로 한다. 헤지펀드는 소수의 부유한 투자자나 기관투자자들로 구성된 펀드이다. 헤지펀드의 투자자들은 이미 잘 분산된 포트폴리오를 가지고 있기 때문에 상대적으로 덜 위험회피적이다. 따라서 위험분산보다는 공격적 투자를 통한 수익률 제고가 투자의 더 중요한 목적이다. 특히 국제투자에 있어서는 환투기가 중요한 동기가 된다.

053 해외포트폴리오 투자전략에서 중심이 되는 의사결정은 국가 비중을 결정하는 것이다. 이에 대한 설명으로 옳지 않은 것은?

① 통화가치가 상승할 것으로 예상되는 국가의 투자비중을 늘린다.

② 국제자본시장의 동조화 정도가 강하거나 통합되어 갈수록 국가비중의 결정 문제는 더욱 중요해진다.

③ 국가비중 결정의 기준이 되는 것은 MSCI지수와 같은 국제주가지수이다.

④ 각국의 거시경제 변수를 보고 높은 경제성장이 기대되는 국가의 비중을 늘린다.

> **해설** 국제자본시장의 동조화 정도가 강하거나 통합의 정도가 높아질수록 모든 국가의 주식시장이 동일한 방향으로 움직이기 때문에 국가비중 결정 문제의 중요성은 낮아진다. 해외포트폴리오 투자전략에서 국가 비중의 결정을 위한 접근방법은 크게 두 가지 방법이 있다. Top-Down 방식은 각국의 거시경제를 보고 국가비중을 우선적으로 결정한 다음, 각국에서 산업과 개별기업 비중을 결정하는 방법이다. Bottom-Up 방식은 기업분석과 산업분석을 통하여 투자대상의 주식과 주식별 투자액을 미리 정하고 그 결과 전체 포트폴리오에서 차지하는 각국의 투자비중이 결정되는 방식이다. 국제포트폴리오 투자에서 국가비중 결정의 기준이 되는 것은 MSCI지수와 같이 벤치마크가 되는 국제주가지수이다. 여기에 환율변동과 경제성장의 전망에 따라 국가비중을 결정하게 되는데 통화가치가 상승할 것으로 예상되는 국가, 높은 경제성장이 예상되는 국가의 비중을 높인다.

★★★
054 장기 해외자산에 투자하는 경우 적절한 헤지(Hedge) 수단이 존재하지 않을 수도 있으며, 설사 그러한 헤지 수단이 있다고 하더라도 비용이 많이 들고 유동성이 낮기 때문에 사용하기가 어렵다. 이러한 경우 단기 헤지 상품을 계속적으로 활용하여, 즉 짧은 헤지 기간을 연결하여 전체 투자기간을 헤지할 수도 있다. 이와 같은 헤지 방법을 무엇이라고 하는가?

① 롤링 헤지(Rolling Hedge)
② 내재적 헤지(Implicit Hedge)
③ 교차 헤지(Cross Hedge)
④ 합성 헤지(Synthetic Hedge)

> **해설** 단기 헤지 상품을 계속적으로 활용하여, 즉 짧은 헤지 기간을 연결하여 전체 투자기간을 헤지하는 것을 롤링 헤지(Rolling Hedge)라고 한다. 예를 들어 3개월 만기를 가진 파생상품을 이용하여 1년간 헤지를 하기 위해서는 3개월 헤지 후 다시 3개월 헤지를 4번 연속해야 가능하다. Rolling이란 말은 만기를 계속 이월한다는 의미이다.

🏛 필수핵심정리 ▶ **해외투자의 환위험관리전략**

① 통화파생상품 이용 : 선물환, 통화선물, 통화옵션, 통화스왑 등
② 해당국 통화에 대한 노출을 최소화하면서 투자자산 가격에의 노출은 그대로 보유하는 것 : 주식파생상품, 금리파생상품 등
③ 내재적 헤지 : 투자대상증권과 환율 간의 상관관계를 이용
④ 통화의 분산
⑤ 아무런 헤지도 않음

★★★
055 해외투자의 환위험관리 전략으로 적절하지 않은 것은?

① 통화파생상품을 이용한다.
② 투자대상증권과 환율 간의 상관관계를 이용한 내재적 헤지를 한다.
③ 통화를 달러로 단일화시킨다.
④ 아무런 헤지도 하지 않는다.

> **해설** 여러 종류의 통화에 분산투자함으로써 환노출을 줄여야 한다. 이는 각국 통화 간의 움직임이 서로 어긋남으로써 통화위험을 분산시키는 것인데, 각국 통화 간의 움직임의 상관관계에 따라 헤지 효과가 결정된다. 헤지란 비용을 수반하는 것이기 때문에 장기적으로는 헤지를 하는 전략이 헤지비용만을 초래하는 결과를 가져올 수도 있다. 따라서 헤지를 하지 않는 것도 언제나 하나의 가능성으로 고려되어야 한다. 뿐만 아니라 환율변동은 위험요인인 동시에 수익의 요인도 되기 때문에 적극적으로 환율에 노출을 가짐으로써 높은 초과수익을 얻을 수도 있다.

정답 052 ① 053 ② 054 ① 055 ③

★★★
056 다음 중 현금인출 여부와 관계없이 달러당 수익률을 계산하는 방법으로, 인출된 현금이 기간 말까지 계속 투자가 되었다고 가정하여 수익률을 계산하는 방법은?

① 금액가중평균수익률(MWR)
② 단순수익률
③ 시간가중평균수익률(TWR)
④ 내부수익률(IRR)

해설 | 투자기간 중에 계속 현금의 유출과 유입이 발생하는 경우 금액가중평균수익률은 이의 영향을 받게 되어 순수한 펀드매니저의 운용성과를 측정하는 데에는 적합하지 않다. 따라서 현금인출 여부에 영향을 받지 않는 시간가중평균수익률로 성과를 평가한다.

CHAPTER 03 투자분석기법 – 기본적 분석

내용 구성 및 주요 출제내용 분석

출제경향 분석 및 학습요령

투자분석기법은 기본적 분석, 기술적 분석, 산업분석 등 3과목으로 구성되며 총 12문제가 출제된다. 따라서 약간의 변동은 있을 수 있지만 대략 과목별로 4문제가 출제된다고 볼 수 있기 때문에 학습자 본인의 능력에 따라 과목별 학습강도를 잘 조절하는 것이 효율적이다. 기본적 분석에서 주로 출제되는 부분은 항상성장모형에 의한 이론주가 계산, 재무제표분석 (ROA, ROE, 이자보상비율 등의 계산식 및 해석), 상대가치평가모형인 PER, PEGR, PBR, Tobin's Q, PSR, EV/EBITDA, PCR, EVA 및 MVA, FCF모형 등이 있다. 주로 공식이 많이 나오기 때문에 공식을 잘 이해하고 문제풀이 연습을 잘 해두면, 시험에 주로 출제되는 계산 문제나 해석 문제를 어렵지 않게 해결할 수 있다. 간혹 기본서에 나와 있는 단원별 문제를 보고서 두려움을 호소하는 경우가 있는데 실제 시험은 생각보다 쉽게 출제되기 때문에 너무 신경 쓰지 않는 것이 좋다.

···TOPIC 1 증권분석의 개념

★★★
001 다음 중 증권분석의 가장 핵심이 되는 내용은?

① 위험평가와 종목선택
② 수익률과 매매시점 포착
③ 종목선택과 매매시점 포착
④ 매매시점포착과 위험평가

해설 증권분석은 내재가치와 시장가치를 비교하는 기본적 분석과, 투자심리에 영향을 받는 시장의 수급을 알아보는 기술적 분석으로 나뉜다. 즉, 증권분석의 핵심은 좋은 종목의 선택과 매매시점의 적절한 포착이라고 할 수 있다.

🏛 필수핵심정리 〉 기본적 분석의 체계

양적 분석	재무제표를 중심으로 비교적 계량화가 가능한 자료들을 분석하는 방법	
질적 분석	경제 및 산업동향, 개별기업의 사업내용, 경영진 등 재무제표에 나타나지 않아 계량화가 불가능한 자료들을 분석하는 것	
	미시방식(Bottom–up)	기업분석 → 산업분석 → 경제분석 순으로 분석
	거시방식(Top–down)	경제분석 → 산업분석 → 기업분석 순으로 분석

★★★
002 주가예측 방법 중 기본적 분석을 통하여 분석하는 대상과 거리가 먼 것은?

① 거시경제변수　　　　　　　　　② 산업변수
③ 기업변수　　　　　　　　　　　④ 투자심리

해설 기본적 분석은 기업 가치에 영향을 미칠 수 있다고 생각되는 거시경제변수, 산업변수, 기업자체 변수들을 살펴보는 것이고 기술적 분석은 주식시장에서의 수요와 공급이 투자가들의 심리상태에 의해 결정된다고 보고 과거의 주가와 거래량을 분석해서 미래의 주가를 예측하는 분석방법이다.

⋯⋯TOPIC 2 가치평가와 현금흐름

★★★
003 유가증권 가치평가를 위한 기업 현금흐름추정의 기본원칙으로 옳지 않은 것은?

① 현금흐름은 증분기준으로 추정되어야 한다.
② 현금흐름은 세전기준으로 추정되어야 한다.
③ 현금흐름의 추정에는 해당 투자안에 의한 모든 간접적 효과도 고려되어야 한다.
④ 현금흐름 추정 시 매몰원가(Sunk Cost)는 고려대상이 아니나 기회비용(Opportunity Cost)은 고려해야 한다.

해설 현금흐름은 세후기준으로 추정되어야 한다. 해당 투자안에 대한 최초의 투자액은 세후현금으로 지불되기 때문에, 그 투자안이 발생시키는 현금유입도 마찬가지 단위인 세후현금흐름으로 측정되어야 하는 것이다. 매몰원가는 과거의 투자결정에 의하여 이미 지출된 비용이므로 현재의 투자결정에는 영향을 미치지 않는다. 그러나 다른 용도로 이용할 수 있는 자원을 사용하는 경우에는 기회비용은 고려해 주어야 한다. 또한 현금흐름을 추정할 때 현금유입과 현금유출의 시점을 정확히 추정해야 한다.

정답 001 ③　　002 ④　　003 ②

🏛 필수핵심정리 ▶ 현금흐름 추정의 기본원칙과 순현금흐름

투자자산 가치에 관한 의사결정에서 중요한 것은 회계이익이 아니라, 투자자산으로부터 발생하는 현금흐름의 크기이다.

기본원칙	① 현금흐름은 증분기준으로 추정되어야 한다. ② 현금흐름은 세후기준으로 추정되어야 한다. ③ 현금흐름의 추정에는 해당 투자안에 의한 모든 간접적 효과를 고려해야 한다. ④ 현금흐름을 추정할 때 현금유입과 현금유출의 시점을 정확히 추정해야 한다. ⑤ 현금흐름을 추정할 때 매몰원가는 고려대상이 아니나 기회비용은 고려하여야 한다.
순현금흐름	현금흐름 = 영업이익 × (1 − 법인세율) + 비현금비용 → CF = EBIT × (1 − t) + D(= 감가상각액)

★★★
004 다음 중 기업의 현금흐름과 관련된 활동에서 현금유입을 결정하는 주요인은?

① 영업이익　　　　　　　　　　② 영업권 매입
③ 기계설비　　　　　　　　　　④ 연구개발투자

 해설

현금유입		영업이익
현금유출	유형고정자산	공장부지, 기계설비, 운반장비 등의 시설자금투자
	무형고정자산	연구개발투자, 특허권 및 영업권의 매입

★★★
005 어느 기업에서 1,000만원짜리 기계를 설치하려고 한다. 기계가 설치되면 내용연수 10년 동안 매년 200만원의 생산비가 절감될 것이다. 기계는 정액법으로 감가상각 될 것이며 잔존가치는 없다. 이 기업의 한계세율이 40%일 경우 기계 설치에 따른 연간 순현금흐름(NCF, Net Cash Flow)은 얼마인가? 심화

① 100만원　　　　② 130만원　　　　③ 160만원　　　　④ 200만원

 해설 NCF = (ΔR−ΔC−ΔD)(1−τ)+ΔD(ΔR : 매출액 증가분, ΔC : 현금영업비용증가분, ΔD : 감가상각비 증가분, τ : 법인세율), 여기서 연간 감가상각비(ΔD)는 100만원(= 1,000만원 / 10년)이다. 따라서 NCF = {0−(− 200만원)−(100만원)}(1−0.4)+100만원 = 160만원

···TOPIC ❸ 화폐의 시간적 가치

★★★
006 화폐의 시간가치에 대한 설명으로 적절하지 못한 것은?

① 이자율이 0보다 크다면, 오늘의 100만원은 미래시점 100만원보다 그 가치가 크다.

② 화폐의 시간가치효과는 복리의 경우 극대화된다.

③ 이자가 복리로 계산될 때 이자율이 높을수록 성장률(수익률)은 기하급수적으로 높아진다.

④ 미래 현금흐름의 현재가치는 할인효과로 인하여 기간이 길수록 증가한다.

> **해설** 현재가치를 구하는 과정을 할인(Discounting)이라 하는데, 미래 현금흐름의 현재가치는 할인효과로 인하여 기간이 길수록 감소한다. 참고로 합리적인 투자결정을 내리기 위해서는 미래현금흐름의 현재가치를 구해야 한다. 즉 미래 현금흐름의 현재가치가 투자에 소요되는 비용보다 크면 그 투자는 수행하는 것이 바람직하다.

🏛 필수핵심정리 〉 연금(Annuity)의 현재가치와 미래가치

연금의 미래가치 (FVA)	향후 n년 동안 매년 말 일정한 금액 A를 연리 i로 적립할 경우, n년 후에 모을 금액의 합계 $FVA_n = A \times \dfrac{(1+i)^n - 1}{i}$
연금의 현재가치 (PVA)	매 기간 연속적으로 발생하는 일정한 액수의 현금흐름의 총현재가치를 말함(예 리스계약 시 리스료 납부, 종업원퇴직연금플랜의 연금지급금, 할부판매 시의 할부조건) $PVA_n = A \times \dfrac{(1+i)^n - 1}{i} \times \dfrac{1}{(1+i)^n}$

★★★
007 철수는 가격이 2,500,000원인 자동차를 20% 할인하여 매입하려고 한다. 매입가격은 3년 동안 세 번에 걸쳐 균등할부로 지급하되, 이자는 미지급 잔액에 대하여 12%를 지급하기로 하였다. 이때 균등할부액은 연간 얼마인가? [심화]

① 520,300   ② 690,300   ③ 832,700   ④ 880,700

> **해설** 2,500,000원인 자동차를 20% 할인하여 매입하므로 2,500,000의 80%인 2,000,000원을 이자율 12%를 적용하여 3년 동안 상환하는 것이 된다. 따라서 3년 동안 매년 균등상환하는 금액(연금, A)의 현재가치가 2,000,000원이 되도록 하면 된다.
>
> $$균등상환액 \times \frac{(1+i)^n - 1}{i} \times \frac{1}{(1+i)^n} = A \times \frac{(1+0.12)^3 - 1}{0.12(1+0.12)^3} = 2,000,000, \ A = 832,700$$

TOPIC 4 증권분석을 위한 통계 기초

★★★
008 통계자료의 분포특성을 나타내는 수치로서 중심위치를 나타내는 지표가 아닌 것은?

① 산술평균 ② 분산 ③ 최빈값 ④ 중앙값

> **해설** 통계자료의 분포특성을 하나의 수치로 요약하는 기준으로는 중심위치, 산포경향 등이 있는데, 중심위치란 자료가 어떤 값을 중심으로 분포하는가를 나타내는 대표치로 산술평균(Mean), 최빈값(Mode), 중앙값(Median) 등이 자주 쓰인다. 산포경향이란 자료가 중심위치로부터 어느 정도 흩어져 있는가를 나타내는 지표로 범위, 평균편차, 분산, 표준편차 등이 자주 쓰인다.

🏛 **필수핵심정리**	공분산과 상관계수
공분산 $Cov(X,Y)$ 또는 σ_{xy}	• 공분산과 상관계수는 두 확률변수 간의 관계를 측정하기 위한 지표 • $Cov(X,Y) = E[(X - \mu_x)(Y - \mu_y)]$, ($\mu_x$는 X의 평균, μ_y는 Y의 평균) • 공분산은 $-\infty$에서 $+\infty$의 어떤 값이든지 가질 수 있다.
	• 공분산 > 0 → 두 변수가 양(+)의 상관관계 • 공분산 < 0 → 두 변수가 음(−)의 상관관계 • 공분산 = 0 → 두 변수가 아무런 선형의 상관관계가 없음을 의미
상관계수 ρ_{xy}	두 변수의 관계의 방향과 정도를 나타내 주는 측정치 • $\rho_{xy} = \dfrac{\sigma_{xy}}{\sigma_x \times \sigma_y} = \dfrac{x와\, y의\, 공분산}{x의\, 표준편차 \times y의\, 표준편차}$ • 상관계수는 −1에서 +1사이의 값을 가짐($-1 \le \rho_{xy} \le +1$)

★★★
009 공분산과 상관계수에 관한 설명으로 잘못된 것은?

① 공분산과 상관계수는 두 확률변수 간의 관계를 측정하기 위한 지표이다.
② 공분산은 어떤 값이든 무한하게 가질 수 있다.
③ 상관계수는 공분산을 각각의 분산으로 나누어준 값이다.
④ 상관계수가 0이면 공분산도 0이고 선형의 상관관계가 없다는 것이다.

> **해설** 상관계수는 두 변수 간 관계의 방향과 정도를 나타내 주는 측정치로, 공분산을 각각의 표준편차로 나누어준 값으로 −1에서 +1사이의 값을 갖는다.

★★★
010 어떤 기업이 발행한 증권이 앞으로 10년 동안 매년 50,000원씩 현금수익을 발생시킬 것으로 예상된다. 해당 증권에 대한 투자자들의 요구수익률이 5%라고 가정할 경우 그 증권의 가치를 구하는 식으로 옳지 않은 것은?

① $\sum_{t=1}^{10} \dfrac{50,000}{(1+0.05)^t}$

② $50,000(PVIFA_{5\%,10})$, $(PVIFA_{5\%,10}$는 연금현가요소$)$

③ $50,000(\dfrac{1.05^{10}-1}{0.05} \cdot \dfrac{1}{1.05^{10}})$

④ $\sum_{t=1}^{10} \dfrac{50,000}{(1+0.05)^t} \times (\dfrac{1.05^{10}-1}{0.05} \cdot \dfrac{1}{1.05^{10}})$

해설 $\sum_{t=1}^{10} \dfrac{50,000}{(1+0.05)^t} = 50,000(PVIFA_{5\%,10}) = 50,000(\dfrac{1.05^{10}-1}{0.05} \cdot \dfrac{1}{1.05^{10}})$

🏛 필수핵심정리 ▶ 자산가치평가의 기본모형

자산가치는 해당자산이 내용연수 동안 발생시키는 기대현금흐름의 총현재가치이다.
① 현금흐름할인(DCF, Discounted Cash Flow)모형

$$V_0 = \frac{CF_1}{(1+k)^1} + \frac{CF_2}{(1+k)^2} + \cdots + \frac{CF_n}{(1+k)^n} = \sum_{t=1}^{n} \frac{CF_t}{(1+k)^t}$$

- V_0 : 현재 시점의 자산가치   • CF_t : 기간 t에서의 기대 현금흐름
- k : 요구수익률 또는 할인율   • n : 보유기간의 길이

② 자산에 대한 요구수익률은 해당자산이 발생시키는 수익의 불확실성 또는 위험 수준이 높을수록 해당자산에 대한 투자자들의 요구수익률(할인율)도 상승

★★★
011 연리 3%의 만기가 없는 무보증사채의 요구수익률이 6%라면 이 영구채권의 가치는?(단, 액면가는 10만원이고 이자는 1년에 한번 지급한다)

① 3,000　　　　② 6,000　　　　③ 50,000　　　　④ 80,000

해설 만기가 없는 채권, 즉 영구채권의 현재가치 $P_0 = \sum_{t=1}^{\infty} \dfrac{I}{(1+k_d)^t} = \dfrac{I}{k_d}$ (I는 연간 지급이자, k_d는 요구수익률)이다.

여기서 I는 연간 지급이자로서 3,000원(= 10만원×3%)이고, k_d = 6%이므로 $P_0 = \dfrac{3,000}{0.06} = 50,000$원

🏛 필수핵심예제 ▶ 채권의 현재가치

만기가 있는 채권	만기가 있는 채권은 두 종류의 현금흐름을 가져다준다. → 매 기간 지급되는 이자 + n기간 후에 상환하는 원금(F)
	• 매 기간 지급되는 이자금액은 일반적으로 동일하다. • $P_0 = \sum_{t=1}^{\infty} \dfrac{I}{(1+k_d)^t} = \dfrac{I}{k_d^{n}}$ $\left(\begin{array}{l} P_0 = \text{현재시점에서의 채권가치} \\ K_d = \text{해당 채권에 대한 투자자들의 요구수익률} \end{array} \right)$
	다른 모든 조건이 같을 경우, 투자자의 요구수익률이 변할 때 장기채권의 가치는 단기채권의 가치보다 더 큰 영향을 받는다.
	이자율 위험 : 채권가격의 변화와 그에 따른 실현수익률의 변동을 나타냄 → 시장이자율(요구수익률)이 상승하여 채권가치가 하락할 가능성
영구채권	• 만기가 없는 채권으로서, 만기상환 원금(F) = 0 • $P_0 = \sum_{t=1}^{\infty} \dfrac{I}{(1+k_d)^t} = \dfrac{I}{k_d^{n}}$, (I는 연간 지급이자, K_d는 요구수익률)

···TOPIC 7 채권의 만기수익률

★★★
012 연리 4%의 만기가 없는 무보증사채의 현재가격이 40,000원이라면 만기수익률(YTM)은?(단, 액면가는 10만원이고 이자는 1년에 한번 지급한다)

① 4%　　　　　② 8%　　　　　③ 10%　　　　　④ 12%

 영구채권의 만기수익률(YTM) $= \dfrac{I}{P_0} = \dfrac{\text{연간 지급이자}}{\text{현재가격}} = \dfrac{4,000}{40,000} = 0.1$ 또는 10%

여기서 연간 지급이자(I)는 4,000원(= 10만원 × 4%)

🏛 필수핵심정리 ▶ **채권의 만기수익률**

채권의 만기수익률(YTM, Yield To Maturity)은 채권을 주어진 가격에 사서 만기까지 그대로 보유할 때 얻어지는 수익률

영구채권의 만기수익률(YTM)	$P_0 = \dfrac{I}{YTM}$　　$\therefore YTM = \dfrac{I}{P_0}$

···TOPIC 8 우선주의 가치평가

★★★
013 A기업에서 발행한 누적우선주는 매년 말 주당 2,000원의 배당금을 지불하고 있다. 투자자들의 요구수익률이 10%라면 이 우선주의 가치는?

① 1,000원　　　　② 2,000원　　　　③ 10,000원　　　　④ 20,000원

해설 우선주의 가치 $= P_0 = \dfrac{D_p}{k_p} = \dfrac{2,000}{0.10} = 20,000$원

🏛 필수핵심정리 ▶ **우선주의 현재가치**

• 우선주는 만기가 없으므로 우선주의 현금흐름은 영구연금으로 취급될 수 있다.

$$P_0 = \sum_{t=1}^{\infty} \dfrac{D_p}{(1+k_p)^t} = \dfrac{D_p}{k_p}$$

• (D_p : 매기간 지급되는 우선 배당금　　k_p : 우선주 주주들의 요구 수익률)

···TOPIC 9 보통주의 가치평가를 위한 성장모형

★★★
014 보통주의 가치평가를 위한 Gorden의 항상성장모형에 관한 설명으로 옳지 않은 것은?

① 기업의 이익과 배당이 매년 일정한 비율(g)로 계속 성장한다고 가정한다.

② 요구수익률(k_e)이 일정하며, 요구수익률이 배당성장률(g)보다 작다고 가정한다.

③ 사내유보율과 배당성향은 일정하다.

④ 투자자들의 요구수익률은 예상배당수익률($\dfrac{D_1}{P_0}$)과 자본이득수익률(g)의 합이다.

> **해설** 요구수익률(k_e)이 일정하며, 요구수익률이 배당성장률(g)보다 크다고 가정한다. 또한 성장에 필요한 자금을 내부자금으로만 조달하며, 투자자금의 재투자수익률(ROE)이 항상 일정하다고 가정한다.

🏛 필수핵심정리 ▶ 항상성장모형 : Gorden 모형

가정	미래배당금(D_t)이 매 기간 일정한 비율 g로 지속적으로 성장한다. → $D_t = D_0(1+g)^t$, (D_0 : 현재($t=0$)의 배당금)
	주주들의 요구수익률 k_e 가 배당성장률 g보다 크다.
이론주가	$P_0 = \sum_{t=1}^{\infty} \dfrac{D_0(1+g)^t}{(1+k_e)^t} = \dfrac{D_1}{k_e - g}$ → 다음기간의 배당(D_1)이 클수록, 요구수익률(k_e)이 작을수록, 배당성장률(g)이 클수록 주가는 상승한다.
	성장률(g) = 사내유보율(b) × 자기자본이익률(ROE) → 사내유보율(b) = 1 − 배당성향 = $1 - \dfrac{D}{E} = 1 - \dfrac{\text{주당배당금}}{\text{주당순이익}}$
	→ 자기자본이익률(ROE) = $\dfrac{\text{주당순이익(EPS)}}{\text{주당자기자본}} = \dfrac{\text{당기순이익}}{\text{자기자본}}$
요구수익률	$k_e = \dfrac{D_1}{P_0} + g = $ 예상배당수익률$\left(\dfrac{D_1}{P_0}\right)$ + 자본이득수익률(g)

★★★
015 항상성장모형에서 주식가격 결정요인과 거리가 먼 것은?

① 총자산이익률　　　　　　　② 요구수익률

③ 배당금　　　　　　　　　　④ 사내유보율

> **해설** $P_0 = \dfrac{D_1}{k_e - g}$ 이고 성장률(g)은 사내유보율(b)과 자기자본이익률(ROE)의 곱으로 표현된다. 따라서 항상성장모형에서 총자산이익률(= 당기순이익 / 총자산)은 주식가격 결정요인과는 거리가 멀다.

★★★
016 항상성장모형에 관한 설명으로 옳지 않은 것은?

① 다음 기간의 배당이 클수록 주가는 상승한다.
② 기대(요구)수익률이 클수록 주가는 하락한다.
③ 기대(요구)수익률이 배당성장률보다 클 경우에만 성립한다.
④ 배당성장률이 클수록 주가는 하락한다.

 $P_0 = \dfrac{D_1}{k_e - g}$ 이므로 배당성장률(g) 이 클수록 주가는 상승한다.

★★★
017 현재 주당 2,000원의 배당금을 지급하고 있는 어떤 기업이 앞으로 계속 10%의 성장이 기대될 때, 요구수익률이 20%라면 이 주식의 이론적 주가는?

① 20,000원   ② 21,000원   ③ 22,000원   ④ 24,000원

해설 $P_0 = \dfrac{D_1}{k_e - g} = \dfrac{D_0(1+g)}{k_e - g} = \dfrac{2,000(1+0.1)}{0.2-0.1} = 22,000$

여기서 주의할 점은 문제에서 주어지는 배당금이 현재 배당금(D_0)인지 차기 예상배당금 [$D_1 = D_0(1+g)$] 인지를 명확히 구분해서 계산식의 분자에 적을 금액을 정하여야 한다

★★★
018 A기업의 ROE는 30%이다. 배당성향이 60%라면 성장률은?

① 11%   ② 12%   ③ 13%   ④ 14%

해설 성장률(g) = 유보율(b) × ROE = (1−배당성향) × ROE = (1−0.6) × 0.3 = 0.12

★★★
019 A기업의 재무자료이다. 항상성장모형의 가정 하에서 성장률을 구하면?

> • 당기순이익 : 10억원   • 부채총계 : 60억원
> • 자산총계 : 100억원   • 배당성향 : 60%

① 5%   ② 10%   ③ 15%   ④ 20%

 자기자본이익률$(ROE) = \dfrac{당기순이익}{자기자본} = \dfrac{당기순이익}{자산총계 - 부채총계} = \dfrac{10억}{100억 - 60억} = 0.25$

성장률(g) = 유보율(b) × ROE = (1 − 배당성향) × ROE = (1 − 0.6) × 0.25 = 0.10

★★★
020 매년 순이익의 40%를 사내유보하고 60%를 배당하는 기업이 20%의 자기자본이익률을 유지한다면 기대수익률은 얼마인가?(단, 현재 주가는 15,000원이며, 주당 배당금은 1,500원이 예상된다)

① 18%   ② 21%   ③ 24%   ④ 27%

 순이익의 40%를 사내유보 하므로 사내유보율$(b = 배당금/순이익)$은 40%이다.
- 배당성장률(g) = 사내유보율(b) × 자기자본이익률 = 0.4 × 0.2 = 0.08 혹은 8%
- 배당수익률(D_1 / P_0) = 1,500/15,000 = 0.10 혹은 10%
- 기대수익률(k_e) = 배당수익률(D_1 / P_0) + 배당성장률(g) = 10% + 8% = 18%

★★★
021 A기업의 올해 주당이익(EPS)은 3,000원이다. 이 기업은 매년 순이익의 40%를 사내에 유보시킨다. 자기자본이익률은 20%이며 투자자들의 요구수익률은 10%이다. A기업의 현재 적정 주가는 얼마인가? 심화

① 65,200원   ② 79,200원   ③ 85,200원   ④ 97,200원

 사내유보율(b) = 0.4, 요구수익률(k_e) = 0.1, 현재 주당배당금(D_0) = 1,800(주당이익 3,000원의 40%를 사내유보 하므로, 나머지 60%인 1,800원이 주당배당금으로 지불된다)
- 배당성장률(g) = 사내유보율(b) × 자기자본이익률 = 0.4 × 0.2 = 0.08 혹은 8%
- $P_0 = \dfrac{D_1}{k_e - g} = \dfrac{D_0(1+g)}{k_e - g} = \dfrac{1,800(1+0.08)}{0.10 - 0.08} = 97,200$

022 A기업은 지난해 주당 1,000원의 배당을 했다. 향후 순이익의 40%를 배당금으로 지급할 예정이다. 자기자본이익률이 15%이고 요구수익률이 19%라면 A기업의 적정 주식가치는?

① 9,000원　　　② 10,500원　　　③ 10,900원　　　④ 11,500원

> **해설** 순이익의 40%를 배당으로 지급하므로 배당성향이 40%이다.
> • 성장률(g) = 유보율(= 1 − 배당성향) × 자기자본이익률 = (1 − 0.4) × 0.15 = 0.09
> • $P_0 = \dfrac{D_1}{k_e - g} = \dfrac{D_0(1+g)}{k_e - g} = \dfrac{1,000(1+0.09)}{0.19 - 0.09} = 10,900$

 023 A기업의 지난해 주당배당액은 1,000원 이었다. 향후 2년간은 10%의 높은 성장률을, 그 이후에는 5%의 성장률을 지속적으로 유지할 것으로 예상된다. A기업 주식투자자들의 요구수익률이 15%라면 초기고속성장모형에 의한 A기업의 적정주가는 얼마인가? 심화

① 10,000원　　　② 11,478원　　　③ 13,056원　　　④ 22,000원

> **해설** 초기고속성장모형에서 보통주의 가치는 초기고속성장 기간 동안에 발생하는 배당금(D_1, D_2)의 현재가치와 초기고속성장 기간이 끝나는 시점($m = 2$)에서의 주가(P_2)를 현재의 시점으로 할인한 현재가치의 합으로 나타난다.
>
> $$P_0 = \frac{1,000(1+0.1)}{(1+0.15)} + \frac{1,000(1+0.1)^2}{(1+0.15)^2} + \frac{P_2(= 12,705)}{(1+0.15)^2} = 11,478$$
>
> $$\left(P_2 = \frac{D_3 = D_2(1+0.05)}{(0.15 - 0.05)} = \frac{1,000(1+0.1)^2(1+0.05)}{0.10} \right) \quad \therefore P_2 = 12,705$$

초기 고속성장모형	
2단계적인 성장구도	첫 m년은 초기고속성장 기간으로서 매년 배당성장률은 g_1이다. $\rightarrow P_0 = \sum_{t=1}^{m} \dfrac{D_0(1+g_1)^t}{(1+k_e)^t} + \dfrac{P_m}{(1+k_e)^m}$
	그 기간이 끝나면 ($m + 1$)년부터 시작하여 배당금은 매년 정상적인 성장률인 g_2로 안정되며, 이런 추세는 언제나 지속될 것으로 가정한다. $\rightarrow P_0 = \sum_{t=1}^{m} \dfrac{D_0(1+g_1)^t}{(1+k_e)^t} + \dfrac{1}{(1+k_e)^m}\left(\dfrac{D_{m+1}}{k_e - g_2} \right)$

> 보통주의 가치는 초기고속성장 동안에 발생하는 배당금의 현재가치와 초기고속성장 기간이 끝나는 시점에서의 주가를 현재의 시점으로 할인한 현재가치의 합으로 나타난다. → $P_0 = PV$ (첫 m년 동안의 배당금) + $PV(P_m)$

★★★
024 다음 중 기업의 안전성을 분석하는 지표는?

① 부채비율 　　　　　　　　　　 ② 배당성향

③ 총자산회전율 　　　　　　　　 ④ 자기자본이익률

해설		
활동성 지표	보유하고 있는 자산을 기업이 얼마나 잘 활용하고 있는가를 보기 위해서 효율성을 측정하는 지표 → 비유동자산회전율, 재고자산회전율, 매출채권회전율, 평균 회수기간, 총자산회전율	
보상비율	현재 기업이 부담하고 있는 재무적 부담을 이행할 수 있는 능력을 측정하는 지표 → 배당성향, 이자보상비율, 고정비용보상비율	
이익 지표	기업이 발행한 보통주 1주당 벌어들이는 이익의 크기를 보여주는 지표 → 주당이익(EPS), 완전희석 주당이익	
안전성 지표	기업의 중장기적 채무이행능력을 나타내는 지표 → 부채비율, 부채 – 자기자본비율	
유동성 지표	기업이 부담하고 있는 단기부채를 얼마나 쉽게 상환할 수 있는가를 살펴보는 지표 → 현금비율, 유동비율, 당좌비율(= 산성시험비율)	
수익성 지표	기업의 수익성이 어느 정도인가를 측정하는 지표 → 매출액영업이익률, 총자산이익률(ROA), 자기자본이익률(ROE)	

🏛 필수핵심정리 ▷ **재무비율 종합**

활동성 지표	비유동자산회전율	$\dfrac{\text{순매출}}{\text{비유동자산}}$
	재고자산회전율	$\dfrac{\text{순매출}}{\text{재고자산}}$ 또는 $\dfrac{\text{매출원가}}{\text{재고자산}}$
	매출채권회전율	$\dfrac{\text{순매출}}{\text{순매출 채권}}$
	평균 회수기간	$\dfrac{\text{순매출 채권} \times 365}{\text{순매출}}$
	총자산회전율	$\dfrac{\text{순매출}}{\text{총자산}}$
보상비율	배당성향	$\dfrac{\text{보통주 배당금}}{\text{보통주 주주들의 이익}}$
	이자보상비율	$\dfrac{\text{이자 및 법인세 차감 전 이익(또는 영업이익)}}{\text{이자비용}}$
	고정비용보상비율	$\dfrac{\text{고정비용 및 법인세 차감 전 이익}}{\text{고정비용}}$
이익지표	주당이익(EPS)	$\dfrac{\text{순이익} - \text{우선주 배당금}}{\text{총 보통주 발행주수}}$
	완전희석 주당이익	(순이익 – 우선주 배당금 + 전환우선주배당금 + 전환사채이자 – 이자법인세조정액) / 전환을 가정한 경우의 총 보통주 발행주수

안전성지표	부채비율	$\dfrac{총부채}{총자산}$
	부채–자기자본비율	$\dfrac{총부채}{자기자본}$
유동성지표	현금비율	$\dfrac{현금 + 시장성 유가증권}{유동부채}$
	유동비율	$\dfrac{유동자산}{유동부채}$
	당좌비율 = 산성시험비율	$\dfrac{유동자산 - 재고자산 - 선급금}{유동부채}$
수익성지표	매출액영업이익률	$\dfrac{영업이익}{순매출액}$
	총자산이익률(ROA)	$\dfrac{순이익}{총자산} = \dfrac{순이익}{순매출액} \times \dfrac{순매출액}{총자산}$ $= 매출액\ 순이익률 \times 총자산\ 회전율$
	자기자본이익률(ROE)	$\dfrac{순이익}{자기자본} = \dfrac{ROA}{자기자본비율} = \dfrac{ROA}{1 - 부채비율}$

★★★ 025 재고자산회전율에 관한 설명으로 옳지 않은 것은?

① 재고자산회전율은 기업이 보유하고 있는 재고자산을 판매하는 속도를 측정하는 지표로 순매출액(또는 매출원가)을 재고자산으로 나눈 값이다.

② 일반적으로 재고자산회전율이 높을수록 기업이 더욱 효율적으로 영업을 하고 있다는 것을 의미한다.

③ 재고자산회전율이 갑자기 낮아지면 매출이 둔화되어 재고가 누적되고 있음을 시사한다.

④ 재고자산회전율이 급격히 증가하는 것은 매우 좋은 징후로 보아야 한다.

해설 재고자산회전율은 $\left(\dfrac{순매출}{재고자산}\right)$이다. 따라서 재고자산회전율이 갑자기 낮아지면 매출이 둔화되어 재고가 누적되고 있음을 시사한다. 또한 재고자산회전율이 급격히 증가하는 것도 부실의 징후가 될 수 있다. 왜냐하면 현금흐름에 어려움을 겪는 기업이 덤핑으로 재고를 처분하고 있는 가능성을 시사하기 때문이다. 따라서 재고자산회전율이 증가하든 감소하든지 간에 급격한 변화가 나타나는 경우에는 그 원인을 철저히 분석할 필요가 있다.

★★★
026 다음 중 재무비율의 계산식이 옳은 것은?

① 총자산이익률 = 매출액순이익률 × 자기자본회전율
② 유동비율 = 유동부채 / 유동자산
③ 총자산회전율 = 순매출액 / 총자산
④ 이자보상비율 = 이자비용 / 영업이익

 해설
- 총자산이익률 = $\dfrac{\text{순이익}}{\text{총자산}}$ = $\dfrac{\text{순이익}}{\text{순매출액}}$ × $\dfrac{\text{순매출액}}{\text{총자산}}$ = 매출액순이익률 × 총자산회전률
- 유동비율 = 유동자산 / 유동부채
- 이자보상비율 = 영업이익 / 이자비용

★★★
027 이자보상비율에서 사용되는 이익은?

① 영업이익　　　② 매출총이익　　　③ 경상이익　　　④ 당기순이익

 해설
이자보상비율은 기업이 창출하고 있는 이익으로 지불해야 하는 이자비용을 어느 정도 보상할 수 있는지 그 지불능력을 측정하는 지표이다. 즉 기업의 부채사용으로 인해 이익이 발생하는 크기로 이자가 미치는 영향을 살펴보기 위한 것으로 기업의 영업이익 또는 이자 및 법인세 차감 전 이익(EBIT)이 지급해야 할 이자비용의 몇 배에 해당하는가를 나타내는 비율이다.

★★★
028 매출채권회전율에 관한 설명으로 옳지 않은 것은?

① 기업이 매출액을 현금으로 전환시키는 속도를 측정하는 지표로서 순매출을 순매출채권으로 나누어 계산한다.
② 일반적으로 매출채권회전율이 높을수록 기업이 더욱 효율적으로 영업을 수행하고 있다고 할 수 있다.
③ 매출채권회전율이 낮다는 의미는 매출이 너무 빈약하거나 대금회수가 너무 느린 경우 또는 기업의 대금회수정책이 너무 느슨한데다 매출액의 신장이 그에 부응하지 못하는 경우가 이에 해당한다.
④ 만일 평균회수기간이 하락하고 있다면 분명히 그 기업의 매출채권회전율은 하락하고 있을 것이다.

해설
매출채권회전율$\left(=\dfrac{\text{순매출}}{\text{순매출 채권}}\right)$은 평균회수기간$\left(=\dfrac{\text{순매출 채권} \times 365}{\text{순매출}}\right)$과는 역($-$)의 관계에 있다. 따라서 만일 평균회수기간이 하락하고 있다면 분명히 그 기업의 매출채권회전율은 상승하고 있을 것이다.

★★★
029 재무비율에 관한 계산식이 옳지 않은 것은?

① 배당성향 = 현금배당 / 당기순이익

② 총자본이익률 = 순이익 / 총자본

③ 부채비율 = 총부채 / 총자산

④ 총자산회전율 = 총자산 / 순매출

> **해설** $\left(총자산회전율 = \dfrac{순매출}{총자산}\right)$ 이다.
>
> 총자산회전율은 활동성지표로 기업이 투자한 자산에 의하여 창출되는 매출액을 측정하는 지표이다. 일반적으로 총자산회전율이 높을수록, 즉 기업의 투하자산 1단위당 매출액이 증가하면 할수록 기업이 더욱 효율적으로 영업을 수행하고 있다는 의미로 받아들일 수 있다. 그러나 총자산회전율이 지나치게 높으면 그것은 기업이 충분한 자산을 보유하고 있지 않거나 또는 생산시설이 더 필요하다는 신호로 해석될 수 있다.

★★★
030 이자보상비율에 관한 설명으로 옳지 않은 것은? 심화

① 이자보상비율은 기업이 창출하고 있는 이익으로 지불해야 하는 이자를 어느 정도 보상할 수 있는지 그 지불능력을 측정하는 지표이다.

② 이자보상비율이 높다는 의미는 채권자들은 더 잘 보호되고 있으며 주주들의 입장도 더 안정적이라고 말할 수 있다.

③ 레버리지가 낮은 상태에서 이자보상비율이 높다면 기업은 주주들의 부를 극대화하기 위해 레버리지 효과를 최대한 활용하지 않는 것으로 볼 수 있다.

④ 이자보상비율이 낮다는 것은 기업에서 지나치게 낮은 레버리지를 사용하는 등 매우 보수적인 경영전략을 구사하고 있는 경우라고 볼 수 있다.

> **해설** $\left(이자보상비율 = \dfrac{이자\ 및\ 법인세\ 차감\ 전\ 이익(또는\ 영업이익)}{이자비용}\right)$
>
> 따라서 이자보상비율이 낮다는 것은 기업에서 지나치게 높은 레버리지(차입)를 사용하는 등 매우 공격적인 경영전략을 구사하고 있는 경우이거나(이자비용이 과다한 경우), 기업이 차입한 자본에 대해서 충분한 수익을 올리지 못하고 있는 경우(영업이익이 과소한 경우)라고 볼 수 있다.

★★★
031 A기업의 총자산이익률(ROA, Return On Asset)은 30%이다. 총자본회전율이 3회전일 경우 매출액순이익률은 얼마인가?

① 1%　　　　　② 3%　　　　　③ 10%　　　　　④ 30%

해설 총자산이익률 $= \dfrac{순이익}{총자산} = \dfrac{순이익}{순매출액} \times \dfrac{순매출액}{총자산} =$ 매출액순이익률 × 총자산회전률 → 30%

$=$ 매출액순이익률 × 3,　∴ 매출액순이익률은 10%

★★★
032 총자산이익률(ROA)에 관한 내용으로 옳지 않은 것은? 심화

① 매출액순이익률이 일정한 상태에서 총자산(=총자본)이 증가하면 ROA가 증가한다.
② 총자본이 일정한 상태에서 순이익이 증가하면 ROA는 증가한다.
③ 매출액순이익률이 일정한 상태에서 매출액이 커지면 ROA가 증가한다.
④ 총자본회전율이 일정한 상태에서 매출액순이익률이 증가하면 ROA는 증가한다.

해설 총자산이익률 $= \dfrac{순이익}{총자산} = \dfrac{순이익}{순매출액} \times \dfrac{순매출액}{총자산} =$ 매출액순이익률 × 총자산회전률.

따라서, 매출액순이익률이 일정한 상태에서 총자본(= 총자산)이 증가하면 총자산회전률$\left(= \dfrac{순매출액}{총자산}\right)$이 줄어들므로 총자산이익률(ROA)은 감소한다.

★★★
033 다음 중 자기자본이익률(ROE, Return On Equity)을 결정하는 요인과 거리가 가장 먼 것은?

① 총자본회전율
② 유동비율
③ 자기자본비율 또는 부채비율
④ 매출마진(매출액순이익률)

해설 자기자본이익률$(ROE) = \dfrac{순이익}{자기자본} = \dfrac{순이익}{매출액} \times \dfrac{매출액}{총자본} \times \dfrac{총자본}{자기자본}$

$=$ 매출액순이익률 × 총자본회전율 × $\dfrac{1}{자기자본비율}$

$=$ 총자산이익률$(ROA) \times \dfrac{1}{자기자본비율} =$ 총자산이익률$(ROA) \times \dfrac{1}{1-부채비율}$

★★★
034 자기자본비율 40%, 총자산이익률(ROA) 4%일 때, 자기자본이익률(ROE)은?

① 6%   ② 10%   ③ 18%   ④ 40%

해설 $자기자본이익률(ROE) = \dfrac{순이익}{자기자본} = 총자산이익률(ROA) \times \dfrac{1}{자기자본비율}$

$\therefore ROE = 4\% / 40\% = 10\%$

★★★
035 재무비율에 관한 설명으로 옳지 않은 것은?

① 당좌비율은 유동성을 측정하는 지표로서 흔히 산성시험비율이라고 한다.

② 유보율이 높을수록 무상증자의 가능성이 높다.

③ 기업경영 측면에서 유동비율을 매우 높은 수준으로 유지하는 것이 좋다.

④ 자기자본이익률(ROE)은 주주들의 투자자본인 자기자본총액을 얼마나 효율적으로 활용하였는가를 측정하는 지표이다.

해설 $\left(유동비율 = \dfrac{유동자산}{유동부채}\right)$

유동비율은 단기부채를 상환하기 위한 현금을 창출할 수 있는 기업의 능력을 검정하는 지표이다. 그동안 건전한 기업의 유동비율은 최저 2.0 이상이 되어야 하는 것으로 인식되어 왔으나 최근에는 현금관리기법이 발전함에 따라 유동비율의 적정수준은 그 이하로 낮추어졌다고 할 수 있다. 유동비율이 너무 낮은 기업들은 자금부족의 위험에 처할 가능성이 있으며, 최소한 비용지출에 있어서 곤란을 겪고 있다는 신호로 볼 수 있다. 유동비율이 높으면 유동성과 안정성은 있으나 기업경영 측면에서 지나치게 높은 유동비율은 바람직하지 않다. 따라서 유동비율은 반드시 기업의 다른 지표들은 물론 동종산업 내의 다른 기업들의 수치와 함께 평가되어야 한다. 참고로 유보율이 높을수록 내부자금을 사용하므로 유상증자의 가능성은 낮고 오히려 무상증자의 가능성이 높다.

···TOPIC 11 레버리지 분석

★★★
036 레버리지(Leverage)에 관한 설명으로 옳지 않은 것은?

① 레버리지란 고정비의 비중이 커질수록 이익의 변화율이 매출액의 변화율보다 확대되는 현상을 말한다.

② 레버리지도가 클수록 기업의 위험은 커진다.

③ 이자비용이 존재하는 한, 재무레버리지도(DFL)는 항상 1보다 크다.

④ 결합레버리지도(DCL) = 영업레버리지도(DOL) + 재무레버리지도(DFL)

정답 031 ③   032 ①   033 ②   034 ②   035 ③   036 ④

- 결합레버리지도(DCL) = 영업레버리지도(DOL) × 재무레버리지도(DFL) = $\dfrac{주당이익변화율}{판매량변화율}$

- 재무레버리지도(DFL) = $\dfrac{주당이익의 변화율}{영업이익 변화율}$ = $\dfrac{영업이익}{영업이익 - 이자비용}$

따라서 이자비용이 존재하는 한 분모는 분자보다 작게 되므로 재무레버리지도(DFL)는 항상 1보다 크게 된다.

🏛 필수핵심정리 ▶ 레버리지(Leverage) 분석

레버리지 분석은 고정적 비용(감가상각비, 이자비용 등)의 존재로 인해 나타나는 손익확대효과를 분석하는 것
→ 고정적 비용이 존재하는 경우, 매출액의 증감에 따라 영업이익(EBIT)이나 주당이익(EPS)이 확대되어 나타나는 현상을 분석

영업 레버리지도 (DOL)	• 영업레버리지는 기업의 영업비 중에서 영업활동의 정도와 관계없이 발생하는 고정 영업비의 존재로 발생함 • 영업레버리지도란 매출액(판매량)의 변화율에 대한 영업이익(EBIT)의 변화율의 비율을 말함
	$DOL = \dfrac{영업이익 변화율}{판매량 변화율} = \dfrac{\Delta EBIT / EBIT}{\Delta Q / Q}$ $= \dfrac{매출액 - 변동비}{매출액 - 변동비 - 고정비} = \dfrac{공헌이익}{영업이익}$ 자본집약적 산업은 영업레버리지도가 높게 됨
재무 레버리지도 (DFL)	• 재무레버리지는 기업이 경영을 위해 조달한 총자본 중에서 타인자본이 차지하는 비율을 의미 • 재무레버리지도란 영업이익(EBIT)의 변화율에 대한 주당이익(EPS)의 변화를 나타내는 비율을 의미
	$DFL = \dfrac{주당이익 변화율}{영업이익 변화율} = \dfrac{\Delta EPS / EPS}{\Delta EBIT / EBIT}$ $= \dfrac{EBIT}{EBIT - I} = \dfrac{영업이익}{영업이익 - 이자비용}$ DFL은 타인자본 의존도가 높을수록 크고 영업이익이 커질수록 낮아짐
결합 레버리지도 (DCL)	• 매출액의 변화가 주당이익에 어떤 영향을 미치는가를 분석하기 위해서는 영업레버리지와 재무레버리지를 동시에 분석하는데, 이 두 레버리지를 결합한 것을 결합레버리지라 함 • 결합레버리지도란 매출액(또는 판매량)의 변화율에 대한 주당순이익(EPS)의 변화율의 비율을 말함
	$DCL = \dfrac{주당이익 변화율}{판매량 변화율} = \dfrac{\Delta EPS / EPS}{\Delta Q / Q} = DOL \times DFL$ $= \dfrac{매출액 - 변동비}{매출액 - 변동비 - 고정비 - 이자비용}$
	영업고정비와 이자비용이 존재하는 한 결합레버리지도는 항상 '1'보다 큼 → 특히, 영업고정비(감가상각비 등)를 많이 지출하는 중화학공업 또는 장치산업에 속하는 기업이나 타인자본 의존도가 높은 기업은 결합레버리지도가 높음

★★★
037 레버리지 분석에 관한 설명으로 옳지 않은 것은?

① 레버리지 분석은 고정비용이 매출액 변동에 따라 순이익에 어떠한 영향을 미치는가를 분석한다.

② 일반적으로 고정비용과 제품단위당 변동비가 클수록, 판매량과 제품의 가격이 낮을수록 영업레버리지도(DOL)는 크게 나타난다.

③ 영업이익이 클수록, 이자비용은 낮을수록 재무레버리지도(DFL)는 크게 나타난다.

④ 레버리지도가 클수록 위험은 커진다. 따라서 주주들은 레버리지도가 높은 기업에 대해서는 위험을 크게 느끼고 높은 기대수익률을 요구하게 된다.

> **해설** · 영업레버리지도(DOL) = $\dfrac{\text{매출액} - \text{변동비}}{\text{매출액} - \text{변동비} - \text{고정비}} = \dfrac{(P \times Q) - (V \times Q)}{(P \times Q) - (V \times Q) - FC}$ →
>
> 고정영업비용(FC)과 제품단위당 변동비(V)가 클수록, 판매량(Q)과 제품의 가격(P)이 낮을수록 영업레버리지도(DOL)는 크게 나타난다.
>
> · 재무레버리지도(DFL) = $\dfrac{\text{영업이익}}{\text{영업이익} - \text{이자비용}}$ →
>
> 영업이익이 클수록, 이자비용은 낮을수록 재무레버리지도(DFL)는 작게 나타난다.

★★★
038 A기업의 현재 판매량은 500이고 영업이익은 50억원이다. 판매량이 750으로 늘어날 경우, 영업이익은 100억원으로 변화할 것으로 예상한다. 영업레버리지도(DOL)는 얼마인가?

① 2   ② 3   ③ 4   ④ 5

> **해설** 영업레버리지도(DOL) = $\dfrac{\text{영업이익 변화율}}{\text{판매량 변화율}} = \dfrac{\Delta EBIT/EBIT}{\Delta Q/Q} = \dfrac{(100 - 50)\text{억}/50\text{억}}{(750 - 500)/500} = 2$

★★★
039 결합레버리지도(DCL) 25, 재무레버리지도(DFL) 5, 매출액 200억원, 변동비 150억원일 때, 고정비용은 얼마인가?

① 20억   ② 30억   ③ 40억   ④ 50억

> **해설** 결합레버리지도(25) = 영업레버리지도 × 재무레버리지도(5) ∴ 영업레버리지도(DOL) = 5
>
> 영업레버리지도 = $\dfrac{\text{매출액} - \text{변동비}}{\text{매출액} - \text{변동비} - \text{고정비}}$ → $5 = \dfrac{200 - 150}{200 - 150 - \text{고정비}}$,
>
> ∴ 고정비용은 40억원

정답 037 ③   038 ①   039 ③

040 A기업의 영업레버리지도(DOL)는 4, 결합레버리지도(DCL)는 12, 현재 영업이익이 300억원이다. A기업이 부담할 수 있는 이자비용의 지급한도는 얼마로 예상되는가?

① 100억 　　　　② 200억 　　　　③ 300억 　　　　④ 400억

> **해설** · 결합레버리지도(12) = 영업레버리지도(4) × 재무레버리지도 ∴ 재무레버리지도 = 3
> · 재무레버리지도 = $\dfrac{영업이익}{영업이익 - 이자비용}$ → $3 = \dfrac{300}{300 - 이자비용}$, ∴ 이자비용 200억

 041 어느 기업이 신규 사업에 진출하는데 10억원의 자금이 필요하다. 자금조달 방법으로 다음 2가지 대안이 있을 경우, 자본(조달)분기점(FBEP, Financial Break-Even Point), 즉 두 가지 자본조달계획의 EPS(주당이익)를 동일하게 하는 영업이익(EBIT)은?(단, 법인세율은 50%로 가정한다) 심화

A안	보통주를 주당 10,000원으로 10만주 발행하여 자금을 조달
B안	보통주를 주당 10,000원으로 5만주 발행하고, 나머지 5억원은 이자율 10%로 차입하여 자금을 조달

① 5,000만원 　　　② 1억원 　　　③ 1억 5천만원 　　　④ 2억원

> **해설** 자본(조달)분기점(FBEP)은 두 가지 자본조달계획의 EPS(주당이익)를 같게 하는 영업이익(EBIT) 수준을 말한다.
>
> | 자본분기점의 영업이익(EBIT)을 구하는 방법 |
> | --- |
>
> A안의 EPS : $\dfrac{(EBIT - I_A)(1-t)}{N_A} = \dfrac{(EBIT - I_B)(1-t)}{N_B}$: B안의 EPS
>
> (N : A, B안의 발행주식수, I : A, B안에 따른 고정재무비용, t : 법인세율)
>
> $\dfrac{(EBIT - 0)(1 - 0.5)}{10만주} = \dfrac{(EBIT - 5,000만원)(1 - 0.5)}{5만주}$, (고정재무비용, 즉 이자비용은 5억원의 10%인 5,000만원), 따라서 자본분기점은 영업이익(EBIT)이 1억원인 점이 된다.

★★★
042 다음은 어떤 재무제표이며, 중요 구성 요소를 옳게 나타낸 것은?

> 일정기간 동안 기업이 영업활동에 필요한 자금을 어떻게 조달했으며, 조달한 자금을 어디에 사용하였는지를 보여주는 재무제표

① 자본변동표, 생산활동 – 판매활동 – 투자활동
② 현금흐름표, 영업활동 – 투자활동 – 재무활동
③ 손익계산서, 판매활동 – 재무활동 – 투자활동
④ 현금흐름표, 영업활동 – 생산활동 – 재무활동

해설 현금흐름표는 일정기간 동안 현금의 조달과 운용내역을 나타내는 회계보고서로 일정기간 동안 현금 조달 및 운용 상황을 영업활동, 투자활동, 재무활동 등 3가지로 분류하여 부문별로 현금흐름에 관한 정보를 제공하고자 하는 재무제표의 하나이다.

🏛 필수핵심정리 〉 **현금흐름표의 작성**

현금의 범위	현금의 범위는 현금 및 현금성 자산으로 정의됨	
	현금	보유현금과 요구불예금
	현금성 자산	유동성이 매우 높은 단기투자자산 → 큰 거래비용 없이 현금화가 가능하고 가치변동이 경미한 것
영업활동으로 인한 현금흐름	원재료 및 상품 등의 구매활동, 제품 생산활동·판매활동에서 발생한 현금흐름, 투자활동·재무활동 이외의 현금흐름을 수반하는 모든 거래를 포함	
	직접법	현금을 발생시키는 수익이나 비용항목을 총액으로 표시하며, 현금유입액을 원천별로 표시하고, 현금유출액을 용도별로 구분하여 표시하는 방법
	간접법	당기순이익에서 출발하여 특정항목을 가감하는 방식을 의미 ① 현금유출 없는 비용과 투자 및 재무활동으로 인한 손실 → 가산 ② 현금유입 없는 수익과 투자 및 재무활동으로 인한 이익 → 차감 ③ 손익계산서에서 반영되지 않은 영업활동으로 인한 자산 및 부채의 증가 또는 감소를 가감
투자활동으로 인한 현금흐름	현금의 대여와 회수활동 그리고 유가증권, 투자자산 및 고정자산의 취득과 처분활동을 의미	
	현금유입	대여금 회수, 유가증권 처분, 설비자산 처분
	현금유출	대여금 대여, 유가증권 매입, 설비자산 취득
재무활동으로 인한 현금흐름	차입금의 차입과 상환활동 및 주식발행과 처분활동을 의미	
	현금유입	차입금 차입, 유상증자, 자기주식 처분
	현금유출	차입금 상환, 자기주식의 취득, 신주·사채 등의 발행비용

정답 040 ② 041 ② 042 ②

★★★
043 다음 중 재무활동으로 인한 현금흐름과 거리가 먼 것은?

① 대여금 회수   ② 차입금 상환

③ 유상증자   ④ 자기주식의 취득

> **해설** 대여금 회수는 현금유입을 가져오는 투자활동으로 인한 현금흐름이며, 나머지는 모두 재무활동으로 인한 현금흐름이다.

★★★
044 다음 중 현금흐름 측면에서 거래의 결과가 다른 하나를 고르면?

① 공장설비를 처분했다.   ② 은행에서 자금을 차입했다.

③ 유상증자를 실시했다.   ④ 자기주식을 취득했다.

> **해설** 자기주식의 취득은 현금유출을 초래하고 나머지는 모두 현금유입을 가져온다. 공장설비의 처분은 투자활동으로 인한 현금유입, 은행에서 자금차입 및 유상증자 실시는 재무활동으로 인한 현금유입이며 자기주식 취득은 재무활동으로 인한 현금유출이다.

※ 다음에 주어진 A기업의 재무자료를 이용하여 질문에 답하시오(045 ~ 048)

재무상태표				
				(단위 : 백만원)
유동자산	525	유동부채		350
비유동자산	475	비유동부채		400
		자본		250
			자본금	150
			잉여금	100
자산총계	1,000	부채와 자본총계		1,000

손익계산서	
	(단위 : 백만원)
매출액	2,000
- 변동비	1,200
- 고정비	600
영업이익	200
- 이자비용	100
세전순이익	100
법인세비용	40
당기순이익	60

★★★
045 총자산이익률(ROA), 자기자본이익률(ROE) 및 총자산회전율은?

① 6%, 24%, 2회전　　　　　　　　② 6%, 25%, 3회전

③ 5%, 25%, 1회전　　　　　　　　④ 5%, 24%, 4회전

 해설
- $ROA = \dfrac{순이익}{총자산} = \dfrac{순이익}{매출액} \times \dfrac{매출액}{총자산} = 60/1,000 = 6\%$

- $ROE = \dfrac{순이익}{자기자본} = \dfrac{순이익}{매출액} \times \dfrac{매출액}{총자본} \times \dfrac{총자본}{자기자본} = 60/250 = 24\%$

- 총자산회전율 = 매출액/총자산 = 2,000/1,000 = 2회전

★★★
046 유동비율과 이자보상비율은?

① 140%, 200%　　　　　　　　　② 150%, 200%

③ 150%, 300%　　　　　　　　　④ 140%, 300%

 해설
- 유동비율 = 유동자산/유동부채 = 525/350 = 150%
- 이자보상비율 = 영업이익/이자비용 = 200/100 = 200%

★★★
047 영업레버리지도(DOL), 재무레버리지도(DFL) 및 결합레버리지도(DCL)는?

① 2, 3, 6　　　　　　　　　　　② 3, 3, 9

③ 4, 2, 8　　　　　　　　　　　④ 5, 2, 10

 해설
- $DOL = \dfrac{매출액 - 변동비}{매출액 - 변동비 - 고정비} = \dfrac{매출액 - 변동비}{영업이익} = \dfrac{2,000 - 1,200}{200} = 4$

- $DFL = \dfrac{영업이익}{영업이익 - 이자비용} = \dfrac{200}{200 - 100} = 2$

- $DCL = \dfrac{매출액 - 변동비}{영업이익 - 이자비용} = DOL \times DFL = 4 \times 2 = 8$

★★★
048 위 문제에서 구한 레버리지도(DOL=4, DFL=2, DCL=8)의 의미를 설명한 것이다. 빈칸에 옳은 것은?

> 판매량(또는 매출액)이 1% 변하면 (가)은 4% 변하고, 주당순이익(EPS)은 (나)% 변한다.

① ㉮ 경상이익, ㉯ 10　　　　　　　② ㉮ 영업이익, ㉯ 8

③ ㉮ 영업이익, ㉯ 10　　　　　　④ ㉮ 매출총이익, ㉯ 8

 레버리지 분석은 고정비용이 매출액 변동에 따라 순이익에 미치는 영향을 분석하는 것으로서, 영업레버리지도(DOL)는 판매량 변화율에 대한 영업이익 변화율의 비율이고, 재무레버리지도(DFL)은 영업이익 변화율에 대한 주당이익 변화율의 비율이며, 결합레버리지도(DCL)은 판매량 변화율에 대한 주당이익 변화율의 비율이다.

- $DOL = \dfrac{\text{영업이익 변화율}(\% \, EBIT)}{\text{판매량 변화율}(\% \, Q)}$

- $DFL = \dfrac{\text{주당이익의 변화율}(\% \, EPS)}{\text{영업이익 변화율}(\% \, EBIT)}$

- $DCL = \dfrac{\text{주당이익 변화율}(\% \, EPS)}{\text{판매량 변화율}(\% \, Q)} = DOL \times DFL$

···TOPIC 13 상대가치평가모형(주가배수모형)

★★★
049 투자자가 자신이 투자하고 있는 기업의 시장가치와 순이익이 어떤 관계인지 알고자 할 경우 유용한 지표는?

① 자기자본이익률　　　　　　　　② 총자산이익률

③ 주가이익비율　　　　　　　　　④ 주가순자산비율

 주식의 시장가격(시장가치)과 순이익과의 관계는 주가이익비율(PER, Price Earnings Ratio)로 나타낸다.

$PER(\text{주가이익비율}) = \dfrac{\text{1주당 가격}(P)}{\text{주당이익}(EPS)} = \dfrac{P \times \text{발행주식수}}{EPS \times \text{발행주식수}} = \dfrac{\text{시가총액}}{\text{순이익}}$

PER	• PER(주가이익비율) $= \dfrac{1주당\ 가격(P)}{주당이익(EPS)} = \dfrac{시가총액}{순이익}$ • $PER = \dfrac{P_0}{E_1} = \dfrac{(1-b)}{k-g} = \dfrac{1-b}{k-b \times ROE}$ $(\because g = b \times ROE)$ • (E_1은 예상 EPS, b는 사내유보율, k는 요구수익률, g는 배당성장률) • PER은 성장률(g)과 양(+), 자본비용(k, 즉 위험)과는 음(−)의 상관관계를 보임 • 배당성향(= 1−b)과 PER과의 관계는 b가 분모와 분자에 모두 포함되어 있으므로 일정하지 않음 　– 만일 ROE $<$ k → PER은 배당성향과 양(+)의 관계 　– 만일 ROE $>$ k → PER은 배당성향과 음(−)의 관계
PEGR	$PEGR = \dfrac{PER}{연평균\ EPS\ 성장률}$ 성장성이 높은 업종의 주식들은 대부분 PER이 높고 성장성이 낮은 업종의 주식들은 PER이 낮게 나타나는 것이 일반적인 현상 → 이런 필요성으로 특정 주식의 PER이 그 기업의 성장성에 비해 높은지 낮은지를 판단하기 위해 고안된 지표가 PEGR
PBR	PBR(주가순자산비율) $= \dfrac{주가(P)}{주당순자산(BPS)} = \dfrac{MV(Market\ Value)}{BV(Book\ Value)} = \dfrac{ROE_1 - g}{k - g}$ • PBR은 ROE와 양(+)의 관계 • PBR은 위험(k)과는 음(−)의 관계 • ROE $>$ 자본비용(k) → PBR은 1보다 크고, g가 높을수록 PBR은 커짐 • ROE $<$ 자본비용(k) → PBR은 1보다 작고, g가 높을수록 PBR은 작아짐 $PBR = \dfrac{주가}{주당순자산(주당자기자본)}$ $= \dfrac{순이익}{매출액} \times \dfrac{매출액}{총자본} \times \dfrac{총자본}{자기자본} \times \dfrac{주가}{주당순이익} = ROE \times PER$ $=$ (마진) $\times$ (활동성) $\times$ (자기자본비율의 역수) $\times PER$
토빈의 Q(Tobin's Q)	$= \dfrac{MV(Market\ Value)}{RC(Replacement\ Cost)} = \dfrac{자본의\ 시장가치}{자산의\ 대체원가}$ • Q $>$ 1 → 투자수익성 양호하고 경영이 효율적임 • Q $<$ 1 → 적대적 M&A의 대상이 될 수 있음
PSR	PSR(주가매출액비율, $Price\ Sales\ Ratio$) $= \dfrac{주가(P)}{주당매출액(SPS)}$ • PSR은 PER의 보완 지표로 사용 • PER와 PBR은 회계처리 방법에 따라 크게 달라질 수 있으나 매출액은 임의로 조정하기가 어렵기 때문에 PSR 유용 • PSR은 PER만큼 변동성이 심하지 않아 가치평가에 신뢰성이 높음 • PSR은 기업전략이 미치는 영향을 쉽게 분석할 수 있음

EV/EBITDA	$$\frac{EV}{EBITDA} = \frac{\text{기업가치}(= \text{주주가치} + \text{채권자가치})}{\text{이자 및 세금, 상각비 차감 전 이익}}$$ $$\rightarrow EV(\text{기업가치}) = \text{주식시가총액} + (\text{이자지급성부채} - \text{현금 및 유가증권})$$ • EV/EBITDA 방식에 의한 가치추정은 당기순이익을 기준으로 평가하는 주가수익배수 모형(PER)의 한계점을 보완하고 있음. 즉, 기업자본구조를 감안한 평가방식이라는 점에 유용성이 있음 • 추정방법이 단순하며, 분석기준이 널리 알려져 있고 회사 간 비교가능성이 높아 공시 정보로서의 유용성이 큼 • 시가총액의 경우 분석기준시점에 따라서 변동되므로 추정시점과 실제 상장·등록 시의 시가변동에 대한 차이를 고려하여야 한다.
PCR	$$PCR(\text{주가현금흐름비율}) = \frac{\text{주가}(P)}{\text{주당현금흐름}(CPS)}$$ • 현금흐름이 없는 수익이나 비용(자산재평가이익, 감가상각비 등)을 제거하고 영업활동과 무관한 수익이나 비용(유가증권 처분이익이나 손실 등)도 제거하여 순수하게 주당 영업활동으로 인해 발생한 현금흐름에 비해 주가가 몇 배인지를 보여주는 비율 • PCR은 IMF위기 때처럼 기업의 도산 가능성이 주식의 가치평가에도 큰 영향을 미칠 때에는 매우 중요한 평가지표가 될 수 있음

★★★
050 사내유보율(b)이 40%, 요구수익률(k)은 12%, 자기자본이익률(ROE)이 20%일 경우, 항상성 장모형을 이용하여 구한 PER은 얼마인가?

① 11　　　　　　② 13　　　　　　③ 15　　　　　　④ 18

해설 $PER = \dfrac{P_0}{E_1} = \dfrac{(1-b)}{k-g} = \dfrac{1-b}{k-b \times ROE} (\because g = b \times ROE) = \dfrac{1-0.4}{0.12 - 0.4 \times 0.20} = 15$

★★★
051 다음은 주가수익비율(PER)에 관한 설명이다. 옳지 않은 것은? 심화

① PER = 주가 / 주당순이익
② 요구수익률(k)이 높을수록 PER은 작아진다.
③ 성장률(g)이 클수록 PER은 작아진다.
④ 자기자본이익률(ROE)이 요구수익률(k)보다 작다면 배당성향이 클수록 PER은 커진다.

해설 $PER = \dfrac{P_0}{E_1} = \dfrac{(1-b)}{k-g} = \dfrac{1-b}{k-b \times ROE} (\because g = b \times ROE)$, 따라서 성장률($g$)이 클수록 PER은 커진다.

배당성향($= 1-b$)과 PER의 관계는 b가 분모와 분자에 모두 포함되어 있으므로 일정하지 않다.
• 만일 ROE < k이면 → PER은 배당성향과 (+) 관계
• 만일 ROE > k이면 → PER은 배당성향과 (−) 관계

★★★
052 PER = 10(배), 배당수익률 = 4%일 때, 배당성향은 얼마인가?

① 20%   ② 40%   ③ 50%   ④ 65%

 배당성향$\left[\dfrac{\text{(주당)배당금}}{\text{(주당)순이익}}\right] = PER\left[\dfrac{\text{주가}}{\text{주당순이익}}\right] \times$ 배당수익률$\left[\dfrac{\text{주당배당금}}{\text{주가}}\right]$

∴ 배당성향 = PER(10) × 배당수익률(4%) = 40%

★★★
053 자산총액 100억원, 부채총액 20억원, 자본금 40억원, 1주당 액면가 5,000원인 기업의 현재 주가가 15,000원일 때 PBR은?

① 1.0   ② 1.5   ③ 2.0   ④ 2.5

해설 자산총액이 100억원이고 부채총액이 20억원이므로 순자산(자기자본)은 80억원이다. 자본금(40억원)은 주당액면가(5,000원)에 발행주식수를 곱한 것이므로 발행주식수는 80만주(= 40억/5,000)가 된다. 따라서 주당순자산은 10,000원(= 80억/80만주)이다.

∴ PBR(주가순자산비율) $= \dfrac{\text{주가}(P)}{\text{주당순자산}(BPS)} = \dfrac{\text{주당시장가치}}{\text{주당장부가치}} = \dfrac{15,000}{10,000} = 1.5$

★★★
054 일정한 비율로 영구 성장하는 기업의 주가순자산비율(PBR)의 특성 중 옳지 않은 것은? 심화

① PBR은 자기자본이익률(ROE)과 정(+)의 관계이다.
② 기업의 위험과 PBR은 부(−)의 관계이다.
③ ROE가 자본비용보다 더 클 경우, PBR은 1보다 크고 성장률이 높을수록 PBR은 커진다.
④ ROE가 자본비용보다 더 작을 경우, 성장률이 높을수록 PBR은 커진다.

해설 $PBR = \dfrac{ROE_1 - g}{k - g}$, 따라서, 기업의 위험이 높을수록 할인율(= 요구수익률 = k)이 높아지게 되는데, 이 경우 PBR은 작아지므로 위험과 PBR은 부(−)의 관계이다. ROE가 자본비용(k)보다 클 경우에 PBR은 1보다 크고, 성장률(g)이 높을수록 PBR은 커진다.

정답   050 ③   051 ③   052 ②   053 ②   054 ④

★★★ 055 다음 중 자기자본이익률(ROE)과 PER의 곱으로 표현되는 지표는?

① PBR(Price Book−Value Ratio)
② Tobin's q
③ PCR(Price Cash−Flow Ratio)
④ PSR(Price Sales Ratio)

해설 $PBR = \dfrac{주가}{주당순자산(주당자기자본)} = \dfrac{순이익}{매출액} \times \dfrac{매출액}{총자본} \times \dfrac{총자본}{자기자본} \times \dfrac{주가}{주당순이익} = ROE \times PER$

★★★ 056 PBR이 1이 되지 않는 이유, 즉 주가와 주당순자산(BPS)이 같지 않은 이유와 거리가 먼 것은?

① 시간성에서 차이가 있기 때문이다. 즉, PBR의 분자의 주가는 미래 지향적인 반면에 분모의 BPS는 과거 지향적이다.
② 집합성에서 차이가 있기 때문이다. 즉, 분자의 주가는 기업을 총체적으로 반영한 것이지만 분모의 BPS는 수많은 개별자산의 합에서 부채를 차감한 것에 불과하다.
③ 자산·부채의 인식기준에 차이가 있기 때문이다. 즉, 자산이나 부채의 장부가액은 일정한 회계관습에 의하여 제약을 받을 수 있다.
④ 동일성에서 차이가 있기 때문이다. 즉, 분자의 주식가격과 분모의 BPS는 본질적으로 아무 관계가 없다.

해설 PBR이 1이 되지 않는 이유로는 "집합성에서 차이가 있다, 자산·부채 인식기준에 차이가 있다, 시간성에서 차이가 있다" 등이다. 본래 재무상태표상에 보통주 한 주에 귀속되는 주당순자산가치(BPS)가 실질적 가치를 정확히 반영하게 되면, PBR은 1이 되어야 한다. 그러나 일반적으로 PBR의 분자의 주식가격과 분모의 BPS가 같지 않으므로 PBR은 1이 되지 않는다.

★★★ 057 다음 설명 중 옳지 않은 것은? 심화

① PBR = ROE × PER
② PBR은 PER에 기업의 마진, 활동성, 부채비율이 추가로 반영된 지표로서 자산가치에 대한 평가뿐 아니라 수익가치에 대한 포괄적인 정보가 반영된다는 점에서 유용성이 높다.
③ Tobin's Q 비율은 PBR과 유사하지만 자산의 대체원가를 추정하기 쉽다는 장점을 가지고 있다.
④ Tobin's Q 비율은 PBR의 문제점 중 하나인 시간성의 차이를 극복하고 있는 지표라 할 수 있다.

해설 Tobin's Q 비율은 PBR과 유사하지만 자산의 대체원가를 추정하기 어려운 단점이 있다. 그러나 대체원가는 장부가가 아니라 자산들의 현재가치에 기반을 두고 있으므로 Tobin's Q 비율은 PBR의 문제점 중 하나인 시간성의 차이를 극복하고 있는 지표라 할 수 있다.

★★★
058 다음은 토빈의 q에 관한 설명이다. 옳지 않은 것은?

① 자본의 시장가치를 보유자산의 대체원가로 나눈 비율이다.

② 자산의 시장가치를 반영한 비율이다.

③ M&A의 참고지표로 많이 활용된다.

④ q가 1보다 크면 기업들은 투자 인센티브를 갖지 못한다.

해설 토빈의 q = 자산의 시장가치/추정대체비용, 따라서 $[q > 1]$이면 자본설비가 그 자산의 대체비용보다 더 큰 가치를 지니고 있다는 것으로 기업이 투자가들로부터 조달된 자본을 잘 운영하여 기업가치가 증가한다는 증표이므로 투자의욕을 갖게 되고 $[q < 1]$이면, 기업들은 투자의욕을 갖지 못하고 대체비용에 비하여 저렴하게 평가되어 있으므로 적대적 M&A의 대상이 되는 경향이 있다.

★★★
059 순이익이 발생하고 있지 않는 기업이나 수익성 평가가 어려운 신생 기업이나 벤처기업의 주가평가에 많이 사용되는 지표는?

① 배당평가모형   ② 주가매출액비율(PSR)

③ 주가수익비율(PER)   ④ 주가순자산비율(PBR)

해설 주가매출액비율(PSR)은 주가를 주당매출액으로 나누어 계산한 것으로 기업이 이익이 발생하지 않아도 기업의 순수한 영업활동의 결과인 매출액은 기업의 영업성과를 객관적으로 잘 나타내주며, (-)가 나오는 경우는 거의 없기 때문에 주가수익비율(PER)의 약점을 보완해준다.

★★★
060 PSR의 장점에 대한 설명으로 적절하지 않은 것은?

① PER이나 PBR은 때로는 음수가 되어 의미가 없어질 수도 있으나, PSR은 곤경에 처한 기업의 경우에도 구할 수 있다.

② 순이익과 장부가치는 감가상각비, 재고자산, 특별손실에 대한 회계처리방법에 따라 크게 달라지지 않지만, 매출액은 임의로 조정하기가 쉽다.

③ PSR는 PER만큼 변동성이 심하지 않기 때문에 가치평가에 적용하는데 신뢰성이 높다.

④ PSR을 이용하면 가격정책의 변화와 기타 기업전략이 미치는 영향을 쉽게 분석할 수 있다.

해설 순이익과 장부가치는 감가상각비, 재고자산, 특별손실에 대한 회계처리방법에 따라 크게 달라질 수 있으나, 매출액은 임의로 조정하기가 어렵다. 따라서 주가와 주당매출액을 비교하는 PSR의 신뢰성이 커진다.

★★★
061 PSR에 대한 다음의 설명들 중 옳지 않은 것은?

① PSR은 매출액이익률(ROS)과 음(−)의 관계를 가지고 있다.

② PSR과 ROS 간에 일관성이 없는 주식을 찾으면, 과소 또는 과대평가된 주식을 찾을 수 있다.

③ PSR은 낮은데 ROS가 높은 기업의 주식은 과소평가되어 있고, PSR은 높은데 ROS가 낮은 기업의 주식은 과대평가되어 있다.

④ 매출액이익률(ROS)이 20%, PER이 10(배)인 기업 주식의 PSR은 2가 된다.

해설 $PSR = \left(\dfrac{주가}{주당매출액} \right) = \dfrac{(주당)순이익}{(주당)매출액} \times \dfrac{주가}{주당순이익}$

= 매출액이익률(ROS) × PER, 따라서 매출액이익률(ROS)이 증가할수록 PSR(주가매출액비율)은 올라간다. 즉, PSR은 매출액이익률(ROS)과 양(+)의 관계를 가지고 있다. 그리고 위 식을 이용하면, 매출액이익률(ROS)이 20%, PER이 10(배)인 기업 주식의 PSR은 2가 된다는 것을 알 수 있다.

★★★
062 PCR(주가현금흐름비율)에 대한 설명으로 옳지 않은 것은?

① PCR은 주가를 주당 현금흐름으로 나눈 비율이다.

② PCR에서 주당 현금흐름이란 현금흐름표상의 영업활동으로 인한 현금흐름을 주식수로 나눈 수치이다.

③ 현금흐름 산출 시 순이익에서 현금흐름이 없는 수익이나 비용(자산재평가이익, 감가상각비 등)을 제거하고 영업활동과 무관한 수익이나 비용(유가증권 처분이익이나 손실 등)도 제거한다.

④ PER은 낮으나 PCR이 높게 나오는 기업의 주식은 투자하기에 매우 저평가되어 있다고 볼 수 있다.

> **해설** PER은 낮으나 PCR이 높게 나오는 기업은 실제 현금흐름의 유입이 없는 외상매출이 과다하거나 유가증권평가이익 등이 과다한 경우가 있을 수 있으므로, PCR이 PER이 시사하는 바와 현격한 차이가 있으면 그 내용을 상세히 파악하여야 한다. 이와 반대로, PER이 높은 경우에도 PCR이 낮다는 것은 현금지출을 수반하지 않는 감가상각비 등의 비용이 많이 계상되었다는 것이므로 비록 비용증가로 이익이 줄어 PER은 높지만 현금흐름 측면에서는 양호하므로 (PCR이 낮음) 현재의 주가가 저평가되어 있다고 판단할 수도 있다.

★★★
063 IMF위기 때처럼 기업의 도산 가능성이 주식의 가치평가에도 큰 영향을 미칠 때에 매우 중요한 평가지표는?

① PER   ② PCR   ③ PSR   ④ PBR

> **해설** PCR은 주가를 주당 현금흐름으로 나눈 비율로서, 순수하게 영업활동으로 인해 발생한 주당 현금흐름(CPS)에 비해 주가(P)가 몇 배인지를 보여주는 비율이다. IMF위기와 같은 상황에서는 순이익이 나서 흑자가 발생하더라도 현금이 부족해서 도산하는 흑자도산이 발생할 수 있으므로, 이런 경우 PCR은 유용한 투자판단 지표가 된다.

★★★
064 다음 자료만을 이용하여 EV/EBITDA 비율을 구하면?

> • 현재주가 : 10,000원   • 발행주식수 : 100만주
> • 세전순이익 : 35억원   • 이자비용 : 5억원
> • 감가상각비와 무형자산상각비 : 10억원

① 1   ② 2   ③ 3   ④ 4

> • EV = 100만주 × 10,000원 = 100억원
> • EBITDA = 35억원 + 5억원 + 10억원 = 50억원
> • EV/EBITDA 비율 = $\dfrac{EV}{EBITDA} = \dfrac{100억원}{50억원} = 2$

★★★
065 공모예정인 A기업과 유사기업인 B기업의 EV/EBITDA 비율은 4이며, 공모기업인 A기업의 EBITDA는 500억원, A기업의 채권자가치는 400억원이다. A기업의 공모 후 발행주식수가 1,000만주 일 경우, A기업의 주당가치는? (심화)

① 10,000원   ② 13,000원

③ 16,000원   ④ 20,000원

> **해설** 공모기업의 시장가치 추정 시 유사기업의 EV/EBITDA를 산출하고, 이를 공모기업의 EBITDA와 비교하여 추정할 수 있다.

🏛 필수핵심정리 ▷ EV/EBITDA 비율을 이용한 공모기업의 주당가치 추정

순 서	계산 방법
공모기업의 EV 추정	= 유사기업의 EV/ EBITDA × 공모기업의 EBITDA = 4 × 500억 = 2,000억
공모기업의 예상 시가총액 추정	= 공모기업의 EV − 채권자가치 = 2,000억 − 400억 = 1,600억
주당가치 추정	= 예상 시가총액/공모 후 발행주식수 = 1,600억 / 1,000만주 = 16,000원

···TOPIC **14** EVA 모형

★★★
066 경제적 부가가치(EVA, Economic Value Added)에 관한 설명으로 옳지 않은 것은?

① EVA는 손익계산서의 당기순이익과는 달리 타인자본비용과 자기자본비용을 모두 고려하여 기업의 진정한 경영성과를 측정하는 지표이다.

② EVA는 세전순영업이익에서 기업의 총자본비용을 차감한 값으로 주주 부(Stockholder Wealth)의 관점에서 기업가치를 평가하는 지표이다.

③ EVA는 가치중심 경영을 유도하기 위한 성과측정 수단이다.

④ EVA는 기업의 투하자본수익률(ROIC)에서 가중평균자본비용(WACC)을 차감한 값에 투하자본(IC)을 곱하여 계산한다.

> **해설** EVA는 세후순영업이익에서 기업의 총자본비용을 차감한 값이다.
> EVA = 세후순영업이익−투자자본비용 = 세후순영업이익−(투하자본 × 가중평균자본비용)

기업경영의 성과 또는 경영자의 성과를 평가함에 있어서 회계이익으로 판단하는 것이 아니라 자기자본 사용에 대한 대가로 지불하는 자기자본비용을 비용으로 인식하는 경영관리 지표

EVA	$$EVA = NOPLAT - WACC \times IC = IC \times \left(\frac{NOPLAT}{IC} - WACC \right)$$ $$= IC \times (ROIC - WACC) = 투하자본 \times 초과수익률$$ • IC : 영업용 투하자본 • $NOPLAT$(세후순영업이익) : 기업 본연의 영업활동에서 창출한 영업이익에서 실효법인세를 차감한 이익 • $ROIC$(투하자본이익률) = 세후순영업이익/투하자본 $$WACC(가중평균 자본비용) = k_d (\frac{D}{D+E})(1 - tax\ rate) + k_e (\frac{E}{D+E})$$ • 투자자들이 제공한 투하자본에 대한 비용 • 외부차입에 의한 타인자본비용 외에도 주주가 제공한 자기자본비용까지 포함된 총자본비용의 개념 • 일반적으로 자기자본은 타인자본보다 위험에 대한 프리미엄이 높기 때문에 자기자본비용은 타인자본비용보다 높게 나타남
MVA	Market Value Added : 시장부가가치 • 기업가치 = IC + MVA + 비사업자산가치 • MVA = EVA / WACC(EVA = 세후영업이익 − 총자본비용)

★★★
067 EVA에 관한 다음 설명 중 옳지 않은 것은?

① 순이익이 0보다 크면 EVA도 항상 0보다 크다.

② EVA는 타인자본과 자기자본을 모두 고려해 경영성과를 측정한다.

③ EVA는 수익률이 아닌 금액으로 표시함으로써 가치창조경영 기준지표로 사용된다.

④ EVA가 (+)이면, 현시점에서 자본제공자의 기회비용을 초과해 경제적으로 새로운 가치를 창조하였다는 것을 의미한다.

> **해설** 순이익이 0보다 클 경우에도 자기자본비용을 하회할 경우에 EVA는 0보다 작다. 즉 투하자본이익률(ROIC)이 가중평균자본비용(WACC)보다 작을 경우(ROIC < WACC), EVA는 0보다 작게 된다.

★★★
068 다음 자료를 이용하여 WACC(가중평균자본비용)를 구하시오(단, 법인세율은 0%로 가정). 심화

- 부채 : 200억원(시장가치 200억원)
- 타인자본비용 : 4%
- 자기자본 : 500억원(시장가치 600억원)
- 자기자본비용 : 12%

① 8%
② 10%
③ 12%
④ 16%

 WACC(가중평균자본비용)

$$= k_d(\frac{D}{D+E})(1-t) + k_e(\frac{E}{D+E}) = 4\%(1-0)(\frac{200}{200+600}) + 12\%(\frac{600}{200+600}) = 10\%$$

가중치를 장부가치 기준의 구성비율이 아닌 시장가치 기준의 구성비율로 하는 이유는 주주와 채권자의 현재 청구권에 대한 요구수익률을 측정하기 위해서이다.

★★★
069 투하자본이란 영업자산에서 다음 중 무엇을 차감한 것인가?

① 유동자산
② 순고정자산
③ 이자발생부채
④ 비이자발생부채

- 총자산 = 영업자산+비영업자산
- 총자본 = 자기자본+비이자발생부채+이자발생부채
- 투하자본(투하자산) = 총자산−비영업자산−비이자발생부채 = 영업자산−비이자발생부채

★★★
070 ROIC(투하자본이익률) 20%, WACC(가중평균자본비용) 12%, 투하자본(IC)이 100억원일 때, EVA(Economic Value Added)는 얼마인가?

① 2억원
② 4억원
③ 6억원
④ 8억원

해설 EVA = 투하자본(IC) × (ROIC−WACC) = 100억 × (0.20−0.12) = 8억원

★★★
071 세후순영업이익 20억원, 자기자본 50억원, 자기자본비용 10%, 타인자본 50억, 세후타인자본비용 10%일 경우 기업가치를 구하시오.

① 100억
② 200억
③ 300억
④ 400억

해설 투하자본(IC)은 자기자본 50억과 타인자본 50억을 합하여 100억원이며, 가중평균자본비용(WACC) = (50억/100억)×10%+(50억/100억)×10% = 10%이다.
- EVA = 세후순영업이익－(투하자본×가중평균자본비용) = 20억－(100억×10%) = 10억원
- MVA = EVA/WACC = 10억원/0.1 = 100억원
- 기업가치 = 투하자본(IC)+MVA(시장부가가치)+비사업자산가치 = (50억+50억)+100억+0 = 200억원

···TOPIC 15 잉여현금흐름(FCF) 모형

★★★
072 잉여현금흐름(FCF)에 의한 가치평가법에 대한 설명으로 옳지 않은 것은?

① 잉여현금흐름이란 당해연도 중 본업활동에서 창출해 낸 순현금유입액에 신규투하자본의 증분액을 가산한 금액이다.

② 잉여현금흐름이란 투자자본 조달에 기여한 자금조달자들이 당해연도 말에 자신의 몫으로 분배받을 수 있는 총자금을 말한다.

③ 잔여가치(Terminal Value)란 기업가치구성의 한 요소로서 미래의 사업성과에 대한 예측기간 이후에도 지속될 것으로 기대되는 현금흐름을 토대로 측정된다.

④ 사업예측기간 동안의 잉여현금흐름의 계산과정에서 감가상각비를 차감하지 않았다면 잔여가치는 거의 없다고 간주할 수 있다.

해설 잉여현금흐름이란 당해연도 중 본업활동에서 창출해 낸 순현금유입액에 신규 투하자본의 증분액을 차감한 금액이다.
- 기업가치 = 잉여현금흐름(FCF)의 현재가치 합+잔여가치
- 잔여가치 = 최근 3~5년간 평균 FCF / (WACC－FCF의 성장률)

🏛 필수핵심정리 　잉여현금흐름(FCF, Free Cash Flow) 모형

미래 현금유입액 중 추가적인 부가가치 창출에 기여할 투하자본의 증가액을 차감한 잉여현금흐름으로 기업가치를 평가하는 접근법

FCF	• 본업활동이 창출해 낸 현금유입액에서 당해연도 중 새로운 사업에 투자하고 남은 것 • 투하자본에 기여한 자금조달자들이 당해연도 말에 자신의 몫으로 분배받을 수 있는 총자금	
기업가치	$= \sum_{t=1}^{n} PV(FCF_t)$ + 잔여가치의 현가	
	잔여가치 (Terminal Value)	사업의 예측기간이 끝난 후 동 사업으로부터 지속해서 얻을 수 있는 경제적 부가가치액의 크기

073 ★★★ 다음 자료만을 이용하여 잉여현금흐름(FCF)모형에 의해 기업가치를 계산하면 얼마인가? 심화

- 잉여현금흐름(FCF)의 현재가치 합계 : 200억원
- 최근 3~5년간 평균 잉여현금흐름(FCF) : 10억원
- 가중평균자본비용(WACC) : 15%
- 잉여현금흐름(FCF)의 성장률 : 5%

① 10억원 ② 100억원 ③ 200억원 ④ 300억원

> **해설** • 잔여가치 = 최근 3~5년간 평균 FCF/(WACC−FCF의 성장률) = 10억원/(15%−5%) = 100억원
> • 기업가치 = 잉여현금흐름의 현재가치 합+잔여가치 = (200억+100억) = 300억원

••• TOPIC 16 옵션모형

074 ★★★ 다음 중 옵션모형을 활용하여 투자안의 가치를 평가하는 것이 바람직한 것이라고 볼 수 없는 것은?

① 우선주의 가치평가
② 원유 등 천연자원의 개발권 평가
③ 신약개발 사업의 평가
④ 영화산업에서 속편 제작여부 결정

> **해설** 우선주의 가치평가는 전통적인 현금흐름할인법(DCF)으로 적절한 가치평가가 이루어진다. 반면에 원유 등 천연자원 개발권이나 신약개발 사업, 영화산업에서 속편 제작여부 결정, 이외에도 R&D 투자, 새로운 마케팅 전략, 중도에 확대나 포기가 가능한 투자사업 등은 실물옵션(real options)을 포함하기 때문에 가치평가를 위해서는 옵션개념으로 접근해야 할 필요가 있다.

🏛 필수핵심정리 ▶ 옵션(Option)모형이 중요한 이유

- 현재로는 가치가 없으나 미래에 가치창출 잠재력을 포함하는 투자안의 가치는 현금흐름할인법(DCF) 등 전통적인 방법으로는 평가가 곤란
- 원유 등 천연자원 개발권이나 R&D 투자, 새로운 마케팅 전략, 중도에 확대나 포기가 가능한 투자사업 등은 실물옵션(real options)을 포함하기 때문에 가치평가를 위해서는 옵션개념으로 접근해야 할 필요가 있음

CHAPTER 04 투자분석기법 - 기술적 분석

내용 구성 및
주요 출제내용
분석

주요 내용	중요도	주요 출제 내용
기술적 분석	★★	• 기술적 분석의 기본가정, 장점 및 한계 • 다우이론 : 장기추세의 진행과정
추세 분석	★★	• 지지선과 저항선의 개념, 지지선과 저항선이 중요한 의미를 가지는 이유 • 상승추세선과 하락추세선의 의미, 추세선 신뢰도 • 이동평균선의 특징 및 분석 방법 : 배열도 분석(정배열과 역배열), 크로스 분석(골든크로스와 데드크로스) • 갭(Gap)의 종류별 특징 • 트리덴트 시스템의 기본적인 원리
패턴 분석	★★★	반전형과 지속형 패턴의 구분
캔들 차트 분석	★★★	• 캔들 차트 : 명칭, 신호, 신뢰도 • 사께다 전법 : 삼공, 삼병, 삼산, 삼천, 삼법
지표 분석	★★	• 추세추종형과 추세반전형 지표의 구분 • 거래량 지표 : OBV, VR, 역시계곡선, 이큐볼륨 차트 • 범위성 지표 : P&F 차트, 삼선전환도(10% 플랜병용법) • 기타 지표 : 볼린저 밴드, ADL, 코포크 지표 등
시장구조 이론	★★★	• 엘리어트 파동이론 : 절대불가침의 법칙 등 • 일목균형표 : 주요개념(전환선, 기준선, 후행스팬 등), 추세판단 방법(구름대의 특징 등), 목표치 계산

출제경향 분석
및 학습요령

투자분석기법은 기본적 분석, 기술적 분석, 산업분석 등 3과목으로 구성되며 총 12문제가 출제된다. 따라서 약간의 변동은 있을 수 있지만 대략 과목별로 4문제가 출제된다고 볼 수 있기 때문에 학습자 본인의 능력에 따라 과목별 학습강도를 잘 조절하는 것이 효율적이다. 기술적 분석은 범위가 매우 넓어서 실제 주식투자를 직접 해보지 않은 분들은 학습에 어려움이 있지만, 무엇보다도 각 이론에서 상승(매수) · 하락(매도) 신호들은 꼭 숙지하고 있어야 한다. 주로 출제되는 부분은 다우이론, 갭, 반전형 패턴과 지속형 패턴의 구분, 지표의 구분(거래량 지표, 범위성 지표 등), 특히 시장구조이론에서 다루는 엘리어트 파동이론과 일목균형표는 좀 더 세세히 학습하는 것이 좋다.

★★★
001 다음 중 주식시장을 접근하는 세 가지 방법과 거리가 먼 것은?

① 기본적 분석   ② 기술적 분석

③ 랜덤워크 이론   ④ 경기순환분석

> **해설** 주식시장을 접근하는 방식은 주가예측이 가능하다고 시장에 접근하는 기본적 분석과 기술적 분석 그리고 주가예측
> 은 사실상 불가능하여 초과수익률을 낼 수 없다는 랜덤워크 이론으로 나눌 수 있다.

🏛 필수핵심정리 ▷ **기술적 분석의 정의, 종류, 기본가정**

정의	주가의 매매 시점을 파악할 수 있도록 과거의 시세 흐름과 그 패턴을 파악해서 정형화하고 이를 분석하여 향후 주가를 예측하고자 하는 데 목적이 있다.
종류	① 추세분석, ② 패턴분석, ③ 지표분석, ④ 시장구조이론
가정	① 증권의 시장가치는 수요와 공급에 의해서만 결정된다. ② 주가는 추세에 따라 움직이는 경향이 있다. ③ 추세의 변화는 수요와 공급의 변동에 의해 일어난다. ④ 주가모형(패턴)은 스스로 반복한다.

★★★
002 다음 중 증권분석의 내용이 잘못 연결된 것은?

① 기본적 분석 – 기업의 내재가치 분석

② 기술적 분석 – 매매시점의 포착

③ 랜덤워크 이론 – 주가예측

④ 추세 분석 – 관성의 법칙

> **해설** 기본적 분석, 기술적 분석은 모두 주가예측이 가능하다고 믿는 반면, 시장에서 주가예측은 불가능하다고 생각하는
> 랜덤워크 이론은 과거가 미래를 결정할 수 없기 때문에 미래를 예측할 수 없다고 판단, 주식시장에서 초과수익률은
> 존재할 수 없다고 한다.

정답 001 ④   002 ③

003 다음 중 기술적 분석의 종류가 아닌 것은?

① 추세 분석
② 재무제표 분석
③ 패턴 분석
④ 시장 구조 이론

해설 재무제표 분석은 기업의 내재가치를 분석하는 기본적 분석이다. 기술적 분석은 주가의 매매시점을 파악할 수 있도록 과거의 시세 흐름과 그 패턴을 파악해서 정형화하고 이를 분석하여 향후 주가를 예측하고자 하는데 그 목적이 있다.

기술적 분석의 종류	
추세 분석	주가가 일정기간 일정한 추세를 보이며 움직이는 성질을 이용한 기법
패턴 분석	추세선이 변화할 때에 나타나는 여러 가지의 주가변동 모형을 미리 정형화해 놓고 실제로 나타나는 주가 움직임을 주가변동 모형에 맞추어 봄으로써 앞으로의 주가 추이를 미리 예측하고자 하는 기법
지표 분석	현재의 시장 수급 상태가 과열권인지 침체권인지를 파악해 매매시점을 판단하고자 하는 분석 방법
시장 구조 이론	오랜 기간 동안 시장의 움직임을 분석·연구해 시장의 변동 논리를 해석하는 방법

 004 다음은 기술적 분석의 특징 또는 가정에 대하여 설명하였다. 적절하지 않은 것은?

① 증권의 시장가치는 수요와 공급에 의해서만 결정된다.
② 시장의 변동에 집착하기 때문에 증권의 시장가치가 변동하는 원인을 분석하지 못한다.
③ 도표에 나타나는 주가모형은 스스로 반복하는 경향이 있다.
④ 과거의 주가 추세나 패턴이 미래에도 반복한다는 가정은 현실성이 높아서 기술적 분석의 지지 근거가 된다.

해설 기술적 분석의 한계는 과거의 주가 추세나 패턴이 미래에도 반복하는 경향을 가지고 있다는 것이다. 그러나 이것이 미래에도 반복해서 나타난다는 가정은 지극히 비현실적인 가정이며, 기술적 분석은 투자가치를 무시하고 주가 변동에만 집착해 시장변화의 원인을 분석할 수 없다는 점이다.

기술적 분석의 장점과 한계점	
장 점	• 주가는 심리적 요인이 영향을 미치는데 이 부분을 보완해준다. • 변화시점 및 변화방향을 파악하여 매매시점 포착에 유용하다.
한계점	• 기술적 분석방법의 전제조건인 과거의 주가추세나 패턴의 반복 경향은 지극히 비현실적이다. • 동일한 과거 주가양상을 놓고 어느 시점이 주가변화의 시발점인가 하는 해석이 각기 다를 수 있다. • 투자가치를 무시하고 시장의 변동에만 집착하기 때문에 시장이 변화하는 원인을 분석할 수가 없다.

★★★
005 다우(Dow) 이론에 관한 설명으로 옳지 않은 것은?

① 다우 이론은 주가의 움직임을 단기추세, 중기추세, 장기추세로 구분한다.

② 주추세는 1년 이상의 장기추세를 의미한다.

③ 주추세와 중기추세를 명확하게 구분할 수 있다.

④ 장기추세는 3단계로 진행되는데, 제1단계는 축적단계, 제2단계는 기술적 추세추종단계,
   제3단계는 분배단계이다.

> **해설** 다우 이론은 주추세와 중기추세를 명확하게 구분하기 어렵고, 추세전환도 너무 늦게 확인된다는 단점이 있다.

🏛 필수핵심정리 ▷ 다우(Dow) 이론

시장국면	강 세			약 세		
	제1국면	제2국면	제3국면	제1국면	제2국면	제3국면
대중	공포심	공포심	확 신	확신	확신	공포심
전문가	확신	확신	공포심	공포심	공포심	확신
투자전략	–	점차 매도	매도	–	점차 매수	매수

```
        ① 제3국면                      ④ 제1국면
        과열국면                       분산국면
        매도                          –

    ② 제2국면                              ⑤ 제2국면
    상승국면                               공포국면
    점차 매도                              점차 매수

③ 제1국면                                      ⑥ 제3국면
매집국면                                       침체국면
–                                             매수

        ← 강세시장 →          ← 약세시장 →
```

★★★
006 다우 이론에서 강세시장에 속하지 않는 것은?

① 매집국면   ② 상승국면

③ 과열국면   ④ 분산국면

분산국면은 약세시장의 제1국면에 속한다.

① 매집국면 (강세 1국면)	침체된 경제에 실망을 느낀 일반투자자들이 오래 지속된 약세시장에 지쳐서 매입자만 있으면 매도해 버리고자 하나 전문투자자들은 시장여건 호전을 미리 감지해 매입활동이 일어나 거래량이 점차 증가된다.
② 상승국면 (강세 2국면)	전반적인 경제여건이 호전되어 일반투자자들의 관심이 고조되어 주가와 거래량이 모두 상승하고 기술적 분석에 따라 주식투자하는 사람이 가장 많은 투자 수익을 올릴 수 있다.
③ 과열국면 (강세 3국면)	주식시장에 경험이 없는 사람들이 확신을 가지고 적극 매입에 나서는 단계로 시장은 과열 기미를 보여 전문투자자들은 공포심을 갖는다.
④ 분산국면 (약세 1국면)	강세 3국면에서 시장이 지나치게 과열된 것을 우려한 전문투자자들이 수익을 취한 후 빠져나가는 단계로 주가가 조금만 하락해도 거래량이 증가한다.
⑤ 공포국면 (약세 2국면)	경제가 나빠짐에 따라 주식을 매도하려는 일반투자자들의 마음이 조급해지고 주식의 매입세력이 상대적으로 크게 위축되어 주가가 거의 수직으로 하락하고 거래도 급감한다.
⑥ 침체국면 (약세 3국면)	공포국면에서 미처 처분하지 못한 일반투자자들의 실망 매물이 출회되어 투매양상이 나타나며, 주가는 계속 하락하나 낙폭은 줄어들어 전문가들은 확신을 가지고 매수에 가담한다.

★★★
007 다우(Dow) 이론과 그에 대한 그랜빌(Granville)의 견해를 설명한 것으로 옳지 않은 것은?

① 매집국면, 상승국면, 과열국면은 강세시장으로 분류한다.
② 일반투자자는 강세시장의 제3국면에서 확신을 갖는다.
③ 전문투자자는 강세시장의 제2국면에서 점진적 매도전략을 구사하고, 제3국면에서는 매도전략을 구사하는 것이 일반적이다.
④ 분산국면은 주가가 하락하면서 거래량이 감소하는 국면으로, 전문투자자는 확신을 가지고 점진적으로 매수한다.

해설 분산국면은 약세시장의 제1국면으로 주가가 조금만 하락하여도 거래량이 증가하는 국면으로, 전문투자자는 공포심을 가지고 있으며 투자수익을 취한 후 빠져나가는 국면이다.

★★★
008 다우 이론의 장기추세 진행과정에 대한 설명 중 약세시장의 제1국면에 관한 내용은?

① 분산국면을 의미한다.
② 전문가들은 점차 매입을 시작한다.
③ 투매양상이 전개된다.
④ 일반투자자들의 관심이 고조되며 주가가 상승하고 거래량이 크게 증가한다.

해설 약세시장의 제1국면은 분산국면이다. 분산국면에서는 강세 3국면에서 시장이 지나치게 과열된 것을 우려한 전문투자자들이 수익을 취한 후 빠져나가는 단계로 주가가 조금만 하락해도 거래량이 증가한다.

★★★ 009 다음 중 다우 이론에서 전문가들이 공포심을 갖는 국면은?

① 매집국면 ② 분산국면
③ 상승국면 ④ 침체국면

> **해설** 전문가들은 강세시장의 제3국면(과열국면)과 약세시장의 제1국면(분산국면), 제2국면(공포국면)에서 공포심을 갖는 반면에, 일반 대중들은 전문가와 반대로 이 국면에서 주식시장에 대해서 확신을 갖는다.

★★★ 010 다음 중 다우 이론에서 일반 투자자들이 가장 공포심을 느껴 투매양상이 나타나는 국면은?

① 분산국면 ② 공포국면
③ 침체국면 ④ 매집국면

> **해설** 약세시장의 제3국면인 침체국면에 관한 설명이다. 침체국면에서는 공포국면에서 미처 처분하지 못한 일반투자자들의 실망 매물이 출회되어 투매양상이 나타나며, 주가는 계속 하락하나 낙폭은 줄어들어 전문가들은 확신을 가지고 매수에 가담한다.

★★★ 011 다음 중 다우 이론에서 매수를 하는 전략이 가장 적합한 국면은?

① 매집국면 ② 분산국면
③ 상승국면 ④ 침체국면

> **해설** 매수를 하는 국면은 약세시장의 제3국면인 침체국면으로서, 일반투자자들은 공포심으로 투매를 하지만 전문가는 매수한다.

★★★ 012 다우 이론에서 전문가들이 공포심을 가지고 매도를 하는 국면은?

① 과열국면 ② 분산국면
③ 강세시장의 제2국면 ④ 공포국면

> **해설** 전문가들이 공포심을 가지고 매도를 하는 국면은 강세시장의 제3국면인 과열국면이다. 이때는 주식시장에 경험이 없는 사람들이 확신을 가지고 적극 매입에 나서는 단계로 시장은 과열기미를 보이며 전문투자가들은 공포심을 갖는다.

정답 007 ④ 008 ① 009 ② 010 ③ 011 ④ 012 ①

013 다음 중 다우 이론에서 기술적 분석에 따라 주식투자를 하는 사람이 가장 많은 투자 수익을 올릴 수 있는 국면은?

① 분산국면 ② 매집국면
③ 상승국면 ④ 과열국면

해설 기술적 분석에 따라 주식투자를 하는 사람이 가장 많은 투자 수익을 올릴 수 있는 국면은 강세시장의 제2국면인 상승국면(또는 마크업 국면)이다. 전반적인 경제여건이 호전되어 일반투자자들의 관심이 고조되어 주가와 거래량이 모두 상승하고, 기술적 분석에 따라 주식투자를 하는 사람이 가장 많은 투자수익을 올릴 수 있다.

···TOPIC ❸ 지지선과 저항선

014 저항선과 지지선에 관한 설명으로 적절하지 않은 것은?

① 지지선이란 일정 기간에 있어서 주가하락의 움직임을 멈추게 하는 수준이나 하락 저지가 예상되는 수준을 말한다.
② 주가가 저항선을 상향 돌파하면 적극적인 매수시점으로 본다.
③ 매도세력에 의해 상승 저항을 받고 있는 고점들을 연결한 선이 저항선이다.
④ 저항선과 지지선 안에서 주가가 움직이다가 지지선을 하향 돌파하는 경우 이 저항선과 지지선 사이의 범위를 지지권이라 한다.

해설 저항선과 지지선 사이에서 주가가 움직이다가 지지선을 하향 돌파하는 경우 이 저항선과 지지선 사이의 범위를 저항권이라 하며, 나중에 주가가 상승하더라도 매물대로 작용한다. 한편, 지지권이란 저항권과 반대 개념으로 일정한 저항선 범위와 지지선 사이에서 주가가 움직이다가 저항선을 상향 돌파하는 경우 나중에 주가가 하락하더라도 의미 있는 매수대로 작용하게 된다.

🏛 필수핵심정리 ▷ 저항선과 지지선이 가지는 의미

① 현재 주가의 최소 · 최대 목표치를 설정하는 데 유용하다(특히 저항선과 지지선의 역할은 횡보장세에서 큼).
② 저항선이나 지지선의 돌파시도가 여러 번에 걸쳐 성공하지 못할 경우 추세 전환의 신호로 인식할 수 있다.
③ 장기간에 걸쳐 형성된 것일수록 신뢰도가 높다.
④ 최근에 형성된 것일수록 신뢰도가 높다(직전에 형성된 고점이 저항선의 역할을 하는 경우가 많으며, 직전에 형성된 저점은 지지선의 역할을 한다).
⑤ 매매전략에 이용할 수 있다(상승추세 시 저항선 상향돌파 시 매수, 하락추세 시 지지선 하향돌파 시 매도).
⑥ 1만원, 2만원, 10만원과 같이 정액의 가격대에서는 심리적인 지지선이나 저항선으로 작용할 수가 있다.

015 다음 중 추세분석 방법과 거리가 먼 것은?

① 지지선 분석 ② 저항선 분석
③ 투자심리도 분석 ④ 이동평균선 분석

해설 투자심리도 분석은 특정 거래일 동안 상승일 수가 며칠인지 따져보는 지표분석 방법이다. 추세분석은 추세는 일단 한번 형성되면 상당기간 지속된다는 속성을 이용한 것이다. 합리적 투자결정에서는 단기 방향성보다 추세가 중요하다는 것이다. 추세분석에서는 지지와 저항, 이동평균을 이용한 방법 등이 있다.

016 지지선과 저항선에 관한 다음 설명 중 옳지 않은 것은?

① 저항선이나 지지선의 돌파시도가 여러 번에 걸쳐 성공하지 못할 경우 추세 전환의 신호로 인식할 수 있다.
② 장기간에 걸쳐 형성된 것일수록 신뢰도가 높다.
③ 오래전에 형성된 것일수록 신뢰도가 높다.
④ 1만원, 2만원, 10만원과 같이 정액의 가격대에서는 심리적인 지지선이나 저항선으로 작용할 수가 있다.

해설 지지선과 저항선은 최근에 형성된 것일수록 신뢰도가 높다.

★★★
017 추세선에 대한 설명 중 옳지 않은 것은?

① 추세선이란 고점이나 저점 중 의미 있는 두 고점 또는 저점을 연결한 선을 의미한다.

② 상승 추세선은 고점의 위치가 계속 상승하는 경우를 말하고, 하락 추세선은 저점의 위치가 점차 하락하는 경우를 말한다.

③ 일반적으로 상승 추세선과 평행 추세선은 저점끼리 연결하고, 하락 추세선은 고점끼리 연결한다.

④ 추세선의 신뢰도는 저점이나 고점이 여러 번 나타날수록, 또 추세선의 길이가 길고 기울기가 완만할수록 크다.

해설 상승 추세선은 저점의 위치가 계속 상승하는 경우를 말하고, 하락 추세선은 고점의 위치가 점차 하락하는 경우를 말한다.

🏛 **필수핵심정리** ▷ 추세선은 고점이나 저점 중 의미 있는 두 고점 또는 저점을 연결한 선을 의미

추세선은 고점이나 저점 중 의미 있는 두 고점 또는 저점을 연결한 선을 의미

	상승 추세선	• 저점의 위치가 계속 상승하는 경우를 말함 • 상승 추세에서 저점을 연결한 추세선
종류	하락 추세선	• 고점의 위치가 점차 하락하는 경우를 말함 • 하락 추세에서 고점을 연결한 추세선
	평행 추세선	• 추세가 명백하지 않고 횡보하는 경우를 말함 • 횡보국면에서 저점이나 고점을 연결한 추세선

★★★
018 이동평균선(MA, Moving Average) 분석에 관한 설명으로 옳지 않은 것은?

① 이동평균선 분석은 패턴 분석의 중심이 되는 방법으로, 패턴을 하나의 대푯값으로 표시하여 시장의 흐름을 파악한다.

② 이동평균선은 주가의 지지선이나 저항선의 역할을 수행한다.

③ 이동평균선을 이용한 분석은 계산하기가 편리하고 계산 결과의 모양에 따라서 기계적으로 매수·매도 신호를 객관적으로 도출해 낼 수 있는 장점이 있다.

④ 이동평균선 분석의 단점은 이미 지나가버린 과거 주가를 평균하여 미래의 주가방향을 분석하는데 따르는 후행성 문제이다.

> **해설** 이동평균선 분석은 추세 분석의 중심이 되는 방법으로, 추세를 하나의 대푯값으로 표시하여 시장의 흐름을 파악한다.

🏛 필수핵심정리 ▶ 이동평균선을 이용한 분석방법

이격도 분석		• 이격도란 현재 주가와 이동평균선의 괴리도가 어느 정도인가를 나타내는 지표 • 이격도는 현 주가의 과열이나 침체 정도를 파악하는 중요한 척도
방향성 분석		하락추세에서 상승추세로 전환할 때는 [단기선 상승 → 중기선 상승 → 장기선 상승] 순서로 상승하고, 상승추세에서 하락추세로 전환할 때도 [단기선 하락 → 중기선 하락 → 장기선 하락] 순서로 하락과정을 거친다.
배열도 분석	정배열 구조 (상승국면)	현재주가 > 단기 MA > 중기 MA > 장기 MA 순서로 위에서 아래로 배열된 상태
	역배열 구조 (하락국면)	장기 MA > 중기 MA > 단기 MA > 현재주가 순서로 위에서 아래로 배열된 상태
지지선 분석		현재 주가보다 낮은 수준의 이동평균가격은 지지의 역할을 한다.
저항선 분석		현재 주가보다 높은 수준의 이동평균가격은 저항의 역할을 한다.
크로스 분석	골든크로스	단기 이동평균선이 장기 이동평균선을 아래에서 위로 상향돌파 → 매수 신호(일목균형표의 호전)
	데드크로스	단기 이동평균선이 장기 이동평균선을 위에서 아래로 하향돌파 → 매도 신호(일목균형표의 역전)
밀집도 분석		주가 이동평균선의 수렴은 향후 변동성이 크게 확장될 가능성을 시사하는 것으로 단기적으로 큰 폭의 주가변화가 나타날 수 있음

★★★
019 이동평균선의 특징에 관한 설명으로 옳지 않은 것은?

① 일반적으로 주가가 이동평균선을 돌파하는 시점이 의미 있는 매매타이밍이다.

② 이동평균을 하는 분석기간이 길수록 이동평균선은 완만해지며, 짧을수록 가팔라지는 경향이 있다.

③ 주가가 이동평균선과 괴리가 지나치게 클 때에는 이동평균선으로 회귀하는 성향이 있다.

④ 주가가 단기 이동평균선을 돌파할 경우에는 주추세가 반전될 가능성이 크다.

> **해설** 주가가 장기 이동평균선을 돌파할 경우에는 주추세가 반전될 가능성이 크다.

🏛 필수핵심정리 ▷ **이동평균선의 특징**

① 일반적으로 주가가 이동평균선을 돌파하는 시점이 의미 있는 매매타이밍이다.
② 이동평균을 하는 분석기간이 길수록 이동평균선은 완만해지며, 짧을수록 가팔라지는 경향이 있다.
③ 주가가 이동평균선과 괴리가 지나치게 클 때에는 이동평균선으로 회귀하는 성향이 있다.
④ 주가가 장기 이동평균선을 돌파할 경우에는 주추세가 반전될 가능성이 크다.
⑤ 강세국면에서 주가가 이동평균선 위에서 움직일 경우, 상승세가 지속될 가능성이 높다.
⑥ 약세국면에서 주가가 이동평균선 아래서 움직일 경우, 하락세가 지속될 가능성이 높다.
⑦ 상승하고 있는 이동평균선을 주가가 하향 돌파할 경우, 추세는 조만간 하락 반전할 가능성이 높다.
⑧ 하락하고 있는 이동평균선을 주가가 상향 돌파할 경우, 추세는 조만간 상승 반전할 가능성이 높다.

★★★
020 주가 이동평균선을 이용한 분석방법에 관한 설명으로 옳지 않은 것은?

① 주가가 하락세에서 상승세로 전환할 경우 먼저 단기이동평균선이 상승하고, 이어서 중기이동평균선, 그리고 장기이동평균선이 상승한다.

② 주가가 상승추세의 모습을 갖추면 위로부터 장기이동평균선, 중기이동평균선, 단기이동평균선, 현재주가의 순서를 이루는데, 이를 정배열 상태라고 한다.

③ 주가가 상승할 경우 주가이동평균선은 지지선 역할을 하고, 주가가 하락할 경우 주가이동평균선은 저항선 역할을 한다.

④ 단기이동평균선이 장기이동평균선을 상향 돌파할 경우를 골든 크로스(Golden Cross)라고 하여 매수신호로 보고, 단기이동평균선이 장기이동평균선을 하향 돌파할 경우를 데드 크로스(Dead Cross)라고 하여 매도신호로 판단하는데, 실질적인 추세의 전환과는 시차가 존재한다.

> **해설** 주가가 상승추세의 모습을 갖추면 위로부터 현재주가, 단기이동평균선, 중기이동평균선, 장기이동평균선의 순서를 이루는데, 이를 정배열 상태라고 한다.

★★★
021 다음은 주가이동평균선의 크로스 분석에 관한 설명이다. 빈칸 ㉠~㉣에 적절한 것을 순서대로 바르게 나타낸 것은?

> • 단기이동평균선이 장기이동평균선을 상향 돌파할 경우를 (㉠)라고 하여 매수신호로 보는데, 이는 일목균형표에서 전환선이 기준선을 상향 돌파하는 (㉡)과 유사한 개념이다.
> • 단기이동평균선이 장기이동평균선을 하향 돌파할 경우를 (㉢)라고 하여 매도신호로 보는데, 이는 일목균형표에서 전환선이 기준선을 하향 돌파하는 (㉣)과 유사한 개념이다.

① 골든 크로스, 역전, 데드 크로스, 호전
② 데드 크로스, 호전, 골든 크로스, 역전
③ 골든 크로스, 호전, 데드 크로스, 역전
④ 데드 크로스, 역전, 골든 크로스, 호전

 골든 크로스(Golden Cross) = 호전, 데드 크로스(Dead Cross) = 역전

★★★
022 주가이동평균선의 성질에 관한 설명으로 옳은 것은?

① 일반적으로 골든크로스가 발생하면 매도신호로 인식한다.
② 주가가 이동평균선을 상향 돌파하면 매도신호로 인식한다.
③ 주가와 이동평균선들이 정배열 상태를 형성하면 약세시장이다.
④ 단기이동평균선은 매매시점 포착에, 중·장기이동평균선은 추세 파악에 주로 이용된다.

 ① 일반적으로 골든크로스가 발생하면 매수신호로 인식한다.
② 주가가 이동평균선을 상향 돌파하면 매수신호로 인식한다.
③ 주가와 이동평균선들이 정배열 상태를 형성하면 강세시장이다.

★ ★ ★
023 이동평균선을 이용한 매매전략으로 적절하지 않은 것은?

① 주가가 이동평균선을 상향 돌파하면 매입 신호로, 반대로 주가가 이동평균선을 하향 돌파하면 매도 신호로 판단한다.
② 단기 이동평균선이 위에서 아래로 중·장기 이동평균선을 급속히 하향 돌파할 경우에는 매도 신호이다.
③ 단기·중기·장기 이동평균선이 밀집되어 서로 혼란하게 얽혀 있을 때는 매도 신호이다.
④ 위로부터 주가·단기선·중기선·장기선의 순서로 정배열되어 나란히 상승중일 경우에는 강세국면이다.

해설 단기·중기·장기 이동평균선이 밀집되어 서로 혼란하게 얽혀 있을 때는 장세의 방향이 불투명하므로 매수와 매도를 유보하고 새로운 방향성이 설정되는 것을 확인하는 것이 좋다.

★ ★ ★
024 거래량 이동평균선에 관한 설명으로 적절하지 않은 것은?

① 일반적으로 거래량은 주가에 선행 또는 동행하는 경향이 있다.
② 상승 추세에서의 거래량은 주가가 상승할 때는 감소하고 하락할 때는 증가한다. 그러나 하락 추세에서는 주가가 하락할 때 거래량은 감소하고, 반등할 때는 오히려 증가한다.
③ 상승 추세에서는 거래량이 증가하면서 주가가 상승하면 매수 신호, 거래량이 감소하면서 주가가 하락하면 매도 신호이다.
④ 주가는 횡보하고 있으나 거래량이 증가하면 매수 신호이고, 반대로 거래량이 감소하면 매도 신호이다.

해설 상승 추세에서의 거래량은 주가가 상승할 때는 증가하고 하락할 때는 감소한다. 그러나 하락 추세에서는 주가가 하락할 때 거래량은 증가하고, 반등할 때는 오히려 감소한다.

★★★
025 주가·이동평균선을 이용한 그랜빌(Granville)의 투자전략에 관한 설명으로 적절하지 않은 것은? 심화

① 이동평균이 상승한 후 평행이나 하락국면에서 주가가 이동평균선을 하향 돌파할 때는 매도 신호이다.

② 주가가 상승하는 이동평균선 위에서 급격히 하락하다가 이동평균선 부근에서 반등 시 매도 신호이다.

③ 주가가 하락하고 있는 이동평균선을 하향 돌파한 후 급락 시는 단기적으로 매입 신호이다.

④ 주가가 상승하고 있는 이동평균선을 상향 돌파 후 다시 급등 시는 단기적으로 매도 신호이다.

해설 주가가 상승하는 이동평균선 위에서 급격히 하락하다가 이동평균선 부근에서 반등 시 매입 신호이다.

주가 · 이동평균선을 이용한 그랜빌의 투자전략	
매입신호	① 이동평균선이 하락한 뒤에 보합이나 상승국면으로 진입할 경우 주가가 이동평균선을 상향 돌파할 때 ② 이동평균선이 상승하고 있을 때 주가가 이동평균선 아래로 하락하는 경우 ③ 주가가 상승하는 이동평균선 위에서 급격히 하락하다가 이동평균선 부근에서 반등할 때 ④ 주가가 하락하고 있는 이동평균선을 하향 돌파한 후 급락할 때
매도신호	① 이동평균이 상승한 후 평행이나 하락국면에서 주가가 이동평균선을 하향 돌파할 때 ② 이동평균선이 하락 시 주가가 이동평균선 위로 상승하는 경우 ③ 주가가 이동평균선 아래에서 상승세를 보이다 상향 돌파를 못하고 하락하는 경우 ④ 주가가 상승하고 있는 이동평균선을 상향 돌파 후 다시 급등 시

★★★
026 주가 갭(Gap)에 관한 설명으로 옳지 않은 것은?

① 소멸 갭은 모형 형성과정에서 나타나기 때문에 기술적 의미가 모호하다.

② 돌파 갭은 주가가 모형에서 완전히 벗어나서 결정적인 돌파를 할 때 나타난다.

③ 급진 갭은 주가가 반전모형이나 강화모형에서 완전히 벗어나서 예상했던 방향으로 급격한 변화를 보이는 과정에서 나타나며, 주가변화의 예상폭을 측정하는데 유용하게 이용된다.

④ 섬꼴반전은 소멸 갭에 이어 돌파 갭이 나타나면서 차트상에 섬과 같은 모습을 형성하는 반전 패턴인데, 섬꼴반전에서 비정상적으로 많은 거래량을 수반하는 경우에는 추세의 대반전일 가능성이 크다.

> **해설** 보통 갭은 모형 형성과정에서 나타나기 때문에 기술적 의미가 모호하다. 소멸 갭은 추세반전이 이루어지기 직전에 나타나는 경향이 있기 때문에 주가의 단기변동을 예고하는 기술적 의미를 가진다.

🏛 필수핵심정리 ▶ 갭(Gap)의 종류별 특징

보통 갭	① 횡보 국면에서 주로 나타나는데, 큰 의미를 부여하지 않으며 갭은 다시 채워지는 것이 보통이다. ② 모형의 형성과정에서 나타나며 기술적 의미가 모호하다.
돌파 갭	① 일반적으로 장기간에 걸친 조정 국면이나 횡보 국면을 마감하고 주가가 과거 중요한 지지선이나 저항선을 돌파할 때 나타난다. ② 새로운 주가 움직임이나 새로운 추세의 시작을 알리는 신호가 되기도 한다.
급진 갭	① 주가가 거의 일직선으로 급상승 하거나 또는 급하락 하는 도중에 주로 발생한다. ② 급진 갭은 주가 움직임이 급속히 가열되거나 냉각되면서 이전의 추세가 더욱 가속화되고 있음을 확인시켜 주는 갭으로 볼 수 있다. ③ 다우이론의 추세추종국면(mark-up)이나 엘리어트 파동이론의 3번 파동에서 주로 발생한다. ④ 급진 갭은 주가의 예상 목표치의 중간 지점에서 주로 발생하기 때문에 중간 갭 또는 측정 갭이라 부르기도 한다.
소멸 갭	① 주가 상승 막바지에 한 두 갭이 발생하는데, 그 후 바로 주가 상승이 멈추고 하락으로 반전되는 경우, 바로 앞에서 발생한 갭을 소멸 갭이라 한다. ② 일단 소멸 갭이 발생하면 주가는 곧 기존의 상승 추세가 반전된다고 예상할 수 있다.
섬꼴반전 (도형반전)	① 섬꼴반전은 상승 소멸 갭에 의해 발생한 갭 상승과 뒤이어 하향 돌파 갭에 의해 발생한 갭 하락이 동시에 나타나면서 형성된 모양이다. ② 섬꼴반전은 이제까지의 상승추세가 끝나고 새로운 하락추세가 시작된다는 추세의 반전 신호로 인식한다.

027 다우이론의 추세추종국면(Mark-Up)이나 엘리어트 파동이론의 3번 파동에서 주로 발생하는 갭으로 주가가 거의 일직선으로 급상승 하거나 또는 급하락하는 도중에 주로 발생하는 갭은?

① 보통 갭　　　　　② 급진 갭　　　　　③ 돌파 갭　　　　　④ 소멸 갭

> **해설** 급진 갭은 주가가 거의 일직선으로 급상승 하거나 또는 급하락하는 도중에 주로 발생하며, 주가 움직임이 급속히 가열되거나 냉각되면서 이전의 추세가 더욱 가속화되고 있음을 확인시켜주는 갭으로 볼 수 있다. 주로 다우이론의 추세추종국면(mark-up)이나 엘리어트 파동이론의 3번 파동에서 주로 발생하며, 급진 갭은 주가의 예상 목표치의 중간 지점에서 주로 발생하기 때문에 중간 갭, 측정 갭이라 부르기도 한다.

028 주가의 횡보국면에서 자주 나타나는데, 큰 의미를 부여하지 않는 갭은?

① 보통 갭　　　　　② 계속 갭　　　　　③ 돌파 갭　　　　　④ 소멸 갭

> **해설** 보통 갭은 횡보 국면에서 주로 나타나는데 큰 의미를 부여하지 않으며, 갭은 다시 채워지는 것이 보통이다. 모형의 형성과정에서 나타나며 기술적 의미가 모호하다.

029 주가의 천장권에서 섬꼴반전(Island Reversal)은 주가 갭이 어떤 순서로 나타나야 형성되는 패턴인가?

① 보통 갭 → 하락 돌파 갭
② 계속 갭 → 상승 소멸 갭
③ 상승 소멸 갭 → 하락 돌파 갭
④ 보통 갭 → 계속 갭

> **해설** 섬꼴반전은 주가의 추세가 급격히 반전될 때 나타나는 형태로, 주가의 천장권에서 상승 소멸 갭에 이어 하락 돌파 갭이 나타나면서 차트상에 섬과 같은 모습이 연출되는 반전패턴을 뜻한다.

★★★
030 시장가격이 일방적인 움직임을 나타내기보다는 되돌림 움직임이 반드시 있다는 것을 이용하는 거래기법은?

① 삼선전환도
② 10% Plan 병용법
③ 섬꼴반전(Island Reversal)
④ 트리덴트(Trident) 시스템

 트리덴트 시스템은 시장가격이 일방적인 움직임을 나타내기 보다는 되돌림 움직임이 반드시 있다는 것을 이용하는 거래기법으로, 다음에 있을 시장가격의 움직임을 예상하는 것이 목표가 아니라, 언제 매입거래를 하고 언제 매도거래를 하느냐 하는 시점을 결정하는 것을 목표로 하고 있다.

트리덴트 시스템의 기본원리
• 주된 추세에는 반드시 되돌림 움직임이 있다. • 추세의 움직임과 같은 방향의 포지션을 만든다. • 천장과 바닥을 잡으려고 노력하기보다는 전체움직임의 1/2만을 취한다. • 매입시점은 되돌림이 끝나고 나타날 것으로 예상되는 새로운 추세의 25% 지점으로 결정되고 매도시점은 예상되는 새로운 추세의 75% 지점으로 결정된다. • 시장가격의 움직임이 예상과 다르면 적절한 수준(25%)에서 반대거래를 수행한다(손절매).

★★★
031 트리덴트(Trident) 시스템에 관한 설명으로 옳지 않은 것은?

① 주된 추세에는 반드시 되돌림이 있다는 원리를 이용한 거래기법으로 추세의 움직임과 같은 방향의 포지션을 취한다.
② 이 방법은 언제 매입하고 언제 매도하느냐 하는 시점을 결정하는 것을 목표로 한다.
③ 천장과 바닥을 잡으려고 노력하기보다는 전체 움직임의 3/4만을 취한다.
④ 시장가격의 움직임이 예상과 다르면 적절한 수준에서 반대거래를 수행한다.

 트리덴트 시스템은 천장과 바닥을 잡으려고 노력하기보다는 전체 움직임의 1/2만을 취한다.

★★★
032 다음 중 주가흐름의 전환시점을 파악하는데 이용되는 도표분석 방법은?

① 추세분석　　　　　　　　　　　② 패턴분석

③ 점수분석　　　　　　　　　　　④ 목표치 분석

해설 패턴분석은 주가흐름을 정형화하여 확률적으로 발생가능성이 높은 주가흐름을 예측하는 분석방법이다. 패턴에는 지속형 패턴과 반전형 패턴이 있는데, 지속형 패턴은 반전형 패턴에 비해 형성기간이 짧고 영향력도 일시적이다.

🏛 필수핵심정리 　반전형 패턴과 지속형 패턴

	이전의 주가 움직임과 다른 추세로 전환되는 패턴		
반전형 패턴 **(추세전환 패턴)**	해드 앤 숄더	Head & Shoulder 패턴, 역 Head & Shoulder 패턴, 복합 Head & Shoulder 패턴 등	
	이중형	이중 천장형, 이중 바닥형	
	원형	원형 천장형, 원형 바닥형	
	확대형	주가가 발산하는 형태	
	V자형	급격한 모멘텀의 발생으로 나타나는 패턴	
	선형	장기간 횡보국면 이후 급등하는 패턴	
지속형 패턴 **(추세지속 패턴)**	이전의 주가 움직임과 같은 방향으로 움직이는 패턴		
	삼각형	상승삼각형, 하락삼각형, 대칭삼각형	
	깃발형과 패넌트형	단기간 가파른 주가변동 이후 나타나는 패턴	
	쐐기형	깃발형과 삼각형의 혼합형태	
		상승 쐐기형	하락 추세 지속 패턴
		하락 쐐기형	상승 추세 지속 패턴
	직사각형	일정한 변동폭을 형성한 후 돌파하는 패턴	
	다이아몬드형	확산형과 삼각형 패턴이 결합된 형태	

★★★
033 패턴 분석에 관한 설명으로 옳지 않은 것은?

① 패턴에는 지속형 패턴과 반전형 패턴이 있는데, 반전형 패턴은 지속형 패턴에 비해 형성 기간이 짧고 영향력도 일시적이다.
② 반전형 패턴분석은 시세의 천장과 바닥권에서 일어나는 전형적인 주가 패턴을 분석함으로써 주가의 전환점을 포착하여 매입 또는 매도 시점을 찾는 전략이다.
③ 지속형 패턴분석은 시세의 상승 또는 하락 과정 중에 힘의 변화가 일어나지 않을 때 현재의 주 추세선 방향에서 특별한 주가모형을 만든 다음 다시 원래 추세가 강화되는 패턴을 찾는 전략이다.
④ 대부분의 반전형은 예상 목표치 계산이 가능하다.

> **해설** 패턴에는 지속형 패턴과 반전형 패턴이 있는데, 지속형 패턴은 반전형 패턴에 비해 형성기간이 짧고, 영향력도 일시적이다.

★★★
034 다음의 기술적 분석지표 중에서 패턴 분석으로 볼 수 있는 것은?

① 이동평균선
② 삼봉천장형
③ 역시계곡선
④ MACD

> **해설** 삼봉천장형(Head and Shoulder Tops Formation)은 하락 반전형 패턴이다. 이동평균선은 추세분석, 역시계곡선과 MACD는 지표분석이다.

★★★
035 다음 중 반전형 패턴이 아닌 것은?

① 삼봉천장형(H&S)
② 원형 바닥형
③ 쐐기형
④ 확대형

> **해설** 쐐기형은 지속형 패턴이다. 상승 쐐기형은 하락추세 이후 반등과정에서 쐐기형이 만들어진 후 재차 하락하는 하락지속 패턴이며, 하락 쐐기형은 상승추세 이후 조정과정에서 쐐기형이 만들어진 후 재차 상승하는 상승지속 패턴이다.

★★★
036 다음 중 모형이 완성된 이후 주가 상승을 예고하는 반전형 패턴은?

① 원형 바닥형　　　　　　　　　　② 천장 V자형
③ 삼봉천장형　　　　　　　　　　　④ 확대형

 해설 원형 바닥형은 상승전환을 나타내는 반전형 패턴이다. 나머지 패턴은 모두 하락전환을 나타내는 반전형 패턴이다.
원형 바닥형은 패턴의 모양이 접시처럼 생겨 접시형이라고 한다. 판독하기가 매우 쉽고 성공할 확률도 높은 동시에
향후 주가 이동 방향과 추세 전환 시점을 서서히 그리고 정확하게 가르쳐 준다. 투자결정 및 매매전략을 수립하는
데 충분한 시간적인 여유를 준다는 장점이 있지만 인기가 높고 거래가 활발한 주식에 있어서는 거의 찾아보기 어렵
다. 원형 바닥형은 거래량 패턴도 원형바닥을 만든다.

★★★
037 주가 전환모형 가운데 매수세에서 매도세로, 매도세에서 매수세로 갑자기 돌변하는 패턴으로 비교적 단기간에 형성되며, 우리나라와 같이 외부환경에 의존하는 경우 자주 발생하는 패턴은?

① 삼봉형　　　　　　　　　　　　　② V자 모형(또는 Spikes)
③ 확대형　　　　　　　　　　　　　④ 깃대형

해설 반전형 패턴 중 비교적 단기에 형성되는 V자 모형(또는 Spikes)에 관한 설명이다.

★★★
038 보통 활황의 정점에서 발생하여 주가를 하락으로 이끄는 반전 패턴으로 작용하는데, 시황이 매우 혼란하고 미래에 대한 예측이 불가능한 상태이거나 투자자의 심리가 극히 민감하고 극도로 불안정한 상태에 있음을 의미하는 패턴은?

① 삼봉형　　　　　　　　　　　　　② V자 모형(또는 Spikes)
③ 확대형　　　　　　　　　　　　　④ 깃대형

 해설 확대형은 추세선이 두 개인 모형으로 고점이 계속 상승하고 저점은 계속 하락하는 형태로 바닥권에서는 나타나지
않으며 천장권에서 형성되는 경향이 있다. 확대형은 주가의 등락 폭이 점차 확대되면서 거래량도 증가하게 되는데,
이는 상황이 매우 혼란하여 미래에 대한 예측이 불가능한 상태이거나 또는 투자심리가 극히 민감하고 극도로 불안
정 상태에 있다는 것을 의미한다. 상승추세의 말기적 현상으로 간주되며, 이 패턴이 나타난 이후에는 대부분 주가가
큰 폭의 하락을 보인다.

정답 033 ①　034 ②　035 ③　036 ①　037 ②　038 ③

★★★

039 패턴분석에서 거래량 패턴에 관한 설명으로 옳지 않은 것은? 심화

① 삼봉천장형(H&S)에서 거래량은 오른쪽 어깨 부분에서 가장 많다.

② 깃대형은 모형의 형성기간 중 거래량이 감소해야 한다.

③ 다이아몬드형은 패턴의 초기에는 거래량이 크게 증가하지만, 점차 주가가 수렴하면서 거래량도 감소한다.

④ 직사각형 패턴은 매도 세력과 매수 세력이 균형을 이루고 있으며, 거래량이 활발하지 못한 경우에 발생한다.

> **해설** 삼봉천장형(H&S, Head and Shoulder)은 머리와 양쪽 어깨로 구성된 하락전환 패턴이며, 거래량은 왼쪽 어깨 부분에서 가장 많다.

★★★

040 패턴분석에서 깃발형에 관한 설명으로 옳지 않은 것은?

① 깃발형은 주가가 거의 수직에 가까운 기울기 추세를 따라 매우 급격한 변동을 보인 후에 형성되는 경향이 있다.

② 깃발형 형성기간 중에는 거래량이 점차 감소하는 것이 일반적이다.

③ 깃발 모형의 형성기간은 원형모형보다 장기간인 경우가 대부분이다.

④ 하락 깃발형은 주가가 크게 하락한 뒤에 일시적으로 상승하는 경우에 나타난다.

> **해설** 깃발 모형은 주가가 거의 수직에 가까운 빠른 속도로 움직인 이후, 기존의 주가 움직임에 일시적으로 반발하는 세력들이 등장하여 잠시 횡보 국면을 보이는 과정에서 나타나며 단기간에 형성된다.
>
> | 깃발형 패턴 확인내용 |
> |---|
> | ① 주가가 수직적인 변동을 보인 직후인가. |
> | ② 모형의 형성기간 중에 거래량이 점차 감소하였는가. |
> | ③ 모형의 형성기간이 단기간인가. |

★★★

041 다음 중 모형이 완성된 이후 주가 하락을 예고하는 지속형 패턴은?

① 상승 직사각형   ② 상향 직각삼각형

③ 상승 쐐기형   ④ 상승 깃발형

> **해설** 상승 쐐기형은 하락 추세 이후 반등과정에서 쐐기형이 만들어진 후 재차 하락하는 하락 지속 패턴이다. 쐐기형이 형성될 때 상승하므로 상승 쐐기형이지만, 하락 추세 지속 패턴이다. 반면에, 하락 쐐기형은 상승추세 이후 조정 과정에서 쐐기형이 만들어진 후 재차 상승하는 상승 지속 패턴이다(쐐기형이 형성될 때 하락하므로 하락 쐐기형이지만, 상승 추세 지속 패턴이다). ③을 제외한 나머지는 모두 상승 지속형 패턴이다.

★★★
042 패턴분석에 관한 설명으로 옳지 않은 것은?

① 이중 바닥형은 첫 번째 바닥이 두 번째 바닥보다 더 완만하게 그리고 더 높게 형성된다.

② 선형은 그래프상에서 살펴보면 적은 등락폭으로 장기간에 걸쳐 보합권을 유지하며 횡보한 후 거래량이 증가하면서 지금까지의 등락 폭보다 상당히 큰 폭으로 저항선을 상향 돌파하면서 주가가 상승하는 패턴이다.

③ 원형 천장형은 하락 추세로 전환되는 패턴으로, 이 때 거래량 추세는 대체로 주가 움직임과 반대로 움직인다.

④ 대칭삼각형은 약세장에서 나타나면 큰 폭 하락을 나타내고, 반대로 강세장에서 나타나면 큰 폭 상승을 가져온다.

> **해설** 이중 바닥형은 두 번째 바닥이 첫 번째 바닥보다 더 완만하게 그리고 더 높게 형성된다. 즉 이중 바닥형에서는 두 번째 저점이 첫 번째 저점보다 높다. 거래량 측면에서는 첫 번째 저점에서 반등하는 때의 거래량보다 두 번째 저점에서 반등할 때의 거래량이 월등히 많다.

··· T O P I C **8** 캔들 모양과 주가예측

★★★
043 캔들(Candle) 차트에 관한 설명으로 옳지 않은 것은?

① 추세의 천장권이나 바닥권에서 아래로 달린 꼬리가 몸체의 두 배 이상 되는 모양의 캔들이 나타나면 우산형(Umbrella)이라고 하는데, 망치형(Hammer)의 경우 주가가 상승 추세로 돌아설 가능성이 많다.

② 교수형(Hanging Man)의 경우 과도한 매수상태로 향후 하락추세로 전환할 가능성이 많다.

③ 상승샅바형은 하락추세에서 시가가 당일의 저가를 기록한 후 지속적인 상승을 보여 긴 몸체의 양선을 나타낸 것으로, 샅바형은 우산형보다 신뢰도가 다소 떨어지는 경향이 있다.

④ 유성형(Shooting Star)은 작은 몸체와 위로 몸체보다 2배 이상 되는 긴 꼬리를 가진 모습을 하는데, 하락추세가 한계에 달해 추세의 상승반전을 예고하는 신호이다.

> **해설** 유성형은 대게 갭(Gap)을 동반하여 작은 몸체와 위로 몸체보다 2배 이상 되는 긴 꼬리를 갖춘 캔들의 모습을 하는데, 상승추세가 한계에 달해 추세의 하락 반전을 예고하는 신호이며 양선보다 음선의 신뢰도가 높다.

낮음 ↓ 높음	캔들 수	신호	캔들 명칭					
	1개	하락 전환	교수형	유성형	하락 샅바형	십자형	일자형 (강한 추세 발생 시)	
		상승 전환	망치형	역전된 망치형	상승 샅바형	잠자리형 (상승지속)		
	2개	하락 전환	하락 장악형	먹구름형	하락 반격형	하락잉태형 (십자잉태형)	하락 격리형	꼭지 집게형
		상승 전환	상승 장악형	관통형	상승 반격형	상승잉태형	상승 격리형	바닥 집게형
	3개		하락 전환 : 석별형, 까마귀형			상승 전환 : 샛별형		
신뢰도	높음 ◀						낮음	

★★★
044 캔들 차트의 구조에 대한 설명으로 옳지 않은 것은?

① 캔들 차트의 직사각형 부분을 몸통이라 부르고, 몸통의 위·아래 가는 선을 꼬리라고 한다.
② 몸통은 장중 시가와 종가 사이의 거래 범위를 나타낸다.
③ 꼬리는 장중 고가와 저가를 나타낸다.
④ 전일대비 주가가 상승하면 양선, 전일대비 주가가 하락하면 음선으로 표시한다.

> **해설** 양선과 음선은 전일대비 주가의 움직임으로 결정되는 것이 아니고 당일 중 시가와 종가의 움직임에 의해 결정된다. 즉 몸통이 양선이면 종가가 시가보다 높은 상승 신호를, 몸통이 음선이면 종가가 시가보다 낮은 하락 신호를 나타낸다.

★★★
045 캔들 차트에서 나타난 십자형(Doji)에 관한 설명으로 옳지 않은 것은?

① 종가와 시가가 같아지게 되는 경우를 말한다.
② 일자형은 주가가 강력한 상승모멘텀에 의해서 시가, 고가, 저가, 종가가 같은 가격에서 형성되며 강한 상승(또는 하락) 추세가 발생할 때 나타난다.
③ 비석십자형은 천장권보다는 바닥권에서 신뢰도가 높다.
④ 잠자리형은 급등국면에서 자주 발생하는 패턴으로 상승과정에서 당일로 매물소화 과정을 가치면서 재차 상승하는 패턴이다.

> **해설** 비석십자형은 바닥권보다는 천장권에서 신뢰도가 높다. 즉 상승추세에서 긴 양선 이후 출현하는 십자형은 추세전환 신호로서 높은 신뢰도를 갖지만, 하락추세에서의 십자형은 신뢰도가 약하다. 이는 십자형이 시장의 매수세와 매도세의 균형을 반영하기 때문이다. 비석십자형이 천장권에서 발생하는 경우 하락추세로의 전환을 의미한다.

046 캔들에서 나타난 비석십자형은 세 개의 가격이 일치하는 모양이다. 다음 중 비석십자형에서 서로 일치하는 가격이 아닌 것은?

① 시가   ② 종가   ③ 고가   ④ 저가

> **해설** 비석(십자)형은 시가와 종가와 저가가 같게 형성된 캔들이다.

047 다음 캔들 중 천장권에서 나타나서 하락전환 신호로 작용하는 것은?

① 상승샅바형   ② 역전된 망치형
③ 유성형   ④ 해머형

> **해설** 유성형을 제외한 나머지 캔들은 바닥권에서 나타나서 상승전환 신호로 작용한다.

048 다음 한 개의 캔들 중에서 일반적으로 주가의 상승전환 신호로서 신뢰도가 가장 높은 것은?

① 망치형(해머형)   ② 역전된 망치형
③ 상승샅바형   ④ 교수형

> **해설** 1개의 캔들 중에서 주가의 상승전환 신호로서 신뢰도는 일반적으로 망치형이 가장 높으며, 교수형은 하락전환 신호로서 신뢰도가 높다.

049 다음은 두 개의 캔들 차트에 관한 설명이다. 적절하지 않은 것은? 심화

① 장악형은 두 개의 캔들로 구성되고 몸체보다 꼬리의 길이가 더 중요시되는데, 상승장악형에서는 '양선+음선', 하락장악형에서는 '음선+양선'일 경우 신뢰도가 높다.
② 먹구름형은 둘째 날 종가가 전일 양선의 몸체 중심선 이하로 내려올 경우, 관통형은 둘째 날 종가가 전일 음선의 몸체 중심선 이상으로 올라갈 경우 신뢰도가 높다.
③ 잉태형이란 장악형과 반대의 경우로서, 몸체가 긴 캔들과 몸체가 짧은 캔들이 연이어 나오는 패턴이다.
④ 반격형은 전일종가와 당일종가가 일치하는 반전 패턴으로 장악형이나 관통형보다 신뢰도가 약하다.

정답 044 ④   045 ③   046 ③   047 ③   048 ①   049 ①

해설 장악형은 두 개의 캔들로 구성되고 꼬리보다 몸체의 길이가 더 중요시되는데, 상승장악형에서서는 (음선+양선), 하락장악형에서는 (양선+음선)일 경우 신뢰도가 높다.

★★★
050 다음 중 바닥권에서 나타나서 상승전환 신호로 작용하는 캔들 차트는?

① 하락장악형　　　　　　　　② 먹구름형
③ 관통형　　　　　　　　　　④ 하락반격형

해설 관통형을 제외한 나머지 캔들은 천장권에서 나타나서 하락전환 신호로 작용한다.

관통형	두 개의 캔들로 구성되고, 몸체가 긴 음선이 출현된 후 몸체가 긴 양선이 나타나는 경우인데 하락추세에서 상승전환 신호로 본다.
먹구름형	첫째 날에 몸체가 긴 양선이 나타나고 둘째 날 시가는 전일 고가보다 높게 형성되나 종가는 전일의 시가부근에서 형성되는 경우로 천장권에서는 하락전환 신호로 본다.

★★★
051 다음은 세 개의 캔들 차트에 관한 설명이다. 적절하지 않은 것은? 심화

① 상승추세나 하락추세에서 몸체가 긴 캔들이 출현한 후, 갭이 발생하면서 작은 몸체를 가진 캔들이 나타나는 경우 둘째 날의 캔들을 별형이라고 한다.
② 샛별형은 하락추세에서 몸체가 긴 음선이 출현한 후 갭을 만들면서 다음날 몸체가 작은 캔들이 출현하고 셋째 날 몸체가 긴 양선이 발생하는 경우를 말하는데, 상승전환 신호이다.
③ 석별형은 상승추세에서 몸체가 긴 양선이 출현한 후 다음날 갭이 나타나면서 몸체가 작은 캔들이 출현하고 셋째 날 몸체가 긴 음선이 발생하는 경우를 말하는데, 하락전환 신호이다.
④ 까마귀형은 바닥권에서 나타나는 상승전환 신호로, 하락추세에서 긴 음선이 출현한 후 둘째 날 갭이 발생하면서 양선이 나오고 연이어 셋째 날 양선이 출현하며 갭을 메우는 것이다.

해설 까마귀형은 천장권에서 나타나는 하락전환 신호로, 상승추세에서 긴 양선이 출현한 후 둘째 날 갭이 발생하면서 음선이 나오고 연이어 셋째 날 음선이 출현하며 갭을 메우는 것이다.

★★★
052 다음 캔들 차트 중에서 주가전환 신호의 방향이 나머지 셋과 다른 하나는?

① 석별형   ② 관통형   ③ 유성형   ④ 교수형

> **해설** 관통형은 두 개의 캔들로 구성된 상승전환 신호이며, 나머지 캔들 차트는 모두 하락전환 신호이다.

★★★
053 다음 캔들 차트 중에서 주가의 상승전환으로서 신뢰도가 가장 큰 것은?

① 망치형   ② 관통형   ③ 석별형   ④ 상승장악형

> **해설** 분석하고자 하는 캔들의 수가 많을수록 신뢰도가 높다고 볼 수 있는데, 캔들의 수가 2개로 같은 경우에 주가상승의 신뢰도는 상승장악형이 가장 크다. 석별형은 3개의 캔들로 구성된 하락전환 신호이다.

★★★
054 다음은 사께다 전법에 관한 설명이다. 옳지 않은 것은?

① 적삼병은 상승 시작의 신호로 바닥권에서 출현해야 의미가 있다.
② 흑삼병은 고가권에서 나타날 경우 주가가 폭락으로 이어질 가능성이 크다.
③ 삼산모형은 모형의 형성 뒤에는 대세가 하락하는 것이 지배적이다.
④ 삼공은 대세바닥을 형성하는 전환모형이다.

> **해설** 대세바닥을 형성하는 전환모형은 삼천이다.

사께다 전법		
삼공	미국식 차트에서의 갭과 같은 의미로 주가가 상당기간 상승하는데 있어 인기가 과열되어 공간, 즉 갭을 3회 연속으로 만드는 경우를 말함	
삼병	적삼병	• 상승시작의 신호로 침체국면에서 평행으로 움직이던 주가가 단기간에 걸쳐 양선 3개가 연이어 형성되는 주가 패턴 • 바닥권에서 출현해야 의미가 있음
	흑삼병	• 주가가 고가권에서 음선 3개가 잇달아 나타나는 형태로 주가폭락의 가능성이 큼 • 고가권에서 출현해야 의미가 있으며, 특히 이중천정형의 두 번째 천정 부근에서 나타날 경우 매우 유효함
삼산	삼중천장형과 같은 형태로서 모형 형성 후 주가가 하락하는 것이 일반적이며, 기준선 하락돌파 시 매도해야 함	
삼천	대세 바닥을 형성하는 전환 패턴으로 삼중바닥형과 비슷(기준선 상향돌파 시 매수)	
삼법	매수와 매도 과정에서 휴식을 강조하고 있음 → 휴식기간은 무조건 쉬는 것이 아니고 매도시점이나 매입시점 포착을 위한 관망자세 개념	

★★★
055 사께다 전법에서 매입과 매도시점 포착을 위해 관망하고 휴식을 강조하는 것을 무엇이라 하는가?

① 삼공   ② 삼법   ③ 삼산   ④ 삼병

> **해설** 삼법에 관한 설명이다. 휴식기간은 무조건 쉬는 것이 아니고 매도시점이나 매입시점 포착을 위한 관망자세 개념이다.

••• T O P I C **9** 지표 분석

★★★
056 다음 중 추세반전형 지표와 가장 거리가 먼 것은?

① 스토캐스틱(Stochastic)   ② RSI

③ CCI   ④ MACD

> **해설** MACD는 추세추종형 지표이다.

🏛 필수핵심정리 ▷ 지표의 구분

지표 분석은 주가나 거래량을 계량화하여 새로운 지표를 산출하여 추세의 판별이나 주가예측에 활용하는 분석기법

추세추종형 지표	MACD, MAO, 소나(SONAR) 챠트
추세반전형 지표	Stochastic, RSI(상대강도지수), ROC, CCI
거래량 지표	OBV, VR, 역시계곡선, 이큐볼륨(Equi–volume) 챠트
	역시계곡선과 이큐볼륨 챠트는 주가와 거래량을 동시에 표시하는 지표
범위성 지표	P&F 챠트, 삼선전환도
기타 지표	볼린저 밴드, 엔빌로프(Envelope), 이격도, 등락주선(ADL), 코포크 지표, TI지수

★★★
057 이동평균선이 모이고, 다시 벌어지는(Convergence & Divergence) 원리에 착안하여 장기 지수이동평균과 단기 지수이동평균의 차이가 가장 크게 벌어질 때를 매매타이밍으로 한 기법은?

① 스토캐스틱   ② RSI   ③ CCI   ④ MACD

> **해설** • MACD = 단기 지수이동평균 – 장기 지수이동평균
> • 시그널 = n일 MACD 지수이동평균

★★★
058 MACD(Moving Average Convergence & Divergence)에 관한 다음 설명 중 적절하지 않은 것은?

① MACD의 원리는 장기와 단기 두 이동평균선이 서로 멀어지게 되면 언젠가는 다시 가까워져 어느 시점에서 서로 교차하게 된다는 성질을 이용하여 두 개의 이동평균선이 멀어지게 되는 가장 큰 시점을 찾고자 하는 것이다.

② MACD = 단기 지수이동평균 − 장기 지수이동평균

③ 시그널(Signal) = n일 MACD 지수이동평균

④ 주가 움직임과 MACD 오실레이터(MACD−OSC) 사이에서 컨버전스(Convergence)가 발견되면 강력한 추세반전이 예상된다.

 해설 [MACD 오실레이터(MACD−OSC) = MACD − 시그널(Signal)] → 주가 움직임과 MACD 오실레이터(MACD−OSC) 사이에서 다이버전스(Divergence)가 발견되면 강력한 추세반전이 예상된다.

★★★
059 주가가 상승하더라도 상승기울기가 둔화되면 향후 추세가 하락 반전할 가능성이 크고, 주가가 하락하더라도 하락기울기가 둔화되면 향후 추세가 상승 반전할 가능성이 크다는 점에서 착안한 지표로서, 기하학적으로는 곡선 위의 한 점의 기울기를, 경제학적으로는 한계변화율을 나타내는 것은?

① Sonar   ② RSI   ③ CCI   ④ MACD

해설 소나(Sonar Momentum)는 일본 노무라증권 분석가 오카모도가 개발한 지표로, 주가의 기울기(한계변화율)로 현재의 주가 수준 및 향후의 주가흐름을 알아내는 기법이다. 소나모멘텀은 한계변화율인데, 소나모멘텀이 0선을 상향 돌파할 때가 상승추세로 전환되는(매수) 시점이며, 소나모멘텀이 0선을 하향 돌파할 때가 하락추세로 전환되는(매도) 시점이다.

★★★
060 스토캐스틱(Stochastic)에 대한 설명이 잘못된 것은?

① 시장가격이 상승중일 때에는 금일 종가가 주가 변동폭의 최고가 부근에, 하락중일 때에는 금일 종가가 주가 변동폭의 최저가 부근에 형성되는 경향이 높다는 과거의 경험에서 만들어졌다.

② %K선과 %D선으로 구성되는데, %D선은 %K선의 이동평균선이다.

③ 스토캐스틱이 100%이면 금일 종가가 일정기간 동안의 주가 변동폭 중 최저가임을 나타내는 것이다.

④ Divergence는 가장 유력한 추세반전의 신호로, 주가의 고점은 점점 높아지며 신고가를 경신하는데 스토캐스틱의 고점은 이전 고점을 돌파하지 못하는 경우에 하락 다이버전스가 발생하면 매도신호로 인식한다.

> **해설** 스토캐스틱은 항상 0%~100% 사이에서 변동하게 되는데, 스토캐스틱이 0%이면 금일 종가가 일정기간 동안의 주가 변동폭 중 최저가임을 나타내는 것이며, 스토캐스틱이 100%이면 금일 종가가 일정기간 동안의 주가 변동폭 중 최고가에서 형성된 것을 뜻한다.

★★★
061 RSI(Relative Strength Index, 상대강도지수)에 대한 설명으로 옳지 않은 것은?

① 상승폭과 하락폭을 모두 평균값으로 구하므로, 시장가격이 분석기간 중에 일시적으로 비정상적인 움직임을 보이더라도 전체적인 분석결과에는 큰 영향을 미치지 못한다.

② RSI값은 최소 0(%)에서 최대 100(%)사이에서 움직이며, 100을 초과하거나 0에 미달하는 경우는 생기지 않는다.

③ Failure Swing은 RSI가 직전에 나타났던 최고점 또는 최저점 기록을 돌파하지 못하고 진행방향을 바꾸어 버리는 것을 말한다.

④ RSI가 70% 이상이거나 30% 이하일 때 Divergence가 나타나면 상승추세나 하락추세의 지속이라는 신호로 인식한다.

> **해설** Divergence는 시장가격의 움직임과 RSI의 움직임이 서로 일치하지 않고 그 방향이 서로 상반되게 나타나는 것을 말하는데, 시장의 움직임이 과열되어 RSI가 70% 이상이거나 30% 이하로 결정될 경우 Divergence 가 나타나면 이는 아주 강력하고 중요한 추세 반전의 신호로 인식된다.
>
> $$RSI = \frac{(14)일간\ 상승폭\ 합계}{(14)일간\ 상승폭\ 합계 + (14)일간\ 하락폭\ 합계} \times 100(\%)$$

★★★
062 다음 중 거래량과 관련이 깊은 기술적 분석 지표는?

① OBV ② RSI ③ 이격도 ④ 스토캐스틱

 OBV(ON Balance Volume)는 거래량 자료를 가지고 만든 기술적 분석 지표이다. 반면에 RSI, 이격도, 스토캐스틱은 주식가격 데이터를 가지고 만든 지표이다. OBV선은 그랜빌이 만든 거래량 지표로서, 거래량은 주가에 선행한다는 전제하에 주가가 전일에 비해 상승한 날의 거래량 누계에서 하락한 날의 거래량 누계를 차감하여 매일 누적적으로 집계, 도표화한 것이다.

★★★
063 다음 중 거래량 지표로서 U마크(Up)와 D마크(Down)로 표시되는 기술적 지표는?

① ADL ② OBV ③ VR ④ 투자심리선

 OBV선의 고점이 이전의 고점보다 높게 형성되면 U마크로 표시하고, OBV선의 저점이 이전의 저점보다 낮게 형성되면 D마크로 표시한다.

★★★
064 일정기간 동안 주가상승일의 거래량과 주가하락일의 거래량의 비율을 백분비로 나타낸 기술적 지표로서, 시세의 천장권에서 일률적으로 적용하기는 어렵지만 바닥권을 판단하는데 신뢰도가 매우 높은 지표는?

① ADL ② OBV ③ VR ④ MACD

해설 OBV선이 누적차수이기 때문에 시세를 판단할 때 과거의 수치와 비교하는 것이 불가능하다는 결점을 보완하기 위해 거래량의 누적비율로 분석한 것이 VR(Volume Ratio)이다. VR는 일반적으로 150%를 보통수준, 450%를 초과하면 경계신호, 70% 이하이면 단기매입시점으로 본다. VR은 시세의 천장권에서 일률적으로 적용하기 어렵지만 바닥권을 판단하는데 신뢰도가 매우 높은 투자지표로 알려져 있다.

★★★
065 기술적 분석을 통해 주식을 매수하고자 한다. 다음 중 가장 적절한 시기(Timing)는?

① OBV선에서 D마크 출현 시
② VR이 150%일 때
③ 흑삼병 출현 시
④ 캔들차트에서 관통형이 나타난 경우

보기 중 ④번만 상승신호이고 나머지는 하락신호이다. OBV선의 저점이 이전 저점보다 낮게 형성되면 D마크 (Down)로 표시하는데 약세장을 의미한다. VR는 70% 이하가 매입시점이고 150%는 보통이며 450%가 과열권이다. 흑삼병은 사께다 전법에서 주가가 꽤 높은 고가권에서 음선 3개가 잇달아 나타나는 형태이며 고가권에서 나타날 경우 주가폭락으로 이어질 가능성이 크다. 관통형은 두개의 캔들로 구성되고 몸체가 긴 음선이 출현된 후 다음날 몸체가 긴 양선이 나타나는 경우로 하락추세에서 상승전환 신호로 본다.

★★★
066 역시계곡선(주가-거래량 상관곡선)에 관한 설명으로 옳지 않은 것은?

① 거래량(일반적으로 20일 이동평균)은 X축에, 주가(일반적으로 20일 이동평균)는 Y축에 나타낸다.
② 거래량은 더 이상 증가하지 않지만 주가가 계속해서 상승하고 있으면 매입 보류 신호이다.
③ 거래량이 감소하고 주가가 더 이상 상승하지 못하면 하락으로 전환이 예상되는 하락 경계 신호이다.
④ 거래량이 더욱 감소하고 주가도 하락하기 시작하면 매도 신호이다.

해설 거래량은 더 이상 증가하지 않지만 주가가 계속해서 상승하고 있으면 매입 지속 신호이다.

역시계곡선의 각 국면별 신호

- 주가 (Y축) / 거래량 (X축)
- 하락 경계 신호
- 매도 신호 / 매입 보류
- 매도 지속 / 매입 지속
- 매도 보류 / 매입 신호
- 상승 전환 신호

067 역시계곡선에서 거래량은 감소하기 시작하는데 주가만 계속해서 상승하고 있으면 어떤 신호인가?

① 매도 지속
② 매입 지속
③ 매입 보류
④ 하락 경계 신호

> **해설** 거래량은 감소하기 시작하는데 주가만 계속해서 상승하고 있으면 매입 보류 신호이다. 반면에 주가는 계속해서 하락하고 있는데 거래량이 증가하기 시작하면 매도 보류 신호이다.

068 다음 중 주가와 거래량을 동시에 이용하여 만든 기술적 지표로만 짝지어진 것은?

① 역시계곡선 – 이큐볼륨 차트
② P&F 차트 – 삼선전환도
③ 역시계곡선 – 삼선전환도
④ P&F 차트 – 이큐볼륨 차트

> **해설** 역시계곡선은 주가(주로 20일 이동평균)를 세로(Y)축에, 거래량(주로 20일 이동평균)을 가로(X)축에 나타내어 매일 매일의 교점을 연결하여 작성된 것으로 주가와 거래량의 상관관계가 크다는 점과 거래량이 주가에 선행한다는 두 이론의 관점하에서 작성된 지표로 중기 주가예측에 사용된다. 이큐볼륨(Equi-volume) 차트는 특정일의 고가·저가·거래량을 하나의 상자(직사각형)에 모두 나타내는데, 당일의 고가·저가는 상자 높이를, 거래량은 상자의 너비를 나타낸다. 이큐볼륨(Equi-volume) 차트는 장기적 추세 분석보다 단기적인 시장세력 측정 사용에 용이하고 거래량과 주가를 같이 비교함으로써 매도보다는 매수시점 파악에 용이하다.

069 범위성 지표는 매일의 주가변화를 기준으로 하는 것이 아니라 일정한 주가 범위(주가 등락폭)를 정해 놓은 후 주가가 기준범위를 벗어날 경우 정해진 기호를 표시하여 추세의 방향성을 파악하는 지표이다. 다음 중 범위성 지표에 해당하는 것만 묶어 놓은 것은?

① 역시계곡선 – 이큐볼륨 차트
② P&F 차트 – 삼선전환도
③ 역시계곡선 – 삼선전환도
④ P&F 차트 – 이큐볼륨 차트

> **해설** 범위성 지표는 매일의 주가변화를 기준으로 하는 것이 아니라 일정한 주가 범위를 정해 놓은 후 주가가 기준범위를 벗어날 경우 정해진 기호를 표시하여 추세의 방향성을 파악하는 지표이다. 사소한 주가변화와 시간의 흐름을 무시하기 때문에 다른 지표들과는 달리 시계열적인 요소가 적다는 특징을 지닌다. 가장 대표적인 범위성 지표는 P&F(Point & Figure) 차트와 삼선전환도이다.

070 다음 중 시간의 흐름과 관계가 있는 기술적 지표는?

① RSI
② P&F 차트
③ 스윙 차트
④ 삼선전환도

 해설 P&F 차트나 스윙(Swing) 차트, 삼선전환도는 시간의 흐름을 무시하고 시장가격이 움직이는 방향만을 중시하는 범위성 지표이다. 반면에 RSI(상대강도지수)는 일정기간 동안 상승과 하락을 평균하여 상대강도로 나타내는 방법과 종목과 업종 간의 상대적 개념으로 이들의 강도를 측정하여 사용하는 방법이 있다. 참고로 스윙(Swing) 차트는 P&F 차트를 선으로 연결해 놓은 것으로 이해하면 된다.

071 P&F(Point and Figure) 차트에 관한 다음 설명 중 옳은 것은?

① 주가와 거래량을 동시에 나타내며 시간의 흐름을 중요시한다.
② X축에 시간을, Y축에 주가를 표시한다.
③ 주가가 상승 시 O표로, 하락 시에는 ×표로 나타낸다.
④ 추세분석은 물론 목표치 계산도 가능하다.

 해설 틀린 내용을 바르게 고치면, ① 주가만을 나타내는데, 주가가 일정폭 이상 변동할 때만 표시하므로 사소한 주가변화와 시간의 흐름을 무시하고 주추세만 파악한다. ② 시계열이 무시되어 X축이 절약되므로 좁은 지면에 장기간 기록이 가능하다. ③ 주가 상승 시 ×표로, 하락 시에는 O표로 나타낸다.

072 삼선전환도에 관한 설명 중 옳지 않은 것은?

① 시간의 흐름을 무시하고 주가가 새로운 고점이나 저점을 형성할 때만 그린다.
② 상승신호가 계속되다가 하락음선이 발생되면 매도신호로 간주한다.
③ 주변 환경 불안으로 주가가 큰 폭으로 등락이 심한 경우 많이 사용된다.
④ 삼선전환도의 한계점을 보완하기 위해 10% 플랜 병용법을 실시하기도 한다.

 해설 삼선전환도는 증권시장의 주변환경 불안 등으로 단기간에 주가등락이 반복되는 경우 또는 주가가 지속적인 상한가 또는 하한가와 같이 큰 폭으로 변동하는 경우에는 부적합하다. 따라서 이러한 삼선전환도의 한계점을 극복하기 위해 10% 플랜 병용법을 사용한다. 10% 플랜 병용법은 주가가 상승할 때 최고가에서 10% 이상 하락하면 하락전환이 나타나지 않아도 매도하고, 반대로 하락 시 최저가에서 10% 이상 상승할 때 상승전환이 나타나지 않아도 매입하는 방법이다. 10%는 절대적인 것이 아니고 주가 속성에 따라 3%, 5%, 7% 등을 활용할 수도 있다.

★★★
073 일정기간 동안의 이동평균선을 추세중심선으로 하고, 추세중심선에서 표준편차의 일정배수를 가감하여 상·하한선을 결정하며, 가격의 변동이 심하면 밴드의 폭이 커지고 가격이 안정적으로 움직이면 밴드의 폭도 감소하는 기술적 지표는?

① 코포크 지표   ② 볼린저 밴드

③ Envelope   ④ Sonar

> **해설** 볼린저 밴드에 관한 설명이다. 볼린저 밴드는 볼린저가 만든 지표로서 시간에 따른 가격변화의 정도, 즉 변동성을 반영한 지표이다.

볼린저 밴드	추세중심선	n일의 이동평균선	σ : 표준편차
	상한선	추세중심선 + $2 \times \sigma$	
	하한선	추세중심선 − $2 \times \sigma$	

★★★
074 이동평균선이 지지선이나 저항선의 구실도 한다는 점에 착안하여, 이동평균선의 상한선인 +k%선을 저항선으로 이동평균선의 하한선인 −k%선을 지지선으로 인식하고 추세의 움직임이 어떻게 될 것인지를 분석하려는 기법은?

① Stochastic   ② MACD

③ Envelope   ④ Sonar

> **해설** Envelope(엔빌로프)에 관한 설명이다.

추세중심선	n일의 이동평균선	k : 상·하한폭의 비율
상한선	(n일의 이동평균) × ($1 + k$)	
하한선	(n일의 이동평균) × ($1 - k$)	

★★★
075 등락주선(ADL, Advance Decline Line)에 관한 설명으로 옳지 않은 것은?

① ADL은 일정기준일 이후부터 전일의 종가에 비해 오른 종목수에서 내린 종목수를 뺀 것을 매일 누계하여 그것을 선으로 이어서 작성한 것이다.

② ADL이 상승하는데도 종합지수가 하락할 경우에는 장세가 하락과정에 있다.

③ 종합지수 및 ADL선이 모두 하락할 경우, 장세는 붕괴할 가능성이 높다.

④ 종합지수 및 ADL선이 모두 상승할 경우, 장세는 대폭 상승할 가능성이 높다.

> **해설** ADL이 상승하는데도 종합지수가 하락하면 장세가 여전히 상승과정에 있는 것으로 본다. 반면에 ADL이 하락하는데도 종합지수가 상승하는 경우에는 장세가 하락과정에 있다고 본다.

정답   070 ①   071 ④   072 ③   073 ②   074 ③   075 ②

★★★ 076 다음 자료에서 (㉠ + ㉡)의 값은 얼마인가?

일자	KOSPI	거래량	OBV	상승종목수	하락종목수	ADL(누계)
6월 1일	2,000p (전일대비 하락)	1,000	− 1,000	250	300	− 50
6월 2일	2,050p	950	(㉠)	300	200	(㉡)

① −50　　　　　② 0　　　　　③ 50　　　　　④ 100

 6월 2일은 전일대비 주가가 상승했으므로 이 날의 OBV는 전일의 OBV에 6월 2일의 거래량을 더해주어야 한다. 따라서 6월 2일의 OBV(㉠)는 −50(−1,000+950)이 된다. 6월 2일은 상승종목수가 300, 하락종목수가 200이므로 당일만의 ADL은 100이 되고, 전체 ADL 누계(㉡)는 50(−50+100)이 된다. 따라서, ㉠+㉡ = (−50+50) = 0이 된다.

OBV 작성 방법	OBV선은 주가가 전일에 비해 상승한 날의 거래량 누계에서 하락한 날의 거래량 누계를 차감하여 매일 누적적으로 집계, 도표화한 것이다.
	• 주가가 전일에 비해 상승한 날의 거래량은 전일의 OBV에 가산한다. • 주가가 전일에 비해 하락한 날의 거래량은 전일의 OBV에서 차감한다. • 주가변동이 없는 날의 거래량은 무시한다.
ADL 작성 방법	전일의 종가에 비해 오른 종목수에서 내린 종목수를 뺀 것을 매일 누계해서 그것을 선으로 이어서 작성한다.

★★★ 077 다음의 기술적 지표 중에서 대세파악을 통한 장기투자자의 매매시점 포착에 보다 유용하게 사용되는 지표는?

① 코포크 지표　　　　　② 역시계곡선
③ P&F 차트　　　　　④ 삼선전환도

 코포크 지표는 현재의 주가수준은 주식의 수급관계에 영향을 미치고, 이렇게 형성된 수급관계가 새로운 주가수준을 형성하게 한다는 것을 이론적 배경으로 하고 있다. 대체로 대세파악을 통한 장기 투자자의 매매시점 포착에 보다 유효하게 이용되나 후행성 지표이므로 단기매매시점 포착에는 한계가 있다. TI(Time Indicator)지수는 코포크 지표의 문제점을 보완하기 위하여 일본에서 고안된 방법으로 매매시점을 정확히 알려주기보다는 주가의 장기추세를 파악하는데 도움이 된다.

···TOPIC 10 엘리어트 파동이론

★★★
078 엘리어트(Eliot) 파동이론에 관한 설명으로 옳지 않은 것은?

① 주가는 상승 5파와 하락 3파에 의해 끝없이 순환한다고 본다.

② 1번, 3번, 5번 파동은 충격파동이며, A와 C파동을 조정파동이라 한다.

③ 충격파동은 주가의 진행 방향과 같은 방향으로 움직이는 파동을 말하며, 조정파동은 주가의 진행 방향과 반대 방향으로 움직이는 파동을 말한다.

④ 3번 파동은 5개의 파동 중에서 가장 강력하고 가격변동도 활발하게 일어나는 파동으로 5개의 파동 중 가장 긴 것이 일반적이다.

> **해설** 1번, 3번, 5번 파동과 A와 C파동은 주가의 진행 방향과 같은 방향으로 움직이는 충격파동이며, 2번, 4번 파동과 B 파동은 주가의 진행 방향과 반대 방향으로 움직이는 조정파동이다.

🏛 필수핵심정리 ▶ 엘리어트 파동의 법칙

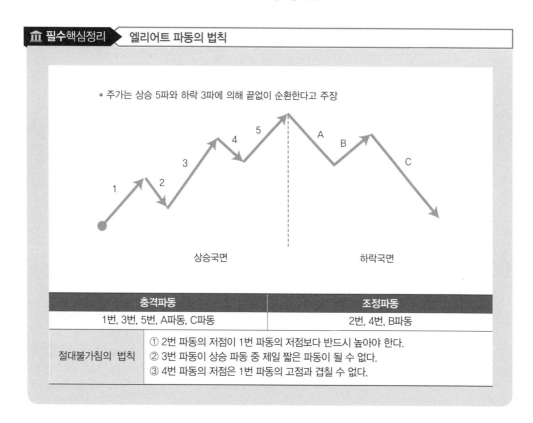

* 주가는 상승 5파와 하락 3파에 의해 끝없이 순환한다고 주장

상승국면   하락국면

충격파동	조정파동
1번, 3번, 5번, A파동, C파동	2번, 4번, B파동

절대불가침의 법칙	① 2번 파동의 저점이 1번 파동의 저점보다 반드시 높아야 한다. ② 3번 파동이 상승 파동 중 제일 짧은 파동이 될 수 없다. ③ 4번 파동의 저점은 1번 파동의 고점과 겹칠 수 없다.

정답 **076** ②   **077** ①   **078** ②

★★★
079 다음 중 엘리어트 파동의 특징으로 적절하지 않은 것은?

① 1번 파동은 충격파동이므로 반드시 5개의 파동으로 구성되어야 한다.

② 2번 파동은 1번 파동을 38.2% 또는 61.8% 비율만큼 되돌리는 경향이 높다.

③ A파동은 새로운 추세가 시작되는 충격파동이므로 반드시 5개의 파동으로 구성되어야 한다.

④ C파동이야말로 이제까지의 상승국면에서 가지고 있던 매입포지션을 정리할 마지막 기회이다.

 해설 B파동은 새로이 시작되는 하락추세에 반발하는 매입세력이 시장에 나타나면서 형성되며 보통의 경우 거래는 활발하지 못하다. B파동은 다시 상승 움직임을 재개하는 것으로 사람들이 믿기 쉬운 파동으로, B파동이야말로 이제까지의 상승국면에서 가지고 있던 매입포지션을 정리할 마지막 기회이다.

파동의 특징	
1번 파동	1번 파동은 추세가 전환되는 시점으로 5개의 파동 중 가장 짧으며, 충격파동 이므로 반드시 5개의 파동으로 구성되어야 한다.
2번 파동	1번 파동을 38.2%나 61.8% 되돌리는 경향이 높고 100% 이상 되돌리는 경우는 없다.
3번 파동	5개의 파동 중 가장 강력하며 가격변동도 활발히 일어나 5개의 파동 중 가장 긴 것이 일반적이다.
4번 파동	일반적으로 3번 파동을 38.2% 되돌리는 경우가 많다.
5번 파동	가격움직임은 3번 파동과 비교해 활발하지 못하며 일반적으로 1번 파동과 같은 길이 이거나 1번에서 3번까지의 길이의 61.8%만큼 형성되는 경향이 높다.
A파동	상승 5파가 끝나고 추세가 반대로 나타나는 충격파동으로 5개의 파동으로 구성된다.
B파동	상승추세가 다시 재개하는 것으로 사람들이 믿기 쉬운 파동으로 매입포지션을 정리할 마지막 기회이다.
C파동	거래가 활발하고 가격변동도 크며 투매양상이 나타난다.

★★★
080 다음 중 엘리어트 파동에서 거래량도 최고조에 이르게 되며, 가격의 움직임 가운데서 돌파 갭(Gap)이나 급진 갭이 나타나는 경우가 많은 파동은?

① 1번 파동   ② 3번 파동   ③ A파동   ④ B파동

해설 3번 파동은 5개의 파동 중 가장 강력하며 가격변동도 활발히 일어나 5개의 파동 중 가장 긴 것이 일반적이다. 또한 거래량도 최고조에 이르게 되며, 가격의 움직임 가운데서 갭(Gap)이 나타나는 경우가 많다. 3번 파동에서 나타나는 갭은 돌파 갭이거나 급진 갭이며 소멸 갭은 나타나지 않는다.

★★★
081 엘리어트 파동이론에서 절대불가침의 법칙으로 옳지 않은 것은?

① 1번 파동이나 3번 파동이 연장되지 않으면 5번 파동도 연장되지 않는다.

② 2번 파동의 저점이 1번 파동의 저점보다 반드시 높아야 된다.

③ 3번 파동이 상승파동(1, 3, 5번 파동) 중에서 제일 짧은 파동이 될 수 없다.

④ 4번 파동의 저점은 1번 파동의 고점과 겹칠 수 없다.

 ①은 파동변화의 법칙으로서, 1번 파동이나 3번 파동이 연장되지 않으면 5번 파동이 연장될 가능성이 높다. 또한 파동의 연장과 관련해서, 파동의 연장은 3번 파동이나 5번 파동에서 주로 발생하며, 연장의 연장은 일반적으로 3번 파동에서 발생한다.

4번 파동의 법칙	4번 파동은 3번 파동의 4의 저점과 일치하거나 3번 파동을 38.2%만큼 되돌리는 경향이 있다.
파동변화의 법칙	2번 파동과 4번 파동은 서로 다른 모양을 형성하고 1번 파동이나 3번 파동이 연장되지 않으면 5번 파동이 연장될 가능성이 높다.
파동균등의 법칙	3번 파동이 연장되면 5번 파동은 1번 파동과 같거나 1번 파동의 61.8%를 형성한다.

★★★
082 다음 중 엘리어트 파동이론과 가장 거리가 먼 것은?

① 절대불가침의 법칙　　　　　② 피보나치 수열
③ 객관적 매매시점 파악　　　　④ 8번의 상하파동

 엘리어트 파동이론의 가장 큰 약점은 너무나 융통성이 많다는 점이다. 즉, 거의 모든 법칙이 예외를 가지고 있고 또한 전형적인 파동이 있는 반면에 파동이 변형되는 경우도 허다하므로 파동을 해석하는 것이 분석가에 따라 달라질 수밖에 없다. 피보나치 수열은 1, 1, 2, 3, 5, 8, 13, 21, 34, 55, 89… 처럼 이어지는 두 숫자를 더하면 다음 숫자가 된다. 피보나치 수열에서는 바로 앞의 숫자를 뒤의 숫자로 나누면 그 값은 1.618에 근접하며, 한 숫자를 하나 건너의 숫자로 나누면 그 값은 2.618에 근접한다. 1.618의 역수는 0.618이고 2.618의 역수는 0.382이다.

★★★
083 다음 중 일목균형표에 관한 설명으로 옳지 않은 것은?

① 기준선은 당일을 포함하여 과거 26일간의 최고치와 최저치의 중간값을 의미한다.

② 전환선은 당일을 포함하여 과거 9일간의 최고치와 최저치의 중간값을 의미한다.

③ 선행스팬1은 당일의 기준선과 전환선의 중간값이다.

④ 후행스팬은 과거 52일 동안의 최고치와 최저치의 중간값으로, 26일 앞선 위치에 표시한다.

 후행스팬은 과거 최고치와 최저치의 중간값이 아닌 당일의 종가를 의미하며 일반적으로 26일 뒤쳐진(후행하는) 곳에 표시하게 된다. 선행스팬2는 당일을 포함하여 과거 52일 동안의 최고치와 최저치의 중간값으로, 당일을 포함해 26일 앞선 위치에 표시한다.

🏛 필수핵심정리 ▷ 일목균형표의 주요 개념

① 주가의 흐름과 시세의 균형을 일목요연하게 나타낸다는 원리로 만들어진 차트
② 과거의 주가가 현재의 주가에 영향을 미치며(후행스팬), 현재의 주가가 결국 미래의 주가움직임을 좌우한다(선행스팬, 즉 구름대)고 본다.
③ 일목균형표에서 사용되는 가장 중심이 되는 개념은 평균(Average)이 아닌 중간값(Median)이다.

기준선	당일을 포함하여 과거 26일간의 최고치와 최저치의 중간값
전환선	당일을 포함하여 과거 9일간의 최고치와 최저치의 중간값
선행스팬 1	당일의 기준선과 전환선의 중간값 → 당일에 표시하지 않고 그날부터 26일 앞선(선행한) 위치에 표시
선행스팬 2	당일을 포함하여 과거 52일 동안의 최고치와 최저치의 중간값 → 당일을 포함해 26일 앞선 위치에 표시
후행스팬	당일의 종가 → 일반적으로 26일 뒤쳐진(후행하는) 곳에 표시
구름대	선행스팬1과 선행스팬2 사이의 띠 모양

★★★
084 일목균형표를 구성하는 지표 중 중간값으로 계산되지 않는 것은?

① 선행스팬   ② 후행스팬   ③ 전환선   ④ 기준선

해설 후행스팬은 과거 최고치와 최저치의 중간값이 아닌 당일의 종가를 의미하며, 일반적으로 26일 뒤쳐진(후행하는) 곳에 표시하게 된다.

★★★
085 일목균형표에서 구름대의 특징을 설명한 것으로 옳지 않은 것은?

① 구름대는 지지선이나 저항선으로 작용하는 경향이 많다.

② 구름대의 색깔이 바뀌는 시점, 즉 변화일에 주가의 방향이 바뀌는 경향이 많다.

③ 주가가 구름대에 들어서면 횡보하기보다는 급등 또는 급락하는 경우가 많다.

④ 주가가 구름대에 근접하면 구름대가 두꺼운 쪽으로 다가서는 것이 아니라 구름대가 얇은 쪽으로 돌파를 시도하는 경우가 많다.

 주가가 구름대에 들어서면 급등 또는 급락하기보다는 횡보하는 경우가 많다. 변화일은 그 날을 전후로 하여 추세가 바뀌는 시점을 말하는데 변곡점이라고도 한다. 일목균형표에서 변화일의 기본수치는 보통 9일, 17일, 26일로 결정된다. 따라서 과거 고점이나 저점에서 9일째, 17일째 또는 26일째 되는 날이 변화일이 된다고 본다.

★★★
086 일목균형표로 추세를 판단하는 방법을 설명한 것이다. 빈칸 ㉠~㉢에 적절한 말을 순서대로 바르게 나타낸 것은?

> • (㉠)이 (㉡)을(를) 상향 돌파를 할 때를 매수 신호로 보며, 이를 호전이라고 한다.
> • (㉠)이 (㉡)을(를) 하향 돌파할 경우를 (㉢)이라고 하며, 매도 신호로 본다.

① 전환선, 기준선, 역전   ② 기준선, 전환선, 역전
③ 기준선, 구름대, 형보   ④ 선행스팬, 후행스팬, 양련

해설 전환선이 기준선을 상향 돌파할 때를 호전이라고 하며 매수 신호로 본다. 호전은 단기이동평균선이 장기이동평균선을 상향 돌파하는 골든크로스의 의미와 일맥상통한다. 전환선이 기준선을 하향 돌파할 때를 역전이라고 하며 매도 신호로 본다. 역전은 단기이동평균선이 장기이동평균선을 하향 돌파하는 데드크로스의 의미와 유사하다.

일목균형표로 추세를 판단하는 방법		
전환선과 기준선의 위치	호전	전환선이 기준선을 상향 돌파할 경우 → 매수 신호(골든크로스)
	역전	전환선이 기준선을 하향 돌파할 경우 → 매도 신호(데드크로스)
기준선의 방향		기준선의 방향이 상승하면 주가상승세, 하락하면 주가하락세, 수평을 이루면 주가보합세를 의미
전환선의 방향		전환선이 상승하면 매수 전략, 하락하면 매도 전략이 필요
기준선 및 전환선 역할		기준선이나 전환선은 지지선이나 저항선의 역할을 하는 경우가 많음

★★★
087 일목균형표에 관한 설명으로 옳지 않은 것은?

① 변화일은 그날을 전후로 하여 추세가 바뀌는 시점으로 변곡점이라고도 한다.

② 일목균형표에서는 패턴을 형보라 하는데, 형보에서는 양선이나 음선의 개수를 중요시한다.

③ 전환선이 기준선을 상향 돌파할 때를 호전이라고 하며 매수신호로 보는데, 이는 골든크로스의 의미와 유사하다.

④ 전환선이 기준선을 하향 돌파할 때를 역전이라고 하며 매도신호로 보는데, 이는 데드크로스의 의미와 유사하다.

> **해설** 일목균형표에서는 패턴을 형보라 하는데, 형보에서는 양선이나 음선의 연속성을 중요시 한다. 특히 다섯 개 연속된 양선(5양련)이나 음선을 중요시 하는 경향이 많으며, 3양련은 자주 속임수가 나타나기 때문에 그 의미를 과소평가하고 있다.

★★★
088 다음 중 일목균형표를 이용하여 주가의 목표치를 구하는 방법과 거리가 먼 것은?

① NT 목표 　　② V 목표 　　③ E 목표 　　④ M 목표

> **해설** M 목표가 아니라 N 목표치이다.

★★★
089 기술적 분석을 이용하여 주식을 매수하고자 한다. 다음 중 가장 적절한 매수 시점은?

① 사께다 전법에서 흑삼병 출현 시

② OBV에서 D마크 출현 시

③ 2개의 캔들 차트에서 관통형이 나타난 경우

④ 일목균형표에서 전환선이 기준선을 하향 돌파 시

> **해설** 관통형은 2개의 캔들로 구성된 상승전환 신호이며, 나머지는 하락신호이다.
> ① 흑삼병은 천장권에서 음선 3개가 잇달아 나타나는 형태이며, 고가권에서 나타날 경우 주가폭락으로 이어질 가능성이 크다.
> ② OBV선의 저점이 이전의 저점보다 낮게 형성되면 D마크(down)로 표시하는데, 약세장을 의미한다.
> ③ 관통형은 두개의 캔들로 구성되고 몸체가 긴 음선이 출현된 후 다음날 몸체가 긴 양선이 나타나는 경우로 상승전환 신호로 본다.
> ④ 일목균형표에서 전환선이 기준선을 하향 돌파하는 것을 역전이라 하는데, 이는 매도 신호로 이동평균선에서의 데드크로스와 유사한 개념이다.

내용 구성 및
주요 출제내용
분석

주요 내용	중요도	주요 출제 내용
산업분석 개요	★	산업분석의 의미, 정의와 분류(경기민감산업과 방어적 산업의 구분), 방법
산업구조 변화 분석	★★★	• 산업구조 변화의 의미(산업간 성장률 격차) : Petty의 법칙, Hoffman의 법칙 • 산업구조 변화의 근본원인(경쟁력 창출요인) : 단순요소와 고급요소 구분 • 경쟁력구조와 국제분업 그래프 • 경제발전단계별 경쟁력구조 변화 그래프 : 성장기, 1차 전환점, 구조조정기, 2차 전환점, 성숙기
산업연관 분석	★★	• 산업연관표의 구조와 주요지표 : 투입구조와 분배구조, 투입계수, 생산유발계수 및 전후방연쇄효과 • 산업연관분석의 활용 및 단점
라이프사이클 분석	★★★	라이프사이클의 단계별 특징(그래프) : 도입기, 성장기, 성숙기, 쇠퇴기
경기순환 분석	★★★	경기순환과 국면별 투자성과가 좋은 유망산업
산업경쟁력 분석	★★★	• 산업경쟁력의 개념 : M. Porter의 경쟁우위론 • 산업경쟁력 분석모형 : 경쟁자산, 시장구조, 산업성과(수출관련 성과지표 : 무역특화지수, 현시비교우위지수, 시장점유율)
산업정책 분석	★★★	• 산업정책의 정의 및 특징 • 산업정책의 종류 : 산업구조정책과 산업조직정책 • 시장경쟁강도의 측정방법 : 집중곡선과 집중률, 허핀달(HHI)지수

출제경향 분석
및 학습요령

산업분석도 4문제 정도가 출제되며, 타 과목에 비해 분량도 많지 않고 내용도 어렵지 않기 때문에 집중해서 학습한다면 고득점이 가능하다. 특히, 경기민감산업과 방어적 산업의 구분, 경쟁력 창출요인에서 단순요소와 고급요소 구분, 경제발전단계별 경쟁력구조 변화, 라이프사이클의 단계별 특징, 경기순환과 국면별 투자성과가 좋은 유망산업, M. Porter의 경쟁우위론, 산업정책의 정의 및 특징, 시장경쟁강도의 측정방법인 집중곡선과 집중률, 허핀달(HHI)지수는 매우 중요하다.

★★★
001 산업분석에 대한 설명으로 적절하지 않은 것은?

① 산업분석이 중요한 이유는 개별기업의 경영성과는 그 기업이 속한 산업의 경영성과와 밀접한 관계가 있기 때문이다. 따라서 전망이 좋은 산업에 있어서 유망 기업을 발견하는 것이 쉽다.

② 중장기적으로는 산업의 성쇠가 곧바로 그 산업 내에서 영업활동을 하는 기업의 부침으로 이어지므로, 산업분석은 개별 기업에 대한 투자분석에 중요한 참고자료를 제공한다.

③ 산업분석에서는 어떤 특정기업을 분석대상으로 한다.

④ 산업의 특성을 잘 파악하는 것은 경제변수의 변화가 기업에 미칠 영향을 예측하는 중요한 기초를 제공한다.

> **해설** 산업분석에서는 어떤 특정기업이 아니라 특정 산업 전체를 분석대상으로 한다. 엄밀한 산업분석을 위해서는 해당 산업의 현재 수익성, 성장성 등을 포함한 미래 비전, 산업의 경쟁구도, 국제적인 분업관계, 글로벌 시장에서 자국 산업의 경쟁력 수준, 산업정책의 방향 등 다양한 측면들을 분석한다.

🏛 필수핵심정리 ▶ 산업분석의 의미와 산업의 분류

산업 분석의 의미		• 산업분석은 분석대상이 되는 기업이나 프로젝트가 속한 산업성과가 그 기업의 미래성과 및 프로젝트의 미래 수익률에 큰 영향을 미친다는 전제에서 출발 • 중장기적으로 산업의 성쇠가 바로 그 산업 내에서 영업활동을 하는 기업의 부침으로 이어짐 : 70년대(노동집약적 산업) → 80년대 이후(자본집약적 산업) → 2000년대(지식과 기술 집약적 산업)
산업의 분류	특성에 의한 분류	1차 · 2차 · 3차 산업, 농림어업 · 제조업 · 서비스업, 제조업 · 비제조업
	제조업의 분류	기초소재산업 · 석유석탄, 화학, 비금속광물, 일차금속, 금속제품 등
		조립가공산업 · 일반기계, 전기전자, 정밀기기, 자동차, 조선
		소비재산업 · 음식료품, 섬유, 가구
	경기변동 영향	경기민감산업 · • 호경기엔 매출 · 이익 크게 신장, 불경기엔 매출 · 이익 격감 • 고가의 내구소비재(자동차, 에어컨), 내구생산재(산업기계), 건설(관련)업
		방어적 산업 · • 경기 침체기에도 큰 영향을 받지 않는 산업 • 생필품 관련된 소비재 산업, 음식료 산업, 전력, 가스업
	경기변동 시차	산업의 특성이나 그때 그때의 경제환경에 따라 다름
		경기선행산업 · 산업의 경기 변동이 경제 전체의 경기변동보다 빨리 변하는 것 → 투자와 관련성이 큰 산업
		경기동행산업 · 산업의 경기변동이 경제 전체의 경기변동과 함께 변하는 것
		경기후행산업 · 산업의 경기변동이 경제 전체의 경기변동보다 늦게 변하는 것 → 소비와 관련성이 큰 산업

002 우리나라의 산업구조는 1970년대 ㉠ 집약적인 산업 중심에서 1980년대 이후에는 ㉡ 집약적인 산업 중심으로, 그리고 2000년대 들어서는 지식과 ㉢ 집약적인 산업 중심으로 변해오고 있다. ㉠~㉢에 맞는 말을 순서대로 바르게 나타낸 것은?

① 노동, 자본, 기술　　　　　　　　② 노동, 기술, 자본
③ 기술, 노동, 자본　　　　　　　　④ 자본, 노동, 기술

 우리나라의 산업구조는 1970년대 노동집약적인 산업 중심에서 1980년대 이후에는 자본집약적인 산업 중심으로, 그리고 2000년대 들어서는 지식과 기술집약적인 산업 중심으로 변해오고 있다. 이 과정에서 가발, 합판, 신발 등과 같이 한때 중요한 위치를 점하였던 산업들이 쇠퇴한 반면 이들을 대체하는 자동차, 반도체 등 새로운 산업들이 지속적으로 나타나 산업발전을 주도하였다.

003 투자결정 과정에서 산업분석을 활용하는 이유는 각 개별기업이 속한 산업의 성과가 그 기업의 미래성과와 밀접하게 연관되어 있기 때문이다. 다음 중 산업분석에서 고려할 필요성이 가장 적은 것은? 심화

① 국제경쟁에서 국내 산업의 경쟁력수준
② 사회안전망의 구축정도
③ 해당산업의 기술수준
④ 정부의 지원 또는 규제정도

해설 산업분석을 위해서는 해당 산업의 현재 수익성, 성장성 등을 포함한 미래 비전, 산업의 경쟁구도 등 산업의 조직적 특성, 생산 및 기술개발 등에서 국제적인 분업관계, 국제경쟁에서 국내 산업의 경쟁력 수준, 산업정책의 방향과 해당 산업의 중요성 등 다양한 측면을 검토할 필요가 있다. 하지만 사회안전망의 구축정도는 산업분석의 고려대상과는 거리가 멀다.

004 다음 중 특성에 따라 제조업을 분류할 경우 성격이 다른 하나는?

① 석유화학산업　　　　　　　　② 전기전자산업
③ 자동차 및 조선산업　　　　　　④ 일반기계산업

 제조업은 기초소재산업(석유석탄, 화학, 비금속광물, 일차금속, 금속제품 등), 조립가공산업(일반기계, 전기전자, 정밀기기, 자동차, 조선), 소비재산업(음식료품, 섬유, 가구)의 3가지로 분류할 수 있다. 따라서, 석유화학산업은 기초소재산업이며 나머지는 조립가공산업에 속한다.

005 다음 중 호경기에는 매출과 이익이 크게 신장되지만 불경기에는 매출과 이익이 크게 감소하는 경기민감 산업은?

① 음식료산업

② 자동차, 에어컨 등 고가의 내구소비재 혹은 기계류 산업

③ 생활필수품과 관련된 소비재산업

④ 전력 및 가스 산업

> **해설** 자동차, 에어컨 등 고가의 내구소비재 혹은 기계류 산업은 경기민감 산업이며 나머지는 경기변동의 영향을 작게 받는 방어적 산업이다.
>
> | 경기민감 산업 | 호경기에는 매출과 이익이 크게 신장하나 불경기엔 격감 |
> | --- | --- |
> | | 고가의 내구소비재(자동차, 에어컨), 내구생산재(산업기계), 건설(관련)업 |
> | 방어적 산업 | 경기 침체기에도 큰 영향을 받지 않는 산업 |
> | | 생필품 관련된 소비재 산업, 음식료 산업, 전력 · 가스업 |

006 다음 중 경기침체기에도 비교적 영향을 받지 않는 산업은?

① 에어컨 산업

② 음식료 산업

③ 자동차 산업

④ 증권업

> **해설** 음식료 산업과 같은 생활필수품에 관련된 소비재 산업과 전력 · 가스산업 등은 경기침체기에도 큰 영향을 받지 않는 대표적인 방어적 산업이다.

007 다음 중 경기종합지수(CI, Composite Index)의 선행지수 구성요소가 아닌 것은?

① 도시가계소비지출

② 소비자기대지수

③ 건설수주액

④ 코스피지수

> **해설** 도시가계소비지출은 경기후행지수의 구성지표이다.
>
> | 경기종합지수(CI)의 구성지표 | |
> | --- | --- |
> | 선행종합지수 구성지표(8개) | 앞으로의 경기동향을 예측하는 지표 → 재고순환지표, 소비자기대지수, 기계류내수출하지수, 건설수주액, 수출입물가비율, 구인구직비율, 코스피지수, 장단기금리차 |
> | 동행종합지수 구성지표(7개) | 현재의 경기상태를 나타내는 지표 → 광공업생산지수, 서비스업생산지수, 건설기성액, 소매판매액지수, 내수출하지수, 수입액, 비농림어업취업자수 |
> | 후행종합지수 구성지표(5개) | 경기의 변동을 사후에 확인하는 지표 → 생산자제품 재고지수, 도시가계소비지출, 소비재수입액, 상용근로자수, 회사채유통수익률 |

★★★
008 통계적으로 산업을 분류하는 방법인 한국표준산업분류(KSIC)의 구조에 대한 설명으로 옳지 않은 것은? 심화

① 산업분류는 생산단위가 주로 수행하는 산업활동을 그 유사성에 따라 유형화한 것으로, 한국표준산업분류(KSIC)는 산업관련 통계자료에서 가장 기본이 된다.
② 한국표준산업분류(KSIC)는 대외무역거래의 대상이 되는 상품에 대한 분류체계이다.
③ 한국표준산업분류(KSIC)는 대분류, 중분류, 소분류, 세분류, 세세분류의 5단계로 구성된다.
④ 대분류는 알파벳 문자를 사용하는데, 예를 들어 제조업은 C이다.

해설 대외무역거래의 대상이 되는 상품에 대한 분류체계로는 표준국제무역상품분류(SITC)와 HS분류가 있다. 국제무역에 대한 분류를 별도로 하는 이유는 국제거래가 주로 이루어지는 상품은 국가 내에서 생산되는 상품 중에서 제조업 제품을 중심으로 한 일부 상품과 서비스에서만 이루어지기 때문이다. 한국표준산업분류(KSIC)는 대분류, 중분류, 소분류, 세분류, 세세분류의 5단계로 구성되는데, 예를 들어 C30125에서 C는 대분류, 30은 중분류, 301은 소분류, 3012는 세분류, 30125는 세세분류 단위이다.

★★★
009 산업분석 방법을 크게 세 가지로 나눌 때, 다음 중 개별산업에 대한 분석으로 볼 수 있는 내용은?

① 산업구조가 어떻게 바뀌어 나갈 것인지 파악함으로써 각 산업의 미래비전을 분석한다.
② 정부의 산업에 대한 정책 방향이 각 산업에 미치는 영향을 분석한다.
③ 개별기업 고유 요인이 산업에 미치는 영향을 분석한다.
④ 해당 산업에서의 기술개발, 경쟁구도 등을 통해 산업 전반 또는 그 산업 내에서 영업활동을 하는 기업들의 경쟁기반을 분석한다.

해설 산업분석 방법은 크게 산업구조 변화에 대한 분석, 개별산업에 대한 분석, 산업정책에 대한 분석으로 나눌 수 있다. ①은 산업구조 변화 분석이며 ②는 산업정책 분석이다. 그러나 ③은 산업분석이 아니라 기업분석으로서 개별기업 고유요인 분석에 해당한다. ④가 바로 개별산업에 대한 분석이다.

산업분석 방법	
산업구조 변화 분석	경제발전에 따라 산업구조가 어떻게 바뀌는지를 파악하여 각 산업의 미래 비전(성장성, 수익성) 분석하는 것 → 산업 간의 성장률 차이로 인해 산업구조 변화
개별산업 분석	• 다양한 분석을 통해 관심 있는 특정산업을 직접 분석하는 것 • 산업의 수요공급, 시장가격 결정구조, 원자재와 인력공급, 기술개발, 연관산업, 경쟁구도 등을 통해 산업에서 영업활동을 하는 기업의 경쟁기반 분석 → 최근 수년간의 성장률을 직접적으로 파악하는 것도 개별 산업분석에 도움
산업정책 분석	정부의 산업에 대한 정책 방향이 각 산업에 미치는 영향을 분석 → 최근 시장경제 중요성의 부각으로 정부역할이 다소 소홀히 취급되나, 산업정책의 방향에 따라 개별산업들은 상당한 영향을 받음

★★★
010 다음 산업분석의 방법 중에서 성격이 다른 하나를 고르면?

① 거시경제정책으로 추진되는 총수요관리정책 분석

② 개별 산업에 대한 분석

③ 산업의 성장률 격차에 따른 산업구조 변화에 대한 분석

④ 정부의 산업정책에 대한 분석

> **해설** 산업분석 방법은 크게 산업구조 변화에 대한 분석, 개별산업에 대한 분석, 산업정책에 대한 분석으로 나눌 수 있다. 산업정책은 경제성장을 직접적인 목적으로 하여 총공급관리에 초점을 맞추는 것으로서 이는 재정, 금융수단을 통하여 총수요를 관리함으로써 단기적인 경제안정을 직접적 목표로 하는 케인즈(Keynes)의 거시경제정책과는 구별된다.

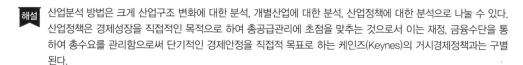

···TOPIC 2 경제발전과 산업구조 변화

★★★
011 산업 간의 불균형성장을 분석한 학자들의 주장으로 옳지 않은 것은?

① Petty의 법칙이란 경제발전에 따라 산업구조가 1차 → 2차 → 3차 산업 중심으로 변해간다는 것이다.

② Petty의 법칙은 소득수준이 상승함에 따라 1차 산업에 종사하는 노동력의 구성비가 점차 감소하고, 2차 및 3차 산업의 노동력 구성비는 계속 상승한다는 것이다.

③ 소득수준이 상승함에 따라 2차 및 3차 산업의 노동력 구성비는 계속 상승하지만 생산 및 자본에서는 이 법칙이 성립하지 않는다.

④ Hoffman의 법칙은 경제발전에 따라 공업부문 내에서, 생산재산업에 대한 소비재산업의 비중이 점차 하락한다는 법칙이다.

> **해설** 쿠즈네츠는 노동력뿐만 아니라 생산 및 자본에서도 경제발전에 따라 산업구조가 1차 → 2차 → 3차 산업 중심으로 변해간다는 Petty의 법칙이 성립함을 입증하였다.

🏛 **필수**핵심정리	산업구조 변화의 근본원인 : 경쟁력 창출요인
단순요소	저부가가치산업 및 제품의 경쟁력에 상대적으로 더욱 중요한 요소 → 천연자원, 단순인력, 임금수준, 물적자본과 금리수준, 토지가격, 도로 · 항만 등 전통적인 사회간접자본
고급요소	고부가가치산업 및 제품의 경쟁력에 상대적으로 더욱 중요한 요소 → 기술수준, 인적자본, 국내수요의 질, 통신 · 항공 등 현대적인 사회간접자본, 유통 · 금융 등 제조업관련 서비스의 수준

★★★
012 산업 간에 성장률의 차이가 있으면 산업구조가 변화하게 된다. 다음 중 산업간 성장률 차이를 야기하는 요인으로 적절하지 않은 것은?

① 소비자들의 기호가 변하여 각 산업에서 생산하는 제품에 대한 수요가 변화하면 산업 간에 성장률 차이가 발생한다.
② 생산공정상의 혁신이 일어나 생산비가 낮아지면 해당 산업은 상대적으로 높은 성장을 할 수 있다.
③ 경제가 발전해 가는 과정에서, 수요의 소득탄력성이 작은 산업의 성장률은 소득탄력성이 큰 산업의 성장률보다 높을 가능성이 크다.
④ 경제정책, 국내외 경제여건, 국가 간의 경쟁관계 등의 요인들도 산업 간에 성장률 차이를 초래할 수 있다.

> **해설** 소득탄력성은 소득 변화에 대한 수요 변화 정도를 나타내므로, 소득탄력성이 클수록 해당 산업의 제품은 그 수요가 빠르게 늘어나 성장률이 높을 가능성이 크다.

산업간 불균형 성장의 원인	
수요 측면	각 산업에서 생산되는 제품에 대한 수요의 변화가 균등하지 않다.
	수요의 규모와 소득탄력성의 차이 → 산업별 소득탄력성 차이는 국가와 시대에 따라 다름 예 소득이 늘어나면 생필품보다는 자동차, 가전제품 같은 내구소비재 수요가 증가, 인구가 고령화 되면 의료서비스에 대한 수요 증가
공급 측면	각 산업의 혁신역량 또는 공급능력에서의 차이로 인해 산업구조 변화
	• 혁신을 통한 신기술 및 신제품 개발이 이루어지면 수요가 급속히 증가 • 생산공정상의 혁신으로 생산비가 낮아지면 이 제품의 상대가격이 하락해 새로운 수요를 창출
기타 요인	경제정책, 국내외 경제여건 변화, 산업 내에서 이루어지는 국가 간의 경쟁관계

★★★
013 한 국가의 산업구조는 경제가 발전함에 따라 지속적으로 변화하게 된다. 다음 중 산업구조의 변화에 영향을 가장 적게 미치는 것은?

① 기술적 변화 영향　　　　　② 국제수지의 단기 변화
③ 임금수준의 상승　　　　　④ 특정산업에 대한 정부 지원

> **해설** 산업구조가 변화한다는 것은 산업 간에 성장속도가 일정하지 않고 다르다는 것을 의미한다. 그런데, 국제수지의 단기 변화는 환율 등 일시적인 경제변수의 영향으로 발생할 수 있으므로, 산업구조 변화에 가장 영향이 적다고 볼 수 있다.

★★★
014 산업구조 변화의 원인을 잘못 설명하고 있는 것은?

① 국가 간의 경쟁 속에서 산업 간의 비교우위 요인은 산업구조 변화의 요인이 될 수 있다.

② 수요측면에서 볼 때, 혁신을 통한 신기술 및 신제품의 개발속도가 산업 간에 다르기 때문에 산업구조 변화가 일어난다.

③ 내생적 성장이론은 경제성장을 인적자본 등 요소의 내생적 축적에 의해서 이루어진다고 본다.

④ 한 국가의 산업구조는 그 국가가 갖고 있는 생산요소의 상대적인 부존량과 각 산업의 생산함수에 의해 결정되는 비교우위에 의해 정해진다.

> **해설** 혁신을 통한 신기술 및 신제품의 개발속도가 산업 간에 다르기 때문에 산업구조 변화가 일어나는 것은 수요측면이 아니라 공급측면에 의한 산업구조 변화의 원인을 설명하는 내용이다.

★★★
015 산업구조 변화와 관련된 설명으로 옳지 않은 것은?

① 성장격차로 인한 양극화는 중장기적 산업구조의 변화과정에서 나타나는 불가피한 현상이다.

② 생산요소의 부존량은 동태적으로 변화하며, 이는 그 국가의 현 산업구조와 요소축적을 위한 노력의 정도에 의해 내생적으로 결정된다.

③ 시장실패가 있는 상태에서 국제무역을 통한 국가 간 경쟁이 이루어지면 정부의 전략적 개입이 사회 후생을 증대시킬 수 있다.

④ 최적산업구조란 국민경제적 관점에서 장기적인 후생을 극대화시킬 수 있는 가장 바람직한 산업의 구성을 말하는데, 시장기구는 항상 최적산업구조를 보장한다.

> **해설** 최적산업구조는 국민경제적인 관점에서 장기적인 후생을 극대화시킬 수 있는 가장 바람직한 산업의 구성이라고 할 수 있다. 전통적인 경제이론에 의하면 국가 간의 거래가 없는 폐쇄경제에서 시장이 모든 면에서 완전하다면 산업구조는 생산요소의 부존 정도와 개별 산업의 기술적 특성, 그리고 수요의 산업별 분포에 의하여 결정되고, 이는 국민후생을 극대화시키게 된다. 그러나 산업정책의 필요성을 뒷받침하는 많은 주장들(유치산업 보호론 등)에서 알 수 있듯이 시장기구가 반드시 최적산업구조를 보장하지 않는다.
> ※유치산업 보호론 : 장차 국제경쟁력을 보유하리라고 기대되는 자국의 산업, 즉 유치산업을 보호하기 위해 유치산업이 국제경쟁력을 가질 때까지 한시적으로 해당 산업의 생산물 수입을 억제해야 한다는 주장

016 어떤 산업의 경쟁력 창출요인은 단순요소와 고급요소로 분류할 수 있다. 다음 중 고급요소로 볼 수 있는 것은?

① 임금수준
② 물적 자본과 금리수준
③ 기술수준
④ 토지가격

해설 기술수준은 고급요소이고 나머지는 모두 단순요소이다.

경쟁력 창출요인 : 경쟁력의 원천이 되는 모든 요소	
단순요소	저부가가치산업 및 제품의 경쟁력에 상대적으로 더욱 중요한 요소 → 천연자원, 단순인력, 임금수준, 물적자본과 금리수준, 토지가격, 도로 · 항만 등 전통적인 사회간접자본
고급요소	고부가가치산업 및 제품의 경쟁력에 상대적으로 더욱 중요한 요소 → 기술수준, 인적자본, 국내 수요의 질, 통신 · 항공 등 현대적인 사회간접자본, 유통 · 금융 등 제조업관련 서비스의 수준

017 다음 그림은 한국과 중국의 경쟁력구조와 국제분업을 나타낸 그림이다. 그림에서 괄호안의 첫 숫자는 고급요소의 경쟁력 수준이며 두 번째 숫자는 단순요소의 경쟁력 수준을 의미한다. 따라서 각 국가가 경쟁력을 가질 수 있는 산업은 원점과 점 '국가(a, b)'로 이루어지는 사각형 안에 있는 산업들의 집합이 된다. 그림에서 양국이 겹치는 사각형 'S1과 S2'에서 일어날 수 있는 산업구조의 형태는?

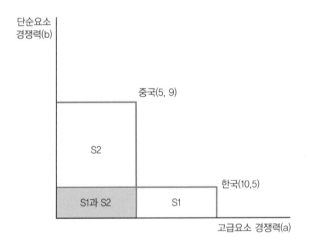

① 산업 내 무역
② 한국 특화
③ 중국 특화
④ 제3국 특화

해설 한국은 고급요소의 경쟁력이 상대적으로 높기 때문에 S1 영역은 한국이 비교우위를 갖게 되고(한국 특화), 중국은 단순요소의 경쟁력이 상대적으로 높기 때문에 S2 영역은 중국이 비교우위를 갖게 된다(중국 특화). 교집합인 S1과 S2 영역에 포함되는 산업군에서는 두 국가가 모두 경쟁력을 가질 수 있으므로 산업 내 무역이 이루어질 수 있다. 양국 구도이므로 ④번의 제3국 특화는 아무런 관계가 없다.

★★★
018 단순요소의 경쟁력에 대한 설명 중 옳지 않은 것은?

① 경제개발의 초기단계에는 단순요소의 경쟁력이 상승하게 된다.

② 경제가 일정수준에 도달하면 임금이 상승하게 되고 이것이 다른 단순요소의 축적에 의한 경쟁력 상승을 상쇄하게 된다.

③ 1차 전환점을 지나면 단순요소의 경쟁력은 쇠퇴하게 된다.

④ 2차 전환점이 지나면 단순요소의 경쟁력은 조금씩 회복하게 된다.

> **해설** 2차 전환점이 지나면 단순요소 경쟁력의 쇠퇴 정도만 줄어들 뿐 단순요소의 경쟁력은 감소 또는 횡보하게 된다.

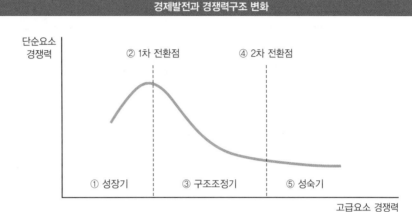

★★★
019 고급요소의 경쟁력에 대한 설명 중 옳은 것은?

① 고급요소는 주어진 부존자원에 의하여 주로 결정된다.

② 경제가 발전하여 투자여력이 커지면 고급요소의 경쟁력은 체감한다.

③ 고급요소는 경제개발의 초기단계에는 경쟁력이 미비하다.

④ 경제가 일정수준에 도달하면 고급요소의 경쟁력은 하락하게 된다.

> **해설** 경제발전의 초기단계에서는 잉여노동력의 존재로 인해 낮은 임금에 풍부한 노동력을 공급받을 수 있고, 전통적인 사회간접자본 등 단순요소의 축적을 위한 투자도 빠르게 이루어져 단순요소의 경쟁력이 상승한다. 그러나 고급요소의 경쟁력은 경제가 발전하면 꾸준히 상승한다고 할 수 있다. 그 이유는 고급요소가 주어진 부존자원이 아니고 미래를 위한 투자에 의해 결정되는 것이 대부분이기 때문이다. 따라서 경제가 발전하여 투자여력이 커지면 고급요소의 경쟁력은 체증적으로 높아지게 된다.

정답 016 ③　017 ①　018 ④　019 ③

★★★
020 다음은 경제발전 단계 중 어느 시기에 대한 설명인가?

> 경제가 발전하여 고급요소 경쟁력의 상승이 두드러지게 나타나기 시작하지만 국민들의 욕구가 높아지고 임금상승이 급속히 이루어져 단순요소 경쟁력이 빠르게 하락하는 시기이다.

① 성장기   ② 1차 전환점   ③ 구조조정기   ④ 성숙기

 해설 경제발전과 경쟁력구조의 변화는 성장기 → 1차 전환점 → 구조조정기 → 2차 전환점 → 성숙기로 진행된다. 경제 발전에 따른 고급요소 및 단순요소의 경쟁력 변화를 종합하면, 산업경쟁력분포도(수직축은 단순요소 경쟁력, 수평축은 고급요소 경쟁력) 상에서 한 국가의 경쟁력 수준이 시간의 흐름에 따라 물음표를 옆으로 눕혀 놓은 방향으로 움직인다.

경제발전과 경쟁력구조 변화	
성장기	경제개발 본격화로 요소창출을 위한 투자가 광범위하게 이루어지지만 잉여노동력이 여전히 임금상승을 억제하여 고급 및 단순요소의 경쟁력 모두 상승하는 시기
1차 전환점	생산요소 창출을 위한 투자가 확대되지만, 잉여노동의 해소로 인한 임금상승이 단순요소의 경쟁력 증대를 상쇄시키는 시기
구조조정기	경제가 발전하여 고급요소 경쟁력의 상승이 두드러지게 나타나기 시작하지만 국민들의 욕구가 높아지고 임금상승이 급속히 이루어져 단순요소 경쟁력이 빠르게 하락하는 시기
2차 전환점	경제가 어느 정도 성숙하여 단순요소 경쟁력의 하락속도가 완만해지는 가운데 고급요소 경쟁력의 상승이 가속화되는 시기
성숙기	안정적 성장궤도에 진입하여 단순요소 경쟁력의 하락이 멈추고 고급요소 경쟁력은 계속 상승하여 높은 경제성과를 얻고 이것이 다시 경쟁력 창출요인의 축적으로 연결되는 선순환이 이루어지는 시기

★★★
021 경제발전단계별 생산요소 경쟁력의 변화에 대한 설명으로 옳은 것은?

① 성장기에는 생산요소창출을 위한 투자가 확대되지만 잉여노동의 해소로 인한 임금상승이 단순요소의 경쟁력 증대를 상쇄시킨다.

② 구조조정기에는 경제가 어느 정도 성숙하여 단순요소 경쟁력의 하락속도가 완만해지면서 고급요소 경쟁력의 상승이 가속화된다.

③ 성숙기에는 고급요소 경쟁력의 상승이 두드러지게 나타나기 시작하지만 급속한 임금상승으로 단순요소 경쟁력이 빠르게 하락한다.

④ 경제발전에 따라 한 국가의 고급요소와 단순요소의 경쟁력수준은 물음표를 옆으로 눕혀 놓은 방향으로 움직인다.

해설 경제발전단계에서 ①은 1차전환점, ②는 2차전환점, ③은 구조조정기의 요소별 경쟁력에 대한 설명이다.

★★★
022 다음 중 산업연관분석의 이점을 제대로 설명하지 못한 것은?

① 국제원유가격 등 원자재가격의 변화가 국민경제에 미치는 파급효과를 분석하는 데에 유용하다.

② 산업의 경영성과와 경기변동 간의 시차를 파악하여 특정 산업에 대한 투자성과를 극대화하는 데에 유용하다.

③ 전·후방 산업의 수요와 공급 및 가격의 변화가 개별산업에 미치는 영향을 분석하는 데에 유용하다.

④ 산업과 산업 간의 연관관계를 수량적으로 파악함으로써 경제의 수급구조나 원가구조를 체계적으로 분석하는 데에 유용하다.

해설 산업연관분석은 산업 간의 연관관계를 수량적으로 파악하고자 하는 분석기법이다. 이는 한 나라에서 생산되는 모든 재화와 서비스의 산업 간 거래관계를 체계적으로 기록한 통계표인 산업연관표의 분석을 통해 이루어진다. 산업연관분석은 소비, 지출, 투자 및 수출 등 거시적 총량지표와 임금, 환율 및 원자재가격 등 가격변수의 변동이 국민경제에 미치는 파급효과를 분석할 수 있게 해주고, 전·후방 산업의 수요와 공급 및 가격의 변화가 개별산업에 영향을 주는 파급효과도 예측할 수 있게 해준다. 그러나 통계작성이 5년마다 이루어지기 때문에 통계작성시점과 산업분석시점 간에 나타난 경제구조 변화를 충분히 반영하지 못한다는 단점도 있다.

🏛 필수핵심정리 ▷ **산업연관표의 구조와 주요 지표**

한 산업의 생산품은 최종소비재로 사용되며 또한 산업 내에서 혹은 다른 산업에서도 소비된다. 이처럼 각 산업은 직·간접으로 밀접한 연관관계를 가지고 있는데, 이런 산업 간의 연관관계를 수량적으로 파악하고자 하는 분석기법이 산업연관분석

산업연관표	산업연관표에서는 재화와 서비스의 거래를 세 가지로 구분하여 기록 ① 산업 상호간의 중간재 거래 ② 각 산업부문에서의 노동, 자본 등 본원적 생산요소의 구입부문 ③ 각 산업부문 생산물의 최종소비자에게로의 판매부문		
	세로 방향 (열)	상품의 투입 구조를 나타냄	
		총투입 = 중간재 투입(원재료 등 투입) + 부가가치(노동, 자본 투입)	
	가로 방향 (행)	각 산업부문의 생산물 판매, 즉 배분구조를 나타냄	
		• 총산출 = 총수요 - 수입 • 총수요 = 중간수요 + 최종수요	
		중간수요	중간재로 판매되는 부분
		최종수요	소비재, 자본재, 수출상품 등으로 판매되는 부분(최종수요 = 소비 + 투자 + 수출)
	각 산업부문의 총산출액과 이에 대응되는 총투입액은 항상 일치함 → 총투입액 = 총산출액		

★★★ 023 다음 중 산업연관표를 이용하여 산업연관분석을 하기가 가장 어려운 것은?

① 각 산업의 공급과 수요구조를 파악하는 것

② 자동차 수출이 10% 증가할 때, 각 산업의 생산량 변화를 파악하는 것

③ 원유가격 상승이 각 산업의 생산물가격에 미치는 영향을 분석하는 것

④ 산업의 발전단계에 따라 기업들의 매출 변화, 이익률 등을 분석하는 것

해설 산업의 발전단계에 따른 기업들의 매출 및 이익률 변화 등을 분석하는 것은 주로 라이프사이클(Life Cycle) 분석(제품수명주기이론)에서 다루는 내용이다.

★★★ 024 산업연관표에서 세로방향은 상품의 (㉠)구조를 나타내고, 가로방향은 각 산업부문의 생산물의 (㉡)구조를 나타낸다. 빈칸 (㉠)와 (㉡)에 적절한 용어를 순서대로 바르게 나타낸 것은?

① 투입 – 배분   ② 배분 – 투입

③ 중간투입 – 부가가치   ④ 중간수요 – 최종수요

해설 산업연관표에서 아래로 향하는 세로방향은 상품의 투입 구조를 나타내는데, 이는 원재료 등의 투입을 나타내는 중간재투입과 노동이나 자본투입을 나타내는 부가가치의 두 부분으로 나누어지며 그 합계를 총투입이라 한다. 그리고 왼쪽에서 오른쪽으로 향하는 가로방향은 각 산업부문의 생산물 판매, 즉 배분구조를 나타내는 것으로 중간재로 판매되는 중간수요와 소비재, 자본재, 수출상품 등으로 판매되는 최종수요의 두 부분으로 나누어진다. 이때 각 산업부문의 총산출액과 이에 대응되는 총투입액은 항상 일치한다.

★★★ 025 산업연관표에서 최종수요를 구성하는 것이 아닌 것은?

① 소비   ② 투자   ③ 수출   ④ 수입

해설
- 총수요 = 중간수요 + 최종수요, 최종수요 = 소비 + 투자 + 수출
- 총산출액 = 총수요 − 수입 = 중간수요 + 최종수요 − 수입

★★★ 026 산업연관표에서 각 산업이 재화와 서비스의 생산에 사용하기 위하여 다른 산업으로부터 구입한 중간재와 생산요소의 투입비중을 나타내는 것을 무엇이라 하는가?

① 산출계수   ② 생산유발계수

③ 투입계수   ④ 영향력계수

투입계수는 각 산업 생산물 1단위 생산에 필요한 중간재와 생산요소의 투입비중을 나타내므로, 이를 통해 산업별 또는 상품별 생산기술구조를 파악할 수 있다.

투입계수
각 산업이 재화와 서비스의 생산에 사용하기 위하여 다른 산업으로부터 구입한 중간투입액과 부가가치액을 총투입액으로 나눈 것 • 중간투입계수 = 중간투입액 / 총투입액(또는 총산출액) • 부가가치계수 = 부가가치액 / 총투입액(또는 총산출액) 투입계수는 각 산업 생산물 1단위 생산에 필요한 중간재와 생산요소의 투입비중을 나타내므로 이를 통해 산업별 또는 상품별 생산기술구조를 파악할 수 있다.

★★★ 027 산업연관표와 관련된 다음 설명에서 빈칸 ㉠~㉢에 적절한 말을 순서대로 바르게 나열한 것은?

① (㉠)계수는 최종수요가 한 단위 증가할 때 각 산업에서 직·간접적으로 유발되는 산출물의 단위를 나타내는 계수로 레온티에프의 역행렬계수라고도 한다.
② (㉡)연쇄효과는 특정 산업제품에 대한 최종수요 1단위의 증가가 모든 산업의 생산에 미치는 영향을 의미한다.
③ (㉢)연쇄효과는 모든 산업제품에 대한 최종수요가 각각 1단위씩 증가하는 경우 특정 산업의 생산에 미치는 영향을 말한다.

① 영향력, 전방, 후방
② 생산유발, 후방, 전방
③ 수입유발, 후장, 전방
④ 생산유발, 전방, 후방

해설 순서대로 ㉠ 생산유발계수, ㉡ 후방연쇄효과, ㉢ 전방연쇄효과를 나타낸다. 생산유발계수를 이용하여 각 산업 간의 상호의존관계의 정도를 나타낸 것이 전·후방연쇄효과이다. 생산유발계수 외에 많이 이용되는 분석계수로는 수입유발계수, 부가가치유발계수, 고용유발계수 등이 있다. 수입유발계수는 어떤 산업의 최종수요가 1단위 증가할 경우 각 산업에서 직·간접적으로 유발되는 수입의 단위를 나타낸다.

★★★ 028 다음 중 일반적으로 후방연쇄효과가 가장 높게 나타나는 산업은? 심화

① 자동차 등 수송장비
② 음식료산업
③ 농림어업
④ 제지산업

해설 생산유발계수를 이용하여 각 산업 간의 상호의존관계의 정도를 나타낸 것이 전·후방연쇄효과이다. 후방연쇄효과는 특정 산업제품에 대한 최종수요 1단위의 증가가 모든 산업의 생산에 미치는 영향을 의미한다. 자동차는 수만 개 이상의 부품이 들어갈 정도로 여러 산업의 생산에 영향을 많이 미친다.

★★★
029 산업연관표(투입–산출분석)의 활용과 거리가 먼 것은?

① 국민경제 전체 및 산업의 수급구조 파악

② 최종수요 증가에 따른 생산유발 및 고용유발과 같은 정책효과분석

③ 기술변화에 따른 경제의 장기분석

④ 경제예측 및 경제정책의 수립

> **해설** 과거 산업연관표의 활용은 당해연도의 경제구조를 분석하는데 주로 사용되었다. 그러나 그 후 경제예측이나 정책효과의 분석도구로 그 활용범위가 넓어졌으며 최근에는 수요예측 등에도 많이 이용되고 있다. 따라서 산업연관표는 경제구조 분석, 정책효과 분석, 경제예측 및 정책 수립의 기초자료, 수요예측 및 가격파급효과의 측정도구 등으로 활용된다. 그러나 통계작성이 5년마다 이루어지기 때문에 통계작성시점과 산업분석시점 간에 나타난 경제구조 변화를 충분히 반영하지 못한다는 단점도 있다. 그리고 고정투입계수를 가정하므로 기술변화를 잘 반영하지 못하고 있어 장기분석에 유용하지 않다.

···TOPIC **4** 산업의 라이프사이클(Life Cycle) 분석

★★★
030 다음 중에서 산업분석에 활용하기가 가장 좋은 이론은?

① 라이프사이클 분석   ② 일반균형이론

③ 국제금융이론   ④ 거시경제이론

> **해설** 산업의 라이프사이클 분석이란 산업도 생명체의 수명과 같이 생성, 성장, 쇠퇴, 소멸해 간다는 제품수명주기이론을 산업분석에 응용한 것이다. 제품수명이론은 버논(Vernon) 등에 의해 개발된 이론으로 산업의 수명을 도입기, 성장기, 성숙기, 쇠퇴기 등 4단계로 나눌 수 있으며, 각 단계별로 산업 및 산업 내 기업들의 매출증가, 이익률, 이익, 경쟁형태와 강도, 사업위험, 경영관리기능이 달라지므로 분석대상의 산업이 어느 단계에 있는지를 파악하면 투자에 활용할 수 있다.

도입기	• 제품이 처음 시장에 도입되는 단계 • 매출증가율이 낮으며, 이익은 과도한 고정비, 판매비, 시장선점경쟁 등으로 적자를 보이거나 저조한 것이 보통 • 이 시기에는 판매능력이 필요
성장기	• 매출과 이익이 급증하는 단계 • 시장경쟁도 약하여 이익의 증가가 매출액의 증가보다 빨라 수익성이 높아짐 • 그러나 성장기의 후반에 들면 이익은 늘어나더라도 이익률은 정점에 도달한 이후 차츰 하락하게 됨
성숙기	• 이익률은 시잠점유율 유지를 위한 가격경쟁과 판촉 경쟁 등으로 하락하고 기업별로 경영능력에 따른 영업실적의 차이가 크게 나타남 • 제품수명주기를 연장하기 위한 노력 또는 새로운 제품을 개발하기 위한 연구개발비 지출 증가가 필요
쇠퇴기	• 매출액 증가율이 시장평균보다 낮게 되거나 감소하게 됨 • 이익률은 더욱 하락하여 적자기업이 다수 발생하게 됨 • 기업들은 이 산업에서 철수하거나 업종다각화를 적극적으로 실시하며 쇠퇴기에 있는 산업은 사양산업으로 분류됨

★★★
031 산업의 라이프사이클 분석에 대한 설명 중 가장 옳지 못한 것은?

① 산업의 라이프사이클 분석이란 제품수명주기이론을 산업분석에 응용한 것이다.

② 산업의 라이프사이클 쇠퇴기에는 매출액증가율이 시장평균보다 낮게 되거나 감소한다.

③ 산업의 라이프사이클 분석은 투자유망사업을 고르는 데 유용하나 적정주가평가 등에는 일정한 한계를 갖는다.

④ 산업의 라이프사이클상의 성숙기에는 매출액과 이익률이 완만하게 증가한다.

해설 성숙기는 산업내의 기업들이 안정적인 시장점유율을 유지하면서 매출은 완만하게 늘어나지만 이익률은 감소한다. 이익률은 시잠점유율 유지를 위한 가격경쟁과 판촉 경쟁 등으로 하락하고 기업별로 경영능력에 따른 영업실적의 차이가 크게 나타난다.

032 산업의 라이프사이클 분석에 관한 설명으로 적절하지 않은 것은?

① 산업의 발전과정을 도입기, 성장기, 성숙기, 쇠퇴기 등으로 나누고 개별기업의 발전단계와 각 단계별 특성을 감안하여 산업분석을 행한다.

② 도입기는 제품이 처음 시장에 도입되는 시기이므로 매출증가율이 낮은 것이 일반적이다.

③ 제품의 수명과 같이 산업이 도입기, 성장기, 성숙기를 거치면 반드시 쇠퇴기에 돌입하여 사양산업이 된다.

④ 선진국에 있어서는 쇠퇴기에 있는 산업이 후진국에 있어서는 성장산업이 될 수 있다.

> **해설** 산업이 성숙단계에 달하면 반드시 쇠퇴기에 돌입하는 것이 아니며, 신제품 개발들을 통해 다시 성장기로 갈 수도 있다. 우리나라의 디지털 TV를 중심으로 한 가전시장이 좋은 예이다.

033 라이프사이클의 단계별 특징이 잘못 연결된 것은?

① 도입기 : 매출증가율이 낮으며, 이익은 과도한 고정비, 판매비, 시장선점 경쟁 등으로 적자를 보이거나 저조한 것이 보통이다.

② 성장기 : 매출액과 이익이 급증하며 이익의 증가가 매출액의 증가보다 빨라 수익성이 높아지는데, 이런 현상은 성장기 후반까지 지속된다.

③ 성숙기 : 산업내의 기업들이 안정적인 시장점유율을 유지하면서 매출은 완만하게 늘어나지만 이익률은 하락하는 단계이다.

④ 쇠퇴기 : 수요감소 등으로 매출액 증가율이 시장평균보다 낮게 되거나 감소하게 된다.

> **해설** 성장기는 매출과 이익이 급증하는 단계이다. 이 시기엔 시장경쟁도 약하여 이익의 증가가 매출액의 증가보다 빨라 수익성이 높아진다. 그러나 성장기의 후반에 들면 시장경쟁이 격화되어 이익은 늘어나더라도 이익률은 정점에 도달한 이후 차츰 하락한다.

034 라이프사이클 분석의 4가지 단계 중 다음의 설명과 관련이 있는 단계는?

> 제품수명주기를 연장하기 위한 노력 또는 새로운 제품을 개발하기 위한 연구개발비 지출증가가 필요한 시기

① 도입기   ② 성장기   ③ 성숙기   ④ 쇠퇴기

> **해설** 성숙기에는 경쟁 등으로 기업별로 경영능력에 따른 영업실적의 차이가 크게 나타난다. 따라서 제품수명주기를 연장하기 위한 노력 또는 새로운 제품을 개발하기 위한 연구개발비 지출 증가가 필요하다.

★★★ 035 라이프사이클 단계 중 이익률이 정점에 도달한 후 차츰 하락하게 되는 시기는?

① 도입기 　　② 성장기(후반) 　　③ 성숙기(후반) 　　④ 쇠퇴기

> **해설** 성장기에는 시장경쟁도 약하여 이익의 증가가 매출액의 증가보다 빨라 수익성이 높아진다. 그러나 성장기의 후반에 들면 시장경쟁이 격화되어 이익은 늘어나더라도 이익률은 정점에 도달한 이후 차츰 하락하게 된다.

🏛 **필수핵심정리**　▶　산업의 라이프사이클

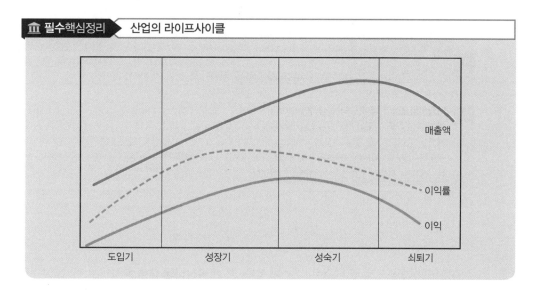

···TOPIC 5　경기순환 분석

★★★ 036 메릴린치(Merrill Lynch)사의 경기순환분석에 의하면 강세후기국면에 주식투자 성과가 좋은 유망산업은 무엇인가?

① 반도체 　　　　　　　　　② 금융
③ 석유화학 　　　　　　　④ 통신서비스

> **해설** Merrill Lynch사의 경기순환분석에 의하면 반도체는 강세초기국면, 금융은 강세후기국면, 석유화학은 약세초기국면, 통신서비스는 약세후기국면에 투자성과가 좋은 산업이다.

정답　032 ③ 　033 ② 　034 ③ 　035 ② 　036 ②

🏛 **필수핵심정리** ▶ Merrill Lynch사의 경기순환분석(예시)

경기순환과 국면별 투자성과가 좋은 유망산업	
A. 강세 초기국면	금리에 민감한 모기지업과 내구소비재산업인 전자산업, 자동차산업, 가구업, 섬유 · 의류업, 통신, 반도체, 에너지 등
B. 강세 중기국면	자본재 산업인 기계, 조선, 상용차, 건설업 등
C. 강세 후기국면	금융, 보험업
D. 약세 초기국면	석유화학, 일차금속, 시멘트 등 소재산업
E. 약세 후기국면	화장품, 청량음료, 제약, 에너지, 식품, 통신서비스, 전기가스

→ 주식시장의 강세국면에서는 베타가 큰 경기순환주식이 좋은 투자성과를 나타내며, 약세시장에서는 베타가 작은 주식들의 상대적인 투자성과가 좋음

★★★
037 Merrill Lynch사의 경기순환분석에 의하면 석유화학, 일차금속, 시멘트 등 소재산업이 좋은 투자성과를 나타내는 주식시장은 어느 국면인가?

① 강세 초기국면　　　　　　　　② 강세 후기국면
③ 약세 초기국면　　　　　　　　④ 약세 후기국면

 Merrill Lynch사의 경기순환분석에 의하면 석유화학, 일차금속, 시멘트 등 소재산업은 약세 초기국면에 투자성과가 좋은 산업이다.

···TOPIC **6** 산업경쟁력의 개념

★★★
038 산업을 분석하기 위해서 개별산업 혹은 제품의 수급구조와 가격구조를 살펴보는 것은 필수적이다. 다음 중 공급결정요인으로 볼 수 있는 것은?

① 국내의 GDP증가율
② 국내 설비투자
③ 건설투자
④ 신규업체 참여 및 진입장벽

해설

수요결정요인	국내외 GDP증가율, 국내 설비투자, 건설투자, 환율 등
공급결정요인	설비증설, 신규업체의 참여 및 진입장벽, 업체별 시장점유율 등
가격결정요인	수급상황, 재고, 원재료가격의 제품가격전가력 등

🏛 필수핵심정리 M. Porter의 경쟁우위론

• 산업경쟁력의 결정요인 : 6가지를 종합적으로 고려(다이아몬드 모형)
• 4가지 직접적 요인 : 요소조건, 수요조건, 연관산업 및 지원산업, 기업전략과 경쟁여건
• 2가지 간접적 요인 : 정부, 우발적 요인

★★★
039 다음 중 산업의 수급구조 분석을 위한 수요결정요인으로 볼 수 있는 것은?

① 국내외 GDP증가율
② 설비증설
③ 진입장벽
④ 업체별 시장점유율

해설 수요결정요인으로는 국내외 GDP증가율, 국내설비투자, 건설투자, 환율 등이 있다. 설비증설, 진입장벽, 업체별 시장점유율 등은 공급결정요인이다.

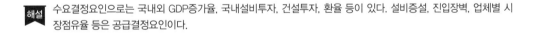

정답 037 ③   038 ④   039 ①

★★★ 040 산업경쟁력 분석에 대한 설명으로 옳지 않은 것은?

① 산업경쟁력 분석에서는 기업 차원보다 국가 차원에서의 접근이 더욱 중요한 의미를 갖는다.
② 전통적 국제무역 이론은 각 국가가 경쟁력을 갖는 산업에 특화하여 이를 서로 교환함으로써 모든 국가들의 사회후생을 높일 수 있다고 본다.
③ 전략적 무역정책론 및 신무역이론에서는 시장의 효율성을 중요시하기 때문에 국가의 개입은 해악적인 요소라고 주장한다.
④ M. Porter는 산업경쟁력의 결정요인을 4가지의 직접적인 요인과 2가지의 간접적인 요인으로 구분하고 있다.

해설 산업경쟁력을 분석하는 데에는 기업 차원의 접근이 한계를 가질 수밖에 없다. 그 국가의 기업경영환경이 좋다고 하더라도 모든 산업에서 경쟁력을 갖출 수는 없고, 그 결과 개별 산업에 따라 서로 다른 경쟁력 수준을 가지게 될 것이기 때문이다. 따라서 산업경쟁력 분석에서는 기업 차원보다 국가 차원에서의 접근이 더욱 중요한 의미를 갖는다고 할 수 있다. 산업경쟁력과 관련하여 전략적 무역정책론 및 신무역이론에서는 국가의 전략적 개입이 산업경쟁력의 확보에 중요하다고 본다.

★★★ 041 산업경쟁력과 관련하여 신무역이론에서 얻을 수 있는 시사점과 관계가 적은 것은? [심화]

① 시장의 선점 등 전략적 행동의 결과가 산업경쟁력 확보에 중요하다.
② 동일 산업 내에서의 산업 내 무역이 이루어지는 상황에서 산업경쟁력은 반드시 승자와 패자로만 설명되는 것이 아니고 여러 국가들이 산업경쟁력의 수준에 따라 시장을 분점할 수 있다.
③ 국가의 전략적 개입이 산업경쟁력의 확보에 중요하다.
④ 한 국가의 산업경쟁력은 혁신과 개선, 축적 등을 통해 경쟁우위를 확충함으로써 얻을 수 있다.

해설 한 국가의 산업경쟁력은 혁신과 개선, 축적 등을 통해 경쟁우위를 확충함으로써 얻을 수 있다는 것은 경쟁우위론이다. 즉 국제무역이론이 중요시하는 생산비 및 요소부존도에 근거한 비교우위는 현실을 제대로 설명할 수 있는 여지가 줄어들게 되므로 혁신, 요소축적 등을 통해 비교우위를 창출함으로써 스스로 경쟁우위를 증진시키는 것이 중요해진다는 것이다.

★★★
042 M. Porter가 분류한 산업경쟁력의 결정요인 중 4가지의 직접적인 요인에 속하지 않는 것은?

① 요소조건   ② 정부
③ 수요조건   ④ 연관산업 및 지원산업

 정부는 간접적 요인이다. M. Porter의 산업경쟁력의 결정요인(6가지, 다이아몬드 모형)은 4가지의 직접적인 요인(요소조건, 수요조건, 연관산업 및 지원산업, 기업전략과 경쟁여건)과 2가지의 간접적인 요인(정부, 우발적 요인)으로 구분된다.

★★★
043 M. Porter의 경쟁우위론을 우리나라 실정에 맞게 수정한, 조동성 교수의 모형(1993)에서 강조하는 경쟁력의 결정요인과 거리가 먼 것은?

① 4가지의 결정객체(물적 요소)   ② 4가지의 결정주체(인적 요소)
③ 순수한 외부환경 및 기회   ④ 물적 요소의 중요성을 강조

해설 조동성 교수의 모형에서는 경쟁력의 결정요인으로서 인적요소(근로자, 정치가 및 행정관료, 기업가, 전문경영자 및 기술자)의 중요성을 강조하고 있다.

조동성 교수 모형 : 9가지의 경쟁력 결정요인	
4가지 결정객체(또는 물적요소)	물적자원, 경영환경, 관련산업, 수요
4가지 결정주체(또는 인적요소)	근로자, 정치가 및 행정관료, 기업가, 전문경영자 및 기술자
순수한 외부환경 및 기회	순수한 외부환경 및 기회

★★★
044 다음 중 한 국가의 개별 산업에서의 경쟁력에 미치는 영향이 가장 적은 것은?

① 연관되는 산업들의 경쟁력
② 국내시장 규모와 소비자 수준 등의 수요조건
③ 정부 재정의 건전성 정도
④ 해당산업의 기술력 및 고급인력 비중

해설 정부 재정의 건전성 정도는 산업의 경쟁력과 직접적인 관계가 적다고 볼 수 있다. 산업경쟁력을 개별 산업 또는 국가 차원에서 파악하는 이론들의 특징은 경쟁력의 원천이 되는 경쟁자산을 강조한다.

산업경쟁력 분석모형 feedBack 과정	
각 개별산업의 경쟁력을 경쟁자산 → 산업구조 → 산업성과의 기본 틀로 이해하고, 이 과정의 효율성을 결정짓는 경제주체로 정부와 기업을 상정하며, 외부여건으로는 대내외 산업환경의 변화와 주요국 또는 경쟁국의 전략을 들고 있는 분석모형	
경쟁 자산	산업의 경쟁력을 뒷받침하는, 즉 경쟁력 확보를 가능하게 만들어 주는 가장 기본적인 요소 → 기술력, 인적 자본, 물적 자본, 인프라, 수요조건, 국가경쟁력
시장 구조	각 산업은 해당 산업 내부의 다양한 생산활동이 상호 연계되어 이루어질 뿐만 아니라 타 산업과의 연관관계도 여러 가지 형태로 이루어지게 됨 → 산업의 구성(수직, 수평), 연관산업 경쟁력, 경쟁정도, 정부규제, 시장지배사업자
산업 성과	경쟁자산과 시장구조 측면의 경쟁력이 실제로 발현된 것으로 현재의 경쟁력 수준을 나타냄 → 산업성장률, 생산성 · 요금, 외부효과, 수출실적, 해외진출

★★★
045 산업경쟁력 분석모형에서 경쟁자산에 대한 설명으로 옳지 않은 것은?

① 산업의 경쟁력을 뒷받침하는, 즉 경쟁력 확보를 가능하게 만들어주는 가장 기본적인 요소이다.

② 경쟁자산이 충분히 축적되어 있다는 것은 바로 높은 산업성과를 의미한다.

③ 경쟁자산의 중요한 것은 대부분 기업과 정부의 노력에 의해 축적될 수 있다.

④ 경쟁자산은 현재의 수준뿐만 아니라 증가율 등도 중요한 의미를 가진다.

 해설 경쟁자산이 충분히 축적되어 있으면 그 국가가 경쟁력을 가질 수 있는 가능성이 있지만, 이것이 곧바로 높은 산업성과를 의미하지는 않는다. 즉 경쟁자산은 잠재적인 산업경쟁력을 나타낸다고 할 수 있다.

★★★
046 산업경쟁력 분석모형에서 시장구조와 거리가 먼 것은?

① 산업의 구성(수직 · 수평) ② 연관산업 경쟁력
③ 정부규제 ④ 산업성장률

해설 산업성장률은 산업성과를 나타낸다. 산업성과는 경쟁자산과 시장구조 측면의 경쟁력이 실제로 발현된 것으로 현재의 경쟁력 수준을 나타낸다. 현재의 산업성과는 주로 성장률, 생산성향상 정도, 수출신장률 등을 통해 파악할 수 있다. 산업성과가 높을 경우 투자재원을 확보할 수 있다는 점에서 높은 산업성과는 미래 경쟁력을 높이는 피드백 효과를 가지게 된다.

★★★
047 다음 중 지역 독점적 형태의 시장 및 경쟁구조를 가지고 있는 산업은?

① 전선산업   ② 토목건설업

③ 자동차부품산업   ④ 도시가스산업

> **해설** 도시가스업은 지역별로 사업자가 지정되어 있어 지역 독점 형태의 시장 및 경쟁구조를 가진다.

★★★
048 수출산업의 현재의 경쟁력 수준을 파악하는데 가장 좋은 지표는?

① 경기종합지수   ② 무역의존도

③ 현시비교우위지수   ④ 허핀달지수

> **해설** 현시비교우위지수(RCA, Relative Comparative Advantage 지수)는 수출과 관련된 성과지표로 비교우위에 있는지를 보여주는 지표이다.

수출과 관련된 성과지표	
무역특화지수	수출 또는 수입에 얼마나 특화되어 있는가를 나타내는 지수로서 1에 가까울수록 수출에 특화되어 있으며, -1에 가까울수록 수입에 특화되어 있음을 보여줌
현시비교우위지수 (RCA지수)	각국의 특정국에 대한 품목별 수출점유율을 각 국의 특정국에 대한 총수출점유율로 나누어 산출한 지수이며, 1보다 클수록 비교우위에 있음을 나타내며, 1보다 작을수록 비교열위에 있다는 것을 보여줌
시장점유율(MS)	특정 수출시장에서 각국의 경쟁력을 비교하기 위하여 가장 널리 쓰이는 손쉬운 지표로서 그 시장 전체의 수입액에서 각 수출국이 차지하는 비중을 나타냄

★★★
049 어떤 산업을 분석한 결과 지난 5년간 성장률, 수출신장률, 세계시장에서의 비중 등 산업성과가 매우 낮게 나타났다. 그러나 경쟁력의 기초가 되는 기술, 고급인력, 인프라 등은 상당히 경쟁력이 있는 것으로 나타났다. 이러한 결과를 기초로 이 산업의 미래 비전을 전망한 다음의 내용 중 적절하지 않은 결론은 무엇인가? 심화

① 경쟁자산에서 경쟁력이 있기 때문에 조만간 성장률이 높아질 가능성이 있다.

② 현재의 낮은 산업성과로 인해 투자여력이 부족한 상황이므로 미래를 위한 투자가 어느 정도 이루어지는지가 장기적인 성장가능성에서 중요한 의미를 갖는다.

③ 산업성과가 낮다는 것은 경쟁력이 낮은 것을 의미하므로 앞으로도 높은 성장률을 기대하기는 어렵다.

④ 연구개발 등에 대한 정부의 지원이 이루어진다면 앞으로 산업경쟁력이 상당히 높아질 수 있는 잠재력이 있는 산업이다.

정답   045 ②   046 ④   047 ④   048 ③   049 ③

해설 현재의 산업성과가 낮지만 경쟁자산 측면에서 경쟁력이 높기 때문에 조만간 성과가 높아질 가능성이 크다. 하지만 이 경우에도 낮은 산업성과로 인해 경쟁자산에 대한 축적이 제대로 이루어지지 않고 있으면 장기적으로는 경쟁력을 유지할 수 없게 된다. 따라서 산업경쟁력 분석에서는 단순히 경쟁자산 혹은 산업성과만을 보고 판단해서는 안 되고, 산업성과에서 경쟁자산의 축적으로 이어지는 피드백(feedBack) 과정까지 포함하여 종합적이고 체계적인 분석이 필요하다.

···TOPIC **7** 산업정책의 특징과 종류

★★★
050 다음 중 산업정책의 성격에 대해 가장 옳게 설명한 것은?

① 정부가 시장에 개입하여 자원배분의 효율성을 높임으로써 중장기적으로 경제의 공급능력을 확대하는 정책이다.
② 경기 활황기에 물가안정을 위해 화폐공급을 줄이는 정책이다.
③ 영세민의 생계를 지원하기 위해 시행하는 취로사업은 산업정책의 한 예이다.
④ 산업정책은 자본주의 경제체제의 특성에 의해 이루어지므로 선진국과 개도국 간에 차이가 있을 이유가 없다.

해설 틀린 것을 고치면, ②는 거시경제정책(총수요관리정책), ③은 복지정책, ④ 산업정책은 각국이 처한 경제상황에 따라 구체적인 모습이 달라지는 것이 효율적이다.

🏛 필수핵심정리 ▶ 산업정책의 특징

- 산업정책은 공급지향적 정책. 즉 경제성장을 직접적인 목적으로 하여 총공급(생산수준) 자체의 확충을 시도하는 것 → 반면에, 케인즈적 거시경제정책은 재정, 금융수단을 통하여 총수요를 관리함으로써 단기적인 경제안정을 직접적 목표로 하는 정책
- 산업정책은 생산자원의 공급과 배분에 정부가 개입함으로써 산업활동을 지원, 조정 또는 규제하여 그 효과가 발생하게 됨
- 산업정책은 역사적으로 볼 때 경제발전이 뒤떨어진 후발국에서 강조되었으며, 국민경제의 성장잠재력이 훼손되는 상황에서도 강조되는 경향이 있음
- 산업정책은 각 국가가 처한 경제상황에 따라 구체적인 모습이 달라지며, 동일한 국가에서도 경제발전단계에 따라 정책의 방향과 수단이 달라지는 것이 효율적임

★★★
051 다음 중 산업정책의 성격을 가장 잘 설명하고 있는 것은?

① 물가안정을 위해 화폐공급을 줄이는 정책

② 영세민의 생계를 지원하기 위해 행하는 정책

③ 경기변동 과정에서 총수요관리를 위해 행하는 정책

④ 시장이 효율적으로 작동하지 않을 경우 정부가 직접 개입하여 자원배분의 효율성을 높이려는 목적으로 행하는 정책

> **해설** 산업정책은 시장이 효율적으로 작동하지 않을 경우 정부가 직접 개입하여 이를 보전하고 자원배분의 효율성을 높이는 정책을 일컫는 상당히 포괄적인 개념이라고 할 수 있다. 보기 ④를 제외한 나머지는 거시경제정책 또는 복지정책이다.

★★★
052 다음 중 산업정책의 특징으로 볼 수 없는 것은?

① 산업정책은 공급지향적 정책이다.

② 산업정책에 대한 정부개입의 정당성을 확보해주는 근거는 시장실패에서 찾을 수 있다.

③ 산업정책은 경제발전단계에 관계없이 정책의 방향과 수단을 일관성 있게 유지하는 것이 효율적이다.

④ 산업정책은 국민경제의 성장잠재력이 훼손되는 상황 하에서 강조되는 경향이 있다.

> **해설** 산업정책은 각국이 처한 경제상황에 따라 구체적인 모습이 달라지며 동일한 국가에서도 경제발전단계에 따라 정책의 방향과 수단이 달라지는 것이 효율적이다.
>
> ※ **시장실패** : 불완전경쟁, 외부효과, 공공재, 정보의 비대칭성 등으로 인해 시장에 맡겨 둘 경우 효율적 자원배분이 불가 또는 곤란한 상태를 가리키는 말이다. 즉 시장실패란 시장가격기구(아담 스미스가 언급한 보이지 않는 손, invisible hand)를 통한 최적자원배분이 이루어지지 않는 현상을 의미한다.

★★★
053 산업정책에 대한 다음 설명 중 가장 적절하지 않은 것은?

① 산업정책은 시장의 효율성이 작동하지 않을 경우 정부가 직접 개입하여 자원배분의 효율성을 높이는 정책이라 할 수 있다.
② WTO(세계무역기구)의 출범과 세계화 등으로 앞으로 특정산업 지원 중심의 산업정책의 중요성이 더욱 높아지고 있다.
③ 산업구조정책은 산업구조를 바람직한 최적산업구조로 전환시키기 위해 의도적으로 산업간 자원배분의 변화를 도모하는 정책이다.
④ 산업조직정책은 기업행동의 규범과 시장경제질서를 정비하여 산업의 효율과 성과를 증진시키는 정책이다.

> **해설** WTO(세계무역기구)의 출범과 기업활동의 세계화 등 세계경제여건 변화 속에서 정부의 경제정책 수단은 매우 제한되고 있다. 이에 따라 산업정책, 그 중에서도 특정산업지원 중심의 산업구조정책의 필요성과 유용성에 대한 논란이 많이 대두되고 있다.

★★★
054 산업정책에 관한 다음 설명 중 빈칸 ㉠~㉢에 가장 적절한 말을 순서대로 바르게 나열한 것은?

> 산업(㉠)정책은 산업 간의 구조를 대상으로 하는 것이고 산업(㉡)정책은 산업 내의 구조, 즉 산업(㉢)을(를) 대상으로 하는 정책이다.

① 기능 – 무역 – 구조
② 구조 – 조직 – 조직
③ 조직 – 조직 – 구조
④ 조직 – 구조 – 조직

> **해설** 산업구조정책은 산업 간의 구조를 대상으로 하는 것으로 몇 가지 기준에 입각하여 바람직한 최적산업구조를 상정하고, 현재의 산업구조를 그러한 구조로 전환하기 위해 의도적으로 산업 간 자원배분의 변화를 도모하는 정책이다.
> 산업조직정책은 산업 내의 구조, 산업조직을 대상으로 하는 정책으로 기업행동의 규칙, 규범과 시장경제 질서를 정비하여 기업 간의 경쟁형태 및 시장구조에 영향을 미침으로써 산업의 효율과 성과를 증진시키는 정책을 의미한다.

★★★
055 산업구조정책의 정책범위에 따른 분류로 볼 수 없는 것은?

① 기능별 정책 ② 지역별 정책
③ 규제 정책 ④ 산업별 정책

> **해설** 산업구조정책 중에서 규제 정책은 정책수단에 따른 분류 중 하나이고, 나머지 셋은 정책범위에 따른 분류이다.

산업구조정책의 분류	
정책범위에 따른 분류	일반적 정책, 기능별 또는 행위별 정책, 지역별 정책, 산업별 정책, 기업별 정책
정책수단에 따른 분류	유인 정책, 규제 정책, 비전제시 정책

★★★
056 산업구조정책의 분류상 성격이 나머지 셋과 다른 것은?

① 규제 정책 ② 비전제시 정책
③ 유인 정책 ④ 기능별 정책

> **해설** 산업구조정책 중에서 기능별(또는 행위별) 정책은 정책범위에 따른 분류 중 하나이고, 나머지 셋은 정책수단에 따른 분류이다.

···TOPIC **8** 산업조직정책

★★★
057 다음 지표 중에서 성격이 다른 하나를 고르면?

① HHI(Herfindahl− Hirschman Index)
② 무역특화지수
③ RCA(현시비교우위)지수
④ M/S(시장점유율)

> **해설** HHI지수는 시장경쟁강도를 측정하는 허핀달−허쉬만(Herfindahl−Hirschman) 지수이고, 나머지 셋은 산업성과, 특히 무역과 관련된 성과를 나타내는 지표이다.

집중곡선	• 시장 내 기업의 수와 분포를 말해주는 시장구조를 나타낸 도표 • 수평축은 시장점유율의 서열규모이며, 수직축은 누적 시장점유율
집중률	• 집중률 $CR_k \left(CR_k = \sum_{i=1}^{k} S_i \right)$는 상위 k개 기업의 시장점유율(매출액기준)의 합계를 나타냄 • k개 이외의 기업들의 점유율이 지수에 전혀 영향을 미치지 못하며, k를 어떻게 설정하는가에 따라 시장 간 집중도가 달라질 수 있음
허핀달지수 (HHI지수)	허핀달지수 $\left(HHI = \sum_{i=1}^{n} S_i^2 \right)$는 산업 내 모든 기업의 시장점유율을 제곱하여 전부 더한 값
	• 산업이 순수독점이면 HHI 지수는 최대치 '1'(또는 10,000)이 됨 • HHI 지수는 집중률과 달리 산업 내 모든 기업의 시장점유율을 포함하므로 기업분포에 관한 정보를 정확히 내포하고 있음 • 산업 내 기업의 수가 일정할 경우에는 HHI 지수가 커질수록 기업규모의 불균등도가 더 크다는 것을 나타냄
	동등규모 기업수 | • 동등규모 기업수 $= \dfrac{1}{HHI}$ → 한 시장 내 모든 기업의 시장점유율이 같다고 가정할 경우, HHI지수의 역수는 동등규모의 기업체 수를 나타냄 • 대기업의 규모가 변화할 때 집중률 CR_k는 불변이지만 HHI는 이러한 분포변화를 반영함

★★★
058 A산업에는 7개의 기업이 있고, 최대기업의 시장점유율은 40%이며 나머지 6개 기업의 시장점유율이 동일하다고 할 경우, 집중률 CR₃는 얼마인가?

① 0.50　　　　　② 0.55　　　　　③ 0.60　　　　　④ 0.65

 집중률 CR₃는 산업 내 시장점유율(매출액기준) 상위 3개 기업이 차지하는 누적시장점유율이므로 0.40(40%)+0.10 (10%)+0.10(10%) = 0.60(총 7개 기업 중 1등이 40%를 점유하고, 6개 기업이 나머지 60%를 동일하게 점유하므로 각 기업의 점유율은 10%로 같음)

★★★
059 시장 경쟁강도의 측정방법으로 기업규모 간의 불균등도와 대규모 소수기업의 집중도의 복합된 영향을 가장 잘 반영하는 지수는?

① 집중률(CR)
② HHI(Herfindahl-Hirschman Index)
③ RCA(현시비교우위)지수
④ 무역특화지수

해설 HHI지수는 집중률과 달리 산업내 모든 기업의 시장점유율을 포함하므로 기업분포에 관한 정보를 정확히 내포하고 있다. 특히 대기업의 규모가 변화할 때 집중률은 불변이지만 HHI는 이러한 분포변화를 반영한다. 따라서 HHI는 기업규모 간의 불균등도와 대규모 소수기업의 집중도의 복합된 영향을 잘 반영하는 지수이다.

★★★
060 허핀달지수(HHI)가 0.2 인 시장에서, 만일 이 시장 내의 모든 기업의 시장점유율이 같다면, 동등규모 기업수(Numbers Equivalent)는 얼마인가?

① 2　　　　　　② 3　　　　　　③ 4　　　　　　④ 5

해설 동등규모 기업수(N = 1/HHI)는 5(= 1/0.2)가 된다. 즉 비록 여러 기업이 시장을 다양하게 점유한다고 하더라도 우리는 5개의 기업이 동등하게 20%씩 시장을 점유하고 있다고 판단할 수 있다는 것이다. 여기서 HHI는 허핀달지수로서 산업 내 N개 기업 전체의 시장점유율의 제곱의 합계로 정의된다. 예를 들어 산업이 순수독점이면 HHI는 최대치인 '1'이 된다.

★★★
061 다음은 어느 산업의 가상의 집중곡선이다. 이를 보고 집중률 CR_3와 허핀달지수(HHI)를 바르게 계산한 것은?

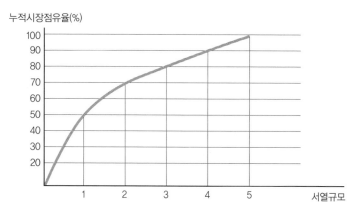

① CR_3 = 0.4, HHI = 0.12　　　　② CR_3 = 0.6, HHI = 0.22

③ CR_3 = 0.8, HHI = 0.32　　　　④ CR_3 = 1.0, HHI = 0.42

해설 집중률곡선의 점유율은 누적점유율이므로 5개 기업의 각각의 점유율은 0.5, 0.2, 0.1, 0.1, 0.1이다. CR_3는 상위 3개사의 점유율 합계이므로 0.8(80%)이 되고, HHI는 모든 기업(문제에서는 5개 기업)의 점유율의 제곱의 합계이므로 0.32(= $0.5^2+0.2^2+0.1^2+0.1^2+0.1^2$)가 된다.

내용 구성 및
주요 출제내용
분석

주요 내용	중요도	주요 출제 내용
리스크와 리스크 관리의 필요성	★★	• 리스크의 정의 : 시장위험, 신용위험, 운영위험 등 • 리스크 관리의 실패사례와 교훈
리스크 관리의 구분	★	• 전사적 리스크 관리 : Front Office, Back Office, Middle Office • 리스크 관리의 조직구조 및 역할 : 이사회, 리스크관리위원회, 리스크관리부서, 부서별 리스크 담당자
시장리스크의 측정	★★★	• VaR(Value at Risk, 위험가치)의 정의 및 해석 • 외국은행의 주요 VaR시스템 : RiskMetrics, RAROC2020, PrimeRisk, Frontier • VaR의 측정방법 종류 및 특징 : 델타분석법, 역사적 시뮬레이션법, 스트레스 검증법, 몬테카를로법 등 • 델타-노말 방법에 의한 VaR 측정 : 개별자산(주식, 채권, 옵션)의 VaR 계산, 포트폴리오의 VaR 계산, 보유기간별 VaR, VaR의 유용성(Marginal VaR) 및 한계점 • VaR모형의 적정성 평가 : 질적 요건과 양적 요건
신용리스크의 측정	★★★	• 부도거리(DD) 계산 • 신용손실분포의 특징 • 부도모형에서 예상손실(또는 기대손실) 계산

출제경향 분석
및 학습요령

리스크관리는 총 8문제가 출제되기 때문에 단일 과목으로는 가장 비중이 높은 과목이라고 할 수 있다. 그럼에도 불구하고 기본서의 분량은 많지 않아 어떤 과목보다도 전체에 대해서 꼼꼼한 학습이 필요하다. 특별히 리스크관리는 VaR의 계산방법이나 실제 계산문제에 대비하여야 한다. 공부할 때 '이게 왜 그럴지?'라고 물음표를 던지면서 학습하면 좀 난해한 과목이 될 수 있으나, 주어진 식대로 암기하고 계산하는 단순한 학습을 한다면 고득점도 바라볼 수 있는 과목이다. 가장 중요한 파트는 시장리스크와 신용리스크의 측정이다. 측정방법에 대한 이해와 공식을 이용해서 계산할 수 있도록 철저히 대비해야 한다.

★★★
001 다음 중 시장위험에 해당되지 않는 재무위험은?

① 운영위험   ② 이자율위험   ③ 주식위험   ④ 환위험

> **해설** 시장위험(Market Risk)이란 시장가격의 변동으로부터 발생하는 위험으로서 주식위험, 이자율위험, 환위험, 상품가격위험 등이 포함된다.

🏛 필수핵심정리 ▶ 리스크의 종류

- 리스크(Risk) : 미래수익의 불확실성 or 미래 발생할 손실가능성
- 재무위험 : 금융시장에서의 손실가능성과 관련되어 있는 위험

재무위험의 종류	
시장위험	시장가격의 변동으로부터 발생하는 위험 → 주식위험, 이자율위험, 환위험, 상품가격위험 등
신용위험	거래상대방이 약속한 금액을 지불하지 못하는 경우에 발생하는 손실에 대한 위험
운영위험	부적절한 내부시스템, 관리실패, 잘못된 통제, 사기, 인간의 오류 등으로 인해 발생하는 손실에 대한 위험
유동성위험	포지션을 마감하는 데에서 발생하는 비용에 대한 위험(예 매수자가 없어 매우 불리한 조건으로 자산을 매각해야만 할 때)
법적위험	계약을 집행하지 못함으로 인해 발생하는 손실에 대한 위험

★★★
002 승인되지 않은 거래가 행해질 재무위험은?

① 신용위험   ② 시장위험   ③ 운영위험   ④ 유동성위험

> **해설** 승인되지 않은 거래가 행해질 재무위험은 운영위험(Operational Risk)에 해당된다. 운영위험은 부적절한 내부시스템, 관리실패, 잘못된 통제, 사기, 인간의 오류 등으로 인해 발생하는 손실에 대한 위험이기 때문이다.

003 보유 포지션을 원하는 시기에 적정한 가격으로 처분하거나 반대거래 하는 것이 불가능하게 되는 위험, 혹은 결제일에 일시적인 자금부족으로 증거금 입금요구를 이행할 수 없게 되는 위험을 무엇이라 하는가?

① 유동성위험   ② 신용위험   ③ 시장위험   ④ 운영위험

해설 유동성위험(liquidity Risk)에 대한 설명이다. 시장유동성위험은 특정 포지션을 현재의 시장가격으로 빠르게 청산할 수 없을 때 발생하며, 자금조달유동성위험은 지급의무를 다할 수 없을 때 발생한다.

004 단기차입금으로 장기채권에 투자했는데, 이자율의 방향성 예측이 빗나가 주정부가 파산한 리스크 관리의 실패사례는?

① 베어링은행(Barings) 파산사건
② 메탈게젤샤프트(Metallgesellschaft)사 파산사건
③ 오렌지카운티(Orange County)의 파산사건
④ LTCM(Long-Term Capital Management) 사건

해설

리스크 관리의 실패사례	
Barings	거래자인 닉 리슨(Nicholas Leeson)의 파생금융상품의 불법거래 및 과도한 투기거래로 파산한 사례
Metallgesellschaft (MGRM)	현물포지션의 위험을 헤지하려고 취한 선물포지션으로 인해 기업이 파산에 이르렀던 사건
Orange County	재무담당자인 Bob Citron은 reverse Repos를 이용한 단기차입금으로 장기채권에 투자했는데, 이자율의 방향성 예측이 빗나가 주정부가 파산한 사례
LTCM	미국의 헤지펀드로서 수렴차익거래를 실행하여 40억 달러의 손실을 입은 사례

005 다음 중 메탈게젤샤프트(Metallgesellschaft)사 파산사건과 관련된 리스크와 가장 거리가 먼 것은?

① 갱신리스크(Rollover Risk)
② 자금조달리스크(Funding Risk)
③ 과도한 레버리지 리스크(Leverage Risk)
④ 신용리스크(Credit Risk)

갱신리스크는 선물계약 갱신 시 손해가 발생할 가능성이고, 자금조달리스크는 선물계약의 추가증거금 납부에 소요되는 자금조달에 따른 리스크이다. 신용리스크는 현물가격 하락 시 현물 장기공급계약의 거래상대방이 계약을 이행하지 않을 가능성을 뜻한다. 소액의 증거금만 내고 큰 금액을 거래하는 선물거래는 기본적으로 레버리지 리스크를 안고 있는 금융투자상품이다. 따라서 레버리지 리스크가 메탈게젤샤프트사의 파산에 영향을 준 것이 아니라, 이런 위험성을 가지고 있는 파생상품에 대한 이해부족으로 인해 파산한 것이다.

★★★
006 미국의 헤지펀드로서 구제금융까지 제공받았던 LTCM(Long-Term Capital Management)사가 크게 손실을 입었던 거래는?

① 투기거래   ② 수렴차익거래
③ 강세 스프레드   ④ 스트래들 매도

해설 수렴차익거래란 두 개의 거의 동일 증권의 가격이 적정가격에서 벗어나는 경우, 이들 두 증권을 동시에 매입, 매도함으로써 차익을 얻을 수 있는 거래이다. 당시에 러시아채권의 채무불이행은 국제금융시장에서 신용스프레드를 엄청나게 증가시켰는데, 신용스프레드의 급한 상승은 LTCM의 수렴차익거래에 심한 충격을 주었고, 이로 인해 40억 달러라는 엄청난 손실을 입었다. 결국 LTCM은 중앙은행을 통해 35억 달러의 구제금융을 제공받았다.

★★★
007 투자에 대한 적절한 위험관리가 수반되지 않아 엄청난 손실을 가져온 경우가 많았다. 다음 중 리스크 관리 실패의 원인으로 보기 어려운 것은?

① 위험한도를 명확하게 정의하지 않았다.
② 전방부서, 후방부서, 중간부서 등 업무가 지나치게 세분화되어 있었다.
③ 위기분석을 병행하지 않았다.
④ 유동성 위험을 과소평가 하였다.

해설 전방부서(직접 트레이딩과 관련된 의사결정을 하는 업무), 후방부서(거래가 이루어진 후 이를 도와주는 후선업무로 주로 결제, 회계 등의 업무), 중간부서(위험관리를 담당하는 부서) 등으로 업무가 분담되어 있지 않아서, 내부통제가 제대로 이루어지지 않았던 것이 대형사고의 원인을 제공했다.

···TOPIC ❷ 전사적 리스크 관리

★★★
008 전사적 리스크 관리(Enterprise-Wide Risk) 시스템에서 금융기관의 부서는 크게 3가지로 구성된다. 다음 중 이 3가지가 적절히 조합된 것은?

① 지원부서, 전방부서, 후방부서

② 거래부서, 후방부서, 중간부서

③ 위험관리부서, 거래부서, 중간부서

④ 전방부서, 거래부서, 위험관리부서

 전사적 리스크 관리 시스템은 크게 Front Office System(Trading System, 전방부서-거래부서), Back Office System(후방부서-지원부서), Middle Office System(중간부서-위험관리부서)으로 구성된다. 통합리스크관리시스템은 Middle Office System을 중심으로 Front Office System과 Back Office System을 연결하여 회사 전체적인 리스크를 총괄 관리하는 시스템을 말한다.

🏛 필수핵심정리 ▶ 리스크 관리 전담부서의 조직

전사적 리스크 관리 시스템은 크게 Front Office System(Trading System), Back Office System, Middle Office System(Risk Management System)으로 구성됨

이사회	리스크 관리 전략을 최종적으로 승인
리스크관리위원회	회사전체 관점에서 리스크를 실무적으로 통제
리스크관리부서	승인된 리스크관리 전략을 직접 수행
부서별 리스크관리담당자	리스크관리 부서와 당해 사업부서 간의 독립적 연결고리 역할

★★★
009 리스크 관리의 조직구조에서, 회사의 위험관리 정책과 통제방법 등의 절차를 확립해야 하며 리스크 관리전략을 최종적으로 승인하는 조직은?

① 이사회   ② 위험관리위원회

③ 위험관리부서   ④ 위험관리 담당자

 이사회는 리스크 관리조직의 가장 윗선으로서, 회사가 부담하는 리스크를 충분히 이해하고 이를 적절히 통제하는 임무를 정관 등에 의해 명시적으로 부여받고, 리스크 관리에 관한 일상 업무는 리스크 관리위원회에 위임하고, 리스크 관리전략을 최종적으로 승인한다.

010 리스크 관리의 조직구조에서, 통상적으로 리스크관리시스템을 감독하는 조직은?

① 이사회 ② 리스크관리위원회
③ 리스크관리부서 ④ 부서별 리스크 관리 담당자

해설 통상적으로 리스크관리시스템의 감독은 리스크관리위원회에서 한다. 리스크관리위원회는 이사회의 위임을 받아 개별부서뿐 아니라 회사전체의 관점에서 리스크를 실무적으로 통제하는 역할을 한다. 또한 리스크관리위원회는 부서별 리스크한도를 승인하고 정기적으로 이사회에 리스크 관리현황을 보고한다.

 011 리스크 관리의 조직구조에서, Risk Monitoring(감시), Risk Evaluation(평가), Risk Measurements(측정) 업무를 수행하는 조직은?

① 이사회 ② 리스크관리위원회
③ 리스크관리부서 ④ 부서별 리스크 관리 담당자

해설 리스크관리부서를 Middle Office라고 한다. 리스크관리부서는 승인된 리스크관리전략을 직접 수행하는 것을 업무로 하는 리스크관리의 실행부서로서, 금융리스크 평가보고서를 개발하며 Risk Monitoring(감시), Risk Evaluation(평가), Risk Measurements(측정) 업무를 수행한다.

★★★
012 어느 회사의 거래포지션의 1일 동안 VaR이 신뢰구간 95%에서 20억원 이라는 의미는 무엇인가?

① 회사가 이 포트폴리오를 보유함으로써 향후 1일 동안에 20억원 이상의 손실을 보게 될 확률이 5%이다.

② 회사가 이 포트폴리오를 보유함으로써 향후 1일 동안에 20억원 이상의 손실을 보게 될 확률이 95%이다.

③ 회사가 이 포트폴리오를 보유함으로써 향후 1일 동안에 20억원 이하의 손실을 보게 될 확률이 5%이다.

④ 회사가 이 포트폴리오를 보유함으로써 향후 1일 동안에 19억원(= 20억원×95%)의 손실을 보게 된다.

해설 어느 회사의 거래포지션의 1일 동안 VaR이 신뢰수준 95%에서 20억원이라면, 회사가 이 포트폴리오를 보유함으로써 향후 1일 동안에 20억원 이상의 손실을 보게 될 확률이 5%임을 의미한다. 또는 이 포트폴리오를 보유함으로써 향후 1일 동안에 20억원 미만의 손실을 볼 것을 95% 확신한다는 뜻이다.

🏛 **필수핵심정리**	VaR(Value at Risk)의 정의

VaR의 정의	시장이 불리한 방향으로 움직일 경우 보유한 포트폴리오에서 일정기간 동안에 발생하는 최대손실 가능액을 주어진 신뢰구간 하에서 통계적 방법을 이용하여 추정한 수치

예 거래포지션의 1일 동안 VaR이 신뢰구간 95%에서 10억이라는 의미
→ 이 포트폴리오를 보유함으로써 향후 1일 동안에 10억 이상의 손실을 보게 될 확률이 5%임을 의미

- VaR은 측정기간이 길어질수록, 신뢰구간이 높을수록 커지며 측정모형에 따라서도 수치가 달라질 수 있음
- 회사 전체 보유자산의 VaR은 상관관계 때문에 개별상품 VaR의 합보다 작게 나타남

★★★
013 다른 조건이 동일하다면, 신뢰구간이 높을수록 VaR는 어떻게 되는가?

① 감소한다.　　　　　　　　　② 증가한다.

③ 알 수 없다.　　　　　　　　④ 상황에 따라 변한다.

해설 VaR는 확률적인 수치이므로 신뢰구간에 따라서도 다른 값을 가지게 된다. 즉 다른 조건이 동일하다면 신뢰구간이 높을수록 VaR은 더 커진다. 따라서 보다 보수적인 리스크 추정치를 얻고자 한다면 더 높은 신뢰구간을 설정하면 된다.

★★★ 014 다음 중 J.P Morgan사의 VaR 시스템은?

① RiskMetrics 　　　　　② RAROC2020

③ PrimeRisk 　　　　　④ Frontier

> J.P Morgan사의 VaR 시스템은 RiskMetrics(리스크메트릭스), 뱅커스 트러스트은행은 RAROC 2020, 보스톤은행은 PrimeRisk(프라임리스크), CIBC(캐나다의 Imperial Bank)는 Frontier(프런티어)라는 위험관리시스템을 운영하고 있다.

···TOPIC 4 VaR의 측정방법

★★★ 015 다음은 자산의 유형 및 위험에 관한 설명이다. 옳지 않은 것은?

① 금융자산 또는 포트폴리오의 가치가 기초자산(위험요인)의 변화에 따라 일정하게 변하는 자산을 선형자산이라 한다.

② 비선형자산은 기초자산의 변화 수준에 대해 가치가 변하는 정도가 일정하지 않은 자산이다.

③ 옵션상품을 제외한 대부분의 금융자산은 선형관계를 갖는 자산들이다.

④ 포트폴리오의 가치와 기초자산 가치와의 관계를 선형자산은 감마로 측정할 수 있으며 비선형자산은 델타로 측정할 수 있다.

> 해설 포트폴리오의 가치와 기초자산 가치와의 관계를 선형자산은 델타로 측정할 수 있으며 비선형자산은 감마로 측정할 수 있다.

🏛 필수핵심정리 ▷ VaR의 측정방법 비교

부분가치 평가법		완전가치 평가법	
델타분석법 (분산–공분산 방법) → 가치평가모형이 필요 없음		역사적 시뮬레이션, 몬테카를로법, 스트레스 검증법 → 가치평가모형이 필요	
델타–노말 분석법	정규분포를 가정하고 복잡한 포지션을 리스크요인별로 나누고, 이 요인에 대한 민감도(델타)를 이용하여 포지션의 가치변동을 추정하는 것		
역사적 시뮬레이션	과거 일정기간 동안의 위험요인의 변동을 향후에 나타날 변동으로 가정하여 현재 보유하고 있는 포지션의 가치변동분을 측정한 후 그 분포로부터 VaR을 계산하는 방법		
구조화된 몬테카를로 분석법	위험요인의 변동을 몬테카를로 시뮬레이션을 이용하여 얻은 후, 보유하고 있는 포지션의 가치변동의 분포로부터 VaR을 계산하는 방법		
스트레스 검증 (Stress Test)	• 포트폴리오의 주요변수들에 큰 변화가 발생했을 때 포트폴리오의 가치가 얼마나 변할 것인지를 측정하기 위해 이용(시나리오 분석) • 다른 VaR 측정방법의 보완적인 방법으로, 최악의 경우의 변화를 측정하는데 유용		

016 일반적으로 VaR를 측정하는 방법과 관계가 없는 것은?

① 델타 – 노말 분석법

② 몬테카를로 시뮬레이션

③ 역사적 시뮬레이션

④ 사후검증

> **해설** 사후검증(Back Testing)은 금융기관이 VaR을 측정하는 내부모형을 이용하여 리스크 관리를 하는 경우, 내부관리모형에 의한 리스크측정치와 실제 포트폴리오 가치의 변화를 사후적으로 비교하는 방법으로서 VaR 모형의 정확성을 검증하는 방법이다.

017 VaR를 측정하는 방법 중 완전가치 평가법이 아닌 것은?

① 델타 – 노말 분석법

② 몬테카를로 시뮬레이션

③ 역사적 시뮬레이션

④ Stress Test

> **해설** 예를 들면 주식옵션의 경우 주가가 변화했을 때 옵션의 가치변화가 얼마나 될 것인가를 측정하기 위해 Black-Scholes 옵션모형에 주가변동분을 대입하면 옵션포지션의 가치변화를 정확하게 측정할 수 있다. 이와 같은 방법을 완전가치법(Full Valuation)이라 한다. 따라서 완전가치평가법은 위험요인(주가)이 변동할 때 포지션의 가치변동을 측정하기 위한 가치평가모형이 필요하다. 그러나 델타분석방법은 정규분포를 이용하기 위해 옵션포지션의 가치변동을 주가변동의 선형함수로 표시하는 부분가치 평가법(Partial Valuation)을 이용한다.

018 다음 중 옵션의 VaR를 측정하는 경우 정확성이 상대적으로 떨어지는 방법은?

① 역사적 시뮬레이션

② 델타 – 노말 방법

③ 몬테카를로 시뮬레이션

④ 델타 – 감마 방법

> **해설** 델타 – 노말 분석법은 부분가치 평가법이다. 델타분석법에서는 델타에 의존하여 시장리스크를 측정하기 때문에, 옵션과 같이 비선형 수익구조를 가진 상품이 포트폴리오에 포함되어 있는 경우에는 측정된 시장리스크가 부정확해진다는 단점이 있다. 이에 따라 이러한 단점을 보완하기 위해 델타 외에 감마(델타의 민감도)까지 감안하여 시장리스크를 측정하는 방법이 제시되고 있다.

019 VaR을 측정하는 역사적 시뮬레이션법에 관한 설명으로 옳지 않은 것은?

① 역사적 시뮬레이션은 특정 분포를 가정하지 않고 실제의 변동성과 상관관계를 이용한다는 점에서 우수하다.

② 오직 1개의 가격변화만이 고려된다는 점과 완전가치평가를 위하여 가치평가모형이 요구된다는 점이 단점이다.

③ 일시적으로 증가한 변동성을 잘 고려하는 방법이다.

④ 과거자료에 극단치가 포함되어 있으면 역사적 시뮬레이션으로 구한 VaR은 이 관찰치의 영향을 크게 받는다.

해설 역사적 시뮬레이션은 특정 분포를 가정하지 않고 실제의 변동성과 상관관계를 이용한다는 점에서 우수하다. 그러나 오직 1개의 가격변화만이 고려된다는 점과 완전가치평가를 위하여 가치평가모형이 요구된다는 점이 단점이다. 위험은 시간적으로 변하고 예측할 수 있는 패턴을 갖는데, 역사적 시뮬레이션은 일시적으로 증가한 변동성을 고려하지 못한다는 단점을 갖고 있다. 또한 과거자료에 극단치(Outlier)가 포함되어 있으면 역사적 시뮬레이션으로 구한 VaR은 이 관찰치의 영향을 크게 받는다.

역사적 시뮬레이션 방법	
장점	• 과거의 가격데이터만 있으면 비교적 쉽게 VaR을 측정 • 분산, 공분산 같은 모수의 추정이 필요 없음 • 수익률의 정규분포 가정이 필요 없음 • 옵션 같은 비선형 수익구조를 가진 상품이 포함된 경우에도 사용 가능
단점	• 한 개의 표본구간이 사용되므로 변동성이 임의적으로 증가할 경우에 측정치가 부정확 • 결과의 질이 표본기간의 질에 지나치게 의존 • 자료가 없으면 추정이 어렵고, 자료수가 적을 경우 부정확

020 VaR을 측정하는 역사적 시뮬레이션법에 대한 설명으로 옳은 것을 모두 고르면?

> ㉠ 완전가치평가법이다.
> ㉡ 위험요인의 변동성의 추정이 필요 없다.
> ㉢ 위험요인의 상관관계 추정이 필요 없다.

① ㉠

② ㉠, ㉡

③ ㉠, ㉡, ㉢

④ 모두 옳지 않다.

해설 ㉠, ㉡, ㉢ 모두 옳다. 역사적 시뮬레이션은 과거 일정기간 금융자산의 가격변화를 실제 향후의 가격변화인 것으로 생각하여 현재 보유하고 있는 포트폴리오의 가치변동분을 측정한 후 그 분포로부터 VaR을 계산하는 방법이다.

021 역사적 시뮬레이션법에 의한 VaR 측정방법을 설명한 것 중 옳은 것은?

① 선형성 가정　　　　　　　　　② 정규분포 가정
③ 부분가치 평가법　　　　　　　④ 과거분포 사용

해설 역사적 시뮬레이션 방법에 의한 VaR 측정방법의 특징은 완전가치 평가법, 과거분포 사용, 선형성과 비선형 상품 모두에 적용 가능하며 특정분포를 가정하지 않는다.

022 확률모형을 선택하고 이 모형으로 위험요인의 변화를 생성시키는 방법으로 VaR을 측정하는 방법은?

① 몬테카를로 시뮬레이션　　　　② 역사적 시뮬레이션
③ Stress Test　　　　　　　　　④ 델타−노말 방법

해설 몬테카를로 분석법은 향후 위험요인의 변동을 몬테카를로 시뮬레이션을 이용하여 얻은 후, 보유하고 있는 포지션의 가치변동의 분포로부터 VaR을 측정하는 방법이다. 이때 포지션의 가치변동은 완전가치평가방법으로 측정하므로 가치평가모형이 필요하다. 역사적 시뮬레이션은 특정 확률분포를 가정하지 않고 시장변수들의 과거 변화에 기초하여 완전가치평가방법으로 시뮬레이션을 함으로써 VaR를 계산한다. 델타−노말 방법은 과거 자료를 이용하여 분산과 공분산을 추정하고 이 값들을 이용하여 VaR를 계산하는 방법이다.

023 VaR을 측정하는 구조화된 몬테카를로 분석법에 관한 설명으로 옳지 않은 것은?

① 비선형성, 변동성의 변화, 두터운 꼬리, 극단적인 상황 등을 모두 고려할 수 있다.
② 단점은 계산비용이 많이 든다는 것이다.
③ 가격변화과정을 생성하기 위해 선택된 확률과정이 비현실적이면, VaR 추정치도 비현실적이 된다.
④ 모든 자산에 대하여 가치평가 모형이 필요 없다는 장점이 있다.

해설 몬테카를로 분석법은 향후 위험요인의 변동을 몬테카를로 시뮬레이션을 이용하여 얻은 후, 보유하고 있는 포지션의 가치변동의 분포로부터 VaR을 측정하는 방법이다. 이때 포지션의 가치변동은 완전가치평가방법으로 측정하므로 가치평가모형이 필요하다. 또한 몬테카를로 분석법은 가장 효과적으로 VaR를 계산할 수 있는 방법으로서 비선형성, 변동성의 변화, 두터운 꼬리, 극단적인 상황 등을 모두 고려할 수 있다. 단점은 계산비용이 많이 든다는 것이다. ③을 모형위험이라 한다.

★★★
024 옵션과 같은 비선형상품의 VaR을 가장 잘 측정할 수 있는 방법은?

① 델타−노말방법
② 몬테카를로 시뮬레이션
③ 역사적 시뮬레이션
④ 분석적 분산−공분산방법

 해설 역사적 시뮬레이션이나 몬테카를로 시뮬레이션은 옵션의 가치를 가격모형을 이용하여 평가하지만, 델타분석법(델타−노말 분석법)에서는 옵션가치 평가시 델타를 이용하여 선형으로 근사치를 계산하기 때문에 기초자산(리스크요인)의 가격변동이 큰 경우에는 오차가 크다. 옵션포지션을 포함하는 경우에는 델타분석법보다는 역사적 시뮬레이션이나 몬테카를로 시뮬레이션이 유용한 방법이다. 그러나 역사적 시뮬레이션은 과거 한 기간의 표본에만 의존하기 때문에 시간이 지남에 따라 바뀔 수 있는 리스크요인의 변동을 감안하는데 취약하다는 단점이 있다. 반면에 몬테카를로 분석법은 옵션같은 비선형포지션, 비정규분포, 그리고 심지어는 사용자 임의로 정한 시나리오까지 포함하여 모든 경우에 VaR측정을 가능하게 해주는 방법이다.

★★★
025 VaR 측정방법에 대한 설명으로 옳지 않은 것은?

① 옵션포지션을 많이 포함할 경우 가장 취약한 VaR 측정방법은 델타분석법이다.
② 역사적 시뮬레이션은 시장변수들의 분포에 대한 가정이 필요 없다.
③ IMF 사건과 같이 예기치 못한 사건에 대비한 유용한 위험측정방법은 역사적 시뮬레이션 방법이다.
④ 델타 방법은 정규분포를 가정하고 있다.

 해설 IMF 사건과 같이 예기치 못한 사건에 대비한 유용한 위험측정방법은 스트레스 테스트(Stress Testing) 방법이다. 스트레스 검증은 포트폴리오의 주요변수들에 큰 변화가 발생했을 때 포트폴리오의 가치가 얼마나 변할 것인지를 측정하기 위해 이용(시나리오 분석)되는 것으로 다른 VaR 측정방법의 보완적인 방법으로, 최악의 경우의 변화를 측정하는데 유용하다. 과거 데이터가 없는 경우에도 사용할 수 있다. 다만 포트폴리오 리스크요인들 간의 상관관계를 제대로 계산하지 못하고, 시나리오가 주관적이므로 시나리오가 잘못되었다면 VaR 측정치도 잘못된 정보를 제공한다.

★★★
026 포트폴리오의 시장위험을 VaR로 측정하였더니, 신뢰수준 99% 하에서 계산한 10일 VaR이 10억 원이라면, 다음 중 올바른 해석은?

① 정상여건 하에서 1% 신뢰수준으로 10일 동안 발생한 손실이 10억이다.

② 정상여건 하에서 10일 동안 발생 가능한 손실이 10억보다 클 확률이 99%이다.

③ 정상여건 하에서 10일 동안 발생 가능한 손실이 10억보다 클 확률이 1%이다.

④ 정상여건 하에서 10일 동안 발생 가능한 손실이 10억 이하일 확률이 1%이다.

> **해설** 99% 신뢰구간에서 10일 VaR이 10억 원이라는 의미는, 보유한 포트폴리오에서 10일 동안 발생할 수 있는 최대손실 예상금액이 10억 원보다 클 확률이 1%, 또는 10일 동안 발생할 수 있는 최대손실이 10억 원보다 작을 확률은 99%라는 의미이다.

🏛 필수핵심정리 ▶ 델타 – 노말 방법에 의한 VaR 측정방법

개별 주식의 VaR	$VaR = \alpha \times V \times \sigma \to \alpha$는 신뢰수준에 따른 상수값(95% 신뢰수준은 1.65, 97.5% 신뢰수준은 1.96, 99% 신뢰수준은 2.33), V는 보유포지션의 현재가치, σ는 변동성(표준편차)을 나타냄
채권의 VaR	$VaR = \alpha \times V \times \sigma(\varDelta y) \times$ 수정듀레이션 $\to \sigma(\varDelta y)$는 채권수익률 변동폭의 변동성(표준편차)을 나타냄
옵션의 VaR	$VaR = \alpha \times V \times \sigma \times$ 옵션포지션의 델타$(\varDelta)$
포트폴리오의 VaR	$VaR_P = \sqrt{VaR_A^2 + VaR_B^2 + 2 \times \rho \times VaR_A \times VaR_B} \to \rho$는 A와 B의 상관계수를 나타냄

★★★
027 수익률의 분포가 시간에 따라 동일하고(identical) 또한 시간에 따른 상관관계도 존재하지 않는다(independent)고 가정할 때(즉 I. I. D 가정), 수익률의 연간 변동성이 33%이면 일별 변동성은 얼마인가?(연간 거래일은 260일 가정)

① 2.05% ② 2.55% ③ 2.95% ④ 3.25%

> **해설** • 연간변동성$(\sigma_연)$ = 일별변동성$(\sigma_일) \times \sqrt{연간거래일수}$
>
> • 일별변동성$(\sigma_일) = \dfrac{연간변동성(\sigma_연)}{\sqrt{연간거래일수}}$ ∴ 일별변동성$(\sigma_일) = (33\% / \sqrt{260}) = 2.05\%$
>
> • I. I. D(Identically Independently Distributed) : 수익률(위험요인)의 분포가 시간에 따라 동일하고 또한 시간에 따른 상관관계도 존재하지 않는 것(시계열적 독립성)을 가정

028 수익률의 I. I. D(Identically Independently Distributed)를 가정할 경우, 1일 보유기간의 VaR이 100억 원이다. 10일 보유기간의 VaR은 얼마인가?

① 200.2억원　　② 270.7억원　　③ 316.2억원　　④ 500.5억원

> **해설** 보유기간 N일의 VaR = 1일 $VaR \times \sqrt{N}$,
>
> ∴ 10일 VaR = 1일 $VaR \times \sqrt{10}$ = 100억 × 3.162 ≒ 316.2억원

029 J.P Morgan사의 RiskMetrics가 계산한 VaR(95% 신뢰수준, 1일 보유기간)이 10억 원일 경우, 이를 BIS 바젤위원회가 권고하는 VaR(99% 신뢰수준, 10일 보유기간)로 전환하면 얼마인가?

① 30억　　② 35억　　③ 40억　　④ 45억

> **해설** J.P Morgan의 Riskmetrics는 95% 신뢰수준, 1일 보유기간을 사용하여 VaR을 계산하며(VaR_M), BIS의 바젤위원회는 99% 신뢰수준, 10일 보유기간을 기준으로 VaR를 계산한다(VaR_{BC}).
>
> $$VaR_2 = \frac{\alpha_2}{\alpha_1} \times \frac{\sqrt{t_2}}{\sqrt{t_1}} \times VaR_1 \rightarrow VaR_{BC} = \frac{2.33}{1.65} \times \frac{\sqrt{10}}{\sqrt{1}} \times VaR_M$$
>
> $$\therefore VaR_{BC} = \frac{2.33}{1.65} \times \frac{\sqrt{10}}{\sqrt{1}} \times VaR_M (= 10억원)$$
>
> = 4.5 × 10억 = 45억

030 주식을 100억 원어치 보유하고 있다. 주가 수익률의 일일변동성($\sigma_{일}$)이 2%라고 할 경우, 신뢰수준 95%에서 10일 VaR는?

① 4.6억　　② 6.6억　　③ 8.4억　　④ 10.4억

> **해설** 주식보유 포지션의 VaR(95%, 10일) = $\alpha \times V \times \sigma_{일} \times \sqrt{10}$
>
> = 1.65 × 100억 × 0.02 × 3.16 ≒ 10.428억

031
주식 10,000주를 보유하고 있다. 현재 주가는 20,000원이고 수익률의 일별 변동성은 2%이다. 99% 신뢰수준에서 1개월 기준으로 주식포지션의 VaR을 계산하면?(1개월 거래일수는 22일로 한다)

① 23,710,800   ② 43,710,800

③ 63,710,800   ④ 83,710,800

> **해설** 주식보유 포지션의 VaR(99%, 22일) $= \alpha \times V \times \sigma_{일} \times \sqrt{22}$
> $= 2.33 \times (10,000주 \times 20,000원) \times 0.02 \times 4.69 \fallingdotseq 43,710,800$

032
현재 S전자 주식 2,000주를 공매도한 상태이다. 현재 주식가격은 주당 1,500,000원이며, 일일변동성은 1%이다. 주식포지션의 VaR을 10일 기준으로 99% 신뢰수준에서 구하면?

① +110,884,000   ② +220,884,000

③ −110,884,000   ④ −220,884,000

> **해설** • 현재 주식포지션의 VaR(99%, 10일) $= \alpha \times V \times \sigma_{일} \times \sqrt{10}$
> $= 2.33 \times (2,000주 \times 1,500,000원) \times 0.01 \times 3.16 \fallingdotseq 200,884,000$
> • VaR은 위험가치이므로 개별 포지션의 VaR은 매수 포지션이든 매도 포지션이든 VaR의 정의상 음(−)이 될 수 없고 항상 절대값(양수)으로 나타낸다. 다만 포트폴리오의 VaR을 구할 때에는 매도 포지션은 음수로 VaR을 계산한다.

033
5년 만기 국채 100억 원을 보유한 경우, 이 채권의 만기수익률(YTM) 증감(△y)의 1일 기준 변동성($\sigma_{일}$)이 0.05%이고 수정듀레이션이 3.5년이라면, 95% 신뢰도 1일 VaR을 계산하면?

① 0.29억원   ② 1.29억원   ③ 2.29억원   ④ 3.29억원

> **해설** 채권포지션의 VaR(95%, 1일) $= \alpha \times V \times \sigma_{일}(\Delta y) \times 수정 듀레이션$
> $= 1.65 \times 100억 \times 0.0005 \times 3.5 \fallingdotseq 0.29억$

034 ★★★ S전자 주식 1주의 개별 VaR은 20,000원이다. 델타-노말 방법으로 계산한 S전자 주식을 기초자산으로 하는 콜옵션 1개의 VaR은?

① S전자 주식 1주의 개별 VaR에 델타를 곱해 구하는데, 개별 VaR보다는 작아질 것이다.
② S전자 주식 1주의 개별 VaR에 델타를 곱해 구하는데, 개별 VaR보다는 커질 것이다.
③ S전자 주식 1주의 개별 VaR에 델타를 곱해 구하는데, 옵션이 ITM(내가격) 상태일수록 작아질 것이다.
④ S전자 주식 1주의 개별 VaR에 감마를 곱해 구하는데, 옵션이 ITM(내가격) 상태일수록 커질 것이다.

 옵션포지션의 $VaR = \alpha \times V \times \sigma \times$ 옵션포지션의 델타(Δ) = 기초자산의 $VaR \times$ 옵션포지션의 델타 → 델타 0과 1사이의 값을 가지므로 옵션포지션의 VaR은 개별 VaR보다는 작아진다. 그리고 옵션이 ITM(내가격) 상태일수록 델타 값은 크므로 옵션포지션의 VaR도 커진다.

035 ★★★ S전자 주식의 가격은 1,500,000원이고 일별변동성은 2%이다. 만기가 1년이고 행사가격이 1,400,000원인 S전자 주식 콜옵션의 가격은 160,000원이고 델타는 0.6이다. 콜옵션 1계약을 보유한 포지션의 1일 VaR을 99% 신뢰수준에서 델타-노말 방법으로 구하면?

① 21,940　　　② 31,940　　　③ 41,940　　　④ 51,940

해설 델타-노말 방법에 의한 옵션포지션의 $VaR = \alpha \times V \times \sigma \times$ 옵션포지션의 델타(Δ)
= 2.33 × 1,500,000 × 0.02 × 0.6 = 41,940 → 옵션포지션의 VaR을 구할 때, 옵션의 가격이나 행사가격은 이용되지 않고 오로지 옵션포지션의 델타만 사용한다.

036 ★★★ 행사가격이 97.5포인트인 KOSPI200 주가지수 콜옵션의 가격이 5포인트인 경우, 현재 KOSPI200이 100포인트이고 주가지수 수익률의 일별 변동성이 1.5%, 콜옵션의 델타가 0.7이라면, 콜옵션의 1일 VaR를 99% 신뢰수준에서 구하면?

① 1.45포인트　　　　　② 2.45포인트
③ 3.45포인트　　　　　④ 4.45포인트

해설 옵션포지션의 $VaR = \alpha \times V \times \sigma \times$ 옵션포지션의 델타(Δ) = 2.33 × 100포인트 × 0.015 × 0.7 ≒ 2.45포인트

정답 031 ②　　032 ②　　033 ①　　034 ①　　035 ③　　036 ②

★★★
037 옵션의 VaR을 델타-노말 방법에 의해서 측정할 경우, 다음 설명 중 옳은 것을 모두 고르면? 심화

> ㉠ 델타중립에 가까운 상태인 스트래들 매도포지션의 VaR은 0에 가깝다.
> ㉡ 옵션 매입포지션의 위험은 과소평가된다.
> ㉢ 옵션 매도포지션의 위험은 과대평가된다.

① ㉠

② ㉠, ㉡

③ ㉠, ㉢

④ ㉠, ㉡, ㉢

해설 옵션포지션의 VaR을 델타분석법(델타-노말 방법)에 의해서 측정할 경우, 옵션 매입포지션의 위험은 실제(옵션의 매입포지션은 손실이 제한되어 있음)보다 과대평가 되고, 옵션 매도포지션의 위험은 실제(옵션의 매도포지션은 손실이 무제한)보다 과소평가 된다. 그리고 델타-노말 방법에 의해 옵션포지션의 VaR을 구하면 기초자산의 VaR에 옵션포지션의 델타를 곱해주므로, 스트래들(straddle, 동일한 행사가격의 콜옵션과 풋옵션을 동시에 매수하거나 혹은 동시에 매도하는 포지션)처럼 델타가 0인 포지션은 VaR이 0이 되어 전혀 위험하지 않은 것처럼 계산된다. 따라서 이를 보완하는 방법으로 감마를 고려한 델타-감마 방법이 사용된다.

★★★
038 선형(델타-노말방법)으로 측정한 풋옵션 매입포지션의 VaR은 실제의 위험을 어떻게 평가하게 되는가?

① 과소평가

② 과대평가

③ 적절히 평가

④ 경우에 따라 과대 또는 과소평가

해설 풋옵션 매입포지션은 실제의 옵션가격이 기초자산 가격에 대해 비선형으로 움직이므로, 선형(델타-노말 방법)으로 추정한 VaR는 실제의 위험보다 과대평가 된다. 콜옵션 혹은 풋옵션의 매입포지션처럼 양(+)의 볼록성(감마)을 갖는 포지션의 경우, 선형으로 추정한 VaR은 실제의 위험보다 과대평가 되며, 콜옵션 혹은 풋옵션의 매도포지션처럼 음(-)의 볼록성(감마)을 갖는 포지션의 경우, 선형으로 추정한 VaR은 실제의 위험보다 과소평가 된다.

★★★
039 옵션의 VaR을 측정할 때 감마가 양(+)인 포지션인 경우, 델타-노말 방법에 의해 측정한 옵션의 VaR은 실제의 위험을 어떻게 평가하는가?

① 과대평가 한다.

② 과소평가 한다.

③ 알 수 없다.

④ 델타변화에 따라 달라진다.

해설 옵션포지션의 감마가 양(+)이라는 것은 콜옵션이나 풋옵션을 매입한 포지션이다. 이런 경우 선형(델타-노말 방법)으로 추정한 VaR은 실제의 위험보다 과대평가 된다. 반면에 콜옵션 혹은 풋옵션의 매도포지션처럼 감마가 음(-)인 경우 선형(델타-노말 방법)으로 추정한 VaR은 실제의 위험보다 과소평가 된다.

★★★
040 A포지션의 VaR은 2억 원이고, B포지션의 VaR은 1억 원이다. A와 B로 구성된 포트폴리오를 보유하고 있을 때, 다음 설명 중 옳지 않은 것은?

① 포트폴리오 VaR은 3억 원보다 작을 수 있다.

② 포트폴리오 VaR은 2억 원보다 작을 수는 없다.

③ 포트폴리오 VaR은 3억 원보다 클 수는 없다.

④ 포트폴리오 VaR은 포트폴리오를 구성하는 각 포지션의 상관관계에 따라 그 크기가 달라진다.

해설 $VaR_P = \sqrt{VaR_A^2 + VaR_B^2 + 2 \times \rho \times VaR_A \times VaR_B}$, 여기서 상관계수는 최저 −1에서 최고+1까지의 범위를 가진다. 포지션의 상관계수가 1이면 포트폴리오 VaR은 개별 포지션 VaR의 합과 같고, 포지션의 상관계수가 −1이면 포트폴리오 VaR은 개별 포지션 VaR의 절대 차와 같다. 따라서 포트폴리오 VaR은 개별 VaR의 합인 3억 원보다는 작거나 같고 개별 VaR의 차이인 1억원보다는 크거나 같다.

포트폴리오의 $VaR_P = \sqrt{VaR_A^2 + VaR_B^2 + 2 \times \rho \times VaR_A \times VaR_B}$	
ρ(상관계수) = −1 일 때	$VaR_P = \|VaR_A - VaR_B\|$
ρ(상관계수) = +1 일 때	$VaR_P = VaR_A + VaR_B$
ρ(상관계수) = 0 일 때	$VaR_P = \sqrt{VaR_A^2 + VaR_B^2}$

★★★
041 $VaR_A = 60억$, $VaR_B = 80억$이다. A와 B의 상관계수가 0일 때, 포트폴리오의 VaR은?

① 50억   ② 70억   ③ 100억   ④ 130억

해설 $VaR_P = \sqrt{VaR_A^2 + VaR_B^2 + 2 \times \rho \times VaR_A \times VaR_B} = \sqrt{60억^2 + 80억^2} = 100억$

★★★
042 둘 다 모두 매입포지션인 경우 정규분포를 가정하고 VaR을 계산할 때, 상관계수가 얼마이면 포트폴리오의 VaR은 최소가 되는가?

① 0   ② −1   ③ 1   ④ −1 또는 1

해설 모두 매입포지션인 경우, 상관계수가 −1일 경우 $VaR_P = \|VaR_A - VaR_B\|$ 이므로, 포트폴리오의 VaR은 최소가 된다. 즉 모두 매입포지션이라면 포지션 간의 상관계수가 −1일 경우 위험분산효과가 가장 크게 된다.

043 A주식을 매입한 포지션의 개별 VaR은 300억 원이고, B주식을 매도한 포지션의 개별 VaR은 400억 원이다. 두 포지션 간의 상관계수가 +1이면, 두 포지션으로 구성된 포트폴리오의 VaR은?

① 100억원   ② 286억원   ③ 647억원   ④ 700억원

해설 $VaR_P = \sqrt{VaR_A^2 + VaR_B^2 + 2 \times \rho \times VaR_A \times VaR_B}$

$= \sqrt{300억^2 + (-400억)^2 + 2 \times 1 \times (300억) \times (-400억)}$

→ A와 B의 포지션이 반대 방향이므로 상관계수가 +1일 때, 분산효과가 최대가 되어 포트폴리오의 VaR은 두 개별 VaR의 차이인 100억 원이 된다.

044 A자산의 VaR은 10억 원, B자산의 VaR은 5억 원이다. 분산효과가 없을 때, A와 B의 두 자산으로 구성된 포트폴리오의 VaR은?(A, B 모두 매입포지션이다)

① 5억원   ② 10억원   ③ 15억원   ④ 20억원

해설 A와 B 모두 매입포지션이며 분산효과가 없으므로, 두 자산 간의 상관계수는 1이다.

$VaR_P = \sqrt{VaR_A^2 + VaR_B^2 + 2\rho VaR_A VaR_B} = \sqrt{10^2 + 5^2 + 2 \times 1 \times 10 \times 5} = 15$

045 VaR에 대한 다음 설명 중 옳지 않은 것은?

① 다른 조건이 동일하면 95% 신뢰수준의 VaR이 99% 신뢰수준의 VaR보다 작다.
② 다른 조건이 동일하면 2주일 VaR이 1달 VaR보다 작다.
③ 두 자산의 상관관계가 0인 포트폴리오의 VaR은 개별 VaR의 합과 같다.
④ VaR을 이용하면 성격이 다른 상품 간 포지션 위험의 비교가 가능하다.

해설 VaR은 측정기간이 길어질수록, 신뢰구간이 높을수록 커진다. 두 자산의 상관관계가 0($\rho = 0$)인 포트폴리오의 $VaR_P = \sqrt{VaR_A^2 + VaR_B^2}$ 이므로, 개별 자산 VaR의 합보다는 작다.

··· T O P I C 6 **VaR의 유용성과 한계**

★★★
046 투자의사 결정 시 투자대안의 선택에 가장 유용한 정보를 제공해 주는 것은?

① Back Office System
② Marginal VaR
③ RiskMetrics
④ RAROC

해설 특정한 투자대안을 기존의 포트폴리오에 편입시킬 때 추가되는 위험을 Marginal VaR(한계 VaR)라고 하며, 투자대안을 선택할 때는 Marginal VaR를 비교하여 이 값이 작은 것이 우월한 투자대안이 된다.

🏛 **필수핵심정리** ▶ VaR의 유용성

① 정보로서의 가치
② 거래관련 의사결정의 효율성 제고

투자대안 선택 시 유용	Marginal VaR : 특정한 포지션을 기존의 포트폴리오에 편입시키거나 또는 제거시킬 때 추가적으로 증가 또는 감소하는 VaR → 투자대안을 선택(편입)할 때에는 Marginal VaR 값이 작은 포지션이 우월한 투자대안

③ 한도관리 : VaR이 각 상품 간의 상관관계를 고려할 수 있기 때문에 거래한도 설정 시에 분산효과를 가져다 줌
④ RAPM(위험조정성과측정)에의 이용 : RAROC(위험조정수익률) = 순이익 / VaR
⑤ 감독 규제기관의 규제요건에 부응

★★★
047 VaR_A = 30억원, VaR_B = 40억원이다. A와 B로 구성된 포트폴리오의 $VaR(VaR_P)$ 이 60억원이면, A포지션의 Marginal VaR은 얼마인가?

① 0
② 10억원
③ 20억원
④ 30억원

해설 A포지션의 Marginal VaR = VaR_P(A포함) − VaR_P(A제외) , 포트폴리오가 A, B 둘로만 구성되어 있으므로 A를 제외한 포트폴리오의 VaR은 B포지션의 VaR이 된다. 따라서 A포지션의 Marginal VaR(한계 VaR)은 A가 포함된 포트폴리오의 VaR(60억)에서 A를 제외한 포트폴리오의 VaR, 즉 B포지션의 개별 VaR(40억)을 차감하여 구한다. ∴ 60억−40억 = 20억

★★★
048
⑤~②은 포트폴리오에 포함된 각 포지션의 Marginal VaR을 나타낸다. 어느 포지션을 제거하면 포트폴리오의 위험이 가장 많이 줄어드는가?

> ⑤ : −10억원   ⑥ : 0원
>
> ⑦ : 10억원   ② : 20억원

① ⑤   ② ⑥   ③ ⑦   ④ ②

 Marginal VaR은 특정한 포지션을 기존의 포트폴리오에 편입시키거나 또는 제거시킬 때 추가적으로 증가 또는 감소하는 VaR을 말한다. 따라서 Marginal VaR의 값이 가장 큰 포지션을 제거할 경우 포트폴리오의 위험이 가장 많이 감소하는 효과가 있다. 반면에, 새로운 투자대안을 선택(편입)할 때에는 Marginal VaR 값이 작은 포지션이 우월한 투자대안으로 선택될 수 있다.

★★★
049
다음 중 위험조정성과지표(RAPM)에 해당되는 것은?

① RiskMetrics   ② Front Office System
③ RAROC   ④ Marginal VaR

 위험조정성과지표(RAPM, Risk Adjusted Performance Measurement)란 거래의 성과를 측정할 때 단순히 수익률만 가지고 성과를 평가하지 않고, 부담한 위험을 고려하여 성과를 측정하고자 하는 지표이다. RAPM에는 위험조정 수익률의 개념인 RAROC(Risk Adjusted Return on Capital)가 이용되고 있다(RAROC = 순수익/VaR).

★★★
050
다음 짝지어진 관계가 적절하지 않은 것은?

① 역사적 시뮬레이션 : 완전가치평가법
② RAROC : 위험조정성과평가
③ 10일 VaR : 1일 VaR × 10
④ 99% 신뢰수준에서 10일 VaR : 감독규제기관(바젤위원회)이 요구하는 VaR

해설 위험요인들의 I. I. D를 가정하는 경우, 10일 VaR = 1일 VaR × $\sqrt{10}$
※ I. I. D(Identically Independently Distributed) : 수익률(위험요인)의 분포가 시간에 따라 동일하고 또한 시간에 따른 상관관계도 존재하지 않는 것(시계열적 독립성)을 가정

★★★
051 빈칸 (ⓐ), (ⓑ)에 들어 갈 말을 순서대로 바르게 나타낸 것은?

> VaR을 측정하는 내부모형의 정확성을 검증하는 방법을 (ⓐ)이라 하고, 비정상적인 시장에서 위험요인의 극단적인 움직임으로부터 발생하는 손실을 측정하는 것을 (ⓑ) 이라고 한다.

① 사전검증, 위험분석
② 사후검증, 스트레스 검증
③ 스트레스 검증, 사후검증
④ Marginal VaR, 시뮬레이션

 사후검증(Back Testing)과 스트레스 검증(Stress Testing)의 개념이다. 사후검증(Back Testing)은 금융기관이 VaR을 측정하는 내부모형을 이용하여 리스크 관리를 하는 경우, 내부관리모형에 의한 리스크측정치와 실제 포트폴리오 가치의 변화를 사후적으로 비교하는 방법으로서 VaR 모형의 정확성을 검증하는 방법이다. 반면에, 스트레스 검증(Stress Testing)은 포트폴리오의 주요 변수들에 큰 변화가 발생했을 때 포트폴리오의 가치가 얼마나 변할 것인지를 측정하기 위해 주로 이용되며 시나리오 분석 또는 위기상황분석이라고도 한다. 스트레스 검증은 주로 최악의 상황에 사용된다.

★★★
052 금융기관이 VaR을 측정하는 내부모형을 이용하여 리스크 관리를 하는 경우, 감독기관으로부터 승인받기 위해서는 여러 요건을 충족시켜야 한다. 이에 관한 설명으로 옳지 않은 것은? 심화

① 리스크측정 시스템에 대해서 원칙적으로 6개월에 1회 이상 내부감사를 수행함과 동시에 1년에 1회 이상 외부감사를 받고 있어야 한다.
② 사후검증(Back Testing)을 정기적으로 실시해야 한다.
③ 위기상황분석(Stress Test)을 정기적으로 실시해야 한다.
④ VaR의 계산에는 250영업일 이상의 자료관측기간을 사용하여야 하며, 95% 신뢰구간을 적용하고, 유가증권의 보유기간을 1영업일 이상으로 하여 일일단위로 VaR을 산출하여야 한다.

해설 금융기관이 VaR을 측정하는 내부모형으로 리스크 관리를 하는 경우, 이를 감독기관으로부터 승인받기 위해서는 VaR모형의 적정성 평가를 위한 질적 요건과 양적 요건을 충족시켜야 한다. VaR의 계산에는 250영업일 이상의 자료관측기간을 사용하여야 하며, 99% 신뢰구간을 적용하고, 유가증권의 보유기간을 10영업일 이상으로 하여 일일단위로 VaR을 산출하여야 한다.

정답 048 ④   049 ③   050 ③   051 ②   052 ④

★★★
053 10일 보유기간과 99% 신뢰수준에서 일일단위로 250일 동안 산출한 VaR을 사후검증(Back Testing)할 때, 만일 VaR이 정확히 산출되었다면 실제의 손실이 내부모형으로 산출한 VaR을 초과하는 횟수는?

① 2.5회   ② 4회   ③ 8.5회   ④ 12.5회

 99%의 신뢰수준으로 VaR을 산출하였기 때문에, 내부모형으로 산출한 VaR(최대손실예상금액)이 실제 손실금액을 초과할 확률은 1%이다. 따라서 250일 × 1% = 2.5회

★★★
054 VaR모형의 적정성을 검증하는 사후검증(Back Test)에서 금융기관의 내부모형에 문제가 없는 것(안정지대)으로 판정되면, 금융기관의 시장리스크액을 구할 때 사용되는 승수는?

① 1   ② 2   ③ 3   ④ 4

해설 시장리스크액 = Max{전일의 VaR, 60일 평균 VaR × (3+α)}, 이 식에서 (3+α)가 승수이다. 여기서 α는 사후검증을 바탕으로 감독당국이 0과 1 사이에서 설정한다. 따라서 승수는 최소 3에서 최대 4까지이다. 250일 동안 실제 거래의 순손실이 VaR 측정치를 초과한 일자의 수를 계산하여 아래 표의 승수를 사용하여 시장리스크액을 계산한다. 내부모형에 문제가 없는 경우를 안정지대라고 하는데, 이는 250일 검증기간 중에서 실제 손실이 모형으로 측정한 VaR을 초과하는 횟수가 4회 이내인 경우로서 현재 사용 중인 VaR모형이 적정하다는 것을 의미하며, 이 경우 승수는 3.0이다.

초과횟수	승수	초과횟수	승수
0	3.00	5	3.40
1	3.00	6	3.50
2	3.00	7	3.65
3	3.00	8	3.74
4	3.00	9	3.85
		10 이상	4.00

055 VaR모형의 적정성 평가에 관한 다음 설명 중 옳지 않은 것은? 심화

① BIS는 실제의 손실이 VaR 측정치를 초과한 일수에 따라 승수를 조절한다.

② 250일의 사후검증기간 중에서 실제의 손실이 VaR 측정치를 초과하는 횟수가 10회 이상인 경우, 승수는 3이다.

③ 사후검증에서 실제의 손실이 VaR 측정치를 초과하는 횟수가 기준횟수보다 크면 VaR은 실제 위험을 과대평가한 것이고 반대로 기준횟수보다 작으면 VaR은 실제 위험을 과소평가한 것이다.

④ BIS의 바젤위원회는 금융기관의 위험을 감독하는 입장에 있으므로 금융기관의 내부 VaR모형이 실제의 위험을 과대평가하는지의 여부에는 관심이 없다.

해설 사후검증에서 실제의 손실이 VaR 측정치를 초과하는 횟수가 기준횟수보다 크면 VaR은 실제 위험을 과소평가한 것이고 반대로 기준횟수보다 작으면 VaR은 실제 위험을 과대평가한 것이다. BIS의 바젤위원회는 금융기관의 위험을 감독하는 입장에 있으므로 금융기관의 내부 VaR모형이 실제의 위험을 과대평가 하는지의 여부에는 관심이 없다. 왜냐하면 금융기관이 실제보다 위험을 과대평가하면 이에 따라 금융기관이 보유해야 할 자기자본이 많아지게 되므로 금융기관의 건전성은 좋아지기 때문이다.

···TOPIC 7 신용손실분포로부터 신용리스크(Credit Risk) 측정모형

★★★
056 KMV의 부도율 예측모형인 EDF 모형의 기초가 되는 블랙-숄즈 옵션가격결정모형을 이용한 Merton의 기업 부채가치 평가모형에서, 미래 일정시점에 기업의 자산가치가 부채가치보다 작을 확률로 기업의 채무불이행 가능성을 나타내는 지표는?

① $N(-d_2)$ ② $N(d_2)$ ③ $N(d_1)$ ④ $N(-d_1)$

> **해설** Merton에 의하면 기업의 자산가치(A), 자기자본가치(E), 부채가치(D) 사이에는 다음과 같은 관계가 성립한다.
> $E = A \cdot N(d_1) - e^{-rt} \cdot D \cdot N(d_2)$, (r : 무위험이자율, τ : 부채의 만기, $N(\cdot$: 누적표준정규분포값)
> 이 식에서 $[N(-d_2) = 1 - N(d_2)]$는 미래 일정시점에 기업의 자산가치가 부채가치보다 작을 확률로 기업의 채무불이행 가능성을 나타내는 지표로 사용된다.

🏛 필수핵심정리 ▶ 신용리스크의 측정 : 부도모형(Default Mode)

부도모형은 부도가 발생한 경우만 신용손실이 발생한 것으로 간주하여 리스크를 추정하는 모형 → 반면에, MTM모형은 부도발생뿐 아니라 신용등급 변화에 따른 손실리스크까지도 신용리스크에 포함시키는 모형

채무불이행으로 인한 신용손실(CL)	CL = EAD(신용리스크 노출금액) × LGD(손실률) → LGD(손실률) = 1 - 회수율	
기대손실 (EL, 예상손실)	예상손실(EL) = 신용손실의 평균 → EL = E(CL) = EAD × LGD × 부도율(p)	부도율은 베르누이 분포
예상손실의 변동성	$\sigma_{EL} = \sqrt{p(1-p)} \times EAD \times LGD$	

★★★
057 KMV 모형에서는 기업의 주식가치를 콜옵션가치로 보고 있는데, 행사가격을 무엇이라 보는가?

① 부채가치   ② 자산가치
③ 무위험이자율   ④ 부채의 만기

> **해설** KMV의 채무불이행 예측모형은 기업의 주식가치를, 자산가치가 기초자산이고 부채금액이 행사가격인 콜옵션으로 간주한다.
>
> | Call 옵션 가치 = 기초자산 - 행사가격 → E(자기자본 시장가치) = A(자산 시장가치) - D(부채 장부가치) | |
> |---|---|
> | 부도거리(DD) | • 기업의 자산가치가 채무 불이행점으로부터 떨어진 거리를 표준화하여 구함
• 부도거리(DD) = $(A - D) / \sigma A$ |

★★★
058 어느 기업의 1년 후 기대 기업가치가 50억 원이고, 표준편차는 10억 원이다. 이 기업의 1년 후 기업가치는 정규분포를 이룬다. 그리고 이 기업의 부채가치는 20억 원이다. 부도거리(DD, Distance to Default)는 얼마인가?

① 1 표준편차　　　　　　　　　　　　② 2 표준편차
③ 3 표준편차　　　　　　　　　　　　④ 4 표준편차

 부도거리(DD) $= \dfrac{A-D}{\sigma_A} = \dfrac{50억원 - 20억원}{10억원} = 3$ 표준편차 → 부도거리(DD)란 기업의 자산가치가 채무 불이행점으로부터 떨어진 거리를 표준화하여 구하는 것으로 3 표준편차라는 것은 자산가치가 부채가치로부터 자산가치의 변동성(표준편차)의 3배 정도 멀리 떨어져 있다는 것으로, 이 경우 부도율은 3표준편차 이상일 확률이므로 0.5%이다.

★★★
059 신용리스크와 관련된 다음 설명 중 옳지 않은 것은?

① 신용손실분포는 대체로 정규분포의 특성을 갖는다.
② 신용리스크는 거래상대방이 계약의무를 이행하지 않을 때 발생한다.
③ 손실률이 60%인 경우 회수율은 40%이다.
④ 신용손실분포로부터 신용리스크를 측정하는 부도모형(Default Mode)에서 신용리스크는 예상손실의 변동성(표준편차)으로 측정하는데, 예상손실의 변동성은 부도율의 표준편차에 의해 추정될 수 있다.

 신용수익률은 아주 높은 확률로 작은 크기의 순이자율수익(NIE, Net Interest Earnings)을 얻고 아주 낮은 확률로 투자금액의 상당분을 잃는다. 따라서 신용손실분포는 대체로 비대칭(한쪽으로 치우친, Skewed) 분포, 두꺼운 꼬리(Fat Tail)의 특성을 지닌다.

★★★
060 통상적으로 부도율은 무슨 분포인가?

① 정규분포　　　　　　　　　　　　② 표준정규분포
③ 대수정규분포　　　　　　　　　　④ 베르누이분포

해설 시험에 합격 아니면 불합격할 경우처럼 두 가지의 상황으로만 일어나는 실험을 베르누이 시행이라고 하며, 이러한 특성을 가진 분포를 베르누이분포라고 한다. 즉 신용의 결과가 부도가 나든지, 나지 않든지 두 가지로 결론난다는 것이다.

---

061 ★★★ 금융기관들은 기대손실(예상손실)은 (㉠)(으)로 대비하고, 기대치 못한 손실에서 기대손실의 차이는 (㉡)(으)로 대비한다. 빈 칸 (㉠)와 (㉡)에 적절한 말을 순서대로 바르게 나타낸 것은?

① 자기자본, 충당금
② 충당금, 자기자본
③ 충당금, 부채
④ 부채, 자기자본

해설 충당금이란 차기 이후의 지출할 것이 확실한 특정비용에 대비하여 미리 그 이전에 각기간의 재무상태표 부채항목에 미리 계상하는 금액을 말한다. 따라서 예상되는 손실은 충당금으로 대비하는 것이다. 반면에 예상을 초과하는 손실이 생기면 자기자본을 까먹게 되는 것이다.

062 ★★★ 은행이 100억 원의 대출을 하고 있다. 대출의 부도율은 4%이고, 손실률은 80%이다. 예상손실(기대손실)은 얼마인가?

① 1.7억원   ② 2.1억원   ③ 2.8억원   ④ 3.2억원

해설 기대손실(EL) = EAD(신용리스크노출금액) × 부도율(p) × LGD(손실률) = 100억 × 4% × 80% = 3.2억원

063 ★★★ 은행이 500억원의 대출을 하고 있다. 예상손실(기대손실)이 4억원이고 회수율이 60%이다. 대출의 부도율은 얼마인가?

① 1%   ② 2%   ③ 3%   ④ 4%

해설 기대손실(EL) = EAD(신용리스크노출금액) × 부도율(p) × LGD(손실률), 여기서 [손실률(LGD) = 1−회수율]이므로, 4억 = 500억 × 부도율 × (1−60%), 따라서 부도율은 2%

★★★
064 어떤 은행이 태국의 A기업에 400억 대출을 하는 경우, A기업의 도산확률 4%, 손실률 30%, 태국의 국가 도산확률 0.5%, 손실률이 20%라면 A기업에 대출함에 따라 발생하는 총 예상손실은? 심화

① 약 3.2억 　　　② 약 4.2억 　　　③ 약 5.2억 　　　④ 약 6.2억

해설 은행이 외국의 기업에 대출할 때, 기업의 도산확률과 국가의 도산확률을 결합하여 총 예상손실을 산정해야 함(c는 기업, g는 국가)

기업(A)의 예상손실(EL_c)	= EADc × 부도율c × LGDc = 400억 × 4% × 30% = 4.8억
국가의 예상손실(EL_g)	= (EADc − ELc) × 부도율g × LGDg = (400 − 4.8)억 × 0.5% × 20% = 0.3952억
총 예상손실(EL)	= 4.8억 + 0.3952억 = 5.1952억

S U M M A R Y

직무윤리는 총 5문제가 출제되는 부분으로서, 금융투자업 직무윤리 1~2문제 정도,
직무윤리기준에서 2~3문제 정도, 기타 직무윤리 일반 또는 준수절차 및 제재에서 1
문제 정도 출제된다. 특히, 직무윤리 성격과 핵심, 신의성실의무, 공정성 및 독립성
유지의무, 고객과의 이익상충 금지, 투자목적에 적합하여야 할 의무, 설명의무. 요청
하지 않는 투자권유의 금지, 대외활동 시 준법절차, 내부통제기준 등은 매우 중요한
부분이다. 또한 직무윤리는 자본시장법, 금융위규정 및 협회규정 등에 비하여 상당
히 쉽고, 자본시장법 다음으로 많은 문제가 출제되는 부문이므로 다른 부분보다 우
선적으로 반드시 정리하여야 한다.

PART 03

직무윤리 및
법규/투자운용
및 전략 | 등

출제경향 분석
및 학습요령

직무윤리는 총 5문제가 출제되는 부분으로서, 금융투자업 직무윤리 1~2문제 정도, 직무윤리기준에서 2~3문제 정도, 기타 직무윤리 일반 또는 준수절차 및 제재에서 1문제 정도 출제된다. 특히, 직무윤리 성격과 핵심, 신의성실의무, 공정성 및 독립성 유지의무, 고객과의 이익상충 금지, 투자목적에 적합하여야 할 의무, 설명의무, 요청하지 않는 투자권유의 금지, 대외활동 시 준법절차, 내부통제기준 등은 매우 중요한 부분이다. 또한 직무윤리는 자본시장법, 금융위규정 및 협회규정 등에 비하여 상당히 쉽고, 자본시장법 다음으로 많은 문제가 출제되는 부문이므로 다른 부분보다 우선적으로 반드시 정리하여야 한다.

···TOPIC 1 직무윤리의 개요

★★★
001 직무윤리에 대한 내용으로 옳지 않은 것은?

① 직무윤리는 전통적인 윤리규범을 공공재로 만들게 되고, 이는 더 많은 경제적 효용의 산출을 위하여 필요한 투입이다.

② 직무윤리는 오늘날과 같은 포스트 산업사회에서 새로운 무형의 자본이 되고 있다.

③ 직무윤리는 의무감과 양심에 바탕을 둔 정당하고 올바른 행위의 전형을 제시한다.

④ 직무윤리는 그 내용이 구체적이고 개별적이며, 강제성을 그 특징으로 한다.

> **해설** 직무윤리는 그 내용이 포괄적이며, 법규와는 달리 일종의 자율규제로서의 성격을 지니므로 자발성을 그 특징으로 한다.

★★★
002 조직과 개인의 생존가능성은 효율성 내지 효과성 및 정당성에 달려 있다. 다음 중 효율성 내지 효과성의 요소로 볼 수 없는 것은? 심화

① 실리   ② 생산성   ③ 윤리   ④ 전략

> **해설** 효율성 내지 효과성의 요소로는 생산성 · 전략 · 실리 등이 있으며, 철학 · 이념 · 윤리 · 명분 등은 정당성의 요소이다.

★★★
003 자본시장과 금융투자산업에서 직무윤리의 중요성이 더욱 강조되는 이유로 적절하지 않은 것은?

① 금융투자산업의 특성상 고객자산을 유용하거나 고객의 이익을 침해할 가능성이 높다.
② 금융투자상품의 특성상 대부분 원본손실위험의 내포에 따른 고객과의 분쟁가능성이 상존하고 있다.
③ 보다 적극적으로 투자자 보호를 위한 노력과 법이 요구하는 최소한의 수준 이상의 윤리적인 업무자세가 요구되고 있다.
④ 투자자만을 보호하는 안전장치로서의 역할을 한다.

> **해설** 직무윤리를 준수하는 것은 투자자는 물론 금융투자업종사자들을 보호하는 안전장치로서의 역할을 한다.

★★★
004 자본시장법에서의 직무윤리의 역할로서 거리가 먼 것은?

① 자본시장법에서는 일반투자자의 보호에 관한 법제적 장치가 강화되었다.
② 자본시장법의 금융투자상품의 정의에 대한 포괄주의 도입에 따라 법의 사각지대를 메워주는 직무윤리의 중요성이 증대하였다.
③ 전문투자자는 자본시장법에 의한 주된 보호의 대상에서 빠져 있으므로, 이에 대한 윤리적 책임은 없다.
④ 고객에 대한 고도의 윤리의식과 그에 의하여 고객의 신뢰를 확보하는 것은 '평판위험'을 관리하는 차원에서도 금융투자업 종사자들에게 더욱 중요한 자질로 인식되고 있다.

> **해설** 전문투자자는 자본시장법에 의한 주된 보호의 대상에서 빠져 있지만, 이에 대한 윤리적 책임까지 완전히 면제되는 것은 아니다.

정답 001 ④   002 ③   003 ④   004 ③

★★★
005 직업윤리의 사상적 배경에 대한 사상가와 그 사상의 연결이 잘못된 것은?

> ㉠ 루터 – 직업적 소명관   ㉡ 칼뱅 – 프로테스탄티즘의 윤리
>
> ㉢ 베버 – 금욕적 생활윤리

① ㉠   ② ㉡, ㉢   ③ ㉠, ㉡   ④ ㉠, ㉡, ㉢

해설 칼뱅은 금욕적 생활윤리이고, 베버는 프로테스탄티즘의 윤리와 연결된다.

🏛 필수핵심정리 ▷ **직무윤리의 사상적 배경**

사상가와 사상	주요 내용
루터(Martin Luther)의 직업적 소명관	모든 직업은 하나님의 소명에 의한 것으로, 인간은 각자에게 부여된 자신의 일을 통하여 봉사하고 충성하는 것
칼뱅(Jean Calvin)의 금욕적 생활윤리	노동과 직업이 신성하다는 소명을 가져야 하며, 근면·정직·절제가 결여된 생활은 종교적 죄악이며, 근검·정직·절제를 통한 부를 얻는 행위는 정당하고 신성한 의무이다.
베버(Max Weber)의 프로테스탄티즘의 윤리	자본주의는 탐욕의 산물이 아니라 합리적으로 자본을 축적하고 사업을 경영함으로써 생긴 이윤 축적의 결과이다.

★★★
006 윤리라운드(ER : Ethics Round)에 관하여 잘못된 설명은? [심화]

① 비윤리적인 기업의 국제거래를 규제하는 다자간 협상이다.

② 윤리강령을 실천하는 기업의 제품과 서비스만을 국제거래의 대상으로 하는 것을 구체적 목표로 한다.

③ 강제규정은 아니므로 이에 따르지 않는 기업에 대해서 별도의 불이익을 주지는 못한다.

④ 비윤리적인 부패행위에는 탈세, 외화도피, 정경유착, 비자금 조성, 뇌물수수, 허위·과장 광고, 가격 조작, 주가 조작, 부당한 금융관행, 오염물질 배출, 환경파괴 등이 있다.

해설 국제 공통의 기업윤리강령은 2000년에 OECD가 발표하고, 각국의 기업으로 하여금 이에 준하는 윤리강령을 제정하도록 요구한 것으로, 강제규정은 아니지만 이에 따르지 않는 기업에 대해서 불이익을 주도록 하고 있다.

★★★
007 직무윤리의 적용대상에 대한 설명으로 적절하지 않은 것은?

① 투자관련 직무에 종사하는 일체의 자를 그 적용대상으로 하나, 회사와 정식고용관계에 있지 않은 자나 무보수로 일하는 자는 제외한다.

② 회사와 아직 아무런 계약관계를 맺지 않은 잠재적 고객에 대해서도 직무윤리를 준수하여야 한다.

③ 직무윤리를 위반한 경우 행정제재 · 민사배상책임 · 형사책임 등의 타율적 규제와 제재의 대상이 되는 경우가 많다.

④ 직무윤리의 핵심적 내용은 자신과 상대방이 이익충돌의 상황에서는 상대방 이익의 입장에서 자신에 대한 상대방의 신뢰를 저버리지 않는 행동을 선택하는 것이다.

> **해설** 투자관련 직무에 종사하는 일체의 자를 그 적용대상으로 한다. 따라서 금융투자전문인력뿐만 아니라, 관련 업무의 실질적 종사자, 직접 또는 이와 관련되어 있는 자를 포함하고, 회사와의 위임계약관계 또는 고용계약관계 및 보수의 유무, 고객과의 법률적 계약관계 및 보수의 존부를 불문한다. 따라서 회사와 정식고용관계에 있지 않은 자나 무보수로 일하는 자도 직무윤리를 준수하여야 하며, 회사와 아직 아무런 계약관계를 맺지 않은 잠재적 고객에 대해서도 직무윤리를 준수하여야 한다.

···TOPIC 2 직무윤리의무

★★★
008 금융투자업 직무윤리 중에서 가장 기본적인 의무는?

① 공정성 유지의무
② 신의성실의무
③ 법규 등의 준수의무
④ 소속회사 등의 지도 · 지원의무

> **해설** 금융투자업 직무윤리 중에서 가장 기본적이며 으뜸인 것은 신의성실의무이다.

신의성실의무	금융투자업종사자는 수행하는 업무가 사회적 역할의 중요성을 감안하여 성실하고 윤리적으로 업무를 수행하고, 당해 시장 및 종사자에 대한 신용의 향상을 위하여 서로 노력하여야 한다.
전문지식 배양의무	금융투자업종사자는 항상 담당 직무에 관한 이론과 실무를 숙지하고 그 직무에 요구되는 전문능력을 유지하고 향상시켜야 한다.
공정성 유지의무	금융투자업종사자는 해당 직무를 수행함에 있어서 공정한 입장에 서야 하고 독립적이고 객관적인 판단을 하도록 하여야 한다.
독립성 유지의무	직위를 이용하여 상급자가 하급자에게 부당한 명령이나 지시를 하지 않으며, 부당한 명령이나 지시를 받은 직원은 이를 거절하여야 한다.
법규 등의 준수의무	금융투자업종사자는 직무와 관련된 윤리기준, 그리고 이와 관련된 모든 법률과 그 하부 규정, 정부·공공기관 또는 당해 직무활동을 규제하는 자율단체의 각종 규정을 숙지하고 그 준수를 위하여 노력하여야 한다.
소속회사 등의 지도·지원의무	금융투자업종사자가 소속된 회사 및 그 중간감독자는 당해 업무종사자가 관계법규 등에 위반되지 않고 직무윤리를 준수하도록 필요한 지도와 지원을 하여야 한다.

★★★
009 다음 중 금융투자업 직무윤리의무에 해당하는 것이 아닌 것은?

① 금융투자업종사자는 수행하는 업무가 사회적 역할의 중요성을 감안하여 성실하고 윤리적으로 업무를 수행하고, 당해 시장 및 종사자에 대한 신용의 향상을 위하여 서로 노력하여야 한다.

② 금융투자업종사자는 해당 직무를 수행함에 있어서 공정한 입장에 서야 하고 독립적이고 객관적인 판단을 하도록 하여야 한다.

③ 금융투자업종사자가 소속된 회사 및 그 중간감독자는 당해 업무종사자가 관계법규 등에 위반되지 않고 직무윤리를 준수하도록 필요한 지도와 지원을 하여야 한다.

④ 금융투자업종사자는 투자자와 이익이 상충되는 일체의 행위를 하여서는 아니 된다.

해설 금융투자업종사자는 투자자와 이익이 상충되는 일체의 행위를 하여서는 아니 된다는 것은 고객과의 이익상충 금지로서, 이는 직무윤리기준에 해당한다. ① 신의성실의무, ② 공정성 유지의무, ③ 소속회사 등의 지도·지원의무로서 이는 직무윤리의무의 일부이다.

★★★
010 직무윤리의 신의성실의무에 관한 설명으로 거리가 먼 것은?

① 금융투자업자는 신의성실의 원칙에 따라 공정하게 금융투자업을 영위하여야 한다.
② '성실'이란 '정성스럽고 참됨'을 뜻하며, 이는 금융투자업종사자들이 업무를 수행함에 있어서 요구되는 기본적 자세로서 성심함을 요구한다.
③ 직무수행에 있어서 가장 기본적인 덕목이며, 직무윤리 중에서 가장 으뜸이 된다.
④ 단순한 윤리적 의무에 그친다.

> **해설** 신의성실의무는 단순한 윤리적 의무에 그치지 않고 민법에서는 사법의 기본원리로서 신의성실의 원칙을 명시하고 있는 등 법적의무로 승화되어 있다. 즉, 자본시장법에서의 신의성실의무는 윤리적 의무이자 법적 의무인 양면성을 띠고 있다.

★★★
011 다음 규정에 대한 설명으로 옳지 않은 것은?

> 금융투자업자는 금융투자업을 영위함에 있어서 정당한 사유 없이 투자자의 이익을 해하면서 자기가 이익을 얻거나 제3자가 이익을 얻도록 하여서는 아니 된다.

① 신의성실의무를 구체화한 것이다.
② 금융투자업자의 투자자보호를 위한 일반적이고 포괄적인 의무를 규정한 것이다.
③ 민법상의 신의성실원칙이나 선관주의의무 또는 충실의무보다는 완화된 주의의무규정이다.
④ 법적의무로서의 측면과 윤리적 의무로서의 측면이 상당부분 중첩되어 있다.

> **해설** 민법상의 신의성실원칙이나 선관주의의무 또는 충실의무와는 차원을 달리하는 가중된 주의의무규정이다.

★★★
012 다음은 신의성실 원칙의 기능이다. 가장 적절하지 않은 것은?

① 권리의 행사와 의무를 이행함에 있어서 행위준칙이 된다.

② 법률관계를 해석함에 있어서 해석상의 지침이 된다.

③ 권리의 행사가 신의칙에 반하는 경우 권리의 남용이 되어 권리행사로서 법률효과가 인정되지 않는다.

④ 신의칙 위반이 있는 경우에도 당사자가 주장하지 않으면 법원은 직권으로 위반 여부를 판단할 수 없다.

> **해설** 신의칙 위반이 있는 경우 이는 강행법규에 대한 위반이기 때문에, 당사자가 주장하지 않더라도 법원은 직권으로 신의칙 위반 여부를 판단할 수 있다.
>
> 위 외에도 신의성실 원칙의 기능으로서
> – 법규의 형식적 적용에 의하여 야기되는 불합리와 오류를 시정하는 역할을 한다. 이는 신의칙을 적용함으로써 법의 형식적 적용에 의하여 야기되는 불합리를 시정하여 보다 타당한 결과를 도출할 수 있다.
> – 계약이나 법규에 흠결이나 불명확한 점이 있는 경우 신의칙은 이를 메워주고 명확하게 하는 기능을 한다.

★★★
013 금융투자업 직무윤리의 내용으로서 적절하지 않은 것은?

① 금융투자업종사자는 수행하는 직무에 상응하는 전문능력을 보유하고 있어야 한다.

② 독립성 유지의무에서 독립성이란 자기 또는 제3자의 이해관계에 의하여 영향을 받는 업무를 수행하여서는 아니 되며, 독립성과 객관성을 유지하기 위해 합리적 주의를 기울여야 한다는 것을 뜻한다.

③ 금융투자업종사자가 관련 법규의 존재 여부와 내용을 알지 못하여 위반한 경우에는 그에 대한 법적 제재가 가해지지는 않는다.

④ 사용자와 그 중간감독자는 피용자가 업무집행상 타인에게 불법행위를 한 경우, 피용자의 선임과 감독에 상당한 주의를 하였거나 상당한 주의를 하여도 손해가 발생하였을 것임을 입증하지 못하는 한, 피용자의 불법행위에 대하여 피해자에게 손해배상책임을 진다.

> **해설** 법규 등 준수의무 ⇒ 법규는 알고 모르고를 묻지 않고 관련 당사자에 대한 구속력을 갖는다. 따라서 금융투자업종사자가 관련 법규의 존재 여부와 내용을 알지 못하여 위반한 경우에도 그에 대한 법적 제재가 가해진다.
> ① : 전문지식 배양의무
> ② : 독립성 유지의무 ⇒ 직위를 이용하여 상급자가 하급자에게 부당한 명령이나 지시를 하지 않으며, 부당한 명령이나 지시를 받은 직원은 이를 거절하여야 한다.
> ④ : 사용자책임. 이 경우 피용자 자신은 민법상 일반불법행위책임을 진다.

★★★
014 다음이 설명하는 직무윤리의무는 무엇인가?

> 금융투자업종사자는 항상 담당 직무에 관한 이론과 실무를 숙지하고 그 직무에 요구되는
> 전문능력을 유지하고 향상시켜야 한다.

① 신의성실의무
② 공정성 및 독립성 유지의무
③ 법규 등 준수의무
④ 전문지식 배양의무

★★★
015 다음의 사례는 직무윤리의무 중 어떤 의무를 위반한 것인가? 심화

> A금융투자회사의 펀드매니저인 B는 고객 C로부터 투자일임계약계좌의 운용실적이 저조
> 하여 조만간 해약하겠다는 통보를 전달받아 이를 막기 위하여 D사의 주식을 고객 C의 자
> 금 외에 자기가 담당하는 다른 고객의 자금을 동원하여 집중 매집하여 단기급등에 따른 매
> 매이익으로 운용실적을 개선하였고, 이로 인해 고객 C의 투자일임계약계좌의 해약을 면하
> 였다.

① 공정성 유지의무
② 법규 등 준수의무
③ 신의성실의무
④ 소속 회사 등의 지도 · 지원의무

해설 B는 계약해지방지라는 사적 이익을 위하여 다른 고객의 자금을 투자적정성의 고려함이 없이 특정 주식의 매매에
집중한 것은 수임자의 충실의무를 위반한 것이고, 또한 주가를 단기간에 급등시키기 위하여 특정 매매에 집중하였
으므로 자본시장법에서 금지하는 시세조종행위에 해당하는 등 '법규 등 준수의무'를 위반하였다.

★★★ 016 직무윤리기준에 관하여 가장 옳은 설명은?

① 직무윤리의 구체적인 행동기준과 그에 따른 의무의 내용을 구체적으로 제시한 것으로 서, 크게 실체적 규정과 절차적 규정으로 구분할 수 있다.

② 실체적 규정은 실체적 기준과 관련된 구체적 사안 내지 문제상황이 발생하였을 때, 이를 처리하는 구체적인 방법과 절차 및 그 위반에 대한 제재에 관한 것이다.

③ 절차적 규정은 '~를 하여야 한다' 또는 '~를 하여서는 아니 된다'는 작위와 부작위, 명령 과 금지의 대상이 되는 행위를 그 내용으로 한다.

④ 기본적 의무, 고객 및 잠재고객에 대한 관계 및 의무, 회사에 대한 관계 및 의무, 자본시 장 및 일반 공중에 대한 의무, 그 밖의 직무상의 의무규정은 절차적 규정이다.

해설 ② : 절차적 규정 내용, ③ : 실체적 규정 내용, ④ : 실체적 규정 내용

🏛 필수핵심정리 ▶ 직무윤리기준의 주요 구분과 그 내용

구분	실체적 규정	절차적 규정

규정 내용	• 모든 사항에 공통이 되는 기본적 의무
	• 고객 및 잠재고객에 대한 관계 및 의무
	• 회사에 대한 관계 및 의무
	• 자본시장 및 일반 공중에 대한 관계 및 의무
	• 기타 직무상 의무
		• 내부통제
		• 외부통제
		  – 시장통제
		  – 행정제재
		  – 민사책임
		  – 형사책임

★★★ 017 다음 중 직무윤리기준의 실체적 규정에 해당하는 것은? 심화

① 기본적 의무　　　　　　　　② 행정제재
③ 민사책임　　　　　　　　　④ 형사책임

해설 기본적 의무는 실체적 규정이다. 그러나 내부통제와 외부통제인 시장통제 · 행정제재 · 민사책임 · 형사책임은 절차 적 규정이다.

···TOPIC 4 고객에 대한 기본적 의무

★★★
018 다음 중 고객에 대한 의무로 보기 어려운 것은?

① 투자목적 등에 적합하여야 할 의무
② 미공개 중요정보의 이용 및 전달금지
③ 요청하지 않은 투자권유의 금지
④ 합리적 근거의 제공 및 적정한 표시의무

해설 미공개 중요정보의 이용 및 전달금지는 자본시장에 대한 의무에 해당한다.

🏛 필수핵심정리 ▷ **고객에 대한 의무**

• 기본적 의무(신임관계 및 신임의무)   • 고객과의 이익상충 금지
• 투자목적 등에 적합하여야 할 의무   • 설명의무
• 합리적 근거의 제공 및 적정한 표시의무   • 허위, 과장, 부실표시의 금지
• 요청하지 않은 투자권유의 금지   • 보고 및 기록의무
• 고객정보의 누설 및 부당이용금지   • 부당한 금품수수의 금지
• 모든 고객을 평등하게 취급할 의무

★★★
019 자본시장법상 투자자의 구분에 관한 설명으로 옳지 않은 것은?

① 금융투자상품에 대한 지식과 경험, 위험감수능력 등의 전문성을 구비하고 소유자산의 규모 등에 비추어 전문투자자와 일반투자자로 구분한다.
② 전문투자자냐 일반투자자이냐에 따라 규제상 보호의 정도를 차별화한다.
③ 전문투자자가 일반투자자로 보호를 받기 원하는 경우 서면에 의한 통지와 금융투자업자의 동의를 얻어 일반투자자로서 취급받는 것은 가능하다.
④ 장외파생상품 거래를 하는 경우 주권상장법인은 전문투자자로 간주된다.

해설 장외파생상품 거래를 하는 경우 주권상장법인은 일반투자자로 간주된다. 다만, 금융투자업자에게 전문투자자와 같은 대우를 받겠다는 의사를 서면으로 통지하는 경우에는 전문투자자로 전환된다.

  ※ **투자자 구분에 의한 규제 차별화의 목적**
  • 규제의 집중을 통한 효율적인 규제체제의 확보, 즉 한정된 규제자원의 낭비 방지와 규제의 효율성 제고 도모 및 금융시장 전체적인 차원에서의 규제 완화
  • 동일한 경제적 기능을 갖는 금융상품에 대한 동일한 규제의 적용원칙에 따라 금융투자업자에게 발생할 수 있는 추가적인 규제비용의 감축
  • 정보수집과 투자판단의 능력이 취약한 일반투자자의 법적 후견자의 적극적 역할

 정답 016 ①   017 ①   018 ②   019 ④

★★★
020 금융투자업종사자와 고객 사이의 기본적인 관계 및 의무에 관한 설명으로 틀린 것은?

① 금융투자업종사자는 고객에 대하여 신임관계에 기하여 생기는 신임의무를 진다.

② 신임의무가 특히 문제되는 상황은 수임자인 금융투자업종사자와 신임자인 고객의 이익이 서로 충돌하는 경우이다.

③ 수임자는 자기 및 제3자의 이익을 우선하는 것이 금지되고, 신임자의 이익을 우선시 하여야 할 의무를 진다.

④ 신임의무의 가장 핵심을 이루는 것은 고객과의 이익상충 금지의무이다.

> **해설** 신임의무란 신임관계에 기하여 위임자로부터 신임을 받은 수임자는 자산에게 신뢰를 부여한 위임자에 대하여 진실로 충실하고, 또한 직업적 전문가로서 충분한 주의를 가지고 업무를 처리하여야 할 의무를 진다는 뜻이며, 이러한 신임의무의 가장 핵심을 이루는 것은 충실의무와 주의의무이다.

🏛 필수핵심정리 ▶ **고객에 대한 기본적 의무(신임의무)**

충실의무	금융투자업종사자는 고객·회사 기타 신임관계에 있는 자의 최선의 이익을 위하여 충실하게 그 업무를 수행하여야 하고, 자기 또는 제3자의 이익을 고객 등의 이익에 우선하여서는 아니 된다.
주의의무	금융투자업종사자는 고객 등의 업무를 수행함에 있어서 그 때마다 구체적인 상황에서 전문가로서의 주의를 기울여야 한다.

★★★
021 금융투자업종사자와 고객 사이의 신임의무와 관련하여 잘못된 설명은?

① 금융투자업종사자는 고객 등의 최선의 이익을 위하여 충실하게 그 업무를 수행하여야 하고, 자기 또는 제3자의 이익을 고객 등의 이익에 우선하여서는 아니 된다.

② 최선의 이익은 단순히 결과에 있어서 최대의 수익률을 얻어야 한다는 뜻이다.

③ 금융투자업종사자는 고객 등의 업무를 수행함에 있어서 그 때마다의 구체적인 상황에서 전문가로서의 주의를 기울여야 한다.

④ 금융투자업종사자가 고의 또는 과실에 기하여 전문가로서의 주의의무를 다하지 않은 경우에는 수임인은 민법상 채무불이행책임과 불법행위책임 등의 법적 책임을 지게 된다.

> **해설** 최선의 이익이란 소극적으로 고객 등의 희생 위에 자기 또는 제3자의 이익을 도모해서는 안 된다는 것에 그치는 것이 아니고, 적극적으로 고객 등의 이익을 위하여 실현가능한 최대한의 이익을 추구하여야 한다는 것을 말한다. 그러나 이것은 단순히 결과에 있어서 최대의 수익을 얻어야 한다는 뜻은 아니다. '결과'와 '과정' 양자 모두에 있어서 최선의 결과를 얻도록 노력하여야 한다는 뜻이다.

★★★
022 다음의 보기 중 법적의무로서 충실의무에 해당하는 것은 몇 개인가?

- 수임자는 위임자의 재산을 이용하여 자기 또는 제3자의 이익을 도모하여서는 아니 된다.
- 수임자는 특별한 경우를 제외하고 자신이 수익자의 거래 상대방이 되어서는 아니 된다.
- 수임자는 그 직무를 통하여 위임자에 관하여 알게 된 정보에 대하여 비밀을 유지하여야 한다.
- 수임자는 수익자의 이익과 경합하거나 상충되는 행동을 하여서는 아니 된다.

① 4개　　　　　② 3개　　　　　③ 2개　　　　　④ 1개

> **해설** 모두 법적의무로서 충실의무에 해당한다.

★★★
023 주의의무에 관한 다음의 설명 중 거리가 먼 것은?

① 금융투자업종사자는 고객 등의 업무를 수행함에 있어서 그 때마다 구체적인 상황에서 전문가로서의 주의를 기울여야 한다.
② 전문가로서의 주의는 일반인 내지 문외한 평균인 이상의 당해 전문가집단에 평균적으로 요구되는 수준의 주의를 요구한다.
③ 금융투자업자는 일반 주식회사에 비하여 더욱 높은 수준의 주의의무를 요한다.
④ 금융투자업자가 고의 또는 과실에 기하여 전문가로서의 주의의무를 다하여 업무를 집행하지 않은 경우에도 민법 등의 법적 책임을 지지는 않는다.

> **해설** 금융투자업자가 고의 또는 과실에 기하여 전문가로서의 주의의무를 다하여 업무를 집행하지 않은 경우, 수임인은 위임인에 대한 의무 위반을 이유로 한 민법상 채무불이행책임과 불법행위책임 등과 같은 법적 책임을 지게 된다.

★★★
024 고객과의 이익상충 금지 의무와 거리가 먼 것은?

① 이익상충의 금지

② 기대성과 등의 허위표시 금지

③ 자기거래의 금지

④ 투자자 이익의 우선

> **해설** 고객과의 이익상충 금지 의무는 투자자 보호장치를 위한 핵심적 규제로서, 이익상충의 금지, 투자자 이익의 우선 및 자기거래의 금지이다. 그러나 기대성과 등의 허위표시 금지는 허위 · 과장 · 부실표시의 금지의무와 관련된 것이다.

🏛 필수핵심정리 ▶ 고객과의 이익상충 금지의무

이익상충의 금지	금융투자업종사자는 투자자와 이익이 상충되는 일체의 행위를 하여서는 아니 된다.
투자자이익의 우선	금융투자업종사자는 고객에게 최선의 이익이 돌아가는 방향으로 업무를 수행하여야 하고, 그와는 반대로 고객의 희생하에 자기 또는 회사를 포함한 제3자의 이익을 추구하여서는 아니 된다.
자기거래의 금지	금융투자업종사자는 고객이 동의한 경우를 제외하고는 고객과의 거래당사자가 되거나 자기 이해관계인의 대리인이 되어서는 아니 된다.

★★★
025 자본시장법상 이익상충방지체계에 관한 다음의 설명 중 옳지 않은 것은?

① 금융투자업자는 그 업의 인가 · 등록시부터 이행상충방지체제를 갖추어야 한다.

② 금융투자업자는 이해상충이 발생할 가능성을 파악 · 평가하고, 내부통제기준이 정하는 방법 및 절차에 따라 이를 적절히 관리하여야 한다.

③ 금융투자업자는 이해상충발생 가능성이 있다고 인정되는 경우에는 그 사실을 미리 해당 투자자에게 알린 후 매매, 그 밖의 거래를 하여서는 아니 된다.

④ 금융투자업자는 그 이해상충이 발생할 가능성을 낮추는 것이 곤란하다고 판단되는 경우에는 매매, 그 밖의 거래를 하여서는 아니 된다.

> **해설** 금융투자업자는 이해상충발생 가능성이 있다고 인정되는 경우에는 그 사실을 미리 해당 투자자에게 알려야 하며, 그 이해상충이 발생할 가능성을 내부통제기준이 정하는 방법 및 절차에 따라 투자자 보호에 문제가 없는 수준으로 낮춘 후에는 매매, 그 밖의 거래를 할 수 있다.

★★★
026 자본시장법상 금융투자업자는 그 영위하는 금융투자업 간에 이해상충이 발생할 가능성이 큰 경우에는 다음의 어느 하나에 해당하는 행위를 하여서는 아니 된다. 틀린 것은? 심화

① 정보제공행위 : 금융투자상품의 매매에 관한 정보, 그 밖에 대통령령으로 정하는 정보를 제공하는 행위
② 겸직행위 : 대표이사, 감사 및 사외이사가 아닌 감사위원회의 위원을 포함한 임원 및 직원을 겸직하게 하는 행위
③ 공간 · 설비공동이용행위 : 사무공간 또는 전산설비를 대통령령으로 정하는 방법으로 공동으로 이용하는 행위
④ 기타 : 그 밖에 이해상충이 발생할 가능성이 있는 행위로서 대통령령으로 정하는 행위

해설 겸직행위가 금지되는 임원에서 대표이사, 감사 및 사외이사가 아닌 감사위원회의 위원은 제외한다.

★★★
027 다음 중 각 당사자 간에 이해상충이 발생할 수 있는 경우로 옳은 것은?

> ⊙ 고객과 금융투자회사 : 임의매매, 자기거래
> ⓒ 고객과 금융투자업종사자 : 과당매매
> ⓒ 금융투자회사와 금융투자업종사자 : 이해상충관계에 있는 지위의 취임, 회사재산의 부당한 사용

① ⊙   ② ⊙, ⓒ   ③ ⓒ   ④ ⊙, ⓒ, ⓒ

해설 ⊙ 고객과 금융투자회사 : 과당매매, ⓒ 고객과 금융투자업종사자 : 임의매매, 자기거래

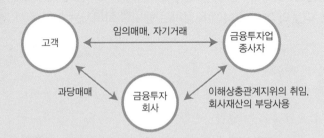

- **과당매매** : 금융투자업자가 고객과의 일임매매의 약정에 따라 자신이 관리하는 계좌의 증권을 자기 또는 회사의 영업실적을 올리기 위하여 과도하고 빈번하게 거래하는 매매. 이러한 과당매매금지의무를 위반한 경우 → 판례상 불법행위책임 인정
- **임의매매** : 투자매매업자 또는 투자중개업자가 투자자나 그 대리인으로부터 금융투자상품의 매매의 청약 또는 주문을 받지 아니하고 투자자로부터 예탁받은 재산으로 금융투자상품의 매매하는 행위
- **자기거래** : 투자매매업자 또는 투자중개업자가 금융투자상품에 관한 매매에 있어 자신이 본인이 됨과 동시에 상대방의 투자중개업자가 되는 행위

★★★
028 과당매매는 다음 중 어떠한 의무를 위반한 것인가?

① 고객과의 이익상충 금지
② 금융투자상품 가격의 인위적 조작 금지
③ 투자목적 등에 적합하여야 할 의무
④ 공정한 업무수행을 저해할 우려가 있는 사항에 관한 주지 의무

해설 과당매매는 고객과의 이익상충 금지의무를 위반한 것이다.

★★★
029 과당매매에서 특정거래가 빈번한 거래인지 또는 과도한 거래인지 여부를 판단하는 기준으로 옳지 않은 것은? 심화

① 일반투자자가 부담하는 수수료의 총액
② 일반투자자에게 적합한 금융투자상품인지 여부
③ 일반투자자의 재산상태 및 투자목적에 적합한지 여부
④ 일반투자자의 투자지식 · 경험에 비추어 당해 거래에 수반되는 위험에 대한 이해 여부

해설 일반투자자에게 적합한 금융투자상품인지 여부는 특정 거래의 빈번한 거래 또는 과도한 거래 여부를 판단하는 기준에 해당하지 않는다. 위 이외의 판단기준으로, 개별 매매거래 시 권유내용의 타당성 여부 등을 종합적으로 고려하여 판단한다.

030 다음은 매매형태에 따른 이익상충에 관한 설명이다. 거리가 가장 먼 것은?

① 투자매매업자·투자중개업자는 투자자로부터 금융투자상품의 매매에 관하여 주문을 받은 경우에는 사전에 그 투자자에게 투자매매업자인지 투자중개업자인지를 밝혀야 한다.
② 명시의 방법은 구두 또는 문서에 의하면 된다.
③ 이를 위반한 거래는 형사처벌의 대상이 된다.
④ 이를 위반한 거래는 당연 무효가 된다.

> **해설** 이를 위반한 거래는 당연 무효가 되는 것은 아니나, 형사처벌의 대상이 된다.

031 투자자이익 우선의 원칙에 관한 설명으로 옳지 않은 것은?

① 금융투자업종사자는 고객에게 최선의 이익이 돌아가는 방향으로 업무를 수행하여야 하고, 그와는 반대로 고객의 희생하에 자기 또는 회사를 포함한 제3자의 이익을 추구하여서는 아니 된다.
② 고객의 이익은 회사와 회사의 주주 및 임직원의 이익에 우선되어야 한다.
③ 고객의 이익은 투자자 등급별로 차등하게 다루어져야 한다.
④ 회사의 이익은 임직원의 이익에 우선되어야 한다.

> **해설** 고객우선의 원칙이라 하며, 모든 고객의 이익은 동등하게 다루어져야 한다.

🏛 필수핵심정리 ❯ 이익이 상충되는 경우의 우선순위

- 고객의 이익 > 회사와 회사의 주주 및 임직원의 이익
- 회사의 이익 > 임직원의 이익
- 모든 고객의 이익은 동등하게 다루어져야 한다.

정답 028 ① 029 ② 030 ④ 031 ③

★★★
032 다음 중 자기거래의 금지의무에 관한 설명으로 가장 거리가 먼 것은?

① 금융투자업종사자는 고객과의 거래당사자는 물론 자기 이해관계인의 대리인이 되어서는 아니 된다.

② 고객이 동의하는 경우에도 자기거래를 금지한다.

③ 자기 이해관계인에는 친족이나 소속 회사 등과 같이 경제적으로 일체성 내지 관련성을 갖는 자 등 법률적 이해관계자에 국한하지 않고 사실상의 이해관계까지도 모두 포함된다.

④ 자본시장법에 자기거래의 금지규정을 명시적으로 두고 있으며, 이를 위반한 경우에는 형사처벌의 대상이 된다.

> **해설** 금융투자업종사자가 스스로 고객에 대하여 거래의 당사자, 즉 거래상대방이 되는 경우에는 고객을 위한 최선의 이익추구가 방해받을 가능성이 있기 때문에 자기거래를 금지하는 것이므로, 고객의 동의가 있는 경우에는 자기거래의 금지대상에서 제외한다.
>
> ※ 자본시장법의 자기거래 금지 : 투자매매업자 또는 투자중개업자는 금융투자상품에 관한 매매에 있어 자신이 본인이 됨과 동시에 상대방의 투자중개업자가 되어서는 아니 된다.

★★★
033 다음은 자기계약금지규정이 적용되지 않는다. 잘못된 것은? [심화]

① 투자중개업자가 투자자로부터 증권시장 밖에서의 매매 위탁을 받아 매매가 이루어지도록 한 경우

② 투자중개업자가 투자자로부터 증권시장, 파생상품시장 또는 다자간매매체결회사에서의 매매 위탁을 받아 증권시장, 파생상품시장 또는 다자간매매체결회사를 통하여 매매가 이루어지도록 한 경우

③ 투자매매업자 또는 투자중개업자가 자기가 판매하는 집합투자증권을 매수하는 경우

④ 그 밖에 공정한 가격 형성과 거래의 안정성·효율성 도모 및 투자자 보호에 우려가 없는 경우로서 금융위원회가 정하여 고시하는 경우

> **해설** ②~④의 경우가 자기계약금지규정이 적용되지 않는 경우에 해당한다. 그러나 ① 투자중개업자가 투자자로부터 증권시장 밖에서의 매매 위탁을 받아 매매가 이루어지도록 한 경우는 그러하지 아니한다.

★★★
034 다음 중 투자목적 등에 적합하여야 할 의무와 거리가 먼 것은?

① Know-Your-Customer-Rule   ② 객관성의 원칙

③ 적정성의 원칙   ④ 적합성의 원칙

해설 객관성의 원칙은 투자목적 등에 적합하여야 할 의무와 관련이 없다.

🏛 필수핵심정리 ◁ **투자목적 등에 적합하여야 할 의무**

금융투자업종사자는 고객에게 투자를 권유하거나 이에 관련된 직무를 수행함에 있어서 아래의 기준에 따라야 한다.

1단계 Know-Your- Customer-Rule	• 투자를 권유하기 전에 고객의 재무상황·투자경험·투자목적 등의 적절한 조사를 하여야 한다. • 투자권유가 투자환경과 사정의 변화를 반영할 수 있도록 필요에 따라 당해 정보를 변경하여야 한다.
2단계 적합성의 원칙	• 투자의 권유 등이 고객의 투자목적에 적합해야 한다. • 일반투자자의 투자목적·재산상황 및 투자경험 등에 비추어 그 일반투자자에게 적합하지 아니하다고 인정되는 투자권유를 하여서는 아니 된다.
3단계 적정성의 원칙	파생상품 등 위험성이 특히 큰 금융투자상품의 경우에는 투자자보호를 위하여 여타의 금융투자상품에 요구되는 수준 이상의 각별한 주의를 기울이고 필요한 경우 적절한 조치를 취하여야 한다.

★★★
035 Know-Your-Customer-Rule에 관한 설명으로 틀린 것은?

① 투자권유를 하기에 앞서 먼저 당해 고객이 투자권유를 원하는지 아니면 원하지 않는지를 확인하여야 한다.

② 상대방 고객이 우선 일반투자자인지 전문투자자인지를 확인하여야 한다.

③ 일반투자자에게 투자권유를 하기 전에 면담·질문 등을 통하여 투자목적·재산상황 및 투자경험 등 투자와 관련된 고객의 모든 정보를 파악하여야 한다.

④ 투자자정보는 반드시 투자자가 자필로 작성하여야 한다.

해설 투자자정보는 반드시 투자자가 자필로 작성할 필요는 없으며, 직원이 면담과정에서 파악한 정보를 컴퓨터 단말기에 입력하고 이를 출력하여 투자자에게 확인받는 방법도 가능하다. 이 경우 일반투자자로부터의 확인방법은 서명·기명날인 또는 녹취는 물론 전자우편, 그 밖의 이와 비슷한 전자통신, 우편, 전화자동응답시스템 등의 방법으로 확인을 받아 유지·관리하여야 하며, 금융투자업자는 확인받은 내용을 투자자에게 지체 없이 제공하여야 한다.

정답   032 ②   033 ①   034 ②   035 ④

036 투자목적 등의 적합하여야 할 의무에서 Know-Your-Customer-Rule에 따라 파악해야 할 고객의 정보와 거리가 먼 것은?

① 고객의 재무상황
② 고객의 가족관계
③ 고객의 투자경험
④ 고객의 투자목적

> **해설** 고객에게 적합한 투자권유나 투자상담을 위해서는 Know-Your-Customer-Rule에 따라 고객의 재무상황, 투자경험, 투자목적 등을 충분하게 파악하여야 한다.

037 투자목적 등에 적합하여야 할 의무에 관한 설명으로 옳지 않은 것은?

① 투자를 권유하기 전에 고객의 재무상황, 투자경험, 투자목적에 관하여 적절한 조사를 하여야 한다.
② 투자의 권유 등이 고객의 투자목적에 적합하여야 하며, 적합하지 아니하다고 인정되는 투자권유를 하여서는 아니 된다.
③ 모든 금융투자상품을 판매하는 경우 일반적으로 요구되는 수준 이상의 각별한 주의를 기울이고 그 투자자에게 적정하지 아니하다고 판단되는 경우에는 그 사실을 알리는 등의 적절한 조치를 취하여야 한다.
④ 금융투자업자가 일반투자자에게 투자 권유를 하는 경우에 적용되는 의무이며, 전문투자자에게 투자 권유를 하는 경우에는 그러하지 아니한다.

> **해설** 파생상품 등과 같이 위험성이 특히 큰 금융투자상품을 판매하는 경우 투자자보호를 위하여 일반적으로 요구되는 수준 이상의 각별한 주의를 기울여야 하고, 해당 파생상품 등이 그 투자자에게 적정하지 아니하다고 판단되는 경우에는 그 사실을 알리는 등의 적절한 조치를 취하여야 하는 적정성의 원칙은 일반투자자를 상대로 파생상품 등을 판매하는 경우에 일반적인 적합성의 원칙 및 설명의무의 이행에 추가하는 것이며, 모든 금융투자상품을 판매하는 경우에는 그러하지 아니한다. 즉, 적합성의 원칙과 설명의무는 모든 금융투자상품을 일반투자자에게 판매하는 경우 적용되는 일반적인 의무이며, 적정성의 원칙은 위험성이 특히 큰 파생상품을 일반투자자에게 판매하는 경우 적용되는 추가적인 의무이다.

★★★
038 다음은 자본시장법상 적합성의 원칙에 관한 설명이다. 옳은 것은?

① 일반투자자는 물론 전문투자자의 권유에 대해서도 이를 적용한다.
② 적합성의 원칙을 위배하는 경우에는 과태료 등의 별도의 제재는 없다.
③ 투자자정보를 제공하지 아니하는 일반투자자에게는 투자권유를 해서는 안 된다.
④ 투자자에게 적합하지 아니한 것으로 판단되는 금융투자상품을 투자자가 투자하고자 하는 경우 금융투자상품을 판매해서는 안 된다.

> **해설** 적합성의 원칙을 위배하는 경우에도 자본시장법에는 과태료 부과 등의 별도의 제재수단 규정을 두고 있지 아니하다. 그러나 민법상 불법행위에 따른 손해배상사건으로 법적 판단의 대상이 된다.
>
> ① 적합성의 원칙과 설명의무는 일반투자자의 권유에 대해서만 부과하고 전문투자자의 권유에 대해서는 이를 적용하지 않는다.
> ③ 투자자정보를 제공하지 아니하는 일반투자자는 일반투자자로서 자본시장법상 보호를 받을 수 없는 것이며, 이에 대해 그 거부의사를 서면으로 확인받으면 되고, 투자권유 자체를 금하는 것은 아니다.
> ④ 투자자에게 적합하지 아니한 것으로 판단되는 금융투자상품을 투자자가 투자하고자 하는 경우 해당 투자가 투자자에게 적합하지 아니할 수 있다는 사실 및 해당 금융투자상품에 대한 투자의 위험성을 알리고 해당 투자자로부터 서명 등의 방법으로 이를 고지받았다는 사실을 확인받아야 된다. 따라서 해당 금융투자상품을 판매 자체를 금하는 것은 아니다.

★★★
039 다음의 사례와 가장 관계가 깊은 의무는?

> 결혼을 6개월 앞둔 A가 여태 은행의 예금만 해오다 저금리인 은행의 저축 대신 증권회사의 금융투자상품에 결혼 전까지 투자하고 싶다 하여 그 자리에서 최근 개발하여 판매하기 시작한 일정수준 이상의 원화상승이 있게 되면 이자와 상환금을 받을 수 있는 상품을 권장하였다. 그러나 이 상품은 환율의 수준에 따라 원본에 손실이 발생할 수도 있다.

① 적합성의 원칙
② Know-Your-Customer-Rule
③ 이익상충의 금지
④ 기대성과 등에 대한 허위표시 금지

> **해설** 권유한 상품은 환율의 수준에 따라서 원본에 손실이 발생할 위험이 있고, 더욱이 투자경험과 자금의 성격을 고려하지 않았고 가입기간이 길지 않음에도 불구하고 아직 잘 알려져 있지 않은 고위험 상품을 권유한 것은 적합성의 원칙에 위반된다.

★★★
040 다음 중 설명의무와 관련하여 옳지 않은 설명은?

① 정보의 비대칭성을 해소하기 위한 의무이다.

② 투자대상의 선정과 포트폴리오 구성 시 적용되는 기본적인 원칙과 방법은 고객에게 고지하고 중요한 내용에 대해서는 고객이 이해할 수 있도록 설명하여야 한다.

③ 중요한 내용이란 사회통념상 투자 여부의 결정에 영향을 미칠 수 있는 사항으로, 투자자의 합리적인 투자판단 또는 해당 금융투자상품의 가치에 중대한 영향을 미칠 수 있는 사항을 말한다.

④ 일반투자자는 물론 전문투자자에 대해서도 적용되는 의무이다.

> **해설** 설명사항, 설명의 정도와 확인 및 손해배상책임에 대한 설명의무제도는 전문투자자에 대해서는 적용되지 않고 일반투자자에 대해서만 적용된다.

> 🏛 **필수핵심정리** | **설명의무**
>
> 금융투자업종사자는 다음 사항을 고객에게 고지하고 중요한 내용에 대해서는 고객이 이해할 수 있도록 설명하여야 한다.
> - 투자대상의 선정과 포트폴리오 구축 시 적용되는 기본적 원칙 및 방법과 이에 중대한 영향을 미칠 가능성 있는 모든 사항과 그 중대한 변경
> - 개별 투자대상의 기본적인 특징과 이에 수반되는 위험성

★★★
041 자본시장법상 설명의무에 관한 다음의 설명 중 틀린 것은?

① 설명사항은 금융투자상품의 내용, 투자에 따른 위험, 그 밖에 대통령령으로 정하는 사항이며, 이를 일반투자가 이해할 수 있도록 설명하여야 한다.

② 금융투자업자는 설명내용을 이해하였음을 서명, 기명날인, 녹취, 그 밖의 대통령령으로 정하는 방법 중 하나 이상의 방법으로 확인을 받아야 한다.

③ 설명의무 위반으로 인하여 일반투자자의 손해가 발생한 경우에도 금융투자업자가 손해를 배상할 책임은 없다.

④ 금융투자업자가 설명의무를 위반하여 확인을 받지 아니하는 경우 5천만원의 과태료를 부과받게 된다.

> **해설** 금융투자업자는 일반투자자를 상대로 투자권유를 하는 경우 설명의무 위반으로 인하여 발생한 일반투자자의 손해를 배상할 책임이 있다.
>
> ① : 대통령령으로 정하는 사항 : 금융투자상품의 투자성에 관한 구조와 성격, 수수료에 관한 사항, 조기상환조건이 있는 경우 그에 관한 사항, 계약의 해제·해지에 관한 사항 등

★★★
042 투자성과보장 등에 관한 표현의 금지원칙에 관한 설명으로 틀린 것은? 심화

① 고객에 대하여 투자를 권유함에 있어서 이익을 확실하게 보장하는 듯한 표현을 사용하여서는 아니 된다.

② 투자성과 보장에 대한 해당 여부의 판단은 개별적인 사안에서 구체적으로 판단하여야 한다.

③ 증권투자상담을 하면서 일정한 기대성과를 확약하는 것은 투자성과의 보장에 해당한다.

④ 손실부담을 약속하여 권유가 이루어진 경우라도 고객이 그 권유에 따라 위탁을 하지 않은 경우에는 투자성과보장 등에 관한 표현의 금지 위반에 해당하지 않는다.

> **해설** 손실부담을 약속하여 권유가 이루어진 경우 고객이 그 권유에 따라 위탁을 하지 않더라도 투자성과보장 등에 관한 표현의 금지를 위반한 것이다.

★★★
043 펀드투자상담사 A는 비관적 분석자료는 배제하고 낙관적인 분석자료만을 토대로 투자상담을 한다. A가 직접적으로 위반하고 있는 직무윤리의 의무 중 가장 가까운 것은?

① 사실과 의견의 구분 의무

② 중요 사실에 대한 정확한 표시의무

③ 객관적 근거에 기초하여 하여야 할 의무

④ 투자성과보장 등에 관한 표현의 금지

> **해설** 금융투자업종사자의 고객에 대한 투자정보 제공 및 투자권유는 그에 앞서 정밀한 조사 · 분석에 의한 자료에 기하여 합리적이고 충분한 근거를 가져야 한다는 객관적 근거에 기초하여야 할 의무를 위반한 것이다.

★★★
044 합리적 근거의 제공 및 적정한 표시의무에 관한 설명으로 잘못된 것은?

① 불확실한 사항에 대하여 단정적 판단을 제공하거나 확실하다고 오인하게 할 소지가 있는 내용을 알리는 행위는 부당권유행위의 하나이다.

② 손실부담을 약속하여 권유가 이루어진 경우에도 고객이 그 권유에 따라 위탁을 하지 않은 경우에는 투자성과보장 등에 관한 표현의 금지를 위반한 것이 아니다.

③ 금융투자업종사자는 중요한 사실에 대해서는 모두 정확하게 표시하여야 한다.

④ 금융투자업종사자는 투자성과를 보장하는 듯한 표현을 사용하여서는 아니 된다.

> **해설** 손실부담을 약속하여 권유가 이루어진 경우에는 설사 고객이 그 권유에 따라 위탁을 하지 않더라도 투자성과보장 등에 관한 표현의 금지를 위반한 것이다.

🏛 필수핵심정리 ▶ 합리적 근거의 제공 및 적정한 표시의무

의무구분	주요 의무
객관적 근거	금융투자업종사자는 정밀한 조사·분석에 기초한 자료에 기한 합리적이고 충분한 근거를 확보하여야 한다.
중요 사실의 정확한 표시	금융투자업종사자는 중요한 사실에 대해서는 모두 정확하게 표시하여야 한다.
투자성과보장 등 표현금지	금융투자업종사자는 투자성과를 보장하는 듯한 표현을 사용하여서는 아니 된다.

★★★
045 사전에 준법감시인 또는 감사에게 보고한 경우에는 다음의 행위를 할 수 있다. 이에 해당하지 않은 것은? 심화

① 회사가 자신의 위법(과실로 인한 위법 포함) 행위 여부가 불명확한 경우 사적 화해의 수단으로 손실을 보상하는 행위. 단, 증권투자의 자기책임원칙에 반하는 경우에는 제외한다.

② 임직원이 자기의 계산으로 손실보전약정에 따라 투자자가 입은 손해를 배상하는 행위

③ 회사의 위법행위로 인하여 회사가 손해를 배상하는 행위

④ 분쟁조정 또는 재판상의 화해절차에 따라 손실을 보상하거나 손해를 배상하는 행위

> **해설** 자본시장법상 금융투자상품의 매매, 그 밖의 거래와 관련하여 투자자가 입을 손실의 전부 또는 일부를 보전하여 줄 것을 사전에 약속하는 행위, 투자자가 입은 손실의 전부 또는 일부를 사후에 보전하여 주는 행위, 투자자에게 일정한 이익을 보장할 것을 사전에 약속하는 행위, 투자자에게 일정한 이익을 사후에 제공하는 행위는 금지규정이며, 이는 강행규정이다. 따라서 임직원이 자기의 계산으로 손실보전약정에 따라 투자자가 입은 손해를 배상하는 행위는 할 수 없다.

★★★
046 요청하지 않은 투자권유의 금지 의무와 관한 설명 중 옳지 않은 것은?

① 금융투자업종사자는 고객으로부터 요청이 없으면 방문·전화 등의 방법에 의하여 투자권유 등을 하여서는 아니 된다.

② 고객으로부터 요청이 있으면 장외파생상품에 대하여도 방문·전화 등의 방법에 의하여 투자를 권유할 수 있다.

③ 증권과 장내파생상품의 경우에도 요청하지 않은 투자권유를 금지한다.

④ 변액보험 등 투자성 있는 보험계약에 대하여 투자권유를 하는 행위는 요청하지 않은 투자권유의 금지의 제한을 받는다.

> **해설** 요청하지 않은 투자권유의 금지는 고위험 금융투자상품으로서 원본손실의 가능성이 매우 크고 그에 따른 분쟁의 가능성이 상대적으로 큰 장외파생상품에 한하여 적용하는 것이며, 투자자보호 및 건전한 거래질서를 해할 우려가 없는 증권과 장내파생상품의 경우에는 금지하지 아니한다.
> ※ 투자성 있는 보험계약에 대하여 투자권유를 하는 행위는 종전에 그 예외를 인정하였으나, 2014년 8월 12일에 예외를 폐지하여 다른 금융투자상품과 동일하게 불요청 투자권유의 금지의 제한을 받는다.

★★★
047 다음의 경우에는 투자권유를 받은 투자자가 이를 거부하는 취지의 의사를 표시하였음에도 불구하고 투자권유를 계속하는 행위를 할 수 있다. 아닌 것은?

> ㉠ 투자성 있는 보험계약에 대하여 투자권유를 하는 행위
> ㉡ 투자성과를 보장하는 장외파생상품에 대하여 투자권유를 하는 행위
> ㉢ 다른 종류의 금융투자상품에 대하여 투자권유를 하는 행위
> ㉣ 투자권유를 받은 투자자가 이를 거부하는 취지의 의사를 표시한 후 1개월이 지난 후에 다시 투자권유를 하는 행위

① ㉡, ㉢   ② ㉠, ㉡   ③ ㉡, ㉢, ㉣   ④ ㉠, ㉡, ㉢

> **해설** ㉢과 ㉣의 경우에는 투자권유를 받은 투자자가 이를 거부하는 취지의 의사를 표시하였음에도 불구하고 예외적으로 허용된다. 그러나 ㉠과 ㉡은 요청하지 않은 투자권유의 금지사항이다.

정답 044 ②   045 ②   046 ③   047 ②

★★★
048 금융투자업종사자의 부당한 금품수수의 금지에 관한 설명 중 잘못된 것은?

① 업무수행의 대가로 이해관계자로부터 부당한 재산적 이득을 제공받아서는 아니 된다.

② 고객에 대하여 수수료 및 그 밖의 비용의 징수에 관한 사항을 고객이 사전에 알 수 있도록 고지하여야 한다.

③ 고객으로부터 직무수행의 대가 또는 직무수행과 관련하여 사회상규에 벗어나는 향응, 선물 그 밖의 금품 등을 수수하여서는 아니 된다.

④ 금융투자회사는 거래상대방에게 제공하였거나 거래상대방으로부터 제공받은 재산상 이익의 내역을 10년 이상의 기간 동안 기록·보관하여야 한다.

> **해설** 금융투자회사는 거래상대방에게 제공하였거나 거래상대방으로부터 제공받은 재산상 이익의 내역을 5년 이상의 기간 동안 기록·보관하여야 하며, 거래상대방 소속 기관의 장이 서면에 의하여 소속 임직원 및 투자권유대행인에 대한 재산상 이익의 제공 내역을 요청하는 경우에는 이에 응하여야 한다.

🏛 필수핵심정리 | **부당한 금품수수 금지의무**

• 업무수행의 대가로 이해관계자로부터 부당한 재산적 이득을 제공받아서는 아니 된다.
• 고객에 대하여 수수료 및 그 밖의 비용의 징수에 관한 사항을 고객이 사전에 알 수 있도록 고지하여야 한다.
• 고객으로부터 직무수행의 대가로 또는 직무수행과 관련하여 사회상규에 벗어나는 향응, 선물 그 밖의 금품 등을 수수해서는 아니 된다.

★★★
049 다음의 행위 중 불건전 영업행위로 보는 경우가 아닌 것은?

① 투자자문업자 및 투자일임업자가 예탁자산 규모에 연동하여 보수를 받는 경우

② 투자자문업자 및 투자일임업자가 계약시에 약정한 수수료 외의 대가를 투자자로부터 추가로 받는 행위

③ 투자자문업자 및 투자일임업자가 투자자로부터 성과보수를 받기로 하는 약정을 체결하는 행위 및 그에 따라 성과보수를 받는 행위

④ 투자매매업자 및 투자중개업자가 조사분석자료의 작성을 담당하는 자에 대하여 기업금융업무와 관련하여 연동된 성과보수를 지급하는 행위

> **해설** ②~④의 성과보수를 지급하거나 받는 행위는 불건전 영업행위의 하나로 금지된다. 그러나 투자자문업자 및 투자일임업자가 예탁자산 규모에 연동하여 보수를 받는 경우는 불건전 영업행위의 성과보수로 보지 않는다.

★★★
050 금융투자업종사자의 업무와 관련하여 고객에 대한 의무이다. 잘못된 것은?

① 금융투자업종사자는 업무를 수행함에 있어서 모든 고객을 공평하게 취급하여야 한다.

② '공평하게'라고 하는 것은 반드시 '동일하게'라는 의미는 아니며, 정당한 사유가 있는 경우에는 차별이 가능한 공정성유지의무를 뜻한다.

③ 특정 투자정보를 고객에게 제공하거나, 또는 이것을 수정하거나, 추가정보를 제공함에 있어서, 모든 고객에 대하여 완전히 동일한 조건이어야 한다.

④ 회사는 거래소로부터 받은 시세정보를 투자자에게 제공하는 경우 특정 위탁자에게만 매매주문 관련 자료나 정보를 차별적으로 제공하는 행위를 하여서는 아니 된다.

> **해설** 어떤 투자정보를 고객에게 제공하거나, 또는 이것을 수정하거나, 추가정보를 제공함에 있어서, 모든 고객에 대하여 완전히 동일한 조건이어야 하는 것은 아니고 고객의 투자목적, 지식·경험, 정보제공에 대한 대가 등에 따라서 필요한 정보를 적절하게 차별하여 제공하는 것은 허용한다. 즉, 동일한 성격을 지닌 고객 내지 고객군에 대하여 제공되는 서비스의 질과 양 및 시기 등이 동일하면 된다.
> ④ : 차별적 제공금지 ⇒ 회사는 거래소로부터 받은 시세정보를 투자자에게 제공하는 경우 시세정보의 제공형태나 제공방식 등에 대해서 투자자가 선택할 수 있도록 고지하지 않고 특정 위탁자에게만 매매주문 관련 자료나 정보를 차별적으로 제공하는 행위를 하여서는 아니 된다.

★★★
051 금융투자업 종사자의 기본적인 의무와 관련하여 잘못된 설명은?

① 금융투자업종사자는 자기가 달성 또는 자기가 소속하는 회사가 달성하는 것이 합리적으로 기대되는 성과를 고객 또는 널리 일반에게 제공하여서는 아니 된다.

② 금융투자업종사자는 고객으로부터 위임받은 업무에 대하여 그 결과를 고객에게 지체없이 보고하고 그에 따라 필요한 조치를 취하여야 한다.

③ 금융투자업종사자는 업무를 수행하는 과정에서 알게 된 고객의 정보를 다른 사람에게 누설하여서는 아니 된다.

④ 금융투자업종사자는 업무수행의 대가로 이해관계자로부터 부당한 재산적 이득을 제공받아서는 아니 된다.

> **해설** ① 허위·과장 표시 금지 : 금융투자업종사자는 자기 또는 그가 소속하는 회사가 달성 또는 달성하는 것이 합리적으로 기대되는 성과를 고객 또는 널리 일반에게 제공할 때에는 합리적이며 공정·정확하고 충분한 근거가 제시될 수 있도록 하여야 한다.
> ② 처리결과의 보고의무
> ③ 고객정보의 누설 및 부당이용금지
> • 고객정보 누설금지 : 금융투자업종사자는 업무를 수행하는 과정에서 알게 된 고객의 정보를 다른 사람에게 누설하여서는 아니 된다.
> • 고객정보 부당이용 금지 : 금융투자업종사자는 직무와 관련하여 알게 된 고객정보를 자기 또는 제3자의 이익을 위하여 부당하게 이용하여서는 아니 된다.

정답 048 ④ 049 ① 050 ③ 051 ①

④ 부당한 금품수수 금지
- 금융투자업종사자는 업무수행의 대가로 이해관계자로부터 부당한 재산적 이득을 제공받아서는 아니 된다.
- 금융투자업종사자는 고객에 대하여 수수료 및 그 밖의 비용의 징수에 관한 사항을 고객이 사전에 알 수 있도록 고지하여야 한다.
- 금융투자업종사자는 고객으로부터 직무수행의 대가로 또는 직무수행과 관련하여 사회상규에 벗어나는 향응, 선물 그 밖의 금품 등을 수수해서는 아니 된다.

···TOPIC 12 소속회사에 대한 의무

★★★
052 소속 회사에 대한 의무에 대한 설명으로 옳은 것을 묶은 것은?

> ㉠ 금융투자업종사자는 소속 회사의 업무를 신의로 성실하게 수행하여야 한다.
> ㉡ 금융투자업종사자는 소속 회사의 직무수행에 영향을 줄 수 있는 지위를 겸하거나 업무를 수행할 때에는 사전에 회사의 승인을 얻어야 하고 부득이한 경우에는 사후에 즉시 보고하여야 한다.
> ㉢ 금융투자업종사자가 대외활동을 함에 있어서는 회사, 주주 또는 고객과 이행상충이 발생하지 않도록 하며 필요한 준법절차를 밟아야 한다.

① ㉠, ㉡   ② ㉠   ③ ㉠, ㉢   ④ ㉠, ㉡, ㉢

 해설 모두 옳다.
㉠ : 신의 성실의무, ㉡ : 직무전념의무, ㉢ : 대외활동시의 준법절차
직무전념의무에서 금융투자업종사는 맡겨진 직무에 전념(집중)하여야 한다. '소속 회사의 직무에 영향을 줄 수 있는 것이면' 회사와 경쟁관계에 있거나 이행상충관계에 있는지의 여부, 계속성 여부도 불문하고 금지된다.

🏛 필수핵심정리 | 소속회사에 대한 의무

- 기본적 의무(신의성실의무)
- 대외활동 시의 준법절차
- 품위유지의무 등
- 직무전념의무
- 회사재산과 정보의 부당한 사용·유출 금지
- 고용계약 종료 후의 의무

★★★
053 대외활동이란 회사의 임직원이 금융투자 업무와 관련된 내용으로 회사 외부의 기관 또는 정보전달 수단 등과 접촉함으로써 다수인에게 영향을 미칠 수 있는 다음의 활동을 말한다. 이에 해당하지 않는 것은?

① 외부 강연, 연설, 교육, 기고 등의 활동
② 투자광고를 위한 신문, 방송 등 언론매체 접촉활동
③ 회사가 운영하지 않는 온라인 커뮤니티, 소셜 네트워크 서비스, 웹사이트 등을 이용한 대외 접촉활동
④ 기타 이에 준하는 사항으로서 회사에서 대외활동으로 정한 사항

해설 신문, 방송 등 언론매체 접촉활동에서 투자광고를 위한 활동은 대외활동에서 제외한다.

★★★
054 금융투자업종사자가 소속된 회사의 동의 없이 사이버공간에서 가명으로 유료의 증권카페를 운용하고 있다면 이 자가 위반한 직무윤리로 가장 옳은 것은? [심화]

┌───┐
│ ㉠ 직무전념의무   ㉡ 대외활동 시 준법절차 의무 │
│ ㉢ 경업금지의무   │
└───┘

① ㉡   ② ㉠, ㉢   ③ ㉠, ㉡, ㉢   ④ ㉠

해설 ㉠ 금융투자업종사자는 맡겨진 직무에 전념해야 하는 직무전념의무, ㉡ 금융투자업종사자가 대외활동을 함에 있어서는 회사, 주주 또는 고객 등과 이해상충이 발생하지 않도록 필요한 준법절차를 밟아야 하는 대외활동 시 준법절차 의무, ㉢ 회사의 직원으로서 경업금지의무를 위반하였다.

★★★
055 임직원이 대외활동을 하는 경우 준수하여야 할 사항으로 적절하지 않은 것은?

① 모든 의견은 회사의 공식의견으로 하여 명백히 표현하여야 한다.
② 대회활동으로 인하여 회사의 주된 업무 수행에 지장을 주어서는 아니 된다.
③ 대외활동으로 인하여 금전적인 보상을 받게 되는 경우 회사에 신고하여야 한다.
④ 공정한 시장질서를 유지하고 건전한 투자문화 조성을 위해 최대한 노력하여야 한다.

> **해설** 회사의 공식의견이 아닌 경우 사견임을 명백히 표현하여야 한다.

★★★
056 비밀정보의 보안처리의무에 관한 내용으로 옳지 않은 것은?

① 회사의 재무건전성이나 경영 등에 중대한 영향을 미칠 수 있는 미공개 정보는 기록 형태나 기록 유무와 관계없이 비밀정보로 본다.
② 특정한 정보가 비밀정보인지 불명확한 경우 준법감시인의 사전 확인을 받기 전까지 당해 정보는 비밀정보로 분류되지 아니한다.
③ 비밀정보를 제공하는 경우 '필요성에 의한 제공원칙(Need to Know Rule)'에 부합하는 경우에 한하여 준법감시인의 사전 승인을 받아 제공하여야 한다.
④ '필요성에 의한 제공원칙'은 회사에서 부여한 업무를 수행하기 위하여 필요한 최소한의 범위 내에서만 제공하여야 한다는 원칙이다.

> **해설** 특정한 정보가 비밀정보인지 불명확한 경우 그 정보를 이용하기 전에 준법감시인의 사전 확인을 받아야 한다. 이 경우 준법감시인의 사전 확인을 받기 전까지 당해 정보는 비밀정보로 분류 · 관리되어야 한다.

🏛 필수핵심정리 ▶ 비밀정보의 범위와 관리 등

- **비밀정보의 범위**
  - 회사의 재무건전성이나 경영 등에 중대한 영향을 미칠 수 있는 미공개 정보
  - 고객 또는 거래상대방에 관한 신상정보, 매매거래내역, 계좌번호, 비밀번호 등에 관한 미공개 정보
  - 회사의 경영전략이나 새로운 상품 및 비즈니스 등에 관한 미공개 정보
  - 기타 위에 준하는 미공개정보
- **비밀정보의 관리와 제공절차**
  - 고객관련정보, 투자대상회사의 정보, 운용정보, 회사의 경영정보 등 일체의 비밀정보는 정보차단의 원칙에 의거 관리되어야 하고, 적절한 보안장치를 구축하여 관리하여야 한다. 이는 부서간 업무연락에 따른 업무 효율성의 필요성에 우선한다.
  - 타인(회사의 임직원을 포함)에게 비밀정보의 제공은 그 필요성이 인정되는 경우에 한하여 회사가 정하는 사전 승인 절차에 따라 이루어져야 한다.

★★★
057 다음은 내부통제에 관한 설명이다. 옳지 않은 것은?

① 내부통제는 회사의 임직원이 업무수행 시 법규를 준수하고 조직운영의 효율성제고 및 재무보고의 신뢰성을 확보하기 위하여 회사 내부에서 수행하는 모든 절차와 과정을 말한다.

② 임직원은 수행하는 업무와 관련된 내부통제에 대한 1차적 책임이 있다.

③ 금융투자업자는 내부통제기준을 제정·변경하려는 경우 주주총회의 결의를 거쳐야 한다.

④ 자본시장법에서는 금융투자업자에 대하여 내부통제기준을 설치하여 운영할 것을 법적 의무로 요구하고 있다.

> **해설** 금융투자업자는 내부통제 기준을 제정하거나 변경하려는 경우에는 이사회의 결의를 거쳐야 한다.

> 🏛 **필수핵심정리** ▷ **내부통제기준과 준법감시제도**
>
> • 내부통제기준 : 금융투자업자가 법령을 준수하고, 자산을 건전하게 운용하며, 이해상충방지 등 투자자를 보호하기 위하여 그 금융투자업자의 임직원이 직무를 수행함에 있어서 준수하여야 할 적절한 기준 및 절차
> • 내부통제기준을 정하지 아니한 자, 준법감시인을 두지 아니한 자, 이사회의 결의 없이 준법감시인을 임면한 자 : 5천만원 이하의 과태료 부과
> • 준법감시제도 : 금융투자산업에 있어서 내부통제의 하나로서, 회사의 임직원 모두가 고객 재산의 선량한 관리자로서 의무에 입각하여 임직원이 고객의 이익을 위해 최선을 다했는지, 제반법규를 엄격히 준수하고 있는지에 대하여 사전적으로 또는 상시적으로 통제·감독하는 장치

★★★
058 내부통제와 관련된 설명으로 가장 틀린 것은?

① 금융투자업종사자는 그 직무를 수행함에 있어서 소속 회사의 내부통제기준 등의 준법절차를 따라야 한다.

② 금융투자업종사자는 직무를 수행하는 과정에서 관계법규 등에 위반하는지의 여부에 대하여 의문이 있을 때에는 금융위원회에 문의하여 그에 따라 직무를 수행하여야 한다.

③ 직무윤리강령과 직무윤리기준, 기타 관계법규 등에 위반한 업무집행에 대한 처리 및 제재는 회사내규 기타 관계법규 등에 규정되어 있는 바에 의한다.

④ 금융위원회는 금융감독원장의 검사 결과 법령을 위반한 사실이 드러난 금융투자업자에 대하여 내부통제기준의 변경을 권고할 수 있다.

> **해설** 금융투자업종사자는 직무를 수행하는 과정에서 관계법규 등에 위반하는지의 여부에 대하여 의문이 있을 때에는 준법감시인이나 준법감시부서 등에 문의하여 그에 따라 직무를 수행하여야 한다.

정답 055 ① 056 ② 057 ③ 058 ②

★★★ 059 내부통제와 관련하여 잘못된 설명은? 심화

① 내부통제는 회사의 임직원이 업무수행 시 법규를 준수하고 조직운영의 효율성 제고 및 재무보고의 신뢰성을 확보하기 위하여 회사 내부에서 수행하는 모든 절차와 과정을 말한다.

② 내부통제기준은 금융투자업자가 법령을 준수하고, 자산을 건전하게 운용하며, 이해상충 방지 등 투자자를 보호하기 위하여 그 금융투자업자의 임직원이 직무를 수행함에 있어서 준수하여야 할 적절한 기준 및 절차를 정한 것이다.

③ 임직원은 수행하는 업무와 관련된 내부통제에 대한 1차적인 책임이 있다.

④ 각 지점별로 영업관리자를 두어 해당 지점의 모든 계좌의 매매거래상황 등을 주기적으로 점검하게 하여야 한다.

> **해설** 각 지점의 영업관리자는 모든 계좌가 아니라 해당 지점에서 금융투자상품의 거래에 관한 지식과 경험이 부족하여 투자중개업자의 투자권유에 사실상 의존하는 투자자의 계좌를 별도로 구분하여 이들 계좌의 매매거래상황 등을 주기적으로 점검하는 등 직원의 투자권유 등 업무수행에 있어 관련법규 및 내부통제기준 준수 여부를 감독하게 하여야 한다.

★★★ 060 준법감시인에 대한 설명으로 적절하지 않은 것은?

① 준법감시인은 내부통제기준을 기초로 내부통제의 구체적인 지침, 컴플라이언스 매뉴얼, 임직원 윤리강령 등을 제정·시행할 수 있다.

② 준법감시인은 감사 또는 감사위원회의 지휘를 받아 그 업무를 수행한다.

③ 준법감시인은 준법감시업무 중 일부를 준법감시업무를 담당하는 임직원에게 위임할 수 있다.

④ 준법감시인은 회사의 내부통제체제 및 내부통제기준의 적정성을 정기적으로 점검하고 점검결과 문제점 또는 미비사항이 발견된 경우 이의 개선 또는 개정을 요구할 수 있다.

> **해설** 준법감시인은 이사회 및 대표이사의 지휘를 받아 그 업무를 수행한다.

★★★
061 준법감시인이 영업점에 대한 준법감시업무를 위하여 지명하는 영업점별 영업관리자는 다음 각 요건을 모두 구비한 자이어야 한다. 적절하지 않은 것은?

① 영업점에서 1년 이상 근무한 경력이 있거나 준법감시감사업무를 1년 이상 수행한 경력이 있는 자로서 당해 영업점에 상근하고 있을 것
② 본인이 수행하는 업무가 과다하거나 수행하는 업무의 성격으로 인하여 준법감시업무에 곤란을 받지 아니할 것
③ 영업점장일 것
④ 준법감시업무를 효과적으로 수행할 수 있는 충분한 경험과 능력, 윤리성을 갖추고 있을 것

 해설 영업점장이 아닌 책임자급이어야 한다.

★★★
062 회사가 특정고객을 위하여 고객전용공간을 제공하는 경우 준수하여야 할 사항으로 잘못된 것을 묶은 것은?

> ㉠ 당해 공간은 직원과 분리되어야 하며, 영업점장 및 영업점 영업관리자의 통제가 용이한 장소에 위치하여야 한다.
> ㉡ 사이버룸의 경우 반드시 '사이버룸'임을 명기(문패 부착)하되 외부에서 내부를 관찰할 수 없도록 폐쇄형 형태로 설치되어야 한다.
> ㉢ 회사는 사이버룸 사용 고객에게 명패, 명칭, 개별 직통전화 등을 사용하도록 하거나 제공하여야 한다.
> ㉣ 영업점장 및 영업점 영업관리자는 사이버룸 등 고객전용공간에서 이루어지는 매매거래의 적정성을 모니터링하고 이상매매가 발견되는 경우 지체없이 준법감시인에게 보고하여야 한다.

① ㉡, ㉢   ② ㉠, ㉡   ③ ㉠, ㉣   ④ ㉢, ㉣

해설 ㉡ 사이버룸의 경우 반드시 '사이버룸'임을 명기(문패 부착)하고 외부에서 내부를 관찰할 수 있도록 개방형 형태로 설치되어야 한다.
㉢ 회사는 다른 고객이 사이버룸 사용 고객을 직원으로 오인하지 아니 하도록 사이버룸 사용 고객에게 명패, 명칭, 개별 직통전화 등을 사용하도록 하거나 제공하여서는 아니 된다.

··· TOPIC 14 직무윤리 위반에 대한 제재

★★★
063 금융투자업자의 직원에 대한 제재조치인 징계의 종류에 해당하지 않는 것은?

① 해임요구　　　　　　　　　　② 감봉
③ 정직　　　　　　　　　　　　④ 견책

> **해설** 금융투자업자의 직원에 대한 조치권은 면직, 6개월 이내의 정직, 감봉, 견책, 경고, 주의 그 밖에 위법행위를 시정하거나 방지하기 위하여 필요한 조치로서 자본시장법 시행령으로 정하는 조치 등이 있다. 해임요구는 금융투자업자의 임원에 대한 조치권이다.

📊 보충학습 ▷ 직무윤리 위반에 대한 제재권

구분	직무윤리 위반에 대한 제재권
자율규제	금융투자협회의 금융투자업자와 그 소속 임직원에 제재권 → 대한 주요 직무 종사자의 등록 및 관리권과 회원의 제명 및 그 밖의 제재권 발동 가능
행정제재	금융위의 금융투자업자에 대한 제재권 → 감독권, 조치명령권, 승인권, 보고요구권, 검사권, 금융업등록 취소권, 6개월 이내의 업무 정지명령권, 계약의 인계명령권, 위법행위의 시정명령·중지명령, 공표·게시명령권, 기관경고, 기관주의 등
	금융위의 금융투자업자의 임원에 대한 조치권 → 해임요구, 6개월 이내의 직무정지, 문책경고, 주의적 경고, 주의, 그 밖의 조치 등
	금융위의 금융투자업자의 직원에 대한 조치권 → 면직, 6개월 이내의 정직, 감봉, 견책, 경고, 주의, 그 밖의 조치 등
	청문 및 이의신청 → 금융위의 조치를 위한 사전절차로서 청문을 요하거나, 금융위의 처분 또는 조치에 대한 이의신청권 인정

★★★
064 직무윤리 위반행위에 대한 제재의 설명으로 거리가 먼 것은?

① 위반행위에 대한 행정제재에는 금융투자협회를 포함한 금융감독기구인 금융위원회, 증권선물위원회 및 금융감독원 등에 의한 제재가 있다.
② 위반행위에 의하여 손해를 입은 자는 민법상 채무불이행 또는 불법행위에 의한 손해배상을 청구할 수도 있다.
③ 자본시장법에서 명시적으로 규정하고 있는 위반행위에 한정하여 형사처벌이 가해지며, 또한 행위자와 법인 양자 모두를 처벌하는 양벌규정을 두는 경우가 많다.
④ 직무윤리강령 및 직무윤리기준을 위반한 행위에 대하여 아무런 법적 제재를 받지 않을 수도 있다.

해설 직무윤리의 위반행위에 대한 제재는 행정제재와 자율규제로 구분할 수 있다. 이 경우 금융투자협회는 위반에 대해서 주요 직무 종사자의 등록 및 관리권과 회원의 제명 또는 그 밖의 제재권을 발동할 수 있는 회원 간의 자율규제업무를 담당하는 기구이다. 따라서 금융투자협의의 제재는 자율규제이다.

행정제재는 금융감독기구인 금융위원회, 증권선물위원회, 금융감독원 등에 의한 제재가 중심이 된다.

★★★
065 직무윤리의 위반행위에 대한 민사책임에 관한 내용으로 틀린 것은?

① 직무윤리의 위반행위가 법 위반으로 되는 경우 이에 대한 사법적 제재로는 당해 행위의 실효와 손해배상책임을 묻는 방법 등이 있다.

② 법률행위에 중대한 하자가 있는 경우에는 '무효'로 하고, 가벼운 하자가 있는 경우에는 '취소'할 수 있는 행위가 된다.

③ 계약당사자가 일방의 채무불이행으로 계약의 목적을 달성할 수 없는 경우, 그것이 일시적 거래인 경우에는 계약을 '해지'할 수 있다.

④ 불법행위책임은 계약관계의 존부를 불문하고, '고의 또는 과실'의 '위법행위'로 타인에게 손해를 가한 경우 가해자는 피해자에게 발생한 손해를 배상하여야 한다.

해설 계약당사자가 일방의 채무불이행으로 일시적 거래계약의 목적을 달성할 수 없는 경우에는 그 계약을 '해제'할 수 있는 것이고, 계약을 해제하면 계약이 소급적으로 실효되어 원상회복의무가 발생한다.

📊 보충학습 ▶ 직무윤리의 위반이 법 위반에 대한 민사책임

구분		내용
법률행위의 실효	무효와 취소	• 법률행위에 중대한 하자가 있는 경우 → 무효 • 가벼운 하자가 있는 경우에는 → 취소
	해제와 해지	• 채무불이행으로 일시적 거래의 목적을 달성할 수 없는 경우 → 해제 → 소급적 실효되어 원상회복의무 발생 • 계속적 거래의 목적을 달성할 수 없는 경우 → 해지 → 해지시점부터 계약 실효
손해배상	계약책임	계약관계에 있는 당사자 사이에 계약 위반을 이유로 함
	불법행위 책임	계약관계의 존부를 불문하고, '고의 또는 과실'의 '위법행위'로 타인에게 손해를 가한 경우 가해자는 피해자에게 발생한 손해 배상

02 자본시장과 금융투자업에 관한 법률 /금융위원회규정

내용 구성 및
주요 출제내용
분석

주요 내용	중요도	주요 출제 내용
총설	★	자본시장법의 의의·효과, 감독·관계기관 등
금융투자상품 및 금융투자업	★★★	금융투자상품의 의의와 분류, 금융투자업의 분류, 투자자의 분류 등
금융투자업자 영업행위 규제	★★★	금융투자업 인가·등록, 영업행위규칙, 투자매매·중개업자, 집합투자업자, 투자자문·일임업자, 신탁업자의 영업행위 규칙·규제 등
공시제도와 인수합병제도	★★★	증권신고서제도, 증권발생 및 유통시장의 공시제도, 기업의 인수합병의 공개매수제도, 대량보유보고제도, 의결권대리행사 등
상장법인특례	★★	주권상장법인에 대한 상법의 특례규정
집합투자기구	★★	집합투자기구의 등록, 구성 및 종류 등
불공정거래규제	★★★	미공개정보이용, 시세조정행위, 부정거래행위 등의 규제

출제경향 분석
및 학습요령

자본시장과 금융투자업에 관한 법률은 총 7문제가 출제되는 부분으로서, 관련 범위가 상당히 넓고 광범위하게 출제되는 부분으로서 많은 시간을 필요로 하는 어려운 내용이다. 특히 금융투자상품·금융투자업자와 투자자의 분류, 매매·중개업무규제, 불건전영업행위금지, 신용공제 규제, 집합투자업자의 행위규칙, 증권신고서와 투자설명서, 유통시장 공시제도, 공개매수제도, 대량보유상황보고제도, 주권상장법인의 특례, 투자신탁과 투자회사, 미공개정보이용행위·시세조정행위·부정거래행위·시장질서교란행위의 규제 등이 매우 중요한 부분이다. 특히 양이 상당히 많은 부분으로서 전부 정리하기 보다는 각 규정에서 중요한 키워드를 반복해서 정리하는 것이 좀 더 효과적이다.

금융위원회규정은 총 4문제가 출제되는 부분으로서, 자본시장법의 실무절차규정으로서 구체적·개별적·세부적인 성격을 띠고 있어, 기본서는 해당 자본시장법규정과 금융위규정을 별도로 구분하지 아니하고 일괄하여 다루고 있어, 본 문제집도 기본서와 동일하게 금융위규정을 일괄하여 다루나, 특히 자산건전성·영업용순자본의 규제, 경영실태평가와 적기시정조치, 신용공여 등이 중요하다.

★★★
001 다음 중 자본시장법의 제정 기본방향에 관한 설명으로 옳지 않은 것은?

① 법률의 규제대상 금융투자상품을 열거주의에서 포괄주의로 전환하였다.

② 종전의 기관별 규제에서 경제적 실질이 동일한 금융기능을 동일하게 규율하는 기능별 규율체제로 전환하였다.

③ 금융투자업간의 상호 겸영을 규제하고, 부수업무 및 집합투자기구의 투자 가능한 자산을 법령에서 열거된 업무 및 자산으로만 한정하였다.

④ 투자자 보호 강화를 위하여 투자권유의 규제, 무분별한 투자광고의 규제 및 이해상충방지체제를 도입하였다.

해설 종전 업무범위의 엄격한 제한에 따른 문제를 해결하기 위하여 자본시장법은 금융투자의 업무범위를 대폭 확대하였다. 즉, 6개 금융투자업간의 상호간 겸용을 허용하고, 열거방식으로 되어 있는 부수업무를 포괄적으로 허용하며, 판매망의 확충을 위한 투자권유대행인제도의 도입 및 외국환 업무의 범위를 확대하였다. 또한 집합투자업의 업무범위도 대폭 확대하여 집합투자기구의 형태를 투자회사에서 자금의 집합이 가능한 모든 형태의 기구로 확대하고, 집합투자기구가 투자할 수 있는 자산을 종전 법령에서 열거된 자산에서 재산적 가치가 있는 모든 자산으로 확대하고, 투자자산의 운용방법도 취득처분 이외에 모든 방법이 가능하도록 하고, 사모펀드에 대한 수탁회사 감시의무 폐지 등 규제를 대폭 완화하였다.

🏛 필수핵심정리 ▶ 자본시장법(자본시장과 금융투자업에 관한 법률) 제정 기본 방향

구 분	주요 내용
포괄주의 규율체제로 전환	• 금융투자상품 개념을 추상적으로 정의 → 향후 출현할 모든 금융투자상품을 법률의 규율대상으로 포괄 • 금융투자상품 포괄적 정의 → 투자성(원본손실 가능성)을 갖는 모든 금융상품
기능별 규율체제 도입	• 기능별 규율체제 : 취급 금융기관을 불문하고 경제적 실질이 동일한 금융기능을 동일하게 규제 → 동일한 인가 및 등록 요건 적용 • 금융기능을 금융투자업, 금융투자상품, 투자자를 기준으로 경제적 실질에 따라 각각 재분류 → 금융기능 = 금융투자업 + 금융투자상품 + 투자자
업무범위의 확대	• 모든 금융투자업 상호간 겸영 허용 → 투자매매업, 투자중개업, 집합투자업, 투자일임업, 투자자문업, 신탁업 등 6개의 금융투자업으로 구분 • 모든 부수업무의 포괄적 허용 및 사전(부수업무개시 7일전) 금융위 신고 • 투자권유대행인 제도의 도입 • 금융투자업 관련 모든 외국환업무의 범위 확대
투자자 보호제도의 선진화	• 선진국수준의 투자자보호장치 제도화 → 설명의무, Know-Your-Customer-Rule, 적합성 원칙, 적정성 원칙 및 요청하지 않은 투자권유 규제 등의 도입 • 투자광고규제 도입 • 정보교류 차단장치(Chiness Wall) 등 이해상충 방지체제 마련 • 투자자책임과 금융투자회사의 책임을 동시에 강화 • 발행공시의 적용범위 확대 → 은행채 · 집합투자증권등 → 증권신고서제도 적용

★★★
002 자본시장법의 제정에 관한 설명으로 틀린 것은? [심화]

① 원본손실 발생가능성인 투자성의 특징을 갖는 모든 금융상품을 금융투자상품으로 추상적·포괄적으로 정의하여 향후 출현 가능한 모든 금융투자상품을 규제대상으로 한다.

② 일반투자자를 상대로 하는 장외파생상품매매에 대해서 가장 완화된 규제를 적용하며, 전문투자자자를 상대로 하는 증권투자자문업에 대해서 가장 엄격한 규제를 적용한다.

③ 6개 금융투자업 상호간 겸용의 허용은 물론 부수업무도 포괄적으로 허용하여 부수업무 개시 7일 전 금융위원회의 사전 신고만으로 가능하다.

④ 집합투자기구의 투자가능자산을 재산적 가치가 있는 모든 자산으로 확대하며, 운용방법도 취득·처분 외의에 모든 방법으로 운영할 수 있고, 사모펀드는 수탁회사 감시의무를 폐지하였다.

> **해설** 경제적 실질에 따라 일반투자자를 상대로 하는 장외파생상품 매매에 대해서 가장 엄격한 규제를 적용하며, 전문투자자자를 상대로 하는 증권투자자문업에 대해서 가장 완화된 규제를 적용한다.

···TOPIC **2** 금융투자업의 감독기관 및 관계기관

★★★
003 다음 중 금융투자업의 감독기관으로 볼 수 없는 것은?

① 금융위원회　　　　　　　　② 증권선물위원회
③ 금융감독원　　　　　　　　④ 한국거래소 시장감시위원회

> **해설** 금융투자업의 감독기관으로는 금융위원회, 증권선물위원회 및 금융감독원이 있다.
> 그러나 한국거래소 시장감시위원회는 유가증권·코스닥·파생상품 시장에서의 시세조정 등 불공정거래를 감시하기 위해 자본시장법에 의해 설립된 자율규제기관이다.

구 분		주요 내용
금융 위원회	성격	국무총리소속의 합의제 중앙행정기관 및 금융정책의 최상위 심의·의결기관
	구성	① 위원 : 위원장, 부위원장, 위원 7인의 9명으로 구성 → 당연직의 기획재정부차관·금융감독원 원장·예금보험공사 사장·한국은행 부총재 및 위원장이 추천하는 금융전문가 2명 및 상공회의소 회장추천 경제계 대표 1명 ② 임명 : 위원장은 국무총리 제청으로 대통령이 임명, 부위원장은 위원장의 제청으로 대통령이 임명 ③ 과반수 출석과 과반수 찬성으로 의결
	업무	① 금융정책 및 제도의 수립과 관련 법률·규정의 제·개정 ② 금융기관의 설립·합병·전환·영업양수도 및 경영 등의 인·허가 ③ 금융기관의 감독 및 검사·제재 제도 수립 등
증권선물 위원회	성격	① 위원장을 포함한 5명의 위원으로 구성 → 금융위 부위원장이 위원장 겸임 ② 금융위 권한 중 자본시장의 관리 및 감독 관련사항의 선행심의 의결기관으로서, 금융위 내에서 설치된 기구
	업무	① 자본시장의 불공정거래 조사 및 기업회계기준 및 회계감리 등 ② 금융감독원에 대한 지도·감독 등
금융 감독원	성격	① 금융위와 증선위 의결사항의 집행기관 ② 무자본 특수법인
	업무	금융기관에 대한 검사·감독업무, 금융민원·분쟁의 해소·조정 등 ※ 은행감독원·증권감독원·보험감독원 및 신용관리기금의 통합기관

★★★
004 금융위원회와 관련하여 잘못된 설명은? 심화

① 정부조직법에 따른 국무총리 소속하의 중앙행정기관으로서, 금융감독의 최상위 심의 및 의결기관이다.

② 9인의 위원으로 구성된 합의제로서 위원장, 부위원장, 상임위원 2인 및 비상임위원 5인으로 구성되며, 재적위원 과반수의 출석과 출석위원 과반수의 찬성으로 의결된다.

③ 비상임위원은 기획재정부 장관, 금융감독원 원장, 예금보험공사 사장, 한국은행 총재 및 자산관리공사 사장이며, 나머지 1인은 대한상공회의소 회장의 추천을 받은 자이다.

④ 금융에 관한 정책 및 제도, 금융기관의 설립·합병·전환·영업양수도·경영 등의 인·허가 및 감독 및 검사·제재, 자본시장의 관리·감독 및 감시 등을 수행한다.

해설 비상임위원은 기획재정부 차관, 금융감독원 원장, 예금보험공사 사장 한국은행 부총재 및 대한상공회의소 회장의 추천을 받은 1인이며, 자산관리공사사장은 해당하지 않는다.

★★★
005 금융관련 관계기관의 설립목적으로 적절하지 않은 것은?

① 한국거래소 시장감시위원회 : 자본시장에서의 시세조종 등 불공정거래를 감시하기 위해 자본시장법에 의해 설립
② 한국금융투자협회 : 금융투자업자 회원 상호 간의 업무질서 유지 및 공정한 거래질서 확립, 투자자 보호 및 금융투자업의 건전한 발전을 목적으로 설립
③ 한국예탁결제원 : 증권의 집중예탁과 계좌간 대체, 매매거래에 따른 결제업무 및 유통의 원활을 위하여 설립
④ 증권금융회사 : 증권시장의 매매거래에 따른 증권인도 및 대금지급을 수행하기 위하여 설립

> **해설** 증권시장의 매매거래에 따른 증권인도 및 대금지급을 수행하는 기관은 한국예탁결제원이다.
> 증권금융회사는 자본시장법에 따라 인가제를 채택하여 금융위원회의 인가를 받아 현재 한국증권금융(주)만이 유일하며, 법상 당연 설립기관이 아닌 자기자본 20억원 이상의 주식회사로서,
> • 금융투자상품의 매도 · 매수, 증권의 발행 · 인수 또는 그 청약의 권유 · 청약 · 청약의 승낙과 관련하여 투자매매업자 또는 투자중개업자에 대하여 필요한 자금 또는 증권을 대여하는 업무
> • 증권시장 및 파생상품시장에서의 매매거래에 필요한 자금 또는 증권을 거래소를 통하여 대여하는 업무
> • 증권을 담보로 하는 대출업무 등을 주로 수행한다.

🏛 필수핵심정리 ▷ 금융투자업 관계기관

한국거래소 시장감시 위원회	성격	유가증권 · 코스닥 · 파생상품 시장에서의 시세조정 등 불공정거래를 감시하기 위해 자본시장법에 의해 설립된 자율규제기관
	업무	① 불공정거래행위의 사전적 예방을 위해 실시간 시장을 연계한 감시 및 이상거래 적출, 풍문 수집 등 시장에 대한 상시감시체제 구축 ② 사후적 이상거래에 대한 정밀 심리 및 필요한 조치를 통해 피해확산 방지 및 투자자 보호 ③ 회원사와 투자자간 분쟁 조정 등
한국금융 투자협회	성격	자본시장법에 의해 설립된 회원조직인 법인으로서 자율규제기관
	업무	① 회원 간 건전한 영업질서 유지와 투자자 보호 및 분쟁 자율조정 ② 비상장주권의 장외매매거래에 관한 업무 ③ 관련제도 조사 · 연구 및 금융투자전문인력제도의 운영 · 관리 등
한국예탁 결제원	성격	① 자본시장법에 의해 설립된 특수공법인 → 상법상 주식회사규정 준용 ② 증권의 단일 중앙예탁기관 ③ 증권시장 결제기관(증권인도 & 대금지급업무) 등
	업무	① 증권 등의 집중예탁 ② 계좌간 대체 ③ 명의개서 대행 ④ 증권거래세 원천징수 등
증권금융 회사	성격	① 자본시장법에 의해 허가를 받은 자기자본 20억원 이상의 주식회사(금융위 인가제) ② 현재 1개 회사만 허가 → 한국증권금융(주)	※ 증권예탁금 예치기관 → 한국예탁결제원, ※ 고객예탁금 예치기관 → 증권금융회사
	업무	투자자예탁금 집중관리기관, 증권담보 대출 등	

금융투자상품
거래청산회사
	• 자본시장법에 따라 금융위로부터 청산업 인가업무 단위의 전부나 일부를 택하여 금융투자
	  상품거래 청산업 인가를 받은 회사
	• 금융투자상품거래 청산업 → 금융투자업자 및 청산대상업자를 상대방으로 하여 청산대상
	  업자가 청산대상거래를 함에 따라 발생하는 채무를 채무인수, 경개, 그 밖의 방법으로 부담
	  하는 것을 영업으로 하는 것

신용평가회사	금융투자상품, 기업집합투자기구, 그 밖에 법령으로 정하는 자에 대한 신용평가를 하여 그 결 과에 대하여 기호, 숫자 등을 사용하여 표시한 신용등급을 부여하고 그 신용등급을 발행인, 인 수인, 투자자, 그 밖의 이해관계자에게 제공하거나 열람하게 하는 행위를 영업으로 하는 회사

★★★
006 다음 중 금융관련 기관에 관한 설명으로 옳지 않은 것은?

① 한국거래소, 한국금융투자협회, 한국예탁결제원 및 증권금융회사는 자본시장법상 당연 설립기관이다.

② 한국예탁결제원은 증권시장에서 매매거래에 따른 증권인도와 대금지급 업무의 결제기관 및 증권예탁기관이다.

③ 증권금융회사는 현재는 한국증권금융(주)만이 금융위원회의 인가를 받아 설립한 자기자본 20억원 이상의 주식회사로서, 고객예탁금의 예탁기관이다.

④ 한국거래소 시장감시위원회는 유가증권·코스닥·파생상품 시장에서의 불공정거래행위를 사전적 예방은 물론 사후적 이상거래가 발생한 경우 정밀 심리 등 필요한 조치를 통해 피해확산 방지 및 투자자 보호를 하는 기관이다.

> **해설** 한국거래소, 한국금융투자협회 및 한국예탁결제원은 자본시장법상 당연 설립기관이나, 증권금융회사는 당연 설립기관이 아닌 금융위원회의 인가를 받아 설립한 주식회사이다.

★★★
007 우리나라 금융법규 체계에 관한 내용으로 잘못된 것은? 심화

① 금융법규로 국회에서 제개정되는 법, 대통령인 시행령, 국무총리령인 시행규칙이 있다.

② 이 외에도 금융위원회가 제개정하는 감독규정, 금융감독원이 재개정하고 금융위원회에 보고하는 시행세칙으로 이루어져 있다.

③ 금융감독판례, 비조치의견서, 법규유권해석, 행정지도, 실무해석·의견, 모범규준, 업무해설서, 검사매뉴얼 등이 금융법규를 보완한다.

④ 동일한 금융서비스에 대해서는 금융권역별로도 동일하게 적용한다.

> **해설** 우리나라 금융법규는 은행, 금융투자업, 보험, 서민금융 등 금융권역별로 나누어져 있기 때문에, 동일한 금융서비스에 대해서도 금융권역별로 다르게 적용할 때가 있다.

- **비조치의견서** : 금융회사가 새로운 금융상품 또는 사업을 하고자 할 경우 명확히게 적용받을 법규가 없는 경우 이에 대하여 금융위원회가 반대하거나 제재하지 않겠다는 의견을 표명하는 것
- **법규유권해석** : 금융회사가 금융위원회가 소관하는 금융법규 등과 관련된 사안에 대해 법규적용 여부를 명확하게 확인하기 위하여 요청하는 경우 관련 금융법규를 유권으로 해석하는 것
- **행정지도** : 금융위원회 및 금융감독원이 금융관련법규 등에 의한 소관업무를 수행하기 위해 금융회사 등의 임의적 협력에 기초하여 지도 · 권고 · 지시 · 협조요청 등을 하는 것
- **실무해석 · 의견** : 금융법규의 내용 및 업무 현안에 관한 질의에 대하여 금융위원회 및 금융감독원의 실무부서가 제시한 비공식적인 해석 또는 의견
- **모범규준** : 금융위원회, 금융감독원, 금융회사가 공동으로 상호 준수할 것으로 약속하는 모범이 되는 규준으로, 이를 준수하지 않은 경우 그 사유에 대하여 설명할 의무를 가지며, 필요한 경우 제재를 부과할 수 있는 것
- **해설서 · 매뉴얼** : 법규 · 제도 · 절차와 관련된 업무해설서와 금융회사의 재무상황에 대한 검사와 관련된 매뉴얼

···TOPIC 3 금융투자상품

★★★
008 금융투자상품의 정의에 관한 설명으로 틀린 것은?

① 투자성은 원본을 초과하여 손실이 발생할 수 있는 가능성을 말하며, 이를 기준으로 금융투자상품을 증권과 파생상품으로 구분한다.

② 금융투자상품을 포괄주의 규제체제를 도입하여 추상적으로 정의하고 있다.

③ 원화로 표시된 양도성 예금증서, 관리형 신탁의 수익권 및 주식매수선택권은 금융투자상품에서 제외한다.

④ 증권에는 채무증권, 지분증권, 수익증권, 증권예탁증권, 투자계약증권이 있으며, 파생결합증권은 파생상품으로 구분한다.

 해설 파생결합증권은 기초자산의 가격 · 이자율 · 지표 · 단위 또는 이를 기초로 하는 지수 등의 변동과 연계되어 미리 정하여진 방법에 따라 지급하거나 회수하는 금전등이 결정되는 권리가 표시된 것으로서 주가연계증권(ELS), 주가연계워런트(ELW), 파생연계증권(DLS), 재해연계증권(CAT Bond) 등이 해당하며 이는 자본시장법상 증권에 포함한다.

※ **금융투자상품** : 이익을 얻거나 손실을 회피할 목적으로 현재 또는 장래의 특정 시점에 금전, 그 밖의 재산적 가치가 있는 것 등을 지급하기로 약정함으로써 취득하는 권리로서, 그 권리를 취득하기 위하여 지급하였거나 지급하여야 할 금전 등의 총액(판매수수료 등 법령에서 정하는 금액 제외)이 그 권리로부터 회수하였거나 회수할 수 있는 금전 등의 총액(해지수수료 등 법령에서 정하는 금액을 포함)을 초과하게 될 위험(투자성)이 있는 것으로서, 증권과 파생상품으로 구분한다.

★★★
009 금융투자상품의 구분에 대한 설명으로 가장 거리가 먼 것은?

① 금융투자상품은 추가지급의무 부과여부에 따라 증권과 파생상품으로 구분한다.

② 증권은 취득과 동시에 어떤 명목으로든 추가적인 지급의무를 부담하지 아니하는 금융투자상품을 말한다.

③ 파생상품은 취득 이후에 추가적인 지급의무를 부담할 수 있는 금융투자상품을 말한다.

④ 워런트와 같이 기초자산에 대한 매매를 성립시킬 수 있는 권리를 포함한 금융투자상품으로서 추가지급의무가 있는 것은 파생상품으로 구분한다.

해설 워런트와 같이 기초자산에 대한 매매를 성립시킬 수 있는 권리를 포함한 금융투자상품의 경우 추가지급의무가 있더라도 증권으로 구분한다.

🏛 필수핵심정리 ▷ 자본시장법상 금융상품의 구분

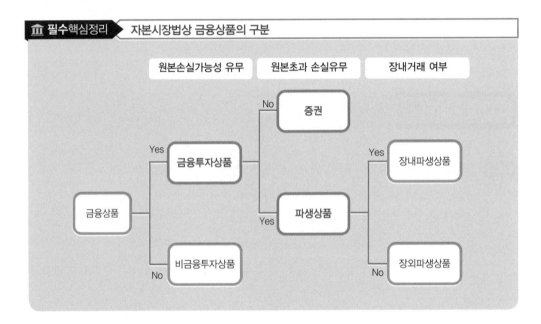

구 분		의 의	
전통적 증권	채무증권	지급청구권이 표시된 것	국채, 지방채, 사채등
	지분증권	출자지분이 표시된 것	주식, 신주인수권, 출자증권, 출자지분등
	수익증권	신탁의 수익권이 표시된 것	금전신탁수익증권 등
	증권예탁증권	증권을 예탁받은 자가 그 증권이 발행된 국가 외의 국가에서 발행한 것으로서 그 예탁받은 증권에 관련된 권리가 표시된 것	KDR, GDR, ADR 등
파생적 증권	투자계약증권	특정 투자자가 그 투자자와 타인 간의 공동사업에 금전 등을 투자하고 주로 타인이 수행한 공동사업의 결과에 따른 손익을 귀속받는 계약상의 권리가 표시된 것	집합투자증권(펀드), 비정형간접투자증권 등
	파생결합증권	기초자산의 가격·이자율·지표·단위 또는 이를 기초로 하는 지수 등의 변동과 연계하여 미리 정하여진 방법에 따라 지급하거나 회수하는 금전 등이 결정되는 권리가 표시된 것	ELS, ELW, DLS, CLN 등

★★★
010 다음 중 금융투자상품인 것으로만 묶은 것은?

> ㉠ 국채 등 채무증권　　　　　　　㉡ 원화표시 양도성예금증서
> ㉢ 신주인수권　　　　　　　　　　㉣ 관리형 신탁의 수익권
> ㉤ 투자계약증권　　　　　　　　　㉥ 주식매수선택권

① ㉠, ㉢, ㉤　　　　　　　　　　② ㉠, ㉡, ㉢

③ ㉡, ㉣　　　　　　　　　　　　④ ㉣, ㉥

해설 자본시장법상 금융투자상품은 국채·회사채 등의 채무증권, 주식·신주인수권 등의 지분증권, 신탁수익증권 등의 수익증권, KDR·GDR 등의 증권예탁증권, 펀드 등의 투자계약증권, 주가연계증권·주식워런트 등의 파생결합증권이 있다. 그러나 원화표시 양도성예금증서, 관리형 신탁의 수익권 및 주식매수선택권은 금융투자상품에서 제외한다.

- 원화로 표시된 양도성 예금증서 → 유통과정에서 손실이 발생할 위험(투자성)이 존재하지만, 만기가 짧아 금리변동에 따른 가치변동이 크지 않으며, 사실상 예금에 준하여 취급되는 점을 고려
- 수탁자에게 신탁재산의 처분권한이 부여되지 않은 관리형 신탁의 수익권 → 자산의 신탁시점과 해지시점의 가격 변동에 따른 투자성을 갖게 되나, 실질적으로는 신탁업자가 처분권을 갖지 않는 점을 고려
  - 위탁자(신탁계약에 따라 처분권한을 가지고 있는 수익자 포함)의 지시에 따라서만 신탁재산의 처분이 이루어지는 신탁
  - 신탁계약에 따라 신탁재산에 대하여 보존행위 또는 그 신탁재산의 성질을 변경하지 아니하는 범위에서 이용·개량 행위만을 하는 신탁
- 주식매수선택권(스톡옵션) → 임직원의 성과에 대한 보상으로 자기회사 주식을 매수할 수 있는 선택권을 부여하는 것으로 그 취득시 금전 등의 지급이 없고 유통가능성도 없다는 점을 고려

★★★
011 금융투자상품에 대한 다음의 설명 중 옳은 것은?

① 원본을 초과하지 아니하는 손실이 발생할 가능성이 있는 금융투자상품을 증권으로 하고, 원본을 초과하여 손실이 발생할 가능성이 있는 금융투자상품을 파생상품으로 구분한다.

② 투자금액 산정시 판매수수료 등 법령에서 정하는 금액은 포함하나, 회수금액 산정시 해지수수료 등 법령에서 정하는 금액은 제외한다.

③ 증권의 발행주체에는 내국인에 한하며, 외국인은 제외한다.

④ 투자계약증권은 기초자산의 가격·이자율·지표·단위 또는 이를 기초로 하는 지수 등의 변동과 연계되어 이익을 얻거나 손실을 회피할 목적의 계약상의 권리를 표시하는 증권이다.

해설 ② 투자금액 산정시 판매수수료 등 법령에서 정하는 금액은 제외하나, 회수금액 산정시 해지수수료 등 법령에서 정하는 금액은 포함한다.
③ 증권의 발행주체에는 내국인은 물론 외국인을 모두 포함한다.
④ 투자계약증권은 특정투자자가 그 투자자와 타인 간의 공동사업에 금전 등을 투자하고 주로 타인이 수행한 공동사업의 결과에 따른 손익을 귀속받는 계약상의 권리를 표시하는 증권으로서 집합투자증권(펀드) 등이 해당한다. 그러나 기초자산의 가격·이자율·지표·단위 또는 이를 기초로 하는 지수 등의 변동과 연계되어 이익을 얻거나 손실을 회피할 목적의 계약상의 권리를 표시하는 증권은 파생결합증권으로서 주가연계증권(ELS), 주식워런트(ELW), 파생연계증권(DLS), 신용연계증권(CLN) 등이 이에 해당한다.

★★★
012 다음 중 투자금액 산정시 제외항목을 올바르게 묶은 것은? 심화

⊙ 투자자가 지급하는 판매수수료

ⓛ 투자자가 중도해지 등에 따라 지급하는 환매, 해지수수료

ⓒ 각종 세금, 발행인·거래상대방이 채무불이행으로 지급하지 않은 미지급액

ⓔ 보험계약에 따른 사업비와 위험보험료

① ⓛ, ⓔ   ② ⊙, ⓔ   ③ ⊙, ⓒ   ④ ⊙, ⓛ

해설
- ⊙, ⓔ은 투자금액 산정시 제외되는 항목이다.
- ⓛ, ⓒ은 회수금액 산정시 포함되는 항목이다.

🏛 필수핵심정리 ▷ 투자원본과 회수금액의 범위

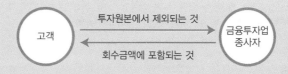

투자원본 산정시 제외되는 판매수수료 등	회수금액 산정시 포함되는 해지수수료 등
• 금융투자업자가 투자자로부터 받는 수수료 • 집합투자증권을 판매하는 행위에 대한 대가로 투자자로부터 직접 받는 금전인 판매수수료, 그 밖에 용역의 대가로서 투자자나 그 밖의 고객이 지급하는 수수료 • 보험계약에 따른 사업비와 위험보험료 • 그 밖에 금융위원회가 정하여 고시하는 금액	• 집합투자증권의 환매를 청구하는 해당 투자자에게 부과하는 환매수수료, 그 밖에 중도해지로 인하여 투자자나 그 밖의 고객이 지급하는 해지수수료 등 • 각종 세금 • 발행인 또는 거래상대방이 파산 또는 채무조정, 그 밖에 이에 준하는 사유로 인하여 당초 지급하기로 약정한 금전 등을 지급할 수 없게 됨에 따라 투자자 등이 되돌려 받을 수 없는 금액 • 그 밖에 금융위원회가 정하여 고시하는 금액

★★★
013 다음 중 금융투자상품별 종류가 모두 올바르게 묶인 것은?

> ㉠ 채무증권 – 국채, 지방채, 특수채, 회사채, 기업어음증권
> ㉡ 지분증권 – 주식, 신주인수권, 출자증권
> ㉢ 수익증권 – 신탁수익증권, 관리형 신탁의 수익권
> ㉣ 증권예탁증권 – KDR, ADR, GDR
> ㉤ 투자계약증권 – 집합투자증권
> ㉥ 파생결합증권 – 선도 · 선물, 옵션, 스왑

① ㉠, ㉡, ㉣, ㉤   ② ㉠, ㉢, ㉤, ㉥
③ ㉢, ㉥   ④ ㉠, ㉡, ㉢, ㉣, ㉤, ㉥

 해설 ㉢ 신탁수익증권은 수익증권이나, 관리형 신탁의 수익권은 자본시장법상 증권에서 제외한다.
㉥ 파생결합증권에 해당하는 것은 주가연계증권(ELS), 주식워런트(ELW), 파생연계증권 등이다. 그러나 선도 · 선물, 옵션은 장내파생상품에 해당하며, 스왑은 장외파생상품이다.

★★★
014 다음 중 파생상품이 아닌 것은?

① 기초자산이나 기초자산의 가격 · 이자율 · 지표 · 단위 또는 이를 기초로 하는 지수 등에 의하여 산출된 금전 등을 장래의 특정 시점에 인도할 것을 약정하는 계약
② 당사자 어느 한쪽의 의사표시에 의하여 기초자산이나 기초자산의 가격 · 이자율 · 지표 · 단위 또는 이를 기초로 하는 지수 등에 의하여 산출된 금전 등을 수수하는 거래를 성립시킬 수 있는 권리를 부여하는 것을 약정하는 계약
③ 장래의 일정기간 동안 미리 정한 가격으로 기초자산이나 기초자산의 가격 · 이자율 · 지표 · 단위 또는 이를 기초로 하는 지수 등에 의하여 산출된 금전 등을 교환할 것을 약정하는 계약
④ 기초자산의 가격 · 이자율 · 지표 · 단위 또는 이를 기초로 하는 지수 등의 변동과 연계하여 미리 정하여진 방법에 따라 지급금액 또는 회수금액이 결정되는 권리가 표시된 것

해설 기초자산의 가격 · 이자율 · 지표 · 단위 또는 이를 기초로 하는 지수 등의 변동과 연계하여 미리 정하여진 방법에 따라 지급금액 또는 회수금액이 결정되는 권리가 표시된 것은 파생결합증권이며 주가연계증권(ELS), 주식워런트(ELW), 파생연계증권(DLS) 등이 이에 해당한다.
이러한 파생결합증권은 자본시장법상 파생상품이 아닌 증권으로 구분한다.

구 분			의 의
의의			선도(선물) · 옵션 · 스왑에 해당하는 계약상의 권리 + 장래의 일정시점에서 금전 등의 지급 + 투자원본 이상의 손실이 발생할 가능성
분류	장내	선도 선물	기초자산이나 기초자산의 가격 · 이자율 · 지표 · 단위 또는 이를 기초로 하는 지수 등에 의하여 산출된 금전 등을 장래의 특정시점에 인도할 것을 약정하는 계약
		옵션	당사자 어느 한쪽의 의사표시에 의하여 기초자산이나 기초자산의 가격 · 이자율 · 지표 · 단위 또는 이를 기초로 하는 지수 등에 의하여 산출된 금전 등을 수수하는 거래를 성립시킬 수 있는 권리를 부여하는 것을 약정하는 계약
	장외	스왑	장래의 일정기간 동안 미리 정한 가격으로 기초자산이나 기초자산의 가격 · 이자율 · 지표 · 단위 또는 이를 기초로 하는 지수 등에 의하여 산출된 금전 등을 교환할 것을 약정하는 계약

- **파생상품에서 제외되는 금융투자상품** : 해당 금융투자상품의 유통 가능성, 계약당사자, 발행사유 등을 고려하여 증권으로 규제하는 것이 타당한 것으로서 다음의 어느 하나에 해당하는 금융투자상품은 파생상품에서 제외한다.

  - 증권 및 장외파생상품에 대한 투자매매업의 인가를 받은 금융투자업자가 발행하는 증권 또는 증서로서 기초자산(증권시장이나 해외 증권시장에서 매매거래되는 주권 등 금융위원회가 정하여 고시하는 기초자산)의 가격·이자율·지표·단위 또는 이를 기초로 하는 지수 등의 변동과 연계하여 미리 정해진 방법에 따라 그 기초자산의 매매나 금전을 수수하는 거래를 성립시킬 수 있는 권리가 표시된 증권 또는 증서
  - 「상법」 제420조의2에 따른 신주인수권증서 및 같은 법 제516조의5에 따른 신주인수권증권

- **파생결합증권에서 제외되는 것** : 다음의 어느 하나에 해당하는 것

  - 발행과 동시에 투자자가 지급한 금전등에 대한 이자, 그 밖의 과실에 대하여만 해당 기초자산의 가격·이자율·지표·단위 또는 이를 기초로 하는 지수 등의 변동과 연계된 증권(이자연계 파생결합채권 등)
  - 옵션파생상품의 권리
  - 해당 사채의 발행 당시 객관적이고 합리적인 기준에 따라 미리 정하는 사유가 발생하는 경우 주식으로 전환되거나 그 사채의 상환과 이자지급 의무가 감면된다는 조건이 붙은 것으로서 제165조의11제1항(신종사채의 발행)에 따라 주권상장법인이 발행하는 사채
  - 「상법」 제469조제2항제2호(교환사채 또는 상환사채), 제513조(전환사채) 및 제516조의2(신주인수권부사채)에 따른 사채
  - 그 밖에 제1호부터 제4호까지의 규정에 따른 금융투자상품과 유사한 것으로서 대통령령으로 정하는 금융투자상품

- **기초자산의 범위** : 다음의 어느 하나에 해당하는 것

  - 금융투자상품
  - 통화(외국의 통화 포함)
  - 일반상품 : 농산물·축산물·수산물·임산물·광산물·에너지에 속하는 물품 및 이 물품을 원료로 하여 제조하거나 가공한 물품, 그 밖에 이와 유사한 것
  - 신용위험 : 당사자 또는 제3자의 신용등급의 변동, 파산 또는 채무재조정 등으로 인한 신용의 변동
  - 그 밖에 자연적·환경적·경제적 현상 등에 속하는 위험으로서 합리적이고 적정한 방법에 의하여 가격·이자율·지표·단위의 산출이나 평가가 가능한 것

- **금융투자상품시장** : 증권 또는 장내파생상품의 매매를 하는 시장

- **거래소** : 증권 및 장내파생상품의 공정한 가격 형성과 그 매매, 그 밖의 거래의 안정성 및 효율성을 도모하기 위하여 금융위원회의 허가를 받아 금융투자상품시장을 개설

- **거래소시장** : 거래소가 개설하는 금융투자상품시장으로서 다음과 같이 구분

  - 증권시장 : 증권의 매매를 위하여 거래소가 개설하는 시장
  - 파생상품시장 : 장내파생상품의 매매를 위하여 거래소가 개설하는 시장

- **다자간매매체결회사** : 정보통신망이나 전자정보처리장치를 이용하여 동시에 다수의 자를 거래상대방 또는 각 당사자로 하여 다음의 어느 하나에 해당하는 매매가격의 결정방법으로 증권시장에 상장된 주권, 그 밖에 대통령령으로 정하는 증권인 "매매체결대상상품"의 매매 또는 그 중개·주선이나 대리 업무의 "다자간매매체결업무"를 하는 투자매매업자 또는 투자중개업자

  - 경쟁매매의 방법(매매체결대상상품의 거래량이 대통령령으로 정하는 기준을 넘지 아니하는 경우로 한정한다)
  - 매매체결대상상품이 상장증권인 경우 해당 거래소가 개설하는 증권시장에서 형성된 매매가격을 이용하는 방법
  - 그 밖에 공정한 매매가격 형성과 매매체결의 안정성 및 효율성 등을 확보할 수 있는 방법으로서 대통령령으로 정하는 방법

···TOPIC 4 금융투자업

★★★
015 다음은 금융투자업에 관한 설명이다. 옳은 것은?

① 투자중개업이란 누구의 명의로 하든지 자기의 계산으로 금융투자상품의 매도·매수, 증권의 발행·인수 또는 그 중개나 청약의 권유, 청약, 청약의 승낙을 영업으로 하는 것을 말한다.

② 집합투자업이란 집합투자를 영업으로 하는 것을 말하며, 신탁업이란 신탁을 영업으로 하는 것을 말한다.

③ 투자일임업이란 금융투자상품의 가치 또는 금융투자상품에 대한 투자판단(종류, 종목, 취득·처분, 취득·처분의 방법·수량·가격 및 시기 등에 대한 판단 등)에 관한 자문에 응하는 것을 영업으로 하는 것을 말한다.

④ 투자자문업이란 투자자로부터 금융투자상품에 대한 투자판단의 전부 또는 일부를 일임받아 투자자별로 구분하여 금융투자상품을 취득·처분, 그 밖의 방법으로 운용하는 것을 영업으로 하는 것을 말한다.

 ① 투자중개업 : 누구의 명의로 하든지 타인의 계산으로 금융투자상품의 매도·매수, 그 중개나 청약의 권유, 청약, 청약의 승낙 또는 증권의 발행·인수에 대한 청약의 권유, 청약, 청약의 승낙을 영업으로 하는 것
투자매매업 : 누구의 명의로 하든지 자기의 계산으로 금융투자상품의 매매, 증권의 발행·인수 또는 그 청약의 권유, 청약, 청약의 승낙을 영업으로 하는 것. 다만, 다음의 어느 하나에 해당하는 증권은 제외하다.

- 투자신탁 수익증권, 투자성 있는 예금·보험 및 특정 파생결합증권을 발행하는 경우를 제외하고 자기가 증권을 발행하는 경우
- 투자매매업자를 상대방으로 하거나 투자중개업자를 통하여 금융투자상품을 매매하는 경우
- 국가·지방자치단체가 공익을 위하여 관련 법령에 따라 금융투자상품을 매매하는 경우
- 한국은행이 공개시장조작을 하는 경우
- 특정 전문투자자 간에 환매조건부 매매를 하는 경우 등

③ 투자자문업
④ 투자일임업

구 분	영업 내용	요건	투자자구분
투자매매업	자기의 계산으로 금융투자상품의 매매, 증권의 발행·인수 또는 그 청약의 권유·청약·청약의 승낙하는 것	인가제	일반 + 전문
투자중개업	타인의 계산으로 금융투자상품의 매매, 그 청약의 권유·청약·청약의 승낙 또는 증권의 발행·인수에 대한 청약의 권유·청약·청약의 승낙하는 것	인가제	일반 + 전문
집합투자업	2인 이상에게 투자권유하여 모은 금전 등을 투자자로부터 일상적인 운용지시를 받지 아니하고 자산을 취득·운용·처분하고 그 결과를 투자자에게 배분·귀속하는 것	인가제	일반 + 전문
신탁업	신탁을 수탁받는 것	인가제	일반 + 전문
투자자문업	금융투자상품의 가치 또는 투자판단(종류, 종목, 취득·처분, 취득·처분의 방법·수량·가격 및 시기 등에 대한 판단)에 관하여 자문하는 것	등록제	일반 + 전문
투자일임업	투자자로부터 금융투자상품에 대한 투자판단의 전부 또는 일부를 일임받아 투자자별로 구분하여 그 투자자의 재산상태나 투자목적 등을 고려하여 금융투자상품등을 취득·처분 그 밖의 방법으로 운용하는 것	등록제	일반 + 전문

※ **금융투자업자** : 금융투자업에 대하여 금융위원회의 인가를 받거나 금융위원회에 등록하여 이를 영위하는 자 : 투자매매업자, 투자중개업자, 집합투자업자, 투자자문업자, 투자일임업자, 신탁업자, 종합금융투자사업자

※ **집합투자** : 2인 이상의 투자자로부터 모은 금전 등 또는 「국가재정법」 제81조에 따른 여유자금을 투자자 또는 각 기금관리주체로부터 일상적인 운용지시를 받지 아니하면서 재산적 가치가 있는 투자대상자산을 취득·처분, 그 밖의 방법으로 운용하고 그 결과를 투자자 또는 각 기금관리주체에게 배분하여 귀속시키는 것을 말한다. 다만, 투자자의 총수가 49인 이하의 사모의 방법 또는 자산유동화계획에 따라 금전등을 모아 운용·배분하는 경우 및 그 밖에 행위의 성격 및 투자자 보호의 필요성 등을 고려하여 대통령령으로 정하는 경우를 제외한다.

※ **종합금융투자사업자(Prime Broker)** : 전문사모집합투자기구(⑩ 헤지펀드 등)에 대하여 효율적인 신용공여와 담보관리 등을 위하여 다음의 어느 하나에 해당하는 업무를 법령으로 정하는 방법에 따라 연계하여 제공하는 업무를 주된 영업으로 하는 것

- 증권의 대여 또는 그 중개·주선이나 대리업무
- 금전의 융자, 그 밖의 신용공여
- 전문사모집합투자기구등의 재산의 보관 및 관리
- 그 밖에 전문사모집합투자기구등의 효율적인 업무 수행을 지원하기 위하여 필요한 업무로서 대통령령으로 정하는 업무

★★★
016 금융투자업에 관한 다음의 설명 중 잘못된 것은?

① 금융투자업은 이익을 얻을 목적으로 계속직이거나 반복적인 방법으로 행하는 행위로서 투자매매업, 투자중개업, 집합투자업, 투자자문업, 투자일임업 또는 신탁업의 어느 하나에 해당하는 업(業)을 말한다.

② 금융투자업자가 원하는 경우에는 6개의 금융투자업을 모두 겸용할 수 있다.

③ 투자매매업, 투자중개업, 집합투자업, 투자자문업, 투자일임업 또는 신탁업을 행하기 위해서는 금융위원회의 인가를 받아야 한다.

④ 금융투자업자가 인가 또는 등록받은 업무 외의 다른 업무를 추가하는 경우에는 변경인가 또는 변경등록을 하여야 한다.

> **해설** 투자매매업, 투자중개업, 집합투자업 및 신탁업은 금융위원회의 재량적 판단요건인 인가를 받아야 하는 인가제를 채택하여 보다 엄격한 진입요건을 적용하고 있다.
> 그러나 투자자문업과 투자일임업은 법령에서 정하는 객관적 요건만을 요구하는 등록제를 채택하여 인가제보다 완화된 진입요건을 적용한다.

···TOPIC 5 투자자의 구분

★★★
017 다음은 투자자에 대한 설명이다. 옳지 않은 것은?

① 투자자를 금융상품에 관한 전문성 및 소유자산 규모 등에 비추어 투자에 따른 위험감수능력이 있는 지 여부에 따라 전문투자자와 일반투자자로 구분한다.

② 전문투자자 중 일반투자자와 같은 대우를 받겠다는 의사를 금융투자업자에게 서면으로 통지하는 경우 금융투자업자는 정당한 사유가 있는 경우를 제외하고는 거부할 수 없으며, 금융투자업자가 동의한 경우에는 해당 투자자는 일반투자자로 본다.

③ 주권상장법인 등이 장외파생상품 거래를 하는 경우에는 일반투자자와 같은 대우를 받겠다는 의사를 금융투자업자에게 서면으로 통지하는 경우만 일반투자자로 본다.

④ 100억원 이상의 금융투자상품잔고를 보유한 법인 또는 50억원 이상의 금융투자상품 잔고를 보유하고 계좌 개설 후 1년이 경과한 개인은 금융위원회에 신고한 경우에는 향후 2년간 전문투자자로 본다.

> **해설** 주권상장법인 등이 장외파생상품 거래를 하는 경우에는 전문투자자와 같은 대우를 받겠다는 의사를 금융투자업자에게 서면으로 통지하는 경우만 전문투자자로 보고, 별도의 통지가 없는 경우에는 일반투자자로 본다.

구 분		주요 내용
전문 투자자		금융투자상품에 관한 전문성 및 소유자산규모 등에 비추어 위험감수능력이 있는 투자자
	절대적	일반투자자 대우를 받을 수 없는 전문투자자 = 국가, 한국은행, 금융기관(은행 · 보험 · 금융투자업자 · 증권금융 · 종합금융), 기 타 기관(예금보험공사 · 한국자산관리공사 · 금융투자협회 · 한국예탁결제원 · 한 국거래소 · 한국거래소 등), 외국정부 · 외국중앙은행 · 국제기구 등

	상대적	일반투자자 대우를 받겠다는 의사를 금융투자업자에게 서면으로 통지한 경우 일반
		투자자로 간주되는 투자자. 이 경우 통지받은 금융투자업자는 정당한 사유없이 거
		부할 수 없음
		= 주권상장법인, 기타 기관, 자발적 전문투자자 등
		※ 주권상장법인 등이 장외파생상품거래를 하는 경우 별도의 의사표시 없으면 →
		  일반투자자 대우. 따라서 전문투자자 대우를 받기 위해서는 → 그 내용을 서면으
		  로 금융투자업자에게 통지해야 함.

	자발적	전문투자자 대우를 받고자 하는 법인 및 개인으로서 법정요건을 갖추었음을 금융 위에 신고한 자 → 향후 2년간 전문투자자 대우 • 법인 : 100억원 이상의 금융투자상품잔고 보유 • 개인 : 50억원 이상의 금융투자상품잔고 보유 + 계좌개설 후 1년 경과
일반 투자자		금융투자상품에 관한 전문성 및 소유자산규모 등에 비추어 위험감수능력이 없는 투자자 → 전 문투자자가 아닌 투자자
	절대적	전문투자자(절대적+상대적)가 아닌 투자자
	상대적	상대적 전문투자자로서 일반투자자 대우를 받겠다는 의사를 금융투자업자에게 서 면으로 통지한 자

★★★
018 다음 중 일반투자자의 대우를 받을 수 없는 전문투자자를 묶은 것은?

> ㉠ 국가
> ㉡ 지방자치단체
> ㉢ 한국은행, 산업은행, 중소기업은행, 한국수출입은행 등
> ㉣ 주권상장법인
> ㉤ 집합투자기구, 신용보증기금, 기술신용보증기금
> ㉥ 금융투자협회, 한국예탁결제원, 한국거래소, 금융감독원

① ㉡, ㉣
② ㉠, ㉡, ㉢, ㉣, ㉥
③ ㉠, ㉢, ㉤, ㉥
④ ㉣, ㉤, ㉥

 해설 지방자치단체, 주권상장법인, 기타 기관[각종 기금관리 · 운용법인(신용보증기금, 기술신용보증기금 제외), 각종 공제사업영위법인 등]은 일반투자자자 대우를 받겠다는 의사를 금융투자업자에게 서면으로 통지한 경우에는 일반투자자로 대우를 받을 수 있다.

★★★
019 다음 중 투자자의 구분이 적절하자 않은 것은? 심화

① 일반투자자 대우를 받을 수 없는 전문투자자 → 농업협동조합중앙회 및 농협은행, 예금보험공사, 한국금융투자협회, 한국예탁결제원, 한국거래소, 금융감독원 등

② 일반투자자 대우를 받을 수 있는 전문투자자 → 주권상장법인, 공제사업경영법인, 일반투자자 대우를 받겠다고 서면통지하여 금융투자업자의 동의를 받은 전문투자자, 별도의 통지가 없는 장외파생상품거래를 하는 주권상장법인 등

③ 전문투자자 대우를 받을 수 있는 일반투자자 → 100억 이상의 금융투자상품잔고를 보유한 법인

④ 전문투자자 대우를 받을 수 있는 일반투자자 → 50억원 이상의 금융투자상품잔고를 보유하고 계좌개설 1년 미만인 개인

> **해설** 일반투자자인 개인은 50억원 이상의 금융투자상품잔고를 보유하고 계좌개설 후 1년이 경과하여야 전문투자자 대우를 받을 수 있다.

···TOPIC 6 금융투자업에 대한 규제·감독

★★★
020 금융투자업의 진입에 관한 설명으로 틀린 것은?

① 자본시장법에 따라 금융위원회의 금융투자업 인가를 받거나 등록을 승인받아야 금융투자업을 영위할 수 있다.

② 자본시장법은 기능별 규제체계를 갖춤에 따라 금융투자업, 금융투자상품, 투자자를 경제적 실질에 따라 재분류하고 이를 토대로 금융기능을 분류하여 금융투자업 인가 부여 또는 등록을 승인한다.

③ 투자매매업, 투자중개업, 집합투자업은 인가대상 금융투자업이다.

④ 등록대상 금융투자업은 신탁업, 투자자문업, 투자일임업이다.

> **해설** 신탁업은 인가대상 금융투자업이다.
>
> ※ **인가대상 금융투자업**은 → 주로 고객과 직접 채권채무관계를 가지거나, 고객의 자산을 수탁하는 금융투자업자인 투자매매업, 투자중개업, 집합투자업, 신탁업이다.
>   그러나 등록대상 금융투자업은 → 고객의 자산을 수탁하지 아니하는 금융투자업자인 투자자문업, 투자일임업이다.

★★★
021 금융투자업의 인가에 관한 설명으로 적절하지 않은 것은?

① 금융투자업 인가를 받으려는 자는 주식회사, 법령으로 정하는 금융기관 및 외국금융투자업자로서 국내지점 또는 영업소를 설치한 자이어야 한다.

② 자기자본이 인가업무 단위별로 5억원과 법령으로 정하는 금액 중 큰 금액 이상이어야 한다.

③ 집합투자증권의 투자매매업자 · 투자중개업자는 각 필요업무에 2년 이상 종사한 경력이 있는 전문인력 요건을 충족하여야 한다.

④ 임원, 물적시설, 사업계획, 이해상충 방지체계 및 대주주에 대한 요건을 충족하여야 한다.

> **해설** 최소 전문인력 요건 → 집합투자증권의 투자매매업자 · 투자중개업자는 투자권유자문인력을 5인 이상 갖추어야 한다. 집합투자업과 신탁업은 각 필요업무에 2년 이상 종사한 경력이 있는 전문인력 요건을 충족하여야 한다.
>
> ① 법인격 요건, ② 자기자본 요건

📈 보충학습 ▶ 임원의 자격과 사업계획

• 임원의 자격에 관한 요건 → 다음 중 어느 하나에 해당하지 않아야 한다.
  - 미성년자, 금치산자 또는 한정치산자
  - 파산선고를 받은 자로서 복권되지 아니한 자
  - 금고 이상의 실형을 선고받거나, 벌금 이상의 형을 선고받고 그 집행이 종료되거나 집행이 면제된 날부터 5년이 경과되지 아니한 자
  - 금고 이상의 형의 집행유예의 선고를 받고 그 유예기간 중에 있는 자
  - 금융업의 허가 · 인가 · 등록 등이 취소된 법인 또는 회사의 임직원이었던 자로서 그 법인 또는 회사에 대한 취소가 있는 날부터 5년이 경과되지 아니한 자
  - 금융관련 법령에 따라 해임 · 면직된 날부터 5년이 경과되지 아니한 자 등 그 밖에 투자자 보호 및 건전한 거래질서를 해할 우려가 없는 자로서 대통령령으로 정하는 자

• 사업계획 → 사업계획이 다음 사항을 충족시킬 수 있을 만큼 건전하고 타당할 것
  - 수지전망이 타당하고 실현가능성이 있을 것
  - 경영건전성기준을 유지하고 있을 것
  - 위험관리와 금융사고 예방 등을 위한 적절한 내부통제장치가 마련되어 있을 것
  - 투자자 보호에 적절한 업무방법을 갖출 것
  - 법령을 위반하지 아니하고 건전한 금융거래질서를 해칠 염려가 없을 것

★★★
022 대주주에 대한 요건의 내용으로 가장 거리가 먼 것은?

① 대주주 및 신청인이 충분한 출자능력, 건전한 재무상태 및 사회적 신용을 갖추어야 한다.

② 심사대상인 대주주는 최대주주, 주요주주, 최대주주의 특수관계인인 주주, 최대주주가 법인인 경우 그 법인의 최대주주(사실상 지배자 포함) 및 대표자이다.

③ 대주주의 형태에 따라 별도의 세부적인 요건은 금융위가 정한다.

④ 겸영 금융투자업자의 경우와 금융투자업자가 다른 회사와 합병 · 분할 · 분할합병을 하는 경우에도 그 요건을 유지하여야 한다.

해설 겸영 금융투자업자(은행, 보험회사 등)의 경우와 금융투자업자가 다른 회사와 합병 · 분할 · 분할합병을 하는 경우에는 금융위가 그 요건을 완화할 수 있다.

📊 보충학습 ▶ **자본시장법상 대주주 → 겸영금융투자업자에게는 적용 ×**

의의	대주주 → 최대주주, 주요주주, 최대주주의 특수관계인인 주주, 최대주주가 법인인 경우 그 법인의 최대주주(사실상의 지배자 포함) 및 대표자
	최대주주 → 누구의 명의로 하든지 주식을 자기계산으로 최대로 보유한 자
	주요주주 → 10% 이상 소유한 주주, 사실상의 영향력을 행사하는 주주
인가제	사전승인 : 금융투자업자(투자자문업 · 투자일임업 제외)의 대주주가 되고자 하는 자 → 대주주요건을 갖추어 금융위 사전승인 요
	대주주의 변경 : 금융위 사전 승인 요 → 승인을 위해서는 일정요건 충족 요 ※ 진입요건보다 완화된 요건 적용 : 대주주의 진입요건 > 변경승인 요건 > 유지요건
	위반제재 : • 사전승인없이 취득한 주식 → 금융위의 처분명령 가능 • 사전승인없이 주식을 취득한 자 → 해당 주식의 의결권 행사 불가
등록제	투자자문업자 · 투자일임업자의 대주주 변경시 → 2주 이내 금융위 사후 보고

★★★
023 대주주에 관한 설명으로 거리가 먼 것은? (다만, 지분은 법인의 의결권 있는 발행주식 총수를 기준으로 하며, 특수관계인을 포함한다) 심화

① 대주주란 최대주주와 주요 주주 중 어느 하나에 해당하는 주주를 말하며, 최대주주는 누구의 명의로 하든지 자기의 계산으로 소유하는 주식을 합하여 그 수가 가장 많은 주주를 말한다.

② 주요 주주란 누구의 명의로 하든지 자기의 계산으로 10% 이상 소유한 주주나 임원(이사와 감사)의 임면 등의 방법으로 법인의 중요한 경영사항에 대하여 사실상의 영향력을 행사하는 주주로서 법령으로 정하는 자이다.

③ 최대주주의 특수관계인인 주주(최대주주가 아닌 주주만 해당한다)로서 1% 미만을 소유하는 자는 대주주에서 제외한다.

④ 금융투자업자는 인가 후 금융투자업을 영위함에 있어서도 대주주의 인가·등록요건을 유지하여야 한다.

> **해설** 대주주의 인가·등록요건은 금융투자업을 영위함에 있어서는 완화된 요건을 적용하여 출자금의 비차입요건, 형사처벌 요건(최대주주에게만 적용하고, 5억원 이상의 벌금형으로 완화) 및 부실 대주주의 경제적 책임 요건만 적용한다.

★★★
024 금융투자업의 인가에 관한 설명이다. 옳지 않은 것은? 심화

① 투자매매업, 투자중개업, 집합투자업 및 신탁업의 인가요건이 투자일임업과 투자자문업의 등록요건보다 엄격하다.

② 사업계획의 타당성 및 건전성 요건은 금융위원회의 재량적 판단사항으로서, 이는 투자자문업과 투자일임업에는 요구되지 아니한다.

③ 금융투자업자는 이미 인가받은 인가업무 단위 외에 다른 인가업무 단위를 추가하려는 경우에는 인가를 추가로 받아야만 업무영역을 확대할 수 있다.

④ 금융투자업의 인가요건은 인가를 받아 그 영업을 영위함에 있어서도 유지하여야 하나, 자기자본과 대주주요건 등은 완화된다.

> **해설** 금융투자업자는 인가 또는 등록받은 인가 또는 등록 업무 단위 외에 다른 인가 또는 등록 업무 단위를 추가하여 금융투자업을 영위하려는 경우에는 추가로 인가 또는 등록을 받아야 하는 것이 아니고, 금융위원회의 기존 인가 또는 등록내용의 변경 인가 또는 등록을 받아야 한다. 이러한 변경 인가 또는 등록을 함에 있어서 자기자본요건과 대주주의 요건은 완화된 요건을 적용한다.
>
> ※ **인가 또는 등록 유지요건의 완화 :**
> - **자기자본요건** → 해당 인가 또는 등록 업무 단위별 최저자기자본의 100분의 70 이상을 유지할 것. 이 경우 유지요건은 매 회계연도말을 기준으로 적용하며, 특정 회계연도말을 기준으로 유지요건에 미달한 금융투자업자는 다음 회계연도말까지는 그 유지요건에 적합한 것으로 본다.
> - **대주주의 요건** → 출자금의 비차입요건, 형사처벌 요건(최대주주에게만 적용하고, 5억원 이상의 벌금형으로 완화) 및 부실대주주의 경제적 책임 요건만 적용한다.

★★★
025 금융투자업의 인가요건 유지 의무에 관한 내용으로 옳은 것은?

① 금융투자업자는 인가를 받은 이후에도 인가 요건을 계속 유지하여야 한다.

② 금융투자업자가 인가요건을 유지하지 못할 경우에도 금융위의 인가가 취소되는 것은 아니다.

③ 매 회계연도말 기준 자기자본이 인가업무 단위별 최저 자기자본의 100% 이상을 유지하여야 한다.

④ 대주주의 출자능력, 재무건전성, 부채비율 요건은 인가를 받은 이후에도 계속 유지하여야 한다.

 ② 인가요건 유지의무 → 금융투자업자가 인가요건을 유지하지 못할 경우 금융위의 인가가 취소될 수 있다.

③ 자기자본 요건의 완화 → 매 회계연도말 기준 자기자본이 인가업무 단위별 최저 자기자본의 70% 이상을 유지하여야 하며, 다음 회계연도말까지 자본보완이 이루어지는 경우 요건을 충족한 것으로 간주한다.

④ 대주주 요건의 완화 → 대주주의 출자능력(자기자본이 출자금액의 4배 이상), 재무건전성, 부채비율(300%) 요건은 출자 이후인 점을 감안하여 인가요건 유지의무에서 배제한다.

★★★
026 다음 중 금융투자업의 등록요건으로 가장 적절하지 않은 것은?

① 등록업무 단위별로 일정수준 이상의 자기자본을 갖출 것

② 투자자문업의 경우에는 1인 이상, 투자일임업의 경우에는 2인 이상의 금융투자전문인력을 확보할 것

③ 대주주는 법령에서 정하는 요건을 충족할 것

④ 사업계획이 타당하고 건전할 것

 사업계획이 타당하고 건전할 것은 금융투자업의 인가요건이며, 투자자문업과 투자일임업의 등록요건은 아니다.

정답 023 ④   024 ③   025 ①   026 ④

027 투자자문·일임업을 등록하고자 하는 회사의 대주주는 다음의 요건에 적합하여야 한다. 가장 거리가 먼 것은?

① 최근 5년간 자본시장법, 금융관련법령 등을 위반하여 벌금형 이상에 상당하는 형사처벌을 받은 사실이 없을 것
② 최근 10년간 채무불이행 등으로 건전한 신용질서를 해친 사실이 없을 것
③ 금산법에 따라 부실금융기관으로 지정되었거나 자본시장법 등에 따라 영업의 허가·인가 등이 취소된 금융기관이 대주주 또는 특수관계인이 아닐 것
④ 그 밖에 금융위가 정하는 건전한 금융거래질서를 해친 사실이 없을 것

> **해설** 최근 5년간 채무불이행 등으로 건전한 신용질서를 해친 사실이 없어야 한다.

028 금융투자업의 인가 및 등록절차로 잘못된 것은?

① 투자자문업과 투자일임업은 등록제를 적용하여 인가제보다 진입요건을 완화한다.
② 금융위원회는 인가신청접수 후 3개월(예비인가를 받은 경우 1개월) 이내 인가여부를 결정하여 문서로 통지하여야 한다.
③ 금융투자업 인가를 받으려는 자는 반드시 금융위원회에 미리 예비인가를 신청하여야 한다.
④ 금융위원회는 등록신청접수 후 2개월 이내에 등록여부를 결정하여 문서로 통지하여야 한다.

> **해설** 예비인가는 강제규정이 아니라 선택규정으로서, 금융투자업 인가를 받으려는 자는 미리 금융위원회에 예비인가를 신청할 수 있다. 금융위원회는 예비인가를 신청받은 경우에는 2개월 이내에 예비인가 여부를 결정하여 지체 없이 신청인에게 문서로 결과를 통지하여야 한다.

구 분	인가요건 및 절차	등록요건 및 절차
성격	고객과 직접 채권채무관계를 가지거나, 고객의 자산을 수탁하는 금융투자업자	고객의 자산을 수탁하지 아니하는 금융투자업자
대상	투자매매업, 투자중개업, 집합투자업, 신탁업	투자자문업, 투자일임업
인가 · 등록 권자	• 금융위에 인가신청서 제출하여 인가 • 예비인가 가능	• 금융위에 등록신청서 제출 • 예비등록 ×
인가 · 등록 주요건	① 인가업무 단위별 필요 자기자본 ② 사업계획서 타당성 → 금융위 재량적 판단 사항 ③ 투자자 보호 가능 & 업무수행에 필요한 인력 · 전산 · 물적설비를 갖출 것	① 등록업무 단위별 필요 자기자본 ② 전문인력요건 : • 자문업 : 투자권유자문인력 1인 이상 • 일임업 : 투자운영인력 2인 이상
	임원의 결격 · 대주주의 요건충족 규제, 이해상충 방지 체계 확립 의무	
인가 · 등록 절차	인가신청서접수후~3개월(예비인가 : 1개월)이내 심사후 인가여부 결정통지	등록신청서접수후~2개월 이내 등록 여부 결정하여 문서 통지
영업개시	그 인가 · 등록을 받은 날 ~ 6개월 이내 영업 시작	
조건부여	금융위 인가 · 등록시 경영 건전성 확보 및 투자자 보호에 필요한 조건 부여 가능	
업무추가	변경인가를 받아야 함	변경등록을 하여야 함
진입요건 유지의무	금융투자업을 영위함에 있어서 인가 · 등록요건 유지하여야 함 ① 자기자본요건 : 진입시 자기자본의 70% 매 회계연도 말 기준 적용 ② 대주주요건 : 출자금 비차입요건, 형사처벌요건 및 부실대주주의 경제적 책임요건 적용	

···TOPIC 7 자산의 건전성 규제

★★★
029 다음 중 금융투자업의 회계처리기준에 관한 설명으로 잘못된 것은?

① 금융투자업자의 회계처리는 한국채택국제회계기준에 따르며, 한국채택국제회계기준에서 정하지 않은 사항은 금융투자업규정 및 시행세칙에 따라야 한다.

② 투자중개업자는 투자자의 예탁재산과 투자중개업자의 자기재산을 구분 계리하여야 한다.

③ 신탁부문은 고유부분과 분리하여 독립된 계정으로 회계처리한다.

④ 금융투자업자는 반기별로 가결산을 실시하여야 한다.

해설 금융투자업자는 분기별로 가결산을 실시하여야 한다.

★★★
030 다음 중 회계처리 적용기준으로 옳은 것을 묶은 것은?

> ㉠ 별도의 규정이 있는 것을 제외하고는 종속회사와 연결된 금융투자업자의 재무제표를 대상으로 함
> ㉡ 금융투자업자가 작성한 재무제표가 외부감사인이 수정한 재무제표와 일치하지 아니하는 경우에는 금융투자업자가 작성한 재무제표를 기준으로 산정함
> ㉢ 금융투자업자가 실질적으로 자신의 계산과 판단으로 운용하는 금전 기타 재산을 제3자의 명의로 신탁한 경우에는 그 금전 기타의 재산을 당해 금융투자업자가 소유하고 있는 것으로 봄

① ㉢　　　　　② ㉡, ㉢　　　　　③ ㉠, ㉢　　　　　④ ㉠, ㉡, ㉢

 해설 ㉠ 별도의 규정이 있는 것을 제외하고는 종속회사의 연결되지 아니한 금융투자업자의 재무제표를 대상으로 함
㉡ 금융투자업자가 작성한 재무제표가 외부감사인이 수정한 재무제표와 일치하지 아니하는 경우에는 외부감사인의 수정 후 재무제표를 기준으로 산정함

★★★
031 자산건전성의 분류에 관한 설명으로 옳은 것은?

① 금융투자업자는 매 반기마다 자산에 대한 건전성을 '정상', '요주의', '회수의문', '추정손실'의 4단계로 분류하여야 한다.
② 금융투자업자는 매 반기 말 현재 '요주의' 이하로 분류된 채권에 대하여 적정한 회수예상가액을 산정하여야 한다.
③ 금융투자업자는 '요주의', '고정', '회수의문' 또는 '추정손실'로 분류된 부실자산을 조기에 대손상각하여 자산의 건전성을 확보하여야 한다.
④ 금융투자업자는 자산건전성의 분류기준 설정 및 변경 및 이에 따른 자산건전성 분류 결과 및 대손충당금의 적립 결과를 금융감독원장에게 보고하여야 한다.

해설 ① 금융투자업자는 매 분기마다 자산 및 부채에 대한 건전성을 '정상', '요주의', '고정', '회수의문', '추정손실'의 5단계로 분류하여야 한다.
② 금융투자업자는 매 분기 말 현재 '고정' 이하로 분류된 채권에 대하여 적정한 회수예상가액을 산정하여야 한다.
③ 금융투자업자는 '회수의문' 또는 '추정손실'로 분류된 부실자산을 조기에 대손상각하여 자산의 건전성을 확보하여야 한다.

구분		건전성의 분류 및 처리		대손충당금의 적립률
정상				분류자산의 0.5%
요주의				분류자산의 2%
고정		적정한 회수예상가액 산정	조기 대손상각하여 건전성 확보	분류자산의 20%
부실 자산	회수의문	적정한 회수예상가액 산정	조기 대손상각하여 건전성 확보	분류자산의 75%
부실 자산	추정손실			분류자산의 100%

★★★ 032 대손충당금의 적립에 관한 설명으로 가장 적합하지 않은 것은?

① 대손충당금 적립대상은 대출채권, 가지급금과 미수금, 미수수익, 대여금, 대지급금, 부도어음, 부도채권 등이다.

② 그 밖에 금융투자업자가 건전성 분류가 필요하다고 인정하는 자산도 적립대상이다.

③ '고정' 이하로 분류되는 채무보증에 대하여는 대손충당금을 적립하여야 한다.

④ 채권중개전문회사 및 다자간매매체결회사에 관하여는 자산건전성 분류 및 대손충당금 등의 적립기준에 관한 규정을 적용한다.

해설 채권중개전문회사 및 다자간매매체결회사에 관하여는 자산건전성 분류 및 대손충당금 등의 적립기준에 관한 규정을 적용하지 아니한다.

★★★ 033 다음의 자산과 부채는 대손충당금을 적립하지 아니할 수 있다. 틀린 것은?

① 정형화된 거래로 발생하는 미수금

② '정상'으로 분류된 대출채권 중 콜론, 환매조건부매수

③ '고정' 이하로 분류되는 채무보증

④ 한국채택국제회계기준에 따라 당기손익인식금융자산이나 매도가능금융자산으로 지정하여 공정가치로 평가한 금융자산

해설 '고정' 이하로 분류되는 채무보증에 대하여는 대손충당금 기준을 준용하여 채무보증충당금 및 대손충당금을 적립하여야 한다.

- 정형화된 거래로 발생하는 미수금 → 증권회사의 주식매도결제자금 등
- 콜론은 금융기관간의 거래이며, 환매조건부매수는 담보채권으로서 회수불능위험이 거의 없는 채권임

★★★
034 금융투자업자의 자산건전성에 따른 대손충당금의 적립기준으로 옳은 것은? 심화

> ○ '정상': 100분의 0.5   ○ '요주의': 100분의 10
>
> ○ '고정': 100분의 20   ○ '회수의문': 100분의 60
>
> ○ '추정손실': 100분의 100

① ○, ○   ② ○, ○, ○   ③ ○, ○   ④ ○, ○, ○

해설 ○ '요주의': 100분의 2, ○ '회수의문': 100분의 75

★★★
035 영업용순자본 규제의 의의와 중요성으로 가장 적합하지 않은 것은?

① 급변하는 시장환경하에서 금융투자업자의 재무건전성을 도모함으로써 궁극적으로는 투자자를 보호하는 데 있다.

② 감독당국의 주요 감독수단일 뿐만 아니라 금융투자업자의 경영활동에도 매우 중요한 제도이다.

③ 금융투자업자가 스스로 체계적인 리스크관리를 하도록 촉진하는 역할을 한다.

④ 금융투자업자의 개별적인 자산운용에 대한 사전 규제를 통해서 법령에서 정하는 바에 따라 자산을 운용하게 하는 것이다.

해설 개별적인 자산운용에 대한 사전 규제를 배제함에 따라 경영자의 자율적 판단에 따른 자산운용이 가능하며 나아가 금융투자업자의 전문화 · 차별화도 가능하게 하는 것이다.

★★★
036 영업용순자본 규제에 관한 설명으로 잘못된 것은?

① 영업용순자본은 기준일 현재 재무상태표의 자산총액에서 현금화곤란 자산을 차감하고 보완자본을 가산하여 계산한다.

② 차감항목은 재무상태표상 자산 중 즉시 현금화하기 곤란한 자산을 말한다.

③ 가산항목은 재무상태표에서 부채로 계상되었으나 실질적인 채무이행 의무가 없거나 실질적으로 자본의 보완적 기능을 하는 항목을 말한다.

④ 총위험액은 금융투자업자가 영업을 영위함에 있어 직면하게 되는 손실을 미리 예측하여 계량화한 것으로 시장위험액, 신용위험액 및 운영위험액으로 더하여 계산한다.

해설 영업용순자본은 기준일 현재 재무상태표의 자산총액에서 부채총액을 차감한 잔액인 순재산액에서 차감항목의 합계금액을 차감하고 가산항목의 합계금액을 더하여 계산한다.

구 분	주요 내용
규제내용	금융투자업자는 영업용순자본을 총위험액 이상으로 유지해야 한다. 즉, 영업용순자본비율이 100% 이상이어야 한다.
영업용 순자산	• 금융투자업자 자산의 즉시 현금화가능 여부 등을 기준으로 평가한 자산의 순가치 • 영업용순자본 = 재무상태표의 순재산액(자산 − 부채) − 차감항목 + 가산항목 • 필요유지자기자본 → 금융투자업자가 영위하는 인가업무 또는 등록업무 단위별로 요구되는 자기자본을 합계한 금액
	• 순자본비율 = $\dfrac{\text{영업용순자본} - \text{총위험액}}{\text{필요유지자기자본}}$
	• 영업용 순자본 비율 = $\dfrac{\text{영업용순자본}}{\text{총위험}}$ = $\dfrac{(\text{자산} - \text{부채}) - \text{차감항목} + \text{가산항목}}{\text{시장위험액} + \text{신용위험액} + \text{운영위험액}}$
	※영업용순자본비율은 자본시장법상 자기자본규제비율을 말한다.

★★★
037 영업용순자본비율의 산정에 관한 설명으로 옳은 것은? 심화

① 시장위험과 신용위험을 동시에 내포하는 자산은 시장위험액만을 산정하여야 한다.

② 영업용순자본 산정시 차감항목에 대하여도 위험액을 산정하여야 한다.

③ 부외자산과 부외부채에 대해서는 위험액을 산정하지 않는다.

④ 영업용순자본의 차감항목과 위험액 산정대상 자산 사이에 위험회피효과가 있는 경우에는 위험액 산정대상 자산의 위험액을 감액할 수 있다.

해설 영업용순자본비율의 규제는 금융투자업자가 파산할 경우 고객 및 이해관계자에게 손실을 입히지 않기 위해서는 '위험손실을 감안한 현금화 가능자산의 규모'가 '상환의무가 있는 부채의 규모'보다 항상 크게 유지되어야 하는 것을 말한다.

① 시장위험과 신용위험을 동시에 내포하는 자산(선물, 선도, 옵션, 스왑 등 파생상품)에 대하여는 시장위험액과 신용위험액을 모두 산정하여야 한다.
② 영업용순자본 산정시 차감항목에 대하여는 위험액을 산정하지 않는 것을 원칙으로 한다.
③ 부외자산과 부외부채에 대해서도 위험액을 산정하는 것을 원칙으로 한다.

⊙ 자산, 부채, 자본은 2015.12.31 까지는 종속회사와 연결되지 아니한 금융투자업자의 개별 재무제표를 기준으로 하나, 2016.1.1 이후부터는 연결재무제표에 계상된 장부가액(평가성충당금을 차감한 것)을 기준으로 한다.
ⓒ 시장위험과 신용위험을 동시에 내포하는 자산에 대하여는 시장위험액과 신용위험액을 모두 산정해야 함
ⓒ 영업용순자본 산정시 차감항목에 대하여는 원칙적으로 위험액을 산정하지 않음
ⓔ 영업용순자본의 차감항목과 위험액 산정대상 자산 사이에 위험회피효과가 있는 경우에는 위험액 산정대상 자산의 위험액을 감액할 수 있음
ⓜ 부외자산과 부외부채에 대해서도 위험액을 산정하는 것을 원칙으로 함

★★★
038 영업용순자본비율의 산정 및 보고시기의 내용으로 가장 적합하지 않은 것은?

① 금융투자업자는 최소한 일별로 순자본비율 또는 영업용순자본비율을 산정하여야 한다.

② 금융투자업자는 순자본비율(영업용순자본비율)과 산출내역을 매월말 기준으로 1개월 이내에 업무보고서를 통하여 금융감독원장에게 제출하여야 한다.

③ 최근 사업연도말 자산총액(투자자예탁금 제외)이 1천억원 미만인 경우에는 분기별 업무보고서 제출시 순자본비율(영업용순자본비율)에 대한 외부감사인의 검토보고서를 첨부하여야 한다.

④ 금융투자업자는 순자본비율 100%(영업용순자본비율이 150%) 미만이 된 경우에는 지체 없이 금융감독원장에게 보고하여야 한다.

해설 │ 분기별 업무보고서 제출시에는 순자본비율(영업용순자본비율)에 대한 외부감사인의 검토보고서를 첨부하여야 한다. 다만, 최근 사업연도말 자산총액(투자자예탁금 제외)이 1천억원 미만이거나, 장외파생상품에 대한 투자매매업 또는 증권에 대한 투자매매업(인수업 포함)을 영위하지 않는 금융투자업자는 외부감사인 검토보고서를 반기별로 제출한다.

★★★
039 다음 중 영업용순자산에서 총위험액에 관한 설명으로 옳은 것을 묶은 것은?

> ㉠ 총위험액 : 경제시장의 악화 등으로 금융투자업자가 입을 수 있는 예상 손실액으로서, 위험발생 요인에 따라 시장위험액, 신용위험액 및 운영위험액으로 구분
> ㉡ 시장위험액 : 거래상대방의 계약불이행, 부도 등으로 인하여 발생할 수 있는 잠재적 손실액
> ㉢ 신용위험액 : 주가, 이자, 환율 등 시장가격의 변동으로 인하여 입을 수 있는 잠재적 손실액
> ㉣ 운영위험액 : 금융투자업자의 임직원의 위법 또는 해태 등 부적절하거나 잘못된 내부절차, 인력 및 시스템의 관리부실 등으로 발생할 수 있는 잠재적 손실액

① ㉠, ㉣   ② ㉠, ㉡, ㉢
③ ㉡, ㉢   ④ ㉠, ㉡, ㉢, ㉣

해설 ㉢ 시장위험액은 주가, 이자, 환율 등 시장가격의 변동으로 인하여 입을 수 있는 잠재적 손실액으로서 주식위험액, 금리위험액, 외환위험액, 집합투자증권위험액, 옵션위험액 및 일반상품위험액 등이 있다.
㉡ 신용위험액은 거래상대방의 계약불이행, 부도 등으로 인하여 발생할 수 있는 잠재적 손실액을 말한다.

※ **총위험액** = 시장위험액 + 신용위험액 + 운영위험액

🏛 **필수**핵심정리 ▶ 총위험액과 구분

구 분	의 의
총위험액	= 시장위험액 + 신용위험액 + 운영위험액
시장위험액	시장성 있는 증권 등에서 주가, 이자, 환율 등 시장가격의 변동으로 인하여 금융투자업자가 입을 수 있는 잠재적인 손실액 = 주식위험액 + 금리위험액 + 외환위험액 + 집합투자증권등 위험액 + 일반상품위험액 + 옵션위험액
신용위험액	거래상대방의 계약불이행 등으로 인하여 발생할 수 있는 잠재적인 손실액
운영위험액	부적절하거나 잘못된 내부의 절차, 인력 및 시스템의 관리부실 또는 외부의 사건 등으로 인하여 발생할 수 있는 잠재적인 손실액

★★★
040 다음 중 영업용순자산에서 차감하는 항목이 아닌 것은? 심화

① 잔존만기가 1년을 초과하는 예금 및 예치금. 단, 계약해지 등을 통하여 3개월 이내에 현금화할 수 있는 예금은 제외
② 상환우선주 자본금 및 자본잉여금
③ 금융리스부채
④ 지급의무가 발생하였으나 아직 대지급이 일어나지 아니한 채무보증금액

해설 금융리스부채(계약해지금은 제외하며, 리스조건에 리스자산에 의한 현물상환액이 가능하다고 명시하고 현금상환을 해야 한다는 별도 약정이 없는 경우에 한함)는 영업용순자산에 가산하는 가산항목이다.

📊 보충학습 영업용순자산의 가산항목과 차감항목의 구분

구 분	주요 항목
가산 항목	재무상태표에서 부채로 계상되었으나 실질적인 채무이행 의무가 없거나 실질적으로 자본의 보완적 기능을 하는 재무안정 완충을 위한 다음의 4개 항목 → • '정상' 또는 '요주의'로 분류된 자산에 설정된 대손충당금 등 • 후순위차입금(채권의 발행을 통한 차입을 포함) • 금융리스부채(계약해지금은 제외하며, 리스조건에 리스자산에 의한 현물상환액이 가능하다고 명시하고 현금상환을 해야 한다는 별도 약정이 없는 경우에 한함) • 자산평가이익. 단, 재무제표의 당기순이익 또는 순재산액 산정시 반영된 이익은 제외
차감 항목	B/S의 차변항목 중 현금화가 곤란한 자산으로서, 가산항목이 아닌 항목 • 잔존만기가 1년을 초과하는 예금 및 예치금(계약해지 등을 통하여 3개월 이내에 현금화할 수 있는 예금 제외) • 만기 자동연장조건 또는 만기시 재취득조건 등의 특약이 있거나 잔존만기가 3개월을 초과하는 대출채권 • 선급금, 선급법인세, 이연법인세자산 및 선급비용, 유형자산 • 무형자산(시장성이 있는 인정되는 무형자산 제외) • 지급의무가 발생하였으나 아직 대지급이 일어나지 아니한 채무보증금액(관련 대손충당금 제외) 등

★★★
041 경영실태평가에 관한 설명으로 옳지 않은 것은?

① 전업투자자문·일임업자를 포함한 금융투자업자의 본점을 대상으로 하고, 해외 현지법인 및 해외지점은 제외한다.
② 금융투자업의 종류에 따라 공통부문(자본적정성, 수익성, 내부통제)과 업종부문(유동성, 안정성 등)으로 구분하여 평가하고, 그 결과를 감안하여 종합평가한다.
③ 금융감독원장이 경영 및 재무건전성을 판단하기 위하여 검사 등을 통하여 금융투자업자의 재산과 업무상태 및 위험을 종합적·체계적으로 분석 평가한다.
④ 종합평가는 1등급(우수), 2등급(양호), 3등급(보통), 4등급(취약) 및 5등급(위험)의 5단계 등급으로 구분한다.

🏛 필수핵심정리 ▷ 적기시정조치의 구분과 조치

구분		해당 사유	조치 사항
경영개선	권고	① 영업용순자본비율 150% 미만인 경우, ② 종합평가등급 3등급(보통) 이상이며 자본적정성부문 4등급(취약) 이하 판정받은 경우, ③ 거액의 금융사고 또는 부실채권의 발생으로 ① 또는 ②에 해당할 경우	① 인력 및 조직운영의 개선, ② 경비절감, ③ 점포관리의 효율화, ④ 부실자산의 처분, ⑤ 영업용순자본 감소행위의 제한, ⑥ 신규업무진출제한, ⑦ 자본금의 증액, ⑧ 특별대손충당금의 설정 등의 권고
	요구	① 영업용순자본비율 120% 미만인 경우, ② 종합평가등급 4등급(취약) 이하, ③ 거액의 금융사고 또는 부실채권의 발생으로 ① 또는 ②에 해당할 경우	① 고위험자산보유제한 및 자산처분, ② 경비절감점포의 폐쇄 · 통합 또는 신설 제한, ③ 조직의 축소, ④ 자회사의 정리, ⑤ 임원진 교체 요구, ⑥ 영업의 일부정지, ⑦ 합병 · 제3자인수 · 영업의 전부 또는 일부의 양도 · 금융지주회사의 자회사로의 편입계획수립 등의 요구
	명령	① 영업용순자본비율 100% 미만인 경우, ② 부실금융기관에 해당하는 경우	① 주식의 일부 또는 전부소각, ② 임원의 직무집행 정지 및 관리인 선임, ③ 합병 · 금융지주회사의 자회사로의 편입, ④ 영업의 전부 또는 일부의 양도, ⑤ 제3자의 당해 금융투자업 인수, ⑥ 6개월 이내의 영업정지 ⑦ 계약의 전부 또는 일부의 이전 등의 명령*

＊ : 영업의 전부정지 · 전부양도, 계약의 전부이전 및 주식의 전부소각의 조치는 영업용순자본비율이 100% 미만인 금융투자업자로서 건전한 신용질서나 투자자의 권익을 현저히 해할 우려가 있다고 인정되는 경우와 부실금융기관에 해당하는 경우에 한함

★★★
042 다음 중 적기시정조치의 순서로 옳은 것은?

① 경영개선권고 → 경영개선요구 → 경영개선명령
② 경영개선권고 → 경영개선명령 → 경영개선요구
③ 경영개선명령 → 경영개선권고 → 경영개선요구
④ 경영개선요구 → 경영개선명령 → 경영개선권고

해설 적기시정조치의 순서는 경영개선권고 → 경영개선요구 → 경영개선명령이다.

★★★

043 다음은 경영개선권고 조치사항이다. 옳은 것은? 심화

> ㉠ 인력 및 조직운용의 개선, 경비절감, 점포관리의 효율화
> ㉡ 신규업무 진출의 제한
> ㉢ 주식의 일부 또는 전부 소각, 영업의 전부 또는 일부의 양도
> ㉣ 자본금의 증액 또는 감액, 특별대손충당금의 설정

① ㉠, ㉢, ㉣   ② ㉡, ㉢   ③ ㉠, ㉡, ㉣   ④ ㉢, ㉣

해설 ㉢ 주식의 일부 또는 전부 소각 및 영업의 전부 또는 일부의 양도는 경영개선명령 조치사항이다.

★★★

044 적기시정조치에 관한 다음의 설명 중 잘못된 것은?

① 금융위원회의 적기시정조치는 경영개선권고, 경영개선요구 및 경영개선명령의 순서에 따른다.

② 금융위원회는 적기시정조치의 요건에 해당하는 경우에도 자본의 확충 또는 자산의 매각 등으로 단기간 내에 적기시정조치의 요건에 해당되지 아니하게 될 수 있다고 판단되는 경우에는 일정기간 동안 조치를 유예할 수 있다.

③ 경영개선계획의 이행기간은 경영개선권고의 경우 그 승인일로부터 6개월 이내, 경영개선 요구의 경우 그 승인일로부터 1년 이내, 경영개선명령의 경우에는 금융위원회가 정한다.

④ 적기시정조치를 받은 금융투자업자는 당해 조치일로부터 3개월의 범위 내에서 당해 조치권자가 정하는 기한 내에 경영개선계획을 금융위원회에 제출하여야 한다.

해설 적기시정조치를 받은 금융투자업자는 당해 조치일로부터 2개월의 범위 내에서 금융위원회가 정하는 기한 내에 경영개선계획을 금융감독원장에게 제출하여야 한다.

★★★

045 다음 중 경영개선권고사유로 옳지 않은 것은?

① 영업용순자본비율이 120% 미만인 경우

② 경영실태평가 결과 종합평가등급이 3등급(보통) 이상으로서

③ 자본적정성 부분의 평가등급을 4등급(취약) 이하로 판정받은 경우

④ 거액의 금융사고 또는 부실채권이 발생한 경우

★★★
046 다음 중 경영개선명령 사유로 옳은 것을 묶은 것은?

> ㉠ 영업용순자본비율이 120% 미만인 경우
> ㉡ 영업용순자본비율이 100% 미만인 경우
> ㉢ 경영실태평가 결과 종합평가등급을 4등급(취약) 이하로 판정받은 경우
> ㉣ 부실금융기관에 해당하는 경우
> ㉤ 거액의 금융사고 또는 부실채권의 발생으로 ㉠ 또는 ㉢에 해당할 것이 명백하다고 판단되는 경우

① ㉠, ㉡, ㉣   ② ㉡, ㉣   ③ ㉢, ㉣, ㉤   ④ ㉠, ㉢, ㉤

해설 ㉡ 또는 ㉣이 경영개선명령 사유이다. ㉠, ㉢과 ㉤은 경영개선요구 사유이다.

★★★
047 금융위원회가 긴급조치를 취할 수 있는 사유가 아닌 것은?

① 발행한 어음 또는 수표가 부도되거나 은행과의 거래가 정지 또는 금지되는 경우
② 유동성이 일시적으로 급격히 악화되어 투자예탁금 등의 지급불능 사태에 이른 경우
③ 휴업·영업의 중지 등의 돌발사태가 발생하여 정상적인 영업이 불가능하거나 어려운 경우
④ 거액의 금융사고 또는 부실채권이 발생하는 경우

해설 금융위원회의 긴급조치는 금융투자업자가 ①, ② 및 ③에 해당하는 경우에 한하며, 거액의 금융사고 또는 부실채권이 발생하는 경우는 이에 해당하지 않는다.

정답 043 ③   044 ④   045 ①   046 ②   047 ④

구분	주요 내용
조치 사유	① 발행한 어음 또는 수표가 부도되거나 은행과의 거래가 정지 또는 금지되는 경우 ② 유동성이 일시적으로 급격히 악화되어 투자예탁금 등의 지급불능 사태에 이른 경우 ③ 휴업·영업의 중지 등의 돌발사태가 발생하여 정상적인 영업이 불가능하거나 어려운 경우
조치 내용	① 투자자예탁금 등의 일부 또는 전부의 반환명령 또는 지급정지 ② 투자자예탁금 등의 수탁금지 또는 다른 금융투자업자로의 이전 ③ 채무변제행위의 금지 ④ 경영개선명령조치 ⑤ 증권 및 파생상품의 매매 제한 등

★★★
048 다음은 금융투자업자가 긴급조치사유에 해당하는 경우 금융위원회가 취할 수 있는 긴급조치 내용이다. 아닌 것은? 심화

① 투자자예탁금 등의 일부 또는 전부의 반환명령 또는 지급정지
② 채무변제행위의 금지
③ 신규업무 진출의 제한
④ 경영개선명령조치

해설 신규업무 진출의 제한은 경영개선권고조치사항이다. 위 외의 경영개선명령 조치내용으로 투자자예탁금 등의 수탁금지 또는 다른 금융투자업자로의 이전과 증권 및 파생상품의 매매 제한 등이 있다.

···TOPIC 8 위험관리 등

★★★
049 금융투자업자의 업무보고에 관한 내용으로 적합하지 않은 것은?

① 매 사업연도 개시일부터 3개월 · 6개월간 · 9개월간 및 12개월간의 업무보고서를 작성하여야 한다.

② 위 기간 경과 후 즉시 업무보고서를 금융위에 제출하여야 한다.

③ 외감법에 따라 회계감사를 받은 감사보고서, 재무제표 및 부속명세서, 수정재무제표에 따라 작성한 순자본비율보고서 · 영업용순자본비율보고서 및 자산부채비율보고서 등을 금융감독원장이 요청할 경우에 제출하여야 한다.

④ 회계감사인의 감사보고서의 내용이 회계연도 종료일 현재로 작성하여 제출한 업무보고서의 내용과 다른 경우에는 그 내역 및 사유를 설명하는 자료를 감사보고서와 함께 즉시 제출하여야 한다.

> **해설** 업무보고서를 매 사업연도 개시일부터 3개월 · 6개월간 · 9개월간 및 12개월의 기간 경과 후 45일 이내에 금융위에 제출하여야 한다.

★★★
050 외국환업무취급 금융투자업자의 위험관리로서 가장 거리가 먼 것은?

① 외국환업무취급 금융투자업자는 국가별위험, 거래신용위험, 시장위험 등 외국환거래에 따르는 위험의 종류별로 관리기준을 자체적으로 설정 · 운용한다.

② 관리기준을 설정 · 변경하거나 동 기준을 초과하여 외국환거래를 취급하고자 할 경우에는 금융감독원장의 결정을 거쳐야 한다.

③ 외국환업무취급 금융투자업자는 "외환파생상품거래위험관리기준"을 자체적으로 설정 · 운영하여야 한다.

④ 외국환업무취급 금융투자업자는 거래상대방별로 거래한도를 설정하여야 하며, 다른 외국환업무취급기관과 이미 체결된 외환파생상품 거래잔액을 감안하여 운영하여야 한다.

> **해설** 관리기준을 설정변경하거나 동 기준을 초과하여 외국환거래를 취급하고자 할 경우에는 외국환업무취급 금융투자업자의 위험관리조직의 결정을 거쳐야 한다.

★★★
051 외화유동성비율에 대한 설명이 옳지 않은 것은?

① 외국환업무취급 금융투자업자는 외화자산 및 외화부채를 각각 잔존만기별로 구분하여 관리하여야 한다.

② 잔존만기 3개월 이내 부채에 대한 잔존만기 3개월 이내 자산의 비율은 100% 이상 유지하여야 한다.

③ 외화자산 및 외화부채의 만기 불일치비율(잔존만기가 1개월 이내인 경우 부채가 자산을 초과하는 비율 10% 이내)을 유지하여야 한다.

④ 총자산에 대한 외화부채의 비율이 1%에 미달하는 외국환업무취급 금융투자업자에 대하여는 적용하지 아니한다.

> **해설** 잔존만기 3개월 이내 부채에 대한 잔존만기 3개월 이내 자산의 비율은 80% 이상 유지하여야 한다.

📊 보충학습 　외국환포지션 한도

- **종합포지션** : 각 외국통화별 종합매입초과포지션의 합계액과 종합매각초과포지션의 합계액 중 큰 것
- **선물환표지션** : 각 외국통화별 선물환매입초과포지션의 합계에서 선물환매각초과포지션의 합계를 차감하여 산정
- **종합매입초과포지션의 한도** : 각 외국통화별 종합매입초과포지션의 합계액 기준으로 전월 말 자기자본의 50%에 상당하는 금액
- **종합매각초과포지션의 한도** : 각 외국통화별 종합매각초과포지션의 합계액 기준으로 전월 말 자기자본의 50%에 상당하는 금액
- **선물환매입초과포지션의 한도** : 각 외국통화별 선물환매입초과포지션의 합계액 기준으로 전월 말 자기자본의 50%에 상당하는 금액
- **선물환매각초과포지션의 한도** : 각 외국통화별 선물환매각초과포지션의 합계액 기준으로 전월 말 자기자본의 50%에 상당하는 금액

★★★
052 외국환업무취급 금융투자업자의 외국환포지션 한도관리로서 옳은 것은?

① 외국환업무취급 금융투자업자는 외국환포지션 한도 준수여부를 매 월말 잔액을 기준으로 확인하여야 한다.

② 외국환포지션 한도를 위반한 경우에는 위반한 날로부터 1영업일 이내에 감독원장에게 이를 보고하여야 한다.

③ 자본금 또는 영업기금의 환위험을 회피하기 위한 외국환 매입분은 외국환포지션 한도관리대상에서 제외한다.

④ 외국 금융투자업자 지점이 이월이익잉여금 환위험을 회피하기 위해 별도한도로 인정받은 외국환 매입은 외국환포지션 한도관리대상에 포함한다.

① 외국환업무취급 금융투자업자는 외국환포지션 한도 준수여부를 매 영업일 잔액을 기준으로 확인하여야 한다.
② 외국환포지션 한도를 위반한 경우에는 위반한 날로부터 3영업일 이내에 감독원장에게 이를 보고하여야 한다.
④ 외국 금융투자업자 지점이 이월이익잉여금 환위험을 회피하기 위해 별도한도로 인정받은 외국환 매입은 외국환
포지션 한도관리대상에서 제외한다.

> **◢◤ 보충학습   별도한도의 인정**
>
> • 금융감독원장은 이월이익잉여금의 환위험을 회피하기 위한 외국환매입분에 대하여 별도한도를 인정받고자
>   하는 외국 금융투자업자의 지점과 외국환포지션 한도의 초과가 필요하다고 인정되는 외국환업무취급금융투
>   자업자에 대하여는 → 외국환포지션 한도 외에 별도한도를 인정할 수 있다.
> • 별도한도의 인정기간 → 2년 이내

★★★
053 금융투자업의 위험관리체제 구축에 관한 설명 중 적합하지 않은 것은?

① 금융투자회사는 리스크의 평가 및 관리를 최우선 과제로 인식하고 독립적인 리스크 평
   가와 통제를 위한 리스크관리체제를 구축해야 한다.
② 금융투자업자는 위험을 효율적으로 관리하기 위하여 부서별, 거래별 또는 상품별 위험
   부담한도 · 거래한도 등을 적절히 설정 · 운영하여야 한다.
③ 효율적인 위험관리를 위하여 필요하다고 인정되는 경우 이사회 내에 위험관리를 위한
   위원회를 두고 그 업무를 담당하게 할 수 있다.
④ 장내파생상품에 대한 투자매매업의 인가를 받은 금융투자업자 또는 투자중개업의 인가
   를 받은 금융투자업자는 별도의 전담조직을 두어야 한다.

 장외파생상품에 대한 투자매매업의 인가를 받은 금융투자업자 또는 인수업을 포함한 투자매매업의 인가를 받은 금
융투자업자는 경영상 발생할 수 있는 위험을 실무적으로 종합관리하고 이사회와 경영진을 보조할 수 있는 전담조
직을 두어야 한다.

> **◢◤ 보충학습   위험관리체제 구축에 관한 금융투자업자의 이사회의 심의 · 의결사항**
>
> • 경영전략에 부합하는 위험관리 기본방침 수립
> • 금융투자업자가 부담 가능한 위험 수준의 결정
> • 적정투자한도 또는 손실허용한도 승인
> • 위험관리지침의 제정 및 개정에 관한 사항

★★★
054 금융투자업자는 다음의 경우에 금융위에 보고하고, 인터넷 홈페이지 등을 이용하여 공시하여야 한다. 잘못된 것은?

① 상장법인의 공시의무 사항이 발생한 경우
② 동일 기업집단별 또는 개별기업별로 금융투자업자의 직전 분기 말 자기자본의 10% 상당액을 초과하는 부실채권의 발생한 경우
③ 금융사고 등으로 금융투자업자의 직전 분기 말 자기자본의 10% 상당액을 초과하는 손실이 발생하였거나 손실이 예상되는 경우
④ 회계기간 변경을 결정한 경우

> **해설** 금융사고 등으로 금융투자업자의 직전 분기 말 자기자본의 2%에 상당하는 금액을 초과하는 손실이 발생하였거나 손실이 예상되는 경우이다.
> 위 이외에도 경영공시사항은 다음과 같다.
> - 민사소송의 패소 등의 사유로 금융투자업자의 직전 분기 말 자기자본의 1% 상당액을 초과하는 손실이 발생한 경우
> - 적기시정조치, 인가 또는 등록의 취소 등의 조치를 받은 경우
> - 상장법인이 아닌 금융투자업자에게 재무구조 · 채권채무관계 · 경영환경 · 손익구조 등에 중대한 변경을 초래하는 사실이 발생하는 경우

••• T O P I C **9** 대주주와의 거래제한

★★★
055 다음은 대주주와의 거래 제한에 대한 설명이다. 틀린 것은?

① 금융투자업자는 그 금융투자업자의 대주주가 발행한 증권을 자기자본의 5%를 초과하여 소유할 수 없다.
② 금융투자업자(겸영금융투자업자 제외)는 그 금융투자업자의 계열회사(금융투자업자의 대주주 제외)가 발행한 주식, 채권 및 약속어음을 자기자본의 8%를 초과하여 소유할 수 없다.
③ 금융투자업자는 대주주(그의 특수관계인을 포함한다)에 대하여 신용공여가 금지되며, 대주주는 그 금융투자업자로부터 신용공여를 받아서는 아니 된다.
④ 금금융투자업자는 예외적으로 계열회사의 발행증권을 한도 내에서 취득하거나 또는 예외적으로 대주주 등에 대한 신용공여를 하고자 하는 경우에는 재적이사 전원의 찬성에 의한 이사회 결의를 거쳐야 한다.

> **해설** 금융투자업자(겸영금융투자업자 제외)는 그 금융투자업자의 대주주가 발행한 증권을 1% 라도 소유할 수 없다. 단, 담보권 실행 등 권리행사, 시장조성 안정조작, 대주주 아닌 자가 대주주가 되는 경우, 인수, 보증사채 특수채증권의 경우에는 금융위가 정하는 기간까지 소유할 수 있다.

소유 금지	원칙	대주주 발행증권 → 소유 금지
	예외	담보권 실행 등 권리행사, 시장조성·안정조작, 대주주가 아닌 자가 대주주가 되는 경우, 인수, 보증사채·특수채증권의 경우
소유 제한	원칙	계열회사 발행의 주식·채권·약속어음의 소유 제한 → 자기자본의 8% 초과 소유 금지
	예외	담보권 실행 등 권리행사, 시장조성·안정조작, 계열회사가 아닌 자가 계열회사가 되는 경우, 인수, 보증사채·특수채증권, 경영참여목적의 출자 등, 차익거래·투자위험회피거래, 자기자본 변동 등의 사유로 인한 한도 초과 등
신용 공여	의의	금전·증권 등 경제적 가치가 있는 재산의 대여, 채무이행 보증, 자금 지원적 성격의 증권매입, 담보제공, 어음배서, 출자이행약정 등
	원칙	금융투자업자의 대주주 및 그의 특수관계인에게 신용공여 금지
	예외	임원의 제한적 신용공여, 해외 현지법인에 대한 채무보증, 담보권 실행 등 권리행사
예외적용의 요건		계열회사 발행의 증권의 자기자본의 8% 이내 예외적 취득 또는 대주주 및 대주주의 특수관계인에 대한 예외적 신용공여하는 경우 → ① 재적이사 전원 찬성에 의한 이사회 결의 필요. 단, 단일거래금액이 자기자본의 10/10,000과 10억 중 적은 금액 범위인 경우 이사회 결의 불필요 ② 거래 후에는 금융위에 그 내용 보고 및 인터넷 홈페이지 등에 공시
위반제재		금융위는 자료제출 명령 및 대주주 발행증권의 신규 취득 등 제한 가능

★★★
056 예외적으로 대주주가 발행한 주식을 소유할 수 있는 경우가 아닌 것은?

① 담보권의 실행 등 권리행사에 필요한 경우
② 자기자본의 1만분의 10에 해당하는 금액과 10억원 중 적은 금액의 범위에서 취득하는 경우
③ 금융기관 등이 원리금의 지급을 보증하는 사채권 또는 특수채증권을 취득하는 경우
④ 시장조성·안정조작을 하는 경우

> **해설** 자기자본의 1만분의 10에 해당하는 금액과 10억원 중 적은 금액의 범위에서 소유하는 경우는 대주주 등에 대한 신용공여시 이사회의 결의 등을 요하지 아니하는 거래의 예외 사유이다.

057

★★★

다음은 대주주(그의 특수관계인 포함) 등에게 할 수 있는 신용공여이다. 옳은 것은 몇 개인가? 심화

> ㉠ 대주주를 위하여 담보를 제공하는 거래
> ㉡ 임원에 대하여 연간 급여액(근속기간 중에 그 금융투자업자로부터 지급된 소득세 과세대상이 되는 급여액)과 1억원 중 적은 금액의 범위에서 하는 신용공여
> ㉢ 대주주를 위하여 출자의 이행을 약정하는 거래
> ㉣ 담보권의 실행 등 권리행사를 위하여 필요한 경우로서 대주주가 발행한 증권을 소유하는 행위
> ㉤ 대주주를 위하여 어음을 배서(담보적 효력이 없는 배서 제외)하는 거래
> ㉥ 금융위원회가 정하여 고시하는 해외 현지법인에 대한 채무보증

① 2개   ② 3개   ③ 4개   ④ 5개

해설 신용공여란 금전 · 증권 등 경제적 가치가 있는 재산의 대여, 채무이행 보증, 자금 지원적 성격의 증권 매입, 담보제공, 어음배서, 출자이행약정 등을 말하며, ㉡, ㉣과 ㉥은 금융투자업자의 건전성을 해할 우려가 없는 경우에는 신용공여를 할 수 있다.

058

★★★

다음 중 금융투자업자의 대주주 및 그의 특수관계인의 금지행위로 옳지 않은 것은? 심화

① 경제적 이익 등 반대급부의 제공을 조건으로 다른 주주와 담합하여 금융투자업자의 인사 또는 경영에 부당한 영향력을 행사하는 행위
② 투자의사결정을 하기 위하여 금융투자업자에 대하여 외부에 공개된 자료 또는 정보의 제공을 요구하는 행위
③ 금리, 수수료, 담보 등에 있어서 통상적인 거래조건과 다른 조건으로 대주주 자신이나 제3자와의 거래를 요구하는 행위
④ 특정 금융투자상품의 가치에 대한 주장이나 예측을 담고 있는 조사분석자료의 작성과정에서 영향력을 행사하는 행위

해설 부당한 영향력을 행사하기 위하여 금융투자업자에 대하여 외부에 공개되지 아니한 자료 또는 정보의 제공을 요구하는 행위가 금지행위이다.

행사금지	대주주 및 대주주의 특수관계인은 자신의 이익을 얻을 목적으로 금융투자업자에 대한 미공개 정보의 제공 요구, 인사·경영에 대한 부당한 영향력 행사, 위법행위요구 등 금지
위반제재	금융위는 금융투자업자 등에게 필요한 자료 제출 명령 가능

···TOPIC 10 금융투자업자의 영업행위 규칙

★★★
059 다음 중 금융투자업자의 영업행위와 관련한 설명으로 가장 틀린 것은?

① 금융투자업자는 금융투자업을 영위함에 있어서 정당한 사유 없이 투자자의 이익을 해하면서 자기가 이익을 얻거나 제3자가 이익을 얻도록 하여서는 아니 된다.

② 금융투자업자는 다른 금융업무를 영위하고자 하는 때에는 그 업무를 영위하고자 하는 날의 7일 전까지 이를 금융위원회에 신고하여야 한다.

③ 금융투자업자는 자기의 명의를 대여하여 타인에게 금융투자업을 영위하게 하여서는 아니 된다.

④ 금융투자업자는 금융투자업에 부수하는 업무를 영위하고자 하는 경우에는 그 업무를 영위하고자 하는 날의 30일 전까지 이를 금융위원회에 신고하여야 한다.

> **해설** 금융투자업자는 금융투자업에 부수하는 업무를 영위하고자 하는 경우에는 그 업무를 영위하고자 하는 날의 7일 전까지 이를 금융위원회에 신고하여야 한다. 이 경우 금융위원회는 금융투자업자가 경영하려는 부수업무를 신고한 경우에는 그 신고일부터 7일 이내에 인터넷 홈페이지 등에 공고하여야 한다.
> ① 신의성실의무, ② 다른 금융업무 영위, ③ 명의대여, ④ 부수업무 영위

★★★
060 다음 중 업무위탁에 관한 설명으로 옳지 않은 것은?

① 금융투자업자는 영위하는 업무의 일부를 제3자에게 위탁할 수 있다.

② 투자자 보호 또는 건전한 거래질서를 해할 우려가 있는 핵심적인 업무는 위탁이 금지된다.

③ 금융투자업의 본질적 업무(인가 · 등록과 직접 관련된 필수업무)를 위탁하는 경우에는 위탁받는 자가 당해 업무 수행에 필요한 인가 · 등록한 자이어야 한다.

④ 금융투자업자는 제3자에게 업무를 위탁하는 경우에는 위탁계약을 체결하여야 하며, 계약이 체결되면 그 업무위탁자는 계약일부터 7일 이내 금융위원회에 신고하여야 한다.

> **해설** 금융투자업자는 제3자에게 업무를 위탁하는 경우에는 위탁계약을 체결하여야 하며, 업무를 위탁받은 자가 실제 업무 수행일의 7일 전까지 금융위원회에 보고하여야 한다.

★★★
061 다음은 원칙적으로 제3자에게 위탁이 금지되는 핵심업무이다. 옳은 것은?

① 단순한 준법감시, 내부감사, 위험관리 및 신용위험의 평가 · 분석업무

② 투자매매업과 투자중개업의 단순한 계좌개설 업무 및 실명확인 업무

③ 투자자문업의 투자자문계약의 체결과 해지업무 및 투자자문의 요청에 응하여 투자판단을 제공하는 업무

④ 집합투자업의 외화자산 및 20% 이내의 원화자산에 대한 운용(조언)업무

> **해설** 투자자문업인 경우의 투자자문계약의 체결과 해지업무 및 투자자문의 요청에 응하여 투자판단을 제공하는 업무는 핵심업무로서 제3자에게 위탁할 수 없다.
>
> ※ 준법감시(법규준수 교육 제외), 내부감사, 위험관리 및 신용위험의 평가 · 분석업무는 핵심업무에 해당하지 않으나, 의사결정 권한까지 위탁하는 경우에는 핵심업무에 포함됨!

🏛 **필수핵심정리** ▷ 핵심업무

- 투자매매업 → 계약 체결 · 해지(단순 계좌개설 및 실명확인 제외), 매매호가 제시, 인수
- 투자중개업 → 계약 체결 · 해지(단순 계좌개설 및 실명확인 제외), 증거금 관리 및 거래종결
- 집합투자업, 투자자문업, 투자일임업, 신탁업 → 원칙적으로 모든 본질적 업무가 핵심업무에 해당. 단, 일부 자산(외화자산 및 20% 이내의 원화자산)에 대한 운용(조언)업무, 운용업무와 관련한 조사분석업무 및 단순 매매 주문업무, 예탁대상증권 및 외화자산의 보관 · 관리업무는 위탁 가능

★★★
062 다음은 원칙적으로 모든 본질적 업무가 핵심업무에 해당되어 제3자에게 위탁할 수 없는 금융 투자업이다. 옳은 것은? 심화

> ⊙ 투자매매업   ⓛ 투자중개업   ⓒ 집합투자업
> ② 투자자문업   ⑩ 투자일임업   ⑭ 신탁업

① ⊙, ⓛ, ⓒ, ②   ② ⊙, ⓛ, ②, ⑩
③ ⓒ, ②, ⑩, ⑭   ④ ⊙, ⓒ, ②, ⑭

 집합투자업, 투자자문업, 투자일임업 및 신탁업은 원칙적으로 모든 본질적 업무가 핵심업무에 해당되어 제3자에게 위탁할 수 없다.

다만, 외화자산 및 20% 이내의 원화자산에 대한 운용(조업)업무, 운용업무와 관련한 조사분석업무 및 단순 매매주 문업무, 예탁대상증권 및 외화자산의 보관·관리업무는 위탁 가능하다.

••• TOPIC 11 이해상충관리 규제 체제

★★★
063 이해상충관리 규제 체제 중 직접 규제에 해당하는 것은?

① 선행매매 금지   ② 신의성실의무
③ 선관주의의무   ④ 직무관련 정보이용 금지

 선행매매 금지는 이해상충관리를 위한 직접규제이다. 나머지는 이해상충관리의 일반 규제이다.

🏛 필수핵심정리 ▶ 이해상충관리 규제 체제

일반규제	신의성실의무, 자기 또는 제3자 이익도모 금지, 직무관련 정보이용금지, 선관주의의무(집합투자업, 신탁업, 투자자문·일임의 자산관리업자에게만 적용)
직접규제	선행매매금지, 과당매매 금지, 이해관계인과의 투자자재산(집합투자재산, 신탁재산, 투자일임 재산) 거래 제한 등
정보교류 차단장치	사내·외 정보차단벽 간 정보제공, 임직원 겸직, 사무공간·전산설비 공동이용 등의 정보교류 금지

★★★
064 금융투자업자의 이해상충관리의무의 관련하여 잘못된 설명은?

① 금융투자업자와 투자자 간, 특정 투자자와 다른 투자자 간 이해상충이 발생할 가능성을 파악·평가하고, 내부통제기준에 따라 이를 적절히 관리하여야 한다.

② 이해상충이 발생할 가능성이 있다고 인정되는 경우에는 그 사실을 미리 해당 투자자에게 알려야 한다.

③ 이해상충이 발생할 가능성이 있다고 인정되는 경우 그 발생가능성을 내부통제기준에 따라 투자자 보호에 문제가 없는 수준으로 낮춘 후에 거래를 하여야 한다.

④ 금융투자업자는 그 이해상충이 발생할 가능성을 낮추는 것이 곤란하다고 판단되는 경우에는 해당 투자자의 동의를 얻어서 거래를 하여야 한다.

> **해설** 금융투자업자는 그 이해상충이 발생할 가능성을 낮추는 것이 곤란하다고 판단되는 경우에는 거래를 하여서는 아니 된다.

🏛 필수핵심정리 ▶ **이해상충관리의무**

- 이해상충발생 가능성의 파악·평가 및 내부통제기준에 따른 적절한 관리
- 이해상충발생 가능성이 있는 경우 → 투자자에게 사전 통지 및 이해상충발생 가능성을 내부통제기준에 따라 투자자보호에 문제가 없는 수준으로 낮춘 후에만 거래 가능
- 그 이해상충이 발생할 가능성을 낮추는 것이 곤란하다고 판단되는 경우에는 → 거래 금지

★★★
065 내부 정보교류 차단장치의 주요 내용으로 옳지 않은 것은?

① 정보의 제공 금지

② 임원(대표이사, 감사, 사외이사가 아닌 감사위원회 위원 포함) 및 직원 겸직 금지

③ 사무공간·전산설비 공동이용 금지

④ 부서 및 업무의 독립

> **해설** 임원 및 직원 겸직 금지 대상에서 대표이사, 감사 및 사외이사가 아닌 감사위원회의 위원은 제외한다.

- **정보의 제공 금지**
  - 대상 정보 : 금융투자업자 또는 투자자의 금융투자상품의 매매 정보, 금융투자상품의 소유현황 정보, 집합투자재산, 투자일임재산, 신탁재산 등의 구성내역과 운용 정보, 기업금융업무를 하면서 알게 된 미공개 중요정보
- **임원(대표이사, 감사, 사외이사가 아닌 감사위원회 위원 제외) 및 직원 겸직 금지**
- **사무공간 · 전산설비 공동이용 금지**
  - 사무공간 : 벽이나 칸막이 등을 통하여 공간적으로 분리 및 출입문의 별도 이용
  - 전산설비 : 규제대상 정보에 관한 전산자료가 공유되지 못하도록 독립적으로 저장 · 관리 · 열람
- **부서 및 업무의 독립** : 정보차단 벽 대상 업무 간 담당부서의 독립적 구분 및 업무의 독립적 처리
- **회의 · 통신 관리** : 정보차단 벽 대상 업무를 수행하는 임직원 간에 업무에 관한 회의 · 통신을 하는 경우 기록 유지 및 내부통제기준이 정하는 바에 따라 준법감시인의 확인

★★★
066 내부 정보교류 차단장치의 정보제공 금지대상이 아닌 것은? 심화

① 금융투자업자 또는 투자자의 금융투자상품의 매매 정보
② 금융투자상품의 소유현황 정보
③ 환매조건부매매 또는 그 중개 · 주선 · 대리업무
④ 집합투자재산, 투자일임재산, 신탁재산 등의 구성내역과 운용 정보

해설 　환매조건부매매 또는 그 중개 · 주선 · 대리업무는 정보교류 차단장치 설치가 면제되는 경우이다.

- 투자매매업, 투자중개업 또는 집합투자업을 경영하지 아니하는 부동산신탁업자 → 신탁업과 고유재산 운용업무 간
- 자기가 운용하는 집합투자기구의 집합투자증권에 대한 투자매매업 · 투자중개업(소위 "펀드 직판") 이외의 투자매매업 · 투자중개업 또는 신탁업을 경영하지 아니하는 집합투자업자 → 집합투자업과 자기가 운용하는 집합투자기구의 집합투자증권에 대한 투자매매업 · 투자중개업 간
- 환매조건부매매 또는 그 중개 · 주선 · 대리업무

★★★
067 외부 정보교류 차단장치의 주요 내용으로 볼 수 없는 것은?

① 정보의 제공 금지
② 임원(비상근 감사 제외) 및 직원 겸직 · 파견 금지
③ 사무공간 · 전산설비 공동이용 금지
④ 부서 및 업무의 독립

> **해설** 외부 정보교류 차단장치의 주요 내용은 정보의 제공 금지, 임원(비상근 감사 제외) 및 직원 겸직 · 파견 금지, 사무공간 · 전산설비 공동이용 금지 및 회의 · 통신 관리이다.
>
> ※ **외부 정보교류 차단장치 설치 범위** : 계열회사, 외국 금융투자업자 본점(외국 금융투자업자 지점의 경우), 집합투자증권 판매회사(집합투자업자의 경우)

···TOPIC **12** 투자권유 영업행위 규제

★★★
068 투자권유의 적합성 원칙으로 적합하지 않은 것은?

① 금융투자업자는 투자자가 일반투자자인지 전문투자자인지의 여부를 확인하여야 한다.
② 금융투자업자는 일반투자자 및 전문투자자에게 투자권유를 하기 전에 면담 등을 통하여 투자자의 투자목적 · 재산상황 및 투자경험 등의 정보를 파악하여야 한다.
③ 투자자로부터 서명 등의 방법으로 확인을 받아 유지 · 관리하여야 하며, 확인받은 내용을 투자자에게 제공하여야 한다.
④ 금융투자업자는 일반투자자에게 투자권유를 하는 경우 그 일반투자자의 투자목적 등에 비추어 적합하지 아니하다고 인정되는 투자권유를 하여서는 아니 된다.

> **해설** 금융투자업자가 투자자에게 투자권유를 하기 전에 면담 · 질문 등을 통하여 그 투자자의 투자목적 · 재산상황 및 투자경험 등의 정보파악 등의 투자권유규정은 일반투자자에게만 적용하는 것이고, 전문투자자에게는 적용하지 아니한다.
>
> • **투자권유** : 특정 투자자를 상대로 금융투자상품의 매매, 투자자문계약 · 투자일임계약 · 신탁계약(관리형신탁 및 투자성 없는 신탁계약 제외)의 체결을 권유하는 것
>
> • **투자광고** : 금융투자업자의 영위업무 또는 금융투자상품에 관한 광고

★★★
069 금융투자업자의 투자권유의 적정성에 관한 내용으로 가장 옳은 것은?

① 적정성원칙은 일반투자자에게만 적용한다.

② 적정성원칙이 적용되는 것은 모든 금융투자상품이다.

③ 금융투자업자가 투자권유를 하지 아니하고 파생상품 등을 판매하려는 경우에는 면담 · 질문 등을 통하여 그 일반투자자의 투자목적 등의 정보를 파악할 필요는 없다.

④ 금융투자업자는 일반투자자의 투자목적 등에 비추어 해당 파생상품 등이 적정하지 아니하다고 판단되는 경우에는 해당 파생상품 등을 판매할 수 없다.

> **해설** ② 적정성원칙이 적용되는 것은 파생상품 등의 투자권유에 한한다. 그러나 적합성의 원칙은 모든 금융투자상품의 투자권유에 적용한다.
>
> ③ 금융투자업자는 일반투자자에게 투자권유를 하지 아니하고 파생상품 등을 판매하려는 경우에는 면담 · 질문 등을 통하여 그 일반투자자의 투자목적 등의 정보를 파악하여야 한다.
>
> ④ 금융투자업자는 일반투자자의 투자목적 등에 비추어 해당 파생상품 등이 적정하지 아니하다고 판단되는 경우에는 그 사실을 알리고, 일반투자자로부터 서명, 기명날인, 녹취 등의 방법으로 확인을 받아야 한다.

> **🏛 필수핵심정리** ▶ **적정성원칙이 적용되는 파생상품 등의 의미**
>
> • **적용대상** : 파생상품, 파생결합증권(원금보장형 제외), 파생상품 매매에 따른 위험평가액이 펀드 자산총액의 10%를 초과하여 투자할 수 있는 펀드의 집합투자증권(파생상품펀드), 집합투자재산의 50%를 초과하여 위 파생결합증권에 운용하는 집합투자기구의 집합투자증권
>
> • **제외대상** : 장외파생상품이나 파생결합증권에 투자하지 아니하는 상장지수집합투자기구(지수추적오차가 10% 이내로 한정되는 인덱스펀드에 한함)의 집합투자증권

★★★
070 다음은 적정성원칙이 적용되는 파생상품 등이다. 아닌 것은?

① 파생상품, 파생결합증권(원금보장형 제외)

② 파생상품 매매에 따른 위험평가액이 펀드 자산총액의 10%를 초과하여 투자할 수 있는 펀드의 집합투자증권(파생상품펀드)

③ 집합투자재산의 50%를 초과하여 위 파생결합증권에 운용하는 집합투자기구의 집합투자증권

④ 장외파생상품이나 파생결합증권에 투자하지 아니하는 상장지수집합투자기구(지수추적오차가 10% 이내로 한정되는 인덱스펀드에 한함)의 집합투자증권

> **해설** 장외파생상품이나 파생결합증권에 투자하지 아니하는 상장지수집합투자기구(지수추적오차가 10% 이내로 한정되는 인덱스펀드에 한함)의 집합투자증권은 적정성의 원칙이 적용되지 않는다.

정답 067 ④   068 ②   069 ①   070 ④

★★★
071 설명의무와 관련된 설명으로 틀린 것은?

① 금융투자업자는 일반투자자에게 투자권유를 하는 경우에는 금융투자상품의 내용 등을 투자자가 이해할 수 있도록 설명하여야 한다.

② 금융투자업자는 설명한 내용을 투자자가 이해하였음을 서명, 기명날인, 녹취 등의 방법으로 확인하여야 한다.

③ 금융투자업자는 설명을 함에 있어 투자자의 합리적인 투자판단이나 해당 금융투자상품의 가치에 중대한 영향을 미칠 수 있는 중요사항을 거짓으로 설명하거나 누락하여서는 아니 된다.

④ 금융투자업자는 설명의무(확인의무 제외)의 위반으로 인해 발생한 투자자의 손해를 배상할 책임이 있으나, 손해액에 대한 입증책임은 일반투자자에게 있다.

> **해설** 자본시장법상 손해액 산정의 입증책임의 전환원칙에 따라 일반투자자의 손해액은 일반투자자의 손실액 전액으로 추정하여 손해의 인과관계가 없다는 입증책임은 금융투자회사에게 있다.
> ② : 확인의무
>
> ※ **일반투자자의 손해배상책임금액**
>   = 일반투자자의 금융투자상품 손실액 전액
>   = 금융투자상품의 취득가액 − 회수가능액
>   = 금융투자상품의 취득으로 인하여 지급하였거나 지급하여야 할 금전등의 총액 − 그 금융투자상품의 처분 등의 방법으로 회수하였거나 회수할 수 있는 금전등의 총액

★★★
072 투자권유시 부당권유의 금지행위로서 옳지 않은 것은?

① 거짓의 내용을 알리는 행위

② 불확실한 사항에 대하여 단정적 판단을 제공하거나 확실하다고 오인하게 할 소지가 있는 내용을 알리는 행위

③ 투자자로부터 투자권유의 요청을 받지 아니하고 방문·전화 등 실시간 대화의 방법을 이용하여 증권과 장내파생상품의 투자 권유를 하는 행위

④ 투자권유를 받고 거부한 투자자에게 투자권유를 하는 행위

> **해설** 투자자로부터 투자권유의 요청을 받지 아니하고 방문·전화 등 실시간 대화의 방법을 이용하여 장외파생상품의 투자권유를 하는 행위는 부당권유의 금지행위이나, 증권과 장내파생상품에 대하여는 부당권유의 금지행위가 적용되지 아니한다.

★★★
073 다음은 투자권유를 받은 투자자가 이를 거부하는 취지의 의사를 표시하였음에도 불구하고 투자권유를 계속할 수 없는 행위이다. 옳은 것은? 심화

① 투자성 있는 보험계약에 대한 투자권유
② 투자자의 투자권유 거부 후 1개월 경과 후에 대한 투자권유
③ 다른 종류의 금융투자상품에 대한 투자권유
④ 신용공여 경험이 있는 일반투자자에게 금전의 대여나 그 중개·주선 또는 대리의 요건을 조건으로 하는 투자권유

> **해설** 투자성 있는 보험계약에 대한 투자권유는 할 수 없다.
> ④ 신용공여를 받아 투자를 한 경험이 없는 일반투자자에게는 투자자로부터 금전의 대여나 그 중개·주선 또는 대리를 요청받지 아니하고 이를 조건으로 투자권유를 할 수 없다. 그러나 전문투자자와 신용공여를 받아 투자를 한 경험이 있는 일반투자자인 경우에는 투자자로부터 금전의 대여나 그 중개·주선 또는 대리를 요청받지 아니하고 이를 조건으로 투자권유를 할 수 있다.

★★★
074 투자권유준칙과 관련된 설명으로 옳지 않은 것은? 심화

① 금융투자업자는 투자권유를 함에 있어서 금융투자업자의 임직원이 준수하여야 할 기준 및 절차인 투자권유준칙을 제정하여야 한다.
② 금융투자업자는 파생상품 등에 대하여 일반투자자에 동일하게 적용하는 투자권유준칙을 마련하여야 한다.
③ 금융투자협회는 투자권유준칙과 관련하여 금융투자업자가 공통으로 사용할 수 있는 표준투자권유준칙을 제정할 수 있다.
④ 금융투자업자는 투자권유준칙을 제정하거나 변경한 경우 인터넷 홈페이지 등을 통하여 공시하여야 한다.

> **해설** 금융투자업자는 파생상품 등에 대하여는 일반투자자의 투자목적·재산상황 및 투자경험 등을 고려하여 투자자 등급별로 차등화된 투자권유준칙을 마련하여야 한다.

★★★
075 투자설명 및 권유와 관련된 설명으로 잘못된 것은? 심화

① 증권과 장내파생상품에 대하여는 투자자의 투자권유요청 없이도 금융투자업자는 투자 권유를 할 수 있다.
② 투자권유대행인은 파생상품 등에 대한 투자자의 투자권유 거부의사표시 후 1개월이 지 난 후에는 다시 파생상품 등에 대하여 투자권유를 할 수 있다.
③ 투자자의 투자권유 거부의사표시 후 1개월이 지나지 않았어도 다른 종류의 금융투자상 품에 대하여는 투자권유를 할 수 있다.
④ 금융투자업자는 투자판단에 대한 불확실한 사항에 대하여 단정적 판단을 제공하거나 확 실하다고 오인하게 할 소지가 있는 내용을 알리는 왜곡행위를 해서는 아니 된다.

> **해설** 금융투자업자는 증권과 장내파생상품에 대하여는 투자자의 투자권유의 요청 없이도 투자권유할 수 있으나, 투자권 유대행인은 어떠한 경우에도 파생상품 등에 대하여는 투자권유를 할 수 없다.

★★★
076 다음은 투자권유대행인의 금지행위이다. 거리가 먼 것은? 심화

① 위탁한 금융투자업자를 대리하여 계약을 체결하는 행위
② 투자자로부터 금전 · 증권 등의 재산을 수취하는 행위
③ 자신이 투자권유대행인이라는 사실을 투자자에게 표시하는 행위
④ 투자권유대행업무를 제3자에게 재위탁하는 행위

> **해설** 투자권유대행인은 투자권유를 대행함에 있어서 투자자에게 자신이 투자권유대행인이라는 사실을 나타내는 표지를 게시하거나 증표를 투자자에게 내보여야 한다.
> 위 이외 투자권유대행인의 금지행위에는 둘 이상의 금융투자업자와 투자권유 위탁계약을 체결하는 행위, 보험설계 사가 소속 보험회사가 아닌 보험회사와 투자권유 위탁계약을 체결하는 행위 등이 있다.

- 금융투자상품의 매매, 그 밖의 거래와 관련하여 투자자에게 법정한도를 초과하여 직접 또는 간접적인 재산상의 이익을 제공하면서 권유하는 행위
- 금융투자상품의 가치에 중대한 영향을 미치는 사항을 사전에 알고 있으면서 이를 투자자에게 알리지 아니하고 당해 금융투자상품의 매수 또는 매도를 권유하는 행위
- 위탁계약을 체결한 금융투자업자가 이미 발행한 주식의 매수 또는 매도를 권유하는 행위
- 투자목적, 재산상황 및 투자경험 등을 감안하지 아니하고 투자자에게 지나치게 빈번하게 투자권유를 하는 행위
- 자기 또는 제3자가 소유한 금융투자상품의 가격상승을 목적으로 투자자에게 당해 금융투자상품의 취득을 권유하는 행위
- 투자자가 자본시장법에 위반되는 매매, 그 밖의 거래를 하고자 함을 알고 그 매매, 그 밖의 거래를 권유하는 행위
- 금융투자상품의 매매, 그 밖의 거래와 관련하여 투자자의 위법한 거래를 은폐하여 주기 위하여 부정한 방법을 사용하도록 권유하는 행위

★★★
077 투자권유대행인이 투자자에게 미리 알려야 하는 사항으로 옳지 않은 것은?

① 투자권유대행인의 법정금지행위가 있다는 사실
② 투자권유를 위탁한 금융투자업자를 대리하여 계약을 체결할 권한이 없다는 사실
③ 투자자를 대리하여 계약을 체결할 수 없다는 사실
④ 금융투자상품의 매매, 그 밖에 거래에 관한 정보를 금융투자업자가 관리하고 있지 않다는 사실

해설 투자권유대행인은 투자자에게 금융투자상품의 매매, 그 밖에 거래에 관한 정보를 금융투자업자가 관리하고 있다는 사실을 알려야 한다.

구 분	투자권유대행시 미리 알려야 하는 사항
자본시장법	• 투자권유를 위탁한 금융투자업자의 명칭 • 투자권유를 위탁한 금융투자업자를 대리하여 계약을 체결할 권한이 없다는 사실 • 투자권유대행인은 투자자로부터 금전·증권, 그 밖의 재산을 수취하지 못하며, 금융투자업자가 이를 직접 수취한다는 사실 • 그 밖에 필요한 사항으로서 대통령령으로 정하는 사항
자본시장법 시행령	• 투자자를 대리하여 계약을 체결할 수 없다는 사실 • 투자자로부터 금융투자상품에 대한 매매권한을 위탁받을 수 없다는 사실 • 그 밖에 필요한 사항으로서 금융위원회가 정하여 고시하는 사항
금융위원회 규정	• 금융투자상품의 매매, 그 밖에 거래에 관한 정보는 금융투자업자가 관리하고 있다는 사실 • 투자권유대행인의 법전금지행위가 있다는 사실

···TOPIC 13 금융투자업자의 약관, 투자광고 등

★★★
078 다음 중 자본시장법상에 대한 설명으로 잘못된 것은?

① 금융투자업자는 직무상 알게 된 정보로서 외부에 공개되지 아니한 정보를 정당한 사유 없이 자기 또는 제3자의 이익을 위하여 이용하여서는 아니 된다.

② 금융투자업자는 투자자가 입을 손실의 전부 또는 일부를 보전하여 줄 것을 사전에 약속하는 행위를 할 수 없다.

③ 금융투자업자는 전문투자자만을 대상으로 하는 약관을 제정 또는 변경하는 경우에는 미리 금융위원회에 신고하여야 한다.

④ 협회는 건전한 거래질서를 확립하고 불공정한 내용의 약관이 통용되는 것을 방지하기 위하여 표준약관을 제정할 수 있다.

> 해설 금융투자업자는 금융투자업의 영위와 관련하여 약관을 제정 또는 변경하고자 하는 경우에는 미리 금융위원회에 신고하여야 한다. 그러나 전문투자자만을 대상으로 하는 약관을 제정 또는 변경하는 경우에는 그 표준약관을 제정 또는 변경한 후 7일 이내에 금융위원회에 보고하여야 한다.
> ① : 직무관련 정보의 이용금지
> ② : 손실보전 등의 금지

원칙	• 금융투자업자는 금융투자업의 영위와 관련하여 약관을 제정·변경하고자 하는 경우에는 미리 금융위원회에 신고하고, 약관의 제정·변경한 경우에는 인터넷 홈페이지 등을 이용하여 공시 • 협회는 표준약관을 제정할 수 있고, 제정 또는 변경하고자 하는 경우에는 미리 금융위원회에 신고
예외	다음의 경우에는 약관의 제정·변경 후 7일 이내 금융위 및 협회에 보고 • 약관내용 중 투자자의 권리 또는 의무와 관련이 없는 사항을 변경하는 경우 • 표준약관을 그대로 사용하는 경우 • 제정 또는 변경하고자 하는 약관의 내용이 다른 금융투자업자가 이미 금융위원회에 신고한 약관의 내용과 같은 경우 • 전문투자자만을 대상으로 하는 약관을 제정 또는 변경하는 경우

※ 금융위는 약관이 법령에 위반되거나 투자자 이익을 침해할 우려가 있는 경우에는 금융투자업자 또는 협회에 약관의 변경을 명할 수 있음

★★★ 079 다음의 경우에는 약관의 제정·변경 후 7일 이내 금융위 및 협회에 보고하여야 한다. 적합하지 않은 것은?

① 금융투자업자가 표준약관을 그대로 사용하는 경우
② 금융투자업자가 금융투자업 영위와 관련하여 약관을 제정·변경하고자 하는 경우
③ 약관내용 중 투자자의 권리 또는 의무와 관련이 없는 사항을 변경하는 경우
④ 전문투자자만을 대상으로 하는 약관을 제정 또는 변경하는 경우

해설 금융투자업자가 금융투자업 영위와 관련하여 약관을 제정·변경하고자 하는 경우 미리 금융위에 신고하여야 한다.

★★★ 080 투자광고에 관한 다음의 설명 중 틀린 것은?

① 금융투자업자의 명칭, 금융투자상품의 내용, 투자위험 등을 포함하여야 한다.
② 투자광고를 하는 경우 준법감시인의 사전 확인 등 금융위가 정하는 방법에 따라야 한다.
③ 집합투자증권에 대하여 투자광고를 하는 경우 법령에서 정하는 사항이 포함되도록 하여야 한다.
④ 금융투자업자가 아닌 자, 협회, 금융지주회사 및 증권의 발행인 또는 매출인은 투자광고를 할 수 없다.

해설 금융투자업자가 아닌 자는 투자광고를 할 수 없으나, 협회와 금융지주회사는 할 수 있으며, 증권의 발행인 또는 매출인은 그 증권에 대하여 투자광고를 할 수 있다.

정답 078 ③   079 ②   080 ④

★★★
081 다음 중 투자광고에 관한 설명으로 옳은 것은?

① 금융투자업자는 투자광고의 제작 및 내용에 있어서 관련 법령의 준수를 위하여 내부통제기준을 수립하여 운영하여야 한다.

② 금융투자업자가 자기의 경영실태평가결과와 영업용순자본비율 등을 광고하는 경우에는 다른 금융투자업자와 비교하는 방법 등으로 하여야 한다.

③ 금융투자업자는 투자광고계획신고서와 투자광고안을 금융위원회에 사후에 제출하여 심사를 받아야 한다.

④ 금융투자업자는 투자광고문에 금융투자협회 심사필 또는 준법감시인 심사필을 표시할 필요는 없다.

해설 ② 금융투자업자는 자기의 경영실태평가결과와 영업용순자본비율 등을 다른 금융투자업자와 비교하는 방법 등으로 광고하지 아니하여야 한다.

③ 금융투자업자는 투자광고계획신고서와 투자광고안을 금융투자협회에 사전에 제출하여 심사를 받아야 한다.

④ 금융투자업자는 투자광고문에 금융투자협회 심사필 또는 준법감시인 심사필을 표시하여야 한다.

🏛 필수핵심정리 ▶ 금융위원회규정의 투자광고의 방법 및 절차

금융투자업자	• 광고의 제작 및 내용에 있어서 관련 법령의 준수를 위하여 내부통제기준을 수립하여 운영할 것 • 금융투자업자의 경영실태평가결과와 영업용순자본비율 등을 다른 금융투자업자의 그것과 비교하는 방법 등으로 광고하지 아니할 것 • 준법감시인의 사전 확인을 받을 것 • 투자광고계획신고서와 투자광고안을 협회에 제출하여 심사를 받을 것 • 협회의 투자광고안 심사 및 심사결과 통보 • 투자광고문에 협회 심사필 또는 준법감시인 심사필을 표시할 것
금융투자협회	• 협회는 투자광고를 하는 자, 투자광고의 내용, 투자광고의 매체 · 크기 · 시간 등을 고려하여 금융투자업자가 준수하여야 할 투자광고 기준, 투자광고 심사 절차 및 방법, 그 밖에 투자광고와 관련하여 필요한 세부사항을 달리 정할 수 있다. • 협회는 매분기별 투자광고 심사결과를 해당 분기의 말일부터 1개월 이내에 금융감독원장에게 보고하여야 한다.

★★★
082 다음 중 투자광고 포함사항에 관한 설명으로 잘못된 것은? 심화

① 타 기관 등으로부터 수상, 선정, 인증, 특허 등을 받은 내용을 표기하는 경우 당해 기관의 명칭, 수상등의 시기 및 내용

② 과거의 재무상태 또는 영업실적을 표기하는 경우 투자광고 시점 및 미래에는 이와 다를 수 있다는 내용

③ 손실보전 또는 이익보장 표시

④ 최소비용을 표기하는 경우에는 그 최대비용, 최대수익을 표기하는 경우에는 그 최소수익

해설 금융투자업자는 투자광고를 함에 있어서 법령에서 정하는 경우를 제외하고는 손실보전 또는 이익보장으로 오인하게 하는 표시를 해서는 아니 된다.

위 이외에도, 통계수치나 도표 등을 인용하는 경우 해당 자료의 출처, 관련 법령·약관 등의 시행일 또는 관계기관의 인·허가 전에 실시하는 광고의 경우 투자자가 당해 거래 또는 계약 등의 시기 및 조건 능을 이해하는 데에 필요한 내용 및 그 밖에 투자자 보호를 위하여 필요한 사항으로서 협회가 정하는 사항이 투자광고에 포함하여야 한다.

★★★
083 수수료에 관한 설명으로 틀린 것은? 심화

① 금융투자업자는 투자자로부터 받는 수수료의 부과기준 및 절차에 관한 사항을 정하고, 인터넷 홈페이지 등을 이용하여 공시하여야 한다.
② 금융투자업자는 수수료 부과기준을 정함에 있어서 투자자의 등급화 등에 따른 차등화된 수수료를 부과할 수 있다.
③ 금융투자업자는 수수료 부과기준 및 절차에 관한 사항을 협회에 통보하여야 한다.
④ 협회는 통보받은 사항을 금융투자업자별로 비교하여 공시하여야 한다.

해설 금융투자업자는 수수료 부과기준을 정함에 있어서 투자자를 정당한 사유 없이 차별하여서는 아니 된다.

★★★
084 금융투자업자의 계약에 관한 서류의 교부 및 해제의 설명으로 틀린 것은?

① 금융투자업자는 투자자와 계약을 체결한 경우 그 계약서류를 투자자에게 지체 없이 교부하여야 한다.
② 투자자는 계약서류를 교부받은 날부터 30일 이내에 계약의 해제를 할 수 있다.
③ 금융투자업자는 계약이 해제된 경우 해당 계약해제 기간에 상당하는 수수료 외에 손해배상금이나 위약금의 지급을 청구할 수 없으며, 미리 대가를 지급받은 때에는 투자자에게 반환하여야 한다.
④ 금융투자업자는 업무 관련 자료를 종류별로 일정한 기간 동안 기록·유지하여야 한다.

해설 투자자문계약에 한하여 투자자는 계약서류를 교부받은 날부터 7일 이내에 계약의 해제를 할 수 있으며, 계약의 해제는 해당 계약의 해제를 하는 취지의 서면을 해당 금융투자업자에게 송부한 때에 그 효력이 발생한다.
※업무 관련 자료 보존기간 → 영업·재무관련 자료 10년, 내부통제자료 5년 등

★★★
085 금융투자업자 소유증권의 예탁에 관한 설명으로 틀린 것은?

① 금융투자업자(겸영금융투자업자 제외)는 고유재산으로 소유하는 증권 등을 예탁결제원에 지체 없이 예탁하여야 한다.

② 예탁대상에는 원화로 표시된 CD, 외화증권 등도 예탁대상이다.

③ 해당 증권의 유통 가능성, 다른 법령에 따른 유통방법이 있는지 여부, 예탁의 실행 가능성 등을 고려하여 법령으로 정하는 경우에는 예탁결제원에 예탁하지 아니할 수 있다.

④ 외화증권의 경우에도 예탁결제원에만 예탁하여야 한다.

> **해설** 외화증권의 경우에는 외국 보관기관에 예탁할 수 있다.

🏛 필수핵심정리 ▶ **예탁결제원에의 예탁대상인 소유증권의 범위**

구 분	예탁대상인 소유증권
자본시장법	금융투자업자(겸영금융투자업자 제외)가 그 고유재산을 운용함에 따라 소유하게 되는 증권(대통령령으로 정하는 것을 포함)
자본시장법 시행령	• 원화로 표시된 양도성 예금증서 • 그 밖에 금융위원회가 정하여 고시하는 것
금융위원회 규정	• 어음(기업어음증권 제외) • 그 밖에 증권과 유사하고 집중예탁과 계좌 간 대체에 적합한 것으로서 예탁결제원이 따로 정하는 것

★★★
086 금융투자업자의 임직원이 자기 계산으로 특정 금융투자상품 매매 시의 설명으로 틀린 것은?

① 겸영금융투자업자(증권금융회사 제외)의 경우 금융투자업 직무 수행 임직원에 한한다.

② 자기의 명의로 하나의 투자중개업자를 통하여 매매하여야 한다.

③ 매매명세를 월별로 금융감독원에게 통지하여야 한다.

④ 금융투자업자는 임직원의 금융투자상품 매매와 관련하여 임직원이 따라야 할 적절한 기준 및 절차를 정하여야 하며, 분기별로 확인하여야 한다.

> **해설** 매매명세를 분기별(투자권유자문인력, 조사분석인력 및 투자운용인력 등의 주요직무종사자의 경우 월별)로 소속 금융투자업자에게 통지하여야 한다.
>
> ※ 특정 금융투자상품의 범위 → 상장 지분증권 또는 협회중개시장 거래 지분증권(집합투자증권 및 우리사주조합 명의로 취득하는 주식 제외), 상장 증권예탁증권, 주권 관련 사채권(상장 지분증권 · 증권예탁증권 관련), 파생결합증권(상장 지분증권 · 증권예탁증권 관련), 장내파생상품, 장외파생상품(상장 지분증권 · 증권예탁증권 관련) 등

★★★
087 금융투자업자의 손해배상책임의 내용으로 가장 거리가 먼 것은?

① 금융투자업자는 법령 · 약관 · 집합투자규약 · 투자설명서를 위반하거나 그 업무를 소홀히 하여 투자자에게 손해를 발생시킨 경우 배상책임이 있다.

② 투자매매업 · 중개업과 집합투자업 겸영에 따른 이익상충과 관련된 불건전 영업행위로 인한 손해에 대하여는 그 금융투자업자가 상당한 주의를 다하였음을 증명하는 경우에도 손해배상책임이 있다.

③ 투자매매업 · 중개업과 집합투자업 겸영에 따른 이익상충과 관련된 불건전 영업행위 사실을 투자자가 거래 시 그 사실을 안 경우에는 배상책임을 지지 않는다.

④ 금융투자업자가 손해배상책임을 지는 경우, 관련 임원에게도 귀책사유가 있는 경우에는 금융투자업자와 연대하여 손해를 배상할 책임이 있다.

> **해설** 투자매매업 · 중개업과 집합투자업 겸영에 따른 이익상충과 관련된 불건전 영업행위로 인한 손해에 대하여는 그 금융투자업자가 상당한 주의를 다하였음을 증명하거나, 투자자가 거래시 그 사실을 안 경우에는 손해배상책임을 지지 않는다.

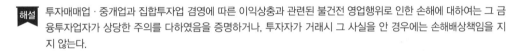

•••TOPIC 14 투자매매업자 및 투자중개업자의 영업행위

★★★
088 투자매매업자 및 투자중개업자에게만 적용되는 규정이 아닌 것은?

① 대주주와의 거래제한   ② 자기계약 금지
③ 임의매매 금지   ④ 매매형태 명시

> **해설** 대주주와의 거래제한은 모든 업종에 적용되는 공통영업행위규정이다.
> ※ 투자매매업 또는 투자중개업의 영업행위규제규정 → 투자매매업 또는 투자중개업을 영위하면서 발생할 수 있는 이해상충을 방지하기 위하여 투자자 피해를 최소화하고 건전한 영업질서를 유지하기 위해 매매형태 명시, 자기계약 금지, 시장매매 의무, 자기주식 취득제한, 임의매매 금지, 불건전 영업행위 금지, 신용공여 제한, 매매명세 통지, 예탁금 예금증권 보관 등을 두고 있다.

 정답 085 ④   086 ③   087 ②   088 ①

★★★ 089 투자매매업자 또는 투자중개업자에 관한 설명으로 틀린 것은?

① 투자자로부터 금융투자상품의 매매에 관한 청약 또는 주문을 받는 경우에는 사전에 그 투자자에게 자신이 투자매매업자인지 투자중개업자인지를 밝혀야 한다.

② 금융투자상품에 관한 같은 매매에 있어 자신이 본인이 됨과 동시에 상대방의 투자중개업자가 되어서는 아니 된다.

③ 투자매매업자는 투자자로부터 자기주식으로서 증권시장의 매매 수량단위 미만의 주식에 대하여 매도의 청약을 받은 경우에는 이를 증권시장 안에서 취득할 수 있다.

④ 투자자나 그 대리인으로부터 금융투자상품의 매매주문을 받지 아니하고는 투자자로부터 예탁받은 재산으로 금융투자상품의 매매를 하여서는 아니 된다.

> **해설** 투자매매업자는 투자자로부터 그 투자매매업자가 발행한 단주에 대하여 매도의 청약을 받은 경우에는 이를 증권시장 밖에서 취득할 수 있다.

🏛 필수핵심정리 ▷ 투자매매업자 및 투자중개업자의 영업행위 규칙

구분	주요 내용	제재
매매형태의 명시	투자매매업자 또는 투자중개업자는 투자자로부터 금융투자상품의 매매에 관한 청약 또는 주문을 받는 경우에는 사전에 그 투자자에게 자신이 투자매매업자인지 투자중개업자인지를 밝혀야 한다.	1년 이하의 징역 또는 3천만원 이하의 벌금
자기계약의 금지	투자매매업자 또는 투자중개업자는 금융투자상품에 관한 같은 매매에 있어 자신이 본인이 됨과 동시에 상대방의 투자중개업자가 되어서는 아니 된다.	
최선집행의무	투자매매업자 또는 투자중개업자는 금융투자상품의 매매(대통령령으로 정하는 일정한 거래는 제외)에 관한 투자자의 청약 또는 주문을 처리하기 위하여 최선의 거래조건으로 집행하기 위한 기준(최선집행기준)을 마련하고 이를 공표하여야 한다.	×
자기주식의 예외적 취득	투자매매업자는 투자자로부터 그 투자매매업자가 발행한 자기주식으로서 증권시장(다자간매매체결회사에서의 거래 포함)의 매매 수량단위 미만의 매도의 청약을 받은 경우에는 이를 증권시장 밖에서 취득할 수 있다.	×
임의매매의 금지	투자매매업자 또는 투자중개업자는 투자자나 그 대리인으로부터 금융투자상품의 매매의 청약 또는 주문을 받지 아니하고는 투자자로부터 예탁받은 재산으로 금융투자상품의 매매를 하여서는 아니 된다.	5년 이하의 징역 또는 2억원 이하의 벌금

★★★
090 자기계약의 금지에 대한 설명으로 옳지 않은 것은?

① 투자매매업자 또는 투자중개업자는 금융투자상품에 관한 같은 매매에 있어 자신이 본인이 됨과 동시에 상대방의 투자중개업자가 되어서는 아니 된다.

② 고객으로부터 금융투자상품의 매매를 위탁받은 투자중개업자가 고객의 대리인이 됨과 동시에 그 거래 상대방이 될 수 없다는 의미이다.

③ 투자매매업자 또는 투자중개업자가 증권시장 또는 파생상품시장을 통하여 매매가 이루어지도록 한 경우에는 적용한다.

④ 자기계약금지를 위반하여 고객과 거래한 투자매매업자 또는 투자중개업자는 1년 이하의 징역 또는 3천만원 이하의 벌금에 처할 수 있다.

> **해설** 투자매매업자 또는 투자중개업자가 증권시장 또는 파생상품시장을 통하여 매매가 이루어지도록 한 경우에는 적용하지 아니한다.

🏛 필수핵심정리 ▷ **자기계약의 금지의 예외 → 다음의 어느 하나에 해당하는 경우**

- 투자매매업자 또는 투자중개업자가 증권시장 또는 파생상품시장을 통하여 매매가 이루어지도록 한 경우
- 그 밖에 투자자 보호 및 건전한 거래질서를 해할 우려가 없는 경우로서 대통령령으로 정하는 다음의 경우
  - 투자매매업자 또는 투자중개업자가 자기가 판매하는 집합투자증권을 매수하는 경우
  - 투자매매업자 또는 투자중개업자가 다자간매매체결회사를 통하여 매매가 이루어지도록 한 경우
  - 그 밖에 공정한 가격 형성과 매매, 거래의 안정성과 효율성 도모 및 투자자의 보호에 우려가 없는 경우로서 금융위원회가 정하여 고시하는 경우

★★★
091 최선집행기준에 관한 설명으로 적절하지 않은 것은?

① 투자매매업자 또는 투자중개업자는 최선집행기준에 따라 금융투자상품의 매매에 관한 청약 또는 주문을 집행하여야 한다.

② 투자매매업자 또는 투자중개업자는 해당투자자가 그 청약 또는 주문이 최선집행기준에 따라 처리되었음을 증명하는 서면 등을 요구하는 경우에는 제공하여야 한다.

③ 투자매매업자 또는 투자중개업자는 3개월마다 최선집행기준의 내용을 점검하여야 한다.

④ 최선집행기준이 적용되는 금융투자상품은 채무증권, 지분증권(주권은 제외), 수익증권, 투자계약증권, 파생결합증권, 증권예탁증권(주권관련 증권예탁증권은 제외), 장내파생상품이다.

> **해설** 채무증권, 지분증권(주권은 제외), 수익증권, 투자계약증권, 파생결합증권, 증권예탁증권(주권관련 증권예탁증권은 제외), 장내파상품은 최선집행기준이 적용되지 않는 금융투자상품이다.

- **의의** : 투자매매업자 또는 투자중개업자는 최선집행기준에 따라 금융투자상품의 매매에 관한 청약 또는 주문을 집행하여야 한다.

- **최선집행기준이 적용되는 않는 거래** : 다음의 어느 하나에 해당하는 매매
  - 증권시장에 상장되지 아니한 증권의 매매
  - 장외파생상품의 매매
  - 증권시장에 상장된 증권 또는 장내파생상품의 어느 하나에 해당하는 금융투자상품 중 복수의 금융투자상품 시장에서의 거래 가능성 및 투자자 보호의 필요성 등을 고려하여 총리령으로 정하는 금융투자상품의 매매

- **최선집행기준** : 다음의 사항을 고려하여 최선의 거래조건으로 집행하기 위한 방법 및 그 이유 등이 포함되어야 한다. 다만, 투자자가 청약 또는 주문의 처리에 관하여 별도의 지시를 하였을 때에는 그에 따라 최선집행기준과 달리 처리할 수 있다.
  - 금융투자상품의 가격
  - 투자자가 매매체결과 관련하여 부담하는 수수료 및 그 밖의 비용
  - 그 밖에 청약 또는 주문의 규모 및 매매체결의 가능성 등

- **최선집행기준의 점검** : 투자매매업자 또는 투자중개업자는 3개월마다 최선집행기준의 내용을 점검하여야 한다. 이 경우 최선집행기준의 내용이 최선집행기준에 따른 청약 또는 주문을 집행하기에 적합하지 아니한 것으로 인정되는 때에는 이를 변경하고, 그 변경 사실을 공표하여야 한다.

- **최선집행기준의 기재 또는 교부** : 투자매매업자 또는 투자중개업자는 금융투자상품의 매매에 관한 청약 또는 주문을 받는 경우에는 미리 문서, 전자문서, 그 밖에 대통령령으로 정하는 방법으로 최선집행기준을 기재 또는 표시한 설명서를 투자자에게 교부하여야 한다. 다만, 이미 해당 설명서(제3항에 따라 최선집행기준을 변경한 경우에는 변경한 내용이 기재 또는 표시된 설명서를 말한다)를 교부한 경우에는 그러하지 아니하다.

★★★
092 다음 중 최선집행기준이 적용되는 거래는?

① 증권시장에 상장되지 아니한 증권의 매매

② 증권시장에 상장된 증권 또는 파생상품의 매매

③ 장외파생상품의 매매

④ 증권시장에 상장된 증권 또는 장내파생상품의 어느 하나에 해당하는 금융투자상품 중 복수의 금융투자상품시장에서의 거래 가능성 및 투자자 보호의 필요성 등을 고려하여 총리령으로 정하는 금융투자상품의 매매

 최선집행기준이 적용되는 거래증권시장에 상장된 증권 또는 파생상품의 매매 등이다. 나머지는 최선집행기준이 적용되지 아니한다.

★★★
093 불건전 영업행위 금지의 내용으로 옳지 않은 것은?

① 투자매매업자 또는 투자중개업자는 영업의 영위와 관련하여 투자자 보호 또는 건전한 거래질서를 해칠 우려가 있는 행위를 할 수 없다.

② 자본시장법은 불건전 영업행위 중 그 정도가 중하고 대표적인 유형을 직접 열거하고 있다.

③ 이를 위반한 금융투자업자 및 그 임직원은 손해배상책임과 행정조치 대상이 되나, 형사처벌은 없다.

④ 불건전 영업행위 중 그 정도가 중하여 자본시장법에서 직접 열거하고 있는 대표적인 유형을 위반한 행위에 대하여는 5년 이하의 징역 또는 2억원 이하의 벌금에 처한다.

> **해설** 불건전 영업행위를 위반한 금융투자업자 및 그 임직원은 손해배상책임과 행정조치뿐만 아니라 형사처벌의 대상이 된다.

★★★
094 불건전 영업행위 금지로서 자본시장법에서 직접 열거하고 있는 대표적인 유형에 해당하지 않는 것은?

① 신용공여에 관한 규제

② 선행매매의 금지, 일임매매의 금지

③ 조사분석자료 공표 후 매매금지, 조사분석자료 작성자에 대한 성과보수 금지 등

④ 기타 투자자 보호 또는 건전한 거래질서를 해할 우려가 있는 행위로서 시행령에서 정하는 행위

> **해설** 신용공여에 관한 규제는 자본시장법에서 직접 열거하고 있는 대표적인 유형에 해당하지 아니하고 별도의 투자매매업자 또는 투자중개업자에 대한 영업행위규제이다.

> **🏛 필수핵심정리** ▶ 불건전 영업행위의 대표적인 유형
>
> 선행매매, 조사분석자료 공표 후 매매, 조사분석자료 작성에 대한 성과보수, 주권 등의 모집 · 매출 관련 조사분석자료의 공표 · 제공, 투자권유대행인 또는 투자권유자문인력 이외의 자에게 투자권유, 일임매매, 그 밖에 투자자 보호 또는 건전한 거래질서를 해할 우려가 있는 행위로서 대통령령으로 정하는 행위

정답 092 ② 093 ③ 094 ①

★★★
095 투자매매업자 또는 투자중개업자의 불건전 영업행위 금지의 내용이 잘못된 것은?

① 투자자로부터 금융투자상품의 가격에 중대한 영향을 미칠 수 있는 매매주문의 체결 전에 그 금융투자상품을 자기의 계산으로 매매하거나 제3자에게 매매를 권유하는 행위

② 조사분석자료 공표에 있어서 그 조사분석자료의 내용이 사실상 확정된 때부터 공표 후 24시간이 경과하기 전까지 그 조사분석자료의 대상이 된 금융투자상품을 자기의 계산으로 매매하는 행위

③ 조사분석자료 작성을 담당하는 자에 대하여 인수업무 등의 기업금융업무와 연동된 성과보수를 지급하는 행위

④ 주권 등의 모집 또는 매출과 관련한 계약을 체결한 날부터 그 증권이 증권시장에 최초로 상장된 후 30일 이내에 그 증권에 대한 조사분석자료를 공표하거나 특정인에게 제공하는 행위

해설 주권 등의 모집·매출과 관련된 조사분석자료의 공표·제공 금지 → 주권, 주권 관련 사채권 및 이와 관련된 증권예탁증권의 모집 또는 매출과 관련한 계약을 체결한 날부터 그 증권이 증권시장에 최초로 상장된 후 그 증권에 대한 조사분석자료를 공표하거나 특정인에게 제공하는 행위가 금지되는 기간은 최초로 상장된 후 40일 이내이다.
① 선행매매의 금지(Front-Running), ② Scalping, ③ 조사분석자료 작성자에 대한 성과보수 금지, 이외에도 일임매매의 금지 및 기타 불건전영업행위의 금지가 있다.

★★★
096 투자매매업자·투자중개업자의 불건전 영업행위의 금지가 옳게 연결된 것은? 심화

> ㉠ 조사분석자료의 공표에 있어서 그 조사분석자료의 내용이 사실상 확정된 때부터 공표 후 24시간이 경과하기 전까지 그 조사분석자료의 대상이 된 금융투자상품을 자기의 계산으로 매매하는 행위
> ㉡ 투자자로부터 금융투자상품의 가격에 중대한 영향을 미칠 수 있는 매매주문의 체결 전에 그 금융투자상품을 자기의 계산으로 매매하거나 제3자에게 매매를 권유하는 행위
> ㉢ 일반투자자의 투자목적, 재산상황 및 투자경험 등을 고려하지 아니하고 일반투자자에게 지나치게 자주 투자권유를 하는 행위

	㉠	㉡	㉢
①	스캘핑	선행매매의 금지	과당매매
②	선행매매의 금지	스캘핑	과당매매
③	과당매매	스캘핑	선행매매의 금지
④	스캘핑	과당매매	선행매매의 금지

해설 ⊙ : 스캘핑(Scalping), ⓛ : 선행매매의 금지(Front-Running), ⓒ 과당매매(Churing)

- **선행매매(front-running)의 금지 적용 제외**
  - 투자자의 매매주문에 관한 정보를 이용하지 않았음을 입증하는 경우
  - 증권시장과 파생상품시장 간의 가격차이를 이용한 차익거래, 그 밖에 이에 준하는 거래로서 투자자의 정보를 의도적으로 이용하지 아니하였다는 사실이 객관적으로 명백한 경우

- **조사분석자료 공표 후 매매금지 적용 제외**
  - 조사분석자료의 내용이 직·간접으로 특정 금융투자상품의 매매를 유도하는 것이 아닌 경우
  - 조사분석자료의 공표로 인한 매매유발 또는 가격변동을 의도적으로 이용하였다고 볼 수 없는 경우
  - 공표된 조사분석자료의 내용을 이용하여 매매하지 아니하였음을 증명하는 경우
  - 해당 조사분석자료가 이미 공표한 조사분석자료와 비교하여 새로운 내용을 담고 있지 아니한 경우

★★★
097 투자매매업자 또는 투자중개업자의 불건전 영업행위의 금지에 해당하는 것은? 심화

① 증권시장과 파생상품시장 간의 가격 차이를 이용한 차익거래인 경우

② 조사분석자료의 내용이 직접 또는 간접으로 특정 금융투자상품의 매매를 유도하는 것이 아닌 경우

③ 해당 조사분석자료가 투자자에게 공표되거나 제공되지 아니하고 금융투자업자 내부에서 업무를 수행할 목적으로 작성된 경우

④ 투자자로부터 금융투자상품에 대한 투자판단의 전부 또는 일부를 일임받아 투자자별로 구분하여 금융투자상품을 취득·처분, 그 밖의 방법으로 운용하는 경우

해설 투자매매업자 또는 투자중개업자는 투자자로부터 금융투자상품에 대한 투자판단의 전부 또는 일부를 일임받아 투자자별로 구분하여 금융투자상품을 취득·처분, 그 밖의 방법으로 운용하는 행위는 불건전 영업행위의 금지행위에 해당한다. 즉, 투자매매업자 또는 투자중개업자는 일임매매를 할 수 없다.
다만, 투자일임업으로서 행하는 경우와 투자중개업자가 따로 대가 없이 금융투자상품에 대한 투자판단의 전부나 일부를 일임받는 경우로서 법령에서 정하는 경우에 해당하는 경우에는 이를 할 수 있다.

※ 기타 불건전 영업행위의 금지에 해당하지 않는 경우
- 투자자의 매매에 관한 청약이나 주문에 관한 정보를 이용하지 아니하였음을 증명하는 경우
- 조사분석자료의 공표로 인한 매매유발이나 가격변동을 의도적으로 이용하였다고 볼 수 없는 경우, 공표된 조사분석자료의 내용을 이용하여 매매하지 아니하였음을 증명하는 경우 또는 해당 조사분석자료가 이미 공표한 조사분석자료와 비교하여 새로운 내용을 담고 있지 아니한 경우

★★★
098 투자매매업자 또는 투자중개업자의 신용공여에 관한 설명으로 옳은 것은?

① 투자매매업자 또는 투자중개업자는 증권과 관련하여 투자자에게 금전의 융자, 그 밖의 신용을 공여할 수 없다.

② 투자매매업자는 증권의 인수일부터 3개월 이내에도 투자자에게 그 증권을 매수하게 하기 위하여는 그 투자자에게 금전의 융자, 그 밖의 신용공여를 할 수 있다.

③ 해당 투자매매업자 또는 투자중개업자에게 증권 매매거래계좌를 개설하고 있는 자에 대하여는 증권의 매매를 위한 매수대금을 융자하거나 매도하려는 증권을 대여하는 방법으로 신용을 공여할 수 있다.

④ 신용공여에 관한 규제를 위반한 경우 형사상의 제재는 물론 회사 및 임직원에 대한 금융위원회의 행정조치의 대상이 된다.

해설 ③ : 신용공여의 방법
① : 투자매매업자 또는 투자중개업자는 고유업무는 아니나 증권과 관련하여 금전의 융자 또는 증권의 대여의 방법으로 투자자에게 신용을 공여할 수 있다. 다만, 신용공여의 구체적인 기준과 담보의 비율 및 징수방법 등은 금융위원회가 정하여 고시한다.
② : 투자매매업자는 증권의 인수일부터 3개월 이내에 투자자에게 그 증권을 매수하게 하기 위하여 그 투자자에게 금전의 융자, 그 밖의 신용공여를 하여서는 아니 된다.
④ : 신용공여에 관한 규제를 위반한 경우 형사상의 제재는 없다. 다만, 회사 및 임직원에 대하여는 금융위원회의 행정조치의 대상이 된다.

🏛 **필수핵심정리** | 투자매매업자 및 투자중개업자의 신용공여의 방법

구 분	신용공여 대상자	신용공여의 방법
일반적인 경우	증권 매매거래계좌 개설자에 대하여	증권 매매를 위한 매수대금의 융자 또는 매도하려는 증권의 대여
	증권예탁자에 대하여	그 증권을 담보로 금전 융자
전담중개업무의 제공 시	그 전담중개업무를 제공받는 적격투자자 대상 사모집합투자기구에 대하여	증권 매매를 위한 매수대금의 융자·매도하려는 증권의 대여 또는 전담중개업무로서 보관·관리하는 집합투자재산인 증권을 담보로 금전 융자

★★★
099 투자매매매업자 또는 투자중개업자의 신용공여에 관한 내용으로 옳은 묶은 것은?

> ㉠ 투사매매업자 또는 투자중개업자가 신용공여를 하고자 하는 경우에는 투자자와 신용공여에 관한 약정을 체결하여야 한다.
> ㉡ 투자매매업자 또는 투자중개업자가 투자자로부터 신용거래를 수탁받은 때에는 신용거래계좌를 설정하여야 하며 계좌설정보증금으로 10만원을 징구하여야 한다.
> ㉢ 투자매매업자 또는 투자중개업자는 청약자금대출을 함에 있어서는 청약하여 배정받은 증권을 담보로 징구하여야 한다.
> ㉣ 투자매매업자 또는 투자중개업자의 총 신용공여 규모는 총자산액의 이내로 한다.

① ㉡, ㉣   ② ㉠, ㉢   ③ ㉠, ㉡, ㉢   ④ ㉠, ㉡, ㉢, ㉣

 해설 ㉡ 투자매매업자 또는 투자중개업자가 투자자로부터 신용거래를 수탁 받은 때에는 신용거래계좌를 설정하여야 하며 계좌설정보증금으로 100만원을 징구하여야 한다.
㉣ 투자매매업자 또는 투자중개업자의 총 신용공여 규모는 자기자본(분기별 업무보고서에 기재된 개별재무상태표상의 자본총계)의 범위 이내로 하되, 신용공여 종류별로 투자매매업자 또는 투자중개업자의 구체적인 한도는 금융위원회 위원장이 따로 결정할 수 있다.

🏛 **필수핵심정리** ▷ 담보의 징구

- 투자매매업자 또는 투자중개업자는 청약자금을 대출할 때에 청약하여 배정받은 증권을 담보로 징구하여야 한다. 다만, 당해 증권이 교부되지 아니한 때에는 당해 증권이 교부받을 때까지 그 납입영수증으로 갈음할 수 있다.
- **담보목적물**:
  – 신용거래 융자 시 → 매수한 주권 또는 상장지수집합투자기구의 집합투자증권
  – 신용거래 대주 시 → 매도대금
- **담보비율**: 신용공여금액의 140% 이상. 다만, 매도되었거나 환매청구된 예탁증권을 담보로 하여 매도금액 또는 환매금액 한도 내에서 융자를 하는 경우에는 그러하지 아니함.

★★★
100 신용공여와 관련하여 담보 및 보증금으로 제공되는 증권의 평가로서 옳은 것은?

① 상장주권 또는 상장지수집합투자기구의 집합투자증권 : 당일 종가
② 청약주식으로서 당해 주식이 증권시장에 상장된 후 : 취득가액
③ 상장채권 및 공모 파생결합증권(주가연계증권에 한함) : 당일 고시된 기준가격
④ 집합투자증권 : 당일 종가

정답 098 ③   099 ②   100 ①

 ② 청약주식은 취득가액으로 한다. 다만, 당해 주식이 증권시장에 상장된 후에는 당일 종가로 평가한다.
③ 상장채권 및 공모 파생결합증권(주가연계증권에 한함) : 2 이상의 채권평가회사가 제공하는 가격정보를 기초로
투자매매업자 또는 투자중개업자가 산정한 가격
④ 집합투자증권 : 당일에 고시된 기준가격

기타 매도되거나 환매 신청된 증권을 담보로 하여 투자매매업자 또는 투자중개업자가 투자자에게 금전을 융자하는
경우 → 당해 증권의 매도가격 또는 융자일에 고시된 기준가격을 담보 평가금액으로 한다. 다만, 담보를 평가함에
있어 권리발생이 확정된 증권을 담보로 제공하고 있는 경우에는 당해 권리도 담보로 본다.

★★★ 101 신용공여의 임의상환방법으로 옳지 않은 것은?

① 투자매매업자 또는 투자중개업자는 재무상환, 추가담보납입, 수수료납입을 하지 않았을
때에는 임의상환을 할 수 있다.
② 임의상환은 사유발생 영업일에 투자자계좌에 예탁된 현금을 전액 충당한다.
③ 투자자의 채무변제, 담보증권, 그 밖의 증권의 순서로 우선 충당한다.
④ 증권시장에 상장된 증권을 처분하는 경우에는 증권시장에서 시가결정에 참여하는 호가
에 따라 처분해야 한다.

 임의상환은 사유발생일 그 다음 영업일에 충당하되, 투자자계좌에 예탁된 현금을 전액 충당하는 것이 아니고 채무변
제, 담보증권, 그 밖의 증권의 순서로 필요한 수량만큼만 임의처분하여 투자자의 채무변제에 충당할 수 있는 것이다.
※ 투자매매업자 또는 투자중개업자는 처분내역을 지체 없이 투자자에게 내용증명우편, 통화내용 녹취 또는 투자
자와 사전에 합의한 방법 등 그 통지사실이 입증될 수 있는 방법에 따라 통지하여야 한다.

★★★ 102 신용거래의 임의상환에 따른 처분대금의 순서로 옳은 것은? 심화

① 처분제비용 → 연체이자 → 이자 → 채무원금
② 채무원금 → 연체이자 → 이자 → 처분제비용
③ 처분제비용 → 채무원금 → 이자 → 연체이자
④ 채무원금 → 이자 → 연체이자 → 처분제비용

 금융위원회규정상 처분대금은 처분제비용, 연체이자, 이자, 채무원금의 순서로 충당한다.

103 다음 중 신용거래 매매가 가능한 증권이 아닌 것은? 심화

① 상장주권
② 상장채무증권
③ 상장주권과 관련된 증권예탁증권
④ 상장지수집합투자증권

해설 금융위원회규정상 신용거래 매매가 가능한 증권은 상장주권과 이와 관련된 증권예탁증권 및 상장지수집합투자증권에 한하며, 상장채무증권은 이에 해당하지 아니한다.

※ **신규의 신용거래 금지** : 투자매매업자 또는 투자중개업자는 신용거래 매매증권이 다음에 해당하는 경우에는 신규의 신용거래를 할 수 없다.
- 투자자계좌의 순재산액이 100만원에 미달하는 경우
- 거래소가 투자경고종목, 투자위험종목 또는 관리종목으로 지정한 증권
- 거래소가 매매호가전 예납조치 또는 결제전 예납조치를 취한 증권

※ **상환기일이 도래한 신용공여가 있는 투자자에 대하여는** : 투자매매업자 또는 투자중개업자는 신용공여금액의 상환을 위한 주문신탁 이외의 매매주문의 수탁이나 현금 또는 증권의 인출을 거부할 수 있다.

📊 보충학습 ▶ 금융위원회규정상 신용공여의 용어 정의

용 어	용어의 정의
신용공여	투자매매업자 또는 투자중개업자가 증권에 관련하여 다음의 어느 하나에 해당하는 방법으로 투자자에게 금전을 대출하거나 증권을 대여하는 것 • 모집·매출, 주권상장법인의 신주발행에 따른 주식을 청약하여 취득하는데 필요한 자금의 대출(청약자금대출) • 증권시장에서의 매매거래를 위하여 투자자(개인에 한함)에게 제공하는 매수대금의 융자(신용거래융자) 또는 매도증권의 대여(신용거래대주) • 투자자의 예탁증권(매도되었거나 환매청구된 증권을 포함함)을 담보로 하는 금전의 융자(예탁증권담보융자)
신용거래	신용거래융자 또는 신용거래대주를 받아 결제하는 거래
담보	투자매매업자 또는 투자중개업자가 투자자에게 신용공여하면서 그 채무의 이행을 확보하기 위하여 인출제한, 질권 취득, 보관 등의 조치를 취할 수 있는 대상이 되는 증권 등
신용공여 금액	투자매매업자 또는 투자중개업자가 투자자에게 제공한 대출금, 신용거래융자금, 신용거래대주 시가상당액. 이 경우 다음의 금액을 감안하여 산출 가능 1. 매매계약의 체결에 따라 대출, 융자가 예정되거나 상환이 예정된 대출금, 융자금 2. 매매계약의 체결에 따라 대여 혹은 상환이 예정된 신용거래대주 시가상당액
대용증권	신용공여와 관련하여 투자매매업자 또는 투자중개업자가 투자자로부터 현금에 갈음하여 담보로 징구하는 증권으로서 증권시장업무규정에서 정하는 것

★★★
104 투자매매매업자 또는 투자중개업자의 신용공여에 관한 설명으로 틀린 것은?

① 투자자계좌의 평가금액이 500만원에 미달하는 투자자에 대해서는 신규로 신용거래를 하지 못한다.

② 신용거래에 의해 매매할 수 있는 증권은 상장주권(주권과 관련된 증권예탁증권 포함) 및 상장지수집합투자증권으로 한다.

③ 상환기일이 도래한 신용공여가 있는 투자자에 대하여는 신용공여금액의 상환을 위한 주문수탁 이외의 매매주문의 수탁이나 현금 또는 증권의 인출을 거부할 수 있다.

④ 금융위원회는 천재지변, 전시, 사변, 경제사정의 급변, 그 밖에 이에 준하는 사태가 발생하는 경우에는 신용공여의 일부 또는 전부를 중지하게 할 수 있다.

> **해설** 투자매매업자 또는 투자중개업자는 투자자계좌의 순재산액(투자자의 신용공여계좌에 있는 자산의 평가금액 합계액에서 신용공여금액의 합계액을 차감한 금액)이 100만원에 미달하는 투자자에 대해서는 신규로 신용거래를 하지 못한다.

···TOPIC **17** 투자예탁금

★★★
105 투자자의 재산 보호를 위한 투자매매업자 또는 투자중개업자의 규제에 관한 설명으로 틀린 것은?

① 투자매매업자 또는 투자중개업자는 투자자예탁금을 고유재산과 구분하여 증권금융회사에 예치하거나 신탁업자에 신탁하여야 한다.

② 투자매매업자 또는 투자중개업자가 은행, 한국산업은행, 중소기업은행 또는 보험회사의 겸영금융투자업자인 경우에는 투자예탁금의 별도 예치 또는 신탁의무가 없다.

③ 누구든지 예치기관에 예치 또는 신탁한 투자자예탁금을 상계·압류(가압류 포함)하지 못한다.

④ 투자매매업자 또는 투자중개업자는 금융투자상품의 매매, 그 밖의 거래에 따라 보관하게 되는 투자자 소유의 증권을 예탁결제원에 지체 없이 예탁하여야 한다.

> **해설** 투자매매업자 또는 투자중개업자가 은행, 한국산업은행, 중소기업은행 또는 보험회사의 겸영금융투자업자인 경우에도 투자예탁금의 별도 예치 또는 신탁의무가 있다. 다만, 투자예탁금의 별도 예치 외에 신탁업자(증권금융회사 제외)에게 신탁할 수 있다. 이 경우 그 투자매매업자 또는 투자중개업자가 신탁업을 영위하는 경우에는 「신탁법」제3조제1항에 불구하고 자기계약을 할 수 있다.
>
> ※ 투자매매업자 또는 투자중개업자는 증권금융회사 또는 신탁업자에게 투자자예탁금을 예치 또는 신탁하는 경우에는 그 투자자예탁금이 투자자의 재산이라는 점을 명시하여야 한다.
> - 투자자의 예탁금 → 증권금융회사에 예탁
> - 투자자의 소유증권(원화로 표시된 양도성 예금증서, 그 밖에 금융위원회가 정하여 고시하는 것) → 예탁결제원에 예탁

- 투자자예탁금 → 투자자로부터 금융투자상품의 매매, 그 밖의 거래와 관련하여 예탁받은 금전
- 예치금융투자업자 → 투자자예탁금을 예치 또는 신탁한 투자매매업자 또는 투자중개업자
- 예치기관 → 예치금융투자업자으로부터 예탁받은 증권금융회사 또는 신탁업자

★★★
106 예치금융투자업자가 투자자예탁금을 양도하거나 담보로 제공할 수 있는 경우로 옳은 것은?

> ㉠ 예치금융투자업자가 다른 회사에 흡수합병되거나 다른 회사와 신설합병함에 따라 그 합병에 의하여 존속되거나 신설되는 회사의 예치기관에 예치 또는 신탁한 투자자예탁금을 양도하는 경우
> ㉡ 예치금융투자업자가 금융투자업의 전부나 일부를 양도하는 경우로서 양도내용에 따라 양수회사의 예치기관에 예치 또는 신탁한 투자자예탁금을 양도하는 경우
> ㉢ 자금이체업무와 관련하여 금융위원회가 정하여 고시하는 한도 이내 및 방법에 따라 예치금융투자업자가 은행의 예치기관에 예치 또는 신탁한 투자자예탁금을 담보로 제공하는 경우

① ㉠, ㉡　　　　② ㉠, ㉡, ㉢　　　　③ ㉡, ㉢　　　　④ ㉠, ㉢

해설 예치금융투자업자는 법령으로 정하는 경우 외에는 예치기관에 예치 또는 신탁한 투자자예탁금을 양도하거나 담보로 제공하여서는 아니 된다. 이 경우 ㉠, ㉡, ㉢은 예치 또는 신탁한 투자자예탁금을 양도하거나 담보로 제공할 수 있는 법령이 정하는 경우에 해당하며, 그 밖에 투자자의 보호를 해칠 염려가 없는 경우로서 금융위원회가 정하여 고시하는 경우 등이 있다.

★★★
107 예치금융투자업자가 다음에 해당하는 경우에는 예치기관에 예치 또는 신탁한 투자자예탁금을 인출하여 투자자에게 우선하여 지급하여야 한다. 아닌 것은?

① 다른 회사에 흡수합병되거나 다른 회사와 신설합병함에 따라 그 합병에 의하여 존속되거나 신설되는 경우
② 인가가 취소된 경우
③ 해산의 결의를 한 경우 또는 파산선고를 받은 경우
④ 금융투자업 전부의 양도·폐지가 승인된 경우 또는 정지명령을 받은 경우

> **해설** 예치금융투자업자가 다른 회사에 흡수합병되거나 다른 회사와 신설합병함에 따라 그 합병에 의하여 존속되거나 신설되는 경우에는 예외적으로 그 합병에 의하여 존속되거나 신설되는 회사의 예치기관에 예치 또는 신탁한 투자자예탁금을 양도할 수 있는 경우에 해당한다.

★★★
108 예치기관의 투자자예탁금의 운용방법으로서 다음 중 옳지 않은 것은?

① 국채증권 또는 지방채증권의 매수
② 정부·지방자치단체 또는 금융기관이 지급을 보증한 채무증권의 매수
③ 주권상장법인의 신주인수권부 채권의 매입
④ 주권 또는 원화로 표시된 양도성 예금증서를 담보로 한 대출

> **해설** 주권상장법인의 주권 및 신주인수권부 채권 등의 주식관련 사채권은 해당하지 않는다.

★★★
109 자본시장법의 특례에 대한 설명으로 가장 거리가 먼 것은?

① 은행 또는 보험회사가 투자성 있는 예금 또는 투자성 있는 보험계약을 체결한 경우에는 투자매매업 또는 투자중개업의 인가를 받은 것으로 본다.
② 은행 또는 보험회사가 투자매매업 또는 투자중개업의 인가를 받은 것으로 보는 경우에는 투자매매업 또는 투자중개업에 대한 영업행위규제를 모두 적용받는다.
③ 다자간매매체결회사의 인가요건은 기본적으로 투자매매업자 및 투자중개업자와 동일하지만, 업무인가단위와 소유한도에 차이가 있다.
④ 종합금융투자사업자의 지정은 금융투자업자의 등록에 해당되는 절차이다.

> **해설** 은행 또는 보험회사가 투자매매업 또는 투자중개업의 인가를 받은 것으로 보는 경우에는 투자매매업 또는 투자중개업에 대한 영업행위규제를 모두 적용받는 것은 아니고 적합성의 원칙, 설명의무 및 그 위반에 대한 손해배상책임, 부당권유의 금지, 투자권유준칙, 직무관련 정보의 이용금지, 손실보전등의 금지, 투자광고, 계약서류의 교부 및 계약의 해제, 자료의 기록·유지 등의 행위규제를 적용한다.

※ **다자간매매체결회사** : 정보통신망이나 전자정보처리장치를 이용하여 다수의 투자자 간에 자본시장법상 매매체
결대상상품의 매매 또는 그 중개주선이나 대리업무를 수행하는 투자매매업자 또는 투자중개업자를 통칭하며,
대체거래시스템이라고도 하는데, 정규거래소 이외에 매수자와 매도자간에 매매를 체결시켜주는 다양한 형태의
증권거래시스템을 말한다.

★★★
110 종합금융투자사업자의 지정요건으로 적합하지 않은 것은?

① 상법에 따른 주식회사일 것
② 증권에 관한 인수업을 영위할 것
③ 1조원 이상의 자기자본을 갖출 것
④ 이해상충 발생가능성을 파악·평가·관리할 수 있는 적절한 내부통제기준과 이해상충
방지체계를 갖출 것

해설 3조원 이상의 자기자본을 갖출 것이다.

※ **종합금융투자사업자** : 투자매매업자 또는 투자중개업자 중 금융위로부터 종합금융투자사업자의 지정을 받은 자
를 말하며, 한국형 헤지펀드라고 할 수 있는 전문사모집합투자기구에 대한 신용공여·증권대차·재산의 보관과
관리 등 헤지펀드에 대하여 투자은행업무를 종합적으로 서비스하는 것이 주된 기능이다.

┌─────────────────────────────────┐
│ •••TOPIC **18** 집합투자업자의 영업행위 │
└─────────────────────────────────┘

★★★
111 집합투자업자의 선관의무 및 충실의무의 설명으로 적절하지 않은 것은?

① 신의성실의 원칙 대신 선관의무 및 충실의무를 부여하고 있다.
② 투자자에 대하여 선량한 관리자의 주의로써 집합투자재산을 운용하여야 하며, 투자자의
이익을 보호하기 위하여 해당 업무를 충실하게 수행하여야 한다.
③ 선관의무 및 충실의무는 집합투자재산의 운용뿐만 아니라 집합투자재산의 평가 및 회
계, 환매청구에 따른 해지금의 지급 등 집합투자재산과 투자자와 관련된 일체의 행위에
대해 적용된다.
④ 선관주의의무나 충실의무를 위반하는 경우 투자자에 대하여 일반적인 불법행위책임에
따른 손해배상책임을 질 수 있다.

해설 집합투자업자는 모든 금융투자업자의 공통 영업행위규칙인 신의성실의 원칙을 요구하면서 나아가 선관의무 및 충
실의무도 부여하고 있다.

※ **신의성실의 원칙** : 구체적으로 위임관계에 들어가지 않은 상태에서도 요구
   선관의무 : 구체적인 위임관계에 들어간 경우에 적용

정답 107 ① 108 ③ 109 ② 110 ③ 111 ①

★★★
112 집합투자업자의 투자신탁재산에 관한 내용으로 적절하지 않은 것은?

① 투자신탁은 집합투자업자가 투자신탁의 대표기관이 되어 투자신탁의 명의로 투자신탁재산을 운영하게 된다.

② 신탁업자는 집합투자업자의 운용지시에 따라 자산의 취득·처분등을 해야 한다.

③ 가격이 수시로 변동되는 증권 등의 경우 예외적으로 집합투자업자의 명의로 직접 자산의 취득·처분 등을 하는 것이 허용된다.

④ 집합투자업자가 집합투자재산의 운용·운용지시를 하는 경우 그 지시내용이 전산시스템에 의하여 객관적이고 정확하게 관리되어야 한다.

해설 투자신탁은 법인격이 없다. 따라서 집합투자업자는 투자신탁재산별로 당해 투자신탁재산을 보관·관리하는 신탁업자에게 자산의 취득·처분 등의 운용지시만을 해야 하고, 그 신탁업자는 집합투자업자의 운용지시에 따라 자신의 명의로 자산의 취득·처분 등 거래를 실행하고 투자신탁재산을 보관·관리한다.
그러나 투자회사는 법인격이 있으므로 집합투자업자가 투자회사의 대표기관(법인이사)이 되어 투자회사명의로 투자회사재산을 운영하게 된다.

★★★
113 집합투자업자는 다음과 같은 자산운용의 제한을 받는다. 적절하지 않은 것은?

① 각 집합투자기구 자산총액의 10%를 초과하여 동일종목의 증권에 투자하는 행위는 금지된다.

② 전체 집합투자기구에서 동일 법인등이 발행한 지분증권 총수의 10%를 초과하여 투자하는 행위는 금지된다.

③ 적격요건을 갖추지 못한 자와 장외파생상품을 매매하는 행위는 금지된다.

④ 집합투자재산으로 부동산을 취득하거나 처분하는 경우에는 실사보고서를 작성하고 비치해야 한다.

해설 전체 집합투자기구에서 동일 법인등이 발행한 지분증권 총수의 20%를 초과하여 투자하는 행위는 금지된다. 또한 각 집합투자기구에서 동일 법인등이 발행한 지분증권 총수의 10%를 초과하는 행위는 금지된다.

※ **적격요건** : 투자적격 등급을 받은 경우, 투자적격 등급 이상으로 평가받은 보증인을 둔 경우, 담보물을 제공한 경우

※ **부동산개발사업에 투자하는 경우** : 개발사업 추진일정, 추진방법 등이 기재된 사업계획서를 작성하여 감정평가업자로부터 적정성 여부를 확인받아 인터넷홈페이지 등을 이용하여 공시하여야 한다.

※ **그 밖의 투자제한**
 • 집합투자기구의 계산으로 그 집합투자기구의 집합투자증권을 취득하거나 질권의 목적으로 받을 수 없음
 • 자산의 가격 변동 등으로 불가피하게 투자한도를 초과하게 된 경우에는 3개월간(처분불가능한 자산은 처분시까지) 한도에 적합한 것으로 간주

★★★
114 다음은 동일종목의 증권에 100% 투자 가능한 경우이다. 아닌 것은?

① 국채, 통화안정증권, 정부보증채

② 부동산개발회사 발행증권(부동산펀드)

③ 사회기반시설사업의 시행을 목적으로 하는 법인에 대한 대출채권(특별자산펀드)

④ 지방채, 특수채, 파생결합증권, 법률에 의하여 직접 설립된 법인이 발행한 어음

> **해설** 지방채, 특수채, 파생결합증권, 법률에 의하여 직접 설립된 법인이 발행한 어음은 30% 투자 가능종목이다.
> 위 이외에도 동일종목의 증권에 100% 투자 가능종목은 다음과 같다.
>
> • 부동산 및 부동산관련 자산을 기초로 발행된 ABS로서 그 기초자산의 합계액이 유동화자산가액의 70%인 ABS(부동산펀드)
> • 주택저당채권담보부채권 또는 주택저당채권유동화회사, 한국주택금융공사 또는 금융기관이 보증한 주택저당채권(부동산펀드)
> • 부동산투자목적회사가 발행한 지분증권(부동산펀드)
> • 사회기반시설사업 시행 목적법인 관련 주식 · 채권 · 대출채권 투자를 목적으로 하는 법인(SCO펀드 제외)의 지분증권(특별자산펀드)
> • 사업수익권
> • 특별자산투자목적회사가 발행한 지분증권

> 🏛 **필수핵심정리** ▶ **동일종목의 증권 30% 투자 가능 종목**
>
> • 지방채, 특수채, 파생결합증권, 법률에 의하여 직접 설립된 법인이 발행한 어음
> • 금융기관이 발행한 어음 또는 CD, 금융기관이 발행한 채권
> • 금융기관이 지급보증한 채권(사모 제외) 및 어음
> • OECD 가입 국가 또는 중국이 발행한 채권
> • 자산유동화에 관한 법률에 따른 후순위 사채권 및 후순위수익증권(후순위채 전용 펀드)
> • 주택저당채권담보부채권 또는 주택저당채권유동화회사, 한국주택금융공사 또는 금융기관이 보증한 주택저당채권

★★★
115 부동산을 취득한 후 다음의 기간 내에 처분하는 행위는 금지된다. 옳은 것은?

① 국내에 있는 주택 : 1년

② 집합투자기구가 취득한 국내 미분양주택 : 1년

③ 국내에 있는 주택에 해당하지 아니하는 부동산 : 집합투자규약에서 정하는 기간

④ 국외 부동산 : 3년

> **해설** ② 집합투자기구가 취득한 국내 미분양주택 : 집합투자규약에서 정하는 기간
> ③ 국내에 있는 주택에 해당하지 아니하는 부동산 : 1년
> ④ 국외 부동산 : 집합투자규약에서 정하는 기간

정답 112 ①   113 ②   114 ④   115 ①

116 집합투자업자의 금전차입, 대여 등의 제한에 관한 내용으로 가장 틀린 것은?

① 집합투자기구의 계산으로 금전을 차입하지 못한다.

② 집합투자재산으로 금전을 대여하지 못한다.

③ 집합투자재산으로 해당 집합투자기구를 위한 채무보증·담보제공을 하지 못한다.

④ 집합투자기구의 계산으로 그 집합투자기구의 집합투자증권을 취득하거나 질권의 목적으로 받을 수 없다.

해설 집합투자업자는 집합투자재산으로 해당 집합투자기구 외의 자를 위한 채무보증·담보제공을 하지 못하는 것이며, 펀드 자신을 위한 채무보증 및 담보제공은 가능하다.
①의 예외 : 대량 환매청구 발생, 대량 매수청구 발생. 단, 차입한도는 차입 당시 집합투자재산 총액의 10%를 초과할 수 없음
②의 예외 : 금융기관에 대한 30일 이내의 단기 대출

117 다음은 집합투자업자의 이해관계인과의 거래 제한의 예외이다. 틀린 것은?

① 이해관계인이 되기 전 1년 이전에 체결한 계약에 따른 거래

② 증권시장 등 불특정다수인이 참여하는 공개시장을 통한 거래

③ 일반적인 거래조건에 비추어 집합투자기구에 유리한 거래

④ 그 밖에 대통령령으로 정하는 거래

해설 집합투자업자의 이해관계인과의 거래는 원칙적으로 금지되나, 예외적으로 이해관계인이 되기 전 6개월 이전에 체결한 계약에 따른 거래는 인정된다.
※ **이해관계인의 범위** : 집합투자업자의 임직원 및 그 배우자, 집합투자업자의 대주주 및 그 배우자, 집합투자업자의 계열회사, 계열회사의 임직원 및 그 배우자, 관계 투자매매·중개업자, 관계 신탁업자, 집합투자업자가 법인 이사인 투자회사의 감독이사

118 집합투자업자의 불건전 영업행위의 금지대상이다. 옳지 않은 것은?

① 자기 또는 관계인수인이 인수한 증권을 집합투자재산으로 매수하는 행위

② 자기 또는 관계인수인이 인수업무를 담당한 법인의 특정증권에 대하여 인위적인 시세를 형성하기 위해 집합투자재산으로 그 특정증권을 매매하는 행위

③ 투자운용인력이 아닌 자에게 집합투자재산을 운용하게 하는 행위

④ 집합투자기구 간 자전거래하는 행위

해설 집합투자재산을 고유재산, 다른 집합투자재산, 투자일임재산 또는 신탁재산과 거래하는 행위는 금지되나, 집합투자기구 간 자전거래 등은 예외이다.
※ **②의 특정증권** : 주권, CB, BW, 이익참가부사채, 관련 교환사채, 관련예탁증권, 관련 금융투자상품

★★★
119 금전차입의 특례에 관한 내용으로 거리가 먼 것은?

① 집합투자재산으로 부동산을 취득하는 경우에는 집합투자기구의 계산으로 금전 차입이 예외적으로 허용된다.

② 차입한도는 부동산집합투자기구는 순자산의 100%, 기타 집합투자기구는 부동산가액의 50%이어야 한다.

③ 차입상대방은 은행, 보험회사, 기금, 다른 부동산집합투자기구 등이어야 한다.

④ 차입금은 부동산에 운용하는 방법으로 사용한다. 다만, 불가피한 사유 발생시에는 일시적으로 현금성자산에 투자 가능하다.

> **해설** 차입한도는 부동산집합투자기구는 순자산의 100%, 기타 집합투자기구는 부동산가액의 70%이어야 한다.

> **🏛 필수핵심정리** ▶ 금전대여의 특례
>
> • **대여상대방** : 부동산개발사업법인, 부동산신탁업자, 부동산투자회사 또는 다른 집합투자기구
> • **대여한도** : 집합투자기구 순자산총액의 100%
> • **대여방법** : 부동산 담보권 설정, 시공사 지급보증 등 대여금 회수를 위한 적절한 수단 확보

★★★
120 다음의 설명 중 가장 옳지 않은 것은?

① 공모집합투자기구는 운용실적에 연동하여 미리 정해진 산정방식에 따른 성과보수를 받는 것은 원칙적으로 금지된다.

② 집합투자업자는 투자자의 이익을 보호하기 위해서 집합투자재산에 속하는 주식의 의결권을 충실하게 행사하여야 한다.

③ 집합투자업자는 자산운용보고서를 작성하여 신탁업자의 확인을 받아 1개월에 1회 이상 투자자에게 제공하여야 한다.

④ 집합투자업자는 집합투자증권의 환매연기를 한 경우 및 회계감사인의 감사의견이 적정의견이 아닌 경우 이를 즉시 투자매매·중개업자(판매회사)에 통지해야 한다.

> **해설** 집합투자업자는 자산운용보고서를 작성하여 신탁업자의 확인을 받아 3개월에 1회 이상 투자자에게 제공하여야 한다.

★★★
121 다음은 집합투자업자가 작성·제공하여야 하는 자산운용보고서의 예외이다. 틀린 것은?

① 투자자가 수령거부의사를 표시한 경우

② MMF의 자산운용보고서를 월 1회 이상 공시하는 경우

③ 상장된 환매금지형 집합투자기구의 자산운용보고서를 3개월에 1회 이상 공시하는 경우

④ 집합투자규약에 100만원 이하의 투자자에게 제공하지 아니한다는 내용을 정한 경우

> **해설** 집합투자업자는 자산운용보고서를 작성하여 신탁업자의 확인을 받아 3개월에 1회 이상 투자자에게 제공하여야 한다. 다만, 다음의 경우에는 예외로 한다.
> ① 투자자가 수령거부의사를 서면, 전화·전신·팩스, 전자우편 또는 이와 비슷한 전자통신의 방법으로 표시한 경우
> ② MMF의 자산운용보고서를 월 1회 이상 공시하는 경우
> ③ 상장된 환매금지형 집합투자기구의 자산운용보고서를 3개월에 1회 이상 공시하는 경우
> ④ 집합투자규약에 10만원 이하의 투지자에게 제공하지 아니한다는 내용을 정한 경우

★★★
122 다음은 집합투자업자의 수시공시사유이다. 잘못된 것은?

① 투자운영인력의 변경

② 법령 등의 개정에 따른 투자설명서의 변경

③ 부실자산이 발생한 경우 명세 및 상각률

④ 집합투자자총회 결의내용

> **해설** 투자설명서의 변경은 수시공시사유이나 법령 등의 개정에 따른 변경, 집합투자규약의 변경에 따른 변경, 단순한 자구수정 등 경미한 사항의 변경의 경우, 투자운용인력의 변경에 따른 투자설명서의 변경은 제외한다.

★★★
123 투자자문업자 및 투자일임업자에 대한 설명으로 틀린 것은?

① 투자자문업자와 투자일임업자는 집합투자업자와 동일한 수준의 선관주의의무와 충실의무를 부담한다.

② 투자자문업자와 투자일임업자는 일반투자자와 투자자문계약 또는 투자일임계약을 체결하고자 하는 경우 계약내용이 기재된 서면자료를 미리 교부하여야 한다.

③ 투자일임업자는 1개월마다 1회 이상 투자일임계약을 체결한 전문투자자에게 투자일임보고서를 교부하여야 한다.

④ 자본시장법은 투자자문업자와 투자일임업자 모두에게 금지되는 공통 행위유형과 투자일임업자가 고객자산을 운용함에 있어서 금지되는 행위유형으로 구별하여 불건전영업행위를 규제하고 있다.

 투자일임업자는 3개월마다 1회 이상 투자일임계약을 체결한 일반투자자에게 투자일임보고서를 교부하여야 한다.

★★★
124 투자일임업자의 투자일임보고서의 교부에 관한 내용으로 가장 옳은 것은?

① 1개월마다 3회 이상 일반투자자에게 투자일임보고서를 교부해야 한다.

② 일반투자자가 전자우편을 통하여 투자일임보고서를 받는다는 의사표시를 한 경우에는 전자우편을 통하여 보낼 수 있다.

③ 투자일임보고서 작성대상 기간이 지난 후 1개월 이내에 직접 교부하여야 한다.

④ 투자일임보고서의 교부비용은 일반투자자가 부담한다고 보는 것이 합리적이다.

 ① 3개월마다 1회 이상 투자일임계약을 체결한 일반투자자에게 투자일임보고서를 교부해야 한다.
③ 투자일임보고서 작성대상 기간이 지난 후 2개월 이내에 직접 또는 우편발송 등의 방법으로 교부하여야 한다. 다만, 일반투자자가 전자우편을 통하여 투자일임보고서를 받는다는 의사표시를 한 경우에는 전자우편을 통하여 보낼 수 있다.
④ 투자일임보고서의 교부비용은 투자일임업자가 부담한다고 보는 것이 합리적이다.

★★★
125 유사투자자문업에 관한 설명으로 적절하지 않은 것은?

① 유사투자자문업의 행위에 관한 대가를 받지 아니하고 행하는 경우에도 유사투자자문업에 해당한다.

② 유사투자자문업을 영위하고자 하는 자는 금융위에 신고하여야 한다.

③ 유사투자자문업을 폐지한 경우, 명칭 또는 소재지를 변경한 경우, 대표자를 변경한 경우에는 2주 이내에 이를 금융위에 보고하여야 한다.

④ 유사투자자문업을 영위하는 자는 투자자문업자와 유사한 불건전 영업행위 금지의 규제를 적용받는다.

> **해설** 유사투자자문업에 대한 일정한 대가를 받고 행하는 경우에는 유사투자자문업이 되어 금융위에 신고해야 하는 등 일정한 규제를 받게 되나, 대가를 받지 아니하고 행하면 유사투자자문업에 해당하지 아니하여 자본시장법의 규제를 받지 않는다.
>
> ※ **유사투자자문업** : 불특정 다수인을 대상으로 하여 발행 또는 송신되고, 불특정 다수인이 수시로 구입 또는 수신할 수 있는 간행물 · 전자우편 · 출판물 · 통신물 또는 방송 등을 통하여 투자자문업자 외의 자가 일정한 대가를 받고 금융투자상품에 대한 투자판단 또는 금융투자상품의 가치에 관하여 투자조언을 하는 행위

···TOPIC 20 신탁업자의 영업행위

★★★
126 신탁업에 관한 설명으로 옳지 않은 것은?

① 신탁업은 신탁을 영업으로 하는 것을 의미한다.

② 신탁업자는 신탁을 영업으로 할 목적으로 금융위로부터 인가를 받은 금융투자업자를 말한다.

③ 자본시장법 중 신탁업에 관한 규정은 신탁법의 특별법적 지위를 가지지는 못한다.

④ 자산유동화법에 의한 유동화신탁과 근로자퇴직급여보장법에 의한 퇴직연금신탁에는 자본시장법이 적용된다.

> **해설** 자본시장법 중 신탁업에 관한 규정은 신탁법의 특별법적 지위를 가진다. 다만, 담보부사채신탁법, 저작권신탁관리업, 기술신탁관리업은 자본시장법 적용이 배제된다.
>
> ※ **신탁** : 위탁자(신탁설정자)의 수탁자에 대한 특별한 신임관계에 기하여 위탁자가 특정의 재산권을 이전받거나 기타의 처분을 하고, 수탁자로 하여금 수익자의 이익을 위하여 또는 특정의 목적을 위하여 그 재산권을 관리, 처분하게 하는 법률관계를 의미한다.
>
> 신탁업은 대부분 은행 등이 겸영하는 것이 일반적이나, 부동산신탁업과 같이 전업으로 하는 경우도 있고, 최근에는 퇴직연금이 도입되면서 증권회사(투자매매업자 또는 투자중개업자)와 보험회사도 신탁업에 진출하고 있다.

★★★
127 신탁업에 관한 설명 중 틀린 것은?

① 자본시장법은 신탁업자가 수탁가능한 재산의 범위를 열거하고 신탁업 인가단위를 신탁업자가 수탁할 수 있는 재산의 종류에 따라 구분하고 있다.

② 자본시장법에 따라 신탁업자인 수탁자는 선관주의의무와 충실의무를 부담한다.

③ 자본시장법은 신탁업자가 업무를 수행하면서 하여서는 아니 되는 불건전한 영업행위를 규제하고 있다.

④ 자본시장법에 따라 연금이나 퇴직금의 지급을 목적으로 하는 신탁의 경우에도 손실의 보전이나 이익의 보장을 하여서는 아니된다.

> **해설** 자본시장법에 따라 신탁업자는 수탁한 재산에 대하여 손실의 보전이나 이익의 보장을 하여서는 아니되며, 신탁계약기간이 끝난 후 신탁재산의 운용실적에 따라 반환하여야 한다.
> 다만, 예외적으로 연금이나 퇴직금의 지급을 목적으로 하는 신탁의 경우는 손실의 보전이나 이익의 보장이 가능하다.
> ※ 신탁업자가 수탁할 수 있는 재산의 종류 : 금전, 증권, 금전채권, 동산, 부동산, 지상권 · 전세권 · 부동산임차권 · 부동산소유권 · 이전등기청구권 · 그 밖의 부동산 관련 권리, 무체재산권(지적재산권 포함)
> ※ 신탁업 인가업무단위
> - 종합신탁 : 금전, 증권, 금전채권, 부동산, 지상권 등 부동산 관련 권리, 무체재산권 수탁 가능
> - 금전신탁 : 금전만 수탁 가능
> - 재산신탁 : 금전을 제외한 재산만 수탁 가능
> - 부동산신탁 : 동산, 부동산, 지상권 등 부동산 관련 권리만 수탁 가능

★★★
128 다음 중 신탁업자의 의무로서 성격이 다른 것은?

① 이해상충방지의무
② 선관주의의무
③ 신탁이익의 향유금지
④ 신탁정보의 비밀유지의무

> **해설** 이해상충방지의무, 신탁이익의 향유금지 및 신탁정보의 비밀유지의무는 충실의무이다.
> - **이해상충방지의무** : 수탁자가 신탁재산을 고유재산으로 하거나 혹은 신탁재산에 대하여 권리를 취득하지 못한다.
> - **신탁이익의 향유금지** : 수탁자는 신탁재산으로부터 신탁의 이익을 향유하는 것이 금지될 뿐만 아니라 제3자로 하여금 신탁의 이익을 향유하게 하는 것도 허용되지 않는다.
> - **신탁정보의 비밀유지의무** : 신탁과 관련하여 취득한 중요정보를 자신만이 보유해야 하고 타인에게 누설해서는 안되며, 신탁이 종료한 후에도 계속된다.

★★★
129 손실보전 및 이익보장을 한 경우로서 신탁재산의 운용실적이 신탁계약에서 정한 것에 미달하는 경우의 충당순서로 옳은 것은?

① 특별유보금 → 신탁보수 → 고유재산
② 특별유보금 → 고유재산 → 신탁보수
③ 신탁보수 → 특별유보금 → 고유재산
④ 고유재산 → 특별유보금 → 신탁보수

> **해설** 손실의 보전이나 이익의 보장을 한 경우 신탁재산의 운용실적이 신탁계약에서 정한 것에 미달하는 경우에는 특별
> 유보금, 신탁보수, 고유재산의 순으로 충당하여야 한다.
> 여기서 특별유보금은 손실의 보전이나 이익의 보장계약이 있는 신탁의 보전 또는 보장을 위하여 신탁회사가 적립
> 하는 금액을 말한다.

★★★
130 다음은 예외적으로 신탁업자가 신탁의 계산으로 자신의 고유재산으로부터 금전을 차입할 수 있는 경우이다. 아닌 것은?

① 부동산, 지상권 등 부동산 관련 권리만을 신탁받는 경우
② 부동산개발사업을 목적으로 하는 신탁계약을 체결한 경우로서 그 신탁계약에 의한 부동산개발사업별로 사업비의 15% 이내에서 금전을 신탁받는 경우
③ 신탁행위에 따라 수익자에 대하여 부담하는 채무를 이행하기 위한 경우
④ 신탁계약의 일부해지 청구가 있는 경우에 신탁재산을 분할하여 처분하는 것이 곤란하고 차입금리가 공정한 경우로서 금융위가 인정하는 경우

> **해설** 원칙적으로 신탁업자는 신탁의 계산으로 자신의 고유재산으로부터 금전을 차입할 수 없다. 다만, ①, ②, ④의 경우
> 에는 예외적으로 가능하다.
> 신탁행위에 따라 수익자에 대하여 부담하는 채무를 이행하기 위한 경우는 신탁계약이 정하는 바에 따라 신탁재산
> 을 고유재산으로 취득 가능한 경우 중의 하나이다.

★★★
131 신탁업자의 수익증권에 관한 내용으로 옳지 않은 것은?

① 신탁업자는 금전신탁계약에 의한 수익권이 표시된 수익증권을 발행할 수 있다.

② 수익증권을 발행하고자 하는 경우에는 일정한 서류를 첨부하여 미리 금융위원회에 신고해야 한다.

③ 수익증권은 원칙적으로 무기명식이며, 수익자의 청구가 있는 경우에는 기명식으로 할 수 있다.

④ 신탁업자는 수익증권을 그 고유재산으로 매입할 수 없다.

> **해설** 신탁업자는 법령에 따라 산정한 가액으로 수익증권을 그 고유재산으로 매입할 수 있다.
> ② 일정한 서류 : 수익증권발행계획서, 자금운용계획서, 신탁약관이나 신탁계약서 등
> ※ 수익권의 양도 및 행사 : 수익증권이 발행된 경우에는 해당 신탁계약에 의한 수익권의 양도 및 행사는 그 수익증권으로 행사하여야 함. 다만 기명식 수익증권의 경우에는 수익증권으로 하지 않을 수 있음

★★★
132 신탁재산의 회계처리에 관한 설명으로 적절하지 못한 것은?

① 신탁업자는 금융위가 증권선물위원회의 심의를 거쳐 정하여 고시한 회계처리기준에 따라야 한다.

② 신탁업자는 신탁재산에 대하여 그 신탁업자의 매 회계연도 종료 후 4개월 이내에 감사인의 회계감사를 받아야 한다.

③ 신탁업자는 신탁재산의 회계감사인을 선임하거나 교체하는 경우에는 그 선임일 또는 교체일로부터 1주 이내에 금융위에 그 사실을 보고하여야 한다.

④ 회계감사보고서 중 중요사항에 관하여 거짓의 기재 또는 표시가 있거나 중요사항이 기재 또는 표시되지 아니함으로써 이를 이용한 수익자에게 손해를 끼친 경우에는 회계감사인은 그 수익자에 대하여 손해를 배상할 책임을 진다.

> **해설** 신탁업자는 신탁재산에 대하여 그 신탁업자의 매 회계연도 종료 후 2개월 이내에 감사인의 회계감사를 받아야 한다.
> ④ 연대손해배상책임 : 감사반이 회계감사인 때에는 그 신탁재산에 대한 감사에 참여한 자가 연대하여 손해를 배상할 책임을 지며, 회계감사인이 수익자에 대하여 손해를 배상할 책임이 있는 경우로서 그 신탁업자의 이사·감사에게도 귀책사유가 있는 경우에는 그 회계감사인과 신탁업자의 이사·감사는 연대하여 손해를 배상할 책임을 진다.

★★★
133 증권신고서에 관한 다음의 설명 중 옳지 않은 것은?

① 모집가액 또는 매출가액 각각의 합계액이 10억원 이상인 증권의 모집 또는 매출은 발행
인이 그 모집 또는 매출에 관한 증권신고서를 금융위원회에 제출하여야 한다.

② 일괄신고서를 금융위원회에 제출하여 수리된 경우에는 그 기간 중에 그 증권을 모집하
거나 매출할 때마다 증권신고서를 따로 제출하지 아니할 수 있다.

③ 증권신고서는 금융위원회에 제출되어 수리된 날부터 그 효력이 발생한다.

④ 증권신고서의 효력이 발생하지 아니한 증권의 취득 또는 매수의 청약이 있는 경우에 그
증권의 발행인 · 매출인과 그 대리인은 그 청약의 승낙을 할 수 없다.

> 해설 증권신고서가 금융위원회에 제출되어 수리된 날부터 증권의 종류 또는 거래의 특성 등을 고려하여 법령으로 정하
> 는 기간이 경과한 날에 그 효력이 발생한다.
> ※ 증권신고서의 효력발생기간
> – 지분증권 : 15일. 단, 주권상장법인의 주식인 경우에는 10일, 주주 또는 제3자 배정방식의 주식인 경우에는 7일
> – 채무증권 : 7일. 단, 담보부사채, 보증사채권, ABS(사채), 일괄신고서에 의한 경우에는 5일
> – 기타 : 환매금지형 펀드의 집합투자증권인 경우 10일, 주주 등 출자자 또는 수익자에게 배정하는 방식의 환매
> 금지형 펀드의 집합투자증권인 경우 7일, 기타 증권인 경우 15일

🏛 필수핵심정리 ▶ **증권신고서제도**

- 증권신고서제도 : 불특정다수인을 상대로 증권시장 밖에서 증권을 새로이 발행하거나(모집), 이미 발행된 증권
을 분매하는 경우(매출) 해당 증권에 관한 사항과 증권의 발행인에 관한 사항을 투자자에게 알리기 위한 제도
- 모집과 매출

모집	법령에 따라 산출한 50인 이상의 투자자에게 새로 발행되는 증권 취득의 청약을 권유하는 것
매출	증권시장 밖에서 법령에 따라 산출한 50인 이상의 투자자에게 이미 발행된 증권 매도의 청약을 받거나 매수의 청약을 권유하는 것

- 50인 산정시 제외되는 자
- 국가, 한국은행 등 전문투자자, 각종 기금 및 그 기금의 관리 · 운용법인, 각종 공제사업경영법인 중 금융위가
정하여 고시하는 자
- 회계법인, 신용평가업자, 발행인에게 자문 등의 용역을 제공하는 공인회계사 · 감정인 · 변호사 · 변리사 · 세무
사 등 공인자격증 소지자
- 발행인의 최대주주 & 5% 이상 지분을 소유한 주주
- 발행인의 임원과 우리사주조합 및 발행인의 계열회사와 그 임원
- 발행인이 주권비상장법인(공모실적있는 법인 제외)인 경우의 그 주주 등
- 그 밖에 발행인의 재무상황 · 사업내용등을 잘 알 수 있는 연고자로서 금융위가 정하는 자

134 다음 중 증권신고서규정이 적용되는 증권으로 옳은 것은? 심화

① 국채증권, 지방채증권, 관련 법률에 따라 직접 설립된 법인이 발행한 특수채
② 국가 또는 지방자치단체가 원리금의 지급을 보증한 채무증권
③ 모집가액 또는 매출가액 각각의 합계액이 10억원 이상인 증권
④ 사모발행형식의 상장법인주식

> 해설 모집 또는 매출하려는 증권의 모집가액 또는 매출가액과 해당 모집일 또는 매출일부터 과거 1년 동안 이루어진 증권의 모집 또는 매출로서 증권신고서를 제출하지 아니한 모집가액 또는 매출가액 각각의 합계액이 10억원 이상인 경우의 증권의 모집 또는 매출은 발행인이 그 모집 또는 매출에 관한 증권신고서를 금융위원회에 제출하여 수리되지 아니하면 이를 할 수 없다.

135 증권의 발행시 증권의 신고에 관한 설명으로 잘못된 것은?

① 신규상장하는 주식의 모집 또는 매출인 경우 증권의 신고는 그 증권신고서가 금융위원회에 제출되어 수리된 날부터 15일이 경과한 날에 그 효력이 발생한다.
② 금융위원회는 증권신고서의 형식을 제대로 갖추지 아니한 경우 또는 그 증권신고서 중 중요사항에 관하여 거짓의 기재 또는 표시가 있거나 중요사항이 기재 또는 표시되지 아니한 경우를 제외하고는 그 수리를 거부하여서는 아니 된다.
③ 증권신고의 효력 발생은 그 증권신고서의 기재사항이 진실 또는 정확하다는 것을 인정하거나 정부에서 그 증권의 가치를 보증 또는 승인하는 효력을 가진다.
④ 증권신고의 효력이 발생하지 아니한 증권의 취득 또는 매수의 청약이 있는 경우에 그 증권의 발행인·매출인과 그 대리인은 그 청약의 승낙을 하여서는 아니 된다.

> 해설 증권신고의 효력 발생은 금융위가 제출된 신고서 및 첨부서류에 근거하여 심사한 결과 형식상 또는 내용상의 문제가 없다는 의미이며, 그 증권신고서의 기재사항이 진실 또는 정확하다는 것을 인정하거나 정부에서 그 증권의 가치를 보증 또는 승인하는 효력을 가지지 아니한다.

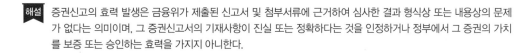

보충학습 ▶ 특수한 신고서제도

- 일괄신고서제도 : 같은 종류의 증권을 지속적으로 발행하는 회사가 향후 일정기간 동안 발행예정인 증권을 일괄하여 신고하고, 실제 발생시 추가서류의 제출만으로 증권신고서를 제출한 것과 동일한 효과를 갖도록 하여 증권의 발행 또는 매도를 원활하게 할 수 있도록 하는 제도
- 일괄신고 제출가능 증권 : 주권, 주권 관련 사채권(전환사채권, 신주인수권부사채권 및 교환사채권) 및 이익참가부사채권, 기타 사채권, 파생결합증권, 개방형 집합투자증권
- 정정신고서제도 : 이미 제출한 증권신고서의 기재사항을 정정하고자 하는 경우 또는 금융위로부터 정정요구를 받은 경우 제출하는 증권신고서(제출된 경우는 수리된 날을 기존 증권신고서가 수리된 것으로 봄)
- 철회신고서제도 : 증권의 발행인이 증권신고를 철회하고자 하는 경우 그 증권신고서에 기재된 증권의 취득 또는 매수의 청약일 전까지 금융위에 제출하는 신고서

★★★
136 다음은 증권의 발행시 투자설명서에 관한 설명이다. 잘못된 것은?

① 증권을 모집하거나 매출하는 경우 그 발행인은 표제부와 본문으로 구분하여 법정사항을 기재하여 작성한 투자설명서 및 간이투자설명서를 제출하여야 한다.

② 투자설명서는 그 증권신고서를 제출하는 날에 금융위원회에 제출하여야 한다.

③ 투자설명서를 해당 증권의 발행인의 본점, 금융위원회, 한국거래소 및 청약사무를 취급하는 장소에 비치하고 일반인이 열람할 수 있도록 하여야 한다.

④ 누구든지 증권신고의 효력이 발생한 증권을 취득하고자 하는 자(전문투자자, 그 밖에 법령으로 정하는 자를 제외)에게 적합한 투자설명서를 미리 교부하지 아니하면 그 증권을 취득하게 하거나 매도하여서는 아니 된다.

> **해설** 투자설명서는 그 증권신고서의 효력이 발생하는 날(일괄신고추가서류를 제출하여야 하는 경우에는 그 일괄신고추가서류를 제출하는 날)에 제출하여야 한다. 이 경우 투자설명서에는 증권신고서(일괄신고추가서류 포함)에 기재된 내용과 다른 내용을 표시하거나 그 기재사항을 누락하여서는 아니 된다. 다만, 기업경영 등 비밀유지와 투자자 보호와의 형평 등을 고려하여 기재를 생략할 필요가 있는 사항 등에 대하여는 그 기재를 생략할 수 있다.

🏛 **필수핵심정리** 투자설명서

구 분	의 의	사용방법
예비투자 설명서	신고의 효력이 발생되지 아니한 사실을 덧붙여 적은 투자설명서	증권신고서가 수리된 후 신고의 효력이 발생하기 전 사용
간이투자 설명서	투자설명서에 기재하여야 할 사항 중 그 일부를 생략하거나 중요한 사항만을 발췌하여 기재 또는 표시한 문서, 전자문서, 그 밖에 이에 준하는 기재 또는 표시	증권신고서가 수리된 후 신문·방송·잡지 등을 이용한 광고, 안내문·홍보전단 또는 전자전달매체를 통하여 사용

★★★
137 다음 중 증권의 발행시 일괄신고서를 제출할 수 없는 증권은? 심화

① 주권

② 주권 관련 사채권 및 이익참가부 사채권

③ 파생결합증권

④ 폐쇄형 집합투자증권

> **해설** 환매금지형 집합투자기구가 아닌 집합투자기구의 집합투자증권 또는 이에 준하는 외국 집합투자증권에 해당하는 개방형 집합투자증권은 일괄신고서를 제출할 수 있는 증권이며, 폐쇄형 집합투자증권은 그러하지 아니한다.

★★★
138 다음 중 투자설명서의 교부가 면제되는 자의 설명으로 틀린 것은? 심화

① 전문투자자, 회계법인, 신용평가회사

② 발행인의 최대주주와 발행주식총수의 10% 이상을 소유한 주주, 발행인의 계열회사와 그 임원 및 직원

③ 투자설명서를 받기를 거부한다는 의사를 서면, 전화·전신·모사전송, 전자우편 및 이와 비슷한 전자통신, 그 밖에 금융위원회가 정하여 고시하는 방법으로 표시한 자

④ 이미 취득한 것과 같은 집합투자증권을 계속하여 추가로 취득하려는 자. 다만, 해당 집합투자증권의 투자설명서의 내용이 직전에 교부한 투자설명서의 내용과 같은 경우만 해당한다.

해설 발행인의 최대주주와 발행주식총수의 5% 이상을 소유한 주주 그리고 발행인의 계열회사와 그 임원에 한하여 교부면제대상이며, 발행인의 계열회사의 직원은 교부면제대상이 아니다.

📊 보충학습 ▶ **투자설명서의 교부가 면제되는 자**

- 회계법인, 신용평가회사, 발행인에게 회계, 자문 등의 용역을 제공하고 있는 공인회계사·감정인·변호사·변리사·세무사 등 공인된 자격증을 가지고 있는 자, 그 밖에 발행인의 재무상황이나 사업내용 등을 잘 알 수 있는 전문가로서 금융위원회가 정하여 고시하는 자

- 발행인의 최대주주와 발행주식총수의 5% 이상을 소유한 주주, 발행인의 임원 및 우리사주조합원, 발행인의 계열회사와 그 임원, 발행인이 주권비상장법인(주권을 모집하거나 매출한 실적이 있는 법인은 제외한다)인 경우에는 그 주주, 발행인이 설립 중인 회사인 경우에는 그 발기인, 그 밖에 발행인의 재무상황이나 사업내용 등을 잘 알 수 있는 연고자로서 금융위원회가 정하여 고시하는 자

- 투자설명서를 받기를 거부한다는 의사를 서면, 전화·전신·모사전송, 전자우편 및 이와 비슷한 전자통신, 그 밖에 금융위원회가 정하여 고시하는 방법으로 표시한 자

- 이미 취득한 것과 같은 집합투자증권을 계속하여 추가로 취득하려는 자. 다만, 해당 집합투자증권의 투자설명서의 내용이 직전에 교부한 투자설명서의 내용과 같은 경우만 해당한다.

★★★
139 공개매수와 관련한 다음의 설명 중 옳지 않은 것은?

① 공개매수란 불특정 다수인에 대하여 의결권 있는 주식 등의 매수 또는 매도의 청약을 권유하고 증권시장(해외시장 포함) 밖에서 그 주식 등을 매수하는 것을 말한다.

② 해당 주식 등의 매수등을 하는 날부터 과거 3개월간 동안 증권시장 밖에서 30인 이상의 자로부터 매수등을 하고자 하는 자로서 그 매수등을 한 후에 주식등의 수의 합계가 그 주식등의 총수의 10% 이상이 되는 경우에는 공개매수를 하여야 한다.

③ 공개매수를 하고자 하는 자는 일반일간신문 또는 경제분야의 특수일간신문 중 전국을 보급지역으로 하는 둘 이상의 신문에 공개매수공고하여야 한다.

④ 공개매수공고를 한 공개매수자는 공개매수신고서를 그 공개매수공고를 한 날에 금융위원회와 거래소에 제출하여야 한다.

> **해설** 해당 주식 등의 매수등을 하는 날부터 과거 6개월간 동안 증권시장 밖에서 10인 이상의 자로부터 매수등을 하고자 하는 자로서 그 매수등을 한 후에 주식등의 수의 합계가 그 주식등의 총수의 5% 이상이 되는 경우에는 공개매수를 하여야 한다.

🏛 **필수**핵심정리 〉 공개매수

구 분	주요 내용
의의	불특정 다수인에 대하여 의결권 있는 주식 등의 매수 또는 매도의 청약을 권유하고 증권시장 (해외시장 포함) 및 다자간매매체결회사 밖에서 그 주식 등을 매수하는 것 *매수 및 매도에는 다른 증권과의 교환을 포함한다.
적용대상	매수등을 하는 날부터 과거 6개월간 동안 증권시장 밖에서 10인 이상의 자로부터 매수등을 하고자 하는 자로서 그 매수등을 한 후에 주식등의 수의 합계가 그 주식등의 총수의 5% 이상이 되는 경우
공고	일반일간신문 또는 경제분야의 특수일간신문 중 전국을 보급지역으로 하는 둘 이상의 신문에 공개매수공고
신고서의 제출	공개매수공고를 한 공개매수자는 공개매수신고서를 그 공개매수공고를 한 날에 금융위원회와 거래소에 제출. 단, 공개매수공고일이 공휴일, 근로자의 날 및 토요일, 그 밖에 금융위원회가 정하는 경우에는 그 다음 날에 제출

※ **공개매수의 예외** : 다음의 어느 하나에 해당하는 경우에는 공개매수 외의 방법으로 매수등을 할 수 있다.
  ㉠ 소각을 목적으로 하는 주식등의 매수등
  ㉡ 주식매수청구에 응한 주식의 매수
  ㉢ 신주인수권이 표시된 것, 전환사채권, 신주인수권부사채권 또는 교환사채권의 권리행사에 따른 주식등의 매수등
  ㉣ 파생결합증권의 권리행사에 따른 주식등의 매수등
  ㉤ 특수관계인으로부터의 주식등의 매수등
  ㉥ 그 밖에 다른 투자자의 이익을 해칠 염려가 없는 경우로서 금융위원회가 정하여 고시하는 주식등의 매수등

■ 정기공시(사업보고서 · 반기보고서 · 분기보고서)

• 금융위와 거래소에 제출대상법인

  – 주권상장법인

  – 주권 외 지분증권, 무보증사채권 · 전환사채권 · 신주인수권부사채권 · 이익참가부사채권 또는 교환사채권, 신주인수권이 표시된 것, 증권예탁증권 및 파생결합증권을 증권시장에 상장한 발행인 등

  – 위 외에 외부감사대상법인으로 증권별로 증권의 소유자 수가 500인 이상인 발행인

• 제출면제

  – 파산으로 인하여 사업보고서의 제출이 사실상 불가능한 경우

  – 상법 등의 해산사유 발생한 법인으로서 최근 사업연도의 사업보고서 제출이 사실상 불가능한 경우

  – 주권상장법인등이 상장의 폐지요건에 해당하는 발행인으로서 해당 법인에게 책임없는 사유로 사업보고서의 제출이 불가능하다고 금융위의 확인을 받은 경우

  – 법인의 같은 증권별로 소유자 수가 모두 25인 미만인 경우로서 금융위가 인정한 경우 등

• 제출기한

  – 사업보고서 → 사업연도 경과 후 90일 이내, 반기보고서 & 분기보고서 → 반기 및 분기 종료일부터 45일 이내

  – 최초 사업보고서 제출 법인 → 사업보고서 제출대상법인에 해당하게 된 날부터 5일 이내 그 직전 사업연도의 사업보고서 제출

■ 주요사항보고제도

• 제출대상법인과 보고기한 : 사업보고서 제출대상법인이 그 사유발생일의 다음날에서 3일 이내에 금융위에 제출

• 주요사항보고 사유

  – 발행한 어음 · 수표의 부도 또는 은행과의 당좌거래정지 · 금지

  – 영업활동의 전부 · 중요한 일부의 정지 또는 그 정지에 관한 이사회 등의 결정

  – 회생절차개시의 신청, 자본시장법 · 상법 등의 해산사유의 발생

  – 자본증가 또는 자본감소에 관한 이사회의 결의, 조건부자본증권의 발행에 따른 부채의 증가

  – 중요한 영업 또는 자산의 양수 · 양도로서 최근 사업연도말 현재 양수 · 양도 자산이 자산총액의 10% 이상, 양수 · 양도 매출액이 매출액의 10% 이상, 영업양수에 따른 인수부채액이 부채총액의 10% 이상 또는 영업 전부의 양수

  – 자기주식의 취득 또는 처분 결의, 기타 법인의 경영 또는 재산 등에 관하여 중대한 영향을 미치는 사항 등

■ 수시공시제도

• 주요 경영사항의 신고공시(의무공시) : 한국거래소의 공시규정이 정하는 주요 경영사항에 해당하는 사실 또는 결정이 있는 경우 → 그 내용을 사유발생 당일 또는 사유발생 다음날까지 거래소에 신고

• 자율공시 또는 자진공시 : 주요 경영사항 외 투자판단에 중대한 영향을 미치거나 투자자에게 알릴 필요가 있다고 기업의 자율적인 판단 및 책임하에 공시하는 것 → 사유발생일 다음날까지 거래소에 신고

• 조회공시 : 기업의 주요 경영사항 또는 그에 준하는 풍문 · 보도의 사실 여부 또는 당해 기업의 발행한 주권 등의 주가 · 거래량에 현저한 변동이 있는 경우 거래소가 해당 기업에게 답변을 요구하는 공시

  – 요구시점이 오전인 때 : 당일 오후까지

  – 요구시점이 오후인 때 : 다음날 오전까지

  – 시황급변과 관련한 경우 : 요구받은 날부터 1일 이내

보충학습 공정공시

- 상장기업이 증권시장을 통해 공시되지 아니한 중요정보를 투자분석가·기관투자자 등 특정인에게 선별적 제공하고자 하는 경우 모든 시장참가자들이 알 수 있도록 그 특정인에게 제공하기 전에 증권시장을 통해 공시하는 제도 → 근본적으로 수시공시제도를 보완하기 위한 공시
- 공정공시를 이행하였다 해서 수시공시의무가 무조건적으로 면제되는 것은 아님

★★★
140 다음 중 공개매수의 면제사유로 옳은 것을 묶은 것은?

> ㉠ 기업의 경영합리화를 위하여 정부의 지도·권고 등에 따른 주식등의 매수등
> ㉡ 정부의 공기업민영화계획 등에 의하여 정부가 처분하는 주식등의 매수등
> ㉢ 예금보험공사가 부실금융기관의 경영합리화를 위하여 관련법규 등에서 정하는 바에 따라 행하는 부실 금융기관 주식등의 매수등
> ㉣ 증권의 발행인이 타인의 공개매수에 대항하기 위한 주식등의 매수

① ㉠, ㉡, ㉢, ㉣   ② ㉠, ㉡, ㉢
③ ㉠, ㉡   ④ ㉠

해설 ㉠, ㉡, ㉢은 10인 이상의 자로부터 주식 등을 5% 이상 장외에서 매수하는 경우에도 공개매수 외의 방법으로 매수 등을 할 수 있는 공개면제사유이나, ㉣은 해당하지 아니한다.

※ **자본시장법상 공개매수** : 불특정 다수인에 대하여 의결권 있는 주식 등의 매수(다른 증권과의 교환 포함)의 청약을 하거나 매도(다른 증권과의 교환 포함)의 청약을 권유하고 증권시장 및 다자간매매체결회사(해외시장 포함) 밖에서 그 주식 등을 매수하거나, 증권시장 밖에서 해당 주식 등의 매수 등을 하는 날부터 과거 6개월간 10인 이상의 자로부터 주식 등을 5% 이상 매수하는 것

필수핵심정리 자본시장법상 장외공개매수의 면제사유

1. 소각을 목적으로 하는 주식등의 매수 등
2. 주식매수청구에 응한 주식의 매수
3. 신주인수권이 표시된 것, 전환사채권, 신주인수권부사채권 또는 교환사채권의 권리행사에 따른 주식 등의 매수 등
4. 파생결합증권의 권리행사에 따른 주식등의 매수 등
5. 특수관계인으로부터의 주식등의 매수 등
6. 그 밖에 다른 투자자의 이익을 해칠 염려가 없는 경우로서 금융위원회가 정하여 고시하는 주식 등의 매수 등

- 기업의 경영합리화를 위하여 법률의 규정 또는 정부의 허가 · 인가 · 승인 또는 문서에 의한 지도 · 권고 등에 따른 수식등의 매수 등
- 정부의 공기업민영화계획 등에 의하여 정부(한국은행, 한국산업은행 및 정부투자기관을 포함한다)가 처분하는 주식등의 매수 등
- 회생절차개시 또는 파산을 법원에 신청한 회사의 주식 등 또는 해당 회사 보유 주식등을 법원의 허가 · 인가 · 결정 · 명령 또는 문서에 의한 권고 등에 따라 처분하는 경우 동 주식 등의 매수 등
- 「기업구조조정촉진법」에 따른 채권금융기관 또는 채권은행이 다음의 어느 하나에 해당하는 기업의 주식 등을 제 3자에게 매각하는 경우 그 주식 등의 매수 등
  - 기업구조조정촉진을 위한 금융기관협약 및 그 후속 협약이 정하는 바에 따라 공동으로 기업개선작업 추진대 상으로 선정된 기업
  - 기업구조조정 촉진법 제8조 또는 제17조에 따라 채권금융기관 또는 채권은행의 공동관리절차가 개시된 부실 징후기업
- 적기시정조치에 따라 해당 금융기관이 이행하는 사항과 관련되는 다음의 어느 하나에 해당하는 주식 등의 매수 등
  - 해당 금융기관이 발행하는 주식등의 취득
  - 해당 금융기관이 보유한 주식등의 매수 등
  - 제3자의 해당 금융기관 주식등의 매수 등
- 예금보험공사가 부실금융기관의 경영합리화를 위하여 관련법규 등에서 정하는 바에 따라 행하는 부실 금융기관 주식 등의 매수 등 및 예금보험공사가 동 주식 등을 처분하는 경우의 해당 주식 등의 매수 등
- 정부가 국유재산을 정부출자기업체에 현물출자하고 그 대가로 해당 회사가 발행하는 주식 등의 취득
- 외국투자가가 취득한 주식 등을 처분하는 경우의 해당 주식 등의 매수 등 또는 외국인투자기업의 합작당사자가 주식 등을 처분하는 경우 합작계약에 따라 우선매입권을 가진 다른 합작당사자의 해당 주식 등의 매수 등
- 금융기관이 관련법규에 따른 자본금요건을 충족하기 위하여 발행하는 주식의 취득 또는 자기자본비율 등 재무요건을 충족하기 위하여 감독원장 등에게 경영개선계획서 등을 제출하고 발행하는 주식의 취득
- 제5호에 따른 자본금 증액시 일반주주의 대량실권 발생이 예상되어 해당 금융기관의 최대주주 및 그 특수관계인이 증자를 원활하게 하기 위하여 불가피하게 행하는 해당 금융기관 주식 등의 매수 등
- 주식의 종목별 외국인 전체취득한도에 달하거나(한도에서 단주가 부족한 경우를 포함한다) 초과한 종목을 증권회사의 중개에 의하여 외국인간에 매매거래를 하는 경우 해당 주식의 매수 〈개정 2013.9.17〉
- 증권시장에 상장하기 위하여 모집 또는 매출하는 주식을 인수한 투자매매업자가 증권신고서에 기재한 바에 따라 모집 또는 매출한 주식을 매수하는 경우 해당 주식의 매수
- 공개매수사무취급자가 공개매수개시이전 해당 주식을 차입하여 매도한 경우 이의 상환을 위한 장내매수
- 주채무계열이 주채권은행과 체결한 재무구조개선약정에 따라 재무구조 개선을 위하여 주채무계열 및 그 공동보유자가 보유한 주식 등을 처분하는 경우의 해당 주식 등의 매수 등

141 다음 중 공개매수와 관련된 설명 중 틀린 것은?

① 공개매수자는 공개매수신고서를 제출한 경우에는 지체 없이 그 사본을 공개매수할 주식 등의 발행인에게 송부하여야 한다.

② 공개매수자는 공개매수설명서를 작성하여 공개매수공고일에 금융위원회와 거래소에 제출하여야 하며, 이를 공개매수사무취급자의 본·지점이나 영업소, 금융위원회 및 거래소에 비치하고 일반인이 열람할 수 있도록 하여야 한다.

③ 공개매수신고서가 제출된 주식등의 발행인은 그 공개매수에 관한 찬성·반대 또는 중립의 의견을 표명할 수 있으며, 이 경우에는 그 내용을 기재한 문서를 지체 없이 금융위원회와 거래소에 제출하여야 한다.

④ 공개매수자는 공개매수공고일 이후에는 그 공개매수에 대항하는 매수 등이 있는 경우에도 철회할 수 없다.

> **해설** 공개매수자는 공개매수공고일 이후에는 공개매수를 철회할 수 없으나 대항공개매수가 있는 경우 등 법령에서 정하는 경우에 해당하는 경우에는 공개매수기간의 말일까지 철회할 수 있다.
>
> ※ **공개매수 철회가 가능한 경우** : 공개매수기간 중 그 공개매수에 대항하는 공개매수하는 대항공개매수가 있는 경우, 공개매수자가 사망·해산·파산한 경우, 그 밖에 투자자 보호를 해할 우려가 없는 경우로서 다음의 어느 하나에 해당하는 경우에는 공개매수기간의 말일까지 철회할 수 있다.
>
> - 공개매수자가 발행한 어음 또는 수표가 부도로 되거나 은행과의 당좌거래가 정지 또는 금지된 경우
> - 공개매수대상회사에 다음의 어느 하나의 사유가 발생한 경우에 공개매수를 철회할 수 있다는 조건을 공개매수공고시 게재하고 이를 공개매수신고서에 기재한 경우로서 그 기재한 사유가 발생한 경우
>   - 합병, 분할, 분할합병, 주식의 포괄적 이전 또는 포괄적 교환
>   - 중요한 영업이나 자산의 양도·양수
>   - 해산, 파산
>   - 발행한 어음이나 수표의 부도, 은행과의 당좌거래의 정지 또는 금지
>   - 주식 등의 상장폐지
>   - 천재지변·전시·사변·화재, 그 밖의 재해 등으로 인하여 최근 사업연도 자산총액의 10% 이상의 손해가 발생한 경우

★★★
142 다음 내용의 빈칸에 적당한 숫자를 순서대로 표시하고 있는 것은?

> • 본인과 그 특별관계자가 보유하게 되는 주식등의 수의 합계가 주권상장법인의 주식등을 ( )% 이상 보유하게 된 대량보유자는 그 날부터 ( )일 이내에 그 보유상황, 발행인의 경영권에 영향을 주기 위한 보유목적 여부 등을 금융위원회와 거래소에 보고하여야 한다.
> • 대량보유자의 보유 주식등의 수의 합계가 그 주식등의 총수의 ( )% 이상 변동된 경우에는 그 변동된 날부터 ( )일 이내에 그 변동내용을 금융위원회와 거래소에 보고하여야 한다.

① 5, 5, 1, 5
② 10, 5, 10, 5
③ 5, 10, 5, 10
④ 10, 5, 3, 10

해설 • 보유보고 : 5% 이상, 5일 이내 보고
• 변동보고 : 1% 이상, 5일 이내 보고

🏛 필수핵심정리 ▶ 주식 등의 대량보유상황보고제도

– 의의 : 주권상장법인의 주식 등을 발행주식총수의 5% 이상 보유하게 되는 경우와 보유지분의 변동 및 보유목적의 변경 등 M&A와 관련된 주식 등의 보유상황을 공시하도록 하는 제도로서 일반적으로 5% Rule 또는 5% 보고제도라고도 함
– 적용대상 : 본인과 특별관계자를 합하여 주권상장법인의 주식 등을 5% 이상 보유하게 된 자 또는 보유하고 있는 자
– 보고기한 : 보고사유발생일부터 5일 이내. 단, 보유목적이 경영에 영향을 주기 위한 것이 아닌 경우의 보유상황 변동은 그 변동이 있었던 달의 다음 달 10일까지, 일정한 전문투자자는 주식등의 보유 또는 변동이 있었던 분기의 다음 달 10일까지 보고할 수 있음
– 보고사유

구 분	보고내용
신규보고	주권상장법인의 주식등을 본인과 그 특별관계자가 보유하게 되는 주식등의 수의 합계가 그 주식등의 총수의 5% 이상 대량보유하게 된 자는 그 날부터 5일 이내에 그 보유상황, 보유 목적(발행인의 경영권에 영향을 주기 위한 목적 여부), 그 보유 주식등에 관한 주요계약내용, 그 밖에 법령에서 정하는 사항을 금융위원회와 거래소에 보고
변동보고	그 보유 주식등의 수의 합계가 그 주식등의 총수의 1% 이상 변동된 경우(그 보유 주식등의 수가 변동되지 아니한 경우, 그 밖에 대통령령으로 정하는 경우를 제외)에는 그 변동된 날부터 5일 이내에 그 변동내용을 금융위원회와 거래소에 보고

143 다음에 해당하는 자는 주식 등의 대량보유 등의 보고의무가 없다. 옳은 것은? 심화

> ㉠ 국가, 지방자치단체　　　　　　　　　㉡ 한국은행
> ㉢ 한국산업은행, 중소기업은행　　　　　㉣ 지주회사
> ㉤ 그 밖에 금융위원회가 정하여 고시하는 자

① ㉠, ㉡, ㉣　　　　　　　　　　　　② ㉢, ㉤

③ ㉠, ㉡, ㉤　　　　　　　　　　　　④ ㉠, ㉡, ㉣, ㉤

 해설 그 주식 등의 보유 목적이 발행인의 경영권에 영향을 주기 위한 것(임원의 선임 · 해임 또는 직무의 정지, 이사회 등 회사의 기관과 관련된 정관의 변경 등 회사나 그 임원에 대하여 법령에서 정하는 것에 대하여 사실상 영향력을 행사하는 것을 말한다)이 아닌 경우와 전문투자자 중 국가 · 지방자치단체, 한국은행 및 그 밖에 그 보고내용과 보고시기 등을 달리 정할 필요가 있는 자로서 금융위원회가 정하여 고시하는 자의 경우에는 그 보고내용 및 보고시기 등을 달리 정할 수 있다.

··· TOPIC 25 의결권의 대리행사

144 상장주권의 의결권 대리행사에 관한 다음의 설명 중 틀린 것은?

① 상장주권의 의결권 대리행사의 권유를 하고자 하는 자는 그 권유에 있어서 그 상대방에게 법령으로 정하는 방법에 따라 위임장 용지 및 참고서류를 교부하여야 한다.

② 국가기간산업 등 국민경제상 중요한 산업을 영위하는 공공적 법인의 경우에는 그 공공적 법인만이 그 주식의 의결권 대리행사의 권유를 할 수 있다.

③ 의결권 권유자는 위임장 용지 및 참고서류를 의결권 피권유자에게 제공하는 날 2일 전까지 금융위원회와 거래소에 제출하여야 하며, 법령으로 정하는 장소에 이를 비치하고 일반인이 열람할 수 있도록 하여야 한다

④ 의결권 권유자는 위임장 용지에 나타난 의결권 피권유자의 의사에 반하여 의결권을 행사할 수 있다.

> **해설** 위임장 용지는 주주총회의 목적사항 각 항목에 대하여 의결권피권유자가 찬반을 명기할 수 있도록 하여야 하며, 의결권 권유자는 위임장 용지에 나타난 의결권 피권유자의 의사에 반하여 의결권을 행사할 수 없다.
> ※ 의결권 대리행사 권유제도의 의의 : 회사의 경영진이나 주주 기타 제3자가 주주총회에서 다수의 의결권을 확보할 목적으로 기존 주주에게 의결권 행사의 위임을 권유하는 경우 권유절차, 권유방법등을 규정하고 그 내용을 공시하도록 하는 제도

구분		주 요 내 용
의결권 대리 행사의 권유로	보는 경우	• 자기 또는 제3자에게 의결권의 행사를 대리시키도록 권유하는 행위 • 의결권의 행사 또는 불행사를 요구하거나 의결권 위임의 철회를 요구하는 행위 • 의결권의 확보 또는 그 취소 등을 목적으로 주주에게 위임장 용지를 송부하거나, 그 밖의 방법으로 의견을 제시하는 행위
	보지 아니 하는 경우	• 해당 상장주권의 발행인(그 특별관계자를 포함한다)과 그 임원(그 특별관계자를 포함한다) 외의 자가 10인 미만의 의결권피권유자에게 그 주식의 의결권 대리행사의 권유를 하는 경우 • 신탁, 그 밖의 법률관계에 의하여 타인의 명의로 주식을 소유하는 자가 그 타인에게 해당 주식의 의결권 대리행사의 권유를 하는 경우 • 신문 · 방송 · 잡지 등 불특정 다수인에 대한 광고를 통하여 의결권 대리행사의 권유를 하는 경우로서 그 광고내용에 해당 상장주권의 발행인의 명칭, 광고의 이유, 주주총회의 목적사항과 위임장 용지, 참고서류를 제공하는 장소만을 표시하는 경우

★★★
145 상장주권의 의결권 대리행사의 권유란 다음의 어느 하나에 해당하는 행위를 말한다. 옳은 것을 묶은 것은? 심화

> ㉠ 자기 또는 제3자에게 의결권의 행사를 대리시키도록 권유하는 행위
> ㉡ 해당 상장주권의 발행인과 그 임원(그 특별관계자 포함) 외의 자가 10인 미만의 의결권 피권유자에게 그 주식의 의결권 대리행사의 권유를 하는 경우
> ㉢ 의결권의 행사 또는 불행사를 요구하거나 의결권 위임의 철회를 요구하는 행위
> ㉣ 신탁, 그 밖의 법률관계에 의하여 타인의 명의로 주식을 소유하는 자가 그 타인에게 해당 주식의 의결권 대리행사의 권유를 하는 경우
> ㉤ 의결권의 확보 또는 그 취소 등을 목적으로 주주에게 위임장 용지를 송부하거나, 그 밖의 방법으로 의견을 제시하는 행위

① ㉡, ㉣　　　　　　　　　　　　② ㉠, ㉢, ㉤
③ ㉠, ㉡, ㉣, ㉤　　　　　　　　　④ ㉢, ㉣, ㉤

해설　㉠, ㉢, ㉤이 의결권 대리행사의 권유에 해당하는 것이고, ㉡, ㉣은 의결권 대리행사의 권유로 보지 아니한다.

★★★
146 다음 중 주권상장법인에게 적용되는 특례규정을 모두 묶은 것은?

> ㉠ 자기주식 취득 및 처분의 특례   ㉡ 합병 등의 특례
> ㉢ 주식매수청구권의 특례   ㉣ 액면미달발행의 특례
> ㉤ 이익배당 · 주식배당의 특례

① ㉠, ㉡, ㉢, ㉣, ㉤   ② ㉠, ㉡, ㉢, ㉣
③ ㉠, ㉡, ㉢   ④ ㉠, ㉡

 해설 　모두 적용된다. 이외의 특례규정으로 주식의 발행 및 배정 등에 관한 특례, 우리사주조합원에 대한 주식의 배정 등에 관한 특례, 주주에 대한 통지 또는 공고의 특례, 사채의 발행 및 배정 등에 관한 특례, 조건부자본증권의 발행 등, 공공적 법인의 배당 등의 특례, 의결권이 없거나 제한되는 주식의 특례, 주권상장법인 재무관리기준, 주식매수선택권 부여신고 등 및 주권상장법인에 대한 조치가 있다.

★★★
147 주권상장법인에 대한 특례의 규정에 관한 설명으로 옳은 것은?

① 주권상장법인은 미리 주주총회의 결의에 의하여 이익배당을 할 수 있는 한도 이내에서 자기주식을 취득할 수 있다.

② 주권상장법인이 주식을 모집하거나 매출하는 경우 우리사주조합원에 대하여 모집하거나 매출하는 주식총수의 10%를 배정하여야 한다.

③ 주권상장법인은 주주총회의 특별결의와 법원의 인가를 얻어서 주식을 액면미달의 가액으로 발행할 수 있다.

④ 연 1회의 결산기를 정한 주권상장법인은 정관으로 정하는 바에 따라 사업연도 중 그 사업연도 개시일부터 3월, 6월 및 9월 말일 당시의 주주에게 이사회 결의로써 금전으로 이익배당(분기배당)을 할 수 있다.

　해설 　① 주권상장법인은 「상법」 제462조제1항에 따른 이익배당을 할 수 있는 한도 이내에서 이사회의 결의로써 자기주식을 취득할 수 있다.*
　　　＊ 자기주식 취득방법 : 거래소에서 취득하는 방법, 회사가 모든 주주에게 자기주식 취득의 통지 또는 공고를 하여 주식을 취득하는 방법, 공개매수의 방법 또는 신탁계약에 따라 자기주식을 취득한 신탁업자로부터 신탁계약이 해지되거나 종료된 때 반환받는 방법 등이 해당
　　② 주권상장법인 또는 주권을 대통령령으로 정하는 증권시장에 상장하려는 법인이 주식을 모집하거나 매출하는 경우 「상법」 제418조에도 불구하고 해당 법인의 근로복지기본법에 따른 우리사주조합원에 대하여 모집하거나 매출하는 주식총수의 20%를 배정하여야 한다.
　　③ 주권상장법인은 「상법」 제417조에도 불구하고 법원의 인가 없이 주주총회의 특별결의만으로 주식을 액면미달의 가액으로 발행할 수 있다.

★★★
148 다음 중 주권상장법인에 대한 특례의 설명으로 옳지 않은 것은?

① 주권상장법인은 이익배당총액의 2분의 1에 상당하는 금액까지는 새로 발행히는 주식으로 이익배당을 할 수 있다.

② 주주총회 또는 이사회에서 주식매수선택권을 부여하기로 결의한 주권상장법인은 금융위원회와 거래소에 그 사실을 신고하여야 하며, 금융위원회와 거래소는 신고일부터 주식매수선택권의 존속기한까지 그 사실에 대한 기록을 갖추어 두고, 인터넷 홈페이지 등을 이용하여 그 사실을 공시하여야 한다.

③ 주권상장법인은 의결권이 없거나 제한되는 주식을 합한 의결권 없는 주식의 총수는 발행주식총수의 2분의 1을 초과하여서는 아니 된다.

④ 공공적 법인은 이익이나 이자를 배당할 때 정부에 지급할 배당금의 전부 또는 일부를 해당 주식을 발행한 법인의 우리사주조합원 또는 연간소득수준 및 소유재산규모 등을 고려하여 대통령령으로 정하는 자에게 지급할 수 있다.

해설 주권상장법인은 「상법」 제462조의2제1항 단서(이익배당총액의 2분의 1까지 이익배당 가능)에도 불구하고 이익배당총액에 상당하는 금액까지는 새로 발행하는 주식으로 이익배당을 할 수 있다. 다만, 해당 주식의 시가가 액면액에 미치지 못하면 이익배당총액의 2분의 1까지만 가능하다.

📶 보충학습 ▶ 연간소득수준 및 소유재산규모 등을 고려하여 대통령령으로 정하는 자

- 국가, 지방자치단체, 공공단체, 영리·비영리의 법인 및 단체, 그 밖의 사업체에 고용되어 근무하는 사람으로서 본인과 배우자의 연간 총소득의 합계액이 2천500만원 이하인 사람
- 「소득세법 시행령」 제20조에 따른 일용근로자 중 사업주 또는 「근로기준법」에 따른 근로자의 단체가 취업의 계속성을 확인하는 사람으로서 일급여액이 10만원 이하인 사람
- 「외국환거래법」 제3조에 따른 거주자에게 고용되어 해외에서 취업하고 있는 사람
- 「외국환거래법」 제3조제1항제15호에 따른 비거주자(외국정부를 포함한다)에게 고용되어 해외에서 취업하고 있는 사람 중 총리령으로 정하는 바에 따라 주무부장관 또는 「한국국제협력단법」에 따른 한국국제협력단의 총재가 그 사실을 확인하는 사람
- 외국정부·국제기구 또는 외국기업에 고용되어 국내에 있는 사무소에 취업하고 있는 사람으로서 본인과 배우자의 연간 총소득의 합계액이 2천500만원 이하인 사람

★★★
149 집합투자기구의 등록에 대한 설명으로 틀린 것은?

① 자본시장법상 공모 집합투자기구는 모두 등록대상이다. 다만, 사모집합투자기구는 제외한다.

② 투자신탁과 투자익명조합은 집합투자기구 자체가 등록주체가 된다.

③ 집합투자기구를 등록하기 위하여는 금융위에 등록신청서를 제출하여야 하며, 금융위는 20일 이내에 등록여부를 결정하고 그 결과와 이유를 문서로 통지하여야 한다.

④ 금융위는 등록 여부를 검토함에 있어 등록요건 미충족, 등록신청서 거짓 작성, 보완요구 미이행 중 어느 하나의 사유가 없는 한 집합투자기구의 등록을 거부할 수 없다.

> **해설** 법인격이 없는 투자신탁과 투자익명조합은 집합투자업자가 등록주체가 된다. 그러나 법인격 또는 단체로의 성격이 인정되는 투자회사 · 투자유한회사 · 투자합자회사 · 투자유한책임회사 및 투자합자조합의 경우 집합투자기구 자체가 등록주체가 된다.
> - 집합투자 ⇒ 2인 이상의 투자자로부터 모은 금전 등 또는 국가재정법에 따른 여유자금을 투자자 또는 각 기금관리주체로부터 일상적인 운용지시를 받지 아니하면서 재산적 가치가 있는 투자대상자산을 취득, 처분, 그 밖의 방법으로 운용하고 그 결과를 투자자 또는 각 기금관리주체에게 배분하여 귀속시키는 것
> - 집합투자기구 ⇒ 집합투자를 수행하기 위한 기구

> 🏛 **필수핵심정리** ▷ 집합투자기구 등록의 효력 발생시기
>
> - 등록신청서를 증권신고서와 함께 제출하는 공모 집합투자기구의 경우 : 그 증권신고의 효력이 발생하는 때에 해당 집합투자기구가 등록된 것으로 간주
> - 증권신고서에 대한 정정신고서를 제출한 경우 : 변경등록의 신청서를 제출한 것으로 간주하며, 그 정정신고의 효력이 발생하는 때에 해당 집합투자기구 변경등록된 것으로 간주

★★★
150 집합투자재산의 운용업무는 집합투자업자가 수행하며, 집합투자업자는 집합투자재산의 운용업무를 수행하기 위해 각각 다음의 지위를 가진다. 틀린 것은?

① 투자신탁 : 위탁자
② 투자회사, 투자유한회사 : 법인이사
③ 투자익명조합 : 업무집행조합원
④ 투자유한책임회사 : 업무집행자

> **해설** 투자익명조합은 집합투자업자가 영업자의 지위를 가진다.
> - 투자합자회사 : 업무집행사원
> - 투자합자조합 : 업무집행조합원

★★★
151 집합투자재산에 관한 다음의 설명 중 옳지 않은 것은?

① 투자신탁재산 또는 투자익명조합재산에 속하는 지분증권의 의결권 행사는 그 투자신탁 또는 투자익명조합의 집합투자업자가 수행한다.

② 투자신탁이나 투자익명조합의 집합투자업자 또는 투자회사 등은 집합투자재산의 보관·관리업무를 신탁업자에게 위탁하여야 한다.

③ 집합투자증권을 판매하고자 하는 경우 투자매매업자와 판매계약을 체결하거나 투자중개업자와 위탁판매계약을 체결하여야 한다.

④ 투자회사는 실질업무를 수행할 수 있는 상근임원 또는 직원은 물론 본점 외의 영업소도 둘 수 있다.

> **해설** 투자회사는 상법상 주식회사의 형태이나 투자를 목적으로 설립된 명목상 회사에 지나지 않으므로 실질업무를 수행할 수 있는 상근임원 또는 직원을 둘 수 없고, 본점 외의 영업소도 둘 수 없다. 따라서 자본시장법은 투자회사의 운영에 관한 업무를 일반사무관리회사에 위탁하도록 의무화하고 있다.
>
> ※ 투자회사 등의 집합투자재산에 속하는 지분증권의 의결권 행사는 그 투자회사 등이 수행

★★★
152 집합투자기구에 관한 설명으로 적절하지 못한 것은?

① 투자회사 등은 집합투자재산 명세서, 집합투자증권 기준가격대장, 집합투자재산 운용내역서, 집합투자자총회 의사록 및 이사회 의사록을 5년 동안 기록·유지하여야 한다.

② 집합투자업자, 신탁업자, 투자매매중개업자, 일반사무관리회사, 집합투자기구평가회사 및 채권평가회사는 자본시장법에 따라 투자자에 대한 손해배상책임을 부담하는 경우로서 귀책사유가 있는 경우에는 연대하여 손해배상책임을 부담한다.

③ 집합투자기구의 계산으로 당해 집합투자기구의 집합투자증권을 취득하거나 질권의 목적으로 받는 것은 원칙적으로 금지된다.

④ 사모집합투자기구에 대해서는 증권신고서 제출의무가 면제되며, 경영참여형 사모집합투자기구와 전문투자형 사모집합투자기구가 있다.

> **해설** 투자회사 등은 집합투자재산 명세서, 집합투자증권 기준가격대장, 집합투자재산 운용내역서, 집합투자자총회 의사록 및 이사회 의사록은 10년 동안 기록·유지하여야 한다. 그 밖에 법령에서 작성·비치하도록 되어 있는 장부서류는 해당 법령에서 정하는 기간 동안 기록·유지하여야 한다.
>
> ※ 자기집합투자증권의 예외적 취득이 허용되는 경우 : 담보권의 실행 등 권리 행사에 필요한 경우, 집합투자증권을 환매하는 경우 또는 집합투자자총회에서 반대한 집합투자자가 매수청구권을 행사한 경우

★★★
153 사모집합투자기구의 자본시장법상 특례로서 옳지 않은 것은?

① 자본시장법의 펀드운용관련 제한규정 전체는 전문투자형 사모집합투자기구에는 적용되지 않는다.
② 납입수단이나 출자의 방법을 금전으로 제한하지 않고 증권, 부동산, 실물자산, 기타 노무와 신용 등으로도 가능하다. 단, 다른 투자자 전원의 동의가 있어야 하고, 집합투자재산평가위원회가 정한 가격을 납입하여야 한다.
③ 사모집합투자기구를 설정·설립하고자 하는 경우에는 사전에 금융위에 등록하여야 한다.
④ 전문투자형 사모집합투자기구의 투자자는 그 집합투자증권을 적격투자자가 아닌 자에게 양도할 수 없다.

> **해설** 사모집합투자기구를 설정·설립한 경우에는 그 날로부터 2주일 이내에 금융위에 보고하여야 한다.

★★★
154 다음은 신탁업자의 자산보관·관리보고서 교부가 면제되는 경우이다. 잘못된 것은?

① 투자자가 수령거부의사를 서면으로 표시한 경우
② MMF 및 환금지형집합투자기구의 경우
③ 상장지수집합투자기구의 경우
④ 투자자의 소유금액이 100만원 이하인 경우

> **해설** 투자자의 소유금액이 10만원 이하인 경우이다.

★★★
155 단기금융집합투자기구의 운용제한으로 옳은 것은?

① 남은 만기가 1년 이상인 국채증권에 집합투자재산의 10% 이내에서 운영할 것
② 환매조건부매도의 방법으로 운용하는 경우 집합투자기구에서 보유하고 증권 총액의 10% 이내에서 운용할 것
③ 투자 가능한 단기금융상품의 잔존만기를 산정함에 있어서 금리조정부자산의 잔존기간은 산정일부터 금융위규정에서 정한 날까지의 기간으로 할 것
④ 각 단기기금융집합투자기구 집합투자재산의 남은 만기의 가중평균된 기간이 90일 이내일 것

> **해설** ① 남은 만기가 1년 이상인 국채증권에 집합투자재산의 5% 이내에서 운영할 것
> ② 환매조건부매도의 방법으로 운용하는 경우 집합투자기구에서 보유하고 증권 총액의 5% 이내에서 운용할 것
> ④ 각 단기기금융집합투자기구 집합투자재산의 남은 만기의 가중평균된 기간이 75일 이내일 것
>
> ※ 금리조정부자산 : 표면금리가 미리 정해진 일자에 특정 기준금리에 따라 조정되는 자산(변동금리부자산) 및 표면금리가 매일의 특정 기준금리의 변동에 연동되는 자산(금리변동부자산)

★★★
156 다음 중 장외거래와 관련된 설명으로 잘못된 것은?

① 장외거래란 증권시장 및 파생상품시장 이외의 시장에서 이루어지는 거래를 말한다.

② 단주란 증권시장업무규정에서 정하는 매매수량단위 미만의 주권을 말한다.

③ 장외거래에는 비상장주권과 장외파생상품의 거래를 말하며 채권중개전문회사 또는 채권전문자기매매업자를 통한 장외거래는 제외한다.

④ 환매조건부매매란 환매조건부매도와 환매조건부매수를 말한다.

> **해설** 장외거래에는 비상장주권의 장외거래, 채권의 장외거래, 환매조건부매매, 증권의 대차거래, 기업어음증권의 장외거래, 해외 증권시장·장내파생상품시장 거래, 단주의 장외거래, 장외파생상품 등의 거래는 물론 채권중개전문회사 또는 채권전문자기매매업자를 통한 장외거래가 있다.

🏛 **필수핵심정리** ▷ **환매조건부매매 구분**

조건부매도	증권을 일정기간 경과 후 원매도가액에 이자 등 상당금액을 합한 가액으로 환매수할 것을 조건으로 하는 매도
조건부매수	증권을 일정기간 경과 후 원매수가액에 이자 등 상당금액을 합한 가액으로 환매도할 것을 조건으로 하는 매수

📊 **보충학습** ▷ **환매조건부매매 대상 증권**

구 분	예탁대상인 소유증권
자본시장법	국채증권, 지방채증권, 특수채증권 및 그 밖에 금융위원회가 정하여 고시하는 증권을 대상으로 할 것
금융위원회규정	• 보증사채권 • 무보증사채권, 공공기관이 발행한 채권, 지방공사가 발행한 채권, 신탁업자가 자산유동화계획에 의해 발행하는 수익증권, 주택저당증권 또는 학자금대출증권의 어느 하나에 해당하는 증권으로서 모집 또는 매출된 채권

★★★
157 장외거래 등에 관한 설명으로 틀린 것은?

① 금융투자협회를 통한 주권의 매매 및 채권중개전문회사를 통한 채무증권 매매를 제외한 장외거래는 공개경쟁매매하는 방법으로 하여야 한다.

② 금융투자협회는 비상장주권의 장외매매거래시 주권의 종류별로 금융위원회가 정하여 고시하고 있는 단일의 가격 또는 당사자 간의 매도호가와 매수호가가 일치하는 경우에는 그 가격으로 매매거래를 체결시켜야 한다.

③ 채권중개전문회사를 통한 채무증권의 매매의 중개는 전문투자자, 체신관서 및 그 밖에 금융위원회가 고시하는 자간의 매매의 중개이어야 한다.

④ 투자매매업자 또는 투자중개업자는 증권의 대차거래 또는 그 중개·주선이나 대리업무를 하는 경우에는 차입자로부터 담보를 받아야 한다.

> **해설** 금융투자협회를 통한 주권의 매매 및 채권중개전문회사를 통한 채무증권 매매를 제외한 장외거래는 단일의 매도자와 매수자 간에 매매하는 방법으로 하여야 한다.

★★★
158 다음 중 장외거래 등에 관한 설명으로 잘못된 것은? 심화

① 투자매매업자는 일반투자자 등과 환매조건부매매를 하는 경우에는 국채증권, 지방채증권, 특수채증권, 그 밖에 금융위원회가 고시하는 증권을 대상으로 하여야 한다.

② 투자매매업자 또는 투자중개업자가 기업어음증권을 매매하거나 중개·주선 또는 대리하는 경우에는 기업어음증권에 대하여 직접 또는 간접의 지급보증을 하여야 한다.

③ 일반투자자는 해외 증권시장이나 해외 파생상품시장에서 외화증권 및 장내파생상품의 매매거래를 하려는 경우에는 투자중개업자를 통하여 매매거래를 하여야 한다.

④ 투자매매업자가 아닌 자는 보유하지 아니한 채권을 증권시장 및 다자간매매체결회사 외에서 매도할 수 없다.

> **해설** 투자매매업자 또는 투자중개업자는 기업어음증권을 매매하거나 중개·주선 또는 대리하는 경우에는 둘 이상의 신용평가회사로부터 신용평가를 받은 기업어음증권이어야 하며, 기업어음증권에 대하여 직접 또는 간접의 지급보증을 하지 아니하여야 한다.

★★★
159 투자매매업자 또는 투자중개업자의 증권의 대차거래에 관한 설명으로 틀린 것은? 심화

① 금융위원회가 정하여 고시하는 방법에 따라 차입자로부터 담보를 받아야 한다.

② 증권의 내여사와 자입자가 합의하여 조건을 별도로 정하는 대차거래로서 투자매매업자 또는 투자중개업자가 필요하다고 인정하는 대차거래의 중개의 경우에는 담보를 받지 아니할 수 있다.

③ 금융위원회가 정하여 고시하는 방법에 따라 그 대상증권의 인도와 담보의 제공을 동시에 이행하여야 하며, 외국인 간의 대차거래의 경우에도 적용한다.

④ 증권의 대차거래 내역을 협회를 통하여 당일에 공시하여야 한다.

> **해설** 금융위원회가 정하여 고시하는 방법에 따라 그 대상증권의 인도와 담보의 제공을 동시에 이행하여야 하나, 외국인 간의 대차거래의 경우에는 그러하지 아니하다.

★★★
160 공공적 법인의 주식 소유 제한에 관한 설명으로 옳지 않은 것은?

① 그 주식이 상장된 당시에 발행주식총수의 10% 이상을 소유한 주주는 그 소유비율을 초과하여 소유할 수 없다.

② 위 이외의 주주는 발행주식총수의 10% 이내에서 정관이 정하는 비율을 초과하여 소유할 수 없다.

③ 외국인 또는 외국법인 등은 법령에서 정하는 종목별 1인 취득한도 및 종목별 전체 취득한도를 초과하여 소유할 수 없다.

④ 법정기준을 초과하여 사실상 주식을 소유하는 자는 그 초과분에 대하여 의결권을 행사할 수 없으며, 금융위는 6개월 이내의 기간을 정하여 그 시정을 명할 수 있다.

> **해설** 누구든지 공공적 법인이 발행한 주식을 누구의 명의로 하든지 자기의 계산으로 법령에서 정하는 그 소유비율을 초과하여 소유할 수 없다. 이 경우 그 공공적 법인의 주식이 상장된 당시에 발행주식총수의 10% 이상을 소유한 주주 이외의 주주는 발행주식총수의 3% 이내에서 정관이 정하는 비율을 초과하여 소유할 수 없다.
> 외국인 또는 외국법인등에 의한 증권 또는 장내파생상품의 매매, 그 밖의 거래에 관하여 누구의 명의로든지 자기의 계산으로 해당 공공적 법인의 정관에서 정한 외국인 또는 외국법인 등의 종목별 1인 취득한도 및 종목별 전체한도를 초과하여 공공적 법인이 발행한 지분증권을 취득할 수 없다.

구 분		공공적 법인의 주식 소유 제한 한도
내국인등	상장 당시 10% 이상 소유주주	그 소유비율
	이 외의 주주	3% 이내에서 정관이 정하는 비율
외국인, 외국법인	종목별 1인 취득한도	해당 공공적 법인의 정관에서 정한 한도
	종목별 전체 취득한도	해당 종목의 지분증권 총수의 40%

*의결권 없는 주식은 발행주식총수에 포함되지 아니하며, 그 특수관계인의 명의로 소유하는 때에는 자기의 계산
으로 취득한 것으로 본다.
**외국인 : 국내에 6개월 이상 주소 또는 거소를 두지 아니한 개인
***외국법인 : 외국의 정부 · 지방자치단체 · 공공단체, 외국기업, 국제기구, 외국의 법령 등 또는 조약에 따라 설
정 · 감독하거나 관리되고 있는 기금이나 조합

📊 **보충학습** 　 공공적 법인

국가기간산업 등 국민경제상 중요한 산업을 영위하는 법인으로서 다음의 요건을 모두 충족하는 법인 중 금융위
원회가 관계 부처장관과의 협의와 국무회의에의 보고를 거쳐 지정하는 법인

- 경영기반이 정착되고 계속적인 발전가능성이 있는 법인일 것
- 재무구조가 건실하고 높은 수익이 예상되는 법인일 것
- 해당 법인의 주식을 국민이 광범위하게 분산 보유할 수 있을 정도로 자본금 규모가 큰 법인일 것

···TOPIC 29 　 내부자거래의 규제

★★★
161 불공정거래의 규제 중 내부자거래의 규제로 볼 수 없는 것은 몇 개인가?

- 단기매매차익의 반환
- 시세조정행위의 금지
- 장내파생상품의 대량보유 보고 등
- 임원 등의 특정증권등 소유상황 보고
- 미공개중요정보 이용행위 금지

① 1개　　　　　② 2개　　　　　③ 3개　　　　　④ 모두

해설 시세조정행위의 금지는 내부자는 물론 누구든지 상장증권 또는 장내파생상품의 매매에 관하여 시세조정행위를 할
수 없게 하는 규정이다.

★★★
162 미공개중요정보 이용행위 금지와 관련한 다음의 설명 중 틀린 것은?

① 의무대상자는 상장법인의 업무 등과 관련된 미공개중요정보를 특정증권등의 매매, 그 밖의 주식 등의 공개매수나 대량취득·처분의 거래에 이용하거나 타인에게 이용하게 하여서는 아니 된다.

② 미공개중요정보는 투자자의 투자판단에 중대한 영향을 미칠 수 있는 정보로서 불특정 다수인이 알 수 있도록 공개되기 전의 것을 말한다.

③ 6개월 이내에 상장하는 법인 또는 6개월 이내에 상장법인과의 합병, 주식의 포괄적 교환, 그 밖에 기업결합 방법에 따라 상장되는 효과가 있는 비상장법인인 상장예정법인등이 발행한 해당 특정증권등을 포함한다.

④ 손해배상청구권은 그 위반한 행위가 있었던 날부터 2년간 이를 행사하지 아니한 경우에는 시효로 인하여 소멸한다.

> **해설** 이를 위반한 자는 해당 특정증권등의 매매, 그 밖의 거래를 한 자가 그 매매, 그 밖의 거래와 관련하여 입은 손해를 배상할 책임을 진다. 이 경우 손해배상청구권은 청구권자가 위반한 행위가 있었던 사실을 안 날부터 1년간 또는 그 행위가 있었던 날부터 3년간 이를 행사하지 아니한 경우에는 시효로 인하여 소멸한다.
>
> ※ **미공개중요정보** : 투자자의 투자판단에 중대한 영향을 미칠 수 있는 정보로서 대통령령으로 정하는 방법에 따라 불특정 다수인이 알 수 있도록 공개되기 전의 정보

🏛 필수핵심정리 ▶ 미공개중요정보 이용자의 범위

구분	범 위	
회사 내부자	① 그 법인(그 계열회사 포함) 및 그 법인의 임직원·대리인으로서 그 직무와 관련하여 알게 된 자 ② 그 법인의 주요주주로서 그 권리를 행사하는 과정에서 알게 된 자	
준내부자	③ 그 법인에 대하여 법령에 따른 허가·인가·지도·감독, 그 밖의 권한을 가지는 자로서 그 권한을 행사하는 과정에서 알게 된 자 ④ 그 법인과 계약을 체결하고 있거나 체결을 교섭하고 있는 자로서 그 계약을 체결·교섭 또는 이행하는 과정에서 알게 된 자 ⑤ 위 ②부터 ④까지의 어느 하나에 해당하는 자의 대리인·사용인, 그 밖의 종업원(위 ②부터 ④까지의 에 해당하는 자가 법인인 경우에는 그 임직원 및 대리인 포함)으로서 그 직무와 관련하여 알게 된 자	이에 해당하지 아니하게 된 날부터 1년이 경과하지 아니한 자 포함 ※ 퇴사기준이 아님에 주의
정보 수령자	⑥ 위 ①부터 ⑤까지의 어느 하나에 해당하는 자로부터 미공개중요정보를 받은 자	

★★★
163 다음 중 미공개중요정보를 알 수 있는 자의 설명으로 틀린 것은?

① 그 법인(그 계열회사 포함)과 그 법인의 임직원 및 대리인으로서 그 직무와 관련하여 미공개중요정보를 알게 된 자

② 그 법인의 주요주주로서 그 권리를 행사하는 과정에서 미공개중요정보를 알게 된 자

③ 그 법인에 대하여 법령에 따른 허가 · 인가 · 지도 · 감독, 그 밖의 권한을 가지는 자로서 그 권한을 행사하는 과정에서 미공개중요정보를 알게 된 자

④ 위의 어느 하나에 해당하는 자에 해당하지 아니하게 된 날로부터 3년이 경과하지 않은 자로부터 미공개중요정보를 받은 자

> **해설** 회사내부자, 준내부자 또는 정보수령자에 해당하지 아니하게 된 날로부터 1년이 경과하지 않은 자로부터 미공개중요정보를 받은 자이다.

★★★
164 다음의 어느 하나에 해당하는 방법으로 정보를 공개하고 해당 기간이나 시간이 지나는 것은 미공개중요정보 이용행위에 해당하지 않는다. 틀린 것은?

① 금융위원회 또는 거래소에 신고되거나 보고된 서류에 기재되어 있는 정보 : 그 내용이 기재되어 있는 서류가 비치된 날부터 1일

② 금융위원회 또는 거래소가 설치 · 운영하는 전자전달매체를 통하여 그 내용이 공개된 정보 : 공개된 때부터 3시간

③ 일반일간신문 중 전국을 보급지역으로 하는 둘 이상의 신문에 그 내용이 게재된 정보 : 게재된 날부터 3시간

④ 전국에서 시청할 수 있는 지상파방송을 통하여 그 내용이 방송된 정보 : 방송된 때부터 6시간

> **해설** 일반일간신문 또는 경제분야의 특수일간신문 중 전국을 보급지역으로 하는 둘 이상의 신문에 그 내용이 게재된 정보는 게재된 날의 다음 날 0시부터 6시간이다. 다만, 해당 법률에 따른 전자간행물의 형태로 게재된 경우에는 게재된 때부터 6시간으로 한다.
>
> ※ 연합뉴스사를 통하여 그 내용이 제공된 정보 : 제공된 때부터 6시간

★★★
165 내부자의 단기매매차익 반환에 관한 설명으로 올바른 것은?

① 주권상장법인의 모든 임원과 직원 또는 주요주주가 특정증권등을 매수한 후 6개월 이내에 매도하거나 특정증권등을 매도한 후 6개월 이내에 매수하여 이익을 얻은 단기매매차익에 적용하며, 손실을 회피한 경우에는 그러하지 아니한다.

② 반환청구를 할 수 있는 자는 그 법인에 한하며, 해당 법인의 주주가 그 법인을 대위하여 반환청구를 할 수 있는 것은 아니다.

③ 주요 주주가 매도·매도한 시기 중 어느 한 시기에 있어서 주요주주가 아닌 경우에는 적용하지 아니한다.

④ 반환을 청구할 수 있는 권리는 청구권자가 그 사실을 안 날부터 1년간 또는 이익을 취득한 날부터 3년 이내에 행사하지 아니한 경우에는 소멸한다.

해설 ① 단기매매차익 반환의무를 부담하는 내부자인 직원은 모든 직원이 아니라, 미공개중요정보를 알 수 있는 직원으로서 그 법인에서 주요사항보고서의 제출 대상*의 어느 하나에 해당하는 사항의 수립·변경·추진·공시, 그 밖에 이에 관련된 업무에 종사하고 있는 직원 또는 그 법인의 재무·회계·기획·연구개발에 관련된 업무에 종사하고 있는 직원에 한한다. 또한 손실을 회피하는 경우에도 적용된다.

② 그 법인이 반환청구를 할 수 있는 것은 물론 해당 법인의 주주(주권 외의 지분증권 또는 증권예탁증권을 소유한 자 포함)는 그 법인으로 하여금 단기매매차익을 얻은 자에게 단기매매차익의 반환청구를 하도록 요구할 수 있으며, 그 법인이 그 요구를 받은 날부터 2개월 이내에 그 청구를 하지 아니하는 경우에는 그 주주는 그 법인을 대위하여 그 청구를 할 수 있다.

④ 반환을 청구할 수 있는 권리는 이익을 취득한 날부터 2년 이내에 행사하지 아니한 경우에는 소멸한다.

🏛 필수핵심정리 ▷ 단기매매차익 반환의무

구 분		범 위
반환 대상자	회사 임직원	• 임원(「상법」상 업무집행지시자 포함) • 직원. 단, 직무상 미공개중요정보를 알 수 있는 자에 한함
	주요 주주	• 누구의 명의로 하든 자기의 계산으로 발행주식총수의 10% 이상 주주 • 사실상의 지배주주
반환대상 특정증권		• 그 법인이 발행한 증권(반환면제 증권 제외)과 이와 관련된 증권예탁증권 • 그 법인 외의 자가 발행한 것으로서 위의 증권과 교환을 청구할 수 있는 교환사채권 • 위의 증권만을 기초자산으로 하는 금융투자상품
단기매매차익		특정증권등을 매수한 후 6개월 이내에 매도하거나, 특정증권등을 매도한 후 6개월 이내에 매수하여 얻은 이익
반환청구권리자		• 그 법인은 그 임직원 또는 주요주주에게 그 단기매매차익을 그 법인에게 반환할 것을 청구할 수 있다. • 해당 법인의 주주(주권 외의 지분증권 또는 증권예탁증권을 소유한 자 포함)는 그 법인으로 하여금 단기매매차익을 얻은 자에게 단기매매차익의 반환청구를 하도록 요구할 수 있으며, 그 법인이 그 요구를 받은 날부터 2개월 이내에 그 청구를 하지 아니하는 경우에는 그 주주는 그 법인을 대위하여 그 청구를 할 수 있다.
소멸시효		이익을 취득한 날부터 2년 이내에 행사하지 아니한 경우에는 소멸

정답 163 ④　164 ③　165 ③

- 전환사채권, 신주인수권부사채권, 이익참가부사채권 및 그 법인이 발행한 지분증권(이와 관련된 증권예탁증권을 포함) 또는 이러한 증권(이와 관련된 증권예탁증권 포함)과 교환을 청구할 수 있는 교환사채권 제외한 채무증권
- 수익증권
- 파생결합증권. 다만, 특정증권만을 기초자산으로 하는 금융투자상품에 해당하는 파생결합증권은 제외

[주요사항보고서 제출대상인 사실(자본시장법 제161조)]
- 발행한 어음 또는 수표가 부도로 되거나 은행과의 당좌거래가 정지 또는 금지된 때
- 영업활동의 전부 또는 중요한 일부가 정지되거나 그 정지에 관한 이사회 등의 결정이 있던 때
- 「채무자 회생 및 파산에 관한 법률」에 따른 회생절차개시의 신청이 있던 때
- 관련 법률에 따른 해산사유가 발생한 때
- 중요한 자본 또는 부채의 변동에 관한 이사회 등의 결정이 있던 때
- 「상법」상 주식의 포괄적 교환 또는 이전에 의한 완진모회사의 설립, 회사의 합병 및 분할이 발생한 때
- 대통령령으로 정하는 중요한 영업 또는 자산을 양수하거나 양도할 것을 결의한 때
- 자기주식을 취득(자기주식의 취득을 목적으로 하는 신탁계약의 체결 포함) 또는 처분(자기주식의 취득을 목적으로 하는 신탁계약의 해지 포함)할 것을 결의한 때
- 그 밖에 그 법인의 경영·재산 등에 관하여 중대한 영향을 미치는 사항으로서 대통령령으로 정하는 사실이 발생한 때

★★★
166 다음은 내부자의 단기매매차익 반환의 예외이다. 옳은 것을 모두 묶은 것은?

ⓐ 법령에 따라 불가피하게 매수하거나 매도하는 경우
ⓑ 안정조작이나 시장조성을 위하여 매수·매도 또는 매도·매수하는 경우
ⓒ 주식매수선택권의 행사에 따라 주식을 취득하거나 처분하는 경우
ⓓ 이미 소유하고 있는 지분증권, 신주인수권이 표시된 것, 전환사채권 또는 신주인수권부사채권의 권리행사에 따라 주식을 취득하는 경우

① ㉠, ㉢
② ㉠, ㉡, ㉢
③ ㉡, ㉣
④ ㉠, ㉡, ㉢, ㉣

 해설 ㉠, ㉡, ㉢, ㉣ 모두 단기매매차익의 반환을 적용하지 아니하는 예외에 해당한다.
이 외에도
- 정부의 허가·인가·승인 등이나 문서에 의한 지도·권고에 따라 매수하거나 매도하는 경우
- 모집·사모·매출하는 특정증권등의 인수에 따라 취득하거나 인수한 특정증권등을 처분하는 경우
- 증권예탁증권의 예탁계약 해지에 따라 증권을 취득하는 경우
- 교환사채권 또는 교환사채권의 권리행사에 따라 증권을 취득하는 경우
- 우리사주조합원이 우리사주조합을 통하여 회사의 주식을 취득하는 경우(그 취득한 주식을 수탁기관에 예탁하는 경우만 해당한다)
- 공개매수에 응모함에 따라 주식등을 처분하는 경우
- 그 밖에 미공개중요정보를 이용할 염려가 없는 경우로서 증권선물위원회가 인정하는 경우에는 적용하지 아니한다.

★★★
167 임원 등의 특정증권등 소유상황 보고에 관한 설명으로 옳은 것은?

① 보고대상자는 주권상장법인의 임원과 직무상 관련 직원 또는 주요주주이다.

② 누구의 명의로 하든지 자기의 계산으로 소유하고 있는 특정증권등의 소유상황이 보고대
상이며 그 특정증권등의 소유상황에 변동은 제외한다.

③ 보고서 기재사항은 보고자, 해당 주권상장법인, 특정증권 등의 종류별 소유현황 및 그
변동에 관한 사항이다.

④ 임원 또는 주요주주가 된 날부터 30일 이내 또는 그 변동이 있는 날부터 30일까지 그 내
용을 각각 금융감독원과 거래소에 보고하여야 한다.

 ① 보고대상자는 주권상장법인의 임원(「상법」상 업무집행지시자 포함) 또는 주요주주이며, 직원은 제외한다.

② 누구의 명의로 하든지 자기의 계산으로 소유하고 있는 특정증권등의 소유상황은 물론 그 특정증권등의 소유상
황에 변동이 있는 경우도 보고대상이다. 다만, 특정증권등의 변동 수량이 1천주 미만이고, 그 취득 또는 처분금
액이 1천만원 미만인 경우 등의 경미한 소유상황의 변동은 보고대상에서 제외한다.

④ 임원 또는 주요주주가 된 날부터 5일 이내 또는 그 변동이 있는 날부터 5일까지 그 내용을 각각 증권선물위원회
와 거래소에 보고하여야 한다. 다만, 주식배당, 준비금의 자본전입, 주식의 분할 또는 병합 또는 자본의 감소인
경우에는 그 변동이 있었던 분기의 다음 달 10일까지 그 변동내용을 보고할 수 있다.

★★★
168 시세조종행위 등의 금지에 관하여 옳은 설명은?

> ㉠ 누구든지 상장증권 또는 장내파생상품의 매매에 관하여 그 매매가 성황을 이루고 있는 듯이 잘못 알게 하거나, 그 밖에 타인에게 그릇된 판단을 하게 할 목적으로 하는 행위를 하여서는 아니 된다.
>
> ㉡ 누구든지 상장증권 또는 장내파생상품의 매매를 유인할 목적으로 하는 행위를 하여서는 아니 된다.
>
> ㉢ 누구든지 상장증권 또는 장내파생상품의 시세를 고정시키거나 안정시킬 목적으로 그 증권 또는 장내파생상품에 관한 일련의 매매 또는 그 위탁이나 수탁을 하는 행위를 하여서는 아니 된다.
>
> ㉣ 누구든지 증권, 파생상품 또는 그 증권·파생상품의 기초자산 중 어느 하나가 거래소에 상장되거나 그 밖에 이에 준하는 경우에는 그 증권 또는 파생상품에 관한 매매, 그 밖의 거래와 관련하여 시세를 변동 또는 고정시키는 행위를 하여서는 아니 된다.

① ㉠, ㉢   ② ㉠, ㉡, ㉢
③ ㉡, ㉣   ④ ㉠, ㉡, ㉢, ㉣

해설 ㉠ 위장거래에 의한 시세조정, ㉡ 현실거래 또는 허위표시 등에 의한 시세조정, ㉢ 가격고정 또는 안정조작행위, ㉣ 현·선연계 시세조종행위이다. 따라서 모두 옳은 설명이다.

★★★
169 시세조종행위 등의 금지에 관한 설명으로 틀린 것은?

① 상장증권과 장내파생상품의 현물과 선물 및 이의 양방향간 연계에 의한 행위도 적용대상이다.
② 적용대상인 시세란 증권시장 또는 파생상품시장에서 형성된 시세를 말하며, 다자간매매체결회사가 상장주권의 매매를 중개함에 있어서 형성된 시세 및 상장되는 증권에 대하여 증권시장에서 최초로 형성되는 시세는 제외한다.
③ 투자매매업자가 관련 법령에 따른 시장조성 또는 안정조작을 하는 경우에는 시세조정행위로 보지 아니한다.
④ 시세조정행위 등의 금지 위반한 자에 대한 손해배상청구권은 청구권자가 위반한 행위가 있었던 사실을 안 때부터 1년간, 그 행위가 있었던 때부터 3년간 이를 행사하지 아니한 경우에는 시효로 인하여 소멸한다.

해설 적용대상인 시세란 증권시장 또는 파생상품시장에서 형성된 시세는 물론 다자간매매체결회사가 상장주권의 매매를 중개함에 있어서 형성된 시세와 상장되는 증권에 대하여 증권시장에서 최초로 형성되는 시세를 포함한다.

★★★
170 다음 중 시세조종행위로 볼 수 없는 것은 몇 개인가?

> • 자기가 매도하는 것과 같은 시기에 그와 같은 가격 또는 약정수치로 타인이 그 증권 또는 장내파생상품을 매수할 것을 사전에 그 자와 서로 짠 후 매도하는 행위
> • 자기가 매수하는 것과 같은 시기에 그와 같은 가격 또는 약정수치로 타인이 그 증권 또는 장내파생상품을 매도할 것을 사전에 그 자와 서로 짠 후 매수하는 행위
> • 그 증권 또는 장내파생상품의 매매를 함에 있어서 그 권리의 이전을 목적으로 하지 아니하는 거짓으로 꾸민 매매를 하는 행위
> • 위의 행위를 위탁하거나 수탁하는 행위

① 없다   ② 1개   ③ 2개   ④ 4개

해설 첫 번째와 두 번째 행위는 통정매매이고, 세 번째 행위는 가장매매로서 모두 시세조정행위에 해당하므로, 틀린 것은 없다.

★★★
171 부정거래행위 등의 금지에 관련하여 옳지 않은 설명은?

① 누구든지 금융투자상품의 매매, 그 밖의 거래와 관련하여 부정한 수단, 계획 또는 기교를 사용하는 행위를 하여서는 아니 된다.
② 누구든지 금융투자상품의 매매, 그 밖의 거래를 할 목적이나 그 시세의 변동을 도모할 목적으로 풍문의 유포, 위계의 사용, 폭행 또는 협박을 하여서는 아니 된다.
③ 증권의 경우 모집 · 매출은 물론 사모의 경우에도 부정거래행위를 금지한다.
④ 부정거래행위 금지에 위반한 자에 대해서는 5년 이하의 징역 또는 10억원 이하의 벌금에 처할 수 있다.

해설 부정거래행위 금지에 위반한 자에 대해서는 10년 이하의 징역 또는 5억원 이하의 벌금에 처할 수 있다. 다만, 그 위반행위로 얻은 이익 또는 회피한 손실액의 3배에 해당하는 금액이 5억원을 초과하는 경우에는 그 이익 또는 회피한 손실액의 3배에 상당하는 금액의 벌금에 처할 수 있다.

★★★
172 다음 중 시장질서 교란행위 규제에 관한 내용으로 틀린 것은?

① 시장질서 교란행위는 크게 "정보이용 교란행위"와 "시세관여 교란행위"로 나눌 수 있다.

② 시장질서 교란행위 규제 도입으로 미공개중요정보 이용 금지조항은 2차 이상의 다차 정보수령자의 미공개정보이용, 외부정보이용, 해킹 등 부정한 방법으로 지득한 정보이용 등도 규제된다.

③ 매매유인이나 부당이득을 얻을 목적 등이 없다고 할 경우에는 허수성 주문의 대량 제출, 가장성 매매, 통정성 매매, 풍문유포 등에 대하여 해당 행위자에게 과징금을 부과할 수 없다.

④ 시장질서 교란행위에 대해서는 5억원 이하의 과징금을 부과할 수 있다.

> **해설** 시장질서 교란행위 규제가 도입되면서 비록 매매유인이나 부당이득을 얻을 목적 등이 없다고 할지라도 허수성 주문의 대량 제출, 가장성 매매, 통정성 매매, 풍문유포 등을 하여 시세에 부당한 영향을 주거나 줄 우려가 있다고 판단되면 해당 행위자에게 과징금을 부과할 수 있다.

★★★
173 상장증권 또는 장내파생상품에 관한 매매 등과 관련하여 다음 중 어느 하나에 해당하는 행위는 시세관련 교란행위로 본다. 잘못된 것은?

① 거래 성립 가능성이 희박한 호가를 대량으로 제출하거나 호가를 제출한 후 해당 호가를 반복적으로 정정·취소하여 시세에 부당한 영향을 주는 경우

② 권리이전을 목적으로 하지 않고 거짓으로 꾸민 매매이나 시세에 부당한 영향을 주지 않거나 줄 우려가 없는 경우

③ 손익이전 또는 조세회피 목적으로 타인과 서로 짜고 하는 매매로서 시세에 부당한 영향을 줄 우려가 있는 경우

④ 풍문을 유포하거나 거짓으로 계책을 꾸며 상장증권 등의 수급상황이나 가격에 대하여 오해를 유발하거나 가격을 왜곡할 우려가 있는 행위

> **해설** 권리이전을 목적으로 하지 않고 거짓으로 꾸민 매매인 경우에도 시세에 부당한 영향을 주거나 줄 우려가 있어야 시세관련 교란행위로 본다.

★★★
174 다음의 자가 상장증권, 장내파생상품 또는 이를 기초자산으로 하는 파생상품의 매매, 그 밖의 거래에 미공개정보를 이용하거나 타인에게 이용하는 행위는 정보이용 교란행위로 본다. 옳은 것을 모두 고른 것은?

> ㉠ 내부자등으로부터 나온 미공개정보인 점을 알면서 이를 받거나 전득한 자
> ㉡ 직무과 관련하여 미공개정보를 생산하거나 알게 된 자
> ㉢ 해킹, 절취, 기망, 협박 등 부정한 방법으로 정보를 알게 된 자
> ㉣ 위 ㉡과 ㉢의 자들로부터 나온 정보인 점을 알면서 이를 받거나 전득한 자

① ㉠, ㉡, ㉢, ㉣   ② ㉠, ㉡, ㉢   ③ ㉡, ㉢   ④ ㉡, ㉢, ㉣

해설 모두 옳다.

···TOPIC 32 금융감독원의 검사

★★★
175 금융감독원의 검사에 관한 설명으로 잘못된 것은?

① 감독원장은 금융기관의 업무 및 재산상황 또는 특정부분에 대한 검사를 실시한다.
② 검사절차는 주로 사전조사 → 검사 실시 → 결과보고 → 검사결과조치 → 사후관리의 순에 의한다.
③ 검사의 종류는 종합검사와 부문검사로 구분하고, 검사의 실시는 현장검사 또는 서면검사의 방법으로 구분한다.
④ 종합검사는 대부분 서면검사의 방법으로 실시한다.

해설 종합검사는 대부분 현장검사의 방법으로 실시한다.

🏛 필수핵심정리 ▷ 금융감독원의 검사

종합검사	금융기관의 업무전반 및 재산상황에 대하여 종합적으로 실시하는 검사
부문검사	금융사고예방, 금융질서확립, 기타 금융감독정책상의 필요에 의하여 금융기관의 특정부문에 대하여 실시하는 검사
서면검사	검사원이 금융기관으로부터 자료를 제출받아 검토하는 방법으로 실시하는 검사

정답 172 ③   173 ②   174 ①   175 ④

★★★
176 금융감독원의 검사의 종류에 관한 설명으로 옳은 것을 묶은 것은? 심화

> ㉠ 종합검사 – 금융기관의 업무전반 및 재산상황에 대하여 종합적으로 실시하는 검사
> ㉡ 현장검사 – 금융사고예방, 금융질서확립, 기타 금융감독정책상의 필요에 의하여 금융기관의 특정부문에 대하여 실시하는 검사
> ㉢ 서면검사 – 검사원이 금융기관으로부터 자료를 제출받아 검토하는 방법으로 실시하는 검사

① ㉠, ㉡   ② ㉠, ㉢   ③ ㉡, ㉢   ④ ㉠, ㉡, ㉢

 해설 ㉡ 금융사고예방, 금융질서확립, 기타 금융감독정책상의 필요에 의하여 금융기관의 특정부문에 대하여 실시하는 검사는 부문검사이다.

★★★
177 자본시장 조사업무규정에 따른 조사의 주요 대상으로 옳지 않은 것은? 심화

① 미공개정보 이용행위
② 시세조정등 불공정거래행위
③ 조사분석자료 작성 및 공표시의 준수위반행위
④ 내부자의 단기매매차익 취득

해설 조사분석자료 작성 및 공표시의 준수위반행위는 조사의 주요 대상이 아니다.
위 이외에도 상장법인의 공시의무 위반, 상장법인 임원등의 특정증권 등 및 변동상황 보고의무 위반등, 주식의 대량보유등의 보고(5% Rule) 등이 조사의 주요대상이다.

★★★
178 금융분쟁조정세칙에 관한 설명으로 잘못된 것은?

① 금융분쟁조정신청은 소송을 제기하기 전에 금융위원회에 금융관련분쟁의 조정을 신청하여야 한다.

② 금융분쟁조정위원회는 위원장 1인을 포함한 30인 이내의 위원으로 구성한다.

③ 금융분쟁조정위원회는 사건이 회부된 날로부터 60일 이내에 이를 심의하여 조정결정하여야 한다. 다만, 신청의 내용이 위원회의 조정의 실익이 없는 경우에는 각하결정을 할 수 있다.

④ 당사자가 분쟁조정위원회의 통지된 조정안을 수락한 경우에는 당해 조정안은 재판상 화해와 동일한 효력을 갖는다.

> **해설** 금융분쟁이라 함은 금융관련기관, 예금자 등 금융수요자 및 기타 이해관계인이 금융관련기관의 금융업무 등과 관련하여 권리의무 또는 이해관계가 발생함에 따라 금융관련기관을 상대로 금융감독원장에게 제기하는 분쟁을 말한다.

★★★
179 다음 중 금융분쟁의 재조정 신청사유로서 옳지 않은 것은? [심화]

① 조정 당사자가 당초 조정신청을 할 때에 그 사유를 주장하였거나 이를 알면서 주장하지 아니한 경우

② 조정 당시에는 제출되지 아니한 것으로서 조정의 결과에 중대한 영향을 미치는 새로운 사실이 나타난 경우

③ 조정의 증거로 된 문서, 증인의 증언, 참고인의 진술 등의 자료가 위조 또는 변조된 것이거나 허위임이 밝혀진 경우

④ 조정의 기초가 된 법률, 판결 등이 변경된 경우

> **해설** 조정 당사자가 당초 조정신청을 할 때에 그 사유를 주장하였거나 이를 알면서 주장하지 아니한 경우에는 재조정 신청을 할 수 없다.
>
> ※ **금융분쟁의 재조정 신청** : 당사자는 다음의 하나에 해당하는 사유가 있는 때에는 위원회의 결정에 대하여 조정결정 또는 각하결정을 통지받은 날로부터 1개월 이내에 재조정을 신청할 수 있다. 다만, 당사자가 당초 조정신청을 할 때에 그 사유를 주장하였거나 이를 알면서 주장하지 아니한 경우에는 그러하지 아니하다.
>
> • 조정 당시에는 제출되지 아니한 것으로서 조정의 결과에 중대한 영향을 미치는 새로운 사실이 나타난 경우
> • 조정의 증거로 된 문서, 증인의 증언, 참고인의 진술 등의 자료가 위조 또는 변조된 것이거나 허위임이 밝혀진 경우
> • 조정의 기초가 된 법률, 판결 등이 변경된 경우
> • 조정에 영향을 미칠 중요한 사항에 관하여 위원회가 판단하지 아니한 경우
> • 제척되어야 할 위원이 조정에 관여한 경우

정답 176 ② 177 ② 178 ② 179 ②

CHAPTER 03 한국금융투자협회규정

내용 구성 및 주요 출제내용 분석

주요 내용	중요도	주요 출제 내용
규정 개관	★	규정의 성격
영업·업무규정	★★★	투자권유, 조사분석자료, 투자광고, 영업보고서 공시, 재산상 이익의 제공·수령, 계좌관리, 신용공여 등
인수업무등 규정	★	주식의 인수, 무보증사채의 인수, 주관회사 실적공시 등
약관운용규정	★★	표준약관 및 수정약관, 개별약관, 보고 특례 등
분쟁조정 규정 등	★	분쟁조정의 절차 및 결정, 자율규제위원회

출제경향 분석 및 학습요령

한국금융투자협회규정은 총 3문제가 출제되는 부분으로서, 자본시장법과 금융위규정의 하부 자율규정이다. 시험은 주로 자본시장법과 금융위규정에서 위임한 협회의 영업·업무규정이 주로 출제되며, 특히 투자권유, 조사분석자료 작성공표, 투자광고, 영업보고서·경영공시, 재산상 이익의 제공·수령, 약관, 분쟁조정규정 등이 중요하다.

TOPIC 1 투자권유 등

★★★
001 금융투자협회규정의 투자권유와 관련된 설명으로 옳지 않은 것은?

① 금융투자회사는 투자권유를 하기 전에 일반투자자의 투자목적, 재산상황 및 투자경험 등의 투자자정보를 확인하여야 한다.

② 확인방법에는 서명 또는 기명날인만이 인정되며 녹취, 전자우편 또는 그 밖에 이와 유사한 전자통신, 우편, 전화자동응답시스템 등은 그러하지 아니한다.

③ 해당 일반투자자로부터 서명 등의 방법으로 확인을 받아 이를 일정기간 유지·관리하여야 한다.

④ 금융투자회사는 확인한 투자자정보의 내용을 해당 일반투자자에게 지체 없이 제공하여야 한다.

해설 확인방법에는 서명 외에도 기명날인, 녹취, 전자우편 또는 그 밖에 이와 유사한 전자통신, 우편, 전화자동응답시스템 등이 있다.

🏛 필수핵심정리 ▶ 금융투자협회규정의 투자자정보의 확인

구 분	내 용
투자자 정보	투자목적, 재산상황 및 투자경험 등
정보의 확인방법	서명(전자서명 포함), 기명날인, 녹취, 전자우편 또는 그 밖에 이와 유사한 전자통신, 우편, 전화자동응답시스템의 방법 등
유지·관리	확인받은 사항의 (10년 이상) 유지 및 관리
통지	확인한 투자자정보의 내용을 해당 일반투자자에게 지체 없이 제공

···TOPIC 2 투자권유의 적합성 등

★★★
002 다음 중 금융투자협회규정의 투자권유의 적합성 등에 관한 설명으로 옳은 것은?

① 금융투자회사는 금융투자협회가 작성한 표준 투자적합성 판단기준에 따라 일반투자자에게 적합한지를 판단하여야 한다.
② 금융투자회사는 일반투자자에게 투자권유를 하지 아니하고 파생상품등을 판매하려는 경우에는 그 일반투자자의 투자자정보를 파악하지 아니해도 된다.
③ 투자자의 정보를 파악하지 못한 일반투자자에게는 파생상품 등을 판매할 수 없다.
④ 금융투자회사는 일반투자자의 투자자정보에 비추어 해당 파생상품등이 그 일반투자자에게 적정하지 아니하다고 판단되는 경우에는 절대 판매할 수 없다.

해설 ① 금융투자회사는 자체적으로 정한 적합성 판단기준에 비추어 적합한지를 판단하여 일반투자자에게 적합하지 아니하다고 인정되는 투자권유를 하여서는 아니된다.
② 금융투자회사는 일반투자자에게 파생상품등을 판매하려는 경우에는 투자권유를 하지 아니하더라도 면담·질문 등을 통하여 그 일반투자자의 투자자정보를 파악하여야 한다.
④ 금융투자회사는 일반투자자의 투자자정보에 비추어 해당 파생상품등이 그 일반투자자에게 적정하지 아니하다고 판단되는 경우에는 그 사실을 알리고, 서명등의 방법으로 확인을 받아야 한다. 그래도 일반투자자가 매매 또는 거래를 하고자 한다면 금융투자회사는 투자위험성을 다시 고지하고 해당 고객으로부터 서명 등의 방법으로 투자위험성을 고지받았다는 사실을 확인받아야 한다.

구 분	내 용
적합성	금융투자회사는 자체적으로 정한 적합성 판단기준에 비추어 적합한지를 판단하여 일반투자자에게 적합하지 아니하다고 인정되는 경우 → 투자권유 ×
투자자 정보 파악	금융투자회사는 일반투자자에게 파생상품등을 판매하려는 경우에는 투자권유를 하지 아니하더라도 면담·질문 등을 통하여 그 일반투자자의 투자정보를 파악하여야 한다.
판매 금지	투자자의 정보를 파악하지 못한 일반투자자에게는 파생상품 등을 판매할 수 없다.
적정성	금융투자회사는 일반투자자의 투자자정보에 비추어 해당 파생상품등이 그 일반투자자에게 적정하지 아니하다고 판단되는 경우에는 그 사실을 알리고, 일반투자자로부터 서명등의 방법으로 확인을 받아야 한다.

※ **파생상품 등** : 파생상품, 파생결합증권(ELS, ELW, DLS, CLN 등), 파생상품 집합투자증권, 파생결합증권을 편입하는 파생상품 집합투자증권

※ **자본시장법상 파생상품 등에 대한 일반투자자의 보호** :
- 파생상품등의 투자권유 시 → 일반투자자의 투자목적·재산상황 및 투자경험 등을 고려하여 투자자 등급별로 차등화된 투자권유준칙을 마련
- 파생상품등에 대한 투자권유대행 위탁 불가
- 주권상장법인등과 장외파생상품등 거래 시 → 전문투자자의 대우를 받겠다는 의사의 서면통지가 없는 한 일반투자자로 대우
- 일반투자자와 장외파생상품등 거래 시 → 위험회피목적의 거래에 한하여 가능

★★★
003 금융투자회사의 설명의무와 관련된 금융투자협회규정의 설명으로 틀린 것은?

① 일반투자자에게 투자권유를 하는 경우 투자설명사항을 투자자가 이해할 수 있도록 설명하고, 그 내용을 이해하였음을 서명등의 방법으로 확인받아야 한다.

② 일반투자자가 투자설명서 등의 수령을 거부하는 경우를 제외하고는 투자설명사항을 명시한 설명서를 교부하여야 한다.

③ 집합투자증권을 투자권유하는 경우에는 투자설명서 대신 간이투자설명서를 교부할 수 있다.

④ 일반투자자가 공모 또는 사모의 방법으로 발행된 파생결합증권(주식워런트증권 포함)을 매매하고자 하는 경우 핵심설명서를 추가로 교부할 수 있다.

해설 금융투자회사는 일반투자자가 공모의 방법으로 발행된 파생결합증권(주식워런트증권 및 상장지수증권은 제외한다)을 매매하고자 하거나 신용융자거래 또는 유사해외통화선물거래를 하고자 하는 경우 핵심설명서를 추가로 교부하고 그 내용을 충분히 설명하여야 한다.
　※ 상장지수증권 : 기초자산의 가격·이자율·지표·단위 또는 이를 기초로 하는 지수 등의 변동과 연계하여 미리 정해진 방법에 따라 이익을 얻거나 손실을 회피하기 위한 계약상의 권리를 나타내는 것으로서 거래소에 상장되어 거래되는 증권

★★★
004 다음 중 금융투자협회규정의 핵심설명서와 관련하여 옳은 설명은?

① 주식워런트증권을 매매하는 경우에는 핵심설명서를 별도로 교부할 필요가 없다.

② 핵심설명서를 교부한 경우에는 투자설명서를 별도로 교부할 필요가 없다.

③ 핵심설명서를 교부하고 그 내용을 충분히 설명한 경우에는 설명의무를 다한 것이다.

④ 핵심설명서를 일반투자자가 이해하였음을 서명등의 방법으로 확인받아야 한다.

 ② 핵심설명서는 추가 설명자료이므로 투자설명서는 기본적으로 교부하여야 한다.

③ 핵심설명서를 교부하고 그 내용을 충분히 설명하였다 하여 설명의무를 다한 것으로 볼 수 없다. 따라서 설명서는 교부하지 않고 핵심설명서만을 교부해서는 안된다.

④ 핵심설명서를 일반투자자가 이해하였음을 서명등의 방법으로 확인받을 필요는 없다.

※ 증권의 공모발행시 청약의 권유는 투자설명서, 간이투자설명서 또는 예비투자설명서(증권신고서 효력 발생 전)로만 가능한데, 공모파생결합증권의 경우에는 감독당국에 신고한 간이투자설명서를 교부하는 경우 핵심설명서를 별도로 교부하지 않아도 된다.

★★★
005 다음 중 금융투자협회규정의 핵심설명서를 교부해야 하는 거래를 묶은 것은? 심화

> ㉠ 일반투자자에게 공모의 방법으로 발행된 주식워런트증권 및 상장지수증권을 매매하는 경우
>
> ㉡ 사모의 방법으로 발행된 파생결합증권을 매매하는 경우
>
> ㉢ 공모의 방법으로 발행된 파생결합증권에 대하여 일반투자자에게 간이투자설명서를 교부하는 경우
>
> ㉣ 신용융자거래 또는 유사해외통화선물거래를 하고자 하는 경우

① ㉠, ㉡, ㉢　　　② ㉣　　　③ ㉠, ㉡, ㉢　　　④ ㉢, ㉣

해설 거래소에 상장되어 거래되는 주식워런트증권(ELW) 및 상장지수증권을 매매하는 경우, 사모의 방법으로 발행된 파생결합증권을 매매하는 경우 및 간이투자설명서를 교부하는 경우에는 별도의 핵심설명서를 추가 교부하지 않아도 된다. 즉, 금융투자회사는 일반투자자가 공모의 방법으로 발행된 파생결합증권(주식워런트증권 및 상장지수증권은 제외한다)을 매매하고자 하거나 신용융자거래 또는 유사해외통화선물거래를 하고자 하는 경우로서 별도의 간이투자설명서를 교부하지 아니하는 경우에는 핵심설명서를 추가로 교부하고 그 내용을 충분히 설명하여야 한다.

정답 003 ④　004 ①　005 ②

★★★
006 금융투자협회규정의 주식워런트증권(ELW)에 대한 설명으로 옳지 않은 것은?

① 금융투자회사는 일반투자자가 최초로 주식워런트증권을 매매하고자 하는 경우 별도의 서면(전자문서 포함) 신청서를 징구하여야 한다.
② 일반투자자가 주식워런트증권을 매매하고자 하는 경우 주식워런트증권의 투자설명사항 등이 포함되고 협회가 인정하는 교육을 사전에 이수하여야 한다.
③ 해당 투자자가 법인·단체 또는 외국인인 경우에도 사전 교육을 이수하여야 한다.
④ 금융투자회사는 일반투자자의 사전 교육의 이수 여부를 확인하여야 한다.

> **해설** 해당 투자자가 법인·단체 또는 외국인인 경우에는 사전 교육의 이수를 필요로 하지 아니한다.
>
> ※ **시스템매매** : 투자자 자신의 판단을 배제하고 사전에 내장된 일련의 조건에 의하여 금융투자상품 매매종목, 매매시점 또는 매매호가에 대한 의사결정정보를 제공하거나 이에 의하여 자동매매주문을 내는 전산소프트웨어에 의하여 금융투자상품을 매매하는 투자방법을 말한다. 이 경우 투자자가 자신의 판단으로 일부 조건을 설정하는 경우라도 해당 소프트웨어에서 제공되는 조건이 한정되어 있고 그 조건이 금융투자상품의 가격예측에 관한 특정한 이론을 내재하고 있으면 해당 소프트웨어에 의한 금융투자상품의 매매도 시스템매매로 본다.

┅TOPIC **4** 일중매매거래 등

★★★
007 일반투자자가 시스템매매거래를 신청하는 경우 금융투자업자에 대한 금융투자협회규정의 설명으로 틀린 것은? 심화

① 시스템매매가 어느 정도 수익을 보장해 준다는 내용을 고지하여야 하며, 해당 금융투자회사가 자율적으로 정한 설명서를 교부한다.
② 일반투자자가 시스템매매 프로그램에 의한 매매거래를 신청하는 경우 프로그램에 내재된 가격예측이론 및 사용방법 등에 대한 사전교육 이수여부를 확인하여야 한다.
③ 자신의 인터넷 홈페이지 및 온라인거래를 위한 컴퓨터 화면에 설명서를 게시하여야 한다.
④ 일반투자자가 시스템매매 프로그램에 의한 매매거래를 신청하는 경우 별도의 신청서에 의하여 처리하여야 한다.

> **해설** 금융투자회사는 일반투자자가 시스템매매 프로그램에 의한 매매거래를 신청하는 경우에는 시스템매매가 반드시 수익을 보장해주지는 않는다는 내용과 해당 프로그램에 대한 올바른 이해 없이 증권 또는 장내파생상품의 매매거래를 하는 경우 커다란 손실을 입을 수 있다는 내용의 유의사항을 고지하여야 하며, 해당 금융투자회사가 자율적으로 정한 설명서를 교부하고 충분히 설명한 후 서명 또는 기명날인을 받아야 한다.

★★★
008 다음 중 금융투자협회규정의 일중매매거래에 대한 위험 고지대상이 아닌 것은? 심화

① 주식
② 주식워런트증권(ELW)
③ 장내파생상품
④ 주가연계증권(ELS)

 일중매매거래에 대한 위험고지 : 금융투자회사는 일반투자자가 주식, 주식워런트증권 및 장내파생상품의 거래를
위하여 계좌를 개설하고자 하는 경우 해당 금융투자회사가 자율적으로 정한 일중매매거래 위험고지서를 교부하고
이를 충분히 설명한 후 서명 또는 기명날인을 받아야 한다. 또한, 자신의 인터넷 홈페이지 및 온라인거래를 위한 컴
퓨터 화면에 설명서를 게시하여야 한다.

※ **일중매매거래** : 같은 날에 동일 종목의 금융투자상품을 매수한 후 매도하거나, 매도한 후 매수함으로써 해당 금
융투자상품의 일중 가격등락의 차액을 얻을 목적으로 행하는 매매거래

··· T O P I C 5 전문투자자 등

★★★
009 다음 중 금융투자협회규정의 전문투자자 지정에 관한 설명으로 옳지 않은 것은? 심화

① 일반투자자가 전문투자자로 지정받고자 하는 경우 금융투자회사를 통하여 법정서류를
협회에 제출하여야 한다.
② 외국인이 전문투자자로의 지정을 신청하는 경우에는 국내에 주소를 가진 자로 법정서류
의 제출에 관한 일체의 행위에 대하여 대리할 권한이 있는 자를 정하여야 한다.
③ 협회의 전문투자자 지정의 효력은 지정된 날부터 1년으로 한다.
④ 금융투자회사는 일반투자자를 전문투자자로 분류하는 경우 해당 전문투자자에게 향후
위험고지 및 설명 등을 받지 못한다는 사실을 충분히 설명하여야 한다.

해설 협회의 전문투자자 지정의 효력은 지정된 날부터 2년으로 한다.

※ **자본시장법상 전문투자자로 전환이 가능한 일반투자자 :**
• 금융투자상품의 잔고가 100억 이상인 법인 또는 단체
• 금융투자상품의 잔고가 50억 이상이고 계좌 개설일로부터 1년이 경과한 개인

※ **일반투자자로 전환이 가능한 전문투자자**
• 주권상장법인. 단, 장외파생상품거래의 경우 전문투자자와 같은 대우를 받겠다는 의사를 금융투자업자에게 서
면으로 통지하는 경우에만 전문투자자로 인정.
• 법률에 따라 설립된 기금(신용보증기금 및 기술신용보증기금 제외) 및 그 기금 관리 · 운용법인
• 법률에 따라 공제사업을 경영하는 법인
• 지방자치단체

★★★
010 금융투자협회규정의 투자권유대행인에 관한 다음의 설명 중 잘못된 것은?

① 투자권유대행인은 펀드투자권유대행인과 증권투자권유대행인으로 구분하여, 위탁받은 범위 내에서만 투자 권유가 가능하다.

② 투자권유대행인도 협회에 등록한 경우에는 파생상품등에 대하여 투자권유를 할 수 있다.

③ 금융투자회사는 자신의 임직원이 아닌 개인에게 투자권유를 위탁하고자 하는 경우 법정 서류를 구비하여 협회에 투자권유대행인 등록을 신청하여야 한다.

④ 투자권유대행인은 협회가 실시하는 해당 보수교육을 2년 마다 1회 이상 이수하여야 하며, 이 경우 투자권유대행인으로 협회에 등록된 해당 연도는 1년으로 계산한다.

> **해설** 투자권유대행인은 협회에 등록한 경우에도 파생상품등에 대하여 투자권유를 할 수 없다.

🏛 필수핵심정리 ┃ **금융투자협회규정의 투자권유대행인의 구분**

구 분	내 용
펀드투자 권유대행인	집합투자증권(파생상품등을 제외한다)의 매매를 권유하거나 투자자문계약, 투자일임계약 또는 신탁계약의 체결을 권유하는 자
증권투자 권유대행인	증권(집합투자증권 및 파생상품등을 제외한다.) 및 단기금융집합투자기구의 집합투자증권의 매매를 권유하거나 투자자문계약, 투자일임계약 또는 신탁계약의 체결을 권유하는 자

┅┅┅ T O P I C 6 조사분석자료 등

★★★
011 다음 중 금융투자협회규정의 조사분석자료에 관한 설명으로 옳지 않은 것은?

① 금융투자회사는 금융투자분석사의 확인 없이 조사분석자료를 공표하거나 제3자에게 제공하여서는 아니 된다.

② 금융투자회사는 조사분석 담당부서의 임원이 기업금융·법인영업 및 고유계정 운용업무를 겸직하도록 하여서는 아니 된다.

③ 금융투자회사는 해당 금융투자회사의 임직원이 아닌 제3자가 작성한 조사분석자료를 공표하는 경우 해당 제3자의 성명을 조사분석자료에 기재하여야 한다.

④ 금융투자분석사와 기업금융업무 관련부서 간의 의견 교환은 절대적으로 금지한다.

> **해설** 금융투자분석사와 기업금융업무 관련부서와의 의견교류는 원칙적으로 제한하되, 준법감시부서의 통제하에 예외적으로 허용하고 있다. 금융투자분석사가 기업금융업무 관련부서와 협의하고자 하는 경우 다음의 조건을 모두 충족하여야 한다.

1. 조사분석 담당부서와 기업금융 업무 관련부서간의 자료교환은 준법감시부서를 통하여 할 것
2. 조사분석 담당부서와 기업금융 업무 관련부서간의 협의는 준법감시부서 직원의 입회하에 이루어져야 하며, 회의의 주요내용을 서면으로 기록·유지되어야 한다. 다만, 불가피한 사유로 준법감시 부서의 직원이 입회하지 못한경우에는 협의내용을 전부 녹음하여 준법감시부서에 제출할 것

※ **조사분석자료** : 금융투자회사의 명의로 공표 또는 제3자에게 제공되는 것으로 특정 금융투자상품(집합투자증권 제외)의 가치에 대한 주장 또는 예측을 담고 있는 자료

★★★ 012 금융투자협회규정의 조사분석 대상법인의 제한을 받지 않는 경우인 것은? 심화

① 자신이 발행한 금융투자상품
② 자신이 발행한 주식을 기초자산으로 하는 주식선물·주식옵션 및 주식워런트증권
③ 자신이 발행주식총수의 5% 이상의 주식등을 보유하고 있는 법인이 발행한 주권관련사채권
④ 투자등급 및 목표가격 등을 하향조정하기 위한 경우로서 최근 사업연도 재무제표에 대한 감사인의 감사의견이 부적정 또는 의견거절인 법인의 법인이 발행한 주식

해설 최근 사업연도 재무제표에 대한 감사인의 감사의견이 부적정 또는 의견거절이거나 한정(감사범위제한으로 인한 경우에 한한다)인 법인이 발행한 금융투자상품에 대하여 조사분석자료를 공표하거나 특정인에게 제공하여서는 아니된다. 다만, 투자등급 및 목표가격 등을 하향 조정하기 위한 경우에는 그러하지 아니하다.

★★★ 013 금융투자협회규정상 다음의 법인이 발행한 금융투자상품에 대한 조사분석자료에 금융투자회사 자신과의 이해관계를 명시하여야 한다. 이에 관한 설명으로 틀린 것은? 심화

① 자신이 보증·배서·담보제공·채무인수 등의 방법으로 채무이행을 직접 또는 간접으로 보장하고 있는 법인
② 자신이 발행주식총수의 5% 이상의 주식등을 보유하고 있는 법인
③ 자신이 증권시장에 주권을 최초로 상장하기 위한 대표주관업무를 수행한 법인으로 상장일부터 1년이 경과하지 아니한 법인
④ 자신과 주권의 모집주선 또는 인수 관련 계약을 체결한 날로부터 신주가 상장된 후 40일이 경과하지 아니한 경우로서 해당 주권을 발행한 상장법인

해설 자신이 발행주식총수의 1% 이상의 주식등을 보유하고 있는 법인인 경우이다.

★★★

014 금융투자분석사의 매매거래 제한에 관한 금융투자협회규정의 설명이 잘못된 것은?

① 조사분석자료를 공표하거나 특정인에게 제공하기 전에 조사분석과정 중 지득한 정보를 이용하여 금융투자상품을 매매하여서는 아니 된다.

② 금융투자분석사는 자신이 담당하는 업종에 속하는 법인이 발행한 금융투자상품을 누구의 명의로 하든지 본인의 계산으로 매매하여서는 아니 된다.

③ 금융투자분석사는 소속 금융투자회사에서 조사분석자료를 공표 후 7일이 경과하여야 그 금융투자상품을 매매할 수 있다.

④ 금융투자분석사는 해당 금융투자상품이 공표일부터 7일이 경과하지 아니한 때에는 공표내용과 같은 방향으로 매매하여야 한다.

> **해설** 금융투자분석사는 소속 금융투자회사에서 조사분석자료를 공표 후 24시간이 경과한 후에는 그 금융투자상품을 매매할 수 있다.

🏛 필수핵심정리 ▶ 금융투자협회규정의 매매거래 제한

구분	내용

매매금지	• 금융투자회사 및 금융투자분석사는 조사분석자료를 공표하거나 특정인에게 제공하기 전에 조사분석과정 중 지득한 정보를 이용하여 금융투자상품을 매매하거나 타인으로 하여금 이를 이용하도록 하여서는 아니 된다.
	• 금융투자분석사는 누구의 명의로 하든지 본인의 계산으로 다음의 어느 하나에 해당하는 금융투자상품을 매매하여서는 아니 된다.
	  – 자신이 담당하는 업종에 속하는 법인이 발행한 주식, 주권관련사채권 및 신주인수권이 표시된 것
	  – 위 1의 주식을 기초자산으로 하는 주식선물·주식옵션 및 주식워런트증권

매매가능	• 금융투자분석사는 다음의 어느 하나에 해당하는 경우에는 금융투자상품을 본인의 계산으로 매매할 수 있다.
	  – 금융투자분석사가 되기 이전에 취득한 금융투자상품을 처분하는 경우
	  – 주식매수선택권의 행사로 주식을 취득하거나 취득한 주식을 처분하는 경우
	  – 상속, 증여(유증 포함), 담보권의 행사, 그 밖에 대물변제의 수령 등으로 취득한 금융투자상품을 처분하는 경우
	  – 모집 또는 매출하는 금융투자상품을 취득하거나 취득 후 처분하는 경우
	  – 우리사주조합원의 자격으로 우리사주조합을 통하여 주식을 취득하거나 취득한 주식을 처분하는 경우
	  – 위의 방법에 따라 취득한 금융투자상품에 대한 권리행사로 금융투자상품을 취득하거나 취득한 금융투자상품을 처분하는 경우
	• 금융투자분석사는 소속 금융투자회사에서 조사분석자료를 공표한 금융투자상품을 매매하는 경우에는 공표 후 24시간이 경과하여야 하며, 해당 금융투자상품이 공표일부터 7일이 경과하지 아니한 때에는 공표내용과 같은 방향으로 매매하여야 한다. 다만, 법 시행령 제68조제1항제2호의 어느 하나에 해당되는 경우에는 그러하지 아니하다.

★★★
015 금융투자분석사가 본인의 계산으로 금융투자상품을 매매할 수 없는 경우는? 심화

① 금융투자분석사가 되기 이전에 취득한 금융투자상품을 처분하는 경우

② 주식매수선택권의 행사로 주식을 취득하거나 취득한 주식을 처분하는 경우

③ 매매로 주식을 취득하거나 취득한 주식을 처분하는 경우

④ 우리사주조합을 통하여 주식을 취득하거나 취득한 주식을 처분하는 경우

> **해설** 상속, 증여(유증 포함), 담보권의 행사, 그 밖에 대물변제의 수령 등으로 취득한 금융투자상품을 처분하는 경우에는 매매할 수 있으나, 매매로 주식을 취득하거나 취득한 주식을 처분할 수는 없다.

··· TOPIC 8 투자광고

★★★
016 투자광고에 관한 금융투자협회규정의 설명으로 잘못된 것은?

① 휴대전화나 라디오를 이용한 투자광고에는 의무 표시사항을 적용하지 아니할 수 있다.

② 금융투자회사는 준법감시인의 사전 승인을 받아 협회에 신고서와 투자광고안을 함께 제출하여 심사를 청구하여야 한다.

③ 협회는 금융투자회사가 투자광고의 심사를 청구하는 경우 심사수수료를 징구할 수 없으며, 신고서 접수일부터 7영업일 이내에 심사결과를 금융투자회사에 통보하여야 한다.

④ 금융투자회사는 투자광고물의 적절한 위치에 협회 또는 준법감시인으로부터 사전 심사를 받은 사실 및 유효기간을 표시하여야 한다.

> **해설** 협회는 금융투자회사가 투자광고의 심사를 청구하는 경우 심사수수료를 징구할 수 있으며, 신고서 접수일부터 3영업일 이내에 심사결과를 금융투자회사에 통보하여야 한다.
>
> ※ **투자광고** : 금융투자회사가 불특정 다수인에게 금융투자상품이나 금융투자회사 또는 그 영위업무를 널리 알리는 행위

★★★ 017 다음은 금융투자협회규정상 준법감시인의 사전 승인만으로 투자광고를 할 수 있는 경우이다. 틀린 것은? 심화

① 협회로부터 적격통보를 받고 유효기간이 경과하지 아니한 투자광고로서 의무표시사항을 제외한 내용의 크기, 색상 또는 배열을 변경하는 경우

② 방송이나 신문 등에 단순히 금융투자회사의 지명도를 높일 목적으로 회사에 관한 이미지를 표현하는 등 금융투자상품에 대한 구체적인 정보를 포함하지 아니하는 경우

③ 불특정 다수인을 대상으로 하는 설명회에서 금융투자상품에 대한 설명자료를 교부하는 경우

④ 시황, 업황 등의 전망에 관한 정보를 제공하는 경우

해설 단순히 금융투자회사의 지명도를 높일 목적으로 회사에 관한 이미지를 표현하는 등 금융투자상품에 대한 구체적인 정보를 포함하지 아니하는 경우에는 협회의 심사 청구없이 준법감시인의 사전 승인만으로 투자광고를 할 수 있다. 그러나 방송이나 신문 등 또는 정기간행물(해당 금융투자회사가 발간하는 정기간행물은 제외)을 이용한 투자광고는 제외한다.

※ 협회로부터 적격통보를 받고 유효기간이 경과하지 아니한 투자광고로서 다음에 해당하는 경우에는 준법감시인의 사전 승인만으로 투자광고를 할 수 있다.
1. 크기, 색상 또는 배열을 변경하는 경우. 다만, 의무표시사항의 변경은 제외한다.
2. 전화 등 통신매체의 번호, 주소, 인터넷 홈페이지 주소, 영업점의 명칭, 약도를 변경하거나 추가하는 경우
3. 판매회사 또는 수탁회사를 변경하거나 추가하는 경우
4. 수익률 및 기준일을 변경하는 경우. 다만, 집합투자증권 등 실적배당상품의 운용실적은 제외한다.
5. 전단, 팜플렛 등의 인쇄물을 이용한 투자광고의 수단 또는 매체를 변경하거나 추가하는 경우. 다만, 이 경우 그 내용을 변경하여서는 아니된다.
6. 관계법규 개정 및 약관 등의 변경에 따라 금융투자상품의 명칭, 보수·수수료 등을 변경하는 경우
7. 위 3 또는 4를 변경하거나 추가하는 경우
8. 내용의 변경 없이 외국어로 번역하는 경우

★★★ 018 금융투자협회규정상 투자광고시 금융투자회사가 할 수 없는 행위로 틀린 것은?

① 투자자가 손실보전 또는 이익보장으로 잘못 인식할 우려가 있는 표시를 하는 행위

② 세전 및 세후 수익률을 구분하여 표시하는 행위

③ 비교광고를 하는 경우 명확한 근거 없이 다른 비교대상이 열등하거나 불리한 것처럼 표시하는 행위

④ 금융투자회사의 경영실태평가결과와 영업용순자본비율 등을 다른 금융투자회사의 그것과 비교하여 표시하는 행위

해설 세전 및 세후 여부를 누락하여 표시하는 행위가 금지행위이다.

★★★
019 투자광고 의무표시사항 중 위험고지와 관련된 금융투자협회규정의 설명으로 옳은 것은? 심화

> ㉠ 바탕색과 구별되는 색상으로 선명하게 표시할 것
> ㉡ 신문에 전면으로 게재하는 광고물의 경우 9포인트 이상의 활자체로 표시할 것
> ㉢ 영상매체를 이용한 투자광고의 경우 1회당 투자광고 시간의 2분의 1 이상의 시간동안 표시할 것
> ㉣ 인터넷 배너를 이용한 투자광고의 경우 위험고지내용이 10초 이상 보일 수 있도록 할 것

① ㉠   ② ㉠, ㉡
③ ㉠, ㉡, ㉢   ④ ㉠, ㉡, ㉢, ㉣

 해설 ㉡ 용지규격 210×297밀리미터(A4용지) 기준 9포인트 이상의 활자체로 투자자가 쉽게 알아볼 수 있도록 표시할 것. 다만, 신문에 전면으로 게재하는 광고물의 경우 10포인트 이상의 활자체로 표시하여야 한다.
㉢ 영상매체를 이용한 투자광고의 경우 1회당 투자광고 시간의 3분의 1 이상의 시간동안 투자자가 쉽게 알아볼 수 있도록 충분한 면적에 걸쳐 해당 위험고지내용을 표시할 것
㉣ 인터넷 배너를 이용한 투자광고의 경우 위험고지내용이 3초 이상 보일 수 있도록 할 것. 다만, 파생상품, 그 밖에 투자위험성이 큰 거래에 관한 내용을 포함하는 경우 해당 위험고지내용이 5초 이상 보일 수 있도록 하여야 한다.

★★★
020 홈쇼핑 광고에 관한 금융투자협회규정의 설명 중 옳은 것을 묶은 것은?

> ㉠ 생방송의 형태로 제작 · 집행할 것
> ㉡ 해당 금융투자상품 또는 금융투자업과 관련된 자격을 보유하고 있는 해당 금융투자회사의 임직원이 해당 금융투자상품을 직접 설명할 것
> ㉢ 운용실적이나 수익률 등에 관한 사항은 포함하지 말 것
> ㉣ 위험고지 사항을 총 광고시간의 2분의 1이상의 시간동안 안내자막 또는 안내음성을 통해 고지할 것

① ㉡, ㉢   ② ㉠, ㉡, ㉢, ㉣
③ ㉠, ㉣   ④ ㉠, ㉡, ㉢

해설 ㉠ 녹화방송의 형태로 제작 · 집행할 것
㉣ 위험고지 사항을 총 광고시간의 3분의 1이상의 시간동안 안내자막 또는 안내음성을 통해 고지할 것
이 외에도 투자자의 전화문의에 대한 응대는 해당 금융투자상품 또는 금융투자업과 관련된 자격을 보유하고 있는 해당 금융투자회사의 임직원이 한다는 사실을 안내자막 및 안내음성을 통해 고지할 것 등이 있다.

★★★
021 다음은 금융투자협회규정상 재산상 이익으로 보지 않는 경우이다. 틀린 것은?

① 20만원 이하의 경조비 및 조화·화환

② 경제적 가치가 5만원 이하의 물품 또는 식사

③ 금융투자상품에 대한 가치분석·매매정보 또는 주문의 집행 등을 위하여 자체적으로 개발한 소프트웨어 및 해당 소프트웨어의 활용에 불가피한 컴퓨터 등 전산기기

④ 국내에서 불특정 다수를 대상으로 하는 세미나 또는 설명회로서 1인당 재산상 이익의 제공금액을 산정하기 곤란한 경우의 그 비용으로서 사전에 준법감시인의 적정성을 확인한 경우

> **해설** 경제적 가치가 3만원 이하의 물품 또는 식사 및 금융투자회사가 자체적으로 작성한 조사분석자료는 재산상 이익으로 보지 않는다.

🏛 **필수핵심정리** ▷ 금융투자협회규정의 재산상 이익의 가치 산정

구 분	산정방법
금전의 경우	해당 금액
물품의 경우	구입비용
접대의 경우	해당 접대에 소요된 비용. 다만, 금융투자회사 임직원과 거래상대방이 공동으로 참석한 경우 해당 비용은 전체 소요경비 중 거래상대방이 점유한 비율에 따라 산정된 금액
기타	• 연수·기업설명회·기업탐방·세미나의 경우 : 거래상대방에게 직접적으로 제공되었거나 제공받은 비용 • 위에 해당하지 아니하는 재산상 이익의 경우 : 해당 재산상 이익의 구입 또는 제공에 소요된 실비

※ **재산상 이익** : 금융투자회사 및 신용평가회사가 해당 거래상대방에게 업무와 관련하여 제공하거나 제공받는 금전, 물품, 편익 등

★★★
022 금융투자협회규정상 금융투자회사의 재산상 이익의 제공한도에 관한 설명으로 옳은 것은? 심화

① 동일 거래상대방에게 1회당 제공할 수 있는 재산상 이익은 10만원을 초과할 수 없다.

② 연간 또는 동일 회계연도 기간 중 동일 거래상대방에게 제공할 수 있는 재산상 이익은 50만원을 초과할 수 없다.

③ 대표이사 또는 준법감시인의 사전승인을 받은 경우에는 위 ① 및 ②의 한도를 초과하여 재산상 이익을 제공할 수 있다.

④ 동일 회계연도 기간 중 모든 거래상대방에게 제공할 수 있는 재산상 이익의 합계액은 영업수익이 1천억원 이하인 경우 영업수익의 1%와 30억원 중 적은 금액을 초과할 수 없다.

 ① 동일 거래상대방에게 1회당 제공할 수 있는 재산상 이익은 20만원을 초과할 수 없다.
② 연간 또는 동일 회계연도 기간 중 동일 거래상대방에게 제공할 수 있는 재산상 이익은 100만원을 초과할 수 없다.
④ 연간 또는 동일 회계연도 기간 중 모든 거래상대방에게 제공할 수 있는 재산상 이익의 합계액은 영업수익이 1천억원 이하인 경우 영업수익의 3%와 10억원 중 큰 금액을 초과할 수 없다. 다만, 영업수익이 1천억원을 초과하는 경우에는 영업수익의 1% 또는 30억원 중 큰 금액을 초과할 수 없다.

★★★
023 재산상 이익의 제공 및 수령에 관한 금융투자협회규정의 설명으로 옳은 것은?

① 기업설명회 · 세미나 등의 참석과 관련하여 거래상대방으로부터 제공받은 교통비 및 숙박비는 재산상 이익의 한도 산정시 이를 포함하여야 한다.

② 법인 기타 단체의 고유재산관리업무를 수행하는 자 등에게 공연 · 운동경기 관람, 도서 · 음반 구입 등 문화활동으로 한정된 상품권을 제공하거나 제공받아서는 아니 된다.

③ 금융투자회사는 임직원 및 투자권유대행인이 협회규정을 위반하여 제공한 재산상 이익을 보전하여 주어서는 아니된다.

④ 금융투자회사는 거래상대방에게 제공하였거나 거래상대방으로부터 제공받은 재산상 이익의 내역을 10년 이상의 기간 동안 기록 · 보관하여야 한다.

 ① 연수 · 기업설명회 · 기업탐방 · 세미나 참석과 관련하여 거래상대방으로부터 제공받은 교통비 및 숙박비는 대표이사 또는 준법감시인의 확인을 받아 재산상 이익의 한도 산정시 이를 제외할 수 있다.
② 사용범위가 공연 · 운동경기 관람, 도서 · 음반 구입 등 문화활동으로 한정된 상품권은 부당한 재산상 이익의 제공에서 제외한다.
④ 금융투자회사는 거래상대방에게 제공하였거나 거래상대방으로부터 제공받은 재산상 이익의 내역을 5년 이상의 기간 동안 기록 · 보관하여야 한다.

★★★
024 금융투자협회규정의 직원 채용 및 복무 기준에 관한 설명으로 틀린 것은?

① 금융투자회사는 직원을 채용하고자 하는 경우 채용예정자가 채용금지에 해당하는 지의 여부와 비위행위 확인 여부를 채용결정 전에 협회에 조회하여야 한다.

② 금융투자회사로부터 징계퇴직 처분을 받거나 퇴직 후 징계퇴직 상당의 처분을 받은 자로서 해당 처분일부터 5년이 경과하지 아니한 자를 채용하여서는 아니 된다.

③ 금융투자회사는 임직원이 금고 이상의 형의 선고를 받은 사실을 인지하거나 주의적 경고 또는 견책 이상의 징계처분을 부과한 경우 인지일 또는 부과일부터 10영업일 이내에 그 사실을 협회에 보고하여야 한다.

④ 직원에 대한 징계처분이 견책 이상 3월 이하의 감봉인 경우에는 해당 징계처분을 받은 자의 책임의 종류와 관계없이 모두 보고하여야 한다.

> **해설** 임원에 대한 징계처분이 주의적 경고이거나 직원에 대한 징계처분이 견책 이상 3월 이하의 감봉인 경우에는 해당 징계처분을 받은 자의 책임의 종류가 행위자, 지시자, 공모자, 그 밖에 적극 가담자인 경우에 한하여 보고한다.

★★★
025 다음 중 금융투자협회규정의 신상품으로 볼 수 없는 것은?

① 국외에서 이미 판매된 적이 있지만 국내에서는 판매된 적이 없는 금융투자상품 또는 서비스

② 새로운 비즈니스 모델을 적용한 금융투자상품 또는 서비스

③ 금융공학 등 신금융기법을 이용하여 개발한 금융투자상품 또는 서비스

④ 기존의 상품 또는 서비스와 구별되는 독창성이 있는 금융투자상품 또는 서비스

> **해설** 신상품으로 보호받기 위해서는 국내외에서 이미 공지되었거나 판매된 적이 없어야 한다.

구 분	용어 정의
신상품	금융투자상품 또는 이에 준하는 서비스로서 다음의 어느 하나에 해당하는 것. 다만, 국내외에서 이미 공지되었거나 판매된 적이 없어야 한다. • 새로운 비즈니스 모델을 적용한 상품 또는 서비스 • 금융공학 등 신금융기법을 이용하여 개발한 상품 또는 서비스 • 기존의 상품 또는 서비스와 구별되는 독창성이 있는 상품 또는 서비스
배타적 사용권	신상품을 개발한 금융투자회사가 일정기간 동안 독점적으로 신상품을 판매할 수 있는 권리
신청회사	협회에 배타적 사용권 부여를 위한 심의를 신청한 금융투자회사

★★★
026 금융투자협회규정의 신상품 보호에 관한 설명으로 옳지 않은 것은?

① 협회는 신상품을 심의하기 위하여 위원장 1인과 6인 이내의 위원으로 구성되는 신상품 심의위원회를 두어야 한다.

② 심의위원회는 재적위원 3분의 2이상의 출석으로 성립하며, 신상품인지 여부를 심의함에 있어서는 출석위원 과반수의 찬성에 의한 방법으로 의결한다.

③ 심의위원회는 심의기준에 따라 1년 이내에서 배타적 사용권을 부여할 수 있으며, 효력발생일은 심의위원회의 배타적 사용권 부여결정이 있는 날의 다음 영업일로 한다.

④ 협회는 심의위원회에서 신상품의 배타적 사용권을 부여하는 결정을 한 경우 그 내용을 모든 금융투자회사에 서면으로 통지하고, 협회 인터넷 홈페이지 등을 통하여 공시한다.

해설 심의위원회는 심의기준에 따라 6개월의 범위 내에서 배타적 사용권을 부여할 수 있으며, 배타적 사용권의 효력발생일은 심의위원회의 배타적 사용권 부여결정이 있는 날로부터 8영업일째 되는 날로 한다.

★★★
027 금융투자협회규정의 신상품의 배타적 사용권에 관한 설명으로 잘못된 것은? 심화

① 금융투자회사는 신상품의 배타적 사용권이 인정되는 기간 중에는 배타적 사용권이 부여된 상품 또는 서비스와 동일하거나 유사한 상품 또는 서비스를 판매하지 못한다.

② 협회의 배타적 사용권 부여결정에 대하여 이의신청이 접수된 경우 이의신청에 대한 심의위원회의 결정이 있을 때까지는 배타적 사용권에 대한 효력이 발생한다.

③ 배타적 사용권을 부여받은 금융투자회사는 배타적 사용권에 대한 직접적인 침해가 발생하는 경우 심의위원회에 침해배제를 신청할 수 있다.

④ 심의위원장은 침해배제 신청접수일로부터 7영업일 이내에 심의위원회를 소집하여 배타적 사용권 침해배제 신청에 대하여 심의하여야 한다.

> **해설** 협회에 배타적 사용권 부여결정에 대하여 이의신청이 접수된 경우 이의신청에 대한 심의위원회의 결정이 있을 때까지 배타적 사용권에 대한 효력은 발생하지 아니하며 협회는 그 사실을 배타적 사용권을 부여받은 금융투자회사에 서면으로 통지하고 협회 인터넷 홈페이지 등을 통하여 공시한다.

··· TOPIC 12 투자자계좌 관리 등

★★★
028 금융투자회사의 투자자계좌 관리에 대한 금융투자협회규정의 설명으로 틀린 것을 묶은 것은?

⊙ 현금 및 예탁자산의 평가액이 1만원 이하이고 최근 1년간 투자자의 매매거래 등이 발생하지 아니한 계좌는 다른 계좌와 구분하여 통합계좌로 별도 관리할 수 있다.

ⓒ 통합계좌로 분류된 계좌에 대하여는 배당금·투자자예탁금 이용료 등의 입·출금(고) 및 매매거래 정지 조치를 취하여야 한다.

ⓒ 투자자의 계좌의 잔액·잔량이 영(0)이 된 날로부터 1년이 경과한 경우 이를 폐쇄할 수 있다.

ⓔ 계좌가 폐쇄된 날부터 1년이 경과한 때에는 해당 계좌의 계좌번호를 새로운 투자자에게 부여할 수 있다.

① ⊙, ⓒ
② ⓒ, ⓔ
③ ⊙, ⓒ, ⓒ
④ ⊙, ⓒ, ⓒ, ⓔ

> **해설**
> • ⊙ 금융투자회사는 현금 및 금융투자상품 등 예탁자산의 평가액이 10만원 이하이고 최근 6개월간 투자자의 매매거래 및 입출금·입출고 등이 발생하지 아니한 계좌는 다른 계좌와 구분하여 통합계좌로 별도 관리할 수 있다.
> • ⓒ 배당금 및 투자자예탁금 이용료 등의 입·출금(고) 및 매매거래 정지 조치를 취하여야 한다. 다만, 배당금 및 투자자예탁금 이용료 등의 입금(고)은 예외로 한다.
> • ⓒ 금융투자회사는 투자자의 계좌의 잔액·잔량이 영(0)이 된 날로부터 6개월이 경과한 경우 이를 폐쇄할 수 있다.
> • ⓔ 계좌가 폐쇄된 날부터 6개월이 경과한 때에는 해당 계좌의 계좌번호를 새로운 투자자에게 부여할 수 있다.

029 금융투자협회규정의 예탁자산의 평가에 관한 설명으로 틀린 것은? 심화

★★★

① 청약하여 취득하는 주식 : 취득가액

② 상장주권 : 당일 종가. 다만, 당일 종가에 따른 평가가 불가능한 경우에는 최근일 기준가격

③ ELW : 당일 종가. 다만, 주식워런트증권의 권리행사 시에는 결제금액

④ 회생절차개시신청을 이유로 거래 정지된 상장주권 : 거래정지 전일의 종가

해설 회생절차개시신청을 이유로 거래 정지된 상장주권은 금융투자회사가 자체적으로 평가한 가격으로 평가한다.

🏛 필수핵심정리 **금융투자협회규정의 예탁자산의 평가**

구 분	평가 방법
청약하여 취득하는 주식	취득가액. 다만, 해당 주식이 증권시장에 상장된 후에는 당일 종가(당일 종가에 따른 평가가 불가능한 경우에는 최근일 기준가격)
상장주권*, ELW, 상장지수집합투자증권	당일 종가. 다만, 당일 종가에 따른 평가가 불가능한 경우에는 최근일 기준가격, ELW의 권리행사시에는 결제금액
상장채권 및 공모 주가연계증권	2 이상의 채권평가회사가 제공하는 가격정보를 기초로 금융투자회사가 산정한 가격
집합투자증권	당일에 고시된 기준가격(당일에 고시된 기준가격에 따른 평가가 불가능한 경우에는 최근일에 고시된 기준가격)
기타 금융투자상품	금융투자회사가 정하는 방법

* : 주권과 관련된 증권예탁증권 포함

★★★
030 금융투자협회규정상 금융투자회사가 투자자에게 이용료를 지급해야 하는 투자자예탁금에서 제외할 수 있는 것은?

① 장내파생상품거래예수금 중 현금예탁필요액
② 현금예탁필요액을 제외한 장내파생상품거래예수금
③ 집합투자증권투자자예수금
④ 위탁자예수금

> **해설** 장내파생상품거래예수금 중 현금예탁필요액은 투자자에게 이용료를 지급하여야 하는 투자자예탁금에서 제외할 수 있다.

🏛 **필수핵심정리** ▶ **금융투자협회규정의 이용료 지급대상인 투자자예탁금**

- 위탁자예수금
- 집합투자증권투자자예수금
- 장내파생상품거래예수금. 다만, 장내파생상품거래예수금 중 현금예탁필요액(한국거래소 「파생상품시장 업무규정」에 따른 현금예탁필요액을 말한다)은 제외할 수 있다.

```
···TOPIC 13 신용공여
```

★★★
031 금융투자회사의 예탁증권담보융자에 관한 금융투자협회규정의 설명으로 틀린 것은?

① 금융투자회사 중 겸영금융투자회사가 아닌 투자매매회사 또는 투자중개회사에 한하여 협회규정을 적용한다.
② 예탁증권 담보융자를 하고자 하는 경우 한국거래소가 투자주의종목으로 지정한 증권은 담보로 징구할 수 없다.
③ 신용공여와 관련하여 담보로 징구한 상장주권의 담보가격은 금융투자회사와 투자자가 사전에 합의한 방법으로 산정한다.
④ 신용공여와 관련하여 담보로 징구한 파생결합증권의 처분은 발행회사에 상환청구를 한다.

> **해설** 예탁증권 담보융자를 하고자 하는 경우 한국거래소가 투자경고종목, 투자위험종목 또는 관리종목으로 지정한 증권은 담보로 징구하여서는 아니 되나, 투자주의종목은 가능하다.

금융투자회사가 예탁증권 담보융자를 하고자 하는 경우 다음의 증권은 담보로 징구할 수 없다.

- 증권시장 상장주권 중 다음의 어느 하나에 해당하는 증권
  - 한국거래소가 투자경고종목, 투자위험종목 또는 관리종목으로 지정한 증권
  - 한국거래소가 매매호가 전 예납조치 또는 결제 전 예납조치를 취한 증권
  - 한국거래소가 상장폐지를 예고하였거나 매매거래를 정지시킨 증권
- 비상장주권 중 감사의견이 적정의견이 아닌 법인이 발행한 주권 또는 투자적격등급 미만의 판정을 받은 회사채 또는 기업어음증권 발행법인이 발행한 주권
- 비상장채권(공모의 방법으로 발행된 채권은 제외한다) 〈개정 2013.8.29〉
- 신용평가업자로부터 투자적격 등급 미만의 판정을 받은 기업어음증권 또는 유가증권시장 상장채권
- 중도환매 또는 중도해지가 불가한 집합투자증권 및 신탁수익증권
- 사모의 방법으로 발행된 파생결합증권
- 주식워런트증권
- 신주인수권을 표시하는 것
- 관계법규에 따라 한국예탁결제원에 의무보호예수 중인 증권
- 그 밖에 금융투자회사가 담보로 적정하지 아니하다고 인정하는 증권

★★★
032 다음 중 금융투자협회규정상 예탁증권 담보융자시 담보로 징구할 수 있는 것은? 심화

> ㉠ 한국거래소가 매매호가 전 예납조치 또는 결제 전 예납조치를 취한 상장주권
> ㉡ 한국예탁결제원에 의무보호예수 중인 증권
> ㉢ 주식워런트증권
> ㉣ 상장된 중도환매금지형 집합투자증권
> ㉤ 사모의 방법으로 발행된 파생결합증권

① ㉣
② ㉠, ㉢, ㉤
③ ㉡, ㉢
④ ㉢, ㉣, ㉤

해설 ㉣ 상장된 중도환매금지형 집합투자증권은 담보증권의 제한을 받지 아니하고 징구할 수 있다.

★★★
033 다음은 금융투자협회규정의 신용정보의 관리규정에서 사용하는 용어이다. 옳은 것은?

> 위탁자가 증권시장에 상장된 증권을 매매거래함에 있어 금융투자회사에 납부하여야 하는 매수대금 또는 매도증권을 결제일까지 납부하지 아니한 것

① 신용정보　　　　　　　　　　　② 동결계좌
③ 미수　　　　　　　　　　　　　④ 신용거래의 무담보 미수채권

해설 미수에 관한 설명이다.

🏛 **필수핵심정리** ▷ 신용정보 관리규정의 용어

용 어	의 의
신용정보	동결계좌 요건에 해당하는 미수발생정보 및 신용거래의 무담보 미수채권 발생정보
미수	위탁자가 증권시장에 상장된 증권을 매매거래함에 있어 금융투자회사에 납부하여야 하는 매수대금 또는 매도증권을 결제일까지 납부하지 아니한 것
동결계좌	미수가 발생한 날의 다음 매매거래일부터 상장증권 매수의 경우에는 위탁금액 전액을 현금으로, 상장증권 매도의 경우에는 해당 위탁증권 전부를 위탁증거금으로 납부하여야 하는 위탁자의 계좌
무담보 미수채권	금융투자회사가 채권(債權)회수를 위하여 위탁자의 신용거래융자 또는 신용거래 대주를 임의로 상환·정리한 이후에도 잔존하는 미회수채권

★★★
034 금융투자협회규정의 신용정보의 관리에 대한 설명으로 잘못된 것은?

① 금융투자회사는 개인의 신용정보를 협회에 등록하고자 하는 경우 해당 개인으로부터 "개인(신용)정보 제공 동의서"에 의하여 동의를 받아야 한다.
② 개인의 신용정보는 해당 신용거래집중정보주체와의 신용거래관계 설정 및 유지 여부 등의 판단목적으로만 제공·이용되어야 함을 원칙으로 한다.
③ 협회에 등록된 미수채권 발생정보의 변동시점은 변동이 발생한 날의 다음 매매거래일로 한다.
④ 매수대금 미수발생정보의 신용정보 해제는 미수가 발생한 날의 다음 매매거래일부터 90일이 경과한 날로 한다.

해설 매수대금 미수발생정보의 해제는 미수가 발생한 날의 다음 매매거래일부터 30일이 경과한 날로 한다.

구 분		적용 시기	해제 시기
미수발생 정보	매수 대금	미수가 발생한 날의 다음 매매 거래일	미수가 발생한 날의 다음 매매거래일부 터 30일이 경과한 날
	매도 증권		미수가 발생한 날의 다음 매매거래일부 터 90일이 경과한 날
미수채권발생정보		미수채권이 발생한 날부터 기산하여 6일 째 매매거래일이 되는 날*	해제사유가 발생한 날**

* : 다만, 미수채권이 발생한 날부터 기산하여 5일째 매매거래일이 되는 날의 미수채권 잔액이 10만원 이하인
경우에는 적용하지 아니한다.

** : 다만, 미수채권 잔액이 10만원 이하로 변동되었거나 변동된 사실을 통보받은 경우에는 변동일 또는 그 사
실을 통보받은 날에 해제한다.

···TOPIC **15** 증권인수업무의 용어

★★★
035 금융투자협회규정상 다음을 설명하는 용어로 옳은 것은?

> 제3자에게 증권을 취득시킬 목적으로 아래의 어느 하나에 해당하는 행위를 하거나 그 행위
> 를 전제로 발행인 또는 매출인을 위하여 증권의 모집·매출을 하는 것
> • 그 증권의 전부 또는 일부를 취득하거나 취득하는 것을 내용으로 하는 계약을 체결하는 것
> • 그 증권의 전부 또는 일부에 대하여 이를 취득하는 자가 없는 때에 그 나머지를 취득하는
>   것을 내용으로 하는 계약을 체결하는 것

① 공모   ② 인수   ③ 수요예측   ④ 기업공개

 인수에 관한 설명이다.

용어	정의
공모	모집 또는 매출의 방법으로 증권을 신규로 발행하거나, 이미 발행된 증권을 매도하는 것
수요예측	주식 또는 무보증사채를 공모함에 있어 공모가격(무보증사채의 경우 공모금리)을 결정하기 위하여 대표주관회사가 공모예정기업의 공모희망가격(무보증사채의 경우 공모희망금리)을 제시하고, 매입희망 가격, 금리 및 물량 등의 수요상황을 파악하는 것
기업공개	증권비상장법인이 증권시장에 주권을 신규로 상장하기 위하여 행하는 공모 및 주권상장법인이 유가증권시장, 코스닥시장, 코넥스시장 중 해당 법인이 상장되지 않은 다른 시장에 신규로 상장하기 위하여 행하는 공모

···TOPIC 16 주식의 공모가격 결정 등

★★★
036 금융투자협회규정의 주식의 공모가격 결정에 관한 설명으로 옳지 않은 것은? 심화

① 기업공개를 위한 주식의 공모가격은 기관투자자를 대상으로 수요예측을 실시하고 그 결과를 감안하여 인수회사와 발행회사가 협의하여 정한다.

② 공모예정금액이 100억원 미만인 경우에는 인수회사와 발행회사가 협의하여 정한 단일가격으로 공모가격을 결정할 수 있다.

③ 기업공개를 위한 주식의 인수가격은 공모가격으로 한다.

④ 대표주관회사는 수요예측 등을 행함에 있어 인수회사 및 해당 발행회사의 우리사주조합원을 참여시켜서는 아니 된다.

해설 공모예정금액이 50억원 미만인 경우에는 다음의 어느 하나에 해당하는 방법으로 공모가격을 결정할 수 있다.
- 인수회사와 발행회사가 협의하여 정한 단일가격
- 대표주관회사가 사전에 정한 방법에 따라 청약자로부터 경매의 방식으로 청약을 받은 후 일정가격(최저공모가격) 이상의 청약에 대해 배정하는 경우에는 해당 청약자의 청약가격
- 대표주관회사가 사전에 정한 방법에 따라 청약자로부터 경매의 방식으로 청약을 받은 후 산정한 단일가격

★★★
037 금융투자협회규정상 기업공개의 주관회사가 될 수 없는 금융투자회사의 설명으로 잘못된 것은?

① 발행회사와 발행회사의 이해관계인이 합하여 금융투자회사의 주식등을 5%이상 보유하고 있는 경우

② 금융투자회사가 발행회사의 주식등을 5%이상 보유하고 있는 경우

③ 금융투자회사와 금융투자회사의 이해관계인이 합하여 발행회사의 주식 등을 5%이상 보유하고 있는 경우

④ 금융투자회사의 임원이 발행회사의 임원이거나 발행회사의 임원이 금융투자회사의 임원인 경우

> **해설** 금융투자회사와 금융투자회사의 이해관계인이 합하여 발행회사의 주식 등을 10%이상 보유하고 있는 경우에 주관회사가 될 수 없다. 이 외에도 다음의 경우가 있다.
> - 금융투자회사의 임원이 발행회사의 주식등을 1%이상 보유하고 있는 경우
> - 금융투자회사의 주식등을 5%이상 보유하고 있는 주주와 발행회사의 주식등을 5%이상 보유하고 있는 주주가 동일인이거나 이해관계인인 경우. 다만, 그 동일인 또는 이해관계인이 정부 또는 기관투자자인 경우에는 제외

★★★
038 다음 중 금융투자협회규정상 금융투자회사가 모집설립을 위한 주식을 인수할 수 있는 경우이다. 틀린 것은? 심화

① 「은행법」에 의하여 금융위원회로부터 금융기관 신설을 위한 예비인가를 받은 경우

② 정부가 최대주주로서 발행 주식총수의 5% 이상을 취득하기로 하여 설립 중에 있는 경우

③ 특별법에 따라 정부로부터 영업의 인가 · 허가 또는 지정 등을 받아 설립 중에 있는 경우

④ 협회가 사업의 내용 등에 비추어 국민경제발전을 위하여 그 설립이 필요하다고 인정하는 경우

> **해설** 금융투자회사는 모집설립을 위하여 발행되는 주식을 인수하여서는 아니 된다. 다만, 다음의 어느 하나에 해당하는 경우에는 그러하지 아니하다.
> - 「은행법」에 의하여 금융위원회로부터 금융기관 신설을 위한 예비인가를 받은 경우
> - 정부가 최대주주로서 발행 주식총수의 25% 이상을 취득하기로 하여 설립 중에 있는 경우
> - 특별법에 따라 정부로부터 영업의 인가 · 허가 또는 지정 등을 받아 설립 중에 있는 경우
> - 협회가 사업의 내용 등에 비추어 국민경제발전을 위하여 그 설립이 필요하다고 인정하는 경우

정답 | 036 ② | 037 ③ | 038 ②

★★★
039 금융투자협회규정의 유가증권시장 상장을 위한 기업공개의 경우 해당 청약자 유형군별 공모주식의 배정비율로 옳은 것을 묶은 것은?

> ㉠ 우리사주 조합원 : 공모주식의 20%
> ㉡ 기관투자자 : 공모주식의 20%이상
> ㉢ 일반청약자 : 잔여주식

① ㉠   ② ㉡, ㉢
③ ㉠, ㉡, ㉢   ④ ㉠, ㉢

해설 • ㉡ 기관투자자 : 잔여주식
      • ㉢ 일반청약자 : 공모주식의 20% 이상

🏛 **필수핵심정리** ▶ 금융투자협회규정의 기업공개를 위한 주식의 배정

- 유가증권시장 상장을 위한 기업공개의 경우 우리사주 조합원 : 공모주식의 20% 배정. 다만, 외국법인등의 기업공개의 경우에는 제외
- 코스닥시장 상장을 위한 기업공개의 경우 우리사주 조합원 : 공모주식의 20% 배정 가능
- 일반청약자 : 공모주식의 20% 이상 배정
- 위에 따른 배정 후 잔여주식 : 기관투자자에게 배정

※ 우리사주 조합원에 대한 배정은 유가증권시장 상장의 경우에는 강제규정이나, 코스닥시장 상장의 경우에는 임의규정이다.

★★★
040 금융투자협회규정의 표준약관에 관한 설명으로 옳은 것은?

① 금융투자회사는 별도의 약관을 제정하지 아니한 경우에 한해서 협회에서 정한 표준약관을 사용할 수 있다.

② 금융투자회사는 협회가 정한 표준약관을 수정하여 사용할 수 없다.

③ 금융투자회사는 "외국 집합투자증권 매매거래에 관한 표준약관"은 수정하여 사용할 수 있다.

④ 금융투자회사는 금융투자업과 관련하여 별도의 약관을 제정하거나 이를 변경하고자 하는 경우 시행예정일 10영업일전까지 협회에 보고하여야 한다.

해설 ① 금융투자회사는 업무와 관련하여 협회가 정한 표준약관이 있는 경우에는 이를 우선적으로 사용하여야 한다.
② 금융투자회사는 표준약관의 본질을 해하지 않는 범위 내에서 이를 수정하여 사용할 수 있으며, 이 경우 금융투자회사는 수정하여 사용하고자 하는 약관을 시행예정일 10영업일전까지 협회에 보고하여야 한다.
③ 금융투자회사는 "외국 집합투자증권 매매거래에 관한 표준약관"은 수정하여 사용할 수 없다. 다만, 외국환거래규정 제1-2조제4호의 기관투자자만을 대상으로 외국집합투자증권을 판매하는 경우에는 그러하지 아니하다.

※ **약관** : 그 명칭이나 형태를 불문하고 금융투자업 영위와 관련하여 금융투자회사가 다수의 고객과 계약을 체결하기 위하여 일정한 형식에 의하여 미리 작성한 계약의 내용이 되는 것

🏛 **필수핵심정리** ▶ 약관의 구분과 사용 · 변경시의 보고기한

구 분	의 의	협회로의 보고기한
표준약관	협회가 제정한 약관	보고특례적용시 → 변경 후 7일 이내
수정약관	표준약관의 본질을 해하지 않는 범위 내에서 금융투자업자가 수정하여 사용하는 약관*	시행예정 10영업일 전까지
개별약관	협회가 제정한 약관이 없는 경우 금융투자업자가 제정하여 사용하는 약관	시행예정 20영업일 전까지

* : "외국 집합투자증권 매매거래에 관한 표준약관" → 수정 사용 불가 원칙

041 금융투자협회규정에 따라 금융투자회사가 약관의 제정 또는 변경한 후 7일 이내에 협회에 보고하여야 할 경우가 아닌 것은? 심화

★★★

① 약관내용 중 고객의 권리 또는 의무와 관련이 없는 사항을 변경하는 경우
② 협회가 제정한 표준약관을 그대로 사용하는 경우
③ 전문투자자만을 대상으로 하는 약관을 제정 또는 변경하는 경우
④ 협회가 정한 표준약관이 없어 별도의 약관을 제정하는 경우

> **해설** 협회가 정한 표준약관이 없어 별도의 약관을 제정하거나 이를 변경하고자 하는 경우 해당 약관과 관계서류를 시행예정일 10영업일전까지 협회에 보고하여야 한다.
>
> ※ **보고의 특례** : 그러나 다음에 해당하는 경우에는 7일 이내에 협회에 보고하여야 한다.
> • 약관내용 중 고객의 권리 또는 의무와 관련이 없는 사항을 변경하는 경우
> • 협회가 제정한 표준약관을 그대로 사용하는 경우
> • 제정 또는 변경하고자 하는 약관의 내용이 다른 금융투자회사가 이미 협회에 신고한 약관의 내용과 같은 경우
> • 전문투자자만을 대상으로 하는 약관을 제정 또는 변경하는 경우

042 금융투자협회규정의 약관운영에 관한 설명으로 잘못된 것은? 심화

★★★

① 협회는 약관심사결과 또는 약관내용의 변경권고에 따른 해당 약관의 보고접수일로부터 5영업일 이내에 해당 금융투자회사에 통보하여야 한다.
② 협회로부터 약관내용의 변경권고를 통보받은 금융투자회사는 통보를 받은 날로부터 5영업일 이내에 해당 권고의 수락여부를 협회에 보고하여야 한다.
③ 협회의 약관변경 권고를 수락한 금융투자회사는 변경보고일로부터 5영업일 이내에 변경된 약관을 협회에 보고하여야 한다.
④ 협회는 금융투자회사로부터 보고받은 변경약관에 대한 심사결과를 보고접수일로부터 5영업일 이내에 해당 금융투자회사에 통보하여야 한다.

> **해설** 협회는 약관심사결과 또는 약관내용의 변경권고에 따른 해당 약관의 보고접수일로부터 10영업일(표준약관을 수정한 경우 7영업일) 이내에 해당 금융투자회사에 통보하여야 한다. 다만, 제3조제1항에 따라 보고된 약관에 대하여는 해당 약관의 보고접수일로부터 7영업일 이내에 통보하여야 한다.

★★★
043 금융투자협회규정의 분쟁조정에 관한 설명으로 잘못된 것은?

① 분쟁조정의 신청을 하고자 하는 자는 분쟁조정신청서를 협회에 제출하여야 한다.
② 분쟁조정위원회는 위원장 1인을 포함한 15인 이내의 위원으로 구성하며, 재적위원의 2/3의 출석과 출석위원의 2/3의 찬성으로 결의한다.
③ 분쟁조정위원회 위원장은 신청사건의 조사를 위하여 필요하다고 인정되는 경우에는 협회 직원으로 하여금 당사자 방문, 현장답사 및 기록조회를 할 수 있다.
④ 분쟁조정위원회는 신청사건이 회부된 날로부터 30일 이내에 이를 심의하여 조정결정하여야 한다.

> **해설** 분쟁조정위원회는 위원장 1인을 포함한 15인 이내의 위원으로 구성하며, 재적위원 과반수의 출석과 출석위원 과반수의 찬성으로 결의한다.
>
> ※ **분쟁** : 금융투자협회 회원인 금융투자회사의 영업행위와 관련하여 발생한 권리의무 또는 이해관계에 관한 다툼

★★★
044 금융투자협회규정의 분쟁조정 결정에 대한 설명으로 옳지 않은 것은? 심화

① 협회는 위원회의 결정이 있는 때에는 그 사실을 지체 없이 당사자에게 통지하여야 한다.
② 조정은 당사자가 조정결정수락서에 기명 날인한 후 이를 조정결정의 통지를 받은 날부터 성립한다.
③ 조정의 결과에 영향을 미칠 중요한 사항에 관하여 판단하지 아니한 경우에는 조정결정에 대하여 재조정을 신청할 수 있다.
④ 재조정신청은 당사자가 결정통지를 받은 날로부터 30일 이내에 하여야 하고 이 기간을 경과한 경우에는 부득이한 사유가 없는 한 위원장은 각하 처리한다.

> **해설** 조정은 당사자가 조정결정수락서에 기명 날인한 후 이를 조정결정의 통지를 받은 날로부터 20일 이내에 협회에 제출함으로써 성립한다.

★★★
045 금융투자협회규정상 위원장이 위원회에 회부하기 전에 분쟁을 종결처리 할 수 있는 경우가 아닌 것은? 심화

① 수사기관이 수사중이거나 법원에 제소된 경우

② 사실조사 등을 통하여 신청서의 중요내용이 허위임이 드러난 경우

③ 분쟁조정위원회의 위원이 신청사건의 당사자와 친족관계에 있거나 있었던 경우

④ 동일한 내용으로 다시 신청되었거나 조정신청서상 신청인의 명의와 실제 신청인이 상이하다는 사실이 밝혀진 경우

해설 분쟁조정위원회의 위원이 신청사건의 당사자와 친족관계에 있거나 있었던 경우에 해당하는 경우에는 해당 분쟁조정신청사건의 심의·결의에서 제척된다.

※ **위원장이 분쟁조정위원회에 회부하기 전에 분쟁을 종결처리 할 수 있는 경우 :**
- 수사기관이 수사중이거나 법원에 제소된 경우
- 법원 또는 다른 분쟁조정기관에 조정신청을 한 경우
- 직접적인 이해관계가 없는 자가 조정신청을 하는 경우
- 동일한 내용으로 다시 신청되었거나 조정신청서상 신청인의 명의와 실제 신청인이 상이하다는 사실이 밝혀진 경우
- 사실조사를 정당한 사유없이 협조하지 아니하거나 연락두절 등 정상적인 사건처리가 어렵다고 판단되는 경우
- 사실조사 등을 통하여 신청서의 중요내용이 허위임이 드러난 경우
- 조정신청의 내용이 관련법령, 판례 또는 조정선례 등에 비추어 명백하게 받아들일 수 없다고 인정되는 경우
- 조정신청의 내용이 분쟁조정의 대상으로서 적합하지 아니하다고 인정되는 경우
- 당사자 주장 또는 제출자료 등을 통한 사실조사로써 명백히 사실관계를 확정하기 곤란한 경우
- 신청인이 조정의 신청을 취하하는 경우

내용 구성 및
주요 출제내용
분석

주요 내용	중요도	주요 출제 내용
자산운용과정	★	자산운용과정과 조직, 주식투자의 중요성
자산배분전략	★★	자산배분전략의 개요, 변화 및 준비사항
전략적 자산배분	★★★	전략적 자산배분의 실행과정, 이론적 배경, 실행방법 등
전술적 자산배분	★★★	전술적 자산배분의 운용과정, 이론적 배경, 실행방법 등
보험 자산배분	★★★	보험자산배분의 OBPI, CPPI전략, PF보험의 특징 등
포트폴리오 운용전략	★★★	패시브 · 액티브 · 준액티브 운용, 혼합전략 등
주식포트폴리오 구성	★★	구성과정과 고려사항, 주식포트폴리오 모형, 주식펀드운용 등

출제경향 분석
및 학습요령

주식투자운용 · 투자전략은 총 6문제가 출제되는 부분으로서 자산배분전략, 전략적 자산배분, 전술적 자산배분, 보험자산배분, 주식포트폴리오 운용전략에서 각각 최소 1~2문제 정도가, 운용과정과 주식투자 및 주식포트폴리오 구성의 실체에서 1문제 정도 출제된다.

특히, 전략적 자산배분의 실행방법, 전술적 자산배분의 역투자전략과 가치평가모형 및 특성, 옵션모형을 이용한 포트폴리오 보험(OBPI), 고정비율 포트폴리오 보험(CPPI)전략, 패시브 운용과 액티브 운용 및 준액티브 운용, 포트폴리오 구성시 고려사항 등은 거의 매회 출제되는 부분으로서 반드시 정리하여야 한다.

★★★
001 자산운용상 주식투자가 갖는 특징으로 잘못된 것은?

① 주식은 기대수익률이 가장 높은 동시에 위험도 가장 큰 자산이다.

② 자산배분에 있어 주식비중의 유지 및 관리는 자산배분 및 장기적인 운용전략에서 중요한 위치를 차지한다.

③ 국내주식과 국내채권의 상관계수는 거의 −1에 가깝다.

④ 해외주식은 국내주식과의 상관성이 상대적으로 낮기 때문에 효율적인 주식포트폴리오를 구성하는 전략적 관점에서 매우 중요하다.

> **해설** 상관계수가 −1에 가까워질수록 포트폴리오의 분산투자효과가 확대되는데, 국내주식과 국내채권의 상관계수는 거의 0으로 매우 낮다.

★★★
002 효율적 시장가설과 포트폴리오 관리 방식에 관한 다음의 설명 중 틀린 것은?

① 약형의 효율적 시장가설에 의하면 기술적 분석은 아무런 가치가 없다.

② 중간형의 효율적 시장가설에 의하면 공개된 정보로부터 이익을 얻는 것은 불가능하다.

③ 강형의 효율적 시장가설에 의하면 알려진 정보나 예측 가능한 정보는 주식의 분석에 도움이 되지 않는다.

④ 효율적 시장가설은 패시브 운용을 반대하는 논거로 이용하곤 한다.

> **해설** 효율적 시장가설은 액티브 운용을 반대하는 논거로 이용하곤 한다. 즉, 약형이나 중간형 효율적 시장가설을 신뢰한다면 액티브 운용을 배제할 필요는 없으나, 강한 형태의 효율적 시장가설을 신뢰한다면 어떤 형태의 액티브 운용도 시도할 필요가 없다.

★★★
003 액티브 주식 매니저가 사용하는 전략으로 볼 수 없는 것은?

① 벤치마크 선택   ② 마켓타이밍

③ 종목선택   ④ 테마선택

> **해설** 액티브(적극적) 주식 매니저가 사용하는 전략에는 마켓타이밍(Market Timing), 테마선택(Theme Selection) 및 종목선택(Stock Selection)의 3가지 전략이 있으며, 이 중 하나 또는 그 이상을 통해 가치를 높이려고 한다. 이러한 전략이 관계되지 않는 운용이 패시브(소극적) 운용이다.

정답 001 ③   002 ④   003 ①

마켓 타이밍	근본적으로 수익률을 높이기 위하여 주식시장에 들어가거나 나와야 할 시점을 결정하는 것 → 주식전략에서 발생하는 자산배분전략과 동일
테마선택	주식 내에서 대형주 또는 소형주, 특정산업을 다른 산업에 비해 높은 가중치 부여 등의 성장성이나 배당과 같은 요소를 강조하는 것
종목선택	시장지수 또는 업종별 지수에 비해 높은 수익성이 기대되는 종목을 선정하여 포트폴리오를 구성함으로써 수익률을 높이려는 전략

★★★ 004 다음 중 패시브 운용에 관한 설명으로 가장 적합한 것은?

⊙ 마켓타이밍, 테마선택, 종목선택 등의 전략이 관계되지 않는 운용이다.
ⓒ 시장예측활동이나 주가가 잘못 형성된 종목을 발견하는 능력을 통해 벤치마크보다 나은 초과수익을 올리려고 시도한다.
ⓒ 흔히 인덱스(Index) 펀드와 인핸스드 인덱스(Enhanced Index) 펀드라고 한다.
ⓔ 항상은 아니지만 주식 포트폴리오가 잘 분산되어 있는 것이 보통이다.

① ⊙, ⓒ, ⓒ, ⓔ
② ⊙, ⓒ, ⓔ
③ ⊙, ⓒ, ⓒ
④ ⊙, ⓒ

해설 ⊙, ⓒ, ⓔ이 패시브 운용에 관한 설명이고, ⓒ은 액티브 운영에 관한 설명이다.

★★★ 005 자산운용과정과 주식투자의 내용으로 적합하지 않은 것은?

① 자산운용은 계획, 실행 및 평가의 3단계 활동이 긴밀하게 연결되어 있는 의사결정체계이다.
② 주식운용방식에는 크게 패시브 운용과 액티브 운용의 2가지가 있다.
③ 강형의 효율적 시장가설이 성립하는 경우에도 액티브 운용을 통해 체계적으로 초과수익을 달성할 수 있다.
④ 국내에서는 패시브 운용에 대한 관심이 커지고 있으나 여전히 액티브 운용방식의 펀드 규모가 더 크다.

해설 강형 효율적 시장가설이 성립하면 체계적으로 초과수익률을 얻을 방법이 존재하지 않아 액티브 운용의 필요성이 없어진다.

★★★
006 자산배분전략의 정의로서 적합하지 않은 것은?

① 위험수준이 다양한 여러 자산집단을 대상으로 투자자금을 배분하여 포트폴리오를 구성하는 일련의 투자과정을 뜻한다.

② 거시적인 관점에서는 장기적으로 투자목적을 달성하기 위해 자산집단을 대상으로 포트폴리오를 형성하는 의사결정이다.

③ 미시적으로는 중기 또는 단기적으로 수익률을 제고하기 위해 자산집단의 구성비율을 적극적으로 변경하는 행위이다.

④ 시장예측활동과 동일한 의미를 가진다.

> **해설** 시장예측활동은 증권가격의 이동평균선이나 거래량 등의 지표를 통해 주식과 채권 간의 투자수익률의 상대적 유망성만을 판단하여 투자하는 상황을 말하는 것으로 단지 주식 또는 채권의 가격의 오른다는 사실만을 말하며, 포트폴리오를 수정해 나가는 방법을 설명하지 못하여, 주로 증권브로커 또는 개인투자자들이 주로 사용하는 개념이다.
> 그러나 자산배분전략은 투자자가 제시한 제약조건하에서 포트폴리오 구성의 결정, 투자위험에 대한 관리, 투자목표의 달성을 위한 최적화 등의 여러 가지 과정을 포함하는 과학적이며 포괄적인 전략을 의미한다. 따라서 자산배분전략은 시장예측활동과는 크게 개념 차이가 있다.

★★★
007 다음 중 기관투자가 자산배분전략의 도입목적을 모두 묶은 것은?

> ㉠ 과학적인 자산운용전략의 수립
> ㉡ 상품개발과정의 체계화
> ㉢ 투자자의 투자목표의 적극적인 수용
> ㉣ 투자성과의 체계적 관리 평가

① ㉠, ㉡, ㉢, ㉣　　　　　　　　　　② ㉠, ㉡, ㉢

③ ㉠, ㉡　　　　　　　　　　　　　　④ ㉠

> **해설** ㉠~㉣ 모두 기관투자가들이 자산배분전략을 도입하려는 목적에 해당한다.

008 최근 자산운용기관들의 운영전략에 적합하지 않은 것은?

① 자산배분을 가장 먼저 결정한다.
② 벤치마크 수익률을 상회하는 운용을 지향한다.
③ 스타일투자를 적용한다.
④ 종목선택을 우선시한다.

해설 목표수익률의 달성, 단기적인 투자행위, 종목선택을 중요시하는 운용, 파생상품을 대규모로 사용하는 투자 등은 과거의 자산배분전략의 특징이다. 최근 자산운용기관들은 효율적으로 자산을 운용하기 위해 자산배분 → 스타일배분 → 증권선택과정을 거친다.

※ **스타일투자** : 자금운용자나 펀드매니저들이 가지고 있는 특정 전문 분야별로 자금을 배분함으로써, 투자의 전문성을 기하여 특정 분야의 인덱스 수익률보다 높은 수익을 달성하고자 하는 전략

009 최근 자산배분전략에 관한 설명으로 옳은 것은?

① 투자목표 : 목표수익률
② 투자전략 종류 : 적극적 자산배분전략
③ 자산배분 : 장기적인 자산배분으로 펀드 밖에서 이루어짐
④ 투자경향 : 단기투자가 기본

해설 최근 자산배분전략의 변화로서
① 투자목표 : (스타일)인덱스 초과수익률
② 투자전략 종류 : 적극적인 인덱스 투자전략
④ 투자경향 : 장기투자가 기본

010 자산배분전략의 의사결정대상인 자산집단의 기본적인 성격이 아닌 것은?

① 이질성   ② 배타성   ③ 포괄성   ④ 분산가능성

해설 자산배분전략의 의사결정대상이 되는 자산집단은 기본적으로 동질성, 배타성, 분산가능성, 포괄성 및 충분성을 지녀야 하며, 이질성은 해당하지 아니한다.

※ **자산집단** : 일반적으로 말하는 주식과 채권 등의 자산종류를 뜻하는 '자산'보다 좀 더 세분화된 개념으로서, 주식이라는 자산 내에서도 투자대상이 될 수 있는 소형주, 중형주, 대형주라는 세부적인 자산으로 존재한다.

성격	의미
동질성	자산집단 내의 자산들이 경제적 또는 자본시장 관점에서 비슷한 속성을 가져야 함
배타성	자산집단이 서로 배타적이서 서로 겹치는 부분이 없어야 함
분산가능성	분산투자를 통해 위험을 줄여서 효율적 포트폴리오를 구성하는데 기여해야 함
포괄성	자산집단에 투자가능한 대부분의 자산을 포함해야 함
충분성	자산집단 내에서 실제 투자할 대상의 규모와 수가 충분해야 함

★★★
011 다음의 설명이 가리키는 자산집단의 기대수익률 추정방법은?

- 과거 자료를 바탕으로 하되, 미래의 발생상황에 대한 기대치를 추가하여 수익률을 예측하는 방법이다.
- 회귀분석, CAPM, APT 등의 방법이 있다.
- 주로 과거 시계열 자료를 토대로 하되, 각 자산별 리스크 프리미엄구조를 반영한다.
- 주식의 기대수익률을 채권에다 주식투자로 인한 리스크방식을 더해가는 '벽돌쌓기방식'에 의해 추정한다.

① 추세분석법   ② 근본적 분석법
③ 시나리오 분석법   ④ 시장공통예측치 사용법

 근본적 분석법에 관한 설명이다. 여기서 '벽돌쌓기방식'은 단기금리를 바탕으로 리스크 프리미엄을 더해가는 방식을 말한다. 즉, 가장 먼저 무위험채권수익률 추정 후, 신용리스크와 잔존만기의 길이에 대해 채권 리스크 프리미엄을 가산하여 국채나 회사채에 대한 기대수익률을 추정한다. 주식에 대해서는 채권에다 주식투자로 인한 리스크 프리미엄을 가산하여 기대수익률을 추정한다.

추세분석법	• 자산집단에 대한 과거의 장기간 수익률을 분석하여 미래의 수익률로 사용하는 방법 • 자본시장이 일찍부터 발달하여 장기간 수익률 자료가 입수되는 경우에 적당하나 우리나라처럼 자본시장이 짧은 경우에는 사용하기 곤란
시나리오 분석법	여러 가지 경제변수 간의 상관성을 고려하여 시뮬레이션 함으로써 수익률 추정의 합리성을 높이는 방법
근본적 분석방법	• 과거 자료를 바탕으로 하되, 미래의 발생상황에 대한 기대치를 추가하여 수익률을 예측하는 방법으로 회귀분석, CAPM, APT 등의 방법 • 주로 과거 시계열 자료를 토대로 하되, 각 자산별 리스크 프리미엄구조를 반영 • 주식의 기대수익률을 채권에다 주식투자로 인한 리스크방식을 더해가는 '벽돌쌓기방식'에 의해 추정
시장공동 예측치 사용방법	• 시장참여자들 간에 공통적으로 가지고 있는 미래수익률에 대한 추정치를 이용하는 방법 • 채권기대수익률은 수익률곡선에서 추정하고, 주식기대수익률은 배당할인모형 또는 현금흐름방법 등을 사용

※ 위 외에도 경기순환 접근방법, 시장타이밍방법, 전문가의 주관적인 방법 등이 있다.

★★★
012 자산집단의 기대수익률 추정방법에 관한 설명으로 틀린 것은?

① 추세분석법은 우리나라처럼 자본시장이 짧은 경우에는 사용하기 곤란하다.

② 시나리오 분석법은 이미 정해져 있는 자산배분전략이 다양한 시나리오가 발생할 때 어떤 수익률과 위험이 발생하는지를 모의분석할 때 주로 사용한다.

③ 근본적 분석방법은 단기금리를 바탕으로 리스크 프리미엄을 더해가는 벽돌쌓기방식이라고 한다.

④ 시장공동예측치 사용방법에서 채권기대수익률은 배당할인모형 또는 현금흐름방법 등을 사용하고, 주식기대수익률은 수익률곡선에서 추정한다.

해설 시장공동예측치사용방법에서 채권기대수익률은 수익률곡선에서 추정하고, 주식기대수익률은 배당할인모형 또는 현금흐름방법 등을 사용한다.

★★★
013 근본적 분석법을 이용하여 다음과 같은 항목별 추정치를 얻은 경우에 주식집단의 기대수익률은 얼마인가?

실질금리	물가상승률	채권리스크프리미엄	주식리스크프리미엄
1.5%	2%	1.5%	6.5%

① 3.5% ② 5% ③ 10% ④ 11.5%

해설 주식집단의 기대수익률 = 실질금리 + 물가상승률 + 주식리스크프리미엄 = 1.5% + 2% + 6.5% = 10%

★★★
014 자산배분전략에 대한 설명으로 옳지 않은 것은? 심화

① 자산배분활동에 대한 검증 결과 투자에 있어서는 적극적인 자산배분활동이나 종목 선택 활동이 가장 중요하다.

② 기관투자가는 효율적인 자산운용을 하기 위해 1단계 자산배분, 2단계 스타일배분 및 3단계 증권선택 등의 과정을 거친다.

③ 자산배분전략을 수행하기 위해서는 자산집단의 기대수익률, 자산집단의 위험, 자산집단 수익률 간 상관관계, 위험선호도와 같은 투자자 특성 등을 추정해야 한다.

④ 위험은 지속성을 가지고 있기 때문에 과거 자료에서 추정하여 사용하나 최근은 GARCH와 같은 방법을 통해 좀 더 정교하게 추정한다.

해설 자산배분활동에 대한 검증 결과 투자에 있어서는 적극적인 자산배분활동이나 종목 선택활동보다는 장기적인 전략적 자산구성을 제대로 수립하는 것이 가장 중요하다는 점으로 밝혀졌다.

···TOPIC **3** 전략적 자산배분

★★★
015 전략적 자산배분에 관한 설명으로 옳지 않은 것은?

① 투자목적을 달성하기 위해 장기적인 기금의 자산구성을 정하는 의사결정이다.
② 장기적인 기금 내 자산집단별 투자비중과 중기적으로 각 자산집단이 변화할 수 있는 투자비율의 한계를 결정하는 의사결정이다.
③ 원칙적으로 주어진 계획기간 내에 주기적으로 재검토하고 수정된다.
④ 투자자의 투자목적과 제약조건을 충분하게 반영하여야 한다.

 전략적 자산배분은 전략수립에 사용된 각종 변수들에 대한 기본적인 가정이 근본적으로 크게 변화되지 않는 이상 처음 구성하였던 자산배분을 변경하지 않고 계속하여 유지해 나가는 매우 장기적인 의사결정이다. 다만, 만약 애초에 세웠던 자본시장에 대한 가정이 크게 변화하게 되면 수정된다. 또한 전략적 자산배분은 투자자가 정하는 것이 원칙이다.
- **투자자의 투자목적** : 최소달성수익률, 기대수익률, 위험에 대한 허용정도 등
- **제약조건** : 투자기간, 유동성, 세금, 기타 법적 규제 등

※ 분기나 연간 등 일정 주기마다 자산구성을 변경하는 전략은 전술적 자산배분전략이다.

★★★
016 전략적 자산배분의 실행단계를 가장 바르게 묶은 것은?

> ㉠ 투자자의 투자목적 및 투자제약조건의 파악
> ㉡ 자산집단의 선택
> ㉢ 자산종류별 기대수익 · 위험 · 상관관계의 추정
> ㉣ 최적 자산구성의 선택

① ㉠ - ㉡ - ㉣ - ㉢   ② ㉠ - ㉡ - ㉢ - ㉣
③ ㉡ - ㉣ - ㉢ - ㉠   ④ ㉢ - ㉣ - ㉠ - ㉡

 전략적 자산배분의 실행은 ㉠ → ㉡ → ㉢ → ㉣의 4가지 단계를 거쳐 실행된다. 참고로 자산집단 간의 상대적 수익률 변화 예측은 전술적 자산배분의 초점이다.

★★★
017 전략적 자산배분의 이론적 배경에 관한 설명 중 거리가 먼 것은?

① 전략적 자산배분은 포트폴리오 이론에 토대를 두고 있다.

② 효율적 투자기회선은 여러 개의 효율적 포트폴리오를 수익률과 위험의 공간에서 연속선으로 연결한 것이다.

③ 자산배분에서 효율적 투자기회선은 개별 증권보다는 자산집단을 대상으로 한다.

④ 현실적으로 진정한 효율적 투자기회선을 규명하는 것은 가능하다.

> **해설** 현실적으로 진정한 효율적 투자기회선을 규명하는 불가능하다. 이는 정확한 효율적 투자기회선을 규명하기 위해서는 기대수익률, 위험, 자산 간의 상관관계를 정확하게 추정해야 하나, 이러한 입력자료들은 대부분 과거 자료를 추정한 통계적 추정치이므로 오류와 추정오차가 내재되어 있어 미래의 기대수익률과 위험 등을 제대로 추정할 수 없기 때문이다.
>
> ※ **효율적 포트폴리오** : 정해진 위험수준 하에서 가장 높은 수익률을 달성하는 포트폴리오

★★★
018 다음 중 빈칸 안에 들어갈 내용을 순서대로 나열한 것은?

> • 미래의 기대수익률과 위험의 변수추정에 오류가 존재한다면 효율적인 투자기회선은 선이 아니라 일종의 영역으로 표시되며, 이를 실무에서는 (   )(이)라고 부른다.
> • 투자자의 최적 자산배분에서 (   )은 기대수익률 한 단위를 증가시키기 위해 투자자가 감당할 수 있는 위험정도를 나타낸다.

① 퍼지 투자기회선, 무차별곡선

② 평균－분산 최적화, 효율적 투자기회선

③ 퍼지 투자기회선, 적자위험

④ 최적 포트폴리오, 무차별곡선

> **해설** • 미래의 기대수익률과 위험의 변수추정에 오류가 존재한다면 효율적인 투자기회선은 선이 아니라 일종의 영역으로 표시되며, 이를 실무에서는 퍼지 투자기회선(Fuzzy Frontier)이라고 부른다.
> • 투자자의 최적 자산배분에서 무차별곡선(Indifference Curve)은 기대수익률 한 단위를 증가시키기 위해 투자자가 감당할 수 있는 위험정도를 나타낸다.

019 전략적 자산배분 이론의 최적 자산배분의 선택에 관한 설명이다. 틀린 것은? 심화

① 이론상 투자자의 최적 자산배분은 효율적 투자기회선과 투자자의 무차별곡선이 접하는 점에서 결정된다.

② 실무적으로는 투자목적을 만족하는 여러 가지 대안 중에서 적절한 평가기준에 따라 평가하여 최고의 평가를 받은 대안을 선택하는 것이 일반적이다.

③ 자산배분 대안을 평가하기 위한 지표로는 적자위험이 쓰이며, 이 적자위험이 가장 작은 것이 선택된다.

④ 수익률이 정규분포인 경우 안전우선비율이 가장 낮은 것을 선택하게 된다.

해설 수익률이 정규분포인 경우 안전우선비율이 가장 높은 것을 선택하게 된다.

> **🏛 필수핵심정리** 〉 안전우선기준 등
>
> • **적자위험** : 포트폴리오의 가치가 최소허용수준 이하가 될 수 있는 가능성을 의미
> • **안전우선기준** : 적자위험을 이용한 지표로서, 한계수준 이하가 될 확률이 가장 낮은 자산배분을 선택하는 기준 → 수익률이 정규분포인 경우 안전우선비율이 가장 높은 것을 선택
> • **안전우선비율**(Safe-First Ratio : $SFRatio$) $= \dfrac{E(R_m) - R_L}{\sigma_m}$
>
> 단, R_L : 한계수준(threshold level), $E(R_m)$: 자산배분 m의 기대수익률, σ_m : 자산배분 m의 수익률의 표준편차

020 최적화를 이용한 전략적 자산배분의 문제점으로 볼 수 없는 것은? 심화

① 장기적인 자산집단별 투자비중과 중기적인 투자비율의 한계 결정의 곤란
② 최적화 기법이 난해함
③ 최적화를 둘러싼 운용조직의 갈등
④ 불안정한 해

해설 최적화를 이용한 전략적 자산배분의 문제점으로는 불안정한 해, 최적화 기법의 난해함 및 최적화를 둘러싼 운용조직의 갈등을 들 수 있다. 전략적 자산배분은 투자목적을 달성하기 위해 장기적인 자산집단별 투자비중과 중기적인 투자비율의 한계를 결정하는 의사결정이다.

★★★
021 다음 중 전략적 자산배분의 실행방법으로 볼 수 없는 것은?

① 시장가치 접근법   ② 역투자전략

③ 위험 – 수익 최적화방법   ④ 투자자별 특수상황을 고려하는 방법

> **해설** 역투자전략은 전술적 자산배분전략의 본질적인 투자전략이다.

🏛 필수핵심정리   전략적 자산배분의 실행방법

시장가치접근법	• 여러 가지 투자자산들의 포트폴리오 내 구성비중을 각 자산이 시장에서 차지하는 시가총액비율과 동일하게 포트폴리오를 구성하는 방법 • CAPM이론에 의해 지지되나, 소규모 자금의 경우에는 적용 곤란
위험수익 최적화방법	• 지배원리에 의하여 포트폴리오를 구성하는 방법 • 매우 엄밀한 도출과정을 거쳐 다양한 활용 가능하나, 단일기간모형이며, 입력변수의 수준변화에 지나치게 민감
투자자별 특수상황 고려 방법	• 운용기관의 위험, 최소요구수익률, 다른 자산들과의 잠재적인 결합 등을 고려하여 수립하는 투자전략 • 특정법칙에 의한 정형화보다는 투자자의 요구사항을 고려할 수 있는 다양한 방법이 존재
다른 유사 기관투자가의 자산배분방법 모방	• 연기금, 생명보험, 투자신탁 등의 기관투자가들의 시장에서 실행하고 있는 자산배분을 모방하여 전략적 자산구성을 하는 방법 • 상당히 많은 경우 전략적 자산배분의 출발점으로서, 타 기관투자가의 자산배분을 참고하므로 가장 보편화되어 있는 방법

★★★
022 전략적 자산배분의 방법에 관한 설명으로 옳은 것을 묶은 것은? 심화

> ㉠ 시장가치접근법 : 소규모의 자금으로 포트폴리오 구성 시 적용하기 곤란
> ㉡ 위험수익 최적화방법 : 기대수익과 위험에 의한 효율적 투자곡선을 도출하고, 효율적 투자곡선과 투자자의 효용함수가 접하는 점을 최적 포트폴리오로 구성
> ㉢ 투자자별 특수상황을 고려하는 방법 : 특정법칙으로 정형화하여 포트폴리오를 구성
> ㉣ 다른 유사한 기관투자가의 자산배분 모방 : 상당히 많은 경우 전략적 자산배분의 출발점으로서 보편화되어 있는 방법

① ㉢, ㉣   ② ㉠, ㉡, ㉣

③ ㉡, ㉢   ④ ㉠, ㉡, ㉢, ㉣

해설 ⓒ 투자자별 특수상황을 고려하는 방법은 운용기관의 위험, 최소요구수익률, 다른 자산들과의 잠재적인 결합 등을 고려하여 수립하는 전략으로, 특정법칙으로 정형화되기 보다는 투자자의 요구사항을 고려할 수 있는 다양한 방법이 존재한다.

···TOPIC **4** 전술적 자산배분

★★★
023 전술적 자산배분의 설명으로 거리가 먼 것은?

① 시장의 변화방향을 예상하여 사전적으로 자산구성을 변동시켜 나가는 전략이다.
② 내재가치와 시장가격의 비교를 통해 저평가된 자산을 매수하고, 고평가된 자산을 매도함으로써 펀드의 투자성과를 높이는 전략이다.
③ 전략수립 시 세웠던 자본시장에 관한 각종 가정 및 자산집단들의 상대적 가치가 변화할 때마다 신속하게 자산구성을 변경하는 전략이다.
④ 가치변화로부터 투자이익을 획득하기 위한 적극적인 투자전략이다.

해설 전술적 자산배분(Tactical Asset Allocation ; TAA)이란 전략 수립 시 세웠던 자본시장에 관한 각종 가정이 변화함으로써 자산집단들의 상대적 가치가 변화하는 경우, 이러한 가치변화로부터 투자이익을 획득하기 위하여 연간이나 분기와 같은 일정 주기마다 자산구성을 변경하는 전략이며, 각종 가정의 변화에 따른 상대적 가치가 변화할 때마다 변경하는 것은 아니다.

★★★
024 전술적 자산배분의 운용에 관한 내용으로 가장 거리가 먼 것은?

① 전략적 자산배분에 의해 결정된 포트폴리오를 투자전망에 따라 중·단기적으로 변경하는 실행과정이다.
② 이미 정해진 자산배분을 운용담당자의 자산가격에 대한 예측하에 투자비중을 변경하는 행위이다.
③ 중단기적인 가격착오를 가급적 피하며 평균수익을 지향하는 운용전략의 일종이다.
④ 자산배분의 변경으로 인한 운용성과의 변화는 해당 의사결정자가 책임져야 한다.

해설 전략적 자산배분은 중단기적인 가격착오를 적극적으로 활용하여 고수익을 지향하는 운용전략의 일종이다.

025 역투자전략에 관한 설명으로 틀린 것은? ★★★

① 전술적 자산배분은 본질적으로 역투자전략으로서, 음성피드백전략을 나타내게 된다.
② 전술적 자산배분은 평가된 내재가치와 시장가격 간의 비교를 통해 실행을 판단하게 된다.
③ 일반적으로 내재가치는 시장가격보다 매우 높은 변동성을 보이므로 역투자전략의 수행을 곤란하게 만든다.
④ 내재가치를 추정하기 어려운 주식의 경우 기업의 수익 전망을 바탕으로 한 이익할인, 배당할인, 현금흐름의 할인 등의 다양한 방법으로 추정한다.

해설 일반적으로 내재가치는 시장가격보다 매우 낮은 변동성을 보이므로 역투자전략의 수행을 용이하게 만든다.

🏛 **필수핵심정리** ▷ 역투자전략과 음성피드백전략

- **역투자전략(Contrary Strategy)** : 시장가격이 지나치게 올라서 내재가치 대비 고평가되면 매도하며, 시장가격이 지나치게 하락하여 내재가치 대비 저평가되면 매수하는 운용방법
- **음성피드백전략(Negative Feedback Strategy)** : 시장가격이 상승하면 매도하고, 시장가격이 하락하면 매수함으로써 시장가격의 움직임과 반대로 활동하는 역투자전략

026 증권시장의 과잉반응 현상과 평균반전과정에 관한 설명으로 틀린 것은? ★★★ 심화

① 자본시장의 과잉반응이란 새로운 정보에 대해 지나치게 낙관적이거나 비관적인 반응이 발생함으로써 증권의 시장가격이 내재가치로부터 상당히 벗어나는 가격착오 현상을 의미한다.
② 전술적 자산배분은 자본시장의 과잉반응을 활용하는 전략이다.
③ 전술적 자산배분이 성립되기 위해서는 자산집단의 가격이 평균반전과정을 따른다고 가정해야 한다.
④ 평균반전현상은 증권시장이 효율적이라는 사실을 의미한다.

해설 평균반전(Mean Reverting)이란 자산집단의 가격이 단기적으로는 내재가치에서 벗어나지만 장기적으로는 결국 내재가치를 향해 돌아오는 현상을 의미하며, 따라서 평균반전현상은 증권시장이 비효율적이라는 사실을 의미한다. 즉, 효율적 시장가설은 현재까지 이용가능한 정보는 물론 미래에 예측가능한 모든 정보가 증권가격에 반영되어 있어 미래의 증권가격은 도저히 예측할 수 없는 증권시장의 효율성을 의미하며, 이러한 효율적 시장가설이 성립하는 자본시장에서 자산집단의 가격은 랜덤워크(Random Walk)를 따른다.
그러나 평균반전현상은 랜덤워크가 아니라 증권가격이 균형가격을 중심으로 반전을 거듭하며 그 균형가격을 추정할 수 있다면 결과적으로 미래의 투자수익률을 예측할 있는 것이 되므로 증권시장이 비효율적이라는 사실을 의미한다.
① : Overshooting 또는 Undershooting

정답 023 ③   024 ③   025 ③   026 ④

★★★
027 다음 중 전술적 자산배분의 실행과정에 관한 설명으로 틀린 것은?

① 자산집단의 가치평가활동과 위험허용 여부의 두 과정으로 나누어진다.

② 가치평가기능은 자산 집단 간의 기대수익률 변화, 즉 내재가치의 변화를 추정하는 것이므로 예측기능은 무시한다.

③ 가치평가 결과를 실제의 투자활동으로 연결시키기 위해서 반드시 위험허용도가 뒷받침되어야 한다.

④ 위험허용도는 고정되어 있는 것으로 가정하는데 반해, 운용자의 위험선호도는 시장상황에 따라 바뀌는 경향이 있으므로 이를 통제하기 위한 수단이 필요하다.

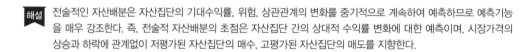 전술적인 자산배분은 자산집단의 기대수익률, 위험, 상관관계의 변화를 중기적으로 계속하여 예측하므로 예측기능을 매우 강조한다. 즉, 전술적 자산배분의 초점은 자산집단 간의 상대적 수익률 변화에 대한 예측이며, 시장가격의 상승과 하락에 관계없이 저평가된 자산집단의 매수, 고평가된 자산집단의 매도를 지향한다.

★★★
028 가치평가모형에 관한 설명이다. 옳지 않은 것은?

① 가치평가모형은 각 자산의 균형가격 또는 적정가치를 판단하는데 이용하는 전략적 자산배분의 실행도구이다.

② 가치평가방법은 다양한 방법이 존재하며 이 방법들을 개별로 적용하는 경우와 과거 자산운용자의 경험치를 결합하여 적용하는 방법 등이 존재한다.

③ 대표적으로는 전형적인 기본적 분석방법과 요인모형방식 등이 있다.

④ 자산집단의 균형가격은 어떠한 모형이나 이론으로도 규명되기 어려우므로 주관적인 가격판단을 활용하는 경우도 많다.

해설 가치평가모형은 자산가격은 단기적으로는 균형가격 또는 적정가치에서 벗어날 수 있지만 중장기적으로 균형가격으로 복귀한다는 가정하에 각 자산의 균형가격 또는 적정가치를 판단하는데 이용하는 전술적 자산배분의 실행도구이다. 따라서 전술적 자산배분은 가치평가에서부터 출발해야 한다.

- **기본적 분석방법(Fundamental Analysis)** : 주식의 경우 이익할인, 배당할인, 현금흐름할인모형 등의 다양한 방법을, 채권의 경우 기간구조를 이용한 현금흐름의 할인모형을 가장 표준적으로 사용하는 전형적인 가치평가방법

- **요인모형방식(Factor Model)** : CAPM, APT, 다변량 회귀분석 등 자산집단의 가격을 설명할 수 있는 여러 가지 변수로 가치평가를 판단하는 단순한 예측모형 외에 여러 가지 상황별로 가치가 변화하는 것을 좀 더 효과적으로 추정하기 위한 시뮬레이션 기법을 병행하기도 하는 방법

★★★
029 포뮬러 플랜에 관한 설명으로 옳은 것을 묶은 것은?

> ㉠ 막연하게 시장과 같은 방향으로 투자함으로써 평균수익을 지향하고자 하는 전략
> ㉡ 주가가 하락하면 주식을 매수하고, 주가가 상승하면 주식을 매도하는 역투자전략
> ㉢ 정액법과 정률법이 있으며 두 가지 모두 동일한 방법
> ㉣ 초과수익을 달성하기 위한 적절한 방법

① ㉠, ㉣ ② ㉡, ㉢
③ ㉠, ㉡, ㉢, ㉣ ④ ㉠, ㉡, ㉢

 해설 ㉠ 막연하게 시장과 역 방향으로 투자함으로써 고수익을 지향하고자 하는 전략이다.
㉣ 포뮬러 플랜(Formula Plan)은 주가와 채권 간의 가치변화를 간단하게 추세적으로 파악하여 전술적인 자산배분을 하게 되므로 초과수익을 달성하기 위한 적절한 방법은 아니다.

★★★
030 전술적 자산배분에 관한 다음의 설명 중 틀린 것은? 심화

① 전술적 자산배분은 내재가치와 시장가격의 비교를 통해 실행된다.
② 전술적 자산배분에서 가치평가 모형은 각 자산의 균형가격 또는 적정가치를 판단하는데 이용된다.
③ 투자자산의 과대 또는 과소 평가여부를 판단할 수 없다면 투자비중을 적극적으로 조정해야 한다.
④ 전술적인 자산배분은 위험허용도가 고정되어 있는 것으로 가정한다.

해설 펀드운용자가 투자자산의 과대 또는 과소 평가여부를 판단할 수 없는 경우에는 최초 수립된 투자전략에 의한 투자자산 구성, 즉 전략적 자산배분을 유지해야 한다.
다만, 펀드운용자가 각 투자자산의 가치가 균형가격에서 벗어나 있다는 사실을 정확하게 평가할 수 있다면, 해당 의사결정을 내린 자산운용자인 전략가의 책임하에 구성자산에 대한 투자비중을 적극적으로 조정해 나갈 수 있다.

※ **전략가(Strategist)** : 전술적 자산배분전략의 의사결정을 내린 자산운용자의 책임하에 구성자산에 대한 투자비중을 적극적으로 조정할 수 있는 의사결정자

★★★
031 보험 자산배분에 관한 내용으로 옳은 것은?

① 자산배분을 초단기적으로 변경하는 전략이다.

② 가능한 시장가격의 변화추세를 반영하지 아니하고 미래 예측치만을 사용하는 전략이다.

③ 적극적이며 능동적인 전략이다.

④ 일반적인 투자목표나 투자위험을 수용하는 자금에 적용할 수 있는 전략이다.

> **해설** 보험자산배분전략은 투자자가 원하는 특정한 투자성과를 만들어 내기 위해 기금이나 펀드의 자산구성비율을 동적으로 변동시켜 나가는 전략으로서, 자산배분을 초단기적으로 변경하는 전략이다.
> ②, ③ 가능한 미래 예측치를 사용하지 않고 시장가격의 변화추세만을 반영하여 운용하는 수동적인 전략이다.
> ④ 일반적인 투자목표나 투자위험을 수용하는 자금보다는 일정기간 동안 목표수익률을 반드시 달성해야 하는 특수한 목적을 가진 자금에 적용할 수 있는 전략이다. 예를 들어, 자산운용회사의 일정한 목표수익률을 제시하는 펀드 또는 최소보장수익률이 존재하는 보장형펀드는 물론 일반적인 펀드에서 일정투자기간 중 획득한 수익률을 최소한으로 확보하면서 주식시장의 상승에 참여할 수 있는 투자전략의 일환으로 이용가능하다.

★★★
032 다음 중 포트폴리오 보험 전략을 원하는 투자자로 보기 어려운 것은?

① 매년 보험지급액을 확보해야 하는 보험

② 정기적으로 이자소득을 목표로 하는 투자자 중 기대수익률이 높은 유형의 연금생활자

③ 내부규정에 의한 최저투자 수익률을 달성해야 하는 기금

④ 위험자산에 투자하면서 적극적으로 위험을 수용하는 정상적인 투자자

> **해설** 보험자산배분은 일반적으로 포트폴리오 보험(Portfolio Insurance)이라고도 한다. 이러한 포트폴리오 보험전략을 원하는 투자자는 위험자산에 투자하면서 극단적으로 위험을 회피하는 전략을 취하는 비정상적인 투자자이다. 즉, 포트폴리오 보험을 선호하는 투자자들은 일반적인 투자자들보다 하락위험(Downside Risk)을 더 싫어하는 특성을 가진다.

033 포트폴리오 보험에 관한 설명으로 가장 거리가 먼 것은?

★★★

① 자산배분을 통해서 미리 설정한 최소한의 수익률을 보장하면서 주가가 상승하는 경우에 는 그에 따른 수익을 일정부분 획득할 수 있도록 하는 전략을 추구한다.

② 이론상 주식에 투자하면서 풋옵션을 결합하면 포트폴리오 보험의 수익구조를 만들 수 있는 데 이러한 포트폴리오를 보험포트폴리오라 부른다.

③ 보험포트폴리오에서 최저보장수익률 또는 목표수익률은 반드시 무위험자산수익률 보다 높게 결정해야 한다.

④ 옵션을 이용하지 않고 보험포트폴리오의 수익구조를 창출하기 위한 것이다.

해설 보험포트폴리오는 주가수익률이 큰 폭으로 하락하는 경우에도 목표수익률 또는 최저보장수익률을 달성하며, 주가 가 상승하는 경우에는 그에 따른 수익을 향유하기 위해 풋옵션을 모사하는 전략. 즉, 위험자산과 풋옵션을 결합하여 합성포트폴리오이므로, 최저보장수익률 또는 목표수익률은 반드시 무위험자산수익률 이하로 결정해야 한다.

🏛 필수핵심정리 ▶ 포트폴리오 보험 구조

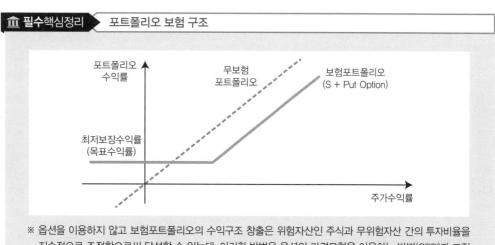

※ 옵션을 이용하지 않고 보험포트폴리오의 수익구조 창출은 위험자산인 주식과 무위험자산 간의 투자비율을 지속적으로 조정함으로써 달성할 수 있는데, 이러한 방법은 옵션의 가격모형을 이용하는 방법(OBPI)과 고정 비율 포트폴리오 보험(CPPI)으로 구분할 수 있다.

★★★
034 보험 자산배분 전략의 실행 메커니즘의 기본특성으로 옳은 것을 고른 것은?

> A. 보험 자산배분 전략은 위험자산과 무위험자산 간에 투자자금을 할당하는 방식을 토대로 한다. 이 방법은 오로지 포트폴리오 가치에만 의존한다.
> B. 미래 시장상황에 대한 견해와 투자성과에 대한 예측은 위험자산과 무위험자산 간의 투자자금 할당에 영향을 미친다.
> C. 포트폴리오 가치가 하락하면 무위험자산에 대한 투자비중이 낮아지는 자산배분원칙을 가진다.
> D. 위험자산가격이 하락하여 최저보장수익을 보장할 수 없을 만큼 치명적인 최저수준에 도달하기 전에 포트폴리오 전체가 완전히 무위험자산에 투자되도록 만든다.

① A, B, C   ② A, D   ③ B, C, D   ④ B, C

 해설
- B : 미래 시장상황에 대한 견해와 투자성과에 대한 예측은 위험자산의 선택에만 영향을 미치며, 위험자산과 무위험자산 간의 투자자금 할당에는 영향을 미치지 못한다.
- C : 포트폴리오 가치가 하락함에 따라 무위험자산에 대한 투자비중이 높아지고, 포트폴리오 가치가 상승함에 따라 위험자산에 대한 투자비중이 상승하는 자산배분원칙을 가진다.

★★★
035 옵션모형을 이용한 포트폴리오 보험(OBPI)에 관한 설명이다. 잘못된 것은? [심화]

① 근본적으로 옵션의 '델타헤징'에서 발전된 개념이다.
② 델타헤징이란 옵션의 가격변동과 기초자산의 가격변동의 비율인 델타를 위험자산 투자비중과 일치시키는 기법이다.
③ 콜옵션 델타란 콜옵션 가격을 기초자산의 가격에 대해 미분한 값을 의미한다.
④ 델타헤징은 옵션과 기초자산의 가격변화에 따라 연속적으로 변동하는 옵션델타를 계산한 후, 이에 따라 자산의 투자비중을 결정한 후 변함이 없는 일종의 정적 자산관리방법이다.

해설 옵션모형을 이용한 포트폴리오 보험(Option-Based Portfolio Insurance ; OBPI)은 근본적으로 옵션의 '델타헤징'에서 발전된 개념이며, 델타헤징은 옵션과 기초자산의 가격변화에 따라 연속적으로 변동하는 옵션델타를 계산해 내고, 이에 의하여 자산의 투자비중을 동적으로 조정하는 일종의 동적 자산관리방법이다.
- ※ **델타헤징(Eelta Hedging)** : 옵션의 가격변동과 기초자산의 가격변동의 비율인 델타를 위험자산의 투자비중과 일치시키는 기법

036 옵션모형을 이용한 포트폴리오 보험(OBPI)의 문제점으로 거리가 먼 것은?

① 주가의 연속적인 변화를 가정하나 실제로 주가는 불연속적인 움직임을 보인다.
② 자산구성비율의 조정이 주가의 움직임과 동일하게 연속적으로 이루어져야 하나, 실제로는 어느 정도의 시간간격을 가지고 재조정이 이루어진다.
③ 만기일에 주가가 충분하게 상승하거나 하락한 경우에도 포트폴리오가 극단적으로 주식 100% 또는 채권 100%로 구성되는 경우가 없다.
④ 주식가격 변동성의 정확한 추정, 무위험수익률 고정화 및 투자기간의 확정적이어야 한다.

> **해설** 만기일에 주가가 충분하게 상승하거나 하락한 경우에는 극단적으로 포트폴리오가 주식 100% 또는 채권 100%로 구성되는 경우가 빈번하게 발생하며, 이에 따라 투자기간을 연장하여 포트폴리오를 재구성하는 경우에는 상당한 비용과 시간이 소요된다.

037 풋옵션을 모사하는 포트폴리오 보험의 전략 수행에 필요한 다음의 모수들 중 직접 관찰할 수 없는 것은?

① 무위험이자율　　　　　　　　② 위험자산의 현재가격
③ 잔존기간　　　　　　　　　　④ 기초자산가격의 변동성

> **해설** 풋옵션을 모사하는 포트폴리오 보험의 전략 수행에 필요한 모수(母數)는 무위험이자율, 위험자산의 현재가격, 잔존기간, 기초자산가격의 변동성 등이며, 대부분의 모수들은 대부분 관찰 가능하지만, 기초자산가격의 변동성은 유일하게 직접 관찰할 수 없다. 즉, 주식의 과거 가격자료로부터 추정한 변동성은 과거의 변동성이며, 현재나 미래의 변동성이 아니기 때문이다. 따라서 변동성에 대한 과잉 또는 과소추정은 전략의 성과에 많은 영향을 미친다.

038 합성풋옵션 복제전략에서 변동성의 추정문제에 관한 설명으로 가장 옳은 것은? 심화

① 실제 실현된 변동성보다 더 큰 값으로 예측한 경우에는 위험자산에 대한 투자비중을 적정수준보다 작게 유지한다.
② 변동성을 과대 또는 과소 계산한 경우에는 주가가 상당히 하락하여 풋옵션이 내가격으로 가격으로 끝난 경우에도 원래 최초에 정해 놓은 최저수익을 달성할 수 없다.
③ 주가가 상당히 상승하여 풋옵션이 외가격으로 끝난 경우에 변동성을 과대예측하면 정상적인 경우보다 높은 성과를 실현하게 된다.
④ 포트폴리오 보험의 특징을 잘 유지하기 위해서는 펀드운용자의 정확한 주관적 판단이 필요하다.

★★★
039 고정비율을 이용한 포트폴리오 보험(CPPI) 전략의 특성으로 옳은 것은?

① 포트폴리오 가치는 사전적으로 정의된 각 시점별 최저보장가치 이하로 하락하지 않으며, 각 시점별 최소보장가치는 만기시 최저보장가치의 현재가치이다.
② 각 시점별 최저보장가치는 무위험수익률로 일정하다.
③ 계산과정이 복잡하며 블랙−숄즈 옵션모형과 변동성의 추정이 필요하다.
④ 투자기간이 반드시 사전에 정해져야 한다.

 ② 각 시점별 최저보장가치는 무위험수익률만큼 매일 증가한다.
③ 계산과정은 매우 간단하여 합성 풋옵션전략과는 달리 블랙−숄즈 옵션모형이나 변동의 추정이 필요하지 않다.
④ 투자기간이 반드시 사전에 정해질 필요는 없다.

🏛 **필수핵심정리** ▷ CPPI의 우수성

- **전략의 단순성** : 컴퓨터를 사용하지 않고도 어떠한 거래가 필요한지를 쉽게 계산할 수 있을 정도로 간단한 모형을 사용한다.
- **전략의 유연성** : 투자 개시시점 또는 투자실행과정에서 투자자가 여러가지 변수에 대한 값을 수시로 변경할 수 있기 때문에, 투자자가 원하는 대로 다양한 전략을 수립할 수 있다.

040 ★★★ 고정비율을 이용한 포트폴리오 보험(CPPI) 전략은 다음과 같은 투자공식을 가지는 전략이다. 이에 대한 설명으로 옳은 것은? 심화

> • 주식투자금액 = 승수 × (포트폴리오 평가액 − 최저보장수익의 현재가치)
> • 채권투자금액 = 전체포트폴리오 평가액 − 주식투자금액

① 승수란 음수이며, 블랙−숄즈 옵션모형에 의해 객관적으로 정해진다.
② 승수가 낮을수록 위험자산에 대한 투자비중이 높아져 채권투자금액의 감소를 초래한다.
③ 익스포저는 자산가치와 만기 최저보장수익의 현재가치 간의 차이를 말하며, 포트폴리오에 의한 승수를 곱한 값을 쿠션이라 한다.
④ 익스포저는 주식투자금액을 말하며, 최저 하한은 만기 시에 보장받고자 하는 투자금액을 말한다.

 ① 승수(乘數)란 양수이며, 자금운용자의 경험에 의해 주관적으로 정해진다.
② 승수가 낮을수록 위험자산에 대한 투자비중이 낮아지며, 승수가 높을수록 주식투자금액의 증가를 초래한다.
③ 쿠션(Cushoin)은 자산가치와 만기 최저보장수익의 현재가치 간의 차이를 말하며, 익스포저(Exposure)는 쿠션에 의한 승수를 곱한 값을 말한다.

🏛 필수핵심정리 ▶ CCPI전략의 투자실행단계(투자기간 1년 가정)

1단계	포트폴리오의 가치평가 →
	• 포트폴리오가치 = 주식평가액 + 채권평가액 • 주식 → 포트폴리오에 포함된 주식들의 평가시점의 시장가격 이용 • 채권의 평가액 → 다음과 같이 근사적으로 계산된 이자만큼 채권가치 증가 및 완전한 형태의 무위험자산이 아닌 경우 시장가격 이용 • 채권이자 = 전일의 채권원금 × 이자율 × $\dfrac{경과일수}{365}$
2단계	쿠션의 계산 →
	• 하한의 현재가 = 투자만기시점의 최소보장가치 × $\dfrac{1}{(1 + r \times \frac{잔존일수}{365})}$ • 쿠션 = 포트폴리오의 평가액 − 하한의 현재가
3단계	익스포저의 결정 및 포트폴리오 재조정 →
	• 익스포저 = 쿠션 × 승수 • 주식매수 또는 매도금액 = 익스포저 − 1단계의 주식 평가액
4단계	채권투자금액의 결정 →
	채권투자금액 = 1단계의 포트폴리오 평가액 − 익스포저

★★★
041 다음과 같은 고정비율을 이용한 포트폴리오 보험(CPPI) 전략에서 1년 경과한 시점에서 포트폴리오의 평가액이 4,500이라면 주식투자금액은 얼마인가?

- 투자가능자금 5,000
- 무위험이자율 연 5%
- 투자기간 1년, 승수 2
- 만기시의 최소보장가액 4,200

① 500　　　　　② 1,000　　　　　③ 1,500　　　　　④ 2,000

> **해설**
> - 주식투자금액 = 승수 × (포트폴리오 평가액 – 최저보장수익의 현재가치)
> - 최저보장수익 현재가치 = 만기 시 최소보장가액 ÷ (1 + 무위험이자율) = 4,200/1.05 = 4,000
> - 주식투자금액 = 승수 2 ×(포트폴리오 평가액 4,500 – 최저보장수익의 현재가치 4,000) = 1,000

★★★
042 고정비율을 이용한 포트폴리오 보험(CPPI) 전략의 수행으로 틀린 것은?

① 투자개시시점에서 승수를 결정해야 한다.
② 만기시의 최저보장가치를 결정해야 한다.
③ 최저보장가치의 현재가치는 시간이 경과함에 따라 무위험수익률만큼 증가한다.
④ 단순히 쿠션에다 승수를 곱한 값만큼의 금액을 채권에 투자한다.

> **해설**
> 단순히 쿠션에다 승수를 곱한 값만큼의 금액을 주식에 투자하고, 남은 금액을 채권에 투자한다.

★★★
043 포트폴리오 보험의 설명으로 가장 옳지 않은 것은? 심화

① 옵션모형을 이용한 포트폴리오 보험(OBPI)은 만기시 최소보장가치 이하가 될 확률은 이론상 영(0)이나, 고정비율을 이용한 포트폴리오 보험(CPPI)는 그러하지 아니한다.
② 옵션모형을 이용한 포트폴리오 보험에서 변동성을 과대하게 추정되면 위험자산을 과소 편입하게 된다.
③ 옵션모형을 이용한 포트폴리오 보험과 고정비율을 이용한 포트폴리오 보험은 성과의 우열을 비교할 수 없다.
④ 고정비율을 이용한 포트폴리오 보험에서 승수가 커질수록 만기 시의 수익은 불안정적이다.

> **해설**
> 옵션모형을 이용한 포트폴리오 보험(OBPI)과 고정비율을 이용한 포트폴리오 보험(CPPI) 2가지 모형 모두 만기 시 최소보장가치 이하가 될 확률은 이론상 영(0)이다.

★★★
044 포트폴리오 보험의 속성으로 옳은 것을 모두 묶은 것은?

> A. 투자 만기 시에 최소보장가치 이하의 투자성과가 발생할 확률이 영(0)이다.
> B. 포트폴리오의 가치가 최소보장 수준 이상일 때, 포트폴리오의 가치는 완전히 위험자산에 투자한 경우 획득가능한 이익의 일정비율만큼이며 이는 예측가능하다.
> C. 포트폴리오가 주식과 채권에만 투자할 수 있고 주식의 기대수익률이 채권의 기대수익률보다 높다면 위 A, B의 성질을 갖는 모든 투자전략 중 보험포트폴리오의 기대수익률이 가장 높다.

① A, B   ② A, B, C   ③ B, C   ④ A, C

 A, B, C 모두 포트폴리오의 속성으로 옳은 말이다.

★★★
045 포트폴리오 보험의 장 · 단점으로 옳은 것은?

① 포트폴리오 보험상품은 수익증권 판매회사나 자산운용회사의 주력 상품이 되어야 한다.
② 고수익을 원하는 일반투자자들의 요구를 충족시킬 수 있는 전략이다.
③ 최소한 달성해야 할 목표수익률이 존재하는 경우 적용할 수 없는 전략이다.
④ 일부 투자자들이 요구하는 복잡한 펀드성과에 응할 수 있는 기초전략으로 사용할 수 있다.

 포트폴리오 보험전략은 펀드수익률을 자금운용자가 원하는 모습으로 변형시키는 옵션기법을 이용하는 시스템 투자기법의 일종이므로, 일부 투자자들이 요구하는 복잡한 펀드성과에 응할 수 있는 기초전략으로 사용할 수 있는 장점을 가지고 있다.

① 포트폴리오 보험상품은 일반적인 투자자를 대상으로 하기보다는 위험회피도가 높은 일부 투자자를 대상으로 하는 상품이므로 수익증권 판매회사나 자산운용회사의 주력 상품이 되어서는 곤란하다.
② 포트폴리오 보험을 적용하면 주가상승의 추적능력의 한계가 있어 주가상승을 추적하기보다는 하락위험을 방지하는데 초점이 맞추어져 있으므로 고수익을 원하는 일반투자자들에게는 불만을 초래할 가능이 높은 전략이다.
③ 포트폴리오 보험은 컴퓨터를 이용한 시스템투자를 행함으로써 인력 절감 및 목표수익의 체계적 관리가 가능한 장점으로 인해 최소한 달성해야 할 목표수익률이 존재하는 경우 적용할 수 있는 운용전략이다.

★★★
046 포트폴리오 보험에 관한 내용으로 옳지 않은 것은? 심화

① 포트폴리오 보험은 투자자의 자산가치가 커질수록 위험선호도가 커지는 것을 가정한다.
② 고정비율을 이용한 포트폴리오 보험의 경우 만기 시에는 주식이나 무위험자산의 한 종류를 100% 보유하는 것이 일반적이다.
③ 주식포트폴리오를 이미 보유하고 있는 투자자가 최소보장금액을 확보하기 위해서는 풋옵션을 매수하면 된다.
④ 옵션모형을 이용한 포트폴리오 보험에서 변동성이 과대 추정된 경우 위험자산에 대한 투자비중은 감소하고, 변동성이 과소 추정된 경우 위험자산에 대한 투자비중은 증가한다.

해설 옵션모형을 이용한 포트폴리오 보험의 경우 만기 시에는 주식이나 무위험자산의 한 종류를 100% 보유하는 것이 일반적이나, 고정비율을 이용한 포트폴리오 보험은 그러하지 아니 한다.

★★★
047 자산배분전략에 관한 설명으로 옳은 것은? 심화

① 전략적 자산배분은 시장의 변화방향을 예측하여 사전적으로 자산별 구성비를 변경시킨다.
② 전술적 자산배분은 중단기적인 자산배분으로 인해 투자성과가 저하될 가능성을 통제한다.
③ 이론상으로는 어떤 형태의 수익구조도 위험자산과 무위험자산 간의 동적자산배분을 통해 달성할 수 있다.
④ 보험 자산배분전략은 주가의 연속성이 확보되지 않는 경우에도 만기시에 최소보장금액을 확보할 수 있다.

해설 ① 전술적 자산배분은 시장의 변화방향을 예측하여 사전적으로 자산별 구성비를 변경시킨다. 또한 대체로 시장의 흐름과는 반대되는 방향의 투자형태로 나타난다.
② 전략적 자산배분은 중단기적인 자산배분으로 인해 투자성과가 저하될 가능성을 통제한다.
④ 보험 자산배분전략은 이론상 시장상황과 관계없이 만기시에 최소보장금액을 확보할 수 있으나, 금융시장의 충격 등으로 주가의 연속성이 확보되지 않는 경우에는 최소보장금액이 확보되지 않는 경우도 발생한다. 그러나 보험 자산배분전략은 사전에 정해진 기준수익률 이상의 수익률이 달성되도록 하는 데 유용하다.

★★★
048 주식투자의 패시브 운용에 관한 설명으로 잘못된 것은?

① 패시브 운영은 초과수익을 추구하지 않고 거래활동이 활발하지 않을뿐 액티브운용에 비해 보다 나은 성과를 추구한다.
② 인덱스 펀드는 가장 대표적인 패시브 운용방식이다.
③ 인덱스 펀드는 포트폴리오의 조정이 일어나지 않는다.
④ 인덱스 운용은 주식에 대한 자산배분에서 핵심적인 역할을 하고 있다.

> **해설** 인덱스 펀드는 패시브(Passive)하게 운용된다고 해서 운용활동이 전혀 없는 것은 아니며, 신규 종목의 상장 또는 증자 등을 통한 추가 상장되는 경우 등에는 벤치마크 수익률을 추적하기 위하여 포트폴리오를 조정하게 된다.

★★★
049 액티브 운용에 관한 설명으로 잘못된 것은?

① 벤치마크보다 나은 초과수익을 달성하기 위해 노력하는 운용방식이다.
② 최근 패시브 운용방식이 점차 증가하고 있으나, 여전히 액티브 운용방식의 주식투자가 절대적인 우위를 점하고 있다.
③ 준액티브 운용은 인핸스드 인덱스(Enhanced Index) 또는 위험통제된 액티브 운용(Risk-Controlled Active Management)이라고 불리기도 한다.
④ 준액티브 운용은 일반적인 액티브 운용에 비해 벤치마크의 평균수익을 추구하나 추적오차를 크게 유지하는 포트폴리오이다.

> **해설** 준액티브(Semi-Active) 운용은 위험을 통제하기 위하여 계량분석방법을 널리 이용하되, 벤치마크 대비 초과수익을 추구하는 액티브 운용이지만, 일반적인 액티브 운용에 비해 추적오차를 적게 유지할 수 있는 포트폴리오를 구성한다는 차이점이 있다.
> • **초과수익률** : 벤치마크를 추구하는 액티브 수익률
> • **추적오차** : 초과수익률의 표준편차로서 액티브의 위험

050 액티브 운용인덱스 펀드의 장점을 살리면서 안정적인 초과수익을 추구하는 펀드로서 흔히 '인덱스+α'펀드로 알려진 것은?

① 인핸스드 인덱스   ② 구조화된 펀드

③ 맞춤형 인덱스   ④ 완전복제 인덱스

 액티브 운용인덱스 펀드의 장점을 살리면서 안정적인 초과수익을 추구하는 펀드로서 흔히 '인덱스+α'펀드로 알려진 펀드는 인핸스드 인덱스(Enhanced Index)이며, 이는 특정한 벤치마크와 동일한 성과를 내기 위해 노력한다.

※ **구조화된 펀드(Structured Funds)** : 주식과 채권간의 동적자산배분을 통해 다양한 형태의 수익구조를 갖는 펀드

···TOPIC 7 패시브 운용(Passive Management)

051 패시브 운용에 관한 다음의 설명 중 가장 거리가 먼 것은?

① 패시브 운용의 대표적인 형태가 인덱스 펀드이다.

② 인덱스 펀드는 공개된 벤치마크의 성과를 내도록 설계된 펀드이다.

③ 액티브 운용에 비해 높은 거래회전율과 높은 운용보수로 인해 수익률이 낮다.

④ 가장 대표적인 국내 벤치마크로는 KOSPI가 있으며, 해외지수로는 MSCI ACWI가 있다.

해설 결과적으로 비슷한 투자목적을 가진 액티브 운용에 비해 낮은 거래회전율과 낮은 운용보수로 인해 장기적으로 비용차감 후 수익률이 높을 것으로 기대되는 점이 패시브 운용의 장점이다.

- **KOSPI** : KOrea composite Stock Price Index, 코스피 지수
- **MSCI ACWI** : Morgan Stanley Capital International Index All Country
- **World Index** : 전 세계 9.5조원의 자금이 이용하는 세계적으로 가장 영향력 있는 미국 모건스탠리증권의 벤치마크(Benchmark) 지수

---

052 패시브 운용의 주가지수에 관한 내용으로 잘못된 것은?

① 주식 포트폴리오의 성과를 평가하기 위한 벤치마크로 흔히 이용되며, 인덱스 펀드를 구성하기 위한 기초로서 시장의 수익률을 측정하는데 사용된다.

② 주가변동에 영향을 끼치는 요인을 분석하고 기술적 분석을 행하며 주식의 체계적 위험을 측정하기 위한 목적으로 사용될 수 있다.

③ 모집단의 범위, 지수에 편입하는 지수, 종목의 가중치 결정 방법, 수익률 계산방법의 4가지 요소에 따라 특성이 달라진다.

④ 모집단의 범위가 넓고 종목 수가 많을수록 특정 집단의 성과를 더 잘 측정할 수 있다.

★★★
053 주가지수를 벤치마크로 이용하는 경우 종목별 가중치에 대한 설명으로 틀린 것은? 심화

① 주가가중, 시가가중, 유동주식 시가가중, 동일가중 등이 이용된다.

② 주가가중 방식은 지수를 구성하는 모든 종목을 1주씩 매입하여 보유하면 주가가중 방식의 주가지수수익률을 얻을 수 있는 장점이 있으나, 주가가 높은 종목의 가중치가 커지는 문제점도 있다.

③ 시가가중방식은 시가총액이 큰 종목의 가격변화를 잘 반영하여, 최근에는 유동시가가중 방식이 인덱스 포트폴리오를 위한 표준으로 인식한다.

④ 동일가중 방식을 사용하면 거의 거래가 발생하지 아니하여 결과적으로 거래비용이 거의 발생하지 아니한다.

해설 동일가중 방식은 모든 종목을 동일하게 취급하나, 실제로는 많은 수의 소형기업의 존재로 인하여 소형기업의 가치가 높아지는 경향을 가진다. 따라서 이 방식에 따라 포트폴리오를 구성하면 가중치를 일치시키기 위해 주기적으로 거래가 발생하고 결과적으로 많은 거래비용이 발생한다.

🏛 필수핵심정리 종목별 주가지수의 가중치 이용방법

구분	가중치	특징
주가가중 주가지수	절대적인 주당가격	• 주가지수 = 각 주가의 합 ÷ 조정된 주식수 • 주식수의 조정 → 주식분할 · 합병 · 유무상 증자 등으로 인해 주가가 변함으로 지수가 변경되는 것을 방지하기 위함 • 지수구성 모든 종목 1주씩 매입 · 보유 시 지수성과 달성 가능 • 주가가 높은 종목의 가중치가 커지는 문제점
시가가중 주가지수	시가총액	• 시가총액 = 발행된 주식수에 주가를 곱한 값 • 지수구성 모든 발행주식을 보유했을 때 지수성과 달성 • 주식분할합병은 별도 조정작업이 불필요하나, 신규종목의 상장 · 유상증자 등의 경우 조정 필요 • 시가총액이 큰 종목의 가격변화 잘 반영
유동시가 가중 주가지수	유동시가 총액	• 유동시가총액 = 유동주식 수에 주가를 곱한 값 • 유동주식 → 정부 · 지배주주 등이 보유하는 주식을 제외한 실제 거래가능한 주식 • 최근 KOSPI, KOSPI 200도 유동시가가중방식 채택 → 최근 인덱스 포트폴리오를 위한 표준으로 인식
동일가중 주가지수	각 종목의 가중치 동일	• 각 종목의 가중치를 동일하게 취급 → 각 종목에 동일한 금액을 투자했을 때 지수성과 달성 • 다수의 소형기업의 가중치가 높아지는 경향 → 가중치를 일치시키기 위한 주기적인 가중치 조절 필요 → 많은 거래비용 발생

★★★ 054 인덱스의 성과를 얻기 위한 방식을 모두 묶은 것은?

> ㉠ 현물로 인덱스 포트폴리오를 구성하는 방법
> ㉡ 현금을 보유하고 인덱스 옵션을 매입하는 방법
> ㉢ 현금을 보유하고 인덱스 선물을 매입하는 방법
> ㉣ 현금을 보유하고 인덱스 스왑을 매입하는 방법

① ㉠, ㉡, ㉢　　　　　　　　　　② ㉠, ㉢, ㉣

③ ㉡, ㉢, ㉣　　　　　　　　　　④ ㉠, ㉡

 해설 인덱스의 성과를 얻기 위한 방식으로는 ㉠ 현물로 인덱스 포트폴리오를 구성하는 방법, ㉢ 현금을 보유하고 인덱스 선물을 매입하는 방법 및 ㉣ 현금을 보유하고 인덱스 스왑을 매입하는 방법이 있을 수 있다. 펀드에서는 현물 포트폴리오를 이용하는 방법과 선물을 이용한 방법이 흔히 이용된다.

★★★ 055 주식 현물을 이용하여 인덱스 펀드를 구성하는 방법이 아닌 것은?

① 완전복제법　　　　　　　　　　② 표본추출법

③ 추세분석법　　　　　　　　　　④ 최적화법

해설 주식 현물을 이용하여 인덱스 펀드를 구성하는 방법은 ① 완전복제법, ② 표본추출법 및 ④ 최적화법의 3가지 유형으로 나눌 수 있다. 그러나 ③ 추세분석법은 자산집단의 기대수익률 추정방법의 하나이다.

🏛 필수핵심정리 　주식 현물을 이용한 인덱스 펀드 구성방법

구분	구성방법
완전복제법	• 벤치마크를 구성하는 모든 종목을 벤치마크의 구성비율대로 사서 보유하는 가장 단순하고 직접적인 방법 • 매우 간단하면서도 벤치마크를 거의 완벽하게 추종 • 운용 및 관리 보수, 포트폴리오 조정을 위한 거래비용, 새로운 투자나 투자회수에 따른 거래비용, 보유하고 있는 현금과 주식지수 수익률의 차이 등으로 인해 벤치마크에 비해 수익률이 낮게 나타남
표본추출법	• 벤치마크에 포함된 대형주는 모두 포함하되, 중소형주들은 펀드의 성격이 벤치마크와 유사하게 되도록 일부의 종목만을 포함하는 방식 • 벤치마크를 구성하는 모든 종목을 보유하지 않으면서도 벤치마크의 핵심적인 특징을 유사하게 유지하는 포트폴리오를 구성함으로써 관리비용과 거래비용을 낮추면서도 벤치마크의 성과와 유사한 성격을 얻을 수 있음
최적화법	• 포트폴리오 모형을 이용하여 주어진 벤치마크에 대비한 잔차위험이 허용수준 이하인 포트폴리오를 만드는 방식 • 완전복제법이나 표본추출법에 비해 훨씬 적은 종목이면서도 예상되는 잔차가 충분히 낮은 인덱스 펀드 구성 가능 • 이 모형에 사용된 가격정보가 과거자료이며, 사용된 모형이 주식의 속성을 정확하게 반영하지 못하여 미래의 시장이 과거와 상당히 다르다면 실제로 실현된 잔차는 인덱스 펀드를 구성할 때 추정된 잔차와 상당한 괴리 발생 가능

★★★
056 벤치마크와 잔차위험을 최소화할 수 있는 인덱스 펀드 구성방법은?

① 완전복제법　　　　　　　　　　② 표본추출법

③ 최적화법　　　　　　　　　　　④ 계량분석법

 　완전복제법은 벤치마크를 구성하는 모든 종목을 벤치마크의 구성비율대로 사서 보유하는 가장 단순하고 직접적인 방법으로서, 벤치마크를 거의 완벽하게 추종할 수 있다.

★★★
057 인덱스 펀드 구성방법인 최적화법에 관한 설명으로 옳지 않은 것은?

① 포트폴리오 모형을 이용하여 주어진 벤치마크에 대비한 잔차위험이 허용수준 이하인 포트폴리오를 만드는 방식이다.
② 완전복제법이나 표본추출법에 비해 훨씬 적은 종목이면서도 예상되는 잔차가 충분히 낮은 인덱스 펀드를 만들 수 있는 것이 장점이다.
③ 벤치마크를 구성하는 모든 종목을 보유하지 않으면서도 벤치마크의 핵심적인 특징을 유사하게 유지하는 포트폴리오를 만들 수 있다.
④ 미래의 시장이 과거와 상당히 다르다면 실제로 실현된 잔차는 인덱스 펀드를 구성할 때 추정된 잔차와 상당히 다를 수도 있다.

> **해설** 벤치마크를 구성하는 모든 종목을 보유하지 않으면서도 벤치마크의 핵심적인 특징을 유사하게 유지하는 포트폴리오를 만드는 것은 표본추출법이다.
> ④ 최적화법의 문제점은 근본적으로 이 모형에서 사용된 가격정보가 과거자료이고, 사용된 모형이 주식의 속성을 정확하게 반영하지 못하는 점이다. 따라서 미래의 시장이 과거와 상당히 다르다면 실제로 실현된 잔차는 인덱스 펀드를 구성할 때 추정된 잔차와 상당히 다를 수도 있는 것이다.

★★★
058 맞춤형 인텍스 펀드에 관한 내용으로 가장 거리가 먼 것은?

① 맞춤형 벤치마크를 만드는 가장 큰 이유는 투자할 수 있는 종목에 제한이 없어 시장 전체를 추종하는 경우이다.
② 스타일 펀드는 성장성, 소형주, 높은 배당수익률 등 특정 요인의 성과만을 나타내도록 만들어진 지수를 추종하기 위한 펀드이다.
③ 스타일 펀드는 비용이 낮으면서도 액티브 운용의 대안으로 1980년대 말에 미국에서 유행하기 시작했다.
④ 최근에 특정 스타일이나 섹터에만 투자하는 패시브 펀드들도 많이 나타나고 있다.

> **해설** 맞춤형 벤치마크를 만드는 가장 큰 이유는 투자할 수 있는 종목에 제한이 있는 경우이다. 즉, 우리나라에서는 대형 보험사가 주식에 투자하는 경우 계열관계에 있는 주식에 대한 투자를 금지하는 것이 보통인데, 이 경우 계열사의 주식이 주식시장 전체에서 차지하는 비중이 크다면 별도의 맞춤형 지수가 필요하다.

★★★
059 액티브 운용의 특징으로서 가장 적절하지 않은 것은?

① 주어진 위험범위와 주어진 제약조건 내에서 벤치마크의 성과에 대비해서 가능한 가장 좋은 성과를 올리려는 운용방식이다.

② 좋은 성과를 올리기 위해서는 액티브 운용자는 다른 운용자에 비해 경쟁적 우위를 점할 수 있도록 정보와 통찰력 및 주식 가치평가모형을 포함한 투자지원 도구들이 필요하다.

③ 액티브 운용의 성과가 일관성을 가지지 않는다는 문제점에도 불구하고 여전히 주식운용 방식의 주류를 이루고 있다.

④ 효율적 시장의 가설하에서 액티브 운용의 여지가 상당히 많이 있다.

해설 액티브 운용은 효율적이지 않은 시장 즉, 비효율적 시장의 가설하에서 액티브 운용의 여지가 상당히 많이 있다.

★★★
060 액티브 운용의 투자 스타일에 관한 다음의 설명 중 옳은 것은 몇 개인가?

- 투자 스타일이란 비슷한 수익 패턴을 보이는 운용 방식의 집합을 말한다.
- 전통적으로 주식의 투자 스타일은 가치와 성장의 관점에서 구분되었다.
- 특별히 구분되지 않는 투자 스타일을 혼합 또는 시장지향 스타일이라고 한다.
- 특정 스타일을 가진 펀드매니저를 정확히 평가하기 위해서는 적절한 벤치마크를 이용한 성과요인분석이 중요한다.

① 4개   ② 3개   ③ 2개   ④ 0개

해설 4개의 설명 모두 옳은 말이다.

★★★
061 액티브 운용의 투자 스타일에 관한 설명이다. 잘못된 것은? 심화

① 가치 투자 스타일은 기업의 미래 성장성보다는 현재의 수익이나 자산의 가치관점에서 상대적으로 가격이 싼 주식에 투자하는 운용방식이다.

② 혼합 투자 스타일은 가치투자와 성장투자를 절충한 형태로서, 내재가치보다는 가치주나 성장주 종목을 매입한다.

③ 성장 투자 스타일은 수익성에 높은 관심을 가지는 스타일이다.

④ 시장가치에 의한 투자 스타일은 주식의 시가총액을 기준으로 대형주, 중형주, 소형주 등으로 투자 스타일을 구분하기도 한다.

> **해설** 혼합 투자 스타일은 가치투자와 성장투자를 절충한 형태로 시장지향 스타일이라고도 하며, 전체시장의 평균적인 특성을 보여주며 가치주나 성장주와 관계없이 내재가치보다 주가가 낮다고 판단되는 종목을 매입하려는 경향을 보인다.

🏛 필수핵심정리 〉 액티브 운용의 스타일

구분	구성방법
가치 투자스타일	• 기업의 미래 성장성보다는 현재의 수익이나 자산의 가치관점에서 상대적으로 가격이 싼 주식에 투자하는 운용방식 • 저 PER투자, 역행투자, 고 배당수익률 투자방식 등이 포함
성장 투자스타일	• 수익성에 높은 관심을 가지는 스타일 • 지속적인 성장성에 투자하는 방식과 이익의 탄력성에 투자하는 방식
혼합 투자스타일	• 가치투자와 성장투자를 절충한 형태로 시장지향 스타일이라고도 하며, 전체시장의 평균적인 특성을 보여주며, 가치주나 성장주와 관계없이 내재가치보다 주가가 낮다고 판단되는 종목을 매입 • 가치편향 혼합투자, 성장편향 혼합투자, 적정가격을 가진 성장투자
시장가치에 의한 투자스타일	• 주식의 시가총액을 기준으로 대형주, 중형주, 소형주 등으로 투자 스타일 구분 • 소형주 스타일 → 시가총액이 가장 낮은 종목에 투자 • 중형주 → 대형주에 비해 적게 분석 → 가격이 적절하게 책정되지 않은 종목이 발견될 가능성 높으며 소형주에 비해 재무적으로 안정성이 낮고 변동성이 적음 • 대형주 → 상대적으로 재무적 안정성이 높은 시가총액이 큰 종목 선호 및 뛰어난 분석과 통찰력으로 부가가치 창출 가능

★★★
062 사회적 책임 투자에 관한 설명으로 옳지 않은 것은?

① 윤리적 가치와 사회적 관심을 투자결정과 연계한다.

② 개인투자자나 공공기금 또는 종교단체들이 요구하는 경우가 많아졌다.

③ 담배 · 도박 · 무기관련 산업 또는 환경오염기업 등이 투자대상에 포함된다.

④ 시장과 다른 편향된 특성을 보이게 된다.

사회적 책임 투자(Socially Responsible Investing ; SRI) 또는 윤리투자는 일반적으로 SRI관점에서 담배 · 도박 · 무기관련 산업 또는 환경오염 · 인권 · 노동기준 · 기업지배구조에서 취약한 기업 등을 투자대상에서 제외한 종목에 투자한다. 따라서 이러한 사회악적 성격의 특정 산업이 투자대상에서 배제됨으로써 성장성으로 편향된 포트폴리오가 구성될 수 있으며, 상대적으로 대형주가 많이 배제됨으로써 중소형주로 편향된 포트폴리오가 구성될 수도 있다.

···TOPIC **9** 준액티브(Semi-Active) 운용

★★★
063 준액티브 운용에 관한 설명으로 가장 적절한 것은?

① 추가적인 위험을 많이 부담하면서도 특정한 벤치마크와 동일한 성과를 획득하려는 전략이다.

② 액티브 운용과의 가장 큰 차이는 벤치마크와 괴리될 위험을 적절하게 통제하는 데에 있다.

③ 수익률을 증가시키기 위하여 위험을 부담하는데 그 잔차위험은 감소하나 증가된 수익률보다 크다.

④ 월등하게 좋은 성과를 내는 종목이나 사건을 발견하는 데에 초점을 맞춘다.

해설 ① 준액티브 운용은 추가적인 위험을 많이 발생시키지 않으면서 벤치마크에 비해 초과수익을 획득하려는 전략이다. 그러나 특정한 벤치마크와 동일한 성과를 내기 위해 노력하는 것은 가장 대표적인 패시브 운용방식인 인덱스 펀드의 전략이다.
③ 준액티브 운용자는 자신의 투자 통찰력을 반영하여 포트폴리오를 구성하면서도 거기에 수반되는 위험요소들을 중립화해야 하므로, 잔차위험은 증가할 수밖에 없지만 증가된 수익률이 그러한 위험을 보상하고도 남을 수준이 되어야 한다.
④ 준액티브 운용은 월등하게 좋은 성과를 내는 종목이나 사건을 발견하기보다는 조그만 성과를 낼 수 있는 종목이나 사건을 많이 발견하는 데에 초점을 맞춘다.

🏛 필수핵심정리　　정보비율(Information Ration ; IR)

- 액티브 운용의 성과를 측정하는 지표
- 정보비율(IR) → 정보계수(Information Coefficient ; IC)와 전략의 폭(breath ; BR)으로 표시. $IR = IC \cdot \sqrt{BR}$
- 정보계수 → 능력을 나타내는 지표로 예측치와 실제 결과의 상관계수 의미
- 전략의 폭 → 1년 동안 서로 독립적인 초과수익률을 예측하는 숫자 의미

★★★ 064 인핸스드 인덱스 펀드의 설명으로 가장 거리가 먼 것은?

① 인덱스 펀드의 장점을 살리면서도 초과수익을 추구한다.
② 흔히 '인덱스 + 알파 펀드'라고 한다.
③ 빈번한 거래에 따른 높은 운용비용 및 높은 회전율의 속성을 지닌다.
④ 초과수익을 추구하기 위하여 전통적인 인덱스 펀드와 다른 새로운 전략을 포함한다.

 전통적인 인덱스 펀드는 낮은 운용비용을 바탕으로 액티브펀드보다 나은 성과를 추구했으나, 인핸스드 인덱스 펀드(Enhanced Index Fund)는 인덱스 펀드의 장점을 살리면서도 초과수익을 추구함으로써 안정적으로 인덱스 펀드보다 나은 성과를 달성하려는 목적을 가진다. 따라서 인핸스드 인덱스 펀드는 인덱스 펀드의 일반적인 특성인 낮은 운용비용, 낮은 회전율 및 분산투자라는 속성을 여전히 가진다. 다만 이러한 속성 이외에도 초과수익을 추구하기 위하여 전통적인 인덱스 펀드와 다른 새로운 전략(인덱스 구성 방법의 변경, 거래를 통한 초과수익 추구, 포트폴리오 구성방식의 조정, 세부 자산군을 선택하는 전략 등)을 포함한다. 즉, 인핸스드 인덱스 펀드는 예측력을 이용하여 초과수익을 추구하는 액티브 운용의 장점과 낮은 비용 및 원칙을 유지하는 패시브 운용의 장점을 모두 취하려는 응용전략이다.

★★★ 065 다음 중 인핸스드 인덱스 펀드의 전략에 관한 설명으로 옳은 것은?

① 흔히 알려진 제3자가 제공하는 지수를 추적하며, 지수 예측을 하지 아니한다.
② 거래에 따른 가격변동 위험을 최소화하거나 시장적인 요소로 인해 주가가 낮게 형성된 종목을 효과적으로 거래한다.
③ 매매 신호가 발생하면 즉각적인 거래로 인하여 거래회전율을 높인다.
④ 세부 자산군에 집중된 지수를 이용하기 보다는 시장 전체를 대상으로 지수를 이용한다.

 인핸스드 인덱스 펀드는 초과수익을 추구하는 점에서 액티브 운용의 성격도 가지고 있다. 즉, 예측력을 이용하는 액티브 운용의 장점과 낮은 비용 및 원칙을 유지하는 패시브 운용의 장점을 모두 취하려는 운용전략이다. 따라서 유동성이 낮은 종목을 매입하거나 시장충격을 주지 않을 정도의 규모로 분할하여 매도함으로써 시장충격을 최소화한다.

① **인덱스 구성방법의 변경** : 일반적인 인덱스 펀드는 흔히 알려진 제3자가 제공하는 지수를 추적하는 것을 목표로 하는데 비해, 인핸스드 인덱스 펀드는 더 나은 성과를 낼 수 있는 지수를 스스로 만들어 사용하기도 한다.
② **거래를 통한 초과수익 추구**
③ **포트폴리오 구성 방식의 조정** : 매매 신호가 발생하더라도 일정기간 동안 유예기간을 줌으로써 회전율을 낮추기도 한다. 따라서 회전율이 낮으면 거래비용을 낮춤으로써 초과수익에 기여할 수 있다.
④ **세부 자산군을 선택하는 전략** : 보다 나은 성과를 보일 것으로 기대되는 세부 자산군에 집중된 지수를 이용한다. 즉, 일종의 스타일 지수를 추적하기 위한 인덱스 펀드가 이에 해당하며, 순수한 인덱스 펀드와의 차이는 해당 스타일이 시장 전체를 대상으로 하는 지수보다 나은 성과를 보일 것으로 기대한다.

★★★
066 계량 분석 방법에 관한 설명으로 옳지 않은 것은?

① 기업의 적극적인 내재가치를 발견하여 그것보다 저평가된 섹터나 종목을 선택한다.
② 과거에 이러한 전략이 왜 성공적이었으며, 미래에도 이러한 전략이 성공적일 것이라는 것에 대한 나름대로의 이론적 근거를 가진다.
③ 명시적으로 계량화된 전략을 가진다.
④ 과거 데이터의 관점에서의 최적인 전략을 확인할 수 있다.

> 계량 분석 방법(Quantitative Analysis Approach)은 과거 자료를 이용한 계량적인 시뮬레이션 분석을 통해 마련된 최적의 운용전략에 따라 운용하는 방식을 말하며, 이러한 전략은 위 ②∼④의 3가지 특징을 가진다. 이러한 계량 분석 방법은 기업의 적극적인 내재가치를 발견하는 것이 아니라 과거 주가 변동 패턴을 이용하여 귀납적으로 전략을 마련한다는 특징을 가진다.

★★★
067 다음 중 계량 분석 방법의 특징을 모두 묶은 것은?

> ㉠ 주가는 평균으로 회귀한다는 나름대로의 이론적 근거를 가진다.
> ㉡ 명시적으로 계량화된 전략을 가진다.
> ㉢ 과거 데이터의 관점에서 최적인 전략을 확인할 수 있다.
> ㉣ 기술적 분석의 한계점을 극복한다.

① ㉠, ㉢, ㉣
② ㉠, ㉡, ㉣
③ ㉡, ㉢, ㉣
④ ㉠, ㉡, ㉢

> ㉠, ㉡, ㉢이 계량 분석 방법의 특징이다. 그러나 계량 분석 방법은 기술적 분석을 계량적으로 나타낸 것으로 볼 수 있다. 따라서 과거의 주가패턴이 반복되면 유효한 전략이 되나 주가패턴이 변화한다면 유효하지 않는 기술적 분석의 한계를 계량 분석 방법도 동일하게 가진다.

★★★
068 금융공학기법운용전략의 설명으로 틀린 것은?

① 주식이나 선물을 이용하여 구조화된 형태의 수익 · 위험 구조를 가지도록 운용하는 방식이다.

② 근본적으로 델타헤징전략을 이용한다.

③ 투자기간의 만기까지 원하는 수익 · 위험구조와 동일한 델타를 가지도록 주식이나 선물 등의 포지션을 변화없이 고정시킨다.

④ 대표적인 것이 옵션복제방식에 의한 포트폴리오 인슈런스 전략이다.

> **해설** 금융공학기법운용전략(Financial Engineering Technique)은 투자기간의 만기까지 원하는 수익 · 위험구조와 동일한 델타를 가지도록 주식이나 선물 등의 포지션을 지속적으로 변화시킴으로써, 결과적으로 만기에 원하는 수익위험구조가 달성되도록 하는 운용방식이며, 이러한 운용의 대표적인 것이 옵션복제방식에 의한 포트폴리오 인슈런스 전략이다.

★★★
069 델타헤징전략을 이용한 운용에 관한 설명으로 옳은 것은?

① 시장의 등락이나 섹터 또는 개별 종목의 가치분석을 통해 적극적으로 초과수익을 추구하는 점에서 액티브 전략으로 볼 수 있다.

② 액티브 운용의 방식에 비해서 거래가 빈번하지 않다는 점에서는 패시브 전략으로 볼 수 있다.

③ 패시브 운용과 액티브 운용의 두 가지 성격을 동시에 모두 보유하고 있어 전혀 새로운 운용방식으로 볼 수 없다.

④ 기존의 액티브 운용과 패시브 운용이 추구하는 수익 · 위험구조와 다른 수익 · 위험구조를 가진다.

> **해설** ① 시장의 등락이나 섹터 또는 개별 종목의 가치분석을 통해 적극적으로 초과수익을 추구하지 않는다는 점에서 패시브 전략으로 볼 수 있다.
> ② 패시브 전략에 비해서 거래가 빈번하다는 점에서는 액티브 운용의 방식으로 볼 수 있다.
> ③ 패시브 운용과 액티브 운용의 두 가지 성격을 동시에 모두 보유하고 있으면서도 기존의 액티브 운용과 패시브 운용이 추구하는 수익 · 위험구조와 다른 수익 · 위험구조를 가지며 또한 성공적인 운용을 위한 핵심적인 기술이 상이하다는 관점에서 전혀 새로운 운용방식이라고 할 수 있다.

★★★
070 델타헤징을 이용한 운용의 장점으로 옳은 것을 모두 묶은 것은? 심화

> ㉠ 투자기간에 대한 제한이 없다.
>
> ㉡ 사전에 지불해야 하는 비용이 없다.
>
> ㉢ 운용기간 동안의 실제 시장상황을 반영하여 수익·위험구조가 결정된다.
>
> ㉣ 현물 운용 시 액티브 운용을 통해 추가적인 수익을 기대할 수 있다.

① ㉠, ㉡, ㉢, ㉣　　　　　　　　　　② ㉠, ㉡, ㉢
③ ㉠, ㉡　　　　　　　　　　　　　　④ ㉠

해설 ㉠, ㉡, ㉢, ㉣ 모두 델타헤징을 이용한 운용의 장점으로서 모두 옳은 설명이다.

🏛 필수핵심정리 ▷ 델타헤징을 이용한 운용의 단점

- 사전에 수익·위험구조가 확정되지 않고 운용능력에 따라 변화할 가능성이 존재한다.
- 델타헤징에 따른 매매수수료가 과다하게 발생하여 파생상품의 거래수수료보다도 높은 비용이 발생할 수도 있다.
- 실제의 모수가 미래의 모수보다 불리한 경우에는 수익률이 낮아질 수도 있다.

★★★ 071 다음 중 (   )안에 들어갈 내용을 순서대로 나열한 것은?

> • 수익·위험구조를 다양하게 변형시키기 위한 방법으로 장외파생상품을 이용하는 경우에는 (   )이 부담이 된다.
> • 위험자산과 무위험자산 간의 동적자산배분을 이용한 방법은 (   )이 부담이 될 수 있다.

① 매매비용, 거래비용

② 관리비용, 운용비용

③ 거래비용, 매매비용

④ 운용비용, 거래비용

 • 거래비용(Transaction Expenses) : 주로 장외에서 거래되는 상품에 부수적으로 나타나는 직접적이거나 간접적인 모든 비용을 포함한다.
• 매매비용(Trading Expenses) : 주로 거래소에서 거래되는 상품의 직접적인 비용을 의미한다.

···TOPIC 11 혼합전략

★★★ 072 운용자 수준의 혼합전략에 관한 내용으로 틀린 것은?

① 액티브 기법과 패시브 기법을 선택적으로 활용하는 전략이다.

② 능력을 가졌다고 생각하는 특정한 분야에서는 리스크를 취함으로써 초과수익을 취하고, 그러하지 아니한 분야에서는 패시브 운용방식을 유지하는 것이 바람직하다.

③ 혼합전략 운용방식을 효과적으로 유지하기 위해서는 매니저가 가진 능력의 분야를 판정할 수 있는 성과요인분석 모형이 필요하다.

④ 종목선정을 통해 추가적인 수익률을 올릴 수 없다면, 액티브 운용방식을 선택하는 것이 더 매력적인 투자방법이다.

해설 종목선정을 통해 추가적인 수익률을 올릴 수 없다면, 관리비용이나 거래비용이 저렴한 패시브 운용방식이 더 매력적인 투자방법이 될 수 있다.

★★★
073 대형 기금의 혼합전략에 관한 설명 중 옳은 것을 묶은 것은? 심화

> ㉠ 핵심–위성조합과 액티브–보완조합으로 구분할 수 있다.
> ㉡ 핵심–위성조합과 액티브–보완조합의 차이는 패시브 펀드(준액티브 펀드 포함)를 이용하는 방식에 있다.
> ㉢ 핵심–위성조합에서 액티브 운용 전체는 시장 전반을 담당하며, 패시브 펀드는 액티브 운용에서 제외된 분야를 보충하기 위한 펀드로 이용한다.
> ㉣ 액티브–보완조합은 패시브 펀드를 핵심 포트폴리오로 활용하고 액티브 펀드는 초과수익을 올리기 위한 특수 포트폴리오를 이용한다.

① ㉠, ㉡, ㉢, ㉣   ② ㉠, ㉡

③ ㉢, ㉣   ④ ㉠, ㉡, ㉢

해설
㉢ 핵심–위성조합(Core–Satellite)은 패시브 펀드를 핵심 포트폴리오로 활용하고 액티브 펀드는 초과수익을 올리기 위한 특수 포트폴리오를 이용한다.

㉣ 액티브–보완조합(Active–Completeness)은 초과 성과를 내기 위한 액티브 운용의 초점에 맞춰져 있어, 액티브 운용 전체는 시장 전반을 담당하며, 패시브 펀드는 액티브 운용에서 제외된 분야를 보충하기 위한 펀드로 이용한다.

위 ㉢과 ㉣이 패시브 펀드(준액티브 펀드 포함)를 이용하는 방식에 따른 핵심–위성조합과 액티브–보완조합의 차이이다.

 필수핵심정리   대형 기금의 혼합전략

핵심–위성 조합	• 액티브 · 핵심조합이라고도 불리는 형태 • 패시브펀드&준액티브 → 기금 전체에서 절대적인 비중을 차지하는 핵심 포트폴리오로서 벤치마크와 유사한 성과를 내기 위해 구성종목이 넓게 분산 • 액티브 펀드 → 특화된 운용으로 초과수익률을 달성하기 위해 이용
액티브–보완 조합	• 패시브 운용을 보완펀드의 목적으로 이용 • 액티브 운용자가 초과수익을 달성할 수 있는 분야를 선정하여 집중적으로 투자 • 보완펀드 → 액티브 운용이 담당하지 않는 분야만 대상으로 운용하는 펀드를 설정 ※ 위와 같이 설정하면 기금이 투자하고자 하는 벤치마크 전체에 대해 투자하는 포트폴리오 구성 가능

... T O P I C 12 주식포트폴리오 구성의 실제

★★★
074 주식포트폴리오 구성과정의 설명으로 거리가 먼 것은?

① 실제 주식포트폴리오의 구성은 향후 운용성과를 결정짓는 중요한 운용행위이다.

② 주식포트폴리오 구성시 우선적으로 고려해야 할 사항은 투자자의 투자목적과 투자환경의 분석을 통한 명확한 목표설정이다.

③ 펀드매니저는 투자자의 투자목적과 투자환경의 미세한 변화에 대해 주식포트폴리오의 성격을 지속적으로 변경시켜야 한다.

④ 포트폴리오 구성방법은 투자자의 투자목적과 펀드매니저의 운용철학 및 운용스타일에 따라 다양하게 나타난다.

> **해설** 투자자의 투자목적과 투자환경에 대한 분석을 통해 명확한 목표를 설정함에 따라 주식포트폴리오의 성격이 결정되며, 한번 결정된 포트폴리오의 성격은 투자자의 투자목적과 투자환경이 크게 바뀌지 않는 한 지속적으로 펀드매니저가 유지하여야 한다.

★★★
075 액티브 운용에 적용되는 주식포트폴리오 프로세스의 내용으로 틀린 것은?

① 첫 단계는 투자가능 종목에 대한 1차 선정을 거쳐 투자가능 종목군인 투자 유니버스를 만드는 것이다.

② 패시브의 모델 포트폴리오는 벤치마크 수익률을 초과달성하기 위한 다양한 포트폴리오 구성전략을 가져간다.

③ 트레이딩 단계는 펀드매니저의 의도대로 실제 포트폴리오가 구성될 수 있도록 주식을 실제 매매하는 단계이다.

④ 재조정단계는 실제 포트폴리오와 모델 포트폴리오와의 성과를 측정하여 실제 포트폴리오 및 모델 포트폴리오의 재조정의 필요여부를 판단하는 단계이다.

> **해설** 패시브의 모델 포트폴리오는 벤치마크 수익률과의 오차를 최소화하기 위한 포트폴리오 구성이 이루어지며, 벤치마크 수익률을 초과달성하기 위한 다양한 포트폴리오 구성전략을 가져가는 것은 액티브의 모델 포트폴리오의 구성이다.

투지 유니비스 선정	• 투자가능종목에 대한 1차 선정과정을 거쳐 투자 유니버스(Universe ; 투자가능 종목군) 선정 • 목적 : 전체 시장의 종목을 대상으로 투자목적에 부합한 1차 선정기준을 적용하여 투자에 부적합한 종목 제거 과정 • 적용기준 : 거래 유동성, 재무위험, 기업규모 등 주로 계량적인 방법

▼

모델 포트폴리오 구성	• 투자 유니버스를 대상으로 모델 포트폴리오 구성 • 목적 : 실제 포트폴리오 구성을 위한 기준으로서 투자목적과 펀드매니저의 운용스타일에 근거한 벤치마크를 추종할 수 있는 최적의 포트폴리오 • Passive 포트폴리오 : 벤치마크 수익률과의 오차를 최소화하기 위한 포트폴리오 구성 • Active 포트폴리오 : 벤치마크 수익률을 초과달성하기 위한 다양한 포트폴리오 구성전략

▼

실제 포트폴리오 구성	• 모델 포트폴리오를 근간으로 하여 시장상황을 고려하여 펀드의 실제 포트폴리오 구성 • 모델 포트폴리오의 완벽한 복제의 현실적 어려움으로 모델 포트폴리오의 복제비율을 일정비율 이상으로 제한하여 재량권 부여하기도 함

▼

Trading	펀드매니저의 의도대로 실제 포트폴리오가 구성될 수 있도록 주식을 실제 매매하는 단계

▼

성과평가 및 위험관리	실제 포트폴리오와 모델 포트폴리오와의 성과를 측정하여 실제 포트폴리오 및 모델 포트폴리오의 재조정의 필요 여부를 판단하는 단계

▼

재조정	• 항상 최적으로 포트폴리오를 유지하기 위한 마지막 단계 • 리밸런싱(Rebalancing) : 기존의 모델 포트폴리오에서 주가의 변동으로 인하여 발생된 차이를 원래의 의도대로 복구시키는 과정. 초기 모델 포트폴리오를 구성할 때의 모든 가정이 변화지 않았을 경우 시행 • 업그레이딩(Upgrading) : 주가의 변동으로 인해 변화된 포트폴리오를 기준으로 그 시점에서 다시 최적의 포트폴리오를 구성하는 방법. 처음 모델 포트폴리오 구성할 때의 시장상황이 변하여 새로운 포트폴리오를 구성할 필요가 있는 경우 시행

★★★
076 다음 설명은 주식포트폴리오 프로세스 중 어느 것에 대한 설명인가?

> • 처음 모델 포트폴리오 구성할 때의 시장상황이 변하여 새로운 포트폴리오를 구성할 필요
> 가 있는 경우에 시행
> • 주가의 변동으로 인해 변화된 포트폴리오를 기준으로 그 시점에서 다시 최적의 포트폴리
> 오를 구성하는 방법

① 투자 유니버스(Universe) ② 모델 포트폴리오 구성
③ 업그레이딩(Upgrading) ④ 리밸런싱(Rebalancing)

해설 재조정 단계의 업그레이딩(Upgrading)에 대한 설명이다.

🏛 필수핵심정리 ▶ 리밸런싱(Rebalancing)과 업그레이딩(Upgrading)

리밸런싱	업그레이딩
• 초기 모델 포트폴리오를 구성할 때의 모든 가정이 변하지 않았을 경우 시행 • 기존의 모델 포트폴리오에서 주가의 변동으로 인하여 발생된 차이를 원래의 의도대로 복구시키는 과정	• 처음 모델 포트폴리오 구성할 때의 시장상황이 변하여 새로운 포트폴리오를 구성할 필요가 있는 경우에 시행 • 주가의 변동으로 인해 변화된 포트폴리오를 기준으로 그 시점에서 다시 최적의 포트폴리오를 구성하는 방법

★★★
077 주식포트폴리오를 구성하는 종목선정의 조건으로 옳은 것을 묶은 것은?

> ㉠ 주식포트폴리오의 성격을 충분히 반영할 수 있는 종목이어야 한다.
> ㉡ 주어진 벤치마크를 추종할 수 있는 종목이어야 한다.
> ㉢ 주식 유동성이 주식포트폴리오로의 편입과 편출에 용이할 정도로 충분해야 한다.
> ㉣ KOSPI 200종목 또는 KOSDAQ 대형주 종목이어야 한다.

① ㉠, ㉣ ② ㉠, ㉢, ㉣ ③ ㉠, ㉡ ④ ㉠, ㉡, ㉢

해설 주식포트폴리오를 구성하는 종목선정의 목적이 최적의 포트폴리오를 구성하는데 있다고 보는 경우의 종목선정의 조건은 ㉠, ㉡, ㉢이다.

★★★
078 최종적인 종목선정의 하향식 방법에 관한 설명으로 옳은 것은?

① 개별종목은 선정된 섹터, 산업, 테마에 합당한 종목을 중심으로 선정한다.
② 개별종목을 선정하는 것을 중요하게 여긴다.
③ 개별종목의 내재가치를 측정하는 기법을 가지고 있다.
④ 산업이나 섹터, 국가별 요소는 부차적인 요소이다.

해설 하향식 방법은 종목선정보다는 섹터, 산업, 테마의 선정을 강조하는 방법이다.
②, ③, ④는 상향식 방법에 대한 설명이다.

🏛 필수핵심정리 　하향식 방법(Top-Down Approach)과 상향식 방법(Bottom-Up Approach)

하향식 방법	상향식 방법
• 종목선정보다는 섹터(Sector), 산업, 테마의 선정을 강조하며, 개별 종목은 선정된 섹터, 산업, 테마에 합당한 종목을 중심으로 선정 • 스코어링(Scoring) 과정(섹터 구분 → 공통요소 분해 → 개별요소 분해 → 스코어링 시스템)을 거쳐 섹터별 비중을 결정한 후, 각 섹터별로 종목을 선정	• 산업이나 섹터 및 국가별 요소는 부차적인 요소로서 개별종목을 선정하는 것을 중요하게 여김 • 개별종목의 내재가치를 측정하는 기법을 가지고 있어, 내재가치에 비해 시장가격이 낮을수록 투자하기에 유망한 종목으로 인정되며 포트폴리오에서 차지하는 비중이 높아짐

★★★
079 이상현상과 종목선정에 관한 설명으로 가장 적합하지 않은 것은?

① 이상현상이란 시장이 비효율적이라면 나타날 현상이 실제 주식시장에서 나타나지 않는 현상을 말한다.
② 이상현상은 어떤 규칙에 의해 투자하면 시장평균보다 더 많은 수익을 올리는 투자기법을 의미한다.
③ 이상현상은 투자의사결정의 기본이 되는 정보와 깊은 관계가 있다.
④ 이상현상은 크게 정보비효율 그룹, 상대적 저가주 효과 그룹, 수익률 역전 그룹의 세 가지로 분류할 수 있다.

해설 이상(Anomaly)현상이란 '예외적인 현상'이라는 의미로 시장이 효율적이라면 발생하지 않을 현상이 실제 주식시장에서 나타나는 현상을 말한다.

★★★
080 다음 중 이상현상의 수익률 역전 그룹에서 나타나는 효과로 보기 어려운 것은? 심화

① 장기 수익률 역전 현상 효과　　　② 저 β효과

③ 1월 효과　　　④ 잔차수익률 역전 현상 효과

 해설 1월 효과는 정보비효율 그룹에서 나타날 수 있는 효과이다.

🏛 필수핵심정리 ▶ 이상현상의 그룹별 효과의 구분

정보비효율 그룹	상대적 저가주 효과 그룹	수익률 역전 그룹
• 수익예상 수정효과 • 수익예상 추세효과 • 무시된 기업효과 • 소형주 효과 • 1월 효과	• 저 PER 효과	• 장기 수익률 역전 현상 • 저 β효과 • 잔차수익률 역전현상 • 고유수익률 역전현상

★★★
081 포트폴리오 구성 시 고려사항에 관한 내용으로 옳지 않은 것은?

① 벤치마크는 투자자와 펀드매니저 사이의 효과적인 의사소통 수단이 된다.

② 리스크에 대한 허용도는 펀드매니저가 객관적으로 결정해야 할 수치이다.

③ 투자가능 종목군 선정시 모든 종목에 대하여 판단하고 주의를 기울여야 하고, 임의적인 잣대로 확실히 부적당하지 않은 종목을 제외시키지 않아야 한다.

④ 매매비용은 증권 중개자에게 지급하는 직접적인 비용은 물론 해당 투자자의 매입과 매도에 따른 시장충격을 감안한 총비용이 적용되어야 한다.

 해설 펀드의 위험(Risk)이란 투자자가 원하는 기대수익을 얻기 위해 부담해야 하는 위험의 크기를 말하므로, 리스크에 대한 허용도는 투자자가 주관적으로 결정해야 할 수치이다. 즉, 리스크 허용도는 투자자가 펀드매니저에게 지정해야 할 항목이다.

※ **포트폴리오 구성 시 고려사항 :** 벤치마크(Benchmark), 위험(Risk), 투자가능 종목군(Universe), 포트폴리오 편입 종목 수, 매매비용과 매매의 원칙, 관점에 따른 패시브와 액티브의 구분

★★★
082 벤치마크가 충족해야 할 기본적 조건으로 가장 거리가 먼 것은?

① 편입종목과 가중치 등 구체적인 내용이 운용 이전에 명확하게 정해져야 한다.
② 벤치마크의 성과를 펀드매니저가 추적하는 것이 가능해야 한다.
③ 실제운용의 목표와 부합되는 운용상을 반영하고 있어야 한다.
④ 투자자가 미리 결정한 경우 펀드매니저는 이를 수정하거나 새롭게 만들 수 없다.

해설 벤치마크는 운용성과를 평가할 때 기준이 되는 구체적인 포트폴리오로 평가기준임과 동시에 운용자가 추구해야 할 가장 이상적인 포트폴리오이다. 이러한 벤치마크는 다양하지만 위의 ①~③의 세 가지 조건을 기본적으로 충족해야만 한다. 다만, 벤치마크를 투자자가 미리 결정한 경우 펀드매니저의 입장에서는 이를 존중하여 포트폴리오를 구성하기도 하나, 투자자와 협의하여 투자목적에 맞는 적합한 벤치마크를 선정하여 새롭게 만들 수도 있다.

★★★
083 투자자의 입장에서 펀드매니저의 운용에 따른 리스크를 판단하기 위한 도구에 관한 내용으로 옳은 것은? 심화

① 정보비율이란 주어진 신뢰수준에서 일정기간 발생할 수 있는 최소손실금액을 의미한다.
② VaR(Value at Risk)는 펀드수익률에서 벤치마크 수익률을 차감한 값을 펀드수익률과 벤치마크수익률간의 추적오차로 나누어 계산한 수치이다.
③ VaR를 정하기 위해서는 기대하는 액티브 수익률과 잔차위험이 필요하다.
④ 벤치마크에 대한 민감도(β)에 따라 생기는 위험, 기업규모에 따라 생기는 위험, 종목의 분산정도에 따라 생기는 위험 등 여러 요인에 의한 위험이 있을 수 있다.

해설 투자자의 입장에서 펀드매니저의 운용에 다른 리스크를 판단하기 위한 기본적인 도구로 정보비율(Information Ratio : IR)과 VaR(Value at Risk)가 있다.
① 정보비율 : 펀드수익률에서 벤치마크 수익률을 차감한 값(초과수익률 또는 액티브 수익률이라 함)을 펀드수익률과 벤치마크수익률간의 추적오차(잔차위험이라고도 함)로 나누어 계산한 수치
② VaR(Value at Risk) : 주어진 신뢰수준에서 일정기간 발생할 수 있는 최대손실금액을 의미. 이는 투자자나 펀드매니저 입장에서 포트폴리오에 대한 위험허용도 대비 실제 포트폴리오의 위험수준을 판단할 수 있는 유용한 지표이다.
③ 정보비율을 정하기 위해서는 기대하는 액티브 수익률[$E(\alpha)$]과 잔차위험(ω)이 필요하다.

★★★
084 포트폴리오 구성 시 매매의 원칙에 관한 내용으로 적합하지 않은 것은?

① 교체전략이란 기존 포트폴리오를 대체할 종목을 지속적으로 발굴하며, 이미 보유한 포트폴리오 중에서 기본적 가치가 하락하는 종목을 발견하여 교체하는 것을 말한다.
② 매매가 많아짐에 따라 매매회전율이 높아지고 이는 높은 매매비용을 발생시킨다.
③ 일반적으로 가치 스타일 투자는 매매회전율이 높으며, 성장 스타일 투자는 매매회전율이 낮다.
④ 매매활동의 정당성을 확보하기 위해서는 매매비용을 포함한 모든 비용을 차감한 후 얻어지는 효용이 기존 포트폴리오를 보유했을 때 얻어지는 효용보다 높아야 한다.

> **해설** 일반적으로 가치 스타일 투자는 매매회전율이 낮으며, 성장 스타일 투자는 매매회전율이 높다.

···TOPIC 13 주식포트폴리오 모형

★★★
085 포트폴리오 모형의 내용으로 가장 적절하지 않은 것은?

① 포트폴리오 모형은 포트폴리오가 가지는 특성을 분석함으로써 투자의사결정에 활용하기 위한 모형이다.
② 포트폴리오의 특성을 이해하기 위해서 투자대상의 수익률특성에 초점을 맞추게 된다.
③ 액티브 운용에서는 초과수익을 내기 위한 위험요소를 선택하기 위해 포트폴리오 모형을 이용한다.
④ 패시브 운용에서는 포트폴리오의 위험요소를 벤치마크의 위험요소와 동일한 수준으로 유지하기 위한 목적으로 이용한다.

> **해설** 투자수익률은 위험을 부담한 것에 대한 보상의 결과로 나타나므로, 포트폴리오의 특성을 이해하기 위해서 투자대상의 위험특성에 초점을 맞추게 된다. 따라서 포트폴리오 모형을 리스크 모형이라고도 한다.

★★★
086 포트폴리오 모형의 종류로 볼 수 없는 것은?

① 다중요인 모형   ② 선형계획 모형
③ 단일요인 모형   ④ 2차함수 최적화 모형

> **해설** 포트폴리오의 모형에는 다중요인 모형, 2차함수 최적화 모형 및 선형계획 모형이 있다.

★★★
087 포트폴리오 모형에 관한 설명 중 옳지 않은 것은?

① 가장 대표적인 리스크모델은 2차함수 최적화 모형이다.

② 다중요인 모형은 주식의 리스크를 베타, 규모, 성장성, 레버리지, 해외시장 노출도, 산업 등 여러 가지 체계적인 요인으로 구분하고, 이외의 리스크는 비체계적 위험 또는 고유위험으로 불린다.

③ 2차함수 최적화 모형은 기대수익률과 추정위험 간의 최적의 균형점을 찾을 수 있도록 한다.

④ 선형계획 모형은 일정한 제약조건을 만족시키는 포트폴리오 중에서 기대수익률을 최대화하는 것을 찾는 방법이다.

 포트폴리오의 모형 중 가장 대표적인 리스크모델은 다중요인 모형이다.

★★★
088 다음 중 2차함수 최적화 모형의 문제점으로 가장 옳은 것은? 심화

> ㉠ 기대수익과 기대위험의 추정치에는 오류가 개재되어 있다.
> ㉡ 기대수익이 높고 기대위험이 낮게 추정된 주식은 과도하게 투자된다.
> ㉢ 기대수익이 낮고 기대위험이 높게 추정된 주식은 투자비중이 낮게 된다.
> ㉣ 일반적인 위험요소는 물론 투자자의 위험선호도를 적극적으로 반영할 수 있다.

① ㉠, ㉢, ㉣   ② ㉡, ㉢

③ ㉠, ㉡, ㉢   ④ ㉠, ㉡, ㉢, ㉣

해설 2차함수 최적화 모형은 기대수익률과 추정위험 간의 최적의 균형점을 찾을 수 있도록 하기 때문에 매니저에게 여러 가지 관점에서 유용한 도구이며, 최소한의 투자정보를 효율적으로 이용하기 위한 체계를 제시해준다. 그러나 이 모형은 근본적으로 기대수익과 기대위험을 이용하고 있는데, 이것의 추정치에는 오류가 개재되어 있기 때문에 ㉡과 ㉢의 문제점이 발생하기 때문에 그대로 이용되는 경우는 많지 않다. ㉣은 선형모형에서 흔히 이용하는 제약조건이 있는 최적화 기법의 장점이다.

★★★
089 포트폴리오 모형의 선형계획 모형에 관한 설명으로 잘못된 것은? 심화

① 2차 함수의 최적화 모형의 대안으로 제안된다.
② 일정한 제약조건을 만족시키는 포트폴리오 중에서 위험을 최소화하는 방법이다.
③ 제약조건에는 규모, 산업별 분산정도, 배당수익률, 거래비용, 유동성 등이 포함될 수 있다.
④ 사전에 위험의 크기를 정확히 측정하지 못했던 위험요소가 있는 경우에도 해당 위험요소의 범위를 사전에 통제할 수 있다.

> **해설** 선형계획 모형은 일정한 제약조건을 만족시키는 포트폴리오 중에서 기대수익률을 최대화하는 것을 찾는 방법으로서, 2차함수의 최적화 모형의 대안으로 제안되기도 한다. 제약조건은 벤치마크에서 차지하는 비중을 중심으로 일정한 변동범위를 정하는 방식이 일반적이다.

★★★
090 포트폴리오 모형의 활용에 관한 거리가 가장 먼 것은?

① 포트폴리오 모형은 액티브 운용을 지원하기 위해서만 사용하고, 패시브 운용에서는 사용하지 아니한다.
② 액티브 운용이 포트폴리오 모형을 이용하기 위해서는 특정 위험요소로부터 창출될 것으로 기대되는 예상수익률을 추정하거나 개별종목의 고유한 요인에 의한 예상수익률을 추정한다.
③ 액티브 운용이 포트폴리오 모형을 이용하기 위해서는 각각의 위험요소가 나타내는 예상위험의 크기를 표준편차 등의 공통된 위험지표로 추정한다.
④ 포트폴리오 모형에서 제약조건을 가진 최적화과정을 통해 투자대상종목과 투자비중이 결정된다.

> **해설** 포트폴리오 모형을 가장 적극적으로 이용하는 것은 액티브 운용을 지원하기 위한 목적이다. 그러나 패시브 운용에서도 포트폴리오 모형은 이용된다. 다만, 순수한 패시브 운용은 포트폴리오를 벤치마크와 동일하게 유지하는 것이 목적이므로 기대수익률과 기대위험의 추정이 필요하지 않다.

★★★
091 다음 중 국내 주식 펀드의 운용에서 액티브 운용 펀드로 보기 어려운 것은?

① 시장지수를 대상으로 하는 주식형 펀드
② 시장지수를 대상으로 하는 자산배분형 펀드
③ 특정 산업이나 섹터를 대상으로 하는 주식형 펀드
④ 상장지수펀드(ETF)

상장지수펀드(ETF)는 패시브 및 준액티브 운용 펀드이다. 즉, 상장지수펀드는 추종하는 지수의 수익률을 달성하는 펀드를 설정한 후 펀드가 발행한 증권을 거래소에 상장함으로써 현물 주식의 매매에 따른 시장충격을 방지하면서 투자자에게 인덱스펀드와 동일한 수익률을 제공하는 장점을 가진다.

패시브 및 준액티브 운용 펀드로는 가장 패시브한 운용을 하는 상장지수펀드, 차익거래를 통해 초과수익을 추구하는 인덱스 펀드 및 초과수익을 추구하기 위한 맞춤형 지수의 구성 등이 있다.

★★★
092 운용형태별 수익률과 위험에 관한 설명으로 옳은 것은?

① 패시브 펀드의 잔차위험은 액티브 펀드의 잔차위험에 비해 현저하게 크다.

② ETF는 패시브 펀드 중에서도 가장 낮은 잔차 위험을 보이고 있다.

③ 액티브 펀드에서 나타나는 잔차위험은 체계적 위험의 변동없이 순수한 잔차위험이다.

④ 액티브 펀드 내에서는 잔차위험의 크기와 초과수익률의 관계가 거의 없다.

 ① 패시브 펀드의 잔차위험은 액티브 펀드의 잔차위험에 비해 현저하게 적다.

③ 패시브 펀드의 잔차위험은 체계적 위험의 변동없이 순수한 잔차위험이며, 이에 따른 초과수익률은 특정한 패턴을 형성하기 어렵다. 그러나 액티브 펀드에서 나타나는 잔차위험은 체계적 위험의 차이를 반영하고 있기 때문에 시장이 상승하는 경우 잔차위험이 클수록 수익률 증대현상으로 나타난다.

④ 패시브 펀드 내에서는 잔차위험의 크기와 초과수익률의 관계가 거의 없으나, 액티브 펀드 내에서는 잔차위험이 클수록 초과수익률도 다소 상승한다.

★★★
093 액티브 펀드와 패시브 펀드의 수익률과 위험에 관한 설명으로 옳은 것은?

① 액티브 펀드의 초과수익률의 편차는 작게 나타난다.

② 액티브 펀드의 표준편차는 패시브 펀드의 표준편차보다 항상 크다.

③ 액티브 펀드의 수익률 편차는 패시브 펀드의 편차보다 작게 나타난다.

④ 액티브 펀드의 잔차위험은 패시브 펀드의 잔차위험보다 크다.

해설 ① 액티브 펀드의 초과수익률의 편차는 패시브 펀드보다 크게 나타난다.

② 액티브 펀드의 표준편차(절대적인 위험)는 패시브 펀드에 비해 작은 것도 많이 존재한다.

③ 액티브 펀드의 수익률 편차는 패시브 펀드보다 크게 나타난다.

CHAPTER 05 채권투자운용 및 투자전략

주요 내용	중요도	주요 출제 내용
채권의 개요·시장	★★	채권의 분류와 종류, 자산유동화증권, 발생시장과 유통시장
채권가격결정과 채권수익률	★★★	채권가격결정의 기본원리와 특성, 채권수익률, 채권투자 수익, 채권가격 변동성
듀레이션과 볼록성	★★★	듀레이션과 볼록성, 실효듀레이션과 실효볼록성
금리체계	★★★	수익률곡선 및 선도이자율, 기간구조이론, 수익률의 위험구조
채권운용전략	★★★	투자목표 설정, 적극적 채권운용전략, 소극적 채권운용전략 등

내용 구성 및 주요 출제내용 분석

출제경향 분석 및 학습요령

채권투자운용·투자전략은 총 6문제가 출제되는 부분으로서, 채권가격과 채권수익률, 듀레이션과 볼록성, 금리체계, 채권운용전략에서 약 1~2문제 정도가, 채권의 개요와 채권시장에서 1문제 정도가 출제된다.

특히, 채권가격결정과 수익률 및 변동성, 듀레이션과 볼록성, 수익률곡선과 선도이자율, 기간구조이론, 적극적 및 소극적 채권운용전략 등은 거의 매회 출제되는 중요한 부분이다.

···TOPIC 1 채권의 개요

★★★
001 채권의 기본적 특성에 관한 설명으로 옳지 않은 것은?

① 채권의 발행은 발행주체의 자격요건 및 발행요건 등 법으로 제한되어 있다.
② 채권은 증권시장에서 자유롭게 거래될 수 있다.
③ 주식회사가 채권을 공모할 경우에는 금융위원회에 등록하고 증권신고서를 미리 제출하여야 한다.
④ 채권은 정부, 지방자치단체, 특별법에 의하여 설립된 법인 및 상법상의 모든 회사 등이 발행할 수 있다.

해설 채권은 발행할 수 있는 기관과 회사가 법률로써 정해진다. 일반적으로 정부, 지방자치단체, 특별법에 의하여 설립된 법인 및 상법상의 주식회사만이 발행할 수 있다.

★★★
002 채권의 일반적 특성에 대한 설명으로 틀린 것은?

① 고정금리 또는 변동금리에 관계없이 일반적으로 채권발행시에 이미 지급해야 할 이자와 원금의 상환금액 또는 그 기준이 확정되어 있는 확정이자부증권이다.
② 원금과 이자의 상환기간이 사전에 정해져 있는 기한부증권이다.
③ 일반적으로 단기의 운영자금을 조달하기 위하여 발행하는 단기상환증권이다.
④ 기업의 경영성과 발생 여부와 관계없이 약정이자를 지급하는 이자지급증권이다.

해설 채권은 일반적으로 장기의 자금을 조달하기 위하여 장기의 상환기간을 가진 장기증권이다.
※ **채권의 일반적 특성 :** 확정이자부증권, 기한부증권, 이자지급증권, 장기증권

★★★
003 다음 중 채권의 장점을 묶은 것은?

> ㉠ 수익성   ㉡ 성장성   ㉢ 안전성   ㉣ 유동성

① ㉠, ㉢, ㉣
② ㉠, ㉡, ㉢, ㉣
③ ㉠, ㉡, ㉢
④ ㉡, ㉢, ㉣

해설 채권의 장점은 수익성, 안전성, 유동성이다.
• **수익성 :** 투자자가 어떤 특정한 채권을 보유함으로써 얻을 수 있는 투자수익의 획득
• **안전성 :** 투자자가 약정된 기간에 원금과 약정이자를 현금으로 회수할 수 있는 정도
• **유동성 :** 투자자가 돈이 필요한 경우에 화폐가치의 손실없이 즉시 현금으로 전환할 수 있는 정도

★★★
004 채권의 분류에 관한 설명으로 옳지 않은 것은?

① 발행주체에 따라 국채, 지방채, 특수채, 회사채 등이 있다.

② 보증유무에 따라 고정금리부채권과 변동금리부채권이 있다.

③ 이자지급방법에 따라 이표채, 할인채(무이표채권), 복리채, 거치분할상환채 등이 있다.

④ 상환기간에 따라 단기채, 중기채, 장기채 등이 있다.

> **해설** 보증유무에 따라 보증채와 무보증채로 분류된다. 고정금리부채권과 변동금리부채권은 이자금액의 변동유무에 따른 분류이다.

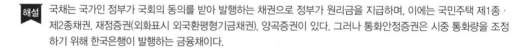

🏛 **필수핵심정리** ▶ **상환기간에 따른 채권의 분류**

- **단기채** : 상환기간이 1년 이하인 채권. 통화안정증권(91일물, 182물), 금융채 1년 만기 등
- **중기채** : 보통 상환기간이 1년에서 5년 이하인 채권. 국민주택 1종, 지역개발공채, 금융채, 대부분의 회사채 등
- **장기채** : 상환기간이 5년 초과인 채권. 국민주택 2종, 서울시 도시철도공채 등

★★★
005 다음 중 국채가 아닌 것은?

① 국민주택채권

② 외화표시 외국환평형기금채권

③ 통화안정증권

④ 양곡증권

> **해설** 국채는 국가인 정부가 국회의 동의를 받아 발행하는 채권으로 정부가 원리금을 지급하며, 이에는 국민주택 제1종 · 제2종채권, 재정증권(외화표시 외국환평형기금채권), 양곡증권이 있다. 그러나 통화안정증권은 시중 통화량을 조정하기 위해 한국은행이 발행하는 금융채이다.

구분	의의	종류	
국채	국회의 의결을 받아 정부가 발행하는 채권	• 양곡증권 • 재정증권(외화표시 외국환평형기금채권)	• 국민주택채권
지방채	지방자치단체가 발행하는 채권	• 지하철공채 • 도로공채	• 지역개발공채 • 상수도공채 등
특수채	특별법에 따른 법인(공사 등)이 발행하는 채권	• 한국전력채권 • 기술개발금융채권 • 예금보험공사채권	• 수자원공사채권 • 토지개발채권 • 가스공사채권 등
	금융기관이 발행하는 채권	• 통화안정증권 • 중소기업금융채권 등	• 산업금융채권
회사채	주식회사가 발행하는 채권	• 보증사채 • 무보증사채	• 담보부사채

★★★
006 다음 중 비금융 특수채로 옳은 것은? 심화

① 토지개발채권, 한국전력공사채권, 예금보험공사채권

② 지하철공채, 지역개발공채, 도로공채

③ 국민주택채권, 외화표시 외국환평형기금채권, 양곡증권

④ 통화안정증권, 산업금융채권, 중소기업금융채권

 특수채는 비금융 특수채와 금융 특수채로 구분할 수 있다.

비금융 특수채는 한국전력, 토지개발공사 등과 같이 법률에 의해 직접 설립된 금융기관이 아닌 특별법인이 발행한 채권으로서 한국전력공사채권, 수자원공사채권, 기술개발금융채권, 토지개발채권, 가스공사채권, 예금보험공사채권 등이 이에 해당한다.

금융특수채는 관련 법률에 설립된 금융기관이 발행한 특수채로서, 한국은행이 발행하는 통화안정증권, 한국산업은행이 발행한 산업금융채권, 중소기업은행이 발행한 중소기업금융채권 등이 이에 해당한다.

② 지방채, ③ 국채, ④ 금융채

정답 004 ② 005 ③ 006 ①

007 채권의 이자지급방법에 따른 분류에 대한 설명으로 틀린 것은?

① 이표채는 채권의 권면에 이표가 붙어 있어 약정 이자지급일에 표면이자를 지급받을 수 있는 채권이다.

② 할인채는 발행 시점에서 표면이자를 선지급하여 차감한 할인가격으로 발행하고 만기에 원금만 지급하는 채권이다.

③ 거치분할상환채는 원금을 일정기간 거치 후 분할상환하는 채권이다.

④ 이표채는 채권보유기간 중 약정이자지급의 현금흐름이 발생하지 아니한다.

해설 복리채는 이자의 재투자에 따라 만기시에 원금과 이자를 동시에 지급되는 채권이고, 할인채는 발행 시 선이자지급 방식으로서 만기시에 원금만 지급하는 채권이므로, 복리채와 할인채는 보유기간 중에는 약정이자의 지급에 따른 현금흐름이 발생하지 아니한다. 그러나 이표채는 약정이자지급에 따른 보유기간 중 현금흐름이 발생한다.

🏛 필수핵심정리 원리금 지급방법에 따른 채권의 구분

구분	의의
이표채	채권의 권면에 이표가 붙어 있어 약정 이자지급일에 표면이자를 지급받을 수 있는 채권으로서, 대부분의 회사채와 국고채, 산금채, 한전채 등 이에 해당
할인채	만기 전에 이자 지급없이 발행 시점에서 표면이자율로 할인한 액면가액 이하의 가격으로 발행하고 만기에 원금만 지급하는 채권으로서, 통화안정증권 등 금융채 일부가 이에 해당하며, 이표채 다음으로 발행비중이 높으며 거래도 활발
복리채	이자가 이자지급기간 동안 복리로 재투자되어 만기 상환시에 원금과 이자를 동시에 지급하는 채권으로서, 국민주택채권 1·2종, 지역개발공채, 금융채 중 일부가 해당 • 연단위 복리채 $S = F \times (1+i)^n$ • 3개월단위(= 연4회 지급) 복리채 $S = F \times (1 + \frac{i}{4})^{n \times 4}$
거치분할상환채	원금을 일정기간 거치 후 분할상환하는 채권으로서 예전의 서울도시철도채권 등이 이에 해당 (예 5년 거치 5년 균등상환 → 채권발행 후 5년차에 첫 번째 이자 및 원금의 분할지급)

008 이표채에 대한 설명으로 옳은 것을 묶은 것은? 심화

⊙ 채권의 발행자가 정해진 단위기간마다 주기적으로 이자를 지급한다.

⊙ 지급이자는 채권 매입시의 만기수익률을 기준으로 산정한다.

⊙ 채권의 권면에 이표가 붙어 있고 이자지급일에 이표를 떼어내어 이자를 지급한다.

⊙ 수익률 변동시에도 채권의 가격변동위험과 채권에서 발생된 표면이자에 대한 재투자위험이 없다.

① ㉠, ㉡   ② ㉡, ㉢   ③ ㉡, ㉣   ④ ㉠, ㉢

 해설 ㉡ 이표채의 지급이자는 채권발행시 결정된 표면이자에 따라 지급된다. 따라서

㉣ 채권보유 중 수익률이 변동하는 경우에는 채권의 가격변동위험과 채권에서 발생된 표면이자에 대한 재투자위험
이 발생한다. 또한 국채, 금융채 일부와 대부분의 회사채가 이표채에 해당한다.

★★★
009 변동금리채권에 관한 설명으로 잘못된 것은?

① 일정기간마다 '기준금리 + 가산금리'로 액면이자를 지급하는 채권이다.

② 액면이자율은 기준금리에 연동되어 매 기간 초마다 정해지며 이자지급은 해당 기간 말에 이루어진다.

③ 기준금리로는 LIBOR, prime rate, 우리나라 91일 CD 수익률 등이 있다.

④ 변동금리채권의 가치는 시장이자율의 변화에 민감하다.

해설 변동금리채권은 정기적으로 조정되는 액면이자율이 시장이자율의 움직임을 반영하여 결정하기 때문에 변동금리채
권의 가치는 시장이자율의 변화에 민감하지 않다.

※ 변동금리채권의 표면금리 = 기준금리(Reference) + 가산금리(Spread)

※ 변동금리채권은 고정금리에 비해 금리 하락 시 발행자에게 유리하고, 금리 상승 시 투자자에게 유리하다.

★★★
010 채권의 종류에 대한 설명 중 옳지 않은 것은?

① 만기에 따라 단기채, 중기채, 장기채로 나눌 수 있으며, 중기채는 보통 상환기간이 1년에서 5년 이하의 채권을 말한다.

② 변동금리부채권은 양도성정기예금증서(CD) 등 기준금리에 연동되어 지급이자율이 변동되는 조건의 채권을 말한다.

③ 감채기금사채는 사채를 발행한 회사가 감채기금을 적립하여 발생된 사채의 일부분을 매년 상환하는 채권으로서, 일반 채권보다 낮은 금리로 자금을 조달할 수 있다.

④ 역변동금리채권은 특정 기준금리에 연동되기는 하지만 기준금리가 상승하면 현금흐름이 증가하도록 설정된 채권이다.

해설 역변동금리채권은 특정 기준금리에 연동되기는 하지만 변동금리채권과는 반대로 기준금리가 상승하면 현금흐름이
감소하도록 설정된 채권이다.

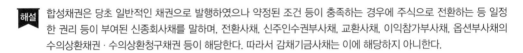

TOPIC 3 합성채권

011 다음 중 합성채권으로 볼 수 없는 것은?

① 감채기금사채 ② 전환사채
③ 신주인수권부사채 ④ 이익참가부사채

> **해설** 합성채권은 당초 일반적인 채권으로 발행하였으나 약정된 조건 등이 충족하는 경우에 주식으로 전환하는 등 일정한 권리 등이 부여된 신종회사채를 말하며, 전환사채, 신주인수권부사채, 교환사채, 이익참가부사채, 옵션부사채의 수의상환채권·수의상환청구채권 등이 해당한다. 따라서 감채기금사채는 이에 해당하지 아니한다.

012 전환사채에 관한 설명이다. 가장 거리가 먼 것은?

① 전환사채는 일정한 조건에 따라 채권을 발행한 회사의 주식으로 전환할 수 있는 권리가 부여된 채권이다.
② 전환 전에는 사채로서의 확정이자를 받을 수 있고, 전환 후에는 주식으로서의 이익을 얻을 수 있는 사채와 주식의 중간형태를 취한 채권이다.
③ 전환사채 발행기업은 일반채권에 비해 상대적으로 낮은 표면이자를 지급함으로써 자금조달비용을 낮출 수 있다.
④ 전환권을 행사하는 경우에는 전환사채의 투자자는 회사채는 그대로 보유하며 별도의 주식인수대금을 납부하여야 한다.

> **해설** 전환사채의 전환권을 행사하는 경우에는 전환사채의 투자자는 별도의 주식인수대금을 납부하는 것이 아니라 전환사채를 소멸시키면서 주식인수대금의 전환가격으로 상계처리된다.
>
> ※ 전환사채의 투자자는 주가 상승 시에는 전환권의 행사를 통해 주가상승의 효과를 누릴 수 있고, 주가 하락 시에는 확정된 원리금에 의한 안정적인 투자수익을 얻을 수 있다.

013 다음은 전환사채의 장점이다. 거리가 먼 것은?

① 일반사채보다 낮은 금리의 발행에 따른 자금조달비용이 경감된다.
② 사채와 주식의 양면성을 지니므로 상품성이 크다.
③ 전환권 행사시 추가자금이 유입된다.
④ 전환권 행사시 고정부채가 자기자본의 전환으로 재무구조 개선효과를 지닌다.

> **해설** 전환권 행사시에는 고정부채에서 자기자본의 전환으로 추가자금의 유입은 없다.

구분	장점	단점
회사 측면	• 일반사채보다 낮은 금리로 발행됨에 따른 자금조달비용의 경감 • 사채와 주식의 양면성을 지님에 따라 상품성이 큼 • 전환권 행사시 고정부채가 자기자본이 되므로 재무구조 개선 효과	• 주식전환에 의한 경영권 지배에 영향을 받을 가능성 • 잦은 자본금 변동 등으로 사무처리의 번잡함
투자자 측면	사채로서의 투자가치의 안정성과 잠재적 주식으로서 시세차익에 의한 고수익 기대 가능	• 보통사채보다 낮은 이자율 • 주가의 하락 등으로 전환권을 행사하지 못할 위험

★★★
014 전환사채의 내용 중 옳은 것은?

① 투자자 측면에서는 사채로서 투자가치의 안정성과 잠재적 주식으로서 시세차익에 의한 고수익을 기대할 수 있다.

② 전환사채의 현재가치는 일반채권의 현재가치와 전환가치 중 큰 금액이다.

③ 전환사채의 하한선은 일반채권으로서의 가치와 전환가치 중 적은 금액이다.

④ 일반채권으로서의 가치가 전환가치보다 작을 때에는 일반채권과 같이 거래한다.

해설 ② 전환사채의 현재가치 = Max[일반채권의 현재가치, 전환가치] + 미래의 주가상승가능성에 대한 시간가치(실현가능성에 대한 가치)

③ 전환사채의 하한선은 일반채권으로서의 가치와 전환가치 중 큰 금액이다.
전환사채의 하한선 = Max[일반채권으로서의 가치, 전환가치]

④ 일반채권으로서의 가치가 전환가치보다 클 때에는 일반채권과 같이 거래한다.
• 일반채권으로서의 가치 > 전환가치 → 일반채권과 같이 거래
• 일반채권으로서의 가치 < 전환가치 → 주식처럼 거래
• 일반채권으로서의 가치 = 전환가치 → 복합증권처럼 거래

정답 **011** ① **012** ④ **013** ③ **014** ①

015 전환사채의 각종 투자지표와 관련하여 옳은 설명을 묶은 것은? 심화

> ㉠ 전환가격 : 전환사채권자가 전환청구기간 동안 발행회사의 주식으로 전환을 청구할 수 있는 가격
>
> ㉡ 전환가치(패리티가치) : 전환대상주식의 시가대비 전환가격을 백분율로 나타낸 것
>
> ㉢ 괴리 : 전환된 주식들의 시장가치로서, 일반적으로 전환주식의 시가를 전환주수로 곱한 것
>
> ㉣ 패리티(Parity) : 전환사채의 시장가격과 전환가치와의 차이
>
> ㉤ 전환사채의 최소가격 : Max[일반채권으로서의 가치, 전환가치]

① ㉠, ㉢

② ㉠, ㉤

③ ㉡, ㉣

④ ㉠, ㉡, ㉢, ㉤

해설 ㉡ **전환가치(Conversion Value)** : 전환된 주식들의 주가(시장가치)로서, 일반적으로 전환주식의 시가를 전환주수로 곱한 것으로 '패리티가치'라고도 함

㉢ **괴리(전환프리미엄)** : 전환사채의 시장가격과 패티리가격과의 차이 = 전환사채 시장가격 − 패리티가격

㉣ **패리티(Parity)** : 전환대상주식의 주가대비 전환가격을 백분율로 나타낸 것

🏛 **필수핵심정리** 〉 전환사채의 각종 투자지표

구분	투자지표
전환가격 (Conversion Price)	• 전환사채권자가 전환청구기간 동안 발행회사의 주식으로 전환을 청구할 수 있는 가격. 즉, 전환사채의 주식 전환시 전환대상 보통주 1주당 지불하여야 하는 가격으로서, 주식 1주와 교환되는 전환사채의 액면전환가격 • 전환가격 = $\dfrac{\text{전환사채의 액면가액}}{\text{전환비율}}$
전환비율	전환사채와 이에 대한 주식으로의 전환이 가능한 비율 → 100% 이내 가능

패리티 (Parity)	• 전환대상주식의 시장가격과 전환가격과의 백분율로서, 주식적 측면에서 본 전환사채의 이론가치
	• 패리티 = $\dfrac{\text{주가}}{\text{전환가격}} \times 100$
	• 전환사채를 주식으로 전환할 시 전환차익이 발생하는 가를 나타내는 지표로서, 전환사채의 전환 여부를 판단하는 지표로 작용
	  – 패리티가 100 초과(= 주가가 전환가격 상회) → 주식 전환 ○
	  – 패리티가 100 이하(= 주가가 전환가격 하회) → 주식 전환 ×

패리티가격	• 패리티에 액면 10,000원을 곱한 가격 또는 '적정투자가격'이라고 함 • 패리티가격(또는 적정투자가격) = 패리티×100
괴리	• 전환사채의 시장가격과 전환가치와의 차이로서, '시장 전환프리미엄'이라고도 하며 실무상 '괴리'라고도 함 • 괴리(원) = 전환사채의 시장가격 − 페리티가격(전환가치) • 괴리율 = $\dfrac{\text{전환사채 시장가격} - \text{패리티 가격}}{\text{패리티 가격}} \times 100$

★★★
016 전환사채에 관한 설명 중 틀린 것은?

① 전환비율이란 전환사채와 이에 대한 주식으로의 전환이 가능한 비율로서, 중요한 발행 조건의 하나이다.

② 패리티는 주식적 측면에서 본 전환사채의 이론가치로서 현재의 주가가 전환가격을 몇 % 상회하고 있는가를 나타낸다.

③ 패리티가격이 전환사채 시장가격을 하회하고 있을 경우 주식전환이 많이 진행된다.

④ 전환사채 시장가격과 패리티가격 간의 사이에 괴리가 생기는 것은 주가를 바탕으로 한 이론가치와 전환사채시장에 있어서의 시장가격이 다르기 때문이다.

해설 패리티가격이 전환사채 시장가격을 하회하고 있을 경우에는 주식으로 전환하면 손해가 나기 때문에 전환이 되지 않는다. 그러나 패리티가격이 전환사채 시장가격을 상회하는 상태에서는 주식으로의 전환에 의해 보다 많은 이익을 얻을 수 있기 때문에 주식전환이 많이 진행되고 주식의 가격상승과 더불어 전환가치가 올라가기 때문에 전환사채 시장가격은 한층 더 주가의 움직임을 강하게 반영하게 된다.

★★★
017 액면가 10,000원인 전환사채의 전환가격은 20,000원이며, 이 전환사채 발행기업의 주가는 18,000원이다. 이 경우 패리티(Parity)와 패리티 가격은 얼마인가?

	패리티	패리티가격
①	90%	9,000원
②	100%	10,000원
③	111%	11,100원
④	180%	9,000원

해설
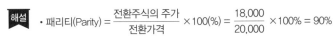
- 패리티(Parity) = $\dfrac{전환주식의\ 주가}{전환가격} \times 100(\%) = \dfrac{18,000}{20,000} \times 100\% = 90\%$
- 패리티(Parity) 가격 = 패리티 × 10,000원 = 90% × 10,000원 = 9,000원

★★★
018 액면가 10,000원인 전환사채의 시장가격은 14,000원이며 이 기업의 현재 주가는 6천원이고 전환사채의 전환가격은 5천원이다. 이 경우 전환사채의 괴리율은 얼마인가?

① 7.1%　　　　　② 16.67%　　　　　③ 116%　　　　　④ 120%

해설
- 패리티(Parity) = $\dfrac{전환주식의 주가}{전환가격} \times 10{,}000 = \dfrac{6{,}000원}{5{,}000원} \times 10{,}000 = 12{,}000원$
- 괴리율 = $\dfrac{전환사채 시장가격 - 패리티 가격}{패리티 가격} \times 100 = \dfrac{14{,}000 - 12{,}000}{12{,}000} \fallingdotseq 0.1667$

★★★
019 신주인수권부사채와 관련하여 잘못된 설명은?

① 신주인수권부사채는 사채권자에게 일정기간이 경과한 후에 일정한 가액(행사가액)으로 발행회사의 일정수의 신주를 인수할 수 있는 권리(신주인수권)가 부여된 사채이다.
② 신주인수권의 행사 후에도 사채는 존속할 수 있다.
③ 신주인수권의 행사를 위해서는 별도의 주금이 필요없다.
④ 채권과는 별도로 신주인수권만을 분리하여 양도할 수 있으므로, 1999년 1월부터 분리형 신주인권부사채의 발행을 허용하고 있다.

해설 신주인수권부사채는 신주인수권의 행사 후에도 사채는 계속하여 존속하며 단지 그 사채에 신주인수권이라는 옵션이 부여되어 있고 그 옵션은 정해진 기간 내에 언제든지 행사할 수 있는 것이며, 그 신주인수권의 행사를 위해서는 별도의 주금을 납부하여야 한다. 이것이 전환사채와 다른 점의 하나이다.

Ⅲ 필수핵심정리 | 전환사채와 신주인수권부사채의 비교

종류	전환사채(CB)	신주인수권부사채(BW)
권리구분	전환권 : 신주로 전환될 권리	신주인수권 : 신주를 인수할 권리
권리행사 후 채권자 지위	채권자의 지위는 소멸하고 주주로 전환 → 사채소멸 ○	채권자의 지위를 보유한 채 주주의 지위를 겸용 → 사채소멸 ×
주금납입 필요여부	기존채권금액이 신주납입자금으로 대체되어 별도의 주금 불필요	신주인수를 위한 별도의 주식자금납입 필요
신주취득가격	전환가격(사채금액과 동일)	행사가격(사채금액 이내)
재무상태변동	부채의 자본으로 단순한 전환 → 자산과 자본의 증가없는 무상증자	부채와 별도로 현금 등의 납입 → 자산과 자본이 증가되는 유상증자

★★★
020 다음 중 발행회사 측면에서 신주인수권부사채의 장점으로 보기 어려운 것은?

① 인수권 행사시 대주주의 지분율 증가

② 낮은 표면이자율에 따른 자금조달비용의 절감

③ 신주인수권 행사시 추가자금의 조달가능

④ 사채발행에 의한 자금조달의 촉진

해설 신주인수권 행사시 대주주의 지분율이 하락할 우려가 있다.

🏛 필수핵심정리 ▷ 신주인수권사채의 장점과 단점

구분	장 점	단 점
회사 측면	• 사채발행에 의한 자금조달 촉진 • 낮은 표면이율에 의한 자금조달 비용의 절감 • 인수권 행사시 추가자금의 조달가능 • 재무구조의 개선효과 • 자금조달의 기동성 부여 등	• 인수권 행사 후에도 사채권 존속 및 대주주의 지분율 하락 우려 • 주가변동에 따른 행사시기의 불확실에 따른 자본구조의 불확실
투자자 측면	• 투자의 안정성과 수익성 동시 만족 • 주가상승에 따른 이익 획득 • 투자의 융통성 보장	• 주가 약세 시 불이익 • 인수권 행사 후에는 낮은 이율의 사채만 존속

★★★
021 교환사채에 관한 설명으로 옳은 것은?

① 채권발행 후 일정기간 경과 후 만기 전까지 채권발행법인의 주식으로 교환청구할 수 있는 권리가 부여된 채권이다.

② 교환대상 주식이 두 종류 이상인 교환사채를 오페라본드(Opera Bond)라고도 한다.

③ 교환권 행사시에는 교환사채(부채)가 감소하고 동시에 자본(주식)이 증가한다.

④ 교환권 행사시에는 주식 인수에 따른 별도의 추가적인 자금이 필요하다.

해설 일반적으로 교환사채의 교환대상 주식이 한 종류이나, 예외적으로 교환대상 주식이 두 종류 이상인 교환사채를 오페라본드(Opera Bond)라고도 한다.

① 채권소지인에게 약정 기간 내에 사전에 합의된 조건(교환조건)으로 당해 채권발행법인이 보유하고 있는 다른 법인의 상장증권으로 교환청구할 수 있는 권리(교환권)가 부여된 채권이다.

③ 교환권 행사시에는 채권발행법인의 교환사채(부채)가 감소하고 동시에 채권발행법인이 소유하고 있는 자산(보유 주식)이 감소한다. 따라서 채권발행법인의 자본은 변함이 없으며, 이 점이 신주가 발행되는 전환사채 및 신주인수권부사채와 교환사채의 다른 점이다.

④ 교환권 행사시에는 교환사채와 다른 상장주식과의 교환에 따라 주식 인수에 따른 별도의 추가적인 자금이 필요하지 아니하다. 이 점이 전환사채와 같은 점이며, 신주인수권부사채와 다른 점이다.

정답 018 ② 019 ③ 020 ① 021 ②

종류	교환사채(EB)	전환사채(CB)	신주인수권부사채(BW)
권리구분	교환권 → 발행회사 보유의 다른 법인의 주식으로 교환할 권리	전환권 → 발행회사의 신주로 전환될 권리	신주인수권 → 발행회사의 신주를 인수할 권리
권리행사 후 채권자 지위	발행회사 채권자의 지위 소멸, 다른 회사의 주주로 전환 → 사채소멸 ○	채권자의 지위 소멸하고 주주로 전환 → 사채소멸 ○	채권자의 지위를 보유한 채주의 지위를 겸용 → 사채소멸 ×
발행법인의 재무상태변동	자산과 부채의 감소, 총자본의 불변	자산 불변, 부채 감소, 자본 증가	자산 증가, 부채 불변, 자본 증가

★★★
022 옵션부사채의 설명으로 잘못된 것은?

① 채권발행 시 발행 채권의 일부 또는 전부를 만기일 이전에 일정조건으로 상환할 수 있는 조건이 첨부된 사채이다.

② 발행기업이 만기 전에 임의로 채권을 상환시킬 수 있는 풋 옵션(Put Option)과 채권소유자가 발행기업에 대해 상환을 요구할 수 있는 콜 옵션(Call Option)으로 구분된다.

③ 옵션의 연동기준에 따라 금리 변동과 발행사의 신용등급 변동에 따른 옵션부사채가 있다.

④ 투자자는 금리의 변동이나 발행기업의 경영악화에 대한 위험을 축소할 수 있고, 발행기업은 보다 유리한 금리 조건으로 자금을 조달할 수 있다.

해설 | 발행기업이 만기 전에 임의로 채권을 상환시킬 수 있는 콜 옵션이 부여된 수의상환채권과 채권소유자가 발행기업에 대해 상환을 요구할 수 있는 풋 옵션이 부여된 수의상환청구채권으로 구분된다.

★★★
023 채권의 보유자가 발행자에게 만기상환일 이전이라도 원금의 상환을 요구할 수 있는 채권은?

① 수의상환청구채권   ② 자산유동화증권
③ 수의상환채권   ④ 금리변동부채권

해설 | 채권의 보유자가 발행자에게 만기상환일 이전이라도 정해진 가격(상환요구가격 : put price)으로 원금의 상환을 청구할 수 있는 채권은 수의상환청구채권이다. 그러나 수의상환채권은 채권발행기업이 미래 일정기간 동안에 정해진 가격으로 채권을 상환할 수 있는 권리를 가진 채권을 말한다.

🏛 **필수핵심정리** ▷ 수의상환채권(Callable Bond)과 수의상환청구채권(Puttable Bond)

종류	수의상환채권	수의상환청구채권
공통점	사채 발행 후 일정조건의 충족 시 만기 진에도 사채의 원리금을 상환할 수 있는 권리(옵션: Option)가 부여된 옵션부 채권	
상환청구권자	채권의 발행자인 법인 등	채권의 소유자인 투자자
청구시점	시장이자율이 하락한 경우	시장이자율이 상승한 경우
채권의 가치	일반채권의 가치 − 콜옵션가치	일반채권의 가치 + 풋옵션가치

★★★
024 채권발행회사입장에서 각 채권의 권리행사에 관한 설명으로 가장 적절한 것은? 심화

> ㉠ 수의상환채권의 수의청구권이 행사되면 자산과 부채 및 총자본 모두 감소한다.
> ㉡ 수의상환청구채권의 수의청구권이 행사되면 자산과 부채는 감소하나 총자본은 증가한다.
> ㉢ 전환사채의 전환권이 행사되면 부채가 감소되고 자본은 증가하여 총자본은 불변이다.
> ㉣ 신주인수권부사채의 신주인수권이 행사되면 부채가 감소되고 자본은 증가하여 총자본은 불변이다.
> ㉤ 교환사채의 교환권이 행사되는 경우에는 자산이 감소되고 부채가 감소하여 총자본은 감소한다.

① ㉡, ㉣, ㉤   ② ㉠, ㉡, ㉣
③ ㉠, ㉢, ㉤   ④ ㉢, ㉣, ㉤

해설 ㉠ 수의상환채권에서 채권발행회사의 수의청구권이 행사되면 사채상환에 따른 자산(현금)과 부채(사채)의 감소 및 총자본(= 부채 감소 + 자본 불변) 모두 감소한다. 따라서 맞는 말이다.

㉡ 수의상환청구채권에서 채권소유자의 수의청구권이 행사되면 수의상환채권과 동일하게 사채상환에 따른 자산(현금)과 부채(사채)의 감소 및 총자본(= 부채 감소 + 자본 불변) 모두 감소한다. 따라서 틀린 말이다.

㉢ 전환사채의 전환권이 행사되면 부채(사채)가 감소되고 자본(주식)은 증가하여 자산은 물론 총자본은 불변이다. 따라서 맞는 말이다.

㉣ 신주인수권부사채의 신주인수권이 행사되면 자산(현금)과 자본(주식)은 증가되나 부채(사채)는 불변이므로 총자본은 증가한다. 따라서 틀린 말이다.

㉤ 교환사채의 교환권이 행사되는 경우에는 보유주식으로 사채를 상환함에 따라 자산(보유주식)이 감소되고 부채(사채)가 감소하여 총자본은 감소한다. 따라서 맞는 말이다.

★★★
025 자산유동화증권(Asset-Backed Securiy : ABS)에 관한 설명으로 틀린 것은?

① 기업이나 금융기관이 보유하고 있는 자산을 표준화하고 특정조건별로 집합하여 이를 바탕으로 증권을 발행하고 기초 자산의 현금흐름을 상환하는 것을 말한다.

② 유동화대상자산은 유동성이 낮으며 현금흐름의 예측이 가능하고 자산의 동질성이 어느 정도 보장되며 자산의 양도가 가능한 것이 좋다.

③ 동질성이 결여된 자산으로 구성하면 현금흐름예측의 정확성이 감소하므로 이에 수반되는 신용보강 및 평가에 따른 비용이 증가된다.

④ 유동화증권의 신용수준은 자산보유자의 신용을 근거로 하여 형성되어, 자산보유자의 신용보다는 더 낮게 형성된다.

> **해설** 유동화증권에 대한 투자수익은 기초자산 보유자와는 분리·독립된 유동화증권 기초자산 자체의 현금흐름에 의해 좌우된다. 따라서 유동화증권의 신용수준 역시 자산보유자의 신용과는 별도로 형성되므로, 유동화증권의 신용은 자산보유자의 신용보다 더 높게 형성된다.

🏛 필수핵심정리 ▷ 자산유동화의 기본적 구조

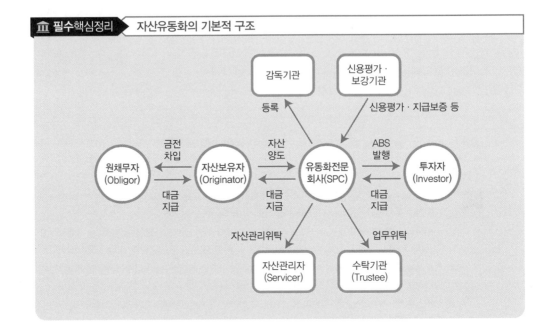

★★★
026 자산유동화증권(ABS)의 종류에 관한 설명으로 올바른 것은?

① ABS의 기초 자산에 따라 Pass-Through방식과 Pay-Through방식으로 구분한다.
② Pass-Through방식은 유동화자산이 매각됨으로써 발행자는 금융위험을 투자자들에게 전가시키는 효과를 얻을 수 있다.
③ Pay-Through방식은 유동화 자산집합에서 발행되는 현금흐름을 이용하여 증권화하되 그 현금흐름을 균등하게 배분하는 단일증권이다.
④ Pay-Through방식의 Credit Tranching은 조기상환위험과 관련한 다단계화를 말한다.

> **해설** ① Pass-Through방식과 Pay-Through방식은 현금수취방식에 따른 구분이다. ABS의 기초 자산은 주택저당채권, 자동차할부금융, 대출채권, 신용카드 계정, 리스채권, 기업대출, 회사채 등 다양하다.
>
> ② Pass-Through방식은 유동화자산을 유동화증권기관에 매각하면 유동화중개기관이 이를 집합화하여 신탁을 설정한 후 이 신탁에 대해서 지분권을 나타내는 일종의 주식형태로 발행되는 증권이다. 따라서 자산이 매각되는 형태로서 자산보유자의 자산에서 해당 유동화자산이 제외되어 금융위험을 투자자들에게 전가시키는 효과를 얻을 수 있는 것이다. 따라서 맞는 말이다.
>
> ③ Pay-Through방식은 유동화 자산집합에서 발행되는 현금흐름을 이용하여 증권화하되 그 현금흐름을 균등하게 배분하는 단일증권이 아니라, 원금의 상환 우선순위가 다른 다단계(각 단계를 Tranche라 부른다)의 채권을 발행하는 방식이다.
>
> ④ Pay-Through방식의 Credit Tranching은 CBO(Collateralized Bond Obligation) 후순위채처럼 신용위험이 다른 여러 단계로 나누는 것을 말하며, Prepayment Tranching은 CMO(Collateralized Mortgage Obligation)처럼 조기상환위험과 관련한 다단계화를 말한다.

★★★
027 자산유동화증권 도입의 의의로서 가장 적합하지 않은 것은? 심화

① 발행자 입장에서 보면 발행비용의 제반비용에 따라 조달비용은 높아진다.
② 발행자는 유동화를 통해 자산의 부외화 효과를 거둘 수 있기 때문에 자기자본관리를 강화할 수 있다.
③ 발행자는 유동화 추진과정에서 자산보유자의 과거연체, 자산의 회수 등 다양한 리스크 부분에 대한 점검을 하게 되어 위험관리부문의 강화효과가 있다.
④ 투자자의 경우 상대적으로 높은 신용도를 지닌 증권에 대한 투자기회가 확대됨으로써 투자자 보유자산의 건전도를 제고시킬 수 있다.

> **해설** 발행자 입장에서 보면 높은 신용등급을 지닌 유동화증권의 발행이 가능하기 때문에 발행비용 등의 제반비용에도 불구하고 신용 등급이 낮은 자산보유자가 일정 규모 이상의 유동화증권 발행을 통해 조달비용을 낮추는 이득을 얻을 수 있다.

★★★
028 MBS(Mortgage Backed Securities)에 관한 내용으로 잘못된 것은?

① 주택금융기관이 주택자금대출 후 이 대출채권을 담보로 취득한 Mortgage와 함께 매각하거나 유통시킬 수 있는 것이 가장 중요한 특징이다.

② 매월 대출원리금 상환액에 기초하여 발행증권에 대해 매달 원리금을 상환하며 채권상환 과정에서 자산관리수수료 등 각종 수수료가 발생한다.

③ 일반 회사채보다 단기이며 낮은 신용등급의 채권으로 발행한다.

④ 조기상환위험으로 인하여 동일한 만기의 회사채보다도 오히려 수익률이 높을 수도 있다.

> **해설** MBS는 주택저당대출의 만기와 대응하므로 통상 장기로 발행되며, 대상자산인 주택저당대출의 형식 등에 따라 다양한 상품으로 구성되며 자산이 담보되어 있고 보통 별도의 신용보완이 이루어지므로 일반 회사채보다 높은 신용등급의 채권으로 발행한다.

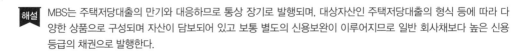

···TOPIC **5** 채권의 발행시장과 유통시장

★★★
029 채권발행시장에 대한 설명으로 옳지 않은 것은?

① 발행자, 발행기관, 투자자로 구성되는 제1차 시장이다.

② 계속적이며 구체적이고 조직적인 시장이다.

③ 직접발행방법과 간접발행방법이 있다.

④ 국 · 공채발행시장과 사채발행시장으로 구분할 수 있다.

> **해설** 발행시장은 추상적이고 간접적인 시장이며, 계속적이며 구체적이고 조직적인 시장은 유통시장이다.
> - **발행자** : 채권발행에 의해 자금을 조달하는 주체로서 정부, 지방자치단체, 특별법에 의하여 설립된 법인, 주식회사 형태의 기업 등이 있다.
> - **투자자** : 채권 발행시장에서 모집 · 매출되는 채권의 청약에 응하여 발행자가 발행한 채권을 취득하는 자로서 자금의 대여자이다.
> - **발행기관** : 채권발행에 있어 발행자와 투자자 사이에서 채권발행에 따른 제반업무 수행과 함께 발행에 따른 위험부담 및 판매기능을 담당하는 전문기관으로서 주관회사, 인수기관 및 청약기관으로 구분할 수 있다.

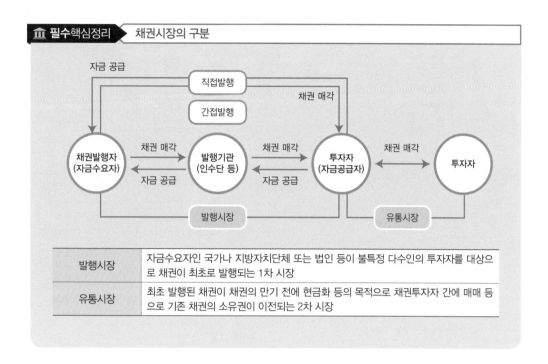

필수핵심정리 채권시장의 구분

발행시장	자금수요자인 국가나 지방자치단체 또는 법인 등이 불특정 다수인의 투자자를 대상으로 채권이 최초로 발행되는 1차 시장
유통시장	최초 발행된 채권이 채권의 만기 전에 현금화 등의 목적으로 채권투자자 간에 매매 등으로 기존 채권의 소유권이 이전되는 2차 시장

★★★
030 채권의 발행형태와 관련하여 올바른 설명은?

① 발행채권의 투자자를 구하는 방법에 따라 사모발행과 공모발행으로 구분한다.
② 모집방법에 따라 위탁모집, 인수모집의 잔액인수방법과 총액인수방법이 있다.
③ 채권 발행 전 채권 발행조건의 결정여부에 따라 직접발행방법과 간접발행방법이 있다.
④ 발행위험의 부담방법에 따라 매출발행과 공모입찰발행이 있다.

> **해설** 사모발행은 일반적으로 신용등급이 낮은 채권발행기업이 50인 미만의 은행, 증권회사, 보험회사 등 특정 기관투자자에게 사적교섭을 통하여 직접 채권을 매각하는 방법이다. 공모발행은 50인 이상의 불특정 다수의 투자자를 대상으로 채권을 발행하는 방법이다.
>
> ② 모집방법에 따라 직접발행방법과 간접발행방법이 있다. 이 경우 직접발행은 채권발행법인 등이 스스로 발행위험을 부담하고 발행모집사무를 행하여 채권을 투자자에게 직접 매각하는 방법을 말하고, 간접발행은 채권발행법인 등이 증권회사 등의 발행기관을 통하여 채권을 투자자에게 간접적으로 매각하는 방법을 말한다.
>
> ③ 채권 발행 전에 채권 발행조건의 결정여부에 따라 매출발행과 공모입찰발행이 있다. 매출발행은 채권의 만기, 이자율, 원리금지급방법 등의 발행조건은 발행 전에 결정하고 발행총액은 사후적으로 매출된 금액으로 결정되는 방법이다. 그러나 공모입찰발행은 채권의 발행총액만 결정하고 채권의 이자율, 가격 등의 발행조건은 다수의 투자자들의 입찰응모결과에 의해 사후적으로 결정하는 방법이다.
>
> ④ 발행위험의 부담방법에 따라 위탁모집, 잔액인수 및 총액인수방법이 있다.

정답 028 ③　029 ②　030 ①

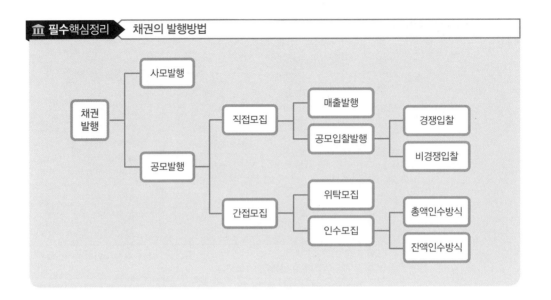

★★★
031 다음 중 금융채에 한하여 발행가능하며, 회사채는 발행할 수 없는 방법은? 심화

① 매출발행 　　　　　　　　　② Conventional방식
③ 사모발행 　　　　　　　　　④ Dutch방식

 매출발행은 채권의 만기, 이자율, 원리금지급방법 등의 발행조건은 발행 전에 결정하고 발행총액은 사후적으로 매출된 금액으로 결정되는 방법으로서 금융채에 한해 창구매출발행이 가능하며 회사채는 발행 불가능한 방법이다. 그러나 Conventional방식, 차등가격 경매(낙찰)방식 및 Dutch방식은 공모입찰발행방법이다.

구분	의의
매출발행	• 채권의 만기, 이자율, 원리금지급방법 등의 발행조건은 발행 전에 결정하고, 발행총액은 사후적으로 매출된 금액으로 결정되는 방법 • 금융채에 한해 발행가능하며, 회사채는 발행 불가능한 방법
공모입찰발행	• 채권의 발행총액만 결정하고, 채권의 이자율, 가격 등의 발행조건은 다수의 투자자들의 입찰응모결과에 의해 사후적으로 결정하는 방법 • 입찰은 경쟁입찰과 비경쟁입찰로 구분하며, 경쟁입찰은 단일가격의 경매방식(Dutch방식)과 복수가격의 경매방식(Conventional방식, 차등가격 경매방식)으로 구분

032 다음의 낙찰방식의 구분을 옳게 표시하고 있는 것은? ★★★

> • A : 내정수익률 이하에서 각 응찰자가 제시한 응찰수익률을 낮은 수익률 순으로 배열하여 최저수익률부터 발행예정액에 달할 때까지 순차적으로 낙찰자를 결정하는 방법
> • B : 내정수익률 이하에서 낮은 수익률 응찰분부터 순차적으로 발행예정액에 달하기까지 모든 낙찰자에게 낙찰된 수익률 중 가장 높은 수익률을 일률적으로 적용하는 방법
> • C : 낙찰된 부분의 평균가격으로 낙찰분을 통일하여 발행하는 방법

	A	B	C
①	Dutch 방식	Conventional 방식	평균가격입찰방식
②	Conventional 방식	Dutch 방식	평균가격입찰방식
③	Conventional 방식	평균가격입찰방식	Dutch 방식
④	Dutch 방식	평균가격입찰방식	Conventional 방식

해설 • A : Conventional 방식 → 내정수익률 이하에서 각 응찰자가 제시한 응찰수익률을 낮은 수익률 순으로 배열하여 최저수익률부터 발행예정액에 달할 때까지 낙찰자가 제시한 수익률로 순차적으로 낙찰자를 결정하는 방법으로 복수가격의 발행조건
• B : Dutch 방식 → 낙찰자가 제시한 수익률 중 가장 높은 수익률(최저가격)의 일률적으로 통일 적용에 따라 단일한 가격으로 채권 발행하는 방법으로서 동일한 발행조건
• C : 평균가격입찰방식 → 낙찰된 부분의 평균가격으로 낙찰분을 통일하여 발행하는 방법으로서 동일한 발행조건

033 채권발행위험의 부담방법에 대한 다음의 설명 중 틀린 것을 묶은 것은? ★★★

> ㉠ 위탁모집방법 : 채권발행의 모든 위험을 증권회사 등의 발행기관이 부담
> ㉡ 잔액인수방법 : 미달부분 잔액을 증권회사 등의 발행기관이 부담
> ㉢ 총액인수방법 : 미달부분 잔액을 발행회사가 부담

① ㉠   ② ㉡, ㉢   ③ ㉠, ㉢   ④ ㉠, ㉡, ㉢

해설 ㉠ 위탁모집방법은 미달부분 잔액을 발행회사가 부담하는 방법이며, ㉡ 잔액인수방법은 미달부분 잔액을 증권회사 등의 발행기관이 부담하는 방법이며, ㉢ 총액인수방법은 채권발행의 모든 위험을 발행기관이 부담하는 방법이다.

구분		의의
위탁모집		• 채권의 발행 및 모집사무와 발행위험을 분리하여 발행위험은 채권의 발행회사가 스스로 부담하고, 발행기관인 증권회사 등은 단순히 발행 및 모집사무만 위탁받는 방법 → 인수수수료 가장 낮음 • 모집부족액이 발생한 경우 그 잔량은 채권 발행회사가 부담
인수 모집	잔액 인수방법	• 채권의 발행 및 모집사무와 발행위험을 발행기관에 위임하는 방법 • 모집부족액이 발생한 경우 그 잔량은 발행기관이 인수하는 방법
	총액 인수방법	• 발행기관이 채권 발행총액 전액을 자기의 책임과 계산 하에 인수하고 이에 따른 발행위험과 발행 및 모집사무 모두를 담당하는 방법 • 발행증권의 가격변동 및 잔량인수에 따른 모든 위험을 부담 → 인수수수료 가장 높음 • 대부분 회사채의 일반적인 발행방법

★★★
034 다음 중 인수수수료 부담액의 크기를 옳게 표현하고 있는 것은?

① 총액인수방법 < 잔액인수방법 < 위탁모집방법

② 잔액인수방법 < 위탁모집방법 < 총액인수방법

③ 위탁모집방법 < 총액인수방법 < 잔액인수방법

④ 위탁모집방법 < 잔액인수방법 < 총액인수방법

 채권발행의 모집부족액이 발생한 경우 위탁모집방법은 그 잔량을 채권 발행회사가 부담하는 방법으로서 인수수수료 가장 낮으며, 잔액인수방법은 그 잔량에 한해서 발행기관이 인수하는 방법이다. 그러나 총액인수방법은 발행증권의 가격변동 및 잔량인수에 따른 모든 위험을 발행기관이 부담하므로 인수수수료가 가장 높다.

★★★ 035 다음은 국채의 종류와 그 발행방법이다. 올바르게 연결된 것은? 심화

- A : 외평채권, 국고채권 등의 국채발행 시 주로 이용되는 방법
- B : 국민주택채권의 발행방법
- C : 공공용지 보상채권의 발행방법

	A	B	C
①	교부발행	경쟁입찰	첨가소화
②	경쟁입찰	첨가소화	교부발행
③	첨가소화	교부발행	경쟁입찰
④	경쟁입찰	교부발행	첨가소화

해설 A : 경쟁입찰, B : 첨가소화, C : 교부발행

🏛 **필수핵심정리** ▷ 국채의 발행방법

- **경쟁입찰** : 외평채권, 국고채권 등의 국채발행 시 주로 이용되는 방법이다.
- **첨가소화** : 법령에 의해 첨가소화되는 방법으로서 개인이나 법인이 각종 등기 · 인허가 · 자동차등록 등 일정한 경제행위를 할 때 법령에 의하여 국가 또는 지방자치단체가 의무적으로 매도하는 채권으로 국민주택채권의 발행방법으로 이용된다.
- **교부발행** : 공공용지 보상채권의 발행방법으로 이용된다.

★★★ 036 다음의 설명이 가리키는 채권은?

- 한국은행이 공개시장조작의 일환으로 시중 통화량 조절을 목적으로 발행하는 국채
- 한은금융망(BOK WIRE)을 통한 전자입찰을 통해 등록발행
- 경쟁입찰방식(Dutch 방식)과 창구판매방법 등으로 발행

① 통화안정증권 ② 외화표시 외국환평형기금채권
③ 예금보험기금채권 ④ 국민주택채권

해설 한국은행이 발행하는 국채로, 통화안정증권에 대한 설명이다.

★★★
037 채권유통시장에 관한 내용으로 옳지 않은 것은?

① 이미 발행된 채권이 투자자 간에 매매되는 시장이다.
② 2차 시장이라고 한다.
③ 투자자 간에 수평적 이전기능을 담당하는 횡적 시장이다.
④ 추상적이고 간접적인 시장이다.

> **해설** 채권유통시장은 계속적이며 구체적이고 조직적인 시장이다.

★★★
038 채권유통시장의 기능으로 적합하지 않은 것은?

① 채권의 양도를 통하여 유통성과 시장성을 부여한다.
② 채권의 담보력을 높여주며, 공정한 가격형성을 가능하게 한다.
③ 불특정 다수 투자자의 자금을 산업 자금화한다.
④ 투자자에게 투자원본의 회수와 투자수익의 실현을 가능하게 한다.

> **해설** 불특정 다수 투자자의 자금을 산업 자금화하는 것은 채권발행시장의 기능이다.

★★★
039 채권유통시장의 구조에 대하여 잘못된 설명은?

① 장내시장과 장외시장으로 구분한다.
② 채권 역시 주식처럼 일반적으로는 장내거래의 비중이 현저하게 높다.
③ 장내시장은 한국거래소에서 규격화·표준화된 거래조건으로 한정된 거래시간에 집단경쟁매매를 통하여 이루어지나, 상장채권으로 제한되어 있다.
④ 장외시장은 주로 증권회사 창구에서 증권회사 상호 간, 증권회사와 고객 간 또는 고객 상호 간에 비상장채권을 포함한 전 종목이 개별적인 상대매매를 통해 이루어지는 시장이다.

> **해설** 채권은 주식과는 달리 대부분 금융기관이나 법인 등 기관투자자 간의 대량매매 형태로 거래되고 개별 경쟁매매보다는 상대매매에 의해 거래가 이루어지므로 우리나라의 채권유통시장은 90% 이상이 장외거래를 통하여 이루어진다. 따라서 장내거래보다 장외거래의 비중이 현저하게 높다.
>
> ※ 국채딜러 간 매매거래시장(Inter-dealer Market ; IDM) : 국채딜러란 국채시장조성을 위해 국채를 대량으로 매매할 수 있는 증권사, 은행 및 종금사들로 구성된 자기매매인가 기관투자자들을 말하며, 국채딜러 간 매매거래시장은 국채딜러들 간에 거래소시장을 통하여 이루어지는 경쟁매매 매커니즘의 국채전문유통시장으로서 1999년 7월부터 운영하는 시장이다. 이러한 국채의 매매수량단위는 액면 10억원이다.
>
> ※ 일반채권의 매매수량단위는 액면 10만원(소액/소매채권 1,000원)이다.

★★★
040 다음은 채권시장의 장내거래와 장외거래의 비교이다. 빈칸 안에 들어갈 내용을 순서대로 나열한 것은?

구 분	장내(거래소시장)	장외(OTC/IDB)
가격공시	전산 상에 공시	호가 공시
거래방법	( ), 전산매매	상대매매
거래조건	규격화, 표준화	제한 없음
매매시간	주식시장과 동일	제한 없음
매매수량 단위	• 국고채 : ( )원 • 주식관련사채 : 10만원, • 소액채권 : ( )원	제한 없음
결제방법	( ) 및 익일결제	익일결제. 단, RP매매 등은 당일결제

① 경쟁매매, 10억원, 1천원, 익일결제
② 상대매매, 1억원, 1만원, 익일결제
③ 경쟁매매, 10억원, 1천원, 당일결제
④ 상대매매, 1억원, 1만원, 당일결제

 장내(거래소시장)은 경쟁매매, 매매수량 단위의 표준화, 결제방법의 당일결제 등이 해당한다.

★★★
041 국채전문딜러의 의무로 옳은 것을 묶은 것은? 심화

> ㉠ 국채인수의무   ㉡ 호가의무
> ㉢ 거래실적 이행의무   ㉣ 각종 보고의무

① ㉠, ㉡, ㉢, ㉣   ② ㉠, ㉡, ㉢
③ ㉠, ㉢   ④ ㉡, ㉢

해설 모두 국채전문딜러의 의무이다.
㉠ **국채인수의무** : 지표종목별 매월 경쟁입찰 발행물량의 10% 이상 인수
㉡ **호가의무** : 각 지표종목(물가연동국고채 제외)에 대하여 매도 · 매수 호가를 각각 10개 이상 지속적으로 오전 9시~12시까지는 2시간 30분 이상, 13시~15시 30분까지는 시간 전체에 제시
㉢ **거래실적 이행의무** : 전문딜러 중 평균국고채 거래량의 200%
㉣ **각종 보고의무** : 매월 다음달 5일까지 국채종류별 보유잔액현황, 국고채거래실적 및 의무이행실적 등 보고

채권 딜러가 보유물량을 원활히 조절할 수 있도록 딜러의 호가제시를 유도하여 채권중개를 실시간 투명하게 수행하는 회사 → 우리나라는 한국자금중개(주)와 한국채권중개(주)가 2000년 6월과 2000년 8월에 각각 영업을 개시하였다.

★★★
042 다음 설명 중 옳지 않은 것은? 심화

① 신주인수권사채의 신주인수권이 행사될 때에는 채권발행기업으로 현금유입이 있다.

② 콜옵션부채권(수의상환채권)의 가치는 '일반회사채의 가치+풋옵션의 가치'이다.

③ Dutch방식은 채권의 낙찰방식 중 낙찰된 것 중 최고수익률로 낙찰 분을 통일하여 발행하는 방식이다.

④ MBS의 조기상환위험은 채권의 콜위험과 유사하다.

해설 콜옵션부채권(수의상환채권)의 가치는 '일반회사채의 가치−콜옵션의 가치'이다.

★★★
043 다음 중 채권가격의 결정요인으로 옳은 것을 묶은 것은?

> ㉠ 액면가액 및 표면이자율   ㉡ 요구수익률
>
> ㉢ 채권만기   ㉣ 원리금지급방식

① ㉠

② ㉠, ㉡

③ ㉠, ㉡, ㉢

④ ㉠, ㉡, ㉢, ㉣

해설 모두 채권가격의 결정에 영향을 미친다.

🏛 필수핵심정리 | 채권가격

채권가격 $P = \dfrac{CF_t}{(1+i)^n}$

= 이자지급액 × 연금현가계수(r, i) + 채권액면가액 × 현가계수(r, i)
여기서, CF : 이자지급액, i : 요구수익률, n : 채권만기

★★★
044 채권가격결정의 특성에 관한 다음의 설명 중 옳은 것은?

① 채권가격과 수익률은 서로 정(+)의 관계를 가지며 오목한 형태를 가진다.

② 시간이 지날수록 즉, 만기가 짧아질수록 채권의 가격은 액면가에 수렴하게 되며 이를 'Pull-to-Par'현상이라 한다.

③ 이표율 > 수익률인 경우 액면가보다 싸게 거래된다.

④ 이표율 < 수익률인 경우 액면가에 거래된다.

해설 ① 채권가격과 수익률은 서로 역(-)의 관계를 가지며 볼록(Convert)한 형태를 가진다.
③ 이표율 > 수익률인 경우 액면가보다 비싸게 거래된다.
④ 이표율 < 수익률인 경우 액면가보다 싸게 거래된다.
   그러나 이표율 = 수익률인 경우 액면가에 거래된다.

정답   042 ②   043 ④   044 ②

045 채권수익률에 관한 설명으로 옳지 않은 것은?

① 경상 수익률은 채권의 시장가격대비 발행자로부터 직접 수령하는 이자의 비율을 의미한다.

② 순현가수익률은 채권으로부터 발생하는 현금흐름의 현재가치와 그 채권의 시장가격을 일치시켜 주는 할인율을 의미한다.

③ 콜옵션 행사 수익률이란 콜옵션 행사가 가능한 첫날 Call이 행사된다고 가정하고 그 날까지의 수익률을 의미한다.

④ 포트폴리오 수익률의 가중평균법은 채권포트폴리오의 수익률을 포트폴리오에 포함된 각 채권수익률의 가중평균으로 하는 방법이다.

> **해설** 채권으로부터 발생하는 현금흐름의 현재가치와 그 채권의 시장가격을 일치시켜 주는 할인율은 만기수익률(Yield-to-Maturity : YTM)을 말하며, 이는 채권의 내부수익률(Internal Rate of Return : IRR)을 의미한다. 이러한 만기수익률의 계산방법으로는 시행착오법, 재무계산기 사용법, 간이법 등이 있다.

🏛 필수핵심정리 ▷ **채권수익률**

- **경상 수익률(Current Yield)** = $\dfrac{\text{이자수령액}}{\text{채권의 시장가격}}$

  → 할인채권 매입자에 대한 잠재적 이익과 할증채권매입자에 대한 자본손실을 고려하지 못하는 단점이 있음

- **콜옵션 행사 수익률(Yield to Call : YTC)** → 콜옵션 행사가 가능한 첫날 call이 행사된다고 가정하고 그 날까지의 수익률

- **YTW(Yield To Worst)** → 콜옵션 행사 수익률(YTC)과 만기수익률(YTM) 등을 비교하여 낮은 수익률

- **액면가 미만으로 거래되는 채권의 YTC는 YTM보다 항상 높다.** → 포트폴리오 수익률은 가중평균법과 내부수익률법 두 가지가 있다.

- **포트폴리오 내부수익률법** → 먼저 포트폴리오를 구성하는 모든 채권의 현금흐름을 결정한 다음 그 현금흐름들의 현재가치와 포트폴리오의 시장가치를 일치시켜주는 할인율

---

046 만기수익률과 재투자 위험에 관한 설명으로 옳은 것은?

① 만기수익률은 채권을 만기까지 보유하고 지급된 이자가 만기수익률로 만기까지 재투자될 때만 실현될 수 있는 약속된 수익률이다.

② 만기가 길어질수록 재투자 위험이 감소한다.

③ 이표율이 높을수록 재투자 위험이 감소한다.

④ 무이표채의 경우에도 재투자위험이 존재한다.

> **해설** ②, ③ 만기가 길어질수록 또는 이표율이 높을수록 만기수익률을 실현하기 위해서는 더욱 더 이자에 대한 이자에 의존하게 되므로 이는 곧 재투자 위험이 증가함을 의미한다.
> ④ 무이표채의 경우 만기까지 보유시 약속된 만기수익률을 실현할 수 있으므로 재투자위험이 존재하지 않는다.

채권가격과 만기수익률

$$P = \frac{CF_1}{(1+r)^1} + \frac{CF_2}{(1+r)^2} + \cdots + \frac{CF_n+F}{(1+r)^n} = \sum_{t=1}^{n} \frac{CF_n}{(1+r)^n} + \frac{F}{(1+r)^n}$$

- P : 채권의 가격(현재가치)
- r : 투자자의 요구수익률(만기수익률)
- CF_n : 매기의 이자지급액(= 액면가액 F × 액면이자율 C)
- n : 잔존만기
- F : 액면가액(만기시점의 원금상환액)

★★★
047 만기수익률에 관한 설명으로 옳지 않은 것은? 심화

① 채권의 현금흐름을 현재가치화하는 할인율로서, 궁극적으로 채권의 가격을 결정한다.

② 이표채의 경우에는 각 기간별 이자수입액과 만기 때의 원금으로 이루어진 현금흐름의 현재가치의 합과 채권의 가격을 일치시키는 할인율이다.

③ 만기수익률이 높아지면 채권의 가격은 높아지며, 만기수익률이 낮아지면 채권가격은 낮아진다.

④ 우리나라 채권시장에서는 만기수익률에 의해 호가할 뿐만 아니라 실제 거래를 한다.

해설 만기수익률이 높아지면 채권의 가격은 낮아지며, 만기수익률이 낮아지면 채권가격은 높아진다. 이러한 만기수익률은 거시적인 경제 전체의 이자율 결정과정에 의하여 영향을 받으나, 보다 직접적으로는 채권시장의 수요와 공급에 영향을 미치는 여러 가지 요인들에 의해 결정된다.

★★★
048 말킬(B. G. Malkiel)이 제시한 '채권가격의 정리'에 대한 설명으로 틀린 것은?

> ㉠ 채권가격은 수익률과 반대방향으로 움직인다.
> ㉡ 채권의 잔존기간이 길수록 동일한 수익률 변동에 대한 가격변동률은 작아진다.
> ㉢ 채권수익률 변동에 의한 채권가격변동은 만기가 길어질수록 그 증감율은 체증한다.
> ㉣ 동일한 크기의 수익률변동이 발생하더라도 채권가격의 변동률은 수익률이 하락할 때와 상승할 때가 같지 않다.
> ㉤ 표면이율이 높을수록 동일한 크기의 수익률변동에 대한 가격변동률은 커진다.

① ㉠, ㉡, ㉣   ② ㉡, ㉢, ㉤

③ ㉢, ㉣, ㉤   ④ ㉠, ㉡, ㉢, ㉣, ㉤

 해설 ㉡ 채권의 잔존기간이 길수록 듀레이션이 길어지므로 동일한 수익률 변동에 대한 가격변동률은 커진다.
㉢ 채권수익률 변동에 의한 채권가격변동은 만기가 길어질수록 증가하나, 그 증감률은 체감한다.
㉣ 이자율상승에 따른 가격하락폭(손실폭) 〈 이자율하락에 따른 가격상승폭(수익폭)
㉤ 표면이율이 높을수록 동일한 크기의 수익률변동에 대한 가격변동률은 작아진다.

🏛 필수핵심정리 **채권가격의 정리**

구분	주요 내용
기본관계	• 채권가격은 수익률과 반대방향으로 움직인다 → 이자율과 가격의 볼록성(음의 방향) • $r\uparrow \rightarrow P\downarrow$, $r\downarrow \rightarrow P\uparrow$
만기 영향	• 채권의 잔존기간이 길수록 동일한 수익률 변동에 대한 가격 변동폭은 커진다. • 잔존기간이 길수록 → 현금회수기간인 듀레이션이 길고, • 불확실성과 위험이 크다 → 채권가격의 변동성이 크다
잔존기간 영향	• 채권수익률 변동에 의한 채권가격변동은 만기가 길어질수록 증가하나, 그 변동율은 체감한다. • 잔존기간이 길수록 → 가격변동율은 커지나, 그 증가율은 체감한다. • 시세차익 목적 시 너무 만기가 긴 장기채를 편입할 필요성은 적다.
이자율 변동 영향	• 만기가 일정할 때 채권수익률의 하락으로 인한 가격상승폭은 같은 폭의 채권수익률의 상승으로 인한 가격하락보다 크다(볼록성). • 이자율상승에 따른 손실폭 < 이자율하락에 따른 수익폭
표면이자율 영향	• 표면이자율이 높을수록 동일한 크기의 수익률 변동에 대한 가격 변동율은 작아진다. • 수익률 변동으로 인한 가격의 변동은 표면이율이 높을수록 적어지며, 이자지급주기가 짧아지는 경우에도 가격변동률은 적어진다.

★★★
049 다음 중 채권가격정리가 적용되는 채권은?

> ㉠ 할인채   ㉡ 변동금리채권
> ㉢ 고정금리채권   ㉣ 옵션부채권

① ㉡, ㉣   ② ㉠, ㉡, ㉢
③ ㉠, ㉢   ④ ㉠, ㉡, ㉢, ㉣

> **해설** 채권가격정리는 할인채나 고정금리채권에 적용되며 변동금리채권, 옵션부채권 등 특수한 채권에는 적용되지 않을
> 수 있다.

★★★
050 채권가격의 정리와 관련하여 가장 거리가 먼 것은? 심화

① 동일한 채권이라도 잔존기간이 짧은 채권이 잔존기간이 긴 채권보다 동일한 수익률변동
에 대하여 가격변동률이 작다.
② 잔존기간이 증가하면 가격변동폭의 크기는 증가되나 그 변동률은 잔존기간의 변동율보
다 작아진다.
③ 수익률 하락에 의한 채권가격의 상승률은 동일한 크기의 수익률 상승에 의한 채권가격
의 하락률보다 크다.
④ 수익률의 변동이 동일하더라도 표면이율이 높은 채권의 가격변동률이 표면이율이 작은
채권의 가격변동률보다 크다.

> **해설** 수익률의 변동이 동일하더라도 표면이율이 높은 채권의 가격변동률이 표면이율이 작은 채권의 가격변동률보다 작
> 게 나타난다.

★★★
051 채권가격 변동성의 특성으로 옳지 않은 것은?

① 채권가격과 수익률은 서로 정(+)의 관계를 가지며 오목한 형태를 가진다.
② 채권 가격변동성은 수익률의 작은 변화에 대해서 대략적으로 대칭적인 관계를 가지나, 큰 폭의 수익률 변화에 대해서는 대칭적이지 않다.
③ 큰 폭의 수익률 변화에 대해서 채권 가격 상승폭은 채권의 가격 하락폭보다 크다.
④ 1베이시스 포인트(0.01%) 수익률 변화에 따른 채권가격의 변화를 PVBP라 한다.

> **해설** 채권의 가격변동성은 채권의 수익률변화에 따른 채권가격의 변화($\frac{\Delta BP}{\Delta y}$)를 말하며, 채권가격과 수익률은 서로 역(−)의 관계를 가지며 볼록한 형태를 가진다.
> ④ Price Value of a Basis Point : 베이시스 변화에 따른 채권가격 변화

★★★
052 다음 중 채권가격의 변동성이 커지는 경우로 올바른 것은?

> A. 이표율이 낮은 경우
> B. 만기가 길어지는 경우
> C. 만기수익률의 수준이 높은 경우

① A, C   ② A, B   ③ B, C   ④ A, B, C

> **해설** 이표율이 낮을수록, 만기가 길어질수록, 만기수익률의 수준이 낮을수록 채권가격의 변동성은 커진다.

★★★
053 다음 중 이자율의 상승 예상시 옳은 투자전략으로 볼 수 있는 것은?

① 듀레이션의 장기화
② 표면이자율이 낮은 채권의 비중 확대
③ 잔존기간이 짧은 단기채 비중의 확대
④ 복리채 또는 할인채 구입

> **해설** 잔존기간이 짧은 단기채 비중의 확대가 이자율의 상승을 예상하는 경우의 투자전략이다.

이자율 하락예상 시 = 채권가격 상승 예상	이자율 상승예상 시 = 채권가격 하락 예상
① 잔존기간이 긴 장기채 비중의 확대	① 잔존기간이 짧은 단기채 비중의 확대
② 표면이자율이 낮은 채권의 비중 확대	② 표면이자율이 높은 채권의 비중 확대
③ 듀레이션의 장기화	③ 듀레이션의 단기화
④ 복리채 또는 할인채 구입	④ 이표채 매입
⑤ 금리선물 매입포지션	⑤ 금리선물 매도포지션

··· T O P I C 8 듀레이션

★★★
054 듀레이션에 대한 설명으로 가장 적합하지 않은 것은?

① 채권에서 발생하는 이자와 원금의 현금흐름을 화폐의 시간적 가치의 고려 없이 나타낸 단순한 상환기간을 말한다.

② 채권에 투자된 원금의 가중평균회수기간을 의미한다.

③ 수익률변동에 대한 채권가격의 민감도의 개념으로 표현할 수 있다.

④ 만기, 시장수익률에 의해 결정되는 현금흐름의 크기 및 만기수익률의 수준 등이 동시에 고려된 개념이다.

> **해설** 듀레이션(Duration)은 표면이율에 의해 결정되는 현금흐름의 크기와 만기, 만기수익률 및 화폐의 시간적 가치 등을 동시에 고려하여, 채권투자 시 현가 1원이 상환하는데 걸리는 평균기간의 개념으로서, 1938년 맥콜리(Frederick Macaulay)가 개발하였다.

$$Duration = \frac{\dfrac{\Delta P}{P}}{\dfrac{\Delta r}{(1+r)}} = \frac{\Delta P}{\Delta r} \times \frac{(1+r)}{P}$$

ΔP : 채권가격의 변동폭, Δr : 만기수익률의 변동폭

듀레이션이란 채권투자의 투자수입인 이자수입과 원금상환의 현금흐름을 매기 발생하는 기간으로 가중한 현재
가치의 합을 채권투자금액인 채권의 가격으로 나눈 것

$$Duration = \frac{\displaystyle\sum_{t=1}^{n} \frac{t \times CF_t}{(1+r)^t}}{P} = \sum_{t=1}^{n} \text{기간} \times \frac{\text{기간별 현금흐름의 현재가치}}{\text{채권가격}}$$

P : 채권의 가격(현재가치), CF_t : t시점에서 발행하는 채권의 현금흐름, t : 현금흐름발생시점,
n : 잔여만기(만기까지의 이자지급횟수), r : 채권의 만기수익률

※ 듀레이션의 주 결정요인 : 채권수익률, 만기 및 표면금리

★★★
055 맥컬레이(Macaulay) 듀레이션의 내용으로 옳은 것은 몇 개인가?

> • 채권의 일련의 현금흐름 잔존기간을 그 현재가치를 가중치로 사용하여 가중평균한 가중
> 평균 잔존만기이다.
> • 최초 투자 당시의 만기수익률에 의한 투자수익을 수익률 변동 위험 없이 실현할 수 있는
> 투자의 가중평균 회수 기간이다(면역전략).
> • 시점이 다른 일련의 현금흐름을 가진 채권을 현금 흐름이 한 번만 발생하는 채권으로 등
> 가 전환할 때의 그 채권의 잔존만기에 해당된다.
> • 일련의 현금흐름의 현재가치들의 무게 중심 역할을 하는 균형점이다.

① 1개　　　　　② 2개　　　　　③ 3개　　　　　④ 4개

 모두 듀레이션에 대한 옳은 내용이다.

★★★ 056 듀레이션의 특성으로 거리가 먼 것은?

① 무액면금리채권의 만기는 바로 듀레이션이다.

② 액면금리가 낮을수록, 만기가 길수록 듀레이션은 짧아진다.

③ 이자율이 $i\%$인 영구채권의 듀레이션은 $\dfrac{1+i}{i}$ 이다.

④ 이표채의 듀레이션은 항상 만기보다 짧다.

> **해설** 액면금리가 낮을수록, 만기가 길수록, 이자지급 횟수가 적을수록 가중평균회수시간인 듀레이션은 길어진다.

🏛 필수핵심정리 ▷ 듀레이션의 결정요인과 듀레이션과의 관계

채권의 듀레이션↓ = f(만기↓, 표면이자율↑, 만기수익률↑)

구분	주요 내용	듀레이션과의 관계
① 만기	잔존기간이 짧을수록 듀레이션이 짧아진다.	정(+)의 관계
② 표면이자율	표면이자율이 높을수록 듀레이션이 짧아진다.	역(−)의 관계
③ 만기수익률	만기수익률이 높을수록 듀레이션이 짧아진다.	역(−)의 관계
④ 이자지급횟수	이자지급횟수가 많을수록 듀레이션이 짧아진다.	역(−)의 관계

※ 이 외에도 수의상환사채의 Call Provision(수의상환조항)은 채권의 듀레이션을 감소시킨다. 이는 수의상환권의 행사는 원금상환기간을 감소시키므로 듀레이션이 감소되는 것이다. 또한 회사채의 감채기금, 상환요구조항, 주택담보부증권의 조기상환조항도 듀레이션을 감소시킨다.

★★★ 057 다음의 채권 중 듀레이션이 잔존기간보다 짧은 것은?

① 영구채   ② 이표채
③ 할인채   ④ 만기일시상환채권

> **해설** 이표채는 매 일정기간 별로 이자의 지급이 이루어지므로 만기일 전에 현금흐름의 발생으로 인하여 듀레이션이 잔존기간보다 짧아진다. 이표채는 잔존기간보다 듀레이션이 짧으나 복리채, 단리채, 무이표채권은 듀레이션과 잔존기간이 같다.

구분	만기 전 현금흐름	듀레이션 형태	듀레이션과 만기와의 관계
이표채	이자의 지급 ○	만기↑ → 체감 증가	듀레이션 < 잔존기간
영구채	이자의 지급 ○	만기와 관계없이 일정	듀레이션 = 잔존기간
순수할인채*	이자의 지급 ×	45% 대각선	듀레이션 = 잔존기간

* : 만기일시상환채권 포함

★★★
058 액면 10,000원, 표면이율 8%, 잔존기간이 2년인 연단위 후급 이자지급 이표채의 만기수익률이 10%일 경우 이 채권의 듀레이션은?

① 1.64 　　　　② 1.72년 　　　　③ 1.84년 　　　　④ 1.92년

 해설

t	CF_t	$\dfrac{CF_t}{(1+r)^t}$	$t \times \dfrac{CF^t}{(1+r)^t}$
1	$10,000 \times 8\% = 800$	$\dfrac{800}{(1+0.1)^1} = 727.27$	$1 \times 727.27 = 727.27$
2	$10,000 + 800 = 10,800$	$\dfrac{10,800}{(1+0.1)^2} = 8,925.62$	$2 \times 8,925.62 = 17,851.24$
합계		9,652.89	18,578.51

$$= Duration = \frac{\sum_{t=1}^{n} \dfrac{t \times CF_t}{(1+r)^t}}{P} = \frac{18,578.51}{9,652.89} = 1.92(년)$$

★★★
059 이표채의 듀레이션이 짧아지는 경우로 옳은 것을 묶은 것은?

㉠ 잔존기간이 길어지는 경우	㉡ 표면이자율이 높아지는 경우
㉢ 만기수익률이 낮아지는 경우	㉣ 이자지급횟수가 많아지는 경우

① ㉡, ㉣ 　　　　　　　　　　　② ㉠, ㉢
③ ㉠, ㉡, ㉢ 　　　　　　　　　④ ㉠, ㉡, ㉢, ㉣

해설 이표채의 듀레이션은 표면이자율이 높아지는 경우와 이자지급횟수가 많아지는 경우에는 짧아지나, 잔존기간이 길어지는 경우와 만기수익률이 낮아지는 경우에는 듀레이션이 길어진다.

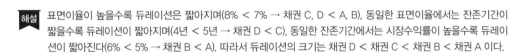

060 다음 중 듀레이션의 크기로 올바른 것은?(채권들은 모두 연단위 후급이표채) 심화

구분	표면이율(%)	잔존기간(년)	시장수익률(%)
채권 A	7%	5년	5%
채권 B	7%	5년	6%
채권 C	8%	5년	7%
채권 D	8%	4년	7%

① 채권 A < 채권 B < 채권 C < 채권 D
② 채권 D < 채권 C < 채권 B < 채권 A
③ 채권 C < 채권 D < 채권 A < 채권 B
④ 채권 B < 채권 A < 채권 D < 채권 C

> **해설** 표면이율이 높을수록 듀레이션은 짧아지며(8% < 7% → 채권 C, D < A, B), 동일한 표면이율에서는 잔존기간이 짧을수록 듀레이션이 짧아지며(4년 < 5년 → 채권 D < C), 동일한 잔존기간에서는 시장수익률이 높을수록 듀레이션이 짧아진다(6% < 5% → 채권 B < A). 따라서 듀레이션의 크기는 채권 D < 채권 C < 채권 B < 채권 A 이다.

061 수정듀레이션에 관련하여 잘못된 설명은?

① 수정듀레이션을 알면 수익률변화에 대한 채권가격 변동치를 쉽게 알 수 있다.
② 수정듀레이션은 수익률 1%포인트가 변화할 때의 백분율로 표현된 가격변동율의 추정치이다.
③ 듀레이션의 크기는 채권의 가격변동율 및 가격변동폭과 역(−)의 관계를 가진다.
④ 듀레이션이 클수록 시장이자율 및 만기수익률의 변동에 대한 채권가격의 변동폭은 커진다.

> **해설** 듀레이션은 이자율변동에 의한 채권가격의 변동측정치이므로, 듀레이션의 크기는 채권의 가격변동율 및 가격변동폭과 정(正)의 관계를 가진다.

- 수정듀레이션은 수익률의 변동에 대한 채권가격의 변동을 백분율로 나타낸 것이다.
- 듀레이션이 큰 채권일수록 시장수익률 변화에 더 민감하며, 수정듀레이션은 채권가격의 여러 가지 변화요인들을 하나의 대표적인 숫자로 통합한다는 면에서 유용성이 크다.
- 수정듀레이션은 옵션이 없는 일반채권에만 적용이 가능하다. 따라서 옵션부채권의 경우에는 실효듀레이션을 써야 한다.

채권가격 변동과 수정듀레이션

- 듀레이션이 주어질 때 수익률의 변동에 따른 채권가격변동율 $\left(\dfrac{\Delta P}{P}\right) = -\dfrac{Duration}{(1+r)} \times \Delta r$

- 수정 $Duration(D_M) = \dfrac{Duraion}{(1+r)} = Hicks\ Duration$

- 채권가격 변동폭$(\Delta P) = -$ 수정 $Duraion \times \Delta r \times P$

- 채권가격변동율 $\left(\dfrac{\Delta P}{P}\right) = -D_M \times \Delta r$

★★★
062 듀레이션의 용도로 보기 어려운 것은?

① 위험측정   ② 가법성
③ 헤지비율의 계산   ④ 추정오차의 계산

해설 듀레이션은 위험측정, 가법성, 헤지비율(Hedge Ratio) 산정 등에 유용하게 이용된다.

- **위험측정(Risk Measure)** : 수정듀레이션을 사용하여 채권의 가격변동성을 쉽게 파악하여 위험을 측정함으로써, 포트폴리오 자산의 듀레이션과 부채 듀레이션을 일치시키는 면역화전력을 이용한 포트폴리오를 구성하는 데 사용된다.
- **가법성(Additivity)** : 채권 포트폴리오의 듀레이션을 구성되어 있는 각 채권 듀레이션의 가중평균치로 간단하게 구할 수 있는 것으로 가중치는 포트폴리오 내의 채권들의 현재가격 가치를 반영한 보유 비중을 이용한다.
- **헤지비율(Hedge Ratio)** : 듀레이션은 채권의 상대적 수익률 민감도를 측정하는 척도이므로 채권을 현물시장에서 매수하고 선물을 매도하거나 다른 채권을 공매도 함으로써 헤지가 가능하다.

063 잔존기간이 3년인 복리채권의 수익률이 8%일 때의 단가가 9,983원이다. 수익률이 0.5%포인트 하락할 경우 듀레이션의 개념을 이용해 추정한 이 채권의 가격변동폭(ΔP)으로 옳은 것은? 심화

① $\Delta P = -\dfrac{2.83}{(1+0.08)} \times 0.05 \times 9,983$

② $\Delta P = -\dfrac{2.83}{(1+0.08)} \times -0.005 \times 9,983$

③ $\Delta P = -\dfrac{3}{(1+0.08)} \times 0.05 \times 9,983$

④ $\Delta P = -\dfrac{3}{(1+0.08)} \times -0.005 \times 9,983$

 해설

$$Macaulay\ Duraion = \frac{\dfrac{\Delta P}{P}}{\dfrac{\Delta r}{1+r}} \rightarrow \text{가격변동폭}(\Delta P) = -\frac{Duraion}{(1+r)} \times \Delta r \times P$$

또한 문제의 채권은 복리채로서 만기시 일시상환채권이므로 잔존기간과 듀레이션은 동일하다.
따라서 듀레이션 = 3(년), (1+r) = 1+0.08이며, Δr = −0.005가 된다.

064 아래 채권의 만기수익률이 8%로 하락하는 경우 이에 대한 설명으로 옳은 것은? 심화

- 액면가액 : 10,000원
- 표면이율 : 8%
- 만기수익률 : 10%
- 잔존기간 : 3년
- 채권의 가격 : 9,502.63
- 듀레이션 : 2.78년

① 수정듀레이션은 2.574년이다.

② 채권가격의 변동률은 5.05%이다.

③ 채권가격의 하락폭은 489.19원이다.

④ 수익률 8%인 경우의 채권가격은 9,013.44원이다.

 해설

- 수정듀레이션(D_M) = $\dfrac{Duration}{(1+r)}$ = $\dfrac{2.78}{(1+0.1)}$ = 2.528(년)

- 채권가격변동율($\dfrac{\Delta P}{P}$) = $-\dfrac{Duration}{(1+r)} \times \Delta r$ = $-\dfrac{2.78}{(1+0.1)} \times -0.02$ = 0.0505

- 채권가격의 상승폭(ΔP) = −수정 $Duration \times \Delta r \times P$ = −2.528 × −0.02 × 9,502.63 = 480.45원

- 수익률 8% 시의 채권가격은 9,502.63 + 480.45 = 9,983.08원

★★★
065 듀레이션을 이용하여 추정된 채권가격에 대한 설명으로 옳은 것은?

① 실제 채권과 만기수익률은 만기수익률을 접점으로 선형관계를 보인다.

② 만기수익률이 상승하는 경우에는 실제 채권가격 상승폭보다 과소평가된다.

③ 만기수익률이 하락하는 경우에는 실제 채권가격 하락폭보다 과대평가된다.

④ 수익률 변동폭이 확대될수록 추정오차가 커진다.

 해설 ① 듀레이션을 이용하여 추정된 채권가격과 만기수익률의 관계는 만기수익률을 접점으로 선형관계를 보인다. 그러나 실제 채권과 만기수익률은 원점에 대하여 볼록한 곡선모양의 관계를 보인다. 이는 채권가격 변동에 대한 추정오차는 궁극적으로 실제 채권가격과 만기수익률의 관계가 원점에 대해 볼록한 비선형적 관계를 갖기 때문이다.
② 만기수익률이 상승하는 경우에는 실제 채권가격 하락폭보다 과대평가된다.
③ 만기수익률이 하락하는 경우에는 실제 채권가격 상승폭보다 과소평가된다.

···TOPIC 9 볼록성

★★★
066 볼록성에 관련하여 잘못된 설명은?

① 채권수익률과 실제 채권가격과의 관계가 원점에 대해서 볼록한 정도를 나타내는 것으로서, 볼록한 비선형의 크기는 각 채권마다 다르다.

② 만기수익률에 대한 채권가격함수의 2차 도함수를 채권가격으로 나눈 것이다.

③ 채권가격과 수익률곡선의 기울기를 나타낸다.

④ 실제 채권가격과 수정듀레이션에 의해 예측된 채권가격의 차이를 나타낸다.

해설

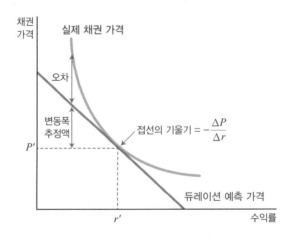

볼록성은 채권가격 변동에 대한 추정오차의 원인으로 채권가격과 수익률곡선 기울기의 변화를 나타낸다. 볼록성은 채권수익률의 변동이 클수록 차이가 크게 발생하고, 듀레이션으로 예측한 채권가격은 항상 실제 채권가격보다 낮게 평가된다.

필수핵심정리 ▶ 볼록성과 듀레이션의 비교

볼록성	채권가격과 수익률곡선 기울기의 변화로서, 비선형관계
듀레이션	채권가격과 수익률곡선의 기울기로서, 선형관계

※ 듀레이션에 의한 가격변동은 가격/수익률곡선에 대한 접선에서 추정되는 것이므로 수익률이 작게 변동하였을 때만 실제가격에 근사한 값을 가지게 되나, 수익률의 변화폭이 증가할수록 수정듀레이션을 표시하는 직선에서 멀리 떨어지게 되어 가격변동위험을 정확하게 측정되지 못하게 되므로 듀레이션에 근거해서 추정한 가격변동률을 볼록성에 의한 가격변동률로 수정하여 실제가격 변동률을 정확하게 측정하는 것이다.

★★★
067 다음의 볼록성에 관한 설명으로 틀린 것을 묶은 것은?

> ㉠ 표면이율이 낮아질수록 볼록성은 커진다.
> ㉡ 잔존기간이 작을수록 볼록성은 커진다.
> ㉢ 만기수익률의 수준이 클수록 볼록성은 커진다.

① ㉡, ㉢   ② ㉠, ㉡   ③ ㉠, ㉢   ④ ㉠, ㉡, ㉢

해설 ㉡ 잔존기간이 길어질수록 볼록성은 커진다. ㉢ 만기수익률의 수준이 낮을수록 볼록성은 커진다.

 필수핵심정리 ▶ 볼록성의 특성

- 잔존기간이 길어질수록, 표면이율이 낮아질수록, 만기수익률이 낮아질수록 → 볼록성은 커진다.
- 동일한 듀레이션에서 볼록성이 큰 채권은 작은 채권보다 수익률의 상승이나 하락에 관계없이 항상 높은 가격을 가진다.
- 채권의 볼록성은 듀레이션이 증가함에 따라 가속도로 증가한다.
- 볼록성은 채권의 달러 듀레이션 변화율을 측정한다.
- 달러 듀레이션의 변화는 볼록성이 커질수록 증가한다.
- 듀레이션이 동일해도 채권현금흐름의 분산도가 클수록 볼록성이 더 크다.

정답 065 ④   066 ③   067 ①

★★★
068 액면 10,000원, 표면이율 8%, 잔존기간이 2년인 연단위 후급 이자지급 이표채의 만기수익률이 10%인 채권의 가격은 9,652원이다. 이 채권의 볼록성은? 심화

① 4.71　　　　　② 5.69　　　　　③ 1.46　　　　　④ 1.59

해설

t	CF_t	$t \times (t+1) \times CF_t$	$\dfrac{t \times (t+1) \times CF_t}{(1+r)^{t+2}}$
1	$10,000 \times 8\% = 800$	$1 \times 2 \times 800 = 1,600$	$\dfrac{1,600}{(1+0.1)^{(1+2)}} = 1,202$
2	$10,000 + 800 = 10,800$	$2 \times 3 \times 10,800 = 64,800$	$\dfrac{64,800}{(1+0.1)^{(2+2)}} = 44,259$
합계	11,600	66,400	45,461

$$\text{볼록성}(Convexity) = \frac{\dfrac{t(t+1)CF_t}{(1+r)^{t+2}}}{P} = \frac{45,461}{9,652} = 4.71$$

🏛 필수핵심정리 ▶ 볼록성과 볼록성에 의한 채권가격의 변동율

$$\text{볼록성}(Convexity) = \frac{\dfrac{d^2P}{dr^2}}{P} = \frac{\text{만기수익률에 대한 채권가격 함수의 2차 도함수}}{\text{채권가격}}$$

$$\text{여기서} \quad \frac{d^2P}{dr^2} = \sum_{t=1}^{n} \frac{t+(t1)CF_t}{(1+r)^{t+2}}$$

듀레이션과 볼록성을 이용한 채권가격의 변동

• 채권가격 변동율 = 듀레이션에 의한 설명 + 볼록성에 의한 설명

$$\frac{\Delta P}{P} = [-D_M \times \Delta r] + \left[\frac{1}{2} \times Convexity \times (\Delta r)^2\right]$$

• 채권가격 변동폭 = 듀레이션에 의한 설명 + 볼록성에 의한 설명

$$\Delta P = [-D_M \times \Delta r \times P] + \left[\frac{1}{2} \times P \times Convexity \times (\Delta r)^2\right]$$

★★★
069 채권의 볼록성이 8이고 채권의 만기수익률이 2%포인트 하락할 때 볼록성에 기인한 채권가격 변동율은 얼마인가? 심화

① 16%　　　　② 1.6%　　　　③ 0.16%　　　　④ 0.0016%

해설 $\dfrac{\Delta P}{P} = \dfrac{1}{2} \times Convexity \times (\Delta r)^2 = \dfrac{1}{2} \times 8 \times (-2\%)^2 = 0.0016 = 0.16\%$

★★★
070 수정듀레이션이 2.5인 이표채가 있다. 볼록성까지 고려할 때 다음 중 옳은 것은?

① 이표채의 수익률이 1%p 상승하면 채권의 가격은 2.5%보다 더 하락한다.
② 이표채의 수익률이 1%p 상승하면 채권의 가격은 2.5% 하락한다.
③ 이표채의 수익률이 1%p 하락하면 채권의 가격은 2.5%보다 더 상승한다.
④ 이표채의 수익률이 1%p 하락하면 채권의 가격은 2.5% 상승한다.

해설 볼록성을 고려하면 금리 하락 시에는 채권가격은 수정듀레이션보다 더 상승하고, 금리 상승 시에는 수정듀레이션보다 덜 하락한다.

　　①, ② : 이표채의 수익률이 1%p 상승하면 채권의 가격은 2.5%보다 덜 하락한다.

★★★
071 수익률 곡선에 관한 내용으로 틀린 것은?

① 채권수익률의 기간구조는 채권수익률의 결정요인 중에서 다른 조건이 모두 같고 만기까지의 기간만 다를 경우 만기까지의 기간과 채권수익률과의 관계를 말한다.

② 채권수익률의 기간구조는 흔히 수익률곡선으로 표시한다.

③ 수익률곡선은 만기까지 기간의 차이에 따라 달라지는 채권수익률의 변동 상황을 나타낸 것이다.

④ 수익률곡선은 복리채를 이용하게 된다.

> **해설** 수익률곡선은 만기수익률과 잔존만기의 좌표 상에서 구성되며, 특정 시점에 동일한 신용도의 채권수익률을 대상으로 하여 잔존 만기별 차이만 가지고 구성되므로, 채권의 발행금리와 그 채권의 수익률(만기수익률 : YTM)이 가장 근접한 이표채를 이용하게 된다.
>
> ① : 채권의 수익률은 시장이자율, 만기, 표면이자율, 채무불이행의 위험, 세금 등 여러 가지 요인에 의해 달라진다. 이와 같은 요인 중 다른 모든 조건이 동일하고 만기만이 다른 채권들에 대해 일정 시점에 있어서의 수익률을 보여 주는 것이 수익률곡선이다.
>
> ② : 이자율의 기간구조라고도 한다.

★★★
072 수익률곡선의 유형에 관한 설명으로 틀린 것은?

① 우상향형 형태는 일반적으로 장기금리가 높고 단기금리가 낮다.

② 우하향형 형태는 단기금리수준이 장기금리수준을 상회하는 형태이다.

③ 수평형곡선 형태는 단기금리와 장기금리가 거의 같은 수준이 되는 형태이다.

④ 낙타형 형태는 중기채의 수익률이 단기채와 장기채의 수익률보다 낮게 나타나는 형태이다.

> **해설** 낙타형은 처음에는 만기가 길어짐에 따라 수익률이 상승하다가 일정한 만기에서 정점에 이른 다음부터는 체감하는 단고장저(短高長低)형 곡선의 한 변형으로서, 중기채의 수익률이 단기채나 장기채의 수익률보다 높게 나타나는 형태이다. 주로, 장기적으로는 금리의 하향안정이 기대되나, 갑작스런 통화긴축으로 채권시장이 일시적으로 위축될 경우에 나타난다.

구분	의의	형태
우상향형 곡선	• 장기이자율 > 단기이자율선 • 향후 이자율이 상승할 것으로 전망하거나 또는 현재 저금리상태에서 발생 & 가장 일반적인 형태	
우하향형 곡선	• 단기이자율 > 장기이자율 • 향후 이자율이 하락할 것으로 전망하거나 또는 현재 고금리상태에서 발생	
수평형 곡선	• 단기이자율 ≒ 장기이자율 • 향후 이자율의 변동이 없을 것으로 전망하거나 상승형에서 하강형 또는 하강형에서 상승형으로 변해가는 과도기에서 일시적으로 발생	
낙타형 곡선	• 단기이자율이 급격히 상승하다가 어느 시점에서 장기이자율이 서서히 하락하는 수익률곡선 • 일시적인 금융긴축으로 인한 단기이자율의 상승이 일어나나 장기적으로 금리가 안정되는 상태에서 발생	

★★★
073 다음의 내용과 관련된 수익률곡선의 형태는?

• 순수기대가설 측면에서 볼 때 통화정책이 상대적으로 완화상태에 있음을 나타낸다.
• 경기상승이 시작되는 회복기에 시장참여자들이 향후 수익률 상승을 예상하여 장기채보다 단기채를 선호하는 경우에도 형성되는 형태이다.
• 유동성가설측면에서 유동성을 중요시할 경우 나타나는 정상적인 모양이며 금리안정기에 주로 나타난다.
• 만기가 긴 장기채권일수록 가격변동이 크고 불확실성이 높기 때문에 이에 대한 위험프리미엄이 커져서 상대적으로 장기금리가 높다.

① 우상향형 형태   ② 우하향형 형태
③ 수평형곡선 형태   ④ 낙타형 수익률 곡선

해설 위 설명 모두 현실적으로 자주 관찰되는 일반적인 수익률의 형태인 우상향형 형태 수익률곡선에 대한 설명이다.

★★★
074 수익률곡선에서 기간구조의 변동을 A, B, C 순서대로 연결한 것은?

> A : 단기·중기·장기의 만기수익률이 같은 방향으로 이동하는 경우이다.
> B : 단기와 장기 만기수익률을 같은 방향으로 이동하나, 중기 만기수익률은 이와 반대로 이동하는 경우이다.
> C : 중기의 만기수익률은 크게 움직이지 않은 상태에서 단기와 장기의 만기수익률이 서로 반대방향으로 이동하는 경우이다.

① 비틀림형 기간구조변동, 나비형 기간구조변동, 평행 기간구조변동
② 비틀림형 기간구조변동, 평행 기간구조변동, 나비형 기간구조변동
③ 평행 기간구조변동, 나비형 기간구조변동, 비틀림형 기간구조변동
④ 평행 기간구조변동, 비틀림형 기간구조변동, 나비형 기간구조변동

해설
- A : 평행 기간구조변동
- B : 나비형(Butterfly) 기간구조변동
- C : 비틀림형(Twist) 기간구조변동

★★★
075 다음 중 금리 기간구조의 활용분야로 적합하지 않은 것은? 심화

① 만기를 이용한 채권수익률 전략
② 선도이자율의 기댓값 평가
③ 채권의 가치평가 및 가격결정
④ 수익률이 다른 채권 간의 투자기회 포착

해설 금리 기간구조의 활용분야는 ①, ②, ③ 이외에 '만기가 다른 채권간의 투자기회 포착'이다.

- **만기를 이용한 채권수익률 전략** : 투자자들은 채권의 특징, 표면이자의 크기 및 발행인의 특성 등을 고려하여 채권 포트폴리오를 구성하는데 이자율이 자주 변하는 환경에서는 만기가 수익률에 가장 큰 영향을 미치는 요소이므로 만기별 채권수익률 전략을 세울 수 있다.

- **선도이자율의 기댓값 평가** : 수익률을 제고하기 위해서는 선도이자율이 정확한 예측이 선행되어야 하는데 이는 기간구조분석을 통해 가능하다. 따라서 기간구조분석을 통해서 시장의 예측공감대에 의해 형성된 선도이자율의 기댓값을 정확히 평가할 수 있다.

- **채권의 가치평가 및 가격결정** : 금리의 기간구조를 이용하여 채권의 가치를 평가할 수 있다. 수익률곡선은 시간에 대한 순수한 기대를 나타내기 때문에 채권의 가격을 결정하는 데는 기간이 유사한 대체상품의 수익률이 고려되어야 한다. 따라서 수익률곡선을 분석하게 되면 대체수익률을 어느 정도 알 수 있기 때문에 채권의 가격결정에 도움이 된다.

- **만기가 다른 채권간의 투자기회 포착** : 채권은 만기가 같으면 수익률의 직접 비교가 가능하기 때문에 기간효과의 측정에 별 의미가 없으나, 만기가 상이한 경우에는 두 채권 간의 수익률을 직접 비교하기가 어렵기 때문에 조정이 이루어져야 한다. 따라서 만기가 상이한 채권 간의 수익률을 비교 가능하도록 조정하게 되면 수익률 차이를 알 수 있어 투자기회를 포착할 수 있다.

★★★
076 다음 중 선도이자율(Forward Rate)에 관련하여 잘못된 설명은?

① 미래 일정 시점에서의 단위기간 동안의 이자율을 의미한다.

② 미래의 이자율이므로 현재시점에서는 명시적으로 알 수가 없다.

③ 현물수익률곡선을 통해 미래 각 시점에 대한 현물이자율을 알 수 있다 하더라도 선도이자율은 도출할 수 없다.

④ 현물수익률곡선의 관계에서 도출되므로 내재 선도이자율(Implied Forward Rate)이라고도 한다.

> **해설** 현물수익률곡선을 통해 미래 각 시점에 대한 현물이자율을 알 수 있다면 선도이자율을 도출할 수가 있다.
>
> - 현재시점에서 n년 후 시점의 1년 동안의 선도이자율 : $(1 + {}_nf_t) = \dfrac{(1 + {}_0R_{n+1})^{n+1}}{(1 + {}_0R_{n+1})^n}$
> - 여기서, ${}_0R_n$: 현재시점에서 만기가 n년인 이자율
>
>   내재 선도수익률 = 미래 기대현물이자율

★★★
077 현재시점에서 2년 만기 현물이자율($_0R_2$)이 5%, 3년 만기 현물이자율($_0R_3$)이 6%라면 2년 후 1년 만기 내재 선도이자율($_2f_1$)은 약 얼마인가? 심화

① 7.25% ② 8.03%

③ 9.12% ④ 10.5%

해설 $(1 + {_nf_1}) = \dfrac{(1 + {_0R_{n+1}})^{n+1}}{(1 + {_0R_n})^n} \rightarrow (1 + {_2f_1}) = \dfrac{(1 + {_0R_3})^3}{(1 + {_0R_2})^2} = \dfrac{(1 + {_00.06_3})^3}{(1 + {_00.05_2})^2} = 1.0803$

∴ 내재 선도이자율 $_2f_1 = 8.03\%$

★★★
078 이자율이 상승하는 기간구조를 보이고 있을 때 위에서부터 나타나는 곡선의 순서로 옳은 것은?

① 선도이자율 > 현물이자율 > 만기수익률

② 선도이자율 > 만기수익률 > 현물이자율

③ 현물이자율 > 만기수익률 > 선도이자율

④ 만기수익률 > 현물이자율 > 선도이자율

해설 이자율이 상승하는 기간구조를 보이고 있을 때 위에서부터 선도이자율(Forward Curve) > 현물이자율(Spot Curve) > 만기수익률(Par Yield Curve)곡선의 순으로 나타난다.

구 분	곡선의 크기 순서
이자율 상승 기간구조	선도이자율 > 현물이자율 > 만기수익률
이자율 하락 기간구조	선도이자율 < 현물이자율 < 만기수익률

★★★
079 채권수익률의 기간구조이론의 불편기대이론에 관한 설명 중 거리가 먼 것은?

① 투자자들이 미래 이자율에 대하여 정확한 동질적 기대를 가지며, 이러한 기대수익률에 따라 수익률의 구조가 결정된다.

② 장기채권 수익률은 그 기간 중에 성립할 것으로 예상되는 단기채권수익률(기대 현물 이자율)의 기하평균과 같다.

③ 수익률의 곡선형태가 미래의 단기이자율에 대한 투자자의 기대에 의하여 결정된다.

④ 위험회피형의 채권투자자를 전제로 하여, 미래의 단기수익률의 실현치와 이들에 대한 기댓값과의 오차를 설명할 수 있다.

> 해설 │ 피셔(I. Fisher)의 불편기대가설은 위험중립형의 투자자를 전제로 하여 투자위험에 대한 투자자들의 보상을 무시하며, 이는 미래의 단기수익률의 실현치와 이들에 대한 기댓값과의 오차를 설명하기 힘든 한계를 지니게 된다.
> - 선도이자율(Forward Rate) : 현재 시점에서 요구되는 미래기간에 대한 이자율
> - 내재 선도이자율(Implicit Forward Rate) : 현재 시점의 장·단기 현물이자율을 이용(기하평균)하여 구한 선도이자율

🏛 필수핵심정리 ▷ **불편기대이론의 제한적 가정**

① 모든 투자자는 위험 중립형이다. 즉, 투자자는 채권의 만기가 장기일 경우 예상할 수 있는 여러가지 위험이나 현재의 소비에 대한 시간선호 등에 대한 보상을 요구하지 않고 오직 기대수익만 극대화한다.

② 단기채권과 장기채권은 완전 대체관계에 있다. 즉, 장·단기 채권 간에 수익률의 차이가 발생할 경우 재정이익을 얻기 위한 차익거래가 일어나 장·단기 채권 간에 수익률은 곧 균형상태를 이루게 된다.

③ 미래의 이자율을 정확하게 예상할 수 있다. 즉, 장기채권의 수익률은 미래의 단기이자율의 기하평균이다.

★★★
080 불편기대이론의 수익률곡선에 대한 설명으로 옳은 것은? 심화

① 미래의 단기수익률이 상승하리라 예상하면 장기채를 매입하고 단기채를 매도한다.
② 미래의 단기수익률의 하락을 예상하면 수익률곡선은 우상향한다.
③ 미래의 단기수익률이 현재보다 상승하였다가 다시 현재 수익률보다 하락하면 수익률곡선은 낙타형을 띠게 된다.
④ 미래의 단기수익률이 현재의 단기수익률과 변화를 보이지 않을 것으로 예상하면 현재의 채권포지션을 청산한다.

해설
① 미래의 단기수익률이 상승하리라 예상하면 수익률곡선은 우상향형태를 보이므로, 단기채를 매입하고 장기채를 매도한다.
② 미래의 단기수익률의 하락을 예상하면 수익률곡선은 우하향하여 단기채를 매도하고 장기채를 매수한다.
④ 미래의 단기수익률이 현재의 단기수익률과 변화를 보이지 않을 것으로 예상하면 현재의 채권포지션을 유지한다.

이자율 예상	채권투자자의 투자전략	수익률 곡선 형태
상승	단기채 매입 + 장기채 매도 → 단기이자율 하락 + 장기이자율 상승	우상향
하락	단기채 매도 + 장기채 매입 → 단기이자율 상승 + 장기이자율 하락	우하향
일정	현재 포지션 유지	수평

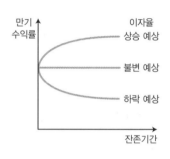

★★★
081 수익률곡선이론의 유동성프리미엄 이론에 대한 설명으로 거리가 먼 것은? 심화

① 장기채권의 수익률은 미래의 현물수익률에 대한 불편기대부분 외에도 유동성 상실에 따른 보상인 프리미엄이 반영되어 있다.
② 유동성 프리미엄은 장기일수록 증가하나, 그 증가율은 감소한다.
③ 수익률 곡선은 미래의 기대현물수익률보다 유동성 프리미엄만큼 높은 수준에서 우상향한다.
④ 만기가 서로 다른 채권들은 완전한 대체재가 될 수 있다.

해설
유동성프리미엄 이론의 중요한 의미는 미래의 이자율이 일정할 것으로 예상한다 하더라도 수익률곡선은 유동성프리미엄의 영향으로 인하여 우상향 형태를 가지며, 또한 장기채권의 수익률에 유동성프리미엄이 포함될 경우 만기가 서로 다른 채권을 소유함으로써 기대되는 수익률은 동일하지 않게 된다. 따라서 단기채권과 장기채권은 완전 대체관계에 있다고 가정하는 불편기대이론과는 달리 유동성프리미엄 이론은 만기가 서로 다른 채권들은 완전한 대체재가 될 수 없다.

힉스(Hicks)의 유동성프리미엄 이론은 채권에 대한 위험을 고려할 경우 장기채권은 단기채권에 비해 위험이 크며 현금화 될 수 있는 유동성이 작은 것이 일반적이며, 따라서 모든 투자자들은 기본적으로 유동성을 선호하게 되어 만기가 길수록 증가하는 위험에 대한 유동성프리미엄을 요구하게 된다는 이론이다. 따라서 유동성프리미엄 이론의 장기채권수익률은 기대현물이자율에 유동성프리미엄을 가산한 값의 기하평균이 된다.

★★★
082 채권수익률의 기간구조이론과 관련하여 옳은 설명은?

① 불편기대이론의 모든 투자자는 위험중립형으로서 오로지 기대수익만을 극대화하므로 단기채권과 장기채권은 완전대체 관계에 있는 것을 가정한다.

② 유동성프리미엄 이론의 수익률곡선은 불편기대가설의 수익률곡선보다 항상 아래에 위치하며 우상향한다.

③ 시장분할이론은 채권시장이 기관투자자들 중심으로 구성되어 있는 경우에는 성립하기가 곤란하다.

④ 편중기대이론은 특정한 만기의 채권별로 선호하는 투자자집단인 경우 충분한 대가가 주어지는 경우에도 선호하는 만기 이외의 채권에는 투자하지 않는다.

해설 ② 유동성프리미엄 이론의 모든 투자자는 위험회피형으로서 단기채권을 선호하며, 장기채권투자시에는 유동성의 포기 및 길어지는 보유기간에 대한 보상인 프리미엄을 요구한다. 따라서 유동성프리미엄 이론의 장기채권수익률은 기대현물이자율에 유동성프리미엄을 가산한 값의 기하평균과 같으며, 이 경우 선도이자율은 기대현물이자율에 유동성프리미엄을 가산한 것이다. 따라서 유동성프리미엄 이론의 수익률곡선은 유동성프리미엄만큼 불편기대가설의 수익률곡선보다 항상 높은 수준에서 우상향한다. 다만, 매 기의 유동성프리미엄은 만기까지의 기간이 길어질수록 체감적으로 증가한다.

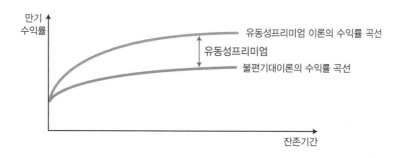

③ 시장분할이론은 채권시장에 법적·제도적 요인 등에 의한 구조적 경직성이 존재함으로써 채권의 만기에 대한 선호가 서로 다른 투자자집단에 의하여 만기에 따라 서로 다른 몇 개의 하위채권시장으로 분할되어 존재하며, 채권수익률과 잔존기간 간에 어떤 체계적 관계가 존재하지 않는다. 따라서 채권시장은 단기채, 중기채 및 장기채시장 등이 별도로 형성되고 채권의 수익률은 각 하위시장 내에서 수요와 공급에 의하여 결정되어 수익률곡선은 불연속곡선이 되는 것이다. 즉, 시장분할이론은 채권시장이 기관투자자들 중심으로 구성되어 있는 경우에 강하게 나타난다.

[시장분할이론의 수익률곡선]

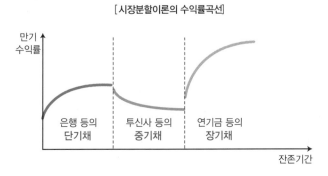

④ 편중기대이론은 특정한 만기의 채권별로 선호하는 투자자집단은 선호하는 만기 이외의 채권에는 투자하지 않는 것이 일반적이다. 따라서 낙타형모습의 수익률 곡선을 잘 설명한다. 그러나 충분한 대가가 주어지는 경우에는 선호하는 만기 이외의 채권에도 투자를 한다.

★★★ 083 다음의 기간구조이론 중에서 금융기관들의 헤징형태에서 이론적 근거를 두는 것은?

① 불편기대이론 ② 유동성프리미엄 이론
③ 편중기대이론 ④ 시장분할이론

 금융기관들이 이자율 변동위험을 회피하기 위해 그들의 부채와 만기가 일치하는 자산에 투자하는 헤징 행태에 이론을 두고 있는 것은 시장분할이론이다. 따라서 단기부채가 많은 금융기관들은 단기채권에만 투자하고, 장기부채가 많은 장기금융기관들은 장기채권에만 투자하게 되며 이들 장단기채권시장은 재정거래가 없는 완전히 분리된 시장이기 때문에 장단기 채권의 수익률은 양자 간에 아무런 관련이 없이 각각 분할된 시장에서 각각의 수요 공급에 따라 결정된다는 것이다.

084 다음 중 채권시장에서 기관투자자를 중심으로 한 이론으로 옳은 것을 묶은 것은? 심화

> ㉠ 불편기대이론　　　　　　　　　㉡ 유동성프리미엄 이론
> ㉢ 시장분할이론　　　　　　　　　㉣ 편중기대이론

① ㉠, ㉡　　　　　② ㉡, ㉢　　　　　③ ㉢, ㉣　　　　　④ ㉠, ㉣

> **해설** 시장분할이론과 편중기대이론은 기관투자자를 중심으로 한 채권수익률의 기간구조이론이다.

···TOPIC 12 채권수익률의 위험구조

085 채권수익률의 위험구조에 관한 설명으로 틀린 것은?

① 채권의 위험이 달라짐에 따라 나타나는 채권수익률의 체계적 차이를 채권수익률의 위험
　구조라 한다.
② 채권수익률은 채무불이행 위험의 크기에 따라 증가하게 된다.
③ 무위험채권의 수익률과 채무불이행 위험을 갖는 채권의 수익률의 차이는 위험프리미엄
　으로서 수익률 스프레드라고 부르기도 한다.
④ 수의상환위험은 금리가 상승하는 경우 투자자의 중도상환 청구함에 따라 채권발행자에
　게 손실이 발생하는 위험을 말한다.

> **해설** 채권 만기 이전에 발행자가 채권의 전부 또는 일부를 중도상환 요구할 수 있는 채권을 콜옵션채권(Callable Bond)
> 이라고 하며, 수의상환위험(callable risk)은 금리가 하락하는 경우 채권의 발행자가 중도상환함으로써 채권투자자
> 에게 손실이 발생하는 위험을 말한다.

---

086 채권투자의 위험 중 분산투자로도 회피가 불가능한 위험은?

① 신용위험　　　　　　　　　② 이자율 변동위험
③ 중도상환위험　　　　　　　④ 시장·유동성위험

> **해설** 분산투자로도 회피가 불가능한 위험은 이자율 변동위험, 구매력위험 등의 체계적 위험이다. 분산투자로 회피가 가
> 능한 위험은 신용위험, 중도상환위험, 시장·유동성위험 등의 비체계적 위험이다.

정답　083 ④　　084 ③　　085 ④　　086 ②

이자율변동위험	가격변동위험	• 채권투자 후 만기수익률(r)의 변동에 따른 채권가격의 변동위험 • $r\uparrow \rightarrow P\downarrow \rightarrow$ 투자자 이익, $r\downarrow \rightarrow P\uparrow \rightarrow$ 발행자 이익
	재투자위험	보유기간 중 받는 이자수입을 재투자시 재투자수입금액이 달라지는 위험
구매력위험		물가상승 즉, 인플레이션에 따른 구매력의 감소 위험
재투자위험		중도에 발생한 현금을 낮은 이자율로 투자하여 채권 매매수익률에 의한 것보다 낮은 수익을 얻는 경우의 위험
신용위험 · 채무불이행 위험		• 채권투자자가 발행자로부터 채권의 원금과 약정이자의 일부 또는 전부를 받지 못하는 위험 • 채무불이행 위험↑ → 위험 Risk↑ → 채권수익률↑ • 채권수익률 = 명목무위험 이자율 + 위험프리미엄
중도상환 위험		시장이자율의 하락 시 채권발행자가 채권만기 전에 조기상환 함에 따른 재투자수익이 낮아지는 위험
환율위험		• 외화의 환율변동에 따라 외화표시채권의 가치가 변동하는 위험 • 달러가치의 하락시 원화에 대한 채권가치가 감소하는 위험
시장위험 · 유동성위험		• 시장위험 또는 유동성위험 → 보유채권을 현재시장가격으로 또는 시장가격에 근접한 가격으로 얼마나 쉽게 매각할 수 있는 가를 말함 • 채권딜러가 제시하고 있는 매도호가와 매수호가 간의 스프레드에 의해 주로 측정 → 동 스프레드가 클수록 시장위험이 크다는 의미 → 시장조성자가 많을수록 매도 · 매수호가 스프레드가 좁혀지는 경향

★★★
087 채권투자 후 만기수익률이 상승하면 채권가격이 하락하고, 만기수익률이 하락하면 채권가격이 상승하게 되는 위험은?

① 채무불이행위험　　　　　　　　② 인플레이션위험
③ 가격변동위험　　　　　　　　　④ 유동성위험

해설　채권투자 후 시장 만기수익률이 투자시의 예측과 다르게 나타나 가격의 변동이 발생하는 위험은 가격변동위험이다. 이는 예측에 대한 오차가 클수록 가격변동위험은 더욱 커진다.

$$채권가격, \ P = \frac{CF_t}{(1+r)^n} \ \ 여기서 \ r은 \ 만기수익률$$

★★★
088 약정수익률과 실현수익률의 내용으로 옳지 않은 것은?

① 약정수익률은 약정된 이자 및 원금을 모두 회수할 수 있을 경우의 수익률을 말한다.

② 실현수익률은 실제로 실현되리라고 예상되는 이자 및 원금상환액의 현재가치와 채권의 시장가격을 일치시켜주는 할인율을 말한다.

③ 실현수익률은 비대칭적인 형태를 갖는 확률분포를 갖으며, 실현수익률이 약정수익률에 가까울수록 높은 확률을 갖는 것이 일반적이다.

④ 채무불이행의 위험이 적은 채권은 실현수익률의 확률분포가 약정수익률보다 훨씬 작아지게 된다.

> **해설** 채무불이행의 위험이 적은 채권은 실현수익률의 확률분포가 약정수익률에 가깝게 된다. 그러나 위험이 큰 채권은 기대수익률이 약정수익률보다 훨씬 작아지게 된다. 약정수익률은 이자 및 원금상환액의 현재가치와 채권의 시장가격을 일치시켜주는 할인율과 같다.

★★★
089 다음 중 채권의 수익률 스프레드와 관련하여 잘못된 설명은?

① 수익률 스프레드는 위험이 없는 국공채의 수익률과 채무불이행의 위험이 있는 일반 회사채들의 수익률과의 차이를 말하며 위험프리미엄이라고도 한다.

② 수익률 스프레드는 위험프리미엄에서 지급불능프리미엄을 뺀 총위험을 말한다.

③ 위험프리미엄은 기대수익의 불확실성에 기인하는 위험에 대한 대가로서, 기대수익률과 무위험수익률과의 차이를 의미한다.

④ 지급불능프리미엄은 이자나 원금상환액의 절대액의 감소로부터 발생하는 위험에 대한 대가로서, 약정수익률과 기대수익률과의 차이를 의미한다.

> **해설** 수익률 스프레드는 약정수익률에서 무위험수익률을 뺀 총위험으로서, 위험프리미엄과 지급불능프리미엄으로 구성된다.

🏛 필수핵심정리 ▷ 채권수익률의 위험구조

- 수익률 스프레드 = 약정수익률 − 무위험수익률 = 위험프리미엄+지급불능프리미엄
- 위험프리미엄 = 기대수익률 − 무위험채권수익률 → 기대수익의 불확실성에 기인하는 위험에 대한 대가
- 지급불능프리미엄 = 약정수익률 −기대수익률 → 이자나 원금상환액의 절대액의 감소로부터 발생하는 위험에 대한 대가

★★★
090 다음의 회사채와 관련된 수익률 스프레드의 설명으로 옳은 것은?

> • 약정수익률 10%   • 무위험채권의 수익률 6%
> • 기대수익률 9%

① 수익률 스프레드는 3%이다.
② 위험프리미엄 1%이다.
③ 지급불능프리미엄은 4%이다.
④ 채권의 약정수익률은 무위험수익률에 위험프리미엄과 지급불능프리미엄을 합한 것과
 같다.

> **해설** 채권의 약정수익률 10%는 무위험수익률 6%에 위험프리미엄 3%와 지급불능프리미엄 1%를 합한 것과 같다.
> 채권의 약정수익률 = 무위험수익률 + 위험프리미엄 + 지급불능프리미엄
> • **수익률 스프레드** = 약정수익률 10% − 무위험수익률 6% = 4% = 총위험 = 위험프리미엄 + 지급불능프리미엄
> • **위험프리미엄** = 기대수익률 9% − 무위험채권수익률 6% = 3% → 기대수익의 불확실성에 기인하는 위험에 대한
> 대가
> • **지급불능프리미엄** = 약정수익률 10% − 기대수익률 9% = 1% → 이자나 원금상환액의 절대액의 감소로부터 발
> 생하는 위험에 대한 대가

···TOPIC **13** 채권투자전략의 구분

★★★
091 채권투자전략에 관한 설명으로 잘못된 것을 묶은 것은?

> ㉠ 채권투자전략은 크게 적극적 전략과 소극적 전략으로 구분할 수 있다.
> ㉡ 적극적 투자전략은 효율적인 시장의 가정하에 투자자산의 유동성이나 안정성 측면에 중
> 점을 둔다.
> ㉢ 소극적 투자전략은 수익률 등의 채권가격에 영향을 미치는 요인들을 예측하여 투자수익
> 을 극대화하는 전략이다.
> ㉣ 채권교체전략은 대표적인 적극적 투자전략이다.

① ㉠, ㉣   ② ㉡, ㉢   ③ ㉠, ㉢   ④ ㉡, ㉣

> **해설** 채권투자전략은 개별채권들에 대한 비교분석과 포트폴리오분석을 통해 결정되며, 크게 적극적 투자전략과 소극적
> 투자전략으로 분류된다.
> ㉡ 적극적 투자전략은 우월적 정보 또는 분석을 통한 초과수익의 획득이 가능한 비효율적인 시장의 가정하에 수익
>   률의 예상·변동 또는 수익률 간의 스프레드 등의 채권가격에 영향을 미치는 요인들을 예측하여 투자수익을 극

대화하는 전략이다.

ⓒ 소극적 투자전략은 우월적 정보 등을 통한 지속적인 초과수익의 획득이 곤란한 효율적인 시장의 가정하에 투자자산의 유동성이나 안정성 측면에 중점을 두는 투자전략이다.

🏛 필수핵심정리   **채권투자전략의 구분**

구 분	의의	투자목적
적극적 투자전략	• 채권시장이 비효율적이라는 가정 하에 미래 금리예측 등을 통해 높은 위험을 감수하면서 높은 수익률을 추구하는 전략 • 채권교체전략, 금리예측전략, 수익률곡선전략 등	수익성 위주 투자
소극적 투자전략	• 현재의 채권가격에 모든 투자정보가 이미 반영되어 있는 채권시장이 효율적이라는 가정 하에 미래 금리변동에 대한 예측 없이 만기보유 또는 인덱스펀드 투자와 같은 방법에 의존하는 전략 • 만기보유전략, 인덱스펀드전략, 면역전략, 현금흐름일치전략, 상황적 면역전략 등	안정성 또는 유동성 추구

★★★
092 다음 중 채권투자전략의 성격이 다른 하나는?

① 수익률곡선전략   ② 만기보유전략

③ 인덱스전략   ④ 현금흐름일치전략

해설 수익률곡선전략은 채권교체전략, 금리예측전략 등과 함께 대표적인 적극적 투자전략이다. 그러나 나머지 만기보유전략, 인덱스전략 및 현금흐름일치전략 등은 소극적 투자전략이다.

★★★
093 적극적 채권투자전략의 개념으로 적절하지 않은 것은?

① 장기적인 관점에서 위험을 회피하면서 채권투자수익을 극대화시키고자 하는 전략이다.
② 전략의 핵심은 수익률 예측과 채권비교평가분석으로 요약될 수 있다.
③ 수익률 예측은 시장환경 변화에 대한 채권수익률의 기간구조 변화형태를 예측함으로써 수익극대화에 가장 적합한 방법이나 일관성 있는 기간구조 예측이 쉽지 않다.
④ 채권비교평가분석은 일시적으로 가격 불균형상태에 있는 채권을 발견하여 수익률을 제고시키는 방법이다.

> **해설** 적극적 투자전략은 단기적인 관점에서 위험을 감수하면서 채권 투자 수익을 극대화시키고자 하는 전략이다.

★★★
094 적극적인 채권투자전략에 관한 설명으로 옳지 않은 것은?

① 금리예측전략은 수익률 하락의 예측 시에는 채권을 매도하고, 수익률의 상승을 예측할 때에는 채권을 매수하는 방법이다.
② 채권교체전략으로는 시장불균형을 이용한 동종 채권간의 교체전략과 스프레드를 이용한 이종 채권의 교체전략이 있다.
③ 금리예측전략이나 채권교체전략은 수익률의 전반적인 상승 또는 하락과 같은 단순한 예측에 기초를 두는 수익률 전략이다.
④ 수익률곡선의 형태를 이용한 전략은 수익률곡선 자체의 이동이나 형태의 변화에 대한 예측을 기초로 채권의 포트폴리오를 교체하여 투자수익을 확보하는 전략이다.

> **해설** 금리예측전략(또는 수익률예측전략)은 금리의 하락 예측 시에는 채권을 매입하고, 금리의 상승을 예측할 때에는 채권을 매각하여 듀레이션이 큰 채권을 이용하는 방법으로 고위험의 고수익 운용전략이다.

🏛 필수핵심정리 ▶ 금리예측에 따른 채권투자전략

금리 예측	투자 전략
하락 예측 시	가격상승 예상 → 장기채 및 표면금리 낮은 채권 매수 → 듀레이션 증가
상승 예측 시	가격하락 예상 → 단기채 및 표면금리 높은 채권 매수 → 듀레이션 감소

★★★
095 다음 중 향후 수익률의 하락을 예상하는 경우의 채권의 투자전략으로 적합한 것은?

① 단기채를 매수한다.

② 표면금리가 낮은 금리확정부 채권을 매입한다.

③ 만기수익률이 높은 채권을 매입한다.

④ 변동금리부 이자지급 조건의 채권을 매입한다.

> **해설** 수익률의 하락을 예상하는 경우 듀레이션이 상대적으로 긴 표면금리가 낮은 금리확정부 채권을 매입하여 운용수익률을 높일 수 있다.
>
> ① 수익률 변동에 따른 채권가격의 변동폭이 큰 국민주택채권, 도시철도공채 등 장기채를 매수한다.
> ③ 만기수익률은 듀레이션과 역의 상관관계를 가진다. 즉, 만기수익률이 높을수록 듀레이션이 짧아지고 가격변동성도 작아진다. 따라서 만기가 같을 경우 만기수익률이 낮은 채권이 듀레이션이 길어지므로 유리하다.
> ④ 고정금리부 이자지급 조건의 채권을 매입하면 표면이자수익의 감소를 예방할 수 있다.

★★★
096 채권 교체전략의 개념으로 적절하지 않은 것은?

① 채권교체란 포트폴리오에 포함되어 있는 채권을 다른 채권으로 교체하는 것을 말한다.

② 채권교체는 주로 독점적 정보를 기초로 단기적인 이득을 얻기 위하여 이루어진다.

③ 채권시장이 효율적인 경우에도 초과이득을 얻을 수 있다.

④ 채권교체 전략의 종류는 다양하나 흔히 이용되는 전략은 동종채권교체와 이종채권교체이다.

> **해설** 적극적 채권투자전략은 채권시장이 비효율적이라는 가정 하에 미래 금리예측 등을 통해 높은 위험을 감수하면서 높은 수익률을 추구하는 전략이므로, 적극적 채권투자전략인 채권교체전략은 채권시장이 효율적인 경우에는 초과이득을 얻을 수 없다.

★★★
097 채권 교체전략으로 옳지 않은 것은?

① 채권시장의 일시적인 가격의 불균형상태가 발생 시 상대적으로 고평가된 채권을 저평가
된 채권으로 교체하는 전략이다.

② Yield Give-up Swap은 경기국면이 불황에서 호황으로 전환할 때 현재 보유 채권의 만
기수익률보다 더 높은 수익률의 채권으로 교체하는 전략이다.

③ Sector Swap은 일반적으로 채권의 종목별, 산업별로 historic yield spread를 사용하는
채권교체 전략을 말한다.

④ Credit Upside Swap은 보유하고 있는 개별 채권 또는 채권발행자의 국가 신용도가 악
화되는 경우 신용등급의 상승이 예견되는 채권을 매입한다.

해설 Yield Give-up Swap은 경기국면이 호황에서 불황으로 전환할 때 이자율 하락과 함께 신용등급이 높은 채권과
낮은 채권의 수익률 스프레드가 확대됨에 따라 현재 보유 채권의 만기수익률보다 더 낮은 수익률의 채권(Higher
Credit)으로 교체하는 전략이다.
경기국면이 불황에서 호황으로 전환 시에는 수익률 스프레드가 축소됨에 따라 현재 보유 채권의 만기수익률보다
더 높은 Low Credit, High Yield Bond로 교체하는 전략은 Yield Pick-up Swap이다.

• **Credit Upside Swap** : 신용등급의 상승이 예상되는 채권을 매입
• **Credit Defense Swap** : 신용등급의 하락이 예상되는 보유 채권의 적극적인 매도

🏛 필수핵심정리 ▶ 채권 교체전략

동종채권 교체	상대적으로 고평가된 보유채권의 매도 및 저평가된 다른 채권의 매수 → 단기적인 매매차익의 획득
이종채권 교체	• Yield Give-up Swap / Yield Pick-up Swap • Sector(Rotation) Swap • Credit Swap

★★★
098 **수익률곡선의 형태를 이용한 전략에 관한 설명으로 틀린 것은?**

① 수익률곡선타기 투자전략, Barbell형 채권운용 및 Bullet형 채권운용으로 구분할 수 있다.

② 수익률곡선타기 투자전략은 수익률곡선이 우상향의 기울기를 가진 경우에 한하여 실시될 수 있는 채권투자기법으로, 수익률곡선 상의 롤링효과와 숄더효과가 있다.

③ 숄더효과는 일반적인 우상향형태의 수익률곡선 상에서 금리수준이 일정하더라도 잔존기간이 짧아지면 그만큼 수익률이 하락하여 채권가격이 상승하게 되는 것을 말한다.

④ Barbell형 채권운용은 나비형의 형태를 띨 것으로 예측할 때 중기채를 매도하고 단기채와 장기채를 매수하는 전략이다.

> **해설** 숄더효과는 일반적인 우상향형태의 수익률곡선 상에서 장기채에서 단기채로 갈수록 수익률이 극단적으로 낮아지는 효과를, 롤링효과는 일반적인 우상향형태의 수익률곡선 상에서 금리수준이 일정하더라도 잔존기간이 짧아지면 수익률이 하락하여 채권가격이 상승하는 효과를 말한다.

🏛 필수핵심정리 ▶ **수익률곡선타기 전략**

롤링효과(rolling effect)	숄더효과(shoulder effect)
우상향형태를 보이는 수익률곡선 상에 시장 전체의 이자율 변동이 없더라도 잔존기간이 짧아지면 수익률이 하락하여 채권가격이 상승하는 효과	우상향형태를 보이는 수익률곡선 상에 각 잔존기간별로 그 수익률 격차가 일정하지 않아 장기채에서 단기채로 갈수록 수익률이 극단적으로 낮아지는 효과

$r_0 > r_1$

$\Delta c > \Delta b > \Delta a$

※ 항상 숄더를 이용하는 것이 수익률 하락폭(가격상승분)이 크므로 롤링효과를 이용하는 것보다 투자효율을 높일 수 있다고 할 수 없다. 이는 2년 등의 중기채와 10년 등의 장기채가 동일한 수익률 변동에 따른 가격변동성이 다르기 때문이다.

구분	볼릿(bullet)형	바벨(barbell)형
수익률예상	단기채 · 장기채 : 상승, 중기채 : 하락	단기채 · 장기채 : 하락, 중기채 : 상승
투자전략	단기채 · 장기채 : 매도, 중기채 : 매수	단기채 · 장기채 : 매수, 중기채 : 매도
수익률곡선 형태	만기 수익률 / 단기채 중기채 장기채 / 잔존기간	만기 수익률 / 단기채 중기채 장기채 / 잔존기간
포트폴리오	다른 잔존기간을 지닌 채권의 보유없이 중기채 등 일정 잔존기간을 지닌 채권으로만 구성된 역나비형 포트폴리오	단기채와 장기채의 비중이 매우 높고 중기채의 비중이 매우 낮은 나비형 포트폴리오

※ Barbell은 현금흐름이 분산되어 있어 Bullet보다 항상 더 높은 볼록성(Convexity)을 가지게 되며, 특히 일반적인 수익률 구조(Upward)에서는 더 높은 수익률이 나타나게 되어 있다.

•••TOPIC 15 소극적 채권운용전략

★★★
099 미래 수익률의 예측 및 특정 포트폴리오의 전제가 필요 없는 가장 간편한 소극적 채권운용전략은?

① 사다리형 및 바벨형 만기전략　　② 현금흐름 일치전략
③ 만기보유전략　　④ 인덱스전략

 만기보유전략으로서, 이는 수익률이 비교적 안정적인 시장구조하에서 현금의 순유입이 지속적으로 발생하는 금융기관에서 시장의 평균적인 수익률을 얻고자 할 때 선호하는 전략이다. 소극적 운용전략이란 투자자가 투자 목표를 감안하여 채권 포트폴리오를 구성한 후 만기일에 또는 중도 상환 시까지 보유하고 있다가 상환한 후 다시 비슷한 채권 포트폴리오를 구성함으로써 정해진 투자원칙에 따라 기계적으로 운용하는 방법이다.

100 사다리형 채권 투자 전략의 장점으로 적절하지 않은 것은?

① 관리가 용이하다.

② 평균수익률이 상대적으로 높다.

③ 금리 예측이 필요하다.

④ 유동성이 필요한 경우 매각할 채권의 선택 폭이 넓다.

> **해설** 사다리형 채권운용은 채권포트폴리오의 채권별 보유량을 각 잔존기간별로 동일하게 유지하여 이자율 변동에 대한 위험의 평준화 및 수익성의 적정 수준을 확보하는 소극적인 채권운용전략이다. 따라서 금리 예측이 필요하지 않다. 즉, 앞으로의 금리 동향과 관계없이 상환 자금을 그 시점에서의 장기채에 투자만 하면 되므로 채권 운용에 있어서 가장 어려운 문제인 금리 예측에서 벗어날 수 있다는 점이 사다리형 채권 투자전략의 가장 큰 장점이다.
>
> ① 보유 채권의 만기가 도래하였을 경우 상환 자금으로 장기채에 재투자하기만 하면 되므로 관리가 용이
>
> ② 일반적으로 수익률 곡선이 투자 기간이 길수록 우상향하므로 만기 상환되는 자금이 장기채에 재투자되므로 장기채의 수익률이 높다고 볼 때, 가장 높은 수익률로 운용되기 때문에, 가장 높은 수익률로 운용
>
> ④ 다양한 잔존기간을 가진 채권 포트폴리오이므로 매각할 채권의 선택폭이 넓으며, 높은 수익률 수준에서는 단기채, 낮은 수익률 수준에서는 장기채를 매각함으로써 매매이익 창출 가능

Ⅲ 필수핵심정리 ▶ 사다리형 만기전략의 예(매년 상환액이 전체원금의 20%인 경우)

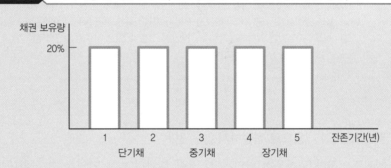

바벨형 만기전략

유동성 확보목적의 단기채와 수익성 확보목적의 장기채만 투자하고, 중기채는 보유하지 않는 전략으로서, 유동성의 필요 정도에 따라 단기채의 투자비중을 결정

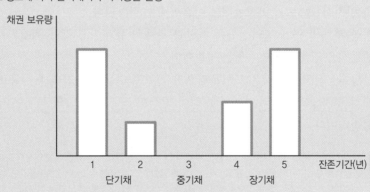

★★★
101 소극적 투자전략에 대한 다음의 설명 중 옳은 것은?

① 인덱스전략은 채권투자의 성과가 일정한 채권지수를 따를 수 있도록 채권포트폴리오를 구성하는 전략이다.

② 현금흐름 일치전략은 채권투자에서 발생하는 현금흐름 수입이 채권투자를 위해 조달된 부채의 상환흐름에 하회하도록 채권포트폴리오를 구성하는 전략이다.

③ 사다리형 및 바벨(아령)형 만기운용전략은 채권 포트폴리오의 듀레이션만을 관리하는 방식이다.

④ 면역전략은 이표채의 만기기간과 투자기간을 일치시켜 수익률변동위험을 제거하고 투자목표수익률을 실현시키는 전략이다.

해설 ② 현금흐름 일치전략은 채권투자에서 발생하는 현금흐름의 수입이 채권투자를 위해 조달된 부채의 상환흐름과 일치 또는 상회하도록 채권포트폴리오를 구성하는 전략이다.

③ 사다리형 및 바벨(아령)형 만기운용전략은 채권 포트폴리오의 잔존기간별 비중만을 관리하는 방식이다.

④ 면역전략은 투자기간 동안 현금흐름이 여러 번 발생하는 이표채 등의 경우 채권의 잔존기간과 투자기간을 일치시켜도 수익률변동의 위험을 완전히 제거할 수 없는 경우 채권 포트폴리오를 구성하여, 채권의 투자기간과 채권 포트폴리오의 듀레이션을 일치시킴으로써 면역상태를 이끌어 낼 수 있다. 즉, 수익률 상승(하락)시 채권 가격의 하락(상승)분과 표면이자에 대한 재투자수익의 증대(감소)분을 상호 상쇄시켜 채권투자 종료시 실현수익률을 목표수익률과 일치시키는 전략이다. 따라서 전통적 면역전략은 여러 종목의 채권들에 적절한 비율로 분산 투자함으로써 목표투자기간과 일치하는 가중 듀레이션을 구할 수 있고 이로서 채권면역을 가능하게 하는 전략이다.

★★★
102 채권면역전략의 내용으로 적절하지 않은 것은?

① 채권면역전략은 전통적 면역전략, 자산 부채의 연계 면역전략, 상황대응적 면역전략 및 현금흐름 일치 면역전략으로 구분할 수 있다.

② 전통적 면역전략은 채권포트폴리오를 구성하여 포트폴리오의 듀레이션을 목표투자기간과 일치시킴으로써 면역상태를 이끌어내는 전략이다.

③ 자산 부채의 연계 면역전략은 자산과 부채의 듀레이션 갭을 최소화하여 순자산 가치의 변동성을 최소화하고자 하는 방법이다.

④ 상황대응적 면역전략은 포트폴리오가 목표로 하는 최소한의 투자목표를 설정해 놓고 현재의 투자성과에서 추가적인 손실이 발생할 경우 최소한의 투자 수익목표를 면하는 혼합전략이다.

해설 채권면역전략은 전통적 면역전략, 자산 부채의 연계 면역전략 및 상황대응적 면역전략으로 구분할 수 있다.

현금흐름 일치 면역전략은 효율적인 자산–부채 종합관리(ALM)를 위한 채권포트폴리오 투자전략의 일종으로서, 이는 기본적으로 채권포트폴리오로부터 발생되는 현금유입액이 향후 예상되는 현금유출액을 상회하도록 적절히 채권포트폴리오를 구성함으로써 부채상환을 보장하고, 이자율변동위험을 제거함과 동시에 이를 위한 자금조달비용을 최소화하는 방법이다.

103 전통적 채권면역전략은 어떤 위험을 제거시키는 투자기법인가?

① 구매력 위험 ② 이자율 변동 위험
③ 중도상환 위험 ④ 채무불이행 위험

> **해설** 채권 면역전략은 이자율 변동 위험을 제거시키는 투자기법이다. 예를 들면 금리가 상승하면 채권은 하락하나 이자수입의 재투자수익을 증가하는 즉, 채권가격 변동에 의한 매매손익과 재투자수익의 상충적 성격을 이용하여 일정 수준 이상으로 유지하여 면역시키는 것이 채권 면역전략이다.

104 액면가 10,000원, 만기 3년, 만기수익률 5%인 할인채에 대하여 채권면역전략을 위해 이 채권을 보유해야 하는 기간은?

① 1년 ② 2년 ③ 2년 6월 ④ 3년

> **해설** 할인채는 보유기간 중 현금흐름이 없으므로 만기가 곧 듀레이션이 된다. 따라서 채권면역전략을 위해서는 만기인 3년을 보유해야 한다.

105 채권 인덱싱전략의 장점으로 볼 수 없는 것은?

① 투자자가 불확실한 미래에 대한 예측을 할 필요가 없고, 시장평균적 투자성과를 확보할 수 있다.
② 투자자의 부채구조를 고려한 유동성 및 위험 등의 관리에 활용하기에 매우 적합하다.
③ 적극적 투자전략에 비해 자문수수료 등의 비용이 절약된다.
④ 펀드매니저의 자의적 판단이 많이 제한된다.

> **해설** 채권 인덱싱(Indexing) 전략은 채권시장 전체의 흐름을 그대로 따르는 포트폴리오를 구성하여 채권시장 전체의 수익률을 달성하려는 전략이다. 이는 채권시장이 효율적 시장이라는 전제하에서 어떠한 투자전략으로도 위험을 고려할 경우 시장 전체의 수익률을 초과하는 수익률을 실현할 수 없다고 판단하기 때문이다. 따라서 투자자의 부채구조를 고려한 유동성 및 위험 등의 관리에 활용하기에는 부적합하다.

🏛 필수핵심정리 ▷ 채권 인덱싱(Indexing) 전략의 단점

- 채권지수의 투자성과가 최적의 투자성과를 의미하지는 않는다.
- 투자자의 부채구조를 고려한 유동성 및 위험 등의 관리에 활용하기에는 부적합하다.
- 포트폴리오 구성방법이 매우 기계적이며 펀드매니저는 좋은 투자기회가 있어도 이를 포기해야 한다.

정답 101 ① 102 ① 103 ② 104 ④ 105 ②

★★★
106 소극적 채권투자운용전략의 설명으로 가장 옳은 것은? 심화

① 면역전략의 달성은 수평적인 형태의 수익률곡선과 이 곡선의 수평적 이동만을 전제로 한다.

② 바벨형 만기운용전략은 단기채와 장기채를 제외시키고 중기채로만 만기를 구성한다.

③ 현금흐름 일치전략은 현금흐름이 복잡할수록 효과적인 포트폴리오 구성이 가능하나, 필요시에는 일단 구성된 포트폴리오를 변경시킬 필요가 있다.

④ 인덱스 포트폴리오 구성종목이 많을수록 복제지수의 수익률을 따라가며, 추적 오차의 발생을 예방할 수 있다.

> **해설** ② 바벨형 만기운용전략은 중기채를 제외시키고 높은 유동성과 낮은 위험의 단기채와 낮은 유동성과 높은 위험의 장기채로만 만기를 구성하여 보유기간 동안의 평균적인 수익을 확보하는 전략으로서, 채권가격의 상승 또는 하락의 변동 시에도 모두 유리하다.
>
> ③ 현금흐름 일치전략은 현금흐름이 단순할수록 효과적인 포트폴리오 구성이 가능하고, 일단 구성된 포트폴리오는 변경시킬 필요가 없는 것이 장점이다. 다만 현금흐름이 일치되는 채권을 구하기가 어렵고, 부채의 현금흐름이 복잡할 경우 채권선택의 어려움은 물론 해당 채권의 취득비용이 높아지는 단점이 있다.
>
> ④ 인덱스 포트폴리오 구성종목이 적정 수준을 초과하면 복제하고자 하는 지수의 수익률을 일반적으로 따라가나, 추적 오차(Tracking Error)가 발생할 수도 있다.

★★★
107 향후 수익률곡선의 수평적 상승이동의 예상 시 투자수익의 극대화를 위한 적극적 채권운용방식이 아닌 것은?

① 채권포트폴리오의 듀레이션을 감소시킨다.

② 현금 및 단기채의 보유비중을 확대시킨다.

③ 표면이율이 낮은 장기채의 보유비중을 확대시킨다.

④ 이표채를 매입하고, 국채선물의 매도포지션을 확대시킨다.

> **해설** 수익률곡선의 수평적 상승이동은 채권의 가격하락을 의미한다. 이 경우 투자수익의 극대화를 위한 투자전략은 표면이율이 높고 잔존기간이 짧은 단기채, 즉, 듀레이션이 작은 채권의 비중확대를 의미한다. 따라서 표면이율이 낮은 장기채의 보유비중의 확대는 투자수익을 감소시킨다.

이자율 하락예상 시 = 채권가격 상승 예상	이자율 상승예상 시 = 채권가격 하락 예상
① 잔존기간이 긴 장기채 비중의 확대	① 잔존기간이 짧은 단기채 비중의 확대
② 표면이자율이 낮은 채권의 비중 확대	② 표면이자율이 높은 채권의 비중 확대
③ 듀레이션의 장기화	③ 듀레이션의 단기화
④ 복리채 또는 할인채 구입	④ 이표채 매입
⑤ 금리선물 매입포지션	⑤ 금리선물 매도포지션

★★★
108 현재 소유하고 있는 현물 채권의 가치는 30억원이고 국채선물의 가격은 104.5이다. 현물채권의 듀레이션은 2.6년이고 국채선물의 듀레이션이 2.8년이며, 현물채권과 선도수익률의 수익률변동이 동일하다면 헤징을 위한 선물매도계약수는 얼마인가?

① 22좌 ② 23좌 ③ 25좌 ④ 약 26좌

 국채선물 1계약의 가격 = 국채선물가격 × 1,000,000원

$$선물매도계약 = \frac{현물\ 듀레이션 \times 현물채권\ 가치}{국채선물\ 듀레이션 \times 국채선물\ 1계약의\ 가격} = \frac{2.6년 \times 30억}{2.8년 \times 1,045억} ≒ 26.65$$

따라서 약 26계약의 매도포지션을 취한다.

내용 구성 및 주요 출제내용 분석

주요 내용	중요도	주요 출제 내용
파생상품 개요	★	파생상품의 분류 : 거래기법, 거래장소, 기초자산
선도거래와 선물거래의 기본 메커니즘	★★	• 선도거래 : 유형(배추 밭떼기 거래, 선물환거래), 일반적인 특징, 차액결제 선물환(NDF) • 선물거래 : 증거금, 미결제약정 계산, 선도거래와 선물거래의 차이점
선물총론	★★★	• 선물거래의 경제적 기능, 콘탱고와 백워데이션 • 선물의 균형가격(이론가격) 계산 • 선물거래전략 : 헤징(베이시스, 매도헤지와 매수헤지, 헤지계약수 계산), 차익거래(매수차익거래와 매도차익거래), 스프레드거래
옵션기초	★★★	• 옵션의 정의, 옵션의 만기손익구조 • 내재가치와 시간가치의 계산
옵션을 이용한 합성전략	★★★	불스프레드, 베어스프레드, 수평스프레드, 버터플라이 스프레드, 콘도르, 스트래들, 스트랭글 : 사용시기, 포지션 구성, 만기손익 그래프 숙지
옵션프리미엄과 풋−콜 패리티	★★	풋−콜 패리티 조건 : 포지션의 동등성, 옵션을 이용한 차익거래(컨버전, 리버설), 포트폴리오 보험
옵션가격결정	★★	• 이항모형 가격결정 : 옵션가격 계산 • 내재변동성과 역사적 변동성, 변동성 스마일
옵션 및 옵션합성 포지션의 분석	★★★	• 옵션프리미엄의 민감도 지표 : 델타, 감마, 베가, 세타, 로 • 포지션의 민감도 분석 : 숏스트래들 등

출제경향 분석 및 학습요령

파생상품투자운용 및 투자전략은 총 6문제가 출제된다. 파생상품은 다른 어떤 과목보다도 이해가 필요한 과목이다. 파생상품과목은 크게 구분하면 선물과 옵션이다. 특히, 선물파트에서는 선도거래와 선물거래 차이점, 선물균형가격 계산, 선물거래전략(헤지거래, 차익거래 등)이 중요하며, 옵션파트에서는 옵션의 개념 및 특징, 만기손익구조, 내재가치와 시간가치의 구분, 합성거래전략(사용 시기, 포지션 구성, 만기손익 그래프), 풋−콜 패리티, 포트폴리오 보험, 민감도 지표 등은 출제빈도가 높으므로 반드시 숙지하고 있어야 한다.

★★★
001 파생상품에 대한 설명으로 옳지 않은 것은?

① 선물환거래는 장외파생상품이다.

② 통화선물거래는 장내파생상품거래이다.

③ 신용위험(Credit Risk)은 파생상품의 거래대상이 될 수 없다.

④ KOSPI200 지수옵션은 장내파생상품이다.

 신용위험(Credit risk)도 파생상품의 거래대상이 된다. 신용위험에 대한 파생상품은 2008년 글로벌 금융위기를 계기로 부각되면서 급격히 성장하고 있는 상품으로 주로 신용파산스왑(CDS, Credit Default Swap), 신용연계채권(CLN, Credit Linked Note) 등이 여기에 속한다.

🏛 필수핵심정리 〉 파생상품의 분류

분류	파생상품(Derivatives) : 기초자산으로부터 파생된 자산	
기본상품 (= 거래기법)	선도(Forward), 선물(Futures), 옵션(Options), 스왑(Swaps)	
거래 메커니즘 (= 거래장소)	장내 파생상품	• 거래소에 상장되어 거래되는 파생상품 • 선물, 장내옵션 • 유동성은 좋으나 상품이 약간 경직됨
	장외 파생상품 (OTC)	• 거래소가 없이 거래당사자들 간의 계약을 통해 거래가 일어나는 파생상품 • 선도, 스왑, 장외옵션 • 1:1 거래이며 신용위험(계약불이행위험)에 노출됨
거래대상 (= 기초자산)	주가지수, 개별주식, 금리, 채권, 통화(외환, 환율), 상품(원자재), 임의의 선물계약, 신용위험(Credit Risk) 등	

★★★
002 다음 중 파생상품에 대한 설명으로 옳지 않은 것은?

① 일반적으로 현물에는 만기가 없는데, 선물거래는 만기가 있다.

② 선도거래는 장내와 장외 두 가지가 있다.

③ 옵션은 장내와 장외 두 가지가 있다.

④ 스왑은 장외파생상품이다.

 선도거래(Forward)는 장외파생상품이며 선물거래(Futures)는 장내파생상품이다.

정답 001 ③   002 ②

★★★
003 다음에서 설명하는 파생상품 투자전략은?

> 현물시장에서의 가격변동위험을 회피할 목적으로 선물시장에 참여하여 현물시장에서와 반대포지션을 취하는 거래

① 헤지거래   ② 투기거래   ③ 차익거래   ④ 스프레드거래

해설

파생상품 투자전략	
헤지거래 (Hedging)	현물시장에서의 가격변동위험을 회피할 목적으로 선물시장에 참여하여 현물시장에서와 반대포지션을 취하는 거래
투기거래 (Speculation)	선물시장에만 참여하여 선물계약의 매입 또는 매도 중 한 가지 포지션만 거래함으로써 이득을 얻고자 하는 거래
차익거래 (Arbitrage)	현물과 선물의 일시적 가격 차이를 이용하여 현물과 선물 중 고평가된 쪽은 매도하고 저평가된 쪽은 매수함으로써 거의 위험 없는 이득을 취하고자 하는 거래
스프레드거래 (Spread)	선물시장에서 두개의 선물간의 가격 차이를 이용하여 동시에 한쪽은 매수하고 한쪽은 매도하여 이득을 얻고자 하는 거래

···TOPIC **2** 선도거래(Forward)

★★★
004 다음 중 선도거래에 해당되는 것은?

① 문방구에 가서 현금을 지불하고 볼펜을 샀다.
② 편의점에서 음료수를 사고 신용카드로 결제했다.
③ 배추 100포기를 30만원에 팔기로 계약하고, 6개월 후에 계약대로 집행하기로 했다.
④ 집 앞에 있는 구멍가게에서 라면을 사고, 현금은 이틀 후 지불하기로 하였다.

해설 현물거래는 계약과 계약의 집행이(실물인수도) 모두 현재(또는 T+2일 이내)에 이루어지는 거래이다. 반면에, 선도거래란 계약시점(현재시점)과 계약의 집행시점(실물인수도 시점, 만기시점)이 서로 다른 거래를 말한다. 참고로 외상거래는 실물은 현재시점에서 인수도 한 후, 대금지급만이 미뤄지는 거래로서 일반적으로 T+2일까지 인수도결제가 이루어지는 거래는 현물거래이다.

📊 **보충학습** 현물, 선도, 선물거래 구분

구분	계약	실물인수도 (Delivery)	대금결제	비고
현물(Spot)	현재	현재	현재(T+2)	미래불확실(가격변동 위험)
선도(Forward)	현재	미래	미래	1:1거래, 계약불이행 위험
선물(Futures)	현재	미래	미래	증거금 납부, 일일정산

- 향후 얼마가 될지 모르는 가격을 미리 정해 놓음으로써 위험회피효과를 거둘 수 있다.
- 특히 가격이 폭락할 경우 기업의 파산위험이 존재하므로 선도거래는 기업의 파산위험을 줄여주는 효과가 있다.
- 선도거래는 사후적으로 제로섬(Zero Sum) 게임이 되어 거래의 한 쪽 당사자가 손실을 볼 가능성이 있다.
- 사후적 제로섬(Zero Sum) 게임의 특징은 손해를 본 당사자가 계약을 제대로 이행하지 않을 가능성, 즉 계약 불이행위험(Default Risk)이 존재한다.

★★★
005 선물환거래(Forward Exchange)에 관한 설명으로 옳지 않은 것은?

① 선물환거래는 계약시점과 실물인수도 집행시점의 두 시점에 걸쳐 거래가 이루어지는 전통적인 장외파생상품거래로서 환위험관리에 유용하게 쓰이는 계약이다.
② 달러 선물환 매수계약은 만기에 달러를 받고 원화를 지급하는 포지션이다.
③ 선물환은 배추 밭떼기 거래와 일정 부분 닮은 면이 있다.
④ 선물환 매수포지션을 가진 투자자는 계약 만기시점의 현물환시세가 선물환 계약가격보다 내릴 경우 이익을 본다.

해설 선물환 매수포지션을 가진 투자자는 만기에 달러를 받고 원화를 지급하는 포지션이다. 따라서 계약 만기시점의 현물환시세가 선물환 계약가격보다 오를 경우(환율 상승 시) 이익을 본다. 반면에, 선물환 매도포지션을 가진 투자자는 만기에 달러를 주고 원화를 수취하는 포지션이다. 따라서 계약 만기시점의 현물환시세가 선물환 계약가격보다 내릴 경우(환율 하락 시) 이익을 본다. 선물환도 선도거래라는 면에서 배추 밭떼기 거래와 일정 부분 닮은 면이 있다.

★★★
006 A기업은 은행과 90일 후(만기시점)에 100만 달러를 '1,000원/달러(선물환계약가격)'에 팔기로 하는 선물환거래를 했다. 90일 후 환율(현물환가격)이 '950원/달러'가 되었을 때의 거래결과로 옳은 것은?

① A기업 5,000만원 이익　　　　② A기업 5,000만원 손실
③ 은행 1억원 이익　　　　　　　④ 은행 1억원 손실

해설 환율이 '950원/달러'로 하락했는데, A기업이 '1,000원/달러'로 은행에 팔기로 했기 때문에 '50원/달러'의 이익이 발생한다. 따라서 A기업은 선물환거래를 통해 총 5,000만원(= 50원/달러 ×100만 달러)의 이익을 본다.

★★★
007 선도거래의 일반적인 특징과 거리가 먼 것은?

① 향후 얼마가 될지 모르는 가격을 미리 정해 놓음으로써 위험이 커진다.

② 선도거래는 가격폭락으로 발생할 기업의 파산위험을 줄여주는 효과가 있다.

③ 선도거래는 사후적으로 제로섬(Zero Sum) 게임이 되어 거래의 한 쪽 당사자가 손실을 볼 가능성이 있다.

④ 손해를 본 당사자가 계약을 제대로 이행하지 않을 가능성, 즉 계약불이행위험(Default Risk)이 존재한다.

> **해설** 선도거래는 향후 얼마가 될지 모르는 가격을 미리 정해 놓음으로써 위험회피효과를 거둘 수 있다. 예를 들어, 가구회사는 가구 가격이 폭락하면 회사가 망할 수도 있다. 그런데 폭락에 대비해 사전에 선도거래로 판매가격을 일정한 가격으로 고정시켜 놓았다면 이런 위험을 피할 수가 있게 된다.

★★★
008 차액결제 선물환(NDF, Non-Deliverable Forward)에 대한 설명으로 옳지 않은 것은?

① 만기일에 달러의 실물 인수도가 이루어지는 선도거래이다.

② 주로 달러로 결제가 이루어진다.

③ 선물환거래보다 결제위험이 작고 외환규제 회피가 용이하다.

④ 이러한 거래방식은 금리선도거래(FRA)에도 그대로 적용되고 있다.

> **해설** 일반적으로 장외거래는 실물인수도 결제를 하는데 차액결제 선물환(NDF)은 만기일에 현물환(실물)을 인도하는 대신, 만기시점 현물가격과 계약된 선도가격의 차이를 현금(주로 달러)으로 결제하는 선도거래이다.

···TOPIC ❸ 선물거래(Futures)

★★★
009 다음 중 선물거래의 특징으로 옳지 않은 것은?

① 선물거래는 선도거래에 존재하는 신용위험을 없앨 수는 있으나, 반대매매(중간 청산)는 자유롭게 할 수 없다.

② 신용위험을 없애기 위해 증거금, 일일정산 제도가 도입되어 있다.

③ 증거금 제도는 충분한 현금 또는 유가증권을 가진 투자자만이 보유액수에 비례하여 선물포지션을 보유할 수 있도록 해놓은 것이다.

④ 일일정산 제도는 만기 전 임의의 거래일에 매수나 매도포지션을 취하고 나서 반대매매를 안하고 포지션을 다음날로 넘길 경우 당일 선물종가까지 정산을 해야 하는 제도이다.

해설 선물거래는 거래소(또는 청산소)가 계약이행을 보증해주는 장치를 갖추고 있어 신용위험(계약불이행위험) 없이 거래할 수 있으며, 보유한 포지션을 만기 이전에 언제든지 자유롭게 반대매매(중간 청산)를 할 수 있다.

🏛 **필수핵심정리** ▷ 증거금, 일일정산, 미결제약정

증거금 (Margin)	계약자의 결제불이행 위험을 방지하기 위해서 시장 참여자들이 선물거래소에 예탁해야 하는 계약이행 보증금	
	개시 증거금	투자자들은 개시증거금 이상의 자금이 계좌에 들어 있어야 자신이 원하는 주문을 접수시킬 수 있음
	유지 증거금	일종의 임계점의 역할을 하는데, 이 수준 이하로 증거금 수준이 하락 시 추가조치가 발동하게 됨
	변동증거금 (추가증거금)	일일정산 후 증거금 수준이 유지증거금 이하로 하락하는 상황이 발 생할 경우, 투자자는 개시증거금 수준으로 회복시켜야 함
일일정산	포지션을 다음날로 넘길 경우, 당일 선물종가로 손익을 계산하여 현금으로 정산을 하는 제도	
미결제약정	• 일정시점 기준으로 반대매매를 하지 않고 대기 중인 계약 또는 신규로 계약을 체결한 숫자 가 몇 계약인가를 계산한 개념 • 미결제약정의 숫자는 곧 일일정산 대상이 되는 계약이 몇 계약인가를 보여줌	

★★★
010 선물거래에서 신용위험(결제불이행 위험)을 없애기 위해 만든 제도적 장치와 거리가 먼 것은?

① 증거금 ② 일일정산
③ 반대매매 ④ 미결제약정

해설 선물거래에서는 신용위험을 없애기 위해 증거금(유지증거금, 변동증거금) 및 일일정산 제도가 도입되어 있다. 또한 반대매매를 언제든지 할 수 있음으로 인해 계약불이행 위험을 없앨 수 있다. 미결제약정(Open Interest)은 장 종료 이후에도 반대매매 되거나 결제되지 않고 있는 특정 결제월의 선물계약 총수를 일컫는다. 선물거래는 매수자의 수량과 매도자의 수량이 일치하는데 미결제약정 수량은 한쪽의 수량만으로 집계된다.

011 선물거래의 증거금에 관한 다음 설명 중 적절하지 않은 것은?

① 개시증거금이란 선물거래를 하기 위한 증거금이다.

② 유지증거금은 일종의 임계점(Trigger Point)의 역할을 하는데, 이 수준 이하로 증거금 수준이 하락 시 추가조치가 발동하게 된다.

③ 증거금 수준이 유지증거금 이하로 하락하는 경우, 추가증거금은 유지증거금 수준으로 회복시켜야 한다.

④ 추가증거금이란 일일정산으로 증거금 수준이 유지증거금 이하로 하락하는 상황이 발생할 경우, 투자자가 증거금을 일정 수준으로 회복시키기 위해 추가로 필요한 증거금이다.

> **해설** 증거금 수준이 유지증거금 이하로 하락하는 경우, 추가증거금은 유지증거금 수준이 아니라 개시증거금 수준으로 회복시켜야 한다.

012 개시증거금 수준이 100, 유지증거금 수준이 70이라 하고 일일정산 후 증거금 수준이 60까지 내려갔을 경우, 추가증거금은 최소 얼마 이상 납입해야 하는가?

① 10　　　　　② 20　　　　　③ 30　　　　　④ 40

> **해설** 일일정산 후 증거금 수준이 60까지 내려갔다. 따라서 증거금 수준(60)이 유지증거금(70) 이하로 하락하는 경우, 추가증거금은 개시증거금(100) 수준으로 회복시켜야 하므로, 추가증거금은 40이다.

013 선물거래에서 일정시점 기준으로 반대매매를 하지 않고 대기 중인 계약 또는 신규로 계약을 체결한 숫자가 몇 계약인가를 계산한 개념을 무엇이라 하나?

① 누적거래량　　　　　② 미결제약정
③ 일일정산　　　　　　④ 증거금

> **해설** 미결제약정(Open Interest)에 관한 설명이다. 미결제약정은 일정시점을 기준으로 정의되며 거래량과는 달리 누적이 되지 않는다. 따라서 '10시까지 미결제약정은 몇 계약인가'라는 질문은 있을 수 없고, '10시 기준 몇 계약인가'라는 질문은 성립한다. 그리고 장이 끝난 상태에서의 미결제약정의 숫자가 바로 일일정산 대상이 되는 계약수이다.

※[014~016] 다음은 KOSPI200 주가지수선물거래의 가상적인 사례이다. 자료를 보고 질문에 답하시오.

		10:00	10:10	10:20	....	15:45
(시간)		10:00	10:10	10:20	....	15:45
선물가격		90p	82p	80p		81p
거래자	A	매수 1계약	매도 1계약			
	B	매도 1계약		매수 1계약		
	C		매수 1계약			
	D			매도 1계약		

만기일(3, 6, 9, 12월의 두 번째 목요일), 계약크기(1p= 50만원)

★★★ 014 일일정산의 대상이 되는 미결제약정을 보유한 거래자는 누구인가?

① A ② A, B ③ C, D ④ C

해설 A와 B는 장마감 전에 반대매매로 포지션을 중간청산 하였으므로 미결제약정은 없다. 반면에 C와 D는 중간청산을 하지 않고 포지션을 오버나잇(overnight, 다음 날로 넘김)하므로 C는 매수 미결제약정을, D는 매도 미결제약정을 보유하고 있다.

★★★ 015 10시 20분(10:20) 현재 시점에서 누적거래량과 미결제약정은 각각 몇 계약인가? 심화

① 누적거래량(3), 미결제약정(1)
② 누적거래량(6), 미결제약정(1)
③ 누적거래량(6), 미결제약정(3)
④ 누적거래량(3), 미결제약정(3)

해설 미결제약정은 신규매수나 신규매도 시 증가하고, 환매수(매도포지션을 매수하여 청산하는 거래)나 전매도(매수포지션을 매도하여 청산하는 거래) 시 줄어든다. 따라서 신규거래와 청산거래가 만날 경우에 미결제약정은 변화가 없다. 10:00에 A는 신규매수, B는 신규매도 했으므로 미결제약정은 1계약, 10:10에 A는 전매도 C는 신규매수 했으므로 미결제약정수는 변화 없이 여전히 1계약, 10:20에 B는 환매수 D는 신규매도 했으므로 미결제약정수는 변화 없이 여전히 1계약이다. 거래량은 누적개념이며 매수 1계약과 매도 1계약이 거래될 때 거래량은 2계약이 아니라 1계약이다.

(시간)	10:00	10:10	10:20
A	매수 1계약	매도 1계약	
B	매도 1계약		매수 1계약
C		매수 1계약	
D			매도 1계약
누적거래량	1	2	3
미결제약정	현재 1계약	현재 1계약	현재 1계약

정답 011 ③ 012 ④ 013 ② 014 ③ 015 ①

016 거래자 B의 매매손익을 계산하면?(단, 1포인트는 50만원으로 가정)

① 500만원 손실   ② 500만원 이익

③ 100만원 손실   ④ 100만원 이익

해설 매매손익은 항상 매도가격에서 매수가격을 빼서 계산한다. 90p에 매도한 후 80p에 매수(환매수)하였으므로 10p 이익(= 90p − 80p)이 발생했다. 1p는 50만원이므로 500만원(= 1계약 × 10p × 50만원) 이익을 봤다. 참고로, KOSPI200선물의 거래승수가 (1p = 50만원)에서 2017년 3월 27일부터 (1p = 25만원)으로 변경되었다.

만기일(3, 6, 9, 12월의 두 번째 목요일), 계약크기(1p = 50만원)							
(시간)	10:00	10:10	10:20	....	15:45	손익	결제액수
선물가격	90p	82p	80p		81p		
A	매수1	매도1			중간청산	−8p	−400만
B	매도1		매수1		중간청산	+10p	+500만
C		매수1			일일정산	−1p	−50만
D			매도1		일일정산	−1p	−50만
누적거래량	1	2	3				
미결제약정	현재1	현재1	현재1		현재1		

017 다음은 가상의 선물거래 상황을 나타낸 것이다. 빈칸 (가)~(다)에 맞는 계약수는? 심화

거래 순서	내 용	누적거래량	미결제계약수 (거래체결 직후)
1	• 거래자 A가 40계약 신규매수 • 거래자 B가 40계약 신규매도	40	40
2	• 거래자 C가 30계약 신규매수 • 거래자 D가 30계약 신규매도	(가)	(나)
3	• 거래자 A가 10계약 매도(반대매매) • 거래자 D가 10계약 매수(반대매매)	80	60
4	• 거래자 C가 30계약 매도(반대매매) • 거래자 E가 30계약 신규매수	110	(다)

① 가(70), 나(70), 다(60)   ② 가(70), 나(70), 다(90)

③ 가(30), 나(30), 다(60)   ④ 가(30), 나(70), 다(90)

해설 거래량은 선물계약을 매도한 수량과 매수한 수량의 총합계로 표시하는 것이 아니고 한쪽의 수량만으로 표시하며, 모두 누적하여 당일의 총거래량을 나타낸다. 미결제계약수(open interest, 미결제약정수)는 어느 특정일 현재 만기일 도래에 의한 실물인수도 또는 반대매매에 의한 청산이 이루어지지 않고 남아있는 매도포지션(또는 매수포지션)의 총합이다. 그리고 장이 끝난 상태에서의 미결제약정의 숫자가 바로 일일정산 대상이 되는 계약 수이다. 미결제약정은 신규매수나 신규매도 시 증가하고, 환매수(매도포지션을 매수하여 청산하는 거래)나 전매도(매수포지션을 매도하여 청산하는 거래) 시 줄어든다. 따라서 신규거래와 청산거래가 만날 경우(신규매수와 전매도 또는 신규매도와 환매수)에는 미결제약정은 변화가 없다.

★★★
018 선도계약과 선물계약을 비교하였다. 옳지 않은 것은?

① 선도거래는 신용도가 확실한 상대방 사이에서만 성립 가능하나, 선물거래는 거래소가 신용을 보증하므로 신용위험이 없다.

② 선도계약은 대부분 만기 이전에 반대매매가 이루어진다.

③ 선도계약은 계약불이행위험이 존재한다.

④ 선물계약은 거래소에서 거래되므로 계약이 표준화, 규격화가 되어 상품이 경직적이지만 유동성이 높다.

> **해설** 선도계약은 일반적으로 만기일에 실물인수도 결제가 이루어지지만, 선물계약은 대부분 만기 이전에 반대매매(중간 청산)가 이루어진다.

🏛 필수핵심정리 ▶ [선도거래와 선물거래의 비교]

구 분	선도거래	선물거래
거래장소	특정한 장소가 없음	지정된 거래소
거래금액	제한 없음	표준단위
거래상대방	알려져 있음	알려져 있지 않음
신용위험	계약불이행 위험 존재	청산소에서 거래이행 보증
인수도	대부분 만기에 실물인수도	결제일 이전에 반대매매에 의해 포지션 청산이 가능
결제일	거래당사자 간의 합의에 의해 결정	거래소에 의해 미리 결정

···TOPIC 4 선물거래의 경제적 기능

★★★
019 다음 중 선물거래의 경제적 기능과 가장 거리가 먼 것은?

① 가격발견 기능

② 신용도 향상 기능

③ 현물시장 및 선물시장의 효율성 증대 기능

④ 리스크 전가 기능

> **해설** 선물거래는 선도거래와 달리 거래 상대방의 신용에 신경 쓰지 않고 안심하고 거래할 수 있게 해주는 안전장치를 가지고 있는 것이지 신용도를 향상시키는 것은 아니므로, 신용도 향상 기능은 선물거래의 경제적 기능과는 거리가 멀다고 할 수 있다.

정답 016 ② 017 ① 018 ② 019 ②

가격발견 기능	선물가격은 현재시점에서 시장참가자들의 미래의 시장가격에 대한 합리적 기대치임
위험(risk) 전가 기능	• 선물거래의 가장 중요한 경제적 기능 • 현물시장위험 → 선물시장에 전가 • Hedger(위험회피거래자)의 위험을 투기거래자(Speculator)에게 전가
효율성 증대기능	선물시장은 현물시장과의 차익거래 기회를 제공함으로써 시장 불균형을 즉시 해소시키기 때문에 양 시장을 모두 효율적으로 만듦
거래비용 절약	• 주가지수선물은 적은 비용(증거금)으로 전체주식에 투자한 효과 • 매도포지션 설정이 용이(주식 공매도 효과)
부외거래	파생금융상품의 거래는 현금흐름이 미래에 발생하므로 만기일 이전까지 재무상태표의 각주사항임. 즉 부외거래로 처리함

★★★
020 콘탱고(Contango)와 백워데이션(Backwardation)에 관한 설명으로 옳지 않은 것은?

① 선물가격이 현물가격보다 높은 경우 콘탱고 상태라고 한다.

② 콘탱고 상태에서는 원월물 선물가격이 근월물 선물가격보다 높다.

③ 현물가격이 선물가격보다 높은 경우를 백워데이션 상태라고 한다.

④ 헤저(Hedger)들이 매도우위인 경우 콘탱고 상태가 된다.

 해설 헤저(Hedger, 위험회피를 위한 거래자)들이 매도우위인 경우 노말백워데이션(Normal Backwardation) 상태가 된다. 헤저들이 매도우위인 경우 투기거래자들이 매수를 취하도록 유도하기 위해서는 선물가격이 만기시점에 예상되는 현물시세보다 낮아야 한다(Normal Backwardation). 이때 선물가격이 예상현물시세보다 낮아진 부분만큼은 일종의 리스크 프리미엄이다. 정상시장이란 선물가격이 현물가격보다 높거나 선물가격 내에서 만기가 먼 원월물의 선물가격이 만기가 가까운 근월물의 선물가격보다 높은 경우로서 콘탱고(Contango) 상태라고 표현한다. 이와 반대의 경우는 역조시장 또는 백워데이션(Backwardation) 상태라고 표현한다.

★★★
021 선물거래의 위험전가 기능과 관련된 설명으로 옳지 않은 것은?

① 선물시장은 미래의 자산가격의 불확실성을 토대로 서로 예상이 다른 다수의 투자자 사이에 위험이 거래되는 시장이다.

② 현물의 가격하락 위험을 회피하기 위해 선물계약을 매도하는 행위를 매도헤지라고 한다.

③ 현물의 가격상승 위험을 회피하기 위해 선물계약을 매수하는 행위를 매수헤지라고 한다.

④ 환율변동 위험을 회피하기 위해 수출업자는 선물을 이용한 매수헤지가 필요하고, 수입업자는 매도헤지를 해야 한다.

장차 수출대금이 달러로 입금될 예정인 수출업자는 달러가치 하락(환율 하락) 위험에 대비하여 선물을 매도해 놓는 매도헤지를 해야 하며, 장차 수입대금을 달러로 지불할 예정인 수입업자는 달러가치 상승(환율 상승) 위험을 회피하기 위해 선물을 매수하는 매수헤지를 해야 한다.

···TOPIC 5 선물의 균형가격

★★★
022 KOSPI200 지수가 200포인트이고 이자율은 연 5%, 주가지수에 대한 배당률이 연 1%일 경우, 만기가 3개월 남은 KOSPI200 주가지수선물의 이론가격은 얼마인가?

① 200.00포인트　　　　　　　　② 201.00포인트
③ 202.00포인트　　　　　　　　④ 202.50포인트

해설 주가지수선물의 이론가격$(F^*) = S + S(r - d) \times \dfrac{t}{365} = 200 + 200 \times (0.05 - 0.01) \times \dfrac{3}{12}$

이 식에서 t는 잔여만기를 나타내는데, 만기가 3개월 남았다고 했으니 이때는 $\left(\dfrac{89\sim92}{365}\right)$로 계산하기보다는 $\left(\dfrac{3}{12}\right)$으로 계산하도록 한다.

🏛 **필수핵심정리** ▷ 선물의 균형가격(이론가격) 계산식

주가지수 선물의 균형가격	선물가격은 현물가격에 순보유비용을 더해서 결정된다는 보유비용 모형을 이용
	$F^* = S\left(1 + (r - d) \times \dfrac{t}{365}\right) = S + S(r - d) \times \dfrac{t}{365}$
	(S : 현물지수, r : 이자율, d : 주가지수에 대한 배당률, t : 잔여만기)
균형 선물환시세	선물환 시세가 양국 간 금리차를 반영하여 결정된다는 이자율평가(IRP) 조건을 이용
	$F^* = S + S(r - r_f) \times \dfrac{t}{365}$ 또는 $F^* = S \times \dfrac{1 + r \times \dfrac{t}{365}}{1 + r_f \times \dfrac{t}{365}}$
	(S : 현물환율, r : 국내금리, r_f : 외국금리, t : 잔여만기)

★★★
023 다음 자료를 보고 판단한 설명으로 옳지 않은 것은? 심화

> - 현물환율 = 1,200원/달러
> - 1년 만기 선물환 가격 = 1,230원/달러
> - 원화이자율 = 연 4%
> - 달러이자율 = 연 2%

① 원화 금리가 달러 금리보다 높기 때문에 균형선물환율은 현물환율보다 높다.

② 1년 만기 균형선물환율은 [1,210원/달러]이다.

③ 시장의 실제 선물환 가격이 균형선물환율보다 높으므로 매수차익거래가 발생할 수 있다.

④ 매수차익거래를 할 때 현물환시장에서 달러를 매입하고, 선물환시장에서 달러를 매각한다.

해설 1년 만기 균형선물환율은 [1,224원/달러]이다.

$$F^* = S + S(r - r_f) \times \frac{t}{365} = 1,200 + 1,200(4\% - 2\%) \times \frac{365}{365} = 1,224$$

매수 차익거래	사용시기	실제선물환율 > 균형선물환율(F^*) → 선물환율 고평가 시
	포지션	현물환 매입 + 선물환 매도
	거래방법	원화차입 → 현물환 매입 → 달러자산 운용 → 선물환 매도
매도 차익거래	사용시기	실제선물환율 < 균형선물환율(F^*) → 선물환율 저평가 시
	포지션	현물환 매도 + 선물환 매입
	거래방법	달러차입 → 현물환 매도 → 원화자산 운용 → 선물환 매입

★★★
024 주가지수선물의 균형가격과 가격결정 요인과의 관계를 나타낸 것 중 적절하지 않은 것은?

① 현물지수가 상승하면 균형선물지수도 상승한다.

② 이자율이 상승하면 균형선물지수도 상승한다.

③ 배당수익률이 상승하면 균형선물지수도 상승한다.

④ 잔존만기가 길수록 균형선물지수가 높아진다.

해설 주가지수선물의 균형가격(F^*) = $S + S(r - d) \times \dfrac{t}{365}$, 따라서 배당수익률(d)이 상승하면 균형선물지수(F^*)는 하락한다.

···T O P I C 6 선물의 거래전략

★★★
025 다음 중 선물의 거래전략 유형으로 보기 어려운 것은?

① 헤지거래   ② 교환거래

③ 차익거래   ④ 투기거래

> **해설** 선물거래 전략에는 헤지(Hedge)거래, 투기거래, 차익거래, 스프레드(Spread)거래 등이 있다.

Ⅲ 필수핵심정리 ▶ 선물거래전략의 유형

투기거래	주식현물과 상관없이 선물가격의 변동을 통해 시세차익을 얻기 위해 가격변동의 위험을 무릅쓰고 미래가격에 대한 기대를 바탕으로 선물거래를 하는 것
헤지거래	현재 보유하고 있거나 장차 보유예정인 현물의 불확실한 가치에 대하여 선물시장에서 반대되는 포지션을 취함으로써 가격변동에 따른 위험을 축소 또는 회피하기 위한 거래
차익거래	선물균형가격(F*)과 시장가격 사이에 괴리가 발생할 경우, 즉 선물과 현물 간의 균형가격이 붕괴되었을 때 고평가된 자산에 대한 매도와 저평가된 자산에 대한 매수를 동시에 취함으로써 무위험 수익을 얻는 거래기법
스프레드거래	• 2가지의 상이한 선물계약 간의 가격차이를 이용하여 하나는 사고 다른 하나는 동시에 파는 거래 • 결제월간 스프레드 = 원월물 선물가격 − 근월물 선물가격

★★★
026 선물의 거래전략에 관한 설명으로 적절하지 않은 것은?

① 투기거래란 선물가격의 변동이라는 리스크를 부담하면서 시세차익을 얻을 목적으로 가격의 방향성에 대해 베팅을 하는 거래이다.

② 헤지거래는 투자자가 현재 보유한 현물포지션, 혹은 향후 보유하게 될 현물포지션의 가격이 변화할 가능성에 대비하여 선물에 매수 또는 매도포지션을 취함으로써 위험을 회피하는 거래이다.

③ 차익거래는 선물의 시장가격과 선물의 이론가격 사이에 괴리가 발생할 경우 고평가 되어 있는 것을 매도하고 저평가 되어 있는 것을 동시에 매수함으로써 무위험 수익을 얻고자 하는 거래이다.

④ 스프레드 거래는 현물가격과 선물계약의 가격 차이를 이용하여 한쪽 계약을 매수하는 동시에 다른 쪽 계약은 매도하는 거래이다.

> **해설** 스프레드 거래는 상이한 두 개의 선물계약 간의 가격 차이를 이용하여, 한쪽 선물계약을 매수하는 동시에 다른 쪽 선물계약은 매도하는 거래이다.

정답 023 ②   024 ③   025 ②   026 ④

027 선물을 이용한 투기거래에 관한 설명으로 옳지 않은 것은?

① 투기거래는 선물가격의 변동이라는 리스크를 부담하면서 시세차익을 얻을 목적으로 가격의 방향성에 대해 베팅을 하는 거래이다.

② 이익과 위험(손실)이 모두 크다.

③ 투기거래가 존재함으로써 헤지거래를 용이하게 해주고, 시장의 유동성을 확대시키는 효과가 있다.

④ 이익을 얻기 위해서는 선물가격의 상승이 예상될 때는 Short Position을 취하고, 선물가격의 하락이 예상될 때는 Long Position을 취하여야 한다.

 해설 이익을 얻으려면 선물가격이 상승할 것으로 예상될 때는 선물을 매수하는 Long Position(매수포지션)을 취하고, 선물가격이 하락할 것으로 예상될 때는 선물을 매도하는 Short Position(매도포지션)을 취하여야 한다.

028 KOSPI200지수 선물을 210p에 10계약을 매도한 후, 211p에 전량 반대매매로 청산하였다. 이 거래의 손익은?(1p = 50만원)

① 1,000만원 손실
② 1,000만원 이익
③ 500만원 손실
④ 500만원 이익

해설 선물매도는 매도한 가격보다 선물가격이 하락하면 이익이 발생하며, 상승하면 손실이 발생한다. 따라서 매매손익을 계산할 때는 항상 매도가격에서 매수가격을 뺀다. 매도포지션을 청산하는 거래는 매수거래이다. 신규매수가 아닌 매도포지션을 반대매매로 청산하는 거래를 환매수라고 한다.

※ **매매손익** = (매도가격 − 매수가격) × 수량(계약수) × 거래승수 = (210p − 211p) × 10계약 × 50만원
= −500만원(손실)

029 선물을 이용한 헤지거래는 매도헤지와 매수헤지가 있다. 다음 중 매도헤지 거래를 해야 하는 경우가 아닌 것은?

① 수출기업이 60일 후에 유입될 달러에 대해 환위험을 헤지하는 경우

② 수입대금을 60일 후에 달러로 결제해야 하는 수입기업이 환위험을 헤지하는 경우

③ 현재 주식포트폴리오 500억원을 보유한 투자자가 주가변동 위험을 헤지하는 경우

④ 3개월 후에 금을 매도해야 하는 금 보유자가 금 가격 변동 위험을 헤지하는 경우

해설 수입기업의 수입대금 결제시점이 60일 후라고 할 때, 수입기업 입장에서는 결제시점에 환율이 상승(달러가치 상승)할 위험에 노출되어 있다. 따라서 선물을 이용해 헤지를 할 때에는 환율이 상승할 때 이익이 생기도록 하는 선물 매수포지션을 설정해야 한다. 이것을 매수헤지라고 한다. 나머지 사례는 모두 가격 하락(환율하락, 주가하락) 위험에 노출된 경우이기 때문에 가격 하락 시 이익을 얻도록 선물 매도포지션을 설정해야 하는데 이것이 매도헤지이다.

★★★
030 다음 중 원-달러 선물시장에서 매도헤지가 필요한 우리나라 기업은?

① 향후 달러 부채를 상환해야 하는데 달러화 강세가 예상될 때

② 향후 달러로 수입대금을 결제해야 하는데 원/달러 환율의 상승이 예상될 때

③ 향후 달러로 받을 수출대금을 환전해야 하는데 달러화 약세가 예상될 때

④ 달러화 표시 자산을 보유한 기업이 원/달러 환율의 상승을 예상할 때

> **해설** 매도헤지는 환율이 하락(달러 가치가 하락)하는 경우 손실을 볼 경우에 대비하기 위해서 환율하락 시 이익이 생기는 포지션, 즉 달러선물을 매도하는 것이다. 보기 중에는 ③번만 이에 해당된다. 반면에 ①, ②, ④는 환율이 상승(달러 가치가 상승)하는 경우 손실을 볼 경우에 대비하기 위해서 환율상승 시 이익이 생기는 포지션, 즉 달러선물을 매수하는 매수헤지가 필요하다.

★★★
031 현물가격의 움직임과 선물가격의 움직임이 서로 상이할 때 발생하는 위험을 표시하는 용어는?

① 추적오차 위험　　　　　　　　② 스프레드 위험

③ 시장 위험　　　　　　　　　　④ 베이시스 위험

> **해설** 베이시스 위험(Basis Risk)의 정의이다. 베이시스(Basis)란 선물가격과 현물가격의 차이를 말한다.

★★★
032 선물의 베이시스(Basis)와 보유비용에 관한 설명으로 옳지 않은 것은?

① 베이시스란 임의의 거래일에 있어 현물가격과 선물가격의 차이를 의미하며, 선물의 만기가 가까워지면 0으로 수렴한다.

② 시장베이시스는 [선물의 시장가격 - 현물가격]이다.

③ 보유비용(Cost of Carry)은 현물을 선물만기까지 보유하는데 따른 비용을 말하는데, 이론적인 보유비용은 선물의 시장가격과 현물가격의 차이인 시장베이시스와 동일해진다.

④ 이론베이시스는 [선물의 이론가격 - 현물가격]이다.

> **해설** 이론적인 보유비용은 선물의 이론가격과 현물가격의 차이인 이론베이시스와 동일하다. 그러나 이론적인 보유비용이 시장베이시스(= 선물의 시장가격 - 현물가격)와는 같지 않다.

---

033 랜덤 베이시스 헤지(Random Basis Hedge)와 제로 베이시스 헤지(Zero Basis Hedge)에 관한 설명으로 옳지 않은 것은? 심화

① 선물을 이용하여 헤지를 하는 경우 보유현물과 선물포지션을 선물 만기시점까지 가서 청산을 하게 되면 베이시스 위험이 사라지게 되는데, 이를 제로 베이시스 헤지라 한다.
② 선물을 이용하여 헤지를 하는 경우 보유현물과 선물포지션을 선물 만기시점 이전에 청산을 하게 되면, 베이시스 위험에 노출되게 되는데, 이를 랜덤 베이시스 헤지라 한다.
③ 랜덤 베이시스 헤지인 경우에는 베이시스 리스크에 노출되는데, 헤지거래를 청산할 때 손실이 발생한다는 의미이다.
④ 결국 랜덤 베이시스 헤지는 시장 리스크를 피하기 위해 베이시스 리스크를 취하는 전략이라고 할 수 있다.

해설 베이시스 리스크는 현물가격과 선물가격의 변동이 일정하지 않기 때문에 발생하는데, 헤지 개시시점과(만기 이전) 헤지 포지션 청산시점의 베이시스가 같지 않기 때문에 헤지의 효과가 완벽하지 않게 되는 경우를 말한다. 베이시스 리스크에 노출된다고 해서 헤지거래를 청산할 때 손실이 발생한다는 의미가 아니다. 매입헤지인 경우에는 청산시점에 베이시스가 확대되면 이익이 발생하고 베이시스가 축소되면 손실이 발생하며, 매도헤지(= 현물매수 + 선물매도)인 경우에는 청산시점에 베이시스가 축소되면 이익이 발생하고 베이시스가 확대되면 손실이 발생한다.

034 다음 중 랜덤 베이시스 헤지를 가장 잘 설명한 것은?

① 현물가격의 리스크를 피하기 위해 선물가격 리스크를 취하는 전략이라고 할 수 있다.
② 선물가격의 리스크를 피하기 위해 현물가격 리스크를 취하는 전략이라고 할 수 있다.
③ 시장 리스크를 피하기 위해 베이시스 리스크를 취하는 전략이라고 할 수 있다.
④ 베이시스 리스크를 피하기 위해 시장 리스크를 취하는 전략이라고 할 수 있다.

해설 랜덤 베이시스 헤지는 시장 리스크를 피하기 위해 베이시스 리스크를 취하는 전략이라고 할 수 있다. 즉 베이시스 위험으로 인해 완전헤지는 현실적으로 불가능하며, 헤지의 목표는 위험을 완전히 제거하는데 있는 것이 아니라 현물포지션의 시장 리스크(가격변동 위험)를 베이시스 위험으로 전환하는 것이다.

※ [035~036] 다음은 랜덤 베이시스 헤지의 사례이다. 자료를 보고 질문에 답하시오.

	KOSPI200 선물지수	KOSPI200 현물지수	시장 베이시스
헤지 개시시점	202	200	(가)
헤지 청산시점	193	190	(나)

★★★
035 빈칸 ㉠, ㉡에 들어갈 시장베이시스는 얼마인지 순서대로 바르게 나타낸 것은?

① 2, 3

② 3, 2

③ −2, −3

④ −3, −2

 해설 주가지수선물에서 시장베이시스는 [선물의 시장가격 − 현물가격]으로 정의하고 있다. 따라서 시장베이시스는 각각 2(= 202 − 200), 3(= 193 − 190)이다.

★★★
036 주식포트폴리오를 보유하고 있는 투자자가 매도헤지를 한 후 포지션을 모두 청산했다면, 이 경우 헤지의 결과로 옳은 것은? 심화

① 베이시스의 확대로 인해 순이익을 본다.

② 베이시스의 확대로 인해 순손실을 본다.

③ 베이시스의 축소로 인해 순손실을 본다.

④ 베이시스의 축소로 인해 순이익을 본다.

 해설 헤지를 개시한 시점의 베이시스는 2, 청산시점의 베이시스는 3이므로 베이시스가 확대되었다. 매도헤지의 경우 헤지를 개시할 때의 포지션은 [현물매수 + 선물매도]이고 헤지를 청산할 때는 [현물매도 + 선물매수]가 발생한다. 따라서 베이시스가 확대되면 순손실을 보게 된다. 즉, 현물에서는 손실 10(= 매도가격 190 − 매수가격 200), 선물에서는 이익 9(= 매도가격 202 − 매수가격 193)가 발생하여 순손실(−1)이 된다. 결국 랜덤 베이시스 헤지는 시장 리스크(가격하락 위험)를 피하기 위해 베이시스 리스크를 취하는 전략이라고 할 수 있다.

매도헤지 결과 계산				
	선물포지션	현물포지션	시장 베이시스	
헤지 개시시점	202 (매도)	200 (매수)	2	베이시스가 확대됨
헤지 청산시점	193 (매수)	190 (매도)	3	
헤지결과	+ 9	− 10	− 1 (순손실)	

★★★ 037 선물가격이 현물가격보다 높은 정상시장(Contango 상태)에 대한 다음 설명 중 옳지 않은 것은?

심화

① 매도헤지 시 선물가격의 상승폭이 현물가격의 상승폭보다 크면 손실
② 매도헤지 시 선물가격의 하락폭이 현물가격의 하락폭보다 크면 이익
③ 매입헤지 시 선물가격의 하락폭이 현물가격의 하락폭보다 작으면 손실
④ 매입헤지 시 선물가격의 상승폭이 현물가격의 상승폭보다 크면 이익

해설 정상시장(또는 Contango 상태)에서 선물가격의 상승폭이 현물가격의 상승폭보다 크거나 선물가격의 하락폭이 현물가격의 하락폭 보다 작은 경우에 베이시스는 확대되고, 선물가격의 상승폭이 현물가격의 상승폭보다 작거나 선물가격의 하락폭이 현물가격의 하락폭보다 큰 경우에 베이시스는 축소된다. 이런 경우 매도헤지는 베이시스 축소시, 매입헤지는 베이시스 확대시에 이익이 발생하고 반대의 상황에서는 손실이 발생한다.

★★★ 038 헤지거래에 관한 다음 설명 중 옳은 것을 모두 고르면?

> ⊙ 현물가격과 선물가격이 동일한 방향으로 일정한 관계를 유지하며 움직이기 때문에 헤지가 가능하다.
> ⓒ 매도헤지는 현물에서 매도포지션을 보유한 때, 가격변동위험을 헤지하기 위해 선물에서 현물과 반대포지션을 취한다.
> ⓒ 정상시장에서 주가지수선물을 이용하여 매도헤지를 한 경우, 베이시스가 확대되면 헤지 후 이익이 발생한다.
> ② 헤지는 시장리스크(가격변동 위험)를 베이시스 변동위험으로 대체하는 것이다.

① ⊙, ⓒ

② ⊙, ②

③ ⊙, ⓒ, ⓒ

④ ⊙, ⓒ, ②

해설 현물가격과 선물가격이 동일한 방향으로 일정한 관계를 유지하며 움직이기 때문에 헤지가 가능하다. 만약 다른 방향으로 움직인다면 헤지를 할 필요가 없거나 헤지를 하더라도 헤지 효과를 장담할 수 없다. 정상시장(콘탱고 상태)에서 주가지수선물을 이용하여 매도헤지(= 현물매수 + 선물매도)를 한 경우 베이시스가 확대되면 헤지 후 손실이 발생한다. 정상시장이란 선물가격이 현물가격보다 높거나 선물가격 내에서 만기가 먼 원월물의 선물가격이 만기가 가까운 근월물의 선물가격보다 높은 경우로서 콘탱고(Contango) 상태라고 표현한다. 이와 반대의 경우는 역조시장 또는 백워데이션(Backwardation) 상태라고 표현한다.

★★★
039 선물을 이용한 헤지의 효과는?

① 선물가격이 상승하고 현물가격이 하락할 때 극대화된다.
② 선물가격이 하락하고 현물가격이 상승할 때 극대화된다.
③ 선물가격과 현물가격이 같은 폭으로 동일한 방향으로 움직일 때 극대화된다.
④ 선물가격과 현물가격이 같은 폭으로 반대방향으로 움직일 때 극대화된다.

> **해설** 헤지의 효과는 선물과 현물가격이 일정한 관계를 유지하며 변동할 때, 즉 선물가격과 현물가격이 완전 정(正)의 상관관계에 있을 때 극대화된다. 따라서 이런 경우에는 베이시스 리스크가 없다.

★★★
040 헤지비율(Hedge Ratio)에 관한 설명으로 적절하지 않은 것은?

① 헤지비율은 선물포지션의 크기에 대한 현물포지션의 크기의 비율을 말한다.
② 헤지비율이 1.5이면 해당 현물포지션, 즉 포트폴리오의 가치가 선물가격보다 훨씬 더 심한 변동성을 가지는 경우에 취한다.
③ 헤지비율이 0.8이라면 해당 현물포지션의 가격변동이 선물가격보다 훨씬 작게 움직이는 상황에서 가능하다.
④ 현물가격의 변화와 선물가격의 변화가 일정한 폭을 가지지 않으므로 헤지비율은 이럴 때 적정한 선물포지션의 크기를 산정하는데 사용되는 개념이다.

> **해설** 헤지비율은 현물포지션의 크기에 대한 선물포지션의 크기의 비율을 말한다. 예를 들어 현물주식을 500억 보유하고 있는데 매도헤지를 하기 위해 선물계약을 400억 원어치만 매도한다면 헤지비율(=400억/500억)은 80%가 된다.

★★★
041 다음 중 헤지비율로 사용하기에 가장 적절하지 않은 것은?

① 주식포트폴리오의 베타값   ② 최소분산 헤지비율
③ 목표 헤지비율(예) 헤지비율 80%)   ④ 주식포트폴리오의 기대수익률

> **해설** 주식포트폴리오의 기대수익률은 헤지비율과는 아무런 직접적인 관계가 없다. 주식포트폴리오의 베타는 해당 주식포트폴리오가 시장 전체대비 얼마나 민감하게 움직이는가를 나타내는 지표이다. 베타값이 1보다 크면 시장 전체대비 심하게 움직인다는 것이고 1보다 작으면 시장 전체대비 약하게 움직인다는 것이다. 이때 주식시장 전체의 움직임과 주가지수선물은 거의 일대일로 움직이므로 주식포트폴리오의 베타값을 헤지비율로 사용할 수 있다. 또한 주식포트폴리오와 선물의 움직임과의 관계를 나타낸다고 할 수 있는 최소분산헤지비율도 헤지비율로 사용된다. 최소분산헤지비율은 현물가격과 선물가격의 공분산을 선물가격의 분산으로 나눈 값 또는 현물가격과 선물가격의 상관계수에 [현물가격의 표준편차/선물가격의 표준편차]를 곱한 값이다.

정답 037 ③ 038 ② 039 ③ 040 ① 041 ④

042 현재 보유 중인 주식포트폴리오의 가치는 400억 원이고, 주식포트폴리오의 베타는 1.5이며, KOSPI200 선물지수는 200p일 때, 주식포트폴리오를 헤지하기 위해 필요한 선물계약 수는?(1p = 50만원)

① 400계약 매수   ② 400계약 매도

③ 600계약 매도   ④ 600계약 매수

 현물 주식포트폴리오의 가치하락 위험을 피하기 위해서는 주가지수선물을 매도하는 매도헤지를 해야 하고, 베타는 헤지비율로 사용하며, 이때 헤지를 위해 매도해야 하는 선물계약 수는 다음과 같이 계산한다. 참고로, KOSPI200선물의 거래승수가 (1p = 50만원)에서 2017년 3월 27일부터 (1p = 25만원)으로 변경되었다.

$$선물계약\ 수 = \frac{현물\ 주식\ 포트폴리오의\ 가치}{선물가격 \times 거래승수(50만원)} \times 헤지비율(베타)$$

$$= \frac{400억}{200p \times 500,000} \times 1.5 = 600$$

043 차익거래 및 프로그램 매매에 관한 설명으로 옳지 않은 것은?

① 주가지수 차익거래는 현물지수와 선물가격의 차이가 이론적인 수준을 벗어날 경우 현물지수와 선물가격의 차이만큼을 이익으로 취하는 거래를 의미한다.

② 실제선물가격이 이론선물가격보다 상승할 경우에는 매수차익거래가 발생하는데, 매수차익거래에서는 [현물매수 + 선물매도] 포지션을 취한다.

③ 실제선물가격이 이론선물가격보다 하락할 경우에는 매도차익거래가 발생하는데, 매도차익거래에서는 [현물매도 + 선물매수] 포지션을 취한다.

④ 한국거래소는 프로그램매매를 10종목 이상에 대해서 한꺼번에 주문을 내는 경우로 규정하고 이에 대해 신고를 하도록 하고 있다.

해설 차익거래에는 프로그램매매가 발생하는데, 한국거래소는 프로그램매매를 15종목 이상에 대해서 한꺼번에 주문을 내는 경우로 규정하고 이에 대해 신고를 하도록 하고 있다. 참고로 차익거래를 위해 KOSPI200 지수의 흐름을 추적하기 위해 구성된 현물포트폴리오를 추적포트폴리오라고 부르고 KOSPI200 지수의 수익률과 추적포트폴리오 수익률의 차이를 추적오차(tracking error)라고 한다.

★★★
044 실제선물가격이 이론선물가격보다 높은 경우, 이익을 얻기 위해서는 다음 중 어떤 거래가 가장 적절한가?

① 매수차익거래 ② 매도차익거래
③ 매도헤지 ④ 매입헤지

해설 실제선물가격이 이론선물가격보다 높은 경우에는 고평가된 선물을 매도하고 저평가된 현물을 매수하는 매수차익거래를 통해 이익을 얻을 수 있다.

	사용 시기	포지션 구성
매수차익거래	실제선물가격 > 이론선물가격	현물매수 + 선물매도
매도차익거래	실제선물가격 < 이론선물가격	현물매수 + 선물매도

★★★
045 선물시장가격이 선물이론가격보다 낮다면, 이를 이용한 차익거래 포지션으로 적절한 것은?

① 현물매도 + 선물매수 ② 현물매수 + 선물매도
③ 현물매수 + 선물매수 ④ 현물매도 + 선물매도

해설 실제선물가격이 이론선물가격보다 낮은 경우에는 저평가된 선물은 매수하고 고평가된 현물을 매도하는 매도차익거래를 통해 이익을 얻을 수 있다. 헤지거래에서는 선물을 매수하면 매수헤지, 선물을 매도하면 매도헤지라고 부르지만, 차익거래에서는 현물을 매수하면 매수차익거래, 현물을 매도하면 매수차익거래라고 부른다.

★★★
046 차익거래에 대한 설명 중 옳지 않은 것은? 심화

① 선물가격이 고평가된 경우가 더 빨리 균형가격으로 회복한다.
② 비용을 고려하지 않을 경우, 차익거래 시 이익은 실제선물가격과 이론선물가격의 차이로 볼 수 있다.
③ 현재 시장에서 현물가격이 100, 선물가격이 110이라면 선물이 고평가된 경우로 매수차익거래 기회가 발생한다.
④ 차익거래에서 현물의 보유자만이 누릴 수 있는 이익을 편의수익이라고 한다.

해설 시장에서 실제 거래되는 선물가격이 고평가되었는지 저평가되었는지를 판단하는 것은 현물거래 가격과 비교해서 결정하는 것이 아니라, 이론선물가격(또는 균형선물가격)과 비교해서 판단한다. 따라서 ③은 이론선물가격을 알 수 없으므로 고평가 여부를 판단할 수 없다. ①에서 선물가격이 고평가된 경우엔 [현물매수 + 선물매도]의 매수차익거래가 늘어나므로 결국엔 선물가격의 고평가가 해소(균형이 회복)된다. 그런데 선물가격이 저평가된 경우에 저평가가 해소(균형이 회복)되려면 [현물매도 + 선물매수]의 매도차익거래가 활발해야 되는데 현물을 보유하지 않은 경우에는 현물매도가 쉽지 않아 매도차익거래가 활발하지 못하게 되므로 균형을 회복하는데 좀 더 시간이 걸리게 된다.

★★★
047 현재 만기가 3개월 남은 주가지수 선물가격은 203p이고 현물지수는 200p이다. 금리가 연 4%이고 주식시장의 배당수익률은 연간 2%라고 할 때, 확실한 이익을 얻을 수 있는 거래방법은?(단, 거래비용은 무시한다.)

① 매수차익거래
② 매도차익거래
③ 스프레드거래
④ 선물매수거래

해설 주가지수선물의 이론가격 $= 200 + 200 \times (0.04 - 0.02) \times \dfrac{3}{12} = 201$, 실제 선물가격(203)이 이론 선물가격(201)에 비해 고평가되어 있으므로 선물을 팔고 현물을 사는 매수차익거래를 통해 확실한 이익을 얻을 수 있다.

★★★
048 선물시장이 백워데이션(Backwardation) 상태라면, 이를 이용한 차익거래 포지션은?

① 현물매도 + 선물매수
② 현물매수 + 선물매도
③ 현물매수 + 선물매수
④ 현물매도 + 선물매도

해설 백워데이션(Backwardation) 상태란 선물가격이 현물가격보다 낮은 상황을 말하는데, 이론선물가격은 현물가격보다 높기 때문에 백워데이션 상태인 경우엔 선물가격은 당연히 이론선물가격보다 낮다. 따라서 저평가된 선물은 매수하고 고평가된 현물을 매도하는 매도차익거래가 발생한다. 참고로, 선물가격이 현물가격보다 높은 콘탱고(Contango) 상태인 경우엔 언제나 매수수차익거래가 발생하지는 않는다. 콘탱고 상태라도 선물가격이 이론선물가격보다 높은 경우에만 매수차익거래가 생긴다.

★★★
049 가격이 비슷하게 움직이는 두 개의 선물계약을 대상으로 두 선물가격의 움직임의 차이를 이용하여 이득을 얻으려는 투자전략은?

① 스프레드거래
② 투기거래
③ 헤지거래
④ 차익거래

해설 스프레드(Spread) 거래는 만기 또는 종목이 서로 다른 두 개의 선물계약을 대상으로 한쪽 계약을 매수하는 동시에 다른 쪽 계약은 매도하는 전략으로서, 두 개의 선물계약을 대상으로 두 선물가격의 움직임의 차이를 이용하여 이득을 얻으려는 투자전략이다.

★★★
050 선물의 스프레드(Spread) 거래에 관한 설명으로 옳지 않은 것은?

① 시간 스프레드(Calendar Spread)는 동일한 품목 내에서 만기가 서로 다른 두 선물계약에 대해 각각 매수와 매도포지션을 동시에 취하는 전략으로 상품 내 스프레드라고 한다.

② 근월물이 원월물에 비해 상대적으로 강세를 보이면서 두 선물계약의 가격 차이가 지금보다 더 작아질 것으로 예상되는 경우에는 [근월물 매도 + 원월물 매입] 전략을 사용하는 것이 유리하다.

③ 상품 간 스프레드는 기초자산이 서로 다른데도 두 자산가격이 서로 밀접하게 연관되어 움직이는 경우 가능 한 스프레드 거래이다.

④ 스프레드거래, 차익거래, 베이시스거래 등은 모두 두 가지 이상의 자산 간 가격차이를 수익의 원천으로 하고 있다는 점에서 상대가치투자라는 개념으로 통칭되기도 한다.

> **해설** 근월물이 원월물에 비해 상대적으로 강세를 보이면서 두 선물계약의 가격 차이가 지금보다 더 작아질 것으로 예상되는 경우, 즉 스프레드의 축소되는 예상되는 경우에는 [근월물 매입 + 원월물 매도] 전략을 사용하는 것이 유리하다. 이 전략은 강세스프레드(Bull Spread)라고 한다. 이와는 반대로 근월물이 원월물에 비해 상대적으로 약세를 보이면서 두 선물계약의 가격 차이가 지금보다 더 벌어질 것으로 예상되는 경우, 즉 스프레드의 확대되는 예상되는 경우에는 [근월물 매도+원월물 매입] 전략을 사용하는 것이 유리하다. 이 전략은 약세스프레드(Bear Spread)라고 한다.

★★★
051 현재 KOSPI200 지수선물의 3월물 선물가격이 200p, 6월물 선물가격이 202p이다. 향후 두 선물가격의 차이가 확대될 것으로 예상한다면, 다음 중 어떤 거래전략이 이익이 되는가?

① 근월물 매수 + 원월물 매도
② 근월물 매도 + 원월물 매수
③ 근월물 매수 + 원월물 매수
④ 근월물 매도 + 원월물 매도

> **해설** 두 선물계약의 가격 차이, 즉 시간 스프레드가 확대될 것으로 예상되는 경우에는 낮은 가격의 선물(3월물, 근월물)은 매도하고, 높은 가격의 선물(6월물, 원월물)은 매수하는 전략을 사용하여야 이익이 된다. 이 전략은 약세스프레드(Bear Spread)라고도 부른다.

★★★
052 무위험이자율이 3%, 배당수익률이 2%라고 할 경우, 주가지수선물 시장에서 스프레드 확대가 예상될 때 취할 수 있는 바람직한 선물거래 전략은?

① 근월물 매수 + 원월물 매도
② 근월물 매도 + 원월물 매도
③ 근월물 매도 + 원월물 매수
④ 근월물 매수 + 원월물 매수

 금리가 배당수익률보다 크므로 이론선물가격은 현물가격보다 높고, 원월물 선물가격은 근월물 선물가격보다 높은 정상시장(콘탱고 상태)이다. 따라서 시간 스프레드(또는 결제월간 스프레드)의 확대가 예상될 경우에는 근월물 매도와 동시에 원월물을 매수하는 약세스프레드(Bear Spread)전략을 세우고, 이후 예상대로 스프레드가 축소할 때 두 포지션을 동시에 청산한다면 이익이 발생한다.

★★★
053 다음은 2016. 11. 25 현재 가상의 KOSPI200 선물지수이다. 이때 향후 스프레드가 축소될 것으로 예상할 경우 바람직한 선물거래 전략은?

2016년 12월물 선물가격	2017년 3월물 선물가격	결제월간 스프레드
250p	255p	5p

① 12월물 매수 + 3월물 매도
② 12월물 매도 + 3월물 매도
③ 12월물 매도 + 3월물 매수
④ 12월물 매수 + 3월물 매수

 2017년 3월물(원월물) 선물가격이 2016년 12월물(근월물) 선물가격보다 높기 때문에 콘탱고 상태의 정상시장이다. 이때 향후 스프레드의 축소(원월물이 근월물보다 더 많이 하락하거나 더 적게 상승하는 경우)가 예상되면, 근월물 매수와 원월물 매도로 구성한 전략(즉 강세스프레드)을 취해야 이익이 발생한다.

★★★
054 TED Spread는 어떤 거래전략에 해당하는가?

① 헤지거래   ② 차익거래
③ 상품 간 스프레드   ④ 상품 내 스프레드

해설 기초자산이 서로 다른데도 두 자산가격이 서로 밀접하게 연관되어 움직이는 경우 스프레드 거래가 가능한데 이를 상품 간 스프레드라고 한다. TED Spread는 상품 간 스프레드 전략의 대표적인 예이다. TED Spread란 미국의 단기 재무성채권(T-bill) 금리와 유로달러(Euro Dollar) 금리와의 차이를 말하는데, 단기재무성채권선물과 유로달러금리선물에 서로 반대의 포지션을 취함으로써 두 금리선물의 움직임 폭의 차이에서 오는 이익을 향유하는 거래전략이다.

055 옵션 및 선물의 만기일 3시 20분부터 3시 30분 사이의 동시호가 시간대에 프로그램매수나 매도 주문을 낼 투자자는 이를 3시 15분까지 신고하도록 하는 것을 무엇이라 하는가?

① Late trading
② Sunshine trading
③ Prop. trading
④ Day trading

> **해설** 옵션 및 선물의 만기일 3시 20분부터 3시 30분 사이의 동시호가 시간대에 프로그램매수나 매도 주문을 낼 투자자는 이를 3시 15분까지 신고하도록 하는 것을 Sunshine trading이라 한다. 그러나 이 제도는 매수할 의사가 없음에도 불구하고 시세조종 등의 목적을 가지고 허위공시 할 수 있다는 단점이 있어 거래소는 매수와 매도 중 사전 신고한 프로그램호가 수량이 적은 쪽 방향의 호가에 대해서는 사전신고 없이도 프로그램매매 주문을 제출할 수 있도록 허용하고 있다.

···TOPIC **7** 옵션의 기초

056 주어진 자산(기초자산)을 미래의 일정시점(만기일)에서 미리 정한 가격(행사가격)에 매도할 수 있는 권리는?

① 콜옵션(Call Option)
② 풋옵션(Put Option)
③ 스왑(Swap)
④ 선물(Futures)

> **해설** 옵션은 만기시점의 수익구조가 행사가격에 대해 비대칭적인 구조를 가지는 특이한 계약이다. 콜(Call)옵션은 기초자산을 미래의 일정시점(만기일)에서 미리 정한 가격(행사가격)에 매수할 수 있는 권리를, 풋(Put)옵션은 매도할 수 있는 권리를 의미한다.

🏛 **필수핵심정리** 　옵션의 개념

주어진 자산을	기초자산(Underlying Assets)
미래의 일정시점 (내)에서	만기일(Expiration Date, Maturity date)
미리 정해진 가격에	행사가격(Exercise Price 또는 Strike Price)
매수할 수 있는 권리	콜(Call) 옵션
or 매도할 수 있는 권리를	풋(Put) 옵션
일정한 대가를 수수하고	프리미엄(Premium) 또는 옵션가격

	옵션매수자(보유자)	옵션매도자(발행자)
매매하는 것	프리미엄을 매도자에게 지불하고 기초자산을 매수 또는 매도할 권리를 가짐	프리미엄을 받는 대신, 옵션매수자가 권리를 행사할 경우 기초자산을 행사가격에 매수 또는 매도할 의무를 가짐

★★★
057 다음 옵션에 관한 설명 중 적절하지 않은 것은?

① 옵션의 보유자는 언제든지 권리를 행사할 수 있다.

② 옵션거래에서 모든 권리는 옵션의 매수자에게 있다.

③ 옵션의 매도자는 옵션매수자의 요구에 반드시 응해야 한다.

④ 옵션은 권리이므로 보유자가 반드시 권리를 행사할 필요는 없다.

> **해설** 옵션의 권리행사는 만기일까지만 해당된다. 만기일 이전에 권리행사를 할 수 있는 옵션을 미국식 옵션이라고 하고, 만기일에만 권리행사가 가능한 옵션을 유럽식 옵션이라고 한다. 우리나라의 한국거래소에서 거래되는 옵션은 모두 유럽식 옵션이다.

★★★
058 옵션(Option)에 관한 설명으로 옳지 않은 것은?

① 행사가격은 옵션의 매수자가 만기일에 대상자산을 매수하거나, 매도하는 가격을 뜻한다.

② 옵션을 매수한 자는 매도자(발행자)에게 프리미엄을 지불하고 권리를 취득하며, 옵션을 매도한 자는 프리미엄을 수수한 대가로 매수자가 권리를 행사할 경우 이를 이행할 의무가 있다.

③ 콜옵션은 기초자산 가격이 행사가격 대비 오른 만큼 이익을 볼 수 있는 권리이며, 풋옵션은 기초자산 가격이 행사가격 대비 하락한 만큼 이익을 볼 수 있는 권리이다.

④ 만기시점의 기초자산 가격을 S_T, 행사가격을 X라 하면, 콜옵션의 만기수익은 $Max(0, X - S_T)$, 풋옵션의 만기수익은 $Max(0, S_T - X)$가 된다.

> **해설** 콜옵션은 살 수 있는 권리이므로 행사가격보다 기초자산 가격이 클 때 가치를 가지며, 풋옵션은 팔 수 있는 권리이므로 행사가격보다 기초자산 가격이 작을 때 가치를 가진다. 따라서 만기시점의 기초자산 가격을 S_T, 행사가격을 X라 하면, 콜옵션의 만기수익은 $Max(0, S_T - X)$, 풋옵션의 만기수익은 $Max(0, X - S_T)$가 된다.

★★★
059 옵션의 특징에 관한 설명으로 옳지 않은 것은?

① 옵션은 비대칭적 손익구조를 갖는다.

② 옵션은 권리와 의무가 분리되어 있다.

③ 옵션은 손실과 이익이 모두 제한되어 있다.

④ 유럽형 옵션은 만기일에만 권리행사가 가능하다.

> **해설** 옵션은 이익과 손실의 크기가 다른 비대칭적 손익구조를 갖는다. 옵션 매수자의 최대손실은 지불한 프리미엄으로 한정되며 이익은 무한정, 옵션 매도자의 최대이익은 수취한 프리미엄으로 한정되지만 손실은 무한정 늘어날 수 있

다. 옵션 매수자는 매도자에게 프리미엄을 지불하는 대가로 기초자산을 행사가격에 사거나 팔 수 있는 권리를 가지며, 옵션 매도자는 매수자로부터 프리미엄을 수취하는 대가로 매수자가 권리를 행사하면 기초자산을 행사가격에 사거나 팔아주어야 할 의무가 있다. 만기일 이전에 권리행사를 할 수 있는 옵션을 미국식 옵션이라고 하고, 만기일에만 권리행사가 가능한 옵션을 유럽식 옵션이라고 한다.

★★★
060 행사가격이 100p인 KOSPI200 주가지수 풋옵션에 관한 다음 설명 중 옳지 않은 것은?

① 이 옵션의 보유자는 만기시점에 KOSPI200 지수가 행사가격인 100p보다 하락해야 이익이다.
② 만기시점에 KOSPI200 지수가 110p가 될 경우, 이 옵션의 보유자는 권리를 행사한다.
③ 만기시점에 KOSPI200 지수가 90p가 되면, 이 옵션의 보유자는 권리를 행사하여 10p의 수익을 얻는다.
④ 주가지수옵션의 만기일 결제는 행사가격과 기초자산가격의 차이를 현금으로 결제한다.

> **해설** 풋옵션은 팔 수 있는 권리이므로 행사가격보다 기초자산 가격이 작을 때 가치를 가진다. 따라서 풋옵션의 만기수익은 $Max(0, X - S_T)$가 된다. 만기시점에 KOSPI200 지수가 110p가 될 경우에 풋옵션의 가치는 '0'이 되므로, 이 옵션의 보유자는 권리를 포기하면 된다. 즉 풋옵션 보유자는 행사가격인 100p에 팔 수 있는 권리를 갖는 것이지 의무를 갖는 것이 아니다. 그리고 주가지수옵션의 기초자산은 지수이기 때문에 실물인수도 결제를 할 수 없고 현금결제를 한다.

★★★
061 주가지수선물과 주가지수옵션을 비교한 내용으로 적절하지 않은 것은?

① 주가지수선물과 주가지수옵션은 모두 현금으로 결제한다.
② 주가지수선물의 매수자와 매도자는 각각 권리와 의무를 동시에 갖지만, 주가지수옵션의 매도자는 의무만을 지며, 옵션의 매수자는 권리만을 갖는다.
③ 주가지수선물과 주가지수옵션의 매수자와 매도자 모두에게 증거금제도가 적용된다.
④ KOSPI200 지수선물 및 KOSPI200 지수옵션의의 거래승수는 50만원이다. 즉, 1point = 50만원이다.

> **해설** 선물거래에서는 매수자와 매도자 모두에게 증거금제도가 적용되나, 옵션거래에서는 옵션 매도자에 한해 증거금제도를 운영하고 있다. 왜냐하면 옵션 매수자의 손실은 지불한 프리미엄으로 제한되지만, 옵션 매도자의 손실은 이론상 무한대로 커질 수 있다. 따라서 옵션 매도자의 결제불이행에 대비하여 증거금을 징수한다.

★★★
062 다음 중 기초자산의 가격이 변동할 때, 이론적으로 가장 크게 손실이 발생할 수 있는 옵션 포지션은?

① 콜매수　　　　　② 풋매수　　　　　③ 콜매도　　　　　④ 풋매도

 해설 옵션의 매도포지션은 이익만 제한되고 손실은 제한되지 않는데, 주가는 '0'아래로 하락할 수는 없지만 이론적으로는 무한히 상승할 수 있으므로, 이 경우 콜옵션 매도포지션은 이론적으로 손실이 무한대로 커질 수 있다. 이와 반대로 이론적으로 가장 이익이 크게 발생할 수 있는 옵션 포지션은 콜옵션 매수포지션이다.

🏛 필수핵심정리　옵션 포지션별 만기손익

S_T : 만기 시점의 기초자산가격, X : 행사 가격, C : 콜옵션 가격, P : 풋옵션 가격

콜옵션	손익분기점 $= X + C$	
	매수자의 순수익 $= S_T - X - C$	매수자의 최대손실 $= -C$
	매도자의 순손실 $= -(S_T - X - C)$	매도자의 최대이익 $= C$
풋옵션	손익분기점 $= X - P$	
	매수자의 순수익 $= X - S_T - P$	매수자의 최대손실 $= -P$
	매도자의 순손실 $= -(X - S_T - P)$	매도자의 최대이익 $= P$

옵션의 만기손익

S_T : 만기 시점의 기초자산가격, X : 행사 가격, C : 콜옵션 가격, P : 풋옵션 가격

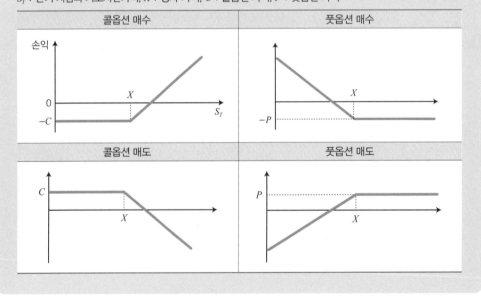

★★★
063 행사가격이 100인 콜옵션을 1.5의 프리미엄을 지불하고 매수한 경우, 다음 설명 중 옳지 않은 것은?

① 예상 최대손실은 1.5이다.

② 손익분기점은 98.5이다.

③ 만기시점의 기초자산 가격이 105이면 콜옵션을 행사하며, 이 경우 프리미엄을 감안한 순수익은 3.5이다.

④ 만기시점의 기초자산 가격이 98이면 콜옵션의 권리행사를 포기한다.

> **해설** 옵션을 매수한 자의 최대손실은 지불한 프리미엄(= 1.5)이다. 콜옵션 매수의 손익분기점은 [행사가격 + 콜옵션가격]이다. 따라서 문제에서는 기초자산 가격이 손익분기점인 101.5(= 100+1.5) 이상으로 상승해야 이익이 발생한다. 기초자산 가격이 105인 경우 지불한 프리미엄을 감안한 순수익은 3.5(= 105−100−1.5)이다. 콜옵션 매수포지션은 기초자산 가격이 행사가격(100)보다 낮을 경우 권리행사를 포기한다.

★★★
064 행사가격이 100인 풋옵션을 2.5의 프리미엄을 지불하고 매수한 경우, 다음 설명 중 옳지 않은 것은?

① 예상 최대손실은 2.5이다.

② 손익분기점은 97.5이다.

③ 기대할 수 있는 최대 순수익은 100이다.

④ 만기시점의 기초자산 가격이 103이면 풋옵션의 권리행사를 포기한다.

> **해설** 옵션을 매수한 자의 최대손실은 지불한 프리미엄(= 2.5)이다. 풋옵션 매수포지션은 만기시점 기초자산 가격(103)이 행사가격(100)보다 높을 경우 권리행사를 포기한다. 풋옵션 매수의 손익분기점은 [행사가격 − 풋옵션가격]이다. 즉 기초자산 가격이 97.5(= 100−2.5) 아래로 하락해야 이익이 발생한다. 풋옵션 매수자의 순수익은 $[X − S_T − P]$인데, 기대할 수 있는 최대 순수익은 기초자산 가격이 0일 경우이므로, 손익분기점인 97.5(=100−0−2.5)가 최대 순수익이다.

★★★
065 행사가격이 100인 풋옵션을 2.5의 프리미엄을 받고 매도한 경우, 다음 설명 중 옳지 않은 것은?

① 프리미엄 2.5가 풋옵션의 가격이다.

② 최대손실은 2.5이다.

③ 손익분기점은 97.5이다.

④ 만기시점의 기초자산 가격이 95이면 기초자산을 100에 매입할 의무가 발생한다.

 옵션매도자의 최대이익은 수취한 프리미엄(= 2.5)이며, 최대손실은 [행사가격 − 풋옵션가격]인 97.5(= 100−2.5)이 다. 기초자산 가격(95)이 행사가격(100)보다 낮을 경우 풋옵션의 매수자는 행사가격 100에 팔 권리를 행사한다. 이 때, 풋옵션 매도자는 만기시점의 가격이 95인 기초자산을 행사가격인 100에 매수해야 하는 의무가 있으므로 손실 (−5)이 발생하게 된다. 물론 수취한 프리미엄이 2.5 있으므로 순손실은 −2.5(= −100+95+2.5)이다. 풋옵션 매도 의 손익분기점은 [행사가격 − 풋옵션가격]이므로 97.5(= 100−2.5)가 손익분기점이다.

★★★
066 KOSPI200 지수가 250p일 때 행사가격이 250p인 풋옵션을 1.5p에 매입하여 만기까지 보유 하였는데, 만기 시 KOSPI200 지수가 252p가 되었다면 이 투자자는 1계약당 얼마만큼의 이 익 또는 손실이 발생했는가?(1p = 50만원)

① 750,000원 손실   ② 750,000원 이익

③ 1,000,000원 손실   ④ 1,000,000원 이익

 풋옵션은 팔 수 있는 권리이므로 행사가격보다 기초자산 가격이 작을 때 가치를 가진다. 문제의 풋옵션은 행사가격 (250)보다 만기 시 기초자산 가격(252)이 더 높아서 풋옵션 매수자는 권리행사를 포기한다. 따라서 매수한 옵션 프 리미엄만큼의 손실을 보게 된다. 1p는 50만원이므로 75만원(= 1.5p × 50만원)의 손실을 본다. 또한 다음과 같은 방법으로 계산할 수도 있다. 풋옵션의 만기수익은 $Max(0, X - S_T)$이며 지불한 프리미엄을 감안한 순손익은 $Max(0, X - S_T) - P$이다. 따라서 $Max(0, 250 - 252) - 1.5 = -1.5p$이다. 참고로, KOSPI200옵션의 거래승수가 (1p = 50 만원)에서 2017년 3월 27일부터 (1p = 25만원)으로 변경되었다.

★★★
067 만기일 이전의 옵션거래에 관한 설명으로 옳지 않은 것은?

① 옵션가격은 기초자산 가격의 움직임에 따라 변동하는데, 옵션프리미엄의 변화율은 기초자산가격의 변화율보다 상당히 크게 된다.

② 내가격(ITM) 옵션이란 지금 당장 권리를 행사하더라도 수익이 발생하는 상태의 옵션이라는 뜻이다.

③ 옵션의 가격은 내재가치(또는 본질가치)와 시간가치로 구성되어 있으며, 내재가치란 내가격(ITM) 상태일 때의 내가격의 크기를 말한다.

④ 콜옵션의 경우 행사가격이 기초자산의 현재가격보다 높은 경우 내재가치를 가지는 내가격상태의 옵션이다.

> **해설** 옵션은 만기일 이전에 임의의 거래일에 기초자산 가격을 기준으로 내가격(ITM, in-the-money), 등가격(ATM, at-the-money), 외가격(OTM, out-of-the-money) 상태로 구분한다. 콜옵션의 경우 기초자산의 현재가격이 행사가격보다 높은 경우($S_t > X$) 내재가치를 가지는 내가격(ITM)상태의 옵션이다. 내가격이란 지금 당장 권리를 행사하더라도 수익이 발생하는 상태의 옵션이라는 뜻이다.

🏛 필수핵심정리 ▷ 내재가치와 시간가치

옵션가격의 구성	옵션가격(프리미엄) = 내재가치(본질가치) + 시간가치		
	내재가치	지금 현재 옵션을 행사할 수 있다면 생기는 수익	
		Call 옵션의 내재가치	Put 옵션의 내재가치
		$= Max(0, S_t - X)$	$= Max(0, X - S_t)$
	시간가치	시간가치 = 옵션가격(프리미엄) − 내재가치(본질가치)	
		기초자산 가격이 옵션 만기 시까지 매수자에게 유리한 방향으로 움직일 가능성에 대한 가치 → 어떤 상태의 옵션이라도 시간가치는 있음	

옵션의 상태	구분	내가격(ITM)	등가격(ATM)	외가격(OTM)
	Call	$S_t > X$	$S_t = X$	$S_t < X$
	Put	$S_t < X$	$S_t = X$	$S_t > X$

★★★
068 옵션의 내재가치와 시간가치에 관한 설명으로 옳지 않은 것은?

① 옵션의 가격은 내재가치(또는 본질가치)와 시간가치로 구성되어 있으며, 옵션의 가격을 프리미엄(Premium)이라고 한다.

② 내재가치란 기초자산 가격과 행사가격과의 차이를 말하는데, 모든 옵션은 내재가치를 가진다.

③ 콜옵션의 내재가치는 [기초자산 가격 − 행사가격]이고 풋옵션의 내재가치는 [행사가격 − 기초자산 가격]으로 계산하며, 그 값이 음(−)인 경우엔 내재가치가 없는 것으로 내재가치를 0으로 계산한다.

④ 시간가치란 기초자산 가격이 옵션 만기 시까지 옵션매수자에게 유리한 방향으로 움직일 가능성에 대한 가치인데, 만기일 이전에 모든 옵션은 시간가치를 가지며 옵션이 등가격(ATM)이나 외가격(OTM)일 때도 시간가치는 존재한다.

> **해설** 모든 옵션은 시간가치를 가지지만 내재가치는 옵션이 내가격(ITM) 상태에서 거래될 때만 존재한다. 따라서 등가격(ATM)이나 외가격(OTM) 상태일 때의 옵션가격은 모두 시간가치로만 구성된다.

★★★
069 현재 KOSPI200 지수가 245p이다. 행사가격이 250p인 KOSPI200 지수 콜옵션의 현재 프리미엄이 1.5p일 경우, 내재가치와 시간가치는 각각 얼마인지 순서대로 바르게 나타낸 것은?

① 0, 1.5p   ② −3.5p, 1.5p

③ 0, 5p   ④ 3.5p, 1.5p

> **해설** 콜옵션의 내재가치는 $Max(0, S_t - X) = Max(0, 245-250) = 0$, 따라서 옵션가격 1.5p가 모두 시간가치이다. 현재 이 콜옵션은 내재가치가 없는 외가격(OTM) 상태인 옵션이다.

★★★
070 현재 KOSPI200 지수가 247p이다. 행사가격이 250p인 KOSPI200 지수 풋옵션의 현재 프리미엄이 3.5p일 경우, 내재가치와 시간가치는 각각 얼마인가?

① 0, 3.5p   ② 3p, 0.5p

③ 0.5p, 3.5p   ④ 3.5p, 0

> **해설** 풋옵션의 내재가치는 $Max(0, X - S_t) = Max(0, 250-247) = 3$. 따라서 내재가치는 3, 시간가치는 0.5(= 3.5−3)이다. 현재 이 풋옵션은 내재가치가 있는 내가격(ITM) 상태인 옵션이다.

★★★
071 현재 KOSPI200 지수가 207p이다. 행사가격이 205p인 KOSPI200 지수 풋옵션의 프리미엄이 1.5p일 경우, 시간가치는 얼마이며 옵션은 현재 어떤 상태인지 순서대로 바르게 나타낸 것은?

① 1.5p, 외가격
② 0.5p, 외가격
③ 0.5p, 내가격
④ 1.5p, 내가격

> **해설** 풋옵션의 내재가치는 $Max(0, X - S_t) = Max(0, 205 - 207) = 0$, 따라서 내재가치는 0, 시간가치는 1.5이다. 현재 이 풋옵션은 내재가치는 없고 시간가치만 있는 외가격(OTM) 상태인 옵션이다.

★★★
072 현재 KOSPI200 지수가 205p이며, KOSPI200 지수 옵션가격은 아래 표와 같다. 다음 설명 중 틀린 것은? 심화

Call 가격	행사가격(X)	Put 가격
㉠	207.5	㉡
㉢	205.0	1.15
3.50	202.5	0.65

① 정상적인 시장이라면 옵션가격의 크기는, ㉡ > ㉢ > ㉠ 순서이다.
② 행사가격 205.0인 풋옵션의 내재가치는 0, 시간가치는 1.15 이다.
③ 행사가격 202.5인 콜옵션의 내재가치는 2.5, 시간가치는 1.0 이다.
④ 행사가격 205.0인 풋옵션은 현재 등가격(ATM), 행사가격 202.5인 풋옵션은 현재 외가격(OTM) 상태이다.

> **해설** 현재 KOSPI200 지수가 205p이므로 ㉠은 콜옵션으로서 [S(205) < X(207.5)]이므로 외가격(OTM), ㉡은 풋옵션으로서 [S(205) < X(207.5)]이므로 내가격(ITM), ㉢은 콜옵션으로서 [S(205) = X(205)]이므로 등가격(ATM) 상태이다. 따라서 정상적인 시장이라면 옵션가격의 크기는 ㉡(내가격) > ㉢(등가격) > ㉠(외가격) 순서가 된다.

★★★
073 옵션의 가격 중 내재가치가 차지하는 비중이 가장 큰 옵션은?

① 내가격(ITM) 옵션
② 외가격(OTM) 옵션
③ 등가격(ATM) 옵션
④ 심내가격(deep ITM) 옵션

> **해설** 내재가치를 가지고 있는 옵션이 내가격 옵션이다. 심내가격 옵션이란 내재가치가 매우 큰 상태의 옵션을 말한다. 즉 콜옵션의 경우 행사가격이 기초자산 가격보다 매우 낮은 상태인 옵션을, 풋옵션은 행사가격이 기초자산 가격보다 매우 높은 상태인 옵션을 말한다. 참고로 시간가치는 등가격 옵션에서 가장 크다. 왜냐하면 등가격과 외가격 옵션은 옵션가격이 모두 시간가치로만 이루어졌는데 등가격 상태인 옵션의 가격이 외가격 옵션보다는 높기 때문이다.

 정답 068 ②　069 ①　070 ②　071 ①　072 ①　073 ④

★★★
074 옵션 스프레드(Spread) 전략에 관한 설명으로 옳지 않은 것은?

① 수평스프레드는 만기가 서로 다른 두 개의 옵션에 대해 각각 매수와 매도 포지션을 동시에 취하는 전략이다.

② 수직스프레드는 기초자산이 서로 다른 2개 이상의 옵션에 대해 각각 매수와 매도 포지션을 동시에 취하는 전략이다.

③ 대각스프레드는 만기도 다르고 행사가격도 다른 2개 이상의 옵션을 가지고 스프레드 포지션을 구축하는 전략이다.

④ 불스프레드(Bull Spread, 강세 스프레드)는 기초자산 가격이 상승 시 이익을 보는 포지션을 말하며, 베어스프레드(Bear Spread, 약세 스프레드)는 기초자산 가격이 하락 시 이익을 보는 포지션을 말한다.

해설 수직스프레드는 행사가격이 서로 다른 2개 이상의 옵션에 대해 각각 매수와 매도 포지션을 동시에 취하는 전략이다.

🏛 필수핵심정리 ▶ 수직스프레드(Vertical Spread)

행사가격이 서로 다른 두 개 이상의 옵션에 대해 매수 및 매도를 동시에 취하는 거래

불 스프레드 Bull spread	이익과 손실이 모두 제한적인 거래 → 기초자산 가격 상승시 이익, 기초자산 가격 하락 시 손실	
	콜(Call) 불스프레드	낮은 행사가격의 콜은 사고 높은 행사가격의 콜은 동일수량으로 매도 → 포지션 설정 시 자금의 지출 발생
	풋(Put) 불스프레드	낮은 행사가격의 풋은 사고 높은 행사가격의 풋은 동일수량으로 매도 → 포지션 설정 시 자금의 수입 발생
베어 스프레드 Beasr spread	이익과 손실이 모두 제한적인 거래 → 기초자산 가격 하락 시 이익, 기초자산 가격 상승 시 손실	
	콜(Call) 베어스프레드	낮은 행사가격의 콜은 팔고 높은 행사가격의 콜은 동일수량으로 매수 → 포지션 설정 시 자금 수입 발생
	풋(Put) 베어스프레드	낮은 행사가격의 풋은 팔고 높은 행사가격의 풋은 동일수량으로 매수 → 포지션 설정 시 자금 지출 발생

불 스프레드(강세 스프레드)	베어 스프레드(약세 스프레드)

★★★
075 행사가격이 200인 콜옵션을 한 계약 매수하는 동시에, 행사가격이 205인 콜옵션을 한 계약 매도하는 옵션거래를 무엇이라 하나?

① 콜 불스프레드
② 콜 베어스프레드
③ 수평스프레드
④ 스트래들

 해설 낮은 행사가격의 옵션을 매수하고, 높은 행사가격의 옵션을 동일 수량으로 매도하는 거래를 수직강세(불)스프레드 전략이라고 하며, 콜옵션을 이용할 수도 있고 풋옵션을 이용할 수도 있다. 이 문제에서는 낮은 행사가격(200)의 콜 옵션을 매수하고, 높은 행사가격(205)의 콜옵션을 동일 수량으로 매도한 거래이므로 수직스프레드 중에서 콜 불스 프레드이다.

★★★
076 다음은 대표적인 옵션의 수직스프레드 전략인 불스프레드(bull spread)에 관한 설명이다. 적절하지 않은 것은?

① 불스프레드는 기초자산 가격이 큰 폭으로 상승할 가능성이 높을 것으로 예상할 경우에 유용한 전략이다.
② 콜 불스프레드는 같은 수량으로 낮은 행사가격의 콜옵션은 매수하고 높은 행사가격의 콜옵션은 매도하는 전략이다.
③ 풋 불스프레드는 같은 수량으로 낮은 행사가격의 풋옵션을 매수하고 높은 행사가격의 풋옵션은 매도하는 전략이다.
④ 콜 불스프레드는 거래 초기에 현금의 순지출(비용)이 발생하고, 풋 불스프레드는 거래 초기에 현금의 순수입(수익)이 발생한다.

해설 수직스프레드 전략의 특징은 손실과 이익이 제한된다는 것이다. 그 중 불스프레드는 기초자산 가격이 상승할 가능성이 높지만 상승폭은 제한될 것으로 예상할 경우에 유용한 전략이다. 반면에, 베어스프레드는 같은 수량으로 낮은 행사가격의 옵션은 매도하고 높은 행사가격의 옵션은 매수하는 전략으로서 기초자산 가격이 하락할 가능성이 높지만 하락폭은 제한될 것으로 예상할 경우에 유용한 전략이다.

★★★
077 행사가격이 200인 풋옵션을 한 계약 매수하는 동시에, 행사가격이 205인 풋옵션을 한 계약 매도하는 옵션거래에 관한 설명으로 옳지 않은 것은?

① 풋 불스프레드 전략이다.
② 손실과 이익이 제한되며, 시간가치 감소로부터 상당부분 자유롭다.
③ 기초자산 가격이 상승할 가능성이 있지만 상승폭은 제한될 것으로 예상할 경우에 유용한 전략이다.
④ 최초 포지션을 구성할 때 현금의 순유출(비용)이 발생한다.

> **해설** 최초 포지션을 구성할 때, 현금의 순유입(수익)이 발생한다. 불스프레드는 낮은 행사가격의 옵션을 매수하고, 높은 행사가격의 옵션을 동일 수량으로 매도하는 거래인데, 풋옵션의 경우 행사가격이 낮은 풋옵션의 가격은 싸고, 행사가격이 높은 풋옵션의 가격은 비싸다. 따라서 풋 불스프레드는 싼 옵션은 사고 비싼 옵션은 팔게 되므로 현금의 순유입(수익)이 먼저 발생한다. 콜옵션의 경우 행사가격이 낮은 콜옵션의 가격은 비싸고, 행사가격이 높은 콜옵션의 가격은 싸다. 따라서 콜 불스프레드는 싼 옵션은 팔고 비싼 옵션은 사게 되므로 현금의 순유출(비용)이 먼저 발생한다. 옵션은 만기일이 다가올수록 시간가치 감소가 커진다. 따라서 옵션을 매수하면 시간가치 감소로 손실을 본다. 반면에 옵션을 매도하면 시간가치 감소로 이득을 본다. 그런데 수직스프레드는 옵션을 하나는 사고 하나는 팔기 때문에 시간가치 감소로부터 상당부분 자유롭다.

★★★
078 다음 옵션거래 전략에 관한 설명으로 옳지 않은 것은?(1p = 50만원)

> 행사가격이 210p인 KOSPI200 풋옵션을 2.5p에 10계약 매도하고, 행사가격이 205p인 KOSPI200 풋옵션을 0.5p에 10계약 매수했다.

① 풋 불스프레드 전략이고, 손익이 한정되어 있다.
② 만기 시 손익분기점은 205p이다.
③ 최대이익은 1,000만원이다.
④ 최대손실은 1,500만원이다.

> **해설** 낮은 행사가격(205)의 풋옵션을 매입하고 동일수량으로 높은 행사가격(210)의 풋옵션을 매도했으므로 수직스프레드 전략 중에서 풋 불스프레드 전략으로 손익이 한정되어 있다.

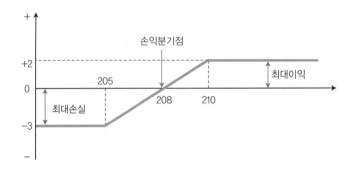

- 손익분기점 = 높은 행사가격 − 프리미엄 차이 = 210 − (2.5 − 0.5) = 208p
- 최대이익 = 프리미엄 차이(= 수취 프리미엄 − 지불 프리미엄)
  = 2.5 − 0.5 = 2p, 따라서 1,000만원(= 2p × 10계약 × 50만원) 이익
- 최대손실 = 프리미엄 차이 − 행사가격 차이 = 2 − (210 − 205) = −3p
  따라서 1,500만원(= −3p × 10계약 × 50만원) 손실

★★★
079 행사가격이 100인 콜옵션을 한 계약 매도하는 동시에, 행사가격이 105인 콜옵션을 한 계약 매수하는 옵션거래에 관한 설명으로 옳지 않은 것은?

① 콜 베어스프레드 전략이다.
② 손실과 이익이 제한되며, 시간가치 감소로부터 상당부분 자유롭다.
③ 기초자산 가격이 하락할 가능성이 있지만 하락폭은 제한될 것으로 예상할 경우에 유용한 전략이다.
④ 최초 포지션을 구성할 때 현금의 순유출(비용)이 발생한다.

해설 최초 포지션을 구성할 때, 현금의 순유입(수익)이 발생한다. 베어(약세)스프레드는 낮은 행사가격의 옵션을 매도하고, 높은 행사가격의 옵션을 동일 수량으로 매수하는 거래인데, 콜옵션의 경우 행사가격이 낮은 콜옵션의 가격은 비싸고, 행사가격이 높은 콜옵션의 가격은 싸다. 따라서 콜 베어스프레드는 비싼 옵션은 팔고 싼 옵션은 사게 되므로 현금의 순유입(수익)이 먼저 발생한다. 반면에 풋옵션의 경우 행사가격이 낮은 풋옵션의 가격은 싸고, 행사가격이 높은 풋옵션의 가격은 비싸다. 따라서 풋 베어스프레드는 싼 옵션은 팔고 비싼 옵션은 사게 되므로 현금의 순유출(비용)이 먼저 발생한다.

080 주가지수의 상승이 예상될 경우, 이익과 손실을 제한하고 초기에 현금의 순수입이 발생되게 하는 옵션투자전략은?

① 콜 레이쇼 버티컬스프레드　　　　② 콜 백 스프레드
③ 수직 강세 풋스프레드　　　　　　④ 수직 강세 콜스프레드

 해설 상승 시 이익이 발생하며 이익과 손실을 제한하는 전략이 수직 강세 스프레드 전략이다. 풋 불스프레드는 상승 시 이익이 발생하며 이익과 손실을 제한한다는 점에서는 콜 불스프레드와 유사하나, 콜 불스프레드는 초기에 자금의 순지출이 발생하지만 풋 불스프레드는 초기에 자금의 순수입이 발생한다는 점에서 차이가 있다.

081 옵션의 수평스프레드(시간스프레드, Time spread) 전략에 관한 설명으로 옳지 않은 것은?

① 시간스프레드는 행사가격은 동일하지만 만기가 다른 콜옵션이나 풋옵션을 이용하여 매수와 매도를 조합하는 거래이다.
② 만기가 짧은 옵션을 매도하고 동일 행사가격의 만기가 긴 옵션을 매수하는 전략을 매도시간스프레드(Short Time Spread)라고 한다.
③ 다른 조건이 일정하다면 단기월물의 시간가치 감소폭이 장기월물의 시간가치 감소폭보다 크기 때문에 단기월물을 매도하고 잔존만기가 긴 장기월물을 매수하는 포지션은 이익을 얻는다.
④ 기초자산의 가격변동이 안정적일 것으로 예상되는 상황에서는 매수시간스프레드가 적정하며, 가격변동이 클 것으로 예상될 때는 매도시간스프레드 거래가 유리하다.

 해설 시간스프레드의 특징은 시간가치 감소가 잔존만기별로 다르게 이루어진다는 점을 이용하는 것이다. 즉 시간가치의 상대적 변화차이를 이용하는 것이 시간스프레드이다. 만기가 짧은 옵션을 매도하고 동일 행사가격의 만기가 긴 옵션을 매수하는 전략을 매수시간스프레드(Long Time Spread)라 하고, 단기월물 매수와 장기월물 매도로 구성된 포지션은 매도시간스프레드(Short Time Spread)라고 한다. 그 이유는 옵션포지션에서는 현금지출이 요구되는 포지션을 Long Position이라 하고, 현금수입이 전제되는 포지션을 Short Position이라 하기 때문이다. 매입시간스프레드는 기초자산의 가격변동이 작은 상황에서 옵션의 시간가치 잠식효과를 이용하는 전략이다. 반면에 매도시간스프레드는 시간가치 잠식효과 측면에서는 손실을 볼 수 있지만 기초자산 가격의 변동성이 클 경우 시간가치의 잠식효과를 피하면서 옵션프리미엄의 차이에 의한 이익을 얻게 된다.

★★★
082 KOSPI200 옵션시장에서 행사가격이 270p인 11월물 콜옵션 10계약을 1.50p에 매도하고, 동시에 같은 행사가격의 12월물 콜옵션 10계약을 4.50p에 매수하였다. 이와 같은 전략을 무엇이라 하나?

① 콜 불스프레드   ② 콜 베어스프레드

③ 매수 시간스프레드   ④ 매도 시간스프레드

> **해설** 만기가 짧은 옵션을 매도하고 동일 행사가격의 만기가 긴 옵션을 매수하였기 때문에 매수시간스프레드(Long Time Spread) 전략을 사용했다.

···TOPIC 11 옵션을 이용한 합성전략

★★★
083 다음과 같은 내용으로 구성한 옵션포지션에 관한 설명이 잘못된 것은?

> • 행사가격이 200인 콜옵션을 1계약 매수
> • 행사가격이 205인 콜옵션을 2계약 매도
> • 행사가격이 210인 콜옵션을 1계약 매수

① 버터플라이 스프레드(Butterfly Spread) 매수포지션이다.
② 기초자산 가격의 변동성이 작아서 205 근처에 머물 것으로 예상할 때 사용하는 전략이다.
③ 변동성이 커질수록 손실규모가 커진다.
④ 초기에 자금의 순지출이 발생하는 경우가 정상적이다.

> **해설** 버터플라이 스프레드(Butterfly Spread, 나비스프레드) 매수포지션은 행사가격 3개를 이용한다. 가장 낮은 행사가격과 가장 높은 행사가격의 옵션은 매수하고 중간 행사가격의 옵션은 매도하는데 그 비율은 1:2:1의 비율로 한다. 이 전략은 변동성이 줄어들 것으로 예상될 때 손익을 제한하고 싶을 경우 사용하는데, 기초자산 가격의 변동성이 줄어들어 매도한 옵션의 행사가격에서 끝날 때 최대의 이익이 발생한다. 반면에, 버터플라이 스프레드(Butterfly Spread) 매도포지션은 가장 낮은 행사가격과 가장 높은 행사가격의 옵션은 매도하고 중간 행사가격의 옵션은 매수하는데 그 비율은 1:2:1의 비율로 한다. 버터플라이 스프레드 매수와 달리 변동성이 커질 것으로 예상될 때 손익을 제한하고 싶을 경우 사용한다.

기초자산 가격의 상승이나 하락 같은 방향과는 상관없이 변동성이 커질 것인지 줄어들 것인지를 예상하고 투자하는 거래전략

버터플라이 스프레드 (Butterly spread)	행사가격 3개를 이용하여 포지션을 구성, 손익이 제한적임	
	매수 포지션	• 가장 낮은 행사가격과 가장 높은 행사가격의 옵션은 매수하고 중간 행사가격의 옵션은 매도(1:2:1의 비율) • 변동성이 줄어들 것으로 예상될 때 사용
	매도 포지션	• 가장 낮은 행사가격과 가장 높은 행사가격의 옵션은 매도하고 중간 행사가격의 옵션은 매수(1:2:1의 비율) • 변동성이 커질 것으로 예상될 때 사용
콘도르 매수 (Condor)	행사가격 4개를 이용하여 포지션을 구성, 손익이 제한적임	
	• 가장 낮은 행사가격과 가장 높은 행사가격의 옵션은 매수하고 중간의 두개의 행사가격의 옵션은 매도 • 변동성이 줄어들 것으로 예상될 때 사용	
스트래들 (Straddle)	매수 포지션	• 만기와 행사가격이 동일한 콜옵션과 풋옵션을 동시에 매수 • 변동성이 커질 것으로 예상할 때 사용
	매도 포지션	• 만기와 행사가격이 동일한 콜옵션과 풋옵션을 동시에 매도 • 변동성이 작아질 것으로 예상할 때 사용
스트랭글 (Strangle)	매수 포지션	• 만기는 동일하나 행사가격이 다른 콜옵션과 풋옵션을 동시에 매수(외가격 옵션 이용) • 변동성이 커질 것으로 예상할 때 사용
	매도 포지션	• 만기는 동일하나 행사가격이 다른 콜옵션과 풋옵션을 동시에 매도(외가격 옵션 이용) • 변동성이 작아질 것으로 예상할 때 사용

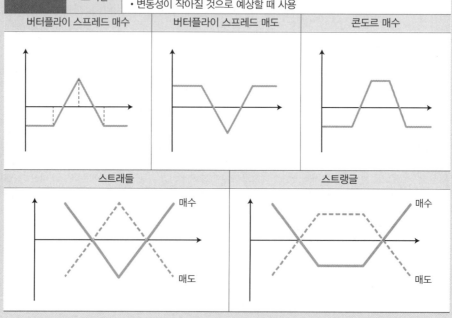

★★★
084 콜옵션을 이용한 나비스프레드(Butterfly Spread) 매수 전략에 관한 설명으로 옳지 않은 것은? 심화

① 나비스프레드 매수의 이익은 세 종류의 콜옵션이 모두 행사될 때 최대가 된다.
② 나비스프레드 매수의 이익은 모든 옵션이 행사가치가 없는 상태가 되었을 때(또는 모든 옵션이 행사되었을 때) 최소가 된다.
③ 약세스프레드와 강세스프레드를 합친 것을 나비스프레드라고 할 수 있다.
④ 나비스프레드 매수는 기초자산의 가격이 일정범위 내에서 변동할 때 이익을 얻을 수 있다.

> **해설** 나비스프레드 매수의 최대이익은 만기일의 기초자산의 가격이 중간 행사가격과 같을 때, 즉 가장 낮은 행사가격의 옵션만 행사(콜옵션은 기초자산 가격이 행사가격보다 높을 때 행사됨)될 때에 이익이 최대가 된다. 모든 옵션이 행사가치가 없는 상태가 되었을 때 또는 모든 옵션이 행사되었을 때는 제한된 손실이 발생한다. 예를 들어 행사가격이 80, 85, 90인 세 종류의 콜옵션이 있다고 하자. 이때 나비스프레드 매수포지션은 C(80) 1계약 매수, C(85) 2계약 매도, C(90) 1계약 매수의 1:2:1의 비율에 의해 구성된다. 그런데 이 포지션을 둘로 구분해 보면, C(80) 1계약 매수와 C(85) 1계약 매도의 강세스프레드, C(85) 1계약 매도와 C(90) 1계약 매수의 약세스프레드로 나눠볼 수 있다.

★★★
085 행사가격 4개를 이용하여 가장 낮은 행사가격과 가장 높은 행사가격의 옵션을 매수하고 중간의 두개 행사가격의 옵션은 매도하는 전략을 무엇이라 하는가?

① 버터플라이 스프레드 매수
② 콘도르(Condor) 매수
③ 스트래들 매수
④ 스트랭글 매수

> **해설** 콘도르(Condor) 매수는 버터플라이 매수와 마찬가지로 변동성이 줄어들 것으로 예상될 때 손익을 제한하고 싶은 경우 사용하는 전략이다. 행사가격을 4개 이용한다는 점에서 버터플라이와 구별된다.

★★★
086 동일한 만기와 동일한 행사가격을 가지는 두 개의 옵션, 즉 콜옵션과 풋옵션을 동시에 매수하는 옵션거래를 무엇이라 하는가?

① 스트래들 매도
② 스트랭글(Strangle) 매수
③ 백 스프레드
④ 스트래들(Straddle) 매수

> **해설** 동일한 만기와 동일한 행사가격을 가지는 두 개의 옵션, 즉 콜옵션과 풋옵션을 동시에 매수하는 옵션거래는 스트래들 매수 포지션이다. 반면에, 만기는 동일하고 행사가격만 다른 (높은 행사가격의)콜옵션과 (낮은 행사가격의)풋옵션을 동시에 매수하는 옵션거래는 스트랭글 매수이다.

정답 084 ①　085 ②　086 ④

087 ★★★ 스트래들(Straddle)과 스트랭글(Strangle) 거래전략에 관한 설명으로 옳지 않은 것은?

① 두 전략 모두 만기가 동일한 콜옵션과 풋옵션을 동시에 매수하는 거래이다.
② 기초자산의 방향성과는 관계없이 기초자산 가격이 크게 상승하거나 하락할 경우, 즉 변동성이 클 것으로 예상될 때는 스트래들이나 스트랭글 매수전략이 유용하다.
③ 스트래들이나 스트랭글 매수전략은 거래개시 초기에 투자비용이 아주 적게 든다는 장점이 있다.
④ 기초자산의 방향성과는 관계없이 변동성이 줄어들 것으로 예상될 때는 스트래들이나 스트랭글 매도 전략이 유용하다.

> **해설** 스트래들이나 스트랭글 매수전략은 콜과 풋의 두 옵션을 모두 매수해야 하기 때문에 거래개시 초기에 투자비용이 많이 든다. 매수 스트래들은 일반적으로 등가격 옵션을 매수하므로 비용이 많이 들지만, 매수 스트랭글은 외가격 옵션을 매수하기 때문에 스트래들 매수보다는 비용이 적게 든다는 점에 차이가 있다.

088 ★★★ 기초자산의 현재가격이 200인 경우, 만기가 동일하고 행사가격이 200인 콜옵션과 풋옵션을 동일 수량으로 각각 매수하는 옵션거래에 관한 설명으로 옳지 않은 것은?

① 매수 스트래들(Long Straddle)이라고 한다.
② 기초자산 가격이 크게 상승하면 이익이 발생한다.
③ 기초자산 가격이 콜옵션과 풋옵션의 행사가격과 일치하면 최대이익이 발생한다.
④ 기초자산 가격이 크게 하락하면 이익이 발생한다.

> **해설** 동일한 만기와 행사가격을 가진 콜옵션과 풋옵션을 동일 수량으로 매입하는 전략은 매수 스트래들(또는 롱스트래들)이라 하는데, 기초자산 가격이 콜옵션과 풋옵션의 행사가격과 일치하면 최대손실이 발생한다. 그러나 기초자산 가격의 방향성과는 관계없이(오르든 내리든 상관없이) 기초자산 가격이 크게 변동하면(변동성이 커지면) 이익이 발생한다.

089 ★★★ 기초자산의 현재가격이 200인 경우, 행사가격이 205인 콜옵션을 한 계약 매수하고, 동시에 만기가 동일한 행사가격이 195인 풋옵션을 한 계약 매수하는 옵션거래를 무엇이라 하는가?

① 스트래들 매수
② 스트랭글 매수
③ 레이쇼 버티컬 스프레드
④ 스트래들 매도

> **해설** 만기는 동일하나 행사가격이 다른 콜옵션과 풋옵션을 동시에 매수하므로 스트랭글 매수이다. 스트랭글 매수(Long Strangle)는 외가격 옵션을 매수한다. 즉 낮은 행사가격의 풋옵션과 높은 행사가격의 콜옵션을 매수하여 포지션을 구성한다.

★★★
090 다음 중 스트랭글 매수거래에 해당하는 조합을 고르면?(단, 콜옵션과 풋옵션의 매수비율, 기초자산 및 만기는 동일하며 기초자산의 현재가격은 100으로 가정한다.)

① 행사가걱 110 콜매수 + 행사가걱 90 풋매수
② 행사가격 90 콜매수 + 행사가격 110 풋매수
③ 행사가격 110 콜매수 + 행사가격 105 풋매수
④ 행사가격 100 콜매수 + 행사가격 100 콜매수

 해설 스트랭글 매수는 만기는 동일하고 행사가격만 다른 콜옵션과 풋옵션을 같은 비율로 동시에 매수하는 옵션거래인데, 일반적으로 외가격 옵션을 활용한다. 따라서 기초자산의 현재가격(100)보다 낮은 행사가격(90)의 풋옵션과 높은 행사가격(110)의 콜옵션을 매수한다.

★★★
091 다음 중 기초자산의 가격 변동성이 크게 증가할 것으로 예상될 때 적절한 옵션거래 전략이 아닌 것은?

① 스트래들 매수   ② 스트랭글 매수
③ 불스프레드   ④ 버터플라이 스프레드 매도

해설 낮은 행사가격의 옵션을 매입하고 동일수량으로 높은 행사가격의 옵션을 매도하는 전략인 불스프레드는 방향성 전략이다. 즉 기초자산의 가격이 상승할 때만 제한된 이익이 발생한다. 버터플라이 스프레드 매수는 가장 낮은 행사가격과 가장 높은 행사가격의 옵션은 매수하고 중간 행사가격의 옵션은 매도(매수:매도:매수=1:2:1)하는 포지션으로 변동성이 줄어들 것으로 예상될 때 사용된다. 반면에 버터플라이 스프레드 매도는 가장 낮은 행사가격과 가장 높은 행사가격의 옵션은 매도하고 중간 행사가격의 옵션은 매수(매도:매수:매도=1:2:1)하는 포지션으로 변동성이 증가할 것으로 예상될 때 사용된다.

★★★
092 다음 중 기초자산 가격이 하락할 가능성이 클 경우에 적절한 투자전략은?

① 콜 불스프레드   ② 풋 불스프레드
③ 버터플라이 스프레드 매수   ④ 풋옵션 매수

해설 풋옵션 매수는 기초자산의 가격이 하락할수록 수익이 증가하는 전략이다.

방향성 전략	기초자산 시장가격	상승예상 → 강세전략	콜매수, 풋매도, (콜 · 풋) 불스프레드
		하락예상 → 약세전략	풋매수, 콜매도, (콜 · 풋) 베어스프레드
변동성 전략	기초자산 가격의 변동성	증가예상 → 확대전략	스트래들 매수, 스트랭글 매수, 버터플라이 매도
		감소예상 → 축소전략	스트래들 매도, 스트랭글 매도, 버터플라이 매수, 콘도르 매수

정답 087 ③   088 ③   089 ②   090 ①   091 ③   092 ④

093 다음 중 기초자산 가격이 상승할 가능성이 클 경우에 적절한 투자전략은?

① 풋 불스프레드 ② 콜 베어스프레드

③ 풋옵션 매수 ④ 콜옵션 매도

> **해설** 보기 중에서는 풋 불스프레드만 기초자산 가격이 상승할 경우 제한된 이익이 발생한다. 기초자산 가격이 크게 하락할 것으로 예상하면 풋옵션 매수가 가장 좋다. 콜옵션 매도도 기초자산 가격이 하락할 경우 수익이 발생하지만 수익이 제한되어 있으므로 콜옵션 매도는 기초자산 가격이 크게 하락할 때보다는 적어도 주가가 상승하지 않을 것으로 예상될 때 바람직한 옵션전략이다.

094 다음 중 기초자산 가격이 횡보할 가능성이 클 경우에 유용한 투자전략이 아닌 것은?

① 스트래들 매도 ② 스트랭글 매도

③ 버터플라이 스프레드 매도 ④ 콘도르 매수

> **해설** 버터플라이 스프레드 매도는 기초자산가격의 변동성이 커질 경우 유용한 전략이며, 나머지는 모두 변동성이 줄어들 때 이익이 발생하는 전략들이다.

095 다음 중 주가가 상승할 것으로 예상하는 경우 취할 수 있는 옵션투자전략으로 가장 적절하지 않은 것은?

① 콜옵션 매입

② 동일한 행사가격의 콜옵션과 풋옵션을 매입

③ 외가격 콜옵션 매입과 내가격 콜옵션 매도

④ 풋옵션 매도

> **해설** 외가격(높은 행사가격) 콜옵션 매입과 내가격(낮은 행사가격) 콜옵션 매도는 콜 베어스프레드 전략으로서 기초자산 가격의 약세가 예상될 때 유리한 전략이다.

096 기초자산 가격의 하락이 예상되는 경우 사용가능한 다음 전략 중 가장 이익이 극대화되는 전략은?

① 콜 베어스프레드 ② 콜매도

③ 풋매수 ④ 풋 베어스프레드

보기에 제시된 전략들 모두 기초자산 가격의 약세가 예상될 때 사용이 가능한 전략이다. 하지만 이 중에서 기초자산 가격이 하락할수록 수익이 비례적으로 늘어나는 것은 풋매수이다.

★★★
097 다음 중 기초자산의 가격변동성이 작아질 것으로 예상될 때 적절한 투자전략은?

① 스트래들 매수 ② 버터플라이 매수

③ 스트랭글 매수 ④ 콘돌 매도

 나비(Butterfly) 매수는 변동성이 작아질 때, 나머지는 변동성이 커질 때 이익이 발생한다.

★★★
098 KOSPI200 주가지수옵션의 가격이 다음과 같을 때, 행사가격 250과 255를 각각 1계약씩 이용하여 콜 불스프레드 전략을 실시한다면? 심화

Call	행사가격	Put
0.2	257.5	5.2
0.9	255.0	3.0
2.0	252.5	1.8
3.5	250.0	0.7

① 최대손실 2.4 ② 최대이익 2.6 ③ 최대손실 2.6 ④ 최대이익 5.0

 문제에서 낮은 행사가격(250)의 콜을 사고 높은 행사가격(255)의 콜을 파는 콜 불스프레드 전략은 초기 자금의 순지출(−2.6 = 0.9 − 3.5)이 발생하므로 최대손실은 2.6이다. 일반적으로 옵션포지션에서 초기에 자금 지출이 발생하면 최대손실이 먼저 확정되고, 초기에 자금 수입이 발생하면 최대이익이 먼저 확정되게 된다.

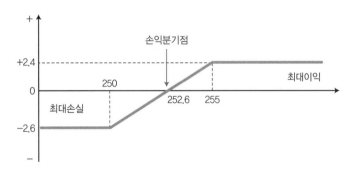

• 손익분기점 = 낮은 행사가격 + 프리미엄 차이 = 250 + (3.5 − 0.9) = 252.6p
• 최대손실 = 프리미엄 차이(= 수취 프리미엄 − 지불 프리미엄) = 0.9 − 3.5 = −2.6
• 최대이익 = 행사가격 − 프리미엄 차이 차이 = (255 − 250) − 2.6 = 2.4

★★★
099 다음 중 유럽식 옵션의 프리미엄 사이에 성립하는 기본 관계식이 잘못된 것은?(단, C_t: 현재 콜옵션가격, S_t : 기초자산 가격, P_t : 현재 풋옵션가격, B_t : 만기에 행사가격 X를 지급받는 채권의 현재할인가, τ : 잔여만기) 심화

① $C_t < S_t$

② $P_t > B_t$

③ $C_t > S_t - B_t(B_t = \dfrac{X}{1+r\tau})$

④ $P_t > B_t - S_t$

해설

콜옵션	$C_t < S_t$	유럽식 콜옵션의 현재시점 프리미엄은 기초자산의 가격보다는 작다.
	$C_t > S_t - B_t$ $(Bt = \dfrac{X}{1+r\tau})$	유럽식 콜옵션의 현재시점 프리미엄은 기초자산의 현재가격에서 채권의 현재할인가를 뺀 값보다 크다.
풋옵션	$P_t < B_t$ $(B_t = \dfrac{X}{1+r\tau})$	유럽식 풋옵션의 현재시점 프리미엄은 만기시점에서 X만큼을 지급하는 순수 할인채의 현재할인가보다 작다(Bt는 행사가격 X의 현재 할인가).
	$P_t > B_t - S_t$	유럽식 풋옵션의 현재시점 프리미엄은 채권의 현재할인가에서 기초자산의 현재가격을 뺀 값보다 크다.

🏛 필수핵심정리 ▶ 풋−콜 패리티와 그 응용

만기와 행사가격이 동일한 유럽식 풋옵션과 콜옵션의 프리미엄 사이에 성립하는 관계식

풋−콜 패리티 조건	• $P_t + S_t = C_t + B_t$(단, 기초자산은 무배당 주식) → 풋옵션매수 + 주식보유 = 콜옵션매수 + 채권매입 • B_t는 행사가격(만기에 X만큼을 지급하는 채권)의 현재 할인가이므로 풋−콜 패리티 조건을 다시 써보면 → $P_t + S_t = C_t + \dfrac{X}{1+r\tau}$	
포지션 사이의 동등성	$P_t \approx C_t + B_t - S_t$	풋매수 = 콜매수 + 채권매수(=자금운용) + 주식공매도
	$S_t \approx C_t + B_t - P_t$	주식매수 = 콜매수 + 채권매수(=자금운용) + 풋옵션발행
	$C_t \approx P_t + S_t - B_t$	콜매수 = 풋매수 + 주식매수 + 채권발행(=자금조달)
	$B_t \approx P_t + S_t - C_t$	채권매수(=자금운용) = 풋매수 + 주식매수 + 콜옵션발행
	$S_t - C_t \approx B_t - P_t$	Covered Call(= 주식매수 + 콜옵션매도) = 채권매수(= 자금운용) + 풋옵션매도

★★★
100 풋-콜 패리티(Put-Call Parity)에 대해서 가장 바르게 설명한 것은?

① 동일한 상품에 대해서 만기와 행사가격이 같은 등가격 풋옵션과 콜옵션 가격은 항상 같다.

② 동일한 상품에 대해서 만기와 행사가격이 같은 풋옵션과 콜옵션 사이에는 일정한 관계가 있다.

③ 동일한 상품에 대해서 만기와 행사가격이 다른 등가격 풋옵션과 콜옵션 사이에는 일정한 관계가 있다.

④ 만기가 다른 상품 간에도 풋-콜 패리티가 성립한다.

> **해설** 풋-콜 패리티는 동일한 만기와 동일한 행사가격의 콜옵션과 풋옵션 사이에 성립하는 일정한 관계식이다.
>
> $$\left(P_t + S_t = C_t + \frac{X}{1+r\tau}\right) \text{ 또는 } \left(C_t - P_t + \frac{X}{1+r\tau} = S_t\right)$$
>
> 풋-콜 패리티 조건을 이용하면, 등가격(ATM) 옵션에서는 콜옵션이 풋옵션보다 비싸다는 것을 알 수 있다. 왜냐하면 등가격 옵션은 $[S = X]$이므로 위 식에 X 대신 S를 대입하고 식을 풀어보면 $[C - P > 0]$을 도출할 수 있다.

★★★
101 기초자산의 가격이 208, 행사가격이 208인 콜옵션의 현재가격이 10일 경우 만기와 행사가격이 동일한 풋옵션의 가격은 얼마인가?(단, 잔존만기가 1년인 배당이 없는 유럽형 옵션이며, 이자율은 연 4%이다.)

① 2 ② 4 ③ 6 ④ 8

> **해설** 풋-콜 패리티 조건을 이용하면, $P_t + S_t = C_t + \dfrac{X}{1+r\tau} \rightarrow P_t + 208 = 10 + \dfrac{208}{1+0.04}$ 따라서 $P_t = 2$

★★★
102 합성포지션의 구성방법이 옳지 않은 것은?

① 합성 풋 매수 ≈ 콜 매수 + 주식 매수 + 채권매수

② 합성 콜 매수 ≈ 풋 매수 + 주식 매수 + 채권발행

③ 합성 콜 매도 ≈ 풋 매도 + 주식 매도 + 채권매수

④ 합성 주식 매도 ≈ 콜 매도 + 풋 매수 + 채권발행

> **해설** 풋-콜 패리티 조건을 이용하면, $P_t \approx C_t + B_t - S_t \rightarrow$ 합성 풋 매수 ≈ 콜 매수 + 주식 매도 + 채권매수

★★★
103 컨버전(Conversion)과 리버설(Reversal)에 관한 설명으로 옳지 않은 것은?

① 옵션과 기초자산간의 가격 불균형을 이용하여 수익을 창출하는 일종의 무위험차익거래 전략이다.

② 행사가격이 동일한 콜옵션을 1계약 매도하고 풋옵션을 1계약 매수하면 합성매도포지션을 만들 수 있다.

③ 합성매수포지션과 실제 현물매도포지션의 결합을 통한 차익거래 전략을 컨버전이라고 한다.

④ 컨버전은 매수 대상이 되는 풋옵션의 가격이 매우 싸고, 매도 대상이 되는 콜옵션의 가격이 매우 비쌀 경우 무위험이익을 실현할 수 있는 차익거래 전략이다.

> **해설** 옵션을 이용한 차익거래 전략은 풋-콜 등가식($P_t + S_t = C_t + B_t$)이 성립하지 않을 경우에 가격 불균형을 이용하여 이익을 취하려는 전략이다. 기초자산 간의 합성매수포지션과 실제 현물매도포지션의 결합을 통한 이익실현 전략을 리버설이라고 하며, 컨버전은 합성매도포지션과 실제 현물매수포지션의 결합을 통한 차익거래 전략이다.

🏛 필수핵심정리　　옵션을 이용한 차익거래

	컨버전(Conversion)	리버설(Reversal)
사용 시기	($P_t + S_t < C_t + B_t$)인 상황 → 콜 고평가, 풋 저평가일 때	($P_t + S_t > C_t + B_t$)인 상황 → 콜 저평가, 풋 고평가일 때
포지션 구성	합성매도(= 콜매도 + 풋매수) + 현물매수(기초자산 매수)	합성매수(= 콜매수 + 풋매도) + 현물매도(기초자산 매도)

★★★
104 옵션을 이용한 차익거래에 대한 설명으로 옳지 않은 것은?

① 콜옵션은 고평가되어 있고 풋옵션은 저평가되어 있는 경우 컨버전 전략으로 이익을 얻을 수 있다.

② 리버설은 풋옵션을 매도하고 콜옵션은 매수하고 기초자산의 매도 포지션을 합성하여 이익을 창출한다.

③ 컨버전은 옵션시장 및 기초자산시장의 두 시장을 동시에 이용한다.

④ 합성매도란 콜과 풋을 동시에 매도하여 구성하는 포지션이다.

> **해설** • 합성(선물)매수 = 콜매수 + 풋매도
> • 합성(선물)매도 = 콜매도 + 풋매수

★★★
105 KOSPI200지수 콜옵션 매도와 풋옵션 매입에, KOSPI200 선물 매입을 조합한 전략은 실제의 KOSPI200 선물가격이 저평가 되어있을 때 취할 수 있는 거래전략이다. 그러면 이 전략은?

① Long time spread ② Short time spread
③ Conversion ④ Reverse Conversion

 해설 $(P_t + S_t < C_t + B_t)$인 상황으로 콜옵션은 고평가, 풋옵션은 저평가, 기초자산은 저평가일 때 취하는 차익거래 전략이 컨버젼(Conversion)이다. 따라서 포지션 구성은 콜옵션 매도, 풋옵션 매입, 기초자산 매입으로 이루어진다. 기초자산 대신 선물매입으로 구성할 수도 있다. Reverse Conversion을 Reversal이라고 한다.

★★★
106 다음 내용을 보고 잘못 설명한 것은?

> • 포트폴리오 A = 기초자산(주식) + 풋옵션
> • 포트폴리오 D = 채권 + 콜옵션

① 포트폴리오 A처럼 주식포트폴리오를 보유한 상태에서 풋옵션을 매입하는 전략을 방어적 풋 전략(Protective Put)이라고 한다.
② 포트폴리오 D처럼 채권 매수와 동시에 콜옵션 매수를 병행하는 것을 커버드 콜옵션 전략(Covered Call Writing)이라 한다.
③ 포트폴리오 A 또는 포트폴리오 D와 같은 전략을 포트폴리오 보험전략이라 한다.
④ 주식과 채권으로 자금을 운용함으로써 상승 포텐셜(Potential)과 하락위험 방어라는 두 가지 목표를 동시에 달성하고자 하는 전략을 동적 자산배분전략이라 하는데, 이 전략을 협의의 포트폴리오 보험전략이라 한다.

 해설 커버드 콜옵션 전략이란 주식매수와 콜옵션 매도를 병행하는 전략으로 옵션을 이용한 헤지전략의 하나로 사용된다. 반면에 포트폴리오 D처럼 채권 매수와 동시에 콜옵션 매수를 병행하는 것을 이자추출전략(Cash extraction)이라 한다. 포트폴리오 보험전략이란 주가상승 시 주식포트폴리오의 이익을 향유하되 주가하락 시 손실을 일정 수준으로 제한하고자 하는 전략이다. 포트폴리오 A와 포트폴리오 D는 모두 포트폴리오 보험전략으로 사용될 수 있는데 양자가 같다는 것이 풋-콜 패리티이다.

107 ★★★ 다음 중 포트폴리오 보험 전략에 속하지 않는 것은?

① 동적 헤징전략 　　　　　　　② 컨버젼 전략
③ 보호적 풋 전략 　　　　　　　④ 동적 자산배분전략

해설 컨버젼 전략은 옵션의 풋–콜 패리티를 이용한 차익거래 전략이다. 동적 헤징전략은 자금의 100%를 모두 주가지수와 연동된 인덱스포트폴리오에 투자를 해놓고 주가지수선물 매도포지션을 조절함으로써 포트폴리오 보험전략을 시행하는 것으로 합성채권매수전략이라고 한다. 즉 동적 자산배분전략의 채권 대신 선물을 이용한 포트폴리오 보험전략이다.

··· T O P I C **13** 옵션가격결정

108 ★★★ 다음은 옵션의 가격결정모형 중 대표적인 블랙–숄즈(Black–Scholes) 모형과 이항분포모형에 관한 설명이다. 옳지 않은 것은? 심화

① 블랙–숄즈 모형은 주가는 연속적으로 변화하는 random walk를 따르며, 주가의 수익률은 대수정규분포(Log 정규분포)를 따른다고 본다.
② 이항모형은 옵션의 기초자산의 가격이 일정한 비율로 오르거나 내리는 정규분포를 따른다고 가정한다.
③ 블랙–숄즈 모형에서 기초자산 가격의 변동성은 옵션의 잔존기간 동안 고정되어 있다고 가정한다.
④ 블랙–숄즈 모형에서 이자율은 만기까지 고정된 상수이며, 투자자는 무위험이자율로 차입과 대출이 가능하다.

해설 이항모형은 옵션의 기초자산의 가격이 일정한 비율로 오르거나 내리는 이항분포를 따른다고 가정한다. 한국거래소는 주식옵션의 이론가격 결정 시 이항모형을 채택하고 있다.

블랙–숄즈 모형의 가정
① 주가는 불연속이 아니라 연속적(Continuous)으로 변화하는 random walk를 따른다.
② 주가수익률은 기하적 브라운 운동을 따른다.
③ 거래비용이 없으며 공매에 대한 제한이 없다.
④ 주식의 배당도 없고 차익거래기회도 존재하지 않는다.
⑤ 이자율은 만기까지 고정된 상수이다.
⑥ 가격의 변동성은 옵션의 잔존기간 동안 고정되어 있다.
⑦ 투자자는 무위험이자율로 차입과 대출이 가능하다.
⑧ 옵션의 행사는 단지 만기일에만 할 수 있는 유럽식 옵션의 가격을 산정한다.

🏛 필수핵심정리 　이항모형 가격결정

옵션의 기초자산인 주식이 만기에 두 가지의 가격만을 가질 수 있다고 가정하여 옵션가격을 구하는 방법

1기간 이항모형의 콜옵션가격 계산 과정	(예제) 현재 주식가격은 100, 만기(1년 후)에 주가는 150 또는 50이 될 수 있다고 하자. 무위험이자율이 10%일 때, 행사가격이 100인 콜옵션의 현재가치는?
	① 콜옵션의 만기 내재가치를 2가지 경우에 대해 구한다. • 만기 주가가 150일 경우 내재가치 : $max(150-100, 0) = 50$ • 만기 주가가 50일 경우 내재가치 : $max(50-100, 0) = 0$
	② 무위험 투자를 가정하고, 위험중립확률(p, 헤지확률)을 계산한다. → $100(1+0.10) = 150 \times p + 50(1-p)$, ∴ p = 0.6
	③ 헤지확률(p)을 이용하여 콜의 만기가치를 구한다. → $50 \times p + 0(1-p) = 50 \times 0.6 + 0 \times (1-0.6) = 30$
	④ 콜옵션의 현재가치를 구한다. → $\dfrac{30}{1+0.10} ≒ 27.27$

★★★
109 블랙–숄즈(Black–Scholes) 공식에 따르면 유럽식 콜옵션의 가치는 아래와 같이 결정된다. 다음 중 옳지 않은 것은?

$$c(S,X,r,\sigma,\tau) = S_t \cdot N(d_{1,t}) - B_t \cdot N(d_{2,t}) \; (\text{단, } B_t = Xe^{-r\tau} \simeq \frac{X}{1+r\tau})$$

① S_t는 주식(기초자산)의 현재가격
② B_t는 옵션 만기시점에서 행사가격 X만큼을 지급하는 채권의 현재 할인가격
③ $N(d_1)$은 콜옵션의 세타값
④ $N(d_2)$는 콜옵션이 내가격(ITM)으로 끝날 확률

해설 $N(d_1)$은 표준정규분포에서 $-\infty$부터 d_1까지의 면적을 의미하는 변수로서 콜옵션의 델타값이다. 참고로 $N(d_1) = 1-N(-d_1)$이고, 풋옵션의 델타값은 $-N(-d_1)$이다.

> - 주식의 현재가격은 100이고 1년 뒤 주가는 160 또는 60이 될 것으로 가정한다.
> - 무위험이자율이 10%이고, 행사가격이 100인 유럽식 콜옵션이 있다.
> - 만기가 1년인 1기간 이항모형을 가정한다.

★★★
110 만기시점에서 콜옵션의 내재가치는?

① 60 또는 30   ② 60 또는 0

③ 100 또는 0   ④ 160 또는 60

 콜옵션의 만기시점에서 내재가치는 $max(0, S_T - X)$이다. 기초자산(주식)의 1년 뒤 만기시점 가격은 160 또는 60이 된다고 가정했으므로, 만기가격이 160이 되면 행사가격 100인 콜옵션의 내재가치는 60[= $max(160-100, 0)$]이 되고, 만기가격이 60이 되면 행사가격 100인 콜옵션의 내재가치는 0[= $max(60-100, 0)$]이 된다.

★★★
111 1년 만기 유럽식 콜옵션의 현재가치는?

① 약 21.27   ② 약 24.27

③ 약 27.27   ④ 약 30.27

 현재 100인 주가는 160으로 상승하거나 60으로 하락할 수 있으므로, 행사가격 100인 콜옵션은 만기 시 60원 또는 0의 가치를 갖게 되는데, 이항모형에 의한 옵션의 현재가치는 다음과 같이 계산한다.

① 콜옵션의 만기 내재가치를 2가지 경우에 대해 구한다.	→ 만기 주가가 160일 경우 내재가치 : $max(160-100, 0) = 60$ → 만기 주가가 60일 경우 내재가치 : $max(60-100, 0) = 0$
② 무위험 투자를 가정하고 헤지확률을 구한다.	→ $100(1+0.10) = 160 \times p + 60(1-p)$, p = 0.5
③ 헤지확률을 이용하여 콜옵션의 만기가치를 구한다.	→ $60 \times p + 0 \times (1-p) = (60 \times 0.5) + (0 \times 0.5) = 30$
④ 콜옵션의 현재가치를 구한다.	→ $30 / (1+0.10) ≒ 27.27$
※ 공식을 이용하여 계산하는 방법	
① C_u(주가상승 시 콜 만기가치) = 60, C_d(주가하락 시 콜 만기가치) = 0	
② r(무위험이자율) = 10%, u(상승율) = 60%, d(하락율) = 40%	
③ p(헤지확률) = $\dfrac{r+d}{u+d} = \dfrac{0.1+0.4}{0.6+0.4} = 0.50$	
④ $c = \dfrac{(C_u \times p) + C_d \times (1-p)}{1+r} = \dfrac{60 \times 0.5 + 0 \times (1-0.5)}{1+0.1} ≒ 27.27$	

112 K기업의 주가가 현재 5만원이며, 1기간 후에 주가는 6만원 또는 4만원이라고 하자. 이자율은 4%이며 K주식의 콜옵션 행사가격을 4만원이라고 한다면, K주식의 콜옵션의 현재가격은 얼마인가?(원 단위 미만 절사)

① 10,538원 ② 11,538원 ③ 12,538원 ④ 13,538원

해설	
① 콜옵션의 만기 내재가치를 2가지 경우에 대해 구한다.	→ 만기 주가가 60,000일 경우 내재가치 : $max(60,000-40,000, 0) = 20,000$ → 만기 주가가 40,000일 경우 내재가치 : $max(40,000-40,000, 0) = 0$
② 무위험 투자를 가정하고 헤지확률을 구한다.	→ $50,000(1+0.04) = 60,000 \times p + 40,000(1-p)$, $p = 0.6$
③ 헤지확률을 이용하여 콜옵션의 만기가치를 구한다.	→ $20,000 \times p + 0 \times (1-p) = (20,000 \times 0.6) + 0(1-0.6) = 12,000$
④ 콜옵션의 현재가치를 구한다.	→ $12,000 / (1+0.04) ≒ 11,538$
※ 공식을 이용하여 계산하는 방법	
① C_u(주가상승 시 콜 만기가치) $= 20,000$, C_d(주가하락 시 콜 만기가치) $= 0$	
② r(무위험이자율) $= 4\%$, u(상승률) $= 20\%$, d(하락률) $= 20\%$	
③ $p = \dfrac{r+d}{u+d} = \dfrac{0.04+0.2}{0.2+0.2} = 0.6$	
④ $c = \dfrac{(C_u \times p) + C_d \times (1-p)}{1+r} = \dfrac{20,000 \times 0.6 + 0 \times (1-0.6)}{1+0.04} ≒ 11,538.46$	

113 옵션의 내재변동성(Implied Volatility)에 대한 설명 중 맞는 것은?

① 내재변동성은 역사적 변동성과 동일한 개념이다.
② 행사가격에 따라서 내재변동성은 다르다.
③ 내재변동성이 큰 옵션을 매도하면 차익거래이익이 발생한다.
④ 등가격 옵션의 내재변동성이 가장 낮고, 내가격과 외가격 옵션의 내재변동성이 상대적으로 높은 현상을 변동성 스머크라고 한다.

> **해설** 내재변동성은 역사적 변동성과 다른 개념이다. 내재변동성이 큰 옵션을 매도했는데 내재변동성이 더 커지면 손실이 발생한다. 등가격 옵션의 내재변동성이 가장 낮고, 내가격과 외가격 옵션의 내재변동성이 상대적으로 높은 현상을 변동성 스마일이라 한다.

과거변동성	과거에 실현된 가격자료로부터 구한 변동성(역사적 변동성)
내재변동성	현재의 옵션 프리미엄에 반영된 미래 변동성에 대한 예상치
변동성 스마일 (Volatility Smile)	등가격 옵션의 내재변동성이 가장 낮고, 내가격과 외가격 옵션의 내재변동성이 상대적으로 높은 현상
변동성 스머크 (Volatility Smirk)	내가격 옵션의 내재변동성이 가장 낮아지고, 외가격 옵션의 내재변동성은 여전히 높은 현상

★★★
114 옵션의 가격(프리미엄)에 영향을 주는 요소로 보기 어려운 것은?

① 기초자산의 시장가격   ② 기초자산의 가격변동성

③ 옵션의 잔존만기   ④ 베이시스

> **해설** 옵션가격 $= f(S_t, X, \sigma, \tau, r, D)$ → 옵션가격에 영향을 주는 요인으로는 기초자산 가격(S_t), 행사가격(X), 변동성(σ), 잔존만기(τ), 금리(r) 등이다.

🏛 필수핵심정리 ▶ 옵션가격(프리미엄)의 결정요인

옵션가격에 영향을 미치는 변수

변수	콜옵션 가격	풋옵션 가격
S(기초자산 가격) ↑	↑	↓
X(행사가격) ↑	↓	↑
t(잔존기간) ↑	↑	↑
σ(변동성) ↑	↑	↑
r(이자율) ↑	↑	↓
내재가치에 영향을 주는 요인	기초자산의 가격(S), 행사가격(X)	
시간가치에 영향을 주는 요인	변동성(σ), 잔존기간(t), 이자율(r)	

★★★
115 옵션가격의 결정요인에 대한 설명이다. 옳지 않은 것은?

① 기초자산 가격이 높을수록 콜옵션의 가치는 낮아진다.

② 행사가격이 낮을수록 풋옵션의 가치는 낮아진다.

③ 잔존기간이 길수록 콜옵션 가격 및 풋옵션 가치는 높다.

④ 단기이자율이 상승할수록 콜옵션의 가치는 높아진다.

> **해설** 콜옵션의 가치는 [max(S − X, 0)], 풋옵션의 가치는 [max(X − S, 0)]이다. 따라서 기초자산의 가격(S)이 높을수록 콜옵션의 가치는 높아지고 풋옵션의 가치는 낮아진다. 또한 행사가격이 낮을수록 콜옵션의 가치는 높아지고 풋옵션의 가치는 낮아진다.
> 콜옵션을 매수한 사람은 만기에 권리를 행사하면 돈을 지불하고 행사가격에 기초자산을 매수해야 한다. 따라서 이자율이 상승하면 콜옵션의 경우 만기에 지불할 돈의 현재가치가 낮아지므로 콜옵션의 가치는 올라간다. 그러나 일반적으로 이자율이 옵션가격에 미치는 영향은 무시할 정도로 매우 작다.

★★★
116 다음은 옵션가격(프리미엄)에 영향을 미치는 변수와 옵션가격과의 관계를 설명한 것이다. 옳지 않은 것은?

① 기초자산 가격이 상승하면 풋옵션의 가격은 하락한다.
② 변동성이 커지면 콜옵션 가격은 상승하고, 풋옵션 가격은 하락한다.
③ 배당금을 많이 지급할수록 콜옵션의 가격이 낮아진다.
④ 행사가격이 높은 옵션일수록 콜옵션의 가격은 낮고, 풋옵션의 가격은 높다.

> **해설** 기초자산 가격의 변동성 증가는 콜과 풋 모든 옵션가격을 상승시킨다. 왜냐하면 변동성이 커진다는 것은 기초자산 가격이 크게 상승할 수도, 크게 하락할 수도 있다는 것이므로 콜과 풋 모두에게 도움이 된다. 배당금을 많이 지급할수록 배당락으로 인해 주가가 떨어지므로 콜옵션의 가격이 낮아진다.

★★★
117 선물과 옵션의 가격결정변수에 대한 설명 중 옳지 않은 것은?

① 기초자산 가격이 상승하면 선물가격과 콜옵션 프리미엄은 증가한다.
② 변동성이 커지면 선물가격과 옵션의 프리미엄은 증가한다.
③ 만기가 길수록 선물가격과 옵션의 프리미엄은 높다.
④ 주식의 배당이 커지면 선물가격과 콜옵션의 프리미엄은 감소한다.

> **해설** 아래 공식을 보면 선물가격과 옵션가격에 영향을 주는 변수들을 파악할 수 있다. 이 중에 변동성은 옵션가격의 결정변수이다. 즉 기초자산 가격의 변동성 증가는 옵션가격을 상승시키지만, 변동성은 방향성을 의미하는 것이 아니므로 선물가격은 상승할 수도 하락할 수도 있다.

이론선물가격	$= S\left((1+(r-d) \times \dfrac{t}{365}\right) = S+S(r-d) \times \dfrac{t}{365}$
콜옵션가격(블랙–숄즈모형)	$= S_t \cdot N(d_{1,t}) - Xe^{-rt} \cdot N(d_{2,t})$

★★★
118 옵션프리미엄의 민감도 지표에 대한 설명 중 옳지 않은 것은?

① 델타는 [옵션가격 변화분 / 기초자산 가격 변화분]이다.
② 감마는 [기초자산 가격 변화분 / 델타 변화분]이다.
③ 세타는 [옵션가격 변화분 / 시간의 변화분]이다.
④ 베가는 [옵션가격 변화분 / 변동성의 변화분]이다.

> **해설** 감마(Gamma)는 [델타의 변화분($\delta\Delta$) / 기초자산 가격 변화분(δS)]이다.

옵션프리미엄$(C) = C(S_t, X, \sigma, \tau, r)$

민감도 지표		정의	
Delta (Δ)	델타	= 옵션가격 변화분 / 기초자산 가격 변화분	$= \delta c / \delta S$
Gamma (Γ)	감마	= 델타의 변화분 / 기초자산 가격 변화분	$= \delta \Delta / \delta S$
Vega (Λ)	베가	= 옵션가격 변화분 / 변동성의 변화분	$= \delta c / \delta \sigma$
Theta (Θ)	세타	= 옵션가격 변화분 / 시간의 변화분	$= \delta c / \delta T$
Rho (ρ)	로	= 옵션가격 변화분 / 금리의 변화분	$= \delta c / \delta r$

★★★
119 옵션의 민감도 지표인 델타에 관한 다음 설명 중 옳지 않은 것은?

① 델타는 기초자산의 가격이 변하는 경우 옵션프리미엄이 얼마나 민감하게 변하는가를 보여주는 지표이다

② 콜옵션의 델타는 0과 1 사이의 값을, 풋옵션의 델타는 −1과 0 사이의 값을 갖는다.

③ 기초자산 가격이 상승할수록 델타는 커지고, 하락할수록 델타는 작아진다.

④ 과외가격(deep OTM) 및 과내가격(deep ITM) 옵션의 델타의 절대값은 1에, 등가격 (ATM) 옵션의 델타는 0에 가깝다

> **해설** 옵션프리미엄의 델타는 과외가격(deep OTM)일수록 0에, 과내가격(deep ITM)일수록 절대값 1(콜옵션은 +1, 풋옵션은 −1)에 가까워지며, 등가격(ATM)일수록 절대값 0.5(콜옵션은 +0.5, 풋옵션은 −0.5)에 가까워진다.

★★★
120 선물 2계약 매수, 델타가 0.4인 콜옵션 5계약 매도, 델타가 −0.5인 풋옵션 6계약 매수포지션을 취하였다. 이 포지션의 전체의 델타는 얼마인가?

① 1.5   ② −1.5   ③ 3.0   ④ −3.0

> **해설** 옵션 민감도는 가법성이 있어서 여러 포지션이 혼재하고 있는 경우에도 각 민감도의 크기를 구할 수 있다. 기초자산(선물)의 델타는 1이며 매수는 (+)로 매도는 (−)로 표시한다. 따라서 포지션 전체의 델타 = 1 × (+2) + 0.4 × (−5) + (−0.5) × (+6) = −3.0. 전체 포지션의 델타가 −3이란 것은 이 포지션은 기초자산의 가격이 1단위 하락할 때마다 3배의 이익이 생기는 포지션, 또는 기초자산의 가격이 1단위 상승할 때마다 3배의 손실이 생기는 포지션이라는 뜻이다.

★★★
121 델타에 관한 설명으로 옳지 않은 것은?

① 델타를 옵션의 프리미엄이 기초자산 가격의 변화를 반영하는 속도로 해석할 수 있다.

② 블랙-숄즈 공식에서 $N(d1)$이 콜옵션의 델타값이고, 풋옵션의 델타는 $-[1-N(d1)]$이 된다.

③ 콜옵션의 델타가 +0.4인 경우 콜옵션과 만기와 행사가격이 동일한 풋옵션의 델타는 -0.4이다.

④ 델타가 0.5인 콜옵션을 이용하여 기초자산을 1단위 매수한 포지션의 가격변동 위험을 헤지(델타중립)하려고 한다면, 콜옵션 2계약을 매도해야 한다.

> **해설** 콜옵션의 델타가 +0.4인 경우 콜옵션과 만기와 행사가격이 동일한 풋옵션의 델타는 -0.6이다. 블랙-숄즈 공식에서 콜옵션의 델타는 $N(d^1)$이고 풋옵션의 델타는 $-[1-N(d^1)]$이므로 만기와 행사가격이 동일한 콜옵션의 절대치와 풋옵션의 절대치를 합하면 1이 된다($|\Delta c| + |\Delta p| = 1$). 델타중립이란 포지션 전체의 델타를 0으로 만들어 기초자산의 변동과 무관한 포지션을 만드는 것이다. 기초자산을 매수한 포지션의 델타는 +1이기 때문에 델타를 중립(0)으로 만들기 위해서는 -1의 델타를 가지는 포지션을 추가해주면 된다. 따라서 델타가 0.5인 콜옵션을 2계약 매도하면 $-1[= 0.5 \times (-2)]$의 델타를 만들 수 있으므로 전체 포지션은 델타중립이 된다.

★★★
122 델타가 0.5인 콜옵션이나 델타가 -0.4인 풋옵션을 이용하여 기초자산 10단위를 매수한 포지션을 델타헤지 하고자 한다. 다음 중 옳은 헤지 방법을 고르면? 심화

① 콜옵션 20계약 매수 　　　　② 풋옵션 20계약 매도

③ 콜옵션 25계약 매도 　　　　④ 풋옵션 25계약 매수

> **해설** 기초자산 10단위를 매수한 포지션의 델타는 $+10(= 1 \times 10)$이므로 헤지를 하기 위해서는 옵션을 이용하여 -10의 델타를 만들어 내면 된다. 따라서 콜옵션의 경우 20계약$(= 0.5 \times$ 콜옵션 계약수 $= -10)$을 매도하면 되고, 풋옵션의 경우 25계약$(= -0.4 \times$ 풋옵션 계약수 $= -10)$을 매수하면 된다.

123 옵션의 민감도지표인 감마에 대한 설명으로 옳지 않은 것은?

① 델타가 옵션의 프리미엄이 기초자산의 변화를 반영하는 속도라면, 감마는 기초자산의 변화에 따른 옵션프리미엄변화의 가속도로 해석할 수 있다.

② 델타는 기초자산 변화에 따른 선형적인 민감도를 표시한 반면, 감마는 옵션 수익구조의 특성인 비선형적인 민감도를 측정하는 지표이다.

③ 감마는 내가격(ITM)에서 가장 높고, 외가격(OTM) 및 등가격(ATM)일수록 작아진다.

④ 감마는 옵션 포지션이 매수일 경우에는 (+)의 값을 갖는 반면, 매도일 경우에는 (−)의 값을 갖는다. 따라서 감마와 세타는 대칭적인 상반관계에 있다

해설 감마는 등가격(ATM)에서 가장 높고, 외가격(OTM) 및 내가격(ITM)일수록 작아지는 '종모양'의 곡선을 형성한다. 감마와 잔존기간의 관계는 잔존기간이 짧을수록 등가격의 감마는 빠르게 높아지고 외가격과 내가격의 감마는 오히려 '0'으로 접근한다.

124 기초자산이 100, 델타가 0.5인 콜옵션의 감마가 0.01 이라고 할 경우, 다음 중 옳은 설명은? 심화

① 기초자산이 101이 되면 콜옵션 가격이 0.01 만큼 상승한다.

② 기초자산이 101이 되면 델타가 0.49 가 된다.

③ 기초자산이 99가 되면 콜옵션 가격이 0.01 만큼 하락한다.

④ 기초자산이 99가 되면 델타가 0.49가 된다.

해설 ① 기초자산이 101이 되면 콜옵션 가격이 델타(= 0.5) 만큼 상승한다.
② 기초자산이 101이 되면 델타는 감마(= 0.01) 만큼 증가하므로 0.51이 된다.
③ 기초자산이 99가 되면 콜옵션 가격이 델타(= 0.5) 만큼 하락한다.
④ 기초자산이 99가 되면 델타가 감마(= 0.01) 만큼 감소하므로 0.49가 된다.

125 기초자산 가격의 변동성이 1% 포인트 변화할 때 옵션가격의 변화 정도를 나타내는 지표는?

① 델타   ② 감마   ③ 베가   ④ 세타

해설 베가의 정의이다. 베가 = 옵션가격 변화분(δc) / 변동성의 변화분$(\delta \sigma)$

★★★
126 기초자산 가격의 변동성 및 옵션의 민감도 지표인 베가에 관한 설명 중 옳지 않은 것은?

① 변동성이 상승하면 옵션의 가치가 상승하고, 변동성이 낮아지면 옵션의 가치는 떨어진다.

② 베가는 심외가(deep OTM) 또는 심내가(deep ITM) 옵션일 때 가장 크다.

③ 잔존기간이 길수록 베가는 높아지며, 잔존기간이 짧을수록 베가는 낮아진다.

④ 내재변동성은 기초자산의 위험도에 대한 시장참가자의 기대감을 반영하는 것이다.

> **해설** 베가는 등가격(ATM) 옵션에서 가장 크다.

★★★
127 옵션 민감도 지표인 세타에 관한 설명으로 옳지 않은 것은?

① 세타는 시간의 경과에 따른 옵션가치의 변화분을 나타내는 지표이다.

② 세타값은 옵션의 시간가치 감소를 나타낸다.

③ 세타의 절대치와 감마의 절대치의 크기는 정(+)의 관계를 가지므로 부호는 반대지만 절대치는 비례한다.

④ 옵션을 매도한 경우 세타의 값은 음(−)의 부호를 갖는다.

> **해설** 세타 = [옵션가격 변화분(δc) / 시간의 변화분(δT)]이다. 옵션을 매도한 경우 세타의 값은 양(+)의 부호를 갖는다. 매도자 입장에서 시간가치의 감소는 매도자의 매도의무 가능성이 줄어들기 때문에 세타가 (+)라는 것은 시간가치 감소로 이익을 본다는 뜻이다. 또한 잔존만기가 짧아질수록 세타는 커진다. 즉 만기가 다가올수록 시간가치는 급속히 소멸하게 된다는 뜻이다. 세타는 등가격(ATM)일 때 가장 크고 내가격이나 외가격으로 갈수록 작아진다.

★★★
128 다음 중 옵션의 가격에 영향을 미치는 정도가 가장 작은 변수는?

① 기초자산 가격   ② 행사가격

③ 변동성   ④ 금리

> **해설** 금리는 옵션가격에 미치는 영향이 가장 작다. 금리의 변화에 따른 옵션가격의 변화를 측정하는 민감도 지표는 로(ρ)라고 하며, 금리상승 시 콜옵션의 가격은 상승하고 풋옵션의 가격은 하락한다.

★★★ 129 옵션의 민감도 지표에 관한 설명으로 옳은 것은?

① 세타포지션이 양(+)일 때 시간의 경과는 포지션의 가치를 증대시킨다.
② 델타포지션이 양(+)일 때 대상자산의 가격이 하락하기를 바라는 상태이다.
③ 감마포지션이 양(+)일 때 방향에 관계없이 천천히 움직이기를 바라는 상태이다.
④ 베가포지션이 양(+)일 때 변동성이 하락하기를 원하는 상태이다.

해설 옵션을 매도한 포지션의 세타는 (+)이다. 즉 시간이 경과할수록 포지션은 시간가치 감소로 이익을 본다는 뜻이다. 틀린 내용을 바르게 고치면, ②델타포지션이 양(+)일 때 대상자산의 가격이 상승하기를 바라는 상태, ③옵션을 매수하면 감마포지션이 양(+)이 되는데, 이것은 방향에 관계없이 기초자산 가격이 급변하기를 바라는 상태, ④베가포지션이 양(+)일 때 변동성이 상승하기를 원하는 상태이다.

★★★ 130 주식옵션을 활용한 투자전략 중 세타(Theta)의 부호가 (+)인 투자전략은?

① 콜옵션 매수
② 풋옵션 매수
③ 스트랭글 매도
④ 스트래들 매수

해설 세타의 부호가 (+)인 경우는 옵션의 매도포지션에서 가능하다. 스트랭글 매도는 낮은 행사가격의 풋옵션과 높은 행사가격의 콜옵션을 모두 매도하는 거래이므로 세타의 부호는 (+)이다. 즉 별일 없이 시간만 지나면 시간가치 감소로 이익이 생긴다는 의미이다.

★★★ 131 주식옵션을 활용한 투자전략 중 감마(Gamma)의 부호가 (−)인 투자전략은?

① 콜옵션 매수
② 풋옵션 매수
③ 스트래들 매도
④ 스트랭글 매수

해설 감마의 부호가 (−)인 경우는 옵션의 매도포지션에서 가능하다. 스트래들 매도는 동일한 행사가격의 콜옵션과 풋옵션을 모두 매도하는 거래이므로 감마의 부호는 (−)이다. 감마의 부호가 (−)라는 의미는 방향에 관계없이 기초자산이 급변하게 움직이면 손해를 보나 큰 변동 없이 천천히 움직이면 이익을 볼 수 있는 상태이다.

★★★
132 다음 중 옵션 포지션에 대한 민감도 부호가 틀린 것은?

① 콜옵션 매입 : 델타 +, 베가 +

② 콜옵션 매도 : 감마 +, 세타 +

③ 풋옵션 매입 : 델타 −, 베가 +

④ 풋옵션 매도 : 감마 −, 세타 +

> **해설** 콜옵션 매도는 감마 −, 세타 + 이다. 참고로 옵션을 매입한 포지션은 감마와 베가가 (+)이고 세타는 (−)이다.

> **🏛 필수핵심정리** ▶ 옵션포지션의 민감도 부호
>
> | 전략 | 델타 | 감마 | 세타 | 베가 | 로 |
> |---|---|---|---|---|---|
> | 콜옵션 매입 | + | + | − | + | + |
> | 풋옵션 매입 | − | + | − | + | − |
>
> → 매도포지션의 민감도 부호는 매입포지션과 반대이다.

★★★
133 다음 중 숏스트래들(Short Straddle, 매도 스트래들) 전략의 포지션 민감도와 가장 거리가 먼 것은?

① 포지션의 델타 ≒ 0

② 포지션의 감마 : (−)

③ 포지션의 세타 : (+)

④ 포지션의 베가 : (+)

> **해설** 숏스트래들(= 스트래들 매도)은 동일한 행사가격(일반적으로 등가격) 콜옵션과 풋옵션을 동시에 매도하여 변동성의 감소를 기대하는 전략이다. 따라서 포지션의 세타는 (+), 감마와 베가는 (−)이며, **콜옵션과 풋옵션의 매도**를 통해 포지션의 델타를 중립(= 0)으로 유지할 수 있다. 델타가 중립(= 0)이라는 것은 숏스트래들은 변동성 전략이므로 기초자산의 방향성과는 무관한 포지션이라는 의미이다.

★★★
134 행사가격 100인 콜옵션을 매수하고, 동일 수량으로 만기가 동일한 행사가격 105인 콜옵션을 매도한 콜 불스프레드(= 콜 강세스프레드) 전략의 포지션 민감도가 옳지 않은 것은? (단, 현재 기초자산가격은 105 근처라고 가정한다.) 심화

① 포지션의 델타 : (−)   ② 포지션의 감마 : (−)
③ 포지션의 세타 : (+)   ④ 포지션의 베가 : (−)

 해설

구분	델타	감마	세타	베가
S = 100 근처	+	+	−	+
S = 105 근처	+	−	+	−

콜 불스프레드는 기초자산가격이 상승하는 경우 이익이 생기는 포지션으로 포지션의 델타는 언제나 (+)이다. 그러나 나머지 지표의 민감도는 기초자산가격의 현재 위치에 따라 달라진다. 그 이유는 콜옵션을 하나는 사고 다른 하나는 팔았기 때문이다.

★★★
135 포지션 델타를 중립으로 유지하면서 향후 변동성의 상승을 예상할 때 사용할 수 있는 가장 적절한 투자전략은?

① 수직 강세 콜 스프레드   ② 스트래들 매수
③ 스트랭글 매도   ④ 콜옵션 매도

 해설 스트래들 매수는 등가격 콜옵션과 풋옵션의 매수를 통해 변동성의 상승을 기대하는 전략이다. 즉 스트래들 매수는 동일한 행사가격(등가격)의 콜옵션과 풋옵션의 매수를 통해 델타를 중립으로 유지하면서 베가와 감마를 (+)로 만드는 포지션이다. 따라서 델타는 중립이므로 기초자산의 방향성과는 무관한 포지션이라는 의미이다. 베가와 감마는 (+)이므로 기초자산 가격이 빠르게 급격한 변동이 생기면 이익이 생기는 전략이다.

정답 134 ① 135 ②

752 토마토패스 www.tomatopass.com

CHAPTER

07 투자운용 결과분석

주요 내용	중요도	주요 출제 내용
서론	★	• 성과평가의 프로세스 • 내부성과평가와 외부성과평가의 차이점 비교

성과평가
기초사항
	★★★	• 성과분석을 위한 펀드의 회계처리 원칙 : 공정가평가, 발생주의
		  원칙, 체결시점 기준
		• GIPS의 회계처리 규칙, 수익률 계산규칙
		• 투자수익률 계산 : 금액가중수익률과 시간가중수익률(산술평균과
		  기하평균)
		• 투자 위험 : 절대적 위험과 상대적 위험, 전체위험과 하락위험

기준지표 (Benchmark)	★★★	• 기준지표의 바람직한 특성과 종류 • 정상포트폴리오와 동류집단수익률 • 주식과 채권의 기준지표
위험조정 성과지표	★★★	위험조정 성과지표의 유형 : 단위 위험당 초과수익률(샤프비율, 트 레이너비율, 정보비율), 위험조정수익률(젠센의 알파, 효용함수), 하 락위험을 이용한 성과지표(소티노 비율, RAROC) → 공식을 이용한 계산, 해석 등
성과특성 분석	★★	• 시장예측능력과 종목선정능력 분석을 위한 수리모형 • 채권의 성과요인 분석 : 시장선 접근방법 • 포트폴리오 및 스타일 분석 : 주식의 투자 스타일(가치주와 성장주)
성과발표 방법	★★	통합계정(Composite) 분류규칙

내용 구성 및
주요 출제내용
분석

출제경향 분석
및 학습요령

투자운용 결과분석은 총 4문제가 출제된다. 점수는 적지만 큰 어려움 없이 공부할 수 있고
교재에 제시된 문제를 잘 소화하면 고득점이 가능하다. 성과평가의 프로세스, 성과분석을
위한 펀드의 회계처리 원칙, 투자수익률 계산, 투자 위험, 기준지표(벤치마크)의 바람직한
특성과 종류, 위험조정 성과지표, 스타일 분석 등은 자주 출제되는 내용이므로 반드시 숙지
하고 있어야 한다.

★★★
001 성과평가의 의미에 대한 설명 중 옳지 않은 것은?

① 성과평가는 투자프로세스를 구성하는 과정 중의 하나이다.

② 자금을 위탁할 운용사 또는 펀드선정 과정에도 성과평가를 활용할 필요가 있다.

③ 투자한 펀드를 모니터링 하는 것은 성과평가와 밀접한 관계가 있다.

④ 성과평가는 투자 프로세스의 계획단계나 실행단계에 영향을 주지 않는다.

> **해설** 성과평가는 투자프로세스의 [Plan − Do − See] 중에서 See에 해당하는 것으로 피드백과정을 통해 투자 프로세스의 계획단계나 실행단계에 영향을 준다.

🏛 필수핵심정리 성과평가의 프로세스

성과평가의 목적은 성과가 운(Luck)에 의해 달성된 것이냐, 아니면 기술(Skill)과 실력(Ability)에 의해 달성된 것인가를 판명하는 것

① 투자자산의 회계처리	• 시가평가 원칙 → 보완적으로 공정가격(Fair value) 평가(시장가치 없을 시 이론 가치 등) • 발생주의 방식의 회계처리
② 투자수익률 계산	• 가능한 장기간 수익률을 산출하여 투자자에게 제공하는 것이 중요 • 자산배분전략과 같은 투자설계를 효과적으로 수행하기 위해서는 운용자 단위로 산출된 시간가중수익률을 사용해야 함
③ 투자위험 계산	• 변동성과 같은 절대적인 위험뿐만 아니라 기준지표를 잣대로 한 상대적인 위험을 측정해야 함 • 목표수익률을 반드시 달성해야 하는 경우에는 하락위험을 측정해야 함
④ 성과의 비교	• 기준지표(Benchmark) 성과와 비교하거나 동류 그룹(Peer Group)의 성과와 비교해야 함 • 성과비교의 대상이 되는 지표는 수익률뿐만 아니라 위험의 크기도 비교 대상임 → 따라서, 수익률과 위험을 동시에 고려한 위험조정 성과지표를 비교하여야 함 • 성과비교의 최종 결과는 성과평정(Rating, 펀드등급)으로 나타남
⑤ 성과특성 분석	• 포트폴리오 분석 : 스타일 분석 • 성과요인 분석
⑥ 정성평가	투자의사결정을 위해서는 반드시 성과의 지속성을 판단해야 하며 이를 위해 필요한 분석이 바로 운용자의 질적인 특성을 분석하는 정성평가임
⑦ 성과발표 및 보고	• 성과는 법률과 규정에 따라 발표되고 보고되어야 함 • 성과는 반드시 기존 투자자에게 제공해야 하며, 잠재적인 고객에게도 알려져야 함

★★★ 002 다음 중 펀드를 분석하고 평가하는 목적과 거리가 먼 것은?

① 투자하기 좋은 펀드를 고르기 위해서
② 투자한 펀드가 정상적으로 운용되고 있는지 판단하기 위해서
③ 펀드 운용결과의 성공 및 실패여부를 분석하고 재투자여부를 판단하기 위해서
④ 투자시기와 투자규모를 정하기 위해서

> **해설** 투자시기와 투자규모를 정하는 것은 펀드를 평가하고 분석하는 단계에서 하는 것이 아니라, 투자자의 상황이나 시장상황을 고려하는 단계에서 정하는 것이므로 펀드평가 및 분석의 목적과는 거리가 멀다. 펀드분석이란 분석대상 펀드의 특징을 찾아내는 과정이며, 펀드평가란 평가대상 펀드의 운용성과를 측정하여 그 우열이나 순위를 가리는 과정을 말한다.

★★★ 003 펀드평가에서 일차적으로 측정한 펀드의 계량적 성과를 가지고 판단할 때, 다음 중 양호한 펀드로 볼 수 없는 것은?

① 수익률이 (절대적ㆍ상대적으로) 높은 펀드
② 베타가 높은 펀드
③ 위험조정성과가 (절대적ㆍ상대적으로) 높은 펀드
④ 평가등급(Rating)이 높은 펀드

> **해설** 위험이 (절대적ㆍ상대적으로) 낮은 펀드가 양호한 펀드이다. 베타는 상대적 위험을 측정하는 위험지표이다. 따라서 위험이 상대적으로 낮은 펀드인 베타가 낮은 펀드가 양호한 펀드이다. 일차적으로 측정한 계량적인 성과는 과거의 성과가 양호했다는 것을 보여줄 뿐 그런 성과가 미래에도 지속된다는 것을 보장해 주지 않는다.

★★★ 004 다음 중 펀드의 성과원인 및 특성을 파악하는 방법과 거리가 먼 것은?

① 펀드 성과(수익률, 위험, 위험조정성과, 등급) 측정
② 성과요인 분석
③ 포트폴리오 분석
④ 운용자와 운용회사에 대한 질적(정성적) 평가

> **해설** 펀드 성과(수익률, 위험, 위험조정성과, 등급) 측정은 계량적(정량적)인 평가로서, 성과원인 및 특성을 파악하는 것이 아니라 성과의 우열을 가리기 위한 것이다.

★★★
005 다음 중 펀드 운용결과 분석에 관한 설명으로 적절하지 않은 것은?

① 펀드 운용결과를 분석하는 궁극적인 이유는 환매 여부 또는 재투자 여부를 결정하기 위함이다.

② 성공적인 운용결과를 보였다고 해서 해당 펀드에 계속 투자해야 하고 실패한 펀드라고 해서 투자를 중단해야 한다는 식으로 일률적으로 판단해서는 안 된다.

③ 단기운용의 성공은 장기운용의 성공으로 연결되기 때문에, 단기성과 위주로 운용결과를 분석하여야 한다.

④ 장기투자의 성공여부를 파악하기 위해서는 일차적으로 집합투자기구의 성과가 절대적 · 상대적으로 양호하였는지 판단하고, 이러한 성과가 나타난 원인이 무엇인지를 판단하여 해당성과가 지속될지 여부를 판단하여야 한다.

> **해설** 단기운용은 운이나 우연에 의해 좋은 성과를 보일 수도 있기 때문에 단기운용의 성공이 꼭 장기운용의 성공으로 연결되는 것은 아니다. 따라서 운용결과를 분석함에 있어 단순히 단기운용의 성패를 분석하는 차원에서 나아가 장기운용의 성공과 실패로 연결될지 여부를 파악하여야 한다.

★★★
006 자산운용 성과평가에 대한 설명으로 거리가 먼 것은?

① 운용자가 얼마나 수익을 올렸는지를 평가하는 것으로 수익의 원천이 무엇이었는지는 평가대상이 아니다.

② 벤치마크(Benchmark, 기준지표)와의 비교를 통해 성과의 우열을 판단한다.

③ 평가 시 제반 상황과 평가목적에 따른 객관성의 유지가 필요하다.

④ 평가자의 주관이나 취향에 따라 결과가 달라질 수 있다.

> **해설** 성과평가에서는 성과의 결과뿐만 아니라 성과의 원인도 분석한다. 특히 성과요인분석은 성과의 원천이 무엇인지를 파악할 수 있게 하며, 나아가 운용자가 사용하는 전략의 장점과 단점을 계량적으로 파악하여 운용능력을 제고할 수 있도록 해준다.

007 성과평가의 프로세스를 순서대로 바르게 나타낸 것은?

> ㉠ 투자자산의 회계처리　　㉡ 투자수익률 계산　　㉢ 투자위험 계산
> ㉣ 성과의 비교　　㉤ 성과 특성 분석　　㉥ 정성평가
> ㉦ 성과 발표 및 보고

① ㉠ → ㉡ → ㉢ → ㉣ → ㉤ → ㉥ → ㉦
② ㉡ → ㉢ → ㉠ → ㉣ → ㉤ → ㉥ → ㉦
③ ㉡ → ㉢ → ㉣ → ㉤ → ㉥ → ㉦ → ㉠
④ ㉠ → ㉡ → ㉢ → ㉥ → ㉤ → ㉦ → ㉣

해설 성과평가의 활용목적에 따라서 성과평가 프로세스의 세부 내용은 달라질 수 있으나, 성과평가는 평가의 대상이나 평가의 목적에 관계없이 기본적으로 다음과 같은 절차를 거쳐서 진행한다. 즉, 투자자산의 회계처리 → 투자수익률 계산 → 투자위험 계산 → 성과의 비교 → 성과 특성 분석 → 정성평가 → 성과 발표 및 보고 순으로 진행된다.

008 펀드평가 방법 중 KOSPI와 성과를 비교하는 평가방법은?

① 상대평가
② 절대평가
③ 벤치마크 대비 평가
④ Peer Group 평가

해설 성과가 양호한지 불량한지 여부를 판단하기 위해서는 객관적인 비교기준과 비교하여 평가하여야 한다. 실현된 성과를 전체적 관점에서 시장지수(예 : KOSPI) 또는 구체적으로 설정된 기준지표(Benchmark) 성과와 비교하거나 동류 그룹(Peer Group)의 성과와 비교해야 한다. 따라서 KOSPI(종합주가지수)는 시장지수로서 KOSPI와 성과를 비교하는 평가방법은 기준지표(Benchmark, 벤치마크) 대비 평가방법이다.

009 성과평가에 관한 설명으로 옳지 않은 것은?

① 성과평가는 계획수립(Plan), 실행(Do), 성과평가(See)라는 3단계 의사결정 순환고리로 이루어진 투자프로세스를 구성하는 중요활동이다.
② 성과평가의 주제는 성과우열을 측정함으로써 투자의 효율성 및 운용능력을 측정하기 위한 것과 성과의 원인과 특성을 파악하기 위한 것으로 크게 나누어 볼 수 있다.

③ 성과평가는 평가의 주체가 내부인지 외부인지에 따라 차이가 발생하지 않는다.

④ 성과요인을 분석하는 트레이너 – 마주이 모형은 외부평가에 많이 이용된다.

> **해설** 성과평가는 평가의 주체가 내부인지 외부인지에 따라 차이가 있다. 이는 평가자가 획득할 수 있는 평가관련 정보의 양과 질에 주로 기인한다. 즉, 내부자는 투자설계에서부터 운용에 이르는 전 과정에 걸쳐 모든 정보에 접근해 성과를 평가할 수 있으나 외부자는 운용자로부터 제공받는 한정된 정보만으로 평가해야 하기 때문이다.

★★★

010 다음 중 연기금과 같이 대형 운용조직에 대한 운용성과진단(성과원인 및 특성분석)을 위한 분석에 해당되는 사항은? 심화

① 펀드에 포함된 증권이나 섹터별 수익률과 펀드의 총수익률에 기여한 비율

② 선물 및 옵션과 같이 수익구조를 변화시키는 상품의 영향

③ 추가적인 성과를 달성한 성과요소 및 포트폴리오가 운용자의 투자스타일과 일치하는지 여부

④ 운용을 위한 의사결정구조가 구분되어 있다면 각 의사결정구조들이 총 수익률에 기여한 정도

> **해설** ①~③은 주로 펀드 단위에서 일어나는 활동에 대한 분석이며, ④는 연기금과 같이 대형 운용조직에 대한 운용성과진단을 분석이다. 또한 자산배분이나 다른 의사결정이 지준지표 등에 기여한 정도도 대형 운용조직에 대한 운용성과진단을 분석이다.

★★★
011 내부성과평가와 외부성과평가에 관한 설명으로 옳지 않은 것은?

① 내부자는 투자설계에서부터 운용에 이르는 전과정에 걸쳐 모든 정보에 접근해 성과를 평가할 수 있다.

② 외부자는 운용자가 공시한 한정된 정보만으로 평가한다.

③ 스타일을 분석할 때 내부성과평가는 주로 수익률에 기초한 샤프의 방법을 사용하나, 외부성과평가는 포트폴리오에 기초한다.

④ 기준지표(BM)가 내부성과평가는 운용시작 전에 정의되나, 외부성과평가는 운용개시 후 확인되는 경우가 많다.

해설 스타일을 분석할 때 내부성과평가는 포트폴리오에 기초하나 외부성과평가는 주로 수익률에 기초한 샤프의 방법을 사용한다.

구분	내부성과평가	외부성과평가
평가의 특징	• 기준지표 등 운용목표 및 전략에 대한 정확한 정보 보유 • 운용전략별로 정해진 기준지표 대비 평가	• 개략적인 운용목표 및 전략정보 보유 • 비슷한 전략별로 동류그룹을 구성하여 상대평가 실시
기준지표 (BM)	• 운용시작 전에 정의 • 정상포트폴리오 또는 맞춤 기준지표	• 운용완료 후 확인되는 경우가 있음 • 시장인덱스 또는 사후적 최적 기준지표
스타일 분석방법	포트폴리오에 기초	수익률에 기초(샤프의 방법)
성과요인 분석	• 기준지표 대비 자산배분 성과분석 가능 • 스타일 성과, 시장예측 및 종목선정능력 분석 가능	• Treynor–Mazuy 모형 등 활용 • 단기적인 타이밍 및 종목선정능력 분석

••• TOPIC **2** 성과평가 기초사항

★★★
012 성과평가를 위한 펀드의 회계처리 원칙으로 적절하지 않은 것은?

① 공정가 평가 ② 발생주의 원칙
③ 체결시점 기준 회계처리 ④ 현금흐름주의

해설 투자자산에 대해 시가평가를 원칙으로 하되 시장가치가 없을 시에는 이론가치 등을 보완적으로 사용할 수 있는 공정가격(fair value) 평가를 채택하고 있다. 또한 항상 손익의 실태를 정확하게 파악할 수 있도록 발생주의 방식의 회계처리를 적용해야 한다. 현금흐름주의는 발생주의 원칙과 대비되는 것으로 펀드는 발생주의 원칙에 입각해 회계처리 한다.

🏛 필수핵심정리 | 펀드의 회계처리 기준

원칙	내용	비고
공정가평가 (Fair Value)	• 자산 및 부채의 가치를 시장에서 평가하는 공정한 가격으로 측정하는 것 (시장가, 현재가 적용) • 현재 시장가치를 알 수 없는 경우에는 이론적인 가격을 사용할 수 있음	장부가 · 원가주의
발생주의 원칙	• 이자나 배당이 실제 지급되지 않았더라도 발생할 것이 확실한 경우에는 수익으로 인식 • 운용보수 등의 비용도 실제 지급하지 않더라도 시간의 경과에 따라 인식	현금주의
체결시점 기준	• 거래의 체결이 확인되면, 실제로 결제가 이루어지지 않았더라도 회계상 에 반영 • 유가증권 매수 체결시점의 회계처리 : 미수증권 · 미지급금	결제시점

★★★
013 펀드의 회계처리에 관한 다음 내용 중 빈칸에 적절한 말을 순서대로 바르게 나타낸 것은?

> 자본시장과 금융투자업에 관한 법률 제238조는 집합투자재산을 (㉠)에 따라 평가하되,
> 평가일 현재 신뢰할 만한 (㉡)가(이) 없는 경우에는 대통령령으로 정하는 (㉢)(으)로 평
> 가하도록 하고 있다.

① 시가, 시가, 공정가액   ② 공정가액, 공정가액, 장부가
③ 시가, 시가, 장부가   ④ 장부가, 장부가, 공정가액

 해설 자본시장과 금융투자업에 관한 법률(약칭 자본시장법) 제238조(집합투자재산의 평가 및 기준가격의 산정 등)
① 집합투자업자는 대통령령으로 정하는 방법에 따라 집합투자재산을 시가에 따라 평가하되, 평가일 현재 신뢰할
만한 시가가 없는 경우에는 대통령령으로 정하는 공정가액으로 평가하여야 한다.

014 펀드의 회계처리에 관련된 내용으로 옳지 않은 것은?

① 기금이나 펀드의 편입자산을 장부가평가와 현금주의 방식으로 회계처리한 자산가치에서 부채가치를 차감한 것을 순자산가치(NAV)라고 한다.
② 순자산가치를 기준으로 펀드를 거래하거나 기금의 성과를 평가한다.
③ 우리나라에서는 펀드의 순자산가치를 기준가격이라 한다.
④ 기준가격은 일반적으로 1,000원(또는 5,000원)을 단위로 하여 작성하고 있다.

해설 기금이나 펀드의 편입자산을 공정가평가와 발생주의 방식으로 회계처리한 자산가치에서 부채가치를 차감한 것을 순자산가치(NAV, Net Asset Value)라고 한다.

015 GIPS(Global Investment Performance Standards)의 회계처리 규칙으로 적절하지 않은 것은?

① 국제 성과평가기준에 따랐음을 입증하기 위해 필요한 모든 자료와 정보는 확보되고 유지되어야 한다.
② 포트폴리오는 공정가치의 정의와 부합되며 GIPS의 평가원칙과 일치하도록 가치평가되어야 한다.
③ 거래일(Trade Date)기준 회계를 사용하여야 한다.
④ 발생주의회계는 확정이자부 증권과 이자수입을 얻는 모든 투자상품에 대해 사용되어야 한다. 확정이자부 증권의 가치는 미수수익을 제외하여야 한다.

해설 발생주의회계는 확정이자부 증권과 이자수입을 얻는 모든 투자상품에 대해 사용되어야 한다. 확정이자부 증권의 가치는 미수수익을 포함하여야 한다.

···TOPIC **3** 성과평가 기초사항

★★★
016 GIPS의 수익률 계산규칙에 대한 설명으로 잘못된 것은?

① 미실현수익을 포함하는 총수익률을 평가에 사용하여야 한다.

② 금액가중수익률을 사용하여야 한다.

③ 포트폴리오는 최소한 월간으로 수익률을 계산하여야 하며, 기간별수익률은 기하적으로 연결되어야 한다.

④ 투자성과는 각종 거래비용을 차감하여 계산되어야 한다.

> **해설** GIPS는 외부현금흐름을 감안한 시간가중수익률을 계산하도록 하고 있다. 또한 주기적인 그리고 하위기간 수익률은 기하적으로 연결되어야 한다. 예를 들어, 분기별 수익률이 2%, 3%, 1%, -2%일 때, 연간수익률은 분기별 수익률을 곱하기 형식으로 연결하여 [(1 + 2%)(1 + 3%)(1 + 1%)(1 − 2%)− 1 ≒ 3.99%]로 계산하는데, 이를 기하적으로 연결한다고 말한다.

🏛 필수핵심정리 ▷ **투자수익률 계산**

금액가중 수익률	• 펀드에 투자한 현금흐름의 현재가치와 펀드로부터의 수익의 현재가치를 일치시키는 할인율 (내부수익률, IRR) • 각 현금유입액에서 현금유출액을 차감한 순현금흐름(CF_t)을 할인하여 합산한 값을 '0'으로 만드는 할인율 → $\sum_{t=0}^{T} \dfrac{CF_t}{(1+r)^{t/T}} = 0$ • 금액가중수익률은 펀드매니저의 능력과 투자자의 판단(펀드에 추가로 투자하거나 인출하는 시점과 규모) 등 공동의 노력의 결과로 나타나는 수익률 효과가 혼합되어 있음 → 따라서, 펀드매니저의 성과를 측정하는데 사용할 수 없음
시간가중 수익률	• 투자자금의 유출입에 따른 수익률 왜곡현상을 해결한 방법으로 펀드매니저의 운용능력을 측정하기 위하여 사용됨 • 총투자기간을 세부기간으로 구분하여 세부기간별로 수익률을 계산한 다음 세부기간별 수익률을 기하적으로 연결하여 총수익률을 구함 → R_{TWR}(시간가중수익률) = $\displaystyle\prod_{t=1}^{T}(1+R_t)-1$ • 펀드의 기준가격은 시간가중수익률을 지수화한 것으로 볼 수 있음

★★★
017 투자수익률 계산에 관한 설명으로 적절하지 않은 것은?

① 펀드의 수익률 계산은 시간가중수익률을 사용하는 것을 원칙으로 하고 있다.
② 금액가중수익률은 펀드에 투자한 현금흐름의 현재가치와 펀드로부터의 수익의 현재가치를 일치시키는 할인율로 내부수익률이라 한다.
③ 금액가중수익률은 최초 및 최종의 자산규모, 신규자금의 유출입 시기에 의해 영향을 받는다.
④ 금액가중수익률은 펀드매니저의 평가에, 시간가중수익률은 투자자의 직접 투자결과를 평가하는 데 더 적정하다고 할 수 있다.

> **해설** 금액가중수익률은 펀드매니저의 능력과 투자자의 판단(펀드에 추가로 투자하거나 인출하는 시점과 규모) 등 공동의 노력의 결과로 나타나는 수익률 효과가 혼합되어 있기 때문에 펀드매니저의 성과를 측정하는데 사용할 수 없다. 따라서 금액가중수익률은 투자자의 직접투자 결과 평가에, 시간가중수익률은 펀드매니저를 평가하는데 더 적정하다고 볼 수 있다.

★★★
018 다음 중 투자수익률 계산에 관한 설명으로 옳지 않은 것은?

① 시간가중수익률은 펀드매니저가 통제할 수 없는 투자자금의 유출입에 따른 수익률 왜곡현상을 해결한 방법이다.
② 시간가중수익률은 펀드매니저의 운용능력를 측정하기 위해 사용된다.
③ 시간가중수익률은 총투자기간을 세부기간으로 구분하여 세부기간별로 수익률을 계산한 다음 세부기간별 수익률을 기하적으로 연결하여 총수익률을 구한다.
④ 펀드는 항상 자금의 유출입이 발생하므로 펀드의 기준가격은 금액가중수익률을 지수화한 것이라 볼 수 있다.

> **해설** 펀드의 경우 투자단위당 순자산가치(기준가격)를 매일 계산하여 발표하는 것이 일반적인데, 이 기준가격의 변화율은 시간가중수익률과 동일하기 때문에 기준가격은 시간가중수익률을 지수화한 것으로 볼 수 있다.

★★★
019 개별 펀드의 수익률 계산방법에 관한 설명으로 옳지 않은 것은?

① 수익률 계산시 자금유출입에 따른 영향을 배제할 수 있는 시간가중수익률 방식을 사용한다.

② 일별수익률을 계산하여 기하적으로 연결하는 방식을 사용한다.

③ 펀드의 결산으로 분배가 이루어지면 이를 포함한다.

④ 시간가중수익률은 운용기간 중의 현금흐름에 영향을 받으므로 벤치마크나 Peer Group(유형그룹)간 비교가 어렵다.

 해설 금액가중수익률은 운용기간 중의 현금흐름에 영향을 받으므로 벤치마크나 Peer Group(유형그룹)간 비교가 어렵기 때문에, 이를 용이하게 하기 위한 방법이 시간가중수익률이다.

※ [020~023] 다음은 시간가중수익률의 계산 사례이다. 표를 보고 질문에 답하시오.

시점 (기간말)	펀드자금 증감	1주당 시장가격	주당 배당금	총 배당금	펀드 내 주식수	펀드수익률
0	+50,000	50,000	0	0	1	-
1	+60,000	60,000	1,000	1,000	2	㉠
2	−160,000	80,000	750	1,500	0	34.58%

㈜1기 말에 주식 1주를 주당 60,000원에 추가로 매입함

★★★
020 1기간의 수익률인 ㉠에 들어갈 수익률은?

① 20%　　　② 22%　　　③ 24%　　　④ 26%

해설 • 1기간의 수익률 : $\dfrac{(60,000 - 50,000) + 1,000}{50,000} = 22.00\%$

• 2기간의 수익률 : $\dfrac{(160,000 - 120,000) + 1,500}{120,000} ≒ 34.58\%$

★★★
021 시간가중수익률로 계산한 2기간 동안의 총 수익률은?

① 54.68%　　　② 56.68%　　　③ 60.19%　　　④ 64.19%

해설 각 세부기간별 수익률을 곱하여 연결하는 방법을 기하적 연결이라 하는데, 이 방법으로 계산한 수익률이 시간가중 총수익률이다. 이를 계산하면,
$(1+0.22) × (1+0.3458) - 1 ≒ 0.6419$

정답　017 ④　018 ④　019 ④　020 ②　021 ④

★★★
022 산술평균 수익률은?

① 26.29%　　　② 28.29%　　　③ 30.19%　　　④ 32.19%

> **해설** 산술평균 수익률 $= \dfrac{22.00\% + 34.58\%}{2} = 28.29\%$

★★★
023 기하평균 수익률은?

① 24.14%　　　② 28.14%　　　③ 32.14%　　　④ 36.14%

> **해설** 기하평균 수익률 $= \sqrt{(1+0.22)(1+0.3458)} - 1 = 28.14\%$

★★★
024 펀드의 기준가격이 다음과 같을 경우 연평균수익률을 계산하면?

2015년말 기준가격	2016년말 기준가격	2017년말 기준가격
1,000원	2,000원	1,000원

① −25%　　　② 0%　　　③ 50%　　　④ 100%

> **해설** 펀드의 수익률은 시간가중수익률로 계산하며, 과거 운용성과는 기하평균 수익률로 측정한다.
>
> | 1기간 수익률 | 2기간 수익률 |
> |---|---|
> | $\dfrac{2,000 - 1,000}{1,000} = 100\%$ | $\dfrac{1,000 - 2,000}{2,000} = -50\%$ |
>
> 기하평균 수익률 : $(1+100\%)(1+(-50\%)) = (1+G)^2$, ∴ $G = 0\%$

★★★
025 어떤 펀드매니저가 첫 해에는 예측을 잘못하여 10%의 손실을 보았다. 그러나 펀드운용기간을 연장해서 둘째 해에는 20%의 수익률을 올렸다. 펀드의 2년간에 대한 연평균수익률을 산출하면?

① 3.9%　　　② 7%　　　③ 5.1%　　　④ 4.5%

> **해설** 펀드의 과거성과는 기하평균 수익률로 계산한다. 1기간 수익률은 −10%, 2기간 수익률은 20% 이므로, $(1+(-0.1)) \times (1+0.2) = (1+G)^2$, 기하평균 수익률($G$) = 약 3.9%

★★★
026 다음 중 수익률 측정시 고려사항으로 옳지 않은 것은?

① 기하평균 수익률은 산술평균 수익률보다 항상 크거나 같다.

② 펀드의 과거 운용성과를 측정할 때는 기하평균 수익률을 사용하는 것이 바람직하다.

③ 산술평균 수익률은 특정한 1년간의 예상수익률을 추정하는 등의 제한적인 목적에 한하여 사용하는 것이 바람직하다.

④ 측정기간이 1년이 아닌 수익률을 연간단위로 환산한 것을 연환산 수익률이라고 한다.

> **해설** 산술평균 수익률은 기하평균 수익률보다 항상 크거나 같다. 산술평균 수익률은 기간별 수익률을 더해서 단순히 기간수로 나누어 계산하고, 기하평균수익률은 기간별 수익률을 곱하기로 연결한 후 기간수 제곱근을 구해 계산하므로 수학적으로 기간별 수익률이 동일한 경우에만 두 수익률이 같고 그 이외에는 산술평균 수익률이 기하평균 수익률보다 항상 크다.

★★★
027 다음 표를 보고 펀드 성과평가 관점에서 볼 때 평가결과가 가장 양호하게 나온 해당 월을 고르면? (단위 : %)

구분	2016년 9월	2016년 10월	2016년 11월	2016년 12월
펀드수익률	4.15	3.50	5.85	4.65
유형평균수익률	4.05	3.30	6.05	4.70
벤치마크수익률	4.20	3.25	6.15	4.60

① 2016년 9월

② 2016년 10월

③ 2016년 11월

④ 2016년 12월

> **해설** 성과가 양호한지 불량한지 여부를 판단하기 위해서는 객관적인 비교기준과 비교하여 평가하여야 한다. 즉 기준지표(Benchmark) 성과와 비교하거나 동류 그룹(Peer Group)의 성과와 비교해야 한다. 펀드수익률이 절대적 기준인 벤치마크수익률보다 높고 상대적기준인 유형평균수익률보다 높았던 달은 10월이다.

★★★
028 운용회사의 평균적인 수익률을 계산해서 분석할 때 고려해야 할 사항과 거리가 먼 것은? 심화

① 대표펀드의 문제 　　　　　　　② 해지계정의 오류

③ 성과의 이전가능성 　　　　　　④ 시간에 따른 성과 변동의 문제

해설 해지계정의 오류가 아니라 생존계정의 오류를 고려해야 한다. 다음은 투자자가 투자할 펀드를 고르기 위해 운용사의 평균수익률을 분석할 때 고려해야 할 사항들이다.

대표펀드의 문제	대표적이라고 생각되는 펀드만으로 전체의 성과를 판단할 때 나타날 수 있는 오류
생존계정의 오류	성과를 측정하는 시점에 생존하고 있는 펀드만으로 성과를 측정할 때 생길 수 있는 문제점
성과의 이전가능성	운용사의 합병에 따른 수익률 측정이나 펀드매니저가 다른 운용사로 이직하였을 때 운용능력을 어느 시점부터 측정해야 하는가의 문제가 있음 → 운용 환경의 동질성을 담보할 수 없다면 성과의 연속성을 주장할 수 없음
시간에 따른 성과 변동의 문제	운용성과를 측정하는 기간에 따라 운용성과는 상당한 편차를 보임

운용사의 수익률은 투자대상이나 투자전략이 유사한 그룹, 즉, 동류 그룹(Peer group)별로 구분하여 측정하는 것이 바람직한 데, GIPS에서는 이를 통합계정(Composite)이라고 함

⋯ TOPIC 4 성과평가 기초사항

★★★
029 다음 위험지표의 종류 중에서 성격이 다른 하나는?

① 표준편차 　　　　　　　　　　② 공분산

③ 베타 　　　　　　　　　　　　④ 잔차위험

해설 표준편차는 절대적 위험을 나타내고 나머지들은 상대적 위험을 나타내는 지표이다.

🏛 필수핵심정리 ▷ 투자 위험 측정

종류		지표	사용용도
절대적 위험	전체위험	표준편차	수익률의 안정성을 중시하는 전략
	하락위험	절대 VaR, 하락편차, 반편차, 적자위험	• 목표수익률을 추구하는 전략 • 보다 정확한 의미의 위험 측정
상대적 위험	전체위험	베타, 잔차위험, 공분산	• 자산배분전략에 기초한 장기투자전략
	하락위험	상대 VaR	• 기준지표가 미리 정해진 투자

★★★
030 다음은 위험 및 위험측정치에 관한 설명이다. 옳지 않은 것은?

① 투자에 있어서 위험이란 실제 수익률이 기대 수익률과 같지 않을 가능성을 말한다.

② 수익률의 변동성을 위험이라 하며 변동성은 계량적으로 표준편차로 측정한다.

③ 표준편차는 기준지표와 비교하는 상대적인 위험수준을 나타내는 지표이다.

④ 표준편차가 큰 펀드는 위험이 높다고 볼 수 있다.

> **해설** 표준편차는 기준지표와 비교하는 상대적인 지표가 아니라 절대적인 위험수준을 나타내는 지표이다.

★★★
031 펀드의 운용 목표를 절대적인 수익률의 안전성에 둔다면 바람직한 위험지표는?

① 베타　　　　　　　　　　　② 표준편차

③ VaR　　　　　　　　　　　④ 공분산

> **해설** 운용 목표를 절대적인 수익률의 안전성에 둔다면 바람직한 위험지표는 전체위험을 고려하여 절대적인 위험을 측정하는 수익률의 변동성을 나타내는 표준편차이다.

★★★
032 수익률의 분포와 관련된 다음 설명 중 빈칸 ㉠, ㉡에 적합한 말을 순서대로 바르게 나타난 것은?

> • (가)란 분포의 기울어진 정도를 나타낸다.
> • (나)란 수익률 분포에서 가운데 봉우리 부분이 얼마나 뾰족한가를 측정하는 지표이다.

① 왜도, 첨도　　　　　　　　② 로그정규분포, 왜도

③ 첨도, 왜도　　　　　　　　④ 분산도, 첨도

> **해설**
>
> | | |
> |---|---|
> | 왜도
(Skewness) | • 왜도 (−)값 : 자료집단이 평균을 중심으로 오른쪽으로 편중되어 있음 → 평균수익률보다 상당히 낮은 수익률이 발생할 가능성이 높다는 것을 의미
• 왜도 (+)값 : 자료집단이 평균을 중심으로 왼쪽으로 편중되어 있음 → 평균수익률보다 상당히 높은 수익률이 발생할 가능성이 높다는 것을 의미 |
> | 첨도
(Kurtosis) | • 정규분포는 첨도의 값이 3
• 정규분포보다 뾰족한 높은 봉우리를 가지는 분포는(첨도가 3이상) 평균수익률보다 낮은 수익률이 발생할 가능성이 높다는 것을 의미
• 정규분포보다 완만한 봉우리를 가지는 분포는(첨도가 3이하) 평균수익률보다 높은 수익률이 발생할 가능성이 높다는 것을 의미 |

정답 028 ②　029 ①　030 ③　031 ②　032 ①

★★★
033 다음 중 하락위험을 측정하는 지표가 아닌 것은?

① VaR
② 반편차
③ 적자위험
④ 베타

> **해설** 하락위험이란 특정 수익률 이하로 하락한 수익률만을 위험으로 간주하는데, 베타는 상대적 위험을 측정하는 지표로 전체위험을 측정한다.

절대적 위험	전체위험	표준편차
	하락위험	절대 VaR, 하락편차, 반편차, 적자위험
상대적 위험	전체위험	베타, 잔차위험, 공분산
	하락위험	상대 VaR

★★★
034 펀드에 1억 원을 투자하였다. 펀드수익률의 월간 표준편차는 8%이며, 수익률이 정규분포를 따른다고 가정하는 경우, 95% 신뢰수준에서 월간 VaR(Value at Risk)을 구하면? 심화

① 1,300만 원
② 1,320만 원
③ 1,400만 원
④ 1,420만 원

> **해설** 절대 VaR은 주어진 기간에 주어진 확률(신뢰수준)에서 발생할 수 있는 최대손실예상금액을 의미한다. [VaR = (신뢰상수) × (표준편차) × (투자금액)], 신뢰상수는 95% 신뢰수준에선 1.65, 99%의 신뢰수준에선 2.33이다.
> ∴ 월간 VaR = 1.65 × 0.08 × 1억 = 1,320만 원

★★★
035 하락위험 측정치에 관한 설명으로 옳지 않은 것은? 심화

① 수익률 분포가 정규분포가 아닐 때에는 하락위험보다 표준편차가 좀 더 좋은 위험지표가 된다.
② 하락위험은 펀드의 수익률이 특정 수익률 이하로 하락할 가능성 또는 극단적인 상황에서 나타날 수 있는 최대손실 가능성에 초점을 두고 있다.
③ 특정 수익률이란 평균수익률이 아니라 투자전략에 의해 정해지는데, 구체적으로 무위험수익률, 원금보장 수익률, 기준수익률 등으로 다양하게 정해질 수 있다.
④ 특정 수익률 이하로 하락한 수익률만을 위험으로 간주한다.

> **해설** 정규분포가 아닌 수익률 분포 특히, 왜도가 음(−)의 값을 가지거나 첨도가 3이상의 값을 가지는 수익률분포에 대해 위험을 표준편차만으로 측정하면 위험이 실제보다 과소평가 된다. 따라서 수익률 분포가 정규분포가 아닐 때에는 표준편차보다 하락위험이 좀 더 좋은 위험지표가 된다. 하락위험은 실현수익률이 기대수익률보다 낮을 가능성을 나타냄으로써 투자위험의 의미를 보다 정확하게 나타낸다.

★★★
036 다음 중 상대적 위험을 측정하는 지표가 아닌 것은?

① 베타
② 표준편차
③ 잔차위험
④ 공분산

> **해설** 상대적 위험은 주로 기준지표 등과 비교하여 측정한 위험을 말한다. 표준편차는 절대적 위험을 측정하는 지표이다.

★★★
037 위험측정치로서 베타(β)에 관한 설명으로 옳지 않은 것은?

① 베타란 펀드의 수익률이 기준수익률의 변동에 대해 어느 정도의 민감도를 가지고 있는가를 나타내는 지표이다.
② 증권특성선(SCL)의 기울기가 베타이다.
③ 인덱스펀드는 펀드 포트폴리오의 베타가 1이라 볼 수 있으며, 포트폴리오의 베타가 1보다 큰 경우 공격적으로 운용한 포트폴리오이다.
④ 시장수익률이 1% 하락한다면 베타가 0.5인 펀드는 −5%의 수익률이 예상된다.

> **해설** 베타는 상대적 위험의 측정치로서 1을 기준으로 한다. 따라서 베타가 0.5인 펀드는 시장수익률이 1% 하락(상승)한다면 그것의 절반인 −0.5%(+0.5%)의 수익률이 예상된다. 따라서 펀드 포트폴리오의 베타가 1보다 작은 경우 방어적으로 운용한 펀드라고 할 수 있다. 만약 베타가 1.5인 펀드는 시장수익률이 1% 하락(상승)한다면 그것의 1.5배인 −1.5%(+1.5%)의 수익률이 예상된다. 따라서 포트폴리오의 베타가 1보다 큰 경우 공격적으로 운용한 펀드라고 할 수 있다.

★★★
038 위험 및 위험측정치에 관한 설명으로 옳지 않은 것은?

① 초과수익률의 변동성을 잔차위험 또는 추적오차라고 한다.
② 공분산은 상대적 위험을 측정하기 위해 펀드와 기준지표 간의 통계적인 상관관계를 이용하여 측정한 지표이다.
③ 공분산이 (+)이면 펀드와 기준지표가 같은 방향으로 움직인다는 것을 의미한다.
④ 과거수익률로 측정된 사후적인 위험은 계산이 편리하며 펀드위험에 대한 많은 정보를 제공해 주므로 완벽한 사전적인 위험지표가 된다.

> **해설** 과거수익률로 측정된 사후적인 위험은 계산이 편리하며 펀드위험에 대한 많은 정보를 제공해 주지만, 완벽한 사전적인 위험지표가 되지 못한다. 그러므로 미래위험에 대한 적극적인 예측이 필요하다.

정답 033 ④   034 ②   035 ①   036 ②   037 ④   038 ④

···T O P I C 5 기준지표(Benchmark)

★★★
039 다음은 기준지표(Benchmark)에 관한 설명이다. 적절하지 않은 것은?

① 펀드의 운용목표와 전략을 가장 잘 나타내는 지표가 기준지표이다. 따라서 기준지표는 운용지침 역할을 한다.

② 펀드의 기준지표는 투자자로 하여금 해당 펀드에 투자할지를 사전에 판단할 수 있는 투자지침 역할을 한다.

③ 펀드의 기준지표는 펀드의 성과평가 기준 역할도 한다.

④ 주식형펀드와 채권형펀드를 평가할 때, 상호 비교가 가능하도록 동일한 기준지표를 적용하여야 하며 기준지표는 평가기간의 종료시점에 정하여야 한다.

> **해설** 기준지표는 자산운용의 지침이나 제약조건이 될 수 있는 최소한의 기준역할을 한다. 따라서 기준지표는 투자자산의 구성방법이나 운용전략에 따라 달라진다. 또한 반드시 운용에 들어가기 전에 펀드매니저와 투자자 간의 계약을 통해 엄밀하게 정해져야 한다. 즉 기준지표는 펀드별로 정해지며, 평가기간이 시작되기 전에 미리 정의되어 있어야 한다. 기준지표는 펀드의 수익과 위험의 구조에 따라 달리 적용해야 하며, 일반적으로 주식형펀드는 주가지수를, 채권형펀드는 채권지수를 벤치마크로 정한다. 특성이 다른 두 펀드를 같은 벤치마크로 적용하는 것은 타당하지 않다.

🏛 필수핵심정리 ▶ 기준지표의 바람직한 특성

명확성	기준지표를 구성하고 있는 종목명과 비중이 정확히 표시되어야 하며, 원칙이 있고 객관적인 방법으로 구성되어야 한다.
투자가능성	실행 가능한 투자대안이어야 한다. 적극적인 운용을 안 할 경우에 기준지표의 구성종목에 투자하여 보유할 수 있어야 한다.
측정가능성	일반에게 공개된 정보로부터 계산할 수 있어야 하며, 원하는 기간마다 기준지표 자체의 수익률을 계산할 수 있어야 한다.
적합성	기준지표가 매니저의 운용스타일이나 성향에 적합해야 한다.
투자의견을 반영	매니저가 현재 벤치마크를 구성하는 종목에 대한 투자지식(긍정적, 부정적, 중립적)을 가져야 한다. 즉 해당종목에 대한 상태를 판단할 수 있어야 한다.
사전적으로 결정	벤치마크는 평가기간이 시작되기 전에 미리 정해져야 한다.

★★★
040 다음 중 벤치마크(Benchmark)에 관한 설명으로 적절하지 않은 것은?

① 펀드의 벤치마크는 펀드평가회사가 정하는 것이 원칙이다. 왜냐하면, 벤치마크는 펀드 성과평가의 기준이기 때문이다.

② 기준지표(벤치마크)는 투자자산의 구성방법이나 운용전략에 따라 달라지며, 투자자는 투자의 목표와 기준을 별도로 정할 수 있다.

③ 원칙적으로 펀드 운용자가 정한 사전적인 벤치마크와 평가자가 펀드 평가를 위해 사후 적으로 정의한 벤치마크는 동일해야 한다. 즉, 펀드의 운용목표가 되는 벤치마크와 성과 평가의 기준이 되는 벤치마크는 동일해야 한다.

④ 펀드가 벤치마크보다 양호한 성과를 실현했다면 절대적 운용을 잘하였음을 의미한다.

> **해설** 펀드의 벤치마크는 해당 펀드 운용자가 정한다. 펀드의 운용목표와 기준이기 때문이다. 펀드의 경우 펀드의 투자전략 및 운용방법에 따른 기준지표를 투자설명서에 기재하도록 하여 펀드가입 전 투자자에게 설명·제공한다. 펀드가 벤치마크 성과보다 양호한 성과를 실현했다면 절대적으로 운용을 잘 한 것이고, 동류집단(peer group)보다 양호한 성과를 실현했다면 상대적으로 운용을 잘하였음을 의미한다.

★★★
041 다음 중 기준지표가 가져야 할 바람직한 특성으로 옳지 않은 것은?

① 벤치마크를 구성하는 종목과 비중, 구성방법 등이 명확히 표시되어야 한다.

② 벤치마크의 성과를 달성할 수 있도록 구성종목에 투자할 수 있어야 한다.

③ 원하는 기간마다 벤치마크의 수익률을 확인하거나 계산할 수 있어야 한다.

④ 평가기간의 종료시점에 정의되어야 한다.

> **해설** 평가기간이 시작되기 전에 정의되어야 한다. 벤치마크가 가져야할 특성으로는 명확성, 투자가능성, 측정가능성, 적합성, 현재 투자견해를 반영, 사전적으로 결정 등이 있다.

★★★
042 투자대상 자산의 종류에 따른 실효성 있는 기준지표로 보기 어려운 것은?

① 국내 주식으로 구성된 주식포트폴리오 – KOSPI

② 코스닥종목만 투자 – 코스닥지수

③ 특정 신용등급의 채권에만 투자 – 채권종합지수

④ 국제분산투자 – MSCI 지수

> **해설** 채권포트폴리오의 경우 모든 발행채권을 대상으로 하는 채권종합지수가 1차적인 기준지표가 될 수 있으나, 듀레이션과 신용등급에 제한이 부과되어 있으면 이를 반영한 스타일·섹터지수가 조금 더 실효성 높은 기준지표가 된다.

정답 039 ④   040 ①   041 ④   042 ③

★★★
043 다음 중 기준지표의 결정기준으로 보기 어려운 것은?

① 투자운용 스타일 또는 전략

② 자산집단(주식, 채권, 부동산, 해외증권 등)

③ 포트폴리오의 위험 특징

④ 운용결과

> **해설** 기준지표는 평가기간이 시작되기 전에 정의되어야 하므로 운용결과는 거리가 멀다. 보기 ①~③ 이외에 고객의 특성(세금, 유동성 필요 정도, 위험 선호도 등)도 기준지표의 결정기준으로 삼을 수 있다.

★★★
044 채권형펀드의 기준지표로 많이 활용되는 벤치마크는?

① 시장지수   ② 정상포트폴리오

③ 합성지수   ④ 섹터/스타일 지수

> **해설** 정상포트폴리오란 투자 가능한 종목만으로 구성된 기준지표를 말하는데, 채권형펀드의 기준지표로 많이 활용되는 벤치마크는 정상포트폴리오이다. 바람직한 기준지표의 속성 중에서 '투자가능성' 조건은 현재 증권시장에서 만들어져 있는 많은 시장지수를 기준지표로 사용하기에 부적합한 것으로 만든다. 법률 또는 내규 등에 의해 시장성이 없거나 유동성이 부족한 주식에 투자할 수 없는 펀드라면 시장지수를 기준지표로 적용하기 어렵다. 이는 채권의 경우 더욱 심각하다. 따라서 채권포트폴리오의 경우 투자 가능한 채권만으로 새로운 지수를 생성하여 펀드매니저의 성과측정 지표로 삼는 것이 바람직하다.

[기준지표의 종류]

시장지수	운용에 제약조건이 없는 경우 적합	종합주가지수, 종합채권지수
섹터/style 지수	특정 분야에 집중 투자하는 경우에 적합	가치주, 성장주, 중소형주, 국공채, 회사채
합성지수	복수의 자산 유형에 투자하는 경우 적합	혼합형 펀드를 위한 벤치마크
정상포트폴리오	• 일반적 상황에서 구성하는 포트폴리오 • 채권형 벤치마크로 많이 활용	KOBI 120, KOBI 30
맞춤포트폴리오	특정 펀드의 운용과 평가를 위한 포트폴리오	동결포트폴리오, 포트폴리오 보험전략, 펀드 평가용

★★☆
045 정상포트폴리오에 대한 설명으로 옳지 않은 것은?

① 정상포트폴리오란 매니저들이 일반적인 상황에서 선택하는 종목집단을 말한다.

② 투자할 수 있는 증권의 종류에 제한이 있는 경우에는 정상포트폴리오를 적용하여 성과를 평가하는 것이 바람직하다.

③ 투자자 입장에서는 명확성과 측정가능성 조건을 충족시키기 용이하다는 장점을 가진다.

④ 정상포트폴리오 수익률은 펀드매니저의 능력을 가장 정확하게 평가할 수 있는 지표이다.

해설 정상포트폴리오 수익률은 펀드매니저의 능력을 가장 정확하게 평가할 수 있는 지표이지만, 투자자 입장에서는 명확성과 측정가능성 조건을 충족시키기 어렵다는 한계를 지닌다. 따라서 정상포트폴리오를 대외적인 기준지표로 사용하기에는 적합하지 않다. 그러므로 기금이나 펀드의 가입자들에게 펀드성과의 우열을 알려주기 위해서는 KOSPI, 채권지수와 같이 시장에서 쉽게 구할 수 있는 지수를 기준지표로 사용하는 것이 바람직하다.

★★★
046 다음은 펀드유형(Fund Category)에 관한 설명이다. 옳지 않은 것은?

① 펀드를 객관적으로 평가하기 위해서는 같은 특성을 가진 펀드들 간에 비교해야 하며 이를 위해 유형을 분류한다.

② 유형은 법률로 분류 기준이 정해져 있으며, 펀드평가회사는 법률로 정해진 동일한 기준에 따라 펀드의 유형을 분류해야 한다.

③ 동일 유형으로 분류된 펀드들의 경우, 수익과 위험의 구조가 유사하고 벤치마크가 유사하다는 특징을 지닌다.

④ 펀드가 어떤 유형에 속하는가에 따라 성과의 상대적인 우열(순위 등)이 바뀔 수 있다.

해설 펀드 평가회사는 법률 또는 표준약관의 기준과는 달리 좀 더 세분화된 별도의 펀드 분류기준을 가진다. 유형분류는 평가회사에 따라 다르며, 펀드 평가회사는 유형분류 기준을 금융투자협회와 평가회사의 홈페이지 등에 공시하여야 한다.

★★★
047 부동산, 사모주식, 벤처투자 등의 운용결과를 판단할 때 기준지표로 사용하기에 적절한 것은?

① 동류집단수익률   ② 정상포트폴리오
③ 섹터/스타일지수   ④ 맞춤포트폴리오

해설 동류집단수익률은 투자대상 자산군이나 투자전략을 반영하는 널리 알려진 지수가 없는 경우 운용결과를 판단할 때 진가를 발휘한다. 부동산, 사모주식, 벤처투자 등은 이들의 성과를 나타내기에 적정한 지수가 거의 없으며 따라서 적절한 기준지표를 찾을 수 없다. 이 경우 펀드의 운용성과에 대한 특징을 더 잘 나타낼 수 있는 동류집단수익률을 기준지표로 대신 사용하여 운용결과를 판단하는 것이 더 적절하다.

★★★
048 동류집단수익률만을 성과측정을 위한 기준지표로 사용하는 경우의 단점에 대해 잘못 설명한 것은? 심화

① 실시간으로 기준지표에 대한 정보를 얻을 수 없다.
② 동류집단에서 일부가 탈락함으로써 생존 편의가 발생할 수 있다.
③ 동류집단수익률은 거래비용을 감안하지 않으며 투자자들이 행한 의사결정을 반영할 수 없다.
④ 중립포지션이 알려져 있지 않으므로 운용자가 중립포지션을 취하는 것이 불가능하다.

> **해설** 동류집단수익률은 거래비용을 감안하며 투자자들이 행한 의사결정을 반영한다. 동류집단수익률은 투자대상 자산군이나 투자전략을 반영하는 널리 알려진 지수가 없는 경우 운용결과를 판단할 때 진가를 발휘한다. 동류집단수익률을 성과측정을 위한 기준지표로 사용하는 경우의 장·단점은 다음과 같다.

[동류집단수익률을 성과측정을 위한 기준지표로 사용하는 경우]

장 점	단 점
• 동류집단수익률은 투자자들을 위한 투자대안으로서 유효하게 달성할 수 있는 포트폴리오의 결과물을 의미함 • 동류집단수익률은 거래비용을 감안하며 투자자들이 행한 의사결정을 반영함	• 실시간으로 기준지표에 대한 정보를 얻을 수 없음 • 동류집단이 적절하게 결정되고 적절하게 전체 자산유형이나 관리스타일을 표현하는지를 감시할 수 있는 절차가 설정되어 있지 않음 • 동류집단에서 일부가 탈락함으로써 생존 편의가 발생할 수 있음 • 복제하거나 투자하는 것이 불가능함 • 중립포지션이 알려져 있지 않으므로, 운용자가 중립포지션을 취하는 것이 불가능함

★★★
049 주식 및 채권의 기준지표에 대한 설명으로 옳지 않은 것은?

① 미국을 중심으로 한 선진국 시장의 경우에는 주식에 투자하는 펀드를 성장·가치 여부와 대·중·소형주 여부에 따라 분류하는 스타일 분류를 한다.
② KOSPI200은 한국의 전체 상장종목 중에 200종목만으로 산출하는 주가지수로서 시장대표성, 업종대표성 및 유동성 등을 감안하여 선물 및 옵션거래에 적합하도록 작성된 지수이다.
③ MSCI는 전체 주식 총액 중에서 국제투자자가 공개된 시장에서 구입이 가능한 주식을 유동주식(free float)이라고 정의하고 이를 감안하여 조정된 시가총액을 계산한다.
④ 채권지수를 산정방식에 따라 구분하면 총수익지수, 가격지수, 이자지수 및 Yield지수 등으로 구분할 수 있는데, 채권의 실질적 성과평가에 적합한 지수는 Yield지수이다.

> **해설** 채권지수란 일정기간 동안 특정 집단의 채권가치 변화를 지수화한 지표로, 투자한 채권의 시장가치 변화나 각종 수익을 모두 포함하여 산출된다. 채권지수를 산정방식에 따라 구분하면 총수익지수, 가격지수, 이자지수 및 Yield지수 등으로 구분할 수 있는데, 이들 중 채권의 실질적 성과평가에 적합한 지수는 총수익지수이다.

····TOPIC 6 위험조정 성과지표

★★★
050 다음 중 위험조정성과를 측정하는 지표가 아닌 것은?

① 샤프비율(Sharpe Ratio)

② 젠센의 알파(Jensen's alpha)

③ 트레이너비율(Treynor Ratio)

④ 트래킹 에러(Tracking Error)

> **해설** 위험조정성과 지표란 펀드의 성과를 측정할 때, 수익과 그 수익을 얻기 위해 부담한 위험을 동시에 고려하여 펀드의 성과를 측정한다는 의미이다. 위험조정성과를 측정하는 지표로는 샤프비율, 트레이너비율, 젠센의 알파 및 정보비율(또는 평가비율)이 있다. 트래킹 에러는 일정기간 펀드의 수익률이 이에 상응하는 벤치마크 수익률에 비해 어느 정도의 차이를 보이는가를 측정하는 지표로 추적오차라고 부른다. 트래킹 에러는 그 자체로 위험의 측정치로 간주되며, 펀드의 초과수익률을 초과수익률의 표준편차(트래킹 에러)로 나눈 비율을 정보비율이라 하는데, 이 정보비율은 위험조정성과를 측정하는 지표이다.

🏛 필수핵심정리 ▷ 위험조정 성과지표의 유형

단위 위험당 초과수익률	$= \dfrac{\text{초과수익률}}{\text{위험}}$ (샤프비율, 트레이너비율, 정보비율 등)
위험조정 수익률	수익률에서 위험에 따른 요구수익률을 차감하는 형태 → 젠센의 알파, 효용함수
젠센의 알파	젠센지수(알파, α_p) = $\alpha_p = R_p - [R_f + \beta_p(R_m - R_f)]$ $\qquad\qquad R_p - R_f = \alpha_p + \beta_p(R_m - R_f)$ → 요구(적정)수익률과 실현수익률과의 차이
효용함수를 이용한 평가지표	효용$_{ij}$ = U_i(실현수익률$_j$, 위험$_j$) = 실현수익률$_j$ − f_i(위험$_j$) → $f_i(\ \ )$: 투자자 i가 위험에 대해 요구하는 수익률
샤프비율	$S_p = \dfrac{\overline{R_p} - \overline{R_f}}{\sigma_p} = \dfrac{\text{펀드의 평균수익률 − 무위험 자산의 평균수익률}}{\text{펀드 수익률의 표준편차}}$
트레이너 비율	$T_p = \dfrac{\overline{R_p} - \overline{R_f}}{\beta_p} = \dfrac{\text{펀드의 평균수익률 − 무위험 자산의 평균수익률}}{\text{펀드의 베타}}$
정보비율	초과수익률을 이용한 정보비율 $= \dfrac{R_P - R_B}{sd(R_P - R_B)} = \dfrac{\text{펀드 수익률 − 기준 수익률}}{\text{잔차위험}}$
	회귀분석모형을 이용한 정보비율 (평가비율) $= \dfrac{\alpha_p}{sd(\varepsilon_P)} = \dfrac{\text{젠센의 알파}}{\text{사후적 증권특성선 잔차의 표준편차}}$
하락위험을 이용한 평가지표	소티노(Sortino) 비율 소티노 비율 $= \dfrac{R_p - MAR}{DD}$ (MAR = 최소 수용가능 수익률, DD= 하락편차)
	RAROC $RAROC = \dfrac{R_p - R_f}{VaR}$

★★★ 051 위험조정 성과지표의 유형 중 단위 위험당 초과수익률을 측정하는 것이 아닌 것은?

① 젠센의 알파
② 샤프비율
③ 트레이너 비율
④ 정보비율

> **해설** 젠센의 알파는 수익률에서 위험에 따른 요구수익률을 차감하는 형태의 위험조정수익률이다. 단위 위험당 초과수익률과 달리 단순한 비율이 아니라 수익률 형태를 띠고 있어 이해하기가 쉽다.

★★★ 052 젠센(Jensen)의 알파에 대한 다음 설명 중 옳지 않은 것은?

① 젠센의 알파는 부담한 위험수준에 대해 요구되는 수익률보다 펀드가 얼마나 더 높은 수익률을 달성하였는가를 나타내는 값으로 펀드매니저의 능력을 측정하는데 사용할 수 있다.
② 펀드수익률이 체계적으로 우수할 경우 젠센의 알파는 양(+)의 값을 갖게 되고 반대의 경우는 음(−)의 값을 갖게 된다.
③ 증권을 단순하게 구입 후 보유하는 전략으로 기준지표의 수익률과 동일한 수익률을 얻게 되면 젠센의 알파는 0으로 나타난다.
④ 사용하는 시장포트폴리오 또는 기준포트폴리오의 종류에 관계없이 젠센의 알파는 동일한 결과를 나타낸다.

> **해설** 사용하는 시장포트폴리오 또는 기준포트폴리오의 종류에 따라 매우 상이한 결과가 나올 수 있다. 그러므로 각 펀드에 적합한 기준포트폴리오를 정확히 선정하는 것이 중요하다. 사용시 유의사항으로는 월간 이상의 기간에 대한 수익률을 이용하는 것이 바람직하고 적어도 30개 이상의 수익률을 대상으로 분석하는 것이 바람직하다. 즉 월간단위로 할 때 약 3년간의 관측기간을 필요로 한다. 무위험수익률은 미국의 경우 T−Bill(3개월 물)의 이자율이 주로 사용되며, 우리나라에서는 CD수익률(91일 물)등이 주로 사용된다.

★★★ 053 다음 자료를 이용하여 젠센의 알파를 구하면?

- 기준지표수익률 = 10%
- 무위험수익률 = 8%
- 포트폴리오의 β = 1.3
- 포트폴리오의 표준편차 = 0.2
- 펀드(포트폴리오)의 수익률 = 12%

① 0.011
② 0.012
③ 0.014
④ 0.015

해설 젠센의 알파 = 펀드수익률 − 요구수익률
= 펀드수익률 − [무위험수익률 + (기준지표수익률 − 무위험수익률) × 베타]
따라서, 젠센의 알파(α_p) = 12% − [8% + (10% − 8%) × 1.3] = 1.4% = 0.014

★★★
054 다음 자료를 보고 바르게 설명한 것은? 심화

- 펀드의 수익률 = 16%
- 시장수익률 = 15%
- 펀드의 베타 = 1.2
- 무위험이자율 = 5%

① 젠센의 알파는 0보다 작다. 즉, −0.01이다.
② 시장균형을 가정한 경우의 기대수익율은 16%이다.
③ 성과가 양호한 펀드라고 할 수 있다.
④ 종목선택능력과 시장예측능력을 정확히 구분하여 측정할 수 있다.

해설 틀린 내용을 바르게 고치면, ② 시장균형을 가정한 경우의 기대수익율은 17%이며(= 5% + (15% − 5%) × 1.2), ③ 젠센의 알파가 0보다 작으므로 성과가 양호하지 않은 펀드라고 할 수 있으며, ④ 젠센의 알파는 펀드 운용자의 종목선택 및 시장움직임에 대한 정보 분석능력을 측정하는 유용한 지표이기는 하지만, 종목선택능력과 시장예측능력을 정확히 구분하지 못하는 단점을 지니고 있다.

$$\alpha_p(\text{젠센의 알파}) = R_p - [R_f + (R_m - R_f)\beta_p] \ (R_m : \text{시장 수익률})$$
$$= 16\% - [5\% + (15\% - 5\%) \times 1.2] = -1\% = -0.01$$

★★★
055 효용함수를 이용한 평가지표에 대한 설명으로 옳지 않은 것은? 심화

① 부담한 위험에 대한 요구수익률을 사전적으로 결정하고 실현수익률이 요구수익률을 초과한 정도로 평가한다.
② 사후적으로 나타난 수익률에 내재된 선호도를 이용하지 않고 투자계획단계에서 파악한 투자자의 위험선호도를 반영한 평가방법이다.
③ 투자자마다 수익률과 위험에 대해 느끼는 효용함수가 다르며 결과적으로 부담한 위험에 대해 요구하는 수익률이 다를 수 있음을 나타낸다.
④ 효용함수를 이용한 평가지표는 단위 위험당 초과수익률 형태의 평가지표이다. 따라서 위험조정수익률에 비해 기준수익률 측정의 오류로부터 나타나는 영향도가 작다.

해설 효용함수를 이용한 평가지표는 위험조정수익률의 하나이다. 따라서 단위 위험당 초과수익률 형태의 평가지표에 비해 위험조정수익률은 기준수익률 측정의 오류로부터 나타나는 영향도가 작다.

정답 051 ① 052 ④ 053 ③ 054 ① 055 ④

056 ★★★ 샤프(Sharpe)비율에 대한 설명 중 옳지 않은 것은?

① 샤프비율은 단위 위험당 초과수익률 형태의 평가지표이다.
② 샤프비율은 증권시장선을 기초로 만들었다.
③ 샤프비율은 총위험을 사용하는 평가지표이다.
④ 샤프비율은 젠센의 알파와 상이한 평가결과를 나타낸다.

> **해설** 샤프비율은 단위 위험당 초과수익률 형태의 평가지표로서 포트폴리오를 보유함으로써 실제로 부담한 총위험(표준편차) 한 단위당 실현된 위험프리미엄을 나타낸다. 샤프비율은 자본시장선(CML, Capital Market Line)의 원리를 이용하여 투자수익률 대 변동성비율(RVAR, reward-to-variability ratio)로 포트폴리오 성과를 측정하였다.

057 ★★★ 샤프비율에 대한 설명으로 옳지 않은 것은?

① 샤프비율은 클수록 투자성과가 우수한 것으로 평가한다.
② 펀드 간 성과를 비교하기 위해서는 운용기간이 동일하고, 모두 동일한 기준포트폴리오를 가지고 있어야 한다.
③ 충분하게 분산투자하고 있지 않은 투자자에게는 트레이너비율이 샤프비율보다 적합한 펀드평가 방법이다.
④ 수익률 측정 단위기간에 따라 상이한 결과가 나올 수 있으며 적어도 3년 이상의 기간 동안 월간수익률로 측정하는 것이 좋다.

> **해설** 샤프비율 $\left(S_p = \dfrac{\overline{R_p} - \overline{R_f}}{\sigma_p} \right)$ 은 총위험(= 체계적 위험 + 비체계적 위험)을 위험지표로 사용하고 트레이너비율은 체계적 위험만을 반영하는 베타를 위험지표로 사용하고 있다. 따라서 충분하게 분산투자하고 있지 않은 투자자에게는 샤프비율이 트레이너비율보다 적합한 펀드평가 방법이다. 왜냐하면 분산투자가 잘 된 펀드는 체계적 위험만 부담하지만 분산투자가 되지 않은 펀드는 비체계적 위험을 가지고 있기 때문이다.

058 ★★★ 무위험이자율은 5%, 펀드의 수익률과 표준편차가 다음과 같이 주어졌을 때, 다음 중 가장 좋은 펀드라고 볼 수 있는 것은?

① A펀드 : 수익률 9%, 표준편차 5%
② B펀드 : 수익률 10%, 표준편차 7%
③ C펀드 : 수익률 11%, 표준편차 10%
④ D펀드 : 수익률 12%, 표준편차 15%

해설 펀드의 수익률과 표준편차가 주어졌기 때문에 양호한 펀드를 선정하기 위해서는 샤프비율로 위험조정 성과를 측정하여야 한다. 샤프비율을 각각에 대해 계산하면 ①이 샤프비율이 가장 높다. 따라서 A펀드가 위험조정성과가 가장 양호한 좋은 펀드이다.

$$S_p(\text{샤프비율}) = \frac{R_p - R_f}{\sigma_p} = \frac{\text{펀드 수익률} - \text{무위험 이자율}}{\text{펀드 수익률의 표준편차}} = \frac{\text{초과수익률}}{\text{총위험}}$$

① (0.09−0.05) / 0.05 = 0.8	② (0.10−0.05) / 0.07 ≒ 0.7
③ (0.11−0.05) / 0.10 = 0.6	④ (0.12−0.05) / 0.15 ≒ 0.5

★★★
059 트레이너(Treynor)비율에 대한 설명이 잘못된 것은?

① 트레이너비율은 샤프비율과는 다르게 위험측정치를 표준편차 대신 체계적 위험 수치인 베타계수를 사용하고 있다.

② 트레이너비율은 포트폴리오가 잘 분산되어 있는 것으로 가정하고 있다.

③ 포트폴리오의 체계적 위험 1단위당 실현된 위험프리미엄을 의미하며 그 값이 클수록 포트폴리오 성과가 우월한 것으로 평가된다.

④ 자본시장선(CML)의 원리를 이용하여 투자수익률 대비 변동성비율(RVAR)로 성과를 측정한다.

해설 자본시장선(CML)의 원리를 이용한 투자수익률 대비 변동성 비율(RVAR)은 샤프비율이다. 트레이너비율은 증권시장선(SML, Securities Market Line)의 원리를 이용하여 투자수익률 대 체계적 위험 비율(RVOL, Reward-to-Volatility Ratio)로 포트폴리오의 성과를 측정하는 위험조정 성과지표이다. 즉 트레이너비율은 체계적 위험 1단위당 실현된 위험 프리미엄을 의미하며 그 값이 클수록 포트폴리오의 성과가 우월하다는 것을 의미한다.

★★★
060 샤프비율, 트레이너비율 및 젠센의 알파를 비교하는 설명 중 옳지 않은 것은?

① 샤프비율은 위험지표로 총위험(표준편차)을 사용하고, 트레이너비율과 젠센의 알파는 체계적 위험(베타)을 사용한다.

② 샤프비율은 분산투자가 잘 되어있지 않은 펀드의 평가에, 트레이너비율은 분산투자가 잘 되어있는 펀드들을 대상으로 평가하는 것이 보다 적절하다.

③ 분산투자가 잘 되어있지 않은 펀드일수록 샤프비율과 트레이너비율에 의한 평가결과는 유사해진다.

④ 젠센의 알파와 트레이너비율은 동일하게 증권시장선(SML)에 근거를 두고 있다.

해설 분산투자가 잘 되어 있으면 총위험 중에서 비체계적 위험은 사라지고 체계적 위험만 남게 되므로, 분산투자가 잘 되어있는 펀드일수록 샤프비율과 트레이너비율에 의한 평가결과는 유사해 진다.

정답 056 ② 057 ③ 058 ① 059 ④ 060 ③

★★★
061 다음 중 자본시장선(CML)의 원리를 이용하여 만들어진 위험조정 성과지표는?

① 샤프비율

② 젠센의 알파

③ 트레이너비율

④ 정보비율

> **해설** 샤프비율은 자본시장선(CML)의 원리를, 트레이너비율과 젠센의 알파는 증권시장선(SML)의 원리를 이용하여 포트폴리오의 성과를 측정하는 위험조정 성과지표이다.

★★★
062 다음 자료를 이용하여 연율화된 값으로 계산한 샤프비율을 구하면? 심화

펀드의 월평균수익률	월평균 무위험이자율	월간수익률의 표준편차
6.8%	2.8%	8.9%

① 0.55

② 1.00

③ 1.55

④ 2.55

> **해설** 수익률을 연율화하기 위해서는 월평균 초과수익률을 단순히 12배하면 되고, 월간수익률로 계산된 표준편차를 연율화하기 위해서는 월표준편차에 $\sqrt{12}$ 를 곱해야 한다.
>
> $$\therefore \ S_p = \frac{R_p - R_f}{\sigma_p} \times \frac{12}{\sqrt{12}} = \frac{R_p - R_f}{\sigma_p} \times \sqrt{12} = \frac{0.068 - 0.028}{0.089} \times \sqrt{12} = 1.5569$$

★★★
063 무위험이자율은 5%, 펀드수익률과 베타가 다음과 같이 주어졌을 때, 위험조정 후 성과가 가장 양호한 경우는?

① A펀드 : 수익률 9%, 베타 0.5

② B펀드 : 수익률 10%, 베타 1

③ C펀드 : 수익률 11%, 베타 0.6

④ D펀드 : 수익률 15%, 베타 2

> **해설** 펀드의 수익률과 베타가 주어졌기 때문에 양호한 펀드를 선정하기 위해서는 트레이너비율로 위험조정 성과를 측정하여야 한다. 트레이너비율을 각각에 대해 계산하면 ③이 트레이너비율이 가장 높다. 따라서 C펀드가 위험조정성과가 가장 양호한 좋은 펀드이다.
>
> | T_p (트레이너 비율) $= \dfrac{R_p - R_f}{\beta_p} = \dfrac{펀드\ 수익률 - 무위험\ 이자율}{펀드의\ 베타} = \dfrac{초과수익률}{체계적위험}$ | |
> |---|---|
> | ① (0.09−0.05) / 0.5 = 0.08 | ② (0.10−0.05) / 1 = 0.05 |
> | ③ (0.11−0.05) / 0.6 = 0.10 | ④ (0.15−0.05) / 2 = 0.05 |

★★★
064 정보비율에 대한 다음 설명 중 옳지 않은 것은?

① 적극적 운용에 의해 달성한 수익률과 그에 따른 위험의 비율을 의미한다.

② 초과수익률을 이용한 정보비율은 펀드수익률을 잔차위험으로 나눈 비율이다.

③ 기준지표가 명확하지 않은 경우에는 사후적인 증권특성선을 이용한 정보비율 측정이 가능하다.

④ 기준수익률이 없는 경우 회귀분석을 이용한 정보비율은 젠센의 알파를 회귀모형의 표준오차로 나누어 산출한다.

> **해설** 초과수익률을 이용한 정보비율은 펀드수익률과 기준수익률 간의 차이를 잔차위험으로 나눈 비율이다.
>
> | 초과수익률을 이용한 정보비율 | $= \dfrac{R_P - R_B}{sd(R_P - R_B)} = \dfrac{\text{펀드 수익률} - \text{기준 지표 수익률}}{\text{초과수익률의 표준편차}} = \dfrac{\text{초과수익률}}{\text{잔차위험(트래킹에러)}}$ |
> |---|---|
> | 회귀분석모형을 이용한 정보비율(평가비율) | $= \dfrac{\alpha_P}{sd(\varepsilon_P)} = \dfrac{\text{젠센의 알파}}{\text{사후적 증권특성선 잔차의 표준편차}}$ |

★★★
065 위험조정 성과지표를 이용해 펀드의 성과를 분석할 때 유의할 점으로 적절하지 않은 것은?

① 반드시 평가기간이 동일하고 동일한 유형의 펀드들 간에만 비교하여야 한다.

② 수익률계산 기간에 따라 상이한 평가결과를 도출할 수 있다.

③ 장기수익률을 사용하는 것이 바람직하며, 어떤 성과지표를 사용하느냐에 따라 성과의 순위가 달라질 수 있다.

④ 샤프비율이나 트레이너비율의 경우 초과수익률이 부(−)의 수익률일 경우에도 성과를 설명하기가 용이하고, 정보비율은 이론적으로 1.0이상인 경우에 탁월한 것으로 판단한다.

> **해설** 샤프비율이나 트레이너비율의 경우 초과수익률이 부(−)의 수익률일 경우에는 성과를 설명하기 어려우며, 정보비율은 높을수록 펀드운용자의 능력이 탁월한 것을 의미하지만 어느 정도의 값이 높은 수준인가에 대하여는 이론적인 근거가 없지만 실무적으로는 미국의 경우 1.0이상인 경우에 탁월한 것으로 판단한다.
>
> $IR(\text{정보비율}) = \dfrac{\text{펀드 수익률} - \text{기준지표 수익률}}{\text{초과수익률의 표준편차}} = \dfrac{\text{초과수익률}}{\text{잔차위험(트래킹에러)}}$

정답 061 ① 062 ③ 063 ③ 064 ② 065 ④

★★★
066 두 개의 주식형 펀드에 대한 성과평가 결과가 다음과 같다. 다음 설명 중 가장 적절한 것은? 심화

펀드	수익률	표준편차	베타
A	20%	30%	0.9
B	25%	35%	1.2

① 샤프비율은 A펀드가 B펀드보다 높다.

② 젠센의 알파는 A펀드가 B펀드보다 크다.

③ A펀드가 B펀드에 비해서는 안정적인 펀드로 평가된다.

④ 위험조정성과를 감안할 때 A펀드에 투자하는 것이 바람직하다.

 ① 샤프비율은 두 펀드에 대해 동일한 무위험수익률을 차감하여 각각의 표준편차로 나누어 주므로 B펀드가 더 높으며, ② 젠센의 알파는 문제에서 주어진 정보만으로는 크기를 알 수 없다. ③ 위험지표인 표준편차(총위험, 절대적 위험 측정치)와 베타(체계적 위험, 상대적 위험 측정치)를 감안할 때 A펀드가 절대적으로나 상대적으로도 안정적이다. ④ 수익률은 B펀드가 높고 위험은 A펀드가 작다. 따라서 위험조정성과로 판단해야 하므로 샤프비율이 높은 B펀드에 투자하는 것이 바람직하다고 할 수 있다.

★★★
067 다음 중 성과가 가장 양호한 펀드는?

펀드	수익률	표준편차	트레이너비율
①	22%	13%	0.3
②	22%	14%	0.3
③	22%	15%	0.3
④	28%	20%	0.2

해설 수익률은 높고, 위험(표준편차)은 낮고, 위험조정성과(트레이너비율)는 높을수록 성과가 양호한 펀드라고 볼 수 있다. 따라서 이를 모두 고려하여 순차적으로 판단해 보면 ①이 가장 우수한 펀드이다.

★★★
068 다음 중 위험조정 성과지표에 관한 설명으로 옳지 않은 것은?

① 샤프비율은 펀드수익률에서 무위험이자율을 차감한 초과수익률을 펀드의 표준편차(총 위험)로 나눈 비율로, 총위험 한 단위당 무위험이자율을 초과 달성한 펀드수익률(초과수익률)을 나타낸다.

② 트레이너비율은 펀드수익률에서 무위험이자율을 차감한 초과수익률을 펀드의 베타(체계적 위험)로 나눈 비율로, 체계적 위험 한 단위당 무위험이자율을 초과 달성한 펀드수익률(초과수익률)을 나타낸다.

③ 젠센의 알파란 펀드수익률을 시장균형을 가정한 경우의 균형기대수익률로 나눈 비율이다.

④ 정보비율은 펀드수익률에서 벤치마크 수익률을 차감한 초과수익률을 펀드의 초과수익률에 대한 표준편차(트래킹 에러)로 나눈 비율로서, 펀드운용자의 정보능력을 나타낸다.

> **해설** 젠센의 알파란 펀드수익률에서 시장균형을 가정한 경우의 균형기대수익률을 차감한 값으로 나타낸다. 샤프비율, 트레이너비율 및 정보비율은 초과수익률을 위험으로 나눈 비율(즉, 위험 1단위당 초과수익률)로 나타내지만, 젠센의 알파는 차감한 값(위험조정수익률)으로 성과를 측정한다는 점에 차이가 있다.

★★★
069 위험조정 성과지표에서 사용되는 위험측정치를 옳게 나타낸 것은?

① 샤프비율 – VaR　　　　　　　　② 트레이너비율 – 베타
③ 젠센의 알파 – 표준편차　　　　　④ RAROC – 베타

> **해설** 위험조정성과 지표 중에서 샤프비율과 정보비율은 위험측정치로 표준편차를 사용하며, 트레이너비율과 젠센의 알파는 위험측정치로 베타(체계적 위험)를 사용한다는 점에 차이가 있다.
> $$RAROC\left(=\frac{\text{펀드의 평균수익률} - \text{무위험수익률}}{VaR}\right)$$는 위험측정치로 하락위험을 이용한 VaR을 사용한다.

★★★
070 다음 중 하락위험만을 반영하는 위험조정 성과지표를 모두 고르면?

> ㉠ 샤프비율   ㉡ 트레이너비율   ㉢ 젠센의 알파
> ㉣ 정보비율   ㉤ 소티노(Sortino) 비율   ㉥ RAROC

① ㉠, ㉤   ② ㉣, ㉤   ③ ㉤, ㉥   ④ ㉡, ㉣

 해설 소티노(Sortino) 비율과 RAROC는 대표적인 하락위험을 이용한 평가지표이다. 하락위험을 이용한 평가지표는 샤프비율을 변형한 평가지표로서, 샤프비율에서 이용하는 변동성(표준편차) 대신에 하락위험을 이용하는 평가지표이다. 즉 하락위험은 투자자가 기대하는 수익률보다 낮은 수익률만을 반영하기 때문에 하락위험을 이용한 평가지표는 투자자가 느끼는 위험에 대한 보상비율을 보다 더 적절하게 표현하게 된다.

★★★
071 다음 중 소티노(Sortino) 비율에 대한 설명으로 옳지 않은 것은?

① 하락위험을 이용한 평가지표이다.
② 최소 수용가능 수익률(MAR)을 초과하는 수익률을 하락위험(하락편차)으로 나눈 비율이다.
③ 수익률 대 나쁜 변동성의 비율을 측정한 것으로 볼 수 있다.
④ 일반적으로 샤프비율보다는 소티노 비율이 더 널리 사용된다.

해설 소티노 비율 $= \dfrac{R_p - MAR}{DD}$, 일반적으로 소티노 비율보다는 샤프비율이 더 널리 사용된다. 그러나 헤지펀드나 파생상품을 적극적으로 이용하는 펀드와 같이 수익률의 분포가 정규분포로 보기 어려운 펀드나, 극단적인 상황에서의 위험에 대한 보상을 평가하는 데에는 소티노 비율이 샤프비율보다 유용하다.

★★★
072 다음 중 펀드에 대한 개별적인 평가지표로는 잘 이용되지 않으나, 위험관리와 관련하여 금융기관에서 부서별 성과평가 등에 제한적으로 이용되는 위험조정 성과지표는?

① RAROC   ② 젠센의알파
③ 샤프비율   ④ 소티노 비율

해설 $RAROC \left(= \dfrac{\text{펀드의 평균수익률} - \text{무위험수익률}}{VaR} \right)$, RAROC(Risk-Adjusted Return On Capital)는 위험지표로 VaR을 가지고 펀드매니저를 평가하는데, 펀드매니저가 매우 보수적으로 투자하여 VaR을 0에 가깝게 만든다면 RAROC 값은 무한대가 되므로 매우 운용을 잘한 결과를 나타내는 단점이 있어 펀드 성과평가로 잘 이용되지 않는다.

073 성과요인을 분석하는 모형에 대한 설명 중 맞지 않는 것은?

① 트레이너–마주이(Treynor–Mazuy) 모형은 시장예측 능력과 종목선택 능력을 분리하여 설명하였다.

② 핸릭스–머튼(Henriksson–Merton) 모형은 시장예측 능력과 종목선택 능력을 분리하여 설명하였다.

③ 젠센의 알파가 (+)인 펀드는 트레이너–마주이모형에서도 알파 값이 항상 양(+)이다.

④ 성과요인분석은 종목선택 능력이나 시장타이밍 능력 이외에도 투자스타일 능력으로 구분하기도 한다.

> **해설** 젠센의 알파와 트레이너–마주이모형이 다르기 때문에 결과가 다를 수 있다.

🏛 필수핵심정리 ▷ 시장예측 능력과 종목선정 능력

시장예측 능력	시장의 흐름을 예측하고 이에 대비한 전략을 구사할 수 있는 능력
종목선정 능력	시장의 흐름과 무관하게 기준지표보다 좋은 성과를 보이는 종목을 선정하여 투자하는 전략

▪ 시장예측 능력과 종목선정 능력 분석을 위한 수리모형

트레이너–마주이의 이차항 회귀분석 모형	① 펀드수익률과 시장수익률간의 비선형 함수관계(회귀모형) $$R_p - R_f = \alpha_p + \beta_p(R_B - R_f) + \gamma_p(R_B - R_f)^2$$
	② α_p : 종목선정 능력 척도 ⇒ α_i가 양(+)이면 펀드의 실제수익률이 위험 프리미엄과 타이밍 능력을 감안한 이론 적정수익률보다 높다는 것을 의미하는 것으로 종목선정 능력이 있다고 판단
	③ γ_p : 시장예측 능력 지표 ⇒ 타이밍 능력이 있다면 γ_i가 양(+)의 값을 가짐
헨릭슨–머튼의 옵션 모형	① 옵션모형을 이용한 회귀모형으로 표현 $$R_p - R_f = \alpha_p + \beta_p(R_B - R_f) + \gamma_p \times Max(O, R_B - R_f)$$
	② α_p의 값이 (+)이면 펀드매니저의 종목선택능력이 있음
	③ γ_p의 값이 (+)이면 펀드매니저의 시장예측능력이 있음

★★★
074 트레이너-마주이 모형에 대한 설명으로 옳지 않은 것은? 심화

① 펀드수익률과 벤치마크 수익률간의 비선형 관계를 이용한다.
② 인덱스 전략을 사용하는 펀드에도 적용가능하다.
③ 가능하면 월간수익률을 사용하는 것이 바람직하다.
④ 제곱항의 계수는 펀드매니저의 시장예측능력을 의미한다.

해설 인덱스펀드란 벤치마크 수익률을 추적하는 운용전략이므로, 펀드 수익률과 벤치마크 수익률 간에는 일정한 선형관계가 형성된다. 따라서 비선형 모형인 트레이너-마주이의 이차항 회귀분석모형을 사용하는 것은 적합하지 않다. 트레이너-마주이 모형은 시장예측능력을 가지고 운용된 펀드(액티브펀드)의 수익률은 기준수익률과 1차함수 관계가 아니라 2차함수 관계를 갖는다고 가정한다. α는 종목선택능력을 나타내며, 2차항의 계수(γ)는 시장예측능력을 나타낸다.

★★★
075 트레이너 - 마주이 모형에 관한 설명으로 맞는 것은?

① 베타(β) : 종목선택 능력, 감마(γ) : 시장예측 능력
② 알파(α) : 종목선택 능력, 베타(β) : 시장예측 능력
③ 베타(β) : 종목선택 능력, 알파(α) : 시장예측 능력
④ 알파(α) : 종목선택 능력, 감마(γ) : 시장예측 능력

해설 절편인 α는 종목선택 능력을 나타내며, 2차항의 계수(γ)는 시장예측 능력을 나타낸다.

★★★
076 시장예측능력과 종목선정능력 분석을 위한 수리모형에 관한 설명으로 옳지 않은 것은? 심화

① 헨릭슨-머튼은 옵션모형을 이용하여 종목선택능력과 시장예측능력을 구별하여 측정할 수 있는 회귀모형을 제시하였다.
② 헨릭슨-머튼의 옵션모형에서는 시장예측능력이 있는 펀드매니저는 기준수익률이 상승하는 시기의 시장민감도가 기준수익률이 하락하는 시기의 시장민감도보다 높도록 관리할 수 있다고 가정한다.
③ 펀드운용자가 시장예측능력을 가지고 있다면 $\beta_p + \gamma_p > \beta_p$, 즉 $\gamma_p > 0$이며, 종목선정능력을 가지고 있다면 $\alpha_p > 0$이 된다.
④ 트레이너-마주이 모형과 헨릭슨-머튼모형은 시장예측능력과 종목선정능력을 구분하여 판단할 수 있는 지표로서 시장예측능력에 의해 수익률에 기여한 정도를 파악할 수 있다.

해설 트레이너-마주이 모형과 헨릭슨-머튼모형은 시장예측능력과 종목선정능력을 구분하여 판단할 수 있는 지표를 보여준다. 다만, 종목선정능력에 의해 수익률에 기여한 정도는 초과수익률로 나타나지만, 시장예측능력에 의한 기여 수익률은 나타나지 않으며 능력의 보유여부만을 알 수 있다.

★★★
077 다음 중 성과요인을 분석하는 방법과 거리가 먼 것은?

① 트레이너–마주이의 이차항 회귀분석모형
② 헨릭슨–머튼의 옵션모형
③ 실제포트폴리오를 이용한 성과요인 분석
④ 채권시장선 접근 방법

 해설 실제포트폴리오를 이용한 성과요인 분석이 아니라 가상포트폴리오를 이용한 성과요인 분석이다. 이 분석방법의 특징은 시장예측능력이 실제로 기여한 수익률의 정도를 측정할 수 있다는 것이다.

★★★
078 채권펀드 운용자의 운용능력을 평가하기 위하여 채권수익률을 여러 가지 구성요소로 분해하여야 한다. 다음 중 채권수익률의 구성요소로 적당하지 않은 것은?

① 만기수익률 효과
② 금리변동효과
③ 신용등급효과
④ 채권시장 인덱스 변경효과

해설

[채권수익률의 구성요소]

	확실한 수익 (쿠폰수익)	만기수익률(YTM) 효과
채권수익률	불확실한 수익 (가격변동)	• 금리변동 효과 • 신용등급 효과 • 잔차효과

★★★
079 채권의 성과요인을 분석하는 방법 중 시장선 접근법에 대한 설명으로 옳지 않은 것은?

① 채권시장선은 위험(X축)과 수익률(Y축)을 나타낸 그래프에서 무위험자산과 채권시장 포트폴리오를 연결한 선이다.
② 시장선 접근법에서 위험요소로는 듀레이션만이 이용된다.
③ 채권시장선 위쪽에 위치한 펀드는 채권시장 포트폴리오보다 양호한 성과를 달성한 것이다.
④ 채권시장선 상에 위치한 펀드는 채권시장 포트폴리오와 동일한 성과를 달성한 것이다.

해설 시장선 접근법에서 사용될 수 있는 위험요소로는 듀레이션이 가장 일반적이나 이외에도 표준편차, 베타 등이 있다.

★★★
080 Wagner and Tito가 제시한 채권포트폴리오 성과분석 방법에 관한 설명으로 옳지 않은 것은? 심화

① 채권포트폴리오의 시장수익률로는 LBBI를 사용하였다.
② 주식시장에서의 베타 대신 채권의 표준편차를 위험지표로 선택하였다.
③ 위험과 시장수익률과의 관계를 나타내는 직선을 채권시장선이라 하였다.
④ 채권포트폴리오의 수익률과 채권시장포트폴리오의 수익률의 차이를 정책효과, 금리예측효과, 분석효과, 매매효과로 구분하였다.

> **해설** Wagner and Tito의 채권포트폴리오 성과분석 기법은 기본적으로 CAPM과 유사하다. 위험지표로 듀레이션을 사용하고 채권시장포트폴리오로는 LBBI(Lehman Brothers Bond Index)를 선택하여 듀레이션과 수익률과의 관계를 나타내고 그 직선을 채권시장선(Bond Market line)이라고 하였다.

★★★
081 자산운용 권한별 성과기여도 분석에 관한 설명으로 옳지 않은 것은? 심화

① 성과평가에서 가장 중요한 것은 운용과정에의 의사결정 단계별로 부여된 역할에 적합한 성과평가 방법을 적용해야 한다는 점이다.
② 자산운용기관들은 운용과정에서 전략적 자산배분에 의한 전략포트폴리오, 전술적 자산배분에 의한 전술포트폴리오, 실제로 종목선택이 완성된 실제포트폴리오의 세 가지 포트폴리오를 만들고 있다.
③ 자산군별 전략적 자산배분 수익률=전략적 자산구성비율×(기준지표수익률 − 전략적 자산배분의 총수익률)
④ 자산군별 전술적 자산배분 효과(수익률) = (전술적 자산구성비율 − 전략적 자산구성비율)×(기준지표수익률 − 전략적 자산배분의 총수익률)

> **해설** [자산군별 전략적 자산배분 수익률 = 전략적 자산구성비율 × 기준지표수익률]이다. 연기금이나 재무설계사들은 자산배분 등 여러 단계를 거쳐서 투자를 집행한다. 그러므로 투자성과는 전략적 자산배분, 전술적 자산배분, 증권선택과 같은 활동별로 공헌도를 구분하여 평가하여야 한다.

★★★
082 다음 중 포트폴리오 분석을 하는 이유가 아닌 것은?

① 펀드가 보유한 자산종류별 구성현황, 보유한 종목 또는 업종의 특성을 분석하기 위해

② 수익률, 위험, 위험조정성과 등을 측정하기 위해

③ 펀드의 스타일을 파악하기 위해

④ 집합투자기구의 매매회전율, 매매수수료율 등 포트폴리오 내의 자산의 특징 또는 거래
특성을 분석하기 위해

> **해설** 수익률, 위험, 위험조정성과는 포트폴리오가 주는 성과의 결과물을 분석하는 것이지만, 포트폴리오 분석은 성과의
> 결과물이 아닌 포트폴리오 자체의 특성을 분석하는 것이다.

⚖ 필수핵심정리 ▷ 스타일 분석

스타일분석	성과에 가장 큰 요인을 주는 변수를 골라내 이를 기준으로 펀드를 분류하는 기법 → 펀드의 특징과 성과원인을 가장 명확하게 설명해 주는 것
스타일투자의 효과	• 펀드매니저의 전문분야를 알 수 있음 • 펀드매니저의 성과에 대해 사후적으로 평가기준을 명확하게 할 수 있음 • 자산군에 대한 분산투자가 효과적으로 달성 가능함 • 자산배분과정에 대한 통제권을 향상시킬 수 있음
스타일분석의 활용방안	① 자산배분 전략 수립을 위한 스타일별 입력 변수의 추정 ② 보유 펀드에 대한 모니터링 ③ 펀드 성격에 대한 추가적인 이해 ④ 성과의 원인 분석 ⑤ 스타일 펀드의 평가

★★★
083 다음 중 스타일분석에 관한 설명으로 적절하지 않은 것은?

① 스타일분석이란 성과에 가장 큰 요인을 주는 변수를 골라내 이를 기준으로 펀드를 분류
하는 기법이다.

② 스타일분석을 하는 것만으로는 효과적인 분산투자 방안을 마련할 수 없다.

③ 스타일분석은 사전적으로는 좋은 수익률을 보일 펀드를 고르는 판단요소가 된다.

④ 스타일분석은 사후적으로는 과거 펀드성과의 원인을 적절하게 설명해주는 역할을 한다.

> **해설** 스타일분석을 하는 이유 중의 하나는 효과적인 분산투자 방안을 마련하려는 데 있다. 즉 스타일별로 지속으로 양호
> 한 성과를 보였던 스타일의 펀드들에 분산투자하는 전략을 사용한다면, 향후 양호한 성과를 보일 가능성을 높일 수
> 있다.

정답 080 ② 081 ③ 082 ② 083 ②

★★★
084 다음 중 펀드의 스타일 분석을 하는 이유와 거리가 먼 것은?

① 자산배분 계획을 수립하는데 활용하기 위해
② 펀드의 내재적인 성격에 대한 추가적인 이해를 위해
③ 스타일이 다른 펀드 간 성과우열을 가리기 위해
④ 펀드의 성과원인을 분석하기 위해

 해설 스타일 분석은 펀드의 특성을 분석하기 위한 것으로 스타일이 다른 펀드 간 성과우열을 가리기는 힘들다. 보기에서 제시된 이유 외에도 투자자는 보유하고 있는 펀드 스타일에 대한 모니터링을 통해 투자계획대로 운용되고 있는지를 확인할 수 있다.

★★★
085 스타일 분석기법에 대한 설명으로 옳지 않은 것은?

① 스타일 분석은 다양한 투자스타일에 대한 노출정도를 판단하기 위해 사용되는 기법이다.
② 포트폴리오에 기초한 스타일 분석과 수익률에 기초한 스타일 분석 방법이 있다.
③ 포트폴리오에 기초한 스타일 분석의 단점은 실제 투자전략의 변화가 없었음에도 불구하고 시장상황의 변화나 회계적인 측정값의 변화로 모델이 변했을 경우에도 스타일이 변한 것으로 나타날 수 있다는 점이다.
④ 수익률(또는 요인)에 기초한 스타일분석은 마코위츠의 스타일 분석이라 하며 포트폴리오에 포함된 종목구성에 대한 정보 없이 포트폴리오와 스타일지수의 수익률만을 이용한다.

해설 포트폴리오 분석 중 펀드의 특징과 성과원인을 가장 명확하게 설명해 주는 것이 스타일 분석이다. 스타일 분석은 다양한 투자스타일에 대한 노출정도를 판단하기 위해 사용되는 기법이다. 수익률(또는 요인)에 기초한 스타일분석은 샤프의 스타일 분석이라 하며 포트폴리오에 포함된 종목구성에 대한 정보 없이 포트폴리오와 스타일지수의 수익률만을 이용한다. 포트폴리오에 기초한 스타일 분석은 포트폴리오를 구성하는 종목분석을 통해 스타일을 판단하는 방법이다.

★★★
086 다음 중 주식의 가치주 스타일의 특징으로 옳지 않은 것은?

① 저 PER
② 높은 배당수익률
③ 높은 수익성장률
④ 저 PBR

해설 가치주(Value Stock)는 현재의 이익이나 순자산가치에 비해 주가가 대체로 저평가되어 있어 낮은 PER(=주가/주당순이익)과 낮은 PBR(주가/주당순자산)을 보인다. 높은 수익성장률을 보이는 주식은 성장주(Growth Stock) 스타일이다. 주식을 가치주와 성장주 스타일로 분류할 때, 성장주는 성장을 위해 재투자를 계속하므로 주주들에게 지급되는 배당이 적다. 반면에 가치주는 현재의 이익수준에 비해 저평가된 주식으로서 재투자규모가 크지 않아 주주들에게 많은 배당금을 지급하는 경향이 있다.

★★★
087 GIPS의 통합계정(Composite, 컴포지트) 분류 규칙에 대한 설명으로 옳지 않은 것은? 심화

① 재량권이 없는 포트폴리오라 하더라도 보수를 지급하고 있는 포트폴리오는 컴포지트에 포함되어야 한다.

② 컴포지트는 오로지 회사에 의해 운용되는 실재하는 자산만을 포함하여야 한다.

③ 종료된 포트폴리오는 각각의 포트폴리오가 운용 중이었던 마지막 완전한 측정기간까지 컴포지트의 과거성과에 포함되어야 한다.

④ 자산분할이 그 자체의 현금잔고를 가지고 별도로 운용되지 않는다면, 자산분할이 컴포지트에 포함되지 않아야 한다.

해설 실재하고 보수를 지급하며 재량권이 있는 모든 포트폴리오는 최소한 하나의 컴포지트에 포함되어야 한다. 보수를 지급하지 않는 재량권 있는 포트폴리오는 적절한 공시와 함께 컴포지트에 포함될 수 있지만, 재량권이 없는 포트폴리오는 콤포지트에 포함되지 않아야 한다.

🏛 **필수핵심정리** ▷ 통합계정(Composite, 컴포지트)

- 통합계정이란 유사한 투자약관, 목적, 전략에 따라 운용되는 하나 이상의 포트폴리오들의 집합체를 말함
- 통합계정수익률은 여기에 포함되는 모든 포트폴리오 성과를 자산가중 평균한 것
- 통합계정은 운용사의 성과를 공정하게 표시하며, 성과가 일관성을 가지고 있는지 동류그룹이나 기준지표와 비교가능한지를 판단하는데 결정적인 영향을 줌

★★★
088 성과평가에서 검증(Varification)에 대한 설명으로 옳지 않은 것은?

① 검증은 운용사가 스스로 작성한 자료를 제3자로부터 객관적으로 검토 받는 것을 의미한다.

② 검증은 최종의 결과에 대한 검증을 하는 것이기 때문에 성과를 측정하는 절차에 대한 검증을 포함하지 않는다.

③ 검증의 가장 중요한 목적은 운용사가 규정에 맞게 처리했다는 것을 다른 정보 이용자들에게 확인시키기 위한 것이다.

④ 검증할 땐 비용을 고려하고, 적격의 독립적인 제3자에 의해 수행되어야 한다.

해설 검증은 운용사가 스스로 작성한 자료를 제3자로부터 객관적으로 검토 받는 것을 의미한다. 각 기업이 회계자료를 공시할 때, 제3자인 공인회계사의 감사를 받는 것과 같다. 이러한 검증은 단순히 최종의 결과에 대한 검증만이 아니라 성과를 측정하는 절차에 대한 검증을 포함한다.

정답 **084** ③ **085** ④ **086** ③ **087** ① **088** ②

**내용 구성 및
주요 출제내용
분석**

주요 내용	중요도	주요 출제 내용
경제모형과 경제정책의 분석 : IS-LM 모형	★★★	• IS곡선과 LM곡선 : 곡선의 형태, 곡선의 이동, 곡선의 기울기에 따른 재정정책과 통화정책의 효과 비교 • 재정정책과 구축효과, 통화정책과 유동성함정 • 피구효과, 리카르도 불변정리 • 통화정책의 중간목표
이자율의 결정과 기간구조	★★	• 고전적 이자율결정이론과 현대적 이자율결정이론 : 고전학파의 이자율이론과 케인즈의 유동성선호설 비교 • 명목금리 결정과 피셔효과 • 이자율의 기간구조를 설명하는 이론
이자율의 변동요인 분석	★★	경제변수의 변화에 따른 이자율의 변동 방향
경기변동과 경기예측	★★★	• 주요 경제변수 이해 : GDP 개념, 실업율 계산, 물가지수(GDP 디플레이터 등), 통화유통속도 등 • 경기 : 경기변동요인과 계절변동조정법, 경기순환의 특성 등 • 경기예측방법 : CI, DI, BSI, CSI, ARIMA 등

**출제경향 분석
및 학습요령**

거시경제는 총 4문제가 출제된다. 출제 문항수는 적어서 큰 부담은 없지만 경제학 관련 과목을 공부한 경험이 없는 수험생들에게 IS곡선과 LM곡선, 고전학파와 케인즈의 비교 등은 낯설고 어려울 수 있다. 하지만 투자자산운용사 시험에서는 거시경제학의 세부적인 내용을 묻지는 않기 때문에 이해 없이 단순 암기로도 어느 정도 준비가 된다. 자주 출제되는 내용은, IS곡선과 LM곡선(곡선의 이동, 곡선의 기울기에 따른 재정정책과 통화정책의 효과 비교), 구축효과, 유동성함정, 피구효과, 통화정책의 중간목표, 명목금리 결정과 피셔효과, 이자율의 기간구조를 설명하는 이론, 경제변수의 변화에 따른 이자율의 변동 방향, GDP 개념, 실업률 계산, GDP 디플레이터, 통화유통속도, 경기변동요인과 계절변동조정법, CI 구성지표, BSI의 계산 등이다.

★★★
001 IS곡선에 대한 설명으로 옳지 않은 것은?

① IS곡선은 우하향 한다.

② 세율이 인상되면 좌측으로 이동한다.

③ 독립투자가 증가하면 우측으로 이동한다.

④ 정부지출의 증가로 좌측으로 이동한다.

> **해설** 정부지출의 증가는 IS곡선을 오른쪽으로 이동시킨다. IS곡선은 재화시장의 균형을 이루는 이자율과 국민소득의 조합을 나타낸 선으로 우하향의 형태를 보인다. IS 곡선은 주입 증가(투자증가, 소비증가, 정부지출증가, 수출증가 등) 시 오른쪽으로 이동하고, 누출 증가(저축증가, 조세증가, 수입증가 등) 시 왼쪽으로 움직인다.

🏛 필수핵심정리 ▶ 재화시장의 균형 : IS곡선

재화시장의 균형을 이루는 이자율(R)과 국민소득(Y)의 조합 (우하향의 그래프)		
국민소득의 공급	$Y^s = Y$	
국민소득의 수요	$Y^d = C + I + G$	
재화시장의 균형식	$Y = C(Y - T) + I(r) + G$	
IS곡선의 기울기	• 투자가 이자율에 탄력적일수록 IS곡선은 수평선 • 투자가 이자율에 비탄력적일수록 IS곡선 수직선	
IS곡선의 이동	정부지출(G), 조세(T)의 변화 : IS곡선 자체가 좌우이동	
	① 정부지출(G) 증가 또는 조세(T) 감소 ⇒ IS곡선 우측 이동 ② 정부지출(G) 감소 또는 조세(T) 증가 ⇒ IS곡선 좌측 이동	

정답 001 ④

★★★
002 IS곡선이 수평이 되는 구간에 대한 설명으로 옳은 것은?

① 투자의 이자율탄력도가 1이다.

② 투자의 이자율탄력도가 무한대이다.

③ 투자의 소득탄력도가 무한대이다.

④ 투자의 소득탄력도가 1이다.

> **해설** 투자가 이자율에 탄력적일수록 IS곡선은 수평선에 가까워진다. 투자는 이자율과 음(−)의 관계를 보이는데, 투자가 이자율에 탄력적이라는 것은 이자율이 조금만 변해도 투자는 크게 변한다는 뜻이다. 즉 이자율이 조금만 하락해도 투자가 크게 증가하여 국민소득이 크게 증가할 수가 있고, 이자율이 조금만 상승해도 투자가 크게 감소하여 국민소득이 크게 감소하는 모습을 보이기 때문에 투자가 이자율에 탄력적일수록 IS곡선은 수평에 가까워진다. 이와는 반대로 투자가 이자율에 비탄력적이라면 IS곡선은 수직선에 가까워진다.

···TOPIC 2 경제모형과 경제정책의 분석 : LM곡선

★★★
003 LM곡선에 대한 설명으로 옳지 않은 것은?

① LM 곡선은 우상향 한다.

② 화폐공급 증가로 우측으로 이동한다.

③ 지불준비율 인하로 좌측으로 이동한다.

④ 화폐수요 감소로 우측으로 이동한다.

> **해설** 지불준비율 인하 및 화폐수요 감소는 화폐공급 증가와 동일한 효과를 가져오므로 LM곡선을 오른쪽으로 이동시킨다.

화폐시장의 균형을 이루는 이자율(R)과 국민소득(Y)의 조합 (우상향의 그래프)		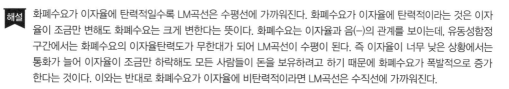
화폐의 공급	$\dfrac{M^d}{P} = \dfrac{M}{P}$ (외생성)	
화폐의 수요	$\dfrac{M^d}{P} = L(Y, r)$	
화폐시장의 균형식	$\dfrac{M}{P} = L(Y, r)$	
LM곡선 기울기	• 화폐수요가 이자율에 탄력적일수록 LM곡선은 수평선 • 화폐수요가 이자율에 비탄력적일수록 LM곡선 수직선	
LM곡선의 이동	명목화폐공급(M), 물가(P)의 변화 : LM곡선 자체가 좌우이동 ① 명목화폐공급(M) 증가 또는 물가(P) 하락 ⇒ LM곡선 우측 이동 ② 명목화폐공급(M) 감소 또는 물가(P) 상승 ⇒ LM곡선 좌측 이동	

★★★
004 LM곡선이 수평이 되는 구간에 대한 설명으로 옳은 것은?

① 화폐수요의 이자율탄력도가 1이다.

② 화폐수요의 이자율탄력도가 무한대이다.

③ 화폐수요의 소득탄력도가 무한대이다.

④ 화폐수요의 소득탄력도가 1이다.

> 해설 화폐수요가 이자율에 탄력적일수록 LM곡선은 수평선에 가까워진다. 화폐수요가 이자율에 탄력적이라는 것은 이자
> 율이 조금만 변해도 화폐수요는 크게 변한다는 뜻이다. 화폐수요는 이자율과 음(−)의 관계를 보이는데, 유동성함정
> 구간에서는 화폐수요의 이자율탄력도가 무한대가 되어 LM곡선이 수평이 된다. 즉 이자율이 너무 낮은 상황에서는
> 통화가 늘어 이자율이 조금만 하락해도 모든 사람들이 돈을 보유하려고 하기 때문에 화폐수요가 폭발적으로 증가
> 한다는 것이다. 이와는 반대로 화폐수요가 이자율에 비탄력적이라면 LM곡선은 수직선에 가까워진다.

★★★
005 다음 중 확대재정정책이 국민소득에 미치는 효과가 가장 크게 나타나는 경우는?

① 투자수요와 화폐수요가 모두 이자율에 대해 비탄력적인 경우

② 투자수요가 이자율에 대해 비탄력적이고, 화폐수요가 이자율에 대해 탄력적인 경우

③ 투자수요와 화폐수요가 모두 이자율에 대해 탄력적인 경우

④ 투자수요가 이자율에 대해 탄력적이고, 화폐수요가 이자율에 대해 비탄력적인 경우

해설 확대재정정책이 국민소득에 미치는 효과가 가장 크게 나타나는 경우는 IS곡선은 수직(투자가 이자율에 완전비탄력적)이고, LM곡선은 수평(화폐수요가 이자율에 완전탄력적)인 경우이다. IS곡선이나 LM곡선은 모두 이자율에 탄력적일수록 수평선에 가깝고, 이자율에 비탄력적일수록 수직선에 가깝다.

🏛 필수핵심정리 ▶ **재정정책과 통화정책**

		사용시기	정책수단	정책효과
재정정책	확대재정정책	경기침체 상황	정부지출(G) 증가 or 세율(T) 인하 ⇒ IS곡선 우측 이동	국민소득 증가, 이자율 상승 ⇒ 구축효과 발생
	긴축재정정책	경기과열 상황	정부지출(G) 감소 or 세율(T) 인상 ⇒ IS곡선 좌측 이동	국민소득 감소, 이자율 하락
통화정책	확대통화정책	경기침체 상황	화폐공급(M)을 증대 ⇒ LM곡선 우측 이동	국민소득 증가, 이자율 하락 ⇒ 화폐의 중립성
	긴축통화정책	경기과열 상황	화폐공급(M)을 감소 ⇒ LM곡선 좌측 이동	국민소득 감소, 이자율 상승

확대재정정책(G↑)의 효과	확대통화정책(M↑)의 효과
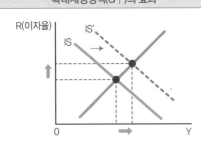	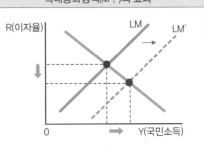

★★★
006 IS곡선과 LM곡선의 식이 다음과 같이 주어진 경우, 재정정책이 가장 효과적인 경우는 어느 것인가?(r은 이자율) [심화]

① IS 곡선 : $Y = 150 - 50r$,　LM 곡선 : $Y = 100 + 200r$
② IS 곡선 : $Y = 150 - 50r$,　LM 곡선 : $Y = 100 + 300r$
③ IS 곡선 : $Y = 150 - 100r$,　LM 곡선 : $Y = 100 + 100r$
④ IS 곡선 : $Y = 150 - 200r$,　LM 곡선 : $Y = 50 + 100r$

해설 재정정책이 가장 효과적인 경우는 투자의 이자율 탄력성이 매우 작아서 IS곡선이 수직선에 가깝고(IS곡선의 음의 기울기가 클수록), 화폐수요의 이자율 탄력성이 매우 커서 LM곡선이 수평선에 가까운(LM곡선의 양의 기울기가 작을수록) 경우이다. 예를 들어 정부가 정부지출을 늘리는 확장적 재정정책을 실시하는 경우 정부지출 증가로 국민소득이 증가하면서 이자율이 상승하게 되는데, 이자율이 상승하면 기업의 투자가 줄어들 수 있다.(구축효과). 그런데 투자가 이자율에 비탄력적이라면 이자율 상승으로 인한 투자의 감소는 아주 작기 때문에 정부지출을 늘리는 재정정책의 효과가 커진다. IS곡선과 LM곡선은 가로축이 국민소득(Y)이고 세로축이 이자율(r)이므로, 주어진 식을 r에 대하여 다시 정리하면 기울기를 쉽게 파악할 수 있다. IS곡선과 LM곡선의 기울기를 모두 구해보면, ① (−1/50, 1/200), ② (−1/50, 1/300), ③ (−1/100, 1/100), ④ (−1/200, 1/100)이다. 따라서 IS곡선의 음의 기울기가 가장 크고(수직선에 가장 가깝고), LM곡선의 양의 기울기가 가장 작은(수평선에 가까운) ②의 경우에 재정정책의 효과가 가장 크다.

★★★
007 구축효과(Crowding−Out Effect)에 대한 설명으로 옳지 않은 것은? [심화]

① 정부지출의 증가가 이자율을 높임으로써 민간투자수요가 감소한다.
② 정부지출 증가로 국민소득은 증가하나 유발투자가 감소한다.
③ 화폐수요의 이자율탄력도가 무한대이면 구축효과가 전혀 없다.
④ 투자수요의 이자율탄력도가 높을수록 구축효과가 커진다.

해설 유발투자란 기업이 투자가 늘어나면 소득이 증가하는데 이때 늘어난 소득의 일부가 다시 투자증가로 이어지는 것을 말한다. 따라서 국민소득의 증가는 유발투자를 늘리게 된다. 구축효과의 경로는 이자율이다. 정부지출 증가로 국민소득이 증가하면서 이자율이 상승하게 되는데, 이자율이 상승하면 기업의 투자가 줄어들 수 있다. (구축효과) 그런데 투자가 이자율에 탄력적이라면 이자율 상승으로 인한 투자의 감소가 크게 나타나기 때문에 정부지출을 늘리는 재정정책의 효과는 줄어든다. 즉, 투자수요가 이자율에 대해 탄력적이면 이자율 변동시 투자수요의 변동이 크므로 구축효과가 크게 나타나는 것이다. 한편 화폐수요가 이자율에 탄력적이면 LM곡선은 수평선에 가까워져 이자율의 변화가 크지 않으므로 구축효과는 줄어든다.

★★★
008 정부지출 증가의 효과에 관한 설명으로 옳지 않은 것은?

① 케인지언 모형보다 고전학파 모형에서 구축효과가 더 크게 나타난다.

② IS-LM 모형에서 재정정책의 구축효과는 LM곡선의 기울기가 이자율에 비탄력적일수록 구축효과는 커지게 된다.

③ 케인즈학파는 완전 구축효과를 주장한다.

④ 확대재정정책을 실시하게 될 경우 소득증가는 LM곡선의 기울기가 수평적일수록 즉 이 자율에 대한 화폐수요의 탄력성이 높을수록 크게 나타난다.

> **해설** 케인즈 학파(케인지언)는 고전학파가 주장하는 것처럼 투자가 이자율에 완전 탄력이지는 않기 때문에 불완전 구축 효과(부분 구축효과)를 주장한다. 즉 정부지출 증가로 이자율이 상승하여 민간투자를 떨어뜨려도(Crowding-Out Effect, 구축효과) 정부지출 증가에 의한 국민소득 증가폭이 민간투자 감소에 의한 국민소득 감소폭보다는 크기 때문에 재정정책의 국민소득 증대효과가 발생한다고 주장한다.

🏛 **필수**핵심정리 ▶ 구축효과(Crowding-Out Effect)

확대재정정책이 이자율을 상승시켜 민간투자가 위축되어 재정정책의 효과(소득증대 효과)가 반감되는 현상

완전 구축효과 (고전학파)	정부지출(G) 증가만큼 민간투자(I)가 감소하므로 정부지출 증가에 의한 국민소득 증 가효과는 없다. ⇒ IS곡선이 수평일 경우 발생(투자가 이자율에 완전탄력적인 구간)	
부분 구축효과 (케인즈)	정부지출(G) 증가 폭 > 민간투자(I) 감소폭	→ 재정정책에 의한 국민 소득 증대효과 있다.
무 구축효과	정부지출 증가만큼 국민소득 증대 ⇒ LM곡선이 수평일 경우 발생(화폐수요가 이자율에 완전탄력적인 구간)	

★★★
009 통화정책수단 중 최근 가장 중요시하게 사용되고 있는 것은?

① 재할인정책
② 지급준비제도
③ 공개시장 조작정책
④ 재할인정책과 공개시장 조작정책

> **해설** 공개시장 조작정책이란 통화당국이 공개된 시장에서 채권 등의 유가증권을 매입하거나(통화량 증대) 매도하여(통화량 감소) 시중의 통화량을 조절하는 중요한 정책으로 가장 많이 사용하는 통화정책수단이다.

★★★
010 통화정책이 국민소득에 미치는 효과가 가장 크게 나타나는 경우는?

① 투자수요와 화폐수요가 모두 이자율에 대해 비탄력적인 경우
② 투자수요가 이자율에 대해 비탄력적이고, 화폐수요가 이자율에 대해 탄력적인 경우
③ 투자수요와 화폐수요가 모두 이자율에 대해 탄력적인 경우
④ 투자수요가 이자율에 대해 탄력적이고, 화폐수요가 이자율에 대해 비탄력적인 경우

> **해설** 통화정책은 LM곡선을 움직이는 정책이므로 IS곡선은 수평(투자가 이자율에 완전탄력적)이고, LM곡선은 수직(화폐수요가 이자율에 완전비탄력적)인 경우에 통화정책이 국민소득에 미치는 효과가 가장 크게 나타난다. 그림은 IS곡선은 수평이고 LM곡선은 수직일 때, 통화공급을 증가시키는 확대통화정책을 실시한 경우의 국민소득 증대효과를 보여주고 있다.

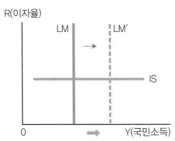

★★★
011 통화정책과 유동성함정에 관한 설명이 잘못된 것은?

① 유동성함정에서는 이자율이 극단적으로 낮은 가운데 IS곡선이 수직에 가깝고 LM곡선이 수평에 가까워서 통화정책은 거의 효과가 없다.
② 유동성함정에서는 이자율에 대한 화폐수요의 탄력성이 작아서 이자율이 낮아져도 화폐수요가 증가하지 않는다.
③ 유동성함정에서는 이자율이 낮기 때문에 화폐보유의 기회비용이 낮고 채권가격은 높아 채권가격이 앞으로 하락할 수밖에 없을 것으로 기대하므로 채권투자가 없어 기업은 자금조달이 어려워진다.
④ 유동성함정에서는 화폐공급을 증가시켜도 화폐시장에서 초과공급이 발생하지 않고 투자가 증가하지 않기 때문에 국민소득은 증가하지 않게 된다.

> **해설** 유동성함정에서는 이자율에 대한 화폐수요의 탄력성이 매우 커서 이자율이 조금만 낮아져도 화폐수요가 크게 증가하게 된다.

- 이자율이 임계이자율 이하로 하락하면, 사람들은 더 이상 이자율이 내려가지 않을 것으로 판단하게 되어 채권보유를 포기하고 모두 화폐를 보유하려 함으로써 화폐수요가 폭발적으로 증가하게 된다. 경제가 이런 상태에 있는 경우를 케인즈는 유동성함정(Liquidity Trap)이라 부름
- 이자율이 낮은 상황에서 화폐수요가 이자율에 완전 탄력적인 LM곡선이 수평인 구간에서 발생함 → 이자율이 낮을 경우에는 화폐수요의 기회비용이 낮아 공급된 화폐를 무한히 수요할 수 있기 때문
- 경제가 유동성함정에 빠져 있을 때, LM곡선을 이동시키는 통화정책은 무력해지는 반면에, 재정정책을 실시하면 구축효과가 전혀 나타나지 않으므로 큰 효과를 볼 수 있음
- 유동성함정은 경제가 극심한 불황상태에 있을 때 발생함 → 그 결과 통화정책은 아무 효과가 없게 되고, 재정정책의 효과가 극대화 됨

★★★
012 경제가 유동성함정(Liquidity Trap)하에 놓여 있을 경우, 다음 중 국민소득을 증대시키는 요인이 아닌 것은 무엇인가?

① 통화공급 증가   ② 투자증가
③ 조세감면   ④ 소비지출 증가

 유동성함정에 놓인 경제에서 LM곡선은 수평이다. 따라서 이 경우에는 IS곡선을 우측으로 이동시켜야 국민소득이 증가한다. 통화공급을 증가시켜 LM곡선을 우측으로 이동시켜도 국민소득은 변화가 없다. 따라서 IS곡선을 오른쪽으로 이동시키는 확대재정정책이 효과가 있다.

★★★
013 정부지출을 5,000억 원 증가시켜 지속적으로 유지하는 반면에, 통화공급을 5,000억 원 감소시킨다면 다음 중 적절한 상황은? 심화

① 소득 증가, 이자율 상승   ② 소득 불변, 이자율 불변
③ 소득 불확실, 이자율 상승   ④ 소득 감소, 이자율 하락

 정부지출을 5,000억 원 증가시키면 IS곡선은 우측으로, 통화공급을 5,000억 원 감소시키면 LM곡선은 좌측으로 서로 같은 폭만큼 이동하게 된다. 이 경우 국민소득이 증가할지 감소할지는 두 곡선의 기울기에 따라 결정되지만, 이자율은 언제나 상승하게 된다. IS곡선과 LM곡선을 직접 그려서 확인해 보면 쉽게 알 수 있다.

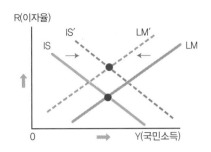

★★★
014 물가하락에 따른 실질화폐공급 증가로 인하여 부(Wealth)가 증가하여 소비수요가 증가하는 것을 무엇이라 부르는가?

① 피구(Pigou) 효과
② 유동성효과
③ 리카르도(Ricardo) 불변정리(RET)
④ 외부효과

 파틴킨은 이를 피구(Pigou) 효과 또는 실질잔액효과라고 불렀다.

피구 효과
• 경기불황이 심해짐에 따라 물가가 급속히 하락하게 되면 경제주체들이 보유한 화폐량의 실질가치가 증가하게 되어 민간의 부(Wealth)가 증가하고 그에 따라 소비 및 총수요가 증대되는 효과 → 파틴킨(Patinkin)은 이를 피구효과 또는 실질잔고 효과라고 부름 • 경기불황(유동성함정 상태) → 물가하락 → 실질잔고($\frac{M}{P}$)의 가치 증가 → 민간의 부(Wealth) 증가 → 소비 증가 → IS곡선 우측이동 → 유동성 함정으로부터 탈출 가능 • 고전학파의 주장 : 유동성함정이 존재한다고 해도 물가가 신축적이라면 극심한 불황에서 자동적으로 탈출하여 완전고용을 이룩할 수 있다는 논거(재정정책은 독자적인 유효성을 상실함을 의미)

부채-디플레이션 이론	경기불황 시에 물가가 하락하여 실물자산의 가치가 떨어지게 되면 경제주체들의 실질부채부담액이 늘어나게 된다. 따라서 경제주체들의 소비가 위축될 수 있고 그 결과로 경기불황과 디플레이션이 지속될 수 있다는 이론 (Fisher 등)

★★★
015 다음 중 케인즈의 유동성함정 하에서 통화공급을 증가시키는 정책을 사용해도 국민소득을 증가시킬 가능성이 없는 소비함수는? (C는 민간소비, Y는 소득, T는 조세, M은 통화공급, P는 물가, R은 이자율을 나타냄) 심화

① $C(Y-T)$ ② $C(Y, R)$ ③ $C(R, \dfrac{M}{P})$ ④ $C(Y-T, \dfrac{M}{P})$

 통화공급이 증가해도 소비로 연결되지 않는 것을 찾는 문제이다. 통화공급의 증가는 이자율(R)을 하락시킴으로써 소비를 증가시킬 가능성이 있다. 또한 부(Wealth)의 효과처럼 실질잔고(M/P)를 부의 일부로 생각해서 소비를 증가시킬 가능성이 있다. 따라서 보기에서 R이나 M/P를 포함하고 있지 않은 것은 ①번 밖에 없다.

★★★
016 리카르도 불변정리(Ricardian Equivalent Theorem)에 의하면 주어진 정부지출에 대하여 현재 조세가 감소하는 경우, 현재 저축이 (　　)한다. 빈칸에 맞는 말은?

① 증가   ② 감소
③ 증가 또는 감소   ④ 불변

 세금(세율)을 감소시키는 경우도 정부지출의 증가효과와 거의 동일한 것처럼 보이지만 실제로는 중요한 차이점이 있다. 정부지출의 증가는 총수요에 대해 직접적으로 영향을 미친다. 그러나 세금감소의 효과는 간접적이며 총소비가 증가하는지의 여부가 중요하다. 주어진 정부지출 수준에서 현재 조세의 감소는 미래 조세의 증가를 의미하므로 이를 합리적으로 예상 하는 소비자는 현재 저축을 늘린다. 따라서 총수요는 아무런 변동이 없는데 이를 합리적 기대학파는 리카르도 불변정리(RET)라고 한다.

★★★
017 다음 중 리카르도 불변정리(RET, Ricardian Equivalence Theorem)의 내용과 가장 거리가 먼 것은?

① 합리적 기대학파   ② 부채-디플레이션 이론
③ 총수요 불변   ④ 세금감소 효과

해설 합리적 경제주체는 현재 세금의 감소를 미래 세금의 증가로 인식하기 때문에 세금감소는 민간의 저축을 증가시킬 뿐 소비를 늘리지 않기 때문에 총수요는 변화가 없다는 것이다. 부채-디플레이션 이론은 경기불황 시에 물가가 하락하여 실물자산의 가치가 떨어지게 되면 경제주체들의 실질부채부담액이 늘어나게 된다. 따라서 경제주체들의 소비가 위축될 수 있고 그 결과로 경기불황과 디플레이션이 지속될 수 있다는 이론이다.

018 합리적인 경제주체들이 화폐공급의 변동을 예측할 수 있다면 국민소득이나 고용 등 실물변수는 경제정책의 영향을 받지 않는다는 합리적 기대학파의 주장을 무엇이라 하는가?

① 화폐환상 ② Keynes의 유효수요이론
③ 통화준칙 ④ 정책무용성정리

> **해설** 합리적 기대학파(Lucas, Sargent, Wallace 등)는 정부의 통화정책이 예측된 것인가 또는 예측되지 못한 것인가에 따라 거시정책의 효과가 상이하다고 주장한다. 예상된 화폐공급의 증가는 물가만을 상승시킬 뿐 국민소득에 영향을 미칠 수 없으며, 예상치 못한 화폐공급의 증가는 국민소득에 영향을 미칠 수 있다는 것이다. 따라서 정부가 통화정책으로 국민소득을 증가시키기 위해서는 사람들의 예상을 벗어나는 정책, 즉 화폐충격을 사용해야 한다.

··· T O P I C 4 통화정책의 중간목표

019 통화정책의 주요 목표가 아닌 것은?

① 물가안정 ② 적정한 경제성장
③ 완전고용 ④ 소득재분배

> **해설** 소득재분배는 통화정책보다는 재정정책에 의해 더욱 잘 이루어질 수 있다.

Ⅲ 필수핵심정리 | 통화량목표(M목표)와 이자율목표(R목표)정책의 우월성 비교

[통화정책의 최종목표]	[통화정책의 중간목표]
물가안정, 경제성장, 고용확대	통화량과 이자율

통화량(M) 목표정책	통화량을 일정수준에서 유지하고 시장이자율의 변동을 수용 → 통화량이 $\overline{M}$ 로 고정되면 LM곡선은 양(+)의 기울기를 가짐
이자율(R) 목표정책	필요할 때마다 공개시장조작을 행하여 이자율수준을 안정시킴 → 이자율을 $\overline{R}$ 로 고정시키면 LM곡선은 수평으로 나타남

화폐정책의 중간목표는 충격의 종류에 따라 적절히 선택되어야 함 ① 실물충격의 경우(IS곡선 이동) → M(통화량)목표 정책이 더욱 적절함 ② 화폐수요충격의 경우(LM곡선 이동) → R(이자율)목표 정책이 더욱 적절함

---

020 상대적으로 IS곡선이 불안정적(실물충격)이고 LM곡선이 안정적인 경우에 국민소득의 변동을 작게 하기 위한 통화정책의 중간목표로 가장 적절한 것은?

① 물가안정정책   ② 완전고용정책

③ 이자율(R)목표정책   ④ 통화량(M)목표정책

해설 이자율을 고정시키는 이자율목표정책을 실시하려면 통화량을 증가시켜 통화량을 증가시켜 LM곡선을 우측으로 이동시켜야 하는데, 이는 원래의 실물충격이 국민소득 변동을 초래한 것을 더욱 악화시키게 된다. 따라서 국민소득의 변동을 최소화 하는 것이 통화정책의 최종목표라면 실물충격의 경우 통화량목표가 더욱 타당하다. 통화량목표정책을 쓰면 이자율 변동이 실물충격이 총수요에 미치는 효과를 상쇄시켜 국민소득이 작게 변동한다.

021 상대적으로 IS곡선이 안정적이고 LM곡선이 불안정(화폐충격)적인 경우에 국민소득의 변동을 작게 하기 위한 통화정책의 중간목표로 가장 적절한 것은?

① 물가안정정책   ② 완전고용정책

③ 이자율(R)목표정책   ④ 통화량(M)목표정책

해설 이자율목표정책을 쓰면 국민소득과 이자율이 고정될 수 있으나 통화량목표정책을 쓰면 화폐수요충격으로 LM곡선이 움직임에 따라 국민소득과 이자율이 크게 변한다. 따라서 국민소득의 변동을 최소화하는 것이 통화정책의 최종목표라면 화폐충격이 발생한 경우에 이자율목표가 더욱 타당하다.

022 우상향하는 LM곡선과 우하향하는 IS곡선이 주어져 있다고 가정하자. 실물충격이 시장에 발생했을 때 통화정책의 중간목표를 어떻게 결정해야지만 경기변동이 완화될 수 있는가? `심화`

① 이자율 목표   ② 통화량 목표

③ 유통속도 목표   ④ 통화승수 목표

해설 유통속도와 통화승수는 통화정책의 중간목표가 될 수 없다. 따라서 이자율 목표 아니면 통화량 목표가 답이 될 수 있다. 그런데 실물충격이 왔다면 IS곡선이 흔들리므로 이 때 이자율 목표를 사용한다면 같은 방향으로 충격을 더 강화시키게 되므로 적당하지 않다. 예를 들어 음의 실물충격이 왔다면 이자율은 하락하려고 할 것이다. 그럼에도 불구하고 이자율을 목표수준에서 유지시키려고 한다면 이자율을 인상해야 하고 그에 따른 투자위축으로 소득이 더욱 하락하게 된다. 양의 실물충격의 경우는 반대로 경기가 더욱 과열된다. 따라서 통화량 목표가 답이다.

··· T O P I C **5** 이자율의 결정이론

★★★
023 다음 중 이자율 결정에 가장 중요한 것은 무엇인가?

① 시간선호율과 자본의 한계생산성　　② 상환기간

③ 리스크의 크기　　④ 경기전망

 고전학파에 따르면 이자율은 궁극적으로 그 사회의 시간적 선호와 자본의 한계생산성에 의하여 결정된다. 정(+)의
시간선호율은 자금공급곡선을 우상향하게 만들고 체감하는 자본의 한계생산성은 자금수요곡선을 우하향하게 만든
다. 이 같은 수요·공급곡선의 일치에 의하여 이자율이 결정된다.

★★★
024 다음 중 실물적 측면에서 이자의 정당성을 주장하는 이론이 아닌 것은?

① 생산력설　　② 시간선호설

③ 인구의 증가　　④ 유동성선호설

 유동성선호설은 화폐적 측면에서의 이자의 정당성을 주장하는 이론이다. 현금은 언제든지 원하는 재화와 서비스로
즉시 전환할 수 있는 매력적인 장점을 가지고 있는데, 이를 유동성이라고 하며 케인즈는 이를 이자의 발생원천으로
보았다.

[이자의 정당성 – 실물적 측면]

생산력설	자본재는 생산력을 가지므로 생산력을 가지는 자본재를 구입하는 데 자금을 빌려준 사람이 그에 대한 대가(이자)를 받는 것은 당연
시간선호설	사람들이 불확실한 미래재보다는 상대적으로 확실한 현재재를 더 원하며, 현재재에 대한 선호가 높으면 높을수록 현재재 소비의 희생에 대한 대가를 지불할 용의를 가지는 사람 수는 점점 더 늘어나게 될 것
인구의 증가	사무엘슨(Samuelson)은 중첩세대모형에서 인구증가율을 생물학적 이자율이라고 부름

★★★
025 사무엘슨이 주장한 중첩세대모형에 의하면 이자율은 무엇에 의해 정해지나?

① 생산성　　② 시간선호

③ 인구증가율　　④ 투자의 한계효율

 사무엘슨(Samuelson)은 중첩세대모형에서 인구증가율을 생물학적 이자율이라고 부른다.

정답　020 ④　021 ③　022 ②　023 ①　024 ④　025 ③

고전적 이자율 결정이론	고전학파	저축과 투자의 실물요인이 이자를 결정 → 고전학파는 화폐는 실물부문에 대해서 중립적으로 봄
	빅셀	이자율을 시장이자율과 자연이자율의 두 가지로 구분
		시장이자율 | 대부시장에서 실제로 나타나는 화폐적 이자율
		자연이자율 | 실물자본의 수요·공급에 의해 결정되는 이자율
		• 자연이자율과 시장이자율은 균형에 있어서는 서로 일치하지만, 불완전상태에 있어서 양 이자율은 일치할 수 없음 • 시장이자율은 항상 자연이자율을 중심으로 움직임
	케인즈의 유동성 선호설	• 케인즈는 이자율을 기본적으로 화폐적인 현상으로 파악 • 이자율은 유동성을 희생시킨 데에 대한 보상으로 생각함
		화폐보유의 동기를 거래적 동기, 투기적 동기, 예비적 동기로 구분하고 화폐수요함수가 소득에 대한 양(+)의 함수, 이자율에 대한 음(−)의 함수임을 밝힘 → $M^d = L_1(Y) + L_2(r)$
현대적 이자율 결정이론	현대적 대부 자금설	고전학파의 유량(Flow)분석과 케인즈의 저량(Stock)분석을 유량분석으로 종합하여 이자율 수준의 결정요인을 설명
		• 대부자금의 공급 = 저축 + 화폐공급의 변동 • 대부자금의 수요 = 투자 +정부예산적자 + 화폐공급의 변동 • 균형식 : $S + \Delta M^s = I + Def = \Delta M^d$
	명목금리 결정이론	피셔방정식 | 명목이자율(R) = 실질이자율(r) + 기대인플레이션율(π^e)
		완전한 피셔효과 | 기대인플레이션과 명목이자율의 관계가 피셔의 견해처럼 1 : 1의 관계가 있는 것

★★★
026 다음 중 Keynes가 주장한 이자율 이론은 무엇인가?

① 유동성선호설   ② 자연이자율이론

③ 중첩세대이론   ④ 한계생산력설

 케인즈는 이자율을 기본적으로 화폐적인 현상으로 파악하고, 이자율은 현재 혹은 과거에 소비하지 않고 축적한 소득을 화폐가 아닌 다른 금융자산의 형태로 보유함으로써 유동성을 희생시킨 데에 대한 보상으로 생각한다.

027 빅셀(Wicksell)은 이자율을 실물부문에서 결정되는 자연이자율과 화폐부문에서 결정되는 화폐이자율로 구별했다. 여기서 일반균형을 위한 조건은 무엇인가?

① 자연이자율 ≥ 시장이자율
② 자연이자율 ≤ 시장이자율
③ 자연이자율 = 시장이자율
④ 자연이자율 > 시장이자율

 자연이자율은 실물부문에서 실물자본의 수요(투자)와 실물자본의 공급(저축)이 일치되는 점에서 결정되는 이자율이며, 시장이자율은 대부시장(화폐부문)에서 실제로 나타나는 화폐적 이자율이다. 자연이자율과 시장이자율은 균형에 있어서는 서로 일치하지만 불완전상태에 있어서 양 이자율은 일치할 수 없고, 시장이자율은 항상 자연이자율을 중심으로 움직인다. 빅셀의 이론에 있어서 실물부문과 화폐부문은 이자율에 의해 연결되어 있다.

028 케인즈의 유동성선호설에 관한 설명으로 옳지 않은 것은?

① 고전학파와 달리 케인즈는 이자율을 기본적으로 화폐적인 현상으로 봤다.
② 이자율은 한계생산물의 소비를 미래로 연기한 것에 대한 보상이라고 생각했다.
③ 케인즈는 화폐보유의 동기를 거래적 동기, 투기적 동기, 예비적 동기로 구분하였다.
④ 화폐수요함수가 소득에 대한 양(+)의 함수, 이자율에 대한 음(−)의 함수임을 밝혔다.

 케인즈는 이자율이 고전학파가 생각했던 것처럼 한계생산물의 소비를 미래로 연기한 것에 대한 보상이 아니고, 현재 혹은 과거에 소비하지 않고 축적한 소득을 화폐가 아닌 다른 금융자산의 형태로 보유함으로써 유동성을 희생시킨 데에 대한 보상으로 생각했다.

029 고전학파의 이자율이론과 케인즈의 유동성선호설을 비교한 설명으로 옳지 않은 것은? 심화

① 고전학파는 유량(Flow)분석을, 케인즈는 저량(Stock)분석을 하고 있다.
② 고전학파는 이자율 수준이 화폐시장에서 결정된다고 보고 있는데, 케인즈는 재화시장에서 결정된다고 보고 있다.
③ 케인즈 학파는 이자율 수준이 통화량의 영향을 받는다고 보고 있지만, 고전학파는 이자율이 통화량과 관계없이 결정된다고 본다.
④ 최근에는 두 이론 사이에 본질적인 차이가 존재하지 않는다는 견해가 지배적이다.

해설 고전학파는 이자율 수준이 재화시장에서 결정된다고 보고 있는데, 케인즈는 화폐시장에서 결정된다고 보고 있다. 즉 고전학파는 이자율을 실물적 현상으로, 케인즈는 화폐적 현상으로 인식한다. 유량(Flow)이란 저축과 투자처럼 일정 기간 동안에 측정하는 변수를 말하며, 저량(Stock)은 화폐수요량과 통화량처럼 일정 시점에 측정하는 변수를 말한다.

	고전학파	케인즈
분석방법	유량분석(Flow)	저량분석(Stock)
이자율 결정	재화시장 → 자연이자율	화폐시장 → 시장이자율
이자율과 통화량	이자율이 통화량과 관계없이 결정됨	이자율 수준이 통화량의 영향을 받음

★★★
030 이자율결정이론에 관한 설명으로 옳은 것은?

① 고전학파는 화폐수요와 화폐공급이 이자율을 결정한다고 본다.

② 케인즈는 저축과 투자가 이자율을 결정한다고 본다.

③ 인플레이션이 존재하면 피셔방정식에 의해 명목금리의 수준을 결정할 수 있다.

④ 현대적 대부자금설은 고전학파와 케인즈의 이론을 저량변수로 통합한 이론이다.

해설 피셔방정식이란 [명목이자율(R) = 실질이자율(r) + 기대인플레이션율(π^e)]을 말하므로 인플레이션이 존재하면 피셔방정식에 의해 명목금리의 수준을 결정할 수 있다. 틀린 내용을 바르게 고치면,

① 케인즈는 화폐수요와 화폐공급이 이자율을 결정한다고 본다.
② 고전학파는 저축과 투자가 이자율을 결정한다고 본다.
④ 현대적 대부자금설은 고전학파와 케인즈의 이론을 유량변수로 통합한 이론이다.

★★★
031 Fisher 효과란 무엇인가?

① 인플레이션 기대효과　　　　　　② 실질잔고효과

③ 외부효과　　　　　　　　　　　④ 유통속도효과

해설 피셔효과란 시중금리와 인플레이션 기대심리와의 관계를 말해주는 이론으로, 시중의 명목금리는 실질금리와 예상인플레이션율의 합계와 같다는 것을 말한다. 즉 [명목이자율 = 실질이자율 + 예상인플레이션율]

★★★
032 오쿤(Okun)과 섬머스(Summers)의 주장이나 먼델−토빈의 실질잔고효과가 공통적으로 주장하고 있는 것은? 심화

① 인플레이션 기대효과   ② 실질잔고효과

③ 불완전한 피셔효과   ④ 완전한 피셔효과

> **해설** 불완전한 피셔효과란 기대인플레이션이 명목이자율에 전부 반영되지 않는 것을 말한다. 즉 예상물가상승률과 명목금리 간에 1:1의 비율이 성립하지 않는다는 것이다.

[완전한 피셔효과가 성립하지 않는다는 견해들 (불완전한 피셔효과)]

오쿤(Okun)	경제가 기대인플레이션에 적응해 나가는 데는 오랜 시간이 소요될 뿐 아니라 기대인플레이션에 완전히 적응하지 못하기 때문에 기대인플레이션이 명목이자율에 전부 반영되지 않는다고 주장
섬머스 (Summers)	시장이 불완전하기 때문에 대체투자물을 찾기가 어렵고, 포트폴리오 조정을 위한 자금조달상의 제약이 있으므로 기대인플레이션과 명목이자율 간에 1:1의 관계가 성립하지 않음
먼델−토빈의 실질잔고효과	인플레이션이 발생하면 실질잔고가 감소됨으로써 경제주체는 소비를 줄이고 저축을 증가시키게 된다. 저축의 증가로 실질금리가 하락하기 때문에 기대인플레이션과 명목이자율 간에 1:1의 관계가 성립하지 않음

···TOPIC 6 이자율의 기간구조

★★★
033 수익률곡선에 관한 설명으로 옳지 않은 것은?

① 이자율과 채권의 만기 간의 관계를 나타낸 곡선을 수익률곡선이라고 한다.

② 일반적인 수익률곡선의 형태는 단저장고의 형태로서 우상향하며 시기적으로 이동해 왔다.

③ 만기가 길수록 수익률곡선은 평탄화(Flat) 된다.

④ 우하향하는 수익률곡선은 어떤 경제체제의 소득수준이 낮아서 금융당국이 확장정책을 실시하는 경우에 발생한다.

> **해설** 우하향하는 수익률곡선(전도된 수익률곡선), 즉 단기채권의 수익률은 높고 장기채권의 수익률이 낮은 상황은 어떤 경제체제의 소득수준이 높아서 금융당국이 긴축정책을 실시하는 경우에 발생한다.

(불편) 기대이론	• 장단기 채권은 완전 대체관계에 있다고 가정 • 장기채권에 투자할 경우와 단기채권에 투자할 경우 예상수익률이 동일해야 한다는 이론 • 장기금리는 단기예상금리들의 평균으로 결정됨 • 수익률곡선의 이동은 잘 설명하나, 우상향은 잘 설명하지 못함
시장분할이론	• 장단기 채권 간에 대체관계가 없다고 가정 • 채권시장이 몇 개의 하위 시장으로 세분되어 있으며 수익률곡선은 만기별로 체계적인 관련성을 갖지 않고, 각 하위시장 나름대로의 수익률곡선을 가짐 • 수익률곡선의 우상향은 잘 설명하나, 이동은 설명하지 못함
유동성 프리미엄이론	• 장기금리는 단기이자율과 유동성프리미엄의 합으로 나타냄 • 유동성프리미엄은 항상 양(+)의 값을 가지며 만기가 길수록 커짐 • 수익률곡선의 이동과 우상향을 잘 설명함
특정시장 선호이론	• 장단기 채권 간의 불완전한 대체관계를 가정하며, 기대이론과 시장분할이론을 결합한 형태 • 투자자가 만기가 서로 다른 채권들의 기대수익률을 동시에 고려하면서도 특별히 선호하는 채권만기가 존재할 수 있다는 것을 의미 • 장기금리는 단기이자율(기대이론)과 기간프리미엄의 합으로 나타냄 • 수익률곡선의 우상향을 어느 정도 설명하며, 이동은 잘 설명함

★★★
034 수익률곡선에 관한 설명으로 옳지 않은 것은?

① 금리하락이 예상되면 유동성프리미엄이론이나 기대이론에 의한 수익률곡선은 비슷한 모양을 갖는다.

② 시장분할이론에서 수익률곡선은 불연속성을 보일 수 있다.

③ 유동성프리미엄이론에서 수익률곡선은 일반적으로 우상향이다.

④ 기대이론에서 수익률곡선은 미래금리에 대한 기대가 반영된다.

해설 유동성 프리미엄이론(또는 유동성 선호가설)에서 수익률곡선은 유동성프리미엄으로 인해 항상 기대가설에 의한 수익률곡선보다 위에 위치한다. 금리하락이 예상될 경우 기대가설에서 수익률곡선은 우하향 한다.

★★★
035 다음에서 설명하는 이자율의 기간구조이론은?

> • 수익률곡선이 미래 시장금리의 움직임에 대한 투자자들의 예상에 의해 결정된다.
> • 현재시점에서 금리의 기간구조에 내재된 선도금리는 미래의 현물금리의 불편추정치라는 논리이다. 즉, 장기금리는 단기금리의 기하평균이다.

① 기대이론   ② 유동성프리미엄이론
③ 시장분할이론   ④ 특정시장선호이론

 불편기대이론에 관한 설명이다. 불편기대이론은 장단기 채권 간에 완전한 대체관계가 있다고 본다. 즉, 3년 만기 채권에 투자한 수익률과 1년 채권에 투자한 후 2년 만기 채권에 투자한 수익률이나, 2년 채권에 투자한 후 1년 만기 채권에 투자한 수익률이 같아진다는 논리이다.

★★★
036 불편기대이론에 대한 설명으로 옳지 않은 것은?

① 장단기 채권 간에는 완전대체관계가 있다.
② 장기금리는 단기예상금리들의 평균이다.
③ 수익률곡선은 대체로 우상향 한다.
④ 수익률곡선의 이동을 잘 설명한다.

 수익률곡선의 형태는 미래 단기이자율의 예상에 따라 우상향이나 우하향의 모습이 나타날 수 있다. 즉 미래 단기금리가 하락할 것으로 예상되면 수익률곡선은 우하향, 미래 단기금리가 상승할 것으로 예상되면 수익률곡선은 우상향, 미래 단기금리의 변화가 없을 것으로 예상되면 수익률곡선은 수평의 평평한 형태를 보일 수 있다.

★★★
037 불편기대이론에 의하면 3기간 모형에서 올해의 단기이자율이 3%, 내년의 단기예상이자율이 4%, 내후년의 단기예상이자율이 5%라면, 3기간에 적용되는 올해의 장기이자율은?

① 3%   ② 4%   ③ 5%   ④ 12%

해설 기대이론에 의하면 장단기금리간의 관계에서 장기금리는 단기금리들의 기하평균으로 결정된다. 간편한 계산을 위해서 이를 근사식으로 표시하면, 장기금리는 단기예상금리들의 산술평균으로 계산할 수 있다. 따라서

$$\frac{3\% + 4\% + 5\%}{3} = 4\%$$

★★★ 038 이자율의 기간구조이론에 대한 내용이다. 빈칸 ㉠와 ㉡에 들어갈 이론을 순서대로 바르게 나타낸 것은? 심화

	㉠	㉡
채권간 대체관계	완전대체	대체관계 없음
우상향의 수익률곡선	잘 설명 못함(×)	잘 설명함(○)
수익률곡선의 이동	잘 설명함(○)	잘 설명 못함(×)

① 유동성프리미엄이론, 특정시장 선호이론
② 특정시장 선호이론, 유동성프리미엄이론
③ 유동성프리미엄이론, 불편기대이론
④ 기대이론, 시장분할이론

 해설 기대이론은 장단기 채권은 완전 대체관계에 있다고 가정한다. 기대이론은 장단기금리 간의 높은 연계성이 평균식에 의해 확보되기 때문에 수익률곡선의 이동은 잘 설명하나, 수익률곡선이 대체로 우상향 한다는 사실은 잘 설명하지 못한다.
시장분할이론은 장단기 채권 간에 대체관계가 없다고 가정한다. 시장분할이론은 단기금리 하락–장기금리 상승에 의해 수익률곡선이 대체로 우상향 한다는 사실은 잘 설명하고 있으나, 장단기금리 간의 대체관계가 없다고 가정하기 때문에 장단기금리 간의 연계성이 없게 되어 수익률곡선의 이동은 설명하지 못한다.

★★★ 039 다음은 이자율의 기간구조이론에서 프리미엄에 관한 설명이다. 빈칸 ㉠~㉢에 적절한 말을 순서대로 바르게 나타낸 것은? 심화

- 유동성프리미엄은 항상 (㉠)의 값을 갖는다.
- 단기채권을 선호하는 투자자의 기간프리미엄은 (㉡)의 값을 갖고, 장기채권을 선호하는 투자자의 기간프리미엄은 (㉢)의 값을 갖는다.

① 양(+), 음(–), 양(+)   ② 양(+), 양(+), 음(–)
③ 음(–), 양(+), 음(–)   ④ 음(–), 음(–), 양(+)

 해설 유동성프리미엄은 장기채권을 보유함으로써 현재 유동성을 장기간 포기하는 것에 대한 대가이므로 항상 양(+)의 값을 갖게 되어 채권의 만기가 길어질수록 유동성프리미엄의 값은 더욱 커지게 된다. 기간프리미엄은 단기채권을 선호하는 투자자로 하여금 장기채권을 구입도록 하기 위해 그의 효용감소를 보상해 주는 프리미엄을 의미하는 것으로 단기채권을 선호하는 투자자의 기간프리미엄은 양(+)의 값을 갖게 되고, 장기채권을 선호하는 투자자의 기간프리미엄은 음(–)의 값을 갖게 되나 대체로 양(+)의 기간프리미엄이 일반적이다.

★★★
040 이자율의 기간구조이론에 대한 내용이다. 빈칸 ㉠와 ㉡에 들어갈 이론을 순서대로 바르게 나타낸 것은? 심화

	㉠	㉡
채권간 대체관계	불완전대체	불완전대체
우상향의 수익률곡선	잘 설명함(○)	어느 정도 설명함(△)
수익률곡선의 이동	잘 설명함(○)	잘 설명함(○)

① 유동성프리미엄이론, 특정시장 선호이론

② 특정시장 선호이론, 유동성프리미엄이론

③ 유동성프리미엄이론, 불편기대이론

④ 기대이론, 시장분할이론

 해설 유동성프리미엄이론은 장단기 채권 간의 불완전한 대체관계를 가정한다. 또한 항상 양(+)의 값을 갖는 유동성프리미엄의 존재로 인해 기대이론보다 장기금리가 단기금리보다 높을 가능성이 증대됨으로써 수익률곡선이 대체로 우상향 한다는 사실을 잘 설명하고 있으며, 기대이론과 같이 장단기금리 간의 높은 연계성이 평균식에 의해 확보되기 때문에 수익률곡선의 이동도 잘 설명하고 있다.
특정시장 선호이론도 장단기 채권 간의 불완전한 대체관계를 가정한다. 또한 대체로 양(+)의 값을 갖는 기간프리미엄의 존재로 인해 기대이론보다 장기금리가 단기금리보다 높을 가능성이 증대됨으로써 수익률곡선의 우상향을 어느 정도 설명하고 있으며, 기대이론과 같이 장단기금리간의 높은 연계성이 평균식에 의해 확보되기 때문에 수익률곡선의 이동도 잘 설명한다.

···TOPIC 7 이자율의 변동요인 분석

★★★
041 다음 중 이자율 변화 요인과 이자율 변화의 관계가 옳지 않은 것은?

① 물가가 상승하면 이자율이 상승한다.

② 경기 확장국면에서 이자율은 경기보다 후행하면서 상승한다.

③ 경상수지가 흑자인 경우, 금리가 상승한다.

④ 원화절상(환율하락)은 단기적으로 이자율을 하락시키나 장기적으로 경상수지가 악화되면 이자율을 상승시킨다.

해설 경상수지가 흑자인 경우, 해외부문을 통한 화폐공급이 증가하여 금리가 하락한다. 또한 자금의 수요가 늘어나면 이자율이 상승하고 공급이 늘어나면 이자율은 하락한다. 경기 확장국면에서 초기엔 하락하다 시간이 지남에 따라 상승하고 경기 수축국면에서 이자율은 초기엔 상승하다 시간이 흐르면서 점차 하락한다.

자금수요와 자금공급	① 자금수요 증가 (경기 상승기) → 금리 상승 ② 자금수요 감소 (경기 하락기) → 금리 하락	
기대 인플레이션	물가상승 → 상품구매력↓ → 화폐보유의 기회비용↑ → 이자율 상승	
경제외적 요인	**예** 파업발생 → 정치·사회 불확실성 증가 → 위험 프리미엄↑ → 이자율 상승 (유동성 프리미엄 증가)	
경기변동과 금리	경기확장국면(상승기)	이자율이 초기에는 하락하다가 시간이 지남에 따라 상승
	경기수축국면(하강기)	이자율이 초기에는 상승하다가 시간이 지남에 따라 하락
물가와 금리	금리는 인플레이션에 후행하면서 물가와 같은 방향으로 움직임 (물가상승 → 실질소득 감소 → 구매력하락 → 기업수지악화 → 이자율 상승)	
경상수지와 금리	경상수지와 금리는 강한 음(-)의 상관관계를 가짐	
	① 경상수지 흑자인 경우 : 해외부문을 통한 화폐공급 증가 → 금리 하락 ② 경상수지 적자인 경우 : 해외부문을 통한 화폐공급 감소 → 금리 상승	
환율과 금리	뚜렷한 상관관계가 없다.	
	① 원화절상(환율하락) : 단기적으로 하락, 장기적으로 상승 ② 원화절하(환율상승) : 단기적으로 상승, 장기적으로 하락	

★★★
042 외국자본의 유입이 국내경제에 끼치는 영향으로 옳지 않은 것은?

① 통화량 증가　　　　　　　　　② 환율하락

③ 물가상승　　　　　　　　　　　④ 금리상승

해설 외국자본의 급속한 유입으로 외화공급이 증가하면 외화가격은 떨어지고 원화가치는 상승하므로 환율이 떨어지고 통화량이 증가하면서 물가상승과 금리하락을 부추기게 된다.

★★★
043 다음은 통화량과 이자율의 관계를 설명한 내용이다, 빈 칸 ㉠~㉢에 적합한 말을 순서대로 바르게 나타낸 것은?

> 통화당국이 이자율을 조절하기 위해 통화량을 증가시키면 단기적으로 명목이자율은 하락하게 되는데 이를 (㉠)효과라고 한다. 그러나 이자율 하락은 투자를 증가시키므로 국민소득이 증대되고 이는 화폐수요를 증가시켜 명목이자율은 다시 상승하게 되는데 이를 (㉡)효과라고 부른다. 또한 통화량이 증가하여 기대인플레이션이율이 상승하고 물가가 상승하면 명목이자율이 상승하는데 이를 (㉢)효과라고 한다.

① 유동성 – 소득 – 피셔 　　　② 유동성 – 피셔 – 소득
③ 소득 – 유동성 – 피셔 　　　④ 피셔 – 소득 – 유동성

해설 통화가 공급되면 단기적으로 유동성효과로 금리를 떨어뜨리나 중장기적으로 소득효과와 피셔효과로 인해 금리가 상승한다.

★★★
044 통화량이 증가하면 이자율이 하락하고 물가가 상승한다는 기존 학설의 입장에서 볼 때, 통화량 증가에 따라 장기적으로 이자율과 물가가 상승한다는 이후의 주장은 기존의 학설과 상반된다는 의미에서 ( )이라 한다. 빈칸에 적절한 말은?

① 다이아몬드의 역설 　　　② 깁슨(Gibson)의 역설
③ 절약의 역설 　　　　　　④ 레온티에프 역설

해설 깁슨(Gibson)의 역설이라고 한다. 그런데 피셔효과로 인해 통화량과 이자율 간에 정(+)의 관계가 존재한다는 깁슨의 역설은 이제는 더 이상 역설이 아니라고 할 수 있다.

★★★
045 다음은 국내총생산(GDP, Gross Domestic Product)을 설명한 것이다. ㉠~㉤ 중 옳지 않은 것을 모두 고르면?

> 국내총생산(GDP)은 ㉠일정 시점에 ㉡한 국가 안에서 ㉢새로 생산하고 판매된 ㉣최종 생산물의 가치를 ㉤모두 더한 것이다.

① ㉠, ㉤　　　　　　　　　　　　　② ㉠, ㉡

③ ㉠, ㉢　　　　　　　　　　　　　④ ㉢

 해설 국내총생산(GDP)은 한 나라에서 일정 기간 동안(유량, Flow) 생산된 모든 최종 재화와 서비스의 시장 가치이다. 즉 GDP는 일정 시점의 통계수치가 아니고 일정 기간의 통계자료이다. 또한 2016년도 국내총생산(GDP)을 구한다고 할 때, 2016년에 국내에서 생산된 최종생산물 가치를 모두 더한 것이다. 따라서 2016년 이전에 생산되었으나 2016년에 판매된 재화나 서비스가 있다면 이는 다른 연도의 국내총생산에 이미 합해졌기 때문에 2016년의 국내총생산에는 포함되지 않는다.

🏛 필수핵심정리 ▶ 주요경제변수

		한 나라 안에 있는 가계, 기업, 정부 등의 모든 경제주체가 일정 기간에 새로이 생산한 재화와 서비스의 가치를 시장가격으로 평가하여 합산한 것
국민 소득	GDP 국내총생산	• 국내생산자가 생산한 부가가치 또는 최종생산물의 총계 • 실질 GDP + 교역조건 변화에 따른 실질무역손익 = 실질 GDI
	GNI 국민총소득	• 한 나라의 국민이 생산활동에 참여한 대가로 받은 소득의 합계 • 실질 GNI = 실질 GDI + 실질 국외순수취 요소소득
고용	경제활동 참가율	$= \dfrac{\text{경제활동인구(= 취업자 + 실업자)}}{\text{생산활동 가능인구}}$
	실업률	$= \dfrac{\text{실업자수}}{\text{경제활동인구}}$

★★★
046 다음 중 국내총생산(GDP)에 관한 설명으로 옳은 것은? 심화

① GDP는 특정한 시점의 한 나라의 총 생산량이다.
② 우리나라 기업들의 매출을 모두 더하면 GDP와 같아진다.
③ GDP에는 한국 기업이 몽골에서 생산한 재화의 가치도 포함된다.
④ 폐쇄경제에서는 GDP와 국민총소득(GNI, Gross National Income)이 같아진다.

> **해설** GDP는 특정한 시점이 아니라 일정기간 동안 한 나라 안에서 생산된 최종 재화와 서비스의 가치를 모두 더한 것이다. 따라서 GDP에는 해외에서 생산된 상품이나 기업 매출에 포함된 중간재는 포함되지 않는다. GDP에 무역손익을 더하면 국내총소득(GDI)이 된다. GNI는 우리나라 국민이 국내외 생산활동에서 벌어들인 소득이다. GNI는 GDI에서 우리 국민이 해외에서 얻은 소득을 더하고 외국인이 국내에서 벌어간 소득을 차감해(실질 해외순수취요소소득) 구한다. 폐쇄경제에서는 노동과 상품의 국제거래가 발생하지 않으므로 GDP와 GNI는 같아진다.

★★★
047 다음 중 올해 국내총생산(GDP) 계산에 포함되는 것은? 심화

① 기존 주택 매입금액 5억원
② 주식을 매각한 돈 1억원
③ 케이블 TV에서 최신 영화를 보기 위해 지불한 3,000원
④ 집안을 청소한 가정주부의 가사노동(노동가치 10만원)

> **해설** GDP를 계산하는 기간 이전에 생산된 재화는 당해연도 GDP에 포함되지 않는다. 따라서 신축 건물이 아닌 기존 건물의 매입금액은 과거의 GDP에 포함됐으므로 올해 GDP에는 포함되지 않는다. 또 시장에서 거래되는 모든 상품과 서비스는 GDP에 포함되지만 주부의 가사 노동 등과 같이 시장에서 거래되지 않는 서비스는 포함되지 않는다. 또한 최종재에 포함된 중간재화, 상속·증여, 기존주택의 매매, 주식거래 등은 제외된다.

★★★
048 다음 자료로만 판단한 A국가의 국내총생산(GDP)는?

> A국가에서 모든 밀은 밀가루를 만드는 데 사용되고, 모든 밀가루는 빵을 만드는데 사용되며, 그 밖의 생산물은 없다고 가정한다. 농부는 100만원 어치의 밀을 생산하고 제분업자는 200만원 어치의 밀가루를 생산한다. 그리고 제빵업자는 400만원 어치의 빵을 생산하고 있다.

① 100만원   ② 200만원   ③ 400만원   ④ 600만원

해설 국내총생산(GDP)은 한 나라에서 일정 기간 동안 생산된 모든 최종재화와 서비스의 시장가치이다. 이때 중간재의 가격은 최종재의 가격에 포함되기 때문에 GDP는 최종재의 가치만 계산하면 된다. 문제에서 농부가 생산한 100만 원 어치 밀의 가치는 제분업자의 밀가루 200만원에 포함되었고, 다시 밀가루 200만원은 제빵업자가 만든 400만원 어치의 빵에 그 가치가 모두 계산되어져 있다. 따라서 A국에서 빵 이외의 생산물은 없다고 가정하였으므로 A국의 GDP는 400만원이다. 이것은 생산단계별로 발생한 부가가치를 모두 합산한 것(= 400만원)과도 같다. 즉 농부 100 만원 + 제분업자 100(= 200-100)만원 + 제빵업자 200(= 400-200)만원

★★★
049 우리나라의 국외지급 요소소득이 국외수취 요소소득보다 클 경우에 우리나라의 국내총생산 (GDP)은 어떠한가?

① 국민총소득(GNI)보다 작다.　　② 국민총소득(GNI)보다 크다.
③ 국민순생산(NNP)보다 작다.　　④ 국민총소득(GNI)과 같다.

해설 국민총소득 (GNI, Gross National Income)은 한 나라 국민이 생산활동에 참여한 대가로 받은 소득의 합계로서, 해외 로부터 국민이 받은 소득(국외수취 요소소득)은 포함되고, 국내총생산 중에서 외국인에게 지급한 소득(국외지급 요 소소득)은 제외된다. 즉, GNI = GDP + 국외순수취 요소소득 = GDP + (국외수취 요소소득 − 국외지급 요소소득). 따라서 국외지급 요소소득이 국외수취 요소소득보다 크면 국외순수취 요소소득은 음(−)이 되어 국내총생산(GDP) 이 국민총소득(GNI)보다 크게 나타난다. 참고로 [국민순생산(NNP) = GNP − 감가상각비 = 소비 + 순투자 = NI + 간접세 − 보조금]

★★★
050 우리나라 총인구가 5,000만, 15세 미만 인구가 1,500만, 비경제활동인구가 1,500만, 실업자 가 100만 명이라고 할 경우, 경제활동참가율과 실업률은 각각 얼마인가?

① 63.6%, 7%　　　　② 63.6%, 5%
③ 57.1%, 5%　　　　④ 57.1%, 7%

해설 생산가능인구는 총인구(5,000만)에서 15세 미만 인구(1,500만)를 뺀 3,500만 명이다. 이 가운데 비경제활동인구가 1,500만 명이니 경제활동인구는 2,000만(= 3,500만 − 1,500만) 명이다.

- 경제활동참가율 = $\dfrac{경제활동인구}{생산(활동)가능인구}$ = $\dfrac{(5,000만 - 1,500만) - 1,500만}{5,000만 - 1,500만}$ ≒ 57.1%

- 실업률 = $\dfrac{실업자수}{경제활동인구}$ = $\dfrac{100만}{2,000만}$ = 5%

실업		일할 의사와 능력을 가진 사람이 직업을 갖지 않거나 갖지 못한 상태 → 1주일에 1시간 이상 수입을 목적으로 일을 했는지가 기준
	실업자	① 지난 4주간 구직활동을 했고 ② 일이 주어지면 즉시 일을 할 수 있지만 ③ 지난 일주일간 일을 하지 않은 사람

총인구	15세 미만 인구	근로기준법상 노동력 제공이 불가능한 연령			
	15세 이상 인구	생산가능인구 = 노동가능인구	경제활동 인구	취업자	수입을 목적으로 1시간 이상 근로
				실업자	–
			비경제활동 인구	주부, 학생, 진학준비자, 취업준비생, 연로자, 심신장애자, 구직단념자 등	
		군인, 의무경찰, 재소자 제외			
경제활동인구		15세 이상 인구 중에서 경제활동에 참가하고 있는 사람으로 취업자와 적극적으로 구직활동을 한 실업자를 말함			
비경제활동인구		15세 이상의 인구 중에서 취업할 의사가 없는 주부, 학생들 → 실업자 중에서 구직활동을 포기한 실망노동자도 비경제활동인구에 포함됨			
경제활동참가율		15세 이상 생산가능인구 중에서 경제활동인구가 차지하는 비율 $$= \frac{경제활동인구}{생산(활동)가능인구} = \frac{경제활동인구}{경제활동인구 + 비경제활동인구}$$			
실업률		경제활동인구 중에서 실업자가 차지하는 비율 $$= \frac{실업자수}{경제활동인구} = \frac{실업자수}{실업자수 + 취업자수}$$			

★★★
051 다음 중 실업자로 분류되는 사람은?

① 겨울이라 농사일이 없어 쉬고 있는 농민
② 일자리를 찾다가 포기해버린 구직자
③ 대학생, 공무원 시험을 준비하고 있는 대졸자
④ 전업 주부

 해설 겨울철이라 농사일이 없어 쉬고 있는 농민은 계절적인 노동수요의 변화에 따라 발생하는 실업으로 계절적 실업이라고 한다. 나머지는 모두 비경제활동인구에 해당한다. 만15세 이상 노동가능인구(생산가능인구)는 경제활동인구(= 취업자 + 실업자)와 비경제활동인구로 나눠진다. 경제활동인구는 15세 이상 인구 중에서 경제활동에 참가하고 있는 사람으로 취업자와 적극적으로 구직활동을 한 실업자를 말한다. 여기서 실업자는 일자리를 찾으려고 노력했으나 고용되지 않은 사람이다. 일시적으로 해고된 상태로 다시 취업하기를 기다리는 사람 등도 포함된다. 비경제활동인구는 15세 이상의 인구 중에서 일할 능력이 없거나 취업할 의사가 없는 사람 등이다. 가사와 육아를 전담하는 전업주부, 학생, 진학준비자, 취업준비생, 연로자, 심신장애자, 구직활동을 하다가 취업을 포기한 사람 등이 이에 해당한다.

★★★
052 다음은 A국가의 인구통계 자료이다. 경제활동참가율과 실업률을 계산하면?

인구 구성	전체 인구	15세 미만 인구	비경제 활동 인구	취업자 수
인구 수	5,000	1,500	1,000	2,250

① 경제활동참가율(70%), 실업률(10%)

② 경제활동참가율(70%), 실업률(20%)

③ 경제활동참가율(71.4%), 실업률(10%)

④ 경제활동참가율(71.4%), 실업률(20%)

 경제활동참가율은 15세 이상 인구 중에서 경제활동인구(= 실업자 + 취업자)가 차지하는 비율이다. 15세 이상 인구는 3,500(= 5,000−1,500)이고, 전체인구 5,000에서 15세 미만 인구 1,500과 비경제활동인구 1,000을 제외한 2,500이 경제활동인구가 된다. 따라서 경제활동참가율은 71.4%(= 2,500/3,500)이다. 실업률은 경제활동인구에서 실업자가 차지하는 비율이다. 실업자수와 취업자수를 더한 것이 경제활동인구이므로 실업자는 취업자수 2,250을 제외한 나머지 250이다. 따라서 실업률은 (250 ÷ 2,500) × 100 = 10%이다.

★★★
053 다음 자료를 보고 태희네 가족의 실업률을 계산하면? 심화

태희(28세, 회사원), 아버지(53세, 회사원) 어머니(48세, 전업주부), 언니(31세, 구직 중),
남동생(20세, 대학생), 여동생(13세, 초등학생)

① 33.3% 　　　　　　　② 50.0%

③ 16.6% 　　　　　　　④ 0%

 실업률은 경제활동인구에서 실업자가 차지하는 비율이다. 경제활동인구는 만 15세 이상 인구 가운데 취업자와 구직활동을 하고 있는 실업자를 합한 수이다. 일할 의사가 없는 전업주부, 학생, 군인 등은 경제활동인구에서 제외(비경제활동인구)된다. 태희네 가족의 경제활동인구는 전업주부인 어머니와 대학생인 남동생을 제외한 아버지, 언니, 태희까지 총 3명이다. 이중에 언니가 실업자이므로 실업률은 1/3 = 33.3%이다.

···TOPIC 9 경기지수

★★★
054 다음 중 물가지수가 아닌 것은?

① 소비자물가지수(CPI) ② 생산자물가지수(PPI)
③ 소비자태도지수(CSI) ④ GDP 디플레이터(Deflator)

 소비자태도지수(CSI, Consumer Sentiment Index)는 소비자들에게 설문조사를 하여 경기를 예측하는 지표이다.

★★★
055 국민경제 전체의 물가압력을 측정하는 지수로 사용되며, 통화량 목표설정에 있어서도 기준 물가상승률로 사용되는 것은?

① 소비자물가지수(CPI) ② 생산자물가지수(PPI)
③ 기업경기실사지수(BSI) ④ GDP 디플레이터(Deflator)

 GDP 디플레이터(Deflator)$\left(=\dfrac{\text{명목 GDP}}{\text{실질 GDP}} \times 100\right)$는 명목GDP와 실질GDP 간의 비율로서 국민경제 전체의 물가압력을 측정하는 지수로 사용되며, 통화량 목표설정에 있어서도 GDP 디플레이터가 기준 물가상승률로 사용된다.

★★★
056 2016년의 명목 GDP가 1,272조 원이며 GDP 디플레이터가 115(2015년 100기준)라고 가정할 경우, 2016년의 실질 GDP는 얼마인가?

① 약 1,000조 원 ② 약 1,100조 원
③ 약 1,200조 원 ④ 약 1,300조 원

 공식을 이용해서 다음과 같이 구한다.

- GDP디플레이터 = $\dfrac{\text{명목 GDP}}{\text{실질 GDP}} \times 100$

- 실질 GDP = $\dfrac{\text{명목 GDP}}{\text{GDP 디플레이터}} \times 100$

→ 따라서, 2016년의 실질 GDP = $\dfrac{1,272}{115} \times 100 ≒ 1,100$

057 현재 한국은행에서 사용하는 통화지표에 속하지 않는 것은?

① M1(협의통화)
② M2(광의통화)
③ M3(총통화)
④ L_f(금융기관유동성)

 해설 한국은행은 유동성을 중심으로(기존에는 금융기관 중심) 통화지표를 4가지로 구분하여 발표하고 있다. 4가지 통화지표로는 M1(협의통화), M2(광의통화), L_f(금융기관유동성), L(광의유동성)이 있다.

058 명목 GDP를 통화량으로 나눈 값으로 자금흐름의 속도를 반영하는 것을 무엇이라 하는가?

① 통화유통속도
② GDP 디플레이터
③ 가속도계수
④ 승수(Multiplier)

 해설 통화유통속도는 다음과 같다.

- $M \times V = P \times y$ → 통화량 × 통화유통속도 = GDP디플레이터 × 실질 GDP = 명목 GDP
- $V = \dfrac{P(= \text{GDP 디플레이터}) \times y(= \text{실질 GDP})}{M(\text{통화량})} = \dfrac{Y(= \text{명목 GDP})}{M(\text{통화량})}$

059 올해 통화량은 1,100조원, GDP디플레이터는 110(기준년도 100), 실질 GDP는 1,000조원이라고 할 때, 통화유통속도는?

① 1
② 3
③ 5
④ 7

해설 $M \times V = P \times y$ → 통화량 × 통화유통속도 = GDP디플레이터 × 실질 GDP = 명목 GDP
따라서 1,100조 × V = (110/100) × 1,000조
∴ V(통화유통속도) = 1

060 내년도 실질GDP 성장률이 4%, 물가상승률(GDP디플레이터 상승률)이 3%로 예상되며, 통화의 유통속도는 4% 하락할 것으로 추정된다. 다른 여건은 불변이라고 가정할 때, EC방식에 의한 내년도 적정 통화공급은 금년도에 비해서 얼마나 증가해야 하는가?

① 5%　　　　　　② 8%　　　　　　③ 11%　　　　　　④ 15%

> **해설** EC방식에 의한 적정 통화공급 규모를 결정할 때 다음의 공식을 사용한다.
> $MG = PG + yG - VG = YG - VG$ → 통화증가율 = GDP디플레이터 상승률 + 실질GDP 증가율 − 유통속도 변화율 = 4% + 3% − (−4%) = +11%

> $$MG = PG + yG - VG = YG - VG$$ → 이 식은 $[M \times V = P \times y]$ 공식을 변화율의 함수로 바꾼 것임
> (MG: 통화증가율, PG: GDP디플레이터 상승률, yG: 실질GDP 증가율, YG : 명목GDP 증가율, VG : 유통속도 변화율)

061 다음 중 통화유통속도가 고정되어 있는 경제에서 항상 성립하는 것은? 심화

① 통화증가율이 실질GDP 증가율과 같다.
② 통화증가율이 GDP디플레이터 상승률과 같다.
③ 통화증가율이 명목 GDP 증가율과 같다.
④ 통화증가율이 실질GDP 증가율보다 크다.

> **해설** $MG = PG + yG - VG = YG - VG$, 이 식에서 통화유통속도의 변화율($VG$)이 0이라면 통화증가율($MG$)이 명목GDP 증가율($YG$)과 같다.

062 금융기관 간 초단기 자금거래가 이루어지는 단기자금시장의 금리를 무엇이라 하는가?

① CP 금리　　　　　　② RP 금리
③ Call 금리　　　　　　④ 기준금리

> **해설** 콜금리(Call Rate)는 금융기관들끼리 초단기(보통 1일)로 자금을 빌려주거나(Call Loan) 자금을 빌려올 때(Call Money) 적용되는 초단기금리를 말한다.

063 현재 한국은행에서 통화정책의 기준으로 사용하는 기준금리는?

① 1일물 RP 금리
② 7일물 RP 금리
③ Call 금리
④ CD 금리

해설 과거엔 통화정책의 기준금리로 콜금리를 사용했으나, 콜금리가 시중 자금사정과 관계없이 한국은행의 통제를 받으면서 시장기능을 상실했다는 판단 때문에 현재는 7일물 RP금리를 기준금리로 사용하고 있다. 기준금리는 한국은행 금융통화위원회에서 결정하는데 2017년 4월 1일 현재 1.25%이다.

064 다음 중 금리를 나타내는 것이라고 볼 수 없는 것은?

① 자본의 한계수익률
② 수출입물가비율
③ 현재소득과 미래소득의 교환비율
④ 장기적인 경상성장률

해설 금리는 자본의 한계수익률, 현재소득과 미래소득의 교환비율, 장기적인 경상성장률, 자금시장의 수급을 반영하는 지표 등 여러 가지 형태로 정의될 수 있다.

065 다음 중 금리에 관한 설명으로 옳지 않은 것은? 심화

① 자본의 한계수익률이라는 측면에서는 우리 경제가 선진화되고 자본축적이 진행됨에 따라 자본의 한계수익률이 저하되면서 실질금리의 추세적인 하향세가 예상된다.
② 회사채 유통수익률은 금융시장의 자금수급동향을 정확히 반영하는 지표로서 현재의 경기상황을 파악하는데 유용한 지표 역할을 한다.
③ 금융시장이 발달하고 금융심화가 진행되면서 금리의 기간구조에 대한 중요성이 높아질 것이다.
④ 선진국의 경우 금리의 기간구조가 인플레이션에 대한 예측력을 가지고 있는 것으로 알려져 있다.

해설 회사채 유통수익률은 채권발행 물량이 규제되는 경우가 많아 금융시장의 자금수급동향을 정확히 반영한다고 보기는 어려우며, 경기를 사후에 확인하는 지표 역할을 한다(회사채 유통수익률은 경기종합지수(CI)의 후행지수 구성지표임).

★★★
066 1970년대 이후 우리나라 경기순환과정에 대해 잘못 설명한 것은?

① 선진국과는 달리 성장순환을 보였다.
② 경기수축기에도 성장률이 마이너스를 기록하는 예는 거의 없고 단지 추세치보다 둔화되는 현상을 보였다.
③ 경기순환의 발생원인은 실물요인과 금융요인으로 구분할 수 있다.
④ 주요 경제지표들의 전기대비 증감률보다는 전년동기대비 증가율이 경기국면 변화에 대한 보다 정확한 정보를 담고 있다.

> **해설** 주요 경제지표들의 전년동기대비 증가율보다는 전기대비 증감률이 경기국면 변화에 대한 보다 정확한 정보를 담고 있다. 성장순환(Growth Cycle)은 경기가 장기적 성장추세선을 중심으로 경기의 상승과 하락 현상이 주기적으로 나타나는 것을 말한다.

★★★
067 다음 중 경기순환의 발생원인이 나머지 셋과 다른 하나는? [심화]

① 원유가 변동   ② 금리변동
③ 해외경기변동   ④ 기업의 투자심리변화

> **해설** 경기순환의 발생원인은 실물요인과 금융요인으로 구분할 수 있는데, 금리변동은 금융요인이며 나머지 셋은 실물요인이다.
>
> | 실물요인 | 원유가 변동, 해외경기변동, 기업의 투자심리변화 등 |
> | --- | --- |
> | 금융요인 | 통화량변화, 금리변동 등 |

★★★
068 다음 중 경기변동 요인에 속하지 않는 것은?

① 계절요인   ② 규칙요인
③ 추세요인   ④ 순환요인

> **해설** 규칙요인이 아니라 불규칙요인이다. 경기변동은 추세변동, 순환변동, 계절변동, 불규칙변동의 4가지 변동요인으로 구성되어 있다.

★★★
069 경제 시계열자료에 내재되어 있는 계절요인을 제거하는 계절변동의 조정방법으로 거리가 먼 것은?

① 최소자승법   ② 단순평균법
③ 이동평균법   ④ 전년동기대비 증감률

 계절변동은 계절적 변화나 사회적 관습 및 제도 등에 따라 1년을 주기로 거의 매년 반복적으로 발생하는 단기적인 변동을 말한다. 예를 들어 연말연시, 추석, 설 등의 명절이 대표적인 경우이다. 따라서 시간순서로 산출되는 시계열자료에서 계절변동에 따른 경기변동요인을 보정하기 위해 사용하는 것이 계절변동조정방법이다. 이에는 전년동기대비 증감률, 단순평균법, 이동평균법, X-12 ARIMA모형에 의한 조정법 등이 있다.

★★★
070 다음과 같은 경기통계의 문제점을 해결하는 방법으로 적절하지 않은 것은? 심화

> ㉠ 우리나라의 실업률은 대체로 매년 3월에 가장 높게 나타나고 10월에 가장 낮게 나타나고 있는 데, 3월과 10월의 실업률을 단순히 비교해서 실업동향을 판단한다면 그다지 유효한 결론을 얻기 어렵다.
> ㉡ 우리나라의 임금상승률은 매년 3월과 9월에 가장 높게 나타나고 있다.

① 전년동기대비 증감률   ② ARIMA 프로그램
③ 단순평균법   ④ MCD 이동평균법

 실업율 및 임금상승률에 계절변동 패턴이 내재되어 있으므로, 경제시계열에 내재되어 있는 계절요인을 제거해야 한다. 따라서 계절변동을 조정하는 방법이 아닌 것은 MCD(Months for Cyclical Dominance) 이동평균법이다. 참고로 MCD 이동평균법은 불규칙변동을 조정하는 방법이다.

★★★
071 경기순환과 관련된 설명으로 옳지 않은 것은?

① 넓은 의미의 경기순환은 추세요인과 순환요인에 의한 경기변동을 말한다.

② 우리나라의 경기순환도 수축국면이 확장국면보다 긴 경기의 비대칭성이 나타나고 있다.

③ 경기상승은 느리고 완만하게 진행되는 반면 경기하강은 빠르고 급속하게 진행되는 경향을 보인다.

④ 순환주기는 [경기저점 → 경기정점 → 경기저점]까지의 기간을 의미하며 순환주기가 일정한 것은 아니다.

> **해설** 다른 나라의 경우와 마찬가지로 우리나라의 경기순환도 확장국면이 수축국면보다 긴 경기의 비대칭성이 나타나고 있다. 경기순환은 경기확장국면(경기회복과 경기호황)과 경기수축국면(경기후퇴와 경기불황)이 반복되는 현상을 의미한다.

★★★
072 다음 중 경기순환의 특성과 거리가 먼 것은?

① 지속성   ② 변동성   ③ 대칭성   ④ 공행성

> **해설** 경기순환의 특성은 지속성과 변동성, 생산, 고용, 소비, 투자 등이 공통된 움직임을 보이는 공행성, 경기변동의 진폭이 확장국면과 수축국면에서 다르게 나타나거나 확장국면의 기간이 수축국면의 기간보다 길게 나타난다는 비대칭성의 특성이 있다.

★★★
073 국민경제 전체의 순환변동에서 국면전환이 발생하는 경기 전환점을 말하는 것으로서 경기의 저점(또는 정점)이 발생한 구체적인 시점을 무엇이라 하나?

① 기준순환일   ② 순환진폭   ③ 순환심도   ④ 순환주기

> **해설** 기준순환일은 경기의 저점(Trough) 또는 정점(Peak)이 발생한 구체적인 시점을 말하는 것이기 때문에 경기의 전환점을 나타낸다.

정답 | **069** ①   **070** ④   **071** ②   **072** ③   **073** ①

★★★
074 실물경제지표의 움직임은 통상적으로 전년동기대비 증감률을 사용하는데 그 이유로 보기 어려운 것은?

① 실물경제지표에 보편적으로 나타나는 계절요인을 제거할 수 있기 때문에
② 연율 개념으로 표시하기 위해서
③ 각 분기 혹은 각 월의 전년동기대비 증가율을 평균하면 대략적인 연간증가율을 구할 수 있기 때문에
④ Base가 이례적으로 높거나 낮을 경우 증가율이 과대 혹은 과소 계상될 우려가 없기 때문에

해설 전년동기대비 증감률은 보기의 ①~③과 같은 장점이 있다. 반면에 Base(기준년도)가 이례적으로 높거나 낮을 경우 증가율이 과대 혹은 과소 계산될 우려가 있는데 이를 기저효과(Base Effect)라고 한다. 또한 근무일수 변화, 음력 명절의 시기 이동 등으로 인해 단순히 전년동기대비 증가율만으로 경제동향을 파악하는 것은 오류를 범할 위험이 있다.

★★★
075 경기를 파악하기 위한 수준변수로 비농림어업 GDP가 사용되고 있다. 그러나 이 변수는 수준변수 자체보다는 전년동기대비 증가율의 형태로 변환되어 사용되고 있다. 전년동기대비 증가율을 사용하는 이유로 타당한 것은? 심화

① 전기대비 증가율에 비해 경기 전환점 신호를 조기에 발생시키기 때문에
② 연율 개념으로 다시 환산해야 하는 불편함은 있지만 시각적으로 경기 흐름을 가장 잘 반영해주는 장점이 있기 때문에
③ 음력명절의 시기 이동 등의 요인만 아니라면 실물경제에 보편적으로 나타나는 계절요인을 제거하는 효과가 있기 때문에
④ 수준자체가 이례적으로 높거나 낮아도 증가율은 크게 변하지 않기 때문에

해설 틀린 것을 고치면 ① 전년동기대비 보다는 전기대비가 전환점 시기를 조기에 발생한다. ② 전년동기대비는 연율개념이다. ④ 수준(Base)자체가 이례적일 경우 전년동기대비증가율은 크게 변한다.

★★★
076 다음 중 경기예측에 활용되는 지표가 아닌 것은?

① 경기종합지수(CI)   ② 기업경기실사지수(BSI)
③ GDP 디플레이터   ④ 시계열모형(ARIMA모형 등)

해설 GDP 디플레이터는 명목GDP를 실질GDP로 나눈 값으로 사후적으로 국민경제 전체의 물가수준을 측정하는 물가지수이다.

077 다음 중 설문조사에 의해 경기를 예측하는 방법은?

① 경기종합지수(CI)   ② 소비자태도지수(CSI)
③ 경기확산지수(DI)   ④ 시계열모형(ARIMA 모형)

해설   소비자태도지수(CSI, Consumer Sentiment Index)는 소비자에게 설문조사를 하여 향후 경기를 예측하는 방법이다.

[경기예측방법]

경기지표에 의한 경기예측	경기종합지수(CI), 경기확산지수(DI)
설문조사에 의한 경기예측	기업경기실사지수(BSI), 소비자태도지수(CSI)
경제모형에 의한 경기예측	시계열모형, 거시경제계량모형

078 경기확산지수(DI, Diffusion Index)에 관한 설명으로 옳지 않은 것은?

① 경제의 특정부문에서 발생한 경기동향 요인이 여타 부문으로 점차 확산 파급되어 가는 과정을 파악하기 위한 경기지표이다.
② 경제지표를 선행, 동행, 후행 지수의 3개 군으로 구분한 뒤 각 군의 총 구성지표수에서 차지하는 증가지표수와 보합지표수를 파악하여 지수를 구한다.
③ DI가 50% 이상이면 경기는 상승국면, 50%이하이면 하강국면에 놓여있다고 판단한다.
④ 경기변동의 진폭이나 속도를 측정하는 경기지표이다.

해설   경기확산지수(DI)는 경기종합지수(CI)와는 달리 경기변동의 진폭이나 속도는 측정하지 않고 경기변동의 변화방향과 전환점을 식별하기 위한 경기지표이다.

$$DI(경기확산지수) = \frac{전월비\ 증가지표수 + (0.5 \times 보합지표수)}{구성지표수} \times 100$$

079 지난 달의 경기확산지수(DI)가 80%이었다. 이번 달 DI가 50%라면 올바른 경기 분석은?

① 경기가 하강국면이다.   ② 경기가 상승국면이다.
③ 경기가 저점이다.   ④ 경기가 전환점을 맞았다.

해설   경기확산지수(DI)를 해석할 때 유의점이 지난달 보다 수치가 낮다고 무조건 경기가 하강국면이라 할 수 없으며, DI가 30%일 때보다 60%일 때 경기가 2배로 좋은 것도 아니고 40%일 때보다 20%일 때가 2배로 경기가 나빠졌다는 의미도 아니라는 점에 유의하여야 한다. 50%는 경기가 상승이나 하강의 전환점을 맞았음을 의미한다.

★★★ 080 경기종합지수(CI, Composite Index)에 관한 설명으로 옳지 않은 것은?

① 경기변동의 방향, 진폭 및 전환점을 동시에 파악할 수 있다.

② 경기종합지수가 50%이면, 경기의 전환점으로 본다.

③ 기준순환일(경기전환점)에 대한 시차정도에 따라 선행, 동행, 후행종합지수의 3개 군으로 구분한다.

④ 전월에 대한 증가율이 (+)일 경우에는 경기상승을, (−)일 경우에는 경기하강을 나타내며 그 증감률의 크기에 의해 경기변동의 진폭도 알 수 있다.

> **해설** 경기확산지수(DI)가 각 계열 시계열의 변화방향 만을 제시하는데 비하여 경기종합지수(CI)는 각 지표의 변화율을 통계적으로 종합하여 산출한다. 경기확산지수(DI)는 50%이면 경기의 전환점으로 본다. 반면에 경기종합지수(CI)는 저점~정점은 경기 확장국면, 정점~저점은 경기 수축국면으로 판단한다. 그리고 증감률의 크기에 의해 경기변동의 진폭(속도)도 파악할 수 있다.

★★★ 081 경기종합지수(CI)를 구성하는 선행종합지수의 구성 지표가 아닌 것은?

① 재고순환지표

② 종합주가지수

③ 소비자기대지수

④ 회사채유통 수익률

> **해설** 회사채유통 수익률은 후행종합지수의 구성 지표이다.

🏛 **필수핵심정리** ▶ 경기종합지수(CI, Composite Index)의 구성 지표

선행종합지수구성지표 (8개)	앞으로의 경기동향을 예측하는 지표 → 재고순환지표, 소비자기대지수, 기계류내수출하지수, 건설수주액, 수출입물가비율, 구인구직비율, 코스피지수, 장단기금리차
동행종합지수구성지표 (7개)	현재의 경기상태를 나타내는 지표 → 광공업생산지수, 서비스업생산지수, 건설기성액, 소매판매액지수, 내수출하지수, 수입액, 비농림어업취업자수
후행종합지수구성지표 (5개)	경기의 변동을 사후에 확인하는 지표 → 생산자제품 재고지수, 도시가계소비지출, 소비재수입액, 상용근로자수, 회사채유통수익률

★★★ 082 경기종합지수를 구성하는 동행종합지수의 구성 지표가 아닌 것은?

① 광공업생산지수

② 건설기성액

③ 장단기 금리차

④ 소매판매액지수

> **해설** 장단기금리 차이는 선행종합지수의 구성 지표이다.

083 경기동향을 판단하는 지표의 하나인 BSI(기업경기실사지수)에 관한 설명으로 옳은 것은?

① 0에서 100까지의 값을 가진다.

② $BSI = \dfrac{\text{긍정적 응답자수} - \text{부정적 응답지수}}{\text{전체 응답자수}} \times 100$이다.

③ 50 이상은 경기를 긍정적으로 보는 업체가 많다는 뜻이고 50 미만은 경기를 부정적으로 보는 업체가 많다는 뜻이다.

④ 객관적 요소보다는 주관적 지표를 이용해 경기를 진단하는 방법이다.

> **해설** 기업경기실사지수(BSI, Business Survey Index)란 기업가들에게 설문조사를 해서 경기를 파악하는 방법으로, 경기 동향에 대한 기업가들의 판단이나 예측을 통해 경기흐름을 파악하는 주관적이며 심리적인 지표이다.
>
> $BSI = \dfrac{\text{긍정적 응답자수} - \text{부정적 응답자수}}{\text{전체 응답자수}} \times 100 + 100$, 혹은 [(긍정적 응답 비율 − 부정적 응답 비율) + 100]
>
> 으로 계산한다. 예를 들어 향후 경기에 대해 긍정과 부정의 응답 비율이 각각 65%와 35%라면 BSI는 130(= 65−35+100)이 된다. 계산식에서 100을 더해주는 이유는 경기판단의 기준점을 100으로 보고자 하는 것이다. 따라서 100을 넘으면 경기를 긍정적으로 보는 업체가 많고 100 미만이면 경기를 부정적으로 보는 업체가 많다는 의미이다. 그렇기 때문에 모두 부정적으로 응답하면 BSI는 최소 0이 되고, 모두 긍정적으로 응답하면 BSI는 최대 200의 값을 가지게 된다. BSI와 유사한 심리지표로는 소비자(가계)들에게 설문조사를 하여 소비심리를 파악해 볼 수 있는 소비자동향지수(CSI)가 있는데, CSI는 산출하는 기관에 따라 공식은 조금씩 다르지만 BSI와 마찬가지로 최소 0 ∼ 최대 200까지의 값을 가지며 BSI와 같은 방식으로 해석한다.

084 전체 200개 기업을 대상으로 향후 경기에 대해 설문조사를 실시한 결과, 향후 경기가 긍정적이라고 응답한 업체의 비율이 30%, 부정적으로 응답한 업체의 비율이 60%라고 할 경우, 기업경기실사지수(BSI)는 얼마인가?

① 30 ② 60 ③ 70 ④ 130

> **해설** $BSI = \dfrac{\text{긍정적 응답업체수} - \text{부정적 응답업체수}}{\text{전체 응답업체수}} \times 100 + 100$
>
> = (긍정적 응답업체 비율 − 부정적 응답업체 비율)+100 = (30−60) +100=70

085 다음은 경제전망을 위해 작성한 거시경제 계량모형을 추정한 결과이다. 주어진 정보를 사용하여 t년도의 소비(C_t)와 소득(Y_t) 및 t+1년도의 소비(C_{t+1})와 소득(Y_{t+1})을 계산하시오. 심화

> $C_t = 100 + 0.5C_{t-1} + 0.6Y_t$ $\qquad$ $Y_t = C_t + I_t$
>
> 외생변수 $I_t = I_{t+1} = 200$, 시차내생변수 $C_{t-1} = 1000$
>
> (C : 소비, Y : 소득, I : 독립투자, t : 연도)

① $C_t = 1,800$, $Y_t = 2,000$ / $C_{t+1} = 2,800$, $Y_{t+1} = 3,000$
② $C_t = 2,000$, $Y_t = 2,200$ / $C_{t+1} = 2,800$, $Y_{t+1} = 3,000$
③ $C_t = 1,800$, $Y_t = 2,000$ / $C_{t+1} = 2,600$, $Y_{t+1} = 2,800$
④ $C_t = 2,000$, $Y_t = 2,200$ / $C_{t+1} = 2,600$, $Y_{t+1} = 2,800$

해설 모형에 외생변수 및 시차내생변수의 값을 대입하면,
$C_t = 100 + 0.5C_{t-1} + 0.6Y_t$, $C_t = 100 + 0.5(1,000) + 0.6(C_t + 200)$, $0.4C_t = 720$
∴ $C_t = 1,800$, $Y_t = 1,800 + 200 = 2,000$
이제 시간 t를 t+1로 업데이트한 후 식을 풀면 $C_{t+1} = 2,800$ $Y_{t+1} = 3,000$이 된다.

086 다음은 경제분석 전문가들의 향후 경기예측에 관한 토론 내용이다. 가장 타당한 견해라고 생각되는 것은? 심화

전문가 A	BSI가 전월의 75에서 금월에는 90으로 상승하였기 때문에, 경기는 이달부터 본격적으로 상승국면에 진입한 것으로 판단한다.
전문가 B	최근 들어 소비재 수입액이 급증하는 것으로 볼 때, 조만간 경기는 상승국면으로 진입할 것으로 예측한다.
전문가 C	CSI가 전월의 180에서 금월에 150으로 하락하였기 때문에 경기는 본격적으로 하락국면에 진입한 것으로 판단한다.
전문가 D	재고순환지표가 꾸준히 호조세를 보이고 있는 것으로 볼 때, 향후 경기의 상승국면이 이어질 것으로 예측한다.

① 전문가 A
② 전문가 B
③ 전문가 C
④ 전문가 D

해설 BSI는 100을 기준으로 100 미만인 경우에는 여전히 경기 하락국면으로 판단하며, 소비재수입액은 경기종합지수(CI)의 후행지수 구성 지표이므로 경기예측보다는 경기를 사후적으로 확인하는 지표로서의 역할을 한다. CSI는 BSI와 마찬가지로 100을 기준으로 100이상인 경우는 여전히 경기의 상승국면으로 판단한다. 재고순환지표(= 출하증가율 − 재고증가율)는 경기종합지수(CI)의 선행지수 구성 지표이므로, 향후 경기의 단기예측에 가장 적합하다고 할수 있다.

★★★
087 ARIMA 모형의 구축과정을 순서대로 표시한 것은? 심화

> ㉠ 모형의 식별   ㉡ 모형의 모수추정
> ㉢ 진단검증   ㉣ 예측

① ㉡ → ㉢ → ㉠ → ㉣   ② ㉢ → ㉠ → ㉡ → ㉣
③ ㉠ → ㉡ → ㉢ → ㉣   ④ ㉢ → ㉡ → ㉠ → ㉣

> **해설** ARIMA 모형은 시계열모형으로서 자기회귀(AR), 적분(I), 이동평균(MA)을 동시에 사용하는 모형으로서 모형의 구축
> 과정은 모형의 식별 → 모형의 모수추정 → 진단검증 → 예측의 단계를 거치게 된다.

★★★
088 거시경제계량모형에서 시뮬레이션 결과를 이용하여 연립방정식모형에 대한 평가를 행하는 경우, 시뮬레이션 값과 실제 값 사이의 괴리(오차)가 적을수록 양호한 모형으로 판정한다. 다음 중 예측오차의 기준으로 주로 사용되는 것은? 심화

① RMSE(Root Mean Squared Error)
② 상관함수(ACF)
③ 최우추정법(MLE)
④ 최소자승법(OLS)

> **해설** RMSE는 시뮬레이션 값과 실제 값의 오차가 작을수록 모형이 과거를 잘 설명하는 것으로 본다.

★★★
089 ARIMA 모형에서 추정모수(Parameter)의 수를 되도록 작게 유지하면서 시계열 형태를 잘 나타내는 단순한 모형을 찾아내는 지혜가 필요한데 이것을 무엇이라 하는가? 심화

① 절약의 원칙(Parsimonious Principle)
② 경험적 방법(Rule of Thumb)
③ 시계열 모형(Time Series Model)
④ Box-Jenkins의 ARIMA 모형

> **해설** 파라미터(Parameter)의 수를 늘리면 모형의 잔차가 무상관계열에 가깝도록 만들 수는 있으나, 그 결과 추정의 부담
> 도 많아지고 Parameter가 너무 많아짐으로써 예측치가 오히려 잘 맞지 않는 Overfitting의 오류를 범하게 된다. 따라
> 서 추정모수의 수를 되도록 작게 유지하면서 모형을 찾아내는 지혜가 필요한데 이것을 절약의 원칙(Parsimonious
> Principle)이라고 부른다.

정답   085 ①   086 ④   087 ③   088 ①   089 ①

090 극심한 내수위축으로 경기가 수축국면에 있을 때의 경기상황과 가장 거리가 먼 것은?

① 기업마다 매출의 감소로 판매가 부진하다.

② 정부의 경기부양대책과 일자리 창출 노력으로 실업률이 크게 하락한다.

③ 기업마다 가동률을 낮추거나 휴가일수를 늘려 조업을 단축한다.

④ 생산된 제품의 판매가 부진하여 재고가 늘어난다.

 경기가 수축국면에 접어들면 실업률은 상승한다.

091 경기가 침체된 상태에서 경기부양책으로 적절하지 않은 방법은?

① 소득세 인하   ② 재정지출 확대

③ 금리 인하   ④ 통안채 발행

해설 경기를 부양시키는 방법, 즉 국민소득을 증대시키는 방법은 재정정책과 통화(금융)정책을 사용할 수 있는데, 통안채 (한국은행이 통화량 조절 목적으로 발행하는 통화안정증권)를 발행하면 통화의 환수 효과가 있어 시중의 통화량이 감소하게 되므로 경기를 더욱 위축시킨다.

092 경기과열, 무역수지적자, 인플레이션이 나타나는 경제상황에서 취할 수 있는 가장 바람직한 경제정책의 조합은? 심화

㉠ 통화량 감소	㉡ 투자확대
㉢ 환율인상	㉣ 소득세인하

① ㉠, ㉡   ② ㉡, ㉢

③ ㉠, ㉢   ④ ㉡, ㉣

해설 경기가 과열되고 인플레이션이 유발되므로 통화량감소 정책이 적합하고, 무역수지 적자를 극복하려면 환율인상으로 수출을 촉진하고 수입억제를 도모하여 무역수지 적자를 극복할 수 있다.

내용 구성 및
주요 출제내용
분석

주요 내용	중요도	주요 출제 내용
포트폴리오 관리의 기본체계	★	통합적 포트폴리오 관리과정
포트폴리오 관리	★★★	• 포트폴리오의 기대수익률과 위험의 계산 • 상관계수에 따른 포트폴리오의 위험분산효과 • 지배원리와 효율적 증권의 선택 • 투자자의 위험에 대한 태도와 무차별효용곡선
자본자산가격결정모형	★★★	• 자본자산가격결정모형의 의의와 가정 • 자본시장선(CML)과 시장포트폴리오 • 증권시장선(SML) : 균형기대수익률 계산 • CML과 SML의 비교
단일지표모형	★★★	• 단일지표모형과 증권특성선 : 베타계수의 추정, 체계적 위험과 비체계적 위험 • 마코위츠모형과 단일지표모형의 비교
차익거래 가격 결정이론	★★	• 차익거래의 의의와 활용, 요인모형 • 차익거래 해소조건, 포트폴리오를 이용한 차익거래
포트폴리오 투자전략과 투자성과평가	★★★	• 소극적 투자전략과 적극적 투자전략 • 포트폴리오 수정 • 포트폴리오 투자성과평가 : 운용투자수익률의 측정, 성과평가를 위한 투자위험의 조정

출제경향 분석
및 학습요령

분산투자기법은 총 5문제가 출제된다. 처음 공부하는 분들에게는 다소 어려울 수 있으나 개념을 정리하고 계산식 등을 암기하고, 문제 푸는 연습을 해두면 생각보다 수월한 과목이다. 주로 출제되는 내용은, 상관계수에 따른 포트폴리오의 위험분산효과, 체계적 위험과 비체계적 위험, 지배원리와 효율적 증권의 선택, 투자자의 위험에 대한 태도와 무차별효용곡선, 자본자산가격결정모형(CAPM)의 자본시장선(CML)과 증권시장선(SML), 단일지표모형과 증권특성선(베타계수의 추정), 차익거래 해소조건, 소극적 투자전략과 적극적 투자전략의 비교, 포트폴리오 수정 등이 있으며, 끝부분의 포트폴리오 투자성과평가는 투자운용결과분석 시험과목과 중복되는 내용이다.

···TOPIC 1 통합적 포트폴리오 관리

★★★
001 다음 중 통합적 포트폴리오 관리 과정을 순서대로 바르게 나타낸 것은?

> ㉠ 투자목표의 설정 ㉡ 투자실행
> ㉢ 거시경제 예측, 시장예측 ㉣ 사후통제

① ㉠ → ㉡ → ㉢ → ㉣ ② ㉠ → ㉢ → ㉡ → ㉣
③ ㉠ → ㉡ → ㉢ → ㉣ ④ ㉠ → ㉡ → ㉢ → ㉣

해설 통합적 포트폴리오 관리 과정은 투자목표의 설정 → 거시경제예측, 시장예측 → 투자실행 → 사후통제 순으로 이루어진다.

🏛 필수핵심정리 통합적 포트폴리오 관리 과정

개념	투자목표설정단계(Plan) → 목표달성을 위한 투자전략과 전술을 수립·실행하는 투자실행단계 (Do) → 사후통제단계(See)로 구성되는 일련의 과정	
	하향식(Top Down) 투자관리	① 투자목표설정 → ② 자산배분 결정 → ③ 종목선정 순서로 이루어지는 투자관리
과정	투자목표의 설정	• 제약조건과 투자자의 개인적 선호도를 고려해야 함 • 투자기간(Time Horizon), 위험수용정도, 세금관계, 법적·제도적 규제 및 제약조건, 투자자금의 성격, 고객의 특별한 요구사항
	투자전략 수립을 위한 준비	거시경제 예측, 시장예측(자산군별 기대수익 위험)
	투자실행	① 자산배분 ② 증권선택(소극적 투자관리 기법과 적극적 투자관리 기법을 활용) ③ 시점선택
	사후통제	① 포트폴리오 수정 ② 투자성과 평가

★★★
002 다음 중 투자목표를 설정하는 과정에서 고려해야 하는 조건과 거리가 먼 것은?

① 투자기간 ② 효율적 증권의 선택
③ 세금관계 ④ 투자자의 위험선호도

해설 효율적 증권의 선택은 투자목표 설정단계(Plan)에서 하는 일이 아니라 투자실행단계(Do)에서 행해지는 일이다.

정답 001 ②   002 ②

★★★ 003 다음 중 투자실행단계와 거리가 먼 것은?

① 성과평가 ② 자산배분
③ 증권선택 ④ 시점선택

해설 성과평가는 사후통제단계(See)에서 이루어지는 일이다.

★★★ 004 다음 중 투자실행단계에 관한 설명으로 옳지 않은 것은?

① 자산배분은 단기자금, 주식, 채권 등과 같은 자산군별 기대수익과 위험 예측에 근거하여 자산군별 투자비중을 정하는 단계이다.
② 증권선택은 소극적 포트폴리오 관리와 적극적 포트폴리오 관리로 나누어진다.
③ 적극적 포트폴리오 관리는 증권시장이 효율적인 것을 전제로 하며, 소극적 포트폴리오 관리는 비효율적인 것을 전제로 한다.
④ 투자실행과정의 마지막 단계는 시점선택이다.

해설 소극적 포트폴리오 관리는 증권시장이 효율적인 것을 전제로 한다. 효율적이라는 것은 증권시장의 어떤 정보를 이용하여도 시장평균 수준 이상의 초과수익은 불가능하다는 것을 의미한다. 반면에 적극적 포트폴리오 관리는 증권시장이 비효율적인 것을 전제로 한다. 따라서 적극적 포트폴리오 관리는 예측 및 분석 활동을 하는 방법 등으로 초과수익을 얻기 위해 노력한다.

※ [005~008] 주식 A에 대한 증권분석 결과가 아래 표와 같다고 할 경우, 주어진 자료를 이용하여 질문에 답하시오.

주식 A의 미래 투자수익률의 확률분포		
상황(i)	i 상황이 일어날 확률(P_i)	i 상황에서 발생가능한 수익률(r_i)
호경기	0.3	40%
정상	0.4	15%
불경기	0.3	−10%

★★★
005 주식 A의 기대수익률은?

① 12%   ② 15%   ③ 18%   ④ 21%

해설 주식 A의 기대수익률 $E(R_A) = \sum_{i=1}^{m}(p_i \times r_i) = (0.3 \times 40\%) + (0.4 \times 15\%) + \{0.3 \times (-10\%)\} = 15\%$

🏛 **필수**핵심정리 ▷ 개별자산의 기대수익률과 위험의 측정

개별자산의 기대수익률	개별자산의 기대수익률은 확률을 가중치로 사용한 가중평균수익률 $\rightarrow E(R) = \sum_{i=1}^{m}(p_i \times r_i)$	
개별자산의 위험	미래 불확실한 상황에서의 수익률의 변동성	
	분산	확률을 가중치로 이용한 편차제곱의 가중평균 $\rightarrow Var(R) = \sigma^2 = E[r - E(R)]^2 = \sum_{i=1}^{m}[r_i - E(R)]^2 \cdot p_i$
	표준편차	분산의 제곱근 $\rightarrow \sigma = \sqrt{Var(R)} = \sqrt{\sum_{i=1}^{m}[r_i - E(R_A)]^2 \cdot p_i}$

★★★
006 주식 A의 위험(표준편차)을 계산하면?

① 10.25%　　　② 15.19%　　　③ 19.36%　　　④ 20.04%

	주식A의 위험(분산)	$\sigma_A^2 = \sum [r_i - E(R_A^2)] \cdot p_i = (0.40 - 0.15)^2 \times (0.3) + (0.15 - 0.15)^2 \times (0.4)$ $+ (-0.10 - 0.15)^2 \times (0.3) = (0.1936)^2$
	주식A의 위험(표준편차)	$\sigma_A = \sqrt{\sum [r_i - E(R_A)]^2 \cdot p_i} = 19.36\%$

★★★
007 주식 A의 변동계수(CV, Coefficient of Variation)를 계산하면?

① 약 0.85　　　② 약 1.00　　　③ 약 1.29　　　④ 약 1.53

해설	주식A의 변동계수 $(CV_A) = \dfrac{\sigma_A}{E(R_A)} = \dfrac{\text{표준편차}}{\text{기대수익률}} = \dfrac{19.36\%}{15\%} \fallingdotseq 1.29$

★★★
008 주식 A의 수익률이 정규분포를 따른다고 할 경우, 이 주식의 95.54%의 신뢰구간의 투자수익률은? 심화

① $-4.42\% \sim 34.42\%$　　　　② $-23.72\% \sim 53.72\%$

③ $-43.22\% \sim 73.22\%$　　　　④ $62.62\% \sim 92.62\%$

 표준정규분포에 의하면 다음과 같은 신뢰구간을 갖는다.

① 평균 $\pm$ (1 $\times$ 표준편차) → 68.27%
② 평균 $\pm$ (2 $\times$ 표준편차) → 95.54%
　∴ 평균 $\pm$ (2 $\times$ 표준편차) = 15% $\pm$ (2 $\times$ 19.36%) = 15% $\pm$ (38.72%)
　　　　　　　　　　　　　　　= $-23.72\% \sim 53.72\%$
③ 평균 $\pm$ (3 $\times$ 표준편차) → 99.97%

★★★
009 주식 X, Y의 기대수익률에 대한 확률분포가 다음 표와 같다. 주식 X에 40%, 주식 Y에 60%를 투자할 때, 기대수익률은 얼마인가?

경제상황	확률	주식 X	주식 Y
불황	0.25	0%	10%
정상	0.50	5%	5%
호황	0.25	10%	0%

① 5%　　　　② 7.5%　　　　③ 10%　　　　④ 15%

해설 포트폴리오의 기대수익률은 다음 두 가지 방법으로 구할 수 있다.

- $E(R_p) = \sum_{i=1}^{m}(p_i \times r_{pi})$: 투자비중을 가중해 계산한 각 경제상황별 수익률에 확률을 곱하여 모두 더해서 계산

  → $0.25 \times [(40\% \times 0\%) + (60\% \times 10\%)] + 0.5 \times [(40\% \times 5\%) + (60\% \times 5\%)] + 0.25 \times [(40\% \times 10\%) + (60\% \times 0\%)] = 5\%$

- $E(R_p) = \sum_{j=1}^{m}[w_j \times E(R_j)]$: 주식 X와 Y의 개별 기대수익률을 구한 후 투자비중으로 가중평균해서 계산 → [주식 X의 기대수익률 $= (0.25 \times 0\%) + (0.50 \times 5\%) + (0.25 \times 10\%) = 5\%$], [주식 Y의 기대수익률 $= (0.25 \times 10\%) + (0.50 \times 5\%) + (0.25 \times 0\%)] = 5\%$], ∴포트폴리오의 기대수익률 $= (5\% \times 40\%) + (5\% \times 60\%) = 5\%$

🏛 **필수핵심정리** ▶ 포트폴리오의 기대수익률과 위험의 측정

포트폴리오의 기대수익률	포트폴리오의 기대수익률은 포트폴리오를 구성하고 있는 개별 자산의 기대수익률을 투자비중으로 가중평균한 것과 같음 → $E(R_p) = \sum_{i=1}^{m}(p_i \times r_{pi})$ 또는 $E(R_p) = \sum_{j=1}^{m}[w_j \times E(R_j)]$
포트폴리오의 위험(분산)	포트폴리오의 위험(분산)은 각 개별자산의 분산을 가중 평균한 것과 같지 않고, ① 개별 주식의 위험, ② 각 주식에 대한 투자금액의 비율, ③ 구성주식 간의 공분산(혹은 상관계수)에 의해 결정됨 → $Var(R_p) = \sigma_p^2 = E[r_p - E(R_p)]^2 = \sum_{i=1}^{m}[r_{pi} - E(R_p)]^2 \cdot p_i$
	주식 X와, 주식 Y의 두 증권으로 구성되는 포트폴리오의 분산 → $\sigma_p^2 = w_X^2\sigma_X^2 + w_Y^2\sigma_Y^2 + 2w_X \times w_Y \times Cov(R_X, R_Y)$ 　　$= w_X^2\sigma_X^2 + w_Y^2\sigma_Y^2 + 2w_X \times w_Y \times \sigma_X \times \sigma_Y \times \rho_{XY}$

정답 006 ③　007 ③　008 ②　009 ①

※ [010~011] 현재 위험포트폴리오의 기대수익률[$E(R_A)$]은 15%이고, 표준편차는 20%, 무위험이자율(R_f)은 7%이다. 질문에 답하시오.

★★★
010 투자자금의 60%를 위험포트폴리오에, 나머지 40%를 무위험자산에 투자하려고 한다. 포트폴리오의 기대수익률은 얼마인가?

① 10%　　　　　② 11.8%　　　　　③ 14.5%　　　　　④ 15%

> **해설** 포트폴리오의 기대수익률은 포트폴리오를 구성하고 있는 개별 자산의 기대수익률을 투자비중으로 가중평균한 것과 같다.(여기서 w는 위험포트폴리오의 투자비중) $E(R_p) = w \times E(R_A) + (1-w)R_f = R_f + w[E(R_A) - R_f] =$ 60% × 15% + 40% × 7% = 11.8%

★★★
011 포트폴리오의 위험(표준편차)은 얼마인가?

① 8%　　　　　② 10%　　　　　③ 12%　　　　　④ 20%

> **해설** 포트폴리오의 분산 $Var(R_p) = \sigma_p^2 = w^2\sigma_A^2 + (1-w)^2(\sigma_{R_f})^2 + 2w(1-w)\sigma_{AR_f} = w^2\sigma_A^2$
>
> ∴ 포트폴리오의 표준편차(σ_p) = $w \times \sigma_A$ = 60% × 20% = 12% (w는 위험자산의 투자비중)

★★★
012 포트폴리오 A의 기대수익률은 10%, 표준편차는 19%이고, 포트폴리오 B의 기대수익률은 12%, 표준편차는 17%이다. 이때 합리적 투자자가 취하여야 할 투자전략은? 심화

① 무위험이자율로 차입한 포트폴리오 A에 투자한다.
② 포트폴리오 A를 공매도하고, 그 자금으로 포트폴리오 B에 투자한다.
③ 포트폴리오 B를 공매도하고, 그 자금으로 포트폴리오 A에 투자한다.
④ 무위험이자율로 차입하여 포트폴리오 B에 투자한다.

> **해설** 포트폴리오 A는 포트폴리오 B에 비해 위험은 높으면서도 기대수익률은 낮기 때문에 합리적인 투자자는 결코 A와 같은 포트폴리오 투자를 하지 않는다. 따라서 상대적으로 고평가된 포트폴리오 A를 공매도하고, 그 자금으로 저평가된 포트폴리오 B에 투자하는 것이 가장 현명하다. 공매도란 주식이 없는 상태에서 빌려서 파는 것을 말한다.

★★★
013 포트폴리오의 기대수익률과 위험에 대한 설명으로 올바른 것은?

① 포트폴리오의 기대수익은 개별자산의 기대수익을 가중평균 한 것과 같다.

② 포트폴리오의 위험(분산)은 개변자산의 위험(분산)을 가중평균 한 것과 같다.

③ 포트폴리오를 구성하는 개별자산에 대한 투자비중은 포트폴리오의 위험에 영향을 미치지 못한다.

④ 포트폴리오를 구성하는 개별자산 간의 상관관계가 높을수록 포트폴리오의 위험은 감소한다.

> **해설** 틀린 것을 고치면, ② 포트폴리오의 위험(분산)은 각 개별자산의 분산을 가중 평균한 것과 같지 않다. ③ 포트폴리오의 위험(분산)은 개별주식의 위험, 각 주식에 대한 투자금액의 비율(투자비중), 구성주식 간의 공분산(혹은 상관계수)에 의해 결정된다. ④ 포트폴리오를 구성하는 개별자산간의 상관관계가 낮을수록 포트폴리오의 위험은 감소한다.

주식 X와 Y의 두 증권으로 구성되는 포트폴리오의 분산	$\sigma_p^2 = w_X^2 \sigma_X^2 + w_Y^2 \sigma_Y^2 + 2w_X \times w_Y \times Cov(R_X, R_Y)$ $= w_X^2 \sigma_X^2 + w_Y^2 \sigma_Y^2 + 2w_X \times w_Y \times \sigma_X \times \sigma_Y \times \rho_{XY}$

★★★
014 주식 X의 분산은 $(0.3)^2$, 주식 Y의 분산은 $(0.2)^2$이고 두 주식간의 공분산이 −0.03이라면 두 주식 간의 상관계수(ρ_{XY})는?

① −0.5   ② 0   ③ +0.5   ④ +1.0

> **해설** $\rho_{XY} = \dfrac{\sigma_{XY}}{\sigma_X \times \sigma_Y} = \dfrac{공분산}{X의\ 표준편차 \times Y의\ 표준편차} = \dfrac{-0.03}{0.3 \times 0.2} = -0.5$

🏛 필수핵심정리 ▷ 공분산과 상관계수

공분산	수익률이 변동할 때 같은 방향으로 움직이는지 반대 방향으로 움직이는지를 측정하는 것으로, 두 수익률 편차 곱의 평균을 의미 → $Cov(R_X, R_Y) = \sigma_{XY} = E[(r_X - E(R_X))(r_Y - E(R_Y))]$
상관계수	공분산을 각각의 표준편차의 곱으로 나누어 표준화시킨 것 → $\rho_{XY} = \dfrac{\sigma_{XY}}{\sigma_X \times \sigma_Y}$ ($\sigma_{XY} = \sigma_X \times \sigma_Y \times \rho_{XY}$), ($-1 \le \rho_{XY} \le +1$)

★★★
015 주식 X의 분산은 $(0.3)^2$, 주식 Y의 분산은 $(0.2)^2$이고 두 주식 간의 상관계수가 0이라면 두 주식 간의 공분산(σ_{XY})은?

① −0.5   ② 0   ③ +0.5   ④ +1.0

해설 $\sigma_{XY} = \sigma_X \times \sigma_Y \times \rho_{XY} = 0.3 \times 0.2 \times 0 = 0$. 참고로 이 문제는 따로 계산할 필요가 없다. 상관계수가 0이면 공분산도 0이기 때문이다.

★★★
016 공분산과 상관계수에 대한 설명으로 옳지 않은 것은?

① 두 증권의 상관계수가 0인 경우는 두 증권이 완전 부(−)의 관계에 있음을 의미한다.
② 두 증권 간의 움직임이 같은 방향이면 공분산은 (+) 값을 갖는다.
③ 공분산의 값은 무한하다.
④ 상관계수의 크기는 −1과 +1사이의 값을 갖는다.

해설 상관계수가 0이라는 것은 두 주식 간의 선형적인 아무런 상관관계가 없다는 것을 의미한다. 상관계수가 +1이면 완전 정(+)의 상관관계, 상관계수가 −1이면 완전 부(−)의 상관관계이다.

★★★
017 다음은 수익률의 상관관계에 관한 설명이다. 옳지 않은 것은?

① 공분산은 절대적인 측정치이고 상관계수는 상대적인 측정치이다.
② 공분산의 값은 −1과 1의 사이에 있다.
③ 상관계수가 음이면 공분산도 음의 값을 가지고, 상관계수가 양이면 공분산도 양의 값을 가진다.
④ 상관계수가 음수이면 수익률은 반대방향으로 움직이고, 상관계수가 양수이면 수익률은 같은 방향으로 움직인다.

해설 공분산의 값은 무한대까지 나타나고, 상관계수는 공분산을 표준화시킨 것으로 상관계수는 −1과 1사이의 값을 갖는다.

★★★
018 투자자가 자신이 보유하고 있는 포트폴리오에 새로운 주식을 하나 더 추가하려고 한다. 포트폴리오와의 상관계수가 다음과 같은 주식이 있다고 할 때 최대의 분산투자 효과를 가져다주는 주식은?

① −0.8

② 0.0

③ +0.5

④ +0.8

해설 상관계수가 음(−)인 주식, 그 중에서도 상관계수가 −1에 가까운 주식을 편입해야 포트폴리오의 위험분산효과가 크게 나타난다.

🏛 필수핵심정리 ▷ **상관관계와 포트폴리오의 위험**

포트폴리오를 구성하는 각 자산 간의 상관관계가 낮을수록 위험은 감소함

$$\sigma_p^2 = w_X^2\sigma_X^2 + w_Y^2\sigma_Y^2 + 2w_Xw_Y\sigma_{XY} = w_X^2\sigma_X^2 + w_Y^2\sigma_Y^2 + 2w_X \times w_Y \times \sigma_X \times \sigma_Y \times \rho_{XY}$$

$\rho_{XY} = -1$	$Var(R_p) = \sigma_p^2 = (w_X\sigma_X - w_Y\sigma_Y)^2 \quad \therefore \ \sigma_p = \left\vert w_X\sigma_X - w_Y\sigma_Y \right\vert$
	→ 어느 자산이 타 자산과의 상관관계가 완전 음(−)의 관계에 있다면 포트폴리오 위험(분산 또는 표준편차)을 영(0)으로 만듦으로써 완전 헤지의 역할도 할 수 있음
$\rho_{XY} = +1$	$Var(R_p) = \sigma_p^2 = (w_X\sigma_X + w_Y\sigma_Y)^2 \quad \therefore \ \sigma_p = w_X\sigma_X + w_Y\sigma_Y$
	→ 상관계수가 +1이면, 포트폴리오의 위험(표준편차)은 개별자산의 위험(표준편차)을 투자비율에 따라서 가중평균 한 것이 되어 투자위험은 감소되지 않음
$\rho_{XY} = 0$	$Var(R_p) = \sigma_p^2 = w_X^2\sigma_X^2 + w_Y^2\sigma_Y^2 \quad \therefore \ \sigma_p = \sqrt{w_X^2\sigma_X^2 + w_Y^2\sigma_Y^2}$
	→ $2w_X \times w_Y \times \sigma_X \times \sigma_Y \times \rho_{XY}$ 부분이 없어지므로 위험이 줄어듦

019 X자산에 자금의 40%를 투자하고 나머지 자금을 Y자산에 투자하였다. 두 자산의 위험이 다음과 같을 때, 두 자산으로 구성된 포트폴리오의 위험(표준편차)은 상관계수가 −1일 경우와 +1일 경우에 각각 얼마인가? 심화

자산 X의 분산	자산 Y의 분산
$(0.3)^2$	$(0.2)^2$

① 12%, 12%
② 24%, 0%
③ 0%, 24%
④ 6%, 12%

해설		
$\rho_{XY} = -1$	$Var(R_p) = \sigma_p^2 = (w_X\sigma_X - w_Y\sigma_Y)^2 \quad \therefore \ \sigma_p = \|w_X\sigma_X - w_Y\sigma_Y\|$
	$\rightarrow \sigma_p = \|w_X\sigma_X - w_Y\sigma_Y\| = \|0.4 \times 0.3 - 0.6 \times 0.2\| = 0$
$\rho_{XY} = +1$	$Var(R_p) = \sigma_p^2 = (w_X\sigma_X + w_Y\sigma_Y)^2 \quad \therefore \ \sigma_p = w_X\sigma_X + w_Y\sigma_Y$
	$\rightarrow \sigma_p = w_X\sigma_X + w_Y\sigma_Y = 0.4 \times 0.3 + 0.6 \times 0.2 = 0.24$

020 분산투자와 포트폴리오의 위험에 대한 설명으로 옳지 않은 것은?

① 두 자산의 상관계수가 −1인 경우 두 자산을 결합하여 무위험자산을 창출할 수 있다.
② 두 자산의 상관계수가 +1인 경우 분산투자효과는 존재하지 않는다.
③ 두 자산의 상관계수가 0인 경우에 체계적 위험은 존재하지 않는다.
④ 두 자산의 상관계수가 작을수록 분산투자효과는 커진다.

해설 상관계수가 0이라는 것은 두 자산 간의 선형적인 아무런 상관관계가 없다는 것을 의미한다. 반면에 체계적 위험은 시장전체의 움직임에 대한 개별 자산의 민감도를 나타내는 것이다. 따라서 두 자산의 상관계수가 0인 경우에도 두 자산 모두 체계적 위험은 존재한다.

021 다음은 세 주식 A, B, C 간의 상관계수를 보여준다. 세 주식 중 두 주식을 선택하여 포트폴리오를 구성할 경우, 다음 설명 중 적절하지 못한 것은?(단, 공매는 허용되지 않는다) 심화

구성주식	상관계수
A, B	0.0
A, C	1.0
B, C	−1.0

① 주식 A와 B로 구성되는 포트폴리오 위험은 주식 B와 C로 구성되는 포트폴리오의 위험보다 항상 크다.
② 주식 A와 C로 구성되는 포트폴리오의 결합선은 직선으로 표시된다.
③ 주식 A와 C의 결합은 실질적으로 투자위험 감소효과가 나타나지 않는다.
④ 주식 간의 투자비율을 조정하여 포트폴리오의 투자위험이 영(0)이 되도록 만드는 포트폴리오는 주식 B와 C의 결합만이다.

해설 포트폴리오를 구성하는 증권 간의 상관계수가 일정하게 주어졌을 때, 투자비율의 조정에 따라 나타날 수 있는 다양한 포트폴리오들의 기대수익률과 위험(표준편차)의 변화를 그림으로 나타낸 것이 포트폴리오 결합선이다. 포트폴리오의 위험은 주어진 상관계수 하에서 투자비율을 조정함으로서 달라질 수 있다. 따라서 투자비율을 고려하지 않고 A, B로 구성된 포트롤리오의 위험이 B, C로 구성된 포트폴리오의 위험보다 항상 클 수는 없다.

★★★
022 다음과 같은 조건의 주식 A와 B에 분산투자하여 포트폴리오의 위험이 '0'이 되게 하려면 A와 B의 투자비중(W_A, W_B)은 각각 얼마이어야 하나?(단, A와 B의 상관계수는 −1이다) 심화

구 분	기대수익률	표준편차
주식 A	14%	10%
주식 B	18%	20%

① $W_A = 1/3$, $W_B = 2/3$ ② $W_A = 2/3$, $W_B = 1/3$
③ $W_A = 1$, $W_B = -1$ ④ 가능하지 않음

$\omega_A = \dfrac{\sigma_B}{\sigma_A + \sigma_B} = \dfrac{20\%}{10\% + 20\%} = \dfrac{2}{3} \left(\omega_A = \dfrac{\sigma_B^2 - \sigma_{AB}}{\sigma_A^2 + \sigma_B^2 - 2\sigma_{AB}} \right)$, 따라서 $W_B = 1/3$

MVP(최소분산포트폴리오) 구할 때 주식 X의 투자비중	• $\omega_X^* = \dfrac{\sigma_Y^2 - \sigma_{XY}}{\sigma_X^2 + \sigma_Y^2 - 2\sigma_{XY}} = \dfrac{\sigma_Y^2 - \sigma_X \sigma_Y \rho_{XY}}{\sigma_X^2 + \sigma_Y^2 - 2\sigma_X \sigma_Y \rho_{XY}}$ • $\omega_X^* = \dfrac{\sigma_Y}{\sigma_X + \sigma_Y}$ (상관계수 $\rho_{XY} = -1$ 인 경우)
최소분산 포트폴리오	포트폴리오 결합선에서 위험(분산)이 최소가 되는 포트폴리오
포트폴리오 결합선	포트폴리오를 구성하는 증권 간의 상관계수가 일정하게 주어졌을 때, 투자비율의 조정에 따라 나타날 수 있는 다양한 포트폴리오들의 기대수익률과 위험(표준편차)의 변화를 그림으로 나타낸 것

★★★
023 주식 A의 수익률의 표준편차는 27%, 주식 B의 표준편차는 73%이며, 이때 두 주식 간의 상관계수가 완전 정(+)의 관계에 있다면, 최소분산 포트폴리오는? 심화

① 주식A에 100% 투자
② 주식B에 100% 투자
③ 주식A에 27%, 주식B에 73% 투자
④ 주식A에 73%, 주식B에 27% 투자

해설 상관관계가 +1 이면, 포트폴리오의 위험(표준편차)은 $[\sigma_p = w_X \sigma_X + w_Y \sigma_Y]$가 되므로 위험감소 효과가 나타나지 않게 된다. 따라서 상관관계가 +1인 경우 포트폴리오의 위험이 가장 작아지는 것은 위험이 작은 자산에 100% 투자하는 것이 최소분산 포트폴리오이다.

★★★
024 현재 1억원을 보유하고 있는 투자자는 포트폴리오의 위험이 가장 작아지도록 주식 A와 B의 두 자산에 분산투자를 하고 싶어 한다. 이 경우 투자자의 연간 기대수입금액은 얼마인가? 심화

• 주식 A의 연간기대수익률 20%, 수익률분산 35% • 주식 B의 연간기대수익률 16%, 수익률분산 20%	주식 A와 B의 공분산 : 0.075

① 16,000,000원   ② 17,250,000원
③ 18,000,000원   ④ 18,730,000원

해설 MVP(최소분산포트폴리오)를 구할 때 주식 A의 투자비중 $\omega_A = \dfrac{\sigma_B^2 - \sigma_{AB}}{\sigma_A^2 + \sigma_B^2 - 2\sigma_{AB}}$

$\therefore W_A = \dfrac{0.2 - 0.075}{0.35 + 0.2 - 2 \times 0.075} = 0.3125$ (주식 A에 1억의 31.25%를 투자)

따라서, 주식 A와 주식 B의 두 증권으로 구성되는 포트폴리오의 기대수익률

$E(R_P) = W_A \times E(R) + W_B \times E(R) = 0.3125 \times 20\% + (1-0.3125) \times 16\% = 17.25\%$

∴ 기대수익금액 = 1억원 × 0.1725 = 17,250,000

★★★ 025 다음 중 동일한 위험의 종류로 짝지어진 것은?

① 시장위험, 비체계적 위험, 분산가능위험
② 시장위험, 체계적 위험, 분산가능위험
③ 기업고유위험, 비체계적 위험, 분산불능위험
④ 기업고유위험, 비체계적 위험, 분산가능위험

체계적 위험	비체계적 위험
• 시장위험 : 거시변수(Macro)에 의한 위험 • 분산불능위험 • 공분산(상관관계) 위험 : 베타계수로 측정	• 기업고유위험 : 미시변수(Micro)에 의한 위험 • 분산가능위험

★★★ 026 어느 주식 또는 포트폴리오의 가격변동 중에서 시장 공통요인의 변화로 인한 위험과 거리가 먼 것은?

① 분산불능위험　　　　　　　　　② 비체계적 위험
③ 베타　　　　　　　　　　　　　④ 시장위험

해설 시장 공통요인, 즉 정치, 경제 등 거시변수의 변화로 인해 모든 주식의 가격이 변동할 위험은 체계적 위험이다. 즉 체계적 위험은 시장위험으로서 베타로 측정하며, 분산투자로도 없앨 수 없는 분산불능위험이다. 반면에 비체계적 위험은 기업 경영자의 변동이나 공장의 화재 등 미시변수의 변화로 인해 해당 기업의 주가가 변동할 위험으로서 개별기업 고유요인에 대한 위험이며, 분산투자로 없앨 수 있는 분산가능위험이다.

027 다음 중 비체계적 위험에 관한 설명에 해당하는 것을 모두 고르면?

> ㉠ 분산투자로 제거 가능하다.
> ㉡ 시장수익률 변동과 관계된 위험이다.
> ㉢ 특정기업에 국한된 요인에 대한 위험이다.
> ㉣ 시장수익률과의 공분산을 나타낸 것이다
> ㉤ 투자자들이 보상을 요구하지 않는 위험이다.

① ㉠, ㉡, ㉢, ㉣   ② ㉠, ㉢, ㉤
③ ㉢   ④ ㉡, ㉣

해설 ㉡과 ㉣은 체계적 위험을 나타낸다. 개별 주식의 수익률과 시장수익률과의 공분산을 이용해서 나타낸 것이 바로 베타계수이다. 비체계적 위험은 분산투자만으로도 제거할 수 있는 위험이므로 투자자들이 보상을 요구하지 않는 위험이다.

028 분산투자를 통한 포트폴리오의 위험에 대하여 바르게 설명한 것은?

① 분산투자를 통하여 포트폴리오의 체계적 위험을 줄일 수 있다.
② 분산투자는 포트폴리오의 위험을 줄이게 되므로 기대수익률 또한 반드시 낮아지게 된다.
③ 포트폴리오의 편입된 주식의 수가 늘어나면 포트폴리오의 위험은 기하급수적으로 줄어든다.
④ 포트폴리오의 위험은 분산투자를 하여도 줄일 수 없는 부분이 있다.

해설 틀린 것을 고치면, ① 분산투자를 통하여도 포트폴리오의 체계적 위험은 줄일 수 없고, 줄일 수 있는 위험은 비체계적 위험이다. ② 분산투자는 포트폴리오의 위험을 줄이게 되는 것은 맞지만, 그렇다고 해서 기대수익률이 반드시 낮아지지는 않는다. ③ 포트폴리오의 편입된 주식의 수가 늘어나면 포트폴리오의 비체계적 위험은 줄지만 체계적 위험은 분산투자를 하여도 줄일 수 없다.

029 포트폴리오를 구성하는 주식의 수가 많아질수록 포트폴리오의 위험이 감소하는 이유는?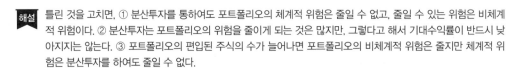

① 여러 주식으로부터 예상되는 수익률의 분포양상이 서로 다르기 때문이다.
② 여러 주식의 위험이 모두 낮기 때문이다.
③ 주식의 수가 많을수록 수익률이 높은 주식이 많기 때문이다.
④ 여러 주식으로부터 기대되는 수익률이 동일하기 때문이다.

해설 수익률의 분포 양상, 즉 포트폴리오를 구성하고 있는 각 자산별 수익률 간의 상관관계가 다르기 때문에 위험분산이 가능해지는 것이다.

★★★
030 다음 설명 중 옳지 않은 것은? 심화

① 분산투자 종목이 증가할 때 감소하는 위험은 기업고유위험이다.

② 포트폴리오 위험에 대해 개별주식이 기여하는 정도는 그 주식의 베타 계수에 투자자금의 비율을 곱한 것이 된다.

③ 분산투자에 의한 위험저감효과는 구성종목 간에 상관관계가 (−)의 관계가 있을 때만 기대할 수 있는 것은 아니다.

④ 강세시장에서는 베타계수가 1.9인 주식이 베타계수가 1.7인 주식보다도 항상 주가의 상승이 높다.

해설 주식의 수익률은 체계적 위험에 대한 대가뿐만 아니라 비체계적 위험, 즉 개별기업 고유요인에 의해서도 영향을 받기 때문에 베타(β)가 큰 종목이 항상 주가상승률이 클 수는 없다.

···TOPIC 4 증권의 최적 선택 원리

★★★
031 다음 중 최적증권(또는 최적포트폴리오)의 선택과정을 가장 올바르게 설명한 것은?

① 투자자의 효용곡선과는 관계없이 지배원리를 충족하는 효율적 증권을 선택한다.

② 투자자의 효용곡선의 우측에 속하는 증권들만 선택한다.

③ 투자자의 효용곡선의 좌측에 속하는 증권들만 선택한다.

④ 먼저 지배원리를 충족하는 효율적 증권을 선택한 다음 이 중에서 투자자의 등효용곡선에 적합한 투자대상을 선택한다.

보충학습 포트폴리오이론의 최적 투자결정방법(최적증권의 선택)

① 투자가치 결정	→ 평균·분산기준
② 효율적 증권 선택	→ 지배원리
③ 최적증권 선택	→ 효율적 증권 + 등효용곡선

정답 027 ②   028 ④   029 ①   030 ④   031 ④

① 투자가치 결정	평균-분산 기준 → 투자가치는 기대수익과 위험 두 요인에 의해서 결정된다고 보고, 평균 기대수익률과 분산을 측정하여 투자대상별 투자가치의 우월을 가린다.	
② 지배원리와 효율적 증권의 선택	지배원리	기대수익이 동일한 투자대상들 중에서는 위험이 가장 낮은 투자대상을 선택하고, 위험이 동일한 투자대상들 중에서는 기대수익이 가장 높은 투자대상을 선택하는 것
	효율적 증권	지배원리에 따라 선택된 증권
③ 최적 증권의 선택	최적증권 = 효율적 증권 + 등효용곡선 → 효율적 증권 중에서 투자자의 위험에 대한 태도, 즉 위험회피도에 따라 최종 선택함	

※[032~033] 다음 자료를 보고 질문에 답하시오.

구분	증권 A	증권 B	증권 C
기대수익률	10%	20%	10%
표준편차	10%	30%	30%

★★★
032 효율적 증권을 모두 고르면?

① A   ② A와 B   ③ B   ④ A와 C

 지배원리를 충족시켜 선택된 증권을 효율적 증권(포트폴리오인 경우 효율적 포트폴리오)이라고 한다. 지배원리란 기대수익이 동일한 투자대상들 중에서는 위험이 가장 낮은 투자대상을 선택하고, 위험이 동일한 투자대상들 중에서는 기대수익이 가장 높은 투자대상을 선택하는 것이다. C는 A와 기대수익률은 동일하지만 위험(표준편차)이 높아 A에 의해 지배당한다. 또한 C는 B와 위험(표준편차)은 동일하지만 기대수익률이 낮아 B에 의해 지배당한다. 따라서 C는 비효율적인 증권이다. 그런데 C를 지배하는 증권 A와 B는 위험이 높으면 기대수익률도 높기 때문에 어느 것이 우월하다고 말할 수 없다. 따라서 A와 B는 모두 효율적 증권이며, 어느 것을 투자대상으로 최종 선택할지는 투자자의 위험에 관한 태도(투자성향)에 따라 다르다.

★★★
033 상대적으로 공격적 투자자는 어느 증권을 선택하게 되는가?

① A   ② B   ③ C   ④ A와 B

 공격적 투자자는 보수적 투자자에 비해 상대적으로 고위험, 고수익을 추구하게 되므로 증권 B를 선택하게 된다.

★★★
034 다음 포트폴리오 중 효율적 투자선 상에 놓일 수 없는 포트폴리오는?

	포트폴리오	기대수익률(%)	표준편차(%)
①	A	15	36
②	B	12	15
③	C	5	7
④	D	10	25

해설 효율적 투자선(Efficient Frontier)은 지배원리를 충족시키는 효율적 증권이나 효율적 포트폴리오를 연결한 선이다. 따라서 D는 B보다 기대수익률이 낮으면서도 위험(표준편차)은 크므로 효율적인 증권이 아니다. 따라서 효율적 투자선 상에 위치할 수 없다.

★★★
035 기대수익률 20%, 표준편차가 30%인 위험자산이 있다. 무위험자산은 8%의 수익률을 가져다준다. 투자자가 무위험 자산보다 위험자산을 선호하고 있다면 효용함수가 $[U = E(R) - \frac{1}{2}A\sigma^2]$ 일 때, 위험회피계수 A의 최대치는 얼마인가?(단, A는 위험회피계수) (심화)

① 1.67   ② 2.67

③ 3.67   ④ 4.67

해설 먼저, 주어진 효용함수를 이용하여 위험자산과 무위험자산의 효용을 계산한 후, 투자자가 무위험자산보다 위험자산을 선호한다고 했으므로 이를 부등식으로 표시한 다음, 끝으로 주어진 식을 만족시키는 위험회피계수 A의 최대치를 구하면 된다.

위험자산의 효용	무위험자산의 효용
$0.2 - \frac{1}{2} \times A \times (0.30)^2$	$0.08 - \frac{1}{2} \times A \times (0)^2 = 0.08$

→ 무위험자산보다 위험자산을 선호한다고 했으므로
$$0.2 - \frac{1}{2} \times A \times (0.30)^2 \geq 0.08 - \frac{1}{2} \times A \times (0)^2 = 0.08, \quad \therefore A \leq 2.67$$

★★★
036 다음은 투자자의 위험에 대한 태도와 등효용곡선에 관한 설명이다. 적절하지 않은 것은?

① 서로 지배되지 않는 효율적 증권들은 결국 투자자의 위험에 대한 태도 즉, 기대수익과 위험이 동시에 고려될 때 주관적으로 느끼는 만족도인 효용의 크기에 따라 결정된다.

② 위험회피도가 서로 다른 투자자들에 있어 구체적인 위험자산에 대한 선택의 우선순위는 기대수익과 위험을 동시에 고려한 만족도, 즉 효용을 구체적으로 측정하여 결정할 수 있다.

③ 위험회피형 투자자의 등효용곡선은 평균과 표준편차의 공간상에 표시된다.

④ 보수적 투자자의 등효용곡선의 기울기는 공격적 투자자의 경우보다 완만하다.

> **해설** 보수적 투자자의 등효용곡선의 기울기는 공격적 투자자의 경우보다 가파르다. 즉 보수적 투자자는 위험 1단위를 추가적으로 부담할 때, 이에 대한 보상으로 더 많은 기대수익이 주어져야 이전과 동일한(무차별한) 효용을 얻을 수 있다는 것이다.

★★★
037 투자자의 효용함수와 등효용곡선에 관한 설명 중 옳지 않은 것은?

① 효용함수는 부(wealth)의 수준에 대응하는 효용값을 나타낸다.

② 등효용곡선은 위험과 기대수익률의 평면에 나타나는 효용함수라고 볼 수 있다.

③ 위험선호형 투자자의 등효용곡선은 체증적으로 우상향한다.

④ 위험회피형 투자자의 효용함수는 체감적으로 우상향한다.

> **해설** 등효용곡선이 우상향하면 위험회피형 투자자이다. 등효용곡선은 위험(가로축)과 기대수익률(세로축)의 평면에 표시하는데, 기대수익률과 위험이 주어졌을 때 동일한 효용을 갖는 점들을 연결한 선이다. 위험회피형 투자자의 등효용곡선은 우상향의 형태를 보이는데, 그 이유는 위험을 한 단위 추가적으로 부담할 때 이전과 동일한 효용을 보이기 위해서는 기대수익률이 더 높아져야 하기 때문이다. 한편 효용곡선은 수익(가로축)과 효용(세로축)의 평면에 표시하는데, 위험회피형 투자자의 효용함수는 체감적으로 우상향(즉, 원점에 대해 볼록한 형태)한다. 그 이유는 위험회피형인 경우 수익이 늘수록 효용은 증가하지만, 수익이 늘면 위험도 같이 커져서 효용을 어느 정도 줄이게 되고, 이에 따라 수익 증가분 만큼이 모두 효용증가로 연결되지는 않기 때문이다.

★★★
038 위험회피형 투자자의 효용함수와 등효용곡선을 바르게 나타낸 것은?

① 효용함수가 원점에 대하여 볼록, 우상향 등효용곡선

② 효용함수가 원점에 대하여 오목, 우하향 등효용곡선

③ 효용함수가 원점에 대하여 볼록, 우하향 등효용곡선

④ 효용함수가 원점에 대하여 오목, 우상향 등효용곡선

해설 위험회피형 투자자의 효용함수는 원점에 대하여 오목한 모양이고, 등효용곡선은 우상향한다. 다만, 등효용곡선의 기울기가 가파를수록 보수적 투자자이고, 완만할수록 공격적 투자자이다.

[투자자의 유형에 따른 효용함수의 형태]

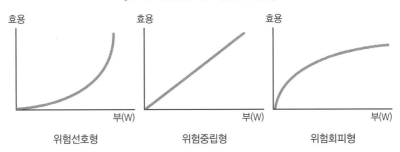

위험선호형   위험중립형   위험회피형

★★★
039 빈칸 (가)~(다)에 적절한 말을 순서대로 바르게 나타낸 것은?

> • 투자자의 효용함수를 투자수익(또는 부)과 효용과의 관계에서 그림으로 나타내면, 위험
>   회피형 투자자의 효용함수는 원점에 대하여 (가)한 형태를 보인다.
> • 평균과 표준편차의 공간에 위험회피형의 효용함수를 나타낸 것을 (나)이라고 한다.
> • 등효용곡선이 상대적으로 가파른 투자자는 (다)투자자이다.

① 오목, 등효용곡선, 보수적 또는 소극적
② 볼록, 효용곡선, 공격적
③ 직선, 효용곡선, 보수적 또는 소극적
④ 오목, 등효용곡선, 공격적

해설 효용함수의 형태(그래프)와 등효용곡선의 형태는 다음과 같다.

투자자 유형에 따른 효용함수의 형태	수평축	투자수익(부)	위험회피형	원점에 대하여 오목 (체감)	
			위험선호형	원점에 대하여 볼록 (체증)	
	수직축	효용	위험중립형	원점에 대하여 직선 (비례)	
위험회피형 투자자의 등효용곡선	수평축	위험(표준편차)	보수적 투자자	기울기가 가파름	우상향
	수직축	기대수익률	공격적 투자자	기울기가 완만함	

★★★
040 마코위츠 모형에 의하여 50개 종목으로 구성된 포트폴리오의 위험을 계산하기 위해 필요한 투입정보량은 얼마인가?

① 기대수익률 50개, 분산 50개, 공분산 1,225개
② 기대수익률 100개, 분산 100개, 공분산 50개
③ 기대수익률 50개, 분산 50개, 공분산 2,450개
④ 기대수익률 50개, 분산 2,500개, 공분산 1,225개

해설 마코위츠의 포트폴리오 선택모형으로 효율적 포트폴리오를 구성하기 위해서는, n(50)개의 자산 각각에 대하여 기대수익률[$E(R)$] n(50)개, 개별자산의 분산(σ^2) n(50)개, 각 자산들 간의 공분산(σ_{ij})을

$$\left[\frac{n^2-1}{2} = \frac{n(n-1)}{2} = \frac{50(50-1)}{2} = 1,225\right]$$개 만큼 추정하는 것이 필요하다.

마코위츠의 평균-분산 모델	수많은 증권과 포트폴리오의 기대수익률과 분산이 주어졌을 때, 평균-분산 기준에 의하여 효율적 투자선(경계선)을 도출해 내고 투자자의 수익률분포에 대한 선호에 따라 최적 포트폴리오를 선택하는 투자의사결정 접근법

★★★
041 무위험자산에 관한 설명으로 적절하지 않은 것은?

① 어떠한 상황에서도 확정된 수익이 보장되어 수익률의 변동이 없기 때문에 그 위험(수익률의 표준편차)이 영(0)인 투자자산을 말한다.
② 일반적으로 정기예금이나 국공채와 같은 투자대상들이 무위험자산으로 인식되고 있는데, 이는 이러한 자산들이 인플레이션 위험 및 이자율변동 위험이 없기 때문이다.
③ 지급불능위험이 없는 투자자산을 통상적으로 무위험자산으로 취급하고 있다.
④ 무위험자산도 포트폴리오 구성에 포함되면, 위험자산만으로 포트폴리오를 구성할 때보다도 월등한 투자성과를 기대할 수 있다.

해설 일반적으로 정기예금이나 국공채와 같은 투자대상들이 무위험자산으로 인식되고 있다. 그러나 이러한 자산들도 인플레이션 위험 및 이자율변동 위험은 지니고 있다. 그래서 지급불능위험이 없는 투자자산을 통상적으로 무위험자산으로 취급하고 있다.

무위험자산의 기대수익률	$E(R_f) = R_f$	R_f : 무위험이자율 (Risk-Free Rate)
무위험자산의 위험(표준편차)	$\sigma_{(Rf)} = 0$	

042 위험자산 포트폴리오의 기대수익률[$E(R_A)$]은 15%, 표준편차[σ_A]는 20%, 무이험이자율[R_f]은 7%이다. 투자자금의 60%를 위험자산 포트폴리오에, 나머지 40%를 무위험자산에 투자한 포트폴리오의 기대수익률과 위험(표준편차)은 각각 얼마인가? 심화

① 10%, 12%   ② 12.5%, 12.5%   ③ 11.8%, 12%   ④ 11.8%, 12.5%

해설 무위험자산과 위험자산으로 구성된 포트폴리오의 기대수익률과 위험은 다음과 같다.

기대수익률	$E(R_p) = R_f + w[E(R_A) - R_f] = 7\% + 60\% \times (15\% - 7\%) = 11.8\%$
표준편차(위험)	$\sigma_p = w \times \sigma_A = 60\% \times 20\% = 12\%$

 043 무위험자산과 위험자산으로 구성된 포트폴리오가 있다. 위험자산에 대한 투자비율을 증가시킬 때, 다음 중 적절하지 않은 설명은? 심화

① 포트폴리오의 기대수익률이 증가한다.
② 포트폴리오의 위험(표준편차)이 증가한다.
③ 위험자산과 무위험자산을 잇는 자본배분선(CAL, Capital Allocation Line)의 기울기가 증가한다.
④ RVAR(Reward to Variability Ratio, 투자보수 대 변동성비율)은 변화가 없다.

해설 위험자산과 무위험자산을 잇는 자본배분선의 기울기(RVAR)는 일정하다. 투자금액의 비율이 어떻게 조정되더라도 이러한 포트폴리오는 투자위험(σp)을 한 단위 증가시킬 때 얻게 되는 위험보상률([$E(Rp) - Rf$])이 항상 일정하다. 이때의 비율이 자본배분선의 기울기인 RVAR(투자보수 대 변동성비율)이다.

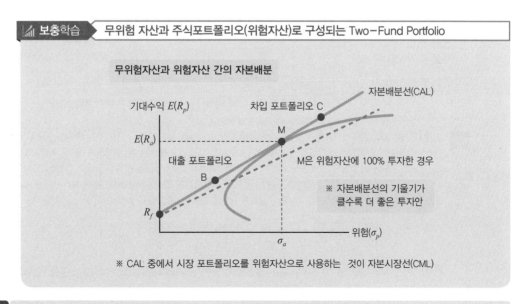

📊 **보충학습** 무위험 자산과 주식포트폴리오(위험자산)로 구성되는 Two-Fund Portfolio

자본배분선 (CAL)	$E(R_p) = R_f + \dfrac{E(R_A) - R_f}{\sigma_A} \times \sigma_p$ → Two-Fund Portfolio의 기대수익률은 위험에 선형적으로 비례
RVAR	$RVAR = \dfrac{E(R_p) - R_f}{\sigma_p} = \dfrac{E(R_A) - R_f}{\sigma_A}$ → 자본배분선의 기울기

★★★
044 종합주가지수(KOSPI)의 수익률을 추적하는 인덱스펀드에 자산의 90%를 투자하고, 나머지 10%를 국고채에 투자한 포트폴리오의 수익률은 다음 중 어떤 위험요인에 가장 민감하게 반응하는가? 심화

① 체계적 위험
② 비체계적 위험
③ 이자율위험
④ 재투자위험

해설 국고채는 무위험자산이고, 인덱스펀드는 위험자산으로서 체계적 위험을 갖고 있다. 위험자산과 무위험자산으로 포트폴리오를 구성할 경우 포트폴리오의 위험은 위험자산에 대한 투자비중에 달려 있다.($\sigma_p = W_A$(위험자산투자비중) $\times \sigma_A$)

···TOPIC **5** 자본자산가격결정모형(CAPM, Capital Asset Pricing Model)

★★★
045 자본시장선(CML)에 대한 설명으로 옳은 것은?

① 무위험이자율과 최소분산포트폴리오를 연결하는 선
② 무위험이자율과 위험자산으로 구성되는 효율적 투자선상의 가장 수익률이 높은 포트폴리오를 연결하는 선
③ 무위험이자율과 위험자산으로 구성되는 효율적 투자선에 접하는 점을 연결하는 선
④ 무위험이자율에서 시작하여 표준편차를 나타내는 축과 평행하게 그린 선

해설 자본시장선(CML)은 투자자금을 무위험자산과 위험자산에 나누어 투자할 때, 투자자들이 투자자금을 무위험자산과 완전분산투자된 위험자산의 효율적 포트폴리오(M, 시장포트폴리오)에 나누어 투자하게 될 때, 자본시장이 균형상태에 이르게 되면 이 효율적 포트폴리오의 기대수익과 위험사이에는 일정한 선형적 관계가 성립한다. 바로 이 효율적 포트폴리오의 기대수익률과 위험(표준편차) 사이의 선형관계를 그래프로 표시한 것이 자본시장선이다. 즉 시장포트폴리오(M)와 무위험자산으로 구성되는 포트폴리오의 집합을 나타내는 선이다.

CML : $E(R_p) = R_f + \dfrac{E(R_m) - R_f}{\sigma_m} \times \sigma_p$ (σ_m: 시장포트폴리오의 표준편차)

→ 자본시장선의 기울기인 $\left[\dfrac{E(R_m) - R_f}{\sigma_m}\right]$를 위험의 균형가격이라 하는데, 이는 시장에서 위험 1단위에 대한 위험보상률(Risk Premium)의 정도를 나타낸 것이다

046 자본자산가격결정모형(CAPM)의 가정으로 옳지 않은 것은?

① 마코위츠 모형에 의해서 포트폴리오를 선택하고 투자결정을 내릴 때 오로지 알 필요가 있는 투자기준은 기대수익과 분산뿐이다.

② 모든 투자자는 투자기간이 같고 미래증권수익률의 확률분포에 대하여 동질적으로 예측한다.

③ 투자위험이 없는 무위험자산이 존재하며 모든 투자자들은 무위험 수준으로 얼마든지 자금을 차입하거나 빌려줄 수 있다.

④ 개인투자자는 자본시장에서 가격결정자이고, 자본과 정보의 흐름에는 마찰이 없이 거래비용과 세금이 존재하지 않는다.

> **해설** 개인투자자는 자본시장에서 가격결정자(Price Maker)가 아닌 오로지 정해진 가격에 따라 행동하는 가격순응자(Price Taker)이다.

CAPM 가정	① 평균·분산기준의 가정	② 동일한 투자기간의 가정
	③ 완전시장의 가정	④ 무위험자산의 존재 가정
	⑤ 균형시장의 가정	⑥ 동질적 미래예측의 가정

🏛 필수핵심정리 ▶ 자본시장선(CML, Capital Market Line)과 증권시장선(SML, Security Market Line)

자본시장선(CML)	증권시장선(SML)
투자자금을 무위험자산과 위험자산(M, 시장포트폴리오)에 나누어 투자할 때, 효율적 포트폴리오의 기대수익률과 위험(표준편차) 사이 선형관계를 그래프로 표시한 것	비효율적인 투자대상까지 포함한 모든 투자자산의 기대수익률과 위험(베타)의 선형관계를 나타낸 것
$E(R_p) = R_f + \dfrac{E(R_m) - R_f}{\sigma_m} \times \sigma_p$ (σ_m : 시장포트폴리오의 표준편차)	$E(R_j) = R_f + [E(R_m) - R_f] \times \beta_j$ ($\beta_j = \dfrac{\sigma_{jm}}{\sigma_m^2}$)
기대수익률($E(R)$)과 총위험(σ) 공간에 표시	기대수익률($E(R)$)과 체계적 위험(β) 공간에 표시
CML선상에 오는 것은 완전분산투자된 효율적 포트폴리오뿐임	SML선상에 오는 것은 효율적이든 비효율적이든 모든 포트폴리오뿐만 아니라 개별주식들도 표시됨

047 시장포트폴리오(M)에 대한 설명으로 옳지 않은 것은? ★★★

① 시장포트폴리오는 모든 자본적 자산을 포함한다.
② 시장포트폴리오는 효율적 투자선에 속한다.
③ 시장포트폴리오 내의 모든 증권은 각 증권의 시장가치에 따른 비율로 구성되어 있다.
④ 시장포트폴리오는 자본시장선과 등효용곡선이 접하는 점에서 결정된다.

> **해설** 시장포트폴리오(M)는 시가총액의 구성 비율대로 구성되는 포트폴리오이며 모든 위험자산을 포함하는 완전분산투자된 포트폴리오이다. 시장포트폴리오는 자본시장선과 효율적 투자선이 접하는 점(M)에서 결정된다. 투자자들은 자신의 위험선호도와 관계없이 위험자산의 포트폴리오는 동일하게 시장포트폴리오를 선택한다. 따라서 자본시장선(CML)상의 어느 점이든 모두 시장포트폴리오에 일부 투자하게 된다는 것을 나타낸다.

048 다음 중 시장포트폴리오(Market Portfolio)에 대한 설명으로 옳지 않은 것은? ★★★ [심화]

① 무위험자산이 존재하고 동질적 기대를 가정한다면, 시장포트폴리오는 위험자산의 최적 포트폴리오이다.
② 투자자의 위험선호도와 관계없이 시장포트폴리오에 대한 투자비율은 일정하다.
③ 시장포트폴리오는 시장에서 거래되는 모든 위험자산을 포함한다.
④ 시장포트폴리오는 개별자산의 비체계적 위험이 완전히 제거된 효율적 포트폴리오이다.

> **해설** 위험자산들의 효율적 결합은 개별투자자들의 위험선호도에 관계없이 이루어지며, 그 결과로 얻어지는 시장포트폴리오는 모든 투자자들의 동일한 투자대상이 된다. 다만, 투자자들의 위험선호도에 따라 무위험자산과 시장포트폴리오에 대한 투자비율을 결정하여 최적포트폴리오를 구성하는 것이다. 즉, 위험자산들의 효율적 결합은 개별투자자들의 위험선호도에 관계없이 항상 일정하며, 위험선호도에 따라 변하는 것은 무위험자산과 시장 포트폴리오의 투자비율 뿐이다.

🏛 필수핵심정리 ▶ **토빈의 분리정리**

최적 포트폴리오의 구성은 다음의 두 단계로 분리하여 이루어진다는 것	
첫째 단계	첫째 단계에서 위험자산들의 효율적 결합은 개별투자자들의 위험선호도에 관계없이 이루어지며, 그 결과로 얻어지는 시장포트폴리오(M)는 모든 투자자들의 동일한 투자대상이 된다.
둘째 단계	둘째 단계는 투자자들의 위험선호도에 따라 무위험자산과 시장포트폴리오에 대한 투자비율을 결정하여 최적 포트폴리오를 구성하는 것이다.

→ 결과적으로 첫째 단계의 증권선택과 둘째 단계의 자본배분은 서로 별개의 문제가 된다는 것이 토빈의 분리정리이다.

★★★
049 CAPM에 관한 설명이다. 빈칸 ㉠와 ㉡에 들어갈 말을 순서대로 바르게 나타낸 것은?

> (가)은 효율적 포트폴리오의 기대수익률과 위험(표준편차)가의 선형적 관계를 나타낸 반면, (나)은 비효율적인 투자대상까지 포함한 모든 투자자산의 기대수익과 위험의 관계를 나타낸 것이다.

① 자본시장선, 증권시장선
② 증권시장선, 자본시장선
③ 증권시장선, 증권특성선
④ 자본시장선, 증권특성선

해설

자본시장선(CML)	증권시장선(SML)
투자자금을 무위험자산과 위험자산(M, 시장포트폴리오)에 나누어 투자할 때, 효율적 포트폴리오의 기대수익률과 위험(표준편차) 사이의 선형관계를 그래프로 표시한 것	비효율적인 투자대상까지 포함한 모든 투자자산의 기대수익률과 위험(베타)의 선형관계를 나타낸 것

★★★
050 자본시장선(CML)과 증권시장선(SML)에 대한 설명으로 옳은 것은? ($E(R)$은 기대수익률, σ는 표준편차, β는 베타계수)

① CML은 모든 투자자산을 대상으로 $E(R)$과 σ와의 관계를 나타냄
② CML은 모든 효율적 포트폴리오를 대상으로 $E(R)$과 β와의 관계를 나타냄
③ SML은 모든 투자자산을 대상으로 $E(R)$과 β와의 관계를 나타냄
④ SML은 모든 효율적 포트폴리오를 대상으로 $E(R)$과 σ와의 관계를 나타냄

해설

자본시장선(CML)	증권시장선(SML)
기대수익률($E(R)$)과 총위험(σ) 공간에 표시	기대수익률($E(R)$)과 체계적 위험(β) 공간에 표시
CML선상에 오는 것은 완전분산투자된 효율적 포트폴리오뿐임	SML선상에 오는 것은 효율적이든 비효율적이든 모든 포트폴리오뿐만 아니라 개별주식들도 표시됨

	무위험자산	시장포트폴리오	주식 A와 시장포트폴리오의 공분산
기대수익률	7%	10%	0.036
표준편차	0%	12%	

★★★
051 자본시장선(CML)과 증권시장선(SML)의 기울기를 각각 구하면?

① 0.25, 0.03 ② 0.03, 0.25

③ 0.25, 0.10 ④ 0.03, 0.10

해설

	자본시장선(CML)	증권시장선(SML)
공식	$E(R_p) = R_f + \dfrac{E(R_m) - R_f}{\sigma_m} \times \sigma_p$	$E(R_j) = R_f + [E(R_m) - R_f] \times \beta_j$
기울기	$\dfrac{E(R_m) - R_f}{\sigma_m} = \dfrac{10\% - 7\%}{12\%} = 0.25$	$[E(R_m) - R_f] = 10\% - 7\% = 3\% \, (= 0.03)$

★★★
052 A주식의 베타계수와 기대수익률을 구하면? 심화

① 베타계수(1.0), 기대수익률(10.0%)

② 베타계수(2.0), 기대수익률(13.0%)

③ 베타계수(2.5), 기대수익률(14.5%)

④ 베타계수(3.0), 기대수익률(16.0%)

해설 베타는 개별주식과 시장포트폴리오와의 공분산을 시장포트포폴리오의 분산으로 나눈 값이다.

즉, $\beta_A = \dfrac{\sigma_{Am}}{\sigma_m^2} = \dfrac{0.036}{(0.12)^2} = 2.5$, 따라서 A주식의 기대수익률을 구하면,

$E(R_j) = R_f + [E(R_m) - R_f] \times \beta_j = 7\% + (10\% - 7\%) \times 2.5 = 14.5\%$

★★★

053 다음 자료를 이용하여 주식 X의 베타계수를 구하면? 심화

> - 시장포트폴리오의 기대수익률 $[E(R_m)]$ = 12%
> - 주식 X의 기대수익률 $[E(R_X)]$ = 14%
> - 시장포트폴리오와 주식 X와의 상관계수 $[\rho_{Xm}]$ = 0.6
> - 주식 X의 표준편차 $[\sigma_X]$ = 20%, 시장포트폴리오의 표준편차 $[\sigma_m]$ = 6%

① 1.0   ② 1.5   ③ 2.0   ④ 2.5

해설 베타는 개별주식과 시장포트폴리오와의 공분산을 시장포트포리오의 분산으로 나눈 값이다. 또 공분산은 상관계수에 각각의 표준편차를 곱한 값과 같으므로 이를 대입하여 풀면,

$$\beta = \frac{\sigma_{Xm}}{\sigma_m^2} = \frac{\rho_{Xm} \times \sigma_X \times \sigma_m}{\sigma_m^2} = \frac{\rho_{Xm} \times \sigma_X}{\sigma_m} = \frac{0.6 \times 20\%}{6\%} = 2$$

★★★

054 6억원을 베타가 1.2인 증권에, 4억원을 베타가 0.2인 증권에 투자했을 때, 이 두 증권으로 구성되는 포트폴리오의 베타는?

① 1.40   ② 1.00   ③ 0.80   ④ 0.64

해설 포트폴리오의 베타는 개별자산의 베타를 투자비중으로 가중평균하여 구한다.

$$\beta_p = \sum_{j=1}^{n} w_j \beta_j = 1.2 \times \frac{6억}{6억+4억} + 0.2 \times \frac{4억}{6억+4억} = 0.80$$

★★★

055 주식A에 투자자금의 60%를 투자하고 나머지 40%를 무위험자산에 투자한 포트폴리오 P가 있다. 주식 A의 베타가 1.5일 때 포트폴리오 P의 베타는 얼마인가?

① 0.4   ② 0.6   ③ 0.9   ④ 1.2

해설 포트폴리오의 베타는 개별자산의 베타를 투자비중으로 가중평균하여 구하는데, 이 문제에서 유의하여야 할 것은 무위험자산의 베타는 0이라는 것이다.

$$따라서 \ \beta_p = \sum_{j=1}^{n} w_j \beta_j = 1.5 \times 60\% + 0 \times 40\% = 0.9$$

056 다음 중 β계수에 대한 설명으로 옳지 않은 것은?

① 시장수익률의 변동에 대한 개별주식의 민감도를 나타낸다.
② β가 0인 자산의 기대수익률은 0이다.
③ $\beta > 1$인 자산을 공격적 자산, $\beta < 1$인 자산을 방어적 자산이라 한다.
④ 시장포트폴리오의 위험에서 개별주식(j)이 기여하는 공헌도는 $w_j \times \beta_j$이다.

> **해설** 베타(β)는 시장수익률의 변동에 대한 개별주식의 민감도를 나타낸다. 증권시장선(SML) 식을 보면 $E(R_A) = R_f + [E(R_m) - R_f] \times \beta_A$ 이다. 이 식에서 β가 0이면 기대수익률은 0이 아니라 무위험이자율(R_f)이다.

057 다음 자본자산가격결정모형(CAPM)이 투자결정에 어떻게 이용되는지를 설명한 것 중 옳지 않은 것은?

① 균형상태의 시장에서 투자자산의 기대수익률은 베타에 의해 선형적으로 결정되어 자본시장선(CML)상에 오게 되므로 CML상의 기대수익률은 균형상태에서 투자위험을 감안한 적정수익률이다.
② 투자사업의 체계적 위험에 상응하는 요구수익률을 투자사업의 예상수익률과 비교하여 투자사업의 경제적 타당성을 평가하는 데 활용할 수 있다.
③ 증권시장선(SML)상에 표시되는 요구수익률은 자기자본비용 내지 주주들의 기대투자수익률로 이용할 수 있으며 주식의 내재적 가치를 구하는 데 활용할 수 있다.
④ 증권분석이나 시계열 분석결과 추정된 기대수익률에서 증권시장선(SML)으로 계산된 요구수익률을 뺀 값이 양이면 과소평가된 증권이다.

> **해설** 기대수익률이 베타(β)에 의하여 선형적으로 결정되는 것은 자본시장선(CML)이 아니라 증권시장선(SML)이다.

058 시장포트폴리오의 기대수익률이 10%이며, 체계적 위험의 정도가 1.2인 주식 A가 있다고 하자. CAPM 모형에 의하면 A의 기대수익률이 10.4%라고 할 때 무위험이자율(R_f)은 얼마인가?

① 7%　　　　　② 8%　　　　　③ 9%　　　　　④ 10%

> **해설** 증권시장선(SML)에 따르면 주식 A의 기대수익률 $E(R_A) = R_f + [E(R_m) - R_f] \times \beta_A$
> 무위험이자율을 R_f라고 하면, $10.4\% = R_f + (10\% - R_f) \times 1.2$ ∴ $R_f = 8\%$(여기서 체계적 위험의 정도 1.2는 베타계수를 의미함)

059 시장포트폴리오의 기대수익률은 15%, 무위험이자율은 8%, 증권 A의 추정된 기대수익률과 베타가 각각 17%, 1.25일 때, CAPM을 이용하여 증권 A를 바르게 설명한 것은? (심화)

① 증권 A는 과대평가되어 있다.
② 증권 A는 과소평가되어 있다.
③ 증권 A의 알파는 −0.15%이다.
④ 증권 A의 알파는 1%이다.

해설 알파(α)는 증권의 과소 · 과대평가 여부를 판단하기 위한 것으로, 증권분석이나 시계열 분석결과 추정된 기대수익률에서 증권시장선(SML)으로 계산된 요구수익률(체계적 위험을 감안한 적정균형수익률)을 뺀 값으로 나타낸다. 이 값이 양(+)이면 과소평가된 증권이며, 음(−)이면 과대평가된 증권이다.

먼저 주식 A에 대한 요구수익률($K_A = RRR_A$)을 구하면, K_A = 8% + 1.25×(15% − 8%) = 16.75%, 따라서 $\alpha = E(R_A) - K_A$ = 17% − 16.75% = 0.25%, [α = 0.25% > 0]이므로, 증권 A는 현재 과소평가되어 있다.

증권의 과소 · 과대평가 여부를 판단하는 방법	
$\alpha = E(R_j) - K_j$	• $E(R_j)$: 증권분석이나 시계열 분석결과 추정된 기대수익률 • $k_j = RRR_j = R_f + [E(R_m) - R_f] \times \beta_j$: 증권시장선(SML)으로 계산된 요구수익률(체계적 위험을 감안한 적정균형수익률)
(1) [$E(R_j) > K_j$], 즉 $\alpha > 0 \rightarrow$ 과소평가(균형수익률보다 높은 수익률이 예상)	
(2) [$E(R_j) < K_j$], 즉 $\alpha < 0 \rightarrow$ 과대평가(균형수익률보다 낮은 수익률이 예상)	

060 무위험이자율이 10%, 시장포트폴리오의 기대수익률이 15%일 때, 베타계수가 1.5인 주식 A의 예상수익률이 16%이다. CAPM에 의하면 주식 A의 상태는?

① 고평가   ② 저평가
③ 적절히 평가   ④ 대단히 저평가

해설 주식의 저평가 및 고평가 여부를 판단하기 위해서는 알파(α)를 계산해보면 된다.
먼저 주식 A에 대한 균형수익률을 구하면, K_A = 10% + 1.5×(15% − 10%) = 17.5%,
$\alpha = E(R_A) - K_A$ = 16% − 17.5% = −1.5%, [α = −1.5% < 0]이므로, 증권 A는 현재 과대평가되어 있다. 즉 체계적 위험(베타)을 감안한 균형(적정)수익률이 17.5%인데 예상수익률이 16% 밖에 안 되므로 현재 비싸다는 의미(고평가된 상태)이다.

★★★
061 주식 j의 베타가 1.0이다. 그러나 이 주식은 매우 큰 비체계적 위험을 가지고 있다. CAPM이 성립한다면, 주식 j의 균형수익률은 얼마가 되는가? 심화

① 시장포트폴리오의 기대수익률
② 무위험이자율 + 총위험에 대한 위험프리미엄
③ 무위험이자율 + 비체계적 위험에 대한 위험프리미엄
④ 비체계적 위험에 대한 위험프리미엄

> **해설** CAPM이론에서 주식 j의 균형수익률 $E(R_A) = R_f + [E(R_m) - R_f] \times \beta_A$ = [무위험이자율 + (시장포트폴리오의 기대수익률 – 무위험이자율) × 주식 j의 베타]이고, 문제에서 주식 j의 베타는 1이라고 했으므로 이 식에 대입해 보면, 결국 주식 j의 균형수익률은 시장포트폴리오의 기대수익률과 같아지게 된다.

★★★
062 위험의 측정치로서 베타와 표준편차에 대해 바르게 설명한 것은?

① 베타는 체계적 위험의 측정치이고, 표준편차는 비체계적 위험의 측정치이다.
② 베타는 비체계적 위험의 측정치이고, 표준편차는 체계적 위험의 측정치이다.
③ 베타는 체계적 위험의 측정치이고, 표준편차는 총위험의 측정치이다.
④ 베타는 체계적 위험과 비체계적 위험의 측정치이고, 표준편차는 총위험의 측정치이다.

> **해설** 베타는 체계적 위험의 측정치이고, 표준편차는 체계적 위험뿐만 아니라 비체계적 위험까지 포함한 총위험의 측정치이다.

구분	추정 기대수익률	시장포트폴리오와의 상관계수	표준편차
증권 A	13.5%	0.90	20%
증권 B	10.2%	0.80	9%
시장포트폴리오	12.0%	1.00	12%
무위험수익률	5.0%	0.00	0%

★★★
063 증권 A와 증권 B의 베타계수를 옳게 구한 것은? 심화

　　　증권 A　　증권 B
① 1.50　　　0.60
② 0.60　　　1.50
③ 0.60　　　2.00
④ 2.00　　　0.60

해설
- $\beta_A = \dfrac{\sigma_{Am}}{\sigma_m^2} = \dfrac{\rho_{Am} \times \sigma_A \times \sigma_m}{\sigma_m^2} = \dfrac{\rho_{Am} \times \sigma_A}{\sigma_m} = \dfrac{0.9 \times 20\%}{0.12} = 1.5$

- $\beta_B = \dfrac{\sigma_{Bm}}{\sigma_m^2} = \dfrac{\rho_{Bm} \times \sigma_B \times \sigma_m}{\sigma_m^2} = \dfrac{\rho_{Bm} \times \sigma_B}{\sigma_m} = \dfrac{0.8 \times 9\%}{0.12} = 0.60$

★★★
064 제시된 자료에 근거하여 증권시장선(SML)의 식을 제대로 표시한 것은?

① $E(R_j) = 0.07 + 0.05\beta_j$　　　② $E(R_j) = 0.12 + 0.05\beta_j$
③ $E(R_j) = 0.05 + 0.07\beta_j$　　　④ $E(R_j) = 0.05 + 0.12\beta_j$

해설 $E(R_A) = R_f + [E(R_m) - R_f] \times \beta_A = 5\% + (12\% - 5\%)\beta_j = 0.05 + 0.07\beta_j$

065 CAPM 이론을 활용하여 다음 설명 중 올바른 것을 고른다면? 심화

① 증권 A는 시장에서 과소평가되어 있고, 증권 B는 과대평가되어 있다.
② 증권 A는 시장에서 과대평가되어 있고, 증권 B는 과소평가되어 있다.
③ 증권 A와 B는 모두 과소평가되어 있다.
④ 증권 A와 B는 모두 과대평가되어 있다.

해설
- $k_A = RRR_A = R_f + [E(R_m) - R_f] \times \beta_A = 5\% + (12\% - 5\%) \times 0.5 = 15.5\%$
- $k_B = RRR_B = R_f + [E(R_m) - R_f] \times \beta_B = 5\% + (12\% - 5\%) \times 0.6 = 9.2\%$
- $\alpha_A = E(R_A) - K_A = 13.5\% - 15.5\% = -2\%$, 따라서 A는(13.5%) 과대평가
- $\alpha_B = E(R_B) - K_B = 10.2\% - 9.2\% = +1\%$, 따라서 B는 과소평가

066 다음 설명 중 CAPM에 기초하여 잘못된 설명은? 심화

① (−)의 베타계수를 갖는 주식은 무위험 수익률보다 낮은 기대수익률을 가질 수 있다.
② 0.8의 베타계수를 갖는 포트폴리오를 만들기 위하여, 투자자금의 80%를 지수펀드에 투자하고 20%를 무위험 공채에 투자하면 된다.
③ 0의 베타계수를 갖는 주식의 기대수익률은 0이다.
④ 포트폴리오의 베타가 1인 펀드가 인덱스펀드이다.

해설 CAPM이론에서 주식 j의 균형수익률 $E(R_A) = R_f + [E(R_m) - R_f] \times \beta_A$ = [무위험이자율 + (시장포트폴리오의 기대수익률 − 무위험이자율) × 주식 j의 베타]이다. 이 식을 이용하면, 0의 베타계수를 갖는 주식의 기대수익률은 무위험수익률이다.

067 무위험이자율은 6%, 시장포트폴리오의 기대수익률과 분산은 각각 15%, 0.02, K주식과 시장포트폴리오와의 공분산은 0.03이다. K주식의 요구수익률은? 심화

① 0.15
② 0.187
③ 0.195
④ 0.214

해설 $\beta_K = \dfrac{\sigma_{Km}}{\sigma_m^2} = \dfrac{0.03}{0.02} = 1.5$, 따라서 $E(R_K) = 6\% + (15\% - 6\%) \times 1.5 = 19.5\%$

068 K사 주식의 차기 예상배당금이 주당 1,000원, 연간성장률이 12%로 일정하게 지속될 것으로 예상한다. 067번 문제에서 구한 요구수익률을 이용하여 K주식의 주당 내재가치를 구하면? 심화

① 13,333원   ② 15,242원

③ 16,742원   ④ 20,241원

> **해설** 항상성장모형을 이용하여 주당 내재가치를 구하는 공식은 다음과 같다.
>
> $$V_0 = \frac{D_0(1+g) = D_1}{k_e - g} = \frac{\text{1주당 차기 예상 배당금}}{\text{요구수익률} - \text{성장률}} = \frac{1,000}{19.5\% - 12\%} ≒ 13,333$$

••• TOPIC **6** 단일지표모형

069 단일지수모형(또는 단일지표모형)에서 제시하는 증권 간의 공분산에 대한 설명으로 옳은 것은? 심화

① 증권 간의 공분산은 하나의 공통요인, 즉 KOSPI같은 시장지수의 영향으로 결정된다.

② 증권 간의 공분산은 측정하여야 할 변수가 너무 많아 계산하기가 극도로 어렵다.

③ 증권 간의 공분산은 그 증권이 속한 산업군의 영향을 많이 받는다.

④ 증권 간의 공분산은 각 증권이 갖는 체계적 위험과 비체계적 위험에 따라 결정된다.

> **해설** 증권수익률의 변동을 시장전체(공통요인)에 연관된 가격변동과 개별기업 고유요인에 의한 연관된 가격변동의 이분법적으로 구분할 수 있고, 시장공통요인은 종합주가지수와 같은 시장지표로 나타낼 수 있다고 가정하여 이 개념을 1차적인 관계식으로 표시한 것이 단일지표모형 또는 시장모형이다. 시장모형에서는 개별증권 간의 공분산은 고려하지 않고 오로지 시장지표와의 관계만 고려한다.

🏛 필수핵심정리 ▷ 단일지표 모형의 가정

$Cov(\varepsilon_j, \varepsilon_k) = 0$	두 주식의 잔차수익률 사이의 공분산은 '0' → 즉, 특정 주식 j에 영향을 주는 미시적 사건은 다른 k주식에는 영향을 주지 않는다는 가정
$Cov(R_j, R_k) = \sigma_{jk} = \beta_j \beta_k \sigma_m^2$	→ 개별주식 j와 k와의 공분산도 시장요인과의 관계에서 설명될 수 있음
그 밖의 가정 : $Cov(R_m, \varepsilon_j) = 0$, $Cov(\varepsilon_j, \varepsilon_k) = 0$, $E(\varepsilon_j) = 0$	

★★★
070 단일지표모형에 대한 다음 설명 중 옳지 않은 것은?

① 시장수익률(R_m)과 개별주식 수익률(R_j) 간의 관계를 설명하는 식을 증권시장선(SML)이라 한다.
② 개별주식 잔차수익률 간의 공분산이 0이라고 가정한다.
③ 시장수익률 변동에 대한 개별주식 수익률 변동의 민감도를 나타내는 지표로 β를 사용한다.
④ 포트폴리오의 β는 개별주식 β를 투자비중으로 가중평균하여 구할 수 있다.

해설 시장수익률(R_m)과 개별주식 수익률(R_j) 간의 관계를 설명하는 식은 증권특성선(SCL, Securities Characteristic Line)이다.

🏛 필수핵심정리 | 증권특성선(SCL, Security Characteristic Line)

단일지표 모형은 증권 j의 수익률(R_j)이 단 하나의 공통요인인 시장수익률(R_m)과의 선형적인 관계를 갖는 것으로 표시됨

회귀모형	$R_{jt} = \alpha_j + \beta_j R_{mt} + \varepsilon_{jt}$ • R_{jt} : t시점에서의 주식의 수익률(확률변수) • R_{mt} : t시점에서의 시장지표의 수익률(확률변수) • α_{jt} : 회귀계수 절편, β_j : 회귀계수 기울기, ε_{jt} : 잔차항
회귀식 (증권특성선)	$R_j = \hat{\alpha}_j + \hat{\beta}_j R_m$ (^는 회귀계수 추정치) 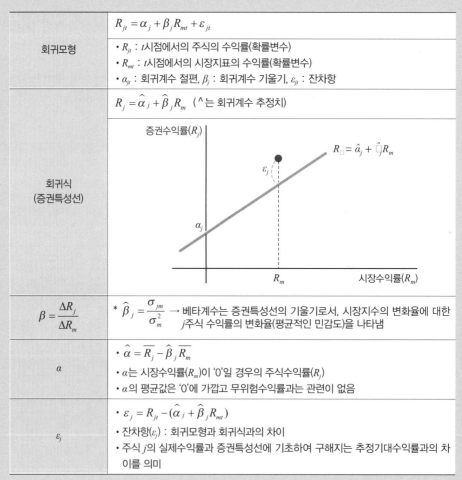
$\beta = \dfrac{\Delta R_j}{\Delta R_m}$	$* \ \hat{\beta}_j = \dfrac{\sigma_{jm}}{\sigma_m^2}$ → 베타계수는 증권특성선의 기울기로서, 시장지수의 변화율에 대한 j주식 수익률의 변화율(평균적인 민감도)을 나타냄
α	• $\hat{\alpha} = \overline{R_j} - \hat{\beta}_j \overline{R_m}$ • α는 시장수익률(R_m)이 '0'일 경우의 주식수익률(R_j) • α의 평균값은 '0'에 가깝고 무위험수익률과는 관련이 없음
ε_j	• $\varepsilon_j = R_{jt} - (\hat{\alpha}_j + \hat{\beta}_j R_{mt})$ • 잔차항(ε_j) : 회귀모형과 회귀식과의 차이 • 주식 j의 실제수익률과 증권특성선에 기초하여 구해지는 추정기대수익률과의 차이를 의미

★★★
071 증권특성선(SCL)에 관한 다음 설명 중 옳지 않은 것은?

① 증권특성선은 개별주식의 위험프리미엄과 시장포트폴리오의 위험프리엄과의 관계를 설명하는 모형이다.

② 증권특성선의 기울기가 크다는 것은 특정 개별주식의 체계적 위험이 크다는 것을 의미한다.

③ [$\beta = 2$]는 시장수익률이 1% 변동할 때, 개별주식의 수익률이 2% 변동함을 나타낸다.

④ 잔차는 개별주식의 실제수익률에서 기대수익률을 차감한 것으로 시장수익률의 변동과 밀접한 관계가 있다.

> **해설** 잔차(ε_j)는 시장 전체의 변동, 즉 시장수익률과는 관계없이 특정기업의 고유한 미시적 사건에 의해서 영향을 받는 증권수익률의 변동을 측정한 것이다. 따라서 잔차항은 주식의 실제수익률과 증권특성선에 기초하여 구해지는 추정기대수익률과의 차이[$\varepsilon_j = R_{jt} - (\hat{\alpha}_j + \hat{\beta}_j R_{mt})$]를 의미한다.

★★★
072 증권특성선(SCL)에 대한 설명으로 옳지 않은 것은?

① 주식가격이 CAPM에 근거하여 추정될 수 있다면, 개별주식의 증권특성선에서의 기울기는 베타이다.

② 증권특성선은 시장수익률의 변화에 대한 개별주식의 수익률 변화를 나타내는 선이다.

③ 증권특성선의 기울기는 시장수익률의 변화에 대한 개별주식의 평균적인 민감도를 나타낸다.

④ 증권특성선의 절편은 무위험이자율(R_f)이다.

> **해설** 증권특성선의 절편(α)은 시장수익률(R_m)이 '0'일 때, 개별주식에 대해서 기대되는 수익률(R_j)이다. 따라서 α의 평균값은 '0'에 가깝고 무위험이자율과는 관계가 없다.

★★★
073 다음은 개별주식 A의 수익률(R_A)을 시장수익률(R_M)과의 관계에서 회귀분석하여 구한 선형관계식이다. 이와 관련된 설명으로 적절한 것은? 심화

$$R_A = 0.05 + 2.0R_M$$

① 이 선형관계식에서 나타난 직선을 증권시장선이라 한다.
② A주식은 강세시장에서 종합주가지수의 상승률보다 더 높은 성과를 가져올 것이다.
③ 시장수익률의 분산이 0.1이라면 A주식의 체계적 위험은 0.25이다.
④ 0.05는 개별기업 고유위험을 의미한다.

 ① 선형관계식에서 나타난 직선을 증권특성선이라 한다.
② β가 2.0이므로 강세시장에서 종합주가지수의 상승률보다 높은 성과를 거둘 수 있다.
③ 체계적 위험은 시장수익률의 분산과 베타의 제곱을 곱한 값으로 시장수익률의 분산이 0.1이라면 A주식의 체계적 위험은 0.4이다.
④ 개별기업 고유위험은 잔차분산을 의미한다.

[단일지표모형에서 개별증권의 분산 계산]

개별주식 수익률의 분산	$\sigma_j^2 = E[R_j - E(R_j)]^2 = \beta_j^2\sigma_m^2 + \sigma^2(\varepsilon_j)$
① 체계적 위험	$= \beta_j^2\sigma_m^2$ (체계적 위험)
② 비체계적 위험	$= \sigma^2(\varepsilon_j)$ (잔차분산 또는 비체계적 위험)

★★★
074 단일지표모형을 활용하여 주어진 자료를 가지고 A주식 수익률의 분산을 계산하면 얼마인가?

- A주식 기대수익률 = 14%
- A주식 잔차분산 = $(0.32)^2$
- A주식 베타 = 0.6
- 시장수익률의 표준편차 = 26%

① 0.126736
② 0.143963
③ 0.196538
④ 0.258452

해설 단일지표모형에서 개별주식 수익률의 분산, $\sigma_j^2 = \beta_j^2\sigma_m^2 + \sigma^2(\varepsilon_j) = 0.6^2 \times (0.26)^2 + (0.32)^2 = 0.126736$

★★★
075 단일지표모형에서 n개 종목으로 효율적 포트폴리오를 구성하기 위해 필요한 계산량으로 적절하지 않은 것은? 심화

① 개별주식의 수익률 : n개
② 개별주식의 베타계수 : n개
③ 개별주식의 잔차분산 : n개
④ 개별주식 간의 공분산 : n(n−1)/2개

> **해설** 단일지표 모형은 모든 증권들 간의 공분산을 모두 고려하지 않고, 단 하나의 공통요인(시장지표)으로 간편화시켜 설명하는 단순화된 모형이다. 개별주식 간의 공분산 n(n−1)/2개는 마코위츠 모형에서 포트폴리오의 위험을 계산하기 위해 필요한 계산량이다.

★★★
076 다음 중 마코위츠 모형과 단일지표모형의 차이점을 잘못 설명한 것은?

① 두 모형 모두 투자자가 효율적 분산투자를 하는데 필요로 하는 최소분산 포트폴리오 구성을 위한 모형이다.
② 마코위츠 모형은 증권들 간의 공분산에 관한 일체의 가정을 필요로 하지 않는다.
③ 단일지표 모형은 모든 증권들 간의 공분산을 단 하나의 공통요인(시장지표)으로 간편화시켜 설명한다.
④ 단일지표 모형은 마코위츠가 자신의 모형을 단순화시킨 모형이다.

> **해설** 단일지표 모형은 샤프가 단순화시킨 모형이다.

★★★
077 단일지표모형을 활용하여 주어진 자료를 가지고 주식 A, B 간의 공분산을 계산하면 얼마인가? (주식 A, B 간의 상관계수는 0.5이고, 시장수익률의 표준편차는 10%이다) 심화

주 식	시장과의 상관계수	표준편차
A	0	0.1
B	0.5	0.2

① 0   ② 0.01   ③ 0.2   ④ 1

> **해설** 단일지표모형에서 개별주식 A와 B와의 공분산, $Cov(R_A, R_B) = \sigma_{AB} = \beta_A \times \beta_B \times \sigma_m^2$
>
> $\beta_A = \dfrac{\sigma_{Am}}{\sigma_m^2} = \dfrac{\sigma_A \times \rho_{Am}}{\sigma_m} = \dfrac{0.1 \times 0}{0.1}$ 이므로, $\sigma_{Am} = \beta_A \times \beta_B \times \sigma_m^2 = 0$

★★★
078 주식 A, B에 대한 증권특성선을 다음과 같이 추정하였다. 단일지표모형의 가정 하에서 주식 A, B 간의 공분산은 얼마인가? 심화

- $R_A = 3\% + 0.7R_m$
- $R_B = -2\% + 1.2R_m$
- $\sigma_m = 20\%$

① 0.0336

② 0.0542

③ 0.1125

④ 0.3116

> **해설** 증권특성선에서 시장수익률(R_m)의 계수가 베타계수이다. 따라서 $\beta_A = 0.7$, $\beta_B = 1.2$
> 단일지표모형에서 개별주식 A와 B와의 공분산, $\sigma_{Am} = \beta_A \times \beta_B \times \sigma_m^2 = 0.7 \times 1.2 \times (20\%)^2 = 0.0336$

※ [079~082] 개별증권의 수익률이 다음과 같이 단일지표모형을 따른다고 할 때, 질문에 답하시오.

- $r_A = 3\% + 0.7r_m + \varepsilon_A$
- $\sigma_m = 30\%$
- $r_B = 5\% + 1.2 + \varepsilon_B$
- $\sigma(\varepsilon_A) = 10\%$
- $\sigma(\varepsilon_B) = 15\%$

★★★
079 A주식의 체계적 위험은 얼마인가? 심화

① 0.044

② 0.210

③ 0.490

④ 0.310

> **해설** 단일지표모형에서 개별주식의 체계적 위험 $= \beta_j^2 \times \sigma_m^2 = (0.7)^2(30\%)^2 = 0.044$
>
> **[단일지표모형에서 개별증권의 분산 계산]**
>
> | 개별주식 수익률의 분산 | $\sigma_j^2 = E[R_j - E(R_j)]^2 = \beta_j^2\sigma_m^2 + \sigma^2(\varepsilon_j)$ |
> | --- | --- |
> | ① 체계적 위험 | $= \beta_j^2\sigma_m^2$(체계적 위험) |
> | ② 비체계적 위험 | $= \sigma^2(\varepsilon_j)$(잔차분산 또는 비체계적 위험) |

★★★
080 B주식의 총위험(분산)은 얼마인가?

① 0.036

② 0.152

③ 0.360

④ 0.510

> **해설** 개별주식 수익률의 분산, $\sigma_j^2 = \beta_j^2 \times \sigma_m^2 + \sigma^2(\varepsilon_j) = (1.2)^2(30\%)^2 + (15\%)^2 = 0.152$

★★★
081 내년도 종합주가지수 수익률이 20%로 예상되고 있다. A주식의 기대수익률은 얼마로 예상되는가?

① 3%　　　　　　② 14%　　　　　　③ 17%　　　　　　④ 27%

> **해설** 단일지표모형에서 개별주식의 기대수익률, $E(R_j) = \alpha_j + \beta_j \times E(R_m) = 3\% + 0.7 \times 20\% = 17\%$

★★★
082 주식 A에 60%, 주식 B에 40%의 비율로 포트폴리오를 구성할 때, 포트폴리오의 베타는?

① 0.6　　　　　　② 0.7　　　　　　③ 0.8　　　　　　④ 0.9

> **해설** 포트폴리오의 베타는 개별자산의 베타를 투자비중으로 가중평균하여 구한다.
> $$\beta_p = \sum_{j=1}^{n} w_j \beta_j = 0.7 \times 60\% + 1.2 \times 40\% = 0.9$$

••• T O P I C 7 차익거래 가격결정이론(APT, Arbitrage Pricing Theory)

★★★
083 균형시장에서 A주식의 베타와 기대수익률이 각각 0.5, 8%이고, B주식의 기대수익률은 10.5%이다. 무위험수익률이 5%라고 할 때, 두 주식 간의 차익거래의 기회가 존재하지 않기 위해서는 B주식의 베타가 얼마이어야 하나?

① 0.91　　　　　　② 1.01　　　　　　③ 1.12　　　　　　④ 1.31

> **해설** 두 주식 간의 차익거래의 기회가 존재하지 않기 위해서는 체계적 위험 1 단위당 위험프리미엄이 같아야 한다.
>
> | 차익거래 해소조건 | $\dfrac{E(R_P) - R_f}{\beta_P} = \dfrac{E(R_Q) - R_f}{\beta_Q} = \lambda$ |
> | --- | --- |
> | | $\rightarrow \dfrac{8\% - 5\%}{0.5} = \dfrac{10.5\% - 5\%}{\beta_B}$, 따라서 $\beta_B = 0.91$ |

CAPM과 APT의 비교	① CAPM은 자산수익률을 하나의 단일공통요인인 시장포트폴리오 수익률과 선형관계를 갖는다고 정의
	② APT는 자산의 수익률이 k개의 '공통요인'의 영향을 받아 변동할 경우, 무위험 차익기회(Arbitrage)가 해소되기 위한 조건이 충족될 때의 가격을 균형가격으로 설명함

요인모형		자산의 수익률이 몇 가지 중요한 공통요인(예 : GDP성장률, 이자율, 인플레, 통화량, 유가, 시장포트폴리오수익률 등)의 영향을 받아서 변동한다고 보는 수익생성모형 → CAPM은 시장포트폴리오의 수익률을 공통요인으로 하는 단일요인모형인 셈이다.
	단일요인 모형	• $R_j = E(R_j) + \beta_j F + \varepsilon_j$ • $E(R_p) = R_f + \lambda\beta_P = R_f + [E(R_p) - R_f]\beta_P$
		차익거래 해소조건 $\dfrac{E(R_p) - R_f}{\beta_P} = \dfrac{E(R_p) - R_f}{\beta_Q} = \lambda$
	다요인 모형	• 충분히 분산투자된 포트폴리오 P의 기대수익률 • $E(R_p) = R_f + \lambda_1\beta_{P1} + \lambda_2\beta_{P2}$ $\quad = R_f + [E(R_{F1}) - R_f]\beta_{P1} + [E(R_{F2}) - R_f]\beta_{P2}$

★★★
084 단일요인 APT가 성립한다고 가정하자. 포트폴리오 A의 베타는 1.4이고 기대수익률은 22%이다. 포트폴리오 B의 베타는 0.7이고 기대수익률은 17%이다. 무위험수익률은 8%이다. 이 경우 다음 중 적절한 차익거래 방법은? 심화

	주식 A	주식 B	무위험자산
①	2억원 매도	2억원 매수	1억원 차입
②	1억원 매수	2억원 매도	1억원 대출
③	1억원 매도	2억원 매수	1억원 차입
④	2억원 매도	1억원 매수	1억원 대출

 해설
• 포트폴리오 A의 위험(베타) 1단위당 위험프리미엄 $= \dfrac{0.22 - 0.08}{1.4} = 0.10$

• 포트폴리오 B의 위험(베타) 1단위당 위험프리미엄 $= \dfrac{0.17 - 0.08}{0.7} ≒ 0.129$

위험 1단위당 위험프리미엄을 비교해 보면, B가 높으므로 고평가된 A는 매도, 저평가된 B는 매수하는 전략이 필요하다. A의 체계적 위험(베타 = 1.4)이 B(= 0.7)의 2배이므로 차익거래 시 거래단위는 매수하는 B를 매도하는 A의 2배로 하여야 하며 부족자금은 무위험수익률로 차입하여 조달한다.

085 2요인 차익거래가격결정모형(APT)에서, 요인1과 요인2의 위험프리미엄이 각각, 5%와 3%이 며, 요인1에 대한 베타계수가 1.2, 요인2에 대한 베타계수가 0.5이다. 기대수익률이 14%라 고 할 때, 차익거래의 기회가 존재하지 않으려면 무위험수익률은 얼마이어야 하는가? 심화

① 6.0% ② 6.5% ③ 7.5% ④ 8.0%

해설 2요인 모형에서 충분히 분산투자된 포트폴리오 P의 기대수익률

$$E(R_p) = R_f + \lambda_1 \beta_{P1} + \lambda_2 \beta_{P2} = R_f + [E(R_{F1}) - R_f]\beta_{P1} + [E(R_{F2}) - R_f]\beta_{P2}$$
$$\therefore 14\% = R_f + 1.2(5\%) + 0.5(3\%), R_f = 6.5\%$$

 086 APT가 CAPM과 다른 이유 중 옳은 것은?

① APT는 가격결정의 요인 중 시장위험을 가장 중요한 위험요인으로 취급한다.
② 분산투자의 효과가 APT에서는 별 의미가 없다.
③ APT는 체계적 위험에 대하여 다수의 요인을 고려하고 있다.
④ APT는 비체계적 위험에 대하여 다수의 요인을 고려하고 있다.

해설 APT는 자산의 수익률이 몇 가지 중요한 공통요인(예 GNP성장률, 이자율, 인플레, 통화량, 유가, 시장포트폴리오 수 익률 등)의 영향을 받아서 변동한다고 보는 수익생성모형이다. 반면에 CAPM은 시장포트폴리오의 수익률을 공통요 인으로 하는 단일요인모형인 셈이다.

···**T O P I C** **8** 포트폴리오 투자전략

 087 다음 중 적극적 투자관리 방법에 해당되는 것은?

① 평균분할투자전략 ② 단순한 매입보유 전략
③ 지수펀드 투자전략 ④ 시장 투자적기 포착법

해설 시장 투자적기 포착법은 주식시장과 채권시장 동향에 대한 예측을 근거로 주식시장펀드(위험자산) 혹은 무위험자 산펀드에 대한 투자비율(자산배분)을 유리하게 하는 적절한 투자시점을 포착하는 방법으로 기본적 분석 및 기술적 분석기법을 활용하는 적극적인 자산배분결정 방법이다.

소극적 (Passive) 투자전략	증권시장이 효율적인 것을 전제로 하여 시장전체 평균 수준의 투자수익을 얻거나 투자위 험을 감수하고자 하는 투자관리 방법 → 단순매입 · 보유전략, 지수펀드전략, 평균분할투자전략 등	
적극적 (Active) 투자전략	• 증권시장은 비효율적이라는 전제로 내재가치를 분석하여 저평가된 증권은 매입하고 고 평된 증권은 매각하는 방법으로 초과수익을 얻기 위한 전략 • 소수종목 및 특정산업에 집중투자 하는 것이 특징 • 정보비용과 거래비용이 많이 발생한다는 단점	
	자산배분결정	• 시장 투자적기 포착법 • 포뮬러 플랜(Formula Plan)
	증권선택	• 내재가치의 추정 • 변동성보상비율(RVAR)의 이용 • β 계수의 이용 • 트레이너–블랙모형의 이용 • 시장이상현상을 이용한 투자전략

★★★
088 다음 중 소극적 투자전략이 아닌 것은?

① 시장이 효율적인 것을 전제로 하여 초과수익을 얻고자 하는 시도 대신 시장전체 평균 수준의 투자수익을 얻거나 투자위험을 감수하고자 하는 투자관리 방법
② 특정 우량증권이나 포트폴리오를 선택하고자 하는 의도적인 노력 없이 단순히 무작위적으로 선택한 증권을 매입하여 보유하는 단순매입, 보유전략
③ 주식시장지수펀드와 자금시장펀드에 투자하는 전략
④ 강세시장이 예상될 때 베타계수가 큰 종목 선택, 약세시장이 예상될 때 베타 계수가 적은 종목을 선택하여 투자하는 전략

해설 베타계수의 추정에 근거하여 강세시장이 예상될 때는 베타계수가 큰 종목을 선택하고, 약세시장이 예상될 때는 베타 계수가 작은 종목을 선택하여 투자하는 전략은 적극적인 투자전략으로서 적절한 투자시기를 이용한 증권선택의 방법이다.

★★★
089 평균분할투자전략(Dollar Cost Averaging)에 관한 설명으로 옳지 않은 것은?

① 주가등락에 관계없이 정기적으로 일정금액을 주식에 계속 투자하는 방법이다.
② 소극적 투자전략이다.
③ 주가가 하락하면 상대적으로 많은 수량의 주식을 살 수 있어 평균매입주가는 낮아진다.
④ 주가의 상승추세가 지속될 경우 매우 효과적인 투자전략이다.

해설 평균분할투자전략(Dollar Cost Averaging)은 주가등락에 관계없이 정기적으로 일정금액을 주식에 계속 투자하는 소극적 투자전략이다. 이 전략은 주가가 하락하면 상대적으로 많은 수량의 주식을 살 수 있어 평균매입주가는 낮아지기 때문에 주가가 어느 정도 하락세를 보이다 이후 상승추세로 전환할 때는 효과가 있다. 하지만, 상향추세가 지속될 경우엔 매입 주식수가 적어 효과가 적다.

★★★
090 포뮬러 플랜(Formula Plan)에 관한 설명으로 옳지 않은 것은?

① 일정한 규칙에 따라서 기계적으로 자산배분을 하는 방법으로 비율계획법이라고도 한다.
② 소극적 투자전략이다.
③ 공격적 투자수단인 주식과 방어적 투자수단인 채권 사이를 경기변동에 따라 번갈아 가면서 투자하는 방법인데, 주가가 낮을 때 주식을 매입하고 주가가 높을 때 매각하도록 운용하는 것이다.
④ 불변금액법, 불변비율법, 변동비율법이 있다.

해설 포뮬러 플랜(Formula Plan)은 일정한 규칙에 따라서 기계적으로 자산배분을 하는 방법으로 비율계획법이라고도 한다. 주식과 채권 사이를 번갈아 가면서 투자하는 방법인데, 주가가 낮을 때 주식을 매입하고 주가가 높을 때 매각하는 방식으로 운용하는 것이다. 포뮬러 플랜은 자산배분 결정을 적극적으로 하는 투자전략이다(참고로 기본서에는 적극적 전략으로 분류했지만, 소극적 투자전략으로 보는 견해도 있음).

★★★
091 적극적 투자관리 방법에서 종목선정에 대한 설명 중 잘못된 것은? 심화

① 개별종목의 내재가치를 추정하여, 시장가격이 잘못 형성된 증권들을 선정해내는 기본적 분석방법이 주로 사용된다.
② 초과수익의 여지가 큰 소수종목으로 구성되는 포트폴리오의 기대수익률과 표준편차를 추정하여 샤프의 변동성보상비율(RVAR)을 작게 하는 포트폴리오를 구성하는 투자전략이 있다.
③ 저PER 효과, 저PBR 효과, 소외기업효과, 상대적 강도, 주말효과, 예상외 이익발표 효과, 주식분할, 최초공모주식, 유무상 증자, 장기수익률의 역전효과 등의 이례적 현상에 대한 면밀한 분석과 민첩한 투자결정을 통해 초과수익을 획득하려는 투자전략이 있다.
④ 초과수익의 획득과 비체계적 분산가능위험의 감소, 양자 간에 적절한 균형내지 최적화를 이루기 위해 트레이너-블랙 모형을 이용하는 투자전략이 있다.

해설 적극적 투자관리 방법의 하나로 샤프의 변동성보상비율(RVAR)을 크게 하는 포트폴리오를 구성하는 투자전략이 있다.

★★★
092 다음 중 증권시장의 이상현상을 이용한 적극적 증권선택 전략으로 보기 어려운 것은?

① 기업규모효과(대규모 기업주식으로 포트폴리오 구성)

② 소외기업효과

③ 저PER 효과, 저PBR 효과

④ 장기수익률의 역전효과

> **해설** 증권시장의 이상현상이란 시장의 비효율성을 보여주는 것으로 이상현상을 이용한 증권선택 전략은 초과수익을 계속적으로 가능케 하는 투자전략을 찾아내어 민첩한 투자결정을 하는 전략이다. 대표적인 이상현상의 하나인 기업규모효과는 대규모 기업주식이 아니라 소규모 기업주식으로 포트폴리오를 구성하는 적극적 종목선택전략이다.

★★★
093 포트폴리오를 구성한 후 상황의 변화로 이미 구성한 포트폴리오의 위험이 증가하게 되면, 각 종목의 구성비율을 조정함으로써 원래의 위험수준을 그대로 유지할 수 있다. 이러한 방법을 무엇이라고 하는가?

① 적극적 포트폴리오 수정   ② 포트폴리오 리밸런싱

③ 포트폴리오 업그레이딩   ④ 포트폴리오 이퀄라이징

해설		
포트폴리오 리밸런싱 (Rebalancing)	• 포트폴리오가 갖는 원래의 특성(예 β_p)을 그대로 유지하고자 하는 것 • (고정목표 수정전략) 주로 구성종목의 상대가격의 변동에 따른 투자비율의 변화를 원래대로의 비율로 환원시키는 방법을 사용함	
포트폴리오 업그레이딩 (Upgrading)	• 위험에 비해 상대적으로 높은 기대수익을 얻고자 하거나, 기대수익에 비해 상대적으로 낮은 위험을 부담하도록 포트폴리오의 구성을 수정하는 것 • 새로운 정보에 근거해, [Return / Risk] 비율을 높이는 새로운 효율적 포트폴리오를 구성하는 것	

···TOPIC **9** 포트폴리오 투자성과평가

※ **[094~096]** 다음 사례를 보고 질문에 답하시오.

> ㈜여의도 주식에 첫째 해 초 1,000만원을 투자하였는데 1년 후 가격상승으로 2,000만원이 되었다가 2년 후 연말에는 다시 하락하여 1,000만원이 되었다.

★★★
094 기하평균수익률은?

① 0%　　　　　② 25%　　　　　③ 50%　　　　　④ 100%

 해설 1기간 수익률은 $100\%\left(=\dfrac{2,000-1,000}{1,000}\right)$, 2기간 수익률은 $-50\%\left(=\dfrac{1,000-2,000}{2,000}\right)$,

기하평균수익률을 G라고 하면, $(1+100\%)(1+(-50\%))=(1+G)^2$

$\therefore G=\sqrt{(1+100\%)(1+(-50\%))}-1=0\%$

★★★
095 산술평균수익률은?

① 0%　　　　　② 25%　　　　　③ 50%　　　　　④ 100%

 해설 1기간 수익률은 $100\%\left(=\dfrac{2,000-1,000}{1,000}\right)$, 2기간 수익률은 $-50\%\left(=\dfrac{1,000-2,000}{2,000}\right)$,

산술평균수익률은 기간별 단일기간 수익률을 모두 합한 다음 기간수로 나누어 측정한다.

따라서 산술평균수익률 $=\dfrac{100\%+(-50\%)}{2}=25\%$

★★★
096 내부수익률(IRR)은? 심화

① 0%　　　　　② 25%　　　　　③ 50%　　　　　④ 100%

 해설 $1,000=\dfrac{1,000}{(1+IRR)^2}$, 따라서 $IRR=0\%$, 계산을 하지 않아도 투자기간 중 자금유출입이 없을 때, 내부수익률은 기하평균수익률과 같다.

🏛 **필수핵심정리** ▶ 운용투자수익률의 측정

산술평균 수익률	• 기간별 단일기간 수익률을 모두 합한 다음 기간수로 나누어 측정 • 기간별 투자금액의 크기를 고려하지 않고 계산된 단일기간 수익률을 근거로 계산되면 결국 기간에만 가중치가 주어지므로 시간가중평균 수익률이라고 함
기하평균 수익률	• 산술평균 수익률의 계산이 복리로 증식되는 것을 감안하지 않는 방법인 반면에 기하평균 수익률은 중도현금흐름이 재투자되어 증식되는 것을 감안한 평균수익률의 계산방법 • 기하평균 수익률의 계산은 중도 현금이 재투자 되고 최종시점의 부의 크기가 감안된 계산 방법이므로 산술평균 수익률의 계산 방법보다 합리적 • 기하평균 수익률 계산은 과거 일정기간의 투자수익률 계산에는 적절하나, 미래 기대수익률의 계산에는 적절하지 못함. 오히려 미래 기대수익률의 계산에는 산술평균 수익률을 사용하는 것이 합당
내부 수익률 (IRR)	• 현금유출액의 현재가치와 현금유입액의 현재가치를 일치시켜 주는 할인율을 계산하여 측정 • 기간별 상이한 투자금액의 크기에 가중치가 주어져 수익률이 계산되므로 금액가중평균 수익률이라고 함 • 자금운용자가 중도 투자금액이나 현금흐름에 대하여 재량권이 없는 경우라면 시간가중평균 수익률의 계산이 더 적절함

PART **04**

모의고사

CONTENTS

001 국세기본법상 공시송달할 수 있는 경우가 아닌 것은?

① 송달 장소가 국외에 있어 송달이 곤란한 때
② 서류를 송달할 장소에서 송달을 받을 자가 정당한 사유 없이 그 수령을 거부한 경우
③ 2회 이상 교부송달하였으나 수취인 부재로 확인되어 납부기한 내 송달이 곤란한 때
④ 송달 장소가 분명하지 아니한 때

002 국세기본법상 납세의무의 성립시기로 옳은 것을 묶은 것은?

> ㉠ 소득세는 소득이 발생하는 때
> ㉡ 증여세는 증여에 의하여 재산을 취득하는 때
> ㉢ 증권거래세는 증권을 취득하는 때
> ㉣ 가산세는 가산할 국세의 납세의무가 성립하는 때

① ㉠, ㉢　　　　② ㉠, ㉡, ㉢　　　　③ ㉡, ㉣　　　　④ ㉠, ㉡, ㉢, ㉣

003 국세기본법에 관한 설명이다. 빈칸 안에 순서대로 들어갈 내용으로 옳은 것은?

> • 공시송달은 서류의 요지를 공고한 날부터 (　)이 경과함으로서 서류가 송달된 것으로 본다.
> • 5억원 미만인 국세채권의 소멸시효는 (　)이다.
> • 경정청구기간은 법정신고기한 경과 후 (　)이다.
> • 심사청구는 처분청의 처분을 안 날로부터 (　) 이내에 제기하여야 한다.

① 14일, 5년, 5년, 90일　　　　　　　② 10일, 10년, 3년, 60일

③ 1월, 10년, 5년, 90일　　　　　　　④ 14일, 5년, 6월, 60일

004 소득세법상 원천징수세율로 옳지 않은 것은?

① 분리과세를 신청한 장기채권의 이자와 할인액 : 30%

② 금융기관을 통해 지급하는 비실명거래로 인한 이자·배당소득 : 90%

③ 직장공제회 초과반환금 : 9%

④ 법원에 납부한 보증금 및 경락대금에 발생한 이자소득 : 14%

005 다음 자료는 거주자 P 씨의 201×년 금융소득이다. 이에 대한 금융소득의 구분에 대하여 잘못된 것은?

㉠ 국외에서 지급받은 이자(국내 원천징수세액 없음)	12,000,000원
㉡ 집합투자기구로부터의 이익	10,000,000원
㉢ 환매조건부채권의 매매차익	1,000,000원
㉣ 비영업대금의 이익	15,000,000원
㉤ 분리과세신청을 장기채권의 이자	25,000,000원
㉥ 직장공제회초과반환금	9,000,000원
㉦ 중도해지한 4년 만기의 저축성보험의 보험차익	2,000,000원

① 무조건 분리과세금액은 34,000,000원이다.

② 무조건 종합과세금액은 12,000,000원이다.

③ 조건부 종합과세금액은 28,000,000원이다.

④ 종합과세대상금액은 74,000,000원이다.

006 증권거래세에 관한 다음의 설명 중 틀린 것은?

① 주권 등을 양도하는 경우에 부과하나, 상속 또는 증여거래에 대하여는 부과하지 않는다.

② 유가증권시장에서 양도되는 주권은 0.3%의 증권거래세가 부과된다.

③ 양도가액이 취득가액보다 적어 양도차손이 발생하는 경우에는 부과한다.

④ 증권시장에서 양도되는 주권을 계좌 간 대체로 매매결제하는 경우에는 예탁결제원이 납세의무자가 된다.

007 증여에 대한 tax-planning에 관한 설명 중 가장 거리가 먼 것은?

① 한 사람의 수증자에게 증여자를 여럿으로 하여 증여하면 증여세를 줄일 수 있다.

② 자녀에게 직접 증여하는 경우 10년 단위로 증여재산공제를 활용하여 어릴 때부터 증여하는 것이 유리하다.

③ 재산을 분할하여 증여하는 경우 특히 큰 금액이 아닌 경우에는 기대수익률이 높은 자산을 증여하는 것이 바람직하다.

④ 증여재산공제 범위 내의 증여로서 증여세가 없는 경우에는 증여세 신고를 하지 않는 것이 유리하다.

008 신용협동기구에 속하는 금융기관을 모두 묶은 것은?

① 투자매매업, 투자중개업, 농업협동조합중앙회의 신용사업부문

② 한국산업은행, 한국수출입은행, 우체국예금

③ 신용협동조합, 새마을금고, 농협 · 수협 단위조합의 상호금융

④ 시중은행, 지방은행, 외국은행 국내지점

009 금융상품에 대한 설명으로 올바르지 못한 것은?

① 양도성 예금증서(CD)는 정기예금에 양도성을 부여한 것으로 무기명식으로 발행되며, 이자계산방법은 할인식이다.

② 표지어음은 은행이 할인하여 보유하고 있는 어음을 분할하거나 통합하여 은행을 지급인으로 하는 새로운 어음을 발행하여 판매하는 상품이다.

③ 목돈마련예금에는 정기예금, 발행어음, 표지어음, CD 등이 있다.

④ MMDA는 시장금리부 수시입출금식 예금으로, 4단계 금리자유화 때 저축예금의 금리가 자유화되면서 자산운용사의 MMF 및 종합금융회사의 CMA와 경쟁을 위해 은행예금으로 도입되었다.

010 비과세 종합저축에 대한 설명으로 잘못된 것은?

① 2014년 12월 31일 만료가 되는 기존 비과세 생계형저축과 세금우대종합저축을 폐지하고 이를 통합하여 2015년 1월 1일부터 조세특례제한법에 따라 도입된 금융상품이다.

② 1명당 저축원금이 1억원 이하로 가입하는 경우 해당 저축에서 발생하는 이자·배당소득에 대해서는 만기일 이후 발생분을 포함하여 소득세를 부과하지 아니한다.

③ 금융회사 등 및 군인공제회, 대한교원공제회, 대한지방행정공제회, 경찰공제회, 대한소방공제회, 과학기술인공제회가 취급하는 저축이다.

④ 각 금융회사가 취급하는 모든 예금 등을 대상으로 하나 CD·표지어음, 당좌예금·가계당좌예금 등 일정한 예금은 제외한다.

011 보험상품에 대한 설명으로 거리가 먼 것은?

① 생명보험 보험료 계산의 3요소는 예정사망률, 예정이율 및 예정사업비율이다.

② 영업보험료는 순보험료와 부가보험료로 이루어지며, 부가보험료, 신계약비, 유지비 및 수금비 등으로 구성된다.

③ 예정사망률, 예정이율 및 예정사업비율이 올라가면 보험료는 올라간다.

④ 보험료는 연령이 증가함에 따라 보험료가 올라가는 자연보험료와 자연보험료를 평준화한 평준보험료가 있다.

012 생명보험의 이익금 발생에 대하여 옳은 것을 묶은 것은?

A. 예정이율 < 실제이율 : 이자율차익
B. 예정사망률 < 실제사망률 : 위험률차익
C. 예정사업비율 < 실제사업비율 : 사업비차익

① A   ② A, B   ③ B, C   ④ A, B, C

013 다음 중 존속기간을 정한 집합투자기구로서 환매금지형 집합투자기구로 설정 또는 설립하여야 하는 경우가 아닌 것은?

① 부동산집합투자기구를 설정 또는 설립하는 경우

② 특별자산집합투자기구를 설정 또는 설립하는 경우

③ 혼합자산집합투자기구를 설정 또는 설립하는 경우

④ 단기금융집합투자기구를 설정 또는 설립하는 경우

014 자산유동화증권에 대한 설명으로 옳지 않은 것은?

① 유동화전문회사는 유동화증권 발행을 원활히 하고 자산보유자로부터 자산을 분리하기 위해 설립하는 특수목적 유한회사이다.

② 유동화가 이루어지는 자산은 자산의 특성이 서로 상이한 자산으로 구성되어야 한다.

③ 내부신용보강방법은 후순위 증권의 발행, 초과스프레드 및 예치금 등의 자산의 현금흐름의 조정을 통한 신용보강을 말한다.

④ 현금흐름분석은 정상적인 상황에서의 현금흐름 분석은 물론 대손수준의 변화에 따른 현금흐름의 민감도에 대한 분석도 실시하여야 한다.

015 우리나라의 퇴직연금에 대한 설명으로 거리가 먼 것은?

① 기초노령연금은 2007년 노후보장기능 약화를 보완하고 국민연금에서 적용 제외된 기존 노인계층의 노후보장을 강화하기 위해 도입되었다.

② 퇴직연금은 기업이 사전에 퇴직연금사업자에게 근로자의 퇴직금에 해당하는 금액을 정기적으로 적립하고 근로자는 퇴직 시 퇴직연금사업자로부터 퇴직금을 일시금으로만 수령하는 제도이다.

③ 개인형 퇴직연금제도(IRP)는 이직자 및 자영업자의 은퇴자산 축적과 퇴직금의 일시적 소진을 막기 위해 기존의 개인퇴직계좌의 기능을 강화하여 가입자의 접근성을 높이면서 자산축적 수단으로서의 기능을 높인 제도이다.

④ 신연금저축제도는 하나의 '연금계좌'를 통해 권역별로 여러 개 상품에 가입하여 노후자금을 보다 효율적으로 운용할 수 있게 하였다.

016 다음의 내용이 설명하는 부동산의 특성은?

> • 일물일가의 법칙이 적용되지 못한다.
> • 부동산 가격을 평가하기 위하여 전문가의 활동을 요구한다.
> • 감정평가 및 투자분석시 개별분석을 필요로 하게 한다.

① 부동성   ② 개별성

③ 부증성   ④ 영속성

017 토지의 용어에 관한 설명으로 올바른 것은?

① 맹지는 도로에 접속면을 가지지 못하는 토지이다.

② 휴한지는 도시 내의 택지 중 지가상승만을 기대하여 장기간 방치하는 토지이다.

③ 이행지는 택지, 농지, 임지 상호 간에 전환되고 있는 토지이다.

④ 획지는 동일한 지번으로 둘러싸여 있는 토지로서, 법률상 등록단위를 말한다.

018 운용에 의한 현금흐름의 설명으로 잘못된 것은?

① 실제총소득은 잠재총소득에서 공실 및 징수하지 못한 임대료 등을 제외하고 다시 기타 소득을 가산하여 계산한다.

② 순운용소득에서 부채의 이용에 따른 부채상환액과 소득세 등을 공제한 납세 후 현금흐름은 투자자가 가장 관심을 가지는 금액이다.

③ 투자자가 자금조달에 부채를 이용하는 경우에는 평균이자율 및 대출기간 및 레버리지비율을 분석해야 한다.

④ 대출비율이 높을수록 금융위험은 줄어든다.

019 다음 중 부동산에만 적용되는 원칙으로 부동산 가치추계 원칙 중에서 가장 중추적인 기능을 담당하는 것은?

① 예측의 원칙

② 수요공급의 원칙

③ 외부성의 원칙

④ 최유효이용의 원칙

020 부동산투자회사법상 부동산투자회사(REITs)에 대하여 잘못 설명하고 있는 것은?

① 부동산투자회사는 자기관리 부동산투자회사, 위탁관리 부동산투자회사, 기업구조조정 부동산투자회사가 있다.

② 영업인가를 받은 날부터 6개월(최저자본금준비기간)이 지난 후의 자본금은 자기관리 부동산투자회사는 70억원 이상, 위탁관리 부동산투자회사 및 기업구조조정부동산투자회사는 50억원 이상이 되어야 한다.

③ 부동산투자회사는 영업인가를 받은 날부터 1년 6개월 이내에 발행하는 주식총수의 50% 이상을 일반의 청약에 제공하여야 한다.

④ 위탁관리 부동산투자회사는 자산의 투자 · 운용업부를 자산관리회사에 위탁하여야 하고, 주식발행업무 및 일반적인 사무는 '일반사무 등 위탁기관'에 위탁하여야 한다.

제2과목 **투자운용 및 전략II 및 투자분석** 모/의/고/사

021 다음 중 전통적 투자와 대안투자에 대한 설명으로 옳지 않은 것은?

① 대안투자는 차입 및 공매도를 사용하고 파생상품이 활용된다.

② 대안투자는 유동성이 낮고, 좀 더 긴 환매금지기간 및 투자기간이 필요하다.

③ 전통적 투자의 수익요소가 자산배분이라면, 대안투자는 운용자의 운용능력이나 위험관리가 수익의 중요한 요소이다.

④ 전통적 투자의 위험요소가 유동성위험과 운용역위험이라면, 대안투자는 시장위험과 신용위험이 중요한 위험요소이다.

022 PEF의 투자유형 중, IPO 전단계에 있는 벤처기업의 전환사채(CB)나 후순위채 등을 인수하는 투자유형은?

① Venture Capital
② Buyout Fund
③ Distressed Fund
④ Mezzanine

023 PEF의 무한책임사원(GP)에 대하여는 상법상 합자회사 규정에 대한 몇 가지 특례를 규정하고 있다. 다음 중 이에 해당하는 경우와 거리가 먼 것은?

① 무한책임사원은 노무 혹은 신용출자가 가능하다.

② 일반회사도 PEF의 무한책임사원이 될 수 있다.

③ 무한책임사원의 경업금지의무가 배제된다.

④ 무한책임사원은 다른 사원의 동의 없이 임의로 퇴사할 수 없다.

024 PEF의 인수대상 기업으로 적절하지 않은 것은?

① 부실기업
② 안정된 성장과 수익의 창출이 기대되는 기업
③ 경기변동의 영향에 민감한 기업
④ 지배구조 변경을 통해 기업가치 상승이 기대되는 기업

025 Long/Short Equity 전략에 관한 다음 설명 중 옳지 않은 것은?

① 수렴형 롱숏 매매는 비정상적으로 확대된 두 자산 가격의 차이가 정상 수준으로 복귀하는 것을 노리는 전략이다.
② 발산형 롱숏 매매는 두 자산의 가격차이가 일시적 혹은 구조적으로 확대되는 것을 노리는 전략이다.
③ 매매 진입을 판단할 때, 수렴형 롱숏 매매는 주로 기본적(펀더멘털) 분석에 근거하는 경우가 많고, 발산형 롱숏 매매는 계량적(통계적) 정보를 이용하는 경우가 대부분이다.
④ 단위 회전당(매매당) 수익률은 발산형 롱숏 매매가 높지만, 매매 회전율은 수렴형 롱숏 매매가 높다.

026 국제분산투자의 동기 및 효과에 대한 설명으로 옳지 않은 것은?

① 개별증권의 체계적 위험은 그 증권의 움직임과 전체 시장 움직임 간의 상관관계로 측정된다. 즉, 상관관계가 낮을수록 증권의 체계적 위험이 크다.
② 국제적으로 분산투자할 경우 개별국가 특유의 요인이 서로 상쇄되어 국내적으로는 분산 가능하지 않았던 체계적 위험도 어느 정도 제거할 수 있는 추가적인 위험 분산효과를 얻을 수 있다.
③ 포트폴리오의 위험 중에는 국제분산투자로도 제거할 수 없는 위험이 여전히 존재한다.
④ 국제분산투자로도 포트폴리오의 위험을 완전히 제거할 수 없는 이유는 세계 경제의 상호 의존성으로 인하여 각국의 주식시장이 부분적으로는 같은 움직임을 보이는 동조화 현상 때문이다.

027 다음 중 국제투자에서 가장 중요한 최초의 벤치마크 국제지수로서 글로벌펀드의 투자기준이 되는 대표적인 지표는?

① DAX
② FTSE
③ S&P 500
④ MSCI

028 각국 증시 간의 상관관계에 대한 다음 설명들 중 적절하지 않은 것은?

① 증시 간의 상관관계는 분산투자 효과의 정도를 결정하는데 중요한 요인이다.
② 국제주식시장이 안정적일 때 증시 간의 상관관계는 높아진다.
③ 증시 간의 상관관계가 낮을수록 분산투자효과는 높아진다.
④ 증시 간의 상관관계는 국가 간의 교역과 금융거래가 많아질수록 높아진다.

029 다음 중 유로채(Eurobond)에 해당하는 것은?

① 한국기업이 미국에서 발행한 미 달러표시의 채권
② 유럽지역에서 발행된 채권
③ 일본기업이 해외에서 발행한 채권
④ 한국기업이 홍콩에서 발행한 미 달러화 표시 채권

030 적극적(공격적) 투자전략과 소극적(방어적) 투자전략에 관한 다음의 설명 중 옳지 않은 것은?

① 적극적 투자전략이란 운용실적에 영향을 미치는 여러 가지 요인을 가능한 정확하게 분석, 예측하여 benchmark보다 높은 수익률을 획득하는 것을 목표로 하는 전략을 말한다.
② 소극적 투자전략이란 향후의 불확실한 예상치에 근거한 투자행위를 최소화하고 사전에 정한 benchmark의 수익률을 그대로 실현시키고자 하는 투자전략을 말한다.
③ indexing(지수화) 전략은 대표적인 공격적 투자전략이다.
④ 적극적 투자전략은 benchmark의 포트폴리오 구성과 차이가 크다.

031 다음 중 기업의 안전성을 분석하는 지표는?

① 부채비율　　　　　　　　　　② 배당성향
③ 총자산회전율　　　　　　　　④ 자기자본이익률

032 자기자본비율 40%, ROA 4%일 때, ROE는?

① 6%　　　　② 10%　　　　③ 18%　　　　④ 40%

033 순이익이 발생하고 있지 않는 기업이나 신생 기업들에 대한 상대적 주가수준 파악 시 유용한 지표는?

① 배당평가모형
② 주가매출액비율(PSR)
③ 주가수익비율(PER)
④ 주가장부가치비율(PBR)

034 다음 설명 중 옳지 않은 것은?

① EVA는 현재 시장에서 거래되는 주식의 시장가치를 나타낸다.
② EVA는 타인자본과 자기자본을 모두 고려해 경영성과를 측정한다.
③ EVA는 세후 순영업이익 − (투하자본 × 가중평균자본비용)이다.
④ EVA는 가치중심경영을 유도하기 위한 성과측정 수단이다.

035 다음 중 기술적 분석의 특징 또는 가정에 대하여 설명으로 적절하지 않은 것은?

① 증권의 시장가치는 수요와 공급에 의해서만 결정된다.
② 시장의 변동에 집착하기 때문에 증권의 시장가치가 변동하는 원인을 분석하지 못한다.
③ 도표에 나타나는 주가모형은 스스로 반복하는 경향이 있다.
④ 과거의 주가 추세나 패턴이 미래에도 반복한다는 가정은 현실성이 높아서 기술적 분석의 지지 근거가 된다.

036 시장가격이 일방적인 움직임을 나타내기보다는 되돌림 움직임이 반드시 있다는 것을 이용하는 거래기법은?

① 삼선전환도
② 10% Plan 병용법
③ 섬꼴반전(island reversal)
④ 트리덴드(trident) 시스템

037 기술적 분석을 통해 주식을 매수하고자 한다. 다음 중 가장 적절한 시기(timing)는?

① OBV에서 D마크 출현 시
② VR 150%
③ 흑삼병이 출현 시
④ 캔들에서 관통형이 나타난 경우

038 다음 중 일목균형표에 관한 설명으로 옳지 않은 것은?

① 기준선은 당일을 포함하여 과거 26일간의 최고치와 최저치의 중간값을 의미한다.
② 전환선은 당일을 포함하여 과거 9일간의 최고치와 최저치의 중간값을 의미한다.
③ 선행스팬1은 당일의 기준선과 전환선의 중간값이다.
④ 후행스팬은 과거 52일 동안의 최고치와 최저치의 중간값으로 26일 전에 앞선 곳에 표시한다.

039 다음 중 호경기에는 매출과 이익이 크게 신장되지만 불경기에는 매출과 이익이 크게 감소하는 경기민감산업은?

① 음식료산업
② 자동차, 에어컨 등 고가의 내구소비재 혹은 기계류 산업
③ 생활필수품과 관련된 소비재산업
④ 전력 및 가스 산업

040 단순요소의 경쟁력에 대한 설명 중 옳지 않은 것은?

① 경제개발의 초기단계에는 단순요소의 경쟁력이 상승하게 된다.

② 경제가 일정수준에 도달하면 임금이 상승하게 되고 이것이 다른 단순요소의 축적에 의한 경쟁력 상승을 상쇄하게 된다.

③ 1차 전환점을 지나면 단순요소의 경쟁력은 쇠퇴하게 된다.

④ 2차 전환점이 지나면 단순요소의 경쟁력은 조금씩 회복하게 된다.

041 라이프사이클의 단계별 특징이 잘못 연결된 것은?

① 도입기 : 매출증가율이 낮으며, 이익은 과도한 고정비, 판매비, 시장선점 경쟁 등으로 적자를 보이거나 저조한 것이 보통이다.

② 성장기 : 매출액과 이익이 급증하지만, 이익의 증가가 매출액의 증가보다 빠르지는 않다.

③ 성숙기 : 산업 내의 기업들이 안정적인 시장점유율을 유지하면서 매출은 완만하게 늘어나는 단계이다.

④ 쇠퇴기 : 매출액 증가율이 시장평균보다 낮게 되거나 감소하게 된다.

042 A산업에는 7개의 기업이 있고, 최대기업의 시장점유율은 40%이며 나머지 6개 기업의 시장점유율이 동일하다고 할 경우, 집중률(CR_3)은 얼마인가?

① 0.50 ② 0.55

③ 0.60 ④ 0.65

043 다음 중 메탈게젤샤프트(Metallgesellschaft)사 파산사건과 관련된 리스크와 가장 거리가 먼 것은?

① 갱신리스크(Rollover Risk)

② 자금조달리스크(Funding Risk)

③ 과도한 레버리지 리스크(Leverage Risk)

④ 신용리스크(Credit Risk)

044 수익률이 I.I.D 분포를 이룬다고 가정하면, 1일 보유기간 기준의 VaR가 100억원이다. 10일 기준의 VaR는 얼마인가?

① 200.2억원   ② 270.7억원
③ 316.2억원   ④ 500.5억원

045 5년 만기 국채 100억 원을 보유한 경우, 이 채권의 만기수익률(YTM) 증감(Δy)의 1일 기준 변동성($\sigma_일$)이 0.05%이고 수정듀레이션이 3.5년이라면, 95% 신뢰도 1일 VaR은 얼마인가?

① 0.29억원   ② 1.29억원
③ 2.29억원   ④ 3.29억원

046 VaR_A = 60, VaR_A = 80이다. A와 B의 상관계수가 0일 때, 포트폴리오의 VaR는?

① 50   ② 70
③ 100   ④ 130

047 VaR_A = 30억원, VaR_A = 40억원이다. A와 B로 구성된 포트폴리오의 VaR(VaR_A) = 60억원이면, A포지션의 Marginal(한계) VaR는 얼마인가?

① 0   ② 10억원
③ 20억원   ④ 30억원

048 투자의사 결정 시 투자대안의 선택에 가장 유용한 정보를 제공해 주는 것은?

① Back office system
② Marginal VaR
③ Risk Metrics
④ RAROC

049 어느 기업의 1년 후 기대 기업가치가 50억원이고, 표준편차는 10억원이다. 이 기업의 1년 후 기업가치는 정규분포를 이룬다. 그리고 이 기업의 부채가치는 10억원이다. 부도거리(DD, Distance to Default)는 얼마인가?

① 1 표준편차
② 2 표준편차
③ 3 표준편차
④ 4 표준편차

050 어느 은행이 100억원의 대출을 하고 있다. 대출의 부도율은 4%이고, 손실률은 80%이다. 예상손실(기대손실)은 얼마인가?

① 1.7억원
② 2.1억원
③ 2.8억원
④ 3.2억원

제3과목 **직무윤리 및 법규/투자운용 및 전략Ⅰ 등**   모/의/고/사

051 다른 산업에 비하여 윤리경영과 직무윤리의 중요성이 더욱 강조되는 이유로 틀린 것은?

① 불특정 다수인 간의 비대면거래에 의하는 금융투자상품 거래방식의 특성상 불공정성의 가능성이 크다.
② 윤리는 법규의 허점과 적용하기 어려운 부분 등의 법규의 맹점을 보완할 수 있다.
③ 고객의 자산을 위탁받아 운영·관리하는 금융투자산업 특성상 고객자산의 유용 및 고객의 이익침해 등 이익상충의 가능성이 높다.
④ 직무윤리기준의 준수는 투자자만을 보호하는 안전장치로서의 역할을 한다.

052 금융투자업 직무윤리의 내용으로서 적절하지 않은 것은?

① 신의칙 위반이 있는 경우에도 당사자가 주장하지 않으면 법원은 직권으로 위반 여부를 판단할 수 없다.

② 독립성 유지의무에서 독립성이란 자기 또는 제3자의 이해관계에 의하여 영향을 받는 업무를 수행하여서는 아니 되며, 독립성과 객관성을 유지하기 위해 합리적 주의를 기울여야 한다는 것을 뜻한다.

③ 금융투자업종사자가 관련 법규의 존재 여부와 내용을 알지 못하여 위반한 경우에도 그에 대한 법적 제재가 가해진다.

④ 사용자와 그 중간감독자는 피용자가 업무집행상 타인에게 불법행위를 한 경우, 피용자의 선임과 감독에 상당한 주의를 하였거나 상당한 주의를 하여도 손해가 발생하였을 것임을 입증하지 못하는 한, 피용자의 불법행위에 대하여 피해자에게 손해배상책임을 진다.

053 다음이 설명하는 고객과 금융투자업종사자와의 이해상충행위는?

> 금융투자업자가 고객과의 일임매매의 약정에 따라 자신이 관리하는 계좌의 증권을 자기 또는 회사의 영업실적으로 올리기 위하여 과도하고 빈번하게 하는 거래

① 선행매매   ② 과당매매

③ 임의매매   ④ 스캘핑

054 요청하지 않은 투자권유의 금지 의무와 관련하여 가장 거리가 먼 것은?

① 투자권유는 고객이 원하는 경우에만 하여야 하는 것이고, 특히 장외파생상품은 요청하지 않는 투자권유를 하여서는 아니 된다.

② 고객으로부터 요청이 있으면 장외파생상품에 대하여도 방문·전화 등의 방법에 의하여 투자를 권유할 수 있다.

③ 증권과 장내파생상품의 경우에도 요청하지 않은 투자권유를 금지한다.

④ 투자성 있는 보험계약에 대하여 투자권유를 하는 행위는 요청하지 않은 투자권유의 금지에 해당하지 않는다.

055 다음 중 불건전 영업행위로 보는 경우가 아닌 것은?

① 투자매매업자 및 투자중개업자가 조사분석자료의 작성을 담당하는 자에 대하여 기업금융업무와 관련하여 연동된 성과보수를 지급하는 행위
② 투자자문업자 및 투자일임업자가 계약 시에 약정한 수수료 외의 대가를 투자자로부터 추가로 받는 행위
③ 투자자문업자 및 투자일임업자가 투자자로부터 성과보수를 받기로 하는 약정을 체결하는 행위 및 그에 따라 성과보수를 받는 행위
④ 투자자문업자 및 투자일임업자가 예탁자산 규모에 연동하여 보수를 받는 경우

056 자본시장법상 금융투자상품으로 옳은 것은?

① 신주인수권
② 원화로 표시된 양도성 예금증서
③ 관리형 신탁의 수익권
④ 주식매수선택권

057 자본시장법상 금융투자업 진입규제의 설명으로 잘못된 것은?

① 금융투자업, 금융투자상품 및 투자자를 고려하여 인가 · 등록단위를 세분화한다.
② 인가 · 등록단위별로 각각의 인가 · 등록으로 보지 아니하고, 하나의 금융투자업 인가와 하나의 금융투자업 등록으로 구분한다.
③ 업무영역을 확장하기 위하여 필요한 업무단위를 추가하는 경우에는 인가 · 등록을 추가로 받아야 한다.
④ 진입요건은 진입 이후에도 계속 충족해야 하는 유지요건이나, 자기자본요건과 대주주요건은 일부 완화적용하고 있다.

058 자본시장법상 집합투자업자에 대한 설명으로 틀린 것은?

① 투자회사의 집합투자업자는 투자재산을 운용함에 있어 투자재산별로 당해 투자재산을 보관 · 관리하는 신탁업자에게 자산의 취득 · 처분 등의 운용지시를 해야 한다.
② 집합투자업자는 각 집합투자기구 자산총액의 10%를 초과하여 동일종목의 증권에 투자하는 행위는 원칙적으로 금지된다.

③ 집합투자업자는 원칙적으로 집합투자기구의 재산으로 금전의 차입과 대여 및 해당 집합투자기구 외의 자를 위한 채무보증 · 담보제공을 할 수 없다.

④ 집합투자업자는 자산운용보고서를 작성하여 신탁업자의 확인을 받아 3개월에 1회 이상 투자자에게 제공하여야 한다.

059 증권의 발행 시 증권의 신고에 관한 설명으로 옳지 않은 것은?

① 금융위원회는 증권신고서의 형식을 제대로 갖추지 아니한 경우 또는 그 증권신고서 중 중요사항에 관하여 거짓의 기재 또는 표시가 있거나 중요사항이 기재 또는 표시되지 아니한 경우를 제외하고는 그 수리를 거부하여서는 아니 된다.

② 증권신고의 효력이 발생하지 아니한 증권의 취득 또는 매수의 청약이 있는 경우에 그 증권의 발행인 · 매출인과 그 대리인은 그 청약의 승낙을 하여서는 아니 된다.

③ 증권신고의 효력 발생은 그 증권신고서의 기재사항이 진실 또는 정확하다는 것을 인정하거나 정부에서 그 증권의 가치를 보증 또는 승인하는 효력을 가진다.

④ 신규상장하는 주식의 모집 또는 매출인 경우 증권의 신고는 그 증권신고서가 금융위원회에 제출되어 수리된 날부터 15일이 경과한 날에 그 효력이 발생한다.

060 내부자의 단기매매차익 반환에 관한 설명으로 적합하지 않은 것은?

① 주권상장법인의 모든 임원과 직원 또는 주요주주가 특정증권 등을 매수한 후 6개월 이내에 매도하거나 특정증권 등을 매도한 후 6개월 이내에 매수하여 이익을 얻은 단기매매차익에 적용하며, 손실을 회피한 경우에는 그러하지 아니한다.

② 그 법인이 반환청구를 할 수 있는 것은 물론 해당 법인의 주주는 그 법인으로 하여금 단기매매차익을 얻은 자에게 단기매매차익의 반환청구를 하도록 요구할 수 있으며, 그 법인이 그 요구를 받은 날부터 2개월 이내에 그 청구를 하지 아니하는 경우에는 그 주주는 그 법인을 대위하여 그 청구를 할 수 있다.

③ 회사 내부자가 내부정보를 이용하지 않았다는 것을 증명하는 경우에도 적용된다.

④ 반환을 청구할 수 있는 권리는 이익을 취득한 날부터 2년 이내에 행사하지 아니한 경우에는 소멸한다.

061 투자일임업자의 투자일임보고서의 교부에 관한 내용으로 적절하지 않은 것은?

① 3개월마다 1회 이상 투자일임계약을 체결한 일반투자자에게 투자일임보고서를 교부해
야 한다.

② 일반투자자가 전자우편을 통하여 투자일임보고서를 받는다는 의사표시를 한 경우에는
전자우편을 통하여 보낼 수 있다.

③ 투자일임보고서 작성대상 기간이 지난 후 1개월 이내에 직접 교부하여야 한다.

④ 투자일임보고서의 교부비용은 투자일임업자가 부담한다고 보는 것이 합리적이다.

062 다음은 시세조종행위 등의 금지에 관한 설명이다. 가장 거리가 먼 것은?

① 적용대상인 시세란 증권시장 또는 파생상품시장에서 형성된 시세는 물론 다자간매매체
결회사가 상장주권의 매매를 중개함에 있어서 형성된 시세와 상장되는 증권에 대하여
증권시장에서 최초로 형성되는 시세를 포함한다.

② 상장증권과 장내파생상품의 현물과 선물 및 이의 양방향간 연계에 의한 행위는 적용대
상이 아니다.

③ 투자매매업자가 관련 법령에 따른 시장조성 또는 안정조작을 하는 경우에는 시세조정행
위로 보지 아니한다.

④ 시세조정행위 등의 금지 위반한 자에 대한 손해배상청구권은 청구권자가 위반한 행위가
있었던 사실을 안 때부터 1년간, 그 행위가 있었던 때부터 3년간 이를 행사하지 아니한
경우에는 시효로 인하여 소멸한다.

063 다음 중 회계처리 적용기준으로 옳지 않은 것은?

① 별도의 규정이 있는 것을 제외하고는 종속회사와 연결되지 아니한 금융투자업자의 재무
제표를 대상으로 한다.

② 금융투자업자가 작성한 재무제표가 외부감사인이 수정한 재무제표와 일치하지 아니하
는 경우에는 외부감사인이 수정한 재무제표를 기준으로 산정한다.

③ 금융투자업자는 반기별로 가결산을 실시하여야 한다.

④ 투자중개업자는 투자자의 예탁재산과 투자중개업자의 자기재산을 구분 계리하여야 한다.

064 자산건전성의 분류에 관한 설명으로 틀린 것은?

① 금융투자업자는 매 분기마다 자산 및 부채에 대한 건전성을 '정상', '요주의', '고정', '회수의문', '추정손실'의 5단계로 분류하여야 한다.

② 금융투자업자는 매 반기 말 현재 '요주의' 이하로 분류된 채권에 내하여 석성한 회수예상가액을 산정하여야 한다.

③ 금융투자업자는 '회수의문' 또는 '추정손실'로 분류된 부실자산을 조기에 대손상각하여 자산의 건전성을 확보하여야 한다.

④ 금융투자업자는 자산건전성의 분류기준의 설정 및 변경 및 이에 따른 자산건전성 분류 결과 및 대손충당금의 적립 결과를 금융감독원장에게 보고하여야 한다.

065 다음 중 대손충당금을 적립하여야 하는 자산 또는 부채는?

① 정형화된 거래로 발생하는 미수금

② '정상'으로 분류된 대출채권 중 콜론, 환매조건부매수

③ '고정' 이하로 분류되는 채무보증

④ 한국채택국제회계기준에 따라 당기손익인식금융자산이나 매도가능금융자산으로 지정하여 공정가치로 평가한 금융자산

066 다음 중 적정성의 원칙이 적용되는 파생상품이 아닌 것은?

① 파생상품, 파생상품결합증권(원금보장형 제외)

② 파생상품 매매에 따른 위험평가액이 펀드 자산총액의 10%를 초과하여 투자할 수 있는 파생상품펀드

③ 집합투자재산의 50%를 초과하여 파생결합증권에 운용하는 집합투자기구의 집합투자증권

④ 장외파생상품이나 파생결합증권에 투자하지 아니한 상장지수집합투자기구로서 지수추적오차가 10% 이내로 한정되는 인덱스펀드에 한함

067 금융투자협회규정상 금융투자회사가 핵심설명서를 교부해야 하는 거래가 아닌 것은?

① 일반투자자가 공모의 방법으로 발행된 파생결합증권을 매매하고자 하는 경우

② 일반투자자가 주식워런트증권 및 상장지수증권을 매매하고자 하는 경우

③ 일반투자자가 신용거래융자를 하고자 하는 경우

④ 일반투자자가 해외통화선물거래를 하고자 하는 경우

068 투자광고 시 위험고지와 관련된 사항의 표시방법에 대한 금융투자협회규정이다. 옳은 것은?

① 바탕색과 구별되는 색상으로 선명하게 표시할 것

② 신문에 전면으로 게재하는 광고물의 경우 9포인트 이상의 활자체로 표시할 것

③ 영상매체를 이용한 투자광고의 경우 1회당 투자광고 시간의 3분의 2 이상의 시간동안 투자자가 쉽게 알아볼 수 있도록 충분한 면적에 걸쳐 해당 위험고지내용을 표시할 것

④ 인터넷 배너를 이용한 투자광고의 경우 파생상품, 그 밖에 투자위험성이 큰 거래에 관한 내용을 포함하는 경우 해당 위험고지내용이 3초 이상 보일 수 있도록 할 것

069 금융투자협회규정의 신상품으로 볼 수 있는 것을 묶인 것은?(다만, 국내외에서 이미 공지되었거나 판매된 적이 없어야 한다)

> ㉠ 새로운 비즈니스 모델을 적용한 상품 또는 서비스
> ㉡ 금융공학 등 신금융기법을 이용하여 개발한 상품 또는 서비스
> ㉢ 기존의 상품 또는 서비스와 구별되는 독창성이 있는 상품 또는 서비스

① ㉠, ㉡   ② ㉠, ㉢

③ ㉡, ㉢   ④ ㉠, ㉡, ㉢

070 자산의 운용과 주식투자에 관한 설명 중 틀린 것은?

① 자산운용은 계획, 실행, 평가의 3단계로 구성된다.

② 주식운용방식에는 크게 패시브 운용과 액티브 운용의 2가지가 있다.

③ 패시브 주식 매니저가 사용하는 전략에는 마켓타이밍, 테마선택 및 종목이 있다.

④ 강형 효율적 시장가설이 성립한다면 액티브 운용을 통해 체계적으로 초과수익을 달성할 수 없다.

071 최근 자산운용기관들의 운용전략으로 옳은 것을 묶은 것은?

> ㉠ 자산배분을 가장 먼저 결정
> ㉡ 목표수익률 달성을 추구
> ㉢ 벤치마크 수익률을 상회하는 운용을 지향
> ㉣ 스타일투자 적용
> ㉤ 동적 자산배분전략을 사용

① ㉠, ㉡, ㉢, ㉣, ㉤   ② ㉠, ㉢, ㉣
③ ㉠, ㉡, ㉣, ㉤   ④ ㉡, ㉤

072 전략적 자산배분의 실행단계 순서를 나타내고 있는 것은?

> ㉠ 자산집단의 선택
> ㉡ 자산종류별 기대수익 · 위험 · 상관관계의 추정
> ㉢ 투자자의 투자목적 및 투자제약조건의 파악
> ㉣ 최적 자산구성의 선택

① ㉠ – ㉡ – ㉣ – ㉢   ② ㉠ – ㉡ – ㉢ – ㉣
③ ㉢ – ㉠ – ㉡ – ㉣   ④ ㉡ – ㉣ – ㉠ – ㉡

073 전략적 자산배분의 전략수립과정에 대한 설명 중 바른 것은?

① 자본시장 조건들 : 미래의 값에 대한 예상보다는 단순한 과거자료를 가지고 통계적인 값을 도출하여야 한다.
② 투자자의 투자자금 및 위험감수 : 전략적 자산배분에 매우 핵심적인 기능으로써 자산부채관리의 자산분석을 통해 부채운용의 목표를 도출한다.
③ 최적화, 투자자산 구성 : 이차최적화기법과 같은 계량적인 기법만을 사용할 수 있고, 주관적인 방법은 사용할 수 없다.
④ 실현수익률과 피드백 과정 : 최적화의 실행결과 결정된 자산구성으로 달성한 실현수익률은 다음 기간의 투자자의 자산을 결정하므로 전략수립의 최초 단계로 다시 전달되는 피드백 과정을 거치게 된다.

074 다음은 전술적 자산배분에 대한 설명이다. 가장 거리가 먼 것은?

① 포뮬러 플랜(Formula Plan)은 막연하게 시장과 같은 방향으로 투자함으로써 평균수익을 지향하고자 하는 전략이다.

② 자산의 의사결정 중에서도 자산배분결과 증권선택결정을 분리하는 것이 가장 바람직하다.

③ 자금운용자가 고정적인 위험허용한도를 가지고 있다는 가정을 하나, 위험선호도는 시장상황에 따라 바뀌는 경향이 있다.

④ 주관적인 판단의 한계를 보완하기 위하여 계량적인 가치평가모형으로 시스템적 운용방법을 사용하기도 한다.

075 보험 자산배분에 관한 설명으로 옳은 것은?

> ㉠ 보험자산배분전략은 일반적인 투자목표나 투자위험을 수용하는 자금에 적용할 수 있는 전략이다.
>
> ㉡ 포트폴리오 보험전략 투자자는 위험자산에 투자하면서 극단적으로 위험을 회피하는 비정상적인 투자가이다.
>
> ㉢ 보험자산배분전략은 자산배분을 통해 미리 설정한 최소한의 수익률을 보장하면서 주가가 상승하는 경우에 그에 따른 수익을 일정부분 획득할 수 있도록 하는 포트폴리오 보험을 추구한다.
>
> ㉣ 보험자산배분전략의 최저보장수익률 또는 목표수익률은 무위험자산수익률을 초과하도록 결정해야 한다.

① ㉠, ㉣　　　　　　　　　　　② ㉡, ㉢

③ ㉠, ㉡, ㉢　　　　　　　　　④ ㉠, ㉡, ㉢, ㉣

076 전환사채에 대한 설명으로 옳은 것을 모두 고른 것은?

> Ⅰ. 일반채권으로서의 가치 > 전환가치일 때 전환사채는 주식처럼 거래된다.
>
> Ⅱ. 일반채권으로서의 가치 < 전환가치일 때 전환사채는 일반채권과 같이 거래된다.
>
> Ⅲ. 일반채권으로서의 가치 = 전환가치일 때 전환사채는 복합증권과 같이 거래된다.

① Ⅰ, Ⅱ　　　　　　　　　　　② Ⅲ

③ Ⅰ, Ⅲ　　　　　　　　　　　④ Ⅰ, Ⅱ, Ⅲ

077 채권에 관련하여 잘못된 설명은?

① 전환사채의 가치는 주가가 전환가격보다 높으면 전환가치 이상이 되고, 주가가 전환가격 이하이면 최소한 일반채권가치 이상은 된다.

② 신주인수권부사채의 신주인수권 행사를 위해서는 별도의 주금이 필요하며, 신주인수권만을 별도로 분리하여 양도할 수 있다.

③ 괴리율이 음(−)의 값이 나온다는 것은 전환사채에 투자한 후 곧바로 전환하여 전환차익을 볼 수 있는 재정거래가 가능함을 의미한다.

④ 수의상환채권의 표면이율은 수의상환권이 없는 채권의 표면이율보다 낮다.

078 듀레이션에 영향을 주는 요인들과 듀레이션과의 관계에 대한 다음의 설명 중 틀린 것을 묶인 것은?

> ㉠ 만기 시 일시상환채권의 듀레이션은 이 채권의 잔존기간보다 작아진다.
> ㉡ 이표채는 표면이율이 낮을수록 듀레이션은 커지나, 채권의 잔존기간보다는 작다.
> ㉢ 이표채는 만기수익률이 높을수록 듀레이션은 커진다.
> ㉣ 일반적으로 잔존기간이 길수록 듀레이션은 작아진다.

① ㉠, ㉢, ㉣
③ ㉠, ㉡, ㉢

② ㉡, ㉣
④ ㉠, ㉡, ㉢, ㉣

079 무위험이자율이 4%이고, 약정수익률이 9%, 기대수익률이 7%인 회사채에 관한 내용 중 옳은 것을 모두 고른 것은?

> A. 수익률 스프레드는 5%이다.
> B. 위험프리미엄은 3%이다.
> C. 지급불능프리미엄은 2%이다.

① A, B
③ B, C

② A, C
④ A, B, C

080 다음 중 소극적 투자전략으로 볼 수 없는 것은?

⊙ 만기보유전략   ⓒ 인덱스전략
ⓒ 현금흐름 일치전략   ⓔ 사다리형 및 바벨(아령)형 만기운용전략
⑩ 면역전략   ⑭ 상황대응적 면역전략

① ⊙, ⓒ   ② ⑭
③ ⓒ, ⓔ   ④ ⑩, ⑭

081 아래 이표채 채권의 수정듀레이션으로 옳은 것은?

• 잔존만기 3년
• 맥컬레이 듀레이션 2.78년
• 만기수익률 10%
• 매 3개월마다 이자지급

① 약 2.52   ② 약 2.69
③ 약 2.71   ④ 약 2.73

082 현재 베타가 1.5인 주식을 20억원 보유하고 있고, KOSPI200 선물로 헤지를 하려고 한다. 선물지수가 250p일 때, 선물매도계약수는?

① 16계약   ② 20계약
③ 24계약   ④ 28계약

083 선물과 옵션의 가격결정변수에 대한 설명 중 옳지 않은 것은?

① 기초자산 가격이 상승하면 선물가격과 콜옵션 프리미엄은 증가한다.
② 변동성이 커지면 선물가격과 옵션의 프리미엄은 증가한다.
③ 만기가 길수록 선물가격과 옵션의 프리미엄은 높다.
④ 주식의 배당이 커지면 선물가격과 콜옵션의 프리미엄은 감소한다.

084 현재 주가지수는 100pt, 주가지수에 대한 콜옵션의 행사가격은 100pt이고, 프리미엄은 5pt 일 때 시간가치와 옵션의 상태는 어떠한가?

① 시간가치 : 0pt, 옵션상태 : 등가격
② 시간가치 : 0pt, 옵션상태 : 내가격
③ 시간가치 : 5pt, 옵션상태 : 내가격
④ 시간가치 : 5pt, 옵션상태 : 등가격

085 주가지수의 상승이 예상될 경우, 이익과 손실을 제한하고 초기에 현금의 순수입이 발생되게 하는 투자전략은?

① 콜 레이쇼 버티컬 스프레드
② 콜 백 스프레드
③ 수직 강세 풋 스프레드
④ 수직 강세 콜 스프레드

086 옵션을 이용한 차익거래의 설명으로 옳지 않은 것은?

① 콜옵션은 고평가되어 있고 풋옵션은 저평가되어 있는 경우 컨버젼 전략으로 이익을 얻을 수 있다.
② 리버설은 풋옵션 매도하고 콜옵션을 매수하고 기초자산의 매도 포지션을 합성하여 이익을 창출한다.
③ 컨버젼은 옵션시장 및 기초자산시장의 두 시장을 동시에 이용한다.
④ Protective Put과 Covered Call은 옵션을 이용한 대표적인 차익거래 전략이다.

087 옵션프리미엄의 민감도가 올바른 것은?

① 델타 : 콜매입(+), 풋매입(+)
② 감마 : 콜매입(+), 풋매입(+)
③ 베가 : 콜매입(+), 풋매입(−)
④ 세타 : 콜매입(−), 풋매입(+)

088 성과평가를 위한 펀드의 회계처리 원칙으로 적절하지 않은 것은?

① 공정가 평가   ② 발생주의 원칙

③ 체결시점 기준 회계처리   ④ 현금흐름주의

089 다음 중 성과평가 시 필요한 수익률에 대한 설명으로 옳지 않은 것은?

① 단순수익률은 계산이 간단하지만 현금유출입이 잦을 경우 잘못된 결과를 초래할 수 있다.

② 시간가중수익률은 포트폴리오 내로 유입된 현금흐름의 현재가치와 외부로 유출된 현금 흐름을 일치시키는 할인율로 측정하는 방법이다.

③ 금액가중수익률은 투자기간 중의 자금 유출입 시점에 대한 영향을 고려한다.

④ 금액가중수익률은 펀드매니저의 평가에, 시간가중수익률은 개인투자자의 직접 투자결과를 평가하는 데 더 적정하다고 할 수 있다.

090 다음 위험지표의 종류 중에서 성격이 다른 하나는?

① 표준편차   ② 공분산

③ 베타   ④ 잔차위험

091 투자가능한 종목만으로 포트폴리오를 구성한 것으로서 채권형펀드의 벤치마크(Benchmark)로 많이 활용되는 벤치마크를 무엇이라 하는가?

① 정상포트폴리오   ② 섹터/스타일 지수

③ 합성지수   ④ 시장지수

092 다음 중 확대재정정책이 국민소득에 미치는 효과가 가장 크게 나타나는 경우는?

① 투자수요와 화폐수요가 모두 이자율에 대해 비탄력적인 경우

② 투자수요가 이자율에 대해 비탄력적이고, 화폐수요가 이자율에 대해 탄력적인 경우

③ 투자수요와 화폐수요가 모두 이자율에 대해 탄력적인 경우

④ 투자수요가 이자율에 대해 탄력적이고, 화폐수요가 이자율에 대해 비탄력적인 경우

093 경제가 유동성함정(Liquidity Trap)에 놓여 있을 경우, 다음 중 국민소득을 증대시키는 요인이 아닌 것은 무엇인가?

① 통화공급 증가   ② 투자증가

③ 조세감면   ④ 소비지출 승가

094 빈 칸에 적합한 용어를 순서대로 바르게 나타낸 것을 고르시오?

> 통화당국이 이자율을 조절하기 위해 통화량을 증가시키면 단기적으로 명목이자율은 하락하게 되는데 이를 (a)효과라고 한다. 그러나 이자율 하락은 투자를 증가시키므로 국민소득이 증대되고 이는 화폐수요를 증가시켜 명목이자율은 다시 상승하게 되는데 이를 (b)효과라고 부른다. 또한 통화량이 증가하여 기대인플레이션이율이 상승하고 물가가 상승하면 명목이자율이 상승하는데 이를 (c)효과라고 한다.

① (a) 유동성 – (b) 소득 – (c) 피셔
② (a) 유동성 – (b) 피셔 – (c) 소득
③ (a) 소득 – (b) 유동성 – (c) 피셔
④ (a) 피셔 – (b) 소득 – (c) 유동성

095 다음 중 경기예측방법과 거리가 먼 것은?

① 경기지표(DI, CI)
② 설문조사(BSI, CSI)
③ 경제모형(거시경제계량모형, 시계열모형)
④ 유동성선호설

096 주식 X의 분산은 $(0.3)^2$, 주식 Y의 분산은 $(0.2)^2$이고 두 주식간의 상관계수가 0이라면 두 주식 간의 공분산(σ_{xy})은?

① −0.5   ② 0

③ +0.5   ④ +1.0

097 다음과 같은 조건의 주식 A와 B에 분산투자하여 포트폴리오의 위험이 '0'이 되게 하려면 A와 B의 투자비중(W_A, W_B)은 각각 얼마이어야 하나? (단, A와 B의 상관계수는 −1이다.)

구 분	기대수익률	표준편차
주식 A	14%	10%
주식 B	18%	20%

① W_A= 1/3, W_B= 2/3 ② W_A= 2/3, W_B= 1/3

③ W_A= 1, W_B= −1 ④ 가능하지 않음

098 자본시장선(CML)과 증권시장선(SML)에 대한 설명으로 옳은 것은?(E(R)은 기대수익률, σ는 표준편차, β는 베타계수)

① CML은 모든 투자자산을 대상으로 E(R)과 σ와의 관계를 나타냄

② CML은 모든 효율적 포트폴리오를 대상으로 E(R)과 β와의 관계를 나타냄

③ SML은 모든 투자자산을 대상으로 E(R)과 β와의 관계를 나타냄

④ SML은 모든 효율적 포트폴리오를 대상으로 E(R)과 σ와의 관계를 나타냄

099 무위험이자율은 6%, 시장 포트폴리오의 기대수익률과 분산은 각각 15%, 0.02, B주식과 시장 포트폴리오와의 공분산은 0.03이다. B 주식의 요구수익률은?

① 0.15 ② 0.187

③ 0.195 ④ 0.214

100 균형시장에서 A기업 주식의 베타와 기대수익률이 각각 0.5, 8%이고, B주식의 기대수익률은 10.5%이다. 무위험수익률이 5.0%라고 할 때, 두 자산의 차익거래의 기회가 존재하지 않기 위해서는 B기업 주식의 베타가 어떻게 되어야 하는가?

① 0.91 ② 1.01

③ 1.12 ④ 1.31

001 국세기본법상 납세의무가 확정되는 때로 가장 옳은 것은?

① 소득세 – 과세표준과 세액을 정부가 결정하는 때

② 증권거래세 – 과세표준과 세액을 정부가 결정하는 때

③ 상속세 – 납세의무자가 과세표준과 세액을 정부에 신고하는 때

④ 인지세 – 납세의무가 성립하는 때에 특별한 절차 없이 확정

002 증여세를 법정신고기한까지 신고하지 않은 경우 국세부과의 제척기간은?

① 15년   ② 10년

③ 7년   ④ 5년

003 다음 설명 중 옳지 않은 것은?

① 세법에 규정하는 기한이 공휴일, 토요일, 근로자의 날에 해당하는 때에는 그 다음 날을 기한으로 한다.

② 법인의 해산으로 인한 제2차 납세의무는 청산인 뿐만 아니라 잔여재산을 분배받은 자도 진다.

③ 법정기일 전에 설정한 전세권·질권 또는 저당권에 의하여 담보되는 채권은 모든 국세에 우선하여 변제받는다.

④ 송달하는 서류는 송달받아야 할 자에게 도달할 때부터 송달의 효력이 발생한다. 다만, 전자송달은 송달받을 자가 지정한 전자우편주소에 입력된 때에 도달한 것으로 본다.

004 금융소득에 대한 세액계산에 대하여 잘못된 것은?(다만, 전부 종합과세대상소득으로 가정하며, 기본세율은 6%~38%까지의 5단계 초과누진세율을 말한다)

① 금융소득을 종합과세하는 것은 원천징수세액보다 적은 소득세를 과세하기 위한 것이다.

② 금융소득이 2천만원을 초과하는 경우에는 금융소득을 전액 종합과세한다.

③ 2천만원까지는 14% 세율을 적용하고, 2천만원 초과액에 대해서는 기본세율을 적용한다.

④ 기본세율에 의한 세액과 원천징수세율에 의한 세액을 비교하여 그 중 큰 금액을 종합소득 산출세액으로 한다.

005 다음은 거주자 A씨의 201×년 귀속분 금융소득에 대한 자료이다. 종합소득금액에 포함되는 금융소득금액은?

• 은행예금이자	2,000,000원
• 국외에서 받은 이자(원천징수되지 않았음)	4,000,000원
• 비영업대금이익	3,000,000원
• 법인세법에 의해 소득처분된 비상장법인의 인정배당	6,000,000원
• 내국법인의 해산으로 인한 의제배당	3,000,000원
• 무상주수령(1년 전에 발생한 자기주식소각이익)	4,000,000원
계	22,000,000원

① 7,000,000원   ② 20,000,000원

③ 22,220,000원   ④ 22,660,000원

006 상속에 대한 Tax-Planning에 관한 설명으로 잘못된 것은?

① 사망 후에는 상속세를 절감할 수 있는 현실적인 대안을 찾기 어렵다.

② 상속개시일 전 10년 이내에 피상속인이 상속인에게 증여한 재산가액은 상속재산가액에 더하여 상속세를 계산한다.

③ 배우자가 상속을 받는 경우에는 30억원을 한도로 상속받은 재산가액을 공제하나, 실제 상속받은 금액이 없는 경우에는 공제받을 수 없다.

④ 아버지가 생존하고 있는 손자가 할아버지로부터 상속받는 경우에는 상속세의 30%를 할증과세한다.

007 절세할 수 있는 올바른 투자방법으로 가장 보기 어려운 것은?

① 여러 군데의 금융기관 이용보다는 주거래은행 등으로 거래 금융기관을 줄이는 것이 유리하다.

② 10년 이상인 장기채권을 분리과세 신청하면 원천징수로 소득세가 종결되고 종합과세대상에서 제외되므로 분리과세 선택이 종합과세보다 항상 유리하다.

③ 채권의 보유기간 동안의 표면이자는 금융소득 종합과세대상이 되나, 표면이자를 제외한 실질적인 매매차익은 소득세를 과세하지 않는다.

④ 상장법인의 소액주주인 개인이 거래소를 통해 주식을 양도하는 경우에는 소득세를 과세하지 아니한다.

008 금융기관에 대하여 바르게 설명하고 있는 것은?

① 금융기관은 업종별 분류에 따라 은행, 비은행예금취급기관, 금융투자업자, 보험회사, 기타 금융기관 및 금융보조기관 등 6개 그룹으로 구분한다.

② 금융투자업자는 상법상 회사법의 기준에 따라 투자매매 · 투자중개 · 집합투자 · 투자자문 · 투자일임 · 신탁업자 등으로 재분류하고 있다.

③ 상호저축은행은 조합원에 대한 저축편의 제공과 대출을 통한 상호간의 공동이익 추구를 목적으로 운영하는 금융기관이다.

④ 특수은행은 설립 근거법에 의거해 일부 또는 모든 업무에서 한국은행법 및 은행법의 적용을 배제하고 있다.

009 다음 중 실세금리 상품으로 보기 어려운 것은?

① 정기적금　　　　　　　　　　② 양도성예금증서
③ 환매조건부채권　　　　　　　④ 표지어음

010 예금자보호법에 의한 예금보호에 대하여 옳은 것은?

① 금융기관의 예금지급이 정지된 경우, 인가취소 · 해산 · 파산의 경우, 계약이전의 경우 및 합병되는 경우에는 예금보험사고에 해당한다.

② 이자를 제외한 원금을 기준으로 동일한 금융기관 내에서 1인당 최고 1억원까지 예금지급을 보장받는다.

③ 상호금융, 새마을금고, 우체국 및 신용협동조합 모두 예금자보호법이 적용되는 금융기관이다.

④ 은행의 양도성예금증서(CD), 환매조건부채권(RP), 증권회사의 수익증권, 뮤추얼펀드, MMF 및 종합금융회사의 CMA는 예금보호대상이 아니다.

011 보험료의 계산의 3요소에 대하여 잘못된 설명은?

① 보험료 계산의 3요소는 예정사망률, 예정이율 및 예정사업비율이다.

② 예정사망률 > 실제사망률이면 사망률차익이 발생하며, 사망률차배당금을 지급할 수 있다.

③ 예정사업비 > 실제사업비이면 사업비차익이 발생하며, 사업비차배당금을 지급할 수 있다.

④ 예정이율 > 실제이율이면 이자율차익이 발생하며, 이자율차배당금을 지급할 수 있다.

012 생명보험의 자산운용에 수반하여 안정성을 저해시키는 투자위험이 아닌 것은?

① 신용위험 　　　　　　　② 부도위험

③ 시장위험 　　　　　　　④ 화폐위험

013 집합투자증권의 환매연기 사유로 가장 옳은 것을 모두 고른 것은?

> Ⅰ. 부도발생 등으로 인하여 집합투자재산을 처분하여 환매에 응하는 경우 다른 투자자의 이익을 해칠 염려가 없는 경우
>
> Ⅱ. 집합투자재산에 속하는 자산의 시가가 없어서 환매에 응하는 경우
>
> Ⅲ. 다른 투자자의 이익을 해칠 염려가 없는 경우
>
> Ⅳ. 대량의 환매청구에 응하는 것이 투자자 간의 형평성을 해칠 염려가 없는 경우

① Ⅱ 　　　　　　　② Ⅰ, Ⅲ, Ⅳ

③ Ⅰ, Ⅱ, Ⅲ 　　　　　　　④ Ⅰ, Ⅱ, Ⅲ, Ⅳ

014 저당대출상품의 특성으로 옳은 것을 묶은 것은?

> ㉠ 대출만기가 주로 3년 이내의 단기금융상품이다
> ㉡ 상환주기가 통상 월단위로 원리금이 동시에 상환되는 할부상환형태이다.
> ㉢ 노동집약적 금융상품이다.
> ㉣ 담보대출이므로 대출금리가 무위험이자율보다 낮다.

① ㉠, ㉣
② ㉠, ㉡, ㉢
③ ㉢, ㉣
④ ㉡, ㉢

015 확정급여형 퇴직연금의 설명이 아닌 것은?

① 퇴직연금의 운용손익과 운영의 책임이 기업에 속한다.
② 근로자는 퇴직 후 일정 금액을 확정적으로 받을 수 있어 안정적인 노후설계를 할 수 있다.
③ 임금상승률보다 운용수익률이 높을 때 유리하다.
④ 도입시에 임금상승률, 할인율, 퇴직률, 사망률 등 기초율을 예측하여 이를 기초로 부담 금을 산정한다.

016 부동산의 용도에 대한 설명으로 가장 옳은 것은?

① 용도지역은 도시지역, 관리지역, 농림지역 및 녹지지역으로 구분하되, 중복지정될 수 있다.
② 도시지역은 주거지역, 상업지역, 공업지역 및 자연환경보전지역으로 세분된다.
③ 용도지역, 지구제를 통해 개발의 형태 및 용도에 따라서 최적의 공간을 활용할 수 있다.
④ 용도지구는 용도지역의 제한을 강화 또는 완화하기 위하여 적용하기 위하여 지정되며, 중복지정될 수 없다.

017 부동산의 경기변동 중 하향시장에 대한 내용으로 틀린 것은?

① 부동산의 거래는 한산하고 부동산의 가격이 하락한다.
② 금리와 공실률이 높아진다.

③ 과거의 사례 가격은 새로운 거래가격의 상한선이 된다.

④ 매도자 중시현상이 커진다.

018 부동산의 감정평가 방법의 설명이 잘못된 것을 모두 고른 것은?

> A. 시장성 – 수익방식 – 수익환원법 – 수익가격, 수익임료 – 수요가격
>
> B. 비용성 – 원가방식 – 복성식평가법 – 복성(적산)가격, 적산임료 – 공급가격
>
> C. 수익성 – 비교방식 – 거래사례비교법 – 비준가격, 비준임료 – 균형가격

① A, B
② A, C
③ B
④ A, B, C

019 A부동산이 100% 임대될 경우, 연간 예상총소득이 5천만원이고, 운영경비가 유효총소득의 35%를 차지하는 경우 평균 공실률을 감안한 A부동산의 수익가격은 얼마인가?(단, 인근지역의 평균공실률은 5%이고, 환원이율은 10%라고 가정한다)

① 308,750,000원
② 350,000,000원
③ 408,750,000원
④ 475,000,000원

020 부동산투자회사(REITs)의 자산의 규제에 대하여 가장 거리가 먼 것은?

① 건축물이나 그 밖의 공작물이 없는 토지는 해당 토지에 부동산개발사업 시행 후가 아니면 그 토지를 처분하여서는 아니 된다.

② 부동산을 취득하거나 처분할 때에는 '실사보고서'를 작성하여야 한다.

③ 최저자본금준비기간이 끝난 후에는 매 분기말 현재 총자산의 80% 이상을 부동산, 부동산관련증권 및 현금으로 구성으로 구성하여 하며, 이 경우 총자산의 70% 이상은 부동산(건축 중인 건축물 포함)이어야 한다.

④ 그 주식을 증권시장에 상장한 후에만 부동산개발사업에 투자할 수 있으나, 총자산의 50%를 초과하여 부동산개발사업에 투자하여서는 아니 된다.

021 다음은 전통적인 투자상품과 비교하여 대안투자상품의 일반적인 특징을 설명한 것이다. 옳지 않은 것은?

① 운용자의 스킬이 중요시되고 보수율이 높은 수준이다.

② 과거 성과자료의 이용이 제한적이다.

③ 전통적인 투자상품과 높은 상관관계를 갖고 있다.

④ 투명한 공개시장에서 매일매일 거래되는 자산이 아니므로 거래의 빈도는 낮고, 수익측정은 개별자산의 가치평가에 의존한다.

022 다음 중 PEF 구조에서 본인–대리인 문제를 효과적으로 해결하는 방법과 거리가 먼 것은?

① 무한책임사원(GP)도 PEF에 직접 투자하도록 하고 목표 초과달성 시에는 확실한 인센티브를 부여한다.

② 법률적으로 무한책임사원의 행위준칙을 정하여 등록하도록 하였다.

③ Partnership agreement에 무한책임사원의 자기거래 금지 및 무효조항과 유한책임사원(LP)의 감독권 등 여러 제한사항을 두고 있다.

④ PEF가 사업초기에 투자성과가 좋아 무한책임사원에게 성과보수를 지급한 경우, 사업후기에 손실이 발생하더라도 기분배한 성과보수를 회수할 수 없도록 했다.

023 PEF의 업무집행사원과 관련된 규정의 내용으로 옳지 않은 것은?

① 업무집행사원은 1인 또는 수인으로 구성할 수 있다.

② 유한책임사원도 업무집행사원이 될 수 있다.

③ 상법상 회사도 PEF의 업무집행사원이 될 수 있다.

④ 업무집행사원은 PEF의 운용과 관련된 본질적 업무에 대하여는 위탁할 수 없다.

024 헤지펀드의 주요 특징에 대한 설명으로 옳지 않은 것은?

① 헤지펀드는 적극적으로 운용되는 사모펀드이다.

② 헤지펀드는 저위험·고수익을 위해 공매도, 레버리지, 파생상품 등 다양한 투자수단을 활용한다.

③ 규제가 적은 반면 투명성은 낮으며, 설정과 환매가 비교적 자유롭지 못하다.

④ 헤지펀드는 벤치마크수익률을 추구한다.

025 특별자산펀드에서 주로 투자하는 실물자산에 대한 설명으로 잘못된 것은?

① 실물자산의 가치는 글로벌시장의 지역적인 불균형보다는 글로벌시장의 수요와 공급의 불균형에 의존한다.

② 직접 실물자산에 투자하는 실물펀드보다는 실물자산의 가격변동과 연동되는 파생상품에 투자하는 파생상품펀드가 주로 개발되고 있다.

③ 실물자산은 순자산가치로 평가되며, 이자율은 그 가치를 결정하는데 있어 가장 큰 영향을 준다.

④ 실물자산은 주식, 채권과 달리 물가가 오르면 동반 상승하는 인플레이션 헤징효과가 있다.

026 국제분산투자의 효과에 대한 설명으로 적절하지 않은 것은?

① 분산투자효과는 증권가격의 서로 다른 움직임으로 인해 분산투자로 수익률을 희생하지 않고 위험을 줄일 수 있는 효과이다.

② 한 시장 안에 존재하는 증권들은 모두 시장 공통의 요인에 영향을 받기 때문에 분산투자효과는 한계에 도달하게 된다.

③ 국제분산투자로 국내분산투자보다 동일한 위험 하에 수익률이 증가할 수 있다.

④ 국제분산투자 효과를 결정하는 가장 중요한 요인은 각국 주식시장 간 상관관계의 정도이다. 즉 상관관계가 높을수록 국제분산투자효과는 커진다.

027 다음 중 한국기업의 해외상장의 방법이 될 수 없는 것은?

① 한국거래소 비상장기업의 나스닥 직상장

② 한국거래소 상장기업의 주식을 런던증시에 직수입 상장

③ 한국거래소 상장기업의 달러 DR 발행과 런던증시 상장

④ 한국거래소 상장기업의 ADR 발행을 통한 나스닥 상장

028 미국 달러의 가치가 상승한다고 가정할 때, 미국 투자자가 선물환계약, 통화옵션이나 통화선물을 사용하지 않고 포트폴리오의 환위험을 헤지하는 방법으로 적절하지 않은 것은?

① 포트폴리오 내의 모든 현금 내지 현금자산은 자국통화(미 달러)로 보유한다.

② 미 딜러화에 연동된 환율제도를 갖추고 있는 국가에 투자하는 것은 미국 투자자 입장에서는 환위험에 크게 노출되게 된다.

③ 외국주식시장과 개별주식들에 대해 미 달러화 가치변화에 대한 민감도를 분석하고 미 달러화 가치 변동에 따라 매입과 매도를 실행함으로써 내재적 헤지(implicit hedge)를 한다.

④ 미 달러화 가치가 상승하면, 미국 시장에 대규모 투자를 하고 있는 국가에 투자하는 것이 유리할 수 있다.

029 해외주식펀드에 관한 설명으로 옳지 않은 것은?

① 해외펀드는 달러, 엔화, 유로화 등 외국통화로 투자되기 때문에 특성상 환율위험에 노출되는 경우가 많다.

② 해외펀드는 국내펀드와 달리 예측하지 못한 투자위험이 많으므로 신뢰할 만한 자산운용사를 선택해야 한다.

③ 해외펀드는 국내펀드보다 환매기간이 길다.

④ 국내에서 판매되고 있는 해외펀드 대부분은 국내펀드보다 낮은 선취판매수수료를 부과한다.

030 해외투자의 환위험관리 전략으로 거리가 먼 것은?

① 통화파생상품을 이용한다.

② 투자대상증권과 환율 간의 상관관계를 이용한 내재적 헤지를 한다.

③ 통화를 달러로 단일화시킨다.

④ 아무런 헤지도 하지 않는다.

031 매년 순이익의 40%를 사내유보하고 60%를 배당하는 기업이 20%의 자기자본이익률을 유지한다면 기대수익률은 얼마인가?(단, 현재 주가는 15,000원이며, 주당 배당금은 1,500원이 예상된다)

① 18%   ② 21%   ③ 24%   ④ 27%

032 재고자산회전율에 관한 설명으로 옳지 않은 것은?

① 재고자산회전율은 기업이 보유하고 있는 재고자산을 판매하는 속도를 측정하는 지표로 순매출액(또는 매출원가)을 재고자산으로 나눈 값이다.

② 일반적 재고자산회전율이 높을수록 기업이 더욱 효율적으로 영업을 하고 있다는 것을 의미한다.

③ 재고자산회전율이 갑자기 낮아지면 매출이 둔화되어 재고가 누적되고 있음을 시사한다.

④ 재고자산회전율이 급격히 증가하는 것은 매우 좋은 징후로 보아야 한다.

033 A기업의 영업레버리지도(DOL)는 4, 결합레버리지도(DCL)는 12, 현재 영업이익이 300억원이다. A기업이 부담할 수 있는 이자비용의 지급한도는 얼마로 추정되는가?

① 100억   ② 200억

③ 300억   ④ 400억

034 세후순영업이익이 20억원, 자기자본 50억원, 자기자본비용이 10%. 타인자본 50억, 세후타인자본비용이 10%일 경우 기업가치를 구하시오.

① 100억원   ② 200억원

③ 300억원   ④ 400억원

035 다우(Dow) 이론과 그에 대한 그랜빌(Granville)의 견해를 설명한 것으로 옳지 않은 것은?

① 매집국면, 상승국면, 과열국면은 강세시장으로 분류한다.

② 일반투자자는 강세시장의 제3국면에서 확신을 갖는다.

③ 전문투자자는 강세시장의 제2국면에서 점진적 매도전략을 구사하고, 제3국면에서는 매도전략을 구사하는 것이 일반적이다.

④ 분산국면은 주가가 하락하면서 거래량이 감소하는 국면으로, 전문투자자는 확신을 가지고 점진적으로 매수한다.

036 다음 중 반전형 패턴이 아닌 것은?

① 삼봉천장형(H&S형)　　　　　② 원형 바닥형
③ 쐐기형　　　　　　　　　　　④ 확대형

037 다음 중 엘리엇 파동이론의 절대불가침의 법칙으로 옳지 않은 것은?

① 1번 파동이나 3번 파동이 연장되지 않으면 5번 파동도 연장되지 않는다.
② 2번 파동의 저점이 1번 파동의 저점보다 반드시 높아야 된다.
③ 3번 파동이 1, 3, 5번 파동 중에서 가장 짧은 파동이 될 수 없다.
④ 4번 파동의 저점은 1번 파동의 고점과 겹칠 수 없다.

038 다음 중 일목균형표를 이용하여 주가의 목표치를 구하는 방법과 거리가 먼 것은?

① NT 목표　　　　　　　　　　② V 목표
③ E 목표　　　　　　　　　　　④ M 목표

039 어떤 산업의 경쟁력 창출요인은 단순요소와 고급요소로 분류할 수 있다. 다음 중 고급요소로 볼 수 있는 것은?

① 임금수준　　　　　　　　　　② 물적자본과 금리수준
③ 토지가격　　　　　　　　　　④ 기술수준

040 다음은 경제발전 단계 중 어느 시점에 대한 설명인가?

경제가 발전하여 고급요소 경쟁력의 상승이 두드러지게 나타나기 시작하지만 국민들의 욕구가 높아지고 임금상승이 급속히 이루어져 단순요소 경쟁력이 빠르게 하락하는 시기이다.

① 성장기　　　　　　　　　　　② 1차 전환점
③ 구조조정기　　　　　　　　　④ 성숙기

041 산업경쟁력 분석모형에서 시장구조와 거리가 먼 것은?

① 산업의 구성(수직, 수평)
② 연관산업 경쟁력
③ 정부규제
④ 산업성장률

042 시장 경쟁강도의 측정방법으로 기업규모 간의 불균등도와 대규모 소수기업의 집중도의 복합된 영향을 가장 잘 반영하는 지수는?

① HHI(Hirschman-Herfindahl Index)
② 시장집중률 지수(CR)
③ RCA(현시비교우위) 지수
④ 무역특화 지수

043 옵션과 같은 비선형상품의 VaR을 가장 잘 측정할 수 있는 방법은?

① 델타-노말방법
② 몬테카를로 시뮬레이션
③ 역사적 시뮬레이션
④ 분석적 분산-공분산방법

044 J.P Morgan사의 RiskMetrics가 계산한 VaR(95% 신뢰수준, 1일 보유기간)가 10억원일 경우, 이를 BIS 바젤위원회가 권고하는 VaR(99% 신뢰수준, 10일 보유기간)로 전환하면 얼마인가?

① 30억   ② 35억
③ 40억   ④ 45억

045 행사가격이 97.5포인트인 KOSPI200 주가지수 콜옵션의 프리미엄이 5포인트인 경우, 현재 KOSPI200 주가지수가 100포인트이고 KOSPI200 주가지수 수익률의 일별 변동성이 3%, 콜옵션의 델타가 0.55라면, 콜옵션의 1일 VaR를 99% 신뢰수준에서 구하면?

① 1.45p

② 2.49p

③ 3.84p

④ 4.49p

046 A주식 포지션은 매입포지션이고 VaR가 300억원이다. B주식 포지션은 매도포지션이고 개별 VaR가 400억원이다. 두 포지션간의 상관계수가 1이면 포트폴리오 VaR는?

① 100억원

② 286억원

③ 647억원

④ 700억원

047 다음 중 VaR에 대한 설명으로 틀린 것은?

① 다른 조건이 동일하면 95%신뢰수준의 VaR가 99%의 VaR보다 작다.

② 다른 조건이 동일하면 2주일 VaR가 1달 VaR보다 작다.

③ 두 자산의 상관관계가 0인 포트폴리오의 VaR는 개별 VaR의 합과 같다.

④ VaR을 이용하면 성격이 다른 상품 간 포지션 위험의 비교가 가능하다.

048 매입포지션인 경우 정규분포를 가정하고 VaR를 계산할 때, 상관계수가 얼마일 때, 포트폴리오의 VaR는 최소가 되는가?

① 0

② −1

③ 1

④ −1 또는 1

049 다음 빈칸에 들어갈 말을 순서대로 바르게 나타낸 것은?

> 모형의 정확성을 검증하는 방법을 (   )이라고 하고, 비정상적인 시장에서 위험요인의 극단적인 움직임으로부터 발생하는 손실을 측정하는 것을 (   )이라고 한다.

① 사전검증, 위험분석
② 사후검증, 위기분석
③ 위기분석, 사후검증
④ 시뮬레이션, VaR

050 어느 은행이 500억원의 대출을 하고 있다. 예상손실(기대손실)이 4억원이고 회수율이 60%일 때 대출의 부도율은 얼마인가?

① 1%
② 2%
③ 3%
④ 4%

| 제3과목 | 직무윤리 및 법규/투자운용 및 전략 I 등 | 모/의/고/사 |

051 직무수행에 있어서 가장 기본적인 덕목이며, 직무윤리 중에서 가장 으뜸이 되는 의무는?

① 전문지식 배양의무
② 공정성 및 독립성 유지의무
③ 신의성실의무
④ 법규 등 준수의무

052 고객에 대한 의무에 대하여 옳은 것은?

① 금융투자업종사자가 행위 당시에 고객 등의 이익을 위하여 최선의 노력을 다했어도 결과가 고객에게 이익이 생기지 않았다면 충실의무를 위반한 것이다.
② 금융투자업종사자가 고의 또는 과실에 기하여 전문가로서의 주의의무를 다하여 업무를 집행하지 않은 경우 채무불이행책임 등과 같은 법적 책임을 지게 된다.
③ 투자매매업자 또는 투자중개업자가 투자자로부터 금융투자상품의 매매 주문을 받은 경우 사전에 투자매매업자인지 투자중개업자인지를 투자자에게 밝히지 않고 한 거래는 당연 무효이다.
④ 고객의 이익은 회사와 회사의 주주 및 임직원의 이익에 우선되어야 하나, 회사의 임직원의 이익은 회사의 이익에 우선되어야 한다.

053 투자목적 등에 적합하여야 할 의무에 대하여 잘못된 것은?

① 적합성 원칙을 위배한 경우 자본시장법에 별도의 제재수단을 규정되어 있지 않지만, 민법상 불법행위에 따른 손해배상사건으로 법적 판단의 대상이 된다.

② 투자자정보를 제공하지 아니하면 일반투자자로서 보호를 받을 수 없다는 점을 통지하였음에도 불구하고 자신의 정보를 제공하지 아니하는 투자자에 대하여는 거래를 금지한다.

③ 적합성의 원칙은 일반투자자를 상대로 모든 금융투자상품을 판매하는 경우에 적용하지만, 적정성의 원칙은 일반투자자를 상대로 파생상품을 판매하는 경우에 적용한다.

④ 파생상품 등에 대하여는 투자자 등급별로 차등화된 투자권유준칙을 마련하여야 한다.

054 회사가 특정고객을 위하여 고객전용공간을 제공하는 경우 준수하여야 할 사항으로 잘못된 것을 묶은 것은?

① 당해 공간은 직원과 분리되어야 하며, 영업점장 및 영업점 영업관리자의 통제가 용이한 장소에 위치하여야 한다.

② 사이버룸의 경우 반드시 '사이버룸'임을 명기(문패 부착)하되 외부에서 내부를 관찰할 수 없도록 폐쇄형 형태로 설치되어야 한다.

③ 회사는 다른 고객이 사이버룸 사용 고객을 직원으로 오인하지 아니하도록 사이버룸 사용 고객에게 명패, 명칭, 개별 직통전화 등을 사용하도록 하거나 제공하여서는 아니 된다.

④ 영업점장 및 영업점 영업관리자는 사이버룸 등 고객전용공간에서 이루어지는 매매거래의 적정성을 모니터링하고 이상매매가 발견되는 경우 지체 없이 준법감시인에게 보고하여야 한다.

055 직무윤리 위반행위에 대한 제재의 설명으로 거리가 먼 것은?

① 위반행위에 대한 행정제재에는 금융투자협회의 자율규제와 금융위원회, 증권선물위원회 및 금융감독원 등에 의한 행정제재가 있다.

② 위반행위에 의하여 손해를 입은 자는 민법상 채무불이행 또는 불법행위에 의한 손해배상을 청구할 수도 있다.

③ 자본시장법의 모든 위반행위에 한정하여 형사처벌이 가해지나, 행위자와 법인 양자 모두를 처벌하는 양벌규정은 없다.

④ 직무윤리강령 및 직무윤리기준을 위반한 행위에 대하여 아무런 법적 제재를 받지 않을 수도 있다.

056 투자자에 대한 설명으로 잘못된 것은?

① 국가, 한국은행, 금융기관, 외국정부 · 외국중앙은행 · 국제기구 등은 일반투자자 대우를 받을 수 없는 투자자이다.

② 주권상장법인 등이 장외파생상품 거래를 하는 경우에는 일반투자자와 같은 대우를 받겠다는 의사를 금융투자업자에게 서면으로 통지하는 경우에만 일반투자자로 본다.

③ 지방자치단체나 주권상장법인은 일반투자자자 대우를 받겠다는 의사를 금융투자업자에게 서면으로 통지한 경우에는 일반투자자로 대우를 받을 수 있다.

④ 100억원 이상의 금융투자상품잔고를 보유한 법인 또는 50억원 이상의 금융투자상품 잔고를 보유하고 계좌 개설 후 1년이 경과한 개인은 금융위원회에 신고한 경우에는 향후 2년간 전문투자자로 본다.

057 투자설명 및 권유와 관련된 설명으로 옳지 않은 것은?

① 증권과 장내파생상품에 대하여는 투자자의 투자권유요청 없이도 금융투자업자는 투자권유를 할 수 있다.

② 모든 금융투자상품의 투자권유시 적합성의 원칙과 적정성의 원칙이 적용된다.

③ 투자자의 투자권유 거부의사표시 후 1개월이 지나지 않았어도 다른 종류의 금융투자상품에 대하여는 투자권유를 할 수 있다.

④ 금융투자업자는 투자판단에 대한 불확실한 사항에 대하여 단정적 판단을 제공하거나 확실하다고 오인하게 할 소지가 있는 내용을 알리는 왜곡행위를 해서는 아니 된다.

058 투자광고에 관한 다음의 설명으로 틀린 것은?

① 금융투자업자는 투자광고의 제작 및 내용에 있어서 관련 법령의 준수를 위하여 내부통제기준을 수립하여 운영하여야 한다.

② 금융투자업자가 자기의 경영실태평가결과와 영업용순자본비율 등을 광고하는 경우에는 다른 금융투자업자와 비교하는 방법 등으로 하여야 한다.

③ 금융투자업자는 투자광고계획신고서와 투자광고안을 금융투자협회에 사전에 제출하여 심사를 받아야 한다.

④ 금융투자업자는 투자광고문에 금융투자협회 심사필 또는 준법감시인 심사필을 표시하여야 한다.

059 지분증권에 대한 증권신고의 효력시기는 그 증권신고서가 수리된 날부터 다음의 기간이 경과한 날부터이다. 빈칸 안에 들어갈 숫자가 순서대로 나열한 것은?

> • 지분증권의 공모에는 ( )일
> • 단, 주권상장법인의 주식인 경우에는 ( )일
> • 주주 또는 제3자에게 배정하는 방식의 주식인 경우에는 ( )일

① 7, 5, 15
② 15, 3, 10
③ 15, 10, 7
④ 10, 7, 3

060 주권상장법인에 대한 특례에 대하여 잘못 설명하고 있는 것은?

① 주권상장법인이 자기주식을 취득하려는 경우에는 이사회 결의 사실이 공시된 날의 다음 날부터 3개월 이내에 증권시장에서 자기주식을 취득하여야 한다.
② 주권상장법인은 법원의 인가를 받고 주주총회의 특별결의로 주식을 액면미달의 가액을 발행할 수 있다.
③ 유가증권시장상장법인 또는 주권을 유가증권시장에 상장하려는 법인의 주식을 공모하는 경우 해당 법인의 우리사주조합원은 공모 주식총수의 20% 범위에서 우선적으로 주식을 배정받을 권리가 있다.
④ 주권상장법인은 이익배당총액에 상당하는 금액까지 새로 발행하는 주식으로 이익배당을 할 수 있다.

061 불공정거래의 규제 중 내부자거래의 규제가 아닌 것은?

① 시세조정행위의 금지
② 미공개중요정보 이용행위 금지
③ 단기매매차익의 반환
④ 임원 등의 특정증권등 소유상황 보고

062 부정거래행위 규제에 관한 설명으로 옳지 않은 것은?

① 자본시장법은 유형화된 시세조정행위 금지 및 내부자거래 금지로 포섭할 수 없는 금융

투자상품과 관련된 불공정행위를 규제하기 위하여 포괄적 또는 일반적 사기행위를 금지한다.

② 시세조정행위 금지와는 달리 구성요건상 목적요건을 규정하지 않고 있다.

③ 대상시장은 증권시장 또는 파생상품시장과 같은 공개적인 시장에 제한된다.

④ 부정한 수단, 계획 또는 기교를 사용하는 행위, 금융투자상품의 매매 · 그 거래를 유인할 목적으로 거짓의 시세를 이용하는 행위는 부정거래의 유형에 해당한다.

063 영업용순자본비율의 산정 및 보고시기의 내용으로 가장 적합하지 않은 것은?

① 금융투자업자는 최소한 일별로 순자본비율 또는 영업용순자본비율을 산정하여야 한다.

② 금융투자업자는 순자본비율(영업용순자본비율)과 산출내역은 매월말 기준으로 1개월 이내에 업무보고서를 통하여 금융감독원장에게 제출하여야 한다.

③ 최근 사업연도말 자산총액(투자자예탁금 제외)이 1천억원 미만인 경우에는 분기별 업무보고서 제출 시 순자본비율(영업용순자본비율)에 대한 외부감사인의 검토보고서를 첨부하여야 한다.

④ 금융투자업자는 순자본비율 100%(영업용순자본비율이 150%) 미만이 된 경우에는 지체 없이 금융감독원장에게 보고하여야 한다.

064 다음 중 자산건전성의 분류 순서를 올바르게 나열한 것은?

① 정상 → 고정 → 요주의 → 회수의문 → 추정손실

② 정상 → 요주의 → 회수의문 → 고정 → 추정손실

③ 정상 → 요주의 → 고정 → 회수의문 → 추정손실

④ 정상 → 회수의문 → 고정 → 요주의 → 추정손실

065 다음 중 경영공시사항에 관한 설명으로 틀린 것은?

① 임직원이 형사처벌을 받은 경우

② 동일 기업집단별 또는 개별 기업별로 금융투자업자의 직전 분기 말 자기자본의 5%를 초과하는 부실채권이 발생하는 경우

③ 금융사고 등으로 금융투자업자의 직전 분기 말 자기자본의 2%를 초과하는 손실이 발생하였거나 손실이 예상되는 경우

④ 적기시정조치, 인가 또는 등록의 취소 등의 조치를 받은 경우

066 다음은 예외적으로 대주주가 발행한 주식을 소유할 수 있는 경우이다. 아닌 것은?

① 담보권의 실행 등 권리행사에 필요한 경우
② 시장조성 · 안정조작을 하는 경우
③ 금융기관 등이 원리금의 지급을 보증하는 사채권 또는 특수채증권을 취득하는 경우
④ 자기자본의 1만분의 10에 해당하는 금액과 10억원 중 적은 금액의 범위에서 취득하는 경우

067 금융투자협회규정상 금융투자분석사는 다음의 어느 하나에 해당하는 경우에는 금융투자상품을 본인의 계산으로 매매할 수 있다. 옳은 것을 모두 고른 것은?

> ㉠ 금융투자분석사가 되기 이전에 취득한 금융투자상품을 처분하는 경우
> ㉡ 주식매수선택권의 행사로 주식을 취득하거나 취득한 주식을 처분하는 경우
> ㉢ 상속, 증여(유증 포함), 담보권의 행사, 그 밖에 대물변제의 수령 등으로 취득한 금융투자상품을 처분하는 경우
> ㉣ 모집 또는 매출하는 금융투자상품을 취득하거나 취득 후 처분하는 경우
> ㉤ 우리사주조합원의 자격으로 우리사주조합을 통하여 주식을 취득하거나 취득한 주식을 처분하는 경우

① ㉠, ㉡
② ㉠, ㉡, ㉢
③ ㉠, ㉡, ㉢, ㉣
④ ㉠, ㉡, ㉢, ㉣, ㉤

068 금융투자협회규정상 재산상 이익의 제공한도에 관한 설명으로 틀린 것은?

① 금융투자회사가 동일 거래상대방에게 1회당 제공할 수 있는 재산상 이익은 20만원을 초과할 수 없다.
② 금융투자회사가 연간 또는 동일 회계연도 기간 중 동일 거래상대방에게 제공할 수 있는 재산상 이익은 100만원을 초과할 수 없다.
③ 대표이사 또는 준법감시인의 사전승인을 받은 경우로서 거래상대방이 투자자가 아닌 경우 300만원까지 재산상의 이익을 제공할 수 있다.
④ 추첨 기타 우연성을 이용하는 방법 또는 특정행위의 우열이나 정오의 방법으로 선정된 거래(파생상품 제외) 상대방에 대하여 제공하는 재산상 이익에 대하여는 위 법정한도의 규정을 적용하지 아니한다.

069 금융투자협회규정상 예탁증권 담보융자 시 담보로 징구할 수 있는 것은?

① 한국거래소가 투자경고종목, 투자위험종목 또는 관리종목으로 지정한 상장증권
② 중도환매가 가능한 집합투자증권
③ 주식워런트증권
④ 관계법규에 따라 한국예탁결제원에 의무보호예수 중인 증권

070 다음 중 액티브 운용 관한 설명으로 옳은 것은?

① 시장예측활동이나 주가가 잘못 형성된 종목을 발견하는 능력을 통해 벤치마크보다 나은 초과수익을 올리려고 시도한다.
② 마켓타이밍, 테마선택, 종목선택 등의 전략이 관계되지 않는 운용이다.
③ 흔히 인덱스 펀드와 인핸스드 인덱스 펀드라고 한다.
④ 항상은 아니지만 보통 주식 포트폴리오는 잘 분산되어 있다.

071 자산집단의 기대수익률 추정방법 중 일찍부터 자본시장이 발달하여 장기간 수익률 자료가 입수되는 경우 사용하기 편리한 방법이지만 우리나라처럼 기간이 짧은 경우에 사용하기 어려운 방법은?

① 시장공통예측치 사용법
② 근본적 분석법
③ 시나리오 분석법
④ 추세분석법

072 전술적 자산배분에 대하여 옳은 설명이 아닌 것은?

① 본질적으로 역투자전략이다.
② 평가된 내재가치와 시장가격 간의 비교를 통해 실행을 판단하게 된다.
③ 일반적으로 내재가치는 시장가격보다 매우 높은 변동성을 보이므로 역투자전략의 수행을 곤란하게 만든다.
④ 가장 내재가치를 추정하기 어려운 주식은 주로 기업의 수익전망을 바탕으로 한 이익할인, 배당할인, 현금흐름의 할인 등의 다양한 방법으로 추정된다.

073 고정비율 포트폴리오 보험(CPPI)전략의 투자실행단계에 대하여 잘못된 것은?

① 1단계 : 주식평가액과 채권평가액의 포트폴리오의 가치를 평가한다.

② 2단계 : 포트폴리오에서 하한의 현재가를 뺀 쿠션을 계산한다.

③ 3단계 : 쿠션에 승수를 곱히여 익스포지를 결정하여 포드폴리오를 재조정한다.

④ 4단계 : 1단계의 포트폴리오 평가액에서 익스포저를 뺀 금액을 채권부분에 투자하고 남은 금액을 주식부분에 배분한다.

074 다음 중 액티브 운용펀드로 볼 수 없는 것은?

① 시장지수를 대상으로 하는 주식형 펀드

② 시장지수를 대상으로 하는 자산배분형 펀드

③ 특정 산업이나 섹터를 대상으로 하는 주식형 펀드

④ 차익거래를 통해 초과수익을 추구하는 인덱스펀드

075 주식포트폴리오 운용 전략에 대한 설명 중 틀린 것은?

① 완전복제법은 벤치마크와 잔차위험을 최소화할 수 있는 인덱스 펀드 구성방법이다.

② 인핸스드 인덱스는 인덱스 펀드의 장점을 살리면서 안정적인 초과수익을 추구하는 펀드로서 흔히 '인덱스+알파'펀드로 알려져 있다.

③ 액티브 운용방식 중 하향식은 종목선정보다는 섹터나 산업 등의 선정을 중시하는 방식이나, 상향식은 유망한 개별종목의 선정을 중시하는 방식이다.

④ 수익-위험구조를 다양하게 변형시키기 위한 방법으로 장외파생상품을 이용하면 거래비용이 부담되며, 위험자산과 무위험자산 간의 동적자산배분을 이용하면 매매비용이 부담된다.

076 금리변동부 채권에 관한 설명으로 잘못된 것은?

① 일정 단위기간마다 정해진 기준금리에 연동된 표면이율에 의해 이자를 지급하는 채권이다.

② 기준금리에 일정한 스프레드가 가감되어 표면이율이 결정되므로 미래의 현금흐름이 발행시에는 확정될 수 없는 채권이다.

③ 표면이율이 확정되어 있는 일반채권에 비해 수익률변동에서 발생하는 모든 위험에서 벗어날 수 있다.

④ 전통적인 채권과 파생상품이 혼합된 다양한 형식으로 변용될 수 있어 구조화 채권으로 분류되기도 한다.

077 다음 자료에 의한 토마토기업의 전환사채의 괴리율은 얼마인가?

> • 전환사채의 액면가액 10,000원
> • 전환사채의 전환가격 5,000원
> • 전환사채의 시장가격 18,000원
> • 현재 주가 8,000원

① 10%
② 12.5%
③ 13%
④ 14%

078 수의상환위험에 대한 설명으로 틀린 것끼리 묶은 것은?

> ㉠ 만기 전이라도 채권의 발행자가 원금을 상환할 수 있는 권리인 수의상환권(call option)이 부여된 채권은 수의상환채권이다.
> ㉡ 수의상환권은 채권발행시 지급하기로 한 이자율보다 시장금리가 높아질 경우 행한다.
> ㉢ 수의상환권이 없는 동일한 조건의 일반채권보다 수의상환채권의 표면이율이 더 높다.
> ㉣ 수의상환채권의 표면이율과 수의상환권이 없는 동일한 조건의 일반채권의 표면이율의 차이는 채권투자자가 채권발행자에게 지급하는 일종의 프리미엄이다.

① ㉠, ㉢
② ㉠, ㉡, ㉢
③ ㉡, ㉣
④ ㉠, ㉡, ㉢, ㉣

079 다음 중 적극적 투자전략을 올바르게 묶인 것은?

> ㉠ 수익률예측전략
> ㉡ 만기보유전략
> ㉢ 채권교체전략
> ㉣ 인덱스전략
> ㉤ 면역전략
> ㉥ 수익률곡선의 형태를 이용한 전략

① ㉡, ㉣, ㉤
② ㉠, ㉢, ㉥
③ ㉢, ㉤, ㉥
④ ㉠, ㉣, ㉤

080 만기수익률에 대한 다음의 설명 중 옳지 않은 것은?

① 만기수익률은 만기수익률에 의해 투자된 채권의 투자수익률이 만기수익률과 동일하다는 것을 의미한다.

② 만기수익률이 실현되기 위해서는 투자채권을 만기까지 보유하여야 하며, 표면이자 등 만기 전까지 발생하는 현금흐름을 최초 투자시의 만기수익률로 재투자하여야 한다.

③ 만기일시상환채권의 경우 채권투자 후 만기까지 보유하면 실효수익률이 만기수익률과 일치한다.

④ 만기일시상환채권인 경우에도 만기 전에 매도하거나, 이표채를 만기까지 보유하는 경우에도 재투자수익률이 만기수익률과 다를 경우에는 만기수익률과 실효수익률은 차이가 난다.

081 채권의 전략에 대한 설명으로 잘못된 것은?

① 수익률 하락이 예상되면 수익률 변동에 따른 채권가격의 변동폭이 큰 장기채를 매수하여 운용수익률을 높일 수 있다.

② 스프레드 지수가 '+' 또는 '−' 표준편차의 범위 밖에 있을 때 두 종목 간의 교체매매를 한다.

③ 10년 만기채를 매입하여 상환 시까지 그대로 보유하는 것보다는 10년 만기채의 잔존기간이 9년이 되는 시점에서 매각하고 다시 10년 만기채에 재투자하는 것이 수익률 하락폭만큼 투자효율을 높일 수 있다.

④ 단기채와 장기채에 비해 중기채의 수익률이 상대적으로 하락할 것으로 예상될 때에는 Barbell형 채권운용이 유효하다.

082 현재 만기가 3개월 남은 주가지수 선물가격은 203이고 현물지수는 200이다. 금리가 연 4%이고 주식시장의 배당수익률은 연간 2%라고 할 때, 확실한 이익을 얻을 수 있는 거래방법은?(단, 거래비용은 무시한다)

① 매수차익거래
② 매도차익거래
③ 스프레드거래
④ 선물매수거래

083 선물시장이 백워데이션(Backwardation) 상태라면, 이를 이용한 차익거래 포지션은?

① 현물매도 + 선물매수   ② 현물매수 + 선물매도

③ 현물매수 + 선물매수   ④ 현물매도 + 선물매도

084 다음 중 기초자산의 가격변동성이 작아질 것으로 예상될 때 적절한 투자전략은?

① 스트래들 매수   ② 버터플라이 매수

③ 스트랭글 매수   ④ 콘돌 매도

085 다음 중 포트폴리오 보험 전략에 속하지 않는 것은?

① 동적 헤징전략

② 컨버젼 전략

③ 보호적 풋 전략

④ 동적 자산배분전략

086 옵션가격의 결정요인에 대한 설명이다. 옳지 않은 것은?

① 기초자산 가격이 높을수록 콜옵션의 가치는 낮아진다.

② 행사가격이 낮을수록 풋옵션의 가치는 낮아진다.

③ 잔존기간이 길수록 콜옵션 가격 및 풋옵션 가치는 높다.

④ 단기이자율이 상승할수록 콜옵션의 가치는 높아진다.

087 다음 중 숏스트래들(short straddle) 전략의 포지션 민감도와 가장 거리가 먼 것은?

① 포지션의 델타 ≒ 0

② 포지션의 감마 : (−)

③ 포지션의 세타 : (+)

④ 포지션의 베가 : (+)

088 다음 중 상대적 위험을 측정하는 지표가 아닌 것은?

① 베타
② 표준편차
③ 잔차위험
④ 공분산

089 샤프비율에 대한 설명 중 맞지 않는 것은?

① 샤프비율은 단위 위험당 초과수익률 형태의 평가지표이다.
② 샤프비율은 증권시장선을 기초로 만들었다.
③ 샤프비율은 총위험을 사용하는 평가지표이다.
④ 샤프비율은 젠센의 알파와 상이한 평가결과를 나타낸다.

090 다음은 투자수익률 계산에 관한 설명이다. 틀린 것은?

① 펀드의 수익률 계산은 시간가중수익률을 사용하는 것을 원칙으로 하고 있다.
② 금액가중수익률은 펀드에 투자한 현금흐름의 현재가치와 펀드로부터의 수익의 현재가치를 일치시키는 할인율로 내부수익률이라 한다.
③ 금액가중수익률은 최초 및 최종의 자산규모, 신규자금의 유출입 시기에 의해 영향을 받는다.
④ 금액가중수익률은 펀드매니저의 평가에, 시간가중수익률은 투자자의 직접 투자결과를 평가하는 데 더 적정하다고 할 수 있다.

091 다음 중 주식의 가치주 스타일의 특징으로 옳지 않은 것은?

① 저 PER
② 높은 배당수익률
③ 높은 수익성장률
④ 저 PBR

092 상대적으로 IS곡선이 불안정적(실물충격)이고 LM곡선이 안정적인 경우에 국민소득의 변동을 작게 하기 위한 통화정책의 중간목표로 가장 적절한 것은?

① 물가안정정책
② 완전고용정책
③ 이자율(R)목표정책
④ 통화량(M)목표정책

093 통화정책과 유동성함정에 관한 설명이 잘못된 것은?

① 유동성함정에서는 이자율이 극단적으로 낮은 가운데 IS곡선이 수직에 가깝고 LM곡선이 수평에 가까워서 통화정책은 거의 효과가 없다.

② 유동성함정에서는 이자율에 대한 화폐수요의 탄력성이 작아서 이자율이 낮아져도 화폐수요가 증가하지 않는다.

③ 유동성함정에서는 이자율이 낮기 때문에 화폐보유의 기회비용이 낮고 채권가격은 높아 채권가격이 앞으로 하락할 수밖에 없을 것으로 기대하므로 채권투자가 없어 기업은 자금조달이 어려워진다.

④ 유동성함정에서는 화폐공급을 증가시켜도 화폐시장에서 초과공급이 발생하지 않고 투자가 증가하지 않기 때문에 국민소득은 증가하지 않게 된다.

094 다음 중 경기종합지수를 구성하는 동행 종합지수의 구성지표가 아닌 것은?

① 광공업생산지수
② 건설기성액
③ 소매판매액지수
④ 장단기 금리차

095 전체 200개 기업을 대상으로 향후 경기에 대해 설문조사를 실시한 결과, 향후 경기가 긍정적이라고 응답한 업체의 비율이 30%, 부정적으로 응답한 업체의 비율이 60%라고 할 경우, 기업경기 실사지수(BSI)는 얼마인가?

① 30
② 60
③ 70
④ 130

096 위험회피형 투자자의 효용함수와 등효용곡선을 바르게 나타낸 것은?

① 효용함수가 원점에 대하여 볼록, 우상향 등효용곡선
② 효용함수가 원점에 대하여 오목, 우하향 등효용곡선
③ 효용함수가 원점에 대하여 볼록, 우하향 등효용곡선
④ 효용함수가 원점에 대하여 오목, 우상향 등효용곡선

097 K사 주식의 차기배당금이 1,000원, 연간성장률이 12%로 일정하다고 예상한다. 무위험이자율은 6%, 시장포트폴리오의 기대수익률과 분산은 각각 15%, 0.02, K주식과 시장포트폴리오와의 공분산은 0.03이다. K주식의 요구수익률은?

① 0.15 ② 0.187
③ 0.195 ④ 0.214

098 단일지표모형에 대한 다음 설명 중 옳지 않은 것은?

① 시장수익률과 개별주식 수익률 간의 관계를 설명하는 식을 증권시장선이라 한다.
② 개별주식 잔차수익률 간의 공분산이 0이라고 가정한다.
③ 시장수익률 변동에 대한 개별주식 수익률 변동의 민감도를 나타내는 지표로 β를 사용한다.
④ 포트폴리오의 β는 개별주식 β의 단순가중평균으로 구할 수 있다.

099 2요인 차익거래가격결정모형(APT)에서, 요인1과 요인2의 위험프리미엄이 각각, 5%와 3%이며, 요인1에 대한 베타계수가 1.2, 요인2에 대한 베타계수가 0.5이다. 기대수익률이 14%라고 할 때, 차익거래의 기회가 존재하지 않으려면 무위험수익률은 얼마이어야 하는가?

① 6.0% ② 6.5%
③ 7.5% ④ 8.0%

100 다음 중 적극적 투자관리 방법에 해당되는 것은?

① 평균분할투자전략 ② 단순한 매입보유 전략
③ 지수펀드 투자전략 ④ 시장 투자적기 포착법

01회 모의고사

1	2	3	4	5	6	7	8	9	10	11	12	13	14	15
②	③	①	③	④	②	④	③	③	②	③	①	④	②	②
16	17	18	19	20	21	22	23	24	25	26	27	28	29	30
②	①	④	④	③	④	④	①	③	③	①	④	②	④	③
31	32	33	34	35	36	37	38	39	40	41	42	43	44	45
①	②	②	①	④	④	④	④	②	④	②	③	③	③	①
46	47	48	49	50	51	52	53	54	55	56	57	58	59	60
③	③	②	④	④	④	①	②	③	④	①	③	①	③	①
61	62	63	64	65	66	67	68	69	70	71	72	73	74	75
③	②	③	②	③	③	④	①	④	③	④	②	③	①	②
76	77	78	79	80	81	82	83	84	85	86	87	88	89	90
②	④	①	④	②	③	③	②	④	③	④	②	②	④	①
91	92	93	94	95	96	97	98	99	100					
①	②	①	①	④	②	②	③	③	①					

제1과목 금융상품 및 세제

001

서류를 송달할 장소에서 송달을 받을 자가 정당한 사유 없이 그 수령을 거부한 경우에는 송달할 장소에서 서류를 둘 수 있다. 이는 유치송달로서 교부송달에 해당한다.

보기 이외에도 등기송달하였으나 수취인 부재가 확인되어 납부기한 내 송달이 곤란한 때에는 공시송달할 수 있다.

※ 공시송달의 경우에는 공고한 날부터 14일이 지나면 서류송달이 된 것으로 본다.

002

⊙ 소득세는 과세기간이 끝나는 때에 납세의무가 성립한다.
ⓒ 증권거래세는 매매거래가 확정되는 때에 납세의무가 성립한다.

003

• 공시송달은 서류의 요지를 공고한 날부터 (14일)이 경과함으로서 서류가 송달된 것으로 본다.
• 5억원 미만인 국세채권의 소멸시효는 (5년)이다. 다만, 5억원

이상인 국세채권의 소멸시효는 10년이다.
• 경정청구기간은 법정신고기한 경과 후 (5년)이다.
• 심사청구는 처분청의 처분을 안 날로부터 (90일) 이내에 국세청 또는 감사원에 제기하여야 한다.

004

직장공제회 초과반환금은 기본세율인 6%~38%까지의 5단계 초과누진세율로 원천징수한다.

• 위 외의 이자소득과 배당소득은 14%
• 비실명금융자산소득으로서 금융기관 이외의 자가 지급하는 경우에는 35%의 원천징수세율을 적용

005

• 무조건 분리과세 = ⑩ 분리과세신청을 장기채권의 이자 25,000,000원 + ㉑ 직장공제회초과반환금 9,000,000원 = 34,000,000원
• 무조건 종합과세 = ㉠ 국외에서 지급받은 이자 12,000,000원
• 조건부 종합과세 = 무조건 분리과세소득과 무조건 종합과세소득이 아닌 소득으로서, ㉡ 집합투자기구로부터의 이익 10,000,000원 + ㉢ 환매조건부채권의 매매차익 1,000,000

원+ⓔ 비영업대금의 이익 15,000,000원+ⓐ 중도해지한 4년 만기의 저축성보험의 보험차익 2,000,000원 = 28,000,000원
- 종합과세대상금액 = 무조건 종합과세 12,000,000원+조건부 종합과세 28,000,000원 = 40,000,000원

006
유가증권시장에서 양도되는 주권은 0.15%의 증권거래세와 0.15%의 농어촌특별세가 추가과세된다.

007
증여재산공제 범위 내의 증여로서 증여세가 없는 경우에도 증여세 신고를 하는 것이 유리하다. 만약 신고를 하지 아니하는 경우 증여받은 재산으로 다른 재산의 구입자금으로 활용하는 경우 세무서의 자금 출처조사 시 정당한 자금원으로 인정받기 어려울 수가 있기 때문이다.

008
비은행예금취급기관인 신용협동기구에는 신용협동조합, 새마을금고, 농·수협 단위조합의 상호금융 등이 해당한다.
① 투자매매업, 투자중개업 → 금융투자업자
농업협동조합중앙회의 신용사업부문 → 특수은행
② 한국산업은행, 한국수출입은행 → 특수은행
우체국예금 → 비은행예금취급기관
④ 시중은행, 지방은행, 외국은행 국내지점 → 일반은행

009
목돈마련예금은 목돈을 만들 때까지 다달이 월부금을 불입하는 적립식 예금을 말하며, 정기적금, 상호부금, 근로자우대저축 등이 해당한다.
그러나 정기예금, 발행어음, 표지어음, CD 등은 목돈을 예치하여 수익을 받는 거치식 예금인 목돈운용예금에 해당한다.

010
1명당 저축원금이 5천만원 이하로 가입하는 경우 해당 저축에서 발생하는 이자소득 또는 배당소득에 대해서는 소득세를 부과하지 아니한다. 단, 계약기간 만료일 이후 발생하는 이자소득 및 배당소득에 대해서는 적용하지 않는다.
- 가입대상자 : 65세 이상인 거주자(단, 2015년 61세, 2016년 62세... 2019년까지 매년 1세씩 상향 조정), 관련 법령에서 정하는 장애인, 독립유공자 및 그 가족, 상이자, 국민기초생활보장 수급자, 고엽제후유의증환자, 5.18민주화운동부상자
- 비과세종합저축 표시 : 비과세종합저축을 취급하는 금융회사 등 및 공제회는 비과세종합저축만을 입금 또는 출금하는 비과세종합저축통장 또는 거래카드의 표지·속지 또는 거래명세서 등에 "비과세종합저축"이라는 문구를 표시하여야 함

011
예정사망률이 올라가면 보험금지급액이 늘어나고, 예정사업비율이 올라가면 경비의 비율이 높아지므로 보험료는 올라간다.

그러나 예정이율이 올라가면 보험료 할인율이 높아지므로 보험료는 낮아진다.

012
이익금 발생의 3원천은 위험률차익, 이자율차익 및 사업비차익이다.
B. 위험률차익 : 예정사망률 > 실제사망률
C. 사업비차익 : 예정사업비율 > 실제사업비율

013
투자대상자산의 현금화가 곤란한 사정 등으로 고려하여 존속기간을 정한 집합투자기구로서 부동산집합투자기구, 특별자산집합투자기구, 혼합자산집합투자기구 및 각 집합투자기구 자산총액의 100분의 20을 초과하여 시장성 없는 자산에 투자할 수 있는 집합투자기구를 설정 또는 설립하는 경우에는 환매금지형 집합투자기구로 설정 또는 설립하여야 한다.

014
유동화가 이루어지는 자산은 자산의 특성이 서로 동일한 자산으로 구성되어야 한다.

015
퇴직연금은 기업이 사전에 퇴직연금사업자에게 근로자의 퇴직금에 해당하는 금액을 정기적으로 적립하고 근로자는 퇴직시 퇴직연금사업자로부터 퇴직금을 일시금 또는 연금으로 수령하는 제도이다.

016
※ **부동산의 기타 주요 특성**
- 부동성 – 동산과 구별하여 공시방법을 달리 하는 근거 & 부동산현상의 국지화 및 부동산활동의 임장활동 & 부동산시장의 추상적 시장 및 불완전경쟁시장
- 부증성 – 완전비탄력적 공급곡선 & 지가문제 유발과 토지이용의 집약화 및 지대 발생의 원인
- 영속성 – 토지에 대한 감가상각 배제 & 감정평가시 원가방식 적용 불가

017
② 휴한지는 농지의 비옥도를 회복하여 효율적인 생산활동이 가능하도록 하기 위해 이용하지 않고 있는 토지이며, 공한지는 도시 내의 택지 중 지가상승만을 기대하여 장기간 방치하는 토지이다.
③ 이행지는 택지의 주거지역, 상업지역 또는 공업지역 등간의 용도지역 간 전환되고 있는 토지이다. 후보지는 택지(주거지역, 사업지역, 공업지역), 농지(전, 답, 과수원), 임지(용재림. 신탄림) 상호 간에 전환되고 있는 토지이다.
④ 획지는 토지의 거래 또는 이용 등의 부동산활동의 단위로서, 가격수준을 구분하기 위한 경제적 단위를 말한다. 필지는 동일한 지번으로 둘러싸여 있는 토지로서, 법률상 등록단위를 말한다.

018

- 대출비율(LTV : Loan-To-Value) = $\dfrac{\text{대출잔고}}{\text{부동산의 가격}}$

  대출비율이 높다는 것은 대출금액이 크다는 것이고 이는 채무불이행위험이 크다는 것을 의미하므로, 금융위험은 커진다.

- 부채보상비율(debt-coverage ratio) = $\dfrac{\text{순운용소득}}{\text{부채상환액}}$

019

㉠ 예측의 원칙 : 부동산의 가치는 해당 부동산에 대한 과거로부터 현재까지의 편익보다는 미래의 예상되는 편익에 더 큰 영향을 받는다. - 과거 자료를 토대로 가중평균 또는 다중회귀분석을 통해서 미래의 편익을 추정하게 된다.

㉡ 수요공급의 원칙 : 부동산의 가치도 일반 재화와 같이 기본적으로 수요와 공급에 의해서 결정된다. - 부동산에 대한 감정평가시에는 시장의 수요와 공급을 조사하여 이를 반영하여야 한다.

㉢ 최유효이용의 원칙 : 부동산가격은 최유효이용을 전제로 파악되는 가격을 표준으로 하여 형성된다. - 부동산에만 적용되는 원칙으로 부동산 가치추계 원칙들 중에서 가장 중추적인 기능을 담당하고 있다.

㉣ 외부성의 원칙 : 대상 부동산의 가치가 외부적 요인에 의하여 영향을 받는다. - 외부적 요인이 대상 부동산의 가치에 긍정적인 효과를 미칠 때 외부경제, 부정적인 효과를 미칠 때 외부불경제라 한다.

020

부동산투자회사는 영업인가를 받은 날부터 1년 6개월 이내에 발행하는 주식총수의 30% 이상을 일반의 청약에 제공하여야 한다.

제2과목 투자운용 및 전략॥ 및 투자분석

021

전통적 투자의 위험요소가 시장위험과 신용위험이라면 대안투자는 유동성위험과 운용역위험이 중요한 위험요소이다.

022

Mezzanine은 Venture Capital의 일종으로 IPO 전 단계에 있는 벤처기업의 전환사채(CB) 등에 대해 투자하는 유형이다.

023

PEF에서 무한책임사원(GP)은 노무 혹은 신용출자를 할 수 없도록 하고, 반드시 금전 또는 시장성 있는 유가증권을 출자하도록 하였다. 이는 PEF의 투자자로서의 자격을 부여받기 위해서는 현금 또는 이와 유사한 금전적 출자가 있어야 하기 때문이다. 또한 PEF의 운용자인 무한책임사원이 출자할 경우 일반적인 펀드 운용자에게서 발생할 수 있는 대리인 문제도 극복할 수 있기 때문이다.

024

투자회수까지 장기간(7~8년)이 소요되는 점을 고려하여 경기변동에 영향을 덜 받는 기업을 PEF의 투자대상으로 선정한다.

025

매매 진입을 판단할 때, 발산형 롱숏의 경우 두 자산 가격의 차이에 구조적인 변화가 발생하는 것을 탐색해야 하기 때문에 주로 기본적(펀더멘털) 분석에 근거하는 경우가 많다. 반면에 수렴형 롱숏 매매는 과거 자료를 통해 비정상적 차이를 정의하고 계속적으로 두 자산 가격의 차이를 판단하면서 미리 정의한 비정상적 차이를 이탈할 때 매매에 진입해야 하기 때문에 계량적(통계적) 정보를 이용하는 경우가 대부분이다.

026

개별증권의 체계적 위험은 그 증권의 움직임과 전체 시장 움직임 간의 상관관계로 측정되는데, 상관관계가 높을수록 증권의 체계적 위험이 크다. 시장과 특정 증권이 같이 움직이는 부분에 있어서는 분산투자를 하더라도 위험이 상쇄되지 않기 때문이다.

027

국제투자의 벤치마크로 가장 많이 사용되는 국제지수로는 MSCI(Morgan Stanley Capital International) 지수, FT(Financial Times) 국제지수 등이 있는 데, MSCI 지수는 달러기준의 국제주가지수이며, 따라서 미국 국제투자자에게 가장 적합한 국제지수라 할 수 있다. 미국투자자의 국제투자가 가장 많은 만큼 국제투자에서는 MSCI 지수가 가장 중요한 벤치마크 지수가 되고 있다. 또한 MSCI지수의 산출기준은 시가총액 방식이 아닌 유동주식 방식(free floating)이다. 유동주식 방식은 정부 보유 및 계열사 보유 지분 등 시장에서 유통되기 어려운 주식을 제외한 실제 유동주식을 기준으로 비중을 계산한다.

028

국제시장이 위기상황에서처럼 불안정성이 높을 때 각국주식시장 간의 상관관계는 높아진다. 각국 주가지수 간의 상관관계는 걸프전이나 통화위기, 국제금융시장의 신용위기 등과 같이 세계 경제에 널리 파급효과를 미치는 위기상황 시에 매우 높아지는 현상을 보여 왔다. 이는 위기상황에서는 시장참가자들이 서로 서로의 움직임을 보며 같이 움직이는 경향이 나타나기 때문인 것으로 풀이된다.

029

유로채는 외국에서 그 나라 통화가 아닌 다른 나라 통화 표시로 발행하는 채권이다. 따라서 한국기업이 홍콩에서 발행한 미 달러화 표시 채권은 유로채에 해당된다.

030

indexing(지수화) 전략은 대표적인 방어적 투자전략이다. 벤치마크 포트폴리오의 구성을 모방하여 투자수익률을 벤치마크 수익률에 근접하도록 하는 것을 지수화(indexing)라고 한다.

031

안전성지표는 기업의 중장기적 채무이행능력을 나타내는 지표로 부채비율, 부채–자기자본비율 등이 있다.

032

$$\frac{순이익}{자기자본} = \frac{ROA}{자기자본비율} = \frac{ROA}{1 - 부채비율} = 4\%/40\% = 10\%$$

033

주가매출액비율(PSR)은 주가를 주당매출액으로 나누어 계산한 것으로 기업이 이익이 발생하지 않아도 기업의 순수한 영업활동의 결과인 매출액은 기업의 영업성과를 객관적으로 잘 나타내주며, (–)가 나오는 경우는 거의 없기 때문에 주가수익비율(PER)의 약점을 보완해준다.

034

EVA는 세후순영업이익에서 기업의 총자본비용을 차감한 값으로 주주부의 관점에서 기업가치를 평가하는 지표이다.

035

기술적 분석의 한계는 과거의 주가 추세나 패턴이 미래에도 반복하는 경향을 가지고 있다는 것이다. 그러나 이것이 미래에도 반복해서 나타난다는 가정은 지극히 비현실적인 가정이며, 기술적 분석은 투자가치를 무시하고 주가 변동에만 집착해 시장변화의 원인을 분석할 수 없다는 점이다.

036

트리덴트 시스템은 시장가격이 일방적인 움직임을 나타내기보다는 되돌림 움직임이 반드시 있다는 것을 이용하는 거래기법으로 다음에 있을 시장가격의 움직임을 예상하는 것이 목표가 아니라, 언제 매입거래를 하고 언제 매도거래를 하느냐 하는 시점을 결정하는 것을 목표로 하고 있다.

037

보기 중 ④번만 상승신호이고 나머지는 하락신호이다. OBV선의 저점이 이전 저점보다 낮게 형성되면 D마크(down)로 표시하는데 이는 약세장을 의미한다. VR는 70% 이하가 매입시점이고 150%는 보통이며 450%가 과열권이다. 흑삼병은 사께다 전법에서 주가가 꽤 높은 고가권에서 음선 3개가 잇달아 나타나는 형태이며 고가권에서 나타날 경우 주가폭락으로 이어질 가능성이 크다. 관통형은 두개의 캔들챠트로 구성되고 몸체가 긴 음선이 출현된 후 다음날 몸체가 긴 양선이 나타나는 경우로 하락추세에서 상승전환신호로 본다.

038

후행스팬은 당일의 종가를 의미하며, 과거 52일 동안의 최고치와 최저치의 중간값으로 26일 전에 앞선 곳에 표시하는 것은 선행스팬2이다.

039

자동차, 에어컨 등 고가의 내구소비재 혹은 기계류 산업은 경기민감산업이며 나머지는 경기변동의 영향을 작게 받는 방어적 산업이다.

040

2차 전환점이 지나면 경쟁력의 쇠퇴정도만 줄어들 뿐 경쟁력은 감소 또는 횡보하게 된다.

041

성장기에는 시장경쟁도 약하여 이익의 증가가 매출액의 증가보다 빨라 수익성이 높아진다.

042

집중률(CR₃)은 산업 내 시장점유율(매출액기준) 상위 3개 기업이 차지하는 누적시장점유율이므로 0.40(40%)+0.10(10%)+0.10(10%) = 0.60(총 7개 기업 중 1등이 40%를 점유하고, 6개 기업이 나머지 60%를 동일하게 점유하므로 각 기업의 점유율은 10%로 똑같음)

043

갱신리스크는 선물계약 갱신 시 손해가 발생할 가능성이고, 자금조달리스크는 선물계약의 추가증거금 납부에 소요되는 자금조달에 따른 리스크이다. 신용리스크는 현물가격 하락 시 현물장기공급계약의 거래상대방이 계약을 이행하지 않을 가능성을 뜻한다. 소액의 증거금만 내고 큰 금액을 거래하는 선물거래는 기본적으로 레버리지 리스크를 안고 있는 금융투자상품이다. 따라서 레버리지 리스크가 메탈게젤샤프트사의 파산에 영향을 준 것이 아니라, 이런 위험성을 가지고 있는 파생상품에 대한 이해부족으로 인해 파산한 것이다.

044

보유기간 N일의 VaR = 1일의 $VaR \times \sqrt{N}$,
$\therefore 100억원 \times \sqrt{10} = 316.2억원$

045

채권포지션의 VaR(95%, 1일) = $\alpha \times V \times \sigma_{일}(\Delta y) \times$ 수정듀레이션 = $1.65 \times 100억 \times 0.0005 \times 3.5 = 0.29억$

046

$$VaR_P = \sqrt{VaR_A^2 + VaR_B^2 + 2\rho VaR_A VaR_B},$$
$$VaR_P = \sqrt{60^2 + 80^2} = 100$$

047

A포지션의 한계 $VaR = VaR_P(A포함) - VaR_P(A제외)$, 포트폴리오가 A, B 둘로만 구성되어 있으므로 A를 제외한 포트폴리오의 VaR는 B포지션의 VaR가 된다. 따라서 A포지션의 한계 VaR는 포트폴리오의 VaR(60억)에서 B포지션의 개별 VaR(40억)를 차감하여 구한다. 60억–40억 = 20억원

048

특정한 투자대안을 기존의 포트폴리오에 편입시킬 때 추가되는 위험을 Marginal VaR(한계VaR)라고 하며, 투자대안을 선택할 때는 Marginal VaR를 비교하여 이 값이 작은 것이 우월한 투자 대안이 된다.

049

부도거리(DD) $= \dfrac{A-D}{\sigma_A} = \dfrac{50억원 - 10억원}{10억원} = 4$ 표준편차

050

기대손실(EL) = EAD(신용리스크노출금액) × 부도율 × LGD(손실률) = 100억원 × 4% × 80% = 3.2억원

제3과목 직무윤리 및 법규/투자운용 및 전략 I 등

051

직무윤리기준의 준수는 금융투자업종사들을 보호하는 안전장치로서의 역할을 한다.

052

신의칙 위반이 있는 경우 이는 강행법규에 대한 위반이기 때문에, 당사자가 주장하지 않더라도 법원은 직권으로 신의칙 위반 여부를 판단할 수 있다.

053

과당매매(Churing)에 대한 설명이다. 특정거래가 빈번한 거래인지 또는 과도한 거래인지 여부는 일반투자자가 부담하는 수수료의 총액, 일반투자자의 재산상태 및 투자목적에 적합한지 여부, 일반투자자의 투자지식·경험에 비추어 당해 거래에 수반되는 위험에 대한 이해 여부, 개별 매매거래 시 권유내용의 타당성 여부 등을 종합적으로 고려하여 판단한다. 또한 이러한 과당매매 금지의무를 위반한 경우에는 판례상 불법행위책임이 인정된다.

- 선행매매(Front-Running) → 투자자로부터 금융투자상품의 가격에 중대한 영향을 미칠 수 있는 매매주문의 체결 전에 그 금융투지상품을 자기의 계산으로 매매하거나 제삼자에게 매매를 권유하는 행위
- 스캘핑(Scalping) → 조사분석자료의 공표에 있어서 그 조사분석자료의 내용이 사실상 확정된 때부터 공표 후 24시간이 경과하기 전까지 그 조사분석자료의 대상이 된 금융투자상품을 자기의 계산으로 매매하는 행위
- 임의매매 → 투자매매업자 또는 투자중개업자가 투자자나 그 대리인으로부터 금융투자상품의 매매의 청약 또는 주문을 받지 아니하고는 투자자로부터 예탁받은 재산으로 금융투자상품의 매매하는 행위

054

요청하지 않은 투자권유의 금지는 고위험 금융투자상품으로서 원본손실의 가능성이 매우 크고 그에 따른 분쟁의 가능성이 상대적으로 큰 장외파생상품에 한하여 적용하는 것이며, 투자자보호 및 건전한 거래질서를 해할 우려가 없는 증권과 장내파생상품의 경우에는 이를 적용하지 아니 한다.

※ 요청하지 않은 투자권유의 금지 제한을 받지 않는 경우
- 투자성 있는 보험계약에 대하여 투자권유를 하는 행위
- 다른 종류의 금융투자상품에 대하여 투자권유를 하는 행위
- 투자권유를 받은 투자자가 이를 거부하는 취지의 의사를 표시한 후 1개월이 지난 후에 다시 투자권유를 하는 행위

055

①~③의 성과보수를 지급하거나 받는 행위는 불건전 영업행위의 하나로 금지된다. 그러나 투자자문업자 및 투자일임업자가 예탁자산 규모에 연동하여 보수를 받는 경우는 불건전 영업행위의 성과보수로 보지 않는다.

056

자본시장법상 금융투자상품이란 이익을 얻거나 손실을 회피할 목적으로 현재 또는 장래의 특정 시점에 금전, 그 밖의 재산적 가치가 있는 것 등을 지급하기로 약정함으로써 취득하는 권리로서, 그 권리를 취득하기 위하여 지급하였거나 지급하여야 할 금전 등의 총액(판매수수료 등 법령에서 정하는 금액 제외)이 그 권리로부터 회수하였거나 회수할 수 있는 금전 등의 총액(해지수수료 등 법령에서 정하는 금액을 포함)을 초과하게 될 위험(투자성)이 있는 것으로서, 증권과 파생상품으로 구분한다.

신주인수권은 지분증권에 해당한다. 그러나 원화로 표시된 양도성 예금증서, 관리형 신탁의 수익권 및 주식매수선택권은 금융투자상품에서 제외한다.

057

업무영역을 확장하기 위하여 필요한 업무단위를 추가하는 경우에는 인가·등록을 추가로 받는 것이 아니고 기존의 인가·등록의 내용을 변경하는 것이다.

058

투자신탁은 법인격이 없으므로 집합투자업자는 운용지시만을 하고 신탁업자가 그 지시에 따라 자신의 명의로 거래를 실행하고 투자신탁재산을 보관관리하기 때문에, 투자신탁의 집합투자업자는 투자신탁재산을 운용함에 있어 투자신탁재산별로 당해 투자신탁재산을 보관·관리하는 신탁업자에게 자산의 취득·처분 등의 운용지시를 해야 하며, 그 신탁업자는 집합투자업자의 운용지시에 따라 자산의 취득·처분 등을 해야 한다.

그러나 투자회사는 법인격이 있으므로 집합투자업자가 투자회사의 대표기관(법인이사)이 되어 투자회사명의로 투자회사재산을 운용하게 된다.

059

증권신고의 효력 발생은 그 증권신고서의 기재사항이 진실 또는 정확하다는 것을 인정하거나 정부에서 그 증권의 가치를 보증 또는 승인하는 효력을 가지지 아니한다.

060

단기매매차익 반환의무를 부담하는 내부자인 직원은 모든 직원이 아니라, 미공개중요정보를 알 수 있는 직원으로서 그 법인에서 주요사항보고서의 제출 대상의 어느 하나에 해당하는 사항의 수립·변경·추진·공시, 그 밖에 이에 관련된 업무에 종사하고 있는 직원 또는 그 법인의 재무·회계·기획·연구개발에 관련된 업무에 종사하고 있는 직원에 한한다. 또한 손실을 회피하는 경우에도 적용된다.

061

투자일임보고서 작성대상 기간이 지난 후 2개월 이내에 직접 또는 우편발송 등의 방법으로 교부하여야 한다. 다만, 일반투자자가 전자우편을 통하여 투자일임보고서를 받는다는 의사표시를 한 경우에는 전자우편을 통하여 보낼 수 있다.

062

상장증권과 장내파생상품의 현물과 선물 및 이의 양방향간 연계에 의한 행위도 적용대상이다.

063

금융투자업자는 분기별로 가결산을 실시하여야 한다.

064

금융투자업자는 매 분기 말 현재 '고정' 이하로 분류된 채권에 대하여 적정한 회수예상가액을 산정하여야 한다.

065

'고정' 이하로 분류되는 채무보증에 대하여는 대손충당금 기준을 준용하여 채무보증충당금 및 대손충당금을 적립하여야 한다. 그러나 나머지는 대손충당금을 적립하지 아니할 수 있다.

066

장외파생상품이나 파생결합증권에 투자하지 아니한 상장지수집합투자기구(지수추적오차가 10% 이내로 한정되는 인덱스펀드에 한함)의 집합투자증권은 적정성의 원칙이 적용되지 않는다.

067

핵심설명서를 교부하는 것은 모든 파생결합증권에 대하여 모두 적용되는 것은 아니고 공모의 방법으로 발행되는 것에 한하며, 주식워런트증권 및 상장지수증권은 제외된다.

068

② 용지규격 210×297밀리미터 (A4용지) 기준 9포인트 이상의 활자체로 투자자가 쉽게 알아볼 수 있도록 표시하여야 한다. 다만, 신문에 전면으로 게재하는 광고물의 경우 10포인트 이상의 활자체로 표시하여야 한다.
③ 영상매체를 이용한 투자광고의 경우 1회당 투자광고 시간의 3분의 1 이상의 시간동안 투자자가 쉽게 알아볼 수 있도록 충분한 면적에 걸쳐 해당 위험고지내용을 표시해야 한다.

④ 인터넷 배너를 이용한 투자광고의 경우 위험고지내용이 3초 이상 보일 수 있도록 할 것. 다만, 파생상품, 그 밖에 투자위험성이 큰 거래에 관한 내용을 포함하는 경우 해당 위험고지내용이 5초 이상 보일 수 있도록 하여야 한다.

069

㉠, ㉡, ㉢ 모두 해당한다.

070

마켓타이밍, 테마선택 및 종목전략은 액티브 주식 매니저가 사용하는 전략이다.

071

• ㉡과 ㉢은 과거의 자산배분전략이다.

072

전략적 자산배분의 실행은 ㉢ 투자자의 투자목적 및 투자제약조건의 파악 → ㉠ 자산집단의 선택 → ㉡ 자산종류별 기대수익·위험·상관관계의 추정 → ㉣ 최적 자산구성의 선택의 4가지 단계를 거쳐 실행된다.

073

① 자본시장 조건들은 각 자산집단에 대한 미래수익률과 위험, 각 자산집단들 간의 상관관계를 추정하는 과정이다. 이때 유의하여야 할 사항은 단순한 과거자료를 가지고 통계적인 값을 도출하기 보다는 적극적으로 미래의 값을 예상해야 한다는 점이다.
② 투자자의 투자자금 및 위험감수는 투자자들의 투자자금, 부채, 이들 간의 차액인 순자산의 현재가치는 투자자의 위험에 대한 감수정도를 결정하는 요인이다. 즉, 전략적 자산배분의 매우 핵심적인 기능으로써 자산부채관리와 같이 부채분석을 통해 자산운용의 목표를 도출하는 기능이다.
③ 최적화, 투자자산 구성은 주어진 투자자의 위험감수정도, 자산들의 기대수익, 위험, 상관관계에 관한 자료를 이용하여 최적 자산구성을 파악해 낸다. 이 경우 최적화는 이차최적화기법과 같은 계량적인 기법을 사용할 수 있지만, 주관적인 방법도 사용가능하다.

074

포뮬러 플랜(Formula Plan)은 막연하게 시장과 역으로 투자함으로써 고수익을 지향하고자 하는 전략이다. 다만, 포뮬러 플랜은 주가와 채권 간의 가치변화를 간단하게 추세적으로 파악하여 전술적인 자산배분을 하게 되므로 초과수익을 달성하기 위한 적절한 방법은 아니다.

075

㉠ 보험자산배분전략은 일반적인 투자목표나 투자위험을 수용하는 자금보다는 일정기간 동안 목표수익률을 반드시 달성해야 하는 특수한 목적을 가진 자금에 적용할 수 있는 전략이다.

ⓔ 보험자산배분전략의 최저보장수익률 또는 목표수익률은 반드시 무위험자산수익률 이하로 결정해야 한다.

076

- Ⅰ. 일반채권으로서의 가치 > 전환가치일 때 전환사채는 일반채권과 같이 거래된다.
- Ⅱ. 일반채권으로서의 가치 < 전환가치일 때 전환사채는 주식처럼 거래된다.

077

수의상환채권의 투자자는 채권발행자의 수의상환권인 콜옵션행사에 응해야 하는 의무에 대한 보상을 받아야 하므로 수의상환채권의 표면이율은 수의상환권이 없는 채권의 표면이율보다 높다. 따라서 다른 조건이 같다면 수의상환채권의 가치는 일반채권의 가치보다 작다.

078

- ㉠ 만기 시 일시상환채권은 만기 이전에는 현금흐름이 발생하지 않기 때문에 만기 시 일시상환채권의 잔존기간이 곧 듀레이션이 되는 것이다. 즉, 만기 시 일시상환채권의 듀레이션은 이 채권의 잔존기간과 동일하다.
- ㉢ 이표채는 만기수익률이 높을수록 투자원금의 가중평균 회수기간이 짧아진다. 따라서 이표채는 만기수익률인 높을수록 듀레이션은 작아진다.
- ㉣ 일반적으로 잔존기간이 길수록 투자원금의 가중평균 회수기간이 길어진다. 따라서 일반적으로 잔존기간이 길수록 듀레이션은 커진다. 그러나 표면이율이 매우 낮은 반면 수익률이 매우 높은 이표채의 경우에는 이와 같은 관계가 성립하지 않기도 한다.

079

A, B, C 모두 옳은 내용이다.
A. 수익률 스프레드 = 약정수익률 − 무위험수익률
= 위험프리미엄 + 지급불능프리미엄
= 9%−4% = 5%
B. 위험프리미엄 = 기대수익률−무위험채권수익률
= 7%−4% = 3%
C. 지급불능프리미엄 = 약정수익률−기대수익률
= 9%−7% = 2%

080

상황대응적 면역전략은 복합전략에 해당한다.

081

$$수정듀레이션(D_M) = \frac{\text{Duration}}{(1+r)} = \frac{2.78}{\left(1+\frac{0.1}{4회}\right)} = \frac{2.78}{1.025}$$
$$= 2.7122(년)$$

082

$$매도헤지계약수 = \frac{현물의가치}{선물1계약의가치} \times 베타계수$$
$$= \frac{20억}{250 \times 50만} \times 1.5 = 24계약$$

083

기초자산 가격의 변동성 증가는 옵션가격을 상승시키지만, 변동성은 방향성을 의미하는 것이 아니므로 선물가격은 상승할 수도 하락할 수도 있다.

084

콜옵션의 내재가치 = max(100−100, 0) = 0, 따라서 시간가치는 5, 기초자산가격과 행사가격이 같으므로 등가격(ATM) 상태이다.

085

수직 강세 풋 스프레드는 상승 시 이익이 발생하며, 이익과 손실을 제한한다는 점에서는 수직 강세 콜 스프레드와 유사하나, 수직 강세 콜 스프레드는 초기에 자금의 순지출이 발생한다는 점에서 차이가 있다.

086

Protective Put과 Covered Call은 옵션을 이용한 대표적인 헤지거래 전략이다.

087

- 델타 : 콜매입(+), 풋매입(−)
- 베가 : 콜매입(+), 풋매입(+)
- 세타 : 콜매입(−), 풋매입(−)

088

현금흐름주의는 발생주의 원칙과 대비되는 것으로 펀드는 발생주의 원칙에 입각해 회계처리 한다.

089

금액가중수익률은 개인투자자의 직접투자 결과 평가에, 시간가중수익률은 펀드매니저를 평가하는데 더 적정하다고 볼 수 있다.

090

표준편차는 절대적 위험을 나타내고 나머지들은 상대적 위험을 나타내는 지표이다.

091

섹터/style 지수는 특정 분야에 집중투자하는 경우 적합, 합성지수는 복수의 자산 유형에 투자하는 경우(혼합형펀드)에 적합하다. 벤치마크(Benchmark)가 가져야 할 특성으로는 명확성, 투자가능성, 측정가능성, 적합성, 현재 투자견해를 반영, 사전(평가기간이 시작되기 전)에 정의되어야 한다.

092

확대재정정책이 국민소득에 미치는 효과가 가장 크게 나타나는 경우는 IS곡선은 수직(투자가 이자율에 완전비탄력적)이고, LM곡선은 수평(화폐수요가 이자율에 완전탄력적)인 경우이다. IS곡선이나 LM곡선은 모두 이자율에 탄력적일수록 수평선에 가깝고, 이자율에 비반력석일수록 수직선에 가깝다.

093

유동성함정에 놓인 경제에서 LM 곡선은 수평이다. 따라서 이 경우에는 IS 곡선을 우측으로 이동시켜야 소득이 증가하고, LM 곡선을 우측으로 이동시키면 소득은 변화가 없다.

094

(a)유동성 – (b) 소득 – (c) 피셔

095

유동성선호설은 케인즈의 이자율 결정이론이다.

096

$\sigma_{XY} = \sigma_X \times \sigma_Y \times \rho_{XY} = 0.3 \times 0.2 \times 0 = 0$, 참고로 이 문제는 상관계수가 0이면 공분산도 0이기 때문에 따로 계산할 필요가 없다.

097

$\varpi_A = \dfrac{\sigma_B}{\sigma_A + \sigma_B} = \dfrac{20\%}{10\% + 20\%} = \dfrac{2}{3}$ $(\varpi_A = \dfrac{\sigma_B^2 - \sigma_{AB}}{\sigma_A^2 + \sigma_B^2 - 2\sigma_{AB}})$,

따라서 $W_B = 1/3$

098

증권시장선(SML)은 모든 투자자산을 대상으로 E(R)과 β관계를 나타내고, 자본시장선(CML)은 효율적 포트폴리오만을 대상으로 E(R)과 σ관계를 나타낸다.

099

$E(R) = 6 + (15 - 6) \times 1.5 = 19.5$ $(\beta_j = \dfrac{\sigma_{jm}}{\sigma_m^2} = \dfrac{0.03}{0.02} = 1.5)$

100

차익거래해소조건	$\dfrac{E(R_P) - R_f}{\beta_P} = \dfrac{E(R_Q) - R_f}{\beta_Q} = \lambda$
	$\dfrac{0.08 - 0.05}{0.5} = \dfrac{0.105 - 0.05}{\beta_B}$, 따라서 $\beta_B = 0.91$

1	2	3	4	5	6	7	8	9	10	11	12	13	14	15
④	①	③	①	③	③	②	④	①	①	④	②	④	④	③
16	17	18	19	20	21	22	23	24	25	26	27	28	29	30
③	④	②	①	④	③	④	②	④	③	④	②	④	②	③
31	32	33	34	35	36	37	38	39	40	41	42	43	44	45
①	④	②	②	④	③	①	④	④	③	④	①	②	④	④
46	47	48	49	50	51	52	53	54	55	56	57	58	59	60
①	③	②	②	②	③	②	②	②	③	②	②	②	③	②
61	62	63	64	65	66	67	68	69	70	71	72	73	74	75
①	③	③	②	②	②	④	③	②	③	②	②	②	④	③
76	77	78	79	80	81	82	83	84	85	86	87	88	89	90
③	②	③	②	①	④	①	①	②	②	①	④	②	②	④
91	92	93	94	95	96	97	98	99	100					
③	④	②	④	③	④	③	①	②	④					

제1과목 **금융상품 및 세제**

001
① 소득세 – 납세의무자가 과세표준과 세액을 정부에 신고하는 때
② 증권거래세 – 납세의무자가 과세표준과 세액을 정부에 신고하는 때
③ 상속세 – 과세표준과 세액을 정부가 결정하는 때

002
상속세나 증여세를 법정신고기한까지 신고를 하지 아니한 경우의 제척기간은 15년이다.

003
법정기일 전에 설정한 전세권·질권 또는 저당권에 의하여 담보되는 채권인 경우에도 그 재산에 대해 부과된 국세와 가산금에는 우선하여 변제받지 못한다.

004
금융소득을 종합과세하는 것은 원천징수세액보다 많은 소득세를 과세하기 위한 것이다.

005
• 자기주식의 소각일부터 2년 이내에 자본전입하는 자기주식소 각이익은 조정대상이 아닙니다.
• 이자소득금액 = 2,000,000원 + 4,000,000원 + 3,000,000원 = 9,000,000원
• Gross – up 대상인 배당소득 = 6,000,000원 + 3,000,000원 = 9,000,000만원

구 분	종합과세	기본세율	14%세율
이자소득	900만원		900만원
Gross-up 대상이 아닌 배당소득	400만원		400만원
Gross-up 대상인 배당소득	900만원	200만원	700만원
계	2,200만원	200만원	2,000만원

• 기본세율대상 : 2,200만원 − 2,0000만원 = 200만원
• 금융소득금액 : 2,200만원 + (200만원 × 11%) = 2,222만원

006
배우자가 상속을 받는 경우에는 30억원을 한도로 하여 상속받은 재산가액을 공제하며, 실제 상속받은 금액이 없거나 상속받은 금액이 5억원 미만인 경우에도 5억원을 공제받을 수 있다.

007
10년 이상의 장기채권에 대한 분리과세를 신청하면 이자소득의 30%만 소득세를 부담하고 종합과세대상에서 제외된다. 따라서 30%분리과세 선택이 종합과세보다 유리하기 위해서는 금융소득에 합산되는 사업소득 등의 종합소득 과세표준이 8,800만원의 초과 등으로 인하여 35% 또는 38%를 적용받게 되는 경우이므로 분리과세가 항상 종합과세보다 유리한 것은 아니다.

008
① 금융기관은 업종별 분류에 따른 것이기보다는 보통 금융기관

의 제도적 실체에 중점을 두어 은행, 비은행예금취급기관, 금융투자업자, 보험회사, 기타 금융기관 및 금융보조기관 등 6개 그룹으로 구분한다.

② 금융투자업자는 자본시장법상 경제적 실질을 기준으로 한 금융기능에 따라 투자매매·투자중개·집합투자·투자자문·투자일임·신탁업지 등으로 재분류하고 있나.

③ 상호저축은행은 일정 행정구역 내에 소재하는 서민 및 소규모 기업에게 금융편의를 제공하도록 설립된 지역 서민 금융기관이다. 그러나 조합원에 대한 저축편의 제공과 대출을 통한 상호간의 공동이익 추구를 목적으로 운영하는 금융기관은 신용협동기구를 말한다.

※ 금융기관은 자금공급자와 집합투자·수요자 간에 거래를 성립시켜 주는 것을 목적으로 하는 사업체를 말한다.

※ 정보의 비대칭성은 금융거래에서 역선택이나 도덕적 해이 등으로 인해 야기되는 문제를 의미한다.

009

정기적금은 적립식 상품이다. 실세금리 상품에는 보기 이외에도 금융채, 후순위채 등이 이에 해당한다.

010

② 원금과 이자를 포함하여 동일한 금융기관 내에서 1인당 최고 5천만원까지 예금지급을 보장받는다.

③ 예금자보호법의 적용을 받는 금융기관은 예금보험공사에 예금보험료를 납부하는 은행(농·수협 중앙회, 지구별 수산업협동조합 중 은행법의 적용을 받는 조합, 외국은행 국내지점 포함), 증권회사, 보험회사, 종합금융회사 및 상호저축은행 등 5개 금융기관이다. 따라서 상호금융, 새마을금고, 우체국 및 신용협동조합 모두 예금자보호법이 적용되지 않는 금융기관이다. 다만, 우체국은 정부기관으로서 국가가 전액 지급을 보장하며, 기타 상호금융, 새마을금고 및 신용협동조합은 각자 별도의 기금을 적립하여 최고 5,000만원까지 사실상 지급을 보장하고는 있다.

④ 은행의 양도성예금증서(CD), 환매조건부채권(RP) 증권회사의 수익증권, 뮤추얼펀드, MMF, 증권회사·종합금융회사의 CMA는 예금보호대상이 아니다. 그러나 종합금융회사의 CMA는 예금자보호대상이다.

011

예정이율 > 실제이율이면 실제이율이 예정이율보다 작으므로 이자율차손이 발생한다.

012

생명보험의 자산운용에 수반하여 안정성을 저해시키는 투자위험은 ① 신용위험, ③ 시장위험 및 ④ 화폐위험이다.

· 신용위험 : 유가증권을 발행하는 기업이나 대출기업의 경영상태가 악화되어 원리금의 지급불능 상황을 가져오는 위험으로서 채무불이행 위험 또는 재무위험이라고도 한다.

· 시장위험 : 유가증권이나 부동산의 가치하락이 발생하는 위험이다.

· 화폐위험 : 화폐가치의 변동으로 인하여 발생하는 위험으로서 인플레이션 등에 의해 화폐가치가 하락하는 대내적 위험과 환율변동으로 인하여 교환가치가 떨어지는 대외적 위험으로 구분한다.

013

투자자 간의 형평성을 해칠 염려가 있는 경우로서 다음에 해당하는 경우에 환매를 연기할 수 있다.

· 부도발생 등으로 인하여 집합투자재산을 처분하여 환매에 응하는 경우 다른 투자자의 이익을 해칠 염려가 있는 경우

· 집합투자재산에 속하는 자산의 시가가 없어서 환매에 응하는 경우

· 다른 투자자의 이익을 해칠 염려가 있는 경우

· 대량의 환매청구에 응하는 것이 투자자 간의 형평성을 해칠 염려가 있는 경우

이 외에도 뚜렷한 거래부진 등의 사유로 집합투자재산을 처분할 수 없거나 증권시장이나 해외 증권시장의 폐쇄휴장 또는 거래정지, 그 밖에 이에 준하는 사유로 집합투자재산을 처분할 수 없는 경우 및 천재지변, 그 밖에 이에 준하는 사유가 발생하여 집합투자재산을 처분할 수 없는 경우가 환매연기 사유에 해당한다.

014

저당대출상품은 상환주기가 통상적으로 월단위로 원리금이 동시에 상환되는 할부상환 형태로서 현금흐름이 안정적이다. 그러나 차주에 대한 신용평가, 담보물에 대한 감정평가 및 실사 등 많은 사무처리과정이 필요한 노동집약적인 금융상품이다. 따라서 ㉠과 ㉢은 맞는 말이다.

㉠ 대출만기가 주로 20~30년 장기금융상품으로 금리리스크 및 유동성리스크에 노출될 가능성이 크다.

㉡ 담보대출임에도 높은 회수비용·채무불이행 관련비용 등으로 대출금리가 무위험이자율보다 높다.

015

확정급여형은 임금상승률이 운용수익률보다 높거나 꾸준한 임금상승률을 기대할 수 있는 경우에 유리하다. 그러나 임금상승률보다 운용수익률이 높을 때 유리한 것은 확정기여형이다.

016

① 용도지역은 도시지역, 관리지역, 농림지역 및 자연환경보전지역으로 구분하되, 중복지정될 수 없다.

② 도시지역은 주거지역, 상업지역, 공업지역 및 녹지지역으로 세분된다.

④ 용도지구는 용도지역의 제한을 강화 또는 완화하기 위하여 지정되며, 중복지정이 가능하다.

017

부동산가격이 하락하므로 매수자는 좀 더 낮은 가격으로 매수하기 위하여 거래 시기를 지연하므로 매수자 중시현상이 커진다.

018

A. 시장성 – 비교방식 – 거래사례비교법 – 비준가격, 비준임료 – 균형가격

C. 수익성 – 수익방식 – 수익환원법 – 수익가격, 수익임료 – 수요가격

019

수익가격은 순영업소득을 구한 후에 환원이율로 환원하여 구한다.

- 순운영소득의 추계

  잠재총소득 5,000만원

  −) 공실액 250만원 = 5천만원 × 0.05

  =) 유효총소득 4,750만원

  −) 유효경비 1,662만5천원 = 유효총소득 4,750만원 × 0.35 = 4,750만원 × 0.35

  =) 순운영소득 3,087만5천원

- 수익가격의 산정

$$수익가격 = \frac{순영업소득}{환원이율} = \frac{3,087만5천원}{0.1} = 308,750,000원$$

020

부동산투자회사는 그 주식을 증권시장에 상장한 후에만 부동산개발사업에 투자할 수 있다. 이 경우 총자산의 30%를 초과하여 부동산개발사업에 투자하여서는 아니 되나, 개발전문 부동산투자회사는 70% 이상 가능하다.

부동산투자회사가 부동산개발사업에 투자하려면 '사업계획서'를 작성하여 부동산투자자문회사의 평가를 거쳐야 하며, 부동산투자자문회사가 작성한 평가서를 부동산개발사업에 투자하기 1개월 전에 국토교통부장관에게 제출하여야 한다.

제2과목 **투자운용 및 전략 II 및 투자분석**

021

대안투자상품은 전통적인 투자상품과 낮은 상관관계를 가지고 있다. 따라서 전통적 자산과 대안투자상품을 섞어서 포트폴리오를 구성하면 더 효율적인 포트폴리오를 구성할 수 있다. 효율적인 포트폴리오란 동일한 위험수준에서 기대수익률을 높이거나, 동일한 기대수익률 수준에서 위험을 낮추는 포트폴리오를 구성하는 것을 말한다.

022

무효조항(Clawback)은 무한책임사원(GP)의 도덕적 해이를 통제하는 보조적 수단으로 활용되는 것으로서, PEF가 사업초기에 투자한 성과가 좋아 무한책임사원에게 성과보수를 지급한 경우에도 사업후기에 투자한 사업으로부터 손실이 발생하는 경우에는 무한책임사원에게 기분배한 성과보수를 회수할 수 있도록 하는 조항을 말한다.

023

PEF의 운영자 역할을 하는 업무집행사원은 무한책임사원 중에서 선정되도록 하였다.

024

헤지펀드는 절대수익률을 추구하기 때문에 벤치마크가 무위험이자율이다.

025

주식이나 채권과 같은 자본자산은 미래현금흐름의 순현재가치로 평가를 할 수 있다. 즉 기대현금흐름과 할인율은 자본자산의 가치를 측정하는데 있어 주요 요소이다. 그러나 실물자산은 주식이나 채권과 같이 지속적인 수익에 대한 권리는 제공되지 않는다. 따라서 실물자산은 순자산가치로 평가되지 않으며, 이자율은 그 가치를 결정하는데 있어 영향을 적게 준다.

026

상관관계가 높을수록 국제분산투자효과는 작아진다. 즉 각국 주식시장이 서로 다른 움직임을 보일수록 각국 주식시장 간의 상관관계가 낮아지므로 분산투자효과는 커진다.

027

한국거래소에 상장된 기업의 해외상장은 DR 발행을 통해서 일어난다. DR은 원화표시 주식을 외화표시로 바꾸어준다는 데서 중요한 의미를 가진다. 일반적으로 달러표시 DR로 발행하며 이를 미국의 증시에 상장하는 경우 ADR, 미국 이외의 거래소에 상장하는 경우 EDR이라고 한다. 한국거래소에 상장하지 않은 한국기업이 외국거래소에 직상장할 수도 있다. 한국거래소에 상장된 기업이 DR 발행 없이 해외 거래소에 직수입 상장하는 것은 한국 원화가 국제통화가 아닌 만큼 현재로서는 어렵다.

028

미 달러화에 연동된 환율제도를 갖추고 있는 국가에 대한 투자는 달러화를 기준통화로 하는 (미국)투자자에게는 환노출이 없는 투자가 될 수 있으므로 미 달러화에 연동된 환율제도를 갖추고 있는 국가에 투자하는 것은 바람직하다. 즉 투자대상국의 통화가치가 미 달러화 가치가 같은 방향으로 움직인다는 의미이므로 미국투자자 입장에서는 자국(미국)에 투자한 것과 동일한 효과를 갖기 때문에 미 달러화에 연동된 환율제도를 갖추고 있는 국가에 대한 투자는 환노출이 없는 투자가 된다.

029

일반적으로 국내에서 판매되고 있는 해외펀드 대부분은 국내펀드보다 높은 선취판매수수료(A class형)를 부과한다.

030

여러 종류의 통화에 분산투자함으로써 환노출을 줄여야 한다. 각국 통화 간의 움직임이 서로 어긋남으로써 통화위험을 분산시키는 것으로, 각국 통화 간의 움직임의 상관관계에 따라 헤지효과가 결정된다.

031

- 순이익의 40%를 사내유보 하므로 사내유보율(b = 배당금/순이익)은 40%이다.
- 배당성장률(g) = 사내유보율(b) × 자기자본이익률 = $0.4 \times 0.2 = 0.08$ 혹은 8%
- 배당수익률(D_1/P_0) = 1,500/15,000 = 0.10 혹은 10%
- 기대수익률(K_e) = 배당수익률(D_1/P_0) + 배당성장률(g) = 10%+8% = 18%

032

재고자산회전율이 갑자기 낮아지면 매출이 둔화되어 재고가 누적되고 있음을 시사한다. 또한 재고자산회전율이 급격히 증가하는 것도 부실의 징후가 될 수 있다. 왜냐면 현금흐름에 어려움을 겪는 기업이 덤핑으로 재고를 처분하고 있는 가능성을 시사하기 때문이다. 따라서 재고자산회전율이 증가하든, 감소하든지 간에 급격한 변화가 나타나는 경우에는 그 원인을 철저히 분석할 필요가 있다.

033

- 결합레버리지도(DCL = 12) = DOL(4) × DFL, 따라서 재무레버리지도(DFL) = 3.
- DFL = $\dfrac{\text{영업이익}}{\text{영업이익} - \text{이자비용}}$, $3 = \dfrac{300}{300 - \text{이자비용}}$, 따라서 이자비용 = 200억

034

투하자본(IC)은 자기자본 50억과 타인자본 50억을 합하여 100억원이며, 가중평균자본비용(WACC) = (50억/100억) × 10% + (50억/100억) × 10% = 10%이다.

- EVA = 세후순영업이익 − (투하자본×가중평균자본비용) = 20억 − (100억×10%) = 10억원
- MVA = EVA / WACC = 10억원 / 0.1 = 100억원
- 기업가치 = 투하자본(IC) + MVA(시장부가가치) + 비사업자산가치 = (50억+50억) + 100억 + 0 = 200억원

035

분산국면은 약세시장의 제1국면으로 주가가 조금만 하락하여도 거래량이 증가하는 국면으로, 전문투자자는 공포심을 가지고 있으며 투자수익을 취한 후 빠져나가는 국면이다.

036

쐐기형은 지속형 패턴이다. 상승 쐐기형은 하락추세 이후 반등과정에서 쐐기형이 만들어진 후 재차 하락하는 하락지속 패턴이며, 하락 쐐기형은 상승추세 이후 조정과정에서 쐐기형이 만들어진 후 재차 상승하는 상승지속 패턴이다.

037

①은 파동변화의 법칙으로서, 1번 파동이나 3번 파동이 연장되지 않으면 5번 파동이 연장될 가능성이 높다. 또한 파동의 연장과 관련해서, 파동의 연장은 3번 파동이나 5번 파동에서 주로 발생하며, 연장의 연상은 일반적으로 3번 파동에서 발생한다.

038

M 목표가 아니라 N 목표치이다.

039

경쟁력 창출요인이란 경쟁력의 원천이 되는 모든 요소를 말한다. 단순요소는 천연자원, 단순인력, 임금수준, 물적자본과 금리수준, 토지가격, 도로·항만 등 전통적인 사회간접자본이 있고, 고급요소는 기술수준, 인적자본, 국내 수요의 질, 통신·항공 등 현대적인 사회간접자본, 유통·금융 등 제조업관련 서비스의 수준이 있다.

040

경제발전과 경쟁력구조 변화는, 성장기 → 1차 전환점 → 구조조정기 → 2차 전환점 → 성숙기로 진행된다. 경제발전에 따른 고급요소 및 단순요소의 경쟁력 변화를 종합하면, 산업경쟁력분포도(수직축은 단순요소 경쟁력, 수평축은 고급요소 경쟁력)상에서 한 국가의 경쟁력 수준이 시간의 흐름에 따라 물음표를 옆으로 눕혀 놓은 방향으로 움직인다.

041

산업성장률은 산업성과를 나타낸다.

042

HHI지수는 집중률과 달리 산업 내 모든 기업의 시장점유율을 포함하므로 기업분포에 관한 정보를 정확히 내포하고 있다. 특히 대기업의 규모가 변화할 때 집중률은 불변이지만 HHI는 이러한 분포변화를 반영한다. 따라서 HHI는 기업규모 간의 불균등도와 대규모 소수기업의 집중도의 복합된 영향을 잘 반영하는 지수이다.

043

역사적 시뮬레이션이나 몬테카를로 시뮬레이션은 옵션의 가치를 가격모형을 이용하여 평가하지만, 델타분석법(델타−노말 분석법)에서는 옵션가치 평가 시 델타를 이용하여 선형으로 근사치를 계산하기 때문에 기초자산(리스크요인)의 가격변동이 큰 경우에는 오차가 크다. 옵션포지션을 포함하는 경우에는 델타분석법보다는 역사적 시뮬레이션이나 몬테카를로 시뮬레이션이 유용한 방법이다. 그러나 역사적 시뮬레이션은 과거 한 기간의 표본에만 의존하기 때문에 시간이 지남에 따라 바뀔 수 있는 리스크요인의 변동을 감안하는데 취약하다는 단점이 있다. 반면에 몬테카를로 분석법은 옵션같은 비선형포지션, 비정규분포, 그리고 심지어는 사용자 임의로 정한 시나리오까지 포함하여 모든 경우에 VaR측정을 가능하게 해주는 방법이다.

044

- J.P Morgan의 Riskmetrics는 95% 신뢰수준, 1일 보유기간을 사용하여 VaR을 계산하며(VaR_M), BIS의 바젤위원회는 99% 신뢰수준, 10일 보유기간을 기준으로 VaR를 계산한다(VaR_{BC}).

- $VaR_2 = \dfrac{\alpha_2}{\alpha_1} \times \dfrac{\sqrt{\tau_2}}{\sqrt{\tau_2}} \times VaR_1$,

$\rightarrow VaR_{BC} = \dfrac{2.33}{1.65} \times \dfrac{\sqrt{10}}{\sqrt{1}} \times VaR_M$

$\therefore VaR_{BC} = \dfrac{2.33}{1.63} \times \dfrac{\sqrt{10}}{\sqrt{1}} \times 10 Var_M \ (= 10억원)$

$= 4.5 \times 10억 = 45억$

045

콜옵션의 99% 신뢰수준에서 1일 VaR = 2.33 × 100 point × 3% × 0.55 = 3.8445p

046

$VaR_P = \sqrt{VaR_A^2 + VaR_B^2 + 2 \times \rho \times VaR_A \times VaR_B}$

$= \sqrt{300억^2 + (-400억)^2 + 2 \times 1 \times (300억) \times (-400억)}$

$= 100억$

→ A와 B포지션이 반대 방향이므로 상관계수가 1일 때, 분산효과가 최대가 되어 포트폴리오의 VaR는 두 개별 VaR의 차이인 100억원이 된다.

047

상관관계가 0인 두 자산 포트폴리오의 VaR는

$VaR_P = \sqrt{VaR_A^2 + VaR_B^2}$ 가 되어 각각 VaR 의 합보다는 작다.

048

매입포지션인 경우, 상관계수가 −1일 경우 $VaR_P = |VaR_A − VaR_B|$ 이므로, 위험분산효과가 가장 크다.

049

사후검증(Back testing)과 위기분석(Stress testing)의 개념이다.

050

(손실률 = 1 − 회수율)이다. 따라서 기대손실(EL) = EAD × 부도율 × LGD = 500억원 × 부도율 × (1 − 60%) = 4억원. 따라서 부도율은 2%

제3과목 직무윤리 및 법규/투자운용 및 전략 I 등

051

금융투자업자는 수행하는 업무가 갖는 사회적 역할의 중요성을 감안하여 성실하고 윤리적으로 업무를 수행하고, 당해 시장 및 종사자에 대한 신용의 향상을 위하여 서로 노력하여야 한다는 신의성실의 원칙은 금융투자업종사자들이 업무를 수행함에 있어서 요구되는 기본적 자세로서, 직무수행에 있어서 가장 기본적인 덕목이며, 직무윤리 중에서 가장 으뜸이 된다. 이러한 신의성실은 단순히 윤리적 의무에 그치지 않고 법적 의무로 이어져 있다.

052

① 금융투자업종사자가 행위 당시에 고객 등의 이익을 위하여 최선의 노력을 다하였다면 설령 결과에 있어서 고객에게 이익이 생기지 않더라도 충실의무를 위반한 것은 아니다.
③ 투자매매업자 또는 투자중개업자가 투자자로부터 금융투자상품의 매매 주문을 받은 경우 사전에 투자매매업자인지 투자중개업자인지를 투자자에게 밝히지 않고 한 거래는 당연 무효가 되는 것은 아니나, 형사처벌의 대상이 된다.
④ 고객의 이익은 회사와 회사의 주주 및 임직원의 이익에 우선되어야 하며, 모든 고객의 이익은 동등하게 다루어져야 한다. 그러나 회사의 이익은 회사의 임직원의 이익에 우선되어야 한다.

053

투자자정보를 제공하지 아니하면 일반투자자로서 자본시장법상 보호를 받을 수 없다는 점을 통지하였음에도 불구하고 자신의 정보를 제공하지 아니하는 투자자에 대하여는 그 거부의사를 서면으로 확인받으면 되는 것이고, 금융투자상품을 판매 자체를 금하는 것은 아니다.

054

사이버룸의 경우 반드시 '사이버룸'임을 명기(문패 부착)하고 외부에서 내부를 관찰할 수 있도록 개방형 형태로 설치되어야 한다.

055

자본시장법에서 명시적으로 규정하고 있는 위반행위에 한정하여 형사처벌이 가해지며, 또한 행위자와 법인 양자 모두를 처벌하는 양벌규정을 두는 경우가 많다.

056

주권상장법인 등이 장외파생상품 거래를 하는 경우에는 전문투자자와 같은 대우를 받겠다는 의사를 금융투자업자에게 서면으로 통지하는 경우만 전문투자자로 보고, 별도의 통지가 없는 경우에는 일반투자자로 본다.

057

적정성원칙이 적용되는 것은 파생상품 등의 투자권유에 한한다. 그러나 적합성의 원칙은 모든 금융투자상품의 투자권유에 적용된다.

058

금융투자업자는 자기의 경영실태평가결과와 영업용순자본비율 등을 다른 금융투자업자와 비교하는 방법 등으로 광고하지 아니하여야 한다.

059

- 지분증권의 공모에는 (15)일
- 단, 주권상장법인의 주식인 경우에는 (10)일
- 주주 또는 제3자에게 배정하는 방식의 주식인 경우에는 (7)일

※ 지분증권 외의 기타 효력발생기간

채무증권	7일. 단, 담보부사채, 보증사채권, ABS(사채), 일괄신고서에 의한 경우에는 5일
기타	• 환매금지형 펀드의 집합투자증권인 경우에는 10일, • 주주 등 출자자 또는 수익자에게 배정하는 방식의 환매금지형 펀드의 집합투자증권인 경우에는 7일 • 기타 증권인 경우에는 15일

060

주권상장법인은 상법 제417조에도 불구하고 법원의 인가 없이 주주총회의 특별결의로 주식을 액면미달의 가액을 발행할 수 있다.

061

시세조정행위의 금지는 내부자는 물론 누구든지 상장증권 또는 장내파생상품의 매매에 관하여 시세조정행위를 할 수 없게 하는 규정이다. 그러나 나머지는 모두 내부자거래의 규제이다.

062

대상시장은 증권시장 또는 파생상품시장과 같은 공개적인 시장에 제한되지 않는다. 즉, 비공개시장에도 적용한다.

063

분기별 업무보고서 제출시에는 순자본비율(영업용순자본비율)에 대한 외부감사인의 검토보고서를 첨부하여야 한다. 다만, 최근 사업연도말 자산총액(투자자예탁금 제외)이 1천억원 미만이거나, 장외파생상품에 대한 투자매매업 또는 증권에 대한 투자매매업(인수업 포함)을 영위하지 않는 금융투자업자는 외부감사인 검토보고서를 반기별로 제출한다.

064

자산의 건전성은 정상 → 요주의 → 고정 → 회수의문 → 추정손실 순서로 매 분기별로 분류하여, '고정' 이하로 분류된 채권에 대하여는 적정한 회수예상가액을 산정하여야 하고, '회수의문'과 '추정손실'은 조기에 대손상각하여 자산의 건전성을 확보하여야 한다.

065

부실채권이 발생하는 경우가 경영공시사항은 동일 기업집단별 또는 개별 기업별로 금융투자업자의 직전 분기 말 자기자본의 10%를 초과하는 경우이다.
이 외의 경영공시사항으로 민사소송의 패소 등의 사유로 금융투자업자의 직전 분기 말 자기자본의 1%를 초과하는 손실이 발생하는 경우, 원화유동성비율을 위반한 경우, 회계기간 변경을 결정한 경우, 상장법인이 아닌 금융투자업자에게 재무구조 · 경영환경 · 재산 등의 대규모변동 · 채권채무관계 · 투자 및 출자관계 · 손익구조 등에 중대한 변경을 초래하는 사실이 발생하는 경우 및 상장법인의 공시의무 사항의 발생 등이 있다.

066

자기자본의 1만분의 10에 해당하는 금액과 10억원 중 적은 금액의 범위에서 소유하는 경우는 대주주 등에 대한 신용공여 시 이사회의 결의 등을 요하지 아니하는 거래의 예외 사유이다.

067

㉠, ㉡, ㉢, ㉣, ㉤ 모두 금융투자분석사가 본인의 계산으로 금융투자상품을 매매할 수 있는 경우이다. 이 외에도 ㉠, ㉡, ㉢, ㉣, ㉤에 따라 취득한 금융투자상품에 대한 권리행사로 금융투자상품을 취득하거나 취득한 금융투자상품을 처분하는 경우가 해당한다.

068

대표이사 또는 준법감시인의 사전승인을 받은 경우로서 거래상대방이 투자자가 아닌 경우 500만원까지, 거래상대방이 투자자인 경우 직전 또는 당해 회계연도 기간 중 금융투자회사가 당해 투자자로부터 받은 수수료 및 보수 등 합계액의 100분의 10과 500만원 중 큰 금액(투자자가 법인, 그 밖의 단체인 경우 그 임직원에 대해서는 500만원 한도 적용)까지 재산상의 이익을 제공할 수 있다.

069

중도환매가 가능한 집합투자증권은 담보로 징구할 수 있다.

070

②, ③, ④는 패시브 운용에 관한 설명이다.

071

추세분석법은 자산집단에 대한 과거의 장기간 수익률을 분석하여 미래의 수익률로 사용하는 방법을 말하며, 이 방법은 미국, 영국과 같이 일찍부터 자본시장이 발달하여 장기간 수익률 자료가 입수되는 경우 사용하기 편리한 방법이지만 우리나라처럼 기간이 짧은 경우에 사용하기 어려운 방법이다.

072

일반적으로 내재가치는 시장가격보다 매우 낮은 변동성을 보이므로 역투자전략의 수행을 용이하게 만든다.

073

4단계 : 주식부분에 투자하고 남은 금액을 채권부분에 배분한다.
※ 채권투자금액 = 1단계의 포트폴리오 평가액 – 익스포저

074

차익거래를 통해 초과수익을 추구하는 인덱스펀드는 패시브펀

드로서 실제로 인핸스드 인덱스펀드의 형태를 띠고 있다. 특히 주가지수와 주가지수 선물의 가격 차이를 적극적으로 이용하면서 초과수익을 추구하는 전략을 주로 사용하며, 인덱스펀드가 추적하고자 하는 시장지수는 선물과의 연계성 및 편의성을 고려하여 대부분 KOSPI 200으로 되어 있다.

① 시장지수를 대상으로 하는 주식형 펀드 → 가장 대표적인 펀드로 가장 많은 수를 차지하는 유형이며, 주로 KOSPI를 벤치마크로 삼고 있으나, KOSPI 200을 벤치마크로 삼는 펀드도 존재한다. 주로 주식편입비중은 90% 내외로 적극적인 자산배분보다는 종목선정을 통해 초과수익을 올린다.

② 시장지수를 대상으로 하는 자산배분형 펀드 → 주식형 펀드처럼 시장지수를 벤치마크로 삼고 있으나 보다 더 적극적으로 시장예측을 통해 자산배분 전략을 이용한다. 일반적으로 주식비중이 60% 이상을 유지하는 것이 대부분이다.

③ 특정 산업이나 섹터를 대상으로 하는 주식형 펀드 → 초기에는 중소형주나 배당주펀드가 주류를 이루었으나 최근엔 금융산업 또는 IT산업같이 특정산업을 대상으로 하는 펀드, 중소형주나 대형우량주 등의 섹터를 대상으로 하는 펀드 등 다양한 형태의 펀드가 나오고 있다.

075

액티브 운용방식 중 하향식은 유망한 개별종목의 선정을 중시하는 방식이나, 상향식은 종목선정보다는 섹터나 산업 등의 선정을 중시하는 방식이다.

076

> 변동금리채권의 표면금리 = 기준금리(Reference rate) + 가산금리(Spread)

변동금리채권의 연동 기준금리로는 양도성예금증서(CD), 국고채 3년 · 5년물 또는 제1종 국민주택채권의 시장수익률 등이 있고, 가산금리는 채권발행자의 신용도에 따라 차등화하여 발행 시 확정되어 만기까지 유지된다. 따라서 금리변동부채권의 발행 이후 채권발행자의 신용위험이 발행시점보다 더 커지게 되면 가산금리가 실제로 높아져야 하나 가산금리 자체는 고정되어 있기 때문에 변금리부채권의 가격하락을 발생시킨다. 즉, 금리변동부채권의 이자율은 시장의 기준이 되는 지표금리의 변동에 연동되기 때문에 표면이율이 확정되어 있는 일반채권에 비해 수익률변동위험에 벗어날 수 있는 장점은 있으나 이것이 수익률변동에서 발생하는 모든 위험에서 벗어날 수 있음을 의미하는 것은 아니다.

※ 변동금리채권은 고정금리에 비해 금리하락 시 발행자에게 유리하고, 금리상승 시 투자자에게 유리

077

- 패리티가격 = 패리티 × 100 = $\left[\dfrac{주가}{전환가격} \times 100(\%)\right] \times 100$

  = $\dfrac{8,000}{5,000} \times 10,000 = 16,000$원

- 괴리율 = $\dfrac{전환사채시장가격 - 패리티가격}{패리티가격} \times 100$

= $\dfrac{18,000 - 16,000}{16,000} = 0.125 = 12.5\%$

078

ⓒ 수의상환권은 채권발행 시 지급하기로 한 이자율보다 시장금리가 낮아질 경우 행한다.

ⓔ 동일한 조건의 수의상환채권의 표면이율과 수의상환권이 없는 일반채권의 표면이율의 차이는 채권발행자가 채권투자자에게 지급하는 일종의 프리미엄이다.

079

적극적 투자전략에는 수익률예측전략, 채권교체전략, 수익률곡선의 형태를 이용한 전략이 있으며, 소극적 투자전략에는 만기보유전략, 인덱스전략, 현금흐름 일치전략, 사다리형 및 바벨(아령)형 만기운용전략, 면역전략 등이 있다. 또한 혼합전략으로 상황대응적 면역전략 등이 있다.

080

만기수익률은 채권의 만기까지 단위기간별 원리금액에 의한 현금흐름의 현재가치 합을 채권의 가격과 일치시키는 할인율로서, 채권시장에서 거래호가 및 가격계산을 위해 사용되는 가장 일반적인 수익률이다. 그러나 만기수익률은 만기수익률에 의해 투자된 채권의 투자수익률이 만기수익률과 동일하다는 것을 의미하는 것은 아니다. 즉, 만기수익률이 실현되기 위해서는 투자채권을 만기까지 보유하여야 하고, 표면이자 등 만기 전까지 발생하는 현금흐름을 최초 투자 시의 만기수익률로 재투자하여야 한다.

구 분	수익률 간의 관계
재투자수익률 > 만기수익률	만기수익률 < 실효수익률 < 재투자수익률
재투자수익률 < 만기수익률	만기수익률 > 실효수익률 > 재투자수익률
재투자수익률 = 만기수익률	만기수익률 = 실효수익률 = 재투자수익률

081

수익률곡선전략 : 단기채와 장기채에 비해 중기채의 수익률이 상대적으로 하락할 것으로 예상될 때에는 Bullet형으로 중기채의 비중을 높여야 한다.

① : 금리예측전략

② : 스프레드(Spread)운용전략

③ : 수익률곡선타기의 롤링효과(Rolling Effect)

082

이론 선물가격 = $200 + 200(0.04 - 0.02) \times \dfrac{3}{12} = 201$,

실제 선물가격(203)이 이론 선물가격(201)에 비해 고평가되어 있으므로 선물을 팔고 현물을 사는 매수차익거래를 통해 확실한 이익을 얻을 수 있다.

083

백워데이션(Backwardation) 상태란 선물가격이 현물가격보다 낮은 상황을 말하는데, 이론선물가격은 현물가격보다 높기 때문에 백워데이션 상태인 경우엔 선물가격은 당연히 이론선물가격보다 낮다. 따라서 저평가된 선물은 매수하고 고평가된 현물을 매노하는 매도차익거래가 발생한다. 참고로, 선물가격이 현물가격보다 높은 콘탱고(Contango) 상태인 경우엔 언제나 매수차익거래가 발생하지는 않는다. 콘탱고 상태라도 선물가격이 이론선물가격보다 높은 경우에만 매수차익거래가 생긴다.

084

나비(butterfly) 매수는 변동성이 작아질 때, 나머지는 변동성이 커질 때 이익이 발생한다.

085

컨버젼 전략은 옵션의 풋—콜 패리티를 이용한 차익거래 전략이다. 동적 헤징전략은 자금의 100%를 모두 주가지수와 연동된 인덱스포트폴리오에 투자를 해놓고 주가지수선물 매도포지션을 조절함으로써 포트폴리오 보험전략을 시행하는 것으로 합성채권매수전략이라고 한다. 즉 동적 자산배분전략의 채권 대신 선물을 이용한 포트폴리오 보험전략이다.

086

기초자산 가격이 높을수록 콜옵션의 가치는 높아지고 풋옵션의 가치는 낮아진다.

087

숏스트래들(=스트래들 매도)은 등가격 콜옵션과 풋옵션의 매도를 통해 변동성의 하락을 기대하는 전략이므로 감마는 (−), 세타는 (+), 베가는 (−)이며, 콜과 풋의 매도를 통해 포지션의 델타를 중립(=0)으로 유지할 수 있다.

088

상대적 위험은 주로 기준지표 등과 비교하여 측정한 위험을 말한다. 표준편차는 절대적 위험을 측정하는 지표이다.

089

샤프비율은 단위 위험당 초과수익률 형태의 평가지표로서 포트폴리오를 보유함으로써 실제로 부담한 총위험(표준편차) 한 단위당 실현된 위험프리미엄을 나타낸다. 샤프비율은 자본시장선(CML)의 원리를 이용하여 투자수익률 대 변동성비율(RVAR)로 포트폴리오 성과를 측정하였다.

090

금액가중수익률은 펀드매니저의 능력과 투자자의 판단(펀드에 추가로 투자하거나 인출하는 시점과 규모) 등 공동의 노력의 결과로 나타나는 수익률 효과가 혼합되어 있기 때문에 펀드매니저의 성과를 측정하는데 사용할 수 없다. 따라서 금액가중수익률은 투자자의 직접투자 결과 평가에, 시간가중수익률은 펀드매니저를 평가하는데 더 적정하다고 볼 수 있다.

091

높은 수익성장률을 보이는 주식은 성장주 스타일이다. 주식을 가치주와 성장주 스타일로 분류할 때, 성장주는 성장을 위해 재투자를 계속하므로 주주들에게 지급되는 배당이 적다. 반면 가치주는 현재의 이익수준에 비해 저평가된 주식으로서 재투자규모가 크지 않아 주주들에게 많은 배당금을 지급하는 경향이 있다.

092

이자율을 고정시키는 이자율목표정책을 실시하려면 통화량을 증가시켜 통화량을 증가시켜 LM곡선을 우측으로 이동시켜야 하는데, 이는 원래의 실물충격이 국민소득 변동을 초래한 것을 더욱 악화시키게 된다. 따라서 국민소득의 변동을 최소화 하는 것이 통화정책의 최종목표라면 실물충격의 경우 통화량목표가 더욱 타당하다. 통화량목표정책을 쓰면 이자율 변동이 실물충격이 총수요에 미치는 효과를 상쇄시켜 국민소득이 작게 변동한다.

093

유동성함정에서는 이자율에 대한 화폐수요의 탄력성이 매우 커서 이자율이 조금만 낮아져도 화폐수요가 크게 증가하게 된다.

094

장단기금리 차이는 선행종합지수의 구성지표이다.

경기종합지수 구성지표(2016년 6월 30일 개정)

선행종합지수(8)	동행종합지수(7)	후행종합지수(5)
구인구직비율 재고순환지표 소비자기대지수 기계류내수출하지수 건설수주액(실질) 수출입물가비율 코스피지수 장단기금리차	비농림어업취업자수 광공업생산지수 서비스업생산지수 소매판매액지수 내수출하지수 건설기성액(실질) 수입액(실질)	상용근로자수 생산자제품재고지수 도시가계소비지출 (실질) 소비재수입액(실질) 회사채유통수익률

095

$$BSI = \frac{긍정적\ 응답업체수 - 부정적\ 응답업체수}{전체응답업체수} \times 100 + 100$$

$$= (긍정적\ 응답업체비율 - 부정적\ 응답업체비율) + 100$$

$$= (30 - 60) + 100 = 70$$

096

위험회피형 투자자의 효용함수는 원점에 대하여 오목한 모양이고, 등효용곡선은 우상향한다. 다만, 등효용곡선의 기울기가 가파를수록 보수적 투자자이고, 완만할수록 공격적 투자자이다.

097

$$\beta_k = \frac{\sigma_{km}}{\sigma_M^2} = \frac{0.03}{0.02} = 1.5,$$

따라서 $E(R_k) = 0.06 + (0.15 - 0.06) \times 1.5 = 0.195$

098

시장수익률과 개별주식 수익률 간의 관계를 설명하는 식은 증권특성선(SCL)이다.

099

2요인 모형에서 충분히 분산투자된 포트폴리오 P의 기대수익률

$E(R_p) = R_f + \lambda_1 \beta_{p1} + \lambda_2 \beta_{p2} = R_f + [E(R_{F1}) - R_f]\beta_{p1} + [E(R_{F2}) - R_f]\beta_{p2}$

$\therefore 14\% = R_f + 1.2(5\%) + 0.5(3\%),\ R_f = 6.5\%$

100

시장 투자적기 포착법은 주식시장과 채권시장 동향에 대한 예측을 근거로 주식시장펀드(위험자산) 혹은 무위험자산펀드에 대한 투자비율(자산배분)을 유리하게 하는 적절한 투자시점을 포착하는 방법으로 기본적 분석 및 기술적 분석기법을 활용하는 적극적인 자산배분결정 방법이다.

저자약력

저자 **이재준**

경희대학교 경영대학원 경영학 석사
前) 한국주택은행 보증기금부 등 근무 – 신용분석사, 대출심사역,
　　은행FP
　　증권투자상담사, 펀드투자상담사, 파생상품투자상담사,
　　금융투자분석사, AFPK
　　하나대투 증권투자상담사(투자권유대행인)
　　EBS-TV 2005~2012년 저자 및 방송출연
　　한국경제 WOW-TV 등 저자 및 방송출연
　　방송대학교 경영학과, 경기대, 호서대, 전주대 등 강의
　　시대고시기획 은행FP 및 증권·금융 전문강사
現) 토마토패스 및 토마토방송 증권·금융 대표교수

저자 **박선호**

한국외국어대학교 경제학과 졸업
前) 한국금융·개발원(KFO) 근무 – 금융·자격증 강의 및 수험서
　　집필
　　공평학원, 시대고시기획, KG패스원 금융자격증 강사
　　리체웨이 홀딩스 근무 – 주식 및 파생상품 운용 총괄
　　에셋플러스 자산운용(투자자문) 근무 – 국민연금 등 주요
　　고객 자산운용 담당
　　동남은행 자금운용실 근무 – 신탁계정 주식운용 담당
　　한국투자증권(구, 동원증권) 근무 – 투자분석 및 투자자문
　　업무
現) 토마토패스 및 토마토방송 증권·금융 대표교수

2018 토마토패스
투자자산운용사 핵심정리문제집

초 판 발 행	2016년 11월 25일
개정1판1쇄	2018년 5월 20일
저　　　자	이재준 · 박선호
발 행 인	정용수
발 행 처	예문사
주　　　소	경기도 파주시 직지길 460(출판도시) 도서출판 예문사
T E L	031) 955-0550
F A X	031) 955-0660
등 록 번 호	11-76호
정　　　가	32,000원

• 이 책의 어느 부분도 저작권자나 발행인의 승인 없이 무단 복제하여 이용할 수
　없습니다.
• 파본 및 낙장은 구입하신 서점에서 교환하여 드립니다.

홈페이지 http://www.yeamoonsa.com

I S B N　　978-89-274-2679-0　　[13320]

이 도서의 국립중앙도서관 출판예정도서목록(CIP)은 서지정보유통
지원시스템 홈페이지(http://seoji.nl.go.kr)와 국가자료공동목록시스템
(http://www.nl.go.kr/kolisnet)에서 이용하실 수 있습니다.
(CIP제어번호: CIP2018008959)

◀ 증권경제전문 토마토TV가 만든 교육브랜드

토마토패스는 24시간 증권경제 방송 토마토TV, 인터넷 종합언론사 뉴스토마토 등을 계열사로 보유한 토마토그룹에서 새롭게 선보이는 금융전문 교육브랜드입니다. 경제, 금융, 증권 분야에서 쌓은 경험과 전략을 바탕으로 최고의 금융교육서비스를 약속합니다.

Newstomato
맛있는 인터넷 뉴스
www.newstomato.com

tomato TV
24시간 증권경제 전문방송
tv.etomato.com

etomato
맛있는 증권정보
www.etomato.com

◀ 차별화된 고품질 방송강의(매일밤 11시~12시 토마토TV 방송)

토마토TV의 방송제작능력을 활용해서 다른 업체와는 차별화된 고품질 방송강의를 선보입니다. 터치스크린을 이용한 전자칠판, 집중력을 높이는 카메라 움직임, 선명한 강의내용 등으로 수험생들의 학습능력을 향상시켜드립니다.

토마토패스 강의화면

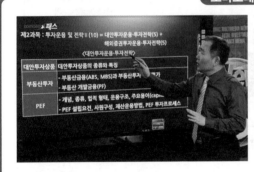
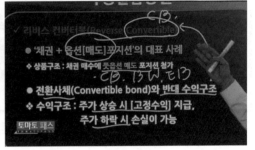

◀ 확실한 핵심정리 기능

토마토패스는 시험 출제비중이 높은 중요한 포인트를 확실하게 정리해드립니다. 컴퓨터그래픽을 이용해서 중요한 내용을 화면에 정리해서 보여줌으로써, 시험의 합격을 확실하게 도와드립니다.

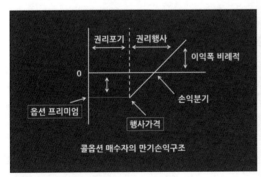

■ 강의 중요내용을 전체화면으로 노출

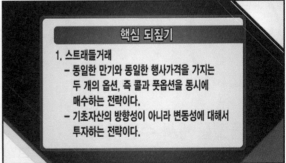

■ 컴퓨터그래픽을 활용한 핵심 되짚기

◀ 압도적인 합격률, 강의 만족도 1위, 최장 수강기간

토마토패스는 업계 최고수준의 압도적인 합격률과, 최저가격, 최장 수강기간, 무제한반복수강으로 타업체와는 비교할 수 없는 가치를 증명합니다. 토마토패스를 선택해야할 이유는 명확합니다.

> "쉬우면서도 기억에 잘 남는 강의가 매력포인트 ㅋㅋ 강의자료가 pdf로 다 올라오고...
> 문풀 교재에서도 꽤 시험에 나왔다!! 무슨 기출문제집인줄 ㅋㅋㅋㅋㅋ
> 한 번에 합격하게 해주셔서 감사!!"

(프리엔즈님의 후기)

> "다른 인강업체는 그냥 일반 분필칠판에서 필기하니깐 잘 보이지도 않고, 불편했는데,
> 전자칠판으로 하니깐 눈이 호강하네요 ㅋㅋㅋㅋ
> 공부하기 딱 좋은 토마토패스!!!! 너무 만족해서 감사드립니다."

(eunju-400님의 후기)

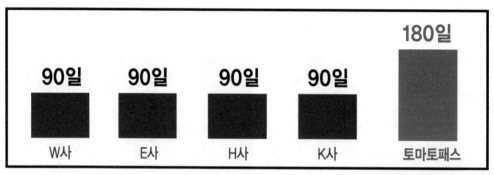

〈금융자격증 수강기간〉 　　　　　최장 수강기간

◀ 최신 출제경향을 반영한 단계별 학습

토마토패스의 금융강의는 최신 출제경향을 반영한 이론과 문제풀이, 특강으로 이어지는 3단계 학습방법을 통해 완벽하게 시험에 대비하고 합격의 길로 안내합니다.

◀ 모든 플랫폼에서 수강가능

토마토패스의 웹사이트는 PC를 비롯해서 태블릿, 스마트폰(안드로이드, 아이폰) 등의 환경을 완벽히 지원하므로 별도의 추가요금없이 언제 어디서나 자유롭게 수강하실 수 있습니다.

tomato 패스 동영상 수강방법

❶ 토마토패스 웹사이트 접속

www.tomatopass.com

❷ 회원가입

토마토패스 웹사이트에서 회원가입(이메일주소와 비밀번호 등록)

❸ 결제 후 〈내 강의실〉 입장

〈내 강의실〉에서 원하는 강의 차시 선택

❹ 동영상 수강

- 모바일기기에서는 〈합격통〉 앱을 통해서 수강가능 (스트리밍, 다운로드 선택가능)
- 지원가능한 모바일기기: 스마트폰(안드로이드), 테블릿(안드로이드), 아이폰, 아이패드
- 동영상 관련 문의: 토마토패스 고객센터 02-2128-3336